불교교리발달사 강의

종석 스님 지음

불교교리발달사 강의

1판 1쇄 발행 2022년 4월 8일

지은이 종석 스님(전동혁)

편집 홍새솔   **마케팅** 박가영   **총괄** 신선미

펴낸곳 하움출판사   **펴낸이** 문현광
주소 전라북도 군산시 수송로 315 하움출판사

이메일 haum1000@naver.com   **홈페이지** haum.kr
블로그 blog.naver.com/haum1007   **인스타** @haum1007

ISBN 979-11-6440-962-4 (93220)

佛教教理發達史 講義(講論)

서 문

『大智度論』에 「佛法大海 信爲能入 智爲能度」라는 말씀이 있다.
佛法을 큰 바다인 <大海>에 비유한 것이다. 바다는 넓기도 깊기도 하고,
그 속에는 약 一億種의 魚類들이 살고있다고 하니, 감히 그 세계를 짐작
할 수 도 없다.

또한 그 깊이는 어떤가 얼마나 깊은가 바다는 상상을 초월한 세계이다.
용수보살은 佛法의 세계를 이렇게 불가사의한 地球의 3/4이나 되는 깊
고도 넓은 큰 바다에 빗대어 말하고 있다.『大智度論』은 바다의 비유에
뒤이어, 이러한 大海에 들어가 바다가 어떻게 생겼는지, 누가 살고 있는
지, 크기도 모양도 제각각이고 사는 방법 또한 다를 텐데~ 어류 패류 해
조류 바다 동물 등 무려 一億種이나 된다는 그 많은 식구들이 어떻게
함께 살 수 있는 것인지, 등등 바다 전체의 생태(生態)나 실상(實相)에
대해 알려면, 첫째 바다는 안전하다는 믿음(信)이 있어야 비로소 들어갈
수 있고(信爲能入), 둘째 바다의 속성을 알고 있어야 목적을 달성하고도
죽지 않고 무사히 살아 돌아올 수 있는 것이라며(智爲能度), 믿음(信)과
반야지혜(智)를 강조하고 있다.

나는 지금 이렇게 불가사의하면서도 오묘한 큰 바다, 그 佛法을 알기위
해, 감히 大海속으로 들어간 것이다.
믿음도 약하고 지혜도 부족한데, 그것도 불교 2500년이란 長久한 역사
와 教理의 발달과정을 담아내는 <불교교리발달사>란 엄청난 이 大-佛事

를~, 대체 어쩌려고~

<불교교리발달사>는 지금으로부터 45년전인 1977년 당시 동국대학교 불교학과 교수이시던 金東華박사님께서 大學院 敎材로 쓰시려고 출판한 것이 그 효시이다.
180페이지 정도 되는 조그마한 책자인데, 본인도 그 책을 통해 1년간 교수님의 강의를 들은 바가 있다. 당시의 한국불교는 빈약하기 짝이 없었고, 그나마 김교수님이 계시어 나름대로의 한국불교학의 명맥을 지킬 수 있던 그런 시기였다.

이후 나름대로 학문에 열정을 가지신 몇 분의 교수님들께서 좀 더 제대로 된 <불교교리발달사> 책을 쓰시겠노라 장담을 하시기도, 또 정년 기념 강연회에서 죽기 전 어떻게든 탈고하고 말겠다는 각오들을 외치신 분이 몇분 계시긴 했지만, 워낙 방대한 작업이고 또 건강문제 등 생각처럼 이루어지지 않아, 45년이 지난 지금도 후속 교재가 나오지 않은 현실이다.

일본유학을 마치고 귀국후 23년간 조계종 종립의 <중앙승가대학교>에서 후학을 가르키며 정년을 맞았지만, 이런저런 사정으로 아직 강단을 떠나지 못하고 제자들과 함께 연구를 계속하고 있다.
그것도 10년이란 세월이나~ 그러니 대학에 몸을 담고 후학들을 가르치고 있는지 어언 33년이나 되는 셈이다.
그간 강단에서 <불교학개론> <인도불교사> <불교교리발달사> <밀교학개론> <일본불교사> <비교종교학>,
대학원에서는 <보리심론> <성위경(聖位經)>등 <密敎經軌> 위주의 논강을 원생들과 줄곧 강의·강론해왔다.

불교학에서도 <밀교전공>을 한 덕분에 정년 후 10년이 지난 지금까지도 후학들을 지도할 수 있는 것이다. 그만큼 밀교전공이 나에게는 큰 복이 된 셈이다.

일본 동경소재의 大正大學에서 박사과정중이던 어느 해 가을, 唯識學과 密敎學의 大家이신 勝友俊敎 博士님의 <唯識에서 密敎로>라는 수업의 개강날이었는데, 글쎄 강의실에 들어가니 印度佛敎史 大乘佛敎成立史 律藏成立史 등 수많은 名著를 저술하시어 평판이 자자하시던 교수님, 거기다 일본 최고의 불교학회인 印度學佛敎學會, 소위 <印佛學會> 이사장이신 平川彰 博士님께서 맨 앞줄에 앉아계시는 것이다.
다들 놀라 어리둥절하고 있는데, 수업이 끝나고 차담시간에 교수님께서 일어나셔서는 "잘 부탁드립니다. OOO입니다. 내가 불교공부 좀 했다는 평을 듣기는 하는데, 여러분들이 알다시피 내가 密敎는 門外漢이라, 밀교를 모르니 불교의 반쪽밖에는 모르는 것 같아요~
그래서 이번 학기는 밀교의 大家이신 勝友교수님의 강의를 들으려고 이렇게 일부러 왔으니, 여러분! 잘 부탁(よろしく) 운운" 하시면서~ 재차 부탁을 하시는 것이다.
나를 비롯한 수강생들은 그때서야 비로소 '내(우리)가 택한 密敎가 이렇게 중요한 것이구나' 하면서, 그날 그 사건 이후 밀교를 열심히 공부하게 된 계기가 되었다고들 한다. 그중 난 더욱 특별히~
내가 오늘 이 방대하고 어려운 작업인 <불교교리발달사>에 감히 손을 내밀 수 있었던 것도 바로 이렇게 중요한 <密敎>를 전공한 덕분이다.
알다시피 밀교는 原始 → 部派 → 大乘 → 密敎로 이어지는 인도불교의 마지막을 장식하며 무려 900년간을 지탱해온 불교이다. 따라서 밀교를 모르면 平川彰 교수님의 말씀대로 반쪽 불교공부밖에 못한 것이 되는 셈이다.

책출간에 대한 이야기로 다시 돌아가,

이렇게 엄청난 佛事이지만 그래도 누군가는 해야 되지 않겠나, 명색이 밀교전공에다 그것도 강단에서 30여년을 가르쳐온 <불교교리발달사>인데~

사실 정년되기 수년 전부터 도전해보려고 손을 댄 적이 있었지만, 현재 주석중인 온양불국사 창건이다, 학교수업이다, 또 온양~안암동, 온양~김포의 출퇴근이 그리 쉬운 일이 아니라 이래저래 시간을 뺏기고, 또 무엇보다 생각만 앞섰지 집필 준비가 되어있지 않아 결국 재직중에는 손을 못댄 채 정년을 맞아 포기상태에 있었으나, <코로나 팬데믹>이라는 사태가 벌어지고, 이것이 나에게 시간과 용기를 베풀어 주어 오늘 이렇게 탈고할 수 있게 된 것이다. 아이러니한 일이지만 어떻든 나에게는 코로나 사태가 참 감사한 일이 되었다.

'佛法은 大海와 같다'고 했듯이, 막상 집필에 들어가니 방대하기가 이루 말할 수 없고, 또 어차피 시작했으니 제대로 해야된다는 압박감이 몰아쳐 이겨내기가 힘이 들었다. 하지만 주위의 격려와 감사하게도 건강이 따라주어 이렇게나마 탈고할 수 있게 되었다.

이번 학기, 4학년 과목인 <불교교리발달사>시간에 교재로 쓰려다 보니, 부족한 점 많이 있는 것 알면서도 그냥 탈고하게 되었다. 잘못 알고 있거나 잘못 이해하고 있는 것도 있으리라 생각된다. 잘못은 모두 나의 부족함 때문이다. 서슴지 말고 많은 지적과 편달(鞭撻)있기를 바란다.
아울러 이 강의록이 후학들에게 조금이라도 도움이 되고, 나아가 이 강의록 출간을 계기로 활발한 연구들이 이루어져, 제2 제3의 훌륭한 강의록들이 이어 출간되기를 바란다.

이 책이 나오기까지 음으로 양으로 뒤에서 앞에서 밀어주고 이끌어준 분들에게 감사를 드린다. 우선 뭐니 뭐니해도 나를 강단에 서게 해준 <중앙승가대학교 교직원>과 내 강의를 들은 <제방의 제자스님들>에게 고마움을 드린다.

아울러 부처님을 모시고 살면서 불교연구를 할 수 있게 해준 나의 보금자리 <온양불국사의 단신도>님들, 귀국 후 줄곧 법사스님으로 모시어 정이 듬뿍 들은 <원각사 사부대중>, 그리고 오직 신심과 학구열 하나로 30여년간 쉬지 않고 단체교습을 받아온 <공덕림 모임> 불자회 여러분, 이미 금강경 암송을 마치고 그 방대한 화엄경 암송에까지 도전하며 나에게 용기를 불어 넣어 준 우직한 불자 定香居士, 거기다 불교가 아닌 <카토릭>을 열심히 믿으면서도 내가 집필한 불교책은 모두 낱낱이 숙독하면서 이 부분은 이렇게 고치면 어떨까 하며, 마치 자기 일처럼 열심히 나를 도와주는 내 친구 <성범>, 끝으로 컴퓨터 작업이 서투른 나에게 이렇게 저렇게 친절히 열심히 가르쳐 주며 읽기 좋고 예쁘게 출간할 수 있도록 공헌한 修者, <Buddha-Carya> 등 모든 분들에게 감사함을 두루두루 전하면서, 1200 페이지 <불교교리발달사>의 첫 장을 연다.

저자 프로필

서강대 물리학과 졸업

도광스님을 은사로 해인사 득도

동국대 대학원 불교학과 석사과정 수료

일본 대정대 밀교학과 석사 및 박사과정 수료

『한국밀교사 연구』로 박사학위 취득(일본 대정대)

중앙승가대학교 30년 재직, 대학원장 ·

불교학연구원장 · 승가학연구원장 역임 (현) 명예교수

온양불국사 창건주, 주지 (아산시 소재)

조계종 교육위원장 · 고시위원장 역임

<< 출간 『학술서적』·「발표논문」 >>

『불교학개론』「불국나라」 2003년

『밀교학개론』「운주사」 2000년

『밀교의 즉신성불 강의』「하움출판사」 2021년

『불교교리발달사 강의』「하움출판사」 2022년

『진언다라니수행』「조계종 수행의 길」 2010년

「불교와 실천수행」

「대승불교와 보리심」

「번뇌론의 실상과 그 전개」

「佛身論の思想展開」-『大乘莊嚴經論』を中心に -

「成佛思想に關する研究序說」(大正大 碩士學位論文)

는 제도를 제정하였다.

갈마(羯磨 : karma)란 어원이 말해주듯, 승가에서 일어나는 행사(行事)와 행정(行政) 인사(人事)등의 모든 의사를 결정하고 집행하는 방법절차를 말하는 것으로, 크게 비쟁사(非諍事)와 쟁사(諍事)의 두 가지로 나누인다.

비쟁사(非諍事)란 구족계(具足戒)·포살(布薩)·자자(自恣)등의 승가의 기본의식을 비롯하여 승가의 운영에 필요한 안건의 해결이나 승가공동시설과 공유물에 대한 관리, 그리고 물품의 분배나 소임자의 선정 등에 대한 심의를 말하며,
쟁사(諍事)란 말 그대로 쟁점이 된 사건을 일종의 재판형식을 취해, 옳고 그름(是非)을 결정하는 심의를 말한다.

참 고: 포살(布薩)과 자자(自恣)
대중의 자질함양과 파승가(破僧伽)를 방지하기 위하여 제정된 승가의 중요한 행사로, 매월 15일과 30일을 포살(布薩 : uposatha)날로 정하여, 포살갈마를 시행한다.

<포살갈마>란 공주(共住)·선숙(善宿)·근주(近住)·장양(長養)·정주(淨住)란 의미로서, 포살의 의식절차는 동일 지역 내의 비구·비구니가 한곳에 모여 250계(戒)의 조문집인 『바라제목차(波羅提木叉)』의 각 조목을 3번씩 읽는 형식이다. 읽는 도중 해당되는 계율을 범했다고 생각하는 자는 일어나 전 대중에게 고백·참회하는 의식으로, 율장의 계경(戒經)을 들으면서, 보름 동안 지은 죄가 있으면 참회하면서, 善은 북돋고 惡은 없애는 중요한 참회법이자 수행법(修行法)이다.

우리나라에서는 신라의 자장율사(慈藏律師)에 의하여 이 의식이 확립된 뒤, 오늘날까지 계속 전승되어 행해지고 있다.

현재 <조계종>에서는 『범망경(梵網經)』을 포살의 정식 교본으로 사용 중이며, 총림(叢林)에서는 『梵網經』과 더불어 출가 비구, 비구니의 구족 계인 『四分律』을 부-교본으로 삼기도 한다.

이것이 정식갈마인 <포살갈마>인데, 이외 특별한 포살법으로, <청정(淸淨)포살>이 있다. 이것은 대중이 4인 이상이 못될 때 행하는 포살로, 대중이 4인이 못되면 <현전승가>로 인정받지 못하기 때문에, 2~3사람의 대중이 있을 때에만 행하는 일종의 <상호포살법>이다. 형식은 간략히 범망경(梵網經)의 간략본을 읽고, 서로에게 말하기를, "대중이여! 나는 청정하다. 그러니 법우들은 내가 청정한 것을 알아야 한다."고 3번 반복해서 말한다. 말하자면 상대방에게 본인이 계율을 위반하지 않고 청정하다는 것을 알리는 의식이라 하겠다. 만일 포살날인데도 불구하고 부득이 혼자 있는 경우에는, 호궤합장한 후 "나는 마음으로 포살을 받습니다"고 말하며, 스스로 身口意를 청정케 한다.

자자건도(自恣犍度)란 안거(安居) 중에 보고 듣거나 의심이 되는 것들을 안거가 끝나는 날, 윗사람부터 한 사람씩 앞에 나와 발로참회(發露懺悔)하는 의식으로, 참회의식을 통하여 수행자로서의 개인의 의식이나 행동을 고취시킬 수 있을 뿐만 아니라, 승가 전체를 올바른 방향으로 이끌고 나갈 수 있게 하는 자정(自淨)의식이다.

잠시 자자(自恣)건도의 진행모습을 경전을 통해 살펴보자

「선우(善友)들이여! 우안거(雨安居) 중에 저에 관해 보고 듣고 의심한 것들이 있다면, 저는 자자(自恣)를 하겠습니다. 존자들께서는 자비심으로 저에게 알려 주십시오. 알려 주시면 참회하도록 하겠습니다. (이렇게 3번을 거듭하여 대중들에게 말한다)」

「선지식(kalyāna-mitra)은 사람들을 인도하여 一切智로 가게하는 門이며, 수레이며, 배이며, 길이며, 다리이며, 눈이다」[12]

라 한 경전의 말씀처럼, 불교의 궁극적 목적이나 僧伽設立의 목적은 우리가 살고 있는 이 사회 이 국토 이 法界를 즐겁고 평안한 살기 좋은 佛國土로 만들어 내는 일이었다. 다시 말해 서로가 서로를 法界의 主人으로 인정하면서 서로 이해하고 용서하고 감싸 줌과 동시, 잘못된 것 옳지 못한 것이 있으면 파사(破邪)하여 고치고, 정의롭고 도덕적인 것은 현정(顯正)시켜 더욱 발전시켜 나가자는 데 있다.

왜냐하면 우리가 겪는 고통은 邪(見·思·語·業·命)로부터 비롯된 것이기 때문이다.[13] 곧 파사현정(破邪顯正)하여 佛國土를 건설하는 길, 그

---

12)「善知識者。則是趣向一切智乘。令我得至如來地故。善知識者。則是趣向一切智船。令我得至智寶洲故。善知識者。則是趣向一切智炬。令我得生十力光故。善知識者。則是趣向一切智道。令我得入涅槃城故。善知識者。則是趣向一切智燈。令我得見夷險道故。善知識者。則是趣向一切智橋。令我得度險惡處故。善知識者。則是趣向一切智蓋。令我得生大慈涼故。善知識者。則是趣向一切智眼。令我得見法性門故。善知識者。則是趣向一切智潮。令我滿足大悲水故」『화엄경』(대정장10. 345b)
13)「世尊告諸比丘。有五法。能爲黑闇。能爲無目。能爲無智。能羸智慧。非明．非等覺。不轉趣涅槃。何等爲五。謂貪欲．瞋恚．睡眠．掉悔．疑。如此五法能爲黑闇。能爲無目。能爲無智。非明．非正覺。不轉趣涅槃。若有七覺支。

길은 상기 경전의 말씀처럼, 一切의 苦痛으로부터 自由롭게 해 주는 僧伽의 一員인 선우(善友)가 되는 것에서 비롯되는 것이다. 그 이유는 승가야말로 成佛과 衆生濟度라고 하는 共同目的을 가진 자들이 그것도 자발적으로 모여, 동일한 조건(의식주)과 엄격한 규율속에서 인욕하고 和合하며 사는 공동체로서, 때문에 사회의 모범이 되고 귀감이 되는 집단으로 추앙받을 수 있었기 때문이다. 곧 '歸依僧衆中尊'이니 '歸依僧和合尊'이니 '自歸依僧 當願衆生 統理大衆 一切無畏'하며 만인으로부터 존경의 대상이 되고 歸依의 대상이 되어 온 것은, 바로 승가만이 가지는 이러한 독특한 공동목적과 日常에서의 생활페턴 때문이었으며, 석존불이 꿈꾸던 僧伽(Saṃgha)는 바로 이러한 理想을 실현하는 공동체건설에 있었던 것이다.

2節 三寶의 중심은 法(dharma)

佛法僧 三寶에서 그 중심은 法寶이다. 불교의 궁극적 목적은 부처님이 되어 중생을 구제하는 것이다. 곧 시방에 계신 모든 부처님들은 그 누구나 할 것없이 우주의 진리인 法(dharma)를 깨달은 분들이며, 현재 승가에 몸담고 있는 모든 수행자들도 이 법을 증득하기 위해 정진수행하고 있는 것이다. 말하자면 역사상의 모든 부처님들이 깨달은 것도, 또 승가의 수행자들이 증득해야 할 것도 다름아닌 이 法(dharma)이기 때문이다. 곧 이 법을 통과해야만이 佛이 될 수 있는 것으로, 때문에 法을 일러 三寶의 중심이라 하는 것이다.

「비구들이여 그대들에게 緣起 및 緣生法에 대해 설하리니 내 설법을 듣고 잘 생각하도록 하라. 연기란 무엇인가? 태어남에 의해 늙고 죽음이

能作大明。能爲目。增長智慧。爲明．爲正覺。轉趣涅槃」『잡아함경』(대정장 2. 189c)

있다. 이것은 나 如來가 이 세상에 나오든 나오지 않든 法으로서 정해져 있는 것이다. 그것은 相依相存性이다. 여래는 이것을 깨닫고 이것을 알아낸 것뿐이다. 이것을 깨닫고 이것을 알아내고 이것을 敎示하고 이것을 선포하고 이것을 開示한 것이다」[14]

3節 法(dharma), 그것의 정의와 공능

불교에서는 이렇듯 중요한 법을 구체적으로 무엇이라 정의(定義)하고 있으며, 또한 이러한 법이 지니는 공능(功能)은 무엇일까?

第1 세간과 출세간의 원리 (因: hetu)

불교의 法은 그 무엇이나 세간과 출세간의 원리(因:hetu)이다. 초전법륜의 내용인 사성제(四聖諦)를 예로 들어 보면, 사성제중 고성제(苦聖諦)와 집성제(集聖諦)는 세간의 진리이며, 멸성제(滅聖諦)와 도성제(道聖諦)는 출세간의 원리가 된다. 곧 불교의 法은 언제 어디서나 또 누구에게나 적용되는 진리로서, 중생세계의 실상과 불세계의 실상, 다시 말해 번뇌와 업(業) 그리고 고통 속에서 윤회하고 있는 중생들의 현실태(現實態)와, 나가서는 극락세계의 실상 내지는 어떻게 하면 극락세계에 갈 수 있는지 그 원리를 밝혀 놓고 있는 것이다.

---

14)「世尊。謂緣起法爲世尊作。爲餘人作耶。佛告比丘。緣起法者。非我所作。亦非餘人作。然彼如來出世及未出世。法界常住。彼如來自覺此法。成等正覺。爲諸衆生分別演說。開發顯示。所謂此有故彼有。此起故彼起」『잡아함경』<緣起法經> (대정장 2. 85b)

第2 파사현정 · 이고득락케 하는것(教法: pariyatti)

중생으로 하여금 무명(無明)에서 벗어나 올바른 길로 들어서게 하는 파사현정(破邪顯正)의 공능과 고통에서 벗어나 즐거움을 얻게하는 이고득락(離苦得樂)의 공능(功能), 그것이 바로 법이다. 경전을 읽고 법문을 들으면 눈물을 흘리게 되고 참회케 되는 이유, 그리고 기쁨과 즐거움을 얻게 되는 이유는 바로 법이 가진 이러한 공능 때문이다.

第3 정의 · 합리 · 도덕 그 자체(德: guṇa)

불법은 그 자체가 정의롭고 합리적이며 도덕적이다. 그 까닭은 법 자체가 연기성(緣起性)과 상의상존성(相依相存性)이란 법성과 공동체의 질서를 기반으로 하고 있기 때문이다. 따라서 불법대로 사는 사람은 정의롭고 합리적이며 도덕적인 인간이 될 수밖에 없는 것이다.

第4 無常性이며 無我性인 공성(空性: śūnyatā)

존재 자체가 공성, 곧 무상성(無常性)이며 무아성(無我性)인 것이기에, 우주 진리를 설하는 법 또한 자연히 空性일 수밖에 없다. 따라서 어떤 고정불변의 실체를 인정하는 교리나 사상은 이미 불법으로서 자격을 상실하게 되는 것이다.

참고 (서적 / 논문) - 공통 -

赤沼智善 『佛教敎理之研究』

　　　　　 『佛教經典史論』 赤沼智善論文集刊行會. 1939

上田義文 『佛教思想史研究』 永田文昌堂 1951

　　　　　 『大乘佛教思想の根本構造』 百華苑. 1957

山口　益 『佛教の根本眞理』

西義雄 『阿毗達磨佛教の研究』 國書刊行會. 1975

西義雄　編 『大乘菩薩道研究』 平樂寺書店. 1977

中村元 『インド思想史』 岩波書店. 1981

中村元・宮本正尊編 『印度哲學佛教諸問題』

　　　　　　　　　 (「宇井伯壽博士還曆記念論文集」) 岩波書店. 1937

平川彰 『初期大乘佛教の研究』 春秋社

　　　　 『インド佛教史』 (上下) 春秋社

塚本啓祥 「西北インドの歷史と佛教」 『法華經の文化と基盤』

宇井伯壽 『印度哲學史』 岩波書店. 1965

　　　　　 『印度哲學研究』 2.4.6卷 岩波書店. 1965

　　　　　 『佛教汎論』 岩波書店. 1976

木村泰賢 『印度哲學佛教思想史』 甲子社書房. 1920

　　　　　 『原始佛教思想論』 大法輪閣. 1982

　　　　　 『小乘佛教思想論』 大法輪閣. 1980

　　　　　 『大乘佛教思想論』 大法輪閣. 1967

靜谷正雄 『初期大乘佛教の成立過程』 白華苑. 1974

山田龍城 『梵語佛典の研究』

山口　益　『佛教學序說』

『佛教學文集』

勝又俊教『佛教における心識說の研究』山喜房佛書林. 1981

종석스님『불교학개론』불국나라. 2003

『佛教教理の研究』「田村芳朗博士還曆記念集」春秋社. 1982

본 론

1編 佛寶論(佛身論)

서론의 1-2) <불교사의 특징>에서, 우리는 불교사의 특성중의 하나로 "불교는 석가모니불에서 끝나지 않는다"는 것을 다루었다.

곧 「지심귀명례 시방삼세 제망찰해 상주일체 불타야중」이란 예불문(禮佛文)의 게송처럼, 불교에서는 이 우주에는 석존불 이외에도 수많은 부처님이 계시다고 설정하고 있다. 예를 들면 동방 아축불, 서방 아미타불, 미래불 미륵불, 그리고 법신 비로자나불 등이다.

도대체 이러한 부처님들은 누구시며, 또 불교의 개조(開祖)인 <석존불>과는 어떤 관계를 갖는 것인지, 동일한 분인지 다른 분인지, 만일 다른 분이라면 어떻게 다르며 또 언제 어떻게 해서 탄생하게 되었는지, 또한 법신불(法身佛) 보신불(報身佛) 화신불(化身佛)이니, 또 자성신(自性身) 수용신(受用身) 변화신(變化身)이니, 대(마하)비로자나불이니 하는 이런 부처님들은 또 누구시며, 언제 어떤 과정을 통해 탄생하게 되었으며, 어느 경전에서 설하고 있는지 등등의 문제, 곧 시방삼세의 일체 모든 부처님들을 다루려는 것이 이 장의 목적이다. 말하자면 불보(佛寶)에 대한 총체적 고찰인 셈이다.

참 고: 석존불에 대한 전기자료

석존불에 대한 구체적 전기자료(傳記資料)는
① 율장과 ② 아함경과 ③ 불전문학서 (석존의 전기자료)이다.
이들은 각각 어떤 특징을 가지고 있는지 살펴보자!

① 율장(律藏)

교단 성립과 발전에 대한 과정 그리고 율장 제정의 유래가 기록되어 있어, 석존불에 대한 구체적 자료가 된다. 곧 율장의 편찬목적이 석존에 대한 전기가 아닌 율장 제정의 과정이므로, 따라서 석존불과 초기교단을 아는 가장 사실성(事實性) 있는 자료라 하겠다.[15]

② 아함경(阿含經)

석존불과 그의 제자들과의 관계를 비롯하여, 석존불께서 교단을 이끄시면서 설법하신 내용들이 담겨 있으므로, 율장과 더불어 석존불을 연구하는데 없어서는 아니 되는 중요한 사실적 자료라 하겠다.[16]

③ 불전문학서(佛典文學書)

석존불의 과거 전생과 현생에 대한 이야기 모음집이므로, 석존불을 연구하는데 도움이 되는 중요한 자료라 할 수 있는 것으로, 율장과 아함경들의 내용을 종합하거나 증폭시켜 편찬한 것이라 볼 수 있다. 전생담인 본생경(本生經)과 현생담인 비유경(譬喩經)으로 나누어진다.[17]

---

15) pāli어 율장인 대품(大品) 수계장(授戒章)과 대중부의 마하승기율(摩訶僧祇律)에는 석존불의 成道, 녹야원에서의 최초의 설법, 카샤파 3형제의 귀의, 마가다 국왕인 빔비사라왕의 귀의, 사리불과 목련존자의 귀의, 가섭존자의 귀의, 고향인 석가족의 방문 등의 사건들이 들어있다. 그리고 화지부(化地部)의 율장인 오분율(五分律)에는 상기 사건 외에 석가족의 족보와 성도 이전의 석존의 가정생활, 출가 후 수행생활에 대한 내용이 추가되어 있으며, 또 법장부(法藏部)의 율장인 사분율(四分律)에는 이들 내용 외에도 석존불의 과거생, 말하자면 연등불로부터 성불의 수기(授記)를 받았던 이야기가 더 첨부되어있다. 『사분율』(대정장 22. 778), 『오분율』(대정장 22. 104)

16) 북전대장경(北傳大藏經)인 4개의 한역아함경(漢譯阿含經), 곧 長·中·雜·增壹아함경과 남전 대장경(南傳大藏經)인 스리랑카 상좌부 소전(所傳)의 5개의 pāli文 Nikāya(長部·中部·相應部·增支部·小部)가 이에 해당된다.

17) ㉮『본생경(本生經 : Jātaka)』: Pāli성전에 547종이 남아 있다. 本生이란 제목처럼 석존불의 전생 이야기로서, 석존이 불타가 된 것은 3-아승지겁이란 긴 시간에 걸쳐 대비행(大悲行)을 쌓은 공덕때문임을 설하고 있다.

- 32 -

1章 大乘佛敎 以前의 佛身論

1節 原始佛敎 時代의 佛身論

第1 在世時의 釋尊觀

「沙門(Śramana). 고타마(Go-tama). 석가붓다. 大雄(Mahā-vira)」

「一切勝者, 一切智者, 無上師, 阿羅漢, 等正覺者」

pāli律』 (남전장 3. 15항)

참 고

사문(Śramana)이란

번뇌를 끊기위해 열심히 정진 수행하는 자란 의미이다.

사미(沙彌: Śramanera)와 사미니(沙彌尼: Śramanerī)란 말은

사문에서 파생된 말이다.

Go-tama란,

tama(젓도 많이 만들어 내고, 일도 잘하는)와 go(소)의 합성어로,

「훌륭한 소」란 뜻이다. 이를 통해 석가족이 농업국이었음을 알려준다.

大雄이란 mahā(크고 위대한)-vira(영웅)이란 의미이다.

---

④『비유경(譬喩經: Avadāna)』: 여러 가지 비유를 통하여 지혜와 자비로 가득
찬 현생에서의 석존불의 삶을 그리고 있다.
다음과 같은 <불전문학서>들이 편찬되었다.
㉠『대사(大事: Mahā-vastu)』:설출세부(說出世部)편찬/㉡『방광대장엄경(方廣
大莊嚴經): Lalita-vistara)』: 설일체유부(說一切有部)편찬/㉢『불본행집경(佛
本行集經)』:법장부(法藏部)편찬/㉣『불소행찬경(佛所行讚經: Buddha-carrit
a』:2세기에 활약한 불교시인으로서『대승기신론』이란 명작을 저술한 마명
(馬鳴: Aśva-ghosa)이 편찬한 것으로, 이름 그대로 석존불의 일대기를 찬양
하고 있다.

(강 론) 일체승자(sarva-jina)

 일체승자(sarva-jina)는 자기자신을 이겨낸 승리자(五蘊과 六根을 제어해서 이긴 대장부)란 의미이다. 독일이 낳은 대 음악가인 <바그너>는 온갖 고난을 이겨내며 온갖 수행을 통해 해탈과 보리를 얻어 붓다가 된 싯달타 태자를 일러,「전쟁에 나가 수천 수만명의 적의 군사를 물리친 자보다 自己自身을 이긴 자야말로 진정한 승리자」라 하면서, 싯달타태자를 위해 <勝利者=Die Sieger>란 오페라를 작곡하였다.[18]

 一切智者(sarva-jnāna), 無上師(An-uttara)란 일체법 無自性空인 반야지혜를 체득하여 一切의 智를 얻어 더 위에 없는(無上) 최고의 지위에 오른 분이란 뜻이다. 無所有의 삶을 강조하는 자이나교<jaina敎>의 敎名도 승리자(jīna)라는 의미에서 기인하였다.

<等正覺者>란 지금껏 그 누구도 달성하지 못한 최고의 정각을 얻은 자라는 의미인 (無上正等正覺:Anuttara-samyak-sambodhi)을 일컫는다/

「佛見過去世 如是見未來 亦見現在世 一切行起滅 明智所了知, 所應修已修 應斷悉已斷 是故名爲佛」   『雜阿含經』(대정장 2. 28a)

---

18) 작곡가 리하르드 바그너(Richard Wagner · 1813~1883)의 탄생 200주년을 맞이하여, 오페라 '바그너의 꿈(Wagner Dream)', 곧 석존불을 주제로 한 바그너의 미완성 오페라 '승리자(The Victory-Die Sieger)', 곧 영국 작곡가 조나단 하비(Jonathan Harvey · 1939~2012)에 의해 작곡된 '바그너의 꿈(Wagner Dream)'이 지난 2013년 5월 23일부터 6월 15일까지 웨일즈 밀레니엄 센터(Wales Millennium Centre)에서 영국의 (Welsh National Opera)단에 의해 공연되었다. 빨리어와 독일어에 의해 공연된 이 작품에서, 팔리어 가사는 팔리성전협회(Pali Text Society) 회장을 역임한 리차드 곰브리치(Richard Gombrich·옥스포드대) 교수가 맡았다.

(부처님은 세상에서 일어나고 소멸되는 일체과정을 알 뿐만아니라, 과거 현재 미래, 곧 三世를 보는 능력 또한 지니고 있는데, 이러한 능력과 위신력은 닦아야할 모든 수행과, 또 끊어야 할 모든 번뇌를 모두 끊어 얻어낸 明智(般若智)의 소유자이기에 가능한 것이다. 그래서 이름을 佛이란 하는 것이다. 곧 見三世者·修行者·斷惑者이다. 위에서 부처님께서는 삼라만상에서 일어나는 一切行(사건)의 起滅(전말)을 다 아신다고 했는데, 그 이유는 일체법은「因中有果 果中有因」인 緣起法이기에, 원인을 알면 결과를 알수있고, 또 결과를 보면 원인을 알 수 있기 때문으로, 연기와 일체법무자성공을 터득하신 부처님께서는 般若의 明智로 顚末을 다 아신다고 한 것이다)

「人天光明中 佛光明爲上」　　　　　　　　『雜阿含經』(대정장 2. 360b)

第2 涅槃後의 釋尊觀

① 佛: 十號具足者

② 佛: 三十二相八十種好 具足者[19]

---

19) 서기전 1세기 무렵부터 불상을 만들기 시작하면서 인간과는 다른 특징을 가진 상호, 곧 거듭되는 윤회의 시간 동안 선업(善業)을 쌓고, 수행을 통해 다시없는 깨달음을 얻은 부처의 몸은 삼십이상 팔십종호를 갖추게되는 것이라고 믿었다. 곧 부처의 외형을 인간과는 다른 특징을 가진 32相 80種好로 규정하고있었다. 32相 80種好는 성도(成道)하신 부처님이 갖춘 신체의 특수한 모습을 말하는 것이지만, 원래 인도의 전통에 의하면 과거생에 공덕을 쌓은 과보로서 얻게되는 신체의 특성이라고 보았다. 三十二相의 내용을 살펴보면, 기본적으로 원만상(圓滿相)이 크게 강조되고 있는데, 이는 부처님의 원만한 지혜와 인격이 반영된 것으로, 선행과 공덕을 통해서 갖추어지게 된 것이라고 설명하고 있다. 예를들면 '발바닥이 편평한 상'(足安平相)을 얻게 된 것은 무량한 과거생에 '보시와 지계, 흔들림 없는 구도행'을 닦았기 때문이고, '손가락과 발가락 사이에 물갈퀴 같은 막이 있는 상'(手足指網相)을 얻게 된 것은 '四攝法'으로 어른들을 모신 때문이며, '금색신의 상과 부드럽고 섬세한 피부의 상(身金色相)'을 얻게 된 것은 '좋은 옷, 와구, 금은진보를 보시한' 공덕 때문 등등이라 하면서, 보살은 이처럼 32상의 선업을 닦아 스스로의 몸을 장엄한 것이니, 이 모두가 아뇩다라삼먁삼보리를 얻기 위함이다. 『대지도론(大智度論)』, 『중아함경(中阿含經)』, 『방광대장엄경(方廣大莊嚴經)』

③ 佛: 十八不共者 (十力·四無畏·三念住·大悲)

(강 론) 如來十號

석존불의 별명이다. 더 이상 붙일수 없는 가득찬 수(滿數) 10으로서, 부처님의 위신력을 표현하고 있다.

「如來 應供 正遍知 明行足 善逝 世間解 無上士 調御丈夫 天人師 佛世尊」을 말한다.

<應供 : Arhan>이란 마땅히 공양을 받을만한 분, 또 신도들의 입장에서는 마땅히 공양을 드릴만큼 수승하신 분이란 뜻이다. 무학(無學)의 뜻으로서 수행자가 닦아야 할 三學(戒學·定學·慧學)을 모두 마쳤으므로, 이제 더 이상 배울 것이 없다는 의미이다. 朝鮮朝 初에 등장하는 무학(無學)대사는 바로 이런 뜻을 담은 호칭인 應供(Arhan)을 지칭하는 말로, 본래의 법명은 自超스님이다.

<明行足 (Vidyā-caraṇa-saṃpanna)>이란 지혜(明)와 복덕(行)을 구족했다는 뜻이다. 비구계를 구족계(upasampada)라 하는데, 비구계를 받는 수행자는 부처님께서 갖추시고 계신 지혜(明)와 복덕(行)을 반드시 갖추어야 된다는 의미이다.

<善逝 : Su-gata>란 두 번 다시 윤회전생하지 않는 분, 완전히(su) 피안에 가신 분(gata)이란 뜻이다.

<調御丈夫 : Puruṣa-damya-sārathi>란 자기자신은 물론 온갖 중생들을 조어(調御)하시는 大丈夫란 의미이다. 곧 자기자신인 안이비설신의 <六

根>을 제어해서 六敵(賊)인 六境에 빠지지 않음은 물론, 중생을 제도하기 위한 온갖 선방편(善方便)을 갖추신 분이 부처님이라는 뜻이다.[20]

<世尊(Bhaga-vat)>이란 Bhaga(福)와 vat(持.有)로서, 복을 지니신 분이란 뜻이다

(강 론) 十八不共者
<十八不共者>란 석존불만이 지닌 위신력을 가리키는 것으로,
(十力·四無畏·三念住·大悲)를 말한다.

<十力>이란 正과 邪를 분별하는 능력, 업과 과보의 관계를 아는 능력, 중생의 근기를 아는 능력, 삼세를 아는 능력 등을 말하며,

<四無畏>란 「사성제는 義와 法에 계합하며, 梵行無欲無爲寂滅法이다」라는 『長阿含經』(대정장 1. 111b)의 말씀처럼,
四聖諦야말로 가장 위대한 가르침이라는 확고한 신념을 지니고 계셨기에, 獅子처럼 ①언제 ②언디서나 ③두려움없이 ④누구에게나 자신감을 가지고 獅子吼를 하셨다는 의미이다.

<三念住>란 상대방이 ①믿거나 ②믿지않거나 ③비방하거나 상관하지않고, 언제나 正念인 四念處에 머무신다는 의미이며,

<大悲者>란 대비란 석존불만이 할 수 있는 행위라는 의미이다. 곧 팔만대장경을 보면 오직 중생구제만을 위해 大悲를 실현하시지, 단 한번

---

20)『雜阿含經』(대정장 2. 141c)

이라도 당신 스스로를 위해 무엇을 하셨다는 구절은 보이지 않는다.

『增一阿含經』(대정장 2. 615c)

2節 部派佛敎時代의 佛身論

第1 佛陀觀에 대한 上座部와 大衆部의 기본입장

	상좌부(上座部)의 입장 역사적 · 현상적. 고집성제 유루신적 불타관 苦集聖諦(有漏身)的 佛陀觀	대중부(大衆部)의 입장 초역사적 · 이상적. 멸도성제 무루신적 불타관 滅道聖諦(無漏身)的 佛陀觀
1	「佛與二乘解脫無異 三乘聖道各有差別」 『異部宗輪論』(대정장 49.16b) (부처님과 이승<二乘>은 거의 차별이 없다. 곧 해탈에 이르기까지의 道行이나 역용<力用>에는 차이가 있을지 몰라도, 해탈<解脫>했다는 점에서는 차이가 없다)	천만의 말씀 佛陀와 이승(二乘)은 오사(五事)라고 하는 큰 차이가 있다. 『異部宗輪論』(대정장 49. 16b) 「若斷二種無知謂染不染說名爲佛 聲聞獨覺唯能斷染不斷不染 故不名佛」 (2가지 무지<無知>, 곧 염무지(번뇌장=煩惱障)와 불염무지(소지장=所知障)을 끊은 분을 일러 부처님이라 하는데, 성문과 연각들은 비록 번뇌장은 끊었닥 하지만, 아직 소지장은 끊지 못햇으므로, 부처님이라 할 수 없는 것이다) 『大毘婆娑論』(대정장 27. 735b)
2	「若起惡心出佛身血壞佛生身.若破壞僧伽壞佛法身.一切如來正等正覺敬重法身佛不重生身故」 『大毘婆娑論』(대정장 27. 602a) (악심을 일으켜 부처님 몸에 피를 내면,	「諸佛世尊爲衆生制度皆是出世故.一切如來無有漏身」 『異部宗輪論』(대정장49.15b~c) (제불세존은 중생을 제도하기 위해 세상에 출현하셨으므로 무루신이다)

	이는 불의 생신(육신)을 해친 것이 되지만, 만일 승가의 화합을 깨면, 이는 불의 법신을 해친 것이 된다. 정등각자인 일체여래는 법신을 중히 여기시지 생신은 그다지 중히 여기시지 않는다)	
	「僧中有佛故施僧者便獲大果非別施佛」 (승가속에 부처님이 속해있으므로, 승가에 보시하는 자는 곧 바로 대과를 얻는다. 따라서 별도로 부처님께 보시하지않아도 되는 것이다)	
3	「唯八支聖道是正法輪 非如來語皆爲轉法輪」 『異部宗輪論』(대정장 49. 16c) (팔정도만이 정법륜이지, 부처님께서 하시는 말씀이 모두 법륜이 되는 것은 아니다) 「佛以一音說四聖諦故不令一切所化有情皆能領解 世尊雖有自在神力而於境界不能改越.如不能令耳見諸色眼聞聲等」 『大毘婆娑論』(대정장 27. 410a) (부처님은 마가다 語(一音)로 사성제를 설하셨으므로, 마가다어를 모르는 모든 사람들을 이해시킬 수는 없는 것이다. 곧 비록 세존께서 자재신력을 지니고 있다 해도, 경계를 고치거나 뛰어넘을 수는 없는 것으로, 그것은 마치 귀로 색을 보거나 눈으로 소리를 들을 수 없는 것과 같은 것이다)	「佛以一音說一切法 諸佛如來語皆轉法輪」[21] 『異部宗輪論』 (대정장49. 15b) (부처님은 一音<마가다 語>으로 일체법을 설하실 수 있다. 때문에 여래의 말씀은 어느 것인든 모두가 전법륜이 되는 것이다>

(강 론) 유루신(有漏身)과 무루신(無漏身)

有漏身(sasrava-kāya)이란 번뇌가 남아있는 존재,

無漏身(asasrava-kāya)이란 번뇌가 남아있지않은 존재란 의미이다.

상좌부는 유루신의 입장에서, 大衆部는 무루신의 입장에서 부처님을 평가하고 있다. 아래의 인용구에서도 확인할 수 있듯이, 上座部와 大衆部는 사사건건 극과 극의 입장에서 서로 충돌하고 있음을 볼 수 있다. 불교교단이 두쪽으로 갈라설 수 밖에 없던 상황을 절절히 실감할 수 있는 인용구들이다.

(강 론) 해탈(解脫)과 보리(菩提)

解脫이란 아유병(我有病)이 없어져 我空의 상태가 된 경지, 곧 번뇌장(事障)이 끊어진 상태를 말한다. 我有病이란 나와 내 소유물은 영원한 것이라 생각하는 일종의 병으로, 이것으로 인해 집착(我執)과 탐진(貪瞋)등의 여러 번뇌가 생긴다.

번뇌장(煩惱障)을 我有病, 染無知(후천적으로 오염된 것) 또는 사장(事障)이라 하는 데 반해,

소지장(所知障)은 법유병(法有病)·不染無知(akliṣṭam-ajñānam), 곧 오염된 것이 아닌 근본무지라는 의미로 이장(理障)이라고 한다.

『승만경』에서는 이를 무명주지(無明住地:avidyā-vāsana-bhūmi)라 하고, 『능가경』에서는 습기번뇌(習氣煩惱:vāsanā-kleśa)라 하고 있다. 理障이라는 것은 근원적인 장애물이란 뜻이다. 앞에서도 설명했지만 번뇌장(我有病)을 끊은 것을 解脫(涅槃)이라 하고, 소지장(法有病)을 끊은 것을 菩提라고 한다.

따라서 중생들은 이 2가지 병을 모두 지니고 있고, 二乘들은 해탈은 했지만 아직 所知障을 끊지못해 菩提는 얻지 못한 상태, 이에 반해 불·보살님들은 모든 병(我有病·法有病)을 끊은 상태, 곧 我空法空의 二空 상태이므로 解脫(涅槃)도 얻고 菩提도 얻으신 분이다.

(강 론) 교단분열의 원인, <十事非法>과 <五事>,

<五事>란 <十事非法>과 더불어 교단이 분열되는 원인이 된 사건들이다. 곧 <十事>가 젊은 소장파 스님들에 의해 주창된 衣食住 改善에 대한 10가지 항목으로, 노장파인 長老들에 의해 非法이라 주창되어 파기된 사건인데 반해,

<五事>는 이와 반대로 장로들, 곧 성문이나 연각승들이 우리는 이미 번뇌장을 끊어 해탈을 얻었으므로 부처님과 별반 차이가 없다고 주창한 사건으로, 이에 대해 소장파인 <大天>을 비롯한 대중부 스님들의 반대, 곧 당신들이 어디 감히 부처님과 대등(對等) 운운하느냐, 당신들은 5-가지 면에서 부처님과 큰 차이가 나는 것이라 하면서 반기를 들고 교단을 박차고 나가게 되는 사건으로, 이것을 역사적으로 <근본분열>이라 한다. 곧 이 2개의 사건이 제기됨으로 인해 교단성립 이래 2-번째의 승가대회(제2결집)가 베사리에서 열리게 되었고, 회의결과 이들은 모두 정법이 아닌 非法이라 판결이 나고, 상호 이런 결과에 승복하지 않음으로서 교단은 上座部와 大衆部의 2파로 분열하게 되는 것이다. 그리고 이 사건을 계기로 계속 분파가 생겨 결국 18~20개의 분파로 나누어지는 <支末分裂>이 일어나게 된다.

<五事>란

①余所誘(아직 有漏身이기에 유혹에 넘어간다)

②無知(아직 법유병인 소지장이 남아있다)

③猶豫(無學이 아닌 더 배워야 할 有學이다)

④他令入(자각능력이 없어 남이 알려주어야 비로소 깨달았음을 안다)

⑤道因聲故起(일체가 苦인줄 알지 못해, '일체개고'란 말을 아직 할 줄 모른다는 의미)이다.

(강 론) 僧伽는 法身, 석존불(승가의 일원)은 色身

승가의 화합을 깨는 파승가(破僧伽)가 얼마나 무거운 것인가를 法身과 化身(色身)의 비유를 통해 설명하면서, 은연중 부처님은 有漏身이라는 것을 강조하고 있다.

僧伽의 중요성이 강조되고 있는 경구이다. 직역하면 부처님도 승가의 소속인이니, 승가를 보다 더 소중히 하라는 의미이지만, 밑바탕에는 부처님도 有漏身이니, 우리 二乘들과 그리 차이가 나는 것은 아니라는 것이 강조되고 있다.(上座部의 입장)

한편 大衆部는 부처님은 유루신이 아닌 無漏身이기에, 우리가 아는 차원을 넘어선 위신력을 지니시고 계신다. 따라서 여래의 말씀은 모두가 轉法輪이 되는 것이라 하며, 有漏身의 입장인 上座部와 정면 충돌하고 있다.(大衆部의 입장)

第2 大衆部의 佛陀觀

「如來 應供 正等正覺 明行足 善逝 世間解 無上師 天人師 調御丈父 佛世尊」[22]　　　　　　　　　　　『雜阿含經』(대정장 2. 141c)

「佛陀有三十二相八十種好莊嚴其身　如須彌山出諸山頂　面如日月亦如金山光有遠照」[23]　　　　　　　　『增一阿含經』(대정장 2. 615c)

(부처님은 32상 80종호로 장엄하고 계신다. 그것은 마치 수미산처럼, 日月처럼, 金山처럼, 가장 높으며, 또 빛을 지니고 있어 두루 멀리 모든 것을 비추는 것이다)

「如來色身實無邊際　如來威力亦無邊際　諸佛壽量亦無邊際　諸如來語皆轉法輪　一刹羅心了知一切法　何以故一刹羅心相應般若故」

　　　　　　　　『異部宗輪論』(대정장 49. 15b~c)

(여래의 색신은 무변제하고, 위력 또한 무한하며 그분의 수명 또한 무한하신다. 때문에 그분의 말씀은 모두가 전법륜이 되고, 일찰나에 일체법

---

22) 如來 : (Tathāgata) 또는 如去라고도 한다. 곧 tathā(眞如)+gata(가다)로 분석하여 사바세계에서 眞如世界로 가다(如去)라는 해석과, 또는 tathā+agata로 분석하여 진여세계에서 사바세계로 다시 오다(如來)라는 두 가지 해석법이 모두 가능하기 때문이다.
　티벳트에서는 지혜의 입장을 강조해 <De-bshihan-gshegs-pa(如去)>라 하는데 반해, 한국·중국·일본 등에서는 후자의 입장인 如來를 취하고 있다. 전자가 지혜나 보리(菩提)를 강조하고 있는데 반해 후자는 大悲를 강조하고 있다고 보면 될 것이다. 지혜와 대비 양쪽을 모두 具足(兩足)하고 계신 석존불이기에 如來도 되고 如去도 되는 것이다. 참고로 gata는 √gam(가다)이란 어원에서 파생된 말이다.
23) 무상정등각자(석존불)의 상징인 32상과 80종호를 須彌山관 光明과 金山에 비유하고 있다.『增一阿含經』(대정장 2. 615c)

을 모두 요지하신다. 까닭은 일찰나에 반야(般若)와 相應하기 때문이다)

(강 설) 반야(般若)와 상응하는 삶

반야(般若)와 상응하기에 이러한 위신력을 지니고 계시다는 대목이 가슴에 찡하며 저려온다. 大乘, 아니 부처님 말씀의 핵심은 모두가 <一切法無自性空>인 반야이다. 초기경전인 『아함경』을 위시해 8만대장경 모두가 공(空)이란 기반위에서 설해지고 있기 때문이다. 곧 무상(無常) 무아(無我)니 이런 어구들은 모두가 空을 의미하는 것이고, 또 해탈 열반 보리(菩提)란 것도 모두가 우주 법성인 <一切法無自性 空>을 체득해 얻은 결과를 말하기 때문이다. 우리가 매일 지송하는 『반야심경』속의 "보리살타(보살)도 또 삼세제불도 모두가 반야바라밀을 의지하고 살기에, 걸림도 없고 공포도 전도몽상도 없는 것으로, 구경에는 열반과 무상정등정각을 얻는 것이다" 라는 경구는, 불교의 핵심이 바로 이 般若와 相應하는 삶을 사는 것이란 것을 알려주는 명구중의 명구이다. 일상에서의 매사에 반야와 상응하는 삶을 살도록 정진케하고, 또 매사마다 나의 행동거지가 반야와 상응하는지 아닌지 체크하는 습관을 가지게 하기 때문이다. 매일 반야와 상응하는 삶, 이것이야말로 불자의 사명으로서, 고통을 없애고 성불을 이루는 비결이다.//

3節 過去佛・未來佛 信仰의 出現

第1 過去七佛[24]

비파시불 (毘婆尸佛: Vipasyin), 시기불 (尸棄佛: śikhin), 비금정불 (毘金淨佛: Viśuabhu), 구류손불 (拘留孫佛: Krakucchanda), 구나함모니불 (拘那含牟尼佛: Kanakamuni), 가섭불 (迦葉佛: Kāśyapa), 석가모니불(釋迦牟尼佛 :śakyamuni)　　　　　　　『長阿含經』(대정장 1. 1c)

第2 未來佛

「當於爾時有佛出現 名爲彌勒如來 至眞等正覺 十號具足」

『長阿含經』(대정장 1. 41c~42a)

(그때에 부처님께서 출현하시니 이름은 彌勒如來로서 十號를 구족하고 계신다)

「未來人壽八萬歲時有佛世尊名曰慈氏如來正等正覺　天人師佛世尊如我今者十號具足」　　　　　　　　『大毘婆娑論』(대정장 27. 893a)

(장차 인간의 수명이 8만세될 무렵, 慈氏如來라 이름하는 분이 출현하게 되는데, 그분은 지금의 나와 똑 같이, 정등정각 천인사 불세존 등의 十號를 구족하고 있다)

「世尊。世尊往昔於毘尼中及諸經藏說阿逸多次當作佛 (중략) 閻浮提歲數五十六億萬歲。爾乃下生於閻浮提。如彌勒下生經說」

『미륵상생경』(대정장 14. 418c~420a)

---

24) <과거칠불>신앙은 아쇼카대왕의 마애(磨崖)비문에 처음 등장한다. 따라서 대왕의 재위기간(B.C 268~232), 곧 根本分裂(불멸후 200年頃)을 전후한 무렵에 등장한 신앙이라 추정되고 있다.

(세존께서 그 옛날 계율과 경장을 설하시던중 <아일다>에게 장차 성불할 것을 말씀(授記)하셨다. 곧 『미륵하생경』에서 말씀하신 바와 같이, 아일 다는 56억만년 후에 彌勒佛로서 이 사바세계에 몸을 나투시어 아직 깨 닫지 못한 중생들을 제도하신다)

(강 론) 미륵불(Maitreya-Buddha) 미래불 신앙

<미륵불(Maitreya-Buddha) 미래불 신앙>은 A.D 3세기경에 등장한 것 으로 추정되고 있다.참고로 『彌勒成佛經』·『彌勒上生經』·『彌勒 下生經』을 <彌勒三部經>이라 칭한다.

『미륵성불경』은 석존 열반 후 56억 7천만년 후에 미륵불이 용화수 (龍華樹)에서 출현하신다는 신앙이며, 『미륵상생경』은 그 분께 귀의 하면, 임종 시 그분이 계신 도솔천에 왕생할 수 있다는 신앙이며, 『미륵하생경』은 그 분이 下生하실 때 그 때 나도 함께 사바에 태어 나게 해 달라는 신앙이다. 未來人壽八萬歲時 출현한다고 되어있는데, 이때가 56억 7천만년 후가 된다는 것이다 //

4節 佛卽是法 / 法身常住思想

第1 『阿含經』의 法身說

「若佛出世 若未出世 此法常住 法住法界」 『雜阿含經』(대정장 2. 85b)

(부처님께서 세상에 나오든 나오지 않든 상관없이, 이 법은 항상 법계속에 머문다)

「如來恭敬法故 其供養法者卽恭敬我 已其觀法者卽觀我 已有法卽有我」
『增一阿含經』(대정장 2. 652c)

(여래는 법을 공경하므로, 법에 공양하는 자는 나를 공경하는 것과 같은 것이다. 곧 법을 보는 자는 나를 보는 것으로서, 법이 있는 곳에는 반드시 내가 있는 것이다)

「我釋迦文佛壽命極長 所以然者 肉身雖取滅度 法身恒存 此是其意」
『增一阿含經』(대정장 2. 787b)

(나 석가모니불의 수명은 무한하다. 이유는 육신은 비록 멸할지라도 法身은 항상 존재하기 때문이다. 이것이 바로 그 의미이다)

(강 해) 우주의 진리이자 만 생명 길러내는

法身 비로자나(Vairocana)佛

法(Dharma), 그것은 우주의 진리이자 만 생명을 길러내는 우주에너지로서 온 우주에 가득 편만해 있다. 나도 그것을 먹고 살고 있고, 메뚜기도 민들레도 그 무엇 하나 이것을 먹고 살지 않는 것은 하나도 없다. 그것을 法性이라 하기도 法界라 하기도 한다. 불교의 가장 기본교리인 四法印은 바로 이 法性을 구체화 시킨 것이며,

法身이라 불리는 비로자나불(Vairocana-佛) 또한 우주의 생명에너지로서 만물을 길러 내는 法性을 인격화한 것이다.

「法이 있는 곳에는 내가 있고, 내가 있는 곳에는 법이 있다. 법을 내 것으로 한 자, 그를 일러 부처」라 한다.

조석으로 지송하는 예불문 "지심귀명례 시방삼세 제망찰해 상주일체 불타야중(달마야중)" 은 바로 이러한 뜻을 함축하고 있는 게송이다.//

第2 『般若經』의 法身說

『小品般若經』에는

「諸佛如來不應以色身見 何以故諸佛如來皆是法身故」

(대정장 8. 545c, 584b)

(제불여래를 볼 때는 색신으로 보아서는 아니된다. 왜냐하면 그분들은 모두 法身이기 때문이다)

『金剛般若經』에는

「若以色見我 以音聲求我 是人行邪道 不能見如來」　　(대정장 8. 752a)

(만일 형색으로 나를 보려 한다거나 음성을 통해 나를 찾으려 한다면,
그 사람은 정도가 아닌 사도(邪道)를 행하는 자로서 결코 여래를 볼 수
없는 것이다)

(강 론) 내 마음이 부처인줄 알면, 그 마음이 곧 부처

정토경전인 『觀無量壽經』에는

「諸佛如來是法界身　遍入一切衆生心想中　是故汝等心想佛時　是心卽是三
十二相八十隨形好　是心作佛時　是心是佛」　　(대정장 12. 343a)

(제불여래는 모두가 法界身이다. 왜냐하면 일체중생의 마음속에 내재
되어 있기 때문이다. 곧 너희가 마음으로 부처님을 생각하면 그 마음
에 32상 80종호를 갖추게 되는 것이다. 그러므로 내 마음이 부처인줄
알면, 그 마음이 곧 부처인 것이다)

(강 론) 法身의 효시(嚆矢), 『增一阿含經』

「肉身雖取滅度 法身恒存」『增一阿含經』

「一切如來正等正覺敬重法身佛不重生身」『大毘婆沙論』

「諸佛如來皆是法身『小品,팔천송반야경』

라 하였듯이, 이미 『增一阿含經』을 비롯한 초기불전 『大毘婆沙論』·
『小品,팔천송반야경』에 法身이란 용어가 등장한다. //

第3 『大智度論』의 二身說(法身・化身)

「佛有二種身。一者法身。二者色身。法身是眞佛。色身爲世諦故有」

(대정장 25. 747a)

(佛身에 두 가지 있으니 法身과 色身이 그것이다. 법신은 眞佛이며, 색신은 父母生身을 말하는 것으로, 중생을 제도하기 위해 법신께서 化現한 化佛이다)

「而佛身有二種。一者眞身二者化身。衆生見佛眞身。無願不滿。佛眞身者。遍於虛空光明遍炤十方。說法音聲亦遍十方無量恒河沙等世界。滿中大衆皆共聽法說法不息。一時之頃各隨所聞而得解悟」 (대정장 25. 278a)

(불신에는 2-가지, 곧 眞身과 化身이 있다. 중생이 진신을 보게되면 모든 원을 모두 이룰 수 있다. 진신은 허공에 가득차 두루 시방을 비추시며, 음성 또한 시방무량의 항하사 세계에 가득하다. 이 무량세계에 대중 또한 가득한데, 그들 대중이 한순간도 멈춤이 없이 모두 이 법을 듣고 또 법을 설한다. 그러면서 그 순간마다(一時之頃)「各隨所聞而得解悟」 각자 들은 바에 따라 이해하고 깨달아 간다) 「各各等保體」~

(강 설) 효녀 심청이 (한사람의 공덕이 세상을 바꾼다)

판소리 <춘향전>에는 용궁에 간 심봉사가 눈 뜨는 장면이 나온다. 딸 심청이가 아버지를 보고 기뻐서 '아버지' 하고 부르는 순간 심봉사가 번쩍하고 눈을 뜬 것이다. 그런데 청천벽력과 같은 사건이 또 터진다. 그때 (一時之頃) 그곳에 있던 모든 눈먼 자들이 한결같이 눈을 뜬 것이다.

효녀 심청이 덕분에 모두가 천추의 한을 풀고 광명을 얻은 것이다. 한 사람의 공덕이 이렇게 세상을 바꾸는 것이다.//

「復次佛有二種身。一者法性身。二者父母生身。是法性身滿十方虛空無量無邊。色像端正相好莊嚴。無量光明無量音聲。聽法衆(生)亦滿虛空。(此衆亦是法性身非生死人所得見也)　常出種種身種種名號種種處種種方便度衆生。常度一切無須臾息時。如是法性身佛。能度十方世界衆生。受諸罪報者是生身佛. 生身佛次第說法如人法。以有二種佛故受諸罪無咎」

(대정장 25. 121c)

(佛身에는 法性身과 父母生身 2종류가 있다. 법성신은 시방허공에 가득하다. 그 분의 색상은 단정하여 32상 80종호로 장엄(莊嚴)하고 계신다. 광명도 음성도 무량하다.

그 법을 듣는 청법중생 또한 허공에 가득하다. (청법중 또한 法性身이지만 生死人들은 볼 수가 없다) 법성신은 종종의 몸과 이름과 종종의 처소에서 여러 방편으로 중생을 제도하시는데 한순간도 멈춤이 없다. 이처럼 법성신은 시방세계 중생들을 능히 모두 다 제도하신다. 한편 여러가지 죄와 그 보를 받는 분은 생신불(生身佛)로, 그 분은 세간의 법처럼 순서에 따라 법을 설하신다. 이처럼 법성신과 생신불 2가지 불신을 지니고 있기에, 비록 (생신불)이 죄에 따른 벌을 받기는 해도, 그분에게 허물은 없는 것이다. <법성신께서 중생을 제도하시기 위해 보내신 化身이니까>)

(강 론) 法性身과 色身 **(父母生身佛)**

부처님은 대자대비하신 분이기에 중생들의 근기에 따라 종종의 몸과 종종의 이름을 띠며, 종종의 처소에서 여러 방편으로 중생을 제도하신다. 이런 분을 法身 또는 法界身, 또 法性身이라 한다. 여기서 재미있으면서도 우리를 경각(驚覺)케 하는 것은 「법을 듣는 청법중생 또한 허공에 가득하다. (청법중 또한 法性身이지만, 生死人들은 볼 수가 없다)」이란 구절이다.

이 세상 모든 사람들 모두가 우주의 법을 보고 듣고 먹고사는 청법인(法身)이지만, 탐진치 三毒에 묶여 사는 生死人들이기에 이 사실을 알지도 듣지도 보지도 못한다는 것이다.

「眼前風月淸淨身 脚下山色是道場 若人會得自性身 塵塵利利法王身」

눈앞의 풍월 모두가 청정(법)신이요, 다리 밑에 내다보이는 산색들이 모두 불도량이다. 만일 이 소식을 아는 자가 있다면, 그 사람은 자기가 부처인줄 아는 사람이다. 진진찰찰이 모두 法(王)身이니까~ //

(강 설) 이 세상은 장엄(Avataṃsaka / Maṇḍala)세계

이 세상은 장엄(Avataṃsaka/Maṇḍala)세계이다. 모든 존재들은 이 장엄(莊嚴)을 통해 자기자신을 들어내기 때문이다. 노란색 빨간색 등 각양각색의 색상과 모양과 음색 등으로~ 그것도 본인이 좋아하는 계절에 따라, 봄에 여름에 아니 추운 겨울에 모습을 드러내며 자신을 뽐낸다. 부처님 오신날을 축하해드리기 위해 법당에 켜드리는 형형색색의 등을 일러 장엄등(莊嚴燈)이라 부른다. 모든 장엄등과 그 등을 밝힌 모든 불자들이 한결같이 모두 존귀하지만, 어떤 마음가짐과 발원을 가지고 장엄했느냐에 따라, 그 장엄은 차별 아닌 차별을 가지게 된다.

우리 불가에서도 장엄은 아주 중요하다. 부처님이나 보살이나 성문·연각등 모두 장엄을 하지만 장엄내용이 모두 다르다. 축원을 드릴 때 「각각등 보체(保體)」란 말을 쓴다. 부처님은 32상 80종호로, 보살은 十-바라밀로, 연각(緣覺)은 12연기로, 성문(聲聞)은 八正道로 자신을 장엄하고 계시듯, 각각의 존재들은 자신의 願과 행위에 따라 장엄이 서로 다르고, 다르기 때문에 사는 방법도 받는 보답도 다른 것이다.

<法性偈>에는

「우보익생만허공(雨寶益生滿虛空) 중생수기득이익(衆生隨器得利益)」 이란 말이 나온다. (중생을 이익하게 하는 법비가 허공에 가득하지만, 중생들은 각자 지니고 있는 그릇이 달라, 받아가는 이익 또한 다르다)는 말씀이다.「各隨所聞而得解悟」) //

2章 大乘佛教의 佛身論

1節 現在 他方佛 報身佛 思想 - 淨土經典의 佛身論
- 超空間的 多佛思想 -

(강 론) 超空間的 佛身의 **등장**

과거불과 미래불 다음으로 등장하는 것이 공간을 뛰어넘는 현재불 보신불사상으로, 정토경전에 등장하는 동방 아축불이나 서방 아미타불신앙은 모두 現在 他方에 계시는 報身佛들이다. 동방 아축불신앙이 서방 아미타불 신앙보다 앞서 등장하였다.

支婁迦讖(147~186)과 支謙(<222~253: 이 기간중 36부 48권이나 역출했음)등에 의해 거의 모든 정토경전이 번역되었다.

곧 지루가참은 『道行般若經』·『阿閦佛國經』·『般舟三昧經』을,

지겸은 『維摩經』과 淨土三部經(『無量壽經』·『阿彌陀經』·『觀無量壽經』)을 번역하였다.

第1 東方 阿閦佛 信仰

「爾時其菩薩摩訶薩 用無瞋恚 故名之爲阿閦 用無瞋恚故住阿毘羅提」

『阿閦佛國經』(대정장 12. 347a)

(그때 보살마하살이 성냄이 없는 무진애(無瞋恚)로 자신을 장엄하고 있어, 아축(Akṣobhya-Buddha)이라 이름하며, 아비라티<Abhirati=妙喜> 세계에 살고 계신다)

(강 론) 발원 → 수행 → 정토개척 → 정토불

보신불들은 누구나 각자 자기 나름의 발원을 세우고, 그 발원대로 사신 부처님들이다. 말하자면

1) 발원을 세우고 2) 발원대로 수행을 하시고 3) 그 결과 보담을 받아 淨土를 개척하신 후, 현재에도 당신이 발원하신 그곳 정토(報土)에 사시면서 중생을 위해 발원하신 내용들을 그대로 실천하고 계시는 부처님이다. 바꿔 말하면 현재진행형의 부처님이 정토불이다.

아축불(Akṣobhya-Buddha)은 본래 머지않아 임금이 될 왕자님이셨다. 거만하고 주색에 빠져 자기 뜻대로 되지 않으면 화를 내고 주먹을 쓰고 온갖 추태를 부리다 그만 자질문제로 동생에게 왕위도 뺏기게 되고, 반성은 커녕 오히려 진심을 내고 분풀이를 하다 술독에 빠져 백성들과 신하들로부터 온갖 수모를 당한다. 그 술독에서 부처님을 친견하게 된 왕자는 자신의 본 모습을 깨우치고 발원하며 목숨을 마친다.

내세에는 그 어떤 일이 있어도 절대로 성내지 않고 음심 또한 내지않겠노라고~, 그리하여 기쁨과 즐거움만 있는 청정국토 묘희세계를 개척하겠노라고~

다시 태어나 발원대로 열심히 수행하여 그 보담으로 성불을 이루신 무진불(無瞋佛), 곧 입(口)으로도 눈(目)으로도 그 어떤 경우에도 절대 진심(嗔=瞋)을 내지 않겠다는 의미의 이름인 아축불(Akṣobhya-Buddha)이란 이름을 얻고, 지금 현재 그가 개척한 정토(淸淨國土), 곧 성냄도 음욕도 없고 즐거움과 기쁨으로 넘치는 희희락락의 세계인 묘희세계(妙喜世界=Abhirati)에 살고계신 것이다. //

『賢愚經』에 나오는 忍辱仙人의 이야기

「須菩提 過去五百世作忍辱仙人 於爾所世 無我相 無人相 無衆生相 無壽者相)」   『金剛經』(대정장 8. 750b)

(수보리야! 과거 오백세 시에 인욕(Kṣānti)行을 수행하는 仙人이 있있는데, 그에게는 아상(我相:Ātman)도 인상(人相:Pudgala)도 중생상(Sattva)도 수자상(壽者相: jīva)도 없었다)

(강 론) 금강경과 四相 (아상·인상·중생상·수자상)

금강경에는 四相(아상·인상·중생상·수자상) 이야기가 나온다. 보살이 이 4가지 상(相=想)을 가지고 있으면, 참보살이 아니라는 내용이다. 여기서 상이란 相 또는 想을 의미하는데, 인도 싼스크리트어로는 Saṃjñā이다. 곧 <Saṃ+jñā>인데, 여기서 Saṃ이란 이것저것 종합한다는 의미, jñā란 안다(知)란 의미이다. 따라서 이들을 합하면 종합지(綜合知)로서, 오온(五蘊) 가운데 상온(想蘊)을 가리킨다.

아는 것에는 綜合知 외에도 여러 가지 知가 있다. 나누어서 아는 분석지도 있다. 이때는 접두사 Vi가 달라붙어 <Vi+jñā>가 된다. '일체 모든 것은 식이 만들어냈다' 할 때의 識을 이르는 것으로, 이것저것 분별하고 사량하는 중생의 근거인 識을 가리킬 때 사용한다.

또 접두어 Pra가 달라붙는 <Pra+jñā>도 있다. 이 때는 육바라밀중 6번째의 바라밀인 반야바라밀의 의미로 사용된다.

또 아무 것도 달라붙지않는 순수한 <jñā>도 있다. 이때는 十바라밀다 가운데 마지막 바라밀인 智-바라밀다를 가리키는 것으로, 법신불 비로자나불이 지니신 五智, 곧 거울과 같은 宇宙智인 법계체성지·대원경지·평등성지·묘관찰지·성소작지를 가리킨다.

불교수행자는 <Prajñā>나 <jñā>를 지향한다.

  앞에서 나온 四相은 부처님 당시 인도에서 유행하던 여러 사상가들이
내 놓은 이론으로, 부처님께서는 이것들을 모두 사(邪)된 것이라 하여
배척하셨다.
  먼저 아상(我相:Ātman)은 바라문교들이 윤회의 주체로 내 세웠던 것
으로, 자기(我)의 실체를 인정하는 것이며,
  인상(人相:Pudgala)은 인간이야말로 만물의 영장이라 주장하면서 그
외의 것들을 무시・부정시하는 外道들의 주장으로, 교단내의 독자부
(犢子部)와 정량부(正量部)도 주창하기도 하였다.
  중생상(衆生相: Sattva)은 스스로를 잡중생이라 낮추어보고, 노력하면
서 더 높이 더 멀리 가려는 진취심이나 의지를 전혀 지니지 않는 것이며,
  수자상(壽者相: jīva)은 제법의 무상함을 모르고나 망각한채 현세에
집착하여 오래 살려고 몸에 좋다는 것들에 극집하며 사는 삶을 말한다.
  이와같은 삶의 방식은 당시 이름을 떨치며 혹세무민하던 <아지타>나
<고살라> <카샤파> <니간타> 같은 육사외도(六-邪命外道)들이 주창하
던 것들이다.[25]

  相이나 想인 <Saṃjñā>는 하나의 장벽이나 우물과 같은 것이다.
  <우물안의 개구리>란 말이 있다. 이 말은 자기만의 우물(장벽) 속에
갇혀서, 다른 것을 보지 못하고, 여러 모양의 허상(虛想)을 만들어,
그 허상속에 갇혀서 스스로 고통받는 단견자(斷見者:선과 악 미래 등

---

[25] 대표로 <고살라>의 예를 들어보자. 고살라는 6명의 外道中의 한 사람으로
<邪命外道>라고 불리는 결정론자였다. 곧 그는 12요소설(地・水・火・風・
生・死・苦・樂・得・失・虛空・命)을 부르짖으며, 살아 생전 아무리 극악의
惡한 행동을 한다해도 840겁만 지나면 누구나 解脫을 얻는것이니, 구애받지
말고 살아있을때 마음대로 먹고 마시고 즐기며 살아라! 주장하였다.

그 어떤 가치도 인정하지 않고 막행막식하며 현재를 즐기며 삶을 사는 자들)나 상견자(常見者:하나만 알고 둘은 모르는 외통수)를 가리키는 것으로, 유식학으로 말하면 번뇌장(煩惱障)과 소지장(所知障)에 갇혀 사는 무리들을 지칭한다. 그래서 부처님께서는 '이러한 4가지 상(相)에 갇혀 살면 참보살이 아니다'고 말씀하신 것이다.

(강 설) 인욕(忍辱: Kṣānti)行과 發光

<인욕선인>은 인욕(忍辱: Kṣānti)바라밀 수행을 하는 수행자였다. 수많은 수행이 있지만 인욕바라밀 수행만큼 어려운 것도 없다.

이유 없는 온갖 고초를 당해도 미운 마음을 가져서도 성내지도 보복해서도 안되는 수행이니~

인욕수행에 성공한 수행자를 일러 제3 발광지(發光地)보살이라 부른다. 대중생활을 하다보면 인욕행을 잘하는 수행자가 더러 있다.

그는 發光地란 이름 그대로 저절로 빛이 나고, 인욕보살이라 하여 이름이 멀리 드날리게 되고, 그 앞에서는 모든 대중들이 자연히 머리를 숙이게 된다. 내가 못하는 것을 그는 해내고 있기에~

금강경의 인욕선인도 마찬가지이다. 그가 인욕을 이겨내어 승리자가 될 수 있었던 것은 경의 말씀대로, 4가지 相(想)이 없었기 때문이다.

가사(袈裟:Kasaya)를 달리 인욕의(忍辱衣)라고도 부른다.

이것을 몸에 지니고 있는 수행자는 절대로 성이나 진심을 내서는 안된다는 뜻이다.

第2 西方 阿彌陀佛 信仰[26)]

「我發無上正覺之心 願佛爲我廣宣經法 我當修行攝取佛國 淸淨莊嚴無量
妙土 令我於世速成正覺 拔諸生死勤苦之本」

『無量壽經』(대정장 12. 267b)

(저는 지금 무상정등정각을 얻겠다고 발원하였습니다. 원컨대 부처님이
시여! 저를 위해 부디 법을 설해주십시요! 저는 이제부터 열심히 수행하
여 반드시 청정으로 장엄된 무량묘토인 불국정토를 개척하겠습니다. 부
디 저로 하여금 이 세상에서 속히 무상정각을 이루게 하시고 고통의 근
본원인인 무명에서 벗어나게 하소서!)

「彼佛光明無量照十方國無所障碍 是故號爲阿彌陀 又舍利佛 彼佛壽命及
其人民無量無邊阿僧祇劫 故名爲阿彌陀」[27)] 『阿彌陀經』(대정 12. 347a)

(사리불이시여! 그곳에 계신 부처님의 광명은 무량하여 시방국토를 비추
는데 아무런 장애도 없기에, 그분을 일러 無量光(Amita-ābha)佛이라 이
름한 것이며, 또 그 부처님의 수명과 그곳에 사는 인민들 또한 모두 무
량 아승지겁의 수명(壽命)을 가졌기에, 이름을 無量壽(Amita-āyus)佛이
라 한 것입니다)

---

26) 전생에서 한 나라의 임금님이셨던 <法藏比丘>의 이야기이다.
27) 『異部宗輪論』에도 「如來威力亦無邊際 諸佛壽量亦無邊際」(대정 49. 15b~c)
   란 경구가 보인다.

(강 론) 太陽의 三德과 아미타불

태양에는 3-德이 있다.

1) 除暗遍明의 德 2) 能成衆務의 德 3) 光無生滅의 德

1)의 德은 <普照의 德>이라 하여, 두루두루 비추는 덕을 강조한 것이고, 2)의 德은 <保育의 德>이라 하여, 만생명을 길러 키워내는 덕을 강조한 것이다.

佛家에서는 1)을 智慧의 德이라고 부르고, 2)는 大悲의 德이라고 부른다. 智慧는 태양처럼 無明(어리석음)을 밝히는 明이고, 大悲는 어머니처럼 감싸주고 용서하며 慈悲로 가족들을 잘 길러 성장케 해주기 때문이다.

3)의 德은 1)과 2)의 德을 아무리 쓰고 써도, 그 덕이 닳거나 없어지지 않고 無量하다는 의미이다.

阿彌陀佛(Amita佛)을 無量光(Amita-ābha)佛이니, 無量壽(Amita-āyus)佛이니 하는 것은, 태양이 지니고 있는 三德, 곧 光明과 壽命의 무량(무생멸)함에 비유한 말이다.//

제 18원: 염불왕생원(念佛往生願) / 십념왕생원(十念往生願)[28]

「設我得佛 十方衆生至心信樂 欲生我國乃至十念 若不生者不取正覺」

『無量壽經』 (대정장 12. 268a)

(내가 만일 부처가 되었을 때, 그때 시방의 중생들이 지성으로 기쁜 마음 즐거운 마음으로 아미타불이란 내 이름을 10번 부르며 내가 사는 극

---

28) 염불왕생원(念佛往生願)은 일본 정토종의 法然스님이, 십념왕생원(十念往生願)은 『三門直指』에 나온다. 정토행자들이 무량수경을 보고 각자 의 자기의 견해에서 제목을 지었다.

락세계(Sukha-Vati)에 태어나기를 바랬는데, 혹시라도 그 원이 성취되지 않는다면, 나는 절대로 성불하지 않겠습니다)

제 19원: 래영인접원(來迎引接願) / 임종현전원(臨終現前願)[29]

「設我得佛 十方衆生發菩提心 修諸功德 至心發願欲生我國 臨壽終時 假令不與大衆圍遶現其人前者不取正覺」『無量壽經』(대정장 12. 268a~b)

(내가 만일 부처가 되었을 때, 시방의 중생들이 보리심(菩提心)을 발하며 여러 가지 공덕을 닦으며 지심으로 내가 사는 극락세계에 태어나기를 발원하며 임종을 당했는데, 그때 혹시라도 내가 수많은 대중들과 더불어 그 사람 앞에 나타나 그를 극락세계로 영접해 가지 못한다면, 나는 절대로 성불하지 않겠습니다)

(강 해) 태양신앙과 정토불,
(SunRise와 동방아축불 / SunSet과 서방아미타불)

동방 아축불과 서방 아미타불로 대변되는 정토신앙은 지금 현재에도 그곳에 계시면서, 그가 한 약속을 지켜내고 계시는 현재불(現在佛)신앙이다. 곧 지금도 앞으로도 계속해서 그들이 개척해 놓은 정토에서 발원대로 약속을 지켜가는 부처님들로서, 그래서 정토불을 일러 현재불(現在佛)이니 타방불(他方佛)이니 하는 것이다. 여기서 타방불이란 이들 정토불들이 우리가 사는 인고(忍苦)의 세계인 사바(Sahā)에 계신

---

29) 래영인접원(來迎引接願)은 일본 정토종의 法然스님이, 임종현전원(臨終現前願)은 『三門直指』에 나온다. 정토행자들이 무량수경을 보고 각자 의 자기의 견해에서 제목을 지었다.

부처님이 아니라, 사바를 떠나 그들이 개척해 놓은 다른 곳(他方)에 계시다는 의미이다. 따라서 그들을 친견하려면 그곳 정토에 가(왕생) 야만 되는 것으로, 그래서 왕생사상(往生思想)이 출현하게 된 것이다.

서방 극락정토 아미타불 신앙은 동방 유리광-정토 아축불신앙에 뒤이어 출현한 정토신앙이다. 곧 해가 뜨고 지는 동방과 서방에 대한 동경과 갈망에서 비롯된 신앙이다. 주황색의 여린 붉은 빛을 띠우며 서서히 서산으로 그 모습을 감추는 황혼의 아름다움(Sun-Set), 또 어스름을 뚫고 새벽의 동녘 바다위에서 서서히 떠 오르며 그 찬란함을 뽐내는 새벽녘의 태양(Sun-Rise)은 무어라 말할 수 없는 신비로움과 아름다움의 극치중의 극치이다. 우리가 한해를 마무리하거나 새해를 맞이하면서 해보냄과 해맞이를 하기위해 온갖 고생을 하면서도 바다로 산으로 떠나는 이유도 바로 여기 있는 것이다. 아축불신앙이나 아미타불신앙은 바로 이러한 태양의 아름다움의 극치를 만끽하고, 인간의 갈망을 충족키 위해 탄생된 신앙이라 할 수 있다.

외세의 침략을 받아 남자들은 살생을 당하고, 부녀자들은 겁탈과 온갖 굶주림으로 도탄에 빠진 백성들, 이를 한탄과 눈물로밖에 지켜볼 수밖에 없던 한 임금이 있었다. 백성들을 배불리 먹이고 안락하게 살게 하는 것이 임금의 사명이다. 외적의 칼에 죽어가던 왕은 '내 지금은 힘이 없어 이렇게 백성들을 도탄에 빠뜨리고 나도 죽임을 당하고 말지만, 내세에는 반드시 출가 수행자가 되어 열심히 닦아 그 보답으로 부처가 되어 <妙喜世界>라는 정토를 개척하여, 그곳에 사는 백성들에게 기쁨과 즐거움과 희망이 넘치는 삶을 살도록 하겠다는 발원을 하고 목숨을 거둔다. 그가 후세에 태어나 발원대로 행하여 일구어낸 정토가 동방 묘희세계이며, 그가 바로 <아축불>이다. //

(강론) 정토불 출현과 수기(授記:Vyākaraṇa)사상

영가천도때 지송하는 <십종장엄(十種莊嚴)염불> 대목중에,

「법장서원수인장엄(法藏誓願修因莊嚴) 사십팔원원력장엄(四十八願願力莊嚴)」이란 구절이 있다.[30]

법장스님이 서원하셨고, 그 서원대로 수행하시어 그 보답으로 일구어낸 장엄국토, 법장스님이 48개의 원(발원)을 세우시고[31], 그것을 이루기 위해 온갖 수행(力)의 결과 일구어낸 국토(報土)가 바로 서방정토 극락세계라는 의미이다.

다시 말하면 정토불 출현의 배경에는

수기(授記:Vyākaraṇa)사상이 깔려있는 것으로,

① 발원하고, ② 발원대로 닦으면 ③ 그 보답(報答)으로, 앞으로 언제 어디에서 성불할 것이라는 부처님으로부터의 약속, 곧 수기(授記)와

---

30) 『예념미타도량참법(禮念彌陀道場懺法)』(권1~5)은 1474년(성종 5년) 세조의 비인 정희왕후(貞熹王后)의 발원으로 간경도감(刊經都監)에서 개판한 왕실판본(王室版本)의 불경이다. 인수대비와 인혜대비를 비롯, 공주 숙의(淑儀) 상궁(尙宮) 등 궁궐의 여인들과 월산대군·제안대군 등 왕실 인사들이 후원했으며, 신미(信眉)·학열(學悅)·학조(學祖)스님 등 당대 중요 고승들이 제작에 참여하였다.

31) 『예념미타도량참법(禮念彌陀道場懺法)』에는 <10종장엄>을 다음과 같이 설하고 있다. 1. 法藏誓願修因莊嚴(법장서원수인장엄) 2. 四十八願願力莊嚴(사십팔원원력장엄) 3. 彌陀名號壽光莊嚴(미타명호수광장엄) 4. 三大士觀寶像莊嚴(삼대사관보상장엄) 5. 彌陀國土安樂莊嚴(미타국토안락장엄) 6. 寶河淸淨德水莊嚴(보하청정덕수장엄) 7. 寶殿如意樓閣莊嚴(보전여의누각장엄) 8. 晝夜長遠時分莊嚴(주야장원시분장엄) 9. 二十四樂淨土莊嚴(이십사락정토장엄) 10. 三十種益功德莊嚴(삼십종익공덕장엄)/ 여기서 <二十四樂>이란 난순차방락(欄楯遮防樂) 보망라공락(寶網羅空樂) 수음통구락(樹陰通衢樂) 칠보욕지락(七寶浴池樂) 등 극락정토가 지니는 24가지의 樂을 말하며, <30種益>은 극락정토가 지니는 30종의 樂相을 말한다. 극락세계를 예찬한 24락이나 30종의 이익 등은 칭찬정토불섭수경(稱讚淨土佛攝受經), 관무량수경(觀無量壽經), 무량수경(無量壽經)등이 설한 법장스님의 48원을 분석. 세분. 하여 만들어내었다. 『萬善同歸集』『釋淨土群疑論』참조

관계가 깊다.

 정토불을 다른 말로 보신불(報身佛)이니, 수용신불(受用身佛)이니, 또 계신 곳을 보토(報土)니 하는 것은, 바로 이러한 ①→②로 이어져, 그 결과 ③ 보답의 형태인 성불의 약속, 곧 수기(授記)사상으로 이어진 것이다. //

참 고: 가지(加持) / 본원(本願) / 신변(神變)

① 가지(加持)

 불교사상에서 중요한 개념들이 가지(加持)와 본원(本願)과 신변(神變)사상이다.

가지(加持: Adhiṣṭhāna)란 Adhi(加) + ṣṭhāna(持)의 합성어로서, 부처님께서 그의 본원력(本願力: Pūrva-Praṇidhāna)인 중생구제의 원력으로 나에게 빛을 주시면(加), 나는 그 빛을 잃거나 버리지 않고 잘 간직하는 것(持)을 말한다.

 일반적인 용어로는 요가(Yoga), 상응(相應)이라하고, 전문적인 용어로는 상즉상입(相卽相入)이니, 입아아입(入我我入)이라 한다.

 Yoga란 √Yuj:相應하다. 곧 A와 B를 연결시켜 하나로 만들다」란 의미를 지닌 단어이며, <相應>이나 <相卽相入> 또한 서로 주고받아 궁극에는 <너=나> 가 되어 하나가 되는 것을 말한다. <入我我入>이란 <佛入我我入佛>의 뜻으로, 부처님이 내안으로 들어오시고, 나도 부처님안으로 들어가 궁극에는 佛=나, 곧 내가 부처님이 되는 것을 말한다.

이해를 돕기위해 가지(加持)에 대한 경전의 말씀을 들어보자!

「加라고 하는 것은 十方三世 모든 부처님의 護念(大悲心)이며, 持라고 하는 것은 나의 行動擧止 바로 그것을 말한다」

「秘藏記」 (『弘全』 권2, p.36)

「왕래섭입(往來·涉入)을 加라 하며, 모두 섭(攝)해서 하나도 잃지 않는 것을 持라 하나니, 곧 부처님이 나에게 들어오고, 나 역시 부처님께 들어가는 입아아입(入我我入)의 뜻을 말한다」

「大日經開題」 (『弘全』 권1, p.687)

「加持란 如來의 大悲와 衆生의 信心을 말하는 것으로, 불일(佛日)의 大悲의 그림자(影)가 衆生의 心水에 비추는 것을 加라 하며, 行者의 心水 佛日의 大悲影을 잘 받는 것을 持라 한다」

「卽身成佛義」 (『弘全』 권1, p.516)

「여래는 가지신력(加持神力)으로서, 마땅히 제도할 이에게는 여러 가지 법문에 따라 모습을 나타내신다. 곧 여래는 가지신력으로, 보거나 듣거나 만지거나 알게하는 등, 가지신력으로서 법계에 들어가신다」

『大日經疏』 (대정장 39. 580c)

② 본원(本願: Pūrva-Praṇidhāna) 과 신변(神變: vikurvita)

부처님의 중생사랑을 본원(本願)이라 한다. 부처님을 한마디로 표현하라 한다면 大悲者가 가장 잘 어울리는 말일 것이다. 그만큼 부처님께서 중생을 사랑한다고 하는 것은 삼척동자도 알고있는 것이기 때문이다.

부처님의 중생사랑, 그것을 한마디로 본원(本願)이라 하는 것으로, 이를 加持의 의미로 바꾸어 표현한다면 加에 해당된다.

곧 중생에게 사랑을 더해 주신다는 의미로서의 加인 것으로, 이것을 우리들이 그대로 받아 지니게 되면(持), 그 결과 내가 부처님의 위신력(威神力)을 지니게 되어, 내가 신변(神變: vikurvita) 곧 부처님처럼 변신(變身=transform)하게 된다는 의미이다. 말하자면 신변(神變)이란 加持의 결과 나타나는 징조로, 생각할 수 없을 만큼 내가 변하여 진리에 계합하며 사는 여법한 인격자(보살)로 거듭나는 것을 말한다.

(강 설) 삶 자체가 줄탁동시(啐啄同時)

줄탁동시(啐啄同時)란 말이 있다. 알이 한 생명으로 거듭나기 위해서는 ① 알(새끼) 스스로 세상에 나가겠다는 강한 의지를 가지고, 안에서 알의 껍질을 강하게 쪼아야 되며(啐), 한편 생명주인 어미(母)는 고생하며 잉태한 알을 하나의 생명으로 세상에 내보내겠다는 강한 의지와 사명감으로, 알이 쪼(啐)는 순간을 기다렸다가, 바로 그 순간 동시에 밖에서 탁하고 쪼(啄)는 것으로, 이 (啐)과 (啄)이 합해져야 비로소 새 생명이 세상밖으로 나올 수 있는 것이다. 그만큼 무엇 하나를 이루려면 온갖 인연들이 합해지고 또 서로 정진노력해야 된다는 의미이다.
더구나 위대한 생명의 탄생인데, 더 이상 무엇을 말하랴~

가지(加持)와 본원(本願)과 신변(神變), 이 3가지 개념과 원리도 마찬가지이다.
줄탁동시(啐啄同時)란 말을 잘 간직하고 명심하면서, 발원과 수행을 통해 스스로를 神變시켜 성불하여 정토를 개척하신 분들이 다름아닌 아축불과 아미타불 등의 정토부처님들이기 때문이다.
정토사상에서 아주 중요한 것, 그래서 꼭 유념해야 할 것은 누구든지 또 얼마든지 마음만 먹고 열심히 정진수행한다면, 나도 너도 그리고

우리 모두 부처님이 되어 정토를 개척할 수 있다는 사실이다. //

(강설) 兩舌을 가진 共命鳥

『阿彌陀經』에는 <共命之鳥>라는 말이 나온다. 구마라집의 고향인 쿠차국에 전해지는 전설의 새로, 몸은 하나인데 머리가 2개 달린 새라 목숨을 함께 한다는 의미로 共命鳥라는 이름이 붙었다.[32]

신기하게도 이 2-개의 머리를 가진 共命鳥는 한쪽의 머리는 낮에 일어나 활동하고, 다른 쪽 머리는 밤에 일어나 활동한다. 따라서 한시도 쉬지 않고 머리끼리 다투며 시기 질투하며 으르렁 댄다.

한쪽 머리가 잠을 자려고 하면 다른 한쪽의 머리는 일어나 먹이를 잡는 등 활동하므로 잠을 잘 수 없어, 항상 2-머리끼리 서로 할퀴고 물어뜯어 온 몸이 피투성이가 되도록 죽기 살기로 싸우는 것이다.

어느 날 이 꼴을 보다 못한 한쪽 머리가 상대 입에 毒을 가져다 먹여, 결국은 함께 죽고 만다는 이야기이다.

共命鳥-이야기는 극락을 설명하면서 구마라집이 꺼내온 이야기로, 善과 惡을 동시에 지니고 있는 중생(나)의 현주소(현실태), 곧 매순간마다 일어나는 마음속의 善과 惡을 알면서도, 타성에 젖어 어쩔 수 없이 살고 있는 순간순간의 모순과 갈등을 풍자한 슬픈 이야기이다.

이 共命鳥를 살릴 수 있는 방법은 오직 극락세계이다.

極樂世界라면 슬픈 운명을 지닌 共命鳥라도 살 수 있다고 본 것이다.

極樂淨土는 부모를 죽인 惡人도 용서되고, 너도 나도 이쪽도 저쪽도 없고, 오직 서로를 위해 사는 즐거움만 있는 곳, 더러운 흙탕물속에서도 예쁜 연꽃을 피울 수 있는 처렴상정(處染常淨)의 곳이기에~

구마라집이 번역한 『阿彌陀經』에는 「煩惱卽是菩提資糧」이라하

32) 『아미타경』(대정장 12. 347a)

여, 번뇌가 있어야 道도 닦을 수 있는 것이라 하며, 공명조와 같은
아귀(餓鬼)라 할지라도 극락에서는 구원받을 수 있다고 설하고 있다/

2節 久遠實成의 釋迦本佛思想 - 法華經의 佛身論

(강 론) 법화경과 白蓮

법화경의 본래경명은

『묘법연화경(妙法蓮華經:Saddharma-PuṇḍarikaSūtra)』이다

법화경은 Puṇḍarika(白蓮)란 상징을 통해,
흰연꽃(白蓮)처럼, 맑고 청정한 것이 제법의 실상이며,중생의 실상임
을 강조하고 있다. 처렴상정(處染常淨)이란 말은 이 白蓮을 두고 하는
말이다. 더러운 곳에 뿌리를 박고 있어도 절대로 물이 들지않고 어제
나 청정함을 지키는 백련의 모습을 우리들 인간세에 비유하면서 설하
고 있다. //

참 고: 법화경의 전체구성

 예로부터 전체 28품을 적문(迹門: 1품-14품)과 본문(本門: 15품-28품)
의 2-부분으로 나누어 설명하고 있다.[33]

迹門은 회삼귀일(會三歸一)의 일불승사상(一佛乘思想)이 중심내용으로, 모든
법을 일불승으로 통일했다는 의미로 <제불통일장(諸法統一章)>이라고 하며,
本門은 구원실성(久遠實成)의 석가본불사상(釋迦本佛思想)이 중심내용으
로, 시방의 모든 부처님을 석존불(釋尊佛)로 통일했다고 하여, <제불통일
장(諸佛統一章)>이라 부르기도 한다.

---

[33] 적문과 본문의 2-부분으로 나누는 관습은 천태지자스님(538~597)으로부터
     유래되었다.

적문(迹門) (會三歸一의 一佛乘思想 / 諸法統一)		본문(本門) (久遠實成의 釋迦本佛思想 / 諸佛統一)	
제1	序品	제15	從地涌出品
제2	方便品 (一大事因緣.唯有一乘)	제16	如來壽量品
제3	譬喩品 (三車火宅)	제17	分別功德品
제4	信解品 (長者窮者)	제18	隨喜功德品
제5	藥草喩品 (雲雨)	제19	法師功德品
제6	授記品 (사리불 · 가섭 · 수보제 · 목련)수기	제20	常不輕菩薩品
제7	化城喩品	제21	如來神力品
제8	五百弟子授記品 (부르나 · 교진여 · 1200아라한)수기	제22	囑累品
제9	授學無學人記品(아난 · .라훌라)수기	제23	藥王菩薩品
제10	法師品 (法華經 一句功德)	제24	妙音菩薩品
제11	見寶塔品	제25	觀世音菩薩普門品
제12	提波達多品 (惡人 · 龍女)수기	제26	陀羅尼品
제13	勸持品 (6000비구)수기	제27	妙莊嚴王本事品
제14	安樂行品	제28	普賢菩薩勸發品

第1 釋迦本佛 思想

「如是我成佛以來甚大久遠壽命無量阿僧祇劫常住不滅」

<如來壽量品> (대정장 9. 42c)

(나는 성불한지 이미 아주 오래되었을 뿐만아니라, 나의 수명 또한 아승지겁으로 끝이 없어 멸함이 없이 항상 常住한다)

1-1 수적방편불 사상(垂迹方便佛 思想)

「我說燃燈佛等(授記) 又復言其人入於涅槃 如是皆以方便分別」

<如來壽量品> (대정장 9. 42b~c)

(나는 연등불 등에게 授記<성불약속>를 설하였고, 제자들에게는 열반에 들것이라 말했다. 그렇지만 이러한 것들은 모두가 方便으로 분별해서 설한 것이다)

「諸善男子如來見諸衆生樂於小法德薄垢重者 爲是人說我少出家得
Anuttara-saṃyaksaṃbodhi 然我實成佛以來久遠 若斯但以方便敎化衆
生 令入佛道作如是說」   <如來壽量品> (대정장 9. 42c)

(선남자들이여! 내가 중생들을 보니 소승<小乘>의 법만을 즐기고, 거기다 德은 박약하고 악업을 많이 쌓아 무겁다. 나는 이러한 자들을 위해 어려서 출가하고 그 후 수행하여 무상정등정각을 성취했다고 설한 것이나, 실은 이미 오래전 <구원겁전(久遠劫前)>에 성불했다. 이처럼 말하거나 설한 것은 모두가 方便으로서, 중생들을 교화해 그들을 성불의 길목

으로 인도하기 위해서 이다)

(강 해) 선교방편(善巧方便: upāya-kauśalya)

「거짓말도 방편」이란 말이 있다. 그만큼 세상에 살려면 방편이 중요한데, 필요에 따라서는 거짓말도 좋은 수단이 된다는 뜻으로 사용하고 있는 것같다.

一理가 있는 말이다. 오죽하면 부처님도 방편을 쓰셨겠는가? 상기 말씀은 우리가 알고있는 것처럼, 석존불께서는 80세를 일기로 열반에 드셨다. 그것도 아주 오래 전에, 그런데 갑자기 나타나셔서는 나는 죽지 않았다. 그건 너희들을 고통에서 건져 성불로 인도하기 위해, 방편으로 거짓말을 한 것이야! 라 하고 말씀하고 있는 것이다.

살아가는데 있어 방편은 아주 중요하고 필요하다. 때에 따라서는 요긴하게 또 무리없이 지혜롭게 삶을 살게 하는 비결일수도 있다.

하지만 방편도 方便 나름이다. 方便에는 2-가지 종류가 있다. 하나는 惡方便이고, 또 하나는 善方便이다.

<惡方便>은 지혜없이 함부로 그때그때 자기 편리대로 사용하는 것으로, 당장의 위기는 모면할 수는 있겠지만, 그것이 남에게 해를 끼친다거나 또 나중에 알려졌을 때 본인이나 상대방에게 고통을 주거나 피해를 주는 것을 말한다.

또 하나의 방편인 <선방편: upāya-kauśalya>은 지혜를 동반한 방편으로, 너도좋고 나도 좋고 모두를 기쁘게 하는 방편을 말한다.

위에서 부처님께서 말씀하신 「나는 열반에 들은 것이 아니다. 그것은 너희들 중생들을 고통에서 건지고 성불로 인도하기 위해, 방편으로 그렇게 열반에 들었다고 거짓말을 한 것이다!」처럼~

여기서 곡 기억해야 할 중요한 것이 있다. 惡方便과 善方便의 구별법이다.

大乘佛敎人, 곧 보살의 필수 생활덕목은 十-바라밀이다. 그 중 7-번째
의 바라밀이 다름 아닌 방편바라밀(方便; upāya-Pāramitā)이다.
바로 그 앞은 6-번째의 바라밀인 반야-바라밀(prajñā-Pāramitā)이다.
 해답은 방편을 쓰되, 6번째인 一切法無自性空의 터득인 반야-바라밀
과 상응한 상태에서, 알고 내느냐 알지 못하고 내느냐에 따라 죽은
(死) 방편인 惡-方便이 되기도, 活命인 善-方便이 되기도 한다는 것이
다. 활명수처럼 사람을 살리는 방편을 일러 善巧方便(upāya-kauśalya)
이라 하는 것으로, 불교는 이것을 활용하여 사람을 살리고 세상을 바
꿔나가는 것이다. //

1-2 十方三世諸佛菩薩은 釋尊佛의 상황적 化現의 分身(使徒)

「善男子 若有無量百千萬億衆生受諸苦惱 聞觀世音菩薩一心稱名 觀世音
菩薩卽時觀其音聲皆得解脫」   <普門品> (대정장 9. 56c)

(선남자여! 가령 무량백천만억의 중생들이 고뇌를 받고 있을 때, 그 누구
든 관세음보살의 명성을 듣고 일심으로 열심히 관세음의 이름을 칭명하
면, 관세음보살은 곧 바로 그 음성을 들으시고 모두를 해탈케 하신다)

(강 론) 관세음(觀世音)보살과 관자재(觀自在)보살

관세음(觀世音)보살 또는 관자재(觀自在)보살이라고 불리우는 이 보살
님의 본래 이름은 <Avalokiteśvara>이다. 경전을 번역할 때 구마라집
은 觀世音, 현장은 觀自在라 번역했기 때문으로, 본래는 동일한 분이다.
 곧 구마라집은 <Avalokiteśvara>를 (Ava-loka: 觀-세계)와 (iteśvara:
소리)라 나누어 보았기에 觀世音이라 번역했으며,

현장은 <Avalokiteśvara>를 Avalokita:觀하다)와 이슈와라(iśvara: 自在)의 합성어로 보고, 觀自在라 번역했기 때문이다.

『반야심경』에는 「관자재보살 行深般若波羅蜜多 云云」이라 하였고, 『법화경』에는 품명에 <관세음보살 普門品>이라고까지 하며, 관세음을 강조하고 있다.

한편 『천수경』에는 經題에 「천수천안 관자재보살 운운」이라 하여, 제목에는 관자재를 강조하고 있지만, 내용에 들어가면 「나무대비관세음 願我速乘般若船 云云」하면서, 관세음을 강조하고 있다. 2-가지 이름을 섞어서 사용하고 있는 것이다

관세음(觀世音)은 대자대비(大慈大悲)의 마음이 강조되어, 세상의 모든 소리를 살펴본다는 뜻이며, 관자재(觀自在)는 반야지혜(般若智慧)가 강조되어 세상의 모든 것을 자유자재로 관조(觀照)하여 보살핀다는 뜻이다. 따라서 『법화경』의 보문품을 지송할 때는 구고구난(救苦救難) 원력홍심(願力弘深) 보문시현(普門示現) 하시는 대자대비 관세음보살님을 생각하면서, 간절하게 '관세음보살 관세음보살' 하며 명호를 부르며 정근하고, 一切法無自性空의 般若를 강조하고 있는 『반야심경』을 독경할 때는 목소리를 강하고 크게 내면서, 나도 금생에 반야바라밀를 성취하겠다는 각오로 지송해야 될 것이다.

「gate gate pāragate pārasaṃgate bodhi svāhā」
(가신 님이시여, 피안에 가신 님이시여! 당신께 귀의합니다.
(가자가자!) 피안에 가자! 우리 모두 함께 피안에 가자~ 깨달음이여!

「善男子 若有國土衆生應以佛身得度者 觀世音菩薩即現佛身而爲說法 應
以僻支佛身得度者 即現僻支佛身而爲說法 (略)無盡意! 觀世音菩薩成就如
是功德 以種種形遊諸國土度脫苦衆生」 <普門品> (대정장 9. 57a~b)

(선남자여! 근기가 다른 수많은 국토중생이 있는데, 저 사람은 佛身을 통
해 제도해야 할 사람이라 생각하시면, 관세음보살은 불신으로 나타나 법
을 설하시어 그를 제도하시고, 벽지불신<緣覺>)으로 제도할 자라 생각하
시면 벽지불신으로 나타나 설법하신다. <중략> 관세음보살은 이와같은
공덕을 성취하시어, 여러 가지 모습으로 온 국토를 다니시며 고뇌중생들
을 건져내 해탈케 하시는 것이다)

(강 설) 관세음(관자재)보살의 32應化

 佛身을 통해 제도할 사람은 佛身으로 나타나 제도하시고, 벽지불신
<緣覺>)으로 제도할 사람은 벽지불신으로 나타나 제도하신다. 관세음
보살은 이와같이 여러 가지 모습으로 온 국토를 다니시며 고뇌중생들
을 건져내고 해탈게 하신다.
경은 중생제도를 위해 무려 32-가지의 몸으로 化現하는 관세음보살의
능력과 위신력을 가리켜 <32應化>라 칭하고 있다.

 <Trans Former> 라는 영화가 있다. 이리저리 신출귀몰하듯 변신하는
재미에, 아직도 그 씨리즈가 끝나지 않고 계속 나오는 것 같은데~ 관
세음보살님이 그런 분이다. 마음대로 자유자재로 몸을 나투는 것이다.
그가 이러한 능력을 갖게된 것은 오직 한 가지 이유, 어떻게든지 어떤
상항에 처해있든 일단은 중생을 구해야 겠다는 願力 때문이다.
그래서 많은 보살님들 가운데에서도 인기가 짱이다. 자유자재의 변신,

그래서 觀自在인가? 우연치곤 재미있다. 그의 이러한 위신력을 가리켜 원력홍심(願力弘深) 또 普門示現이라고도 한다. 강화도 普門寺에도 그가 계신다. 아니 계신 곳 없이 나투시기 때문이다. //

「世尊於後五百歲五濁惡世中 若衆生讀誦此經 我爾時乘六牙白象王 與大乘菩薩衆 俱詣其所而自現身供養守護安慰其心」

<普賢菩薩勸發品> (대정장 9. 61a~b)

(세존이시여! 후오백세 오탁악세시에 <법화경>을 열심히 지송하고 있는 사람들이 있다면, 나는 곧바로 치아가 6개 달린 흰코끼리 왕의 등을 타고, 수많은 대승보살들과 함께 그 사람앞에 나타나, 공양을 올리고 수호하며 그 마음을 평안히 할 것이다)

(강 해) 『법화경』과 六牙 白象을 타고 계신 보현보살

중국 사천성 成都에 가면 阿媚山 정상에가면 육아백상(六牙白象)을 타고 계신 보현보살님을 뵐 수가 있다. 원채 산이 높고 험해 대형버-스는 올라가지 못하고 15인승 정도되는 봉고차를 타고 3시간 정도가야 되는데, 일단 올라가 보현보살님을 뵈면 감개가 무량하다.

30미터 되는 둥근 탑위에 하얀 코끼리 4마리가 동남서북으로 위치해 있고, 그 코끼리들 등위에 보현보살이 사방으로 앉아계신다. 하늘엔 흰구름들이 온갖 모양을 나타내며 보현보살님의 주위를 수놓고 있다. 정말로 장관이다. 이러한 형상을 취하게 된 근원이 바로 이 <보현보살 권발품>의 「乘六牙白象王」이란 내용에서 비롯되었다. 원래 보현보살은 관세음이 주인공인 『법화경』과는 아무런 상관없는 『화엄경』의 슈퍼스타이다. <보현행원품>이라는 품이 있고 <보현보살십종광대행원>

이라는 대승불교 최고의 행원의 주인공이 바로 보현보살일 정도로~, 그러한 분이 『法華經』에 등장하고 있는 것이다. 그것도 <보현보살권발품>이란 품명까지 받는 특별대접을 받으면서까지, 그리고 법화경을 찬양하고 있는 것이다. 자기가 주인공인 『화엄경』에서도 하지않던 칭찬들을 쏟아내면서, 그것도 최고조로, 코끼리를 타고, 그것도 흰코끼리를, 거기다 코끼리王을 타고가서, 「법화경을 독경하는 자가 있다면 그를 평안하게 해주겠노라고~」 법화경의 저자는 알고 있었다. 그의 인기를, 그래서 그를 초빙한 것이다. 보현보살이 등장해서 한마디해야 경의 격이 높아지니까~ //

第2 會三歸一의 一佛乘思想: 諸法統一

2-1 唯有一佛乘無二無三

「舍利佛 如來但以一佛乘故 爲衆生說法 無有餘乘若二若三」

<方便品> (대정장 9. 7b)

(사리불아! 여래는 오직 일불승<一佛乘>으로서만 중생에게 설법하시는 것으로, 이승이나 삼승 등 다른 乘은 없는 것이다)

「舍利佛, 如此一切衆生皆爲得一佛乘一切種智故 舍利佛 十方世界中尙無二乘 何況有三 諸佛以方便故 於一佛乘分別說三」

<方便品> (대정장 9. 7b)

(사리불아! 이와같이 일체중생으로 하여금 一佛乘과 一切種智를 얻게하기 위한 것이므로, 시방세계중에는 본래 二乘은 없는 것이다. 이러하건

데 어찌 하물며 三乘이 있겠는가? 시방제불은 方便으로 一佛乘속에서 분별하여 三乘을 설하시는 것이다)

(강 해) 於一佛乘 分別說三

「諸佛은 오직 일불승<一佛乘> 속에서, 분별<分別>하여 방편<方便>으로 三乘을 설   하신다」<一佛乘思想>을 강조하기위해 三乘과 長者와 그의 아이들, 그리고 四개의 車를 비유하며 하신 말씀이다.

여기서 일불승(一佛乘: Eka-BuddhaYāna)이란 말은 중생은 태생도 다르고 근기도 달라, 성불하는 자와 못하는 자들이 있을 것 같아 보이지만, 실은 누구나 한가지인 一佛乘, 곧 모든 사람이 성불할 수 있다는 것이다.

성문승(Śrāvaka-Yāna)이니, 연각승(Pratyeka-Buddha-Yāna)이니, 보살승(Bodhisattva-Yāna)이니 하는 것은 어디까지나 方便일뿐, 사실은 모두가 一佛乘(Eka-BuddhaYāna)으로, 이것만이 진실이라 강조하고 있다.

그리고는 다시 長者와 아이들을 끌고와 三乘(Trīnī-Yāna)과 一佛乘에 해당하는 4개의 탈것, 곧 羊車(Aja-Ratha)・鹿車(Mṛga-Ratha)・牛車(Goṇa-Ratha)・大白牛車(Goṇa-mahā-pramāṇa-Ratha)등에   비유하면서, 이 4개의 탈것중 진실로 존재하는 것은 大白牛車인 一佛乘뿐이라고 역설하고 있다 //

2-2 諸法遍具十如是 理論

「唯佛與佛乃能究盡諸法實相　所爲諸法遍具如是相如是性如是體如是力如是作如是因如是緣如是果如是報本末究竟等」　<方便品> (대정장 9. 5c)

(오직 부처님들만이 능히 제법실상<諸法實相: Tattvasya Laksaṇam dharmatā>, 곧 모든 법들이 두루 갖추고 있는 十如是를 모두 다 궁구(窮究)할 수 있는 것이다.

十如是란　여시성(性)·여시상(相)·여시체(體)·여시력(力)·여시작(作)·여시인(因)·여시연(緣)·여시과(果)·여시보(報)·本과　末이　究竟　평등(等)하다는 것을 말한다)

(강 해) 天台智者와 십계호구(十界互具)사상

천태지자 지의(天台智者　智顗: 538~597)스님은 법화경 <방편품>의 <十如是>설을 <十界互具思想>으로 발전시켰다. 곧 아래 『法華玄義』에서 보는 바와 같이, 一法界(六道+성문·연각·보살·불)에 十如是가 갖추어저 있으니, 十法界는 百如是가 되고, 또 一法界속에 九法界가 갖추어져 있으니, 百法界千如是가 되는 것으로, 이와같이 모든 중생들은 누구나 <十如是>라는 佛性을 갖추고 있는 <一佛乘>들이라 하면서 소위 <性具思想>을 부르짖었다.

천태가 주창한 十界互具의 <性具思想>은 『華嚴經』의 性起思想, 곧 본래 중생들에게 갖추어져 있는 佛性인 如來智慧를 어서 일으켜 (性起), 여래를 出現시키라(如來出現)는 메시지가 담긴 <性起思想>을 더욱 활성케 하여, 중국화엄종을 번창케 하는 계기가 되었다.//

「此一法界具十如是　十法界具百如是　又一法界具九法界　卽有百法界千如是」

『法華玄義』(대정장 33. 693c)

(一법계가 十-如是를 갖추고 있으니, 十-법계는 百-如是를 갖추고 있으며, 또 一법계가 九-법계를 갖추고 있으니, 百-법계는 千-如是를 갖추고 있는 것이다)

3節 우주편만의 法身佛 思想 - 華嚴經의 佛身論[34]

불교는 法, 곧 宇宙의 眞理를 根本으로 삼는다. 佛이란 이 법을 證得한 자, 곧 法을 體得한 자를 말한다. 따라서 부처님의 본질은 法이라 할 수 있다. 梵을 인격화하여 梵天이라 하듯이, 法의 人格化를 法身이라 한다. 法은 온 우주 곧 모든 存在 속에 內在되어 있으며 遍滿되어 있다.

말 바꾸면 모든 존재 속에는 法身佛이 편재(遍在)하고 있는 것이다. 따라서 모든 존재 하나 하나는 法身佛의 현현 바로 그것이라 할 수있다.

이조 제 7대 임금인 世祖는 『月印千江之曲』이란 노래 곡을 편찬하였다. 이 노래 곡은 바로 法身佛의 遍滿思想을 노래한 것이다. 세상에 달님은 오직 하나 밖에 없다. 그렇지만 이 달님은 강물이 있는 곳이면 어디든지 자기 모습을 그대로 내 비추인다. 다시 말해 하나의 달님이 온갖 강물에 그 모습을 드러내듯이, 法身佛도 일체 衆生들의 根機와 千差萬別의 모습에 따라 무량무변(無量無邊)의 몸을 나투신다는 뜻을 담은 노래가 바로 『月印千江之曲』이다. 말하자면 宇宙의 모든 것에 內在되어 있는 法身佛을 찬양하기 위해 달님을 잠시 빌려 온 것 이다. <法身遍滿佛思想>은 『華嚴經』에서 시작되어 密敎經典인 『大日經』에 이르러 완성된다. 이제 『華嚴經』이 설하는 法身佛論을 하나하나 살펴보자!

---

34) 『화엄경』의 본래 경명은 『대방광불화엄경 (大方廣佛華嚴經): Budda Avataṃsaka Mahā Vaipulya Sūtra』이다. 앞에서 거론한 바 있듯이, 『법화경』이 白蓮(Puṇḍarika)을 통해 제법의 실상을 설명하고 있는데 비해, 『화엄경』은 紅蓮(Padma)을 통해, 佛性으로 장엄되어 있는 우리들이 살고있는 연화장엄세계(蓮華莊嚴世界)를 설명하고 있다. 곧 이 세계는 佛性을 지닌 두두물물들이 莊嚴하고 있는 묘장엄(妙莊嚴)의 세계라는 것을 보이기 위해, 아름다움의 극치인 분홍색의 연꽃(紅蓮)을 취해 설명하고 있는 것이다.

第1 毘盧遮那佛과 蓮華莊嚴世界

「爾時世尊知諸菩薩心之所念　卽於面門衆齒之間　放佛刹微塵數光明　其光明悉具衆妙寶色　照十方一億佛刹微塵數世界海」

80권 『화엄경』 제2 <여래현상품> (대정장 10. 26b~c)

(그때 세존께서는 보살의 마음을 아시고, 치아 사이로 무한한 광명을 방출하시는데, 그 광명은 온갖 색을 지닌 묘한 색을 띠며 셀수도 없는 바다와 같이 넓은 시방의 온갖세계를 두루 비추신다)

「當知此蓮花藏世界海是毘盧遮那佛本修菩薩行時　於阿僧祇世界微塵數劫之所嚴淨　於一一劫恭敬供養世界　微塵等如來　於一一佛所淨修世界海微塵數願行」

60권 『화엄경』 제2 <노사나불품> (대정장 9. 412a)

(마땅히 알아야 한다. 이 연화장세계는 비로자나 부처님께서 보살행을 닦으실 때 셀수도없는 아승지 미진수겁 동안, 셀수도 없는 미진수 부처님들을 공경하고 공양드리는 등 청정수행을 통해 그 결과로 장엄되어진 것임을~, 곧 한분 한분의 부처님들의 처소에서 셀 수도 없는 미진수의 발원과 수행(願行)을 하신 결과가 이 연화장세계라는 것임을~)

第2 제불(諸佛)의 본질과 그 수행

「無量劫海修功德 供養十方一切佛 敎化無邊衆生海 盧舍那佛成正覺 盧舍
那佛大智慧 光明普照無有量 如實觀察眞諦法 普照一切諸法門」

60권『화엄경』제2 <盧舍那佛品> (대정장 9. 405c)

(곧 시방의 일체부처님들께 공양드리고 바다와 같은 무량한 중생들을 교
화시키는 등 무량겁해동안 수많은 공덕을 쌓으셨다. 그 공덕으로 노사나
불께서는 정각<正覺>을 성취하신 것이다. 노사나불의 큰 지혜 광명은 한
량없어 온 세상을 두루 비추며 우주의 진리<眞諦法>를 여실하게 관찰하
시고, 근기에 따라 온갖 법문으로 두루 비추어<普照> 중생들을 제도하신다)

第3 法身佛의 遍滿性과 無碍自在

「一切諸佛身 唯是一法身」

60권『화엄경 』<제 6 菩薩明難品> (대정장 9. 429b)

(일체의 모든 佛身은 오직 法身佛 한분 뿐이다)

「佛身充滿於法界 普現一切衆生前 隨緣赴感靡不周 而恒處此菩提座」

80권『화엄경』<제 2 如來現相品> (대정장 30a)

(불신은 법계에 충만하시어 두루 일체중생들의 앞에 모습을 나타내신다.
인연에 따라 부응하시어 두루하지 않음이 없이 나타나시는 것으로, 모든
처소가 보리좌이다)

「法身堅固不可壞 充滿一切諸法界 普能示現諸色法 隨應化導諸群生」

제6 <菩薩明難品> (대정장 9. 408b)

(법신불은 견고하시어 무너짐 없이 일체 모든 법계에 충만하신다. 두루 온갖 위신력(色法)으로 모습을 보이시며<示現> 사람과 때와 처소에 응하여 <應身과 化身으로> 모든 중생들을 인도하신다)

「十方諸世界 一生群生類 普見天人尊 清淨妙法身, 譬如一心力 能生種種心 如來一法身 出生諸佛身」

제20 <兜率天宮菩薩雲集品> (대정장 9. 486b)

(시방의 모든 세계와 잠시 왔다가는 미물<一生> 등 온갖 군생(群生)류 등 눈에 보이는 온갖 천인존(天人尊)들은 그 모두가 청정묘법신(清淨妙法身)이다. 마치 한 마음(一心)이 종종의 여러 가지 마음을 만들어내듯이, 여래의 법신은 수많은 불신들을 출생시키는 것이다)

「諸佛法身不思議 無色無形無影像 能爲衆生現衆相 隨其心樂悉令見」

제4 <世界成就品> (대정장 10. 464a)

(제불법신은 불가사의하시어 본래 색도 모양도 그림자도 없지만, 능히 중생을 위해 온갖 모양<衆相>으로 나타나시어, 중생들 각자 마음의 즐거움에 따라 두루 보게 하신다)

「遊行十方界 一切無障碍 一身爲無量 無量爲一身」

제16 <夜魔天宮菩薩說偈品> (대정장 9. 64a)

(여래는 시방세계를 두루 유행<遊行>하시는데도 아무런 장애가 없다. 一身으로 무량신을 나타내어, 무량신이 곧 一身이기 때문이다)

「一切佛境界甚深難思議 諸餘衆生類莫能測量者 佛身如空不可盡 無相無碍普門示現, 所可應現如幻化 神變淨音靡不周 佛身無邊如虛空, 智光淨音亦如是 佛於諸法無障碍 猶如月光照一切 佛慧光明無邊際, 普照十方無量土 令一切衆生覩 佛種種方便化衆生」

제1 <世間淨眼品> (대정장 9. 401b)

(부처님의 경계는 깊고 깊어 불가사의<甚深難思議>하다. 그래서 그 어떤 중생도 측량하기 어렵다. 佛身은 마치 허공과 같아 다함이 없으며, 형태도 장애도 없이 온갖 곳에 나타나신다. 마땅히 나타나야 할 곳은 허깨비<幻化>처럼 나타나신다.

 그분의 신변(神變)과 淸淨音은 들리지 않는 곳이 없다. 佛身은 끝이 없어 허공과 같으며, 지혜광명과 청정음 또한 이와 같다. 부처님은 온갖 법에서도 장애가 없으시다. 마치 月光이 온갖 세계를 다 비추듯, 부처님의 智慧光明도 끝이없어 온갖 무량의 세계를 비추시고, 일체중생들로 하여금 보게하시어 온갖 方便으로 중생을 敎化하신다)

第4 法身의 無功用(Anābhoga)

「譬如如意寶 隨滿一切願 若有所求者 皆悉滿其意 寶王不生念 我饒益世間 小功德衆生 不見此寶王, 善逝亦如是 令一切願滿 若有求願者 皆悉得滿足 善逝不生念 我利益衆生 其懷惡心者 不覩如來身」

제32 <性起品> (대정장 9. 619c)

(여의보주는 일체 모든 원을 만족시켜준다. 곧 구하는 자가 있으면 두루 뜻대로 만족시켜주지만 자기가 만족시켜 주어 세간을 이익하게 했다는 생색은 내지 않는다. 공덕이 적은 사람은 이러한 여의보주<王>을 보지 못한다.

선서<善逝>인 부처님도 마찬가지다. 일체의 원을 모두 만족시켜 구하는 자가 있으면 하나도 남김없이 구하는 대로 모두 만족시켜 주신다. 그러면서도 여래께서는 내가 중생들을 요익하게 해주었다는 생색을 내지않는다. 하지만 惡心을 품은 자는 이러한 如來를 보지 못한다)

『화엄경』의 불신관은 三世圓融(삼세원융)의 광대무량의 法身觀이라 할 수 있다.
곧 무량겁을 통한 功德을 닦고, 시방제불을 供養하며 무변중생을 教化한 공덕과 수행력으로 비로자나가 되셨기에, 그 자체 報身佛(보신불)이며, 또한 온갖 위신력으로 여러 색신의 모습을 보이시며, 사람과 때와 처소에 응하여 모든 중생들을 인도하시는 분이시기에 그 자체 化身佛(화신불)인 것이다.
곧 智와 悲를 두루 섭하여, 무엇하나 걸림없는 無功用, 곧 圓融無碍(원융무애)의 法·報·應 三身을 통섭한 위신력의 法身이 『화엄경』의 불신관인 것이다.[35]

---

35) 無功用(Anābhoga)이란 어떤 의지를 나타냄 없이, 그대로 자신의 본 모습을 보인다는 의미이다. 곧 법신 자체가 大悲이시기에 하등 중생을 제도해야 하겠다는 생각이나 의도없이 그냥 행하는데도, 그것이 곧 바로 중생을 위한 행이 된다는 의미이다. 田村芳明은 화엄경의 불신설에 대해 三身說이 아닌 法身·色身의 二身說이라 주창하고 있다. 田村芳明「法と佛の問題」『佛教における法の研究』

第5 보현보살의 修行과 위신력

「普賢悉在一切佛刹 座寶蓮花獅子座上 如是示現 遍照一切界 普入無量無
邊諸行 悉能示現無量種身 變化充滿十方世界 妙音和雅說法無碍 一切三
昧方便自在 一切佛土諸如來所 一切三昧皆得自在 盧舍那佛本願力故 普
賢身相猶如虛空 依於如如不依佛國」제2 <盧舍那佛品> (대정장 9. 405c)

(보현보살은 일체처소에 계시면서 보련화의 사자좌 <寶蓮花 師子座>위
에 앉아계신다. 이처럼 시현(示現)하시어 온 세계를 두루 비추시며 셀수
도 없는 무량무변의 보살행을 하신다. 무량한 형태의 몸으로 변신하시는
등 그 변화무쌍함은 시방세계에 충만하신다. 아무런 장애없이 미묘한 음
성과 우아함의 모습으로 설법하시며, 온갖 三昧와 方便 또한 自在하시
어, 온갖 부처님 계신 곳을 자유자재로 다니신다.
 이와 같은 모든 위신력은 노사나불의 本願力 때문이다. 이처럼 보현보
살의 위신력은 허공과도 같이 무애자재하신데, 이러한 것은 보현보살이
불국토에 연연<依>하지않고 진여 <般若>에 의지하기 때문이다)

第6 衆生의 현실상

「如來智慧無處不至 何以故 無有衆生如來智慧不具足者 但衆生顚倒不知
如來智慧 若遠離顚倒起一切智無師智無碍智」

제32 <性起品> (대정장 9. 623c)

(여래지혜는 없는 곳이 없다. 여래지혜를 갖추지 않은 중생들이 하나도
없기 때문이다. 하지만 중생들은 무명으로 인해 <顚倒(전도)>해서, 여래

와 똑같은 그 지혜를 자기도 지니고 있다는 사실을 알지 못한다. 그러므로 이러한 전도에서 벗어난다면 누구든지 여래의 지혜인 一切智 無師智 無礙智를 일으켜 세울 수 있는 것이다)

「佛子譬如日出世間 生盲衆生未曾覩見 何以故無肉眼故 亦復如是 一切邪見犯戒無智邪命 生盲衆生未曾覩 佛智慧日光 何以故無信心眼故」

제32 <性起品> (대정장 9. 616c)

(불자들이여! 태양이 세간을 비춘다 해도 눈이 먼 중생<色盲衆生>들은 보지 못한다. 육안이 멀었기 때문이다. 사견<邪見>을 지녔거나, 계율을 지키지 않고 범하거나, 지혜가 없는 邪命外道들을 일러 <색맹중생들>이라 하는 것으로, 이런 자들은 부처님의 지혜광명을 보지 못하는 것이다. 부처님의 말씀을 믿는 信心의 눈이 없기 때문이다)

4節 삼신설(三身說)의 태동(胎動)과 전개

第1 三身說 胎動떼 근원

앞에서 이미 살펴본 바와같이, 原始經典에는 佛陀의 몸을 肉身(色身=生身)과 法身의 2-가지로 구별한 후, 그 가운데 법신의 영원성을 강조하는 이른바 法·生 二身說이 도처에 발견되었다. 그중 대표적인 것이 『증일아함경』의 「석존불의 실신(實身)은 80세 입멸의 육신이 아닌 영원불멸한 法身으로서, 그 수명은 실로 무량하다」와 『증일아함경』의 「法을 보는자는 나를 보고, 나를 보는자는 法을 본다, 법이 있는 곳에는 내가 있다」가 그것으로서, 法과 佛을 一如一體로 보고 있다.

이러한 원시불교의 <法身과 色身(生身)의 二身佛說>은 『대지도론』의 <法身위주의 法身 生身 二身說>로 계승·발전되고, 이어 정토경전의 <現在他方佛說>, 『법화경』의 <久遠實成의 釋迦本佛說>, 『화엄경』의 <우주편만의 法身佛說>로 발전·전개되고 (여기까지는 이미 앞에서 고찰해 마쳤다), 나아가 이제부터 고찰하게될 여래장계경전의 法·報·應의 <三身說>과 唯識系經典의 <自性身·受用身·變化身>, 마지막으로 밀교의 <四種法身說>등으로 발전·전개된다.

참 고: 三身說의 형태와 그 부류경전

경전에 보이는 三身說을 보면,
1) 法報應의 三身說 2) 法應化의 三身說 3) 自性受用變化의 三身說
4) 이들을 복합화한 三身說 등 여러 형태의 三身說이 있다.

이들 3-部類의 三身說을 설하고 있는 경전들을 부류별로 살펴보면,

1) 부류에 속하는 경전군은

『寶性論』(勒那摩堤譯)·『金剛般若經』(菩提流支譯 NO. 1511)·『法華經論』(菩提流支譯 NO. 1519)·『十地經論』(菩提流支譯 NO. 1522)등이,

2) 부류에 속하는 경전들은

『佛性論』(眞諦譯)·『合部金光明經』(眞諦譯)등이,

3) 부류에 속하는 경전군은

『大乘莊嚴經論』(波羅頗蜜多羅)·『攝大乘論』(玄奘譯)·

『成唯識論』(玄奘譯)등이 있으며,

4) 부류에 속하는 경전에는 『入楞伽經』(梵,漢譯)이 있다.

한편 이들이 설하고 있는 佛身의 原語를 보면, 法身은 dharma-kāya, 自性身은 svabhāva-kāya로 그 의미는 同一하며,
또 報身佛과 應身과 受用身 또한 모두가 sambhoga-kāya의 譯語이며, 應身과 化身과 變化身 또한 모두가 nairmānika-kāya를 번역한 것이다.

따라서 앞에서 본 3-부류의 三身說은 譯者의 단어 선택에 불과할 뿐, 同一한 의미로 특별한 차이는 없다.[36)]

이러한 大乘佛教의 三身說은 일단은 그대로 密敎에 계승되나, 밀교에서의 三身說은 큰 의미는 없고, 이윽고 四身說로 발전·전개된다.

---

36) 田村芳朗「法と佛の問題」『佛教 における 法の研究』

곧 『金剛頂瑜伽中略出念誦經』에는 「爲利諸衆生會得三身故」,

또 『金剛峯樓閣一切瑜伽瑜祇經』에도 「成就如來三身」,

또 『大日經』<供養次第法>에도 「三世一切具三身」이라 하여,

三身說이 설해지고 있으나, 단지 <(如來)三身>이란 字句만 보일뿐, 三身 상호의 관계에 대해서는 구체적 설명은 보이지 않는다.

第2 三身佛說 형성의 기반, 『大智度論』

원시·부파를 거쳐 대승초기의 대지도론까지 지탱되오던 二身說은 『대지도론』의 法身中心의 불신관을 기점으로, 서서히 새로운 불신인 報身佛의 출현을 낳게된다. 곧 『대지도론』의

「佛身에 두 가지 있으니 法身과 色身이 그것이다. 법신은 진불(眞佛)이며, 색신은 父母生身을 말하는 것으로, 중생을 제도하기 위해 법신께서 化現한 化佛이다」 (대정장 25. 747a)

「불신에는 2-가지, 곧 眞身과 化身이 있다. 중생이 眞身을 보게되면 모든 願을 이룰 수 있다. 眞身은 허공에 가득차 두루 시방을 비추시며, 音聲 또한 시방무량의 항하사세계에 가득하다. 이 무량세계에 대중 또한 가득한데, 그들 대중이 한 순간도 멈춤이 없이 모두 이 법을 듣고 또 법을 설하는데, 그 순간만다(一時之頃) 각자 들은 바에 따라 이해하고 깨달아 간다」 (대정장 25. 278a)

「법성신(法性身)은 시방허공에 가득하다. 그 분의 색상은 단정하여 32상 80종호로 장엄(莊嚴)하고 계신다. 광명도 음성도 무량하다. 그 법을 듣는

청법 중생 또한 허공에 가득하다. (이 청법 대중 또한 모두 法性身이지만, 生死人들은 볼 수 없다) 법성신은 종종의 몸과 이름과 종종의 처소에서 여러 방편으로 중생을 제도하시는데 한 순간도 멈춤이 없다. 이처럼 법성신은 시방세계 중생들을 능히 모두 다 제도 하신다」 (대정장 25. 121c)

하여, 法(性)身의 성격을 마치 報身佛처럼, 중생구제의 역할에 방점을 두고 있다.
 곧 법신을 시방가득한 광명과 무량음성에 비유하면서, 마치『화엄경』에서 설하는 우주편만의 법신불과 같은 공능을 부여함과 동시, 따라서 누구든지 이 광명과 음성을 보거나 듣기만 하여도 모두 다 깨달음을 얻게 된다고 설하고 있어, 서서히 理佛의 법신불에서 智佛의 법신불로 그 성격을 변형시키며, 중생구제를 위한 願力佛로서의 佛格인 報身佛의 등장을 알리고 있다.

2-1 보살사상과 報身佛 (보살의 願行과 보신불의 관계성)
 불타의 普遍的 영원상으로서의 法身과 具體的 現實相으로서의 色身이라는 法・生 二身佛說은 앞의『대지도론』을 통해서 보았듯이, 자연 이들 양자간의 관계 내지 조화와 會通의 문제가 제기되지 않을 수 없게되고, 따라서 자연적으로 이 두 양면성을 동시에 만족시킬 수 있는 제3의 불신인 보신(報身: Saṃbhoga-kāya)이 등장하게되고, 이에 法・報・應의 <三身佛>說이 성립하게 된다.

① 보살사상과 報身佛 (보살의 願行과 보신불)
대승불교의 키워드는 보살・중생・成佛・利他・大悲이다. 곧 중생구제를 목포로 하는 대승불교인들은 이러한 키워드들을 모두 갖추고 있는 분을

일러 보살이라고 불렀던 것이다.

곧 대승불교의 기본이념인 「上求菩提(성불)·下化衆生(대비)」의 2가지 덕목을 두루 갖추고 있는 자를 菩薩(Bodhisattva)이라 호칭하며, 大乘人=菩薩로 승화시켰다.

따라서 대승불교에서는 성불을 목표로 하는 求道者로서의 菩薩(上求菩提)의 덕목과 중생을 제도하기 위한 救濟者, 곧 下化衆生으로서의 菩薩의 덕목이 동시에 요구되고 있었던 것이다. 달리말해 전자가 向上門的 입장에서 바라본 것이라면, 후자는 向下門的 立場에 초점을 두고 바라본 것이다.

보살에 대한 이러한 양면성은 佛身觀에도 그대로 반영되어, 向上門的 佛身觀과 向下門的 佛身觀이라는 양면으로 전개된다.

곧 정진수행의 결과 얻어지는 向上門的 의미의 報身과, 또 한편으로는 중생을 교화하기 위해 중생들의 근기에 맞추어 현현하는 向下門的 의미의 報身(내지 應身)의 양면성이 고려되게 된 것이다.

따라서 이러한 2가지 덕목을 갖추기 위해 반드시 필요한 것이 보살의 願과 行이다. 곧 <上求菩提 下化衆生>을 완성하기 위해서는 원과 행이 반드시 갖추어져야 하기 때문이다. 때문에 정토경전에 등장하는 주인공 <法藏菩薩>은 佛身論上에 있어 아주 중요한 위치를 차지한다. 왜냐하면 '法藏誓願修因莊嚴'이라는 장엄염불의 대목이 말해주듯, 아미타불이야말로 발원과 수행의 결과 그 보답으로 출현한, 소위 인원수보(因願受報)의 佛로서 報身佛의 전형이 되기 때문이다.

따라서 報身佛思想은 菩薩思想의 필연적 산물이 되는 것으로, 이로서 (法·報·應)의 三身佛이 탄생하게 되는 것이다.

한편 無著·世親에 의해 성립된 瑜伽行唯識學派 또한 三身佛說을 주창하고있으나, 여기서도 대승보살의 이념과 願行이란 기본 페턴이 적용되어 자연적으로 向下門的 성격과 向上門的 성격이 합성된 불신관이 나타나게 되는 것이나, 경전에 따라 이 2-성격가운데 어느 것을 더 강조하느냐의 경향이 보이고 있다.

곧 『寶性論』이나 『起信論』등의 <如來藏係 經典>에서는 向上門的보다는 下化衆生이라는 大悲가 강조된 向下門的 성격의 삼신불이, <唯識系經典>에서는 智慧의 증득이 강조된 向上門的 方向이 드러나는 것이 하나의 큰 특색이라 할 수 있다.

2-2 轉依思想과 三身佛 (轉識得智와 三身說의 관계)

唯識系經典에서 강조하는 사상의 하나가 <轉依>의 개념인데, 이것이 3身佛說 成立基盤의 또 하나의 핵심요소로서 작용하게 된다.

곧 이 轉依개념은 三身說을 완성한 유식학파의 중심개념의 하나로서, 이때 그 전환의 방향은 잡염분(雜染分)에서 청정분(淸淨分)으로, 凡夫에서 佛로라는 向上的 方向이 강하게 나타나게 되는 것이다.

轉依(āśrayaparāvṛtti)란 문자 그대로 所依(의지처)를 전환(轉換)함을 말하는 것으로, 중생의 의지처인 8개의 識, 곧 제Alaya8識·제7Manas識·제6意識·前五識으로 이루어진 소위 四群을 佛의 속성인 4개의 智, 곧 大圓鏡智·平等性智·妙觀察智·成所作智의 四智로 바꾸는 것을 의미한다.

곧 유가유식학파에서는 八識을 굴려 얻어진 四智야말로 三身佛의 본질 그 자체가 되는 것이므로, 이 轉依思想은 유가유식사상의 三身佛說 성립에 없어서는 아니되는 기반으로서 자리 잡게 된 것이다.

한편 이 유가행유식의 향상문적 입장의 전의사상과 별도로 <向下門的 立場에서의 轉依思想> 또한 등장하게 되는데, 그것이 바로 <如來藏思想>이다.

물론 여래장사상에서는 전의의 개념이 유식사상처럼 직접 강조되고 있지는 않지만, 내용적으로 볼 때는 전의의 의미로서 해석할 수도 있을 것이다.

왜나하면 여래장사상의 기본입장은

「一切衆生卽是如來藏(佛性)」 또는 「一切衆生悉有如來藏(佛性)」으로,
이 여래장이 가지는 功能을 「所攝藏·隱覆藏·能攝藏」 또는 「空如來藏·不空如來藏」 이라 한다든지, 「衆生界卽是佛界 佛界卽是衆生界」라 하며, 모든 중생들이 내면에 如來藏 내지 佛性을 함장(含藏)하고 있음과 동시, 그들 중생 하나 하나가 그대로 大海(법신여래)의 일파람(一波浪)이라하며 佛과의 동일성을 강조하고 있기 때문이다.[37)

따라서 이러한 견지에서 볼 때, 如來藏思想은 유식학파의 轉依의 개념처럼, 한편으로는 본유불성(本有佛性)으로의 회귀(回歸)라고 하는 向上門的 정진수행이 강조되면서도, 또 한편으로는 모든 중생 그 자체가 바로 眞如法界로의 현현(顯現)이라고 하는, 이른바 下化衆生의 向下門的 의미가 자연적으로 내포되게 되는 것으로, 이러한 여래장사상이 지니는 2가지 속성의 진리관은 그대로 불신관에도 반영되어, 法·報·化의 3身佛說이 전개되는 것이다.

---

37) <空如來藏>이란 연꽃이 더러운 곳에 살면서도 항상 청정을 유지하는 것처럼, 또 <不空如來藏>이란 아무리 더러운 거울이라 할지라도 닦아내기만 하면 언제든지 사용 가능한 것처럼, 여래장이 가지는 공능을 연꽃과 거울에 비유하여 空如來藏과 不空如來藏으로 설명하고 있다.

第3 瑜伽行 唯識學派의 三身佛說

앞에서도 언급했지만 대승불교의 키워드는 보살·중생·成佛·利他·大悲이다.

곧 중생을 위한 불교로서, 이러한 키워드들을 모두 갖추고 있는 분이 바로 보살인 것이다. 따라서 대승불교에서는 성불을 목표로 하는 求道者로서의 菩薩(上求菩提)의 덕목과 거기에 중생을 제도하기 위한 救濟者, 곧 下化衆生으로서의 菩薩의 덕목이 동시에 요구되고 있는 것으로, 전자가 向上門的 입장에서 바라본 것이라면, 후자는 向下門的 立場에 초점을 두고 있는 것이다.

보살에 대한 이러한 양면성은 佛身觀에도 그대로 반영되어, 向上門的 佛身觀과 向下門的 佛身觀의 2-방향으로 나누어 지는데, 衆生에서 佛로의 전환이라는 轉依思想을 강조하고있는 唯識系經典에서는 2개의 불신관중 向上門的 佛身觀을 취하고 있다.

3-1 유식계경론과 三身說

『대승장엄경론』에는

「性身及食身 化身合三身 應知第一身 餘二之依止」[38]

(法性身과 식신<食身>[39] 그리고 化身을 三身이라 한다. 마땅히 알아야 한다. 제1신인 법성신이 나머지 食身과 化身의 의지처임을~)

---

38) 『대승장엄경론』(대정장 31. 606b)
39) 食身은 수용신(受用身)을 가리킨다

「釋曰。一切諸佛有三種身。一者自性身。由轉依相故。二者食身。由於大集眾中作法食故。三者化身。由作所化眾生利益故。此中應知。自性身爲食身化身依止。由是本故」[40]

(일체제불에는 三種身이 있으니, 自性身과 食身과 化身이 그것이다. 첫 번째의 <自性身>은 轉依를 특징으로 한다. 두 번째인 <食身>은 대중 가운데서 法食, 곧 법을 享有<향유>한다. 3번째인 <化身>은 제도해야 할 모든 중생에게 이익을 주는 것으로, 때문에 이러한 이름들이 붙은 것이다. 마땅히 알아야 한다. 自性身은 食身과 化身의 의지처임을~, 그래서 근본이라한 것이다)

『섭대승론』에는
「出世間及後得奢摩他毘缽舍那智。無量百千俱胝那由他劫數習故。爲轉依止得三種佛身故修行」[41]

(出世間智인 無分別智와 후에 얻어지는 사마타(Śamatha)와 비파사나(Vipaśyanā)의 智, 곧 一切智는 무량백천만억 나유타겁동안의 수습에 의해 얻어지는 것으로, 이를 轉依라 한다. 곧 이러한 수행에 의해 三種佛身은 얻어지는 것이다)

또 『섭대승론』에는
「云何應知智差別。由佛三身。應知智差別。一自性身。二受用身。三變化身。此中自性身者。是諸如來法身。於一切法自在依止故。受用身者。諸佛種種土。及大人集輪依止所顯現。此以法身爲依止。諸佛土清淨。大乘

---

40) 『대승장엄경론』 (대정장 31. 606b)
41) 『섭대승론』 (대정장 31. 297c)

法受樂受用因故。變化身者。以法身爲依止。出家往外道所修苦行。得無上菩提轉法輪。大般涅槃等事所顯現故」[42]

(무슨 까닭으로 智의 차별(智差別)이 있는 것인가? 마땅히 알아야 한다. 佛身에는 자성신과 수용신과 변화신의 三身이 있는데, 이로 인해 智差別이 생기는 것이다.[43]

곧 첫 번째의 <自性身>이란 如來法身을 말하는 것으로 일체법의 의지처로서 自在하며, 두 번째의 <受用身>이란 제불의 온갖 종종의 佛土와 그곳에 모인 大人<보살>들의 의지에 의해 현현하는 佛로서, 法身을 의지처로 삼으면서 모든 불토를 청정케 하며, 대승법을 즐겨 받아 法樂을 수용케하는 佛이며, 세 번째의 <變化身>이란 法身을 의지처로 삼으며, 출가후 外道의 처소에 가서 고행을 닦아 무상보리를 얻어 법륜을 굴리며, 대반열반<大般涅槃: mahāparinirvāna> 하는 등의 행위들을 현현하는 불이다. 이런 이유로 智의 차별이 생기는 것이다)

① 自性身(Sva-bhāva-Kāya)

『섭대승론』에는

「諸佛如來所有法身其相云何。若略說其相應知有五種。(중략)五相者。一法身轉依爲相。二白淨法爲相。由六度圓滿。三無二爲相。由無有無二相故。四常住爲相。眞如淸淨相故。五不可思議爲相。是眞如淸淨自證智所知故」[44]

---

42) 眞諦釋『섭대승론』(대정장 31. 129c)
43)「論曰。由佛三身。應知智差別。釋曰。智差別是菩薩解脫知見。卽菩提道究竟果。如二乘道究竟果名解脫知見。二乘解脫知見中無三身。菩薩解脫知見中有三身差別。何以故。二乘不能滅智障。無一切智故。不得圓滿淸淨法身。無大慈悲不行利益他事故。無應化兩身。菩薩具此二義故有三身。故以三身顯智差別」眞諦譯 世親釋『攝大乘論釋』(대정장 31. 249b)
44) 眞諦釋『섭대승론』(대정장 31. 129c)

(諸佛如來法身의 相<특징>은 무엇인가? 약설하면 5-가지가 있으니, 첫째는 <轉依>이며, 둘째는 6-바라밀을 원만하였기에 <白淨法>이며, 셋째는 有無의 2-가지 상을 지니지 않기에 <無二>이며, 넷째는 언제나 진여청정한 것이기에 <常住>이며, 다섯째는 眞如淸淨의 自證智한 것이기에 <不可思議>이다)

「論曰。此中自性身者。是諸如來法身。釋曰。此三身中。若以自性爲法身。自性有二種定。以何自性爲法身。一切障滅故。一切白法圓滿故。唯有眞如及眞智獨存。說名法身」45)

(이 三身 가운데 <自性身>이란 모든 여래법신을 말하는 것으로, 2-가지 自性을 지니고 있기에 法身이라 하는 것이다. 첫째는 일체의 장애를 멸했고, 둘째는 일체의 白法<청정법>을 원만히 하였기 때문이다. 곧 오직 眞如와 眞智<진실지>만이 존재하기에 법신이라 하는 것이다)

② 受用身(Saṃbhoga-Kāya)
『대승장엄경론』에는
「二者食身。由於大集衆中作法食故」46)

(두 번째인 食身은 대중가운데서 法食, 곧 법을 享有<향유>한다)

「受用身謂食身 (중략) 食身以自利成就爲相 」47)

(수용신은 식신<食身>을 말한다. <중략> 食身은 자리성취의 (相)身이다)

---

45) 眞諦譯 世親釋 『攝大乘論釋』(대정장 31. 249c)
46) 『대승장엄경론』(대정장 31. 606b)
47) 『대승장엄경론』(대정장 31. 606b)

「受用身者。諸佛種種土。及大人集輪依止所顯現。此以法身爲依止。諸佛土淸淨。大乘法受樂受用因故」[48]

(受用身이란 제불의 온갖 종종의 佛土와 그곳에 모인 大人<보살>들의 의지에 의해 현현하는 불로서, 법신을 의지처로 삼으면서 모든 불토를 청정케 하며 대승법을 즐거이 받아 法樂을 수용케하는 佛이다)

세친의 『섭대승론석』에는
「若離法身應身不成。譬如眼識離根不成。應知此二由能依所依故得相應」[49]

(마치 眼根을 떠나면 眼識은 이루어질 수 없는 것처럼, 만일 법신을 벗어나면 응신은 이루어질 수 없는 것이다. 그러므로 잘 알아야 한다. 법신과 응신은 서로 能依<主>와 所依<客>의 관계로서만 상응할 수 있다는 것을~)

③ 變化身(Nirmāṇa-Kāya)
『대승장엄경론』에는
「三者化身。由作所化衆生利益故」[50] / 「化身以他利成就爲相」[51]

(화신은 利他의 성취를 상으로 하며 / 제도해야 할 모든 중생에게 이익을 주는 佛이다)

『섭대승론』에는

---

48) 眞諦釋『섭대승론』(대정장 31. 129c)
49) 世親釋『섭대승론』(대정장 31. 155c)
50) 『대승장엄경론』(대정장 31. 606b)
51) 『대승장엄경론』(대정장 31. 606b)

「變化身者。以法身爲依止。從住兜率陀天及退。受生受學受欲塵。出家往外道所修苦行。得無上菩提轉法輪。大般涅槃等事所顯現故。出家往外道所修苦行。得無上菩提轉法輪。大般涅槃等事所顯現故」[52]

(變化身은 法身을 의지처로 삼으며, 도솔천<투시타천>에 머물거나 물러나며 세상에 태어나 배우며 온갖 욕심에 사로잡혔다 출가하여, 外道의 처소에 가서 고행을 닦아 무상보리를 얻어 법륜을 굴리며, 대반열반 <완전열반:mahāparinirvāna> 등의 행위를 하신다)

3-2 『成唯識論』의 三身說

「如是法身有三相別。一自性身。謂諸如來眞淨法界。受用變化平等所依。離相寂然絶諸戲論。具無邊際眞常功德。是一切法平等實性。卽此自性亦名法身。大功德法所依止故」[53]

(法身에는 3-가지의 相이 있다. <自性身>이란 여래의 진실한 淸淨法界를 말하며, 受用身과 變化身의 의지처가 된다. 곧 自性身은 온갖 相을 여의었기에 적연<寂然>하며, 온갖 희론을 끊었으며, 온갖 한량없고 항상의 진실공덕을 갖추었기에 일체법 평등의 眞實自性이라 하는 것으로 大-공덕법을 의지처로 한다. 이러한 自性身을 일러 法身이라 부르는 것이다)

「自受用身唯屬自利。若他受用及變化身唯屬利他。爲他現故」[54]

(자수용신은 오직 自利에 속하며, 타수용신과 변화신은 오직 利他에만

---

52) 眞諦釋 『섭대승론』 (대정장 31. 129c)
53) 『성유식론』(대정장 31. 57c)
54) 『성유식론』 (대정장 31. 58b)

속한다. 남을 위해 나타나는 까닭에)

「二受用身。此有二種。一自受用。謂諸如來三無數劫修集無量福慧資糧所起無邊眞實功德。及極圓淨常遍色身。相續湛然盡未來際恒自受用廣大法樂。二他受用。謂諸如來由平等智示現微妙淨功德身。居純淨土爲住十地諸菩薩衆現大神通轉正法輪決衆疑網令彼受用大乘法樂。合此二種名受用身」[55]

(受用身에는 自受用身과 他受用身의 2-가지가 있다.

<자수용신>이란 여래께서 3-무수겁동안 수행해서 얻어낸 무량의 福과 慧의 자량에서 비롯된 무변의 진실공덕과, 지극히 원만하고 청정한 색신이 미래제가 다하도록 상속한 담연한 광대한 法樂을 스스로에게 수용하시는 佛이며,

<타수용신>이란 모든 여래께서 平等智로서 미묘청정의 공덕신을 시현하시어, 그곳에 있는 십지보살에게 대신통을 보이며 정법륜을 굴리어, 대중들이 지니고 있는 온갖 의심들을 결정코 풀어내어 청정토에 머물게 하여, 그들로 하여금 大乘의 法樂을 수용케 하시는 佛로서, 이 自他의 2가지 수용신을 합해서 受用身이라 하는 것이다)

「三變化身。謂諸如來由成事智　變現無量隨類化身。居淨穢土爲未登地諸菩薩衆二乘異生　稱彼機宜現通說法　令各獲得諸利樂事」[56]

(變化身이란 제불여래께서 성소작지<成所作智>에 의하여, 부류에 따라 무량으로 변현<變現>하시는 化身을 말한다. 곧 정토와 예토<穢土>에 머물면서 아직 十地에 오르지 못한 보살과 二乘과 異生<중생>들을 위하여, 그들의 근

---

55) 『성유식론』 (대정장 31. 57c~58a)
56) 『성유식론』 (대정장 31. 58a)

기에 따라 나타나시어 法을 설하여, 그들로 하여금 온갖 유익하고 즐거운 일을 획득케 하신다)

「以五法性攝三身者。有義初二攝自性身。經說眞如是法身故。論說轉去阿賴耶識得自性身。圓鏡智品轉去藏識而證得故。中二智品攝受用身。說平等智於純淨土爲諸菩薩現佛身故。說觀察智大集會中說法斷疑現自在故。說轉諸轉識得受用身故。後一智品攝變化身。說成事智於十方土現無量種難思化故又智殊勝具攝三身。故知三身皆有實智。有義初一攝自性身。說自性身本性常故。說佛法身無生滅故。說證因得非生因故。又說法身諸佛共有遍一切法猶若虛空無相無爲非色心故。然說轉去藏識得者。謂由轉滅第八識中二障麤重顯法身故。智殊勝中說法身者。是彼依止彼實性故。自性法身雖有眞實無邊功德而無爲故不可說爲色心等物。四智品中眞實功德鏡智所起常遍色身攝自受用。平等智品所現佛身攝他受用。成事智品所現隨類種種身相攝變化身」[57]

(五法<眞如와 四智>이 3-佛身을 섭한다는 것에 대해 다음과 같은 견해가 있다. 처음의 두 가지<眞如와 大圓鏡智>에는 自性身을 포섭시킨다. 『佛地經論』 제7권>에서 眞如는 法身이라고 말씀하기 때문이다. <무성(無性), 『섭대승론석』 >에서 말하기를, 아뢰야식을 전환해서 自性身을 얻고, 大圓鏡智에 상응하는 심품은 藏識<제8Ālaya識>을 전환해 증득한다고 하기 때문이다. 가운데 2-가지 지혜 <平等性智와 妙觀察智>에 상응하는 心品에는 受用身을 포섭시킨다. 평등성지는 순수한 정토에서 많은 보살을 위해 부처님의 몸을 나타낸다고 말하기 때문이며, 妙觀察智는 큰 법회에서 법을 말하여 의심을 끊게 하고 자재함을 나타낸다고 말하기 때

---

57) 『성유식론』 (대정장 31. 58a)

문이다. 모든 전식<轉識>을 전환해서 수용신을 얻는다고 말하기 때문이다. 마지막의 한 가지 지혜<成所作智>에는 變化身을 포섭시킨다. 성소작지는 시방 국토에서 생각으로 헤아리기 어려운 수많은 종류의 변화를 나타낸다고 말하기 때문이다. 또한 지혜의 뛰어남에 모두 3-불신(佛身)을 포함시킨다고 『섭대승론석』은 말하기 때문에, 3-가지 佛身이 모두 참다운 지혜가 있음을 안다. 다음과 같은 견해가 있다. 처음의 하나, 곧 眞如에는 自性身을 포섭시킨다. 자성신은 본성이 상주하는 것이라고 『대승장엄경론』은 말하기 때문이다. 『유가사지론』은 부처님의 법신은 생멸이 없다고 말하기 때문이다. 세친의 『금강반야바라밀경론』은 원인을 증득해서 얻는 것이지, 생겨나게 하는 원인은 아니라고 말하기 때문이다.

 또한 『대승아비달마잡집론』은 법신은 모든 부처님에게 공통적으로 있으며, 모든 법에 두루하고, 마치 허공처럼 형상이 없고 무위<無爲>이며, 색법도 아니고 심법도 아니라고 말하기 때문이다.

그런데 무성의 『섭대승론석』에서 설한 장식(藏識)을 전환해서 얻는다고 말한 것은 제8식 중의 두 가지 장애의 麤重<종자와 습기>을 전환해서 단멸하고, 법신을 현현하는 데 의거하기 때문이다. 지혜의 뛰어남 중에서 법신을 말한 것은, 그것(지혜)의 의지처이고 그것의 참다운 성품이기 때문이다. 自性法身은 진실하고 가없는 공덕이 있지만, 無爲이기 때문에 색법이나 심법 등의 사물이라고는 말할 수 없다.

四智에 상응하는 心品 중의 진실한 공덕과, 大圓鏡智에서 일어나는 상주하고 두루하는 색신에는 自受用身을 포섭시킨다. 平等性智에 상응하는 心品이 나타낸 부처님의 색신에는 他受用身을 포섭시킨다. 成所作智에 상응하는 心品이 나타낸 것인, 중생의 부류에 따른 갖가지 신체의 형상에는 變化身을 포섭시킨다)

참 고『佛地經』과 밀교의 五智說과의 관계

「爾時世尊告妙生菩薩。妙生當知。有五種法攝大覺地。何等爲五。所謂<u>清淨法界</u>。大圓鏡智。平等性智。妙觀察智。成所作智妙生當知。清淨法界者。譬如虛空。雖遍諸色種種相中。而不可說有種種相。體唯一味。如是如來清淨法界。雖復遍至種種相類。所知境界。而不可說有種種相。體唯一味」　　　　　　　　　　　　『佛地經』(대정장 16. 721a)

(그때 세존께서 묘생<妙生>보살에게 이르시길, 妙生菩薩이여! 마땅히 잘 알아야 한다. 五種法이 있어 大覺地를 섭하는 것이다. 五種法이란 소위 清淨法界・大圓鏡智・平等性智・妙觀察智・成所作智를 말한다.

　清淨法界란 마치 虛空과 같아서, 비록 온갖 色과 온갖 相으로 두루두루 나타난다고 해도 가히 그 종종의 상을 설할 수 는 없지만, 그 체는 오직 一味<한맛>인 것이다. 如來의 清淨法界 또한 이와 같아서, 비록 種種의 相으로 두루두루 나타난다고 해도 그 경계, 곧 그 종종의 상을 설할 수 는 없지만, 그 체는 오직 一味<한맛>인 것이다)

라 하여, 五種法이 大覺의 智를 섭한다고 전제하면서, 그 5-가지 법으로 우리가 잘 아는 四智(大圓鏡智・平等性智・妙觀察智・成所作智)에 새로이 <清淨法界>를 新設하여 도합 5智를 만든 후, 이것이 바로 佛智인 大覺의 智라 명명하고 있다. 그러면서 새로이 신설시킨 清淨法界를 虛空에 비유하면서, 시방에 존재하는 모든 두두물물이 색이나 형상이 모두 다르지만 그들의 본체는 오직 하나라고 설하고 있다. 한편 經은 뒤이어 四智 각각의 특성을 설하면서 마지막을 다음과 같이 마무리 짓고 있다.

「如是菩薩。若未證入如來清淨法界大海。各別所依異智少智智有增減。隨
其智業所作各異。少分衆生成熟善根之所依止。若已證入如來清淨法界大
海。無別所依智無差別。智無限量智無增減。受用和合一味事智。無量衆
生成熟善根之所依止」　　　　　　　『佛地經』(대정장 16. 723a~b)

(이와같이 묘생보살이여! 만약 아직 大海와 같은 如來淸淨法界에 證入하
지 못했다면, 각각 의지처되는 四智 각각과 중생의 少智에 각자 증감<增
減>이 있고, 또 그 智의 業에 따라 지은 바가 각각 다르니, 선근공덕을
조금밖에 쌓지못한 <少分衆生>들은 어서 선근을 성숙시켜 의지처가 되
도록 해야 한다. 만일 이미 如來淸淨法界의 大海에 證入했다면, 의지처
되는 四智는 차별이 없을 뿐만 아니라, 少智 또한 無限量의 智가 되어
增減이 없으므로, 그것을 受用해서 一味의 事智에 화합시켜 무량중생을
성숙시키는 善根의 의지처가 되도록 해야 한다)

라 하며, 하루속히 선근공덕을 쌓아 如來淸淨法界의 大海에 證入할 것
을 간곡히 당부하고 있는데, 여기서 중요한 것은 확실히 밝히고 있지는
않지만 새로이 신설된 淸淨法界가 나머지 四智의 의지처가 됨을 나타내
기 위해, 이들 五種智를 모두 똑같이 <一味>라고 하여 소속의 일치를
나타냈다든지, 또 <所依>라는 말을 사용하여, 淸淨法界가 四智의 의지처
됨을 은현중 밝히고 있다는 것이다.

『佛地經』은 經名 그대로 <佛地>가 무엇인지를 밝히는 것이 목적으로
서, 따라서 經의 내용 또한 佛地의 경계에서 智란 무엇인지, 그 智는 몇
개로 구성되어있는지, 기존의 四智와는 같은 것인지 다른지, 또 四智 외
에 새로이 신설된 <淸淨法界>는 四智와는 어떤 관계에 있는 것인지를

밝히고 있다.

 하지만 여기서 문제가 되는 것은, 왜 기존의 四智에 만족하지 못하고 왜 새로이 淸淨法界(智)를 신설한 것인가? 이유가 있는 것인지, 있다면 그것이 무엇인지 등의 문제가 제기될 수 있는 것으로, 여기서 자연적으로 五智·五佛을 중심교리로 삼는 밀교와『佛地經』과의 관계가 주목된다.

 곧 밀교의 특징이라할 五智·五佛과 위에서 살펴본『佛地經』이 새로이 주창하고 있는 5-번째의 <淸淨法界>와의 관계인 것이다.

 알다시피 밀교는 기존의 四智 외에 별도로 <法界體性智>를 신설하고, 이 <法界體性智>로 하여금 四智의 주인이자 의지처로서 자리잡게 하였을 뿐만 아니라, 더 나아가 法身 大日如來라는 佛을 신설하여 中央의 主佛로 안치시킨 후, 여기에 기존의 나머지 四智의 所有主로서의 四佛 (阿閦佛·寶生佛·阿彌陀佛·不空成就佛)을 새로이 선정하고 四智와 이들 四佛을 상치(相値)시켜, 이들을 각각 東南西北의 四方位에 배치시킴으로서, 소위 五方·五智·五佛이라는 밀교만의 독특한 교리체계를 완성시킨 것이다.

따라서 여기서 다시 주목을 받는 것이,『佛地經』이 새로이 주창하고 있는 5-번째의 智인 <如來淸淨法界>와 밀교의 主佛인 淸淨法身大日如來의 智인 <法界體性智>와의 관계이다. 곧『佛地經』의 <如來淸淨法界>와 밀교의 <淸淨法身/法界體性智>의 이름에서부터 무언가 떼래야 뗄 수 없는 깊은 관계를 느끼게 하는 것으로, 밀교의 主佛 淸淨法身大日如來와 또 그분이 지니고 있는 法界體性智라는 개념이 바로 다름아닌『佛地經』에서부터 유래했다는 것을 알 수 있다.

여기서 잠깐 또 하나 놓쳐서는 안 되는 것은 『成唯識論』 역시 밀교불의 형성과정에 一助를 했을 수도 있겠구나 하는 생각이다. 그 이유는 『成唯識論』의 저자인 護法이 당시 주창되어오던 여러 佛身論(佛陀觀)의 입장을 살펴본 후, 「以五法性攝三身者。有義初二攝自性身云云」 「有義初一攝自性身云云」하면서, 이들 여러 학설중 나름 대표적이거나 특출한 것이라 생각된 2-개의 입장(2개의 有義)을 선정·제시한 후, 이들의 주장의 진위여부를 판단하기 위해 여러 근거경전들을 인용하고 있기 때문이다.

곧 護法은 密敎佛의 형성에 있어서 직접적으로 문제의 발단이 된 『佛地經』을 비롯해, 그 외 『유가사지론』·『대승장엄경론』·『섭대승론석』·『금강반야바라밀경론』·『대승아비달마잡집론』 등의 佛身說을 인용하면서, 그들 주장의 근거를 확인하고 있다.[58]

따라서 평소 주석적 학풍을 선호하던 護法과 그의 저서인 『成唯識論』의 서술태도로 보아, 『成唯識論』 또한 이후 전개되는 佛身論의 形成과 發達過程에서 나름대로의 역할을 했을 것이라고 평가하고 싶다.

이제 이러한 상항을 염두에 두면서, 『成唯識論』이 내 보이고 있는 三身說에 대한 2가지 설(2-有義)을 알기쉽게 도표로 정리하면 다음의 <참고>와 같다.

---

58) 『유가사지론』 (대정장 30, 734a)·『대승장엄경론』 (대정장 31, 607a)·『섭대승론석』 (대정장 31, 438c)·『금강반야바라밀경론』 (대정장 25, 785a)·『대승아비달마잡집론』 (대정장 31, 694c)

참 고: 三身說에 대한 『成唯識論』 2가지 주창(有義)

① 제 1설 (첫번째 有義)

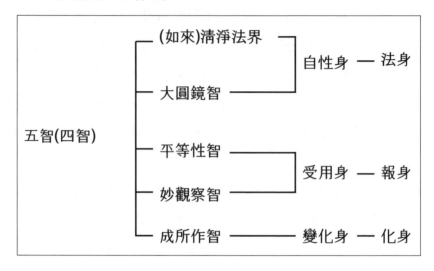

② 제 2설 (두번째 有義)

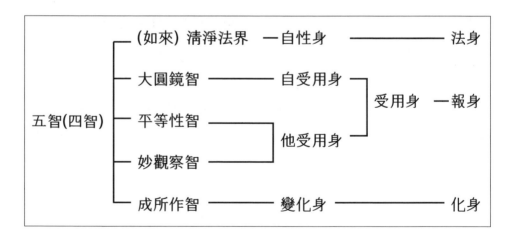

③ 統合說 (제 1설+제 2설)

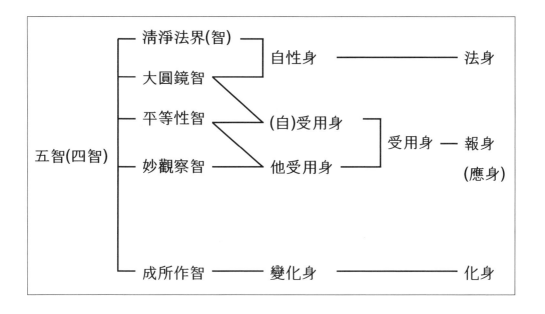

第4 如來藏係 經典의 三身說

4-1 『寶性論』의 佛身說

『寶性論』의 주제는 제목<Ratnagotravibhāga>에서 보듯,

寶性(Ratnagotra),

곧 佛性(buddha-dhātu)과 如來藏(tathāgata-garbha)에 대한 것을 규명한 경전이기에, 경의 Key-word 또한 <如來種性> <自性淸淨心> <本性明淨> <客塵煩惱> <自性淸淨離垢淸淨> <如來藏> <一切衆生有如來藏> <佛性> <如來性> <法性> <法界> <眞如> <法身> <法身・色身(食身)> <法身・報身・化身의 三身說>등, 如來藏에 대한 중요개념들이 두루 설해지고 있다.

앞에서도 언급했듯이, 如來藏系經典이 지니는 가장 큰 특징은
1) 大悲하신 佛의 강조 2) 중생은 佛의 子息 3) 衆生=如來藏
4) 客塵煩惱 5) 이것을 모르는 衆生의 無知 6) 중생들에게의 당부,
곧 如來藏에 대한 믿음(信)과 여래장이 활성화 되도록 여래장을 덮고있는 번뇌의 除去(行)이 강조되고 있다

따라서 본장의 테마인 『寶性論』의 佛身觀 역시, 이러한 논의 중심주제하에서 이루어지는 것이다. 곧 佛과 衆生의 관계를 어디까지나 父子관계로 보기 때문에, 중생의 안에는 아버지인 如來가 항상 도사리고 계시면서, 한시도 내버려두지않고 관찰하면서 사랑과 대비로 쓰다듬어주고 아껴주고 보살펴주고 있는 것이다. 말하자면 어느 상황에 있든 중생과 佛은 父子인 까닭에, 절대로 떨어져서는 살 수 없는 것으로, 이것이 여래장사상이 가지는 특징중의 특징인 것이다. 佛身論에 있어서도 마찬가지다.

그래서 『寶性論』 제6 <無量煩惱所纏品>을 보면,

「法身有二種　淸淨眞法界　及依彼習氣」[59]

(法身에 2-種이 있으니, 淸淨眞法界와 그에 의거한 習氣<聖教>가 그것이다)

라 하며, <依彼>란 어휘와 <習氣>를 사용하고 있는데, 여기서 <彼>란 두말할 것도 없이 아버지인 <淸淨眞如法身>을, <習氣>란 아들을 가리키고 있는 것이다. 곧 논이

「諸佛如來有二種法身。何等爲二。一者寂靜法界身。(中略)二者爲得彼因」[60]

(2-가지 法身이란 무엇인가? 첫째는 <寂靜法界身>이며, 둘째는 적정법계신<寂靜法界身>을 통해서 얻어낸 습기신<習氣身>이다)

라 부연 설명하고 있는 것처럼, 2종의 法身이 다름아닌 法界 그 자체로서의 <淸淨法身>과, 그를 의지해서 나타난 習氣로 젖어있는 <衆生法身>이라 설명하고 있다. 또

「如來眞如法身有二種義。一者遍覆一切衆生。二者遍身中有無有餘殘。示現一切衆生有如來藏。此以何義。於衆生界中無有一衆生離如來法身在於法身外。離於如來智在如來智外」[61]

---

59) 『寶性論』(대정장 31. 838b)
60) 『寶性論』(대정장 31. 838b)
61) 『寶性論』(대정장 31. 838c)

(진여법신인 여래에 2-가지 의미가 있다. 첫째는 이 眞如法身이 일체중생에게 두루 덮여져 있다는 뜻이며, 둘째는 一切衆生에게는 그 누구나 如來藏이 있다는 것이다. 곧 일체중생으로서 如來法身과 如來智를 떠나 있는 중생은 아무도 없다는 것이 그것이다)

라 하며, 아버지인 眞如法身이 모든 중생에게 두루 덮여있다고 하며, 절대로 어버지 여래의 속성인 眞如法身으로부터 나온 如來智를 지니고 있지않은 중생은 아무도 없다고 강조하고 있다. 논은 또

「一切諸衆生 平等如來藏 眞如淸淨法 名爲如來體 依如是義故 說一切衆生 皆有如來藏 應當如是知」[62]

(일체중생에게는 누구나 平等하게 如來藏을 지니고 있는 것으로, 眞如淸淨法 그것을 일러 如來藏이라 하는 것이다. 이러한 의미로 일체중생이 모두 如來藏을 가지고 있다고 한 것이니, 마땅히 그런줄 알아라)

하며, 어버지의 피와 같은 眞如淸淨의 法性 그것을 일러 여래장이라 하는 것이니 절대로 잊지도 말고 의심 조차도 하지말라고 신신당부하고 있다. 논은 뒤이어

「佛性有二種 一者如地藏 二者如樹果 無始世界來 自性淸淨心 修行無上道 依二種佛性 得出三種身 依初譬喩故 知有初法身 依第二譬喩 知有二佛身」[63]

---

62) 『寶性論』 (대정장 31. 838c)
63) 『寶性論』 (대정장 31. 839a)

(佛性에는 2-종류가 있다. 하나는 地藏과 같은 것이며, 나머지 하나는 나무열매<樹果>이다. 곧 무시이래로 부터 존재하는 <自性淸淨心>과 修行을 통해 얻어낸 <無上道>를 말하는 것으로, 이 2종류의 佛性으로부터 三種<佛>身이 나타나는 것이다. 곧 地藏의 비유는 法身을, 樹果의 비유는 二佛身인 報身과 應身있음을 비유한 것이다)

라 하면서, 드디어 본 장의 주제인 三身佛에 대해 설하고 있다. 곧 이번에는 佛과 衆生과의 관계를 온갖 에너지를 지니고 있는 땅(地藏)과 그 땅의 기운을 받고 자라 가지에 맺힌 열매(樹果)에 비유하면서, 땅(地藏)은 <自性淸淨心>에, 열매(樹果)는 <無上道(成佛)>라 하며, 이 2-法身으로부터 三身佛(法·報·應)身이 나타난 것이라 하고 있다. 곧 뒤이어

「眞佛法身淨 猶如眞金像 以性不改變 攝功德實體 證大法王位 如轉輪聖王 依止鏡像體 有化佛像現」[64]

(眞佛法身은 淸淨한 것으로 비유하자면 마치 眞金의 像과 같아서, 그 성품을 개변<改變>시키지 않아도 자연 그대로 자체에 온갖 功德을 攝하고 있는 實體이다. 따라서 大法王의 位를 증득한다는 것은 마치 전륜성왕의 위를 증득하는 것과 같은 것이다.
  거울의 상<鏡像>이 실체인 法身<體>에 의지하여 나타나듯이, 化佛의 像도 그렇게 나타나는 것이다)

「五種譬喩。所謂藏樹金像轉輪聖王寶像譬喩。示現生彼三佛法身(중략) 以諸佛如來有三種身得名義故。此五種喩能作三種佛法身因」[65]

---

64) 『寶性論』(대정장 31. 839a)
65) 『寶性論』(대정장 31. 839a)

(다섯가지의 비유, 곧 소위 地藏·樹果·金像·轉輪聖王·寶像의 비유는 三佛의 法身이 나타남을 보인 것이다. <중략> 곧 諸佛如來에 三-佛身 있음을 통해 명분과 의리를 얻는 것으로, 이 5-가지 비유는 능히 三佛法身이 출현하는 因을 지은 것이다)

라 하며, 앞에서 보인 5-가지 비유는 三身佛 있음을 보이기 위한 방편(名義)이라 하고 있다. 한편 논은 <佛寶品>에서

「無爲體自然 不依他而知 智悲及以力 自他利具足。此偈略明佛寶所攝八種功德。何等爲八。一者無爲體。二者自然。三者不依他知。四者智。五者悲。六者力。七者自利益。八者他利益 (중략) 如是三句能作他利益故名爲力。應知又此六句次第。初三種句謂無爲等功德。如來法身相應示現自利益。餘三種句所謂智等示現他利益。又復有義。以有智慧故證得第一寂靜法身。是故名爲自利益。又依慈悲力等二句轉大法輪示現他利益」66)

(①無爲體·②自然·③不依他而知·④智·⑤悲·⑥力·⑦自利·⑧他利는 佛寶가 지니고 있는 8가지 공덕이다. 여기서 <無爲體·自然·不依他而知·智悲及以力>의 三句는 利他이익에 대한 것이기에 力이라 한 것이다. 또한 잘 알아야 한다. 처음의 <無爲體·自然·不依他知>는 여래법신과 상응하기에 自利의 이익을 보인 것이고, 다음의 <智·悲·力>은 利他의 이익을 보인 것이다.
　한편 혹자<有義>는 이 <智·悲·力>에 대해 주장하기를, <智>는 智慧로서 寂靜法身을 증득한 것이므로 自利利益을 보인 것이며, 또 <悲와 力>은 慈悲와 力에 의해 大法輪을 굴리는 것이므로 利他利益을 보인 것

66) 『寶性論』(대정장 31. 822c~823b)

이라 주장하고 있다)

라 하여, 佛寶가 지니는 공덕을 8가지로 제시한 후, 이들 8가지에 自利의 면과 利他의 면이 있음을 나타내면서 佛身에 自利와 利他의 양면이 있음을 내보이고 있다.
　곧 논은 첫 번째 공덕인 <無爲體>에 대해서는

「佛體。非初中後。故得名爲無爲法身」

이라 하여 理法身에 배당시키고,
2번째 공덕인 <自然>과 3번째 공덕인 <不依他知>에 대해서는 각각

「又復遠離一切戱論虛妄分別。寂靜體故。名爲自然」(이상 自然),
「自覺不依他覺故。如是依於如來無爲法身相故」(이상 不依他知)[67]

라 하여, 이들을 智法身에, 곧 이 2-공덕은 無爲法身에 의지하지 않고도 스스로 각지할 수 있는 힘이 自然으로 갖추어져 있다고 하면서, 이 2-공덕을 智法身에 위치시키고 있다.

한편 이렇듯 논이 공을 들여가며 <佛身의 8-공덕>을 설하고 있는 까닭은, 앞에서 제시한 三-佛身을 自利와 利他의 어느쪽엔가 位置시키고 싶은 의도 때문인 것으로, 이것을 통해 佛身의 功德에 自利와 利他의 兩面性 있음을 내보이면서도, 또 한편으로는 自利와 利他의 양면을 지닌 속성으로는 法身을 위치시키고, 반면 利他面에는 나머지 二身인 應身과

---

67)『寶性論』(대정장 31. 822c)

化身을 위치시키려는 의도 때문이었던 것으로 보인다.

 아무튼 『寶性論』의 佛身觀은 淸淨眞如法身을 중심으로 하면서도, 한편으로는 자식인 衆生들을 어떡하든지 제도해야 겠다는 大悲心 때문에, 法身 스스로로부터 報身과 應身을 顯現케 하는 向下門的 佛身觀을 제시하고 있는 것으로, 이러한 向下門的 佛陀觀은 如來藏系經典들이 공통으로 지니는 하나의 특징이기도 하다.

끝으로, 『寶性論』은

「法身自性淸淨心如來藏等三種實體。有諸佛等九種譬喩相似相對法應知。三種實體者偈言　法身及眞如　如來性實體　三種及一種　五種喩示現」[68]

(法身과 自性淸淨心과 如來藏은 十方諸佛에 대한 三가지<三種> 실체이다. 시방제불에 대한 것은 비유가 서로 유사함으로, 9-종의 비유를 들어 설명하였으니, 잘 알아두어야한다. 곧 <三種實體>란 法身・眞如・如來性을 말하는 것으로, 法身은 諸佛・美蜜・中實<堅固>의 3-가지로, 眞如는 黃金 1-가지로, 종성<如來藏>은 伏藏・樹芽・寶像・轉輪王・金像의 5-가지 비유를 들어 설명하였다)

라 하여, <如來藏의 三種義(自性)>, 곧 法身(遍滿義)・眞如(無量無差別義)・如來種姓(佛性義)을 설한 후,
1) 法身에 대해서는 所證法(淸淨法界=無漏=自利=無分別智)과 所說法(所證法의 等流=後得智=利他業)으로 나눈 후,

---

68) 『寶性論』(대정장 31. 838b

이 가운데 所說法은 다시 應身의 영역인 <一味의 菩薩藏=蜂蜜喩>과, 化身의 영역인 <種種味의 十二分敎=內實喩>로 나누어 설명하고,

2) 眞如에 대해서는 自性不變妙善 淸淨이라 하며 이를 黃金의 喩로 설명하고,

3) 如來種性에 대해서는 중생 모두가 無差別 平等한 自性淸淨心을 지니고 있다면서, 客塵煩惱가 淸淨하게 되었을때 비로소 如來法身이 되는 것이라 설명하고 있다.[69]

이것이 『寶性論』의 佛身論의 기본구조로서, 이는 뒤에서 살펴볼 『金光明經』과 同一構造를 지니고 있어, 여기에 『寶性論』 → 『金光明經』의 交涉 내지 傳承을 볼 수 있는 것이다.[70]

4-2 『大乘起信論』의 三身佛說 (如來藏・唯識을 절충)

① 一心眞如의 三大

유식학파의 三身佛說과 달리 『大乘起信論』에서는 주로 法身에 초점을 두면서, 그 法身이 중생구제를 위하여 그들의 근기에 맞춰 報身과 應身으로 나타난다고 하는 소위 利他的 向下門的 立場에서의 三身佛說을 전개한다.

『大乘起信論』은 그 핵심 명제인 一心思想, 특히 一心의 體・相・用 三大를 바탕으로 하여 法・報・應의 三身佛說을 펼치고 있다.

그러므로 불신관을 이해하기 위해서는 먼저 一心・二門・三大로 전개되는 본론의 一心思想에 대한 파악이 선행되어야 한다.

---

69) (대장장 31. 838b~c)
70) 高崎直道 『如來藏思想形成』 春秋社, 中村瑞隆 「如來藏體系」 『講座大乘佛教』 6. <如來藏思想>

본론에서는 一心의 眞如相과 生滅因緣相에 의하여 體大·相大·用大가 드러남을 강조하고있다. 그런데 여기서 주목되는 것은, 본론이 이러한 三大思想을 통하여 그 종교적 이상, 곧 대승의 의의를 드러내려 하고 있다는 점이다. 따라서 이러한 三大思想은 본론의 佛身論에도 그대로 반영되어, 眞如自體相으로서의 法身과, 用大로서의 報身·應身이라는 『大乘起信論』특유의 三身說을 형성하게 된다.

② 眞如自體相으로서의 法身

본론은 <해석분>에서 三大의 의미를 구체적으로 설명하는 가운데 三身佛說을 전개하고 있다. 곧 眞如自體相을 法身에, 眞如用大를 報身과 應身에 연관시키며, 法·報·應의 三身佛을 설명하고 있다. 곧 體大와 相大를 합하여 理智不二의 法身에, 그리고 제3의 用大를 둘로 나누어 報身과 應身에 배대시킨다.

먼저 眞如自體相으로서의 法身을 살펴보자!

眞如 自體는 일체의 언어명상과 사려분별을 넘어선 平等一相으로서, 범부와 3승, 그리고 諸佛등에 있어서 하등의 증감이 없으며, 과거 현재 미래의 3세를 통해서 일체 생멸이 없는, 곧 영원불멸하고 보편평등한 무한절대의 체성(體大)인 것이다. 그리고 이러한 眞如 自體에는 대지혜광명 등 不思議한 무량한 性功德이 本具되어 있어 거기다 항상 이어져 끊어지지 않는데, 이것이 <相大>의 속성이 되는 것이다.

이와 같은 眞如自體相(體大와 相大)을 因位에서는 <如來藏>이라 부르고, 果位에서는 <如來法身>이라 하는 것이다.

따라서 眞如自體相을 法身이라 보는 이러한 본론의 입장에서 볼때, 體大는 바로 法身의 본질로서의 理法身이 되는 것이고, 相大는 바로 그 法身이 본구하고 있는 智法身이 되는 것이다.

곧 『大乘起信論』의 法身은 理와 智를 둘로 나누어 보지 않는 理智不二의 法身이 되는 것인데, 이러한 法身에 本具되어 있는 不思議한 무량한 공덕을 본론에서는 여섯 가지(六義)로 설명하고 있다.

여기서 六義는 바로 相大의 내용을 말하는 것으로, 그것은 동시에 如來 法身의 내용이기도 하다. 물론 이때의 相이란 眞如自體의 相을 말한 것으로서, 경험적이거나 인간적인 조건하에서의 개별상이 아닌 것은 두 말할 필요도 없다.

위에서도 언급한 바와같이, 唯識思想이 自性身에 대해, 한편으로는 理智不二의 法身으로 보기도 하고, 또 다른 한편으로는 자수용신은 智佛로, 自性身은 주로 理佛로 이해하는 이중적(二重的) 견해를 취하는 것과는 달리, 如來藏系의 대표적 경전인 『大乘起信論』은 철두철미 理智不二의 法身觀을 견지하고 있는 것으로 2-사상이 가지는 차이점이라 할수 있다.

③ 眞如用大로서의 (報・應)身의 二身

이와 같은 眞如法身이 중생을 떠나 따로 존재하는 것이 아니지만, 아직 본래의 청정자성에 투철하지 못한 범부중생은 이러한 眞如法身을 보지 못하고 불각미망(不覺迷妄)에 떨어져 있으므로, 여기에 (眞如의 無限業用에 의하여) 중생교화를 위한 諸佛의 작용이 報身과 應身으로 나타나게 되는 것이다.

이러한 眞如用大로서의 報・應 二身에 대해, 논은 다음과 같이 설명하고 있다.

「眞如法身에는 중생제도를 위한 不思議한 自然業用이 부단히 일어나, 그들의 근기에 상응하여 應身과 報身이 무한하게 나타나게 된다. 곧 分別事識에 얽매여 一切唯心의 이치를 모르는 (凡夫와 二乘에게는) 그에 相應하는 종종의 應身으로 나타나며, 아직 미세한 차별의식(業識) 이 남아 있기는 하나 唯心所現의 이치를 증득한 (菩薩들에게는) 일체 차별상을 떠난 無量無邊의 報身으로 나타나는 것이다」[71]

물론 이때 報·應 二身은 중생의 근기에 따라 그들 각자의 마음에 비춰진 法身의 그림자에 불과한 것일 뿐, 眞如法身의 자체상에는 일체의 차별상과 시설(施設)이나 작위(作爲)은 찾아볼 수 없는 것이다.

그렇다면 眞如用大에 의하여 報·應 二身이 나타나게 되는 원인은 무엇일까? 그것은 앞에서 언급한 바와 같이, 眞如 자체에 본래 그러한 無限業用의 用大가 갖춰 있음에서 기인되는 것이다. 물론 이러한 眞如用大로서의 諸佛의 佛事는 일체의 인위나 고의가 전혀 없는 自然(무공용: anābhoga)의 用이며, 不思議한 業用이다.

이러한 제불여래의 法身의 불가사의한 무공용의 業用에는 일체의 相이 없는 것으로, 굳이 말한다면 圓成實相의 妙用으로서, 智相之身, 곧 지혜 그 자체이자 第一義諦의 경계로서, 일체 世諦의 경계와 시설(施設) 조작을 떠나 있는 것이다.

---

71)「以有如是大方便智。除滅無明見本法身。自然而有不思議業種種之用。卽與眞
如等遍一切處。又亦無有用相可得。何以故。謂諸佛如來唯是法身智相之身。
第一義諦無有世諦境界。離於施作。但隨衆生見聞得益故說爲用。此用有二
種。云何爲二。一者依分別事識。凡夫二乘心所見者。名爲應身。以不知轉識
現故見從外來。取色分齊不能盡知故。二者依於業識。謂諸菩薩從初發意。乃
至菩薩究竟地心所見者。名爲報身」(대정장 32. 579b)

그러므로 報身과 應身은 결국 중생의 心識上에 새겨진 法身의 그림자에 불과한 것으로, 우리가 발심수행하여 삼세육추(三細六麤)를 퇴치하고 一心本源을 터득하게 되면, 일체의 報·應 二身은 궁극적으로 眞如法身에 환원되게 되는 것이다.

이처럼 『大乘起信論』의 佛身說은 철두철미 法身 중심의 불신설, 곧 理智不二의 法身으로서, 이 法身으로부터 일체의 報身과 應身이 중생의 根機에 相應하여 나타나는 向下門的 성격을 띄고 있는 것이다.[72]

4-3 『金光明經』의 三身說

密敎五佛의 원초형태라고도 할 『金光明經』에는 동방(阿閦佛)·남방(寶相佛)·서방(無量壽佛)·북방(微妙聲=天鼓音佛)의 <4方佛>을 비롯, 法身·應身·化身의 <三身說> 외에도 初期大乘經典에서 자주 보인 바 있는 現在他方佛로서의 十方佛 내지 六方佛 등을 보이며, 이들 諸佛에 대한 예배와 참회(懺悔)등을 설하고 있다.

뿐만아니라, 『金光明經』 제3 <分別三身品>에는 (有餘·無餘·無住)의 三-涅槃과 (遍計所執相·依他起性·成就相=圓成實性)의 三性說, (起事心·心根本心·根本心)의 三心, 그리고 法身의 속성으로 如如(진여=理=自利業), 如如智(眞如智=智=利他業) 등을 설하면서, 佛身에 三身있음을 설하고 있어, 이 경이 唯識家인 世親의 佛身觀의 영향을 받았음을 암시하고 있다.

하지만 어쩐 일인지 『十地經論』과 『般若經論』등에 보이는 세친의 法·報·應의 三身說과는 그 내용이나 형식면에서 전혀 다른 佛身觀을 보이

---

72) 魯權用 『佛陀觀의 研究』 圓光大學校 大學院. 1987

고 있어, 학자들로부터 일찍부터 주목되어 왔던 경이다.

곧 곳곳에서 東方 阿閦佛, 南方 寶相佛, 西方 無量壽佛, 北方 天鼓音佛 등 소위 四方四佛을 설하는 등, 비록 中方 毗盧遮那佛에 대한 확실한 언급이 없어 완전하지는 않지만, 기본적으로는 밀교의 만다라의 형식인 五方·五佛을 띠고 있어 주목의 대상이 되어왔다. 이렇듯 佛身論史的으로 중요한 경전이 『金光明經』이기에, 격을 높여 唯識系와 如來藏系의 경전과 대등하게 따로 항목을 두어 살펴보려는 것이다.

『金光明經』이 설하는 佛身觀의 내용을 살펴보면,

「善男子。一切如來有三種身云。何爲三。一者化身。二者應身。三者法身。如是三身具足。攝受阿耨多羅三藐三菩提。若正了知。速出生死」[73]

(선남자여! 일체여래에는 3-가지 佛身<三種身>이 있다. 무엇인가 하면 첫째는 化身이요, 둘째는 應身이요, 셋째는 法身이다. 이 三身을 구족해야만 無上正等正覺을 섭수할 수 있으며, 이를 올바르게 요지해야 속히 生死에서 벗어날 수 있는 것이다)

「善男子。如來昔在修行地中。爲一切衆生。修種種法。如是修習至修行滿。修行力故。得大自在。自在力故。隨衆生意。隨衆生行。隨衆生界。悉皆了別 (중략) 處相應。時相應。行相應。說法相應。現種種身。是名化身」[74]

---

73) 『金光明經』<제 3 分別三身品> (대정장 16. 408b)
74) 『金光明經』<제 3 分別三身品> (대정장 16. 408b)

(선남자여! 여래는 오래전 수행지(사바)에서 수행하실 때, 일체중생을 위해 온갖 종류의 법을 원만 구족하실 때까지 두루 수습하셨다. 그러한 수행력으로 여래는 自在力을 얻으셨고, 그 자재력으로 인하여 중생의 마음과 행위를 비롯 중생계의 온갖 모습을 모두 了別해 마치셨다. (중략) 이렇듯 처소와 때와 행위와 법에 相應하시어 종종의 몸을 나타내시는 분을 일러 <化身>이라 하는 것이다)

「云何菩薩了知應身。謂諸如來。爲諸菩薩得通達故。說於眞諦。爲令解了生死涅槃是一味故。爲除身見衆生怖畏歡喜故。爲無邊佛法而作本故。如實相應如如如如智。本願力故。是身得現。具三十二相八十種好項背圓光。是名應身」[75]

(무엇을 일러 보살이 應身을 요지해 마쳤다고 하는 것인가? 시방여래는 보살이 모든 것을 통달하도록 진실제<眞實諦>를 말씀하신다. 곧 그들로 하여금 생사와 열반이 한맛임을 알게 하기 위해, 有身見에 빠진 중생의 두려움과 환희(끄달림)를 제거하기 위해, 또 무한한 佛法에 대한 근본을 얻기 위해, 여실하게 如如(自利)와 如如智(利他)에 상응하는 本願力으로 인해, 몸을 나투실때는 32相과 80種好를 갖추시고 원만광명의 光背를 갖추시는 것이다. 이러한 분을 일러 <應身>이라 하는 것이다)

「善男子。云何菩薩摩訶薩。了知法身。爲除諸煩惱等障。爲具諸善法故。唯有如如如如智。是名法身」[76]

(선남자여! 무엇을 일러 보살이 法身을 완전히 요지했다고 하는 것인가?

75)『金光明經』<제 3 分別三身品> (대정장 16. 408b)
76)『金光明經』<제 3 分別三身品> (대정장 16. 408b)

모든 번뇌의 장애를 제거하기 위해, 또 모든 선법을 구족하기 위해, 오직 如如와 如如智만을 가지는 분, 이러한 분을 일러 <法身>이라 하는 것이다)

「前二種身。是假名有。此第三身。是眞實有。爲前二身而作根本。何以故。離法如如。離無分別智。一切諸佛無有別法。一切諸佛智慧具足。一切煩惱究竟滅盡。得淸淨佛地。是故法如如如如智。攝一切佛法」[77]

(앞에서 말한 응신과 화신의 二種의 身은 가명<假名有>이다. 3번째 불신인 法身만이 진실<眞實有>로서, 응신과 화신의 근본이 되는 것이다. 왜냐하면, 法如如를 여의고 無分別智를 떠나서는 별다른 법은 있을 수 없기 때문이다. 일체제불은 지혜를 구족하시고 번뇌 또한 모두 끊어 멸진시키시고 淸淨佛智를 얻으셨기 때문이다. 이런 까닭에 法如如와 如如智가 일체의 불법을 포섭한다고 하는 것이다)

「復次善男子。一切諸佛。利益自他。至於究竟。自利益者。是法如如。利益他者。是如如智。能於自他利益之事。而得自在成就種種無邊用故(중략) 如是依法如如。依如如智。說種種佛法。說種種獨覺法。說種種聲聞法。依法如如。依如如智。一切佛法自在成就。是爲第一不可思議」[78]

(선남자여! 일체제불은 나<自>와 남<他>을 이익케 함을 구경으로 삼으신다. 여기서 법의 여여<法如如>란 자이익<自利>의 用을 나타내며, 여여의 지혜<如如智>란 이타<利他>의 用을 나타낸다. 법신은 능히 自他를 이익케 하는 用의 자재를 얻으셨기에 종종의 무변한 用을 성취하시는 것이다 (중략) 곧 법신은 法如如와 如如智에 의지하여 종종의 불법과 독각법과 성문법을

---

77)『金光明經』<제 3 分別三身品> (대정장 16. 408c)
78)『金光明經』<제 3 分別三身品> (대정장 16. 408c)

설하시는 것이다. 곧 法如如와 如如智를 의지처로 삼아 일체불법의 自在를 성취하신 것이기에, 이를 일러 第一의 不可思議라 하는 것이다)

「善男子。依此二身。一切諸佛。說有餘涅槃。依此法身。說無餘涅槃。何以故。一切餘法。究竟盡故。依此三身。一切諸佛說無住處涅槃。爲二身故不住涅槃。離於法身。無有別佛。何故二身不住涅槃。二身假名不實(중략) 法身不爾。是故二身不住涅槃。法身不二。是故不住涅槃。故依三身說無住涅槃」[79]

(선남자여! 일체제불은 응신과 화신을 의지해서는 유여열반<有餘涅槃>을 설하시고, 법신을 의지해서는 무여열반<無餘涅槃>을 설하신다. 왜나하면 일체 모든 것은 구경에는 멸진하는 까닭에, 일체제불은 이 三身을 의지해 무주처열반<無住處涅槃=無餘涅槃>을 설하시고, 응신과 화신을 위해서는 <不住涅槃=有餘涅槃>을 설하시는 것이다. 곧 法身을 여의고는 응신과 화신의 2분의 부처님은 존재하지 않는 것이다. 왜냐하면 응신과 화신은 不住涅槃하는 것으로 어디까지나 實답지 않은 假名이지만, 法身은 그렇지 않기 때문이다.

곧 응신과 화신 二身은 <不住涅槃=有餘涅槃>이지만, 법신은 應身과 化身이 아니기에 <無住處涅槃=無餘涅槃>하시는 것이다. 이렇게 <法應化>身의 三身에 의지하여 無住涅槃을 말씀하시는 것이다)

위의 내용을 알기 쉽게 표로 나타내면 다음과 같다.

法 身	如如(法眞如=理=自利業)	應身: 第一義諦/一味 /菩薩藏
	如如智(眞如智=智=利他業)	化身: 世俗諦/種種法門/種種身

---

79) 『金光明經』 <제 3 分別三身品> (대정장 16. 409a)

앞의 『寶性論』의 불신론을 설하면서, <如來藏의 三種自性>이라 하여, 『寶性論』이 法身眞如·如來性·如來種姓(佛性)을 설하면서, 法身을 所證法(淸淨法界=自利=無分別智)과 所說法(所證法의 等流=後得智=利他業)으로 나눈 후, 所說法을 다시 應身의 영역인 一味의 菩薩藏과 化身의 영역인 種種味의 十二分敎로 나누어 설명한 것을 살펴보면, 이것이 『寶性論』이 설하는 불신론의 기본구조로, 이는 『金光明經』과 동일한 구조를 지니고 있는 것으로, 비록 『金光明經』에 『寶性論』이란 경명은 보이지 않지만, 그 내용으로 보아 『寶性論』 → 『金光明經』의 交涉 내지 傳承이 엿보이는 것은 분명한 것으로, 앞서도 거론한 바와 같이, 『金光明經』의 불신론이 『寶性論』의 불신론을 그대로 재인용하고 있음을 알 수 있다.

한편 한때는 이와는 반대로 『金光明經』 → 『寶性論』을 주창하는 설도 있었으나, 『寶性論』의 역출이 曇無讖과 眞諦의 중간인 AD 500년 초기이며, 『寶性論』이 인용하고 있는 여래장계경론에 法身說이 설해지고 있지 않는다는 점 등을 통하여, 『金光明經』의 <分別三身品>이 『寶性論』의 성립 이후에 삽입되었다는 것이 증명되었고, 뒤이어 『寶性論』의 불신론이 『大乘莊嚴經論』의 불신론의 영향을 받은 것으로 고찰되어, 현재는 『大乘莊嚴經論』 → 『寶性論』 → 『金光明經』의 交涉 내지 傳承을 正說로 인정하고 있다.[80]
이어 논은 중생들이 이러한 佛身을 이루지 못하는 이유로,

「善男子。一切凡夫爲三相故。有縛有障。遠離三身。不至三身。何者爲三。一者遍計所執相。二者依他起相。三者成就相。如是諸相不能解故。不能滅故。不能淨故。是故不得至於三身。如是三相。能解能滅能淨故。是故諸佛具足三身。善男子。諸凡夫人未能除遣此三心故。遠離三身不能

---

80) 高崎直道 『如來藏思想形成』 p. 331. 春秋社. 1972

得至。何者爲三。一者起事心。二者依根本心。三者根本心。依諸伏道。
起事心盡。依法斷道。依根本心盡。依最勝道。根本心盡。起事心滅
故。得現化身。依根本心滅故。得顯應身。根本心滅故。得至法身。是
故。一切如來具足三身。善男子。一切諸佛於第一身。與諸佛同事。於第
二身。與諸佛同意。於第三身。與諸佛同體」[81]

(선남자야, 모든 범부에게는 <三相>이 있는 까닭에, <얽매임=縛>과 <장
애=障>가 있는 것으로, 이 三相에서 멀리 떨어져 있기에 <三身>에 이르
지 못하는 것이다. 무엇이 三相인가? 첫째는 두루 집착하여 억측하는 모
습인 <遍計所執相>이요, 둘째는 다른 것을 의지하여 일어나는 모습인
<依他起相>이요, 셋째는 원만히 실답게 성취하는 모습인 <成就相=원성
실상>이다. 범부들이 이와 같은 三相에 대해 能히 解하지도, 能히 滅하
지도, 能히 淸淨케 하지 도 못했기에, 시방제불은 法·應·化의 三身을
구족하시는 것이다. 선남자야! 범부들은 아직 <三心>을 제거하지 못했기
에 <三身>에서 멀리 떨어져 이르지 못하는 것이니, 무엇이 三心인가 하
면? 첫째는 <起事心=第六 意識>이요, 둘째는 <依根本心=제七 manas
識>이며, 셋째는 <根本心=제八 Ālaya識>이다. 모든 所見을 바로잡는
<伏道=通達位>에서 <起事心=第六 意識>은 소진되고, <法斷道=修習位>
에서 <依根本心=제七 manas識>은 소진되고, <最勝道=구경위>에서 <根
本心=제 八 Ālaya識>은 소진되는 것이다. 이 <起事心=第六 意識>이 멸
해 없어지면 <化身>을 나타낼 수 있고, <依根本心=제七 manas識>이
멸해 없어지면 <應身>을 나타낼 수 있으며, <根本心=제八 Ālaya識>이
멸해 없어지면 <法身>에 이르게 되는 것이다. 이러한 연고로 시방제불께
서는 三身을 갖추고 계시는 것이다. 선남자여! 일체제불은 제1身인 應身

---

81) 『金光明經』 <제 3 分別三身品> (대정장 16. 409a)

을 통해 시방제불과 同事하며, 제2身인 化身을 통해 시방제불과 同意하며, 제3身인 法身을 통해 시방제불과 同體가 되는 것이다)

「復次善男子。是法身者。惑障清淨能現應身。業障清淨。能現化身。智障清淨。能現法身。譬如依空出電依電出光。如是依法身故能現應身。依應身故能現化身。由性淨故能現法身。智慧清淨能現應身。三昧清淨能現化身。此三清淨是法如如。不異如如。一味如如。解脫如如。究竟如如。是故諸佛體無有異」[82]

(선남자야, 이 법신은 번뇌장<惑障>이 청정하므로 능히 應身을 나타내며, 업장<業障>이 청정하므로 능히 化身을 나타내며, 소지장<所知障>이 청정하므로 능히 法身을 나타내는 것으로, 그것은 마치 허공을 의지하여 번개가 생기고, 번개를 의지하여 빛이 나는 것과 같은 것이다.
 이와 마찬가지로 法身에 의지하여 능히 應身이 나타나고, 응신에 의지하여 능히 化身이 나타나는 것이며, 또 성품이 清淨하므로 능히 法身이 나타나며, 지혜가 清淨하므로 應身이 나타나고, 三昧가 清淨하므로 化身이 나타나는 것이니, 煩惱障・業障・所知障의 3-가지 清淨함을 일러 法-如如, 不異-如如라고도, 또 一味-如如, 解脫-如如, 究竟-如如라고도 하는 것이다. 이런 까닭에 제불의 體는 다르지 않은 것이다)

한편 『金光明經』에는 위에서 살펴본 法・應・化 三身說 이외에도, 아래와 같이 동방(阿閦佛)・남방(寶相佛)・서방(無量壽佛)・북방(微妙聲=天鼓音佛)의 四方四佛이 설해져 있어 큰 주목을 받아 왔는데, 이는 密教五佛의 原初形態라고도 할 수 있는 것으로, 특히 『大日經』<제13 入秘

---

82) 『金光明經』<제 3 분별삼신품> (대정장 16. 410b)

密曼茶羅位品>에 영향을 미치게 된다.

「金光明妙法 最勝諸經王 甚深難得聞 諸佛之境界 我當爲大衆 宣說如是經 幷四方四佛 威神共加護 東方阿閦尊 南方寶相佛 西方無量壽 北方天鼓音」[83]

(가장 수승하며 모든 경전의 왕인 금광명경의 묘법은 시방제불의 경계로서 깊고깊어 듣기 어렵다. 마땅히 대중을 위해 이 경을 널리 설하니, 동방의 아축불<阿閦佛>, 남방의 보상불<寶相佛>, 서방의 무량수불<無量壽佛>, 북방의 천고음불<天鼓音佛> 등 四方四佛께서 위신력(威神力)으로 함께 가호하신다)

한편 玄奘譯『攝大乘論』에는
「論曰。佛受用身及變化身旣是無常。云何經說如來身常。此二所依法身常故。又等流身及變化身。以恒受用無休廢故。數數現化不永絶故。如常受樂。如常施食。如來身常應知亦爾」[84]

(앞에서 佛의 受用身과 變化身은 無常한 것이라고 했는데, 어째서 경은 如來身이 항상하다고 하는가? 그 까닭은 等流身과 變化身 이 2-佛身은 항상 法身을 의지처로 하기 때문이다. 곧 等流身(受用身)과[85] 變化身은 항상 法樂을 수용하여, 멈추거나 없어지지 아니하고 끊어짐 없이 온갖 모습을 나타내면서, <중생으로 하여금> 항상 기쁨을 누리게 하고, 항상 法食을 베풀기 때문이다. 마땅히 알아야 한다. 如來身은 항상 이와 같음을~)

---

83)『金光明經』<제 1 서품> (대정장 16. 404a)
84) 玄奘譯『攝大乘論』(대정장 31. 379b)
85)『攝大乘論』에는 等流身이란 어구를 사용하면서 等流身을 受用身으로 취급하고 있다. 한편 밀교에서는 하기 참고에서 보는 바와 같이, 等流란 어구를 사용하면서도 수용신의 의미를 지니는 유식사상과는 달리, 자성법신 수용법신 변화법신의 3-法身 외에 추가로 等流法身을 두어 四種法身說을 주창하고 있다. 등류법신이란 어구가 직접적으로는『楞伽經』의 영향을 받은 것이지만,『攝大乘論』이 等流身이란 어구를 사용하고 있다는 점에『攝大乘論』과『楞伽經』의 교섭의 與否에 대해서도 흥미를 가지게 한다.

이라 하여, 法身과 等流身(수용신)과 變化身의 三身說을 설함과 동시, 법신을 의지처로 삼는 등류신과 변화신이 중생을 위해 온갖 法樂을 베풀고 있음을 밝히면서, 이를 중생을 위해 베푸는 法食이라 표현하고 있다.

이상 밀교 이전인 현교에서의 불신론(불타관)을 『阿含經』『般若經』『大智度論』『法華經』『華嚴經』『淨土三部經』을 비롯, 『寶性論』『大乘起信論』 등의 如來藏系經論과 『大乘莊嚴經論』『攝大乘論』『成唯識論』등의 唯識系經論, 그리고 나아가서는 如來藏·唯識 2-사상의 영향을 받아 顯敎의 佛身觀을 총정리 하려 시도한, 나아가 密敎의 五方五佛說에까지도 영향을 미친 『金光明經』등을 통해 살펴보았다.

참 고: 대승경전(유식·여래장)의 三身說과 밀교의 四種法身說

유식계경전	여래장계경전	밀교경전
自性身 (Sva-bhāva-kāya) 우주편만의 眞如.法性)	法身	自性法身 (Sva-bhāva-dharma-kāya) (十方三世 遍滿常住 佛)
自受用身 受用身 (Saṃbhoga-kāya) 他受用身	報身	受用法身 (Saṃbhoga-dharma-kāya) (金·胎 兩部의 四佛＝神變加持佛로 初地 이상의 보살에게만 설법함
變化身 (Nirmāna-kāya) (자성신이 변화한 佛로서 應身과 같음)	化身	變化法身 (Nirmāna-dharma-kāya) (二乘과 凡夫衆生에게 설법하시는 佛)
		等流法身 (Niṣyanda-dharma-kāya) (六道·二乘·菩薩의 九界衆生에 따라 나투시는 佛)

3章 密敎의 佛身論 / 法身說法思想

1節 밀교법신불의 기본적 특징

第1 법계 그대로가 法身佛

理佛로서 『華嚴經』에 처음 등장한 법신(法身) 비로자나불(毘盧遮那佛: Vairocana)은 『大日經』에 이르러 지불(智佛), 곧 설법(說法)하는 인격불(人格佛)로 발전하게 된다.

다시 말해 『大日經』은 법신불(法身佛)을 우리와 똑같은 신구의(身口意) 삼밀활동(三密活動)을 하는 人格佛로 승화시킨 것이다.

곧 삼라만상 하나하나가 法身佛 大日如來가 되어 身口意 三密活動을 하는 것이라 본 것이다.

다시 말해 '달이 강을 비추면 모든 강에 달님이 비추듯, 부처님이 만상에 나타나니 모든 것이 그대로 부처님'임을 노래한 「월인천강강강월(月印千江江江月)·불현만상상상불(佛現萬相相相佛)」이란 게송이나,
'시냇물이나 춘하추동의 산색(山色)은 그대로가 法身佛의 말씀이며,
4-계절의 모습'임을 노래한 「계성즉시법신장광설(溪聲卽是法身長廣舌) 산색즉시법신춘추상(山色卽是法身春秋相)」이란 게송,

다시 말해 평상시에 말하는 말 한마디나, 내 모습 그대로가 우주를 장엄하고 있는 法身佛로서의 나의 眞實한 모습이며 說法임을 노래한 게송인 「성자즉시실상(聲字卽是實相)」이나 「일체중생자가보장법신불(一切衆生自家寶藏法身佛)」이란 게송처럼, 세상에 존재하는 각 존재(相相)는 우주의 주체인 法身佛로서 제각각 심신(心身), 곧 신밀(身密)과 구밀(口密)과 의

밀(意密)의 삼밀활동(三密活動)을 통해서, 우주를 장엄하고 자기자신을 내보이고 있다(說法함)고 보는 것이 밀교의 법신설법(法身說法)사상이다. 密敎에서는 一切存在가 法身大日如來로부터 나왔으며, 동시에 그분께 환원(還源)되어지는 것이라 본다.

곧 밀교에서는 법신대일여래(法身大日如來)를 모든 존재의 근원이며 귀결처(歸結處)라 본다. 다시 말해 밀교에서는 현교(顯敎), 곧 여래장(如來藏)이나 유식계(唯識系) 경전에서 말하는 보신(報身=受用身)이나 화신(化身=變化身)을 모두 法身 大日如來의 상황적 전개로 보고, 이들을 모두 法身(受用法身·變化法身)이라 부르고 있는 것이다.

<법신불>을 노래하고 있는 다음의 게송을 음미해 보면서, 밀교가 주창하는 法身說法思想의 세계로 들어가보자!

「첩첩 쌓인 푸른 산은 부처님의 도량이요 / 우주법계(宇宙法界),
 맑은 하늘 흰 구름은 부처님의 발자취요 / 신밀설법(身密說法),
 뭇생명의 노래소리는 부처님의 설법이요 / 구밀설법(口密說法),
 대자연의 고요함은 부처님의 마음이다. / 의밀설법(意密說法)」

참 고: 法身佛에 대한 『華嚴經』과 密敎의 차이
  華嚴經: ① 이불(理佛) ② 三身 가운데 한 분임 ③ 비인격불(非人格佛)
       ④ 설법하지 않음
  密 敎: ① 智佛 ② 一切存在와 현상을 모두 法身으로 봄 ③ 人格佛
       ④ 說法하심

第2 卽事而眞(현상이 곧 진리 / 相用卽是體 / 聲字實相)

  밀교는 법신을 현교의 입장처럼 추상적이고 비인격적인 것이라 보는 것이 아니라, 구체성과 인격을 가지고 현상계(삼라만상) 속에 內在되어 있다고 본다.

  곧 밀교에서는 육근(六根)을 통하여 보고 듣고 냄새 맡는 모든 현상(事) 그대로가 진리(眞理: 진실의 모습)이며, 法身의 구체적 모습인 삼밀활동(三密活動)이라고 본다.

  이를 달리말하면 평소의 身口意 행위(事)가 곧 그 사람의 본모습(진실)이라는 의미이다. 성자실상(聲字實相)이라는 말이 있다. 평상시에 내는 소리(口密인 聲)와 행위(身密인 字)가 그 사람의 본래의 모습이라는 말이다. 아무리 큰 스님이라 불리더라도 평소의 행동거지가 개차반이라면, 그는 중생으로 가짜 큰스님인 것이고, 비록 배운 것이 없고 가진게 없어 거리에서 구걸하며 생활하는 노숙인 일지라도 평소의 행동거지가 보살행을 하는 사람이라면, 그가 진짜 부처님이라는 말이다.
평소의 행동거지인 事, 곧 일거수일투족의 중요성을 강조한 말이다.

「생각만하고 실천하지 않으면 사기꾼과 같은 것으로, 그것은 마치 계약만 하고 금전을 치루지 않은 것과 같은 것이다. 중생이 성불하지 못하는 것도 실천하지 않는 것에서 기인하는 것으로, 이것을 일러 중생의 병(病)이라 하는 것이다」[86]

「밀교를 일러 事의 종교이며 살아 숨쉬는 종교, 그리고 생활불교」라고 말하는 것은, 밀교가 갖는 이러한 진리관과 특징 때문이다.

---

86) 『반야심경비건』 (홍법전서 권 2. 77)

『법성게(法性偈)』에 나오는

"능인해인삼매중(能仁海印三昧中) 번출여의부사의(繁出如意不思意) 우보
익생만허공(雨寶益生滿虛空) 중생수기득이익(衆生隨器得利益)"

이란 게송은, 일체세계가 바로 法身佛의 세계이며 說法이지만, 중생들은
그릇(근기)에 따라 달리 보고 산다는 말씀이다.
곧 밀교의 진리관(法身說法)이 잘 표현된 말씀이다.

第3 현실긍정과 가치인정의 立場

모든 形態(字, 形象)에는 法身佛의 Samaya, 즉 法身佛의 서원이나 의
지활동이 표현되어 있으므로 법신불의 신밀(身密) 내지는 의밀(意密) 說
法이라 보며, 또 言語를 비롯한 모든 소리(聲)는 Mantra나 Dhāraṇī이
므로 法身佛의 Message 곧 법신불의 口密說法으로 보는 것이다.

참 고: 성자즉시실상(聲字卽是實相)

密教에선 소리 · 글자 · 모양 하나까지 如來의 三密活動(說法)으로 보기
때문에 그것에 의미를 부여한다. 作名을 할 때 소리 · 모양 · 뜻 · 五行을
중시하는 것도 바로 이 때문이다. "성자즉시실상(聲字卽是實相)"이란 바
로 이러한 의미이다.

第4 自心佛(자신즉시부처) 사상

　밀교교리의 핵심이 자심의 실상을 각지(覺知)하여 전미개오(轉迷開悟)하는 것이듯이, 밀교의 실천행도 자기의 전체인 심신(心身), 곧 안으로는 자심의 본원(本源)을 명상함과 동시, 밖으로는 본존불에 귀의하여, 佛과의 가지교감(加持交感)을 통해 본래의 자신에 되돌아가 즉신성불을 성취하는 것을 목적으로 한다. 곧 『대일경』에

「비밀주여! 보리(菩提)란 여실히 自心을 아는 것이다」[87]
라든지, 또 『대일경소』의

「중생의 자심품은 일체지지(一切智智)이니, 이와 같이 여실히 自心을 요지(了知)하는 것을 일체지자(一切智者)라 하는 것이다. 이러한 까닭에 밀교행자들은 진언(眞言)을 문으로 하여, 자심에 보리를 발하며, 그 마음에 만행(萬行)을 갖추어, 자심의 정등각을 보고, 자심의 대열반을 증득하며, 그 마음에 방편을 일으켜, 자심의 불국(佛國)을 일구어 내는 것이다」[88]

「중생의 자심실상(自心實相)은 보리로서 이와 같은 자심의 실상을 알지 못하는 것을 무명(無明)이라 하는 것이다. 곧 이러한 무명에 전도해서 상(相)을 취하는 까닭에 애증과 탐진등의 온갖 번뇌가 일어나게 되는 것이며, 이러한 번뇌를 원인으로 해서 온갖 종종의 업을 일으키며, 그 결과에 따라 종종의 인생행로와 내세의 길이 생기는 것이며, 그에 따라 고와 락을 받게 되는 것이다. 그러므로 마땅히 알라! 자심의 실상을 아는 것

---

87)「秘密主 云何菩提 謂如實知自心」(大正藏 18. 1c)
88)『大日經疏』(大正藏 39. 579b)

이외에 별도로 다른 불법이 없는 것임을」[89]

「본존을 자존(自尊) 곧 스스로 간직하고 있는 존이라 하는 것이다」[90]

「나의 일심법계중에는 대일여래를 비롯한 四-바라밀(波羅蜜)등의 일체제불이 결가부좌하고 앉아 있다」[91]

「자심의 실상은 一切種智, 곧 제법의 법계이며 제법의 體인 것이다」[92]

등의 경구들은, 자심의 원저(源底)가 일체종지를 구족한 법신대일여래 바로 그것임을 설명하고 있다. 따라서 밀교의 수행론이나 성불론은 當爲로서의 본래불임을 자각하는 것, 곧 나=佛임을 깨닫는데서부터 시작된다. 다시 말해 중생은 본래불(본래 그대로 이지(理智)구족의 대일법신불)로서, 나의 육신은 오대(五大: 地·水·火·風·空)로 이루어진 태장계만다라(胎藏界曼茶羅)이며, 정신은 식대(識大) 곧 금강계만다라(金剛界曼茶羅) 라는 것, 곧 「自心(즉시)佛, 金胎兩部 曼茶羅」임을 깨닫는 데에 있는 것이다.

「물과 얼음의 관계처럼 衆生本來 佛이라네. 물 떠나 얼음 없듯이 衆生 떠나 부처님 없는 것이라네. 물 속에 있으면서 물 달라고 아우성치는 자, 부잣집 아들이면서 거지행세하는 자, 그런 자가 바로 衆生이라네. 중생이 六道輪廻하는 근본적 원인은 衆生卽是本來佛임을 알지 못하는 無明과 無知 때문이라네. 곧 衆生들은 눈이 멀었기에 그것을 보지 못하는 것 이라네」

---

89) 『大日經疏』(大正藏 권39, p.588a)
90) 『大日經疏』(대정장 권39, p.783a)
91) 「秘藏記」(『弘全』 권2, p.30)
92) 「心之實相卽是一切種智卽是諸法法界法界卽是諸法之體」『吽字義』(『弘全』
   권1. 536)

참 고: 六大所成의 世界

(萬物: 六大所成)

① 物質世界 (胎藏界曼茶羅) = 地·水·火·風·空(五大 所成)

② 精神世界 (金剛界曼茶羅) = 識(識大所成)

衆生(人間: 六大所成)

① 肉身(五大)-胎藏界曼茶羅-物質의 世界(물질적 요소)

② 精神(識大)-金剛界曼茶羅-精神의 世界(정신적 요소)

 곧 衆生(個人-事)-六大所成이며, 兩部曼茶羅

   佛(宇宙法界-理)-六大所成이며, 兩部曼茶羅

 다시 말해 중생과 법신은 본질적으로 동일하다.

 그러므로 衆生은 본질적으로 法身인 것이다.

곧 森羅萬象卽是六大所成 = 兩部曼茶羅 = 衆生 = 法身인 것이다.

참 고: <衆生卽是大日如來>의 진정한 意味

 = 로서의 意味가 아니라, 내(나의 三業이 如來의 三密로)가 변신(變身)할 때 그때(卽時)에 成佛한다는 의미, 곧 조건(體)은 모두 갖추어져 있다. 다만 내가 變身(相과 用이 본래의 모습인 佛로)하게 되면, 바로 그때에 법신대일여래로서 즉신성불한다는 뜻이다.

2節 大日如來(Mahā-Vairocana)論

Vi-√Ruc(遍照) → Vairocana(태양)[93]

第1 一切佛身을 大日如來로 통일함

「時彼菩薩普賢爲上首。諸執金剛祕密主爲上首。毘盧遮那如來加持故。奮
迅示現身無盡莊嚴藏。如是奮迅示現語意平等無盡莊嚴藏。非從毘盧遮那
佛身或語或意生。一切處起滅邊際不可得。而毘盧遮那。一切身業一切語
業一切意業。一切處一切時於有情界宣說眞言道句法。又現執金剛普賢蓮
華手菩薩等像貌。普於十方。宣說眞言道淸淨句法」[94]

(그때 보현보살을 상수로하는 보살들과 비밀주인 금강수보살을 상수로하
는 십불찰 미진수의 金剛衆들은 비로자나의 身口意로부터 태어난 것이
아니라, 비로자나여래의 加持를 받아 示現한 것이다. 따라서 그들의 출
생처와 멸처<起滅>를 찾는 것은 불가득한 것이다. 거기다 비로자나의 일
체의 身口意 三業은 일체처 일체시에 有情(중생)界에서 진언도구<眞言道
句>의 청정법을 선설<宣說>하신다. 곧 비로자나불은 집금강 보현 연화수
보살 등의 모습을 보이시며, 시방에서 두루 眞言道인 淸淨句의 법을 宣
說<베풀어 설하신다>하시는 것이다)

라 하여, 『大日經』은 밀교 이전의 대승경전에 출현하는 모든 부처님,
곧 대승경전의 多佛的 佛身觀을 대일여래의 加持에 의해 출현한 <加持

---

93) 전등의 밝기를 나타내는 Lux라는 단위는 싼스크릳트어인 √Ruc에서 나온
단어이다.
94) 『대일경』 <주심품> (대정장 18 1a~b)

身>으로 보고, 시방삼세의 일체여래를 大日如來로 통일시키고 있다.

 그리고 이러한 大日如來 위주의 불신관은 『大日經疏』에 이르러 그 절정을 이르게 된다.

참 고: 毗盧遮那佛과 大毗盧遮那佛의 차이

 밀교는 법신 비로차나불을 1) 除暗遍明 2) 能成衆務 3) 光無生滅의 3德을 지닌 太陽佛이라 정의한 후, 여기에 大를 붙여, <大+毗盧遮那佛>이라 하여, 현교인 華嚴經의 毗盧遮那佛과는 質的으로 다르다는 것을 강조하고 있다.

第2 大毗盧遮那佛과 三德

2-1 제암편명(除暗遍明)의 德 - 智慧의 仏-

「梵音毘盧遮那者。是日之別名。卽除暗遍明之義也。然世間日則有方分。若照其外不能及內。明在一邊 不至一邊。又唯在晝光不燭夜。如來智慧日光則不如是。遍一切處作大照明矣。無有內外方所晝夜之別」

『大日経疏』(대정장 권 39. 579a)

(산스크리트어로 비로자나란 태양을 지칭한다. 곧 어둠을 물리치고 빛을 들어낸다란 除暗遍明의 뜻을 가진다. 세간의 태양은 안과 밖이란 구분이 있다. 밖은 비추지만 안쪽까지는 미치지 못한다. 한쪽에 빛이 있으면 다른 쪽엔 미치지 못한다. 주간엔 빛이 있지만 밤엔 비추지 못한다. 여래의 일광은 그렇지 않다. 일체의 처소에 걸쳐 대조명<大照明>을 만들어 낸다. 안과 밖, 낮과 밤의 구별이 없는 것이다)

2-2 능성중무(能成衆務)의 德 - 大悲의 仏-

「復次日行閻浮提。一切卉木叢林。隨其性分各得增長。世間衆務因之得
成。如來日光遍照法界。亦能平等開發無量衆生種種善根。乃至世間出世
間殊勝事業。莫不由之而得成辦」   『大日経疏』 (대정장 권39. 579a)

(태양이 염부제인 세간<閻浮提>을 비추면, 일체의 초목과 나무들은 그
성분에 따라 성장 <增長>을 한다. 세상의 온갖 것들은 이 태양으로 인하
여 성취하게 된다. 여래의 일광 또한 두루 법계를 비추면서 평등하게 무
량중생의 여러가지의 선근을 개발하고, 세간과 출세간의 수승한 사업을
능히 일구어 내신다. 여래의 일광에 의하지 않고는 옳고 그름 등 그 어
떤 것도 판별<成辦>해 낼 수 없는 것이다)

2-3 광무생멸(光無生滅)의 德 - 本有常住의 仏德-

「又如重陰昏蔽日輪隱沒。亦非壞滅。猛風吹雲日光顯照。亦非始生。佛心
之日亦復如是。雖爲無明煩惱　　戲論重雲之所覆障。而無所減。究竟諸法
實相三昧圓明無際。而無所增。以如是等種種因緣。世間之日不可爲喩。
但取其少分相似故。加以大名。曰摩訶毘盧遮那也」

『大日経疏』 (대정장 권 39. 579a)

(먹그름이 몰려와 하늘을 덮으면 태양은 숨어 나타나지 못한다.
그렇지만 아주 없어진 것이 아니다. 광풍이 몰려와 먹구름 날려 보내면,
태양은 다시 비추게 되지만 새로운 태양이 생겨 비춰지는 것이 아니다.
 부처님의 태양 또한 이와 같다. 비록 무명번뇌<無明煩惱>와 온갖 허망

과 분별<戱論>이라는 먹구름이 덮어 버린다 해도 아주 없어지지 않는다. 또한 제법의 실상을 규명하고 삼매와 그 밝음이 원만하여 끝없이 활동하지만 전혀 감소하지도 않는다. 이와 같은 여러 가지 실상(因緣)을 통해서 알 수 있듯, 세상의 太陽은 가히 부처님의 위신력과 비교가 되지 않지만, 다만 조금은 닮아있어, 세상의 태양을 취해 여기에 큰 大를 더하여, 부처님을 일러 <摩訶-毘盧遮那佛>이라 이름한 것이다)

3節 『大日經』의 佛身觀

第1 胎藏界 中臺八葉院 五佛

1-1 <北方佛과 사유(四維)-四菩薩)>

『大日經』<제2 具緣品>에는 북방의 佛로,不動(佛)如來를 거명하고 있다.

이는 金剛手灌頂-Tantra → 『大日經』<具緣品>으로 이어지는 전통으로, 아직 보현・문수・관음・미륵의 사유보살(四維菩薩)은 등장하지 않고 있다.[95]

그러나 『大日經』<제13 入秘密曼茶羅位品>에 이르르면, 북방의 不動(佛)如來는→天鼓雷音佛로 환치(換置)되고, 거기다 『金光明經』의 영향을 받아 四維(普賢・文殊・觀音・彌勒) 4-菩薩 또한 등장하게 된다[96]

---

95) 『金剛手灌頂-Tantra』는 四佛에 대해 동방(寶幢)・南方(華蓋敷)・西方(無量壽)・北方(不動)으로 되어있다. 『大日經』<具緣品> 또한 동방(寶幢)・南方(蓋敷華王)・西方(無量壽)・北方(不動)으로 되어있다. 단 『Tibet의 주석』에는 西方(無量光)으로 되어있다. 나머지는 <具緣品>과 동일하다

96) 그 이유는 첫째 『大日經』 자신의 獨自性을 들어내기 위해서, 둘째 『初會金剛頂經(眞實攝經)』이 설하는 金剛界五佛(阿閦佛・寶生佛・阿彌陀佛・不空成就佛), 곧 동방의 阿閦佛과의 겹침을 피하기 위해, 의식적으로 北方의 不動佛을 <天鼓雷音佛>로 換置한 것으로 사료되는 것으로, 이는 胎藏圖像→胎藏舊圖樣→現圖曼茶羅로 이어지는 태장계만다라 成立의 과정과도 깊은 관계가 있을 것으로 생각된다.

1-2 四佛의 性格

密敎 五佛의 원초형태라고도 할『金光明經』에는 동방(阿閦佛)·남방(寶相佛)·서방(無量壽佛)·북방(微妙聲=天鼓音佛)의 4佛을 비롯, 法身·應身·化身의 三身說과 이 외에도 初期大乘經典에 자주 보이는 現在 他方佛로서의 十方佛 내지 六方佛 등을 보이면서, 이들 부처님에 대한 禮拜와 懺悔등을 설하고 있으나, 밀교의『大日經』에 오면 이러한 성격은 거의 보이지 않고, 이들 부처님들은 中臺 法身毗盧遮那佛이 지니는 하나의 屬性으로서의 성격을 띄게된다.

1-3 阿字五轉(三句·五字·五轉·五方·五佛)의 展開

『大日經』<제 2具緣品>에 설해진 <四方四佛>은『大日經疏』<제 12 成就悉地品>에 오면 <阿字四轉으로 전개되고, 뒤이어『大日經疏』<제 14 字輪品>에 오면 <阿字五轉=五字五轉>으로 전개된다. 곧

『大日經』<제 2具緣品> (四方四佛) → 『大日經疏』<제 12 成就悉地品>: (阿字四轉) → 『大日經疏』<제 14 字輪品>: (阿字五轉=五字五轉)으로 발전·전개되었다.

4節 『大日經疏』의 佛身觀

第1 『大日經疏』의 2-佛身說

『大日經』의 주석서인 一行和尙의[97] 『大日經疏』는 대승불교의 논리를 도입후, 밀교의 이론화와 순수화를 도모하면서, 『大日經』의 설을 이어받아 十方諸佛을 法身毗盧遮那佛로 統一시키는 한편, 毗盧遮那佛을 시방제불의 主佛로 하는 大悲胎藏界-曼茶羅思想을 주창하여, 『大日經』이 미처 생각지 못한 이론과 사상들, 곧 三句와 五佛을 matching시키고 이를 本不生 阿字와 대응시켜, <三句・阿字・五佛・五轉>사상을 확립함과 동시, 나아가 宇宙佛 法身佛과의 요가(yoga)를 통해 加持를 받아, 부모로

---

[97] 一行和尙(683-727)은 인도에서 중국에 온 胎藏界密敎의 大家인 善無畏三藏을 보필하면서 『대일경』을 함께 번역하였으며, 더 나아가 스승 선무외삼장으로부터 사사받은 것을 기초로 하여 『大日經疏』(20권)와 『大日經義釋』(14권)을 찬술했다. 곧 일행스님은 禪과 天台 密敎는 말할 것도 없이, 天文學과 數學, 그리고 占星術과 陰陽學을 비롯한 道敎에까지 통달한 大學者였다. 현대의 우표에까지 그의 사진이 도안이 되고 있을 정도이니, 생존 당시의 그의 명성이 얼마나 대단하였을지 짐작이 가고도 남음이 있다.

一行스님은 『대일경』에 대해 2종류의 주석을 하였다. 곧 『대일경소(大日經疏)』와 『대일경의석(大日經義釋)』이 그것인데, 이 두 주석을 음식으로 비한다면, 재료는 똑같은데 만들어놓은 음식맛은 전혀 다르다고 할 만큼 그 성격이나 내용이 아주 판이하다. 까닭은 『대일경소』(20권)가 화엄학적 안목으로 주석을 달았는데 비해, 『대일경의석』(14권)은 天台學的 안목을 가지고 주석을 달았기 때문이다. 이렇게 한 가지를 놓고도 자유자재로 주석을 달 만큼 一行스님은 불교학 전반에 통달한 대학자였다. 또한 스님이 저술해 놓은 『開元大衍曆』이란 曆書는 오늘날까지도 중국 陰陽學 관계의 명저로서 인정받고 있는데, 이만큼 그는 음양학(陰陽學)에 있어서도 大家였던 것이다. 고려초 풍수지리설의 대가로 잘 알려진 도선(道詵스님: 827~898)의 전기를 보면, 그가 중국에 건너가 일행스님의 슬하에 들어가 풍수지리와 음양학을 사사했다고 전해지고 있으나, 실제로 도선스님은 중국에 유학을 간 적도 없고, 두분의 활동기 또한 140여년의 차이가 있어, 전혀 근거없는 낭설에 가까운 전언에 불과하다. 풍수와 음양학의 대가인 일행스님에 가탁(假托)해서라도 도선스님으로 하여금 정통의 맥을 부촉받은 것으로 인정받게 하려고 했던 후학들의 조작임이 틀림없지만, 이것만 보아도 당시 일행스님의 명성이 얼마나 대단했는지 짐작이 간다.

부터 받은 이 몸으로 今生에 성불할 수 있다는 소위 <卽身成佛思想>등을 제창하여, 밀교로 하여금 대승불교와는 다른 최첨단의 불교사상으로 우뚝 서게 하였다.

이제 직접 경구를 통해 『大日經疏』가 주창하는 사상들을 직접 확인해 보자!

「如是加持受用身。卽是毘盧遮那遍一切身」[98]

「復次普賢祕密主等。上首諸仁者。卽是毘盧遮那差別智身」[99]

(이와같이 <가지수용신>은 모두가 다 비로자나불의 일체신<一切身>이다)

(보현과 비밀주 등을 위시한 모든 仁者들은 모두가 다 비로자나불의 차별신<差別身>이다)

라 하여, 시방삼세의 모든 제존들을 대일여래의 加持身이니 差別身이니 하면서, 대일여래를 시방제불과 모든 존속들의 主佛 내지는 統一佛로 위치시키고 있다. 이점 不空三藏의 학설과 대조를 이룬다.[100]

「薄伽梵卽毘盧遮那本地法身。次云如來。是佛加持身。其所住處。名佛受用身。卽以此身。爲佛加持住處。如來心王。諸佛住而住其中。既從遍一切處加持力生。卽與無相法身。無二無別」[101]

---

98) 『대일경소』 (대정장 39. 583a)

99) 『대일경소』 (대정장 39. 583b)

100) 一切如來를 五佛로 매김하여, 일체여래=五佛=五智=大日如來라는 등식을 제창하여 佛身을 통일한 金剛頂經界의 代父라 할 不空三藏과의 학설과는 대조를 이룬다. 不空三藏은 『理趣經釋』등에서, 五佛=五智=大日如來라는 등식을 통해, 五方·五佛·五智를 중심으로하는 금강계만다라를 제작하여, 밀교적 판테온의 세계를 주창하였다.

101) 『대일경소』 (대정장 39. 580a)

(바가범<薄伽梵: Bhagavat>은 毘盧遮那의 본지법신<本地法身>이다. 또 여래란 비로자나불의 <加持身>으로, 그 주처를 비로자나불의 <受用身>이라 한다. 곧 이 受用身으로 佛-加持의 주처로 삼는 것이다. (중략) 곧 무상법신<無相法身>과도 다르지 않다<無二無別>이다)

「法界者。廣大金剛智體也。此智體者。所謂如來實相智身」[102]

(법계란 광대한 金剛智의 體이다. 곧 이 智體란 소위 여래의 실상지신 <實相智身>을 말하는 것이다)

라 하여, 불신을 本地法身과 實相智身의 2-가지로 구분하고 있다. 곧 無相法身으로서의 비로자나 자신인 <本地法身>과, 중생을 제도하기 위해 加持로서 출현시킨 <實相智身: 受用身·報身·應化身 등으로서의 加持身> 등의 二身說을 주장하고 있다.

 이는 시방의 일체존재들을 모두 法身으로 보는 밀교만이 지니는 독특한 佛身論으로, 이 점 또한 <金剛頂經界의 四種法身說>과는 대조를 이룬다.[103]

第2 『大日經疏』의 五佛說이 지니는 特色과 義意

 一行和尙(683-727)은 『大日經』 <제 2 具緣品>에서 大悲胎藏生曼荼羅를 주석함에, 『大日經』 <住心品>이 설하는 三句사상을 基本에 두면서, 이 三句에 <涅槃>을 추가하여 전체를 四句로 만든 후, 여기에 中臺八葉과 matching시켜 이를 四方四佛에 배당하여 曼荼羅的인 視覺化를 이루었다.

---

102) 『대일경소』 (대정장 39. 580a)
103) 不空三藏은 『金剛頂經(眞實攝經)』등에서, 일체존재들을 自性法身 受用法身 變化法身 等流法身 등으로 분류하는 등, 시방세계의 두두물물을 모두 法身으로 보는 소위 <四種法身說>을 주창하였다.

곧 一行은 더 나아가, 『大日經』<普通眞言藏品>과 <成就悉地品>을 주석함에 있어, 『般若經』에 기원을 둔 字門과 字義說에서 파생된 <具緣品>의 字義說中 특히 阿字를 기존으로 하는 阿字四轉(寶幢佛 발보리심 A字, 開敷華王佛 大悲 Ā字, 無量壽佛 方便 Aṃ字, 天鼓雷音佛 涅槃 Aḥ字)을 도입하여, 이것을 三句(보리심위인 대비위근 방편위구경)와 四句思想(앞의 三句에 열반 Aḥ字를 추가시킴)에 대응시켜 일종의 <種子曼荼羅>를 고안해냈다.

한편 一行은 <字輪品>을 주석함에 있어, 기존의 四佛(東方-寶幢, 南方-開敷華王, 西方-無量壽, 北方-天鼓雷音)로서는 완전성이 결여된다고 보고, 기존의 阿字四轉(寶幢佛 <발보리심 A字>, 開敷華王佛 <大悲 Ā字>, 無量壽佛 <方便 Aṃ字>, 天鼓雷音佛 <涅槃 Aḥ字>)을 기반으로 하면서도, 여기에 方便을 상징하던 無量壽佛 Aṃ字는 成佛로 바꾸고, 여기에 새로이 <中方毗盧遮那佛>을 상징하는 Āḥ을 方便究竟에 넣어, 소위 阿字를 중심으로하는 <三句・五字・五轉思想>, 곧 (寶幢佛 발보리심 A字, 開敷華王佛 大悲 Ā字, 量量壽佛 成佛 Aṃ字, 天鼓雷音佛 涅槃 Aḥ字, 毗盧遮那佛 方便 Āḥ이란 獨自的 사상체계를 구축하였다.[104]

---

104) 「若見阿字 當知菩提心義, 若見阿字(長) 當知修如來行, 若見暗字 當知成三菩提, 若見惡字 當知證大涅槃, 若見惡字(長) 當知是方便也」 『대일경소』<字輪品> (대정장 39. 723b)

참 고: 四智思想에서 五智思想으로의 형성과정

四智의 개념은 唯識思想에서 비롯된 것으로, 특히 <轉識得智思想>과 관계가 깊다.

밀교의 특징중 하나가 마치 전매특허라도 받은 양 五라는 숫자를 즐겨 사용하고 있다는 점이다. 곧 五方·五佛·五智·五座·五色 등 개념이나 사상을 설명할 때, 이렇듯 五란 숫자를 활용하고 있다. 五智思想도 마찬가지이다.

밀교사상의 핵심이 되는 五智思想은 어떤 과정을 거쳐 형성하게 되었는지 살펴보자!

四智思想의 源流가 어느 경전으로부터 시작되었는지는 아직 확실하지는 않지만, 玄奘譯 『佛地經』에는 <四智>와 <淸淨法界>가 설해지고 있다.

이 경은 『佛地經』이라는 經題가 가리키듯, 佛地(佛의 위상과 境界)에 대한 설명이 그 중심내용이다.

성립 연대는 확실하지는 않지만 미륵의 五部論書와 비슷한 시기에 성립된 것이 아닐까 추정되고 있다. 『佛地經』에는 다음과 같이

「有五種法 攝大覺地 何等爲五 所謂 淸淨法界 大圓鏡智 平等性智 妙觀察智 成所作智」[105]

라 하여, 如來智인 大覺地는 淸淨法界와 四智로 이루어져 있다고 하며, 四智에 <淸淨法界>를 합해, (有五種法)이라 하면서, 五智(?)를 설하고 있는 듯 보이면서도, 아직 확실하게 智라는 표현은 사용하고 있지 않고 있다.[106]

---

105) 『佛地經』 (대정장 16. 721a)
106) 『佛地經』은 청정법계의 설명으로, 「여래의 청정법계는 일체중생의 心性에 가득하며, 그 體性은 여래와 一味로서 어떤 번뇌에도 오염되지않는 無生無滅

하지만 『佛地經』에는 이와 별도로,

「여래의 淸淨法界는 일체중생의 心性에 가득하며, 그 體性은 如來와 一味로서. 그 어떤 번뇌에도 오염되지않는 無生·無滅·無增·無減·無去·無來이다」

라 설명하면서, 淸淨法界를 自性淸淨心과 관계 지으면서, 자연적으로 <淸淨法界智> 나가서는 <法界體性智>로 전개되는 여지를 남기고 있어, 이 『佛地經』을 밀교의 중요개념인 法界體性智의 원류(源流)로 보아 무난할 것으로 보인다.

참 고: 轉識得智思想의 형성과정

五智思想의 源流라고 지칭했던 『佛地經』에서는 五智만을 설할 뿐 아직 轉識得智思想은 설하고 있지 않고 있다. 한편 瑜伽唯識思想을 설하는 最初期의 유식경전인 『解深密經』『瑜伽師地論』『中邊分別論』등에도 아직 四智란 개념은 등장하지 않는다.

轉識得智의 개념이 처음으로 등장하는 것은 제2기 유식경전인 『大乘莊嚴經論』과 『攝大乘論』등에 이르러 비로소 등장하고, 이어 『成唯識論』과 『佛地經論』에 이르러 완성된다.

곧 『大乘莊嚴經論』에는

「四智鏡不動 三智之所依 八七六五識 次第轉得故」[107]

無增無減無去無來이다」라 설명하면서, 心性과 관계짓고 있다. 한편 『佛地經論』 청정법계를 一切有情是如來藏이니, 一切有情皆有佛性이니, 心性本淨이라 하며 自性淸淨의 如來藏사상과 관계짓기도 하고, 또 淸淨法界는 眞如無爲이지만, 四智는 無漏의 有爲法이라 하며, 四智와 구분하고 있다. 『佛地經論』 (대정장 26. 302a, 305b~c)

(4-번째의 智인 大圓鏡智는 不動으로 나머지 三智의 의지처이다.

곧 八七六五의 識의 차제에 따라 轉得된다)

라 하여, <轉識得智思想>을 처음 설하고 있다.

한편 『攝大乘論』과 世親의 『攝大乘論釋』에는 五蘊가운데 識蘊이 體를 굴려 自在를 얻게 되고, 이때 四智가 얻어진다고 하여 <五蘊四智의 轉得>을 강조하고 있을 뿐, 아직 八識과 四智와의 관계는 설하지 않고 있다.

하지만 無性의 주석인 『攝大乘論釋』에 오면, 八識이 차제로 轉하여 大圓鏡智등의 四智가 차제로 얻어지게 된다는 소위 <轉識得智思想>이 확실하게 설해지고 있으며, 이러한 사상은 이윽고 호법의 『成唯識論』에 계승되어지고, 뿐만 아니라 이에 한 걸음 더 나아가 資糧位에서 究竟位로 이어지는 瑜伽行者들의 修行道인 <五道位>와 관계를 맺으면서, 四智를 단지 佛智로서만이 아니라 <四智轉得의 과정>에까지 확대시켜, 소위 唯識學者들이 즐겨 쓰는 「平等觀初地分得 大圓成所唯佛果起」라는 공식을 설하게 하였다.108)

---

107) (대정장 31. 622c~623a)
108) 「平等觀初地分得 大圓成所唯佛果起」 라는 말은 四智中 평등성지와 묘관찰지는 初地인 見道位(통달위)에 이르러 비로소 얻어지기 시작하여 佛果에서 완전히 얻어지며, 대원경지와 성소작지는 오직 佛果인 究竟位에서만 얻어진다는 학설이다.

5節 『金剛頂經』의 佛身觀

第1 不空三藏의 佛身觀과 그 특색

  <대정신수대장경, 밀교부>에 수록되어있는 밀교경전은 총 573부이다. 이 가운데 진언밀교 付法의 제 6祖이자, 중국밀교의 大成者로 추앙받는 不空三藏(705~774)의 역출경전은 무려 148部나 된다.[109]이제 이들 148부의 내용분석을 통해 불공삼장의 佛身觀과 그 特色을 살펴보자!

『大樂金剛不空眞實三昧耶經般若波羅蜜多理趣釋』(『理趣釋』)에는
「一切如來者。准瑜伽敎中五佛是也。其五佛者。卽盡虛空遍法界無盡無餘佛。聚成此五身也」[110]「一切如來者。同上所說五佛也」[111]

(일체여래란 瑜伽敎中의 五佛을 가리킨다. 곧, 五佛이란 진허공 편법계의 무진무여불을 모두 모아 놓은 五身을 말한다. 일체여래란 위에서 설한 바있는 五佛을 말한다)

라 하여, 一切如來를 五佛로 총칭하고 있다.

---

109) 불공삼장은 『金剛頂經』界의 대가인 金剛智三藏으로부터 금강계만다라의 사상을 전수받으면서, 玄宗임금 때 중국 내에 일고 있던 安祿山의 亂과 史思明의 亂 등 2대 난을 밀교의 적군퇴치법에 의해 진압한다. 그리고 그 공적을 인정받아 玄宗·肅宗·代宗의 3대에 걸쳐 國師로 추앙받게 된다. 또한 그는 148부 143권이라는 많은 밀교경전들을 역경하면서 밀교사상의 중국정착에 크게 이바지 하였다. 불공삼장의 治績에 대해 후대인들은 다음과 같이 평가하고 있다. ㉠ 神異軍國佛敎家(護國佛敎家) ㉡ 중국 三大 譯經家(구마라집 현장 불공)中의 一人 ㉢ 중국밀교의 大成者, 곧 진언밀교 付法의 제6祖 (대일여래→금강살타→용맹→용지→금강수→불공)로서, 『금강정경』계 밀교의 大家로 추앙받고 있다.
110) 『大樂金剛不空眞實三昧耶經般若波羅蜜多理趣釋(이하 『理趣釋』이라 표기함) (대정장 19. 607a)
111) 『理趣釋』(대정장 19. 607b)

참 고: 五智說의 成立과 그 형태

밀교경전이 저술되고, 뒤이어 經軌類가 저술되기 시작하자, 대승사상, 특히 유식논서에서 설해지던 四智說이 그대로 유입되고,

여기에 『佛地經』의 淸淨法界(智) 개념을 이어받고, 이것들이 토대가 되어 기존의 四智에 새로운 法界體性智가 가미되어 밀교의 특징인 五智思想이 설해지게 된다. 그리고 이것이 먼저 도입된 五佛思想과 합쳐져 소위 종합적이고도 통일적인 五智·五佛 등등으로 구성되는 <密敎法身佛思想>과 <金·胎兩部曼茶羅思想>이 만들어지게 되는 것이다.

이러한 일련의 형성과정을 살펴보자!

먼저 앞에서 살펴본 것처럼, 『大日經』에는 <一切智智> <如實知自心> <阿字五轉(大日經疏)>이란 字句를 비롯해 五佛과 九尊을 중심으로하는 胎藏界曼茶羅가 설해지고 있으나, 아직 五智思想은 설해지고 있지않다.

한편 뒤이어 성립된 『金剛頂經』과 『金剛頂瑜伽中略出念誦經』등 金剛頂經系의 경전들에도 五佛 내지 三十七尊등 금강계만다라의 제존들이 설해지고 있으나, 웬일인지 五智思想은 아직 설해지지 않고 있다.

五智의 개념이 등장하는 것은 『金剛頂經系의 經軌類』에 이르러 비로소 나타나게 되지만, 여겨서도 의외로 설해지는 숫자는 그다지 많지도 않고 그 형태도 다양하다.

이들 형태들을 분류해보면,
1) <五智>란 이름을 분명히 밝히고 이를 구체적으로 설하고 있는 경우,
2) <五智>를 <五佛>과 결부시킨 경우,
3) <五智>란 字句만을 단순하게 설하고 있는 경우

4) <五智>란 말을 접두사로 쓰면서, 사물에 특색을 붙여주고 있는 경우 등이다.

　이제 이들을 분류별로 어떤 경전들이 여기에 속하는지 살펴보자!
먼저 앞에서 고찰한 바 있는 『佛地經』의 경우처럼, 五智란 말은 없지만 四智+淸淨法界를 넣어 五智化 하고 있거나, 또 『佛地經論』의 경우처럼, 앞의 淸淨法界를 해석하면서 이를 佛性과 心性의 개념으로 파악하고 여기에 四智를 합친 경우 등. 아직 대승경전에서는 확실하게 五智란 字句는 설해지고 있지는 않지만, 佛智=五智란 개념이 서서히 싹이 터가고 있었다.

　한편 밀교경전에 오면 四智에 <法界體性智>가 합해져 분명하게 <五智>란 字句를 사용하고는 있으나, 五智가 어떻게 해서 성립된 것인지 등 그 형성 내지 사상의 과정에 대해서는, 구렁이 담 넘어가듯 은근슬쩍 자연스럽게 <五智思想>을 설하고 있다.

　<五智>를 사용하고 있는 밀교경궤들을 살펴보면,
1)에 해당되는 『金剛頂瑜伽三十七尊出生義』(不空譯出)에는,
　대원경지 · 평등성지 · 묘관찰지 · 성소작지 · 법계체성지를 순차적으로 설한 후, 이들 四智에 <法界體性智>란 새로운 佛智를 추가시켜 일단 五智 槪念을 만들어 놓고, 이어 이들 五智를 각각 순차적으로 東方 阿閦佛, 南方 寶生佛, 西方 阿彌陀佛, 北方 不空成就佛, 中央 毗盧遮那佛에 배치시키고, 여기에 다시 四智 각각으로부터 순차적으로 現等覺身인 金剛平等의 阿閦佛, 義平等의 寶生佛, 法平等의 阿彌陀佛, 業平等의 不空成就佛 등이 出生되고, 뒤이어 法界體性智로부터 自受用身인 비로자나불이 출생한다고 설하고 있다.

곧 소위 五智로부터 五佛이 출현한다는 <智 중심의 五佛思想>과 더불어 <五方・五智・五佛思想>을 설하면서, 五佛・十六大菩薩・十六大供養菩薩 등 도합 37존으로 이루어진 소위 <金剛界曼茶羅>를 탄생케 한다.

2)에 해당되는 『金剛頂經一字頂輪王瑜伽一切時處念誦成佛儀軌』(不空譯出)에는,

 밀교교리중 중요한 개념인 加持, 곧 心・顔・口・頂・下丹田 등 소위 <五處加持>를 설하면서, 五處에 五智를 각각 배속시킴에 따라 五佛이 顯現한다는 것을 설하여, 소위 行者自身과 本尊을 同一視하는 <自身卽是本尊>이라는 <五處加持瑜伽>를 설하고 있다.

3)에 해당하는 『大樂金剛薩埵修行成就儀軌』(不空譯出)에는,

 그냥 金剛薩埵가 法界體性智에 머문다고만 설할 뿐, 五智五佛의 상호관계는 설하지 않고 있다.

4)에 해당되는 『略出大樂金剛薩埵念誦儀軌』(不空譯出)에도,

 五智중 法界體性智 하나만을 설하면서, 다른 이야기는 없고, 단지 金剛薩埵가 法界體性智에 머물면서 本尊인 法身毗盧遮那佛에 歸依 첨앙(瞻仰)함을 설하고 있다.

이상 살펴보았지만, 五智를 설하는 경전들은 金剛頂經系에서도 경전이 아닌 儀軌들 뿐이며, 그것도 오직 <不空三藏譯出의 儀軌>에서 뿐임을 알 수 있었다.
한편 앞에서 고찰한 4-부류에 속하지도 않고, 또 불공삼장 역출도 아닌 특별한 경우로 五智를 설하고 있는 의궤가 있다.

곧 일반적으로 大日經系인 胎藏界三藏으로 잘 알려지고 있는 善無畏三藏이 譯出했다고 전해지는 『佛頂尊勝破地獄三種悉地眞言儀軌』가 그것이다. 곧 이 의궤에는 Aṃ · Vaṃ · Raṃ · Haṃ · Kjaṃ 五字를 오장(五臟)에 배속시키는 특이한 의궤집으로, 여기에 五佛과 五智도 함께 포함시켜 눈길을 끌고 있다.

특이한 의궤집인데다 다른 善無畏 譯出經軌類에는 보이지않는 五智思想이 설해지고 있어, 중국찬술의 의심을 받는 의궤집이다.

4)에 해당되는 경우는 사물에 특색을 붙여주고자 <五智>란 말을 접두사로 쓰고있는 경우이다. 그 실례를 보면,

五智印 · 五智金剛印 · 五智金剛杵 · 五智金剛杵印 · 五智髻 · 五智光明峯杵 · 五智佛寶冠 · 五智所成四種法身 · 五智眞言 · 五智如來 · 五智佛 · 五智灌頂 · 五智三十七智 · 五智菩提 · 五智賢瓶 · 五智世界 등이다.

이상 五智思想의 成立과 그 양상을 살펴보았는데, 여기서 한가지 주의할 점은 四群으로 이루어진 八識을 굴려 四智를 얻는다는 소위 唯識의 중요한 개념인 轉依思想으로, 五識을 굴려 五智를 얻는다는 소위 <밀교적 轉識得智>의 개념은 밀교경전 그 어느곳에서도 발견되지 않고있어 눈길을 끈다.

이를 통해 알 수 있는 것은 밀교의 <五智說>은 어디까지나 五佛과의 관계에서 비롯된 思想이지, 唯識의 轉識得智思想과는 아무런 관계없이 성립했다는 것을 알게 해준다.

1-1 <法界體性智>란 단어는 不空三藏의 역출경에만 보인다.

佛智의 총체지(總體智)로서 법신대일여래의 지혜를 나타내는 <法界體性智>란 譯語는 오직 密敎經典, 그것도 不空三藏의 역출경에만 보일뿐, 金剛智三藏의 역출경에는 전혀 보이지 않고있다. 살펴보자

『金剛頂經瑜伽修習毘盧遮那三摩地法』의
「入法界體性三昧。修習五字旋陀羅尼」[112]

(법계체성 삼매에 들어가 <五字旋-다라니>를 수습한다)

『三種悉地 ~ 陀羅尼法』의
「自身都成曼荼羅身。即是普門法界身也 (중략) 即知此心法界之體」[113]

(내 몸 전체로 曼荼羅身을 이루면 곧 <普門의 法界身>이 되는데, (중략) 이것이 心法界의 體인줄 알아야 한다)

『三十七尊出生義』의
「由四如來智。出生四波羅蜜菩薩焉。蓋爲三際一切諸聖賢生成養育之母。於是印成法界體性智自受用身」[114]

(四智에 의해 4-바라밀보살이 출생하는데, 이들은 삼세일체의 모든 현성을 생성하고 양육시키는 어머니가 된다. 곧 이들의 4개의 印에 의해 <自受用身인 法界體性智>가 이루어지는 것이다)

---

112) 『金剛頂經瑜伽修習毘盧遮那三摩地法』 (대정장 18. 331a)
113) 『三種悉地 陀羅尼法』 (대정장 18. 911c)
114) 『三十七尊出生義』 (대정장 18. 298a)

『一切時處念誦成佛儀軌』의

「由此印密言加持自身 成法界體性智 毘盧遮那佛 虛空法界身」[115]

(이 印과 三密로 자신을 加持함으로 인해, <法界體性智>와 虛空法界身
인 비로자나불을 이루는 것이다)

『一切頂輪王儀軌音儀』의

「或分作五智。先四加法界體性智。所謂受名金剛界一句是也」[116]

(나누어서 <五智>를 이룬다. 곧 먼저 四智에 <法界體性智>를 추가하면
새로운 이름을 받게되는데, 소위 金剛界라는 一句이다)

『大樂金剛薩埵修行成就儀軌』의

「大聖卽法界體性智也。(중략) 由此印能住一切眞實。能通達智自性故。金
剛薩埵能 住法界體性智」[117]

(大聖이란 <法界體性智>를 말한다. (중략) 이 印에 의해 일체의 眞實에
머물 수 있고, 또 智의 自性에 통달하게 되어, 금강살타는 능히 <法界體
性智>에 머물게 되는 것이다)

『金剛頂~大樂金剛薩埵念誦儀軌』의

「法界體性智 由此能住持」[118]

---

115) 『一切時處念誦成佛儀軌』 (대정장 19. 322c)
116) 『一切頂輪王儀軌音儀』 (대정장 19. 327a)
117) 『大樂金剛薩埵修行成就儀軌』 (대정장 20. 511c)
118) 『金剛頂~大樂金剛薩埵念誦儀軌』 (대정장 20. 517b)

(法界體性智는 이것으로 인해 능히 住持할 수 있는 것이다)

『分別聖位經』의

「此大菩提五智圓滿。卽毘盧遮那如來眞如法界智」[119]

(이 大菩提의 五智의 원만을 일러 <비로자나불의 眞如法界智>라 하는 것이다)

『三十七尊心要』의

「卽同毘盧遮那正體智也」[120]

(곧 <비로자나불의 正體智(법계체성지)>와 동일하게 되는 것이다)

『理趣釋』의

「常恒者。表如來淸淨法界智。無始時來本有」[121]

(항상이라 한 것은 <여래의 淸淨法界智>를 나타낸 것으로, 이유는 無始로부터 本有하기 때문이다)

이처럼, 위의 밀교경궤들은

法界體性三昧・普門法界身・法界體性智自受用身・法界體性智毘盧遮那佛・法界體性智・毘盧遮那如來眞如法界智・毘盧遮那正體智・如來淸淨法界智 등의 字句를 통해 <법신 비로자나불의 지혜>를 지칭하고 있으

---

119) 『分別聖位經』(대정장 18. 292b)
120) 『三十七尊心要』(대정장 18. 297b)
121) 『理趣釋』(대정장 19. 607b)

나, 이렇게 지칭하는 경전들은 모두가 不空三藏譯出의 경전들 뿐, 스승인 금강지삼장의 역출경전에는 전혀 보이지 않고있다.

1-2 <五智卽五佛> 이론의 구축

五智와 五佛을 결합시켜 <五智卽五佛>이론을 구축한 것도 不空三藏이다. 살펴보자

우선 金剛智三藏 譯出의 『略出念誦經』을 보면

「旣想如上諸部座已。次想一切如來及十六大菩薩幷四波羅蜜。施設四種內供養四種外供養。又爲守四門。四菩薩隨方安置。又如上所說。諸佛及大菩薩守門菩薩等。各各以本三摩地。各各自心。及隨已記印相貌如下所說皆想從毘盧遮那佛身中出現。又想四面毘盧遮那佛。以諸如來眞實所持之身。及以如上所說一切如來師子之座而坐。其上毘盧遮那。示久成等正覺。一切如來以普賢爲心。復用一切如來虛空所成大摩尼寶。以爲灌頂。復獲得一切如來觀自在法智究竟波羅蜜。又一切如來毘首羯磨。不空離障礙敎令。所作已畢所求圓滿。於其東方如上所說象座。想阿閦佛而坐其上。於其南方如上所說馬座。想寶生佛而坐其上。於其西方如上所說孔雀座。想阿彌陀佛而坐其上。於其北方如上所說迦樓羅座。想不空成就佛而坐其上」[122]

(이미 위에서 설한 五部의 좌(座)를 관상하기를 마쳤으면, 다음에는 一切如來 및 十六大菩薩과 아울러 四波羅蜜보살을 관상한 후. 내-4공양<內供養>과 외-4공양<外供養>을 시설<施設>해라! 그리고 4門을 지키는 사

---

122) 『略出念誦經』 (金剛智 譯出) (대정장 18. 227b~c)

섭보살<四攝菩薩>을 방향에 따라 안치해라! 위에서 설한 바와 같이, 모든 부처님과 대보살, 그리고 4門을 지키는 보살 등은 각각 본삼마지<本三摩地>로써 自心을 삼는다. 이들의 수인<手印>의 모양은 아래에서 설한 바와 같이 모두 毘盧遮那佛身 가운데에서 출현한다고 관하라!

이제 일체여래의 진실한<眞實所持> 몸 되시는 四面의 비로자나불을 다음과 같이 觀하라! 비로자나불께서 일체여래의 獅子座에 앉아계신다.
그곳에서 비로자나불께서는 이미 오래전에 성취하신 등정각<(等正覺>을 보이시며, 일체여래는 普賢菩薩의 마음으로, 일체여래의 허공에서 이루어진 대마니보<大摩尼寶>를 사용하여 灌頂을 마치신다. 그리고는 일체여래의 관자재법지의 구경바라밀<觀自在法智究竟波羅蜜>을 획득하신다. 일체여래비수갈마<毘首羯磨> 또한 불공이장애<不空離障礙>의 교령<敎令>으로 이미 할 바를 모두 마치셔, 구하는 바를 모두 원만 성취하셨다.

그 東方에는 위에서 설한 코끼리좌<象座>가 있다. 아축불<阿閦佛>께서 그 위에 앉아계신다고 관하라!.
南方에는 위에서 설한 마좌<馬座>가 있다. 보생불<寶生佛>께서 그 위에 앉아계신다고 관하라!.
西方에는 위에서 설한 공작좌<孔雀座>가 있다. 아미타불<阿彌陀佛>께서 그 위에 앉아계신다고 관상하라!
北方에는 위에서 설한 가루라좌<迦樓羅座=Garuḍa=金翅鳥>가 있다. 불공성취불<不空成就佛>께서 그 위에 앉아계신다고 관하라!)

라 하여, 法身 비로자나불을 위시해서 동남서북의 四佛(阿閦佛·寶生佛·阿彌陀佛·不空成就불)과 四-바라밀보살과 內四供養보살과 外四供養

菩薩과 四攝菩薩등 소위 金剛界曼茶羅의 주역들이 탄생되는 과정이 하나하나 설명되고 있다.

 내용이 成身會-曼茶羅가 성립되는 과정을 설명하는 것이기에 당연히 法界體性智를 비롯한 五智가 설해져야 하는데, 五佛과 五方 五座란 어구만 보일뿐, 아직 五智란 말은 설해지지 않고 있다. 다만 <觀自在法智-究竟波羅蜜>획득의 字句가 보이고 있으나, 五智와는 거리가 멀다)

한편 金剛智三藏의 제자인 不空三藏 역출의 『金剛頂瑜伽三十七尊出生義』(不空 譯出)에는

「於是發明知見成就衆生。住相應門作諸佛事。是以由大圓鏡智。厥有金剛平等現等覺身。則塔中方東阿閦如來也。由平等性智。厥有義平等現等覺身。卽塔中方之南寶生如來也。由妙觀察智。厥有法平等現等覺身。卽塔中方之西阿彌陀如來也。由成所作智。厥有業平等現等覺身。卽塔中方之北不空成就如來也。由四如來智。出生四波羅蜜菩薩焉。蓋爲三際一切諸聖賢生成養育之母。於是印成法界體性智自受用身。卽塔之正中毘盧舍那如來也。四親近菩薩。卽彼四波羅蜜印焉。無量大悲體於是而生。於一切如來菩提堅牢體。而生金剛薩埵焉。於一切如來菩提四攝體。而生金剛王焉。於一切如來菩提無染淨體。而生金剛愛焉。於一切如來隨所稱讚體。而生金剛善哉焉。則東方金剛威莊嚴界。不動如來四親近菩薩也」[123]

(大圓鏡智에 의해 <金剛>平等의 等覺身이 나타나게 되는데, 이것이 塔中方의 동쪽에 있는 阿閦如來이다.

---

123) 『金剛頂瑜伽三十七尊出生義』 (대정장 18. 298a)

平等性智에 의해 <義=功德>平等의 等覺身이 나타나게 되는데, 이것이 塔 中方의 남쪽에 있는 寶生如來이다.

妙觀察智에 의해 <法>平等의 等覺身이 나타나게 되는데, 이것이 塔 中方의 서쪽에 있는 阿彌陀佛이다.

成所作智에 의해 <業>平等의 等覺身이 나타나게 되는데, 이것이 塔 中方의 북쪽에 있는 不空成就如來이다.

이 四-如來의 四智에 의해 四波羅蜜菩薩이 出生하게 되는데, 이 분들은 대체로 三際의 일체 모든 賢聖들을 生成하고 養育하는 母이다. 여기에서 印成되어지는 法界體性智인 自受用身은 塔 正中央에 있는 毗盧遮那如來이다.

四親近菩薩은 四-波羅蜜印이다. 無量大悲의 體와 無量方便의 옹호는 여기에서 생기는 것이다.

一切如來의 堅固한 울타리의 菩提의 體로부터 金剛薩埵<菩薩>이 出生하고, 一切如來의 菩提와 四攝의 體로부터 金剛王<菩薩>이 탄생하며, 一切如來의 菩提無染의 淸淨한 體로부터 金剛愛<菩薩>이 出生하고, 一切如來의 칭찬하는 바의 體로부터 金剛善哉<菩薩>이 出生하게 되는데, 이 4-보살들은 金剛威嚴의 莊嚴世界인 東方의 不動<阿閦>如來의 四-親近菩薩인 것이다)

라 하며, 大圓鏡智 · 平等性智 · 妙觀察智 · 成所作智 그리고 法界體性智로부터 각각 東方 阿閦佛, 南方 寶生佛, 西方 阿彌陀佛, 北方 不空成就佛 등의 五方 · 五佛이 탄생되고, 나아가서 金剛界曼茶羅의 모든 聖衆의 어머니되는 四-波羅蜜菩薩을 위시한 內四供養 · 外四供養보살 · 四攝菩薩 등의 十六大供養菩薩과 그리고 四佛四部의 각 親近菩薩들인 金剛部 · 寶部 · 法部 · 羯磨部 의 十六大菩薩들이 출현하는 과정을 아주 상세히 설

명하고 있다.

말하자면 <금강지삼장>의 역출경에는 보이지 않던 智와 佛의 matching 이 <불공삼장>에 의해 비로소 완벽한 금강계 37존만다라 성중들의 출현 으로 설정되고 있는 것이다.

여기서 또 하나 중시해야 될 것은 이 모든 성중들이 五智로부터 출현하였다는 점이다. 곧 佛→智가 아니라, 智→佛이라는 관계설정인 것이다.

이점 새삼 불교가 추구하는 成佛은 一切法無自性空의 깨달음이라는 般若智로부터 이루어진다는 것을 깨우쳐 주고 각인시켜주고 있는 것이다.

1-3 三身說과 四種法身說을 결합시킴

法・報・應 <三身說>과 自性・受用・變化・等流 <四種法身說>을 결합 시켜, 法身 大日如來를 人格化시킨 경전군을 살펴보면,

『十八會指歸』
「毘盧遮那佛受用身。以五相現成等正覺(五相者 所謂 通達本心 修菩提心 成金剛心 證金剛身 佛身圓滿 此則五智通達)成佛後。以金剛三摩地。現 發生三十七智 廣說曼荼羅儀則」[124]

(비로자나불 自受用身께서 <五相現成等正覺=五相成身觀>을 통해 성불하신 후, 금강삼마지를 통해 37智를 발생시킨후, 곧 바로 두루 만다라 의칙을 설하셨다)

『十八會指歸』
「毘盧遮那佛普賢菩薩及外金剛部。一一說四種曼荼羅。具四種印。此中修

---

124) 『十八會指歸』(대정장 18. 284c)

行者。與一一尊相應。皆量同虛空法身相應」[125]

(비로자나불께서 보현보살과 外金剛部 등 4가지 印을 갖춘 四種-(大·三昧耶·法·羯磨)만다라를 낱낱이 설하셨다. 그러므로 만다라에 들어가 수행하는 자는 한분한분의 각존과 相應하는 것이되어, 마치 허공처럼 누구나 두루 法身과 相應케 된다)

『十八會指歸』
「圓證四身。所謂自性身。受用身。變化身。等流身。是能頓作利樂一切有情諸菩薩聲聞緣覺及諸外道」[126]

(자성신·수용신·변화신·등류신 등의 四種身을 원만히 증득하셨으니, 능히 그것도 속히 일체유정과 모든 보살과 성문과 연각을 비롯하여 온갖 외도들까지도 利樂케 하는 것이다)

『分別聖位經』
「然受用身有二種。一自受用。二他受用。毘盧遮那佛於內心。證得自受用四智。大圓鏡智。平等性智。妙觀察智。成所作智。外令十地滿足菩薩他受用故。從四智中。流出四佛。各住本方坐本座。毘盧遮那佛於內心。證得五峰金剛菩提心三摩地智。自受用故」[127]

(受用身에는 2-가지, 곧 自受用身과 他受用身이 있다. 비로자나불께서는 內心으로 自受用身과 대원경지·평등성지·묘관찰지·성소작지 등의 四

---

125) 『十八會指歸』 (대정장 18. 287b)
126) 『十八會指歸』 (대정장 18. 287c)
127) 『分別聖位經』 (대정장 18. 288b)

智를 증득하시고, 밖으로는 十地를 만족한 보살들로 하여금 他受用케 하기 위해, 이 四智로부터 四佛을 유출하여 각자 본방의 본좌에 머물게 하시었다. 비로자나불께서 內心으로 오봉금강<=五智金剛>의 보리심 삼마지지<三摩地智>를 증득하셨다. 自受用身인 까닭에)

참 고: 楞伽經의 四身說

「梵本入楞伽偈頌品云。自性及受用。變化幷等流。佛德三十六。皆同自性身。幷法界身。總成三十七也」[128]

(범본 능가경의 게송품에서 말씀하시기를, <자성·수용·변화·등류>身이 있다. 佛德에 36가지가 있는데, 그들 모두가 自性身과 동일하다. 여기에 法界身을 더하면 모두 37을 이루는 것이다)

라 하여, 기존의 三身說에 추가된 <等流身> 출처를 『入楞伽經』의 <偈頌品>을 인용하며 밝히고 있다. 진위 여부를 확인하기 위해 『入楞伽經』을 보니, 원본인 梵本에는

「svābhāvikaś ca saṃbhoga nirmitaṃ yaṃ ca nirmitam /
  ṣaṭtriṃśiko buddhaguṇo buddhaḥ svābhāviko bhavet //」

(自性과 受容과 化와 現化와 佛衆三十六은 佛自性의 所成이다)[129]

라 하여, 문제의 等流身에 해당하는 부분, 곧 「yaṃ ca nirmitam」가 現化, 곧 化身으로부터 再 化現했다는 의미로 되어있다. 따라서 이것을

---

128) 『分別聖位修證法門』 (대정장 18. 291a)
129) 泉芳璟 日本語 譯 L p. 180

앞의 三身과 합해 四種身을 이루었다고 하고 있는 것이다.

한편 唐譯『入楞伽經』에는 이 부분을

「自性及受容 化身復現化 佛德三十六 皆自性所成」[130]

(自性身과 受容身과 化身, 거기다 現化身이 있으니, 이로서 佛德은 36이 된다. 모두가 自性身께서 이루신 것이다)

라 하여, 등류신이란 말은 직접 사용하지는 않고, 대신 <現化(身)>을 사용하고 있다.

따라서 이를 종합해 유추해보면, 『入楞伽經』이 四種身을 설하고 있다고 보아야 할 것이며, 이에 더 나아가 『入楞伽經』을 四種身說의 源流라 보아도 좋을 것이다.[131]

『三十七尊出生義』

「我能仁如來。(중략) 遂却住自受用身。據色究竟天宮。入不空王三昧」[132]

(나 능인여래는 自受用身에 머무신 후, 물러나 색구경천궁을 의탁하여 불공왕삼매에 들어간다)

「由四如來智。出生四波羅蜜菩薩焉。蓋爲三際一切諸聖賢生成養育之母。於是印成法界體性智自受用身」[133]

---

130) (대정장 16. 631c)
131) 四種身說에 대해서는 千潟龍祥 「四種法身創設者」『鈴木學術財團 研究年報』5-7, 向井隆健 「四種法身 について」『風山學報』16號
132) 『三十七尊出生義』 (대정장 18. 297c)
133) 『三十七尊出生義』 (대정장 18. 298a)

(4-如來智로부터 4-바라밀보살이 출생하시니, 이들은 삼세에 걸쳐 一切賢聖을 生成시키고 養育시킨 어머니이다. 이 4-바라밀보살의 印이 合成하여 法界體性智인 自受用身을 이루었다)

『般若波羅密多理趣釋』
「毘盧遮那如來。名遍照」[134]

(비로자나여래를 遍照라 이름한다)

「皆以五智相應。念念能滅　諸宿障惡業。現生證菩薩地。後十六生證成毘盧遮那無邊法身。能現於無量淨穢諸刹土報化。現證無上菩提」[135]

(五智가 서로 상응함으로, 온갖 오래된 장애<宿障>의 악업들이 념념히 멸해져, 現生에서 보살지를 증득한 후, 후의 16生에 이르러 무변의 비로자나법신을 증득하고, 무량한 淨土와 예토의 모든 찰토에서, 능히 報身과 化身을 나타내어 無上菩提를 現證하는 것이다)

「清淨者。表離垢清淨。由瑜伽法。一念淨心相應。便證眞如實際。不捨大悲。於淨穢土。受用身變化身成佛」[136]

(청정이란 더러움에서 벗어나 청정해졌다는 것을 의미합니다. 유가<yoga>에 의해 청정심이 일념에 상응하여 곧 바로 실제에서 진여를 증득하였으니, 부디 大悲로서 정토와 예토에서 수용신과 변화신을 이루어 성불케 하소서!)

---

134) 『般若波羅密多理趣釋』 (대정장 19. 610b)
135) 『般若波羅密多理趣釋』 (대정장 19. 611a)
136) 『般若波羅密多理趣釋』 (대정장 19. 608b)

「證得法身光明 遍照毘盧遮那如來也」[137]

(법신광명을 증득하니 곧 변조비로자나여래이다)

1-4 四種-曼荼羅思想이 처음으로 등장함

『十八會指歸』

「金剛藏等八大菩薩。一一尊各說四種曼荼羅。初會說降伏摩醯首羅。及諸天入曼荼羅授職位授名號四種曼荼羅。所謂大曼荼羅。三昧耶曼荼羅。法曼荼羅。羯磨曼荼羅」[138]

(금강장 등 8대보살들을 비롯하여 각존 한분한분 마다 四種-만다라 <대만다라 · 삼매야만다라 · 법만다라 · 갈마만다라>가 설해진다. 곧 초회에서는 마혜수라(大自在天)의 항복의 모습과 諸天들이 만다라단에 들어가 4종-만다라의 직위와 명호를 받는 것이 설해진다)

「瑜伽教十八會。或四千頌或五千頌或七千頌。都成十萬頌。具五部四種曼荼羅四印。具三十七尊。一一部具三十七。乃至一尊成三十七。亦具四曼荼羅四印。互相涉入。如帝釋網珠光明交映展轉無限」[139]

(瑜伽教 18회는 4천송·5천송·7천송 등 도합 10만송으로 이루어져 있다. 五部와 四種-만다라와 四印을 갖추니 모두가 37존이다. 五部 각부 마다 37존이 갖추어져 있고, 한부 한부 마다, 또 한분 한분의 尊마다 37로 구성되어 있으며, 四種-만다라와 四印이 갖추어져 있다. 그들이 서로 섭입

---

137) 『般若波羅密多理趣釋』 (대정장 19. 607b)
138) 『十八會指歸』 (대정장 18. 286b)
139) 『十八會指歸』 (대정장 18. 287c)

하니 그 모습이 마치 제석천의 망주(網珠)와 같아, 광명을 서로 비추니 그 전전(展轉)함이 한량이 없다)

「互圓融如來部卽金剛。 蓮花部卽寶部。 互相涉入。 法界卽眞如。 般若卽實際。 於假施設有異。 於本卽一體」[140]

(상호 원융하니, 여래부<如來部>는 금강부<金剛部>가 되며, 연화부<蓮華部>는 보부<寶部>가 된다. 이처럼 五部가 상호 섭입하니 법계가 곧 진여요, 반야가 실제이다. 임시로 有와 무<異>를 시설하나, 그 근본은 하나이다)

『理趣釋』
「一大曼茶羅。 二三昧耶曼茶羅。 三法曼茶羅。 四羯磨曼茶羅。 以此四種曼茶羅。 攝瑜伽一切曼茶羅」[141]

(첫째는 대-만다라, 둘째는 삼매야-만다라, 셋째는 법-만다라, 넷째는 갈마-만다라이다. 이 4-만다라로서 瑜伽經의 일체만다라를 섭한다)

1-5 卽身成佛이란 단어도 불공삼장의 역출경에만 보인다

『如意寶珠轉輪秘密現身成佛金輪呪王經』
「佛說此眞言已。 應時卽爲遍照如來。 頂戴金剛五佛寶冠。 重說卽身成佛大海印。 亦名三昧耶印。 若諸佛子欲得卽身成佛。 當修此觀。 能使凡夫父母所生身卽成佛身」[142]

---

140) 『十八會指歸』(대정장 18. 287a)
141) 『般若波羅密多理趣釋』(대정장 19. 609b)
142) 『如意寶珠轉輪秘密現身成佛金輪呪王經』(대정장 19. 333c)

(부처님께서 이 진언을 마치자 마자, 곧 바로 遍照如來가 되시어 금강의 五佛寶冠을 머리에 쓰시고, 卽身成佛-大海印인 三昧耶印을 거듭거듭 설하셨다. 卽身成佛을 얻기를 바라는 불자가 이 五相成身觀을 닦으면 누구든지 곧 바로 범부인 父母所生의 이 몸으로 卽身成佛을 이루게 된다)

『寶悉地成佛陀羅尼經』
「若有衆生卽身成佛欲度有情。結有情與諸佛平等一相妙智大印」[143]

(卽身成佛을 이루어 有情을 제도하기를 원하는 중생은, 有情과 제불이 평등의 一相이 되는 <妙智大印>을 결인해라!)

『理趣釋』
「卽事卽理。理事不相礙故。卽凡卽聖。性相同一眞如也」[144]

(事가 곧 理이다. 이처럼 理와 事가 서로 걸림이 없으니, 凡人이 곧 聖人이요, 性과 相이 동일한 眞如인 것이다)

『菩提心論』
「唯眞言法中。卽身成佛故。是故說三摩地於諸敎中。闕而不言」[145]

(오직 진언법<밀교>에서만 卽身成佛을 설하는 것이니, 이런 까닭에 현교에서는 삼마지를 말하지 않는 것이다)

---

143) 『寶悉地成佛陀羅尼經』(대정장 19. 337a)
144) 『般若波羅密多理趣釋』(대정장 19. 616a)
145) 『菩提心論』(대정장 32. 572c)

1-6 大乘佛教理論을 수용후, 應用하여 密教理論을 구축함

『三十七尊心要』

「卽毘盧遮那內心中。流出金剛鉤菩薩。而召集之。夫爲鉤者。有四攝義。
愛語布施利行同事。而能運度無量衆生。復有難調衆魔。而能折伏。亦能
控制狂象。而皆順從」[146]

(비로자나불께서는 내심으로 金剛鉤-보살을 유출하시고 그를 불러 鉤<召
使>로 삼으셨다. 이 鉤에는 四攝의 義, 곧 <愛語·布施·利行·同事>라
는 의미가 담겨 있으니, 비로자나불께서는 그를 움직여 능히 무량중생을
제도하시는 것이다. 곧 조복시키기 어려운 마구니들도 이것으로 능히 절
복시키며, 미친 코끼리라 하더라도 능히 던져 제압하여 그를 순종케 하
시는 것이다)

『理趣釋』

「一切義成就者。普賢菩薩異名也。金剛手菩薩摩訶薩者。此菩薩本是普
賢。從毘盧遮那佛二手掌。親受五智金剛杵。卽與灌頂。名之爲金剛手」[147]

(일체의성취<一切義成就>란 보현보살의 이명<異名>이다. 金剛手菩薩摩
訶薩이란 본시 보현보살을 가리키는 것으로, 그는 비로자나불의 양 손으
로부터 친히 오지금강저<五智金剛杵>를 받으시고, 관정<灌頂>을 받아
金剛手菩薩이 된 것이다)

이상 불공삼장 역출의 밀교경전들을 통해서 不空三藏의 佛身觀을 살펴
보았다.

---

146) 『三十七尊心要』(대정장 18. 294c~295a)
147) 『般若波羅密多理趣釋』(대정장 19. 609b~c)

그 결과, 밀교는 初期大乘佛敎 이래 성립된 여러 佛陀觀, 또 여기에 이러한 佛陀觀에 의해 시설된 十方三世의 諸佛菩薩信仰 또한 受容하여, 소위 수많은 多佛信仰을 형성하기에 이르른다. 뿐만 아니라 밀교는 여기에 새로운 신앙의 대상인 힌두교를 비롯한 재래로부터 전승되어온 인도의 여러 神들 또한 수용하여, 이들 모두를 밀교신앙의 대상으로 삼아, 소위 大日如來를 中心으로 하는 統一的 佛身觀을 형성하기에 이르렀다.

오늘날 우리가 보는 金·胎兩部曼茶羅는 이렇게 해서 탄생된 것으로, 여기에는 統一佛로서의 宇宙佛 法身毘盧遮那佛을 위시해 四佛과 그의 권속들과 佛法擁護의 召命을 받은 明王들과 四天王 그리고 佛弟子와 힌두의 諸神들이 함께 統合되어 있는 것으로, 그 결과 法身毘盧遮那佛을 중심으로하는 일종의 판테온적 형태의 우주만다라가 형성되게 된 것이다.

한편 여기서 꼭 기억해야 할 것은 佛身論을 비롯한 밀교의 전 思想形成에 지대한 공적을 세운 분이 다름아닌 <불공삼장>이라는 사실이다.
한편 앞에서도 언급했지만, 밀교는 다섯이라는 숫자를 선호하여, 다섯이란 숫자가 마치 밀교의 전유물인 것처럼, 모든 것을 표현할 때 다섯(五)이라는 숫자를 넣어 표현하고 있다. 五方·五佛·五智·五色·五座·五大 등이 그것으로, 밀교는 이렇게 다섯으로 이루어진 개념들을 총동원시켜, 법신비로자나불을 중심으로하는 밀교의 세계를 표현하고 있는 것이다.

참 고:　　　金剛頂經(金剛界-M)의 五佛

(五臺・五佛・五印・五部・五德・五智・五座・五形・五色・三輪身)

五臺	五佛 (五印)	五部	五德 (大日如來의 德)	五智	五座	五形 (持物)	五色 (五大)	正法輪身 教令輪身
中臺	大日如來 智拳印	佛部	理智 (輪圓具足=定)	법계체성지 法界體性智	獅子	塔	白(空)	금강바라밀 不動明王
東臺	阿閦佛 降魔觸地 印	金剛部	智德 (菩提心)	대원경지 大圓鏡智	白象	金剛 (vajra)	靑(水)	金剛薩埵 降三世明王
南臺	寶生佛 與願印	寶部	福德 (功德聚)	평등성지 平等性智	馬	寶珠	黃(地)	金剛寶 軍茶利明王
西臺	阿彌陀佛 禪定印	蓮華部	大悲의 德 (智慧門)	묘관찰지 妙觀察智	孔雀	蓮花	赤(火)	金剛法 大威德明王
北臺	不空成就佛 施無畏印	羯磨部	三密無盡莊嚴活動 (大精進)	성소작지 成所作智	金翅鳥	劒	綠(風)	金剛業 金剛夜叉

참고:大日經(胎藏界-M)의 五佛(五臺·五轉·五佛·五智·五印·象徵)

五臺	五轉	五佛(五智)	5-結印(Mudrā)	象 徵
東臺	發心 **牙**(A)	寶幢佛 (福壽金剛) (大圓鏡智)	左手 (젖가슴부위에서 가사를 잡음) 右手 여원인(與願印)	衆生의 원망(願望)에 따라 종종의 재보(財寶)를 나누어 줌을 보당(寶幢)으로 상징 (與願印)
南臺	修行 **牙**(Ā)	開敷華王佛 (平等金剛) (平等性智)	左手 (배꼽부위에서 가사를 잡음) 右手 시무외인(施無畏印)	大悲花의 꽃을 피워 중생들에게 골고루 나누어 주어 무량한 安樂을 얻게함 (施無畏印)
西臺	成菩提 **牙**(Aṃ)	無量壽佛 (清淨金剛) (妙觀察智)	左手.右手 (地·水·火 三指 마주 대고) 엄지와 인지 동그랗게 함 미타정인(彌陀定印)	貪瞋痴 三毒(左手三指)이 佛(右手三指)과의 Yoga에 의해 녹아짐을 涅槃点(ḥ)으로 상징 (彌陀定印)
北臺	涅槃 **牙**(Aḥ)	天鼓雷音佛 (不動金剛) (成所作智)	左手 (金剛拳하여 손등을 아래로 하고 배꼽 밑에 둠) 右手: 촉지인(觸地印)	천둥과 번개를 내리쳐 일체중생을 驚覺시킴 (降魔觸地印)
中臺	方便 **牙**(Āḥ)	大日如來佛 (法界體性智)	左手 (衆生界의 五大) 右手 (佛界의 五大)	衆生卽是佛, 大悲胎藏生을 상징 법계정인(法界定印)

<佛身論>의 요점정리

1章 대승불교 이전의 佛身論
1節 원시불교(原始佛敎) 時代의 佛身論
第1 在世時의 釋尊觀에서는

「沙門(Śramana). 고타마(go-tama). 석가붓다. 大雄(mahā-vira)」

「一切勝者, 一切智者, 無上師, 阿羅漢, 等正覺者」

「佛見過去世 如是見未來 亦見現在世 一切行起滅 明智所了知, 所應修已修 應斷悉已斷 是故名爲佛」「人天光明中 佛光明爲上」

의 상기 인용문처럼, 석존불을 대승리자로서의 <大雄>, 과거·현재·미래의 三世를 두루 꿰뚫어보는 能力者로서의 <見三世者>, 당시 성행하던 온갖 수행을 모두 마스터한 <修行者>로서 뿐만 아니라, 온갖 번뇌 또한 하나도 남기지 않고 모두 斷滅시킨 자로서의 <斷煩惱者>라 하며, 그래서 그를 일러 人天의 光明中 最高의 <佛光明者>이며, <佛>이라 하는 것이라 역설하고 있다.

第2 涅槃後의 釋尊觀에서는
「① 佛: 三十二相八十種好具足者 ② 十八不共者 ③ 十號具足者」

라 하여, 제자들은 석존불을 聲問이나 緣覺과는 상대가 되지 않는 특별한 相好와 能力을 지닌 자로서의 <32相 80種好具足者>, <18不共者>라 하면서, 따라서 석존불을 如來·如去라 부르기도, 또 수많은 호칭(別名)

을 부여하며 <十號具足者>라 극찬하고 있다.

4節 佛卽是法 / 法身常住思想에서는

『增一阿含經』의 「여래는 法을 공경하므로, 法에 공양하는 자는 나를 공경하는 것과 같은 것이다. 곧 法을 보는 자는 나를 보는 것으로서, 法이 있는 곳에는 반드시 내가 있는 것이다」

「나 석가모니불의 壽命은 무한하다. 이유는 육신은 비록 멸할지라도 法身은 항상 존재하기 때문이다. 이것이 바로 그 의미이다」

라 하여, 당시 이미 우주의 진리인 法에 대한 중시가 강조되고, 따라서 釋尊佛을 法과 동일시하는 法佛, 곧 석존불을 法身佛로서 추앙하려는 움직임이 보이고 있다.

　특히 大乘佛敎興起에 큰 영향을 미친 大衆部 所說의 『增一阿含經』의 경구에서 보듯, <大衆部>는 역사적 실존자로서 釋尊佛을 有漏者로 보려한 <有部>와 달리, 「如來는 有漏身이 아닌 무루신(無漏身)으로, 그 색신과 위력과 수명은 일체 시공의 제약을 넘어선 무량무변한 것」이라 하고 있는데, 大衆部의 이러한 佛陀(身)觀속에는 <有部>와의 분열상은 말할 것도 없이. 이후 대승불교에서 거론되는 報身佛의 개념이 서서히 싹트고 있음을 엿보게 된다.

2章 대승불교의 佛身論

4節 三身說 태동(胎動)의 근원

앞에서 이미 살펴본 바와 같이, 原始經典에는 佛陀의 몸을 肉身(色身=
生身)과 法身의 두가지로 구별한 후, 그 가운데 법신의 무루성과 영원성
을 강조하는 이른바 法·生 二身說이 도처에 발견되었다..

이러한 원시불교, 특히 『증일아함경』의 <法身·色身(生身)의 二身佛說>
은 『大智度論』의 <法身위주의 法身·生身 二身說>로 계승·발전되고,
이어 『淨土三部經』의 <現在他方佛說>, 『法華經』의 <久遠實成의 釋迦本
佛說>, 『華嚴經』의 <宇宙遍滿의 法身佛說>로 발전·전개되고, 뒤이어
如來藏係經典의 <法·報(應)·化 三身說>과 唯識系經典의 <自性身·受
用身·變化身>, 마지막으로는 대승사상이 설하는 여러 佛身說을 통합하
여 시방삼세의 佛을 모두 宇宙佛인 法身佛 자체로 보는 <自性法身·受
用法身·變化法身·等類法身> 등을 설하는 밀교의 <四種法身說>로 발
전·전개된다.

이를 좀 더 구체적으로 설명하면,

初期佛敎의 法·生 2身說은 大乘初期에 이르러서는 有形 無形의 色身보
다는 영원불멸한 진리, 곧 法身을 중심으로 하는 二身說로 발전된다.

곧 『반야경』系에서는 불타 여래의 참모습은 有形의 色身이 아닌 眞如
法身으로서, 그것은 오직 般若智慧를 통해서만이 파악된다고 하고 있다.

그러나 『반야경』의 근본 취지는 空·無相의 理를 확립하는데 주안점이
있으므로, 佛身論에 있어서도 空·無相의 法性 내지 法身을 강조할 뿐,
아직은 法身의 妙有的 측면이나 그의 적극적 현현으로서의 色身에 대한
설명은 경시되고 그다지 강조되지 않고 있다.

한편 『淨土三部經』과 『法華經』에서는 경의 중심이 他方佛인 阿彌陀佛과

諸佛의 統一體로서의 <久遠實成 釋迦本佛>에 역점을 두고 있기에, 아직은 諸佛의 本質로서의 佛身觀 내지 法身佛思想은 그다지 강조하지 않고 있다. 단지 여기서 주목할 점은 『法華經』에서의 석존불에 대한 평가로서, 『法華經』이 비록 法身이란 단어는 사용하지 않고 있기는 하지만, <久遠實成> <壽命無量> <常住不滅>등의 문구나 내용으로 보아, 이미 석존불관 속에는 釋尊佛=法身佛이라는 개념이 도사리고 있는 것으로, 석존불에게 법신불과 같은 만능의 위신력을 부여하고 있는 것이다.

한편 이후 등장하는 『華嚴經』은 이를 놓지지 않고, 곧 바로 釋尊佛에 대치하는 새로운 法身佛인 毗盧遮那佛을 등장시키게 되는 것이다.

곧 영원무한의 宇宙遍滿의 보편적 佛身論에 초점을 둔 『華嚴經』은 毗盧遮那佛이라는 새로운 佛인 法身思想을 부르짖고 있는데, 이는 이후 전개되는 밀교의 大毗盧遮那佛이란 宇宙佛 形成에 중요한 의의를 지닌다.

곧 『華嚴經』에 나타난 우주편만의 法身毘盧遮那佛은 영원무한한 普遍的 眞理 그 자체를 法身으로 본 것으로, 우주의 모든 존재는 비로차나불의 현현 아님이 없다고 강조하고 있다.

곧 『般若經』의 二身說이 法身의 空·無相의 설명에 치우친 나머지 色身 경시의 경향을 보이는데 비해, 『華嚴經』은 法身의 妙有的 측면과 한편으로는 衆生救濟를 위한 大悲行을 통한 적극적 현현으로서의 色身이 강조되고 있다.

한편 초기경전에서부터 제기된 法·生 二身說은 용수(Nagārjuna, A.D.150-250년경)에 의해 더 깊이 발전되나, 그의 중심과제가 제법의 실상을 밝히기 위한 것이고, 거기에 대승초기사상의 흥륭자(興隆者)로서 소승과 외도의 파사(破邪)에 주력할 수 밖에 없었던 그였기에, 그의 근본

목적은 어디까지나 中道的 立場에 서서 眞空과 妙有의 양면을 빠짐없이 드러내는 데에 있었다.

　이러한 그의 불교에 대한 기본입장은 그의 佛身觀에도 그대로 반영되어, 中道的 立場에서 有·無 이변을 떠난 중도실상(中道實相)이 바로 法身如來의 實相임을 역설하고 있다.

　이와 같은 용수의 佛身觀에는 아직 報身의 개념이 직접 명시되고 있지는 않으나, 眞身에 대한 설명 가운데 萬德이 원만하고 妙相이 구족하여 항상 說法敎化한다는 내용속에 이미 報身佛의 성격이 드러나고 있어, 후대의 三身佛思想의 초석이 이미 싹트고 있음을 볼 수 있다.

第3 유가행유식학파의 三身佛說

　대승불교의 키워드는 보살·중생·成佛·利他·大悲이다.
곧 중생을 위한 불교가 대승불교이며, 이러한 키워드들을 모두 갖추고 있는 분이 보살이기에, 따라서 대승불교에서는 성불을 목표로 하는 求道者로서의 菩薩(上求菩提)의 덕목과 거기에 중생을 제도하기 위한 救濟者, 곧 下化衆生으로서의 菩薩의 덕목이 동시에 요구되고 있는 것으로, 전자가 向上門的 입장에서 바라본 것이라면, 후자는 向下門的 立場에 초점을 두고 있는 것이다.

　보살에 대한 이러한 양면성은 佛身觀에도 그대로 반영되어, 向上門的 佛身觀과 向下門的 佛身觀의 2-방향으로 나누어 지는데, 衆生에서 佛로의 전환이라는 轉依思想을 강조하는 唯識系經典에서는 2개의 불신관중 向上門的 佛身觀을 취하고 있다.

唯識學派는 그 학문적 경향이 현실의 분석과 본질의 규명에 있는 만큼,

불신관에 있어서도 佛陀의 구체적 현실신으로서의 色身에 대한 면밀한 분석과 함께, 그 본질로서의 영원한 法身에 대한 규명이 중심 초점이었다.

따라서 종래의 二身 이외에 色身의 具體性과 法身의 永遠性을 동시에 만족시킬 수 있는 제3身을 모색하게 되고, 그 결과, 구체적이면서도 永遠한 佛果로서의 報身(Saṃbhoga-kāya)이 탄생되고, 이에 의해 3身佛說이 확립되게 되는 것이다.

① 自性身(Sva-bhāva-Kāya)

3身 가운데에서는 제불여래의 根本法身이자, 一切法의 所依가 되며, 나머지 二身의 依持처인 自性身이 먼저 확립된다. 여기서 自性身이란 萬有의 本來 自性인 眞如의 理 그 자체로서, 모든 유정에 本具되어 있는 보편적인 근본법신을 가리킨다.

이리하여 眞理 그 自體로서의 自性身을 의지하여 自利-성취의 受用身과 利他-성취의 變化身이 전개되는데, 이 가운데 變化身은 釋尊佛과 같이 중생교화를 위하여 출현하는 色身如來를 가리킨다. 곧 <變化身>은 하위의 菩薩과 2乘, 凡夫등을 위하여 시방세계에 應現하여 설법교화하는 方便示現의 佛身으로서, 妙觀察智 및 成所作智를 體로 한다.

한편 여기서 유의해야 할 점은 종래의 二身說에서는 色身(rūpa-kāya) 또는 生身이라 하던 것이, 三身說에서는 變化身(Nirmāna-kāya)으로 표현을 바꾸고 있다는 점이다.

여기서 색신이 變化身으로 바뀐 데에는 영원무한의 遍滿佛로서의 法身佛이, 중생교화를 위해 중생의 근기에 相應하여 종종의 모습으로 變化하여 나타난 몸이라는 의미를 강조하기 위한 의도 때문이었을 것이다.

② 受用身(Saṃbhoga kāya)

受用身은 유식학파의 불신관에 있어 그 내용상 가장 중요한 위치를 차지하고 있다. 이는 色身의 구체성과 法身의 영원성을 동시에 만족시킬 수 있는 제3身으로서, 구체적이면서도 영원한 佛果로서의 報身이 고려된 것이라 보기 때문이다.

이러한 수용신은 범부중생에게는 보이지 않으나 大菩薩들에게는 그 徵妙相을 현현하여 교화한다. 특히 여기서 제기된 受用身은 自利的으로는 광대한 因行에 의하여 감득된 불타 自證의 경계, 곧 스스로 정토법락을 향수하는 自受用身과, 利他的인 면으로서의 대보살들에게 대법락을 향수케 하는 他受用身의 양면을 지니는 것으로,

<自受用身>은 智慧가 강조된 大圓鏡智를 體로 하고, <他受用身>은 불타의 慈悲가 강조된 平等性智 및 妙觀察智를 體로 한다.

이처럼 智와 悲, 自利와 利他, 向上門과 向下門의 어디에 역점을 두느냐에 따라, 수용신을 설명하는데 있어서도 그 명칭과 의미내용에 상당한 차이가 드러난다.

아무튼 自性身의 永遠性과 變化身의 具體性을 調和 會通시킬 수 있는 제3신으로서 제기된 受用身에는, 智와 悲, 自利와 利他, 向上과 向下의 포괄적 이중적 성격을 포괄적으로 지니게 되어, 이 受用身의 출현이야말로 3身佛說 확립의 관건이 된다.

③ 變化身(Nirmāṇa-Kāya)

變化身이란 제불여래께서 성소작지<成所作智>에 의하여, 부류에 따라 무량으로 변현<變現>하시는 化身을 말한다. 곧 예토<穢土>에 머물면서 아직 十地에 오르지 못한 보살과 二乘과 異生<중생>들을 위하여, 그들의 근기에 따라 나타나시어 法을 설하여, 그들로 하여금 온갖 유익하고 즐거운 일을 획득케 하시는 불신이다.

第4 여래장계 경전의 三身佛說

如來藏系經典이 지니는 가장 큰 특징은

1) 大悲하신 佛의 강조, 2) 중생은 佛의 子息 3) 衆生=如來藏

4) 客塵煩惱 5) 이것을 모르는 衆生의 無知 6) 중생들에게의 당부,

곧 如來藏에 대한 믿음(信)과 여래장이 활성화 되도록 여래장을 덮고 있

는 번뇌의 除去(行)이 강조되고 있다

따라서 여래장계 경전에서 중요한 위치를 차지하고 있는 『寶性論』의 佛

身觀 역시, 이러한 논의 중심주제하에서 이루어지는 것이다.

4-1 『寶性論』의 三身佛說(法身・報身・化身)

『寶性論』의 주제는 제목<Ratnagotravibhāga>에서 보듯,

寶性(Ratnagotra), 곧

 佛性(buddha-dhātu)과 如來藏(tathāgata-garbha)에 대한 것을 규명

한 경전이다.

따라서 경의 Key-word 또한 <如來種性> <自性淸淨心> <本性明淨>

<客塵煩惱> <自性淸淨離垢淸淨> <如來藏> <一切衆生有如來藏> <佛性>

<如來性> <法性> <法界> <眞如> <法身> <法身・色身(食身)>을 비롯해

<法身・報身・化身의 三身說> 등의 개념들이 두루 설해지고 있다.

『寶性論』의 佛身觀의 특색은 <法身・色身(食身)>의 二身說과 더불어 法

身・報身・化身의 <三身說>을 주창하고 있다는 것으로, 여기서 관심을

끄는 것은 三身說이다.

곧 淸淨眞如法身 중심의 佛身論을 설하면서도, 한편으로는 子息인 衆生

들을 어떡하든지 제도해야 겠다는 大悲心으로 인해, 法身 스스로 가만 있지 못하고, 스스로로부터 報身과 應身을 顯現시켜, 이들을 통해 중생을 제도하는 向下門的 佛身觀을 제시하고 있는 것으로, 이 向下門的 佛陀觀은 如來藏系經典들이 공통으로 지니는 하나의 특징이기도 하다.

이것이 『寶性論』이 주창하는 佛身論의 기본구조이나, 『寶性論』의 이러한 구조가 佛身論史에서 중요한 위치를 점하고 있는 『金光明經』에 그대로 반영되고 있어, 『寶性論』→ 『金光明經』의 交涉 내지 傳承을 볼 수 있다.

4-2 『大乘起信論』의 三身佛(法・報・應)說 / (如來藏・唯識을 절충)

『大乘起信論』은 法身에 초점을 두면서도, 중생구제를 위해 法身이 그들의 근기에 맞춰 報身과 應身으로 나타난다고 하는 소위 利他的 向下門的 立場에서의 三身佛說을 주창한다.

곧 『大乘起信論』은 핵심 명제인 一心思想을 설하면서, 一心의 (體・相・用)三大를 근간으로 法・報・應의 三身佛說을 펼친다.

곧 眞如自體相은 法身에, 眞如用大는 報身과 應身에 연관시키며, 法・報・應의 三身佛을 설명하고 있다. 곧 體大와 相大를 합하여 理智不二의 法身에, 그리고 제3의 用大를 둘로 나누어 報身과 應身에 배대시키고 있는 것이다.

『大乘起信論』의 法身은 理와 智를 하나로 보는 理智不二의 法身이다. 곧 『大乘起信論』의 佛身說은 철두철미 法身 중심의 불신설, 그것도 理智不二의 法身으로서, 이 法身이 중생의 根機에 相應하여 報身과 應身으로 나타난다고 하는 向下門的 성격을 띄고있는 것이다.

따라서 報身과 應身은 어디까지나 중생의 心識上에 새겨진 法身의 그림자에 불과한 것으로, 중생이 발심・수행하여 삼세육추(三細六麤)를 퇴치시켜 一心本源을 터득하게 되면, 報・應 二身은 다시 그들의 근원이었던

眞如法身에 환원하게 되는 것이다.

4-3 『金光明經』의 三身說

「일체여래에는 <三種身>이 있다. 첫째는 化身이요, 둘째는 應身이요, 셋째는 法身이다. 이 三身을 구족해야만 無上正等正覺을 섭수할 수 있으며, 이를 올바르게 요지해야 속히 生死에서 벗어날 수 있다」

이것이 『金光明經』이 주창하는 三身說의 골자이다.

이상이 여래장계경전들이 주창하는 불신론인데, 여기서 佛身論史에 있어 주목되는 것이, 三身說 成立의 단초가 되는 菩薩思想과 轉依思想이었다.

곧 대승불교는 성불을 목표로 하는 求道者로서의 菩薩(上求菩提)의 덕목과, 한편 중생을 제도하기 위한 救濟者, 곧 下化衆生으로서의 菩薩의 덕목이 동시에 요구되었다. 전자가 向上門的 입장이라면, 후자는 向下門的 立場에 초점을 맞추고 있는 것이다.

대승보살에 대한 이러한 양면성은 佛身觀에도 그대로 반영되어, 向上門的 佛身觀과 向下門的 佛身觀이라는 양면으로 전개된다.

곧 정진수행의 결과 얻어지는 向上門的 의미의 報身과, 또 한편으로 중생을 교화하기 위해 중생들의 근기에 맞추어 顯現하는 向下門的 의미의 報身(내지 應身)의 양면성이 고려되게 된 것이다.

따라서 報身佛思想은 菩薩思想의 필연적 산물이 되는 것으로, 이로서 (法・報・應)의 三身佛이 탄생하게 된 것이다.

『寶性論』이나 『起信論』등의 <如來藏係 經典>에서는 向上門的보다는 下化衆生이라는 大悲가 강조된 向下門的 성격의 삼신불이 드러나는 것이 하나의 큰 특색이며.

無著·世親에 의해 성립된 瑜伽行唯識學派에서는 向下門보다는 轉依가 강조된 向上門的 의미가 강한 三身說이 중심이 된다. 곧 轉依개념은 유식학파의 중심개념으로서, 이때 그 전환의 방향은 잡염분(雜染分)에서 청정분(淸淨分)으로, 凡夫에서 佛로라는 向上的 方向이 강하게 나타나기 때문이다.

한편 『金光明經』에는 위에서 살펴본 法·應·化 三身說 이외에도, 동방(阿閦佛)·남방(寶相佛)·서방(無量壽佛)·북방(微妙聲=天鼓音佛)의 四方四佛이 설해지고 있어 큰 주목을 받아 왔는데, 이는 密敎五佛의 原初形態라고도 할 수 있는 것으로, 특히 『大日經』<제13 入秘密曼荼羅位品>에 영향을 미쳤다.

참고로, 三身說의 형태와 그 부류경전들을 보면,
1) 法·報·應의 三身說 2) 法·應·化의 三身說 3) 自性·受用·變化의 三身說 4) 이들을 복합화한 三身說 등 여러 형태의 三身說이 있다.

이들 4-部類의 三身說을 설하고 있는 경전들을 부류별로 살펴보면,

1) 부류에 속하는 경전군은
『寶性論』(勒那摩堤譯)·『金剛般若經』(菩提流支譯·『法華經論』(菩提流支譯)·『十地經論』(菩提流支譯) 등이,
2) 부류에 속하는 경전들은
『佛性論』(眞諦譯)·『合部金光明經』(眞諦譯) 등이,
3) 부류에 속하는 경전군은
『大乘莊嚴經論』(波羅頗蜜多羅譯)·『攝大乘論』(玄奘譯)·

『成唯識論』(玄奘譯) 등이,

4) 부류에 속하는 경전에는 『入楞伽經』(梵·漢譯)이 있다.

3章 밀교경전의 法身論

　理佛로서 『華嚴經』에 처음 등장한 법신비로자나불(法身毘盧遮那佛: Vairocana)은 『大日經』에 이르러 지불(智佛), 곧 설법(說法)하는 인격불(人格佛)로 발전하게 된다.

3節 『大日經』의 불신관

다시 말해 『大日經』은 법신불(法身佛)을 우리와 똑같은 신구의(身口意) 삼밀활동(三密活動)을 하는 人格佛로 승화시킨 것이다. 곧 「溪聲卽是法身長廣舌 山色卽是法身春秋相」에서 보듯, 삼라만상 하나하나가 法身佛 大日如來로서 각자 身口意 三密活動을 하는 것이라 보고, 법신대일여래(法身大日如來)를 모든 존재의 근원이며 귀결처(歸結處)라 보는 것이다. 다시 말해 밀교에서는 현교(顯敎), 곧 여래장(如來藏)이나 유식계(唯識系) 경전에서 말하는 보신(報身=受用身)이나 화신(化身=變化身)을 모두 法身 大日如來의 상황적 전개로 보고, 이들을 모두 法身(受用法身·變化法身 등)이라 부르고 있는 것이다.

한편 『大日經』 <제 2具緣品>에 설해진 <四方四佛>은 『大日經疏』 제 12 <成就悉地品>에 오면 <阿字四轉>으로 전개되고, 뒤이어 『大日經疏』 <제 14 字輪品>에 오면 <阿字五轉=五字五轉>으로 전개된다. 곧

『大日經』 <제 2具緣品> (四方四佛) → 『大日經疏』 <제 12 成就悉地品>: (阿字四轉)　 → 『大日經疏』 <제 14 字輪品>: (阿字五轉=五字五轉)으로 발전·전개되는 것이다.

4節 『大日經疏』의 불신관

『大日經』의 주석서인 一行和尙의 『大日經疏』는 대승불교의 논리를 도입후, 밀교의 이론화와 순수화를 도모하면서, 『大日經』의 설을 이어받아 十方諸佛을 法身毘盧遮那佛로 統一시키는 한편, 毘盧遮那佛을 시방제불의 主佛로 하는 大悲胎藏界-曼茶羅思想을 주창하여, 『大日經』이 미쳐 생각지 못한 이론과 사상들, 곧 三句와 五佛을 maching시키고 이를 本不生의 의미를 지닌 <阿字>와 대응시켜, 소위 <三句·阿字·五佛·五轉>사상을 확립함과 동시, 나아가 宇宙佛 法身佛과의 요가(yoga)를 통해 加持를 받아, 부모로부터 받은 이 몸으로 今生에 성불할 수 있다는 소위 <卽身成佛思想>을 제창하여, 밀교로 하여금 대승불교와는 다른 최첨단의 불교사상으로 우뚝 서게 하였다.

5節 『금강정경』의 불신관

밀교경전이 저술되고, 뒤이어 경궤류(經軌類)가 저술되기 시작하자, 대승사상 특히 唯識論書에서 설해지던 四智說이 그대로 受容되고, 여기에 『佛地經』의 <淸淨法界(智)>의 개념을 이어받고, 이것들이 토대가 되어 기존의 四智에 새로운 <法界體性智>가 가미되어 밀교의 특징인 五智思想이 설해지게 된다. 그리고 이것이 이미 정착되어있던 五佛思想과 합쳐저 소위 종합적이고도 통일적인 五智·五佛 등으로 구성되는 <密敎法身佛思想>과 <金·胎兩部曼茶羅思想>이 형성되게 된다.

여기서 한가지 특이한 것은 四群(前五識·제6意識·제7Manas識·제8 Ālaya識)으로 이루어진 8개의 識을 굴려 四智를 얻는다는 唯識의 중요한 개념인 轉依思想이, 九識을 굴려 五智를 얻는다는 소위 <밀교적 轉

- 187 -

識得智>의 개념은 밀교경전 그 어느 곳에서도 발견되지 않고있어, 밀교의 五智說은 어디까지나 五佛과의 관계에서 비롯된 密敎의 獨自的 思想이지, 唯識의 轉識得智思想과는 아무런 관계없이 성립했다는 것을 알게 해준다.

밀교는 初期大乘佛敎 이래 성립된 여러 佛陀觀, 또 여기에 이러한 佛陀觀에 의해 시설된 十方三世의 諸佛菩薩信仰 또한 受容하여, 이를 통해 수많은 多佛信仰을 형성하기에 이르른다. 뿐만 아니라 밀교는 여기에 새로운 신앙의 대상인 힌두교를 비롯한 재래로부터 전승되어온 印度의 여러 神들 또한 수용하여, 이들 모두를 밀교신앙의 대상으로 삼아, 소위 大日如來를 中心으로 하는 統一的 佛身觀을 형성하기에 이르렀다.

오늘날 우리가 보는 金·胎兩部曼茶羅는 이렇게 해서 탄생된 것으로, 여기에는 統一佛로서의 宇宙佛 法身毗盧遮那佛을 위시해 四佛과 그의 권속들과 佛法 옹호의 소명을 받은 明王들과 四天王 그리고 佛弟子와 힌두의 諸神들이 함께 統合되어 있는 것으로, 그 결과 法身毗盧遮那佛을 중심으로하는 일종의 판테온적 형태의 宇宙曼茶羅가 형성되게 된 것이다. 여기서 꼬 기억해야 할 것은 佛身論을 비롯한 밀교의 전 思想形成에 지대한 공적을 세운 분이 다름아닌 <불공삼장>이라는 사실이다.

참고 (서적 / 논문) - 佛身論

村上專精『佛陀論』東京金港堂. 1905

神林隆淨「法身について」『印佛研』6-2. 1958

香川孝雄「彌陀本生說話成立について」『印佛研』14-2. 1966

玉城康四郎『佛の研究』「玉城康四郎博士還曆記念論集」春秋社. 1977

　　　　「華嚴經における菩薩思想」『菩薩思想』大東出版社. 1981

田村芳朗「法華經の佛陀觀」『講座大乘佛教』4. 法華思想. 春秋社. 1983

山口　益「佛身觀の思想史的展開」『佛教學セミナ-』17.

　　　　大谷大學佛教學會. 1973

　　　　『佛教思想入門』<佛陀論>

宇井伯壽「大智度論 における 法身說」『印佛研』4

賴富本宏『密敎佛』

長尾雅人「佛身論をめぐって」『哲學研究』521號. 1971

永田　瑞 「龍樹の佛身觀」『印佛研』22-1. 1973

　　　　「佛身二身說の背景」『印佛研』25-1. 1976

加藤精一 「釋摩訶衍論佛陀觀眞言密教」『密教學研究』14. 1982

　　　　「釋摩訶衍論に引用された楞伽經」『風山學報』31. 1986

　　　　『密教の佛身論』1989

　　　　「密教經典における 法身」『印佛研』22-1. 1973

　　　　「金光明經の佛身觀と眞言密教」『印佛研』28-1. 1979

　　　　「不空譯經典に現れた佛身觀の特色」『印佛研』23-1. 1974

月智淳仁 「聖位經所說の佛身論 -報身受用身を中心として」

　　　　『成田山佛敎文化史論集』15. 1992

　　　　「法身說法について」『密敎學研究』17. 1985

金岡秀友「金光明經の佛身論」『東洋學研究』12. 1978

山崎泰廣「大日經の佛陀觀」『日本佛教學會年報』53. 1985

田中千秋「法身の佛」山崎泰廣教授古稀記念論文集

　　　　　『密教諸文化と交流』1998

高神覺昇「佛身論研究 -密敎佛身論について」

　　　　　『日本佛敎學會年報』3. 1931

千潟龍祥「四種法身と三輪身」『鈴木學術財團研究年報』5-7. 1971

三枝充悳「中論における佛陀觀」『印佛研』16-1. 1967

向井隆建「四種法身について」『風山學報』16. 1971

吉野惠子「佛身論の研究」『印佛研』31-2. 1982

芳岡良音「阿閦佛と阿彌陀佛」『印佛研』10-2. 1962

　　　　　「釋迦牟尼佛と阿彌陀佛」『印佛研』14-1. 1965

西義雄　　「阿毗達磨佛教における佛陀の本願說-菩薩の惡趣願生說」

　　　　　『東洋學研究』10. 1976

鹽田義遜「佛身論の展開」『印佛研』7-2. 1959

李箕永　　「佛身에 관한 연구」『佛教學報』3.4合集. 1966

魯權用　　『佛陀觀의 研究』圓光大. 1987

早島理　「瑜伽行唯識學派における 佛陀觀」

　　　　　『日本佛敎學會年報』53. 1981

西尾京雄「報身佛の歴史的研究」『大谷學報』11-1. 1930

天野宏英「dharmakayaの教義とその變遷」『三藏集』

榊義　孝　「加持身說典據一考察」『印佛研』27-2.. 1978

堀內寬仁「四智四佛 について」『密教文化』144號. 1983

苅谷定彦「法華經佛陀觀」『密教學研究』7

久保田周「印度佛教における dharmaの研究」

『佛教大大學院研究紀要』6. 1978

金兒黙存「原始佛教輪廻思想」『印佛研』1-2

紀野一義「印度佛教における罪の問題について」『印佛研』6-1. 1958

　　　　「印度佛教における生と死について」『印佛研』6-1. 1958

藤田宏達「原始佛教禪定思想」『佛教思想論叢』- 佐藤密雄古稀記念

鳳間敏夫「Ātman思想史の問題點」『印佛研』17-2. 1969

中村瑞隆「究竟一乘寶性論における佛身說」『印佛研』1-2

市川良哉「寶性論引用經典」『印佛研』19-1. 1970

勝友俊敎『唯識思想と密敎』

2編 법보론(法寶論)

1章 원시불교(原始佛敎)의 法, 『아함경 (阿含經)』
1節 원시불교의 법체계(法體系: 五蘊·十二處·十八界)

원시불교에서는 一切法을 지칭할 때 오온(五蘊)이나 십이처(十二處) 그리고 십팔계(十八界)라는 단위를 사용하였다.

따라서 일체법을 보는 세 가지의 시각과 견해라는 뜻에서, 이들 세 가지를 일체법(一切法)에 관한 삼과(三科)라 부른다. 무엇인지 알아보자.

第1 오온(五蘊)

일체 모든 것을 지칭하는 말로서, 구체적으로는 色蘊·受蘊·想蘊·行蘊·識蘊등의 다섯 가지 蘊을 말한다.

蘊(skandha)이란 무엇이며, 또 각각의 蘊은 무엇을 의미하는지 살펴보자.[148]

참 고: 온(蘊: skandha)

집합덩어리란 뜻을 가진 명사이다. 여러 가지 인연들이 집합해서 생긴 일시적(一時的) 집합체란 뜻이다. 일체의 모든 것들은 五蘊 곧 다섯 가지 덩어리들이 집합해서 생긴 일시적 집합체들이므로, 인연차제에 따라

---

148) 일반적으로 인간을 포함한 일체 모든 존재들을 지칭할 때는 五蘊이란 단어를 사용하고, 특별히 인간만을 택하여 인간의 심신구조(心身構造)나 그것의 활동이나 작용 등을 지칭할 때는 오취온(五取蘊) 이란 단어를 사용한다. 오취온이란 다섯 개의 요소를 취(取:upādāna=upa+a+dāna)하여 我라고 상정한 후, 그 상정한 我에 집착하여 그 결과로 윤회를 일으키기 때문이다. 五蘊의 각각에 대한 상세한 설명은 『잡아함경』 (대정장 2.15c~16a) 참조.

시시각각 변하는 無常한 존재들인 것이다. 넓은 의미로 五蘊과 같이 無常한 존재들을 일러 유위법(有爲法)이라 하고, 이와는 반대로 어떤 상황에서도 절대로 변하지 않는 존재를 무위법(無爲法)이라 한다.

참 고: 오온(五蘊)이란?

「존재란 무엇인가? 이른바 오온(五蘊)이다. 그것은 색수생행식(色受想行識)이다」　　　　　　　　　　　　『잡아함경』(대정장 2. 18c)

「오온(五蘊)이란 무엇인가? 색수상행식(色受想行識)이다. 만일 사문이나 바라문이 내(我)가 있다고 한다면 그것은 五蘊에서 나(我)를 보는 것과 같은 것이다」　　　　　　　　　　　『잡아함경』(대정장 2. 11b)

「五蘊 그것은 무상하고 괴로운 것이며 나(我)도 내 것(我所)도 아니다. 때문에 나는 그것에 집착하지도 않고 따라서 받아들이지도 않는다」　　　　　　　　　　　　　　『잡아함경』(대정장 2. 31c)

① 색온(色蘊 : rūpa)
　지수화풍(地水火風)의 네 가지 요소로 구성된 일체의 물질(육신)을 지칭한다.
② 수온(受蘊 : vedanā)
　감수작용(感受作用)을 말한다.
③ 상온(想蘊 : saṃjǎā)
　감수한 대상의 성질을 인식하고 정의하는 표상작용(表象作用)을 말한다.
④ 행온(行蘊 : saṃskāra)
　~하고(먹고, 갖고)싶다는 등의 능동적 의지작용(意志作用)을 말한다.

⑤ 식온(識蘊 : vijñāna)

　인식주체인 마음(心)의 인식작용과 판단작용(判斷作用)을 말한다.

五蘊은 크게 色蘊과 受想行識의 四蘊으로 구별할 수 있다.

色蘊이란 육신(물질)을 가리키며, 나머지 受想行識 四蘊은 정신작용을 가리킨다.

受想行識 가운데 가장 중요한 것은 인식 및 판단작용을 하는 식온(識蘊)으로, 단지 인식작용 이라기보다는 마음의 당체(當體) 바로 그것으로서, 수상행(受想行)이라고 하는 정신작용의 주체라 할 수 있다.

정신작용인 四蘊을 受→想→行→識의 순서로 나열한 까닭은, 주관계(主觀界)인 마음(識)이 객관계(客觀界)인 대상물질을 관할 때, 그 마음에 일어나는 모든 반응작용(反應作用)을 순서대로 표현하기 위해서이다.

五蘊	十二處 (六根 +六境)
色蘊	五根 (안근·이근·비근·설근·신근) + 五境 (색경·성경·향경·미경·촉경)
(受·想·行)蘊	法境 (제 6境)
識蘊	意根 (제 6根)

참 고 : 五蘊과 十二處와의 관계

　색온에는 감각기관인 (안이비설신)根의 오근(五根)과 外界인 (색성향미촉)境의 오경(五境)이 해당되고, 수상행(受想行)의 3 가지 蘊에는 제 6경인 법경(法境)이, 식온(識蘊)에는 제 6근인 의근(意根)이 해당된다.

　또 (안이비설신의)식의 6가지 識은 五蘊 가운데 식온(識蘊)에 해당되며, 6근 가운데의 意根과 6가지 識은 마음(心)을 표현한 것이므로, 이것을 합하여 7心界라고 한다.

참 고: 十八界

六根과 六境 그리고 六識을 합해 十八界라 한다.

界(dhātu)란 요소란 뜻이다. 하나의 인식이 이루어지기 위해 필요한 절대적 요소란 의미이다. 하나의 인식이 이루어지기 위해서는 인식주체인 根과 객관대상인 境 그리고 인식작용인 識이라고 하는 세 가지 요소가 반드시 필요하기 때문이다.

근경식(根境識) 이 3-가지를 일컬어 인식의 삼요소라 부르는 것은 바로 이 때문이다.

「두 손이 화합해야 서로 마주쳐 소리가 나는 것처럼, 眼識 또한 눈(眼)과 물질(色)이 인연화합(因緣和合)하여 생긴 것이다」

『잡아함경』 <手聲喩經> (대정장 2. 72c)

第2 사법인(四法印)

법인(法印 : dharma-mudrā)이란 명제(命題), 곧 목숨(命)과 같은 의미이다. 목숨은 그 무엇과도 바꿀 수 없는 가장 값지고 소중한 것이다. 불교의 목숨 그것은 다음의 ① 제행무상(諸行無常) ② 제법무아(諸法無我) ③ 일체개고(一切皆苦) ④ 열반적정(涅槃寂靜)의 4가지 내용이다.

이 가운데 ①·②·③의 3가지 法印은 佛敎의 人生觀과 世界觀, 곧 存在란 무엇인가? 라는 질문에 대한 불교의 대답, 말하자면 존재와 현상을 논한 불교의 인식론(認識論)이며, ④의 涅槃寂靜法印은 어떻게 살아야 하는 것인가? 에 대한 답변, 말하자면 살아 가는 방법을 논한 실천론(實踐論)이다.

다시 말해 (諸行無常 · 諸法無我 · 一切皆苦)法印, 곧 제1과 제3 命題는 현실세계인 sahā세계의 實相을 묘사해 놓은 것이기에 四聖諦 가운데 苦聖諦와 集聖諦에 해당되며, 제4 명제인 <涅槃寂靜-法印>은 이상세계인 극락세계의 실상을 묘사해 놓은 것이기에 멸성제(滅聖諦)와 도성제(道聖諦)에 해당된다.

곧 四法印에는 유위법(有爲法)인 현실세계의 실상과 무위법(無爲法)인 이상세계의 실상 내지는 그곳에 가기 위한 삶의 방식이 하나도 빠짐없이 모두 묘사되어 있는 것이다.

참 고: 삼법인(三法印)과 사법인(四法印)

앞에서도 언급했듯이, 法에는 유위법(有爲法)과 무위법(無爲法)이 모두 포함되어 있어야 한다. 다시 말해 세간법(世間法)의 원리와 出世間法(출세간법)의 원리가 모두 설해져 있지 않으면, 일체법(一切法)이라고 할 수 없는 것이다.

일반적으로 불교의 法印을 말할 때 三法印으로 하는 경우가 많으나, 有爲와 無爲의 세계를 모두 포함해야 일체법이 되는 것이므로, 四法印으로 해야 옳은 것이다.

「마땅히 4-가지 法의 根本을 사유해야 한다. 무엇이 4-가지인가? 일체행무상(一切行無常) 일체행고(一切行苦) 일체법무아(一切法無我) 열반멸진(涅槃滅盡)이 그것이다」　　　　　『增一阿含經』(대정장 2. 668c)

2-1 제행무상(諸行無常)-法印

因緣에 의해 생긴 것, 곧 諸行(세계의 모든 존재들)은 찰나생멸하는 존재들이다.

마치 물이 주위의 조건차제에 따라 얼음이 되기도 하고 수증기로 변해 가듯이. 돈도 육신도 명예도 권력도 그 무엇 하나 변하지 않는 것이란 없다. 이와 같이 끝도 절도 없이 변화해가는 자연현상의 진리, 그것을 제행무상(諸行無常)이라 표현한 것이다.

다시 말해 일체 모든 것(존재나 현상)은 현재라고 하는 찰나(刹那)에만 나타날 뿐 지속성(持續性)이 없다는 뜻인 것이다.

강 해 : 諸行無常의 중국적 이해, 역학(易學)

정초(正初)가 되면 점술원(占術院)이니 역학원(易學院)이니 하여 북새통을 이룰 만큼 문전성시를 이룬다. 원래 점술이나 역학(易學)은 한시도 쉼이 없이 끊임없이 변해간다는 이론인 역(易)에 그 原理를 두고 있는 것으로, 이는 불교의 명제인 「諸行無常法印과 諸法無我法印」을 중국적 사유로 표현해 낸 학문이다. 살펴보자!

易學에서 易은 다음과 같은 三易(簡易·變易·不易)의 원리에 근거를 두고 있다. 三易이 무엇인지 잠시 살펴보자.

간역(簡易): 끊임없이 변하는 현상을 말한다.

변역(変易): 끊임없이 변하는 이러한 簡易현상은 음과 양,
　　　　　말하자면 양(陽)과 음(陰)의 변화 때문이다.

불역(不易): 이처럼 음과 양의 변화에 의해 일어나는 현상은 언제 어
　　　　　디서라도 절대로 변하지 않는다. 그래서 易(學)이라 하는
　　　　　것이다.

바둑이란 놀이는 역학의 원리를 응용해 중국인들이 창안해 낸 놀이문화이다. 말하자면 바둑이란 놀이를 통해서 시시각각 변하는 삼라만상의 진리를 체득하게 하기 위한 때문이었다. 곧 바둑을 통해 그 어떤

것에도 욕심 내지 말고 여유를 가지고 유유자적(悠悠自適)하게 살아가는 법을 배우라는 의미가 담겨있는 것이다. //

인생살이란 바둑처럼 한순간도 쉼이 없이 끊임없이 변하고 있다. 죽었다가는 살아나고 살았다가는 죽어 버리는 바둑돌처럼.... 불교의 첫 번째 명제(命題)인 <제행무상(諸行無常)-법인>은 이처럼 쉬지 않고 찰나 찰나 변하는 인생살이와 자연현상을 표현해 낸 진리이다. 우리는 곧잘 석존의 출가동기를 <사문유관상(四門遊觀相)>으로 설명하곤 한다. 싯달타 태자로 하여금 생노병사의 고통의 아픔과 출가사문의 해탈의 모습을 동시에 터득시킨 사건이 바로 四大門의 나들이였기 때문이다.

곧 석존은 이 사건을 통해서 제행(諸行)의 무상(無常)함을 터득하였고, 그 결과 출가의 대결단을 내렸던 것이다. 다시 말해 무상함의 터득을 통해 석존은 새로운 인생을 살게 되었고, 그 결과 중생에서 佛로 거듭날 수 있었던 것이다.

불교의 제1 명제인 <諸行無常-法印>은 이 우주의 진리를 그대로 설해 놓은 것이기에, 그 자체에 엄청난 에너지가 담겨 있는 것이며, 따라서 누구든지 이것을 체득하면 석존의 경우처럼 중생에서 佛로 거듭나게 되는 것이다.

다시 말해 무상관법(無常觀法)은 육체를 비롯한 재산이나 명예나 권세로부터 나를 해방시켜주며, 또한 나 자신을 비우게 해주기 때문에 겸허해져 자신을 자만심으로부터 벗어나게 하며, 나아가서는 새로운 인생관과 세계관이 생겨 종교에 대한 신앙심이 생기게 되며, 자각이 깊어지면 마치 싯달타 태자가 그랬던 것처럼 출가로까지 이어지게 되는 것이다.

그리고 다시는 현재의 이 시간이 돌아오지 않음을 깨달아 촌음(시간)을 아껴 쓰면서 현실을 열심히 살게 되는 것이다.

대부분의 큰 스님들의 출가동기가 석존불의 경우인 (四門遊觀相)처럼, 無常함의 터득에서 비롯되어지는 이유도 바로 여기에 있다.

無常觀의 생활화 그것은 일반인들에게는 물론이려니와 자기완성을 발원한 수행자들에게는 필수적인 일상의 수행법인 것이다.

무상함에 대해 경전은 다음과 같이 설하고 있다.

「타샤비구여! 물질의 무상함을 알아, 탐냄을 떠나고 욕망을 버리고 생각을 떠나며 애욕을 떠났는데도 그 물질이 변하거나 달라졌을 때 그 때도 근심과 슬픔과 번민과 괴로움이 생기더냐」

『잡아함경』(대정장 2. 71a)

「그것은 마치 어떤 사람이 숲 속의 나무들을 베어 가져가도 근심하거나 슬퍼하지 않는 것과 같다. 왜냐하면 그 나무는 아(我)도 아니고 아소(我所)도 아니기 때문이다」 『잡아함경』(대정장 2. 70b)

「마땅히 무상관(無常觀)을 닦고 또 닦아라. 무상관을 닦으면 삼계의 애욕이 끊어지고 무명이 끊어지고 교만이 끊어지기 때문이다. 마치 뿌리를 태워 버려야 다시는 초목이 살아나지 못하듯 무상관을 닦아야 일체고통이 없어지는 것이다」 『증일아함경』(대정장 2. 672c)

2-2 제법무아(諸法無我)-法印

제법무아(諸法無我)란 法印은 좁게는 인도 정통파학파가 내 세웠던 개체(個體)의 原理인 아트만(ātman: 不生不滅의 실체)의 불인정, 말하자면 유아론(有我論)에 대한 부정을 제기한 이론이며, 넓게는 마치 물이 조건 차제에 따라 얼음이 되기도 하고 물이 되기도 하듯이, 일체존재나 현상은 고정적인 것이 아니라 他와의 관계 속에서 시시각각 생성변화하는 상대적(相對的)이며 상관적(相關的)인 존재, 다시 말해 연기적 존재(緣起的 存在)임을 밝힌 이론이다. 곧

「인연소생법(因緣所生法) 아설즉시공(我說卽是空) 역위시가명(亦爲是假名) 역시중도의(亦是中道義)」란 『中論』24品 18頌 (대정장 30. 33b)의 말씀처럼,

일체제법은 그 모두가 因緣으로 이루어진 상대적인 것이기에 고정성이 없는 공무아(空無我)의 것, 곧 <空性>이며, 따라서 현재의 모습이나 현상은 임시적이며 일시적인 가유(假有)의 존재, 곧 <가제(假諦)>가 되는 것이다.

그리고 이와 같은 양면성을 가진 존재, 말하자면 비유비무(非有非無)이면서 동시에 이유이무(而有而無)인 존재를 일컬어 중도적 존재(中道的 存在)라 칭하는 것이다.

(강 론) 관자재보살(觀自在菩薩)과 사리불(舍利弗)존자

『반야심경』은 <일체법무자성공(一切法無自性空)>을 설한 대표적 대승경전이다. 곧「오온개공(五蘊皆空)」이란 키-워드를 통해 일체법의 무자성공(無自性空)을 설파하고 있는 것이다. 五蘊이란 앞에서 자세히

설명한 바 있듯이, 육신(물체)과 정신을 가진 일체존재들을 의미한다. 곧 물질이나 정신이나 할 것 없이 일체존재는 고정성이 없는 인연소생의 것임을 단적으로 표현한 말이 다름 아닌 「오온개공(五蘊皆空)」이었다. 반야심경은 「오온개공」을 설한 후, 곧 바로 「도일체고액(度一切苦厄)」을 설하고 있다. 모든 것이 空한 것, 곧 중도(中道)임을 알게 되면 그 순간 일체고통에서 벗어나 解脫을 얻게 된다는 말이다. 곧 일체고통으로부터의 해탈 그것은 다름 아닌 「일체법무자성공(一切法無自性空)」이라고 하는 자각에서 비롯되어 진다는 말씀이다.

반야심경에는 두 분의 주인공이 등장한다. 한 분은 관자재보살(觀自在菩薩)이고 또 한 분은 사리불(舍利弗)존자이다. 사리불은 석존불께서 아끼시던 지혜가 출중한 제자이다. 그런데 그런 분이 대승보살인 관자재보살에게 훈시를 받고 있는 것이다.

일체가 空인데 有라고 집착하고 거기에 매달려 있기 때문이다. 사실 『반야심경』은 현재를 살고 있는 우리들을 야단치고 있는 것이다. 우리가 바로 사리불 존자처럼 온갖 것에 매달리고 집착하며 살고 있기 때문이다. 관자재보살은 이름 그대로 무언가에 걸리지 않고 무애자재(無碍自在)하게 사시는 분이다.

「청산은 나를 보고 말없이 살라 하고 창공은 나를 보고 티 없이 살라 하네, 탐욕도 벗어 놓고 성냄도 벗어 놓고, 물같이 바람같이 살다가 가라 하네」라는 노래 가사처럼 그렇게 사시는 분이다. //

<제법무아(諸法無我)-법인>은 일체의 집착에서 벗어나라는 메시지이다. 곧 존재자체가 실체가 없는 一時的이고 다른 것에 영향을 받는 의타기성(依他起性)의 것인데 무엇을 집착하고 얽매어 사느냐 하는 경각의 말씀인 것이다.

왜냐하면 모든 고통은 유아(有我) 곧 집착에서 비롯되기 때문이다.

곧 유아(有我)로 부터 집착(執着)과 소유욕(所有慾)과 탐심·진심(貪心·瞋心)이 생기며 그로 인해 도둑질·강간·살인 등의 행동이 일어나며, 그 결과로서 고통을 받는 것이며, 또 무아(無我)로 부터 무소유(無所有)와 자애심(慈愛心)이 생기며, 그로 인해 나눔과 베품 등의 행동이 일어나며, 그 결과로서 해탈(解脫)과 즐거움(樂)이 생기기 때문이다.

<諸法無我>에 대한 경전의 말씀을 보자.

「마치 여러 가지 재목(材木)을 한데 모아 수레라 하는 것처럼 모든 인연이 모인 것을 거짓으로 衆生이라 부르는 것이다」

『잡아함경』 (대정장 2. 327b, 한글장 권7. 577항)

「라후라야 모든 蘊들은 我가 아니다. 이와 같이 알고 보아야 식신(識身)과 바깥경계등 일체의 것에서 나(我)와 내 것(我所)이라는 소견이 없어지게 되는 것이다」 『잡아함경』 (대정장 2. 119a)

「색(色)은 가루와 같고, 수(受)는 거품과 같고, 상(想)은 아지랑이와 같고 행(行)은 풀잎과 같고 식(識)은 허깨비인 환(幻)과 같은 것이다」

『잡아함경』 (대정장 2. 69a)

「색(色)은 무상(無常)한 것이며 무상한 것은 고(苦)이며 고(苦)인 것은 내(我)가 아니다. 이와 같이 여실하게 아는 것을 정관(正觀)이라 하는 것이다. 오온은 나(我)도 내 것(我所)도 아니다. 세간을 이 처럼 관해야 취할 것도 없고 그래야 집착할 것도 없어 열반을 자각하게 되는 것이다」

『잡아함경』 <淸淨經> (대정장 2. 21c)

「뿌리를 없애지 않으면 나무 윗부분이 잘리더라도 다시 자라나는 것처럼, 나(我)와 내것(我所)이라는 뿌리를 제거하지 않는 한 苦역시 계속 발생하는 것이다」   『법구경』제 24. 338頌 (서경수역)

참 고: 사념처관(四念處觀)

불교의 관법중 아주 중요한 관법수행에 사념처관(四念處觀)이 있다.

이 관법은 我(주관세계)와 法(객관세계)의 전체라 할 신수심법(身受心法)이란 4-가지 처소(處所)를 관하는 관법이다.

곧 나의 육신인 身(몸뚱이)은 부정(不淨)한 것이며, 정신의 감수작용인 受는 고통스러운 것이며, 정신의 판단작용인 마음(心)은 무상한 것이며, 객관세계인 法 또한 실체가 없는 무아라고 관하는 수행법이다.

따라서 이 수행법은 오온개공(五蘊皆空)과 일체법무자성공(一切法無自性空>을 체득케 하기위해 개발된 대표적 관법으로, 뒤의 <四聖諦>항목에서 자세히 밝히겠지만, 초기불교의 대표적 관법인 <四諦16行相觀> · <三轉12行相觀>과 관계 깊은 관법이다.

2-3 일체개고(一切皆苦)-法印

「무상(無常)하고 무아(無我)인 것은 모두가 고통(苦痛)이다」는 것을 밝힌 명제이다. 다시 말해 무상(無常) · 무아(無我) · 고(苦)라는 3가지는 서로 떼래야 뗄 수 없는 관계라는 것을 분명히 밝힌 이론인 것이다. 곧 이 세상에 존재하는 모든 것들은 그 자체가 무상하고 무아인 것이기에 고통으로부터 벗어 날 수 없다는 의미인 셈이다.

우리가 살고 있는 이 세상을 일컬어 '삼계고해(三界苦海)'라 하는 것은 바로 이러한 이유 때문이다. 석존께서 깨달으신 후 처음 설하신 첫 말씀은 바로 <일체개고>라는 진리인 고성제(苦聖諦)이셨다. 苦의 인식(苦聖諦), 그것은 바로 불교의 출발점이다.

(강 론) 도인성고기 (道因聲故起), (一切皆苦)

앞서도 언급했듯이, 교단이 2쪽으로 갈라지는 상황에서 아주 중요한 사건중의 하나가 <五事>라는 사건이다. 곧 석존불 멸후 교단에서 특히 나이 드신 장노스님들은 스스로를 <아라한>이라하며, 석존불과 거의 동격의 대우를 받으려는 움직임이 있을 때, 젊은 소장파 스님들이 내세운 것이 <五事>였다. 5-가지 면에서 석존불과 차이가 나는데 어찌 감히 하며 내세운 차이점이었다. 그 중 하나가 도인성고기(道因聲故起)이다. 성인이 되려면 「一切가 苦」임을 뼈저리게 알아, 「一切가 苦」라는 소리를 낼 줄 알아야 하거늘, 당신들 장로들은 아직 그 소리를 낼 줄 모르지 않느냐 하며 석존불과의 차별을 내세우며 갑질을 저지하였다.

苦에 대한 뼈저린 자각과 그 고통으로부터 벗어나려고 하는 절규, 여기에서 현재의 삶에 대한 반성과 참회가 나오고, 이것으로부터 새로운 인생을 향한 출발이 시작되는 것이다. 우리의 교주(敎主)인 석존도 그러했고 우리 주위의 내 노라 하는 선지식(善知識)들이 모두 그렇게 발심하고 출가를 결심했듯이 //

지금까지 불교의 목숨(命題)이라 할 1~3 법인(法印)을 살펴보았다. 곧 일체는 무상(無常)한 것이며, 무아(無我)로서 실체가 없는 것이며, 따라서 그 자체가 고통이라는 진리였다. 사용한 언어나 그 의미가 모두가 부정적이고 허무적인 느낌이 드는 말들이다. 따라서 얼마 전까지만 해도 불교가 내 세우는 이러한 부정적이며 허무적(虛無的)인 명제들을 보고,

일부학자들 특히 유럽의 철학자들은 "불교는 염세철학(厭世哲學)"이라고 단언을 내리기도 하였다. 그들이 단언한 것처럼 불교의 출발점은 분명히 부정적이며 허무적인 면이 있다. 그러나 여기서 주의해야 할 것이 있다.

비록 불교의 출발점이 부정적이고 허무적인 면이 있다고는 해도, 그것은 어디까지나 시시각각 변하는 우주의 진리를 액면 그대로 토해낸 표현일 뿐, 인생을 포기하고 허무주의에 빠져 도피와 파괴를 일삼는 염세철학과는 전혀 다르기 때문이다.

 곧 염세철학(Nihilism)이 도피(逃避)의 논리이고 파괴자의 논리라면, 불교는 참여(參與)와 해결의 논리이며 화합(和合)과 창조(創造)의 논리이기 때문이다.

 곧 사람과 사람과의 관계가 인생살이이며, 또 그러한 인생살이는 고통인줄 아는 것이 불교의 가르침이기에, 불교는 그것을 피하거나 파괴하지 않고, 오히려 그 관계에 적극적으로 참여하고 화합하여 새로운 관계 새로운 세계를 창조해 내는 종교인 것이다. 다시 말해 불교는 현실의 인생살이가 고통인줄 당연히 알고 있기에, 절대로 고통을 두려워하지 않고 오히려 그 고통의 원인을 찾아내고 그 뿌리를 제거하여, 끝내는 나의 삶 우리들의 삶을 아름답고 즐거운 인생살이로 만들어 가는 것을 목표로 하는 종교인 것이다.

 서론 (불교의 기본입장)에서 밝힌 바 있듯이, 불교는 현실주의 철학, 말하자면 어떻게 하면 우리가 살고있는 현실 속에서 서로 화목하며 이해하고 감싸 주며 용서하는 그리하여 고통이 없는 즐거운 극락세계를 건설할 수 있을까? 불교는 바로 그것을 목표로 하는 가르침인 것이다.

지금껏 4-가지 法印 가운데 3가지 法印을 살펴보았다. 마지막 명제인 열반적정(涅槃寂靜)-法印에 들어가기 앞서 지금까지 고찰한 3가지 법인을 재정리해 보면,

제1 법인인 제행무상(諸行無常)-法印과 제 2법인인 제법무아(諸法無我)-法印은 그 누구도 바꿔 놓을 수 없는 영원한 진리로서, 모든 현상의 본성(本性)인 법성(法性)을 정의 내린 것이며,

제 3법인인 일체개고(一切皆苦)-法印은 현재의 우리들의 삶의 모습을 있는 그대로 표현해 낸 말, 말하자면 제 1법인과 제 2법인인 무상(無常)과 무아(無我)라는 진리를 알지 못하는 데서 비롯된 일종의 병적증세를 표현한 말이다.

다시 말해 우리들이 겪고 있는 현실적 고통은 無常을 무상으로 알고 無我를 무아로 알아, 그 어떤 것에도 집착하지 말아야 하는데, 이러한 무상과 무아란 진리를 모르고 집착하고 연연(戀戀)해서 생긴 결과물의 표출이라는 것이다.

여기서 우리는 한 가지 의문을 가지지 않을 수 없다. 곧 우리가 현재 겪고 있는 고통은 영원히 바꿀 수 없는 고정불변의 것인가? 라는 질문이다.

이 질문에 대한 대답은 분명하다. 왜냐하면 이미 제 2명제인 <諸法無我-法印>을 통해 세상에 존재하는 그 무엇도 실체가 없는 공무아(空無我)임을 배웠기 때문이다.

말하자면 고통도 즐거움도 그 무엇 하나 실체가 없는 일시적 현상이라는 사실을 알았기 때문이다. 다음 항에서 고찰할 제 4법인은 바로 고통을 멸할 수 있는 방법과 나아가서는 고통이 없어진 결과로서의 안온한 상태를 표현해 낸 명제이다.

2-4 열반적정(涅槃寂靜)-法印

「제행무상(諸行無常) 시생멸법(是生滅法) 생멸멸이(生滅滅已) 적멸위락
(寂滅爲樂)」이란 게송은 『열반경(涅槃經)』에 나오는 말씀으로,
설산동자(雪山童子)의 <살신성인(殺身成仁)>을 이야기할 때 거의 예외
없이 인용되는 명구이다.

　　　　『장아함경』(대정장 1. 26c, 188c), 『열반경』(대정장 12. 450a)

곧 <이 세상의 모든 현상이나 존재들은 인연으로 생기한 것들(有爲法),
말하자면 한결같이 찰라생멸(刹那生滅)하는 무상한 존재로서 苦 바로 그
것이다. 따라서 이러한 무상성을 알아 모든 대상에서 집착을 떨쳐 버린
다면, 번뇌와 고통이 아닌 적멸(寂滅)과 樂의 세계를 만들어 낼 수 있는
것이다>

로 번역되는 상기 게송은 본생담(本生譚: jātaka)의 설산동자(雪山童子)
설화에도 나오는 게송으로(1. 392), 현재 우리가 일상생활을 통해서 시시
각각 표출하고 있는 탐진치(貪瞋痴) 삼독번뇌(三毒煩惱)의 실상과 그 삼
독의 불이 꺼져 버린 열반의 상태를 동시에 노래하고 있다.
　말하자면 無常하고 無我한 것이 제법의 실상(實相)이며, 이러한 법성(法
性)에 대한 무지(無知)가 바로 고(苦)임을 깨달아, 어서 빨리 무집착(無執
着)의 공무아(空無我)의 세계, 곧 열반적정(涅槃寂靜)의 세계로 나아가자
고 노래하고 있는 것이다.

곧 열반적정이란 4-번째 법인은 『반야심경』의

「菩提薩埵 依般若波羅蜜多故 心無罣碍 無罣碍故 無有恐怖 遠離顚倒夢想 究竟涅槃」

이란 게송처럼, 일체가 無常하며 無我인 것을 알게 될 때, 그동안 마음을 지배하고 있던 집착과 번뇌덩어리는 온데간데없어지고, 기쁨과 즐거움이 충만한 열반적정의 세계로 새로이 펼쳐지게 되는 것임을 표현하고 있는 것이다.

경전은 열반의 세계가 만들어지는 과정을 다음과 같이 노래하고 있다.

「불을 놓아 태우면 초목이 모두 없어지는 것처럼 無常하다는 생각을 닦으면 일체의 번뇌가 끊어지는 것이다」 『증일아함경』(대정장 2. 672c)

「타샤비구여! 물질에 대해 탐냄을 떠나고 욕망을 버리고 생각을 떠나며 애착을 떠났는데도 그 물질이 변하거나 달라졌을 때 그 때도 너는 근심과 슬픔과 번민과 괴로움이 생기느냐?」 『잡아함경』(대정장 2. 71a～b)

「그것은 마치 어떤 사람이 숲 속의 나무들을 베어 가져가도 근심하거나 슬퍼하지 않는 것과 같은 것이다. 왜냐하면 그 나무들은 나도 아니고 내 것도 아니기 때문이다」 『잡아함경』(대정장 2. 70b)

참 고: 제행(諸行) / 제법(諸法) / 일체(一切)

제 1·2·3법인에 나오는 <諸行無常·諸法無我·一切皆苦>의 諸行·諸法·一切란 sarva-saṃskāra(dharma), 곧 <일체의 모든 유위법>이란 의미의 규정어로서, 연기(緣起)한 것, 유위법(有爲法), 가변(可變)의 것이란 뜻이다.

따라서 제 1·2·3법인의 의미는 '연기한 것인 有爲法의 세계는 찰나찰나 가변하는 세계이기에, 無常한 것이며 실체가 없는 無我의 것이며 그래서 항상 고통을 수반하는 것이다'란 뜻이 된다.

참 고: (諸行無常)의 行, (色受想行識)의 行, (無明→行→識)의 行

이 3-가지 行(saṃskāra)들은 의미가 같은 것인지 다른 것인지, 다르다면 어떻게 다른 것인지 알아보도록 하자.

(諸行無常)의 諸行은 앞에서도 설명했듯이 유위법(有爲法)이란 뜻이며, 오온(五蘊: 색수상행식)가운데의 行은 ~하고 싶다는 의지작용을 가리키며, 십이연기(十二緣起)의 두 번째에 나오는 行은 신구의 삼업행(身口意三業行), 말하자면 제 3支인 식(識)에 색안경을 씌우게 할 뿐만 아니라, 색안경이 씌어진 그 識을 활동케 하는 힘인 삼업(三業: Tri-karma)을 의미한다.

유위법(有爲法: Saṃskṛta-dharma)에서의 <Saṃskṛta>란 saṃ(함께)+√kṛ(作·造)란 어원을 갖는 것으로, 여러 지방어(地方語)들을 합성시켜 만든 언어(표준어)란 뜻인 범어(梵語: saṃskṛt)와 그 어원이 같다.

第3 초전법륜과 사성제(四聖諦)

<초전법륜>이라 하는 이 부분은 <범천의 권청(梵天의 勸請)>과 깊은 관계를 가진 사건으로, 단지 처음 설법했다고 하는 하나의 단순한 역사적 사건으로서만 그치는 것이 아니라, 불교의 교단사 연구나 불교교리의 기본을 아는 중요한 사건이며, 또 이것을 계기로 새로운 시대, 말하자면 인간해방과 광명의 세계가 열리게 되는 역사적 대사건이었다. 어떤 의미가 숨어있는지 구체적으로 살펴보자.

① 종교의 삼요소라 일컬어지는 佛法僧 三寶(敎祖·가르침·敎團)가 성립되어 불교라는 종교가 비로소 탄생되게 되었음을 알려주는 의미가 담겨있다.

② 설법의 내용인 (四聖諦·八正道)의 분석을 통해서, 우리는 불교가 현실을 직시하는 종교로서, 존재들의 현상과 실상을 알게 함은 물론, 현실 속에서 일어나는 모든 고통들을 분석하고, 동시에 그러한 苦는 어디에서 오며, 또 왜 오는 것인지, 나아가서는 그 현실고를 없애 安心立命할 수 있는 것인지 없는 것인지, 있다면 어떻게 하면 얻을 수 있는 것인지 등, 우리가 몸담고 있는 현실세계와 추구하려는 이상세계를 모든 각도에서 분석한 합리적 종교임을 알게 해주는 의미 또한 지니고 있다.

③ 불교는 지혜와 자비를 실천케 하는 종교로서, 파사현정을 통해 안심입명(安心立命)을 얻게 하려는 中道的 입장의 보편적(普遍的) 종교라는 것 또한 알게 해 준다.

④ 「세존이시여! 감로(甘露)의 門을 열어 보여 주십시오」하며 3번이나

석존을 찾아가 설법해 주기를 청원했다고 전해지는 소위 <범천의 권청>이란 사건은, 인간들을 희롱하며 온갖 착취를 일삼던 소위 全能의 神 <梵天>이 각자(覺者)인 붓다 석존의 출현을 계기로, 자신의 과거를 참회하고 석존을 새로운 시대의 승리자(勝利者) 구세자(救世者)로 추앙한 대사건임과 동시, 나아가서는 암흑과 무지와 혼돈에서 헤매던 인간들을 진리와 진실과 대명천지의 밝은 세계로 이끌어 내게한 역사적 사건이었다.

『증일아함경』(대정장 2. 593b)

『중아함경』(대정장 1. 548c), 『pāli律』<대품> (남전장 3. 9항)

 <석가모니불> 정근할 때 지송하는 다음의 게송은 범천이 석존불을 찾아가 읊은 게송으로, 승리자이시며 구세자인신 석존의 智悲의 德과 위신력을 잘 나타내고 있다.

「天上天下無如佛 十方世界亦無比 世間所有我盡見 一切無有如佛者 故我一心歸命頂禮」

3-1 八正道 / 四聖諦

 三學과 더불어 지혜를 얻는 또 하나의 실천행으로서 대두되는 것이 八正道이다.

 8각지 덕목으로 이루어진 팔정도(八正道)는 석존께서 성도 후 녹야원에서의 초전법륜(初轉法輪)時 가르치신 四聖諦 가운데 가장 핵심이 되는 도성제(道聖諦)의 내용이자 다음에 설명할 三十七菩提法에도 등장하는 덕목으로서, 초기교단의 여러 수행덕목중 가장 중요한 덕목으로 중시되어 왔다.149) 곧 四聖諦를 윤회와 고통의 원인을 설명하고 있는 유전연기

---

149)「若有無量善法。彼一切法皆四聖諦所攝。來入四聖諦中。謂四聖諦於一切法最爲第一。所以者何。攝受一切衆善法故」『中阿含經』(대정장 1. 464b), 八

(流轉緣起)가 아닌, 고통과 윤회의 사슬을 끊고 涅槃의 세계인 佛의 세계로 가는 방법을 설하고 있는 환멸연기(還滅緣起)로 분류시키는 이유도 바로 四聖諦 가운데 이 道聖諦인 팔정도가 설해져 있기 때문이다. 부처님께서는 道聖諦를 설하면서는 「道聖諦=應現修」라 강조하고 있다. 말하자면 一切가 無常하고 苦인 것임을 지금 여기서 직시해야함은 물론(應現知), 탐진치 三毒에 찌들어있는 중생의 삶을 지금 바로 청산하고(應現斷), 이 순간부터 信解行으로 이루어진 解脫의 길인 佛道修行의 길을 부지런히 닦으라는 말씀이다.

팔정도에 대한 석존의 말씀을 들어 보자.

「세상에는 두 개의 치우친 길이 있다. 수행자는 그 어느 쪽도 치우쳐서는 아니 된다. 하나는 관능이 이끄는 길 욕망과 쾌락에 빠지는 길로서, 이 길은 천하고 저속하며 어리석고 무익하다. 또 하나의 길은 자기 자신을 괴롭히는 苦行의 길로서, 이 길 또한 괴롭기만 할 뿐 천하고 무익하기는 마찬가지이다. 수행자들이여! 나는 이 두 개의 치우친 길을 버리고 올바른 길 중도(中道)의 길을 택했노라. 곧 이 중도의 길을 선택함에 의해 나는 통찰과 인식을 얻었고 평안과 깨달음과 눈뜸과 열반에 이르렀노라」
『pāli律』(남전장 3. 13항),『증일아함경』(대정장 2. 593b~c)

경전의 말씀처럼 八正道는 부처님께서 걸으신 中道의 길로서 멸성제에 이르게 하는 유일한 길인 正道의 길이다. 이제 하나하나 그 내용을 살펴보도록 하자.

正道는 三學. 四念處觀과 더불어 초기불교의 중요한 수행덕목으로 중시되어 왔다.

正見이란 세상의 진리를 올 바르게 보는 견해를 말한다. 세상의 진리란 말할 것도 없이 四法印과 四聖諦에 대한 확실한 인식이다. 곧 일체 만물과 현상의 無常함과 무실체성(無實體性)을 인식하여, 현재의 고통은 바로 이러한 무상함과 무실체성을 올바로 인식하지 못하고, 온갖 것에 집착하고 차별한 데서 비롯됨을 아는 것을 말한다.[150] 『잡아함경』에는

「無常함을 올바르게 관찰해야 한다. 이렇게 관찰하는 것을 일러 正見이라고 하는 것이다. 올바르게 관찰하는 까닭에 지금까지의 삶에 대한 혐오감(厭心)이 일어나며, 이에 부응하여 희심(喜心)과 탐심(貪心)이라고 하는 지금껏 일상에서 일어난 집착과 끄달림에서 벗어나게 되는 것이다. 이렇게 되는 것을 일러 마음의 정해탈(正解脫)이라고 부르는 것이다」[151]

라 하여, 無常 · 苦 · 無我라는 연기성(緣起性)에 대한 올바른 인식이 正見이라하시며, 따라서 正見이 확립되면 지금까지의 잘못된 인식, 곧 無明이 滅해지고 그 자리에 새로운 가치관, 말하자면 지금까지와는 전혀 다른 眞實되고 올바른 인식이 체현(體現)되고 형성된다고 설하고 있다.

곧 연기성(진리)에 대한 올바른 인식이 다름 아닌 正見이며, 이 정견이 생김으로 인해 無明을 비롯한 行 · 識 이하 生 · 老死까지의 12가지의 모든 요소들이 멸해지게 되고, 나아가 正思 이하 正語 · 正命 · 正精進 · 正念 · 正定이라는 8가지의 올바른 행동들이 자연적으로 나타나게 된다고 설명하고 있다.

---

150) 「一切諸世間 皆從妄想生 是諸妄想法 其性未曾有 如是眞實相 唯佛能究竟 若能如是知 是則見導師」『화엄경』 (대정장 9. 424c)
151) 「當正觀察眼無常 如是觀者是名正見 正觀故生厭 生厭故離喜離貪 離喜貪故 我說心正解脫」『잡아함경』 (대정장 8, 188b)

正思란 正見에 입각한 올바른 사유습관(思惟習慣)을 말한다. 곧 시기·질투·교만등 의식의 밑바탕에 깔려있으면서 지금까지 자신을 지배해 오던 잘못된 잠재의식과 생각의 습성들이 이 正見에 의해 부정되고 滅해지는 것으로, 諸法의 無常性과 無我性을 깨닫는 것이다.

正語나 正業 또한 언어습관과 신체적 행위를 올바르게 한다는 의미이다. 곧 妄語·綺語·兩舌·惡口·殺生·偸盜·邪淫)등 의식의 밑바탕에 깔려있으면서 지금까지 자신을 지배해 오던 잘못된 언어습관이나 신체적 습관을 부정 내지는 없애버리고, 이들을 正見에 입각하여 올바르게 사용하는 것을 말한다. 곧 위에서 살펴 본 정사·정어·정업의 세가지는 서로 밀접한 관계를 갖는 덕목들로서, 이들을 통해 正見은 실제로 삶속에서 실현되어지는 것이다.

곧 모든 것을 결정짓는다는 의미를 지니고 있는 능작인(能作因)이란 말은 바로 身口意의 三業行爲인 이들 셋을 가리키는 것으로, 이들 三業이 차지하는 무게가 얼마나 큰 것인지를 잘 나타내고 있는 말이다. 불교에서는 이들 三業의 올바른 행위를 十善道, 곧 不殺生·不偸盜·不邪淫·不妄語·不綺語·不兩舌·不惡口·不貪·不瞋·不癡라 하여, 원시경전 이후 대승경전에 이르기까지 계속 중시하고 있다.

正命이란 우주로부터 받은 이 목숨을 올바르게 사용하자는 의미이다. 곧 「일체 법이 淸淨한 것처럼, 自性 또한 청정한 것이다」라는 내용을 가진 『淨三業眞言』
「oṃ sva-bhāva shuddha, sarva-dharma sva-bhāva shuddhaṃ」
의 내용처럼,

우주의 질서인 法性의 淸淨性에 입각하여, 우주의 질서의 부수적 존재인 나 자신 또한 청정하게 살아야 된다는 교훈이 스며있는 眞言이다. 석존께서 유언으로 남기신 「自燈明.法燈明」의 말씀들은 어떻게 살아야 올바르게 사는 것인지에 대한 답변, 곧 正命의 삶이 무엇인지를 잘 설명해 주는 말씀이라 생각된다.

正精進은 앞에서 거론한 淨三業行에 대한 끊임없는 노력과 전력투구를 말한다. 곧 아무리 正見을 얻어 그것을 생활속에서 실현하려고 해도, 오래동안 익혀 온 습관들 때문에 몸과 입과 생각이 물들어 있어 作心三日이 되고 마는 수가 많다. 따라서 끊임없는 노력과 정진이 없고서는 얼마 못가 퇴전하고 말게 되는 것이다.

따라서 본인이 이미 알고 있는 좋은 습관이나 善行(已善)은 더욱 더 증진시키고, 아직 밖으로 나타나지 않은 선행(未生善)은 빨리 밖으로 표출시키도록 노력하고, 나아가 이미 알고 있는 나쁜 습관이나 惡行(已惡)은 빨리 끊어 버리고, 아직 미처 밖으로 나타나지 않은 악행(未生惡)은 더 이상 밖으로 나오지 못하도록 차단시키는 노력인 사정근(四精勤)의 생활이 필요한 것이다. 「諸惡莫作 增善奉行 自淨其意 是諸佛敎」라는 『칠불통계(七佛通誡)』의 말씀은 바로 正精進의 다른 표현이라 보아 좋을 것이다. 아울러 팔정도의 모든 덕목은 正精進과 관계를 갖는 것으로, 따라서 팔정도의 완성여부는 精進 如何에 달려있다고 해도 과언이 아니다.

<精進의 중요성>에 대하여 『華嚴經』은 다음과 같이 설하고 있다.
「懈怠者不能 解深方便海 精進力成就 能淨佛世界」
『華嚴經』 (대정장 9. 418a)

(게으른 <懈怠>자는 깊고 깊은 방편의 바다를 알 수 없는 것으로, 오직 정진력으로서만이 능히 청정한 불세계를 이룩할 수 있는 것이다)

正念이란 自身과 法의 실상(實相)을 전념집주(專念集註)하는 것을 말하는 것으로, 일반적으로 사-념처관(四-念處觀)이라고도 한다.

곧, 이 身(몸)의 不淨함과, 受(느낌)의 고통스러움, 그리고 心(마음)의 無常함과, 法(존재)의 실체 없음(無我)을 관하는 것을 말한다.

이것을 분석해보면 4가지 가운데 <身·受·心>은 자기자신의 실체를 관하는 것이고, <法>은 존재의 실체를 관하는 것이라 볼 수 있다.

말하자면 我라는 주관과 法이라는 객관을 적나라하게 관하여 그것의 實體인 無常과 無我 그리고 苦를 파악케 하는 觀法이다.

석존불께서 우리들에게 남기신 「자등명(自燈明) 법등명(法燈明)」이란 유언의 말씀도 나(身受心)라는 주관과 너(法)라는 객관세계의 무상함을 잘 관찰하라는 말씀이었다.

正定이란 잠시도 쉬지 않고 여기저기 헤메고 돌아다니는 잡념과 사념(邪念)들을 일시에 가라앉혀버리는 심일경성(心一境性)의 선정(禪定)을 말한다. 팔정도의 마지막을 장식하고 있는 正定은 앞의 덕목들인 七支의 統一이자, 동시에 사물이나 현상을 如實하게 인식케 하도록 하는 역할, 말하자면 正見으로 하여금 完全한 正見이 되도록 도와주는 역할이라 볼 수 있다. 곧 正見 이하 正念까지의 모든 과정은 바로 이 正定에 의해 더욱 확실해 지는 것이다.[152]

---

152) 八正道의 순서와 그 인과관계에 대해서는, 팔정도 가운데 마지막에 나오는 正定을 결과로 보고 맨 처음에 나오는 正見을 원인(因)으로 보는 것이 일반적인 견해이다. 곧 「正見이란 정사를 만들어 내고 正思는 정어를 만들어 낸다. 이와 같은 순서로 正語는 정업을, 正業은 정명을, 正命은 정정진을, 正精進은 정념을, 正念은 正定을 만들어 내는 것이다」 『중아함경』 (대정장 1.

일반적으로 구차제정(九次第定)을 가리키기도 한다. 곧 色界의 四禪定과 無色界의 四禪定을 거친 다음 단계인 멸진정(滅盡定), 말하자면 9번째의 三昧를 가리키는 것으로, 이 경지(九번째의 定)를 일러 번뇌가 완전히 멸해진 상태인 불고불락(不苦不樂)의 中道의 경지라 부르기도 한다.

第4 삼학(三學)과 37보리분법(三十七-菩提分法)

초기교단의 修行法에는 삼학(三學)·십선도(十善道)·사념처관(四念處觀)·사성제관(四聖諦觀)·십이연기법(十二緣起法)·삼십칠보리법(三十七菩提法)등이 있으나, 이들중 수행의 핵심이 되는 것은 三學·四聖諦·三十七菩提法이라 할 수 있다.

수행의 근본목적은 『구사론』의 서론에서 상세히 밝히겠지만, 그 핵심은 마음을 오염되게 하는 장본인인 번뇌를 제거하는데 있다.

곧 번뇌가 除去되면 마음의 本性인 智慧가 자연적으로 나타나게 된다고 보기 때문이다.

4-1 三學

초기불교의 실천수행법은 위에서 언급한 것처럼 많이 있지만, 그 가운데서도 중요한 덕목은 八正道와 더불어 三學이다. 곧 초기교단에서는 수행자라면 누구나 반듯이 이수해야 하는 과목을 三學이라하고, 이것을 다해 마친 수행자를 일컬어 무학(無學: Arhan)이라 하였다. 경전의 말씀을 통하여 삼학의 중요성을 살펴보자.

735c) 그러나 『중아함경』이 이들 팔정도의 설명에 뒤 이어 곧 바로 解脫과 智를 설하고 있는 것으로 보아서는, 단지 이들이 8支에서 끝이 나는 것이 아니라, 解脫과 智의 단계로 까지 이어지는 것으로도 생각할 수 있다. 이때는 正見(제1支)은 因이 되고, 正定(제8支)은 緣이 되며, 解脫과 智는 果가 된다는 입장이다. 戒香·定香·慧香·解脫香·解脫知見香으로이루어지는 <五分法身>의 개념은 바로 이러한 생각 속에서 이루어진 덕목이라 보어진다.

「수행자가 닦아야 할 것에 三學이 있으니 그것은 戒學·定學·慧學이다. 무엇을 일컬어 계정혜(戒定慧)라 하는가? 바라제목차(prātimoksa)에 따라 위의(威儀)와 행처(行處)를 구족함을 戒學이라 하며, 惡과 不善法을 떠나 사-선정(四-禪定)을 구족함을 定學이라 하며, 四聖諦153)를 如實하게 아는 것을 慧學이라 한다」154)

「三學이 있다. 增戒學·增心學·增慧學이 그것이다. 이 三學을 배워야 수다원. 사다함. 아나함 아라한과를 얻게된다. 그러므로 반드시 부지런히 精進하여 三學을 배워야 한다」155)

「世尊은 교법을 셋으로 세우셨다. 첫째는 戒律이며, 둘째는 禪定이며, 세째는 智慧이다. 이 셋은 지도(至道)의 門이며 니원(泥洹=涅槃)의 요체이다. 戒는 三惡(毒)을 끊는 간장(干將)이며, 禪은 分散을 끊는 利器이며, 慧는 病을 낳게하는 묘의(妙醫)이다. 이 셋을 갖춘 자 佛道를 얻는데 무엇이 더 필요하겠는가?」156)

---

153) 초기교단의 修行法에는 戒律의 실천과, 부정관(不淨觀).수식관(數息觀).사념처관(四念處觀).사성제관(四聖諦觀)등 여러 관법이 있으나, 이들중 핵심이 되는 것은 四聖諦觀이다.

154)「有三學。何等爲三。謂增上戒學．增上意學．增上慧學。何等爲增上戒學。若比丘住於戒波羅提木叉。具足威儀行處。見微細罪則生怖畏。受持學戒。是名增上戒學。何等爲增上意學。若比丘離諸惡不善法。有覺有觀。離生喜樂。初禪具足住。乃至第四禪具足住。是名增上意學。何等爲增上慧學。若比丘此苦聖諦如實知。此苦集聖諦．此苦滅聖諦．此苦滅道跡聖諦如實知。是名增上慧學」『雜阿含經』(대정장 2. 213c)

155)「復有三學。增戒學增心學增慧學。學此三學。得須陀洹斯陀含阿那含阿羅漢果。是故當勤精進學此三學」『四分律』(대정장 22. 996c)

156)「世尊立教法。有三焉。一者戒律也。二所禪定也。三者智慧也。斯三者至道之由戶。泥洹之關要也。戒者斷三惡之干將也。禪者絶分散之利器也。慧者齊藥病之妙醫也。具此三者。於取道乎何有也」『出三藏記集』 第十一 <比丘大戒序> (대정장 55. 80a)

4-2 三十七菩提分法

37覺分, 三十七道品, 37道法, 37修道法 37助道法이라고도 불리우는 이 三十七菩提分法은 보리(菩提=깨달음)에 도달하기 위해 닦아야 할 法의 품류(品類)에 37種이 있음을 의미하는 것으로, 다음과 같은 7개의 항목 (四念住(處)·四正斷(勤)·四神足·五根·五力·七覺支·八正道)으로 구성되어 있다.

이 <37조도법>은 앞에서 살펴 본 바 있는 三學(戒·定·慧)을 구체화시켜 놓은 수행덕목들이다. 말하자면 좁히면 三學이요 펼치면 37조도법이 된다는 말이다.

7개의 덕목으로 구성된 三十七助道品은 처음부터 이루어진 것이 아니라 개개의 수행덕목이 설해진 뒤, 그러니까 상황에 따라 따로따로 설해진 7개의 덕목들을 한데 모아서 하나로 만든 것이라고 생각된다. 이제 하나하나 살펴보면서 그 의미가 무엇인지 파악해 보자.

「무엇이 三十七品道인가? 소위 四意止·四意斷·四神足·五根·五力·七覺意·八眞行이다」[157]

① 四念處(四意止): 身受心法의 각각에 대하여 不淨하며, 苦이며, 無常하며, 無我인 것임을 항시 잊지 않고 념하는 것을 말한다. 말하자면 自性인 身·受·心과 法性인 法을 관하는 것으로, 이 四念處觀은 無常과 無我 그리고 고통(苦)을 설하고 있는 四法印과도 밀접한 관계를 지니고 있음을 볼 수 있다. 한동안 성행하던 vipaśyanā 修行은 『大念處經』(長部 22經)에 說示되어 있는 수행법으로, 넓은 의미로는 四念處觀이라 할 수

---

157)「世尊告諸比丘。若有一人出現於世。便有三十七品出現於世。云何三十七品道。所謂四意止·四意斷·四神足·五根·五力·七覺意·八眞行。便出現於世」『增一阿含經』(대정장 2. 561b)

있을 것이다. 곧 몸(身)과 마음(受·心) 그리고 주위(法)에서 일어나는 모든 現象의 생주이멸(生住離滅)을 마음챙겨서(sati) 알아차리고, 관찰하는 (vipaśyanā) 수행법이기 때문이다.

② 四正勤(四意斷): 팔정도의 正精進에 해당되는 수행법으로, 이미 알고 있는 善은 더욱 더 증진시키고, 아직 밖으로 표출되지 않은 善은 표출되도록 노력하는 것이며, 반대로 이미 알고 있는 惡은 완전히 끊어 버리고, 아직 일어나지 않은 惡은 밖으로 나오지 못하도록 노력하는 것을 말한다.

③ 四神足: 선정을 얻어 가는 4단계의 수행법으로 欲·精進·心·思惟의 4가지 神足으로 나누어진다. 말하자면 반드시 선정을 얻겠다고 하는 발원(欲)과 그에 뒤따른 노력(精進) 그리고 이러한 발원과 노력을 한시도 잃지 않고 지켜 나가는 자세(心)와 앞에서 설명한 四念處를 사유하는 것을 말한다.

④ 五根: 깨달음에 도달하는데 반드시 필요한 信·精進·念·定·慧의 다섯 가지 덕목을 가리킨다. 곧 이 다섯 가지의 덕목이야말로 수행이 근본이 된다는 말이다.

⑤ 五力: 앞의 五根의 덕목을 하나하나 육성시키면 그것이 큰 힘이 되어 난관을 이겨낼 수 있다는 말이다.

⑥ 七覺支: 념(念)·택법(擇法)·정진(精進)·희(喜)·경안(輕安)·정(定)·사(捨)의 7가지의 덕목을 말한다. 각지(覺支)란 깨달음에 필요한 덕목의 뜻이다. 곧 깨닫기 위해서는 7가지의 수행이 필요하다는 뜻이다.

이중 念-각지란 이미 경험한 것이나 75法으로 분류해 놓은 것들을 잊지 않고 잘 기억하는 것을 말하며, 擇法-각지란 기억한 법에 대해 有爲法인지 無爲法인지 구별하는 것을 말하며, 精進-각지란 정진·노력하는 경지를 말하며, 喜-각지란 정진노력한 결과 생기는 희열의 경지를 말하며, 輕安-각지란 心身이 편안해지는 경지를 말하며, 定-각지란 마음이 선정에 들어 모든 산란심에서 벗어난 경지를 말하며, 捨-각지란 모든 차별심이 없어져 모든 것을 평등하게 보는 경지를 말한다.

⑦ 八正道: 四聖諦 가운데 道聖諦의 내용인 팔정도를 말한다.
 팔정도의 내용에 대한 상세한 설명은,
 본강의 <3編 불교의 핵심교리, 1章 사성제론>을 참조하기 바람

 7가지로 구성된 三十七菩提分法에 대해 『俱舍論』·『大乘義章』·『大智度論』등은 다음과 같이 설명하고 있다.

특히 택법(擇法: dharma-pravicaya)을 목적으로 서술된 『俱舍論』은 「盡智·無生智를 일러 覺이라고 한다. 깨달은 자에 따라 3가지 菩提를 세운다. 첫째는 聲聞菩提요, 둘째는 獨覺菩提요, 셋째는 無上菩提이다. 無明과 수면(隨眠)등의 모든 번뇌가 영원히 끊어졌음을 아는 지혜와, 또 如實하게 이미 行을 마쳐 두 번 다시 行하지 않아도 된다는 사실을 아는 지혜, 곧 이러한 두 가지 智慧를 일러 覺이라고 하는 것으로, 37法은 菩提에 순취(順趣)하는 것이기에 菩提分法이라 이름한다」[158]

---

158)「論曰。經說覺分有三十七。謂四念住 . 四正斷 . 四神足 . 五根 . 五力 . 七等覺支 . 八聖道支。盡無生智說名爲覺。隨覺者別立三菩提。一聲聞菩提。二獨覺菩提。三無上菩提。無明睡眠皆永斷故。及如實知已作已事不復作故。此二名覺。三十七法順趣菩提。是故皆名菩提分法」『俱舍論』(대정장 29. 132b)

「初業位에서는 四念住가 늘어난다. 따라서 이 位에서는 身受心法의 四境을 잘 비추게 되는데, 까닭은 慧의 用이 수승하기 때문이다. 난법위(煖法位)에서는 四正斷이 늘어난다. 따라서 이 位에서는 界品의 수승의 功德을 증득하게 되는데, 까닭은 근(勤)의 用이 수승해지기 때문이다. 정법위(頂法位)에서는 四神足이 늘어난다. 이 위에서는 수승한 善을 지녀 물러나지 않는 德에 머무르게 되는데, 까닭은 定의 用이 수승해지기 때문이다. 인법위(忍法位)에서는 五根이 늘어난다. 이 位에서는 절대로 퇴전(退轉)하지 않게 되는데, 까닭은 善根이 견고해져 증상(增上)의 뜻을 얻기 때문이다. 세제일법위(世第一法位)에서는 五力이 늘어난다. 이 位에서는 惑(煩惱)과 世法에 굴복당하지 않게 된다. 곧 굴복되지않는 힘을 얻었기 때문이다. 수도위(修道位)에서는 七覺支가 늘어난다. 菩提位에 가까워 졌고, 覺을 도우는데 수승하기 때문이다. 견도위(見道位)에서는 八(正)道支가 늘어난다. 속히 전변(轉變)하여 통행(通行)이 수승해졌기 때문이다. 이 가운데 八道支는 見道位이며 七覺支는 修道의 階位이다. 修行의 순서에 의하면 八이 먼저 오고 七이 나중에 와야 하는 것이지만, 경에는 數의 순서에 의해 七(覺支)을 먼저 설하고 나중에 八(道支)을 설하고 있다」[159]

라 하여, 菩提에는 聲聞菩提와 緣覺菩提 그리고 無上菩提가 있음을 설명하고, 이들은 비록 이름은 달라도 모두가 盡智·無生智로서 菩提에 順趣하는 法이기 때문에 菩提分法이라 하는 것이라 설명하고, 뒤이어 初業

---

159)「初業位中能審照了身等四境。慧用勝故說念住增。煖法位中能證異品殊勝功德。用勤勝故說正斷增。頂法位中能持勝善趣無退德。定用勝故說神足增。忍法位中必不退墮善根堅固。得增上義故說根增。第一位中非惑世法所能屈伏。得無屈義故說力增。修道位中近菩提位。助覺勝故說覺支增。見道位中速疾而轉。通行勝故說道支增。然契經中隨數增說先七後八」『俱舍論』(대정장 29.132c)

位 → 煖法位 → 頂法位 → 世第一法位 → 見道位 → 修道位로 진행되어 가는 수행의 과정과 7개의 덕목으로 이루어진 수행덕목들을 대비하면서, 修行이 進展되어가는 과정을 상세히 설명하고 있다.

또한 『大乘義章』은

「처음의 五位는 世間位이며, 후의 二位는 出世位이다. 또한 처음의 五位는 方便道이며, 八正道는 見道位이며, 七覺支는 修道位이다. 또한 처음의 一位는 外凡位(三賢)이며, 다음의 四位는 內凡位(四善根)이며, 八正道는 見道位, 七覺支는 修道位이다. 또한 念處位에 있는 것을 四念處라 하며, 煖心位에 있는 것을 五根이라 하며, 世第一法位에 있는 것을 五力이라 하며, 見道位에 있는 것을 八正道라 하며, 修道位에 있는 것을 七覺支라 한다」[160]

「助法이란 緣의 뜻이다. 곧 果德을 자조(資助)하기에 助라 이름 한 것이다. 또한 諸行이 함께 서로 資助하기에 이름하여 助라고도 하는 것이다」[161]

라 하면서, 7개로 구성된 菩提分法을 世間位 出世間位 方便位로 나누어 설명하기도 하고, 또는 凡夫位 見道位 修道位로 나누는 등 수행의 진전 과정을 여러 각도에서 분석하고 있다. 또한 『大智度論』은

---

160)「七中初五在於世間。後二出世。七中初五在於方便。八正在見。七覺在修。七中初門在於外凡。念處所攝。次四內凡。八正見道。七覺修道。念處位中名爲四念。在忍心中名爲五根。世第一法名爲五力。八正見道。七覺修道」『大乘義章』(대정장 44. 775b)
161)「言助法者。是其緣義。資助果德故名爲助。又復諸行共相資助。亦名爲助」『大乘義章』(대정장 44. 774c).

「묻기를 三十七品은 성문·벽지불의 道이며, 六波羅蜜은 菩薩摩訶薩의 道인데, 무슨 까닭으로 菩薩道속에 聲聞의 法을 설하는 것인가?

대답하기를, 菩薩摩訶薩은 응당히 一切의 善法과 一切의 道를 배워야 하기 때문이다. (중략) 또한 어느 곳에서 三十七品은 聲聞.벽지불의 法이 며 菩薩의 道가 아니라고 설하고 있는가?

般若波羅蜜(經)의 <마하연품>에 보면, 佛은 四念處 내지 八聖道分을 설 하고 있다. 이것은 마하연(大乘)이다. 또한 三藏中에도 三十七品을 小乘 의 法이라고는 설하고 있지 않다. 佛은 大慈이기에 三十七品인 涅槃의 道를 설하시며 衆生의 근기나 因緣에 따라 각기 그 道를 얻게 하신다. 곧 聲聞을 求하는 사람에게는 聲聞의 道를 얻게 하시고, 벽지불의 善根 을 심을 사람에게는 벽지불의 道를 얻게 하시고, 佛道를 求하는 사람에 게는 佛道를 얻게 하신다. 그러므로 만일 보살이 이 三十七品을 관찰하 게 되면 聲聞과 벽지불果를 얻은 후 菩薩職位에 들어가 점차 一切種智 를 성취하게 될 것이다」[162]

라고 하여, 三十七菩提分法이 비록 성문들을 위한 수행법이라 할지라도 菩薩은 응당히 이 법을 닦아야 한다고 역설하고 있다. 그리고 그 이유로 서 보살이기에 一切의 善法과 一切의 道를 배워야 하는 것이고, 佛은 大慈大悲하신 분이기에 衆生의 根機나 因緣에 따라 각기 그 道를 얻게 하신 것이라고 하면서, 대승보살이 이 三十七品을 수행하게 되면 聲聞과

---

162)「問曰。三十七品。是聲聞辟支佛道。六波羅蜜是菩薩摩訶薩道。何以故於菩
薩道中說聲聞法。答曰。菩薩摩訶薩。應學一切善法一切道。如佛告須菩提。
菩薩摩訶薩行般若波羅蜜。悉學一切善法一切道 (中略) 復次何處說三十七品。
但是聲聞辟支佛法。非菩薩道。是般若波羅蜜摩訶衍品中。佛說四念處乃至八
聖道分。是摩訶衍三藏中。亦不說三十七品獨是小乘法。佛以大慈故。說三十
七品涅槃道。隨衆生願隨衆生因緣各得其道。欲求聲聞人。得聲聞道。種辟支
佛善根人。得辟支佛道。求佛道者得佛道」『大智度論』(대정장 25. 197b~c)
「若菩薩摩訶薩。能觀是三十七品。得過聲聞辟支佛地。入菩薩位中。漸漸得成
一切種智」『大智度論』(대정장 25. 205c)

벽지불과를 거쳐 菩薩職位를 얻은 후 마침내 一切種智를 성취하게 된다면서, 대승보살도 이 法을 닦을 것을 역설하고 있다.

따라서 이러한 것을 유추해 볼 때 三十七菩提分法은 본래 聲聞·緣覺의 修行法으로서 개발된 것이었다. 그래서 大乘人들 사이에서는 이 법에 대해 「小乘의 修行法 云云」하며 대승의 수행덕목에 삽입시키는 것에 다소의 논란이 있었으나, 大·小乘의 分別없이 一切의 道를 배워야 하는 것이 大乘菩薩이므로, 비록 小乘法으로 개발된 三十七菩提分法이라 할지라도 수행해야 된다라는 결론이 난 것임을 알게 해 준다.

한편 『俱舍論』은 지금까지 설명한 이들 三十七品을 10가지의 덕목(事), 곧 信·戒·心·勤·念·定·慧·輕安·喜·捨로 나누어 설명하고 있다. 곧 논은

「十事로서 體를 삼는다. 十事란 信·戒·心·勤·念·定·慧·輕安·喜·捨를 말한다. 곧 四念住와 五根中의 慧根, 五力中의 慧力, 七覺支中의 擇法覺支, 八正道中의 正見등의 八法은 慧로서 體로 삼는다. 四正勤, 五根中의 精進勤, 五力中의 精進力, 七覺支中의 精進覺支, 八正道中의 正精進등의 八法은 勤으로서 體로 삼는다. 四神足, 五根中의 正勤, 五力中의 定力, 七覺支中의 定覺支, 八正道中의 正定등의 八法은 定으로서 體로 삼는다. 五根中의 信根, 五力中의 信力은 信으로서 體로 삼는다. 五根中의 念根, 五力中의 念力, 七覺支中의 念覺支, 八正道中의 正念등의 四法은 念으로서 體를 삼는다. 七覺支中의 喜覺支는 喜로서 體를 삼는다. 捨覺支는 行捨로서 體를 삼는다. 輕安覺支는 輕安으로서 體를 삼는다. 팔정도중의 正語·正業·正命은 戒로서 體를 삼는다. 正思惟는 心으

로서 體를 삼는다. 이런 까닭에 體는 오직 10개뿐 이라고 하는 것이다」163)

라 하면서, 모든 佛道修行의 根本을 信・戒・心・勤・念・定・慧・輕安・喜・捨의 十事로 정의하고 있다. 따라서 이들 十事야말로 三十七助道品의 核心이자 佛道修行의 중심으로, 이러한 태도는 대승불교로까지 전승되어가게 된다.164)

 이상 원시・부파불교시대의 수행법중 중요한 수행덕목인 三學과 八正道 그리고 三十七菩提分法에 대해 고찰하였다. 이들 수행법이 지닌 특성들을 살펴본다면,

<三學>은 小欲과 知足 그리고 절제된 생활을 통한 三業을 淸淨히 하라는 의미가 강한 덕목이며,
<八正道>는 無常과 無我라는 존재나 현상의 實相을 如實히 관하는 正見의 중요성을 부각시킴과 더불어, 일상생할속에서의 올바른 三業活動의 영위를 강조한 덕목이며,
<三十七菩提分法>은 앞에서 살펴 본 三學에 믿음(信)의 중요성과 무루법과 유루법을 구별할 줄 아는 擇法, 그리고 여기에 捨(平等性)를 추가한 수행덕목이라고 할 수 있을 것이다.

---

163)「此覺分名雖三十七。實事唯十。卽慧勤等。謂四念住慧根慧力擇法覺支正見以慧爲體。四正斷精進根精進力精進覺支正精進以勤爲體。四神足定根定力定覺支正定以定爲體。信根信力以信爲體。念根念力念覺支正念以念爲體。喜覺支以喜爲體。捨覺支以行捨爲體。輕安覺支以輕安爲體。正語正業正命以戒爲體。正思惟以尋爲體。如是覺分實事唯十」(대정장 29. 132b),
164) 『俱舍論』의 이러한 판단은 大乘에도 그대로 전승된 듯하다.「是三十七品。十法爲根本。何等十。信戒思惟精進念定慧除喜捨」『大智度論』(대정장 25. 198b)

2章 부파불교(部派佛敎)의 法 - 『俱舍論』

(部派佛敎 / 小乘佛敎 / 阿毘達摩佛敎라고도 부름)

아비달마(Abhi-dharma)불교는 『아함경(阿含經)』에 대한 연구이다.

곧 아비달마는 단편적이며 삽화적 성격이 강한 『阿含經』의 내용을 음미하고 관찰하여, 이를 分析하여 재정리하고 조직화하고 체계화하는 역할을 담당하였을 뿐만 아니라, 법체항유(法體恒有) → 무자성공(無自性空) → 유식(唯識)으로 전개되는 불교사상사를 비롯해, 삼현위(三賢位) → 사선근위(四善根位) → 견도(見道) → 수도(修道)→ 무학도(無學道), 또 자량위(資糧位) → 가행위(加行位) → 통달위(通達位) → 수습위(修習位) → 구경위(究竟位)로 전개되는 俱舍 · 唯識의 불도수행 계위(階位)의 전개사에 있어서, 아비달마불교 특히 <有部>가 끼친 영향은 아주 크다.

참 고 : 부파불교 교단에게 주어진 숙제

윤회사상은 본시 불교이전의 인도정통사상인 바라문교의 사상이었다. 불교는 이것을 받아드려 惑 · 業 · 苦라는 <輪廻方程式>의 구조를 확립시켰다. 곧 바라문교에서는 윤회의 주체로서 Ātman을 상정하고, 이 Ātman이야말로 業을 짐 지고 다니는 장본인이라 생각하였던 것이다.

불교는 바라문교가 제창한 윤회이론을 받아드리면서도 처음부터 윤회의 주체인 Ātman은 상정하지 않고 無我說(Anātman)을 주장하였다.

따라서 여기서 야기된 문제가, 윤회의 주체인 Ātman이 없다면 도대체 무엇이 業을 짓게 하며, 또 누가 輪廻를 받는가 하는 것이었다. 말하자면 輪廻理論과 無我理論의 접목에서 오는 모순성의 해결이었다.

다시 말해 무아설에 위배되지 않으면서 윤회사상을 설명할 수 있는 원리를 찾아내는 것이었으며, 이 난 문제를 해결해야 할 숙제를 안게 된 것이 부파불교집단 이었다.

승가의 결집대회는 바로 이러한 난문제(難問題：三寶에 대한 정리, 윤회이론과 무아이론의 접목(接木)과 같은 숙제)들을 해결하기 위한 승가집회(僧侶集會)였으며, 이러한 난 문제들을 해결하는 과정에서 서로 다른 이설들이 나오게 되고, 그 결과 18 내지 20개의 부파가 탄생하게 되는 것이다.

1節 일어나게 된 동기

① 精神的 지도자가 없었다.

② 敎團의 팽창: 전파지역의 팽창과 다양화에 따른 생활규범의 견해차

③ 석존불의 대기설법(對機說法)의 부정적 측면(역기능)에서 오는 敎理의 이해차이

④ Aśoka王의 僧伽 과보호정책으로 인한 僧侶들의 질(質)의 저하와 僧伽의 타락현상

⑤ 部派佛敎가 안고 있던 난문제(難問題)

특히 무아설(無我說)과 윤회이론(輪廻理論)의 접목: 最大의 난제였다. 부파불교가 내 놓은 pudgala理論(犢子部와 正量部의 주장)과 vijñāna理論(大衆部와 化地部 등의 주장), 그리고 saṃtati理論(經量部의 주장) 등은 각 부파의 苦心이 잘 엿보이는 대목이다.

2節 특징

① 논장불교시대(論藏佛敎時代)라 한다

② 성문승(聲聞乘)과 연각승(緣覺乘)의 불교이다

③ 대중과 격리(隔離)된 자리중심(自利中心)의 산중불교(山中佛敎)이다

④ 실천보다 이론을 더 중시하는 학문불교이다

⑤ 아라한(Arhan)과의 획득을 최고의 이상목표로 하는 불교이다

⑥ 각 부파 마다 경(經)과 율(律)과 논(論)을 편찬함으로서, 교리가 더욱
발전하게 된다.

곧 아비달마(Abhi-dharma)란 학문중시(學問重視) 경향은 이래서 더욱 박차가 가해지게된다. 다시 말해 자기부파만이 석존을 이어받은 정통파, 곧 『아함(阿含 :Ā-gama)』이라 주장하며, 18부파 저마다 經律論 三藏의 제작에 심혈을 기울였기 때문이다.

현재는 교세가 강한 부파의 三藏만이 남아있다. 살펴보자!

3節 부파의 현황과 각 부파가 만든 경전과 율장, 교리의 특징

- 대중부(大衆部)와 유부(說一切有部) 주장 비교 -

第1 경률논의 제작 (각 부파가 만든 경전과 율장)

부 파(部 派)	경 전(經 典)	율 장(律 藏)
법장부(法藏部)	장아함경(長阿含經)	사분률(四分律)
화지부(化地部)		오분률(五分律)
설일체유부 (說一切有部)	중 · 잡(中 · 雜)阿含經	십송률(十誦律)
대중부(大衆部)	증일아함경 (增壹阿含經)	마하승기율 (摩訶僧祇律)

참고 : 쓰리랑카 상좌부의 소의경전(所依經典)이었던 5-Nikāya

장부(長部: Dīgha-nikāya) · 중부(中部: Magihima-nikāya) ·

상응부(相應部: Saṃyutta-nikāya) ·

증지부(增支部: Anguthara-nikāya) · 소부(小部: Khudhaka-nikāya)

소부(小部)에는 본생담(本生譚: Jātaka) · 여시어(如是語: Iti-vuttaka) ·
법구경(法句經: Dharma-pada) · 제경요집(諸經要集: Sutta-nipāta) ·
장노게(長老偈: Thera-gāthā) · 장노니게(長老尼偈: Therī-gāthā) 등이
포함되어 있다.

第2 부파현황: 20개 분파도[165]

대중부(大衆部 : Mahāsaṃghika)

1. 일설부(一說部 : Ekavyāvahārika)
2. 설출세부(說出世部 : Lokottaravādin)
3. 계윤부(鷄胤部 : Kukkuṭika)
4. 다문부(多聞部 : Bahuśrutīya)
5. 설가부(說假部 : Prajñaptivādin)
6. 제다산부(制多山部 : Caitika)
7. 서산주부(西山住部 : Aparśaila)
8. 북산주부(北山住部 : Uttaraśaila)

상좌부(上座部 : Sthavira)

1. 설일체유부(說一切有部 : Sarvāstivādin)
2. 설산부(雪山部 : Haimavata)
3. 독자부(犢子部 : Vātsīputrīya)
4. 법상부(法上部 : Dharmottarīya)
5. 현주부(賢冑部 : Bhadrayānīya)
6. 정량부(正量部 : Saṃmatīya)
7. 밀림산부(密林山住部 : Saṇṇagarika)
8. 화지부(化地部 : Mahīsāsaka)
9. 법장부(法藏部 : Dharmaguptaka)
10. 음광부(飮光部 : Kāśyapīya)
11. 경량부(經量部 : Sautrāntika)

---

165) 『異部宗輪論』 (대정장 49. 15a～17b)

참 고: 상좌부 (上座部 : Sthavira)의 분열과정

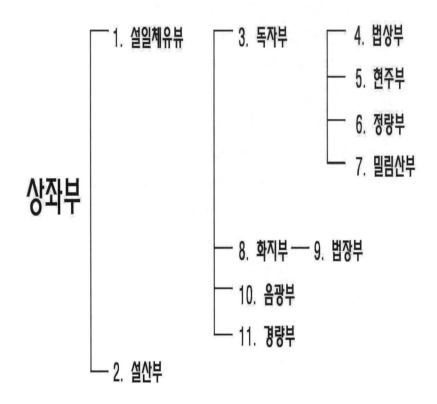

第3 교리의 특징

참 고: 大衆部(一說部·說出世部)와

説一切有部(雪山部·經量部)의 主張

번호	大衆部(일설부·설출세부)	説一切有部(설산부·경량부)
1	佛은 일음(一音)으로 일체법을 설한다	佛은 一音으로 일체법을 설하지 못한다
2	佛의 색신(色身)은 무변제(無邊際)하다	佛의 색신은 무변제한 것이 아니라 유한하다
3	佛의 위신력은 무한하다	佛의 위신력은 유한하다
4	佛身은 무루(無漏)이며 수명(壽命) 또한 무량하다	佛身은 유루(有漏)이며 수명 또한 유한하다
5	佛의 말씀은 모두가 반야(般若)에 相應하므로 전법륜(轉法輪)이다	佛의 말씀 중 팔정도(八正道)만이 전법륜이다
6	보살은 탐(貪)과 진(瞋)과 해심(害心)이 없다	보살도 탐(貪)과 진(瞋)과 해심(害心)이 일어나기도 한다
7	대천(大天)이 제기한 오사(五事)는 正法이다	오사(五事)는 正法이 아니다
8	과거와 미래는 無体이며 현재만이 실유(實有)이다	과거 미래 현재의 삼세(三世)는 실유(實有)하다
9	심성(心性)은 본래 청정(清淨)한 것이다	심성(心性)은 본래 오염(汚染)되어 있다.

4節 불교사에 있어 <有部>의 위상과 교리

석존불 멸후 敎理및 修行에 대해 많은 異見들이 생긴 결과, <上座部>와 <大衆部>로 갈라서는 <根本分裂>이 일어나고, 이후 이러한 분열이 가속화 되어 18~20部로 쪼개지는 <支末分裂>이 일어나, 이를 통해 소위 <部派佛敎時代>가 도래하게된다.

1000년이란 긴 세월동안 지속되어온 부파불교의 여러 부파가운데, 불교의 교리및 실천수행을 연구하는데 있어 절대로 빼놓을 수 없는 중요한 부파가 다름아닌 <說一切有部(有部)> 이다.

그 이유는 現存의 漢譯 4阿含중 『中阿含經』과 『雜阿含經』이란 두 개의 阿含을 傳한 部派일 뿐만 아니라, 거기다 六-足論과 『俱舍論』등 가장 많은 주석자료를 가지고 있는 부파가 <有部>이며, 나아가서는 大乘瑜伽唯識派의 교리및 實踐修行道 形成에 지대한 영향을 미친 부파 역시 다름아닌 <有部>였기 때문이다.

말하자면 <有部>에 대한 연구 없이는 初期佛典의 사상정리는 말할 것도 없고, 部派佛敎나 大乘瑜伽唯識에 대한 全體的 理解 또한 不可能하기 때문이다.

<有部>는 주지하다시피 <法蘊足論> <集異門足論> <發智論> <大毘婆沙論> <甘露味論> <雜阿毘曇心論> <俱舍論> 등 현존하는 것만 해도 이루 헤아릴 수 없을 만큼 수많은 자료들을 가지고 있다.

본론에 들어가기 앞서, 먼저 이들 <有部論書>들을 성립순서에 따라, 그들이 설하고 있는 핵심포인트가 무엇인지 살펴보자.

第1 제1期 有部論書

1-1 『集異門足論』

37보리분법(三十七菩提分法)・4-성종(四聖種)・4-예류지(四預流支)・4-증정(四證淨)등이 간단히 설명되고 있으나, 아직은 이들의 상호관계는 설정되고 있지 않은 상태이다. 특기할 부분은

① 친근선사(親近善士)・청문정법(聽聞正法)・여리작의(如理作意)・법수법행(法隨法行) 등 4-덕목으로 되어 있는 <四預流支>가 하나의 독립된 수행법으로 설정되어 있다.

② 聽聞正法에서 <正法=四聖諦>라고 확실히 밝히고 있다.

③ 7-보특가라(七補特伽羅)중의 수신(隨信)행자와 수법(修法)행자를 설명하면서, 세제일법(世第一法)을 성취하기위해서는 무상・고・공・무아(無常・苦・空・無我)의 四行相을 관찰해야 비로서 見道에 득입(得入)할 수 있는 것이라 설하고 있으나, 아직은 순결택분(順決擇分)이나 4-선근(四善根)이란 개념은 보이지 않는다.166)

④ 4-념주(四念住)중 특히 法念住가 중시되고 있으나, 아직은 自相과 共相, 그리고 別相과 總相의 개념은 보이지 않고있다.

⑤ 사제십육행상(四諦十六行相)의 개념이나 十六개의 行相의 덕목은 확실히 밝히고 있다.167)

---

166)「所言諦實定不虛妄。苦眞是苦集眞是集。滅眞是滅道眞是道。我於今者應懃觀察。諸行無常有漏行苦。一切法空無我。所言諦實定不虛妄。苦眞是苦集眞是集。滅眞是滅道眞是道。我於者應懃觀察。諸行無常有漏行苦。一切法空無我(중략)由勤觀察諸行無常有漏行苦一切法空無我故。便於後時後分。修得世第一法。從此無間生苦法智忍。相應聖道觀欲界行。爲無常或苦或空或無我。隨一現前乃至未起道類智現在前。爾時名隨信行」『集異門足論』(大正藏26. 435b~c)

167)「復有四智。謂苦智集智滅智道智。苦智云何。答於五取蘊。思惟非常苦空非我所起無漏智。是名苦智。集智云何。答於有漏因思惟因集生緣所起無漏智。是名集智。滅智云何。答於諸擇滅思惟滅靜妙離所起無漏智。是名滅智。道智云何。答於無漏道思惟道如行出所起無漏智。是名道智」『集異門足論』(大正藏

1-2 『法蘊足論』

앞에서 살펴본 『集異門足論』과 큰 변화는 보이지 않고 있다. 곧 아직도 修行體系는 미정리된 상태이나 몇 가지 특이한 점은 보인다.

특기할 부분은

① 전체 21품으로 되어있는 가운데 처음의 15품이 修行에 관한 것이다. 곧 제 1품부터 5품까지의 品名이 학처품(學處品)·예류지품(預流支品)·사문등품(沙門登品)·통행품(通行品) 등으로 되어있어, 마치 수행자(沙門)의 修行德目과 계위(階位)를 설정해 놓은 것처럼 보이고 있으나, 아직은 이들 품들간의 상호관계는 체계화 되어있지 않다.

② 四預流支中의 여리작의(如理作意)의 내용을, 四聖諦의 관찰로 명확하게 밝히고 있다.

③ 四念處의 行相으로, 不淨이 空으로 교체된 <無常·苦·空·無我>를 설하고 있다.[168)

④ <法隨法行>이 如理作意로부터 신·근·념·정·혜(信·勤·念·定·慧)의 5-德目을 수습하는 것임을 밝히고 있다.

第2 제 2期 有部論書

2-1 『發智論』

처음부터 世第一法이란 무엇인가? 난(暖)이란? 정(頂)이란? 하면서, 四善根의 出現을 알리려는 듯한 분위기를 띄우고 있으나, 아직 순결택분(順決擇分)이라든지 四善根이란 술어나 개념은 확실히 밝히지 않고 있다.

---

26. 393c~394a)
168)「觀察思惟多諸過患。 謂此身者。 如病如癰。 如箭惱害。 無常苦空非我轉動。 勞疲羸篤。 是失壞法」『法蘊足論』 (大正藏 26.476b)

곧 世第一法・暖・頂등의 개념 등을 밝히면서, 서서히 예류(預流)에 도달하는 수행과정에서의 四聖諦의 관찰을 중시하고 있어 四善根의 出現을 암시하는 듯하지만, 아직은 이렇다 할 정리된 수행체계는 보이지 않고 있다. 특기할 부분은

① 정타(頂墮)란 무엇을 말하는 것인가 하면서, 은근히 四善根中의 정위(頂位)에 대해 정의를 내리고 있다. 곧 頂位를 선지식에 친근하며 正法(四聖諦)을 청문하며 如理作意하며 三寶에 대한 확실한 믿음 (佛은 菩提이며, 法은 善說이며, 僧은 妙行을 修習하는 者)을 가진 자이며, 五蘊은 無常한 것이며 四聖諦는 善說이라는 믿음을 가진 자라 하면서, 만일 이처럼 하지 못하면 그를 일러 頂位에서 추락한 정타자(頂墮者)라 설명하면서, 頂의 의미를 확실하게 밝히고 있다[169]

② 預流, 곧 見道에 得入하는데 四聖諦의 관찰이 중시되고, 이를 위해 世第一法・頂・暖 등을 도입하면서 서서히 體系化의 서막을 알리고 있다.

③ 수행계제(修行階梯)를 체제제화하는 과정에서 四預流支(親近善士・聽聞正法・如理作意・法隨法行)가 중시되고 있다.

第3 제 3期 有部論書

3-1 『大毘婆沙論』

『發智論』의 주석서인 만큼 기본적으로는 『發智論』의 교리가 기본적이나, 실제적으로는 상당한 발전이 보이고 있다. 특기할 만한 것은

---

169)「云何頂墮。答如有一類。親近善士。聽聞正法。如理作意。信佛菩提法。是善說僧。修妙行。色無常。受想行識無常。善施設苦諦。善施設集滅道諦。彼於異時。不親近善士。不聽聞正法。不如理作意。於已得世俗信。退沒破壞。移轉亡失。故名頂墮」『發智論』(大正藏 26. 918c~919a)

① 順決擇分, 곧 비록 의미는 불분명하지만 그래도 忍(得諦順忍)이 설해지고 있어 비로소 暖・頂・忍・世第一法이라는 실질적 사선근(四善根)으로 확정되어 가고 있음을 보여주고 있으며,

② 見道에 이르는 수행과정이 비로소 체계화 되었다. 곧 修行의 시작점으로 제일먼저 부정관(不淨觀)과 지식념(止息念)이 설해지고, 다음으로는 四念住와 삼의관(三義觀)과 칠처선(七處善)이 설해지고, 마지막으로는 순결택분(順決擇分)인 暖・頂・忍・世第一法이 순차로 설해지고 있다는 점이다.[170]

③ 또한 順決擇分의 출발지인 난위(暖位)에 들어가기 위한 준비단계로서 다음과 같은 加行이 구체적으로 설명되어있다는 점이다. 곧 문사수(聞思修) 三慧를 비롯해 경율론 三藏의 핵심이 十八界 十二處 五蘊임을 선지식(善知識)으로부터 청문하여 이를 숙지(熟知)한 후, 四念住에 들어가 각 念處를 自相과 共相으로 관찰하고, 四聖諦에 들어가 이것 역시 四行相으로 이루어진 自相과 十六行相으로 이루어진 共相을 여실히 관찰하는 것으로 설명되어 있어, 혹시라도 이들 加行德目들을 4-예류지(四預流支=順解脫分)속에 포괄시키려는 의도가 있지 않나 하는 해석을 가지게 한다.

3-2 『甘露味論』

『俱舍論』에 설해진 修行階位의 원형(原型)이라 할 정도로 수행체계가 잘 정리되어있다. 특기할 점은

① 수행의 중심이 四預流支로부터 四善根位로 전환되었다는 점이며,

② 見道, 곧 무루인(無漏人)인 아라한에 이르는 수행과정이 상세히 정

---

170)「爲依順決擇分先後次第而說耶。設爾何失。若順次第說諸功德者。應先說不淨觀或持息念等。次說念住。次說三義觀。次說七處善。次說煖次說頂次說忍。然後應說世第一法」『大毘婆沙論』(大正藏 27. 5c)

리되어 있다. 곧 <37무루인품(三十七無漏人品)>에는 마음을 한 곳에 묶어두는 좌선법(坐禪法)에서 시작하여 신·수·심·법<身·受(痛)·心(意)·法>의 四念處觀을 통해 一切法의 無常·苦·空·無我(非我)를 관찰하면 난법(暖法)으로부터 → 정법(頂法) → 인법(忍法)을 거쳐 → 세제일법(世第一法)에 이르게 되는데, 여기에서 무루인(無漏人)이 지니게 되는 고법지인(苦法智忍)이 생기하게 된다면서, 四諦十六行相觀과 그 덕목들을 자세히 설명하고 있다.[171]

③ 수행계위로서 四善根이 見道 직전에 설정되어 있기는 하나, 아직도 순결택분(順決擇分)이라는 이름이 발견되지 않아, 이때까지도 이 말이 有部 교단내에서 공식화되지 않고 있음을 알게 해 주며,

④ 四善根의 修行階位 앞에 止와 四念住(止)의 修行이 설정되어 있으며

⑤ 四念住가 상락아정(常樂我淨)이라는 4-전도(四-顚倒)를 깨뜨리기 위한 수행법임을 밝히면서, 아울러 無常·苦·空·無我 등의 十六行相을 관찰하는 것임을 명확히 밝히고 있으나, 아직은 別相과 總相이란 개념은 보이지 않고 있다.[172]

3-3 『阿毘曇心論』

『甘露味論』의 문맥을 그대로 옮겨 놓은 듯한 것이 본 『阿毘曇心論』으로서, 2논의 관계는 아주 깊다고 할 수 있다. 특기할 만한 것은

① 마음을 한 곳에 멈추게 하는 것이 正見을 얻는 필수덕목임을 강조하는 등 止에 대한 개념이 더 한층 중시되어, 이러한 개념이 四念住에 반영되고 있으며,

---

171)「如是緣四諦十六行。勝煗法故說頂已增上。頂隨諦忍名忍善根。是有三種上中下。緣四諦觀。觀十六行。順諦增上善根。是名世間第一法」『甘露味論』(大正藏. 973a)

172)「以破四顚倒故說四念止」『甘露味論』(大正藏 28. 977a)

② 四念住(無常·苦·空·無我)에 대한 관찰법으로,173) 비로서 別相과 共相의 개념이 밝혀지고 있으며174)

③ 四諦十六行相觀이 드디어 修行道로서 정착했다는 점이다.175)

3-4 『阿毘曇心論經』

『俱舍論』의 교행(敎行)에 아주 가까이 근접한 것이 본 『阿毘曇心論經』이다. 다만 특기할 만 한 것은

① 止의 성취방법으로 四念處觀에 앞선 수행(前行)으로, 부정관(不淨觀)과 지식념(止息念) 그리고 계방편관(界方便觀)이 설정되어 있다는 점이다. 그리고 不淨觀·止息念·界方便觀 → 四念處觀으로 이어지는 修行道는 곧 바로 『雜阿毘曇心論』에 영향을 미치게 되고, 뒤이어 본 논문의 중심경론인 『俱舍論』에 이르러 정착이 되었다고 볼 수 있다.

3-5 『雜阿毘曇心論』

교리나 수행전개에 있어 『俱舍論』과 거의 동등한 입장을 취하고 있으나, 다만 차이가 있다면

① 止觀수업에 앞서 心身의 준비단계로서 설정된 <신기청정(身器淸淨)>

---

173) 「四念處親近修學。得四沙門果。是謂得涅槃 (중략) 思惟無常知無常解無常受無T常。如是不放逸觀。得定心住正住。是名內身觀身行。復次比丘。一切內身四大色身所攝法。若內一處四大色身所攝法。思惟苦患癰箭貪味病依緣壞法不定不滿可壞苦空無我」『阿毘曇心論』 (大正藏 28. 613a)

174) 「此身不淨相無常相苦相無我相。是相定眞實彼自身一處繫心離心亂。始眞實觀身相。次觀痛後觀心。彼伴彼依及彼相應餘心數法。觀亦諸心不相應行。如其性如其相所有如是。彼身痛心法意正次第生 入法中總觀 同觀諸法相 此四是無常 空無我非樂」『阿毘曇心論』 (大正藏 28. 818a)

175) 「亦十六行觀四眞諦。勝煖法故說頂。已增上頂生善根名爲忍。亦十六行觀四眞諦堪任故說忍。若忍已成立。得世第一法依倚於一相。一切世俗功德中。最勝生善根名世間第一法。開涅槃門故。於凡夫意中最勝故。說第一法」『阿毘曇心論』 (大正藏 28. 818a)

의 부분은, 『俱舍論』과는 달리 심론계(心論系), 곧 『阿毘曇心論』·『阿毘曇心論經』·『雜阿毘曇心論』에는 생략되어 보이지 않고 있다.

  이상 <有部論書>들을 성립순서에 따라, 그들이 설하고 있는 핵심포인트를 살펴보았으나, 이제부터는 앞의 서론에서 언급한 바와 같이, 이들 有部論書중 최후에 成立된 論書이면서 有部의 敎理와 修行體系를 가장 잘 정리해놓은 <俱舍論>을 중심으로 有部의 교리를 살펴볼 것이다.

5節 『俱舍論』의 분석과 특징
- 오위칠십오법(五位七十五法) -

第1 『俱舍論』의 분석, - 九品과 그것의 내용 -

설일체유부가 所依로 하고 있던 논서는 본시 『아비달마대비바사론(阿毘達摩大毘婆沙論)』(200권)으로, 어렵고 방대하여 그 뜻을 이해하기란 거의 불가능할 정도였다.

설일체유부의 간다라파에 속해 있던 世親(vasu-vandhu)은 이것을 정리하여 600개의 게송으로 요약한 후 본부인 카시미르로 보냈다. 이것을 본 본부의 승려들은 그 정교함과 정확성에 너무나 놀라 혀를 내 두루며 찬사하였다. 그 후 세친은 설일체유부에서 分派해 나간 경량부(經量部)의 설을 수용하여, 이 600개의 게송 하나하나에 주석을 달아 본부인 케시미르에 보냈다. 이것이 바로 그 유명한 『俱舍論』이다.

『俱舍論』은 다음과 같이 9품으로 구성되어 있다. 어떠한 내용이 설해지고 있는지 참고(도표)를 참조하면서 살펴보자.

제1품 계품(界品): 일체 모든 법의 体인 五位 75法에 대해 설하고 있다.
제2품 근품(根品): 일체 모든 법의 用을 밝히고 있다.
제3품 세간품(世間品): 苦(果)-苦聖諦= (一切皆苦法印)에 해당됨
　　　12연기 가운데 (識・名色・六入・觸・受・生・老死)의 7항이 소속됨
제4품 업품(業品): 業(因)-集聖諦-12연기 가운데
　　　(行・有)의 2항이 소속됨
제5품 수면품(隨眠品): 惑・煩惱(緣)-集聖諦- 12연기 가운데

(無明·愛·取)가 소속됨

제6품 현성품(賢聖品): 樂(果)-滅聖諦 - (涅槃寂靜法印)에 해당됨

제7품 지품(智品): 智(因)-道聖諦

제8품 정품(定品): 明(緣)-道聖諦

제9품 파아품(破我品): - (諸法無我法印)에 해당됨

참 고:『阿毘達磨大毗婆沙論: AbhidharmamahāVibhāsā-śāstra』

대비바사론(200권)은 <가다연니자>의 저술인 『發智論』의 주석서로서, 小乘 <有部>에 속하는 논서이다. 불멸 후 400년경 쿠샨왕조의 <카니슈카王>이 法救·妙音·世友·覺天 등 500명의 주석가(Vibhasika)들을 모아 삼장(三藏)을 결집시켰으므로, <Vibhāsa論>이라는 이름이 붙었다.

발지론(發智論)이 저술된 이후에는 이에 대한 주석의 붐이 일어났는데, 이때 만들어진 대표적 주석서가 法勝의 『阿毘曇心論』, 法救의 『雜阿毘曇心論』, 世親의 『阿毘達磨俱舍論』등이다.

이 가운데에서 특히 世親이 주석한 『阿毘達磨俱舍論』은 앞에서 언급한 바와 같이, 이들중 최고의 찬사를 받는 주석서로, 모든 부파를 초월하여 부파불교의 꽃이라 불리워지고있다.[176]

참 고:『구사론』 9품의 구성

1품과 2품은 서론부분으로 제법을 분류해 놓았고, 3품 이하가 본론부분이다.

---

176)『發智論』은 『發智身論』이라고도 불리우는 <有部>의 대표적 종합논서이다. 곧 이 논이 만들어지기 전까지는 <六足論>이라 해서 각 주제별로 따로따로 만들어져 왔던 것을, 이 『發智論』이 이들 六足論을 하나로 統合한 것이다. 그래서 전체를 이루었다는 의미로 몸 身자를 삽입시켜 『發智(身)論』이라 이름했던 것이다. 그리고 이 『發智論』을 주석한 것이 『대비바사론』이고, 이것이 너무 방대하고 산만하여 이를 <경량부>의 설을 받아 새로이 주석한 논서가 다름 아닌 세친의 『구사론』이다.

본론 중 3~5품은 일명 <중생장(衆生章)>이라고 하는 것으로, 중생이라는 이름이 시사해 주듯, 중생세계 곧 미계(迷界)의 실상을 적나라하게 분석하고 있다.

다시 말해 중생의 삼요소라고 하는 고통(苦痛)과 업(業)과 번뇌(煩惱)에 대한 상호인과적(相互因果的) 관계를 잘 묘사하고 있는 것이다. 말하자면 業(因)이 번뇌를 (緣)으로 해서 만들어 낸 결과가 우리들이 살고있는 고집(苦集)의 세계인 현실세계(世間)라는 것을 나타내 보이기 위해 설정한 부분이 중생장인 것이다.

6~8품은 일명 <불국장(佛國章)>이라고도 하는 것으로, 불국이라는 이름이 시사해 주듯 불국세계, 곧 오계(悟界)의 실상을 적나라하게 분석하고 있다. 다시 말해 극락세계의 삼요소라고 하는 樂과 지혜(智慧)와 해탈(解脫)에 대한 상호인과적(相互因果的) 관계를 잘 묘사하고있는 것이다.

말하자면 智慧(因)가 해탈(定)을 (緣)으로 해서 만들어 낸 결과가 불보살(賢聖)들이 살고있는 이상세계, 곧 滅度의 세계인 樂의 세계임을 나타내 보이기 위해 설정한 부분이라 하겠다.

마지막 9품인 파아품(破我品)은 이름 그대로 자기(我)를 깨(破)기 위해 설정한 품이다. 부파불교인들 스스로 『俱舍論』을 일컬어 백과사전이라 표현했듯이,

『구사론』은 고집멸도(苦集滅道) <四聖諦>, 諸行無常・諸法無我・一切皆苦・涅槃寂靜의 <四法印>[177), 그리고 無明・行・識・名色........生・老死의 <十二緣起> 등, 불교의 근본교리로서 원시불교에서 여러 차례 제시되었던 키-워드들을 간단 명료하게 분석 정리해 놓고 있는 것이다.

---

177) 상기 설명 가운데 제행무상법인(諸行無常法印)은 제6 현성품을 제외한 8품 모두에 해당된다.

참 고: 『俱舍論』이 설하는 일체법의 분류와 상호관계

一切法		品名	果因緣	四聖諦	十二緣起	三(四)法印
有爲法	有漏法	제3 世間品	果	苦聖諦	識・名色・六入・觸・受・生・老死 (7)	一切皆苦法印
		제4 業品	因	集聖諦	行・有 (2)	諸行無常法印
		제5 隨眠品	緣		無明・愛・取 (3)	諸行無常法印
無爲法	無漏法	제6 賢聖品	果	滅聖諦		涅槃寂靜法印
有爲法		제7 智品	因	道聖諦		諸行無常法印
		제8 定品	緣			諸行無常法印

그리고 이렇게 분석하고 정리한 목적은 일체법들을 有爲法(苦・集・道・無常・無我・苦)과 無爲法(滅・涅槃寂靜)으로 분류하기 위한 것, 말하자면 현성품(멸성제와 열반적정의 세계)을 제외한 모든 것들은 유위법(有爲法)에 속하는 것이기에, 無常하고 無我한 것이며 고통과 집착을 수반하는 것이니, 절대로 집착하지 말라고 하는 것을 천명하기 위한 것, 곧 『구사론』 서론이 설하고 있는 「이 논의 저술목적은 택법(擇法), 곧 有爲法과 무위법(無爲法)의 구분 내지는 유루법(有漏法)과 무루법(無漏法)의 구분에 있다」고 한 내용을 밝히기 위한 것이다.

재차 강조하지만 부파불교가 낳은 최대의 걸작품은 <有部>의 논서인 『아비달마구사론(阿毘達摩俱舍論)』이다. 『구사론』 서두에 다음과 같은 게송(偈頌)이 설해져 있다.

「부처님의 가르침의 핵심은 生死輪回의 苦海로부터 衆生을 건져 내는 것이다. 중생이 윤회고에서 표류(漂流)하는 까닭은 번뇌(煩惱) 곧 혹(惑) 때문이다. 그 번뇌를 멸하는 최고의 방법은 택법(擇法: dharma-pravicaya)이다」

『俱舍論』(대정장 29. 1a~b)

부파불교를 Abhi-dharma불교라고도 한다.

Abhi-dharma란 dharma에 대한 考察과 分析이란 뜻이다. 다시 말해 앞에서 인용한 게송의 키-워드라 할 택법(擇法: dharma-pravicaya), 그것을 目的으로 하는 佛敎가 아비달마불교라는 뜻이다.

부파불교는 이와 같이 擇法을 目的으로 한 불교였다. 여기서 擇法이란 두 말할 필요도 없이 法에 대한 정의 내지는 이것이 有爲法인지 아니면 無爲法인지를 구분한다는 의미이다. 말하자면 논이 제 1장인 界品과 제 2장인 根品에서 중점적으로 서술하고 있는 소위 五位七十五法에 대한 규명으로서, 有爲 72法과 無爲 3法의 구분을 강조하려는 것임을 알 수 있다. 다시 말하면 三世에 實有하는 75개의 dharma 가운데 72가지는 煩惱를 동반한 有爲의 세계이니 그것에 執着하지 말고, 無爲의 세계이자 涅槃의 경지인 나머지 3法에만 信心을 내어 修行精進하라는 아주 친절하고도 간곡한 당부가 절절하게 설해져 있는 것이다.

참 고: 유루법(有漏法: sasrava)

유루법(有漏法: sasrava)이란 煩惱를 동반하는 法으로, 고성제와 집성제가 여기에 속하며,

무루법(無漏法: asasrava)이란 번뇌를 동반하지 않는 法으로, 멸성제와 도성제가 여기에 속한다고 하겠다.

한편 유위법(有爲法)과 무위법(無爲法)이란 유루법과 무루법 보다 더 큰 개념으로, 이들 개념을 四聖諦와 四法印과 관계해 설명하면 다음과 같다.

有爲法(saṃskṛta-dharma): (苦·集·道)聖諦

(제행무상·제법무아·일체개고)法印

無爲法(asaṃskṛta-dharma): (滅)聖諦 / (涅槃寂靜)法印

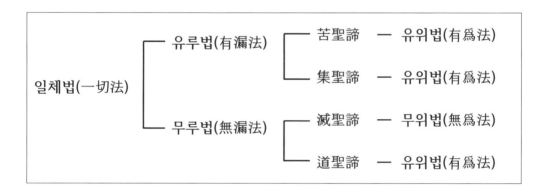

여기서 도성제(道聖諦)를 有爲法으로 분류한 이유는 이들이 비록 선행(善行)이나 선법(善法)처럼 번뇌를 동반하지 않는 행위나 마음가짐, 곧 無漏法이긴 하지만, 영원히 변화하지 않는 것이 아니라 생멸(生滅)을 되풀이하기 때문이다.

부파불교가 내 놓은 법체계는 오위(五位)이다.

擇法을 통해 얻어낸 새로운 法體系라 하겠다. 그들이 온갖 노력을 통해 개발해 낸 五位란 법체계 그것은 무엇이며, 또 앞시대 원시불교의 법체계인 五蘊과는 서로 어떻게 다른 것이지 살펴보자.

第2 五位七十五法

一切法을 지칭하는 말인 五位란 다음의 다섯 가지(色法・心法・心所法・心不相應行法・無爲法)를 말한다. 五位를 구체화 해 놓은 것이 七十五法이다. 무엇을 의미하는지 하나하나 살펴보자.[178]

① 색법 (色法 : rūpa 11개) : 물질을 말한다.

五根(眼根・耳根・鼻根・舌根・身根)과 五境(色境・聲境・香境・味境・觸境), 그리고 무표색(無表色)을 가리킨다.

참 고: 무표색(無表色: avijñāpti-rūpa)

無表色이란 이름 그대로 겉에 나타나지 않는 존재나 현상을 말한다. 일상생활의 행동거지(身業)나 언행(口業)이 하나의 습관(習慣)으로 남게 된 것을 말한다. 하나의 습성(習性)으로 남아 肉體에 保存되어 숨어있다가 緣이 다면 밖으로 튀어나온다. 業力이 되는 것이다. 그래서 물질(色法)에 포함시키는 것이다.[179]

---

178) 『俱舍論』(대정장 29. 18b)
179)「無表色相今次當說。頌曰 亂心無心等 隨流淨不淨 大種所造性 由此說無表論曰。亂心者。謂此餘心。無心者。謂入無想及滅盡定。等言顯示不亂有心。相似相續說名隨流。善與不善名淨不淨。爲簡諸得相似相續」『俱舍論』(대정장 29. 3a)

- 248 -

(강 설) 내 몸과 생각은 <習慣>이라는 벌레가 만들어 낸 산물(産物)

우리 속담에 「세 살 버릇 여든까지 간다」라는 속담이 있다. 우리나라의 대표적 한의학자인 허준(1539~1615)의 『東醫寶鑑』내경편(內景篇)에는 <蟲門(충문)> 이라는 章이 있고, 그 앞 章은 포문(胞門)이다. 이 <胞門>이란 장은, 「習慣이란 어떻게 상속(相續)되는가?」하는 <gene(生物 유전자)> 의 문제를 다룬 장이고, 바로 뒷장인 <蟲門>은 우리 몸속에는 여러종류의 벌레들이 살고 있는데, 그 벌레들이 그 사람의 사고(思考)와 행동(行動)을 만들어낸다는 것을 밝히고 있다.

여기서 놀라운 것은 「日常의 習慣을 하나의 벌레」라고 밝히고 있는 대목이다. 말하자면 인간을 포함한 모든 生物들의 思考와 行動이 우리의 몸속에 살고있는 벌레들로부터 조종(操縱)당해 만들어진 것이라는 소위 <meme(文化 遺傳子)> 의 問題를 다루고 있기 때문이다.

人間을 비롯 모든 生物體의 思考나 行動哲學까지 다르고 있다니 그것도 400여년 전의 사람인 <허준>이, 정말로 대단한 인물이며, 당시에 이미 유전적인 의학의 지식까지 담고있는 <東醫寶鑑>이란 醫學書 또한 명저중의 명저라 아니할 수 없을 것이다.

이 <蟲門> 장을 더 들여다 보면, 일도 안 하고 오직 먹기만 좋아하는 사람은 <食蟲(식충)>이, 마치 술독에 빠진 사람처럼 술중독에 걸린 사람은 <酒蟲(주충)>이, 또 남의 말 하기 좋아하는 소위 수다들은 목구명에 살고있는 <應聲蟲(응성충)>이 그의 몸속에 기생(寄生)하고 있어, 그렇게 시킨다는 것이다.

습성(習性)이란 이렇게 무서운 것이다. 그런데 여기서 다시 놀라운 사실은 불교인들은 이미 2300여년전에 무표색(無表色: avijñāpti-rūpa)

이란 개념을 만들어 놓고, 일상생활의 행동거지(身業)나 언행(口業)이 습성(習性)으로 남아 肉體에 保存되어 숨어있다가 緣과 만나 밖으로 튀어나와 業力이 된다고 밝힌 것이다. 대단들 하시다

무심코 벳은 말 한마디가 이렇게 무서운 결과를 초래하는 것이다.

그래서 「말속에도 인격이 담겨 있다」고 한 것이다[180)   //

② 심법(心法: citta 1개): 心(識)을 말한다.

③ 심소법(心所法: caitta 46개)

마음에 종속되는 法을 말한다. 곧 한 마음이 일어나면 그것에 뒤 따라 일어나는 마음의 作用들로 예를 들면 <(수(受)·상(想)·념(念)>, <신(信)·근(勤)·무탐(無貪)·무진(無瞋)·참(慚)·괴(愧)>,<무명(無明)·방일(放逸)·불신(不信)·무참(無慚)·무괴(無愧)>, <질(嫉)·교(憍)·한(恨)>, <악작(惡作)·수면(睡眠)·의(疑)>같은 것이다.

구사론은 다음과 같은 6개 분야, 곧 대지법(大地法: 10)·대선지법(大善地法: 10)·대번뇌지법(大煩惱地法: 6)·대불선지법(大不善地法: 2), 소번뇌지법(小煩惱地法: 10)·부정법(不定法: 8)으로 나누어 설명하고 있다.

---

180) 「처음에는 우리가 습관(習慣)을 만들지만, 그 다음에는 습관이 우리를 만든다」.영국 시인으로,극작가 겸 비평가인 <John Dryden>이 한 말이다.
「習慣은 복리로 작용한다」「습관은 時間(一萬時間의 法則)이 아니라 반복(反復) 횟수를 통해 만들어진다」미국 메이져 리그의 유명한 野球선수였던 <제임스 클리어(James Clear)가 『ATOMIC HABITS (아주 작은 습관의 힘)』이란 책에서 한 말이다. 돈이 複利로 불어나듯, 작은 습관(Atomic Habits)이라도 반복되면, 그 결과는 곱절로 불어나 인생을 반전시킨다는 의미이다.
돈이 복리로 불어나듯이, 습관도 반복되면서 그 결과가 곱절로 불어난다는 것이다. 어느 날 어느 순간에는 아주 조그만 씨알에 불과했지만, 몇달 몇년이 지나면 그 영향력은 어마어마해진다는 것으로, 좋은 습관의 힘과 나쁜 습관의 대가는 결국은 인생을 바꾼다는 의미이다.

④ 심불상응행법(心不相應行法: citta-viprayukta-saṃskāra14개)

　이름 그대로 마음에 종속되지 않는 法을 말한다.

　종속되지 않기에 불상응(不相應＝vi-prayukta)이라 한 것이다.

득(得)·비득(非得)·중동분(衆同分)·무상과(無想果)·무상정(無想定)·멸진정(滅盡定)·명근(命根)·생(生)·주(住)·이(異)·멸(滅)·명신(名身)·구신(句身)·문신(文身) 등을 말한다.

⑤ 무위법(無爲法: asaṃskṛta 3개)

　허공(虛空)·택멸(擇滅)·비택멸(非擇滅) 등을 말한다.

참 고: 무위법(無爲法)

　깨달음·涅槃과 같은 이상경(理想境)을 말하는 것으로 法性·緣起性·공성(空性)이 이에 해당된다.

虛空은 모든 존재나 현상들이 생멸하는 토대(場)로서 그 자체 변화하지 않기에 무위에 분류되었으며, 택멸(擇滅)은 존재나 현상들이 지혜의 힘에 의해 현재화(現在化)할 수 있는 에너지를 잃어버려 생멸하지 않게 된 것을 말하는 것으로, 이것을 일컬어 涅槃이라고 한다.

非擇滅(apratisajkhyā-nirodha)은 생겨날 인연이 없어 번뇌가 생겨나지 않은 상태로, 지혜와 관계없이 본래 있는 그대로의 청정한 모습을 가리킨다.

第3 五蘊에서 五位로 - 五蘊과 五位와의 관계 -

다섯이라는 숫자에서 알 수 있듯 五蘊과 五位는 아주 밀접한 관계를 가지고 있다. 다시 말해 부파불교에서 法에 대한 새로운 개념으로 내놓은 五位는 그냥 만들어진 것이 아니라 원시불교의 법체계인 五蘊을 기본으로 하여 발전시킨 법 이론이다.

결론부터 말하면 五蘊은 有爲法을 지칭한 말이고, 五位란 유위법(有爲法)과 무위법(無爲法), 말하자면 一切法을 통칭한 실질적 개념이다.

이와 같은 설을 제창한 것은 <설일체유부(說一切有部)>가 처음이었다. 다시 말해 그들은 일체법이란 有爲法과 無爲法을 포함한 일체 모든 것에 대한 명칭이므로, 無爲法을 포함시키지 않은 五蘊이란 법체계(法體系)는 바르지 못한 분류법이기에 일체법이라 할 수 없다고 비판하고, 五蘊에 無爲法을 새로 포함시킨 五位란 개념을 새로 만들어, 一切法의 법체계로 정립시켰다.

그리고 오위란 법체계를 새롭게 수립하는 과정에서 정신의 의지작용을 말하는 행온(行蘊)이란 개념을 더욱 분명히 분석하여, 의지작용 가운데에는 마음과는 전혀 상응하지 않는 의지작용이 별도로 있음을 알고 상응(相應)하는 마음은 心所法에 소속시키고, 상응하지않는 마음은 심불상응행법(心不相應行法: citta-vi-prayukta-saṃskāra)이라 새로이 이름 지어 따로 독립시켰다.

그리고 한 가지 더 큰 의미는 五蘊에서의 식(識)을 五位에서는 心이라고 단정 지은 것인데, 이러한 단정은 대승사상 특히 心이야말로 一切法의 根源(王)이라 주장하는 유식사상(唯識思想)을 태동시키게 되는 계기를 만들게 된다.

곧 아래의 참고에서 보듯 <경량부(經量部)>는 일체법을 五位라 새롭게 명명하고, 그 오위의 내용이나 구조 또한 오온과는 다르게 새로 구성하였다.

참 고: 오온(五蘊)에서 오위(五位)로의 변화 과정

아래의 도표에서 보듯, 색온(色蘊)은 색법(色法)으로, 수온(受蘊)과 상온(想蘊) 그리고 심상응행법(心相應行法: 行蘊 가운데 마음을 따르는 의지작용을 말함)은 심소법(心所法)으로 분류해 놓고, 행온(行蘊) 가운데 마음을 따르지 않는 의지작용은 심불상응행법(心不相應行法)이라 새로 이름 지어 따로 독립시켜 놓고, 식온(識蘊)은 心法으로 이름을 바꾸어 놓았다. 그리고 이들 모두는 유위법(有爲法) 뿐이므로 一切法이라 할 수 없다고 반박하고, 새로 無爲法을 설정하여 앞의 법(色·心所·心不相應行·心)과 합하여 五位라 명명하고, 이 五位야말로 참다운 一切法이라고 주장하였다.

五蘊 (有爲法)	→	五位 (有爲法+無爲法)
色 ———————————		色
受想 ———————————		心所
行 ┌── 心相應行 ----		心所
└── 心不相應行 ---		心不相應行
識 ———————————		心(王)
		無爲法

참 고: 물질중심의 五位

法에 대한 개념이 五蘊에서 五位로 바뀐 것은 위에서 살핀 것처럼 여러 가지 면에서 의미가 있음을 알게 되었지만, 心法을 色法 다음으로 배치한 것은 부파불교가 아직도 物質中心의 次元에서 벗어나지 못했음을 잘 알게 해준다.

참 고: 구사팔년 유식삼년(俱舍八年 唯識三年)

대승의 唯識思想을 마스터하기 위해서는 8년 동안 『俱舍論』을 공부한 뒤, 『唯識』에 들어가 다시 3년을 더 공부해야 된다는 뜻과, 유식학의 기초가 되는 『俱舍論』은 8년이나 공부해야 할 만큼 불교학의 기초 학문이 된다는 두 가지 뜻이 담겨 있다.

『唯識』에서는 一切法을 <五位 百法>으로 나누고 있다. 五位 七十五法을 설하는 『俱舍論』과 깊은 관계가 있음을 여기에서도 확인할 수 있다.

참 고: 유식(唯識)에서 설하는 오위(五位)

①心法 (1+7=8識) ② 心所法 (46+5=51) ③ 色法 (11) ④ 心不相應行法 (14+10=24) ⑤ 無爲法 (3+3=6)을 말한다.

보다시피 五位의 각 명칭이나 그 개념은 『俱舍論』의 五位와 똑같은 것으로, 다만 心法과 色法이 그 순서를 달리하고, 가지 수가 좀더 많아졌을 뿐이다. 말하자면 『俱舍論』은 「삼세실유 법체항유(三世實有 法体恒有)」라 하여 물질(色)을 중심으로 보았기에 色法을 제일 앞에 두었지만, 唯識은 「일체유식(一切唯識)」이라 하여 마음(心)이 모든 것을 만든다고 보았기 때문에 心法과 心所法을 앞에 두고, 色法은 3번째로 앉히고, 여기에 마음(一

心)은 八個의 識으로 확대하고, 나머지는 조금씩 세분하여 늘려 百法으로 한 것이다.

第4 업감연기론(業感緣起論)

『구사론』은 자연계의 모든 존재들의 상호관계를 능작인(能作因: 영향을 주는 존재)과 증상과(增上果: 영향을 받는 존재)로 규정짓고 있다.

그리고 나와 우리 가정을 비롯하여 우리가 몸 담고있는 단체나 사회와 국가 그리고 世界와 宇宙를 움직여 가는 에너지는 어떤 일부의 신앙인들이 믿고 있는 것처럼, 神(하나님이나 알라 그리고 梵天)이 아니라, 자연계의 모든 존재들의 일거수일투족의 행위인 業 바로 그것이라 단정 짓고 있다.

다시 말하면 우리 모든 존재들은 공업중생(共業衆生)이기에 서로 떼래야 뗄 수 없는 밀접한 관계 속에서 한 순간도 끊어짐이 없이 서로 영향을 주고받으며 살고 있다는 상호관계성과, 나아가서 이 세계를 움직이는 동력인(動力因)과 질료인(質料因)은 바로 우리들 자신의 행동거지라는 행위철학(業論)을 체계적으로 설해 놓은 것이 바로 <業感緣起論>이다.

참 고: 공업중생(共業衆生)

가정의 한 식구가 지은 業은 온 집안 식구의 業이 되며, 또 한 단체나 국가가 지은 業은 단체나 국가에 속해 있는 모든 소속인들의 業이 된다. 共業衆生이란 말은 業의 이와 같은 성질에서 나온 말이다.

참 고: 아인슈타인의 <질량불변의 법칙(質量不變의 法則)>

아인슈타인은 1905년 이 이론을 세상에 발표함으로서 노벨물리학상의 주인공이 되었다. 곧 아인슈타인은 $E=Mc^2$이라는 수학공식을 통해 「질량(M)은 바로 에너지(E)이며, 그리고 $e^1 + e^2 + ... + e^n$의 합으로 표시되는 전체에너지 E는 $e^1, e^2, \ldots e^n$이라는 각 존재들이 갖는 에너지의 양에 따라 달라진다」는 이론을 제시하였다.

곧 아인슈타인의 이론은 전체 에너지는 각 존재들의 存在方式에 따라 變化한다 (極大가 되기도 하고 極小가 되기도 한다)는 것을 밝힌 이론이다. 다시 말해 각 존재들이야말로 에너지 그 자체임을 주장한 아인슈타인의 <質量不變의 法則>은 앞서 『俱舍論』이 주창한 「우주의 구성멤버인 각자각자는 업(業)을 공유하는 공업중생(共業衆生)일 뿐만 아니라, 세상을 창조하는 에너지원, 곧 능작인(能作因)인 동시에 증상과(增上果)이다」라 주창한 <業感緣起理論>의 물리적(物理的) 해석이라 할수있을 것이다.

참 고: 동시인과(同時因果)와 이시인과(異時因果)

同時因果란 心과 心所와의 관계처럼, 시차(時差)가 없이 동시에 일어나는 인과관계를 말하며, 異時因果란 선악의 행위와 그 결과와의 관계처럼, 삼세(三世)와 누대(累代)에 걸쳐 느리게 일어나는 인과관계를 말한다.

第5 십이연기(十二緣起) 전체의 설명

12연기설이 의도하는 바는 우리들이 겪는 현실고(現實苦)의 원천은 무엇이며, 또 어디에 있는 것인가를 밝히는데 있다. 그리고 그 결론으로서 무상(無常)하고 무아(無我)한 진리를 알지 못하는 無知(無明)야 말로 집착을 일으키고 고통을 만들어 내는 장본인임을 밝혀낸 것이다.

다시 말하면 현재 우리들이 겪고 있는 고통과 집착 말하자면 중생들의 현재적 삶인 유전연기(流轉緣起)를 그려 내기 위한 것이 그 목적이었다.

곧 평상시 일어나는 심신(心身)작용을 12지(단락)로 나누어, 그것들의 상호의존관계를 밝힘과 동시, 나아가서는 현재의 미혹된 삶의 근원이 無明과 行에서 비롯된 것임을 밝힌 이론이 12연기설이다.

참 고: 업감연기설(業感緣起說)의 12연기적(十二緣起的) 해석

업감연기설이란 業(行爲)이 모든 결과를 만들어 내는 당체, 곧 연기주체 (緣起主體)라는 것을 밝힌 이론이다. 이것을 『俱舍論』에 입각하여 12연 기와 관계 지어 풀어 본다면 다음과 같이 해석 되어진다.

곧 우리들의 行爲와 현존재태(現存在態)인 (行과 有)가 (無明과 愛와 取)라는 번뇌(惑)와 연(緣)을 맺게 되면, 이들이 서로 계합(契合)하여, 그 결과로서 執着덩어리인 (識·名色·六入·觸·受·生·老死)라고 하는 苦를 만들어 낸다는 이론이다.[181]

참 고: 삼세양중인과설(三世兩重因果說)

인과(因果)의 법칙은 과거 현재 미래의 三世에 걸쳐 끊임없이 활동하고 작용한다는 것을 주창한 <설일체유부(說一切有部)>의 이론이다.

말하자면 모든 結果는 業(신구의 삼업행위)이 만들어 낼 뿐만 아니라, 그 행위의 결과 또한 절대로 은근 슬쩍 넘어가는 일이 없이, 반듯이 그 업력(業力)이 고갈될 때까지 三世에 걸쳐 계속 작용한다는 이론이다.

이해를 돕기 위해 도식(圖式)을 통해 설명해 보자.

곧, 아래의 도식은 과거에 行했던 (無明과 行)이란 業의 결과가 현재 나 의 존재 태(存在態)인 (識·名色·六入·觸·受)이며, 또 현재의 나의 삶 의 형태인 (愛·取·有)는 미래의 나의 존재모습인 (生·老死)를 만들어 낸다는 설명이다. 49재의 법문 때 자주 설해지는

「欲知前生事하거든 今生受者是요, 欲知來生事하거든 今生作者是요」란 게송은 三世兩重因果說의 의미를 잘 나타낸 게송이다.

---

181) 『대비바사론』 (대정장 27. 117c)참조

(無明 · 行)   (識 · 名色 · 六入 · 觸 · 受)

          →

(過去 二因)   (現在 五果)

(愛 · 取 · 有)   (生 → 老死)

          →

(現在 三因)   (未來 二果)

第6 무명(無明)의 근원은 무엇인가 ?

四法印의 하나에 <諸法無我法印>이란 항목이 있는 것만 보아도 알 수 있듯이, 불교는 그 어떤 것(존재나 현상)이라 할지라도 실체를 인정하지 않고 인연에 의해 생긴 일시적인 것(존재나 현상)으로 본다. 곧 연기론에 입각하여 사물이나 현상을 보는 것이 불교의 기본입장이기 때문에, 그 어떤 시원(始源) 말하자면 최초의 원인제공자(原因提供者)를 인정하지 않는다. 그런데 잘 알다시피 <십이연기이론>은 그 시원(始源)을 無明에 두고 있다. 따라서 자칫 잘못하면 모든 고통의 원인이 마치 무명(無明)이라고하는 실체에서 비롯되어진 것처럼 오해될 소지가 있다.

그러나 혹시 그런 오해를 가졌다면 그것은 아주 잘못된 생각이다. 까닭인즉 무명이란 마치 우리가 잠을 잘 때 꾸는 꿈처럼 실체가 있는 것이 아니라 꿈을 깨면 꿈이 없어지는 것처럼, 미혹 곧 무명에서 벗어나면 곧바로 없어지기 때문이다.

다시 말해 빛에 의해 어둠이 없어지듯이, 지금까지의 삶이 미혹했다는 자각이 들어서는 순간 無明은 온데간데없이 사라져 버리는 것이다. 마치 눈과 귀에 장애가 있는 사람이 눈이 떠지고 귀가 열리는 순간 새로운 세계를 볼 수 있듯이, 무명(無明)과 무지(無知)가 명(明)과 지(智)로 변하는 순간, 윤회고(輪廻苦)의 세계는 없어지고 그 대신 涅槃寂靜의 세계가 펼쳐지는 것이다.

그리고 또 하나 기억해 두어야 할 것은 꿈인지 모르는 동안에는 꿈이 줄곧 존재하듯이 무명(無明) 또한 깨닫지 못하는 동안 말하자면 현재의 삶이 잘못된 것 인줄 모르는 동안에는 줄곧 존재한다는 사실이다.

불교에서 광명(光明)과 각(覺) 그리고 明을 중시하는 이유도 바로 여기에 있다.

참고 (서적 / 논문) - 原始・部派經典

和辻哲郎 『原始佛教實踐哲學』 岩波書店. 1973

宮本正尊 「佛の誓願と因と緣の生成原理」 『印佛研』 21-2. 1973

　　　　「緣起について」 『印佛研』 3-2

　　　　『長阿含經の原語の研究』 平和出版社

木村泰賢全集 3. 『原始佛教思想論』 大法輪閣

赤沼智善 『印度佛教固有名詞辭典』 法藏館

西義 雄 『阿毗達磨佛教の研究』 國書刊行會. 1975

　　　　「原始佛教における 衆生 satva satta」

　　　　『東洋大紀要』 23-1. 1974

水野弘元 『原始佛教』 平樂寺書店. 1961

樫尾慈覺 「十二緣起體系構造について」 『印佛研』 20-1. 1971

舟橋一哉 『原始佛教の思想』 法藏館. 1978

中村 元 『原始佛教の思想』 上下 春秋社

　　　　『原始佛教の成立』 春秋社

　　　　『原始佛教から大乘佛教へ』 春秋社

　　　　『インドの哲學體系』 1.2 春秋社

　　　　『インド史』 1.2.3 春秋社

增谷文雄 『阿含經典佛教根本聖典』 大藏出版

　　　　『根本佛教と大乘佛教』 佼成出版社

佐藤密雄 『原始佛教教團の研究』 山喜房佛書林

前田惠學 『原始佛教聖典の成立史研究』 山喜房佛書林

　　　　『原始佛教と大乘佛教』 永田文昌堂

宮地廓慧 『根本佛教の教理と實踐』 永田文昌堂

松屋寶作「比較哲學と十二緣起の解釋」『印佛研』23-1 . 1972

山本啓量「原始佛教緣起觀解脫涅槃」『印佛研』28-2. 1979

金子大榮「緣起の道理と轉成の智慧」『密教文化』64.65 合集. 1973

丸山孝雄「十二緣起聖道說の成立」- 律藏犍度部を中心 として
　　　　　『印佛研』8-1

平野眞完「緣起聖道說資料」『印佛研』13-1. 1965

圓邦 俊 「緣起說の根本構造」『印佛研』5-1

高崎直道 「如來藏と緣起」『印佛研』2-1

佐佐木現順「緣起の時間論的解釋」『大谷學報』14-1. 1954

3章 대승불교(大乘佛教), 法의 근원

部派佛敎에 반기를 들고 민중불교를 지향한 혁신불교 -

대승불교는 반야(般若)와 바라밀(波羅蜜)을 기본으로 하여 탄생된 불교이다. 곧 대승이라는 이름에서도 알 수 있듯, 대승불교는 소승불교에 대해 반기를 들고 새롭게 전개된 불교로서, 그들이 추구하는 기본이념은 大悲者이며 구세자(救世者)인 석존불에 대한 절대적인 믿음(信)과 추구대상인 석존의 삶인 보살행에 동참하는 것이었다(行). 곧 그들은 스스로를 보살이라 부르며, 그들의 추구대상인 석존의 삶을 본받으면서, 고통의 삶속에서 살고있는 중생들을 안락의 길 성불의 길로 인도하겠다는 이념을 실현시키기 위해 탄생된 대중(민중)불교였다.

곧 이들의 기본이념인 반야(般若)와 바라밀(波羅蜜)사상은 대승철학의 근간이 되는 것으로, 이들이 개발한 여래장(如來藏)사상이나 유식(唯識)사상은 말할 것도 없이, 인도불교 최후에 탄생한 밀교(密敎)사상의 밑바탕이 되기도 하였다. 말하자면 반야공(般若空)과 바라밀(波羅蜜)이라는 사상(반석) 위에 지어놓은 여러 가지 莊嚴의 집, 그것이 바로 대승사상 내지는 밀교사상이다.

1節 일어나게 된 동기

① 말세현상의 시대상황에 따른 위기의식과 이런 위기로부터 구해줄 새로운 사상을 갈망하던 민중의 요구에 부응한 혁신운동이다.

② 출가자 중심의 불교에 대한 민중의 반기운동(反旗運動)이다.

③ 理論佛敎(Abhidharma)에 대한 반항운동이다.

④ 보살, 곧 救世者인 釋尊佛에 대한 동경(憧憬)과 갈망의 표출이다.

⑤ 釋尊佛의 근본정신에의 회귀(回歸)를 위한 운동이다.

⑥ 불탑숭배신앙(佛塔崇拜信仰)의 민중화 운동이다.

⑦ 점점 세력을 신장(伸張)해 가는 Hindu思想에 자극된 불교의 자정(自淨)운동이다.

참 고: 후오백세(後五百歲)와 말세(末世)

B.C 2세기~A.D 1세기가 되면 北印度에 외적(이란 및 그리스인)이 침입하여 살상·도적질·문화재 파괴 등 온갖 파괴행위를 행한다.

당시의 민중들은 이 시대를 말세(末世)가 도래했다고 믿었다.

『法華經』(대장장 9. 61a)과 『四分律』(대장장 22. 922c~923c), 『五分律』 『中阿含經』 『金剛般若經』에 나오는

"後五百歲" 나 "比丘尼敎團 成立으로 인한 末世到來 운운" 이란 문구는 바로 이러한 상황을 잘 시사해 주고 있다고 하겠다.[182]

---

182) 보다 뒤에 저술된 『中阿含經』 <瞿曇彌經> (대정장 1. 605a~607b)에는 「若不聽女人出家受具足戒。佛之正法住世千歲。今聽出家則減五百年。猶如人家多女少男。當知其家衰滅不久」(만일 여인이 출가하지 않았다면 正法은 千年 머물렀을 터인데, 여인이 출가한 때문에 단 500년밖에 머물지 못한 것이다. 云云」『五分律』(대정장 22. 186a)이라 하여, 후오백세가 된 이유를 "비구니 교단 출현"이란 어구를 삽입시켜 변형시킨다. 한편 『金剛般若經』에는 「佛告須菩提。莫作是說。如來滅後後五百歲。有持戒修福者 云云」(대정장 8.

2節 특징

① 대승(大乘 : Mahā-yāna)에 대한 확고한 신념을 가진 불교,
곧 이들은 대승이야 말로 釋尊佛의 본래 뜻임과 동시, 民衆을 求할 수
있는 唯一한 가르침이라고 굳게 믿고 있었다.
② 釋尊佛(大悲者 · 本願者 · 救世者)에 대해 확고한 信念을 가진 불교
③ 과거생의 釋尊佛(=菩薩)에 대한 동경과 나도 그러한 菩薩이 되겠다고
서원한 자들의 불교이다.
④ 석존불을 흉내내는 行(實踐)의 불교이다.
⑤ 중생구제를 위한 신행자(信行者)의 구체적 信行으로서, 菩薩道(四弘
誓願 · 六波羅蜜)를 구축시킨 불교이다
⑥ 十方三世 편만(遍滿)의 다불신앙(多佛信仰)이 確立되고,
이와 더불어 "일체중생실유불성(一切衆生悉有佛性)"사상이 주창되었다.
⑦ 보살의 덕목인 信行을 구체화한 大乘經典과 大乘戒가 편찬되었다.
⑧ 출가자 중심의 산중불교 학문불교가 아닌 도시대중중심(都市大衆中
心)의 민중불교이다.
⑨ 중관(中觀) · 여래장(如來藏) · 유식(唯識)등 다양한 사상이 주창되었다.

참 고: 찬불문학서(讚佛文學書)의 출간

대비자(大悲者) · 본원자(本願者)인 釋尊佛을 찬양하고 그 뜻을 기리기
위해, 본생경(本生經:Jātaka) · 비유경(譬喩經:Avadāna) · 불소행찬경(佛
所行讚經:Buddha-carita · 방광대장엄경(方廣大莊嚴經:Lalita-vistara) ·
대사(大事: Mahā-vastu: 大衆部의 分派인 說出世部의 찬술임, 본생보살

749a)라 하여, 여인출가 운운이란 말은 보이지 않고, 그저 <如來滅後 後五百
歲>란 어구만이 보인다.

(本生菩薩)인 釋尊의 修行階位)등의 찬불문학서(讚佛文學書)를 출간함.

이제 대승불교가 어떤 불교인지 하나하나 구체적으로 살펴보자!

참 고: 대승불교의 기반이 된 대표적 Key-Word들

반야(般若:prajñā) / 공(空:śūnya) / 공성(空性:śūnyatā)

바라밀다(波羅密多:Pāramitā) / 보살(菩薩:Bodhisattva)

중도(中道:madhyama-pratipad) / 중론(中論:madhyamaka-kārikā)

중관(中觀:madhyamakavipaśyanā) /

제법실상(諸法實相: Tattvasya Lakṣaṇam dharmatā)

무자성(無自性:niḥsvabhāva) / 연기(緣起:pratītyasamutpāda)

사마타(Śamatha) / 비파사나:Vipaśyanā) / 삼매(三昧: samādhi)

선교방편(善巧方便:upāya-kauśalya)/ 본원(本願:pūrva-praṇidhāna)

보리심(菩提心:bodhicitta) / 불성(佛性:buddhatā=buddhadhātu)

여래장(如來藏:tathāgata-(garbha/gotra/dhātu)

객진번뇌(客塵煩惱:āgantuka-kleśa)/일불승(一佛乘:Ekabuddhayāna)

번뇌장(煩惱障:kleśa-āvaraṇa) / 소지장(所知障:jñaya-āvaraṇa)

유식(唯識:Vijñaptimātra) / 전의(轉依:āśrayaparāvṛtti)

회향(廻向:Pāriṇāmanā) /

보현행원(普賢行願: samantabhadrapraṇidhāna)

3節 대승불교와 보살

『보적경(寶積經)』과 『법화경(法華經)』『寶性論』에는 각각

「제불여래(諸佛如來)의 도(道), 무상정등정각(無上正等正覺)의 道, 그것을
大乘・上乘・無上乘・無等等乘이라 한다」[183]

「佛.세존(世尊)의 法을 듣고 신수(信受)하고 정진하여 여래지견(如來知見)
과 力과 무소외(無所畏)를 구하며, 중생을 안락하게 하고 人・天을 이익
하게 하고, 一切를 도탈(度脫)케 함을 大乘이라 하며, 이러한 대승을 구
하는 까닭에 보살마하살(菩薩摩訶薩)이라 하는 것이다」[184]

「大乘은 믿음(信)을 종자로, 반야를 어머니로, 선정을 태(胎)로, 대비(大
悲)를 우유로 삼는다. 이 같은 자를 일러 진실된 부처님의 자식이라 한
다」[185]

라 하면서, 大乘은 菩薩의 道로서, 나를 비롯한 모든 중생에게는 성불할
수 있는 불성이 구족되어 있음을 믿고, 위로는 무상정등정각을 구하고,
아래로는 일체중생을 이익・안락하게 하여 마침내는 성불의 길로 인도하

---

183)「諸佛如來正眞正覺所行之道。彼乘名爲大乘。名爲上乘。名爲妙乘。名爲勝
乘。名無上乘。名無上上乘。名無等乘。名不惡乘。名爲無等等乘。善男子。
以是義故名爲大乘」『보적경(寶積經)』 (대정장 11. 157b)
184)「從佛世尊聞法信受。勤修精進。求一切智佛智自然智無師智如來知見力無所
畏。愍念安樂無量衆。利益天人度脫一切。是名大乘。菩薩求此乘故名爲摩訶
薩」 (대정장 9. 13b)
185)「大乘信爲種子 般若以爲母 禪定以爲胎 大悲以爲乳 如是爲諸佛實子」『寶性
論』 (대정장 31. 829b)

겠다는 서원을 세우고 흔들림 없이 일체법에 있어 반야와 상응하면서 일상에서 대비를 실천하는 것이, 대승이며 보살이라 정의내리고 있다.

大乘(Mahā-yāna)이란 小乘(Hīna-yāna)에 대응하는 집단으로서, 그 이름부터 小乘과의 차별이나 대립을 목표로 탄생된 불교집단이었다.[186]

곧 승(乘: yāna)이란 중생세계인 차안(此岸)에서 깨달음의 세계인 피안(彼岸)으로 건너다 주는 탈것(乘物)이란 의미로, 여기서 탈것이란 교리를 의미한다.

곧 대승불교는 자리(自利)보다는 이타(利他)를 중시하는 교리로서, 利他없이는 自利도 없다는 것이 그들의 기본이념이었다. 곧 大乘은 남을 위해 가르치고 인도하는 입장인 교사(教師)의 불교이면서, 한편으로는 성문들의 스승인 대비자 석존을 이상으로 하는 成佛의 가르침, 말하자면 스스로를 菩薩(Bodhisattva), 곧 나는 말할 것도 없이 다른 모든 사람들에게도 佛이 될 수 있는 소질이 갖추어져 있다고 믿는 자들,[187]

곧 이들을 「상구보리(上求菩提) 하화중생(下化衆生)」하는 자들이란 뜻의 菩薩이라 칭하는 까닭도 바로 여기에 있었던 것이다.[188]

---

186) 法顯은 『佛國記』에서 印度佛教를 大乘·小乘·大小兼學의 셋으로 분류하고 있으며, 玄奘은 『西域記』에서 有部를 <小乘教說一切有部>, 正量部를 <小乘正量部法>등이라 하며, 部派名앞에 小乘이란 칭호를 붙이고 있다. 平川彰 『초기대승불교의 연구』 700項~711項

187) 이처럼 스스로의 마음의 本性이 淸淨하다고 믿고 成佛하겠다는 願을 세우는 것을 일러 發菩提心이라 하고, 또 이런 자를 일러 보살이라 하였다.

188) 보살에는 讚佛乘의 보살과 大乘보살의 두 部類로 나눌 수 있다. 먼저 찬불승의 보살이란 이미 성불이 定해진 보살, 말하자면 과거 부처님으로부터 언제 언제 成佛한다는 약속인 授記(Vyākāraṇa)를 받은 보살을 말하며, 大乘菩薩은 凡夫菩薩,, 말하자면 우리들 일반 凡夫와 같이 授記와는 전혀 상관없는 사람들로서, 成佛할 수 있는 素質(佛)性이 나에게도 있다고 확신하며, 精進을 통해 수행에 전념하는 자를 말한다. 말 바꾸면 선택받은 보살인 찬불승의 개념을 일반화시킨 것이 대승보살, 곧 수기를 받지는 못했지만 성불할 수 있다고 확신하고 정진수행하는 자를 말한다고 생각하면 될 것이다. 한편 彌勒·文殊·普賢·地藏·觀音등의 보살은 그 기원이나 의미가 다르다. 곧 彌勒은 讚佛乘에서 발전된 보살, 文殊나 普賢 地藏菩薩등은 大乘불교 독자적으로 개발된 菩薩이며. 觀音은 힌두교에 그 기원을 둔 보살이다. 平川彰 『인도불

이에 반해 小乘의 대표격인 <有部=설일체유부>나 상좌부(上座部), 곧 번뇌를 끊어 해탈(解脫)을 얻는 것을 목적으로 하는 자, 곧 「해탈을 얻었으니 이제 할 것은 다했다. 남은 것은 오직 열반에 들어가는 일 뿐이다」고 하는 것이 그들의 기본이념이자 수행의 목적으로서, 그들은 어디까지나 배우는 성문의 입장으로서, 利他란 처음부터 그들의 수행덕목이나 목표에 삽입시키지 않았으며, 수행의 완성 뒤에도 남을 구제한다는 이타개념은 전혀 생각하고 있지 않았다.

소승을 일러 제자(弟子)불교니 성문(聲聞: śrāvaka)이니 하는 이유도 바로 이 때문이었다. 대승불교가 세간에 밀착하며 재가불교(在家佛敎)의 모습을 가진 것이라든지, 또 중생을 위해서 열반에 들지 않거나 멸도(滅度)하지 않는 것, 또 大乘戒인 삼취정계(三聚淨戒)속에 섭중생계(攝衆生戒)가 삽입된 것에 비해[189], 소승불교가 은둔적인 승원(僧院)불교가 된 것이나, 회신멸지(灰身滅智)의 경지인 아라한과(阿羅漢果)를 그들의 최후의 목표로 삼은 것,[190] 또 이들의 戒에 중생을 위한 계가 설해있지 않는 등등의 차별성은 두 불교가 지니는 이러한 기본이념의 차이 때문이었다.

<hr/>

교사』 pp. 380~382
189) 大乘戒 가운데 <攝律儀戒>는 止惡이 강조된 戒로서 『七佛通誡』가운데 "諸惡莫作"에 해당되며, <攝善法戒>는 作善이 강조된 戒로서 『칠불통계』가운데 "增善奉行"이 이에 해당된다. <攝衆生戒>는 小乘戒에는 없었던 것, 말하자면 大乘에 의해 처음으로 강조된 戒로서, 대승정신의 근본인 衆生에 대한 존경 곧, 同體大悲思想이 깊이 깃 들어있음을 볼 수 있다.
190) 아라한과(阿羅漢果)증득을 목적으로 하는 회신멸지(灰身滅智)의 불교, 곧 부파불교가 번뇌장을 끊고 현실세계를 떠나 無爲世界(열반)에 安住하려는, 곧 사바를 떠나 해탈을 추구하는 智중심의 불교인데 반해, 대승불교는 부주열반(不住涅槃), 곧 생사즉열반(生死卽涅槃)을 주장하는 불교로서, 사바를 떠나지 않고 중생과 함께 하려는 大悲중심의 불교였다.

4節 대승보살도

이와 같이 대비자인 석존불을 이상으로 하는 자, 곧 스스로를 佛이 될 수 있는 소질인 불성(佛性)을 지닌 보살이라 부르면서, 일체법무자성공(一切法無自性空)의 체득(體得)인 반야(般若)를 목표로 하면서, 한편으로는 중생의 성불과 구제를 목적으로 삼는 하화중생(下化衆生)의 대승불교는 실천수행에 있어서도 소승과는 달랐다.

곧 소승이 사향사과(四向四果)라고 하는 열반지향의 수행론을 제시한데 비해, 대승인들은 이들과는 전혀 다른 성불을 성취하기 위한 실천덕목인 42 내지 53계위(階位)로 구성된 보살도 수행을 제시하였다. 물론 중생을 구제한다는 정신아래, 악인(惡人)이나 의지가 약한 사람일지라도 아미타불의 본원(本願:pūrva-praṇidhāna)을 신요(信樂)하고 염불수행하기만하면 구제(왕생극락)받을 수 있다는 타력이행(他力易行)의 정토(淨土)신앙이 등장하는 것도 바로 대승의 기본이념에서 나온 수행론이자 구제사상이었다.

대승불교가 설하는 일반적 보살도는 『범망경(梵網經)』이나 『화엄경』이 설하고 있는 十信 → 十住 → 十行 → 十廻向 → 十地 → 等覺 → 妙覺 → 佛로 이어지는 53의 수행계위(階位)라 할 수 있다.

第1 보살십지(菩薩十地)

十地란 『범망경(梵網經)』이 설하는 53階位중 41位에서 50位까지 해당되는 十地의 과정을 말하는 것으로, 十地는 53위로 구성된 보살계위(菩薩階位)중 등각(等覺)과 묘각(妙覺)을 제외하고는 성불에 이르는 마지막 계위가 되는 것이기에, 옛부터 보살도를 대표하는 수행위로 주목받아 왔다. 곧 『화엄경(華嚴經)』의 하나의 品에 불과하던 <十地品>이 『十地經』

으로 독립 승격된 것도 十地를 십바라밀(十波羅蜜)과 관계 맺은 덕분이며, 이러한 十地와 十波羅蜜과의 관계맺음은 『화엄경』을 대승경전의 꽃으로 발돋음케 하는 결과를 얻게 하였다.[191]

많은 실천덕목들이 있지만 대승불교의 실천덕목중 가장 대표적인 덕목은 뭐니뭐니해도 六(十)바라밀행(波羅蜜行)이다.

참 고: 六-波羅蜜 修行의 기원

六-바라밀의 기원을 초기불교의 三學과 관계짓기도 하고, 또 福과 智의 2-資糧에 상응시키기도 한다. (보시·지계·인욕)-바라밀은 戒學에, 선정-바라밀은 定學에, 지혜-바라밀은 慧學에, 정진-바라밀은 6-바라밀 전체에 상응시키거나, 또는 (보시와 지계)-바라밀은 福-資糧에, (지혜-바라밀)은 智-資糧에, 인욕·정진·선정)-바라밀은 福과 智의 2-자량에 상응시키기도 한다.

또 이와는 별도로 6-바라밀을 37-菩提分法에 상응시키기도 한다.

앞에서도 언급했듯이, 阿羅漢을 목표로하는 小乘道는 오직 自己의 완성만을 위해 수행을 하지만, 大慈大悲(mahā-karuṇā·mahā-maitrī)인 부처, 곧 成佛을 목표로하는 大乘佛敎에서는 「利他 곧 自利」라 하며, 自利보다는 利他를 먼저 추구하였으며, 이의 수행덕목으로 출현한 것이 <6-波羅蜜修行>이었다.

이 6-波羅蜜은 이미 佛典文學에서 釋迦菩薩의 수행덕목으로서 설해졌고, 이것이 大乘에 와서는 널리 수용·보급되었다. 곧 『六度集經』은 바로 출가수행시 석가보살이 닦던 6-波羅蜜修行을 집대성해 놓은 物語集(修行譚)이다.

---

191) 波羅蜜의 原初形은 六波羅蜜이다. 十波羅蜜은 『화엄경』 특히 「十地品」에 이르러 설해졌다. 곧 成佛을 향해 끊임없이 大悲行을 실천해야 하는 보살행 중 가장 중시되는 十地行, 곧 10단계로 이루어진 보살행의 과정을 보살의 실천덕목인 波羅蜜과 맞추기 위해, 기존의 6개의 덕목을 10개의 덕목으로 발전시킨 것이 십-바라밀의 탄생 배경이다.

참 고: 대승교단의 부흥과 布施波羅蜜

布施(dāna)波羅蜜은 보살이 행해야 할 첫 번째 德目이다. 이 덕목은 보살수행의 또 다른 실천덕목인 四攝法에서도 첫 번째로 지목된 덕목으로서, (忍辱・方便・願・力)-派羅蜜의 덕목과 더불어 大乘의 이념과 특징을 살린 중요한 덕목이자, 나아가 대승불교를 번성케 한 장본인으로 지목되는 덕목이기도 하다. 곧 신흥불교인 대승불교가 기존의 원시・부파불교와 달리 이 布施德目을 새로운 실천덕목으로 삽입시킴으로서[192] 대승교단은 재정적으로 안정되고 윤택되어졌을 뿐만 아니라, 나가서는 布教와 衆生救濟에도 큰 힘을 발휘할 수 있게 되었으며, 이로 인해 教團은 쉽게 安定을 얻을 수 있었기 때문이다. 이 점 이웃 종교인 기독교가 十一條헌금으로 재정적인 풍요로움을 가져와 활발한 전도와 구제활동을 할 수 있었던 것과 같은 맥락이라 볼 수 있을 것이다.

참 고: 『般若經』이 추구하는 布施의 개념

一切法無自性空을 부르짖는 『般若經』은

布施를 행하면서도 誇示(과시)하거나 집착하지않고, 施者도 空, 受者도 空, 施物 또한 空인 <三輪淸淨의 布施>을 강조한다.

곧 바라밀수행을 마치 시작도 끝이없는 未完成의 永遠한 수행으로 보고 있는 것이다.

한편 『維摩經』은 「菩薩以智度爲母 以方便爲父」(보살은 智度를 어머니로 삼고, 方便을 아버지로 삼는다)라 하면서, 般若와 方便을 특별히 중

---

192)『大毘婆沙論』에는 소승을 대표하는 교단인 說一切有部가 布施・持戒・精進・般若등의 4-波羅蜜을 설하고 있다고 전하고 있다. 특히 六波羅蜜중 앞에서 빠진 忍辱덕목은 戒에, 禪定은 般若에 포함된다고 보고 있다. (대정장 27. 892a~b), 또한 有部系의 경전인 『普曜經』에서도 六波羅蜜에 方便을 추가한 七波羅蜜을 설하고 있다. (대정장 3. 483a~b) 이렇게 되면 소승에서도 六波羅蜜을 설한 것이 된다. 이 점 앞으로 구체적으로 논의할 필요성이 있을 것이나, 아무튼 소승에 없던 布施덕목의 삽입은 대승의 안정과 발전에 큰 도움이 되었음은 틀림없을 것이다.

시하고 있는데,193)

여기서 般若는 그 무엇에도 집착하지않는 空의 지혜를 가리키고, 方便은 現象의 차별상을 구분하는 지혜를 가리킨다.

따라서 이를 통해서 우리는 2-덕목의 지혜를 어머니와 아버지로 삼고 수행하겠다고 다짐한 대승불교인들의 삶, 말하자면 理와 事에 걸림없이 살려고 했던 그들의 근본 이념과 삶의 현장에서 겪어야할 실존의 철학이 무엇인지를 여실하게 알 수 있다.

第2 六(十)-波羅蜜行

바라밀다(波羅蜜多)는 산스크리트어 Pāramitā에 대한 음사어로서, "완전·최고"의 뜻을 갖는 pāram에다, "~에 가다"란 뜻을 갖는 √i의 변화형인 itā가 붙어 형성된 단어로서, 구마라집(鳩摩羅什)은 '피안에 건너가다'는 의미로, <도피안(到彼岸)>이라고 해석하였다.

한편 『대지도론(大智度論)』에는 반야바라밀(般若波羅蜜)을 <지도(智度)>라 번역하고 있으며, 『화엄경』에는 「般若는 보살의 어머니이며, 방편(方便)은 아버지이다」고 하며, 智度 곧 般若(智)와 方便(바라밀:度)을 대승보살의 중요 수행덕목으로 내세우고 있다.

六 내지 十 Pāramitā란, Pāram 곧 paradise(완전하고 최고의 경지인 이상향, 극락·피안)에 가기(√i) 위해 닦아야 할 6개 내지 10개의 실천덕목들이다.

---

193) 『維摩經』의 「菩薩以智度爲母 以方便爲父」의 구절은 『華嚴經』『大乘莊嚴經』『寶性論』등에도 나오는 일종의 名句로서, 이만큼 般若와 方便의 2-덕목은 대승불교에서 아주 중요한 역활을 담당하고 있다.

『천수경(千手經)』에는 다음과 같은 게송이 있다.

「南無大悲觀世音 願我速乘般若船 南無大悲觀世音 願我早得越苦海」

사바세계라고 하는 苦海를 빠져나가기 위해 반듯이 타고 가야 할 배, 그 것이 바로 般若라고 하는 배라는 의미이다. 『반야심경』에서는 「般若波羅蜜多 是大神呪 是大明呪」라고 하여, 반야바라밀다를 神妙한 힘을 가진 최고최상의 명약으로 추앙하고 있으며, 대승의 꽃이라 할 『華嚴經』에는

「선남자여! 보살은 반야바라밀을 母로 하고, 방편바라밀을 父로 하며, 보시(布施)바라밀을 유모(乳母)로 하고, 지계(持戒)바라밀을 양모(養母)로 하고, 인욕(忍辱)바라밀을 장엄구(莊嚴具)로 하고, 정진(精進)바라밀을 양육자(養育者)로하며, 선정(禪定)바라밀을 세탁인(洗濯人)으로 하고, 선지식(善知識)을 교수사(敎授師)로 하며, 일체보리분(一切菩提分)을 반려(伴侶)로 하고, 일체선법(一切善法)을 권속으로 하며, 一切菩薩을 兄弟로 삼고, 菩提心을 집으로 하며, 여리수행(如理修行)을 家法으로 삼고, 一切의 地를 집터로 삼고, 모든 인욕(忍辱)을 가족으로 삼고, 대원(大願)을 가훈으로 삼고, 제행(諸行)을 만족시킴을 가법(家法)으로 삼고, 권발대승(勸發大乘)으로 가업을 이으며, 법수관정(法水灌頂)을 섭하는 보살을 태자로 삼고, 보리성취(菩提成就)로 가족을 청정하게 한다. 선남자여! 보살은 이처럼 凡夫의 지위를 초월하여 보살위에 들어가 如來의 집에 태어나 부처의 종성(種姓)에 머무는 것이다」[194]

---

[194] 「菩薩摩訶薩。以般若波羅蜜爲母。方便善巧爲父。檀波羅蜜爲乳母。尸波羅蜜爲養母。忍波羅蜜爲莊嚴具。勤波羅蜜爲養育者。禪波羅蜜爲澣濯人。善知識爲敎授師。一切菩提分爲伴侶。一切善法爲眷屬。一切菩薩爲兄弟。菩提心爲家。如理修行爲家法。諸地爲家處。諸忍爲家族。大願爲家敎。滿足諸行爲順家法。勸發大乘爲紹家業。法水灌頂一生所繫菩薩爲王太子。成就菩提爲能淨家族。善男子。菩薩如是超凡夫地。入菩薩位。生如來家。住佛種性」『화엄경』(대정장 10. 438b)

고 하여, 반야(般若)와 방편(方便)을 각각 母와 父로 비유·강조하면서, 여기서 태어난 자가 다름 아닌 여래의 집에 태어 난 보살이라고 하고 있다.

곧 보시부터 지혜에 이르는 6가지-바라밀을 乳母 養母 가족 등등으로 비유하면서 바라밀의 중요성을 강조하고 있는 것이다.

한편 六-波羅蜜이 十-波羅蜜로 증폭된 데에는 『十地經』의 역할이 큰 것으로, 이 十地思想의 10이란 숫자에 맞추기위해, 수행덕목 또한 자연적으로 六에서 十으로 증폭되어 十-波羅蜜로 된 것이다.

참 고: 十地思想의 성립과 전개

대승불교의 출현으로부터 완성까지를 해명하기 위해서는 十地思想의 성립과 전개에 대한 연구의 해명이 필요하다. 그만큼 十地思想은 대승불교 연구에 있어 중요한 것이다. 十地思想의 始源은 佛典文學書인 『大事:Mahāvastu』의 十地로부터 시작되어 『大品般若經』의 十地를 거쳐 『菩薩本業經』의 十地, 그리고 『十地經』의 十地에로 점차 완성되어가고, 이것이 瑜伽行唯識學者들에 의해서는 그들이 실천해야 할 菩薩行의 德目으로서 자리잡게 된다.

이러한 전개과정을 이 분야 연구의 효시라 할 山田龍城博士의 표현을 빌리자면,

十地思想은 <本生十地> → <般若十地> → <本業十地> → <華嚴十地> → <瑜伽行十地>의 순서로 발전·전개되는 것이다.[195]

한편 이 十地思想의 전개에 있어 중요한 中心課題가 된 것이, 어떻게

---

195)「大乘菩薩道の史的硏究」『大乘佛敎成立論序說』1959. 이 외에도 十地思想史에 있어 중요한 硏究論文으로는 久野芳隆「菩薩十地思想起の起源·展開 及び 內容」『大正大學學報』제6·7輯. 1930, 水野弘元「華嚴十地說の發展」『印佛硏』1-3. 1953 등이 있다

하면 또 어떻게 해서 不退轉을 얻을 수 있고 얻어지는지가 문제가 되는 것으로, 이 문제에 최초로 답을 한 것은 『大事:Mahāvastu』의 <本生十地>로, 제 8地에 이르러 不退轉을 얻는다고 설하고 있다.

이것이 『大品般若經』의 <般若十地>에 이르러서는 無生法忍의 體得에 의해 不退轉이 얻어진다고 설해지는데, 이러한 해석은 뒤이어 『本業經』의 <本業十地>와 『十地經』의 <華嚴十地>에까지 계속 이어져 설해진다.

한편 밀교경전인 『대일경(大日經)』에는

「一切智智인 세존이시여! 당신이 지니신 지혜는 무엇을 인(因)으로 하며, 무엇을 근(根)으로 하며, 무엇을 구경(究竟)으로 하나이까? 말씀하시되, 菩提心을 因으로 하며, 大悲를 根으로 하며, 方便을 구경(究竟)으로 하는 것이다」[196]

라 하여, 보리심(菩提心)과 대비심(大悲心)을 성불원리로 삼고, 여기에 十바라밀을 위시한 여러 가지 선교방편(善巧方便: upāya-kauśalya)으로 중생을 제도하는 분이 일체지지(一切智智)인 대일여래 법신(大日如來 法身)이라고 설명하고 있다.

말 바꾸면 성불과 중생제도의 원리인 菩提心과 大悲心만 밑에 깔려있으면 그 어떤 행위도 절대적 방편이 되는 것으로, 능히 성불할 수 있고 중생 또한 제도할 수 있다고 설하고 있는 것이다. 두 경전의 말씀처럼, 方便을 아버지로 삼고, 또한 구경(究竟)으로 삼는다는 것은 자식을 길러낸 아버지가 지닌 냉철한 지혜와, 그 지혜로부터 나오는 여러 가지 선교(善巧)한 方便을 일컫는 것으로, 이러한 아버지야말로 자식을 목적지까지

---

196)「世尊 如是智慧 云何爲因 云何爲根 云何爲究竟, 佛言 菩提心爲因 大悲爲根 方便爲究竟」『대일경』 (대정장 18. 1c)

교묘하게 이끌고 갈 수 있다는 의미이다.

중생을 이끌고 苦海를 건너가야하는 보살, 곧 아버지가 지녀야 할 자질이 다름 아닌 善巧方便(upāya-kauśalya)임을 잘 나타내 보이고 있다. 이렇게 중요한 것이 방편이지만, 이 방편이 선교방편이 되기 위해선 반드시 菩提心(나=佛)과 大悲心(行佛), 곧 佛이란 자각과 일상생활속에서 佛로서의 행위가 그 밑바탕에 깔려있어야 된다는 전제조건을 달고 있는 것이 『대일경』의 해석이자, 특징이라 할 수 있겠다.[197]

5節 대승사상의 원류

第1 部派佛教로부터의 영향

<大衆部의 願生說>이 大乘의 <廻向思想>과 <行願思想>으로 발전함

중생을 利樂하게 하기위해 일부러 三惡道에 태어나기를 願한다는 <원생설(願生說)>이, 대승의 <행원사상(行願思想)> 내지는

「상래소수공덕해(上來所修功德海)　회향삼처실원만(廻向三處悉圓滿)」과 같은 대승의 <회향(廻向: Pāriṇāmanā)사상>으로 발전하였다. [198]

여기서 회향삼처(三處廻向)란 그간 닦아 얻은 수행공덕을 3곳으로 회향한다는 의미이다.

곧, 첫 번째는 번뇌장(煩惱障)을 끊어 涅槃을 얻는 데 사용하고, 두 번째는 소지장(所知障)을 끊어 菩提를 얻는데 사용하고, 세 번째는 내 이웃인 중생들을 위해 사용(衆生廻向)한다는 의미이다.

여기서 주의해야 할 점은 세 번째의 衆生廻向은 첫 번째와 두 번째의

---

197) 졸고「불교와 실천수행」『대학원연구논집』제 1집 (중앙승가대학교, 2008)
198) Pāriṇāmanā은 pāri√nam(회향하다)에서 파생된 명사이다.

번뇌장과 소지장을 모두 끊어야 가능하다는 점이다. 곧 중생들에게 회향할 수 있는 사람은 아무나 될 수 있는 것이 아니라, 福과 智의 2-자량을 많이 닦아 중생과 二乘의 암병인 번뇌장과 소지장을 완전히 끊어, 아공(我空)의 열반과 법공(法空)의 보리를 얻은 불보살만이 가능하다는 것이다.[199]

참 고: 회향사상(廻向思想)의 출현과 그 배경

<廻向思想>은 예금성(預金性)과 비양도성(非讓渡性)을 근간으로 하는 <업이론(業理論)>에다 대승의 일체법무자성공(一切法無自性空)의 <공이론(空理論)>과 상의상존성(相依相存性)의 <연기이론(緣起理論)>, 그리고 <참회이론(懺悔理論)>을 결합시켜 만들어 낸 대승불교의 새로운 이론으로, 선업(善業=如法한 삶)을 많이 닦아 예금을 많이 저축해 둔 사람(佛.菩薩)만이 남에게 양도(讓渡)할 수 있다고 주창한 이론이다.

참 고: 업이론(業理論)과 회향(廻向: Pāriṇāmanā)思想

예금(預金):여법(如法:dharma)→복(福:puṇya)→예금(預金)→양도가능

비법(非法:Adharma)→화(禍:Apuṇya)→차금(借金)→양도불가

곧, 법(dharma)대로 살았느냐, 아니냐에 따라, 양도의 가능과 불가능이 갈라진다.

* 비양도성(非讓渡性) = 자작자수(自作自受): 곧, 자기가 지은 것은 자기가 받을 뿐, 남에게 줄 수 없다는 업의 법칙임

비양도성의 業理論이 대승에 들어와 無自性空-이론과 懺悔思想이 합성

---

199) <三處廻向>: 斷煩惱障 (涅槃) / 斷所知障 (菩提) / (衆生) 廻向을 말한다. 祝願文에 나오는 「上來所修功德海 廻向三處悉圓滿」에서의 三處란 바로 이것을 말한다.

되어 양도가능의 회향(廻向)사상이 되었다. 단 아무나 회향할 수 있는 것이 아니라, 如法하게 살아 복을 많이 지은 자(불·보살)만이 남에게 회향할 수 있다는 것이 특징이다.[200] 참고를 통해 그 원리를 음미해 보자!

참 고: 진정한 참회=일체개공(一切皆空)의 체득

「罪無自性從心起 心若滅時罪亦亡 罪亡心滅兩俱空 是卽名爲眞懺悔」

(죄무자성종심기 심약멸시죄역망 죄망심멸양구공 시즉명위진참회)

(죄란 본시 자성이 없는 것으로, 마음에서 비롯되는 것이다.
그러므로 마음에서 죄가 없어지면 죄 또한 없어지는 것이다.
이렇듯 죄와 마음에서 죄가 살아져, 죄와 마음이 모두 空 해진 상
태를 일러 진실한 참회라 한다)

참 고: 진정한 참회의 공능(功能)

「百劫積集罪 一念頓蕩盡 如火焚枯草 滅盡無有餘」

(참회를 하면 백겁동안 쌓아온 수 많은 죄라 할지라도, 참회하는
순간 모두 없어진다. 마치 마른 풀이 불에 타 없어지듯, 타서 하
나도 남지않게 되는 것이다)

---

200) 櫻部建「功德を廻施するという考え方」『佛教學セミナ-』第20號, 前田泰
道「八千頌般若經におけるPariṇāmanā」

1-1 『대사(大事)』의 <본생(本生)보살의수행위-차제(修行位-次第)>가

『화엄경』의 <십지(十地)사상>으로 발전함

참 고: 『大事』의 본생보살 수행계위와

『華嚴經』의 대승보살의 수행계위 비교

	初地	二地	三地	四地	五地	六地	七地	八地	九地	十地
『大事』	難證位	結慢位	華飾位	明輝位	應心位	具足位	難勝位	生緣位	王子位	灌頂位
『華嚴經』 十地 十波羅密	歡喜地 환희지 dāna	離垢地 이구지 śīla	發光地 발광지 kṣānti	焰慧地 염혜지 vīrya	難勝地 난승지 dhyāna	現前地 현전지 prajñā	遠行地 원행지 upāya	不動地 부동지 praṇi dhāna	善慧地 선혜지 bala	法雲地 법운지 jñā

  곧 『大事: Mahā -Vastu』[201]에는,

본생보살인 석존불(釋尊佛)이 걸어온 十단계 修行位를

①난증위(難證位) ②결만위(結慢位) ③화식위(華飾位) ④명휘위(明輝位)

⑤응심위(應心位) ⑥구족위(具足位) ⑦난승위(難勝位) ⑧생연위(生緣位)

⑨왕자위(王子位) ⑩관정위(灌頂位)로 설정하여 설하고 있다.

---

201) 大衆部에서 분파된 <설출세부(說出世部)>가 편찬한 석존불의 전생담이다.

1-2 大衆部의 心性本淨說 → 如來藏思想으로,

上座部의 心性染汚說 → 唯識思想으로

곧 <大衆部의 心性本淨說>과 <上座部의 心性染汚說>이 大乘에 들어와 각각 如來藏思想과 唯識思想으로 발전하였다.

1-3 부파불교의 여러 설들이 唯識思想 형성에 기여함

Ātman없는 윤회이론을 해결하기 위해 제시된 부파의 여러 설들이 대승의 유식사상 형성에 크게 기여하였다.

곧, <정량부(正量部)와 독자부(犢子部)의 Pudgala(짐꾼)說>과 <화지부(化地部)와 대중부(大衆部)의 Vijñāna(種子)說> 그리고 <경량부(經量部)의 Saṃtati(相續)이론>들이 그것이다.

第2 불전문학서(佛典文學書)로부터의 영향

①연등불(燃燈佛)이 선혜동자(善慧童子)에게 준 수기(授記: Vyākāraṇa)가 大乘의 授記사상으로 정착하였다.

第3 힌두사상으로부터의 영향

① viṣṇu神 (힌두)이 밀교(密敎)의 법신(法身) Vairocana佛 신앙으로 발전하였다.
② viṣṇu神의 화신(化身)사상이 불교의 三身(法・報・化)思想 내지 密敎의 사종법신(四種法身)사상으로 발전하였다.[202]

---

202) 四種法身이란 自性法身・受用法身・變化法身・等流法身을 말함

6節 대승사상의 초석(礎石), 반야바라밀

『반야심경』은 <일체법무자성공(一切法無自性空)>을 설한 대승의 대표적 경전이다. 곧 「오온개공(五蘊皆空)」이란 키-워드를 통해 일체법의 무자성공(無自性空)을 설파하고있는 것이다. 五蘊이란 앞에서 자세히 설명한 바 있듯이 육신(물체)과 정신을 가진 일체존재들을 의미한다. 곧 물질이나 정신이나 할 것 없이 일체존재는 인연소생의 찰나생멸하는 空한 것임을 단적으로 표현한 말이 다름 아닌 「오온개공(五蘊皆空)」이다.

『반야심경』은 「오온개공」을 설한 후, 곧 바로 「도일체고액(度一切苦厄)」을 설하고 있다. 모든 것이 空한 것, 곧 중도(中道)임을 알게 되면, 그 순간 일체고통에서 벗어나 해탈을 얻게 된다는 말이다. 곧 일체고통으로부터의 해탈 그것은 다름 아닌 「일체법무자성공(一切法無自性空)」이라고 하는 자각에서 비롯되어 진다는 말씀이다.

『대품반야경(2만 5천송 반야경)』의 주석서인 『大智度論』은 대승의 키워드인 <空>과 <반야바라밀>, 곧 <일체법무자성공>과 <반야바라밀>을 다음과 같이 아주 멋들어지게 해설하고있다.

「諸法皆是因緣生 因緣生故無自性 無自性故無去來 無去來故無所得
無所得故畢竟空 畢竟空是名般若波羅蜜)」

『大智度論』(대정장 25. 631c, 490c)

(세상의 모든 것은 모두가 인연으로 이루어져 있다. 그러기에 자성이 없다고 하는 것이며, 자성이 없는 것이기에 거래도 없고, 거래(오고 감)가 없기에 소득도 없는 것이며, 소득이 없기에 필경공이라 하는 것으로, 필경공 이것을 일러 반야바라밀이라 하는 것이다)

「因緣所生法 我說卽是空 亦爲是假名 亦是中道義」

『中論』<24품-18송> (대정장 30. 33b)

(인연으로 생긴 것을 일러 <空>이라한다. 또 가명<假名>이라고도 한다. 이런 것을 일러 중도<中道>라 하는 것이다)

위 『大智度論』이나 『중론(中論)』의 말씀처럼, 일체제법은 모두가 인연(因緣)으로 이루어진 상대적인 것이기에 고정성이 없는 공무아(空無我)의 것, 곧 <공성(空性)>이며, 따라서 현재의 모습이나 현상은 임시적이며 일시적인 가유(假有)의 존재, 곧 <임시로 잠시 빌려온 가제(假諦)>일 뿐이다. 그리고 이와 같은 양면성을 가진 존재, 말하자면 비유비무(非有非無)이면서 동시에 이유이무(而有而無)인 존재를 일컬어 <중도적 존재(中道的 存在)>라 칭하는 것이다.

 대승불교의 키-워드는 「일체법무자성공(一切法無自性空)」이다.
일체법이란 주관계인 나(我)와 객관계인 法을 모두 포함시킨 법이라는 뜻이다. 따라서 <일체법무자성공>이란 「아공법공(我空法空)」과 같은 의미로 볼 수 있다.

 <일체법무자성공>사상은 중관사상(中觀思想)을 비롯하여 여래장사상(如來藏思想)과 유식사상(唯識思想) 등 대승철학의 뿌리이자 근간이 되었다. 곧 모든 대승불교사상은 <일체법무자성공>을 기초로 해서 만들어 낸 사상인 것이다.[203]

구체적으로 설명하면,
中觀思想은 일체법의 공성(空性), 곧 일체법의 연기성(緣起性)을 공(空)=가명(假名)=중도(中道)로 확대 해석해 놓은 이론이고,

---

203) 대승불교 뿐만 아니라, 초기불교도 마찬가지다. (諸行無常·諸法無我). 아니 불교 그 자체가 공성을 기반으로 하고있는 종교이다.

唯識思想은 空性에 근거한 가유(假有)의 세계를 식(識)을 중심으로 정리해 놓은 이론, 말 바꾸면 제법(諸法)은 개공(皆空)인데 왜 현실적으로는 有인 것처럼 보이는 것인지, 또 그러한 가유(假有)의 세계는 왜 진실된 것처럼 보이는 것인지, 그리고 어떻게 하면 진실된 세계로 거듭날 수 있는지 등등을 識의 허망성(虛妄性)과 관계 지어 설명한 이론이고,

如來藏思想은 「객진번뇌 자성청정(客塵煩惱 自性淸淨)」이라는 명제(命題)를 통해, 우리들의 일상생활 속에서 끊임없이 맴 돌고 있는 번뇌는 내 것도 아니고 또 어떤 실상이 있는 영원불멸한 것이 아니라 客(손님)이 갖다 버린 일시적인 쓰레기(空性)에 불과한 것이며, 따라서 그것만 치워 버리면 본래의 청정한 본성을 되찾을 수 있다고 주장하는 이론이다.

참 고: 자성(自性: sva-bhāva)

 자기만이 갖는 고유의 성질을 자성(自性: sva-bhāva)이라 한다.
다시 말해 언제 어디서나 자기 이외 그 어떤 다른 것을 필요로 하지도 않고, 설사 관계를 갖는다 해도 한순간도 자기의 고유성을 잃지 않고 보지(保持)하는 성품을 말한다. 세상에 이런 것은 없다. 모든 존재가 상의상존하며 사는 연기의 존재인데, 어떻게 이런 것이 존재하겠는가? 그래서 無自性(niḥsva-bhāva)이라 한 것이다.

(강 설) 멍청한(?) <智慧第一> 사리불 존자

 有部(설일체유부)는 「삼세실유 법체항유(三世實有 法體恒有)」라 하여, 모든 法에는 나름대로의 고유의 성질인 自性이 있다고 주장하였다. 그것도 과거 현재 미래의 三世에 걸쳐서 존재하는 것이라고~, 그래서 명색이 <智慧第一>이라고 하는 사리불(舍利弗: Śāripurta)존자가

대승보살인 관자재보살에게 야단을 맞고있는 것이다.

'一切法無自性空'인데, 도대체 五蘊이 **어디있으며**, 六根·六境·六識 심지어 四聖諦 12緣起가 어디 있느냐면서~, 無無無~ (없어 없어 없는 것이야~) '一切法은 無自性'한 것이야 이 멍청한(?) 작자야!~ //

대승경전의 꽃으로 많은 이들로부터 사랑을 받고 있는 『법화경(法華經)』도,

「如來知是一相一味之法 所爲 解脫相 離相 滅相 究竟涅槃 常寂滅相 終歸於空」처럼,[204]

공성(空性)을 근거로, 「유유일승 무이무삼(唯有一乘 無二無三)」과 「회삼귀일(會三歸一)」을 부르짖으며 모든 중생의 성불을 주창하고 있으며, 모든 존재들을 불성화(佛性華)로 보고 이러한 불화(佛華)로 장엄이 된 세계가 바로 우리들이 살고 있는 연화장세계(蓮華藏世界)임을 주창한 『華嚴經』 또한,

「眞性甚深極微妙 不守自性隨緣成 一中一切多中一 一卽一切多卽一 一微塵中含十方 一切塵中亦如是」란

<法性偈>의 게송이 보여 주듯, 空性인 연기성에 근거하여 法界에 존재하는 모든 존재들의 상즉상입(相卽相入)이론인 <법계연기론(法界緣起論)>을 내세우고 있다.

---

204) 『法華經』 <藥草喩品> (대정장 9. 19c)

참 고: 大乘經典의 成立史

제 1期 大乘經典 / A.D 100년以前 成立經典

六波羅蜜經205)   →   三品經206)   →   法華經

大智度論에 인용됨 / 普賢行願中 ④懺悔 ⑤隨喜 ⑥勸請에 해당 / 會三歸一

― 佛乘 /

久遠實成

釋迦本佛

제 2期 大乘經典 /A.D 100年~150年頃 成立經典(支婁伽讖/支謙의 활약)207)

道行般若經208) →阿閦佛國經209) →維摩經210) →般舟三昧經211) → 無量壽經.阿彌陀經.觀無量壽經

---

205) 『六波羅蜜經』은 현존하지 않아, 성립년대는 확실하게 알 수 없으나, 서기 1세기경 성립이라 추정되는 『遺日摩尼寶經』에 인용되어있어, 서기 1세기 이전의 성립으로 본다. 『반야바라밀경』은 『六波羅蜜經』의 후속의 성립으로 보는 것이 일반적 견해이다.

206) 『三品經』역시 현존하지 않아 확실한 내용은 알 수 없으나, 서기 1세기 이전의 성립으로 보는 『法鏡經』에, 이 경이 懺悔 隨喜 勸請을 설하는 일종의 참회경이라는 설명이 있다. 『三品經』의: 三品은 『화엄경』(普賢行願品中 제4 懺悔 제5 隨喜 제6 勸請에 해당되는 것으로, 隨喜: 猜忌 嫉妬를 버리고, 一切衆生들이 지은 功德을 내(佛)가 지은 功德이라 생각하고 함께 기뻐하는 것이며, 勸請: 모든 衆生들을 佛·菩薩로 알고, 그들이 행하는 三業行爲가 나를 成佛로 이끌어주는 妙藥으로 알고 받든 것이다.

207) 역경시기: 支婁伽讖(146~189년)은 중국에 들어와, 대승경전 14부 27권을 번역하였으며, 支謙은 (222~253)간에 걸쳐 36부 48권을 역출했다.

208) 『道行般若經(10권)』은 小品인 8천송반야경계의 경전으로, 현장역 『대반야경(600권/16회)』의 제 4회에 해당된다.

209) 아축(阿閦: Akṣobhya)경에는, 一切智와 正覺을 얻을 때까지 그 어떤 진애의 마음도 일으키지 않겠다는 서원을 세웠으므로, 그래서 그 이름을 아축(阿閦: Akṣobhya)이라 하고, 淨土인 그곳을 묘희(妙喜: Abhirati)세계라 한다고 설하고 있다.

210) 『維摩經』에는 <見阿閦佛品>이란 품까지 둘 정도로, <아축불신앙>을 설하고 있다. 유마거사가 본래 아축불이 개척한 묘희(妙喜: Abhirati)세계의 사람이라는 설도 있다. 『유마경』은 제법개공(諸法皆空)을 설하는 반야경계통의 경전이다. <유마의 一黙>이라 회자되는 <不二法門>으로 유명해진 경전, 그것이 『유마경』이다.

211) 『반주삼매경(般舟三昧經)에 「菩薩於是間國土聞阿彌陀佛。數數念。用是念故。見阿彌陀佛。見佛已從問。當持何等法生阿彌陀佛國。爾時阿彌陀佛。語是菩薩言。欲來生我國者。常念我數數。常當守念。莫有休息。如是得來生我

(阿閦佛信仰) (Akṣobhya信仰)　　(見阿閦佛品) / (阿彌陀佛信仰)　　　　　(淨土三部經)212)

　　　　不動·嗔心용어 보임) /　　　　　prati-utpanna-samādhi

支婁伽讖 譯 支婁伽讖 譯　　　支謙譯　　　　支婁伽讖 譯　　　　支謙 譯

→　　兜 沙 經　　　→　　　菩薩本業經　　　→　　首楞嚴三昧經213)

(華嚴經 如來名號品　　　　(華嚴經 十地品)　　　　(文殊經典임)

에 해당)　　　　　　　에 해당)　　　　sūram-gama-samādhi

支婁伽讖 譯　　　　　　　支謙譯　　　　　　　支謙譯

國」(대정장 13. 905b)라 하여, 아미타불의 이름을 듣고 계속해서 稱名한 공덕으로 아미타불을 친견하게 되고, 이에 더 나아가 아미타불의 국토에 태어나기 위한 방법을 묻자, 아미타 부처님께서 <반주삼매>에 든 후, 쉬지 않고 아미타불을 칭명하면 아미타불국에 태어날 수 있다고 말씀하신다.

212) 『無量壽經』·『阿彌陀經』·『觀無量壽經』을 淨土三部經이라 한다. 이들 3 경전의 성립순서는, 일반적으로 『無量壽經』·『阿彌陀經』·『觀無量壽經』으로 되어 있으나, 平川彰 같은 대학자는 『阿彌陀經』이 『無量壽經』보다 먼저 성립되었다고 보기도 한다.
『반주삼매경(般舟三昧經: prati-utpanna-samādhi』)은 prati(아미타불을 향해), utpanna(가까이 다가서다)의 의미로서, 경이 설하는 <관불삼매(觀佛三昧)>와 관계가 깊다. 『觀無量壽經』은 <淸淨業處觀>과 『반주삼매경』의 <觀佛三昧>, 여기에 『무량수경』의 <자비의 아미타불>신앙이 결합된 신앙이라 보여진다. <정토삼부경>중 특히 법장비구의 48원과 아미타불의 본원(本願)을 설하는 『無量壽經』이 인기가 많다. 어떤 어려운 수행도 하지않고 그냥 아미타불의 本願만 믿고 <나무아미타불>을 염송하면 죄를 많이 지은 자라도 극락왕생할 수 있다는 이행도(易行道=정토)의 신앙 때문이다. 이행도(易行道)란 온갖 고행과 정진을 요구하는 난행도(難行道), 곧 俱舍 唯識을 비롯 華嚴과 禪수행과 대비되어 나온 말이다.
이러한 여러 상황들을 통합해 미루어 볼때, 아미타불신앙은 서기 1세기경 (서)북인도에 이미 존재하고 있었다고 추찰된다.

213) 『首楞嚴三昧經』은 支婁伽讖(147~186년)譯이 있었지만, 현존하지 않고 支謙 (223~253)譯만이 현존한다. 首楞嚴三昧(sūram-gama-samādhi)란 菩薩十地 인 法雲地에서 얻어지는 삼매로 알려져 있다. 목적을 세운 후(sūram), 그곳을 향해 끊임없이 전진하는(gama) 용맹견고삼매이다. 『대품반야경』<大乘品>이 설하는 108삼매중 첫 번째 등장하는 삼매로서, 제十地인 法雲地에서 얻어지는 삼매이다. 『반야경』내지 『화엄경』과도 관계 깊은 경전이다.

제 3期 大乘經典 / A.D 150년以後~A.D 200年頃 成立經典

大智度論[214] →五部大乘經[215] <600권大般若經[216]・華嚴經・大寶積經[217]

(2만5천송 般若經의   大集經[218]・涅槃經[219]>   (不動如來會있음)

주석서로, 唯識・如來藏에

대한 관련경전은 보이지않음)

제 4期 大乘經典 / A.D 400년頃 成立

如來藏係經典(如來藏經[220]→不增不減經[221]→勝鬘經[222]→寶性論[223]→佛性論[224])

---

214) 『大智度論』은 『十住毘婆沙論』과 함께 龍樹(150~250)의 저작이라 알려져 왔지만, 30여년전 부터 龍樹 著述(?)에 대해 의문시 되고 있는 논이다. 아무 튼 『大智度論』과 『十住毘婆沙論』에는 <如來藏><佛性><如來種姓>이란 언급 이 없다.

215) 『개원석교록(開元釋敎錄)』이 이들 5개의 대승경전을 일러, <五部大乘經> 이라 칭하였다(대정장 55. 591b)

216) 『般若經』계의 경전성립사를 살펴보면, 『小品般若(8천송)』→『大品般若(2만5 천송)』→『十萬頌般若』→『般若心經』→『金剛般若經』→응용반야(『仁王護國般若 經』→『理趣般若經』)→『大般若經(600권):660~663년에 譯出됨)/ 16회로 이루 어진 『大般若經』(600권)은 이중 초회로부터 10회까지는 선행하는 異譯經典 을, 11회부터 16회까지는 新譯의 單本이 들어있다. 특기할 것은 초회로부터 10회까지의 <이역경전 群>에는 전체 600권 가운데 무려 전체의 90%를 넘는 565권이나 수록되어있다는 점이다.

217) 『大寶積經』(49회,120권): 어느 한사람에 의한 번역이 아니라, 竺法護를 비 롯 여러 사람들이 번역한 것을 菩提流志가 모아, 그 위에 부족한 부분을 보 역(補譯)하여 완성한 것이 현존의 『大寶積經』(49회,120권)이다. 하지만 이 경 이 언제 어디에서 편집되었는지는 확실하지 않다.

218) 『大集經』(17품, 60권): 승취(僧就)가 586년에 편집하였다. 서역의 遮拘迦 國에 본 경이 있다는 소문을 듣고, 그것을 얻어 집록하였다고 전해진다(대정 장 55. 285b~c). <如來藏>이란 역어는 보이지 않으나, <客塵煩惱><自性淸 淨>이란 역어는 보임

219) 『涅槃經』은 法顯譯의 <南宋 열반경(36권)>과 曇無讖譯의 <北宋 대반열반 경(40권)>이 대표적으로, 이 외에도 축법호의 『方等般泥洹經』을 비롯, 많은 이본(異本)들이 있다.

220) 『여래장경(如來藏經)』은 <佛陀跋陀羅>가 번역(409~429년)한 『大方等如來 藏經(1권)』과 不空三藏이 번역한 『大方廣如來藏經(1권)』이 현존한다. 3세기 중엽의 성립으로 추정된다

221) 『不增不減經(1권)』은 菩提流志가 520~524년에 번역한 漢譯만이 존재한다. 3세기 이후 성립으로 涅槃四德(常樂我淨)이 언급되고 있음

222) 현존하는 『승만경』은 求那跋陀羅가 436년 번역한 『勝鬘獅子吼一乘大方便

唯識系經典(解深密經225)→大乘阿毘達摩經226)→瑜伽師地論227)→大乘莊嚴經論228)→

攝大乘論229) → 唯識二十論 → 唯識三十頌 → 攝大乘論釋(진제)230)

方廣經(1권)』과 菩提流志가 번역한 『勝鬘夫人會』의 2가지 이다. 所知障의
개념으로 <無明住地>란 개념을 사용함.

223) 『寶性論』의 본래 경명은 『究竟一乘寶性論』이다. 『如來藏經』『不增不減
經』『勝鬘經』등의 경구들이 『寶性論』에 인용되어 있어, 여래장사상의 연구
발전에 획기적인 역할을 하였다. 유식논서인 『大乘莊嚴經論』이 인용되고 있
으나, Ālaya識이나 三性說의 개념은 설해지고 있지않다.

224) Ālaya識과 三性說의 개념과, 한편으로는 佛性과 如來藏, 一切衆生悉有佛
性과 一切衆生皆成佛을 주장하면서도, Ālaya識과 佛性(如來藏)과의 상호관계
는 언급하고 있지 않다.

225) 『解深密經』은 유가행유식사상을 설한 최초의 경전으로, 514년 菩提流志가
번역한 『深密解脫經(5권)』과 647년 현장 번역의 『解深密經(5권)』이 현존한
다. 티베트本이 발견되었지만 산스크리트 원본은 아직 발견되지않고 있다.

226) 『大乘阿毘達摩經』은 『解深密經』과 동시대에 성립한 경전으로, 安慧의 『唯
識三十頌釋』과 진제(眞諦)삼장의 『攝大乘論釋』에 「阿毘達摩經에서 말하기를
云云~」하고 인용될 정도이다. 특히 「無始時來界 一切法等依 由此有諸趣」의
게송은 유식사상사에 있어 아주 중요한 역할을 하였다. 또 유식이론을 총섭
하여 이를 정통의 대승불교화 하는데 큰 역할을 한 『攝大乘論』이 『大乘阿毘
達摩經』<섭대승품>의 주석서라는 점에서 볼 때, 이 경이 얼마나 중요한 가
를 알 수 있으나, 안타깝게도 유실되어 현존하지 않는다.

227) 『瑜伽師地論(100권)』은 그 성립이 복잡할 뿐만 아니라, 著者도 결정하기
어렵고, 또 그 분량도 많아, 한번에 성립한 것이 아니라 교리의 발달에 따라
점차 증폭된 것으로 보여진다. 곧 범본과 티베트본에는 저자를 무착(無着)으
로 하고 있지만, 한역에서는 미륵(彌勒)으로 되어있다. 모두 5부로 구성된 것
으로, 이중 성문지(聲聞地)와 보살지(菩薩地)가 들어있는 제1부 본지분(本地
分: 1권~50권)이 중요하다. 특히 菩薩地는 414~433년간에 이미 <담무참(曇
無讖)>에 의해 『보살지지경(菩薩地持經)』으로 역출된바 있다.

228) 『大乘莊嚴經論』은 大乘의 꽃(장엄)이라는 의미로 대승사상을 설하는 논이
나, 그 속에는 <自性淸淨> <如來藏>이라는 如來藏的 용어 이외에 <Ālaya
識> <三性說> <五位> 등 유식경전의 용어들이 모두 보이고는 있으나, 상호
의 관계에 대해서는 설하지 않고, 긍극적으로 唯識思想을 통해 대승사상을
섭하려는 의도가 강한 논이다.

229) 『攝大乘論』은 대승사상을 모두 섭하고 있는 사상이라는 의미를 지닌 논으
로, <自性淸淨> <如來藏>이라는 용어 이외에 <Ālaya識> <三性說> <五位>
등 여래장경전과 유식경전의 용어들이 모두 보이고는 있으나, 긍극적으로는
唯識思想을 통해 대승사상을 섭하려는 의도가 강한 논이다.

230) 『大乘阿毘達摩經』의 「無始時來界 一切法等依 由此有諸趣」의 게송을 인용하
고 있으며, 如來藏과 Ālaya識 그리고 轉依의 결과로서 Amala識을 설하고
있다

제 5期 大乘經典 / A.D 500년초 成立 / 500년 중엽이후 성립

→ 金光明經231)   →   楞伽經232)   →   大乘起信論

如來藏/唯識/三身說   <Lankāvatara(入大乘)-sūtra>   (唯識과 如來藏 兩 思想을

　　　　　　　　　 (唯識과 如來藏 兩 思想을   同一視 함

　　　　　　　　　 綜合해 보려는 試圖가 보임) 一心=眞(如來藏)妄(識)和合識

---

231) 『金光明經』은 한역본으로, <曇無讖>이 414~433년간에 번역한 『金光明經
　　 (4권 18품)』이 최초로, 552년 <眞諦三藏>이 여기에 <分別三身品>을 비롯한
　　 3품을 추가하여 증폭시킨 『金光明經』(7권 22품), 597년 <寶貴>가 추가하여
　　 만든 『合部金剛明經(8권 24품)』, 703년에 <義淨>이 번역한 『金剛明最勝王經
　　 (10권 31품)』등이 있으며, 싼스크리트 원전을 비롯 Tibet譯도 3가지 譯이 현
　　 존한다. 追加된 품인 <分別三身品>은 Tibet譯도 남아있을 뿐만 아니라, 『대
　　 승장엄경론』과 『寶性論』의 如來藏說과 그 내용이 一致하여, 그 성립을 500
　　 년경까지로도 본다.
232) 『楞伽經』은 <求那跋陀羅> 번역의 4권본이 가장 오래된 古本으로, 중국 초
　　 기선종에 큰 영향을 미쳤다. 自性淸淨心·如來藏·Ālaya識 등의 용어와 『勝
　　 鬘經』『大雲經』『앙굴리마라경』등 으로부터의 인용구가 설해지고 있어, 이
　　 경이 여래장사상과 유식사상의 영향을 받은 것으로 추찰된다. 곧 如來藏과
　　 Ālaya識을 동일시 하는 등 『大乘起信論』과 공통점이 많아 『大乘起信論』 성
　　 립에 도움을 준 것으로도 보인다. 공사상과 여래장사상을 활용하면서 유식사
　　 상에 방점을 찍기위해 제작된 것이 아닐까 라는 생각이 든다. 如來藏에 대해 설하고 있는 내용
　　 을 보자. <一切法集品>에는 「여래장은 自性明淨(prakṛtiprabhāsvara)한 것으로, 淸淨
　　 (viśuddhi)하다.
　　 그런 까닭에 본래 淸淨(ādviśuddha)하다고 설한다. 또 그것은 32상을 身內
　　 에 갖추고 있으며, 마치 더러운 옷(垢衣)에 쌓여있는 摩尼寶珠처럼, 비록 탐
　　 진치의 허망분별의 더러움에 오염되어 있기는 해도 常住(nitya)·堅固
　　 (dhruva)·寂靜(śiva)·不變(śaśvata)한 것으로, 外道가 설하는 ātman과는
　　 전혀 다르다」(LAS 77.15-78.3)라 하여, (垢衣속의 마니보주의 비유)는 『如來
　　 藏經』과, (상주·견고·적정·불변의 四句)는 『不增不減經』과 『勝鬘經』의 설
　　 과 동일한 내용을 설하고 있다. 또 <刹那品>에는 「如來藏은 善과 不善의 因
　　 이며, 一切의 生과 趣의 作者이다. 곧 無始時來의 종종의 習氣에 머물면서
　　 無明習氣로부터 소생한 7識과 함께 作用하지만, 無常性의 過失에서 벗어나
　　 있으며, ātman論을 止滅한 것으로, 그 本性이 究竟淸淨하다」라 하여, 如來
　　 藏을 輪回의 依持處로 삼고 있으나, 이는 『勝鬘經』으로부터의 설이다. 이처
　　 럼 『楞伽經』은 『승만경』을 비롯한 여래장계 경전을 인용하면서도, 한편으로
　　 는 『勝鬘經』이 설한 <自性淸淨心>과 <心의 刹那滅>이란 難題를 <Ālaya識>
　　 설을 도입하여, 『寶性論』조차도 풀어내지 못한 난제를 <如來藏=Ālaya識>으
　　 로 회통시켜 풀어냈다. 여기에 『楞伽經』의 공적이 있는 것으로, 이후 『大乘
　　 密嚴經』과 『大乘起信論』이 『楞伽經』의 설을 계승한 것으로 사료된다.

제 6期 大乘經典 / A.D 600年頃 成立

　　密敎經典 (大日經 → 金剛頂經)

참 고: 용수 · 구마라집의 저서와 如來藏

『大智度論』은 『십주비바사론(十住毘婆沙論)』과 함께 <龍樹(150~250): 宇井伯壽說>의 저작이라 알려져 왔지만, 30여년전 부터 龍樹 著述에 대해 의문시 되고 있는 논이다.

　아무튼 『大智度論』과 『十住毘婆沙論』에는 <如來藏> · <佛性> · <如來種姓>이란 언급이 없다.

　한편 420년 『華嚴經』(60권)을 역경한 <佛陀跋陀羅>에 조금 앞서 역경 불사에 뛰어들어 중국불교사에 큰 업적을 남긴 <鳩摩羅什(譯經年度: 401년~413년)>의 저서에도 <如來藏> · <佛性>이란 언급은 보이지 않는다.[233]

참 고: 현장(玄奘)三藏에게 주어진 사명

『楞伽經』 · 『大乘起信論』의 시대에 들어서면, <如來藏>과 <Ālaya識>을 同一視 하는 경향이 보이기 시작하는데, 현장은 唯識說에 대한 이러한 如來藏的 해석에 반기를 들고, 7세기 초 인도의 唯識說 전승을 근거로, 이러한 해석은 無着과 世親의 眞意가 아님을 실증하려고 노력하였다. 곧 현장의 法相 唯識宗이 유식체계에서 如來藏說을 차단시켜 고개를 들지 못하게 한 것도 바로 이러한 현장의 사상 때문이었다.

---

233) 후진(後秦)왕 요흥(姚興)은 401년 구마라집(344년~413년)을 국사(國師)로 예우하고 서명각(西明閣)과 소요원(逍遙園)에서 경전을 번역하게 하였다. 구마라집은 57세인 401년부터 69세인 413까지 약 12년간에 걸쳐, 대품반야경(大品般若經)·법화경(法華經)·금강경(金剛經)·유마경(維摩經)·아미타경(阿彌陀經)·미륵하생성불경(彌勒下生成佛經)·좌선삼매경(坐禪三昧經)·대지도론(大智度論)·성실론(成實論)·중론(中論)·십이문론(十二門論)·백론(百論)·십송률(十誦律) 등 무려 35종 294권의 경전을 번역하였다.

참 고: 대승에서 밀교로

밀교는 대승불교에 뒤이어 탄생된 종파이기에, 그 교리는 자연히 대승불교와 깊은 관계를 가지지 않을 수 없었다. 곧 밀교사상은 대승불교철학인 중관사상을 기본으로 하면서도 한편으로는 여래장사상과 유식사상 또한 받아드렸던 것이다.

다시 말해 밀교사상 가운데 태장계(胎藏界) 만다라의 근거가 된 『대일경(大日經)』은 중관사상과 여래장사상의 영향 속에서 이루어진 경전이며, 또 금강계(金剛界) 만다라의 근거가 된 『금강정경(金剛頂經)』은 유식사상의 영향을 받고 탄생된 경전이다.

말하자면 밀교는 대승불교의 모든 교리와 힌두사상을 수용하되, 그것을 액면 그대로 받아드린 것이 아니라, 한 단계 레벨업 시켜 발전시켰던 것이다. 곧 밀교는 힌두교의 viṣṇu神과 그의 化身개념을 대승불교의 여래장사상 내지는 法身개념에 접목시켜, 十方三世에 편만하여 모든 존재 속에 內在되어있다고 보는 virocana 法身佛사상을 잉태해 내었고, 또 유식의 四智개념을 발전시켜, 五方·五部·오대(五臺)·五佛·五智 등의 신개념을 만들어 내었다.

7節 대승경전과 그 중심교리

第1 『반야경(般若經)』

『般若經』은 대승불교 경전중 제일 먼저 제작된 경전이기에, 여기에는 大乘佛教의 理念을 비롯한 修行德目과 目標가 설명되어 있다. 따라서 대승불교의 전체상은 물론, 특히 大乘 初期의 교단상항이나 교리를 이해하는데 있어 『般若經』은 없어서는 아니 되는 필수적 경전인 것이다.[234]

참 고: 마하연 (摩訶衍=大乘)

대승(大乘)이란 말은 본래 마하연(摩訶衍=Mahāyāna)으로부터 유래된 말로, <대정장 권8, 반야부 4>에 수록되어있는 경전들은 대부분이 대승이란 표현 대신 마하연(摩訶衍)이란 표현을 많이 사용하고 있다. 예를 들면, 『小品般若經』 539b, 『道行般若經』 428a, 『放光般若經』 20c, 30c, 182c, 184c, 204c와 『大品般若經』 247b~c259c등에서 마하연이란 표현을 쓰고 있다.[235]

참 고: 선남자(kula-putra) / 선여인(kula-duhitṛi)

본래 선남자(善男子)와 선여인(善女人)이란 말은 불교 독자적인 말이 아니라, 일반 인도사회에서 양가(良家)의 자녀를 가리키는 말로 쓰였던 말이다. 이에 편승하여 佛家에서도 불교에 입신(入信)한 남녀를 가리켜 좋은 집안 출신이라는 의미로 선남자 선여인을 사용하였다.

곧 <아함이나 니카야 등의 원시경전>에는 출가하여 비구(比丘) 비구니

---

234) 『般若經』은 『八千頌般若』(小品)에 뒤이어 『二万五千頌般若』(大品)이 제작되고, 뒤이어 『十萬頌般若』가 제작되었다고 보는 것이 일반적 견해이다
235) 山田龍城 『梵語佛典の研究』 pp. 224~225

(比丘尼)가 되기 이전의 남녀를 가리켜 <선남자 선여인>이라 부르고, 출가후에는 長老나 長老尼라고 불렀다.

 한편 <대승경전>에 오면 <원시경전>때보다 더 자주 쓰이게 되는데, 6-바라밀을 수행하는 차원 높은 수행자들은 보살(bodhisattva)이라 부르고, 그저 공양·수지·독송 등의 일상수행을 하는 재가의 남녀-수행자들에게는 각각 선남자(kula-putra) 선여인(kula-duhitṛi)이라 불렀다.
곧 선남자 선여인의 재가불자중 공양.경권 수지등의 일상수행을 넘어, 성불하겠다는 목표를 세우고 6-바라밀을 수행하는 자가 되면, 그때부터는 그들에게 보살이란 호칭을 사용했던 것 같다. 그리고 이러한 경향은 『대아미타경』제작 이후, 곧 소품반야경인 『道行般若經』의 제작시기가 되면, 그때부터 대승불교라 칭하고, 선남자 선여인으로 불리던 일반 재가불자도 <보살>이라 불렀던 것 같다.[236)]

참 고: 『般若經』系 경전의 성립순서[237)]

『般若經』의 성립역사에 대해서는 <小品系>가 먼저이고, <大品系>는 그것의 발전형태로 보는 것이 학계의 일반적 견해이다. 곧 그간 單純→複雜, 또는 복잡→단순이니 하여, 여러 학설이 등장했으나, 현재는 단순한 것에서 복잡한 형태로 발전했다고 보는 것이 대세이다. 그렇다고 보면 179년에 지루가참(支婁迦讖)이 역출한 소품반야인 『道行般若經』이 현존하는 最古의 『般若經』이 되는 셈이며, 이중에서도 제 1품인 <道行品>이 『般若經』係의 原初型이 되는 셈이다.[238)]

---

236) 平川彰『初期大乘佛敎の硏究』春秋社
237) 三枝充悳「般若經成立」『講座大乘佛敎』2 <般若思想>
238) 三枝充悳「般若經成立」『講座大乘佛敎』2 <般若思想>

『般若經』의 성립순서를 보면,

小品般若(八천송)239)→大品般若(2만5천송)240)→10만송반야241)→金剛般若242) →
　　道行般若　　　　　光讚般若・放光般若

仁王般若243)　→　理趣般若244)　→　般若心經　→　大般若經(600권)

참 고: 『金剛般若經』의 비밀 / <금강경도 식후경>

일반적으로 『金剛經』이라 불리우는 『金剛般若經』은 많은 비밀을 지닌 경전으로, 경전성립년도를 비롯 그 내용에 대해서 오래전부터 관심의 대상이 되어왔다.

먼저 내용부터 살펴보면, 대승경전인 『金剛經』은 경의 중심이 <一切法無自性空>에 놓여있음에도 불구하고, 어쩐 일인지 大乘이라든지, 空이란 단어가 전혀 보이지 않고, 거기다 문장도 너무 간결하고, 경 전체가 부정적 표현과 역설적 수사법으로 가득 차 있어, 언듯보면 무언가 완숙미가 떨어진 초보적인 느낌이 들기 때문이다.

이런 이유로, 한때는 이 경을 가장 오래된 最古의 반야경이라 취급하고, 경전의 성립도 『金剛般若經』 → 『阿閦佛國經』 → 『小品般若』의 순으로 정하여, 『金剛經』을 原始大乘經典으로 취급했던 때도 있었다.245)

---

239) 『大般若(600권)』의 제4회 내지 5회에 해당함.
240) 『大般若(600권)』의 제2회에 해당함.
241) 『大般若(600권)』의 初會에 해당함.
242) 『大般若(600권)』의 제 9會에 해당함.
243) 『仁王般若經은』 『大般若(600권)經』에 포함되어 있지 않은 독립경전이다. 이러한 이유로 『仁王經』의 제작을 인도가 아닌 중국으로 보는 견해가 일반적이다. 『인왕경』에는 구마라집이 번역한 『인왕반야바라밀경』과 밀교삼장인 불공(不空)이 번역한 『인왕호국반야바라밀다경』이 있다.
244) 『大般若(600권)』의 제 10회에 해당함.
245) 靜谷正雄 『初期大乘佛敎の成立過程』 白華苑, 1974년

그러나 지금은 오히려 위에서 보인 <경전성립사의 도표>처럼, 小品과 大品 그리고 10萬頌을 거쳐 그 직후에 성립된 경전이라고 본다.

그 이유는 "우리는 아비달마(小乘)가 아닌 마하야나(大乘)불교로, 반야와 바라밀을 케치프레이즈로 삼는 불교이다"라 하며 새로이 출현한 대승불교집단에 대해, 그간 소승인 <아비달마불교>를 신봉하던 수많은 불자들이 아비달마를 버리고 <大乘>쪽으로 몰리자, 교세가 약해져 위기의식을 느낀 소승 부파인들이 신도들을 모아놓고, "<마하야나>니 <空>이니 하며 떠드는 자들은 정통의 부처님법을 이어받지 않은 이단(異端=大乘非佛說)집단이니, 그곳에는 가지도 말고, 또 그러한 말이 적혀있는 책자는 읽지도 말라"는 말로 현혹시키자, 이에 신도들이 그들의 말을 믿고 가지도 읽지도 않으니, 여기서 대승쪽에서 고민하다가 교묘하게도, 空도 大乘이란 말도 넣지않고, 그러면서도 공사상과 대승사상을 설하는 새롭게 만든 경전이 바로 『金剛經』이기 때문이다.

진짜로 『金剛經』을 보면 空이란 말도 大乘이란 말이 한번도 보이지않는다. 그러면서도 공사상과 대승사상을 설하고 있는 경전이 『金剛經』이다. 정말 신기할 정도이다.

한편 佛家에서는 "금강경도 식후경"이란 말을 사용한다. "금강산도 식후경"이 아니라~ 그 이유는 경의 첫구절에

「如是我聞。一時佛在舍衛國祇樹給孤獨園。與大比丘眾千二百五十人俱。爾時世尊食時着衣持鉢入舍衛大城乞食。於其城中次第乞已。還至本處飯食訖。收衣鉢洗足已敷座而坐(중략)世尊。善男子善女人。發阿耨多羅三藐三菩提心。應云何住云何降伏其心。佛言(중략)汝今諦聽。當爲汝說。善男子善女人。發阿耨多羅三藐三菩提心。應如是住如是降伏其心」[246]

라 하여, 부처님과 제자들이 차제(차례대로)로 걸식을 마친후, 숙소인 本處 기원정사에 돌아와 공양을 드시고 난 食後(飯食訖)에, 금강경을 설 하셨기에 유래된 말이다.

참 고: 『仁王般若經』과 仁王山

『인왕반야경』의 본래 이름은 『인왕호국반야바라밀다경』이다.

여기서 인왕호국(仁王護國)이란 의미는 나라를 잘 지키고 백성을 안락 하게 하는 임금, 그런 왕이 어진 임금(仁王)이며, 이렇한 인왕이 되기위 해서는 올바른 통치 내지는 정치이념을 지니고 있어야 된다고 가르치는 경전이 『인왕호국반야바라밀다경』이다.

그렇다면 불교는 <호국인왕>이 지니고 있어야 정치이념 내지는 통치이 념의 덕목들을 무엇이라 보고 있었을까?

<般若>란 정치이념과 <波羅密多>란 통치덕목을 가지고 정치와 통치를 해야 나라도 부강하고, 백성도 평안히 사는 <護國仁王>이 될 수 있다고 하는 것이 이 경의 메시지이다. 『인왕반야경』第五 <護國品>에는

「一切國土若欲亂時。有諸災難賊來破壞。汝等諸王應當受持。讀誦此般若 波羅蜜多。嚴飾道場置百佛像。百菩薩像百師子座。請百法師解說此經(중 략)若未來世諸國王等。爲欲護國護自身者。亦應如是受持讀誦解說此經。 說是法時無量人衆得不退轉。阿修羅等得生天上。無量無數欲色諸天得無 生忍」[247]

라 하여, '나라의 온 국토가 재난과 여러 도적들로 인해 혼란이 있다면,

---

246) (대정장 8. 748c~749a)
247) 『인왕반야경』 (대정장 8. 840a~c)

왕은 반드시 백분의 佛·菩薩님들을 모셔놓고, 백분의 큰스님들을 청하여, 반야바라밀경을 독송해야 한다. 만일 미래세에 나라도 잘 지키고 王자신도 잘 지키려면, 반드시 백분의 큰 스님들을 모시고, 이 반야경을 수지·독속한 후에 법문을 들어야 한다.

이렇게 한다면 무량한 백성들은 퇴전하는 일이 없을 것이며, 아수라를 비롯 지옥에 떨어진 자들이라도 모두 하늘에 태어나며, 욕계와 색계의 무량한 天들도 모두 무생(無生)을 얻게 될 것이다'라 하고 있다. 또

제六 <不思議品>에는

「此般若波羅蜜多。是諸佛母諸菩薩母。不共功德神通生處。諸佛同說能多利益。是故汝等常應受持」[248]

라 하여, <般若波羅蜜>은 모든 부처님과 보살님들을 낳은 어머니(母)이기에, 二乘과는 비교도 할 수 없는 신통을 지니고 있는 것으로, 그래서 온갖 부처님들께서도 이구동성으로 온갖 이익을 말씀하고 계신 것이다. 그러므로 너희들도 반드시 이 경전을 항상 수지·독송해야 한다'고 설하고 있다.

참 고: 백고좌법회의 유래

백고좌법회의 유래는 『인왕호국반야바라밀다경』<호국품>에서 유래되어, 신라때부터 고려조가 멸망할 때까지 계속 이어져 온 연례의 국가행사였다.

이날은 임금을 비롯 수많은 만조백관들과 國師와 王師스님을 비롯, 전

---

248) 『인왕반야경』<不思議品> (대정장 8. 841a)

국에서 오신 100분의 큰 스님들이 궁궐에 모이면, 國師스님께서 법문을 하시고, 마치면 임금을 비롯 모든 대중들이 소리높여 『인왕호국반야바라밀다경』을 독송하고, 나라와 백성을 위한 축원으로 끝을 맺는 의식이다.

『異部宗輪論』과 『반야심경』에는 이렇게 말씀하고 있다.

「諸佛壽量無邊際 諸如來語皆轉法輪 一刹那心了知一切法 何以故 一刹那心相應般若故」[249]

(시방삼세불은 수명도 무량하고 말씀하시는 것이 모두 법문이다.
그 까닭은 <반야에 相應>하기 때문이다)

「菩提薩埵 依般若波羅蜜多 故心無可碍 無可碍故 無有恐怖 遠離顚倒夢想 究竟涅槃 三世諸佛 依般若波羅蜜多 故得 云云」[250]

(보살은 그 어느 것에도 걸림이 없다. 때문에 공포도 없고 전도몽상도 없고, 마침내는 열반도 얻고 보리도 얻는 것이다. 까닭은 <반야바라밀을 의지>하며 살기 때문이다)

참 고: 『般若心經』
『반야심경』의 본래 제목은
『마하반야바라밀다심경(Mahā-prajñāpāramitā-hṛdāya-sūtra)』이다.

여기서 Mahā와 prajñāpāramitā의 사이에는 yāna가 생략되어 있어,

---

249) 『異部宗輪論』 (대정장 49. 15b~c)
250) 『반야심경』

본래는 Mahāyāna가 되는 것이다. 곧 대승(大乘=摩訶衍)이란 말이다.

prajñāpāramitā(반야바라밀)가 붙어있는 것은 대승철학의 근본이 반야(prajñā)와 바라밀(pāramitā)이기 때문이다.

<hṛdāya>란 마음인 citta(心)를 가리키는 것이 아니라, 핵심(액기스)이란 뜻이다.

곧 『마하반야바라밀다심경(Mahā-prajñāpāramitā-hṛdāya-sūtra)』이란 경제목의 의미는, "대승철학의 핵심은 반야바라밀이야"라 외치고 있는 것이다.

『반야심경』은 반야(般若)와 바라밀(波羅蜜)을 설하는 경전으로, 두 주인공이 등장한다. 한사람은 대승보살인 관자재보살(觀自在菩薩)이고, 또 한 사람은 小乘(Hīnā-yāna)의 대표자라 할 수 있는 지혜제일의 사리불(舍利弗)존자이다.

<一切皆空>을 터득하여 무엇이든지 고정관념에서 벗어나 자유자재로 본다는 대승의 觀自在菩薩이, 소승의 대표자로서 <지혜제일>의 성문인 사리자(舍利弗존자)에게 고정관념을 버리고 필경공(畢竟空)의 반야(般若)의 안목으로 세상을 바라보라고 가르치고 야단치는 내용이다.

반야공(般若空) 그것은 시방삼세 제불 보살의 의지처로서, 일체의 고통으로부터 벗어나게하며, 열반과 보리를 증득하게 하는 신묘하고도 밝은 다라니(陀羅尼 : dhāraṇī) 바로 그것이므로~

(강 설) 반야경과 <正宗>

일본을 대표하는 술에 <正宗>이란 술이있다. 이 술이 나오게 된 유명한 일화가 있어 소개하려 한다. 어느 일본의 술 제조 공장의 사장이 어느날 京都에 위치한 大德寺란 일본 臨濟宗 본사를 찾아가 관장스님을 뵙고, "이번에 저의 회사에서 아주 맛있는 술을 개발했는데, 큰스님으로부터 그 이름을 지어받기위해 오늘 찾아뵙게 되었습니다. 한번 음미해 보시고 좋은 이름을 지어주시죠" 하며 술을 내놓으니, 큰스님께서 음미하시고는 "그 참 정말 맛있네 그려, 이 술 이름을 <正宗>이라 하게나 "네, 그렇게 하겠습니다. 그런데 이 <정종>이란 이름에는 무슨 의미가 있는 것인가요 " 부처님 말씀인 팔만대장경은 어느 경전이든, 서분(序分) 정종분(正宗分) 유통분(流通分) 이렇게 3-부분으로 나누어져 있는데, 여기서 <序分>은 시작을 알리는 「如是我聞一時佛云云」 부분이고, <流通分>은 끝을 알리는 것으로, 이 경전을 믿고 잘 받들어라고하는 「信受奉行」 부분이고, 그리고 가운데 가장 중요한 본론부분을 <正宗分>이라 하는 것이네. 이제 알겠는가? 내가 왜 이 술의 이름을 <正宗>이라 지었는지? 자! 술중의 술이란 의미를 지닌 <正宗: 마사무네>이란 이렇게 좋은 이름을 지어주었으니, 한턱이나 내게나! //

『반야심경』은 반야경계의 경전중 가장 짤막한 경전으로, 반야사상의 핵심을 요약해놓은 경전으로, 경제목에 핵심이란 의미의 <hṛdāya>란 말을 사용한 것도 그래서이다. 위의 (강설)에서도 언급했듯이, 반야심경에는 서분과 유통분은 없는, 오로지 몸통에 해당하는 본론, 곧 <正宗分>만 있는 경전이다.
말하자면 수많은 반야경계 경전들의 <正宗>에 해당하는 경전이 『반야심경』인 것이다.

참 고: 『大般若經』(600권)의 구성

『大般若經』(600권)은 반야계경전군에서 맨 마지막에 성립된 것으로, 상상을 초월할 만큼 무려 16회 600권으로 이루어져있다.

이를 분석해보면 16회로 이루어진 『大般若經』(600권)중 初會로부터 10會까지는 선행하는 이역경전(異譯經典)들이, 11회부터 16회까지는 신역(新譯)의 단본(單本)들이 들어있다. 특기할 것은 초회로부터 10회까지의 <이역경전 群>에는 전체 600권 가운데 무려 전체의 90%를 넘는 565권이나 수록되어있다는 점이다.

참 고: 『大智度論』(2만5천송 대품반야경의 주석서)

최근까지만 해도 『大智度論』의 원명(原名=제목)을 <Mahāprajñāpāramitā-śāstra>라 표기하였으나, 벨기에의 불교학자 E. 라모트(Lamotte)교수[251]의 논증 이후부터는, śāstra 대신 <upadeśa>라 하여, 현재는 <Mahāprajñāpāramitā-upadeśa>라 표기하고있다.

참 고: 『大智度論』의 作者와 성립년대

저자에 대하여는 61028,0여년전 만해도 용수보살의 저작이라는 것에 대해 이견이 없었지만, 『大智度論』의 연구자인 E. 라모트(Lamotte)교수의 논증이래 그의 주장을 따라 우리가 아는 남인도의 龍樹菩薩이 아니라,

---

251) Etienne Lamotte 「大智度論引用文獻價値」(『불교학』제 5호, p 12), 라모트 교수는 막스·뮐러(Max Möller)의 S.B.E 시리즈 출간 이래 서구 불교학의 제2세대에 해당하는 인물이다. 실뱅 레비(S. Levi), 에드워드 콘즈(E. Conze) 등과 함께 현대불교학을 반석 위에 올려놓은 입지전적 인물이라 할 수 있다. 라모트는 산스크리트·티베트 등 인도 고전어에 능숙하였고, 특히 서지학적 접근의 세계적 권위였다. 그의 『History of Indian Buddhism』(1888년) 은 초·중기 인도불교 교단사의 정수로서, 인도 부파불교의 전개 과정에 대한 역사적인 접근으로는 가장 디테일하다고 평가받고 있다. 또 그의 『유마경 주해』는 가장 탁월한 불교문헌 접근의 예로 꼽히기도 한다.

龍樹-提婆-라후라(羅睺羅) 이후, 곧 카니시카대왕 이후 說一切有部에 조예가 깊은 西北印度의 Ārya(아리아)人으로, 후에 大乘으로 전향한 인물일 것이라는 것이 대세이다.

한편 일본의 저명한 불교학자인 宇井伯壽와 千潟龍祥 양 교수는 라모트교수의 의견에 동조하면서도, '비록 라후라(羅睺羅)가 용수보살의 손주 상좌라 할지라도, 위의 3-사람이 동시대에 활약한 사람이므로, 용수가 필요에 따라 손주에 해당되는 라후라(提婆의 상좌임)의 작품인 『讚般若波羅蜜偈』를 인용했을 수 도 있지 않았을까?'

라 토를 달고 있다.[252]

참 고: 본생담(前生譚: Jātaka) / 大乘에도 Jātaka가 있다

본생담은 석존불의 과거생의 수행담을 모아놓은 설화로서,

그 원조는 소승 아비달마이다. 현재 완전한 형태로 남아있는 것은 pali 上座部에서 전승된 『小部(khuddaka-nikāya)』에 들어있는 547種의 설화이다. 하지만 Jātaka는 小部-nikāya에만 남아있는 것이 아니라, 『大智度論』을 비롯 大乘經論에도 많이 남아있다. 곧 『大智度論』에 들어있는 Jātaka만 무려 122說話나 되며, 이를 고찰해보면 대승의 Jātaka는 小部의 Jātaka에 비해 慈悲와 서원(誓願)이 강조된 소위 利他的 자기-희생적인 특징이 있다고할 수 있다.[253]

예를 들어 우리가 잘 아는 <카리왕과 인욕선인>의 예를 보면,

小部에는 「대왕이여! 저는 인욕을 주장하는 사람(kṣanti-vādin)입니다」[254]라 되어 있는데,

---

252) 宇井伯壽 『印度哲學研究』1권. p 341 이하, 千潟龍祥 「大智度論の作者について」『印度學佛敎學研究』7-1
253) 千潟龍祥 「本生經類の思想史的研究」81항 이하

『大智度論』에는
「汝作何物。仙人答言。我今在此修忍行慈」

(너는 누구냐? 라는 왕의 질문에, 선인이 대답하기를 저는 지금 여기에서 인욕행과 자비<慈悲>를 수행하고 있습니다) (대정장 25. 166c)로 되어있다.

참 고: 『大智度論』의 주제: 불보살의 의지처, 반야바라밀

앞의 『般若心經』에서도 강조한바 있듯이, 반야바라밀은 대승철학의 근간이다. 이러한 반야바라밀에 대해서, 대품반야경의 주석서인 『大智度論』은 어떠한 입장을 가지고 있을까? 살펴보자.

논은 처음부터 곧 바로
「今有何等大因緣故。佛說摩訶般若波羅蜜經」

이라 하며, 지혜제일인 사리불존자가 부처님께서는 무슨 인연으로 摩訶般若波羅蜜經을 설하시는 것입니까? 하고 질문을 던지자,
부처님께서 대답하시길,

「答曰。佛於三藏中廣引種種諸喩。爲聲聞說法不說菩薩道。唯中阿含本末經中。佛記彌勒菩薩。汝當來世當得作佛號字彌勒。亦不說種種菩薩行。佛今欲爲彌勒等廣說諸菩薩行。是故說摩訶般若波羅蜜經 云云」

하시며, <初品>의 如是我聞 云云이 시작될때까지, 곧 (대정장 25. PP 57c~62c)에 걸쳐, 총 22가지의 인연을 들면서, "이러한 것(인연)들 때문

---

254) <Jātaka 3>

에 摩訶般若波羅蜜經을 설하는 것이다"라고 답변하신다.

여기서 <22가지 인연>, 곧 大智度論의 주제인 般若波羅蜜이 설해지게 되는 <22가지 인연>의 분석을 통해, <대지도론의 기본입장>을 정리하면 다음과 같다.

1) 반야바라밀은 菩薩藏이다. 보살은 이것을 통해서만 <不退轉位>에 들어가기에
2) 諸法實相의 空을 밝혀, 보살로 하여금 有無의 2見에서 벗어나게 히기 위해
3) 반야바라밀이야말로 衆生의 苦를 除滅하고 成佛의 道로 인도하는 가르침이기에
4) 부처님의 初轉法輪은 般若波羅蜜인 中道법문이다. 따라서 반야바라밀을 의지하여, 四念處나 37보리분법을 이해시키기 위해,
5) 반야바라밀이 지니는 불가사의한 功德을 밝히기 위해, 반야바라밀을 설하는 것이다.

(강 설) 「無明苦母 般若佛母」

고통의 원인을 분석한 부처님 말씀으로, 중생에서 부처님으로 등극하게 하신 법이 바로 <12연기>라는 법이다. 無明에서 시작하여 行↔識↔名色↔六入을 거쳐 ↔生↔老死로 이어지는 12개의 단계의 연기설인데, 그 맨처음에 오는 것이 無明이다.
곧 고통의 제1원인이 無明이란 것임을 깨닫게 하는 것이 12연기설인데, 그래서 앞에서 「無明은 苦母요」라 한 것이다.
「般若佛母」의 뜻은, 중생을 부처님으로 만든 것은 <반야지혜>이다

라는 의미이다. 다시말해 부처님을 낳는 것은 반야요, 고통을 낳는 것은 무명이라는 내용이다. 뒤이어 나오는 게송은 「滅盡無明 體得般若」이다. (무명은 완전히 멸진시키고, 반야는 몸으로 체득토록 하라)는 의미이다. 중요한 것은 깨닫되, 머리로서가 아니라, 몸(身体)에 즉해서, 일상의 삶속에서 般若와 相應하는 삶을 살아라는 것이다.//

참 고: 반야바라밀과 제법실상(諸法實相)

「三世實有 法體恒有」, 곧 一切實有(sarva-asti)

「一切諸法必有因緣。愚癡故不知。譬如人從木求火從地求水從扇求風。如是等種種各有因緣。是苦樂和合因緣是苦樂和合因緣。生先世業因今世若好行若邪行緣。從是得苦樂。是苦樂種種因緣。以實求之無人作無人受。空五衆作空五衆受」[255]

(일체법은 반드시 인연으로 이루어져 있다. 그러나 어리석은 자는 이것을 모른다. 그것은 마치 어떤 사람이 물(水)에서 불(火)을 구하고, 부채(扇)에서 바람을 구하는 것과 같다. 이처럼 여러 가지 인연이 있는 것이다. 고통과 기쁨의 인연은 前生의 業因과 금생의 善業과 邪行의 緣으로부터 生하는 것으로, 이것으로부터 苦와 樂을 얻는 것이다.

이와같은 苦樂 등의 종종의 인연에 대한 진실은 사람이 짓는 것도 받는 것도 아니고, 空한 五蘊<衆>이 짓고 받는 것이다)

「諸法從因緣生無自性如鏡中像」[256]

---

255) 『大智度論』(대정장 25. 104c)
256) 『大智度論』(대정장 25. 105a)

(제법은 인연을 좇아 일어나는 것으로, 無自性한 것이 거울속의 상과 같은 것이다)

「復次如鏡中像。實空不生不滅誑惑凡人眼。一切諸法亦復如是。空無實不生不滅。誑惑凡夫人眼」257)

(또한 거울속의 상은 실로 空한 것으로 不生不滅한 것이지만, 중생들의 눈을 속여 실제로 있는 것처럼 하는 것이다. 일체법도 이와 같아 空한 것으로 실로 不生不滅한 것이지만, 범부의 눈을 속여, 있는 것처럼 하는 것이다)

「問曰。云何是諸法實相。答曰。衆人各各說諸法實相自以爲實。此中實相者。不可破壞。常住不異無能作者。如後品中。佛語須菩提。若菩薩觀一切法。非常非無常。非苦非樂。非我非無我。非有非無等。亦不作是觀。是名菩薩行般若波羅蜜。是義捨一切觀。滅一切言語離諸心行。從本已來不生不滅如涅槃相。一切諸法相亦如是。是名諸法實相」258)

(묻되, 무엇을 일러 제법실상<諸法實相>이라 하는가? 부처님께서 대답하기를, 중생들은 제각각 제법실상을 진실이라 생각하며, 말하기를, 實相이란 가히 파괴할 수 없는 것으로, 항상 상주하며, 또 능히 作者란 있을 수 없는 것이다.
　부처님께서 수보리에게 말씀하시되, 만일 보살이 一切法을 觀해 말하기를, 이는 相도 無相도 아니고, 苦도 樂도 아니고, 我도 無我도 아니고, 有도 無도 아니라는 등, 이와같이 觀하지 않는 것, 이것을 菩薩行인 般

---

257) 『大智度論』(대정장 25. 104c)
258) 『大智度論』(대정장 25. 190b)

若波羅蜜이라 하는 것이다. 곧 일체의 觀을 버리고, 일체의 言語가 멸하고, 온갖 마음의 行에서 벗어나는 것이다. 곧 본래부터 지금까지 불생불멸한 涅槃의 相처럼~, 일체법의 相도 이와 같은 것이다. 이것을 일러 諸法實相이라 이름한다)

「此般若中有亦無無亦無非有非無亦無。如是言說亦無。是名寂滅無量無戲論法。是故不可破不可壞。是名眞實般若波羅蜜」[259]

(이 반야중에는 有도 無도 없고, 非有도 非無도 없고, 또 이처럼 말하는 것 조차 없는 것이기에, 이것을 일러 寂滅 無量 無戲論<niṣprapañca>의 法이라 하는 것이다. 따라서 이것을 破하거나 무너뜨리거나 해서는 절대 안되는 것으로, 그래서 이것을 일러 <진실-반야바라밀>이라 이름하는 것이다)

「問曰。如法性實際是三事爲一爲異。若一云何說三。若三今應當分別說。答曰。是三皆是諸法實相異名」[260]

(묻되, 如<tathatā>와 法性<dharma-dhātu>과 實際<bhūtakhoṭi>, 이 3가지는 하나입니까 다른 것입니까? 만일 하나라면 어째서 3을 설하며, 또 3개가 서로 다르라면 지금 응당 분별해서 설명해 주십시오. 부처님께서 대답하여 말씀하기를, 이 3가지는 모두가 諸法實相의 異名인 것이다)

---

259) 『大智度論』 (대정장 25. 139c)
260) 『大智度論』 (대정장 25. 297c)

참 고: (보살)의 波羅蜜과 (佛)의 一切種智의 차이

「問曰。云何名般若波羅蜜。答曰。諸菩薩從初發心。求一切種智。於其中
間知諸法實相慧是般若波羅蜜。問曰。若爾者不應名爲波羅蜜。何以故。
未到智慧邊故。答曰。佛所得智慧是實波羅蜜。因是波羅蜜故。菩薩所行
亦名波羅蜜。因中說果故。是般若波羅蜜在佛心中變名爲一切種智。菩薩
行智慧求度彼岸故。名波羅蜜。佛已度彼岸故。名一切種智」261)

(묻되, 무엇을 반야바라밀이라 하는 것입니까? 답변하시되,
보살이 初發心부터 一切種智<sarvākārajñāna>를 구할때, 그 중간에 諸
法實相을 아는 지혜를 일러 <반야바라밀>이라 한다. 묻되, 만일 그렇다
면 아직 지혜의 근처에도 도달하지 못했으므로 바라밀이라 부르지 말아
야 되는 것이 아닌가요?
  대답하시되, 부처님께서 얻으신 지혜도 바라밀이라하며, 이 바라밀을
인해서 보살이 행하는 所行 또한 바라밀이라 하는 것이다. 因中에 果가
내포되어있기 때문에, 이 바라밀이 佛心중에 있을 때는 이름을 바꾸어
一切種智라 하는 것이다. 곧 보살은 지혜를 행하면서 도피안<到彼岸>을
구하기에 <바라밀>이라 하는 것이며, 부처님께서는 이미 피안에 도달하
셨으므로 <一切種智>라고 하는 것이다)

참 고: 아비달마에 대한 『大智度論』의 입장

『大智度論』은 아비달마불교에 대해 무조건 반대의 입장에 서 있었던
것이 아니라, 그들이 수행법으로 제시한 <三學>이나 <37보리분법>을 모
두 인정하고 있다.

---

261) 『大智度論』 (대정장 25. 190a)

곧 『大智度論』이 우려하고 반대입장에 있던 집단은 <三世實有 法體恒有>라 하여 <일체실유(sarva-asti)>를 주창한 설일체유부(有部)일 뿐이다. 그래서 아래의 인용구에서, "만일 반야바라밀<一切皆空>의 입장에 서지 못하고, 아비담(소승)이 설하는 37보리분법에 들어가면 有病에 떨어진다 운운"했던 것이다. 논의 설명을 직접 보자.

「若不得般若波羅蜜法。入阿毘曇門則墮有中。若入空門則墮無中。若入昆勒門則墮有無中」[262]

(만일 반야바라밀법을 얻지 못한채, 1) 아비담문(소승)에 들어가면 有에 떨어지고, 2) 空門에 들어가면 無에 떨어지고, 3) 곤륵문(昆勒門=아함)에 떨어지면 有와 無에 떨어지게 된다[263]

「菩薩摩訶薩以不住法住般若波羅蜜中。不生故。應具足四念處.四正懃.四如意足.五根.五力.七覺分.八聖道分」[264]

(보살은 不住法으로 반야바라밀중에 머물러야 한다. 왜냐하면 不生인 까닭에, 그러므로 보살은 응당히 <반야바라밀중에서> 37보리법을 구족해야 한다)

---

262) 『大智度論』(대정장 25. 194a~b)
263) 有이기도 하고 無이기도 하다는 태도를 말함. 여기에서 곤륵(昆勒)이란 범어 Piṭaka의 속어형인 Peṭaka 또는 Paiṭaka의 음사어로, 직역하면 장(藏)이라는 의미이다. 여기서는 『아함경』을 가리킨다
264) 大品般若, 『마하반야바라밀경』(대정장 8. 219a)

참 고: 三論學

<삼론학파(三論學派)>란 서기 401년에 중국 장안에 들어온 구마라집(鳩摩羅什: Kumārajiva / 350-409)에 의해 역출된 『中論』『百論』『十二門論』등 3-논서의 敎義를 중심으로 전개된 중국불교의 부류로, 隋나라의 가상대사(嘉祥大師) 길장(吉藏: 549-623)에 의해 대성된 학파를 말한다. 3-논서를 간략히 살펴보면,

① 『中論』

용수(龍樹: Nāgārjna / 150-250)의 저작으로, 『반야경』의 핵심인 空(śūnya)사상을 교리적으로 그 기초를 다진 최초의 논서이다.

대승불교의 근간은 空思想이다. 이 말은 空을 설하지 않거나, 諸法皆空에 반하는 것은 대승불교가 아니라는 의미이다. 이 공사상을 처음 설한 것이 『반야경』이란 이름을 지닌 경전들이다. 『반야경』을 일러 "대승불교의 근원이니, 고향"이니 하는 것은 이 때문이다.

『반야심경』은 앞에서도 언급했듯이, 『대품반야경』의 액기스, 곧 본론 부분인 正宗分, 그것도 핵심만을 정선해서 요약해 놓은 경전이다.

그 첫 구절에 "관자재보살이 반야바라밀다에 깊이 들어가 수행할 때, 五蘊이 皆空하다는 것을 터득하였고, 그 결과 일체의 고통에서 벗어났다"라는 구절이 있다. 여기서 핵심은 "五蘊(일체 모든 것이)皆空(모두 공한 것이다)이다"로서, 『반야경』이 설하려는 목적도 바로 이 개공(皆空)이다.

그렇다면 이 空이란 무엇일까?

어째서 모든 것을 空이라 하는 것인가? 이러한 질문에 명쾌하게 답변을 해주기위해 탄생된 최초의 철학적 작품이 바로 龍樹의 『中論』이다.

『中論』<4권 27품>은 <게송(Mūla-Madyamaka-kārikā)부분>과 이 게송을 주석한 <산문부분> 2-부분으로 구성되어 있다.

<게송(根本中頌)>은 용수보살의 저술로, 현재 전체 445偈로 되어있으며, <산문부분>은 4세기 중엽에 활약한 청목(靑目: Pingala)의 주석(註釋)으로, 409년(弘始 11년) 구마라집(鳩摩羅什)이 이 2-부분을 하나로 합쳐 한역한 것이 現存 最古의 『中論(4권 27품)이다.[265]

『中論』은 반야경의 空사상에 근거하여 쓰여진 불교개론서 성격의 논서로, 그 중심사상은 1) 空과 緣起 2) 二諦(俗諦·勝義諦)이다.[266]
곧 『中論』 제 24 <觀四諦品>을 보면,

「諸佛依二諦 爲衆生說法 一以世俗諦 二第一義諦 /
　若人不能知 分別於二諦 則於深佛法 不知眞實義」[267]

(제불은 二諦를 의지하여 중생들에게 설법하신다. 二諦란 世俗諦와 第一義諦를 말한다. 누구든지 이 二諦의 구별을 알지 못한다면, 절대로 심오한 부처님의 진실한 뜻을 알수가 없다)

---

265) 靑目이 주석한 <산문부분>은 싼스크리트어 原典을 비롯, tibet語역, 한역 등이 있다. 三枝充悳 「中論研究序論」 『理想』 388號, 1965년
266) 구마라집 문하생인 담영(曇影)은 『중론』에 주석을 단 최초의 중국승인데, 그는 그 서문에서 「中論을 통털어 그 要諦를 말하면, 二諦를 회통한 것이다」 라 하고 있다. 「中論序」 『出三藏記集』 (대정장 55. 77b)
267) 『中論』 (대정장 30. 32c)

「若不依俗諦 不得第一義 不得第一義 則不得涅槃」[268]

(世俗諦를 의하지 않고는 第一義諦는 얻을 수 없다. 그리고 이 第一義諦에 도달하지 못하면, 결코 涅槃은 증득할 수가 없는 것이다)

라 하여, 세속제와 제일의제인 승의제(勝義諦)를 만법 理致의 근원이라 하면서. 심오한 불법은 바로 이 세속제와 제일의제 二-諦를 의지해 설해져 있는 것이라 강조하고 있다.

한편 『中論』을 위시해, 『百論』・『十二門論』 등 <三論>의 중심내용을 설하고 있는 『三論玄義』를 저술한 가상대사(嘉祥大師) 吉藏 또한 『中論』에 대해 다음과 같이, 『中論』의 요체는 二諦라고 강조하고 있다.

「次明中論以二諦爲宗。所以用二諦爲宗者。二諦是佛法根本。如來自行化他皆由二諦」[269]

(中論은 二諦<속제・승의제>를 근본<宗>으로 삼고 있음을 밝히고 있다. 二諦를 宗으로 삼는다는 것은 二諦야말로 佛法의 근본이기 때문이다. 곧 여래께서 행하시는 自行(自利行)과 化他(利他行)는 모두가 이 二諦를 의지한 것이다)

라 하며, 『中論』의 요체는 불법이 근본으로 하는 二諦를 밝히는 것이라고 강조하고 있다.

---

268) 『中論』 (대정장 30. 33a)
269) 『三論玄義』 (대정장 45. 11a)

② 『百論』(1권)

『中論』의 근본이념인 空사상을 보다 철저히 분석한 논서로서, 안으로는 部派佛敎의 여러 분파를 비롯해, 佛敎外的으로는 수론파(數論派)나 승론파(勝論派)·정리파(正理派) 등 당시 인도에서 성행하던 여러 學派들의 주장을 논파(論破)하는 것을 근본취지로 삼고있다.

『百論』이 이들을 논파할 때 사용하던 근본입장은 『中論』의 空思想을 적극적으로 활용하여, 空의 입장에서 이들을 격파하고 있다는 점이다.

참 고: 인도 中觀學派와 중국 三論學派의 차이

인도 中觀學派가 오직 용수의 『中論』만을 연구하는 학파임에 반해, 중국의 三論學派는 『百論』을 중시하며, 『百論』이 상대방을 논파(論破)할 때 사용하는 방법인 파사현정(破邪顯正)을 강조하고 있다는 점이다.

곧 그들은 <破邪卽是顯正>이라하여, 破邪야말로 곧 顯正으로서, 상대를 논파하는 것이야말로 나의 주장을 확실히 할 뿐만 아니라, 空性을 알지못해 자기의 생각에 집착한 나머지 진실에서 벗어나 있는 상대로 하여금, 스스로 잘못됨을 알게하여 그릇됨을 고치게 하는 최선의 방법이라 주장하고있다.

『百論』은 용수의 제자인 聖-提婆, 곧 3세기경에 할약한 Āryadeva의 저술로서, 404년(弘始 6년) 역시 구마라집에 의해 역출되었다. 『中論』과 달리 『百論』은 현재 Sanskṛt語 원본은 물론 Tibet譯도 전해지지 않고, 오직 한역만 현존한다. 구마라집의 제자인 승조(僧肇: 374-414)은 『百論』 <序>에서

「論有百偈。故以百爲名。(중략) 論凡二十品。品各五偈。後十品。其人以爲無益此土。故闕而不傳」

라 밝히고 있는 것처럼[270],

(100개의 偈로 되어 있으므로 百이라는 이름을 붙인 것이다. 『百論』은 본래 20품, 각품에 五偈씩으로 되어있었으나, 뒤의 10품은 이익한 바가 없다고 판단하여 번역되지 않아, 현재는 前品인 10품만 전해지고 있다)

③ 『十二門論』(1권)

『中論』의 저자인 용수의 저술로서, 『中論』과 더불어 409년(弘始 11년), 구마라집(鳩摩羅什)에 의해 역출되었다.

 이것 역시 『百論』처럼, Sanskṛt語 원본은 물론 Tibet譯도 전해지고 있지 않고 오직 한역만 현존한다.

『十二門論』은 『中論』의 요약서라고 할 수 있는 것으로, 용수가 중생들로 하여금 空性에 오입(悟入)케할 목적으로, 『中論』으로부터 20개의 테마를 선정하여 이에 주석을 단 것이다.

 논은 현재 26개의 게송(偈頌)과 거기에 따른 주석(註釋)으로 조직되어 있으나, 본래는 논제 『十二門論』처럼, 12개의 게송으로 되어있었으나, 이것을 주석할 때, 용수가 『中論』과 더불어 자기의 저서인 『空七十論』으로부터 게를 인용. 여기에 삽입하여, 도합 26개가 되었다.[271]

참 고: 三論과 四論

 위에서 살펴본 것처럼, 일반적으로는 <三論>이라는 말이 유행하였지만,

「『百論』은 밖을 평정하여 삿됨을 물리치고, 『中論』은 안을 쫓아 막힘을

---

270) 『百論』 <序> (대정장 30. 167c~168a)
271) 『中論』에서 17偈, 『空七十論』으로부터 2偈, 나머지 7偈는 기타 여기저기
     에서 발췌한 偈頌 들로 구성되어 있다.

뚫고, 여기에 『大智度論』의 깊고 넓음(淵博), 『十二門論』의 면밀함(精詣), 이 4-論을 연구(尋)한다면, 마치 日月이 가슴에 들어와 밝고 맑아, 마치 거울을 보는 것같이 투철하지 않음이 없을 것이다」[272]

라고 한 僧叡의 <『中論』序>의 내용을 추리해보면,
  이 三論 (『中論』·『百論』·『十二門論』)에 『大智度論』을 추가해 <四論>이라고 불리웠던 때도 있었음을 알 수 있다.

참고 (서적 / 논문) - 般若經 / 般若思想

梶山雄一 『般若經』中公新書. 1976
        「中觀思想の歷史と文獻」『講座大乘佛教』7. 中觀思想. 1983
        『八千頌般若經』2. <大乘佛典 3> 中央公論社. 1975
        「般若思想生成」『講座大乘佛教』2 般若思想. 春秋社. 1983
千潟龍祥『本生經類の思想史的研究』山喜房. 1954
        「大智度論の作者について」『印佛研』7-1
赤沼智善『佛教教理史論』法藏館
梶芳光運『原始般若經の研究』1943
西義 雄 『原始佛教における般若の研究』大東出版社
        「般若經における眞如觀について」
        『結城教授頌壽記念佛教思想史論集』
櫻部 建 「功德廻施するという考え方」『佛教學セミナ-』20

---

272)「百論治外以閑邪。斯文祛內以流滯。大智釋論之淵博。十二門觀之情詣。尋斯四者。眞若日月入懷無不朗然鑒徹矣」<中論序>『出三藏記集』(대정장 55. 77a)

前田泰道「八千頌般若經 における Parināmana」

渡邊照宏『佛教』岩波書店

三枝充悳「經の定義.成立.教理」『東洋學術研究』

　　　　　「概説−菩薩.波羅蜜」『講座大乘佛教』1.

　　　　　大乘佛教とは何か. 1983

　　　　　「般若經の成立」『講座大乘佛教』2. 般若思想. 1983

平川 彰「E.ラモット教授,

　　　　　大智度論 フランス語 譯註− 第三卷について」

　　　　　『印佛研』19-2

E.ラモット「大智度論の引用文獻とその價値」『佛教學』제5號

山口 益 『般若思想史』法藏館. 1966

泰本 隆「般若.空性.緣起の思想人間性」『講座大乘佛教』2.

　　　　　般若思想. 1983

原田 覺 「チベット佛教の中觀思想」『講座大乘佛教』7.

　　　　　中觀思想. 1983

氏家昭部「般若經と文殊菩薩」『密教文化』115號. 1976

長尾雅人『中觀と唯識』岩波書店. 1978

安井廣濟『中觀思想の研究』法藏館. 1961

平井俊榮「般若思想と三論宗.禪宗」『講座大乘佛教』2. 般若思想. 1983

中條裕康「般若心經所設眞言について」『印佛研』33-2. 1985

第2 묘법연화경(妙法蓮華經:Saddharma puṇḍarika sūtra)

적 문 (迹 門) 회삼귀일의 일불승사상 / 제법통일 (會三歸一의 一佛乘思想 / 諸法統一)		본 문 (本 門) 구원실성의 석가본불사상 / 제불통일 (久遠實成의 釋迦本佛思想/諸佛統一)	
제1	序品	제15	從地涌出品
제2	方便品 (一大事因緣.唯有一乘)	제16	如來壽量品
제3	譬喩品 (三車火宅)	제17	分別功德品
제4	信解品 (長者窮者)	제18	隨喜功德品
제5	藥草喩品 (雲雨)	제19	法師功德品
제6	授記品 (사리불.가섭.수보제.목련)에게 授記하심	제20	常不輕菩薩品
제7	化城喩品	제21	如來神力品
제8	五百弟子授記品 (부르나.교진여.1200아라한)授記	제22	囑累品
제9	授學無學人記品 (아난.라훌라)授記	제23	藥王菩薩品
제10	法師品 (法華經 一句功德)	제24	妙音菩薩品
제11	見寶塔品	제25	觀世音菩薩普門品
제12	提波達多品 (惡人.龍女)授記	제26	陀羅尼品
제13	勸持品 (6000비구)授記	제27	妙莊嚴王本事品
제14	安樂行品	제28	普賢菩薩勸發品

2-1 원전묘법연화경(原典妙法蓮華經:7권·27품)의 조직과 성립과정[273]

① 서기 100년경(以前) 성립

　<제 1구릅(原形):

　제2 방편품(方便品)과 제3 비유품(譬喩品: 最古層)을 중심으로 해서 + 제9 수학무학인기품(授學無學人記品)까지의 8品이 成立됨.

　단, 게송이 먼저 성립(B.C 100년경)되고, 뒤이어 장행(長行)이 성립 (A.D 100年頃)되었다고 보아짐.

　　中心테마는 <일불승사상(一佛乘思想)>과 그것을 뒷받침하는 <수기 (授記: Vyākaraṇa)>, 곧 성문(聲聞)에게 성불을 약속하는 작법이다.

② 서기 100년경 이후

　<제 2구릅: 견보탑품(見寶塔品)을 중심으로 해서 + 제10 법사품(法師品) ~ 제21 여래신력품(如來神力品)까지의 11品이 부가된 것으로, 게송(偈頌)과 장행(長行)이 동시에 성립된 것으로 보여진다.

　중심테마는 <불신론(佛身論)>과 <다보탑관(多寶塔觀)>과 <부촉(咐囑: nikṣepa)>임. 여래의 사도(使徒: Tathāgata-dūta)로서의 <법사(法師:

---

273) 『妙法蓮華經: Saddharma puṇḍarika sūtra)』鳩摩羅什이 弘始 7년(405년)역출했다. 『妙法蓮華經』의 異本으로는, 仁壽 元年(601년), 闍那堀多가 역출한 『添品妙法法華經』(10권, 27품)이 있다. 참고로 법화경의 초역은 竺法護가 A.D 286년에 역출한 『正法華經』(10권, 27품)이지만, 이보다 빠른 西晉代(265~316)에 성립된 것으로 판정된 『薩曇分陀利經(Saddharma puṇḍarika sūtra 1권)』이 있다. 곧 비록 失譯으로 현존하지는 않지만, 經題가 Saddharma puṇḍarika sūtra란 점과, 「七寶浮圖 涌從地出 上至梵天」「沙曷龍王 有女年八歲」(대정장 9. 197a~c), 또 「漢言法華: 漢代譯出」이란 내용을 가지고 있는 점 등으로 보아, 비록 역출은 286년 竺法護가 역출한 『正法華經』(10권 27품)보다 조금 늦어 보이지만, 그 성립은 이 보다는 조금 이른 년대에 성립된 것으로 추찰됨

- 318 -

dharma-bhānaka)>와 보살의 十種=供養行 (경권의 수지·독송·해설·
서사 및 경권 봉탑과, 그 탑에 대하여 향·화·의·기락<香·花·衣·伎樂>
등의 10가지 공양드림)과 공한처(空閑處: aranya-gata)가 강조되고 있다.

③ A.D 150년경 성립
 제 1차로 이 2개의 구릅이 슴쳐지고,
그 이후 2차로 여기에 서품(序品)과 촉루품(囑累品)이 부가되고,
제 3차로 법화경 선양을 위해 제23 약왕보살품(藥王菩薩品) ~ 제28 보
현보살권발품(普賢菩薩勸發品)까지의 6개의 品이 추가되어, 비로소 오늘
날 보는 <原典-妙法蓮華經 (제파달다품은 없음)>이 성립되었다.

 한편 3차로 추가된 약왕보살품(藥王菩薩品)~보현보살권발품(普賢菩薩勸
發品)까지의 6개의 품은 제 1구릅 및 제 2구릅과 달리 중송(重頌)이 없
는 것으로 보아, 후대의 부가가 확실해 보인다. 3차로 추가된 6개의 품
의 중심테마는 불멸후(佛滅後)의 말세, 곧 후오백세(後五百歲)에 있어서
의 <法華經의 홍포(弘布)>이다.

 따라서 위의 내용을 종합해보면,
一佛乘思想을 설하는 <方便品>을 중심으로 하는 제 1구릅과, 땅으로부
터 용출(涌出)된 多寶如來塔을 설하는 <見寶塔品>을 중심으로 하는 제
2구릅, 이 2개의 구릅으로 이루어진 『原始法華經』의 성립은 서기 100년
경, 그리고 3차로 추가된 6개의 품까지를 포함한 『原典 妙法蓮華經』의
성립은 서기 150년경, 또 여기에 <제바달다품>이 첨부된 『正法華經』의
성립은 서기 200년 전후에 각각 성립된 것으로 추찰된다.[274]

---

274) 『正法華經』(10권, 27품)은 竺法護가 A.D 286년에 역출했다.

참 고: 제 1구룹과 제 2구룹과의 비교

① 제 1구룹에서는 육도(六道)만 설해지고 있으나,

제 2구룹에서는 십계설(十界說: 六道+聲聞・緣覺・菩薩・佛)이 설해지고 있다.

② 제 1구룹에서는 수지(受持)・독(讀)・송(誦)・.해설(解說)까지만 설해지고 있으나,

제 2구룹에서는 서사(書寫)와 공양(供養)의 수행법이 추가로 설해지고 있다.

이것은 제 2구룹시대부터는 지금까지의 암송시대(暗誦時代)가 끝이 나고, 새로이 문자시대가 열렸음을 의미하는 것으로 해석된다.

③ 제 1구룹에서는 사리탑 건립(舍利塔 建立)과 그것에 대한 예배와 공양이 찬탄되고, 제2 구룹에서는 사리탑의 필요성이 언급되는 대신, 경전을 봉납(奉納)한 (塔), 곧 제다(制多: caitya)의 건립과 그것에 대한 供養이 강조되고 있다.

참 고: 제바달타품(提婆達多品)의 분석

마지막으로 부가된 것이 오역죄(五逆罪)를 범한 제바달다(提婆達多)의 성불수기(授記)와 女人成佛을 주창하고있는 <提婆達多品>이다.

이 品은 <개원석교록(開元釋敎錄)> (권11)에 '구마라십이 번역한 원본에는 본래 없었던 것이나, 490년 제(齊나라의 법헌(法獻)이 서역(西域)에서 원본 <제바달다품>을 얻어 번역한 것을 현재의 구마라십의 한문본에 부가시킨 것임')이라 명기(明記)되어 있는 바와 같이, 이러한 일련의 사정은 이 品의 번역어와 본래의 鳩摩羅什의 역어와의 검토에 의해서도 확인된 바 있다. 아울러 이 品에 "올바른 가르침의 백련" 또 "이 章을 열어"처럼 이 <章>이란 말이 강조되어 있는 것으로 보아, 본래는 독립경전

으로서 별행(別行)되어 유포된 경전이었던 것으로 보인다.

　한편 어떤 과정에 의해서 이 <제바달다>품이 부가되었는지는 확실히 알 수는 없으나, 권지품(勸持品)에도 강조되어 설해져 있는 것처럼, 法華經은 당시의 상황으로 보아 새로운 설을 주창한 이단(異端)의 경전으로서, 法華經에서 특히 강조되고 있는 법사(法師)는 아란야처(阿蘭若處: aranya-gata)에 居하면서 고행생활을 영위하던 유별난 구룹이었던 것 같다. 따라서 이러한 것들은 提婆達多의 생활방식 (고행주의를 주장하며 정통교단으로부터 추방까지 당했던 이단자 提婆達多)과 공감대를 가지게 하는 것으로, 이런 점에 의해 추가로 부가된 것이 아닐까 사료된다. <女人成佛> 문제 또한 시대의 반영 내지는 제바달다와 편승해서 제기된 보나스 차원의 구원설이었지 않나 추측케한다.

2-2 法華經의 位置와 특색, 그 中心思想
① 諸經의 王
　불교경전 가운데 아주 널리 존중되고 신봉되고 있는 경전으로, 옛부터 모든 경전중의 王으로 칭송받아 왔다. 무슨 이유로 칭송받고 또 어떤 특징이 있는 경전일까?

　첫 째: 매우 아름다운 경전이다.
　번역문의 음률(音律)면에서 매우 아름다울 뿐만 아니라, 그 어법과 내용면에서도 법열(法悅)을 불러일으킬 정도로 감동을 주는 문장이 많다.
　원작자는 물론 역자(譯者)인 문장가로서의 구마라집(鳩摩羅什)의 영향이 아주 크다고 하겠다.[275]

───────────

275) 구마라집(鳩摩羅什:kumārajiva)은 구자국(龜玆國: 현재의 신장 쿠차에 속

둘 째: 경권수지(經卷受持)와 그것에 대한 공덕을 많이 강조하고 있다.

곧 법화경을 수지(受持)·독(讀)·송(誦)·해설(解說)·서사(書寫)·

함) 태생으로, 아버지는 구마라염, 어머니는 什(Jiva)이었다. 염은 어리다는 童의 뜻이고, 어머니 Jiva는 생명의 본질인 壽의 뜻이다. 구마라집 <또는 구마라지바>는 아버지의 姓인 鳩摩羅(kumāra)에, 어머니 Jiva(壽)를 합성시킨 이름이다. 어머니 지바는 구자국의 공주였다. 아버지 구마라염은 인도의 귀족 출신이었다. 지금의 캐시미르 아프간 (Stan<=땅>)은 당시 인도로 들어가는 동서교통의 요충지였다. 아버지 구마라염은 본시 출가한 승려였다. 그는 출가 후 구자국으로 와 최고의 지식인 대우를 받았다. 그곳의 공주인 지바는 스님 구마라염과 결혼하겠다고 왕에게 졸라 결혼하고, 그 후 아기(구마라집)를 낳은 후, 남편을 좇아 출가하겠다고 선언한다. 이에 남편 구마라염은 크게 당황하여 반대했으나, 어머니 Jiva는 단식투쟁까지 하며 자기의 뜻을 관철시킨다. 구마라집의 나이 7살되던 해였다. 결국 구마라집을 데리고 출가한다. 스님이 된 Jiva는 아들 구마라집(9살때)과 함께 캐시미르로 유학을 가, 그곳에서 소승불교를 배운다. 이 때 가르친 스승이 나중에 구마라집의 제자가 될 정도로 구마라집은 뛰어났다. 그곳에서 더 이상 배울 것이 없자 구마라집은 12살 때까지 어머니 Jiva와 함께 이곳 저곳 다니며 불교공부에 매진한다. 401년 후진의 <요흥>은 고국 구자국이 망해 35세때까지 여광에게 잡혀 무위에 있던 구마라집을 중국의 수도 長安으로 모시고 온다. 구마라집은 그곳에서 294권의 경전을 번역했다. 구마라집은 싼스크리트어와 중국어 양쪽 모두에 정통했다. 어머니와 함께 중국의 이곳저곳에 살면서 중국어에 달통한 덕분이다. 그래서 오늘날 보는 그의 한어 역서가 음률이 아름답고 語法이 뛰어난 이유이다. 당시 번역은 큰 역경장에 제자들을 모아 놓고 체계적으로 分業化작업을 했다. 구마라집이 원전을 설법하면서 동시에 중국어로 번역을 하는 식이었다. 제자들이 받아쓰고 교정하고 분업화하여, 이토록 수많은 경전이 역출될 수 있었던 것이다. 역경사에서는 구마라집 이전 시대를 古譯이라하고, 구마라집이 번역한 경전을 舊譯, 현장삼장이 번역한 경전을 新譯이라하였다. 번역의 체계가 아직 잡히지 않던 시대였다. 번역작업엔 統一이 필요하다. 당시 인도문화는 중구난방식으로 중국에 수입되었고, 이에 자기들이 가져온 경이 정통이라고 서로 주장하여, 국가 차원에서 정해주지 않으면 한 가지로 통일이 불가능한 상황이었다. 舊譯은 체계가 정비된 시대다. 구마라집은 번역의 기준을 확립한 사람이다. 구역은 중국사람이 이해하기 쉬운 번역이다. 번역하면서 구마라집은 '자기 번역에 오류가 없다면 죽고 나서 화장했을 때, 이 경전을 낭송하던 혀만은 절대로 불타지 않을 것'이라고 선언했다고 전해질 정도이니, 자신감이 얼마나 대단했는지 짐작이 가고도 남는다. 그런데 이게 왠일인가? 약속한대로 정말로 화장했지만 그의 혀만은 타지 않고 남았다고 한다. 그의 혀 사리는 지금 현재 무위의 <구마라집 혀탑>과 장안 <초당사의 혀탑>에 모셔져 있다. 당시 구마라집 제자가 3,000명이었다고 하니, 당시 구마라집의 위세가 얼마나 대단했는가를 짐작하고도 남음이 있다. 그는 당시 최고의 불교학자였던 것이다.

공양(供養)하면 큰 공덕이 있음을 되풀이 하며 說하고 있다.

　다시 말해 『법화경』을 법신사리(法身舍利)와 동등시 하며, 그것을 재단(祭壇)삼아 香과 花 등을 바치며, 예배·찬탄하라고 거듭거듭 강조하고 있다.

　특히 『반야경』이 그랬던 것처럼, 사경(寫經)을 강조하고 있는 점도 큰 특징중의 하나이다. 네팔과 중앙아시아의 여기저기에서 범문사본(梵文寫本)이 발견되는 이유도 여기에 있다고 보여진다.

셋 째: 많은 비유법문을 통해 부처님의 衆生사랑을 알기쉽게 설명하고 있다.

　곧 경은 비유품(譬喩品)의 <삼계화택(三界火宅)의 喩>·신해품(信解品)의 <장자궁자(長者窮子)의 喩>·약초유품(藥草喩品)의 <운우(雲雨의 喩>·화성유품(化城喩品)의 <화성(化城)의 喩>·오백제자수기품(五百弟子授記品)의 <계보주(繫寶珠)의 喩>·안락행품(安樂行品)의 <정주(頂珠)의 喩>·여래수량품(如來壽量品)의 <양의(良醫)의 喩> 등, 비유가 무려 7종 내지 9종(授記品의 <大王膳의 喩>와 湧出品의 <父少子老의 喩>을 포함시킬 경우)이나 될만큼, 많은 비유법문을 통해 부처님의 衆生 사랑을 알기 쉽게 설명하고 있다.

　예를 들어 제3 <비유품>에서의 다음과 같은 비유가 그 예이다.

「三界는 火宅과 같아 편안하지 않으나, 三界는 모두 나의 것(有)이며, 그속의 모든 衆生은 모두가 나의 자식(子)이기에, 비록 수많은 환난(患難)이 있다해도, 나는 얼마든지 그들을 구호할 수 있다」[276]

---

276) <三界火宅의 비유>「三界無安 猶如火宅 衆苦充滿 如是等火 熾然不息 (중략) 今此三界 皆是我有 其中衆生 悉是吾子 而今此處 多諸患難 唯我一人 能爲救護」(대정장 9. 14c)

넷 째: <석가불 법신사상(釋迦佛 法身思想)>을 설하고 있다.

<여래수량품(如來壽量品)>에 설해진 상주(常住)의 佛, 곧 석존불의 수명의 무량함과 구원실성(久遠實成)의 佛, 곧 석존불이 구원겁전(久遠劫前)에 이미 成佛했다는 것을 眞實이라 선양하면서, 『반야경(般若經)』을 비롯해 다른 經에서는 지금까지 전혀 보지 못했던 놀랄만한 획기적인 佛身論, 곧 이미 오래전에 열반에 드시어 역사 속으로 사라져버린 석존불을 다시 역사 안으로 되살려, 그분의 수명은 무량하며 지금도 아니 미래도 영원하다고 說하고 있는 것으로, 이러한 (釋尊佛)法身佛思想은 『화엄경』을 거치면서 釋尊佛이 아닌 제 3의 佛인 <法身 毘盧遮那佛>이 등장하고, 이어 밀교의 『大日經』에 이르러 <法身 大毘盧遮那佛>로 완성하게 된다.

다섯째: 일불승(一佛乘: Eka-buddha-yāna)사상을 說하고 있다.

곧 일불승(一佛乘)이란 삼승(三乘)과 대치되는 말로, 단 하나 만의 탈것(乘物)이란 의미이다. 三乘이란 개념은 본래 衆生의 능력이 서로 다르다는 점을 아신 부처님께서 근기(根機)에 따라, 성문승(聲聞乘)·연각승(緣覺乘)·보살승(菩薩乘)등의 셋으로 구분하고, 가르침도 근기에 맞게 설하셨다는 생각에서 나온 사상이다.

이에 반해 일불승(一佛乘)사상은 佛은 대비자(大悲者)로서, 모든 중생을 성불로 이끌고 가겠다고 하는 것이 부처님의 근본 생각이실 것이기에, 聲聞의 가르침이나 緣覺의 가르침이 따로 존재하는 것은 아니라고 생각한데서 나온 사상이었다.

곧 佛의 생각은 오직 하나, 누구든지 최후에는 성불할 수 있다는 가르침인 一佛乘思想이었을 것이다. 다시 말해

「안(內)에는 보살(菩薩)을 숨(秘)기고, 밖(外)으로는 성문(聲聞)을 나타
낸다(現)」

는 法華經의 말씀처럼,[277]경은 聲聞과 緣覺의 수행법을 부정하지 않
고 그것 가슴에 품어, 어떡하든지 그들을 살려 함께 成佛로 이끌고
가겠다는 중생사랑의 대비정신이 根本에 깔려있는 것이다.

이것은 法華經 이전의 지금까지의 보살승(菩薩乘)의 사상, 말 바꾸면
<삼승교(三乘敎)의 입장에 서 있던 菩薩乘, 곧 <唯識思想家들>과는
전혀 다른 것이다.
곧 그들은 비록 成佛을 說하고 있기는 하지만, 그것은 어디까지나 그
들을 成佛로 유인하기 위한 편법(便法)인 方便法일 뿐, 근본적으로는
二乘의 成佛은 절대로 인정하지 않고 菩薩乘의 成佛만을 인정하였기
때문이다.
곧 法華經 방편품(方便品)에 설하는 "삼승방편 일승진실(三乘方便 一
乘眞實)"이라는 말씀은 바로 이러한 두 大乘의 차이점을 밝히고 있는
것으로, 法華經은 모든 중생이 成佛할 수 있는 근거를 밝힌 가르침이
야말로 眞實한 가르침이며, 그것이 바로 다름아닌 <法華經의 一佛乘
의 가르침>이라 주장한다.

곧 二乘을 배제(排除)시키는 삼승적 대승(三乘的 大乘)이 아니라,
二乘을 안으로 품어 않고 포용(包容)하는 일승적 대승(一乘的 大乘)
인 것이다.
물론 一乘이란 용어는 『소품반야경(小品般若經)』을 비롯하여 『화엄

---

277) 「內祕菩薩行 外現是聲聞」 (대정장 9. 28a)

경(華嚴經)』과 『대보적경(大寶積經)』 등에도 보이기는 하지만, 이
들 경전에는 구체적 설명이 없는 관계로, 그것을 해석하는데 있어
많은 어려움과 애로점이 있었다.

　이런 점, 곧 佛乘에 대해 확실한 해석을 내림으로서, 그간의 미
혹을 일시에 날려 버리게 한 法華經은 경전의 위상면(位相面)에서
는 물론, 思想의 정립면(定立面)에서도 아주 중요한 의미를 차지
하고 있는 것이다.

　法華經의　一佛乘思想의　근저에는　釋尊佛의　사성평등사상(四姓平
等思想)을 이어받은 인간의 평등사상이 도사리고 있다. 곧 누구든
지 成佛할 수 있다는 法華經의 평등사상은 비록 경 자체에 <佛
性>이란 어구(語句)는 보이지 않지만, 내용속에 佛性의 의미가 부
여되어 있기에,　그것을　알아차린 『열반경(涅槃經)』등으로 하여금
<일체중생실유불성(一切衆生悉有佛性思想)>을　이끌어　내게하는　원
동력이 되게 하였다.

　곧　經題인　妙法-蓮華經(Saddharma puṇḍarika sūtra)이나　正-
華經에서, 妙法과 正法은 동일한 의미로 사용된 것이며,
　또 연꽃을 하얀 白蓮(puṇḍarika)으로 표현한 것 또한, 妙法=正法
=白蓮華(puṇḍarika)=淸淨의　의미가　들어있는　것으로,　제법실상=
諸法淸淨=心性本淨을 나타내기 위한 것이다.

　이것은 비록 『법화경』에는 불성(佛性)이란 직접적인 표현은 보이
지는 않지만, 위에서 본 妙法=正法=白蓮華(puṇḍarika)=淸淨=제
법실상=諸法淸淨=心性本淨이나,

또 범본(Saddharma puṇḍarika sūtra) 제 102偈의,

「제법의 본성(prakṛti)은 항상청정(prabhāsvara)하다」처럼,

이미 이와 동일한 의미로서의 本性淸淨의 어구가 사용되고 있는 것으로, 여기서 뒤이어 「一切衆生悉有佛性」을 설하는 『涅槃經』이 등장하게 되는 것으로, 천태종의 개조인 천태대사(天台大師)를 비롯 수많은 법화경 연구자들이 『법화경』과 『열반경』을 동등시하는 것도 바로 이러한 점 때문이며, 아울러 이를 뒷받침하기위해 성문들에게도 이 妙法인 淸淨이 갖추어져 있음을 증명하고 있는 것이 뒤이어 나오는 제 3 비유품(譬喩品) 이하 제 12 제바달타품에서 설하는 성불수기(成佛授記)인 것이다.

여섯째: 成佛하는 修行法을 누구나 도전할 수 있도록 간결히게 개발하였다. 곧 法華經을 수지(受持)·독(讀)·송(誦)·해설(解說)·서사(書寫)하는 행위 뿐만아니라, 불탑과 불상을 조성하거나 또 단지 그들에 예배하거나 공양드리는 행위 그리고 심지어는 法華經을 봉납(奉納)한 불탑을 향해, 단 한번만이라도 '南無釋迦牟尼佛'이라 부르기만해도 成佛한다고 설하고 있기 때문이다.

곧 단지 法華經에 대한 믿음(信)만으로도 成佛을 가능케 한 것이 바로 法華經의 수행법이다. 이 점 위의 다섯 번째 이유에서 밝힌 누구든지 성불할 수 있다는 <一佛乘思想: Eka-Buddha-Yāna>의 확실한 이론적 근거가 되기도 하였다.

2-3 각 품의 중심내용

제 1 서품(序品)

釋尊佛이 무량의경(無量義經)을 설하신 후 무량의처삼매(無量義處三昧)에 들어가니, 천지가 진동하고 꽃비가 내리고 미간백호(眉間白毫)로부터 대광명을 방광(放光)하는 신변(神變)이 나타났다.

그 때 미륵보살(彌勒菩薩)이 대중을 대표하여 문수보살(文殊菩薩)에게 이 神變의 인연을 묻자, 과거로부터 諸佛이 法華經을 설할 때에는, 반드시 이러한 서상(瑞相)이 나타난다고 설명한다.

제 2 방편품(方便品)

<구원실성(久遠實成)의 석가본불(釋迦本佛)사상>을 설한 <제16. 여래수량품>과 더불어 법화경의 二大 中心테마인 <일불승사상(一佛乘思想)>이 설해지고 있는 품이다.

내용을 보면, 먼저 釋尊佛께서 삼매로부터 일어나 제법실상(諸法實相)인 십여시법문(十如是法門), 곧 如是(相・性・体・力・作・因・緣・果・報・本末究竟平等)을 說하시면서, 이것을 요지(了知)할 것을 당부하신다. 뒤이어 성문(聲聞) 연각(緣覺) 등의 이승(二乘)을 향하여, 너희로 하여금 苦의 결박(縛)을 끊고 열반(涅槃)을 증득하게 한 것은 진실이 아니고 방편(方便)이라는 소위 개권현실(開權顯實)의 법문을 설하신다. 이것을 들은 二乘人들이 어리둥절해 할 때, 二乘의 대표격인 사리불(舍利弗)이 佛에게 眞實을 설해달라고 3번이나 청하니, 이러한 청에 대해, 佛은 3번이나 그만두라(止)는 소위 삼지삼청(三止三請)의 후에, 드디어 일대사인연(一大事因緣 = 一佛乘思想)의 법문이 설해진다. 곧

「舍利弗。 云何名諸佛世尊唯以一大事因緣故出現於世。 諸佛世尊。 欲令衆生開佛知見使得清淨故出現於世。 欲示衆生佛之知見故出現於世。 欲令衆生悟佛知見故出現於世。 欲令衆生入佛知見道故出現於世。 舍利弗。 是爲諸佛唯以一大事因緣故出現於世。 佛告舍利弗。 諸佛如來。 但教化菩薩。 諸有所作常爲一事。 唯以佛之知見示悟衆生。 舍利弗。 如來但以一佛乘故爲衆生說法。 無有餘乘若二若三。 舍利弗。 如此皆爲得一佛乘一切種智故。 舍利弗。 十方世界中尚無二乘。 何況有三。 (중략) 諸佛以方便力。 於一佛乘分別說三」[278]

(사리불이여! 무엇을 일러 제불세존께서 一大事因緣으로 세상에 출현했다고 하는 것인가? 불세존은 중생으로 하여금 불지견<佛知見>을 열어서, 보이고, 깨닫게 하고, 깨달음의 길에 들어서게 하기위해, 곧 佛知見을 개시오입<開示悟入>케 하기 위해, 세상에 출현하신 것이다.

곧 諸佛如來는 오직 보살만을 교화하기에, 諸佛의 소작(所作)은 언제나 한가지<一事>만을 성취하기 위한 것일 뿐이다. 곧 諸佛은 오직 불지견<佛知見>을 중생에게 開示悟入하시기 위해 사바에 오신 것이다. 곧 如來는 오직 일불승<一佛乘)>만을 중생에게 설하시기 때문에, 거기에는 二乘도 三乘도 없는 것이다. (중략) 곧 시방세계에는 이승<二乘>도 없거든 어찌 하물며 삼승<三乘>이 있겠느냐? (중략) 諸佛은 오직 일불승<一佛乘> 속에서, 분별<分別>하여 방편<方便>으로 三乘을 설하시는 것이다)

하면서, 회삼귀일(會三歸一)의 뜻을 펴신다.[279]

---

278) 법화경 <방편품> (대정장 9. 7a~b)
279) 이중 십여시(十如是)의 제법실상(諸法實相)의 法門은 중국의 천태대사(天台大師)에 이르러 일념삼천(一念三千)과 삼제원융(三諦圓融)이라는 법화철학(法華哲學)을 이끌어내게 한다.

제 3 비유품(譬喩品)

여기서부터 제 9 수학무학인기품(授學無學人記品)까지의 7품은, 제 2품 방편품(方便品)에서 설한 바를 다시 비유(譬喩)와 인연담(因緣譚) 등을 통하여 재차 설명한다.

곧 소위 법설(法說)→비유설(譬喩說)→인연설(因緣說)의 형식인 소위 <삼주설법(三周說法)>의 순서에 따라,[280] ① 上中下 근기의 이승(二乘)들에게 佛의 진의를 이해시키고, ② 미래성불(未來成佛)이라는 수기(授記)가 예고되고, ③ 앞에서의 方便品의 설법이 실증되고 ④ 이러한 것들이 과실을 맺는 계기가 된다.

곧 지혜제일(智慧第一)인 사리불(舍利弗)존자에게 "진실로 너는 佛의 子"라는 칭찬과 더불어 장차 화광여래(華光如來)가 될 것이라는 수기(授記)를 주고, 뒤이어 가섭 수보리 가전연 목련존자 등 四大 중근기(中根機)의 성문(聲聞)들에게 三界를 火宅으로, 또 三乘인 성문승 연각승 보살승 각각을 羊車(성문승)·鹿車(연각승)·牛車(보살승)에, 그리고 一佛乘을 대백우거(大白牛車)에 비유하면서, 諸佛은 오직 一佛乘(일불승) 안에서 분별하시어 방편(分別方便)으로 二乘과 三乘을 설하신다 하면서, 오직 일불승법(一佛乘法)만이 있고, 二와 三은 없는 것임을 재차 강조한다

「三界無安 猶如火宅 衆苦充滿 甚可怖畏 常有生老 病死憂患 如是等火 熾然不息 如來已離 三界火宅 寂然閑居 安處林野 今此三界 皆是我有 其中衆生 悉是吾子 而今此處 多諸患難 唯我一人 能爲救護」[281]

---

280) 삼주설법(三周說法)이란 듣는 사람의 소질(근기)에 따라 같은 것을 법설(法說)→비유설(譬喩說)→인연설(因緣說)등으로 나누어 3번 번복하여 설하는 것을 말한다.
281) 법화경 <비유품> (대정장 9. 14c)

(三界가 편안하지 않은 것이 마치 화택<火宅>과 같아, 온갖 고통 가득하여 무섭기 끝이 없고, 생노병사 온갖 근심 걱정의 불길이 쉬지않고 맹렬하게 타건마는 이러한 삼계화택 나는 이미 벗어나서 고요하고 한가하게 임야속에 안거하네, 지금 내가 처한 삼계는 모두가 내 것이며, 그 가운데 있는 모든 중생 모두 나의 자식으로, 지금 이곳 삼계 온갖 환난<患難>가득해도, 오직 나 혼자만이 능히 이를 구호할 수 있다네)

라는 소위 <三界火宅>의 유명한 비유설법을 통해, 고통으로 얼룩진 우리가 사는 사바세계의 실상과 이를 구호하기 위해 출가하신 분이 석존불이라는 것을 강조한다.

참 고: 三界火宅

<三界火宅>의 비유에는, 대부호인 長者가 잠시 집을 비운 사이 큰 불이 났다. 불이 난 것을 알고 허겁지겁 뛰어와 보니, 장자의 아이들은 이것도 모르고 있는 노는데만 급급했다. 장자는 아이들에게, 예들아 지금 너희집에 불이났으니 어서 나오라 했으나 나오지 않자, 장자는 선방편을 내어 내가 너희들이 좋아하는 마차, 그것도 양마차(羊車: Aja-Ratha) 사슴마차(鹿車: Mṛga-Ratha) 소마차(牛車: Goṇa-Ratha)를 선물로 사가지고 왔으니, 어서 나와 이것을 가지고 놀아라 하니, 그때서야 이 말은 들은 아이들이 불난집(火宅)에서 뛰쳐 나와 무사히 생명을 구했다는 이야기로서,

아이들이 밖에 나와 보니 아버지가 말한 羊車·鹿車·牛車는 없고, 오직 크고 하얀 소가 끄는 달구지(大白牛車: Goṇa-mahā-pramāna-Ratha)만 있다는 이야기로서, 여기서 長者는 부처님을, 羊車는 성문승(Śrāvaka-Yāna)을, 鹿車는 연각승(Pratyeka-Buddha-Yāna)을, 牛車는

보살승(Bodhisattva-Yāna)을, 大白牛車는 일불승(一佛乘: EkaBuddhaYāna)을 의미하는 것으로, 大悲者이신 부처님(長者)께서는 오직 一佛乘만을 설하시는 것으로, 이승과 삼승은 본래 없는 것이다. 다만, 중생(아이)들을 불구덩이(火宅)속에서 구하기위해 方便으로 잠시 설한 것 뿐임을 비유로서 설하고 있다.

제 4 신해품(信解品)

 상기에서 언급한 四大-聲聞들 (가섭·수보리·가전연·목련존자)을 보다 더 이해시키기 위해 소위 <장자궁자(長者窮子)>라는 비유법문을 하신다. 곧 佛은 대자비(大慈悲)의 소유자인 장자(長者)에, 二乘은 우매한 궁자(窮子)에, 상속재산은 成佛에 각각 비유하면서,[282] "一佛乘道의 안에서 方便에 따라 三乘을 說하시는 것이다"고 말씀하신다.

「今我等方知。世尊於佛智慧無所吝惜。所以者何。我等昔來眞是佛子。而但樂小法。若我等有樂大之心。佛則爲我說大乘法」[283]

(저희들은 이제야 비로소 세존께서 부처님의 지혜(佛智)에 대해 아낌이 없으신줄 알았나이다. 까닭은 저희들은 본래 부처님의 아들딸이면서도 소승법(小法)만을 좋아했기 때문으로, 만일 대승법(大法)을 좋아했더라면, 부처님께서도 저희들에게 대승법을 설해주셨을 것입니다)

---

282) 성경(Bible)에도 이와 비슷한 <탕아의 비유: (누가복음 15:11-32>가 설해지고 있다. '무조건적으로 용서하는 하나님(神의 자비)'가 강조된 비유이다. 방탕하여 집을 뛰쳐 나가 자신이 누구인지도 모르고 길을 헤매는 거지(아들)에게 방편(方便)을 통해 점차 올바른 사람으로 교육시켜, 마침내 너는 내 아들임을 밝히며 모든 재산을 그에게 상속한다는 내용의 법화경의 <장자궁자>의 비유와 이러한 점에서 차이가 있다. 자비와 사랑의 차이라 할까? 한편 성경의 <탕아의 비유>는 『법화경』 <신해품>의 <장자궁자>에서 힌트를 얻어 편집되었다는 학설도 있다.

283) 『법화경』 <신해품> (대정장 9. 17c)

제 5 약초유품(藥草喩品)

佛은 언제나 한결같이 일미평등(一味平等)의 자비로서 모든 중생을 구제하신다는 것을 가섭등의 제자들에게 알리기 위해, <약초의 비유(藥草의 譬喩): 三草二木의 비유>를 하신다. 곧 菩薩과 二乘과 人天을 각각 大中小의 약초(藥草=三草)에 비유하고, 상근기(上根機=別教의 보살)와 하근기(通教의 보살)의 보살들을 각각 대수목(大樹木)과 소수목(小樹木)에, 그리고 佛의 平等一味의 대지혜(大智慧)는 一味의 비(雨)에 비유하면서, 삼천대천(三千大千)의 大中小 등의 一切 모든 초목(草木)들이 한결같이 모두 一味의 비를 맞고 자라는 것처럼, 佛도 언제나 일상일미(一相一味)의 法인 一佛乘에 의해서만 모든 중생들을 이익하게 한다고 설하신다.

「迦葉當知。如來是諸法之王　若有所說皆不虛也。於一切法以智方便而演說之。其所說法。皆悉到於一切智地。如來觀知一切諸法之所歸趣。亦知一切眾生深心所行。通達無礙。又於諸法究盡明了。示諸眾生一切智慧」[284]

(가섭아! 마땅히 알아야 한다. 여래는 제법의 왕이시므로, 말씀하시는 것은 그 어는 것 하나 허망한 것이 없는 것이다. 곧 여래는 일체법에 대하여 지혜와 방편으로 말씀하시기에, 설하시는 법은 모두 일체지의 경지에 이르는 것이다. 이처럼 여래는 일체법의 귀착지를 보시고 아시고 계실 뿐만 아니라, 일체중생의 마음과 그 행동 또한 모두 통달하시어 걸림이 없는 것으로, 이처럼 제법의 실상을 두루 그것도 명료히 모두 꿰뚫고 계시므로, 그러한 일체지혜를 모든 중생들에게 보이는 것이다)

---

284) 법화경 <약초유품> (대정장 9. 19a)

「如來知是一相一味之法。所謂解脫相離相滅相。究竟涅槃常寂滅相。終歸
於空」[285]

(여래는 일상일미법<一相一味法>, 곧 해탈상과 이상<離相: 모든 상을 여
윔>과 멸상 <滅相>과 구경열반과 상적멸상<常寂滅相>은 물론, 이들이
마침내는 공<空>으로 돌아가는 것까지도 두루 알고 계신다)

「我爲世尊　無能及者　安隱衆生　故現於世　爲大衆說　甘露淨法　其法一味
解脫涅槃　　以一妙音　演暢斯義　常爲大乘　而作因緣　我觀一切　普皆平等
無有彼此　愛憎之心　我無貪着　亦無限礙」[286]

(나는 세존이기에 나를 능가할 자가 없나니, 나는 세상을 평안케 하기위
해 세상에 출현하여 대중을 위해 감로법을 설하나니, 그 법의 맛은 하나
로서 해탈과 열반이다.
　곧 한가지 미묘한 음성으로 널리 이 뜻을 선양하면서 언제나 대승을 위
해 인연을 짓고 있는 것이다.
　곧 나는 일체를 모두 평등하게 보기에, 이것이다 저것이다 하거나, 예
뻐하거나 미워하거나, 또 탐내거나 집착하는 마음이 없다. 곧 그 어떤
것에도 걸림이 없는 것이다)

「如是迦葉　佛所說法　譬如大雲　以一味雨　潤於人華　各得成實　迦葉當知
以諸因緣　種種譬喩　開示佛道　是我方便　諸佛亦然　今爲汝等　說最實事　諸
聲聞衆　皆非滅度　汝等所行　是菩薩道　漸漸修學　悉當成佛」[287]

---

285) 법화경 <약초유품> (대정장 9. 19c)
286) 법화경 <약초유품> (대정장 9. 20a)
287) 법화경 <약초유품> (대정장 9. 20b)

(가섭아! 이처럼 부처님께서 행하시는 법은 마치 큰구름이 한가지 맛의 비<一味雨>로 사람과 꽃을 윤택하게 하여 각각 열매를 맺게 함과 같은 것으로, 너는 마땅히 알아야 한다. 부처님은 모든 인연<緣起法>과 여러 가지 비유로 불도를 열어 보이니, 이것이 나의 방편인 것이다. 곧 부처님은 너희를 위해 가장 참된 진실만을 설하시니, 모든 성문들은 멸도가 아닌 법, 곧 너희들이 해야할 바는 오직 보살도(菩薩道)이니, 점차 이를 익히고 배워 구경에는 반듯이 성불해야 할 것이다)

제 6 수기품(授記品)

佛의 뜻을 이해한 가섭에게는 장차 광명여래(光明如來), 수보리에게는 명상여래(名相如來), 가전연에게는 금광여래(金光如來), 목련에게는 목단향여래(栴檀香如來)가 될 것이라고 각각 수기(授記)를 주신다. 부처님께서 수보리와 가전연에게 성불수기하시는 모습을 보자!

「我大弟子 須菩提者 當得作佛 號曰名相 當供無數 萬億諸佛 隨佛所行 漸具大道 最後身得三十二相 端正姝妙 猶如寶山 其佛國土 嚴淨第一 衆生見者 無不愛樂 佛於其中 度無量衆 其佛法中 多諸菩薩 皆悉利根 轉不退輪」[288]

(나의 큰제자 수보리는 마땅히 성불하리니, 그때의 부처님 이름은 명상불(名相佛)이다. 곧 셀 수 없는 만억이나 되는 부처님께 공양하고, 그들 부처님께서 행하신 바를 따라 그대로 행하니 마침내는 32相을 얻을 것이니, 단정하고 아름답고 묘한 것이 마치 보배로 된 산과 같도다. 그 부처님의 국토는 嚴淨함이 제일로서, 이를 보는 중생들이 모두 사랑하고

---

288) 법화경 <수기품> (대정장 9. 21b)

줄거워하지 않는 사람이 없는데, 그 곳에 계신 부처님께서 무량중생들을 제도하니, 그 불법을 들은 수많은 보살들이, 한결같이 모두 이근(利根)을 얻어 퇴전하는 일이 없도다)

「是迦栴延　當以種種　妙好供具　供養諸佛　諸佛滅後　起七寶塔　亦以華香　供養舍利　其最後身　得佛智慧　成等正覺」[289]

(가전연은 온갖 종종의 묘하고 좋은 공양물들을 시방불에게 공양하였고, 부처님이 멸하신 이후에는 칠보탑을 세우고 꽃과 향으로 불사리탑에게 공양드리니, 공덕으로 마지막엔 불지혜를 얻어 정등정각을 이룰 것이다)

제 7 화성유품(化城喩品)
부르나(富樓那)존자등을 비롯 하근기 성문들에게 과거의 인연을 설한다.
곧 "옛날 16명의 王子가 法華經을 들은 공덕으로, 동방의 아축불(阿閦佛)이 되고 西方의 아미타불이 되었고, 지금의 석존불은 바로 그 16번째 왕자라고 하시면서, 지금의 석존불이 법화경을 설하셨기에 이미 成佛한 자가 많다 하시고, 現在와 未來의 성문들은 비록 아직은 成佛하지 못한 미성불자(未成佛者)들이지만 미래에는 반드시 부처님이 될 분들이라"고 하시며, "佛은 언제나 일승도(一乘道)로서만 교화를 하는 것으로, 三乘은 一乘에 이르기 위한 방편의 가르침일 뿐"이라 하시면서, 그 유명한 <화성비유(化城譬喩)>법문을 하신다.
곧 보물처(寶物處)는 一佛乘의 불과(佛果)에, 佛은 도사(導師)에, 衆生은 보물처를 찾아가는 者, 그리고 화성(化城)은 二乘에 각각 비유하면서, 보물처인 一佛乘의 佛果에 이르는 것에 힘들고 두려워하여 도중하차하는

---

289) 법화경 <수기품> (대정장 9. 21c)

자(二乘人)들을 위해, 導師(佛)가 도중에 化城(架空의 城)을 화작(化作)하여 위로한 것처럼, 三乘의 果는 마치 化作의 화성(化城)에 불과한 것으로, 그것은 어디까지나 그들을 불지견(佛知見=一佛乘의 佛果)에 인도하기 위한 佛의 방편일뿐 이라고 설하고 있다.

「汝等所作未辦。汝所住地近於佛慧。當觀察籌量。所得涅槃。非眞實也。但是如來方便之力。於一佛乘分別說三。如彼導師爲止息故化作大城」[290]

(너희들은 아직 할 일을 다하지 못한 것으로, 너희가 지금 머물러 있는 그곳은 부처님의 지혜에 가까이 다가섰을 뿐이니, 잘 관찰해서 헤아려보아라! 너희가 얻고자 하는 열반은 진실한 것이 아닌 것으로, 단지 여래께서 방편력으로 一佛乘에서 분별해서 三乘을 설한 것 뿐으로, 이는 마치 길을 안내하는 도사<導師>가 商團<일행>을 쉬어가게 하기위하여 가상(假城)으로 만들어낸 화성<化城>에 불과한 것이다)

제 8 五百弟子授記品~제 9 授學無學人記品
 부루나 이하 하근기의 聲聞들에게 成佛의 수기(授記)를 주신다. 곧 부루나에게는 법명여래(法明如來)를, 교진여를 비롯한 五百의 아라한들에게는 보명여래(普明如來)를, 아난에게는 혜자재통왕여래(慧自在通王如來)를, 라후라에게는 칠보화여래(七寶華如來)를, (有)學과 無學의 二千人에게는 보상여래(寶相如來)라고 하며, 三學을 배우고 있는 學人과 이미 마친 無學人들에게 각각 성불의 수기(授記)를 주신다.

---

290) 법화경 <화성유품> (대정장 9. 26a)

이 품에서 특기할 것은 오백의 아라한들에게 授記하기 전 설법하신 <빈인보주(貧人寶珠)>의 비유이다. 곧 친구의 베풂으로 큰 보석(성불종자)를 가지고 있으면서도, 그것을 알지 못함으로 인해 여전히 고뇌에 찬 생활(윤회전생=輪廻轉生)을 한다는 내용으로, 마치 옷 안주머니에 보주(寶珠)를 지니고 있으면서도, 그것을 몰라 빈궁의 苦를 받고 있는 어리석은 우리 중생들을 책망하는 비유 법문이다.

여기서 보물을 넣어 준 친구는 佛로, 그러한 사실을 모르고 고통을 받고 사는 어리석은 자는 二乘에 비유되고 있다.

「諸比丘諦聽 佛子所行道 善學方便故 不可得思議 知衆樂小法 而畏於大智 是故諸菩薩 作聲聞緣覺 以無數方便 化諸衆生類」[291]

(모든 비구들은 잘 들으시요! 부처님의 자녀가 행해야 하는 불도는 善方便인 까닭에 그래서 생각으로는 가히 얻을 수 없는 것이다. 곧 중생들은 소승법(小法)만을 즐기고 대승의 지혜는 두려워하니, 이에 보살님들께서 그들을 제도하기 위해 방편으로 소승인 성문과 연각이 되어, 여러 가지 방편을 통해 중생들을 교화하시는 것이다)

「我等亦如是 世尊於長夜 常愍見教化 令種無上願 我等無智故 不覺亦不知 得少涅槃分 自足不求餘 今佛覺悟我 言非實滅度 得佛無上慧 爾乃爲眞滅 我今從佛聞 授記莊嚴事 及轉次受決 身心遍歡喜」[292]

(저희들도 이와 같아서, 세존께서 오랜 세월동안 저희들을 보시고 불쌍히 여기시어 무상정등각의 원을 저희들에게 심어주셨지만, 저희들이 無

---

291) 법화경 <오백제자수기품> (대정장 9. 28a)
292) 법화경 <오백제자수기품> (대정장 9. 28b)

知함으로 이것을 알기는 커녕 느끼지 조차 못하고, 조그마한 그것도 일부분만의 열반을 얻고는, 스스로 만족하여 나머지를 구하지 않았습니다. 그러나 부처님께서는 저희들을 깨우치게하기 위해, 그러한 것은 진실한 滅度가 아닌 것으로, 무상정등정각을 얻어야만 진실한 멸도라 말씀하셨습니다. 저희들은 이제 부처님으로부터 장엄한 수기<授記>와 또 차례차례 수기로써 결정하신다는 말씀을 듣고는, 몸과 마음이 환희로 가득합니다)

「我爲太子時 羅睺爲長子 我今成佛道 受法爲法子 於未來世中 見無量億佛 皆爲其長子 一心求佛道 羅睺羅密行 唯我能知之 現爲我長子 以示諸衆生 無量億千萬 功德不可數 安住於佛法 以求無上道」[293]

(내가 태자였을 때 라후라는 큰아들(長子)이었으나, 내가 불도를 성취한 지금은 法을 상속받은 法의 아들이 되었다. 그는 미래세에 무량억 부처님들을 친견하고, 그들 부처님의 큰아들(장자)이 되어 일심으로 불도를 구할 것이니, 이러한 라후라의 密行은 오직 나만이 알 뿐이다. 지금 현재 나의 長子가 되어 중생들에게 밀행(密行)을 보이는 것은 무량억천만 동안 셀수 없을 만큼 지은 공덕때문으로, 그는 불법에 편안히 머물며 무상정등정각을 구하고 있는 것이다)

제 10 법사품(法師品)

여기서부터 제 14 안락행품(安樂行品)까지의 五品은 유통분(流通分)에 해당하는 동시에 본문(本門)의 서분(序分)으로 가는 과정이기도 하다.
곧 佛의 재세(在世) 또는 멸후(滅後)에 法華經을 듣고 환희하는 자에게는 모두 成佛의 授記를 준다는, 말하자면 적문(迹門)에서의 전체수기(總

---

293) 법화경 <수학무학인기품> (대정장 9. 30a~b)

授記)에 해당된다.

또 法華經 홍포(弘布)를 하는 법사(法師)에 수지(受持)·독(讀)·송(誦)·해설(解說)·서사(書寫) 등을 전문으로하는 五種의 法師가 있으며, 法華經을 공경공양하는 자에게는 10가지 공덕이 있다고 설하고 있다. 곧

"불멸후(佛滅後) 法華經을 홍포(弘布)하는 者는 如來의 사도(使徒)이며 如來의 소사(김使)로서, 如來의 사업을 行하는 자"라 칭찬함과 동시, 法華經을 홍포(弘布)하는데 있어 여러가지 난관이 있음을 예견하면서, 法華經 弘布에 있어서의 마음가짐과 자세를 당부한다.

「若人說此經 應入如來室 着於如來衣 而坐如來座 處衆無所畏 廣爲分別 說 大慈悲爲室 柔和忍辱衣 諸法空爲座 處此爲說法」[294]

(만일 어떤 자가 이 경전을 설하려면, 반드시 如來의 방(室)에 들어가 如來의 옷(衣)을 입고 如來의 자리(座)에 앉아, 두려워하지 말고 衆生을 위해 분별하여 설해야 된다. 곧 대자비(大慈悲)를 방(室)으로 하고, 유화(柔和)와 인욕(忍辱)을 옷(衣)으로 삼고, 諸法皆空을 자리(座)로 삼아 법을 설해야 한다)

「若親近法師 速得菩薩道 隨順是師學 得見恒沙佛」[295]

(만일 법사를 가까이 하는 자는 속히 보살도를 얻으며, 또 법사를 좇아 그에게 수순하는 자는 수많은 부처님을 친견할 수 있게 된다)

---

294) 법화경 <법사품> (대정장 9. 32a)
295) 법화경 <법사품> (대정장 9. 32b)

제 11. 견보탑품(見寶塔品)

땅에서 용출(湧出)한 다보탑(多寶塔)과 다보여래(多寶如來)가 <증전기후(證前起後)>를 상징하는 보탑(寶塔)임을 시사(다보탑중의 多寶如來는 앞의 迹門(적문)을 증명함과 동시, 뒤에 설해지는 本門으로 옮겨가는 것임을 예시하는 것임)하고 있다.

곧 法華經이 설해지는 곳이면 어김없이 나타나겠다는 원(願)을 가진 多寶如來가 땅에서 용출한 대보탑(大寶塔)으로부터 나타나,

「諸善男子 於我滅後 誰能受持 讀誦此經 今於佛前 自說誓言 此經難持 若暫持者 我則歡喜 諸佛亦然 如是之人 諸佛所歎 是則勇猛 是則精進 是名持戒 行頭陀者 則爲疾得無上佛道」[296]

(선남자들이여! 내가 멸도한다면 누가 이 경전을 수지·독송하겠는가? 그러니 지금 부처님 앞에 서서 스스로 맹세하라! 이 경은 수지하기 어렵나니, 만일 잠깐이라도 수지하는 자가 있다면, 나는 물론 모든 부처님께서 환희하며 찬탄할 것으로, 이것이 바로 용맹이며 정진이며 지계이며 두타행으로, 그는 곧 바로 무상정등정각의 불도를 획득하게 될 것이다)

고 하며, 적문(迹門)의 말씀이 모두 진실임을 증명함과 동시, 法華經 홍통(弘通)時의 곤난을 육난구이(六難九易: 우리가 평소에 받는 곤난은 法華經을 弘布할 때 받는 곤란과는 감히 비교도 할 수 없을 만큼 쉬운 곤란임을 말함)으로 설명하고 있다.

---

296) 법화경 <법사품> (대정장 9. 32b)

제 12 제바달다품(提婆達多品)

옛날 석존이 보살행을 닦고 있을 수행자의 시절, 석존에게 法華經을 傳한 공덕으로 금천왕여래(今天王如來)로부터 수기(授記)를 받았던 악인 제바달다(提婆達多)와 또 문수보살이 法華經을 용궁에 전래한 공덕으로 8세의 용녀(龍女)가 즉신성불(卽身成佛)했다는 이야기, 곧 악인과 女人들을 비롯한 일체 중생이 모두 成佛할 수 있음이 설해지고 있다.

「爾時王者。則我身是。時仙人者。今提婆達多是。由提婆達多善知識故。令我具足六波羅蜜慈悲喜捨三十二相八十種好紫磨金色。十力四無所畏四攝法。十八不共神通道力。成等正覺廣度衆生。皆因提婆達多善知識故」[297]

(그때의 왕자가 지금의 나요, 그때의 선인<仙人>이 제바달다이다. 왜냐하면 선지식인 제바달다로 인해 나는 6-바라밀과 자비희사의 4-무량심과 32상 80종호의 자마금색과 십력과 사무외와 사섭법과 18불공법과 신통력들을 구족하게 되었으며 그 결과로 정등정각을 성취하여 두루 중생들을 제도할 수 있었기 때문이다. 그래서 제바달다를 일러 선지식이라 한 것이다)

(강 설) 왕사성 비극의 주인공, 아사세왕자와 제바달다

제바달다는 석존불의 사촌인 아난존자의 형으로, 석존불 못지않게 키도 크고 힘도 좋아, 어렸을 적에는 많은 사람들로부터 선망의 대상이 되기도 하였던 大君이었다.

성불하신 싯달타태자, 곧 석존불은 성불후 어디를 가더라도 항상 동행시킬 정도로 제바달다를 예뻐했지만, 성장하면서부터 제바달다는 나

---

297) 법화경 <법사품> (대정장 9. 34c~35a)

도 잘생기고 무엇이든지 석존만 못지 않는데, 왜 사람들은 나는 챙겨주지 않고 석존불만 위해주는가? 하며 석존을 시기질투하다 마침내는 온갖 수단을 써 석존을 죽이려고까지 한다.

<왕사성의 비극>이라 일컬어지는 비극이 바로 이것으로, 비극의 발단은 마가다국의 <빔비사라왕>의 늦둥이 외아들인 <아사세왕자>와의 만남으로부터 시작된다.

곧 아버지를 죽이고 빨리 왕이 되고 싶었던 아사세왕자와, 석존불을 죽이고 불교교단의 지도자가 되고자 했던 제바달다의 탐욕이 음모와 계략과 악행으로 이어지고, 그 결과 아사세왕자는 아버지 빔비사라왕을 죽여 왕이되었지만, 제바달다는 교단에서 추방당한 후에도 질투와 탐욕을 버리지 못하고, 석존불을 죽이려고 손톱에 독을 묻혀 몰래 부처님의 침상에 숨어 들어, 외출하신 부처님을 기다리다 그만 잠이들어, 결국 손톱에 물린 그 독으로 죽음을 당하게 된다.[298]

승가의 율장(律藏)에는 4바라이죄(淫·殺·盜·妄)란 것이 있다.

바라이란 pārājikā, 곧 대중들과 함께 살지 못하는 무거운 중죄(不共住罪)를 말하는 것으로, 음행을 저질렀거나, 살인을 했거나, 도둑질을 했거나, 깨우치지 못했으면서도 깨달았다고 거짓말 하는 4가지 죄를 말한다.

제바달다는 부처님을 죽이려고 그것도 여러번 시도했으니 살인죄가 적용되고, 거기다 승가를 어지럽히며 승단의 화합을 파괴했으므로 파승가(破僧伽)죄에 해당된다. 이렇게 도저히 용서받지 못할 <제바달다>

---

298) <아사세와 제바달다의 음모>와 <아사세왕의 참회와 승가귀의>이야기, 곧 <왕사성의 비극>에 대한 것은 『관무량수경』(대정장 12. 340)과 『장아함경』 (대정장 1. 109b~c), 『pāli律』<경분별> (남전장 1. 287~294항), 『장부』 <사문과경> (남전장 6. 126항 이하) 등에 상세히 나온다.

였지만, 부처님은 그를 선지식이라 칭하면서, 그 이유를 제바달다 덕분에 발심하게되었고, 정진수행하여 성불할 수 있었노라고 말씀하고 있다. 왜 부처님을 일러 <대자대비자>라 하는지, 아울러 제바달다를 선지식이라 칭하며, 그에게 수기를 주고 성불을 약속하며, 누구나 성불할 수 있다는 일불승(一佛乘)사상을 현실화 실제화시켜 一佛乘(성불)의 약속을 지킨 법화경을 왜 많은 불자들이 흠모하고 숭앙하는지, 그 이유를 알고도 남음이 있다.//

제 13 권지품 (勸持品)

석존의 이모 <마하파자파티>와 라훌라의 모친인 <야쇼다라 왕비> 등을 비롯한 많은 왕가 출신의 비구니들이 희견여래(喜見如來)로부터 授記를 받은 것과, 약왕보살(藥王菩薩)을 비롯한 수많은 보살들이 석존 멸후(滅後)에 수많은 난관과 박해를 만나고 받았음에도 불구하고, 온갖 것을 인욕(忍辱)하면서 法華經을 弘布하겠다는 대서원(大誓願)을 세웠다는 내용이다.

「我等於佛滅後。當奉持讀誦說此經典。後惡世衆生。善根轉少多增上慢。貪利供養增不善根。遠離解脫雖難可敎化。我等當起大忍力讀誦此經。持說書寫種種供養不惜身命」[299]

(저희들은 佛滅後에 이 경전을 받들어 모시고<奉持>하고 독송하며 설할 것입니다. 佛滅後의 악세중생<惡世衆生>들은 선근<善根>을 굴리는 것이 적고, 증상만<增上慢=아만이 높은자 >이 많고, 이공양<利供養>에만 탐착하고, 불선근<不善根>을 심고, 해탈을 멀리하기 때문에 교화하기가 어

---

299) 법화경 <권지품> (대정장 9. 36a)

렵습니다. 하지만 저희들은 대인력<大忍力>으로, 이 경전을 독송하며 지니며<持> 說하며 서사<書寫>하고 여러 가지 공양물들을 공양하면서, 신명<身命>을 아끼지 않을 것입니다)

「濁劫惡世中 多有諸恐怖 惡鬼入其身 罵詈毀辱我 我等敬信佛 當着忍辱鎧 爲說是經故 忍此諸難事 我不愛身命 但惜無上道 我等於來世 護持佛所囑」[300]

(오탁악세 시대에는 여러 가지 두렵고 공포스러운 일이 많아, 악귀들이 몸속에 들어와 꾸짖고 헐뜯어, 이로 인해 욕을 당하게 되는 일도 있습니다. 그러한 때에도 저희들은 부처님을 믿고 공경하며, 인욕의 갑옷을 입고 그 어떤 어려운 일도 견뎌내면서 이 경전을 설할 것입니다. 곧 무상도를 위해서라면 목숨까지도 아끼지 않을 것이며, 내세에서 조차도 부처님께서 부촉하신 것들을 지키겠습니다)

제 14 안락행품(安樂行品)

악세(惡世)에 法華經을 홍포(弘布)할 때의 몸과 마음가짐을 어떻게 가져야 되는지의 질문에, 석존이 文殊菩薩에게 설하신 법문 내용이다.
곧 身·口·意·誓願 등의 4가지의 처신, 말하자면 무엇무엇에 친근해야 하며, 또 무엇무엇에 친근해서는 안 되는지 등 소위 4-안락행(安樂行: 신·구·의·서원)에 대해 말씀하시고 있다. 곧

1) 身: 행동과 교제의 법의(法義)를 엄수할 것이며,
2) 口: 타인을 비방하거나 적대시하지 말 것이며,

---

300) 법화경 <권지품> (대정장 9. 36c)

3) 意: 마음을 편안하게 해줄 것,

4) 타인의 모범이 되어 스스로 믿음을 일으키게 할 것, 말법시(末法時) 法華經을 홍포할 때 살아남을 수 있는 생존방법인 <인욕(忍辱)에 안주하는 방법(安樂行)>을 說하시고, 또 法華經이야말로 모든 경전중의 최존(最尊)이며 최승(最勝)으로, 석존불께서 이 法華經을 힘들게 설하신 이유는 마치 전륜성왕(轉輪聖王)이 당신이 가장 아끼는 髻中(계중)의 명주(明珠)를 최고의 수훈자(一切의 번뇌를 물리친 자)가 아니면 주지 않았던 것과 같은 것이라는 소위 <정주의 비유(頂珠의 譬喩)>를 설하고 있다.

「若菩薩摩訶薩。住忍辱地柔和善順而不卒暴心亦不驚。又復於法無所行。而觀諸法如實相。亦不行不分別。是名菩薩摩訶薩行處」[301]

(만일 보살이 忍辱地<인욕의 생활>에 머무르면서, 부드럽고 온화하며 착하고 순하며, 포악하지도 놀라지도 않으면서, 제법의 실상을 관하며, 분별함이 없이 행하면, 이를 일러 보살의 행처<삶>라 하는 것이다)

「如來滅後。於末法中欲說是經。應住安樂行。若口宣說若讀經時。不樂說人及經典過。亦不輕慢諸餘法師。不說他人好惡長短。於聲聞人亦不稱名說其過惡。亦不稱名讚歎其美。又亦不生怨嫌之心。善修如是安樂心故。諸有聽者不逆其意。有所難問。不以小乘法答。但以大乘而爲解說。令得一切種智」[302]

(여래의 멸후인 말법시대에 이 경전을 설하려는 자가 있거던 마땅히 안락행<安樂行>에 머물러야 한다. 곧 입의 안락행<口-安樂行>으로, 이 경

---

301) 법화경 <안락행품> (대정장 9. 37a)
302) 법화경 <안락행품> (대정장 9. 38a)

전을 읽을 때는 타인의 과오나 경전의 허물을 말하지 말고, 법사들을 가벼이 여기거나 업신여기지 말며, 또 다른 사람의 좋고 나쁨과 장단점을 말하지 말고, 성문승의 이름을 거명하면서 그 사람의 과오를 말하지도 말며, 잘한다고 칭찬하지도 말며, 또 원망과 혐오의 마음도 내지 말아야 한다. 곧 이것이 안락행<安樂行>으로, 이것을 잘 닦으면 모든 사람들이 그의 뜻을 거역하지도 않을 것으로, 혹시 누군가 어려운 질문을 던져 묻는다면, 반드시 소승법이 아닌 대승법<大乘法>으로 해설하여, 그로 하여금 일체종지<一切種智>를 얻도록 해야 한다)

「菩薩常樂　安隱說法　於淸淨地　而施床座　以油塗身　澡浴塵穢　着新淨衣 內外俱淨　安處法座　隨問爲說」[303]

(보살은 항상 줄겁게 편안하며 은은하게 법을 설해야 한다. 곧 청정한 곳에 자리를 정하고, 몸에는 향유를 발라 더러움을 씻어내고 깨끗한 새 옷을 입는 등, 안과 밖을 두루 청정하게 한후, 편안히 法座에 앉아 물음에 따라 설법해야 한다)

「除嬾憜意　及懈怠想　離諸憂惱　慈心說法　晝夜常說　無上道敎　以諸因緣 無量譬喩　開示衆生　咸令歡喜」[304]

(게으르고 태만한 마음과 근심걱정을 버리고, 자비심으로 법을 설해야 한다. 곧 밤낮으로 무상도<大乘>의 가르침을 설하며, 여러 가지 인연과 비유를 중생들에게 열어 보여, 듣는 자로 하여금 두루 환희케 해야 한다)

---

303) 법화경 <안락행품> (대정장 9. 38a)
304) 법화경 <안락행품> (대정장 9. 38a)

제 15 종지용출품(從地涌出品)

　전반부는 본문(本門)의 서분(序分)에 해당되며, 후반부는 제 16품인 여래수량품(如來壽量品)과 더불어 本門 정종분(正宗分)의 시작부라 할 수 있는 품으로, 法華經의 중요한 품 가운데의 하나이다.

　法華經을 홍포하기 위해 타방세계로부터 사바세계에 온 셀 수도 없는 수많은 보살들이 法華經 홍포의 願을 佛에게 말씀드리자, 그만 두라고 하시면서 그 이유를 밝힌 법문 내용이다. 곧 이 사바세계에는 法華經을 홍포하려는 이루 말할 수 없는 수많은 보살들과 권속들이 있어, 석존멸 후에 法華經을 호지(護持)하고 독송하면서 홍포하기 때문에, 너희들은 이 곳에 올 필요가 없다는 내용부터 시작된다. 곧 대지진이 일어나며 땅 속으로부터 무량백천만억의 보살들이 출현하여 釋尊佛과 多寶佛에게 예배드리자, 미륵보살이 대중들의 의혹을 대신하여, 이들 보살들은 누구의 제자들이며 또 어느 곳에서 무슨 인연으로 이렇게 모였는가? 하고 묻자, 석존께서

「佛說是時。娑婆世界三千大千國土地皆震裂。而於其中有無量千萬億菩薩摩訶薩同時踊出。是諸菩薩身皆金色。三十二相無量光明。先盡在此娑婆世界之下。此界虛空中住。是諸菩薩聞釋迦牟尼佛所說音聲從下發來」[305]

(부처님께서 이렇게 말씀하시자마자, 사바세계 삼천대천의 국토가 흔들리고 갈라지고, 그 갈라진 곳으로 부터 무량천만의 보살님들이 동시에 솟아 올라 오셨는데, 보살님들의 몸은 모두가 금색으로 32상의 무량광명으로 장엄되어 있었다. 이들은 이미 오래전부터 사바세계의 지하의 허공 중에 머물러 있었으나, 석존불의 음성을 듣고 아래로부터 올라 온것이다)

---

305) 법화경 <종지용출품> (대정장 9. 39c~40a)

「汝等當共一心。被精進鎧發堅固意。如來今欲顯發宣示諸佛智慧。諸佛自
在神通之力。諸佛師子奮迅之力。諸佛威猛大勢之力」[306]

(너희들은 마땅히 一心으로 정진하면서 견고의 신심을 내야 한다. 나는
지금 諸佛의 지혜와 자재신력<自在神力>과 사자분신력<獅子奮身力>과
위용력을 설시(說示)하려한다)

하시며 구원성불(久遠成佛)의 뜻을 밝히자, 의심을 내며 그것은 마치 25
歲의 청년이 100세의 노인을 향해, 이 사람은 나의 자식이라 말하는 것
과 같으며, 또 100세의 노인이 청년을 보며 이 사람은 나의 아버지라고
하는 것과 같은 격, 곧 소위 <父少子老>의 비유를 들며 설명하지만, 설
명을 듣고도 믿으려 하지 않자, 미륵보살이 나타나 어떻게 해서 이 무량
의 대보살들을 교화하고 발심시켰고 또 불퇴심을 가지게 하였는지 등을
석존불에게 묻는 내용이다.

「阿逸多。是諸大菩薩摩訶薩。無量無數阿僧祇從地踊出。汝等昔所未見
者。我於是娑婆世界。得阿耨多羅三藐三菩提已。教化示導是諸菩薩。調
伏其心令發道意。此諸菩薩皆於是娑婆世界之下此界虛空中住。於諸經典
讀誦通利 思惟分別正憶念」[307]

(아일다야! 이 한량없는 무수의 보살님들은 땅으로부터 솟아 올라온 것
으로, 너희들은 한번도 이러한 것을 보지 못했던 일이다. 나는 이 사바
에서 무상정등정각을 얻은 후 이들 보살님들을 교화·지도하여 그들의
마음을 조복시켜 불도의 마음을 발하게 한 것으로, 이들은 사바세계의

---

306) 법화경 <종지용출품> (대정장 9. 41a)
307) 법화경 <종지용출품> (대정장 9. 41b)

지하의 허공중에 머무르면서 온갖 경전을 읽고 통달하였고, 사유와 분별과 정념을 통달한 분들이다)

제 16 여래수량품(如來壽量品)

본문(本門)中의 本門이며, 정종분(正宗分)中의 正宗分으로 法華經의 간심(肝心)이자 안목(眼目)이며 혼이라 할 수 있는 중요한 품이다.

「汝等當信解如來誠諦之語。復告大衆。汝等當信解如來誠諦之語。又復告諸大衆。汝等當信解如來誠諦之語。是時菩薩大衆。彌勒爲首合掌白佛言。世尊。唯願說之。我等當信受佛語。如是三白已。復言唯願說之。我等當信受佛語」[308)

(너희들은 如來의 성체<誠諦: 간절한 진리>의 말씀을 신해<信解>해야한다. <3번> 그때 미륵을 상수로 한 보살대중들은 세존을 향해 합장하며 세존이시여! 오직 바라옵는 바는 어서 그것을 말씀해 주십시오. 저희들 佛의 말씀을 신수(信受)하며 받들겠습니다! <3번> 그리고 또 다시 오직 바라옵는 바는 어서 그것을 말씀해 주십시오. 저희들 佛의 말씀을 신수(信受)하며 받들겠습니다)

라는 소위 <삼성상제(三誠三諦)>의 형식을 취하면서, 지금부터 하시는 말씀이 진실이며 중대한 선언임을 암시한다.

「諸善男子。今當分明宣語汝等。是諸世界。若着微塵及不着者。盡以爲塵一塵一劫。我成佛已來。復過於此百千萬億那由他阿僧祇劫。自從是來。

---

308) 법화경 <여래수량품> (대정장 9. 42b)

我常在此娑婆世界說法敎化。亦於餘處百千萬億那由他阿僧祇國導利衆生。諸善男子。於是中間。我說燃燈佛等。又復言其入於涅槃。如是皆以方便分別」[309]

(선남자들이여! 이제 분명히 그대들에게 말하노니, 온세상의 미진수의 티끌을 다시 티끌로 만들어, 그 중 하나의 티끌을 一劫으로 삼는다 해도, 내가 성불한 지는 이 미진수의 티끌을 뛰어넘은 백천만억나유타 아승지 겁전이다. 그때 이후 나는 이 사바세계에 머물면서 설법하며 중생을 교화하였으며, 또 다른 백천만억나유타 아승지나 되는 국토에서도 중생들을 이끌며 이익케 하였느니라. 선남자들이여! 그리고 그 사이에 연등불(然燈佛)등에게 법을 설하며, 나는 열반에 들었노라 말하였지만, 그것은 모두가 방편으로 분별해서 설한 것이다)

라 하며, 불지견(佛知見)의 심원고대(深遠高大)함을 설하고, 또 "수명무량과 열반에 드는 일 없이 언제나 사바세계에 상주(常住)한다" 하면서, 불수장원(佛壽長遠)과 불신의 상주(常住)를 설하고 있다. 마지막으로 <양의의 비유(良醫의 譬喩)>를 들면서,

「諸善男子。如來。見諸衆生樂於小法德薄垢重者。爲是人說。我少出家得阿耨多羅三藐三菩提。然我實成佛已來久遠若斯。但以方便敎化衆生。令入佛道作如是說」[310]

(선남자들이여! 여래가 중생들을 보니, 소승법만을 즐기고, 德은 박약(薄弱)하고 업장은 두텁구나, 나는 이런 중생들을 위해 나는 어려서 출가하

---

309) 법화경 <여래수량품> (대정장 9. 42b~c)
310) 법화경 <여래수량품> (대정장 9. 42c)

여 무상정등정각을 얻었다고 말했지만, 실은 成佛한지가 아주 오랜 구원 겁전<久遠劫前>이다. 내가 그렇게 말한 것은 모두가 방편으로 중생들을 교화하여 그들을 불도<佛道>에 들게하기 위해서이다)

「諸善男子。我本行菩薩道所成壽命。今猶未盡復倍上數。然今非實滅度。而便唱言當取滅度。如來以是方便教化衆生。所以者何。若佛久住於世。薄德之人不種善根。貧窮下賤貪着五欲。入於憶想妄見網中。若見如來常在不滅。便起憍恣而懷厭怠。不能生難遭之想恭敬之心。是故如來以方便說」311)

(선남자들이여! 내가 보살도를 행한 공덕으로 수명을 이룬 것이 아직도 다하지 못하여, 위에서 말한 수의 곱절이기에 실로 멸<滅度>한 것이 아니지만, 내가 마땅히 멸하리라 하고 말한 것은 어디까지나 중생을 교화하기 위한 방편이었다. 그 까닭은 내가 만일 세상에 오래 머문다고 하면, 박덕한 중생들은 선근<善根>을 심지 못하여, 빈궁과 천박하며 오욕에 집착하고 망상과 망견의 망속에 들기 때문이며, 또 내가 세상에 상주해서 멸하지 않는 것을 보면, 교만한 마음과 나태한 생각을 품고 만나기 어렵다는 생각과 공경심을 내지 않을 것이기에, 나 여래는 방편으로 그렇게 말한 것이다)

「汝等當知。我今衰老死時已至。是好良藥今留在此。汝可取服勿憂不差。作是教已復至他國。遣使還告。汝父已死」312)

(너희들은 마땅히 알아야 한다. 나는 지금 노쇠해서 죽을 때가 다가왔다. 여기에 아주 좋은 약을 놓아둘 터이니, 너희들은 그것을 가져다 먹고,

---

311) 법화경 <여래수량품> (대정장 9. 42c)
312) 법화경 <여래수량품> (대정장 9. 43a)

혹시 차도가 없을까 걱정하지 말라. 이렇게 말하고 나서 의사인 아버지는 타국에 건너가서, 사람을 자식들에게 보내어, '너의 아버지가 돌아가셨다'고 하였다)

「佛言。我亦如是。成佛已來。無量無邊百千萬億那由他阿僧祇劫。爲衆生故。以方便力言當滅度。亦無有能如法說我虛妄過者」[313]

(부처님께서 말씀하시길, 나도 그와 같아서 성불한지 이미 오랜 무량무변의 백천만억 나유타아승지겁전의 일이지만, 중생을 위해 방편으로 열반에 들었다고 말한 것이지만, 그렇다고해서 그 누구도 나의 이 방편의 허물을 당당하게 추궁할 자는 없는 것이다)

「如醫善方便 爲治狂子故 實在而言死 無能說虛妄 我亦爲世父 救諸苦患者 爲凡夫顚倒 實在而言滅 以常見我故 而生憍恣心 放逸着五欲 墮於惡道中 我常知衆生 行道不行道 隨所應可度 爲說種種法 每自作是意 以何令衆生 得入無上慧 速成就佛身」[314]

(양의<良醫>가 실은 죽지 않았지만 아들을 살리기 위해 善方便으로 죽었다고 한 것을 허망<거짓말>했다고 말 할 수 없는 것처럼, 나도 실은 滅하지 않았지만, 衆生을 인도하여 佛道를 성취케 하기 위해 멸<滅>했다고 한 것이다. 이는 내가 항상 중생곁에 있다하면 교만하고 방자한 생각을 내어 마음대로 오욕락에 빠져 탐내 결국엔 악도에 떨어질까 두려웠기 때문으로, 나는 언제나 중생들이 불도를 행하고 행하지 않음을 다 알고 있기에, 제도할 방편에 따라 여러 가지 법을 설하여, 중생들로 하여

---

313) 법화경 <여래수량품> (대정장 9. 43b)
314) 법화경 <여래수량품> (대정장 9. 43c~44a)

금 無上慧에 들어가 속히 佛身을 성취케 하는 것이다)

하며, 부처님께서는 오직 어떻게 하면 衆生을 무상도(無上道)에 이르게 하며, 어떻게 하면 빨리 佛身을 성취하게 할 수 있는지만을 생각하며, 제도할 인연에 따라 종종의 法을 설하신다고 강조하고 있다.

「常在靈鷲山 及餘諸住處 衆生見劫盡 大火所燒時 我此土安隱 天人常充滿 園林諸堂閣 種種寶莊嚴 寶樹多花果 衆生所遊樂 諸天擊天鼓 常作衆伎樂 雨曼陀羅花 散佛及大衆 我淨土不毀 而衆見燒盡」[315]

(나는 영축산을 비롯해 여러 주처에 항상 있다. 중생들이 劫이 다해 큰 불에 타서 없어진다고 볼 때도, 나의 이 국토(영축산)는 안은한 것이다. 곧 언제나 천인들로 충만하며, 정원과 수풀을 비롯 온갖 당각 또한 온갖 보물로 장엄되어 있으며, 보배 나무와 수많은 과일로 넘쳐난다. 중생들은 즐겁게 뛰어 놀며, 제천들은 天鼓를 드드리며, 수많은 技와 樂을 만들고 즐기며, 만다라화는 마치 비 뿌리듯 날려와 부처님과 대중들을 적신다. 나의 정토는 절대로 부서지지 않지만, 그러나 중생들은 타서 없어진다고 본다)[316]

---

315) 법화경 <여래수량품> (대정장 9. 43c)
316) 『梵文法華經』에는 淨土에 해당하는 곳에, 國土의 의미인 「kṣetra」만 있을 뿐, 淨에 해당하는 말은 보이지 않는다. 竺法護 역 『正法華經』의 이 부분에서도 「吾此佛土」로 되어있을 뿐, 淨土란 말은 보이지 않는다.
　　또 <오백제자수기품>의 경우에도, 구마라집본에는 「富樓那比丘 功德悉成滿 當得斯淨土」(대정장 9. 28b)라 하여, 淨土란 역어가 보이지만, 축법호본에는 「佛國土」로 되어있다. (대정장 9. 96b), 또 梵文에도 殊勝한 國土의 의미인 「kṣetra-vara」로 되어있어, 淸淨한 국토로서의 淨土의 의미는 아니다. 곧 『法華經』에서 淨土란 번역어는 오직 구마라집역의 『묘법연화경』에만 보이는 것이므로, 淨土란 譯語가 구마라집의 創作語임을 알 수 있다. 이 점 중국불교의 정토교리 형성에 구마라집이 기여한 바가 크다. 하지만 구마라집이 본 淨土는 어디까지나 諸佛淨土로서의 정토를 말한 것이지, 아미타불의 정토를

제 17 분별공덕품(分別功德品)

5가지 수행공덕인 소위 <오품공덕(五品功德)>을 설하고 있다.

여기서 五品이란

1) 佛의 수명장원(壽命長遠)을 듣고 환희심을 내는 것

2) 법화경을 受持하고 읽고 송(誦)하며

3) 다른 이에게 권하여 수지독송(受持讀誦)케 하며

4) 육바라밀다(六波羅蜜多)를 수행하며

5) 六度(波羅蜜)修行을 올바르게 行하는 것을 말한다.

「阿逸多。其有衆生。聞佛壽命長遠如是。乃至能生一念信解。所得功德無有限量」[317]

(아일다여! 어느 중생이 있어, 부처님의 수명은 이처럼 길고도 긴 것이라 듣고, 이를 전혀 의심하지 않고 일념으로 신해하면, 그가 얻는 공덕은 한량이 없는 것이다)

제 18 수희공덕품 (隨喜功德品)

佛의 수명장원(壽命長遠)을 듣고, 함께 환희할 때 얻게 되는 功德의 무량함이 설해지고 있다.

「諸人聞是法 皆得阿羅漢 具足六神通 三明八解脫 最後第五十 聞一偈隨喜 是人福勝彼 不可爲譬喩 如是展轉聞 其福尙無量 何況於法會 初聞隨喜者」[318]

말한 것은 아니었다. 이에 대한 상세한 설명은 정토경전의 설명에서 해놓았다. 참조 바란다.

317) 법화경 <분별공덕품> (대정장 9. 44c)
318) 법화경 <수희공덕품> (대정장 9. 47b)

(사람들이 이 법문을 듣고 모두 아라한과를 얻어 육신통과 三明과 8-해탈을 얻었는데, 마지막 오십번째 사람이 한 게송을 전해 듣고 기뻐하면, 그 사람이 얻는 복 또한 수승하여 비교할 바가 없는 것이다. 이처럼 법문을 전해 들었을 지라도 그 복이 무량하거늘, 하물며 법회에 직접 가서 처음 듣고 기뻐한 자야 무엇을 더 말하겠느냐?)

제 19 법사공덕품(法師功德品)

法華經을 受持·讀·誦·解說·書寫하는 者, 곧 이들을 <五種法師>라고 하는데, 이들이 얻는 공덕을 설명하고 있다. 말하자면 육근(六根)이 청정해지고 8백 내지 1200개의 신통력이 얻어진다고 설하고 있다.

「若善男子善女人。受持是法華經。若讀若誦若解說若書寫。是人當得八百眼功德。千二百耳功德八百鼻功德。千二百舌功德。八百身功德。千二百意功德。以是功德莊嚴六根皆令淸淨」319)

(선남자 선여인들이여! 법화경을 수지하고 읽거나 암송하거나 해설하거나 사경하면, 그 사람은 8백 안(眼)의 공덕과, 천이백 귀(耳)의 공덕과, 8백 코(鼻)의 공덕과, 천이백 혀(舌)의 공덕과, 팔백 몸뚱이<身>의 공덕과, 천이백 마음<意>의 공덕을 얻게 되니, 이러한 공덕장엄으로 그의 육근 <六根>이 청정한 것이니라)

제 20 상불경보살품(常不輕菩薩品)

옛날 위음왕여래(威音王如來)의 시절, 곧 정법이 멸한 상법(像法)中의 시절에,

「나는 당신들을 절대로 경만(輕慢)하지 않고 깊이 존경합니다. 그 까닭은

---

319) 법화경 <법사공덕품> (대정장 9. 47c)

당신들 모두는 보살도를 닦아 반듯이 작불(作佛)하기 때문입니다」

하면서 항상 모든 사람들에게 예배를 行하는 <상불경(常不輕)>이라는 수행자에 대한 이야기이다.

 곧 그 어떤 박해와 피해를 받더라도 결코 그것을 두려워하거나 싫어하지 않고, 끊임없이 法華經을 弘布했다는 이야기로서, 이렇게 수행한 공덕으로, 육근(六根)이 청정해지고 수명이 늘어났다는 이야기이다.
상불경보살(常不輕菩薩)과 같은 삶을 보통 <절복역화(折伏逆化)>의 삶이라 한다. 곧 난관이 오히려 신심을 깊게 하여, 끝내는 成佛에 이르게 된다는 말이다.

「是佛滅後 法欲盡時 有一菩薩 名常不輕 時諸四衆 計着於法 不輕菩薩 往到其所   而語之言 我不輕汝 汝等行道 皆當作佛 諸人聞已 輕毁罵詈 不輕菩薩 能忍受之 其罪畢已 臨命終時 得聞此經 六根淸淨」[320]

(부처님이 열반하시어 정법이 다 하려고 할 때, 한 보살이 있었으니, 그 이름이 상불경<常不輕>이다. 사부대중이 모두 법에 걸려 계합하고 집착하니, 상불경보살이 그곳에 가서 말하기를, 저는 당신들을 가벼이 보지 않습니다. 왜냐하면 당신들은 반드시 성불하기 때문입니다. 사람들이 그 말을 듣고 그를 업신여기며 헐뜯어 꾸짖었으나, 상불경보살은 그것을 모두 인욕하였다. 상불경보살이 명을 다해 임종할 때에, 법화경을 듣게 되었는데 육근이 곧 청정해 졌느니라)

---

320) 법화경 <상불경보살품> (대정장 9. 51b)

(강 설) 돼지눈에는 돼지만, 부처님눈에는 부처님만,

「돼지 눈에는 돼지만 보이고, 부처님의 눈에는 부처만 보인다」는 말이 있다.

상불경보살님은 평소 시방부처님께 귀명·공양드리며 하루도 쉬는 날이 없었다. '평상심이 佛道'라고 그렇게 사신 불자이다. 그러니 그녀는 부처님이 된 것이다. 눈에 보이는 모든 사람이 시방의 부처님으로 보이니 말이다~, 상불경보살님처럼 우리 사회도 부처님의 눈을 닮아가면 얼마나 좋을까? //

제 21 여래신력품(如來神力品)

유통분 가운데의 유통분으로 방편품(方便品)이나 여래수량품(如來壽量品)에 버금가는 중요한 품이다. 그 까닭은 如來께서 상수(上首)보살인 상행보살(上行菩薩)을 위시한 모든 보살들에게, 석존이 멸한 후 法華經을 부촉하고 홍포(弘布)하라고 명했기 때문이다. 곧 땅의 흔들림(地震)과 더불어 땅에서 솟아 나온 수많은 菩薩들이 여래멸후의 法華經의 弘布를 묻자, 如來께서 대지를 육종진동(六種震動)케 하는 등의 여러 가지 신통력을 보이는데, 이에 시방중생들이 모두 '나무석가모니불, 나무석가모니불' 하면서 정근(正勤)을 하자, 마치 佛國土를 연상케 하듯 十方으로부터 수많은 種種의 공양물이 쏟아져 나왔다. 이에 석존불은 여러 대중에게 이와 같이 諸佛의 신통력은 무량무변 불가사의한 것이라 말씀하신다. 그리고 아울러 이 經을 지니는 者는 諸法의 義와 명자(名字)와 언사(言辭)에 거침이 없고, 기쁨(悅樂)의 무궁함(樂說無窮盡)이 마치 바람이 공중에서 一切의 장애를 날려버리는 것과 같은 것이다. 뒤이어 경은

「如來의 一切의 法, 如來의 一切의 자재신력(自在神力), 如來의 一切의 비밀, 如來의 일체의 온갖 난사의한 일(甚深事)은 모두 이 法華經에서 보여지고 설해지고 있다」

는 소위 <四句의 要法>을 說하면서, 그러니 여래멸후에는 一心으로 受持 · 讀 · 誦 · 解說 · 書寫(五種供養)할 것이며, 또 그 어떤 곳일 지라도 法華經이 있는 곳에는 반드시 塔을 세워 공양하라! 이유는 法華經이 있는 곳이야말로 불도량(道場)이기 때문이다.

곧 諸佛은 이곳에서 成道하시고, 이곳에서 법륜(法輪)을 굴리시고, 이곳에서 반열반(般涅槃)하신 까닭」이라고 하시며,

「이 經을 지니는 者는 諸法의 義와 명자(名字)와 언사(言辭)에 거침이 없고, 기쁨(悅樂)의 무궁함(樂說無窮盡)이 마치 바람이 공중에서 一切의 장애를 날려버리는 것과 같은 것이다」고 하시고, 뒤이어

「여래의 멸후에 부처님께서 설한 法華經의 인연과 차제(次第)를 잘 알아 그 의(義)에 따라 여실하게 설하라! 그러면 마치 일월 광명이 모든 어둠을 물리치는 것 같이, 인간세에 있는 모든 衆生의 무명(無明)을 滅하게 할 것이며, 또 수많은 菩薩들을 가르쳐 마침내는 一乘에 머물게 하라!」

하며 法華經 지송(持誦) 공덕과 아울러 지송자와 홍포자에 대한 공덕을 칭찬하신다.
이 품의 첫 번째(四句의 要法) 및 두 번째의(義 · 名字 · 言辭 · 樂說) 인용문은 묘법연화경(妙法蓮華經)이라는 경의 제목 五字에 대한 해석과 五

-교판의 근거로 해석·인용되기도 하는 중요한 부분이다.

「於如來滅後　知佛所說經　因緣及次第　隨義如實說　如日月光明　能除諸幽冥　斯人行世間　能滅衆生闇　教無量菩薩　畢竟住一乘」[321]

(여래의 멸후, 부처님께서 설한 法華經의 인연과 차제(次第)를 잘 알아 그 의(義)에 따라 여실하게 설하라! 그러면 마치 일월 광명이 모든 어둠을 물리치는 것 같이, 인간세에 있는 모든 衆生의 무명(無明)을 滅하게 할 것이며, 또 수많은 菩薩들을 가르쳐 마침내는 一乘에 머물게 하라!)

제 22 촉루품 (囑累品) 虛空會上의 설법: 총 부촉에 해당함

앞의 21 여래신력품(如來神力品)이 본화지용(本化地涌)의 大菩薩에 대한 별부촉(別付囑)인 것에 반해, 촉루품은

「汝等當受持讀誦廣宣此法。令一切衆生普得聞知。所以者何。如來有大慈悲。無諸慳吝亦無所畏。能與衆生佛之智慧如來智慧自然智慧。如來是一切衆生之大施主。汝等亦應隨學如來之法。勿生慳吝」[322]

(너희들은 마땅히 이 경을 받아 지니고 읽고 외어, 이 법을 널리 선양하여 일체중생들로 하여금 듣고 알게하라! 그 까닭은 여래는 대자비자이시기에, 그 어느 것에도 아낌과 인색함이 없고, 또 두려움도 없어, 능히 부처님의 지혜와 진리를 보는 지혜(自然智)를 중생들에게 주시니, 그래서 여래를 일러 일체중생의 대시주<大施主>라 하는 것이다. 그러니 너희들도 이처럼 여래의 법을 따라 배우면서 절대로 인색한 마음을 내지 말지니라!)

---

321) 법화경 <여래신력품> (대정장 9. 52b)
322) 법화경 <촉루품> (대정장 9. 52c)

「我於無量百千萬億阿僧祇劫。修習是難得阿耨多羅三藐三菩提法。今以付囑汝等。汝等應當一心流布此法廣令增益」[323]

(나는 무량백천만억 아승지겁 동안 이 얻기 어려운 무상정등정각의 法을 수습<修習>하였노라, 지금 너희들에게 부촉하노니, 너희들은 마땅히 一心으로 이 法을 유포하여 널리 중생들을 증익케 하여라!)

하면서 모든 菩薩들에게 마지막 부촉(總咐囑)을 하고 계신 것으로,

앞의 신력품(神力品)의 마지막부분까지는 허공회(虛空會)의 탑중(塔中)에서의 설법이지만, 촉루품은 허공회상에서의 설법이다.

 또한 品의 말미에 "諸佛 각각 편안함에 따라 처신하세요"라는 말씀이 있는 것으로 보아, 諸佛의 분신들을 비롯한 다보여래(多寶如來)까지의 모든 분들이 本來의 처소에 돌아간 것처럼 보이지만, 다음의 약왕보살품(藥王菩薩品)이나 묘음보살품(妙音菩薩品)에 多寶如來가 다시 등장하는 것으로 보아, 塔의 문만 닫히고 塔은 증명을 위해 경의 마지막까지 존재한 것이 아닐까 생각된다.

제 23 약왕보살품 (藥王菩薩品)
 여래멸후 홍경(弘經)의 필요성과 경을 홍보하는 자(弘經者)들에 대한 공덕, 그리고 弘經者에 대한 諸佛菩薩과 제천(諸天)의 옹호 등을 자세히 설함으로서, 부촉의 신념을 권발(勸發)케 한 것이기에, 유통분중의 유통분이라 할 수 있다.

---

323) 법화경 <촉루품> (대정장 9. 52c)

곧 이 品의 주인공은 약왕보살(藥王菩薩)로서 그 옛날 희견보살(喜見菩薩)로서 수행할 당시, 일월정명덕불(日月淨明德佛)로부터 法華經을 들은 은덕에 대한 보답으로, 자기의 손을 태워 공양을 드린 이야기를 하면서, 法華經 수지(受持)의 공덕을 설하고 있다. 곧 法華經이야말로 최제일(最第一)임을 강조하면서, 아울러 약왕보살에게 여래멸후 후오백세(後五百歲)의 오탁악세(五濁惡世)中에 法華經을 널리 유포할 것을 부탁하는 것으로 品을 마감하고 있다.

「宿王華。此經能救一切衆生者。此經能令一切衆生離諸苦惱。此經能大饒益一切衆生。充滿其願」[324]

(숙왕화여! 이 경은 능히 일체중생을 구원하며, 일체중생의 모든 고뇌를 여의게 하며, 일체중생에게 큰 이익을 주어, 그들이 지닌 모든 원을 충만케 하는 경이다)

제 24 묘음보살품(妙音菩薩品)

동방의 정광장엄국(淨光莊嚴國)에 사는 妙音菩薩이 시방삼세 제불에게 예배와 공양을 드린 그 공덕으로, 몸을 34身으로 변현(變現)하는 소위 <현일체색신삼매(現一切色身三昧)>와, 사바세계를 자유자재로 왕래하는 신변(神變)을 얻어, 사바세계의 영축산(靈鷲山)에 와서 석가불과 다보여래에게 예배하고 사바세계의 많은 사람들에게 法華經을 설한다는 내용이다.

「若應以聲聞形得度者。現聲聞形而爲說法。應以辟支佛形得度者。現辟支佛形而爲說法。應以菩薩形得度者。現菩薩形而爲說法。應以佛形得度

___
324) 법화경 <약왕보살품> (대정장 9. 54b)

者。卽現佛形而爲說法。如是種種隨所應度。而爲現形。乃至應以滅度而
得度者。示現滅度」[325]

(성문의 몸으로 제도할 이에게는 성문의 몸으로 나타나시어 설법하시며,
벽지불의 몸으로 제도할 이에게는 벽지불의 몸으로 나타나시어 제도하시
고, 보살의 몸으로 제도할 이에게는 보살의 몸으로 나타나시어 제도하시
고, 부처의 몸으로 제도할 이에게는 부처의 몸으로 나타나시어 설법하신
다. 이처럼 제도할 바를 따라 여러 가지의 몸을 나타내신 것처럼, 열반
을 통해 제도할 이에게 마땅히 열반의 모습을 보이신 것이다)

(강 설) 예경의 공덕, 현일체색신삼매(現一切色身三昧)

"나무 보문시현(普門示現) 원력홍심(願力弘深) 대자대비(大慈大悲) 구고
구난(救苦救難) 관세음보살 관세음보살 운운"은 관세음보살 정근시 지송
하는 게송이다.

보문시현(普門示現)이란 중생을 사랑하시는 부처님의 대비력과 위신력을
나타내는 말로, 누구든지 어디에 있든 자유자재로 시현하시어 우리 중생들
을 제도하고 계신 관세음보살님의 원력을 표현한 말이다. <관세음보살의
32應化>라는 말도 이러한 의미에서 나온 말이다. 중생들의 근기에 맞추어
32-가지 모습으로 응해서 변화·화현하신다는 의미이다. 경주에 가면 普門
단지, 강화도에 가면 그 유명한 普門寺가 있고, 서울의 고대병원 근처에는
普門洞과 普門寺란 비구니 사찰이 있다. 관음경에는 '念彼觀音力'이란 단
어가 12번이나 등장한다. 물속이나 불속이나 그 어떤 어려움과 난관에 처
해있을때 '나무 관세음' 하며 그분의 이름을 부르면 세상의 그 어떤 소리

---

325) 법화경 <묘음보살품> (대정장 9. 56b)

(世音)도 다 들으(觀=聽)시고, 당신(觀音보살)의 가피력(念彼觀音力)으로 '곧 바로 나타나셔서 구해(救苦救難)주신다는 내용이다.

<묘음보살품>의 주인공인 妙音보살님 또한 관세음보살님과 같은 위신력을 지닌 분으로, 보살의 몸으로 제도할 이에게는 보살의 몸으로 나타나시어 제도하시고, 부처의 몸으로 제도할 이에게는 부처의 몸으로 나타나시어 제도하시는 그야말로 자유자재로 몸을 나투시며 중생을 제도하시는 <현일체색신삼매>의 소유자이시다.

묘음보살님이 지닌 이러한 위신력은 도대체 무슨 공덕을 지셨기에 가지게 된것일까?

경전은 그 이유를 수많은 불보살님께 예경·공양드린 공덕때문이라 설하고 있다.

불보살님께 예배공양드리는 것이 이렇게 큰 것으로, 그 공덕으로 그는 衆生隨器得利益이라는 말처럼, 어떤 그릇을 가지고 있던 중생들이 가진 그릇을 가득가득 채워줄 수 있는 위신력을 지니게 된 것이다. 예경공덕이 이렇게 큰 것이다. //

제 25 관세음보살보문품(觀世音菩薩普門品)

33身으로 변현(變現)하면서 중생을 득도(得度)시키는 대신력과 대자비의 觀世音菩薩에 대한 이야기이다. 곧 영축산(靈鷲山)의 석존불과 다보여래의 탑을 공경한다는 이야기로서, 觀世音보살의 신력과 자비의 광대함을 비유로, 如來의 위신력과 자비의 광대함을 강조하고 있다.

「若有無量百千萬億衆生受諸苦惱。聞是觀世音菩薩。一心稱名。觀世音菩薩卽時觀音聲皆得解脫」[326]

---

326) 법화경 <관세음보살보문품> (대정장 9. 56c)

(만일 무량백천만억의 중생들이 온갖 고뇌를 당할 적에 관세음보살의 이름을 듣고 일심으로 칭명하면, 관세음보살께서는 그 음성을 듣고 즉시 해탈을 얻게 하느니라)

제 26 다라니품(陀羅尼品)

약왕보살(藥王菩薩) 용시보살(勇施菩薩) 비사문천왕(毘沙門天王) 지국천왕(持國天王) 귀자모신(鬼子母神) 10-나찰녀(十羅刹女) 등이 다라니 신주(陀羅尼 神呪)를 설하여 法華經 受持者들을 옹호하고, 혹시라도 박해자가 있으면 머리를 7분으로 깨어버린다고 하면서, 陀羅尼의 위신력을 빌려 경을 홍포하는 자의 옹호에 대한 공덕을 설하고 있다.

「世尊。是陀羅尼神呪。四十二億諸佛所說。若有侵毀此法師者。則爲侵毀是諸佛已」[327]

(세존이시여! 이 다라니 신주는 42억이나 되는 수많은 부처님들께서 설하신 것으로, 만일 법사를 헐뜯고 훼방<毀謗>하는 자가 있다면, 곧 시방 부처님들을 헐뜯고 훼방하는 것이 되나이다)

제 27 묘장엄왕 본사품(妙莊嚴王 本事品)

과거 운주음숙왕화지불(雲宙音宿王華智佛)의 시절 묘장엄왕(妙莊嚴王)과 정덕부인(淨德夫人)의 두 아들인 정장왕자(淨藏王子)와 정안왕자(淨眼王子)가 부모를 설득시켜 雲宙音宿王華智佛에게 귀의케하고 法華經을 청법시켰다는 것과, 그 결과 부모는 선지식이 되고 두 王子는 지금의 약왕(藥王)과 약상(藥上)의 두 보살이 되었다는 인연들을 이야기 하면서, 佛을 만나는 것과 法華經을 청법하는 것이 얼마나 어려운 것인지를 설

---

327) 법화경 <다라니품> (대정장 9. 59a)

하고 있다. 곧 이 두 가지 어려운 인연을 만나기 위해서는 父子가 서로 서로 인도해야 이를 수 있는 것임을 설하고 있다.

「其王夫人。名曰淨德。有二子。一名淨藏。二名淨眼。是二子。有大神力福德智慧。久修菩薩所行之道。所謂檀波羅蜜。尸羅波羅蜜。羼提波羅蜜。毘梨耶波羅蜜。禪波羅蜜。般若波羅蜜。方便波羅蜜。慈悲喜捨。乃至三十七品助道法。皆悉明了通達」[328]

(왕의 부인의 이름은 정덕<淨德夫人>으로, 2명의 아들이 있었으니 정장과 정안으로. 이 2-아들은 큰 신력과 복덕과 지혜를 지니고 있었다. 이들은 오랫동안 보살행<菩薩道>, 곧 보시·지계·인욕·정진·선정·지혜·방편 등의 6-바라밀과 자비희사의 4-무량심과 37-조도품 등의 불도를 하나도 남김없이 모두 명백하게 통달하였다.

제 28 보현보살권발품(普賢菩薩勸發品)

대위덕과 대신력을 지닌 보현보살(普賢菩薩)이 먼 동방으로부터 무수히 많은 대보살들을 데리고 와 불멸후 어떻게 하면 法華經을 얻을 수 있는 것인지를 佛에게 묻자, 佛께서 대답하시기를, 첫째 諸佛에 호념(護念)받도록 해야 하고, 둘째 모든 德을 쌓고, 셋째 정정취(正定聚)에 들어간 후, 넷째 一切衆生을 求하겠다는 마음을 發해야 된다.

「是人若行若立讀誦此經。我爾時乘六牙白象王。與大菩薩衆俱詣其所。而自現身。供養守護安慰其心」[329]

---

328) 법화경 <묘장엄왕본사품> (대정장 9. 59c)
329) 법화경 <보현보살권발품> (대정장 9. 61a~b)

(만일 사람이 다니거나 서거나 이 경전을 독송하면, 나는 치아 6개 달린 흰코끼리 왕을 타고, 많은 대중들과 함께 그곳으로 가서 몸을 나타내, 그 사람을 공양하고 수호하며 편안히 위로 할 것이다)

「普賢。若見受持是經典者。當起遠迎當如敬佛」[330]
(보현보살이여! 만일 이 경전을 수지하는 자가 있거든 어서 일어나 멀리 나가 영접하여 모시기를, 부처님을 존경하듯이 해야 한다)

고 하면서, 法華經 홍포에 앞장서고 弘經者를 옹호할 것을 다짐한다.

---

330) 법화경 <보현보살권발품> (대정장 9. 62a)

참고 (서적 / 논문) - 法華經 / 法華思想

望月良見「法華經成立史」『講座大乘佛教』4. 法華思想. 1983

勝呂信靜「法華經一乘思想」中村元博士還曆記念論集

『インド思想と佛教』1973

「インドにおける法華經の註釋的解釋」

金倉圓照編『法華經の成立と展開』

野村耀昌「一佛乘の思想」『講座大乘佛教』4. 法華思想. 1983

「大智度論に見える法華經の理解」福井博士頌壽記念

『東洋思想論集』

平川彰 「大乘佛教における法華經の位置」『講座大乘佛教』4.

法華思想. 1983

「法華經における一乘の意味」金倉圓照編『法華經の成立と展開』

「開三顯一の背景とその形成」中村瑞隆編『法華經の思想と基礎』

「初期大乘佛教の支持者としての善男子善女人」

『初期大乘佛教の研究』千潟龍祥博士古稀記念論文集. 1964

紀野一義『法華經の探究』1962

高田 修『僧院と佛塔』1968

三友量順「大乘佛教における供佛」玉城康四郎博士還曆記念論集」

『佛の研究』春秋社. 1977

「法華經における受持について」『印佛研』24-1. 1975

上田本昌「法華經に現れた佛子について」『印佛研』10-12. 1962

藤田宏達「一乘と三乘」横超慧日編 『法華思想』

田賀龍彦「授記と譬喩」『講座大乘佛教』4. 法華思想. 1983

「法華經を中心とした授記の研究」『大岐學報』113-24. 1961

　　　　「インド佛教における授記思想の展開」坂本幸男編『法華經の思
想と文化』

　　　　「法華經囑累品について」『大谷學報』111. 1960

　　　　『授記思想の源流と展開』平樂寺書店. 1974

丸山孝雄「法華經論の立場」『講座大乘佛教』4. 法華思想. 1983

　　　　「法華七喩解釋の展開」中村瑞隆編『法華經の思想と基礎』

　　　　平樂寺書店.1980

本田義英『法華經論』

田村芳朗『法華經』中公新書

　　　　「法華經における菩薩情神」西義雄編『大乘菩薩道の研究』

　　　　大東出版社

苅谷定彦「大乘教團としての 法華者團」日本佛教學會編

　　　　『佛教教團の諸問題』1974

　　　　「法華經修行道の構造 – 法師品の研究」

　　　　『日本佛教學會年報』45. 1980

　　　　「法華經安樂行品の四法について」『印佛研』20-2. 1972

　　　　「永遠佛について – 法華經と淨土經」『印佛研』19-2. 1971

　　　　「法華經 囑累品考」『印佛研』22-1. 1973

橫超慧日『法華經序說』法藏館. 1962

　　　　『法華思想の研究』平樂寺書店. 1971

橫超慧日 編『法華思想』平樂寺書店. 1975

松濤誠廉『法華經』1.2 (『大乘佛典』) 4.5

　　　　「佛教における信の地位」『日本佛教學會年報』28. 1962

塚本啓祥「インドにおける佛塔信仰と法華經の交渉」

野村耀昌編『法華經信仰諸形態』平樂寺書店. 1976

　　　「インド社會と法華經の交渉」塚本幸男編

　　　『法華經の思想と文化』

　　　「法華經 に現われる信」『佛教學』9-10 特集號. 1980

　　　「大智度論と法華經 – 成立と飜譯の問題に關連して」

坂本幸男編『法華經の中國的展開』平樂寺書店. 1972

靜谷正雄「法師(dharma-bhāṇaka)について」『印佛研』3-1

中村瑞隆「如來藏と法華經の法身考」中村瑞隆編『法華經の思想と基礎』

塩田義遜『法華敎學史の研究』地方書院. 1960

第3 大方廣佛華嚴經(佛華嚴大方廣經)

(Buddha-avataṃsaka-nāma-mahā-vaipulya-sūtra)

佛　　雜華嚴　　이라하는　大　　方廣　　經

(大方廣佛華嚴經: mahā-vaipulya-buddha-gaṇḍa-vyūha-sūtra)

大　　方廣　　佛　　雜華　　嚴飾　經

(sans-rgyas)-　rmad----gcad

佛　　-　　不可思議　解脫

(sans-rgyas)-　pal-po---tshe

佛(이)　　集合하는　世界

3-1 構成 (80권 화엄경: 총 39품)

佛의 광명세계(光明世界), 곧 무상정등정각자(無上正等正覺者)인 佛이 (장엄)해 놓은 연화장세계(蓮華藏世界)를 설함

참 고: 화엄경(華嚴經)의 집성과정(集成過程)

 화엄경(Buddha-avataṃsaka-mahā-vaipulya-sūtra)은 십지경(十地經: Daśa-bhūmika)을 중심으로, 문수경전(文殊經典: 대표적인 것이 십지품<十地品>)과 보현경전(普賢經典: 대표적인 것이 普賢行願品)들이 적절히 배치된, 그리고 이들 사이 사이에 보살도(菩薩道)의 실천행을 설하는 품들, 예를 들면 입법계품(入法界品: Gaṇḍa-vyūha)이 삽입되어 이루어진 종합경전이다.

 말 바꾸면 화엄경은 성불직후의 연화장세계의 모습을 비로차나불의 光明을 통해 설함과 동시, 나가서는 成佛을 잉태한 인행(因行)으로서의 보살도(十地)를 文殊菩薩을 중심으로해서 설하고 있으며(이상 敎理), 그리고 우리를 여기에 동참시키기 위해 보살도(菩薩道)의 완성자인 보현보살(普賢菩薩)과 우리들 중생의 대변자로서 미래에 부처님이 될 선재동자(善財童子)를 내 세워(이상 실천), 실천행인 (普賢行願)의 전체상을 내 보이고 있는 것이다.

 현재 범본(梵本)원전이 남아 있을 뿐만 아니라, 용수보살(龍樹菩薩: 150~250)의 저작인 『십주비바사론(十住毘婆娑論)』에서 조차 인용되고 있는 십지경(十地經: 『점비일체경(漸備一切經)』의 이름으로 인용되어 있음)과 입법계품(入法界品: 『불가사의해탈경(不可思議解脫經)』의 이름으로 인용되고 있음)을 통해 볼때, 華嚴經은 A.D 200년경 전후에 성립된 경전임을 알게 해준다.

참 고: 華嚴經(60권 / 80권 / 40권 / 티베트) 4本의 비교

信		60권 華嚴經 (晋譯/佛陀跋陀羅) <Buddha-bhadra> (覺賢) 7處8會(34品) 420年譯	80권 華嚴經 (唐譯)實叉難陀 <Sikṣa-nanda> (學喜) 7處9會(39品) 699年譯	Tibet 華嚴經 (jīna-mitra) (勝友) 7處9會(45品) 9世紀末	40권 華嚴 經 (般若) 798年 譯 入法界 品 Gaṇḍa - vyūha
信	제 1會 寂滅道場 會 <붓가야> (成佛) <地上> (果) 成佛直後 蓮華藏世 界의 모습	1.世間淨眼品	1.世主妙嚴品	1. 一切世主妙嚴出現 品	
		2.盧舍那佛品	2.如來現相品	2.如來品	
			3.普賢三昧品 (普)	3.普賢三昧神變 出現品	
			4.世界成就品 (普)	4.世界海說淨方 成就品	
			5.華藏世界品 (普)	5.蓮華藏世界海 照明品	
				6.世界海莊嚴海 說品	
				7.世界海地莊嚴 說品	
				8.國土性處說品	
				9.世界性安住 說品	
			6.毘盧遮那品 (普)	10.毘盧遮那品	
				11.如來華嚴品	
解	제 2會 普光法堂 會	3.如來名號品 (兜沙經)	7.如來名號品 (兜沙經) (文)	12.如來名號說	
		4.四諦品	8.四聖諦品 (文)	13.聖諦品	

<鹿野園> 因(十信→ 十地) (十信) <地上>	5.如來光明覺品 (菩薩本業經)	9.光明覺品 (菩薩本業經) (文)	14.如來光明覺品	
	6.菩薩明難品	10.菩薩問明品 (文)	15.如來光明覺品	
	7.淨行品	11.淨行品（文）	16.淨行品	
	8.賢首菩薩品	12.賢首菩薩品	17.賢首品	
제3會 忉利天宮 會 (十住) <欲界天>	9.佛昇須彌頂品	13.昇須彌山頂品	18.如來須彌頂品	
	10.菩薩雲集妙勝 殿上說偈品	14.須彌頂上說 偈品	19.須彌頂上說偈品	
	11.菩薩十住品	15.十住品	20.菩薩十住說品	
	12.梵行品	16.梵行品	21.梵行品	
	13.初發心菩薩 功德品	17.初發心 功德品	22.初發心菩薩 功德品	
	14.明法品	18.明法品	23.明法品	
제4會 夜摩天宮 會 (十行) <欲界天>	15.佛昇夜摩天宮 自在品	19.昇夜摩天宮 品	24.昇夜摩天宮 神變品	
	16.夜摩天宮菩薩 說偈品	20.夜摩天宮中 偈讚品	25.夜摩天宮中 偈讚品	
	17.功德華聚菩薩 十行品	21.十行品	26.功德華聚菩薩 十行品	
	18.菩薩十無盡藏 品	22.十無盡藏品	27.十無盡藏說品	
제5會 兜率天宮 會 (十廻向) <欲界天>	19.如來昇兜率天 宮品	23.昇兜率天宮 品	28.昇兜率天宮品	
	20. 兜率天宮菩薩 雲集讚佛品	24.兜率天宮中 偈讚品	29.兜率天宮中 偈讚品	
	21.金剛幢菩薩 十廻向品	25.十廻向品	30.十廻向品	
제6會 他化天宮 會 (十地) <欲界天>	제6會 (他化天宮會) 22.十地品 (漸備一切德經)	제6會 (他化自在天宮 會) 26.十地品(文) (漸備一切經)	제6會 (他化天宮會) 31.十地品 (漸備一切經)	
			32.普賢所說品	
		제7會 (普光法堂重會) 27. 十定品（普）	제7會 (普光法堂 重會) 33.十定品	
	23.十明品	28.十遍品（普）	34.神通品	

		24.十忍品	29.十忍品（普）	35.忍品	
		25.心王菩薩問 　阿僧祇品	30.,阿僧祇品	36.心王所聞 　阿僧祇品	
		26.壽命品	31.壽量品	37.壽量品	
		27.菩薩住處品	32.諸菩薩 　住處品	38.菩薩住處品	
		28.佛不思議法品	33.佛不思議法 　品	39.佛不思議法品	
		29.如來相海品	34.如來十身 　相海品（普）	40.如來十身 　相海品	
		30.佛小相光明 　功德品	35.如來隨好 　光明功德品 （普）	41.如來隨好 　光明功德品	
		31.普賢菩薩行品	36.普賢行品 （普）	42.普賢行品	
		32.寶王如來 　性起品	37.如來出現品 （普）	43.如來出現品	
行	제 7會 普光法堂 重會 마가다국 鹿野園 <地上>	제 7會 （普光法堂重會） 33.離世間品	제 8會 （普光法堂三重 會） 38.離世間品 （普）	제 8會 （普光法堂三重會） 44.離世間品	
證	제 8會 逝多林會 Sudatta 長子林 코살라국 祇園精舍 <地上>	제 8會 逝多林會 Sudatta長子林 34.入法界品 (Gaṇḍa-vyūha) 　入　眞如世界	제 9會 逝多林會: Sudatta長子林 39.入法界品 （文）（普）	제 9會 (逝多林會: Sudatta長子林) 45.入法界品	入法界品 不可思議 解脫經

참고:80華嚴經<9會(2地→4天→3地)/7處(3地4天)/(53階位/說主/39品名>

晉譯(60卷:34品)에는 없고, 唐譯(80卷:39品)에만 있는 5品:(3.4.5.6.27品)

9會	7處	53階位	說主/1→7 (雲集大衆 8→15)	39品名	비 고 (略纂偈)[331] 六六六四及與三 一十一一亦復一
1會	Bdddha-Gaya (法菩提場)	序品 (佛自內證境)	1 普賢菩薩	1. 世主妙嚴品 /1 2. 如來現相品 /2 (3).普賢三昧品 /3 (4).世界成就品 /4 (5).華藏世界品 /5 (6).毘盧遮那品 /6	<六品> 世主妙嚴.如來相 / 普賢三昧.世界成 / 華藏世界.盧舍那 /
2會	普光法堂 (綠野園)	十信	2 文殊大菩薩/	7.如來名號品 /1 8. 四聖諦品 /2 9. 光明覺品 /3 10.菩薩問明品 /4 11.淨行品 /5 12.賢首菩薩品 /6	<六品> 如來名號.四聖諦 / 光明覺品.問明品 / 淨行.賢首
3會	忉利天	十住	3 法慧菩薩	13.須彌山頂品 /1 14.須彌頂上 　說偈品 /2 15. 十住品 /3 16. 梵行品 /4 17. 發心功德品/5 18. 明法品 /6	<六品> 須彌頂 / 須彌頂上偈讚品 / 菩薩十住.梵行品 / 發心功德.明法品 /
4會	夜摩天	十行	4 功德林菩薩	19.昇夜摩天宮品/1 20. 夜摩天宮中 　偈讚 /2 21. 十行品 /3 22. 十無盡藏品 /4	<四品> 佛昇夜摩天宮品 / 夜摩天宮偈讚品 / 十行品與無盡藏 /

5會	兜率天	十 回向	5. 金剛幢菩薩	23.昇兜率天宮品/1 24. 兜率天宮中 偈讚品 /2 25. 十回向品 /3	\<三品\> (及與三) 佛昇兜率天宮品 / 兜率天宮偈讚品 / 十回向
6會	他化自在 天 (波旬居處)	十地	6. 金剛藏菩薩	26. 十地品 /1	\<一品\> 及十地品 /
7會 (普光 法堂) (重會)	普光法堂 (綠野園)	等覺	普賢菩薩 7. 及金剛慧 / (十定品)	(27). 十定品 /1 28. 十通品 /2 29. 十忍品 /3 30. 阿僧祇品 /4 31. 壽量品 /5 32. 菩薩住處品/6 33.佛不思議法品/7 34. 如來十信 相海品 /8 35. 如來隨好光明 功德品 /9 36. 普賢行品 /10 37.如來出現品 /11	\<十一品\> 十定.十通.十忍品 / 阿僧祇品.與壽量 / 菩薩住處.佛不思 / 如來十身.相海品 / 如來隨好功德品 / 普賢行.及如來出 /
8會 (普光 法堂) (三重 會)	普光法堂 (綠野園)	妙覺	普賢菩薩	38. 離世間品 /1	\<一品\> 離世間品.
9會 (逝多 林會)	祇園精舍 (逝多林) jeta-vana 祇陀林	佛	普賢. 文殊菩薩 / 8. 光焰幢. 9.	39. 入法界品 /1	\<一品\> (亦復一)

	(逝多-林) 祇樹 給孤獨園 給孤獨 (sudatta) 長者		及修彌幢/ 10. 大德聲聞. 舍利子/ 11. 及與比丘. 海覺等/ 12. 優婆塞長. 13. 優婆夷/ 14. 善財童子. 15. 童男女		入法界 /

---

331) 비고의 내용은 위 참고에서 살펴본 화엄경 약찬게 게송을 <9會(2地→4天 →3地), 7處(3地4天), 53階位, 說主, 39品名>으로 구성된 80華嚴經과 대비시 킨 것이다.

3-2 主 題

참 고: 화엄경의 별명

진제삼장(眞諦三藏) 역출의 『섭대승론(攝大乘論)』에는 『백천경(百千經)』
으로, 『열반경(涅槃經)』과 『관불삼매경(觀佛三昧經)』에는 『잡화경(雜華
經)』으로, 그리고 『대지도론(大智度論)』에는 『부사의해탈경(不思議解脫
經)』으로 불리어 인용되고 있다.

참 고: 연화장세계(蓮華藏世界:Padma-garbha-loka-dhātu)

해인삼매(海印三昧)에 의해 드러난 法身 비로자나불의 세계,
곧 화엄만다라세계(華嚴曼茶羅世界)를 지칭한 말이다.

참 고: 해인삼매(海印三昧: sāgara-mudrā-samādhī)

파도(波濤=無明風)가 잠잠해지면, 우주만상(解脫道)이 하나도 남김없이
그대로 인현(印現)되는 三昧를 말한다. 거울(鏡)이 앞에서 비춘 사물의
잔상(殘像)을 남기지 않고, 온갖 사물을 있는 그대로 비출 수 있는 이유
는, 거울이 一切의 相에서 벗어났기 때문이다. 곧 거울처럼 일체법무자
성공(一切法無自性空)이란 법성(法性)에 서서, 모든 相(samjñā)을 벗어
버렸기에, 무엇을 비추든 또 그 어떤 상황에서도 있는 그대로 비출 수
있는 것이다. 그것이 海印三昧이다. 곧 대원경지 평등성지 묘관찰지 성
소작지 등 사지(四智)의 主體이자 法界 그대로의 智인 法界體性智의 경
지, 그것이 해인삼매인 것이다.

참 고: 화엄경 약찬게 개설

<화엄경 약찬게>의 본래 이름은 『大方廣佛華嚴經 龍樹菩薩略纂偈』이지만, 줄여서 <華嚴經 略纂偈>, 또는 그냥 <略纂偈>라 부르기도 한다.

약찬게는 <大方廣佛 華嚴經 略纂偈>라는 이름에서 보듯, 10萬頌으로 이루어진 方大한 華嚴經을 그 요점만 추려서 간략히 엮어놓은 게송으로서, 불교교단에서 독송되는 대표적인 持誦經이자 기도문이다.

우리가 지송하는 <略纂偈>는 그 중 39品으로 이루어진 80券 『화엄경』의 핵심을 정리해 놓은 게송집이다.

<略纂偈> 偈頌中 2번째의 게송에 <龍樹菩薩略纂偈>라는 말이 나오는데, 이는 <略纂偈>를 지으신 분이 <龍樹菩薩>이라는 뜻이 아니라, '<80券 華嚴經>을 龍宮에서 傳來해온 분이 龍樹菩薩이다'는 의미로 쓰인 말이다.[332]

龍樹菩薩(150~250)은 불교교리를 체계적으로 정리하여, 佛敎를 全 世界化하는데 큰 공적이 있는 분이다.

<화엄경 약찬게>는 인도의 용수보살이 바다속 龍宮에서 가지고 온 39품 10만偈頌으로 이루어진 방대한 분량의 80권본 화엄경전을 총 770字 110구(句)로 축소시켜, 간결하게 조직해 놓은 詩文의 偈頌으로서, 그 내

---

332) 『화엄경』이 龍宮에서 전래되었다는 '용궁전래설'에서 비롯된 말이다. 곧 법장(法藏)의 『화엄경전기(華嚴經傳記)』 제1권에 의하면, 용수보살이 용궁에 가서 상중하 세 본(本)의 『화엄경』이 있었다. 상본(上本)은 10삼천대천세계 미진수 게(偈)와 4천하 미진수 품(品)이고, 중본(中本)은 49만 8천 8백 게(偈)와 1200품이었다. 중본은 분량이 방대하여 가져오지 못 하고, 하본(下本) 10만 게(偈) 48품만 가져와서 유통시켰다. 「龍樹菩薩往龍宮. 見此華嚴大不思議解脫經. 有三本 上本 有十三千大千世界微塵數偈四天下微塵數品. 中本 有四十九萬八千八百偈 一千二百品. 下本 有十萬偈 四十八品.其上中二本及普眼等. 並非凡力所持. 隱而不傳. 下本 見流天竺. 蓋由機悟不同. 所聞宜異故也是以. 文殊普賢 親承具敎. 天親龍樹 僅睹遺筌」『華嚴經傳記』(大正藏 51.153a)

용이 매우 조직적이고 信行的이어서, 약찬게를 한 번 독송하면, 『華嚴經』 1편을 읽는 공덕이 있다고 회자될 정도로, 『千手經』과 『般若心經』과 더불어 최고의 지송경전으로 각광받고 있다.

약찬게의 구성은 맨처음 <大方廣佛華嚴經>이라는 經의 이름으로부터 시작해서, 80권 화엄경을 세상에 전한 <龍樹菩薩>의 이름을 밝히고, 그 다음으로는 <歸命頌>을 통하여 三身佛(法身・報身・化身)과 過去 現在 未來의 十方三世佛게 歸命한 다음, 佛法僧 三寶를 옹호해주시는 <39분의 華嚴神(聖)衆>님들의 이름을 차례로 부른다.

곧 사바세계에서 살고있는 인간을 비롯한 모든 생명체들과 떼레야 뗄 수없는 해(日)와 달(月)을 비롯한 <21분의 自然神>과, 또 佛法을 옹호하고 보살펴주는 阿修羅 가루라 등의 <8분의 八部神衆님들>, 그리고 佛敎의 우주관인 欲界와 色界의 神들인 <10분의 神들>로 이루어진 도합 39 聖衆들의 이름을 불러, 그 勞苦를 찬탄하고 감사드린다. 다음으로는 華嚴經에서 아주 중요한 역할을 담당하고 있는 普賢菩薩님과 文殊菩薩님을 비롯하여, 金剛藏菩薩과 金剛幢菩薩 등 39品을 說하신 <15분의 說主>들의 이름을 불러드리고, 다음으로는 求法行者인 善財童子가 찾아가서 法門을 들은 <53분의 善知識>들의 이름과, 39品으로 이루어진 <80券 華嚴經의 品名>들을 부르고, 마지막에는 이 略纂偈를 持誦하고 寫經하는 등의 受持功德을 설하면서, 初發心의 功德, 곧 初發心이야말로 正覺 그 자체이자, 法身 毘盧遮那佛 바로 그분으로, 우주의 實相과 통하는 王道라 하면서, 110句 770字로 된 略纂偈를 마무리하고 있다.

약찬게 전체를 살펴보면 다음과 같다.
<大方廣佛華嚴經 略纂偈>란 제목처럼, <80華嚴>의 엑기스가 大方廣佛華嚴經略纂偈(이하 略纂偈라 표기함)이니만큼, <80華嚴>의 구성이나 내용

이 <略纂偈>에 그대로 담겨 있다.

略纂偈는 모두 110句 770字로 구성되어 있다.

<略纂偈>의 체제와 내용을 간략히 살펴보자!

㉮ 經名에 대한 讚嘆과 著者(전래자)를 밝힘

「大方廣佛華嚴經 龍樹菩薩略纂偈」

㉯ 法·報·化 三身佛에 대한 歸敬頌 (三聖圓融의 佛身觀)

 우리가 살고있는 蓮華藏世界의 主人이신 法身 비로자나부처님과 報身이신 노사나부처님, 化身이신 석가모니부처님 등

一切如來와 十方三世의 모든 위대한 聖者들에게 歸依(命)하는 것으로부터 시작된다.

(佛寶)

「南無華藏世界海 毘盧遮那眞法身 / 現在說法盧舍那 釋迦牟尼諸如來」

이 歸敬偈는

㉯-① 우리가 살고있는 이 裟婆世界가 곧 蓮華藏世界라는 사실과

㉯-② 蓮華藏世界의 主人은 宇宙眞理를 깨우치신 法身毘盧遮那佛이며, 나아가

㉯-③ 이 法身 毘盧遮那부처님이 바로 報身인 노사나부처님과 化身인 석가모니부처님 바로 그분임도 强調하고 있다.

　곧, <略纂偈>는 三聖圓融의 佛身觀, 곧 三身佛의 圓融함을 <清淨法身 毘盧遮那佛>로 나타내고 있는 것이다.

㉤ 說經因緣力, 곧 海印三昧의 威神力 = 菩薩莊嚴力이다.

海印三昧의 威神力에 의하여 法輪이 굴리어지고 있음을 말하고 있다.

곧 <菩薩道의 莊嚴>이 華嚴三昧의 原動力이며, 또 海印三昧임을 강조
하고 있다.

(法寶)

「過去現在未來世 十方一切諸大聖 / 根本華嚴轉法輪 海印三昧勢力故」

㉣ 雲集大衆 (普賢菩薩을 위시한 수많은 菩薩大衆 & 39類의 華嚴聖衆)
의 다양성과 엄청난 규모

㉣-① 普賢菩薩을 위시한 모든 菩薩大衆과 39類의 華嚴聖衆이 열거되
고 있다. 이들이 곧 世間의 主人(妙嚴)이라 불리는 분들로서,
三界(欲・色)의 대표되는 世主들의 이름들이 쭉 열거되고 있다.

(僧寶)

「普賢菩薩諸大衆 / <39位 神衆님들>

執金剛神・身衆神 / 足行神衆・道場神 / 主城神衆・主地神 / 主山神衆
・主林神 / 主藥神衆・主稼神 / 主河神衆・主海神 / 主水神衆・主火神
/ 主風神衆・主空神 /主方神衆・主夜神 / 主晝神衆・阿修羅 / 迦樓羅
王・緊那羅 / 摩睺羅伽・夜叉王 / 諸大龍王・鳩槃茶 / 乾達婆王・月天
子 / 日天子衆・忉利天 / 夜摩天王・兜率天 / 化樂天王・他化天 / 大
梵天王・光音天 / 遍淨天王・廣果天 / 大自在王不可說」(以上 39位)

㉣-② 7處 九會의 說主와 39品名이 言及되고 있다.

「普賢‧文殊大菩薩 / 法慧‧功德(林)‧金剛幢 / 金剛藏‧及金剛慧 /
光焰幢‧及修彌幢 / 大德聲聞舍利子 / 及與比丘海覺等 / 優婆塞長‧
優婆夷 / 善財童子‧童男女 / 其數無量不可說」(以上 僧寶)

<53菩薩道>

十信 → 十住 → 十行 → 十回向 → 十地 → 등각 → 妙覺 → 佛

1會: <Buddha-gaya> 싣달타太子의 成佛과 法身毘盧遮那佛로의 登極
普賢菩薩 / 海印三昧 / 蓮華藏世界=Saha(菩薩의 願力으로 成就됨)
6品: 1. 世主妙嚴品 2. 如來現相品 3. 普賢三昧品
　　 4. 世界成就品 5. 華藏世界品 6. 毘盧遮那品

2會: <綠野園 = 普光法堂> <十信> / 文殊菩薩
6品: 7. 如來名號品 8. 四聖諦品 9. 光明覺品 10. 菩薩問明品
　　 11. 淨行品 12. 賢首菩薩品

3會: <忉利天> <十住> / 法慧菩薩
6品: 13. 昇須彌山頂品 14. 須彌頂上說偈品 15. 十住品
　　 16. 梵行品 17. 初發心功德品 18. 明法品

4會: <夜摩天> <十行> / 功德林菩薩
4品: 19. 昇夜摩天宮品 20. 夜摩天宮中偈讚品 21.十行品
　　 22.十無盡藏品

5會: <兜率天> <十廻向> / 金剛幢菩薩

　　3品: 23. 昇兜率天宮品　24. 兜率天宮中偈讚品　25. 十廻向品

6會: <他化自在天> <十地> / 金剛藏菩薩

　　1品: 26. 十地品

7會: <綠野園 = 普光法堂 重會>　<等覺> / 普賢菩薩

　　11品: 27. 十定品, 28. 十遍品 29. 十忍品, 30. 阿僧祇品,

　　　　　31. 壽量品, 32. 諸菩薩住處品, 33. 佛不思議法品,

　　　　　34. 如來十身相海品, 35. 如來隨好光明功德品,

　　　　　36. 普賢行品, 37. 如來出現品

8會: <綠野園 = 普光法堂 三重會> <妙覺> / 普賢菩薩

　　1品: 38. 離世間品

9會: <祇園精舍 = 逝多林會> <善財童子=나/實際修行> / 普賢·文殊

　　1品: 39. 入法界品

㉣-③ <入法界品>의 根本法會에 모인 대중과, 支末法會의 문수보살 說
　　　法處인 福城(善財童子의 故鄕)과 東方의 서다림(祇園精舍)에 모
　　　인 大衆들과
㉣-④ 善財童子가 만난 53善知識들도 雲集大衆으로 열거되고 있다.

㉕ 善財童子가 만난 善知識들이 열거됨

　南方에 求道旅行中인 文殊菩薩이 善財童子가 살고 있는 <福城>에 오시어 법을 설하심, 이 법문을 듣던 선재동자는 無上正等正覺心(發菩提心)을 냄.

그리고 어떻게 하면 無上正等正覺을 얻을 수 있는지를 여쭤워 봄.

이에 文殊菩薩이,

"無上正覺을 成就하려거든 善知識을 찾아다니되 (無厭 / 精進 / 順從해야 함 / 善知識은 깨달음을 위한 100%)라 하면서, 菩薩行이란 무엇인지, 또 어떻게 修行해야하는지, 곧 菩薩行과 菩薩道를 여쭤워 보라고 하시며, 먼저 <德雲比丘>를 찾아가라"고 하심.

文殊菩薩로부터 비롯되어 普賢菩薩에 이르기까지 53善知識이 次例로 열거되고 있다.

이것은 바로 華嚴經에서 설하는 菩薩修行의 53階位와도 연결된다.

이 가운데 文殊菩薩과 彌勒菩薩, 그리고 普賢菩薩 등은 수행자가 깨달음으로 가는 과정에서 매우 중요한 역할을 하는 위대한 菩薩들이다.

53善知識: 善知識은 도처(醫師·娼女·童男童女) 에 깔려있다.

「80老人 3살 어린아이에게 배운다」처럼, 그들의 직업을 분석해보면 다음과 같다.

　菩薩(5명) 比丘(5) 比丘尼(1) 長子(9) 우바새(1) 우바이(5) 童男童女(5)
　國王(2) 天神天女(2) 外道(1) 바라문(2) 先生(1) 뱃사공(1) 仙人(2)
　佛母 摩耶夫人 (1)　諸神(10명) <총 53善知識>

善知識의 定義(비유)

(父母 / 스승 / 나룻배 / 눈 / 春 / 보름달 / 여름 / 雪山 / 太陽 /

마니寶珠 / 須彌山 / 正覺成就의 全部)이다 /

「善財童子善知識 /

(十信)

　文殊舍利最第一 / (1명)

(十住)

　德雲・海運・善住僧 / 彌伽・解脫長子與海幢(比丘) /

　休舍(優婆夷)・毘目瞿沙仙(人) / 勝熱婆羅(門)・慈行女 (10명)

(十行)

　善見(比丘)・自在主童子/具足優婆(夷)・明智(居)士 /

　法寶髻長(子)・與普眼(長子) / 無厭足王・大光王 /

　不動優婆(夷)・遍行外(道) / (10명)

(十回向)

　優婆羅華長者人/婆施羅船(人)・無上勝/獅子嚬伸(尼)・婆修密(娼女) /

　毘瑟祇羅居士人 / 觀自在尊與正趣 / 大天(神)・安住主地神 / (10명)

(十地)

　婆珊婆演(主夜神) / 普德淨光主夜神 / 喜目觀察衆生神 /

　普救衆生妙德神 / 寂靜音海主夜神 / 守護一切主夜神 /

　開敷樹華主夜神 / 大願精進力救護 / 妙德圓滿・瞿婆女 (10명)

(等覺): (13명)

摩耶夫人・天主光 / (遍友童子)・衆藝覺 / 賢勝(優婆夷)・

堅固解脫長(者) / 妙月長者・無勝軍/ 最寂靜婆羅門者 /

德生童子・有德女 / 彌勒菩薩・文殊等/

(妙覺)

「普賢菩薩微塵衆」(1명)

「於此法會雲集來 / 常隨毘盧遮那佛 / 於蓮華藏世界海 /

造化莊嚴大法輪 / 十方虛空諸世界 / 亦復如是常說法」//

㉺ 80華嚴 39品의 品名이 열거됨

「六六六四及與三(25品) 一十一一亦復一(14品) /

世主妙嚴・如來相 / 普賢三昧・世界成 / 華藏世界・盧舍那 /

如來名號・四聖諦 / 光明覺品・問明品 / 淨行・賢首・須彌頂 /

須彌頂上偈讚品 / 菩薩十住・梵行品 / 發心功德・明法品 /

佛昇夜摩天宮品 / 夜摩天宮偈讚品 / 十行品・與無盡藏 /

佛昇兜率天宮品 / 兜率天宮偈讚品 / 十回向・及十地品 /

十定・十通・十忍品 / 阿僧祇品・與壽量 / 菩薩住處・佛不思 /

如來十身相海品 / 如來隨好功德品 / 普賢行・及如來出 /

離世間品・入法界 / 是爲十萬偈頌經 三十九品圓滿教」(以上 39品)

㉗ 流通頌으로 갈무리 하고 있다

「諷誦此經信受持 初發心時便正覺 安坐如是國土海 是名毘盧遮那佛」

곧 「이 경을 信受奉行하면 初發心地에서 문득 正覺을 이루어서 蓮華藏

世界에 安坐하게 되니, 그 이름이 곧 毘盧遮那佛이다」라 强調하고 있다.

㉮ <약찬게>는 發菩提心과 修行開始의 表出이다

　<약찬게>가 일찍이 독송용으로서 채택된데에는, 現在는 衆生이지만, 오늘부터 나도 菩薩行을 통하여 나의 本모습인 부처로 거듭나겠다는 發菩提心과 修行開始의 表出이라 여겨진다.

　곧, 華嚴經의 핵심이자 禪과 密敎思想의 요체인 本來成佛을 <初發心時 便成正覺>으로 총괄하면서, 華嚴經 전체의 요지로 하고 있다.

㉯ 華嚴聖衆의 보호를 갈구하는 大衆信仰의 한 단면이다.

　<略纂偈>는 華嚴信仰을 韓國的 陀羅尼信仰으로 승화시킨 것이다.

　곧 <略纂偈>는 한국불자들만의 독특한 화엄지송경이자 陀羅尼로서의 역할을 해온 것으로, <약찬게>의 지송신앙은 화엄성중의 보호를 갈구하는 大衆信仰의 한 단면이라 보인다.

참 고: 五色 연꽃과 그것의 상징, 五大

黃蓮(Kumuda: 地) / 白蓮(Puṇḍarika: 水) / 紅蓮(Padma: 火) /

黑蓮(Niroda: 風) /　靑蓮(Utpala: 空)

참 고: 백련(白蓮: puṇḍarika)으로 상징화한 『법화경』과

홍련(紅蓮: Padma)으로 상징화한 『화엄경』

　대승경전의 쌍벽이라 일컬어지는 『법화경』과 『화엄경』은 그 상징성을 똑같이 연꽃으로 표현하면서도, 각각 서로 다른 색의 연꽃을 사용하고 있다. 곧 『법화경』은 白蓮(puṇḍarika)으로, 『화엄경』은 紅蓮(Padma)로 상징화 하고 있다. 白蓮과 紅蓮이 어떤 차이가 있길래, 이렇게 다른 색의 연꽃으로 상징화하고 있는 것일까?

『법화경』은 우리가 살고있는 우주의 진리인 법, 곧 <諸法實相>을 설해놓은 경전이고, 『화엄경』은 부처님의 세계, 곧 <大方廣佛>의 세계를 설해놓은 경전이다.

새하얀 연꽃인 白蓮은 눈과 같이 맑고 깨끗한 淸淨함을 나타낸다.
우리가 살고있는 세계가 바로 그와 같은 銀世界임을 白蓮으로 나타낸 것이 『법화경』이다.

한편 분홍색 연꽃인 紅蓮은 아름답고 고운 美麗함을 나타낸다. 三界導師이시며 우주법계의 주인이신 毗盧遮那佛의 모습을 홍련으로 나타내고 있는 것이 『화엄경』이다

3-3 화엄경 연구 (구조와 각품의 대의)

① 구성 (80권 화엄경: 총 39품)

<十地品>을 중심으로 반야사상(般若思想)을 설하는 문수경전류(文殊經典類)와 보살행(菩薩行)을 설하는 보현경전류(普賢經典類)가 적절히 배치·삽입되어 있다. 곧, 80권 화엄경 총 39품 가운데,

문수경전(文殊經典)은 7품(般若智/智/理)이며,

보현경전(普賢經典)은 13품(行願/悲/事)이다. 곧

文殊經典: 제7 如來名號品~제11 淨行品(5品) / 제26 十地品(1品)과
　　　　　제39 入法界品(1品)이며,

普賢經典: 제3 普賢三昧品~제6 毘盧遮那品(4品) / 제27 十定品~제29
　　　　　十忍品(3品) / 제34 如來十身相海品~제38 離世間品(5品) /
　　　　　제 39 入法界品(1品)이다.

② 主 題

㉠ 성불직후의 佛·光明·海印三昧(sāgara-mudrā-samādhī)와,
　　연화장세계(蓮華藏世界: padma-garbha-loka-dhātu)[333]가 설해짐

㉡ 成佛의 인행(因行)인 발보리심(發菩提心)과 십지사상(十地思想),
　　곧 보살도(菩薩道)인 상구보리 하화중생(上求菩提 下化衆生)의 삶이

---

333) 노사나불의 서원(誓願)과 수행 공덕으로 현출된 이상적인 세계를 말하는 것으로, 범망경(梵網經)에는, '1,000개의 잎으로 된 연화대(蓮華臺)위에 노사나불이 앉아계시는데, 그 1,000개의 잎이 각각 한 세계이고, 노사나불로부터 화현한 1,000분의 석가모니불이 1,000개의 세계에 계시는데, 그 한 세계세계마다 또 다시 100억 개의 나라가 있으며, 이 100억의 나라 하나하나에 모두 석가모니불께서 보리수 아래에 앉아 계신다. 이러한 세계가 곧 蓮華藏世界이다'라 하고 있다. 우리가 사는 법계가 끝도절도 없이 서로 인(因)과 연(緣)이 되어 사로 연결되어있다는 법계무진연기(法界無盡緣起)를 상징하고 있다.

구체적으로 설해지고 있다.

<十地品>은 보살도의 핵심으로서, 화엄경 전체의 중심이 된다.

③ 보살도(菩薩道)

 ㉠ 菩薩道의 최고행자인 보현보살(普賢菩薩)의 행원(行願)을 통해 밝히고 있다.

「大乘菩薩道는 이승(二乘)보다 수승한 것이다. 곧 普賢行願을 성취해야 佛이 되는 것이며, 무량중생이 구제되는 것이다」[334]

普賢行願 그것이야말로 입법계(入法界)의 실천행이며, 成佛道를 위한 究竟行이다. 따라서 보살도(菩薩道)를 발원한 衆生들은 菩薩道를 이미 성취한 53-선지식(善知識)을 찾아, 普賢行을 닦는 선재(善財: sudhana)가 되어야 하는 것이다

④ 유심사상(唯心思想)[335]

「삼계유심(三界唯心)」

「삼계허망단시일심작(三界虛妄但是一心作),

 십이연분시개의심(十二緣分是皆依心)」

---

334)「如是等一切菩薩。滿逝多林。皆是如來威神之力。于時上首諸大聲聞。舍利弗。大目揵連。摩訶迦葉。離婆多。須菩提 (중략) 在逝多林。皆悉不見如來神力。如來嚴好。如來境界。如來遊戲。如來神變。(중략)亦復不見不可思議菩薩境界。菩薩大會。菩薩普入。菩薩普至。菩薩普詣。菩薩神變」(대정장10. 322c~324a)

335) 유심사상의 전개에 대한 연구는 坂本幸男「三界唯心について」『華嚴教學の研究』, 玉城康四郞「唯心の追究」『華嚴思想』法藏館. 1960, 三枝充悳「緣起と唯心」『華嚴思想』法藏館. 1960

<十地品 제 6現前地>에 나오는 말씀이다 (대정장 9. 558c)

이 구절이 일체유식(一切唯識)을 설하는 유식사상(唯識思想)형성에 직접적인 영향을 미쳤다.

다음은 唯心에 대한 대표적인 게송으로, <唯心偈>라 일컬어지는 <如來林-보살의 게송>이다.

「心如工畵師 畵種種五陰 一切世界中 無法而不造) /

如心佛亦爾 如佛衆生然 心佛及衆生 是三無差別) /

諸佛悉了知 一切從心轉 若能如是解 彼人見眞佛) /

若人欲了知 三世一切佛 應當如是觀 一切唯心造)」336)

⑤ 성기사상(性起思想)과 여래출현(如來出現)

『화엄경』은 한문 화엄경 2본과, 티베트 화엄경이 현존한다.337)

곧 覺賢(佛陀跋陀羅:Buddha-bhadra)이 420년에 번역한 화엄경(60권 34품)과 學喜(實叉難陀:Sikṣa-nanda)가 699년에 번역한 화엄경(80권 39품), 그리고 勝友(jina-mitra)가 799년에 티베트어로 번역한 화엄경(45품)이 그것이다.

3본의 『화엄경』가운데 맨 먼저 역출된 <(60권) 화엄경>은 제32품의 품명을 <보왕여래성기품(寶王如來性起品)>이라하며, 여래성기<如來性起>를 강조하고있다.

---

336) 80화엄은 Tibet역과 동일하게, 唯心偈의 마지막 2偈를 「應知佛與心 體性皆無盡」『80화엄경』(대정장 10. 102a)이라 하고 있다. 이 부분 위에서 본 60화엄의 내용인 「心佛及衆生 是三無差別」과는 다르다.
337) 이 외에 <반야삼장(般若三藏)>이 798년 번역한 『40권 화엄경』이 있으나, 이것은 화엄경 전체를 번역한 것이 아니라, 마지막품인 <입법계품>만을 번역한 것이기에, 여기서는 재외시켰다.

이에 반해, <(80권) 화엄경> (제 37품)과 <티베트 화엄경> (제 43품), 이 2-본은 모두 똑같이 <如來性起品>에 해당되는 품명을 <여래출현품(如來出現品)>이라하여, <여래출현(如來出現)>을 강조하고있다.

<여래성기(如來性起)>와 <여래출현(如來出現)>,
이 2-용어에는 어떤 의미가 들어있는 것일까?

<60권 화엄경, 제 32. 如來性起品>에는
「如來智慧具足在於衆生身中。我當敎彼衆生。覺悟聖道。悉令永離妄想顚倒垢縛。具見如來智慧在其身內。與佛無異。如來卽時敎彼衆生。修八聖道。捨離虛妄顚倒。離顚倒已具如來智。與如來等饒益衆生」

(대정장 9. 624a)

「無有衆生如來智慧不具足者」 (대정장 9. 623c)

또 <80권 화엄경, 제 37. 여래출현품(如來出現品)>에는
「如來智慧。亦復如是。無量無礙。普能利益一切衆生)。具足在於衆生身中)。但諸凡愚。妄想執着。不知不覺。不得利益 (중략) 自於身中。得見如來廣大智慧。與佛無異。卽敎彼衆生。修習聖道。令離妄想。離妄想已。證得如來無量智慧。利益安樂一切衆生」

제 37 <如來出現品>(대정장 10. 272c~273a)

라 하여, <性起品>과 <如來出現品> 모두 모든중생이 여래와 똑같은 지혜를 구족(具足)하고 있지만, 중생들은 전도해서 이러한 사실을 알지 못한다. 그때 大悲者이신 부처님께서 중생들의 이러한 현실태를 보고 안타

까워하시면서, 여기에서 벗어날 수 있는 성도(聖道=八正道)를 제시하여 중생들을 교화하시며, 성도(聖道)를 닦아 어서 속히 전도(顚倒)에서 벗어나, 여래의 무량지혜를 얻어 중생들을 이익·안락하게 하라 설하신다.

단지 서로 차이점이 있다면, <性起品>에서는 팔정도(八正道)라는 구체적인 聖道를 제시하고 있지만, <如來出現品>에서는 수습해야할 구체적인 성도(聖道)는 제시하지않고 있다는 점이다.

<여래성기(如來性起)>란 표현은 각현(覺賢=Buddha-bhadra)스님의,
<여래출현(如來出現)>이란 표현은 학희(學憙: siksa-nanda)스님의 표현이다. 이 부분에 해당되는 원본인 범본(梵本)이 존재하지 않아 확실히 알 수 없지만, 동일한 용어였으리라 추찰된다.
아마 <tathāgata-gotrasaṃbhava>를 이렇게 달리 표현했지 않았을까?

아무튼 한분은 <如來性起>로, 또 한분은 <如來出現>으로 표현하였다.
이 두 용어가 주는 의미를 합성해보면,

어서 如來性을 일으켜 여래를 출현(出現)하게 하라!' 는 메시지, 곧 너에게도 부처님과 동일한 불성(如來性)인 여래장(如來藏)이 구족되어 있으니, 어서 그것을 일으켜(起), 成佛(여래를 출현시켜라!)하라! 는 메시지가 된다.

화엄경의 이 구절이 '일체중생은 여래장(如來藏)이다. 일체중생실유불성(一切衆生悉有如來藏)'을 설하는 여래장사상(如來藏思想)을 잉태하는 직접적인 영향을 끼쳤다고 보는 것도 바로 <如來性起>와 <如來出現>이 주는 이런 메시지 때문이었을 것이다.

참 고: 如來(Tathā-agata)와 如去(Tathā-gata)

우리나라나 중국, 그리고 일본에서는 부처님을 호칭할 때 보통 如來(Tathā-agata)라 부른다.

그러나 티베트에서는 부처님을 如來라 하지 않고, 如去(De-bshihan-gshegs-pa)라 부른다.

여기서 如去(tathā-gata)는 지혜(智慧)가 강조된 말로서, 부처님께서 지혜를 증득하시어, 우리가 사는 사바세계에서 저 피안의 세계로 가셨다는 의미가 강조되어, 이때는 <Tathā-gata>라 한다.

곧 thatā(진여세계)와 gata(~에 가다)가 합성된 말로서, 우주의 진리인 법성(一切法無自性空)을 깨우치시어 수행자인 싣달타태자(衆生)가 부처님(佛)으로, 곧 (衆生 → 佛)로 거듭나셨다는 의미가 된다.

반면에 如來(tathā-agata)는 대비(大悲)가 강조된 말로서, 부처님께서 피안의 세계로 가셨지만, 우리들 중생을 사랑하시기에 그곳에 머물지않고 다시 중생들이 사는 사바세계로 내려오셨다는 의미이다. 이때는 <Tathā-agata>가 되는데, 이는 thatā(진여·법성)와 agata(~로 오다)가 합성된 말로서, 중생을 애민히 여기신 부처님(佛)께서 사바세계로, 곧 (佛世界 → sahā)로 하생(下生)하셨다는 의미가 된다.

(강 해) 타타타(Tathātā)

가수 김국환씨 노래중에 <타타타>란 노래가 있다. 가사가 재미있어 가끔 듣곤한다.

「네가 나를 모르는데, 난들 너를 알겠느냐? 산다는 건 좋은 거지, 수지맞는 장사잖소, 알몸으로 태어나서 옷 한 벌은 건졌잖소, 바람이 부는 날엔 바람으로, 비 오면 비에 젖어 사는 거지, 그런 거지~ 음음음

어 허허~」 가사가 재미있고 마지막에 너털웃음 짓는 것이 듣기좋고,
또 방송에 자주 나와 가끔씩 듣곤했는데, 제목이 <타타타>라 하길래,
이게 도대체 무슨 말인가 하고 주위분들한테 물어보아도 아는 사람이
없었다. 어느날 어느 스님으로부터 자초지종을 듣고는 아~그런 의미였
어요? 하고 웃은 적이 있다. 작사자가 양인자씨라는 불자인데, 어느
스님으로부터 인도에서는 부처님을 타타가타(tathāgata)라 하며, 또
진여불성은 타타타(Tathātā)라 한다는 법문을 듣고는 제목을 그렇게
지었다는 후문이다. 이왕 이야기가 나온 김에 <타타타(Tathātā)>을 문
법적으로 분석하면, 앞의 참고에서도 언급한 바 있듯이, 진여(眞如)의
의미인 thatā에 <性>의 의미를 지닌 접미사 tā를 붙이면, thatā(진
여)+tā(성), 곧 타타타(Tathātā=眞如性)가 되는 것으로, 작사자는 이
것을 제목으로 삼은 것이다. 眞如(性), 곧 <타타타>란 노래가사처럼,
우주 질서에 거스리지않고 아등바등 대지도말고 너무 욕심부리지도 말
고, 순리대로 넉넉하게 사는 삶의 태도, 곧 범사에 감사하며 살라는
말씀이다.알몸으로 태어나서 옷 한 벌은 건졌잖소 ~空手來 空手去~ //

⑥ 三身佛思想(法身・報身・化身)
　법신(法身)・보신(報身)・화신(化身)의 三身개념이 나온다.
「法身堅固不可壞 充滿一切諸法界 普能示現諸色法 隨應化導諸群生」
　　　　　　　60권『華嚴經』제6 <菩薩明難品> (대정장 9. 408b)

(법신불은 견고하시어 무너짐 없이 일체 모든 법계에 충만하신다. 두루
온갖 위신력<色法>으로 모습을 보이시며 <示現>, 사람과 때와 처소에
응하여 <應身과 化身으로> 모든 중생들을 인도하신다)

「無量劫海修功德 供養十方一切佛 教化無邊衆生海 盧舍那佛成正覺 盧舍那佛大智慧 光明普照無有量 如實觀察眞諦法 普照一切諸法門」

60권 『華嚴經』 제2 <盧舍那佛品> (대정장 9. 405c)

(시방의 일체부처님들께 공양드리고 바다와 같은 무량한 중생들을 교화시키는 등 무량겁해동안 수많은 공덕을 쌓으셨다. 그 공덕으로 노사나불께서는 정각<正覺>을 성취하신 것이다. 노사나불의 큰지혜의 광명은 한량없어 온 세상을 두루 비추며, 우주의 진리<眞諦法>를 여실하게 관찰하시고, 근기에 따라 온갖 법문으로 두루 중생을 제도<普照>하신다)

참 고: (法·報·化) 삼신불(三身佛)의 정리

法身: 不生不滅함 / 理佛임 / 非人格佛임 / 설법하지 않음

報身: 不生不滅함 / 智佛임 / 人格佛임 / 설법함 / 淨土佛임

化身: 生滅함 / 智佛임 / 人格佛임 / 설법함 / 사바불(sahā佛)임

⑦ 성립장소

서북인도(西北印度=中央아시아)인 우전(于闐: khotan:現在의 和田)에서 성립되었다.

⑧ 중요 테마

⑧-1 삼신(三身: 法身·報身·化身)

⑧-2 삼성사상(三聖思想)[338]

---

338) 삼성(三聖)이란 우주 편만의 법신 비로자나불(毗盧遮那佛)과 문수(文殊)보살과 보현(普賢)보살을 가리킨다. 여기서 문수보살은 (智·體·自利·理)를 상징하고, 보현보살은 (悲·用·利他·事)를 상징하는데, 이는 본시 이 2-분의 體인 비로자나불이 지니고 있는 공능(功能)인 (智悲·兩足尊)을 2개로 나누어 지니게 된 것이다. 곧 삼성원융(三聖圓融)이란 이 3분의 성현(聖賢)이

⑧-3 십지사상(十地思想)의 源流와 변천과정[339]

『大事(Mahā-vastu)』說의 <本生十地> → 『大品般若經』의 <般若十地> → 『菩薩本業經』의 <本業十地> → 『華嚴經(十地品)=十地經』의 <華嚴十地>로 발전·전개되었다.

참 고: 『菩薩本業經』에서 『華嚴經』으로 발달

『兜沙經=『菩薩本業經』의 <序品>』, 『菩薩求佛本業經=『菩薩本業經』의 <願行品>』, 『菩薩十住行道品=『菩薩本業經』의 <十地品>에 해당된다.

곧 『兜沙經』·『菩薩求佛本業經』·『菩薩十住行道品』 으로부터 → 『菩薩本業經』이 만들어지고, 여기에 <如來名號品>·<如來光明覺品>·<淨行品>·<佛昇須彌頂品>·<菩薩雲集妙勝殿上說偈品>·<菩薩十住品>등이 달라붙어, 오늘날의 『華嚴經』이 성립되었다.

참고로 『菩薩十住行道品, 곧 『菩薩本業經』의 <十地品>』의 <十住位名>을 보면,

(1) 初發心住 → (2) 治地住 → (3) 修行住 → (4) 生貫住 → (5) 具足方便住 → (6) 正心住 → (7) 不退住 → (8) 童眞住 → (9) 王子住 → (10) 灌頂住로 되어있다.

서로 동떨어진 것이 아니라, 법신 비로자나불을 중심으로 상호 상즉상입(相卽相入)하여 서로 떼려야 뗄 수 없는 원융한 관계라는 것을 의미한다. 華嚴宗 제4祖 澄觀은 화엄경에서의 3분사이의 원융한 관계를 보이기 위해 『三聖圓融觀門』을 저작하였다.
339) 坂本幸男 「十地經論と瑜伽論菩薩地住品との關係」『華嚴敎學の研究』.1956, 「華嚴經と菩薩本業經との關係」『華嚴敎學の研究』.1956, 平川彰 「地の思想の發達と三乘共通の十地」『印佛硏』13-2. 1965, 高原 信 「大事における十地の構成の一考察」『印佛硏』3-2. 1955, 櫻部 建 「無生智と無生法忍」『佛敎語硏究』 1975, 「大乘菩薩道史的研究 -般若經類道.華嚴經類道,菩薩道內容』『大乘佛敎成立論序說』

3-4 보현보살(普賢菩薩)과 보현행원(普賢行願)

① 보현행원품(普賢行願品)

普賢行願品: 入法界의 마지막 장식으로서, 화엄경의 사실상의 결론부분이다.

반야삼장(般若三藏)은 이 사실을 알고 <入法界品>,

곧 『40권본 화엄경 <入不思議解脫境界普賢行願品』을 역출하였다.

普賢行願品이야말로 <入法界品>의 결론이라 확신했기 때문이다.

② 普賢行願讚(samanta-bhadra-caryā-praṇidhāna)[340]

普賢行願讚의 전체 62게송을 보현의 10가지 行願에 배대(配對)하면 다음과 같다. 全體 62頌=4句×62頌=248句이다. 이를 분석해보면,

1. 禮敬諸佛 (1.2頌), 2. 稱讚如來 (3.4頌), 3. 廣修供養 (5.6.7頌),

4. 懺悔業障 (8頌), 5. 隨喜功德 (9頌), 6. 請轉法輪 (10頌),

7. 請佛住世(11頌),[341] 8. 常修佛學 (13.14.15.16.17.18.19.20.21頌),

9. 恒順衆生 (22.23.24.25.26.27.28.29.30.31.32.33.34.35.36.37.38頌),

　* 복합 (39.40.41頌), / 文殊.普賢 二聖의 願 (42.43.44頌) /

10. 普皆廻向 (45~62頌)

---

340) <普賢行願讚>은 화엄경 중심부와는 달리, 그 마지막을 阿彌陀佛에게 歸依하는 형식을 취하고 있다. 이점 <普賢行願讚>이 지니는 하나의 특색이라 할 수 있다. 高峯了州「普賢行願品解釋の問題」『華嚴論集』國書刊行會. 1976, 밀교의 대가 불공삼장(705~774)이 역출한 경전중에 『普賢菩薩行願讚』(1권)이란 경이 있다. 이 경은 반야삼장 역출의 『대방광불화엄경』(40권)의 맨 마지막에 나오는 게송을 따로 발췌한 후, 여기에 『팔대보살만다라경』에 등장하는 8대보살을 찬양한 1偈頌當 五字*四句로 된 10偈頌의 詩句를 첨가한 경이다. 경의 내용은 <보현행원>을 수행하면 능히 깨달음을 이루고, 아미타불이 계신 극락세계에도 왕생할 수 있다는 내용이다. (대정장 10. 881b~c) 상호 관계가 있는 듯 보인다.
341) 제 12게송은 1~7까지의 원을 총괄하면서 그것의 회향을 발원하고 있다.

참 고: 입분신삼매(入奮迅三昧: simha-vijṛmbhito-samādhi)

入奮迅三昧란 大悲三昧를 말한다. 곧 사자(獅子:simha)가 울부짖는 (vijṛmbhito=吼:roar)다는 뜻으로, 여기서는 부처님의 중생사랑인 大悲를 가리킨다. 윤회고를 받는 중생들을 보시고 안타까와 하시며 가슴 아파하는 大悲者이신 여래의 표현이라 보면 좋을 것이다.

③ 普賢(samanta-bhadra)菩薩

보현보살의 이름은 <원시화엄경>이라 일컬어지는 『兜沙經』이나 『本業經』등에는 등장하지 않고있어, 그때까지는 아직 그의 존재가 잘 알려지지 않았다는 것을 알 수있다. 따라서 보현보살은 『대본화엄경』의 편찬자가 창작한 인물로, 편찬 이후 등장한 인물로 추정된다.[342]

보현보살에서의 普賢(samanta-bhadra)이란 이름은 본래 佛德을 찬양하는 찬탄사였다고 보여지나, 언제부터인지 확실하지는 않지만, 점차 실존의 보살로 승화되어, 普賢菩薩이란 이름을 띄고 역사에 출현하게 된 것으로 보여진다.

실존보살로서 승화되어 출현하게 된 구도의 완성자, 보현보살은 경전에 처음 등장할 때 어떻게 묘사되고 있는지, 『화엄경』 <如來出現品>에 설시된 구절을 통하여 살펴보자!

「佛子。汝已曾於無量百千億那由他佛所。承事供養。成就菩薩最上妙行。於三昧門皆得自在。入一切佛祕密之處。知諸佛法。斷衆疑惑。爲諸如來

---

342) 法華經에는 <보현보살권발품>이란 품이 있어, 일찍부터 보현보살이란 자가 존재하고 있었던 것처럼 보이나, 연구 결과 『대본화엄경』으로부터의 인용 인물로 고찰되었다. 한편 『無量壽經』의 제 22願인 <一生補處의 願>에도 <普賢行>이란 말이 등장하나, 이는 『初期無量壽經』에는 없는 것으로 고찰되어, 이 또한 후대의 부가로서, 화엄경으로부터의 영향으로 보고 있다. 藤田宏達 『원시정토사상의 연구』 (岩波書店. 1970)

神力所加。 知衆生根。 隨其所樂。 爲說眞實解脫之法。 隨順佛智。 演說佛法。 到於彼岸。 有如是等無量功德」343)

(佛子 普賢이여! 너는 일찍이 무량백천억나유타동안 부처님 처소에서 부처님을 받들면서 供養을 드려, 보살의 最上의 妙行을 성취하였다. 또한 모든 三昧門의 自在를 얻었기에, 일체부처님의 秘密處에 들어가, 모든 佛法을 알아 온갖 의혹을 끊었으며, 일체여래의 神力으로 加持되었기에, 중생들의 根機를 알아 그 즐거움에 따라 眞實解脫法을 설하며, 부처님의 佛智에 수순하여 불법을 연설하여 피안에 도달하였다.
 이처럼 너 보현은 무량겁동안 쌓아온 德을 지니고 있는 것이다)

위 내용을 통해 볼 때, 보현보살은 오래전인 불자시절부터 시방제불께 공양드리며, 온갖 菩薩行을 성취하고, 거기다 三昧自在의 경지까지 얻어, 부처님과의 加持를 통해 佛과 교감하면서, 온갖 중생에게 불법을 가르치는 大願力者 였음을 알 수 있다.

 이하 그가 몸소 실천하며 우리에게 가르친 大乘菩薩道란 어떤 것인지, 그의 수행태도와 그가 세운 10가지 行願은 무엇이며, 이것들은 대승보살을 꿈꾸는 우리에게 어떤 메시지를 던지고 있는지, <여래출현품>을 비롯 화엄경 전체의 분석을 통해 구도행자 보현보살의 모습을 살펴보자.

④ 보현보살의 수행태도 (대승보살이 가져서는 아니 되는 마음)
　㉮ 비법심(非法心) ㉯ 진심(嗔心) ㉰ 아집심(我執心)
　㉱ 불퇴전심(不退轉心) ㉲ 피염심(疲厭心)

---

343) <여래출현품> (대정장 9. 262c)

⑤ 普賢菩薩 十種 廣大行願 (大乘菩薩이 닦아야 할 修行德目)

  ㉮ 예경제불행(禮敬諸佛行) ㉯ 칭찬여래행(稱讚如來行)

  ㉰ 광수공양행(廣修供養行) ㉱ 참회업장행(懺悔業障行)

  ㉲ 수희공덕행(隨喜功德行) ㉳ 청전법륜행(請轉法輪行)

  ㉴ 청불주세행(請佛住世行) ㉵ 상수불학행(常隨佛學行)

  ㉶ 항순중생행(恒順衆生行) ㉷ 보개회향행(普皆廻向行)

참 고: 보현행원과 『三品經』

대승경전중 가장 먼저 만들어진 경전이 『三品經』이다.

여기서 삼품(三品)이란 참회(懺悔)·수희(隨喜)·청법(請法)을 말하는 것으로, 보현행원의 제4품 5품 6품에 해당된다. 그만큼 이 3가지 품이 중요하다는 의미이다. 얼마나 중요했으면 제일 먼저 만들어졌을까?

<제4 침회업장행원>: 매일매일을 참회의 생활을 하자는 의미이다.

<제5 수희공덕행원>: 일체중생을 부처님으로 알고, 하루하루의 일상행을 기쁨으로 맞이하겠다는 행원이다.

<제6 청전법륜행원>: 만나는 모든 이를 부처님으로 알아, 그들의 말을 잘 듣고 배우겠다는 행원이다.

<제7 청불주세행원>: 부처님 만나기란 하늘의 별따기보다 더 어려운 것이니, 이 사바를 떠나지 않고 오래오래 머물게 하여 항상 예경·청법하자는 행원이다.

<제8 상수불학행원>: 자만심을 버리고 이디에 있든지 항상 부처님의 말씀을 배우자는 행원이다.

<제9 항순중생행원>: 대승불교가 중생불교이니, 어떤 면에서는 가장 중요한 행원일 수 도 있을 것이다. 어떡하든지 성불로 인도하겠다는 원을 세워 인욕하며 언제든지 중

생을 위한 삶을 살겠다는 행원이다.

<제10 보개회향원>: 이 모든 행원을 행하되, 여기서 얻은 공덕들을 두루두루 중생들의 성불과 중생세계의 안락을 위해 회향하자는 행원이다.

참 고: 보현행원과 佛敎信行

보현행원은 불교경전이 설하는 발원가운데 최고의 발원으로 꼽힌다.

발원하면 먼저 떠오르는 것이 4-가지로 이루어진 <四弘誓願>이다.

1) 중생을 다 건저오리다 2) 번뇌를 다 끊으오리다

3) 법문을 다 배우오리다 4) 불도를 다 이루오리다.

천수경의 <如來十大發願文>도 있다. 이것은 여래께서 당신 스스로에게 한 서원이다.

원아영리삼악도(願我永離三惡道) 원아속단탐진치(願我速斷貪瞋癡)

원아상문불법승(願我常聞佛法僧) 원아근수계정혜(願我勤修戒定慧)

원아항수제불학(願我恒隨諸佛學) 원아불퇴보리심(願我不退菩提心)

원아결정생안양(願我決定生安養) 원아속견아미타(願我速見阿彌陀)

원아분신변진찰(願我分身遍塵刹) 원아광도제중생(願我廣度諸衆生)

또 <이산혜연선사발원문>도 있다. 이산혜연(怡山惠然)선사는 당나라 말기에 활약한 승려로, 중국 복건성 복주사람이다.

六祖 惠能의 제자인 청원행사(?-741)문하인 설봉의존(822-908)의 법제자이다.[344]

---

[344] 원래는 이산교연(怡山皎然), 이산연(怡山然),또는 장생교연(長生皎然)선사로 불리운다. 長生山에 거주했기에 <장생교연>으로도 불리웠다고 한다. (『조당집』20, 『선학대사전』 P. 322)

「보현보살 행원으로 많은중생 건지올제 여래갈래 몸을나퉈 미묘법문 연설하고 지옥아귀 나쁜곳엔 광명놓고 신통보여, 내 모양을 보는이나 내 이름을 듣는이는 보리마음 모두내어 윤회고를 벗어나되, 화탕지옥 끓는 물은 감로수로 변해지고 검수도산 날센칼날 연꽃으로 화하여서, 고통받던 저중생들 극락세계 왕생하며. 나는새와 기는짐승 원수맺고 빚진이들 갖은고통 벗어나서 좋은복락 누려지다. 모진질병 돌적에는 약풀되어 치료하고, 흉년드는 세상에는 쌀이되어 구제하되, 여러중생 이익한들 한가진들 빼오리까, 천겁만겁 내려오던 원수거나 친한이나 이-세상 권속들도 누구누구 할것없이, 얽히었던 애정끊고 삼계고해 뛰어나서, 시방세계 중생들이 모두성불 하사이다.

허공끝이 있아온들 이내소원 다하리까, 유정들도 무정들도 一切種智 이루어지이다」

모두 다 좋고 신심나는 서원문이다. 마지막에 인용한 <이산혜연선사 발원문>은 읽을수록 신심이 절로나는 명 발원이다. 아마도 <보현십종광대행원>을 보고 이를 참조하여 지은 것이 아닌가 하는 생각이 든다.

佛敎信行은 日常의 禮佛과 懺悔와 祈禱로 시작된다.
네가 부처인줄 알았으면(A=知), 일상에서 부처처럼 행하라(Ā=知)!

「心卽是身主 身卽是心師 隨處心作佛 立處身行佛」

佛敎를 일러 信解行證의 宗敎라 하듯이, 每日每日의 日常修行이 중요하다. 조금전에 보았던 <상불경보살님>의 일상의 예경처럼, 꾸준히 하는 것이 핵심이다.

곧 올바른 佛教의 信解行이 되기위해선 온 몸과 입과 마음으로 실천하는 身口意가 종합된 三密佛教信行으로서 하되, 다음의 4가지 요소가 갖추어져야 한다.

1) 귀의(歸依) 2) 찬탄(讚嘆) 3) 참회(懺悔) 4) 발원(發願)이 그것이다.

(강 설) 광수공양행(廣修供養行)

「善男子, 諸供養中 法供養最. 所謂如說修行供養 利益衆生供養 攝受衆生供養 代衆生苦供養 勤修善根供養 不捨菩薩業供養 不離菩提心供養. 何以故 以諸如來 尊重法故 以如說行 出生諸佛故 若諸菩薩 行法供養 則得成就供養如來, 如是修行 是眞供養故. 此廣大最勝供養 虛空界盡 衆生界盡 衆生業盡 衆生煩惱盡 我供 乃盡, 而虛空界 乃至 煩惱不可盡故 我此供養 亦無有盡. 念念相續 無有間斷 身語意業 無有疲厭」

(선남자여! 모든 공양 가운데 법(法)공양이 으뜸이니라. 법공양이란 부처님 말씀대로 수행하는 공양이며, 중생들을 이롭게 하는 공양이며, 중생들을 거두어 주는 공양이며, 중생들의 고통을 대신하는 공양이며, 부지런히 선근을 닦는 공양이며, 보살의 업을 포기하지 않는 공양이며, 보리심을 여의지 않는 공양이다. 까닭은 부처님은 법을 존중하기 때문이며, 부처님 말씀대로 수행함이 성불의 지름길 이기 때문이다.

선남자여! 만일 보살들이 이와같이 <법공양>을 행한다면, 이것이 곧 부처님께 공양함을 성취하는 것으로, 이처럼 수행함을 일러 <진실한 공양>이라 하는 것이다.

이 법공양은 넓고 크고 가장 훌륭한 공양이기에,

허공계가 다하고, 중생계가 다하고, 중생의 업이 다하고, 중생의 번뇌가 다해도 나의 공양행은 끝나지않는 것으로, 念念이 다하도록 잠시도

쉬지 않고 계속 공양드려도, 나의 身口意는 절대로 지치거나 싫증냄이 없는 것이다)

나머지 9개의 행원들도 모두가 마지막 구절엔 「허공계진 중생계진 ~ 신어의업 무유피염」으로 끝을 맺고 있다. 얼마나 광대한 행원인가? 정말 보현보살님의 행원은 아무리 읽고 또 음미하며 읽어도 그 끝을 알수 없다. 그래서 불가사의 해탈경이라 한 걸까?
10가지를 다해야 하지만 여기서는 <광수공양행원>과 <항순중생행원>만 중점적으로 살펴보았다. //

(강 설) 항순중생원(恒順衆生願)

「復次 善男子, 言恒順衆生者 謂盡法界虛空界 十方刹海 所有衆生 種種差別 如是等類 我皆於彼 隨順而轉 種種承事 種種供養 如敬父母 如奉師長 及阿羅漢 乃至如來 等無有異 於諸病苦 爲作良醫 於失道者 示其正路 於暗夜中 爲作光明 於貧窮者 令得伏藏 菩薩 如是 平等饒益一切衆生. 何以故 菩薩 若能隨順衆生 則爲隨順供養諸佛 若於衆生 尊重承事 則爲尊重承事如來 若令衆生歡喜者 則令一切如來 歡喜 何以故 諸佛如來 以 大悲心 而爲體故. 因於衆生 而起大悲 因於大悲 生菩提心 因菩提心 成等正覺 譬如曠野沙磧之中 有大樹王 若根得水 枝葉華果 悉皆繁茂 生死曠野 菩提樹王 亦復如是. 一切衆生 而爲樹根 諸佛菩薩 而爲華果 以大悲水 饒益衆生 則能成就諸佛菩薩智慧華果. 何以故 若諸菩薩 以大悲水 饒益衆生 則能成就阿耨多羅三藐三菩提故 是故 菩提 屬於衆生 若無衆生 一切菩薩 終不能成無上正覺」

(선남자여, 중생의 뜻에 항상 따른다는 것은,

온 법계, 허공계, 시방 세계의 중생들이 여러 가지 차별이 있지만, 나는 모두 그들에게 수순하여 가지가지로 섬기고 가지가지로 공양하기를 부모같이 공경하고, 스승과 아라한과 부처님이나 다름없이 받들어서, 병든 이에게는 의원이 되고, 길 잃은 이에게는 바른 길을 보여주고, 참참한 밤에는 빛이 되어주며, 가난한 이에게는 보배를 얻게 하면서, 일체 중생을 평등하게 이롭게 함을 말하는 것이다.

왜냐하면 보살이 중생을 수순하는 것은 곧 부처님께 순종하여 공양하는 것이 되고, 중생들을 존중하여 섬기는 것은 곧 부처님을 존중하여 받드는 것이 되며, 중생들을 기쁘게 하는 것은 곧 부처님을 기쁘게 함이 되기 때문으로, 그 까닭은 부처님은 자비하신 마음을 바탕으로 삼으시기 때문이다. 일체 중생은 뿌리가 되고 부처님과 보살들은 꽃과 열매가 되어, 자비의 물로 중생들을 이롭게 하면 모든 불보살님들의 지혜의 꽃과 열매가 이루어져, 마침내는 아뇩다라삼먁삼보리를 성취하기 때문이다.

그러므로 보리는 중생에게 달렸으니, 중생이 없으면 그 누구라도 끝내 무상정등정각을 이루지 못하는 것이다)

우리 불교 이야기가 아니지만 Bible(마태복음 27장 45절~ 56절)을 보면, 「예수께서 <엘리 엘리 라마 사박다니>하시니, 이는 곧 나의 하나님, 나의 하나님, 어찌하여 나를 버리셨나이까? 하는 뜻이라」또 (마가복음 14장 36절)을 보면, 위 주문을 외우신 후 곧 바로, 「그렇지만 내 뜻대로 하지 마시고, 당신의 뜻대로 하소서!」라고하는 성경구절이 나온다. 사형의 집행장소인 골고다 언덕의 십자가위에 못박히신 예수님께서 하신 마지막 말씀이라 전한다. 얼마나 괴로우셨으면 이렇게 절규를 하셨을까? 그런데 여기서 주목되는 말은 마지막에 덧붙인 말씀인 「그렇지만 내뜻대로 하지마시고 당신 뜻대로 하소서!」이다.

당신 뜻대로 하소서 ~~ " / 내 입맛 대로가 아니라 중생의 뜻에따라 순종하라! 그것도 이번만이 아니라 항상 ~~ (恒順衆生願)! //

⑥ 普賢行願에 대한 화엄경(4-譯)의 해석

　　60권 화엄경:「此諸菩薩皆出生普賢之行」[345]

　　　　　　　　(이 모든 보살들은 모두가 普賢行으로부터 출생하였다)

　　80권화엄경:「此諸菩薩皆悉成就普賢行願」[346]

　　　　　　　　(이 모든 보살들은 모두 普賢行願을 성취하였다)

　　40권 화엄경:「一切皆從普賢菩薩行願所生」[347]

　　　　　　　　(일체는 모두 보현보살의 行願으로부터 출생되었다)

　　Tibet 화엄경:「일체여래는 모든 면에서 수승(殊勝)한 菩薩의 行과 願

　　　　　　　　　으로부터 出生하였다」[348]

---

345) (대정장 9. 676b~c)
346) (대정장 10. 319b)
347) (대정장 10. 661c). 입법계품을 설하고 있는 『40화엄경』은 경의 副題目을 <入不思議解脫境界普賢行願品>이라 하고 있다. 여기서 不(可)思議(acintya) 란 그 무엇으로도 표현할 수 없는 곧 '言語道斷·心行處滅'의 경지를 말하는 것으로, 진여법성의 깨달음의 세계인 法界를 가리킨다. 곧 경의 부제목은 '불 가사의한 해탈의 경계인 법계에 들어가기 위해서 반드시 필요한 것이 <보현 행원>'임을 시사하고 있는 것이다.
348)(sārdhaṃ) samanta-bhadra-bodhisattva-caryā-praṇidhāna- abhiniryātaiḥ (GV 4. 16) / "(世尊은) 모든 면에서 수승한 보살의 행과 원으로부터 출생하셨다"), 모든 면에서 수승하다고 하는 표현에서, 비교의 대 상은 聲聞乘을 말하는 것으로, 대승보살도는 聲聞道보다 모든 면에서 수승하 다는 의미이다. 곧 경은 「佛陀가 서다림(기원정사)에서 師子奮迅三昧에 들어 가 나타내신 神變을 사리불과 목련등의 聲聞들은 현장에 있으면서도 볼 수 도 알 수도 없었다. 왜냐하면 그것은 佛智의 경계로서 聲聞의 경계가 아니기 때문이다」하시며, 여러 가지로 성문을 비판하시며, 성문은 보살보다 열등하 다고 말씀하신다. 곧 「如是等一切菩薩。滿逝多林。皆是如來威神之力。于時 上首諸大聲聞。舍利弗。大目揵連。摩訶迦葉。離婆多。須菩提 (중략) 在逝多 林。皆悉不見如來神力。如來嚴好。如來境界。如來遊戲。如來神變。(중략)

- 409 -

⑦ 보현행원(普賢行願)과 그 의미

普賢(samanta-bhadra)349) / 行願(caryā-praṇidhāna)

普: 德이 法界에 편만함

賢: 行爲(用)가 일체처에서 지선(至善)임

普: 신구의(身口意)가 無量(一切處)에서/현(賢)이며 지선(至善)임, 곧

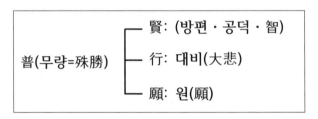

入毘盧遮那如來藏身三昧에 들어간 菩賢菩薩에 대해, 시방일체제불은 다음과 같이 찬탄하고 있다

「네가 이 삼매(三昧)에 들어갈 수 있었던 것은 ① 毘盧遮那如來의 본원력(本願力), 곧 그것을 의심하지 않고 신해(信解)했으며 ② 네가 닦은 一切諸佛의 행원(行願), 곧 신해(信解)함과 동시 그것을 수행한 공덕(持:行證) 때문이다. 곧 毗盧遮那如來의 본원력(本願力)을 信解(加)함과 동시, 衆生을 제도(중생에게 수순)하겠다는 願과 行(持) 때문이다」350)

亦復不見不可思議菩薩境界。菩薩大會。菩薩普入。菩薩普至。菩薩普詣。菩薩神變」(대정장 10. 322c~324a)이라 한 것이 그 하나의 일례로서, <입법계품>은 품의 전체에서 줄곧 대승보살의 殊勝性을 찬양함과 동시, 성문도에 대한 비판적 입장을 취하고 있다.

349) Tibet譯으로 보현행원은 (kun.du.bzań.po: 쿤드산포)이다.

350)「佛子。此是十方一切諸佛。共加於汝。以毘盧遮那如來。本願力故。亦以汝修一切諸佛。行願力故。所謂。能轉一切佛法輪故。開顯一切如來。智慧海故。普照十方諸安立海。悉無餘故。令一切衆生。淨治雜染。得淸淨故。普攝

3-5 十地品: 십지 각품의 대의와 특징

 여기서는 <十地品> 중에서도 가장 중요하다고 생각되는 부분만 발췌하여, 初地 환희지(歡喜地)부터 十地 법운지(法雲地)까지 그 대의를 살펴볼 것이다.

序

「佛子。何等爲菩薩摩訶薩智地。佛子。菩薩摩訶薩智地。有十種。過去未來。現在諸佛。已說。當說。今說。我亦如是說。何等爲十。一者歡喜地。二者離垢地。三者發光地。四者焰慧地。五者難勝地。六者現前地。七者遠行地。八者不動地。九者善慧地。十者法雲地」351)

(불자여! 무엇을 일러 보살마하살이 지니고 있는 지혜의 단계(智地)라고 하는가? 불자여! 10가지가 있는 것으로, 과거 미래 현재의 모든 부처님들께서 말씀하신 것으로 지금 현재도 설하시고 계신다.
10가지 단계가 무엇인가? 제 一地는 환희지, 제 二地는 이구지, 제 三地는 발광지, 제 四地는 염혜지, 제 五地는 난승지, 제 六地는 현전지, 제 七地는 원행지, 제 八地는 부동지, 제 九地는 선혜지, 제 十地는 법운지이다)

제 1 환희지(歡喜地): 大願과 布施(dāna)-바라밀의 완성

「佛子。菩薩住此歡喜地。念諸佛故生歡喜。念諸佛法。故生歡喜。念諸菩薩。故生歡喜。念諸菩薩行。故生歡喜。念淸淨諸波羅蜜。故生歡喜。念諸菩薩地殊勝。故生歡喜。念菩薩不可壞。故生歡喜。念如來教化衆生。

一切諸大國土。無所着故。深入一切諸佛境界。無障礙故。普示一切佛功德故。能入一切諸法實相。增智慧故。觀察一切諸法門故。了知一切衆生根故。能持一切諸佛如來教文海故」(대정장 10. 33a)
351)『80화엄경』<십지품> (대정장 10. 179b)

故生歡喜」352)

(불자여! 제1지 환희지에 머무는 보살을 <왜 환희지라 하는가 하면, 그는 항상 환희속에서 살기 때문이다> 곧 시방제불을 생각하므로 환희하고, 불법을 생각하므로 환희하고, 보살님들을 생각하므로 환희하고, 보살행을 생각하므로 환희하고, 청정한 바라밀을 생각하므로 환희하고, 수승한 보살지를 생각하므로 환희하고, 퇴전하지않는 보살님들을 생각하므로 환희하고, 중생들을 교화하시는 부처님을 생각하므로 환희하는 것이다)

<六相圓融을 통한 大願行>

「又發大願願一切菩薩行。廣大無量。不壞不雜。攝諸波羅蜜。淨治諸地。總相別相。同相異相。成相壞相。所有菩薩行。皆如實說。教化一切。令其受行。心得增長。廣大如法界。究竟如虛空。盡未來際。一切劫數。無有休息」353)

(또 큰 대원을 세우기에 환희지-보살이라 하는 것이다. 곧 환희지 보살의 행은 광대무량하여, 무너지지도 잡스럽지도 않으며, 모든 바라밀을 섭하되 청정으로 모든 지<地>를 다스리며, 전체인 총상<總相>과 각 개별인 별상<別相>과, 똑같은 동상<同相>과 서로 다른 이상<異相>과, 이루어진 성상<性相>과 무너지는 괴상<壞相>의 모습 등을 통하여, 보살이 행해야 되는 행을 여실하게 설하면서, 일체중생을 교화하고, 또 중생들로 하여금 우주의 참 모습인 이들 육상<六相>의 모습들을 받아 지니게 하여, 마음을 증장시키되, 법계처럼 광대하게 허공처럼 끝없이, 미래가 다하고 겁이 다하도록, 쉼이 없이 하는 것이다)

---

352) 『80화엄경』 <십지품> (대정장 10. 181b)
353) 『80화엄경』 <십지품> (대정장 10. 181c)

(강 론) 육상원융(六相圓融)사상

세상의 모든 존재는 여섯가지 상(相), 즉 총상(總相)·별상(別相)·동상(同相)·이상(異相)·성상(成相)·괴상(壞相)을 갖추고 있고, 이들 전체와 부분, 또 부분과 부분이 서로 원만하게 융화되어 조화를 이루고 있다는 것을 설한 교리이다.

각각의 개별적 존재로 이루어진 전체는 시간적 공간적으로 끊임없이 연기(緣起)에 의해 연결되어있다는 화엄사상의 중중무진연기(重重無盡緣起)를 표현한 것으로, 우주전체를 하나의 통일적 화합체로 보고 있는 것이 특징이다.

이 육상원융의 개념은 국가와 민중을 아우르는 최고의 통합원리라 하여 韓中日의 華嚴學者들에 의해 깊이 연구되었다. 이들은 六相 가운데, 總相·同相·成相의 3-相은 통일성·동질성·완전성의 양상들이라 하여, 이를 원융문(圓融門)이라 부르고, 나머지 別相·異相·壞相의 3-相은 위의 원융문에 대응하는 것으로, 개별성·특이성·자족적인 것이라며 항포문(行布門)이라 불렀다.

곧 우주 법계는 이들 圓融門과 行布門의 각 相들이 서로 의존하면서 관계를 형성하는 사사무애(事事無碍)의 세계, 곧 六相圓融이야말로 법계의 실상이라고 보았다 //

「又發大願。願一切國土。入一國土。一國土。入一切國土。無量佛土。普皆淸淨。光明衆具。以爲莊嚴。離一切煩惱。成就淸淨道。無量智慧衆生。充滿其中。普入廣大諸佛境界。隨衆生心。而爲示現。皆令歡喜。廣大如法界。究竟如虛空。盡未來際。一切劫數。無有休息」[354]

354)『80화엄경』<십지품> (대정장 10. 182a)

(또 다음과 같은 큰 대원을 세우기에 환희지-보살이라 하는 것이다. 곧 일체의 국토가 한 국토에 들어가고, 또 무량한 불토에 들어가되, 모두가 청정하고 광명이 무량하도록 장엄하는 것이다. 곧 일체의 번뇌를 여의어 청정도를 성취케하고, 무량한 지혜로 중생들을 충만케하여, 그들이 광대한 부처님들의 경계에 들어가도록 중생들의 마음을 좇아 모습을 나투<示現>되, 두루 환희케 하며, 법계처럼 광대하게, 허공처럼 끝없이, 미래가 다하고 겁이 다하도록, 쉼이 없이 하는 것이다)

「又發大願。願乘不退輪。行菩薩行。身語意業。悉不唐捐。若暫見者。則必定佛法。暫聞音聲。則得實智慧。纔生淨信。則永斷煩惱。得如大藥王樹身。得如如意寶身。修行一切菩薩行。廣大如法界。究竟如虛空。盡未來際。一切劫數。無有休息」[355]

(또 다음과 같은 큰 대원을 세우기에 환희지-보살이라 하는 것이다. 곧 물러남이 없는 법륜을 타고 보살행을 행하되, 신구의 三業이 하나도 헛되지 않게 하며, 잠시 잠깐만 나를 보아도 반드시 불법에 마음을 내게하며, 잠시 내 목소리만 들어도 여실한 지혜를 얻게하며, 아주 작은 청정한 믿음을 내더라도 번뇌를 영원히 끊게하는 것이다. 곧 커다란 약왕나무와 같은 몸을 얻고, 여의보주와 같은 몸을 얻어, 일체의 보살행을 수행하되, 법계처럼 광대하게, 허공처럼 끝없이, 미래가 다하고 겁이 다하도록, 쉼이 없이 하는 것이다)

「又發大願。願於一切世界。成阿耨多羅三藐三菩提。不離一毛端處。於一切毛端處。皆悉示現。初生出家。詣道場。成正覺。轉法輪。入涅槃。得

---

355) 『80화엄경』 <십지품> (대정장 10. 182a)

佛境界。大智慧力。於念念中。隨一切衆生心。示現成佛。令得寂滅。以
一三菩提。知一切法界。即涅槃相。以一音說法。令一切衆生。心皆歡
喜。示入大涅槃。而不斷菩薩行。示大智慧地。安立一切法。以法智通。
神足通。幻通。自在變化。充滿一切法界。廣大如法界。究竟如虛空。盡
未來際。一切劫數。無有休息」[356]

(또 다음과 같은 큰 대원을 세우기에 환희지-보살이라 하는 것이다. 곧
일체세계에 다니면서 반드시 무상정등정각을 성취하겠다는 원을 세우는
것이다. 곧 한 티끌도 버리지 않고, 모든 티끌마다에 몸을 나투어 태어
나되, 출가하여 보리도량에 나아가 정각을 이루어, 법륜을 굴리고 열반
에 들어 불경계를 증득하겠다는 원을 세운다. 곧 큰 지혜의 힘으로 생각
생각마다 일체중생들의 마음을 좇아 그들로 하여금 성불을 이루고 적멸
을 얻게 하는 것이다. 곧 하나의 정등정각으로 일체의 법계가 곧 열반의
모습임을 알게 하며, 법을 설할때는 일체중생으로 하여금 환희케 하여
대열반에 들도록 하면서 끊임없이 보살행을 행하는 것이다. 또 큰 지혜
를 모아 일체법으로 하여금 모든 법을 건립하며, 법지통<法智通>과 신족
통과 환통(幻通)으로 일체법계를 충만하게 하되, 법계처럼 광대하게, 허
공처럼 끝없이, 미래가 다하고 겁이 다하도록, 쉼이 없이 하는 것이다)

<妙寶心과 같은 初發心>
「略說求諸佛 一切勝功德 發生廣大心 量等虛空界 悲先慧爲主 方便共相
應 信解淸淨心 如來無量力 無礙智現前 自悟不由他 具足同如來 發此最
勝心 佛子始發生 如是妙寶心 則超凡夫位 入佛所行處 生在如來家 種族
無瑕玷 與佛共平等 決成無上覺」[357]

---

356) 『80화엄경』 <십지품> (대정장 10. 182b)
357) 『80화엄경』 <십지품> (대정장 10. 184a)

(성불하기를 구하는 자는 일체 수승한 공덕자로서, 허공계와 같은 광대한 마음을 발해야 한다. 곧 慈悲를 먼저하고 智慧를 주인으로 하여, 여기에 方便을 상응시키면, 청정한 信解의 마음과 무량한 如來力과 無礙智가 現前하게 될 것이다. 곧 남을 의지하지 않고 스스로 깨달음을 얻으면, 여래와 같이 되어 가장 수승한 마음을 발하게 되는 것이다.

 불자여! 초발심은 妙寶心과 같은 것이기에, 범부위를 뛰어넘어 부처님이 행하신 바의 경지에 들어가 如來家에 태어나니, 如來族으로서 그 어떤 하자도 없게 되어, 결정코 부처님과 하나도 다르지 않은 평등의 無上覺을 얻게 되는 것이다)

「是菩薩。十波羅蜜中。檀波羅蜜增上。餘波羅蜜。非不修行。但隨力隨分。是菩薩。隨所勤修(중략)佛子。菩薩摩訶薩。住此初地。多作閻浮提王。豪貴自在。常護正法。能以大施。攝取衆生。善除衆生慳貪之垢。常行大施。無有窮盡」[358]

(이 보살은 十-바라밀중에서는 보시-바라밀을 중심으로 수행하지만, 그렇다고 나머지 부분을 소홀히한다는 것이 아니라, 다만 분에 따라 힘을 분산시킬 뿐으로, 처소에 따라 부지런히 닦는 것이다. (중략)불자여! 이 初地-보살은 부귀자재의 선업을 닦고, 항상 정법을 수호하며, 큰 보시로서 중생을 섭수하면서, 중생들의 인색함과 탐심의 때를 제거한다. 곧 언제나 큰 보시행을 하되 다함이 없는 것이다)

---

[358] 『80화엄경』 <십지품> (대정장 10. 183a~c)

고려대장경 80권 화엄경 십지중 <제1 환희지 변상도(變相圖)>359)

(강 설) 南無純陀 (최고의 布施-바라밀행자, 순타거사)

純陀는 대장장이로서 부처님께 마지막으로 음식을 공양을 드린 신도로 유명하다. 부처님께서 이곳을 지나간다는 소식을 듣고 부처님께 공양을 드려야 겠다는 신심 하나로 열심히 준비를 했지만 장마철에다 거기다 80이라는 노쇠한 몸이다보니 예정보다 늦게 도착이 되고 그러다보니 준비한 <스카라맛다바=돼지고기>가 그만 상해 버린 것이다.

부처님께서는 식중독에 걸려 설사병으로 앓다 이내 피를 토하는 아픔을 겪게되고, 이를 안 제자들은 공양을 준비한 순타에 책임을 돌리고, 열반에 드시기 전 제자들의 움직임을 아신 부처님께서 하신 말씀이다. 「나는 실로 먹고 싶지 아니하나 여기 모인 대중을 위하여 너의 마지막 공양을 받는 것이다. 순타(cunda)여! 너는 사람이 태어나서 얻기

---

359) 고려대장경 80권 화엄경 (고려대장경 연구소)

어려운 다시 없는 이익을 얻었다. 착하도다. 순타여! 부처님이 세상에 나심은 어려운 일이지만, 부처님의 세상을 만나 發心하여 法門을 듣는 것은 더욱 어려운 일이다. 또한 부처님께서 열반에 드시려 할 때 마지막 供養을 마련한다는 것은 이보다 더욱 어려운 일은 없다. 그러므로 그대는 최고의 布施바라밀을 具足하였다. 그러므로 모든 대중은 순타에게 '나무 순타'라 불러라! 나무 순타여! 그대는 이제 맑고 뚜렷한 보름달과 같아서 모든 중생들이 쳐다보지 않는 이가 없을 것이다. 대중들이여, 나무 순타는 몸은 비록 사람 몸을 받았지만 마음은 부처와 같으니라, 순타는 참으로 부처님의 아들로서, 라후라와 조금도 다르지 아니한 것이다」말씀을 남기시고 부처님은 열반에 드셨다360) //

제 2 이구지(離垢地): 持戒(śīla)-바라밀과 愛語攝이 강조됨

<10가지 深心>

「佛子。菩薩摩訶薩。已修初地。欲入第二地。當起十種深心。何等爲十。所謂正直心。柔軟心。堪能心。調伏心。寂靜心。純善心。不雜心。無顧戀心。廣心。大心。菩薩以此十心。得入第二離垢地」361)

(불자여! 처음의 地인 初地, 곧 환희지를 닦아 마치고, 제 2지인 이구지<離垢地>에 들어가고자 하는 보살은, 마땅히 다음과 같은 10가지의 깊은 마음<深心>을 내야 한다! 10가지가 무엇인가? 정직한 마음인 정직심, 부드러운 마음인 유연심, 인욕하는 마음인 감능심<堪能心>, 六根을 항복시키는 조복심, 고요하고 맑은 마음인 적정심, 순수하고 선한 마음인 善心, 잡스럽지 않은 마음, 사모함을 떨쳐버린 마음, 넓은 廣心, 큰 마음인 大心이 그것으로, 보살은 이 10가지 마음으로부터 비로소 제2의 離垢地

---

360) 『大般涅槃經』<壽命品><순타품> (대정장 12. 372b. 612a), 『雜阿含經經』
   <유행경> (대정장 1.18a~c)
361) 『80화엄경』 <십지품> (대정장 10. 185a)

에 들어갈 수 있는 것이다)

<知足과 不偸盜>

「性不偸盜。菩薩於自資財。常知止足。於他慈恕。不欲侵損。若物屬他。起他物想。終不於此。而生盜心。乃至草葉。不與不取。何況其餘。資生之具」[362]

(훔치지 않는 성품을 지녔으니, 보살은 마땅히 자기의 재산에 만족할 줄 알아야 한다. 곧 남에게는 자비와 용서의 마음을 지니면서, 침범하거나 훼손시키지 않아야 한다. 곧 물건이 다른 사람에게 속해있다면, 이것은 타인의 것이란 생각을 일으켜, 끝내 절대로 훔치려는 마음을 내지 말아야 한다. 곧 풀잎 하나라도 주지 않으면 취하지 말아야 하거늘, 하물며 그 이외 생활에 도움이 되는 資生具이리오)

<不邪婬>

「性不邪婬。菩薩於自妻知足。不求他妻。於他妻妾。他所護女。親族媒定。及爲法所護。尚不生於貪染之心。何況從事」[363]

(사음하지 않는 불사음의 성품을 지녔으니, 보살은 자기의 부인에 만족하고 다른 사람의 부인은 구하지 말아야 한다. 곧 다른 사람의 부인, 다른 이가 보호하는 여성, 법으로 보호받는 여인에게는 절대로 탐하거나 맑지 못한 마음을 내서는 아니 되나니, 하물며 그러한 일에 종사하는 일이야~)

---

362) 『80화엄경』 <십지품> (대정장 10. 185a)
363) 『80화엄경』 <십지품> (대정장 10. 185a~b)

(강 설) 知足의 생활

해인사에 가면 지족암(知足庵)이라는 암자가 있다.족함을 알고 살아라는 의미이다.

이태리 유명한 신부 <聖프란췌스코 신부>는 성욕을 극복하기위해 가시장미 덩쿨에 몸을 뒹굴었다는 이야기를 들은 바가 있다. 마음에 일어나는 욕망을 참아내기가 그만큼 어렵다는 이야기이다.

부처님께서는 일찍이 '하늘에서 황금비가 내린다해도 중생들은 만족하지 못한다'고 말씀하셨다. 황금비가 내리면 다음번엔 다이아몬드비가 내리기를 바란다는 것이다.

만족을 모르는 것이 탐욕의 특징이다.

'財色之禍 甚於毒蛇(재색지화 심어독사)' 라는 격언처럼, 재물이나 색에 대한 욕망은 마치 독사와 같은 것이다, 달콤한 맛을 가지면서도 毒과 같은 것이 욕망이라고 하듯이. 뭔가 달콤함을 느껴 추구하지만, 추구뒤에는 반드시 큰 아픔과 고통을 수반하게된다. 마치 '욕망은 행복으로 포장된 괴로움' 이라는 격언처럼~

얼마전부터 우리 국민들은 <Me Too 運動> 이라는 아주 뼈아픈 소용돌이에 휘말려, 부끄럼움도 잊은채 너도 나도 <Me Too선언>에 동참하였고, 그 결과 수많은 아픔들이 우리사회 곳곳에 만연해 있음을 알게 되었고, 그 아픔들은 지금까지도 계속 이어져 오고 있다.

잘나가던 정치인들을 비롯해 젊잖기 그지없다고 소문난 유명 대학교수들, 노벨문학상 후보로 까지 거명되던 유명 시인 등, 심지어 그 불뚱은 차기 대통령 후보로까지 거명되던 서울시장의 자살소동으로까지 이어져, 국민들의 아픔은 이루 말할 수도 없고, 세계의 여러 신문의 까십에까지 등장하며 국제적 구경거리에 이르게 되었다. 거기다 우리의 이러한 <Me Too 運動>은 세계적 운동으로 펴져 세계 3-테너의 한사람인 <도밍고>의 스캔들로 번져 온갖 공연이 취소되고 미국입국 거부라는 소동으로까지 이어졌다. 위의 경전의 말씀인「풀잎 하나라도 주지 않으면 취하지 말아야 하거늘~ 凡事에 감사하라! 현재의 생활에 족함을 알고 감사하라!」/

<不妄語>

「性不妄語。菩薩常作實語。眞語時語。乃至夢中。亦不忍作覆藏之語。無心欲作。何況故犯」[364]

(거짓말하지 않는 불망어의 성품을 지녔으니, 보살은 언제나 진실한 말과 참된 말과 시기에 맞는 말을 하며, 심지어 꿈에서 조차 숨기고 무심코 덮어두거나 비밀로 하는 말을 하지 말아야 하거늘, 하물며 고의로 이를 범하는 일이야~)

<不兩舌>

「性不兩舌。菩薩於諸衆生。無離間心。無惱害心。不將此語。爲破彼故。而向彼說。不將彼語。爲破此故。而向此說。未破者不令破。已破者不增長。不喜離間。不樂離間。不作離間語。不說離間語。若實若不實」[365]

(한입으로 두말을 하지 않는 불양설의 성품을 지녔으니, 보살은 모든 사람들을 이간질하는 마음도, 해치려는 마음도 없으며, 저 사람을 무너트리려고 이 말로 저 말을 하거나, 또 이 사람을 무너트리려고 저 말로 이

---

364) 『80화엄경』<십지품> (대정장 10. 185b)
365) 『80화엄경』<십지품> (대정장 10. 185b)

말을 하지 않는다.

또 아직 넘어지지 않은 자는 넘어트리지 않고, 이미 넘어진 자는 더 이상 증장시키지 않으며, 이간하는 것을 기뻐하지도 좋아하지도 않으며, 실제거나 실제가 아니거나 절대로 이간하는 말을 짓지도 말하지 않는다)

<不惡口>

「性不惡口。所謂毒害語。麤獷語。苦他語。令他瞋恨語。現前語。不現前語。鄙惡語。賤語。不可樂聞語。聞者不悅語。瞋忿語。如火燒心語。怨結語。熱惱語。不可愛語。不可樂語。能壞自身他身語。如是等語。皆悉捨離。常作潤澤語。柔軟語。悅意語。可樂聞語。聞者喜悅語。善入人心語。風雅典則語。多人愛樂語。多人悅樂語。身心踊悅語 (중략) 是菩薩。乃至戲笑尙恒思審。何況故出散亂之言」366)

(말에 독이 있는 말, 추한 말, 남을 괴롭히는 말, 다른 사람으로 하여금 성을 돋구게 하는 말, 앞에서나 뒤에서나 남을 헐뜯는 말, 불손한 말, 천박한 말, 좋지않은 말, 들어 기쁘지 않은 말, 진심을 내서 하는 말, 속타게 하는 말, 원한 맺게 하는말, 열 받게 하는말, 미워한다는 말, 들어 즐겁지 않은 말, 본인이나 타인의 가슴에 남는 말 등, 이와같은 말들은 모두 하지말아야 하고, 항상 말에 윤기가 있고 유연하고 기쁘고 들어 기분 좋은말, 마음에 드는 선한 말, 우아한 말, 여러사람들이 들어 좋고 쾌락한 말, 들으면 몸과 마음이 기뻐져 뛰며 좋아할 말 등등 ~, 보살은 심지어 희희락락할때라도 항상 깊이 생각해서 말을 해야 하거늘, 어찌 하물며 산란스럼 말이야~)

---

366) 『80화엄경』 <십지품> (대정장 10. 185b)

<不綺語>

「性不綺語。菩薩常樂思審語。時語實語。義語法語。順道理語。巧調伏語。隨時籌量決定語。是菩薩。乃至戲笑尚恒思審。何況故出散亂之言」[367]

(번드르한 말로 상대방을 꼬시지 않는 불기어의 성품을 지녔으니, 보살은 언제나 심사숙고해서 내는 말, 때에 맞는 말, 진실한 말, 의로운 말, 도리에 맞는 말, 조리있게 조복시키는 말, 때에 맞추어 헤아려서 말하는 결정어를 즐긴다. 이처럼 보살은 심지어 희희락락할때라도 심사숙고해서 말해야 하거늘, 하물며 산란스럼 말이야~)

<不貪心>

「性不貪欲。菩薩於他財物。他所資用。不生貪心。不願。不求」[368]

(탐하지 않는 불탐욕의 성품을 지녔으니, 보살은 다른 사람의 물건이나 다른 사람의 생활용품에 탐심을 내지않으며, 원하지도 구하지도 않는다)

<不瞋恚와 慈心>

「性離瞋恚。菩薩於一切衆生。恒起慈心。利益心。哀愍心。歡喜心。和潤心。攝受心。永捨瞋恨。怨害熱惱。常思順行。仁慈祐益」[369]

(성내지 않는 성품을 지녔으니, 보살은 언제나 일체중생에게 자비한 마음, 이익케하는 마음, 가엾이 여기는 마음, 기뻐하는 마음, 화평한 마음,

---

367) 『80화엄경』 <십지품> (대정장 10. 185b)
368) 『80화엄경』 <십지품> (대정장 10. 185b)
369) 『80화엄경』 <십지품> (대정장 10. 185b)

포섭하는 마음을 일으켜, 끝내 성냄과 원한 열뇌를 버리고, 인자하며 도와주고 이익을 주려고 생각하며 행한다)

(강 설) 탐심(貪心)과 진심(瞋心)의 속성

탐욕과 성내는 瞋心은 어리석은 마음인 치심(痴心)과 더불어 삼독(三毒)이라 불리운다. 이것을 독(毒)이라고 하는 까닭은 이 3-가지를 행하면 마치 독약을 먹은 것처럼 아픔과 고통을 얻고 결국엔 죽음에 이르게 되기 때문이다.

痴心에서의 치(痴)란 이 글자가 주는 의미처럼, 아(知)는 병(疒)에 걸렸다는 것을 말하는 것으로, 알려면 전체를 알아야 되는데, 一部分만 그것도 자기 멋대로 아는 병, 말하자면 一切法이 無自性空인 것을 모르고, 욕심내고 집착하며 얽메면서 그것을 지키려고 칼부림도 서슴치 않는 못쓸 병이기에 보통 <아름아리>라 하기도, 또 일종의 치매(癡呆)에 해당되기에, 중생들이 지닌 못쓸 병이라 치부함과 동시, 또 이것이 근본이 되어 탐심과 진심이란 2-가지 毒을 낳으므로, 三毒중에서도 가장 근원적인 毒으로 여겨, 佛家에서는 이 痴心을 제거대상의 첫 번째로 꼽고 있다.

貪心이란 느낌(受)이 좋으면 그것에 대해 애착이 생기고, 소유하려는 욕구가 생겨, 마침내는 내것으로 갈취하는 성질을 지닌 병이다. 12연기중에 나오는 촉(觸)→수(受)→애(愛)→취(取)→유(有)가 그것으로, 탐심은 (水)의 성질을 지니는 것이 특징이다. 곧 물은 고갈될때까지 계속 끈질기게 사물에 침투하여, 빠져나가지 않고 젹셔들면서 그것을 쟁취할 때까지 계속 이어 나간다.

<貪慾>의 境界는 고삐없는 미친 코끼리와 같다는 말씀처럼, 그리고 쟁취한 후에는 또 다른 것으로 이동하여 집착→소유→쟁취→파멸의 과정을 되풀이 한다. 숨을 거두는 마지막 순간까지도~

한편 진심(瞋心)도 마찬가지이다. 느낌(受)이 싫으면 그것에 대해 미움이 생기고, 멀리하려는 욕구가 생겨, 마침내는 내쳐버리는 성질을 지닌 병이다. 12연기중의 촉(觸)→수(受)→증(憎)→사(捨)→유(有)가 그것으로, 촉수 곧 느낌(受)이 좋지 않으면 증오심이 생겨 멀리 떨쳐버리고 심지어는 발로 차고 죽이기까지 하는 것이다. 곧 느낌에 따라 愛와 憎이 갈라지고, 取와 捨가 갈라지게 되는 것이다. 愛憎이니 取捨니 하여 이 두말을 함께 쓰는 것도 바로 이 때문이다. 곧 愛와 憎, 取와 捨는 동전의 양면과 같아서 항상 같이 따라 다니는 녀석들이다.

진심은 불(火)의 성질을 지니는 것이 특징이다. 곧 불(瞋心=嗔心)은 마치 화산폭발 같아서, 재만 남기고 다 태워버린다. 곧 한번 진심이 나면 본인도 모르게 아니 알면서도 몸과 마음을 惡毒하게 만들어, 눈에는 불을 키고(瞋) 입에는 거품(嗔)을 품으며 치고 때리고 발로 차고 마침내는 그것도 모자라 상대를 죽이는 일까지 생겨, 자신과 가족은 물론 타인과 그 가족까지도 망치게 하는 것이다.
이처럼 무서운 것이 탐심과 진심이기에 이 둘을 동시에 三毒에 집어넣은 것이다.

탐심과 진심 2-개의 毒 가운데 어느 毒이 더 무서울까?
瞋心은 일시적인 것이 특징이고, 탐심은 끝이 보이지 않고 계속 되풀이되는 것이 특징이다. 또 진심(火)은 보이기라도 하지만, 탐심(水)은

보이지도 않고 서서히~ ,

결과적으로 보면 탐심이 더 무서을 것 같아 보이지만, 진심의 결과는
폭력과 살인이 뒤따르기에,어느 것이 더무섭다고 단정할 수도 없다.
2-가지 모두 毒藥으로 먹었다하면 누구나 죽는 병이니까~ //

<不邪見>

「又離邪見。 菩薩住於正道。 不行占卜。 不取惡戒。 心見正直。 無誑無諂。
於佛法僧。 起決定信。 佛子。 菩薩摩訶薩。 如是護持十善業道。 常無間
斷。 復作是念。 一切衆生。 墮惡趣者。 莫不皆以十不善業。 是故我當自修
正行。 亦勸於他。 令修正行。 何以故。 若自不能修行正行。 令他修者。 無
有是處」370)

(사견을 떠나있으니, 보살은 바른 길인 正道에 머물러 복점을 보지 않으
며, 나쁜 戒를 취하지 않고 마음과 소견이 정직하여, 속이거나 아첨하지
않으며, 결정코 불법승 삼보에 신심을 낸다)

<無分別心>

「又作是念。 一切衆生。 分別彼我。 互相破壞。 鬪諍瞋恨。 熾然不息。 我當
令彼。 住於無上。 大慈之中。 又作是念。 一切衆生。 貪取無厭。 唯求財
利。 邪命自活。 我當令彼。 住於淸淨身語意業。 正命法中。 又作是念。 一
切衆生。 常隨三毒。 種種煩惱。 因之熾然。 不解志求出要方便。 我當令
彼。 除滅一切煩惱大火。 安置淸涼涅槃之處」371)

(또 생각하기를, 일체중생들은 서로 너다 나다 분별하며, 치열하게 서로

370) 『80화엄경』 <십지품> (대정장 10. 185b~c)
371) 『80화엄경』 <십지품> (대정장 10. 186a)

파괴하고 다투며 미워함이 쉬지 않으니, 나는 념원하기를 마땅히 그들로 하여금 위 없는 대자비 가운데 머물게 할 것이다. 또 념원하기를 일체중생들이 탐하고 집착하는데 여념이 없으며, 오직 재물과 이익만을 구하며 잘못 살고 있으니, 내 마땅히 그들로 하여금 청정한 신구의 업속에 머물러 여법하게 살게 할 것이며, 또 념원하기를 일체중생들이 항상 삼독만을 좇아, 그 결과로 여러가지 치성한 번뇌에 빠져 그것으로 부터 벗어날 방편을 알지 못하고 구하지도 않으니, 내 마땅히 그들의 열화와 같은 번뇌를 모두 제거시켜 청정한 열반의 처소에 편히 앉게 할 것이다)

「又作是念。一切衆生。爲愚癡重闇。妄見厚膜之所覆故。入陰翳稠林。失智慧光明。行曠野險道。起諸惡見。我當令彼。得無障礙。淸淨智眼。知一切法。如實相。不隨他教」[372)]

(또 념원하기를, 일체중생이 우치하고 업장이 두텁고 어두워, 망견의 두터운 막에 덮여, 어두운 숲속에 들어가 지혜광명을 잃어버리고 광야의 험란한 길을 헤메면서 여러 가지 악견을 일으키고 있으니, 내 마땅히 그들로 하여금 온갖 장애가 없는 청정한 지혜의 눈으로 일체법의 여실상을 알게하여, 다른 사람의 가르침을 따르지 않게 할 것이다)

「佛子。此菩薩四攝法中。愛語偏多。十波羅蜜中。持戒偏多。餘非不行。但隨力隨分。佛子。是名略說菩薩摩訶薩第二離垢地」[373)]

(불자여! 이 보살은 사섭법중 애어<愛語>를 중심으로, 十-바라밀중에서는 지계-바라밀을 중심으로 수행하지만, 그렇다고 나머지 부분을 소홀히

---

372) 『80화엄경』<십지품> (대정장 10. 186a)
373) 『80화엄경』<십지품> (대정장 10. 186c)

한다는 것이 아니라, 다만 분에 따라 힘을 분산시킬 뿐이다. 불자여! 약
설하면 이것이 제 2 이구지-보살의 특징이다)

제 3 발광지(發光地): 忍辱(kṣānti)-바라밀과 利行攝이 강조됨

「佛子。菩薩摩訶薩。已淨第二地。欲入第三地。當起十種深心。何等爲
十。所謂淸淨心。安住心。厭捨心。離貪心。不退心。堅固心。明盛心。
勇猛心。廣心。大心」[374]

(불자여! 이미 제2地 離垢地의 청정수행을 마치고, 제 3지인 發光地에
들어가고자 하는 보살은 마땅히 다음과 같은 10가지 깊은 마음<深心>을
내야한다.
  무엇이 10가지인가? 이른바 1)청정한 마음 <청정심>, 2)편안히 머무는
마음 <安住心>, 3)싫어하여 버리는 마음 <厭捨心>, 4)탐욕을 여위는 마
음 <離貪心>, 5)물러나지 않는 마음 <불퇴심>, 6)견고한 마음 <견고심>,
7)밝고 성대한 마음 <明盛心>, 8)용맹한 마음 <용맹심>, 9)넓은 마음
<廣心>, 10)큰 마음 <大心>이다)

「佛子。菩薩摩訶薩。住第三地已。觀一切有爲法如實相。所謂無常苦。不淨
不安隱。敗壞不久住。刹那生滅。非從前際生。非向後際去。非於現在住」[375]

(불자여! 보살이 제3지인 발광지<發光地>에 머물러서는, 일체의 有爲法
의 실상을 관해야 한다. 곧 이른바 무상과 고통과 깨끗이 못함<不淨>과
편안하지 않음과 썩어 무너져 오래 머물지 못함과 찰나생멸과 과거에 생

---

374) 『80화엄경』 <십지품> (대정장 10. 187b)
375) 『80화엄경』 <십지품> (대정장 10. 187b)

하는 것도, 미래를 좇아 사라지는 것도, 현재에 머무는 것도 아님을 관해야 한다)

<10가지 哀愍心>

「菩薩如是。見如來智慧。無量利益。見一切有爲。無量過患。則於一切衆生。生十種哀愍心。何等爲十。所謂見諸衆生孤獨無依生哀愍心。見諸衆生貧窮困乏生哀愍心。見諸衆生三毒火然生哀愍心。見諸衆生諸有牢獄之所禁閉生哀愍心。見諸衆生煩惱稠林恒所覆障生哀愍心。見諸衆生不善觀察生哀愍心。見諸衆生無善法欲生哀愍心。見諸衆生失諸佛法生哀愍心。見諸衆生隨生死流生哀愍心。見諸衆生失解脫方便生哀愍心」[376]

(이처럼 보살은 여래의 지혜에는 무량한 이익 있음과 또 일체유위법이 지니는 과오와 환난의 무량함을 보면서, 일체중생을 향해 다음과 같은 10가지 애민심을 내야 한다. 무엇이 10가지인가 하면,
 1)중생들의 고독함과 의지함이 없음을 보고 애민심을 내며, 2)중생들의 빈궁함과 곤란함을 보고 애민심을 내고, 3)삼독의 불에 덮여있는 중생들을 보고 애민심을 내고, 4)實有라는 감옥에 갇혀있는 중생들을 보고 애민심을 내고, 5)번뇌의 숲에 덮여있는 중생들을 보고 애민심을 내고, 6)不善을 관찰하는 중생들을 보고 애민심을 내고, 7)善法이없는 중생들을 보고 애민심을 내고, 8)불법을 잃어버리고 헤매는 중생들을 보고 애민심을 내고, 9)생사고에 빠져있는 중생들을 보고 애민심을 내고, 10)해탈에서 벗어나는 방편을 잃어버린 중생들을 보고 애민심을 내야한다)

---

376) 『80화엄경』 <십지품> (대정장 10. 187c)

「菩薩如是。見衆生界。無量苦惱。發大精進。作是念言。此等衆生。我應救。我應脫。我應淨。我應度。應着善處。應令安住。應令歡喜。應令知見。應令調伏。應令涅槃」[377]

(이처럼 보살은 중생계가 겪는 무량한 고뇌를 보고 큰 정진심을 발하여 다음과 같이 념원해야 합니다. 나는 이들 중생들을 마땅히 구해, 고통에서 벗어나게 하여, 청정케하며, 제도하며, 선처에서 편안히 쉬며 머물게 하고, 환희케 하며, 지견케 하며, 조복케 하며, 열반케 하리라)

<색계 사선정(色界 四禪定)>

「佛子。是菩薩。住此發光地時。卽離欲惡不善法。有覺有觀。離生喜樂。住初禪。滅覺觀。內淨一心。無覺無觀。定生喜樂。住第二禪。離喜住捨。有念正知。身受樂。諸聖所說。能捨有念受樂。住第三禪。斷樂先除。苦喜憂滅。不苦不樂。捨念清淨。住第四禪」[378]

(불자여! 보살이 제3地인 발광지<發光地>에 머물때는, 즉시 욕심과 악과 선하지 못한 법을 여의고, 또 깨달음<覺>과 관찰<觀>이 있다는 생각마저 벗어버리면 곧 기쁨과 희열이 생기는데, 이러한 경지를 제 1선인 初禪에 머문다고 하는 것이다. 또 깨달음과 관찰한다는 생각을 없애고 마음을 청정히 하면 깨달음도 관법도 없어지고 희열과 즐거움이 생기는데, 이러한 경지를 제 2禪에 머문다고 하는 것이다. 또 기쁨을 버리고 放下著의 경지에 머물러 念과 올바른 지혜가 있어 몸에 기쁨을 느끼면 이것이 모든 성인들께서 말씀하신 능사<能捨>와 유념<有念>과 기쁨을 느끼는 경지인 것으로, 이것을 제 3禪에 머문다고 하는 것이다.

---

377) 『80화엄경』 <십지품> (대정장 10. 187c)
378) 『80화엄경』 <십지품> (대정장 10. 188a)

또 기쁨을 버리고 고통도 기쁨과 근심도 멸하여, 괴롭지도 즐겁지도 않고 버린다는 생각마저 없어 청정케되는데, 이러한 경지를 일러 제 4禪에 머문다고 하는 것이다)

(강설) 인욕보살과 發光, 화와 忍辱行

『阿含經』에는 「修行하는 자는 참을 인(忍)으로 힘을 삼는다. 인욕은 포용(包容)이며, 나의 견해를 고집하지 않는 것이다」라 설하고 있다. 화, 진심(瞋心)은 무서운 것이다. 오죽하면
「참을 인자 3번이면 살인도 면한다」
「홧김에 서방질한다. ~에 불 지른다」는 말이 있겠는가?

앞에서도 잠시 언급했지만 진심은 물(水)과 같다고 했다. 내 온 육신과 정신을 모두 적셔 만신창이가 될 때까지 스며들면서 나를 잠식해버리고 상대방에게까지 큰 화를 끼치기 때문이다.
화는 누구나 나는 법이다. 아무리 성인군자라도 자존심을 건드리면 백발백중 화를 내게 마련이다. 이럴때는 어떻게 하면 좋을까? 누구나 짊어지고 가야 할 인생의 큰 숙제이자 話頭이다. 음악을 듣고 푸는 사람도 있는가 하면, 좋아하는 스포츠(당구.태니스 탁구)를 하며 푸는 사람도 있는 것같다. 아무튼 각자 나름대로의 방법을 찾아 가지는 것이 인생을 아름답고 슬기있게 사는 비결이자 대처법이라 할 수 있다. 위에서 말한 방법도 좋은 대처법이긴 하지만, 그런 것은 어디까지나 일시적인 것으로 그때뿐이다. 가장 좋은 방법은 없을까?
불교에서는 초기불교시대부터 줄곧 이 화(瞋心)를 三毒煩惱中의 하나로 정해놓고, 이에 대한 퇴치법을 연구해왔다.
佛家에서는 이 화에 대해 어떻게 대처해 왔을까?

일단 화가 났을때, 그 화가 점차 어떤 상태로 변하는지, 경우의 수를 만들어 살펴보자!

화가 나면 1) 화를 내거나 2) 참는 경우의 두가지의 경우가 있을 수 있다.

제 1의 방법: <화를 냈을 경우>

화를 내버리게 되면 대부분은 상대방이 잘못했다고 용서를 빌거나 사과를 하는 것이 아니 라, 오히려 덤벼들거나 심한 욕지거리를 하는 등 문제가 해결되기는커녕 오히려 더 커져 양쪽 모두 큰 손해나 마음의 상처를 입게된다.

제 2의 방법: <화를 참았을 경우>

화를 참는다고 모든 것이 해결되는 것은 아니다. 참는 것도 한도가 있어 참다가 폭발하면 오히려 스트래스를 받아 폭력을 쓰거나 殺人 내지 심지어는 자해행위로 까지 이어지는 경우가 있다. 말하자면 참는 것도 괴로움(苦)이 되고 스트래스가 되어 큰 화병이 되는 수가 있기에, 精神科에서는 이의 치료방법으로 마치 '임금님 귀는 당나귀' 에 나오는 이발사의 이야기처럼, 제3자인 人形을 만들어 놓고 거기다 화풀이를 대신 하도록 하기도 알려주지만, 이 방법 또한 잠시 뿐일뿐 근본적 해결책은 아니다.

경전에서는 제 3의 方法인 中道의 길을 걸으라 가르치고 있다. 곧 화가 나면 화를 내거나 참지 말고, 다음과 같이 화의 상태를 지켜보면서, '상대방의 입장에 서서 마음을 비우고 관용을 베풀어라' 고 가르치고 있다.

어떻게 대처하는지 살펴보자!

제3의 방법: 中道法을 활용한다. 곧 화가 났을 경우
1) '아, 화가 났구나' 하면서 화가 났음을 알아차리는 것이다.
 (念: sati)
2) 그리고 나서 화를 지켜본다. 말하자면 알아차림 단계의 후속으로 계속 화를 지켜보는 것이다. 왜 화가 났는지, 화가 난 이후 화가 어떻게(身口意의 상태) 진행되고 있는지? 곧 화가 난 처음부터 지금까지의 상태를 쭉~ 지켜보는 것이다. (定:samādhi)
3) 그래도 화가 멈추지 않으면, 그 때는 상대방의 입장에 서서, 상대방을 이해하려는 쪽으로 생각을 바꿔 본다.
4) 이미 화를 내 버렸거나 아직도 분을 이기지 못하고 있다면, 그 때는 참회를 한다. 곧 '내 입장만 생각하고 당신을 이해하지 못해 당신을 미워하고 화를 내며 막말을 했으니 내가 잘못했다' 라고 생각을 돌이켜보는 것이다.

忍辱이란 의미는 참아내는 것 뿐만이 아니라, 관용을 통해 상대방을 이해하고 용서한다는 의미도 있다. 다시 말해 인욕행이란 상대방을 위한 것보다는 오히려 나를 위한 修行法인 것이다. 물론 戒律을 잘 지키는 것도 중요한 修行이지만, 그보다 더 중요한 것은 忍辱行이라 할 수 있다.
大人이란 忍辱行을 잘하는 사람을 일컫는 말이다. 곧 일상에서 올바른 智慧 (알아차림=念: sati)로 大悲 (상대방의 입장에서 마음을 비우고 용서함=悲:karuṇā)를 실천하는 것, 그것이 진정한 忍辱行으로 이러한 忍辱을 삶속에서 잘 지켜야 비로소 大人(마하보살)이 될 수 있는 것이다. 스님들이 착용하는 법복인 가사(袈裟:Kasaya)를 일러 인욕의(忍辱衣)라 부르고, 忍辱을 十地中의 제 3地인 발광지(發光地)에 해당시키는 것도, 忍辱을 하면 빛이 나, 모든 사람으로부터 존경을 받게된다는 의미가 있기 때문이다. 정말이지 인욕만 잘하면 수행의 80%는 완성했다고 해도 과언이 아니다. 그만큼 인욕행은 어려운 것으로, 인욕은 하면 할수록 빛이나, 대중의 꽃이되고 단체로 하여금 빛이나게 하는 것이다./

참 고: 三界와 瑜伽(Yoga)修行

yoga수행에는 일반적으로 윤회(輪廻)의 세계인 삼계(三界)이론에 맞추어, 욕계정(欲界定) → 색계정 (色界定) → 무색계정(無色界定)의 3단계의 수행을 설정하고 있다.

먼저 삼계(三界)에 대해 간략히 살펴보자!

욕계(Kāma-dhātu):

 음욕과 탐욕 등에 묻혀 사는 가장 하위세계에 사는 중생세계를 말한다.

색계(Rūpa-dhātu)

 음욕과 탐욕 등의 감각적 욕망은 벗어났지만, 물질직 욕망은 아직 남아있는 세계, 말하자면 사선(四禪)을 수행하는 천인(天人)들이 사는 세계이다.

무색계(Arūpa-dhātu)

 물질을 초월하여 순수한 정신만이 존재하는 최상의 세계로, 사무색정(四無色定)을 닦는 사람들이 사는 선정의 세계이다.

삼계(三界)는 본래 공간적이고 지역적인 세계를 의미하는 것이 아니라, 마음의 상태를 나타내고 있는 의미였다. 다시 말해 三界의 구분은 어디까지나 신화적인 분류에 지나지 않는 것으로, 본래는 선정(禪定)의 단계나 깊이를 나타내는 척도였다. 곧 선정의 단계와 깊이를 나타내 보인 것이 三界이고 사선(四禪)이었던 것이다.

色界定 : 觀(vipaśyanā) 또는 觀定(觀의 禪定)이라고도 말한다. 물질이나 육체 등의 욕망에 의한 색안경이 벗어져 버린 상태이므로, 보려고 하는 대상을 있는 그대로 올바르게 관찰할 수 있는 심일경성(心一境性)의 상태이다. 정신통일의 깊이에 따라 初禪 → 2禪 → 3禪 → 4禪으로 나누어진다.

<무색계 사선정 (無色界 四禪定>
「超一切色想。滅有對想。不念種種想。入無邊虛空。住虛空無邊處。超一切虛空無邊處。入無邊識。住識無邊處。超一切識無邊處。入無少所有。住無所有處。超一切無所有處。住非有想非無想處。但‖隨順法故。行而無所樂着」[379]

(일체의 물질이 있다는 생각도 초월하고, 상대가 있다는 생각도 없애는 등 온갖 모든 생각에서 벗어나면, 無邊處空의 경지에 들어가 <虛空無邊處定>에 머물게 되고, 또 이 虛空無邊處定을 뛰어넘어 無邊處識의 경지에 들어가 <識無邊處定>에 머물고, 또 이 識無邊處定의 경계를 뛰어넘어 無所有處의 경계에 들어가 <無所有處定>에 머물고, 다시 無所有處定의 경계를 뛰어넘어 <非有想非無想處定>에 들어가지만, 이 모든 것이

---
[379] 『80화엄경』 <십지품> (대정장 10. 188a)

法性에 수순하기 때문에, 수행을 하되 그 즐거움에 집착하는 바가 없다)

참 고: 무색계정(無色界定)과 九次第定

무색계정이란 止(śamatha) 또는 止定(止의 禪定)이라고 말해지는 것으로, 물질이나 육신 등의 모든 욕심에서 벗어나 순수정신만이 자유롭게 활동하는 상태가 되므로 무념무상(無念無想)의 三昧라고도 한다.

앞에서 살펴본 色界定(初禪→第二禪→第三禪→第四禪)의 경지와 마찬가지로, 이 경지에도 정신통일의 깊이에 따라 공무변처정(空無邊處定)→식무변처정(識無邊處定) → 무소유처정(無所有處定) → 비상비비상처정(非想非非想處定)의 네 단계로 나누어 진다.

空無邊處定이란 말 그대로 허공이 무변한 것임을 관찰하여 객관세계인 법(法)의 굴레에서 벗어나는 경지, 말하자면 法空의 상태를 말하며, 識無邊處定이란 마음의 작용 또한 허공처럼 무변한 것임을 관하여 주관세계인 나(我)의 굴레에서 벗어나는 경지, 말하자면 我空의 상태를 말한다.

이렇듯 주관세계와 객관세계의 굴레에서 벗어나 일체의 소유에서 벗어난 경지 그것이 無所有處定이며, 이러한 무소유의 경계가 念念이 이어지는 경계, 곧 무념무상(無念無想)의 경계가 非想非非想處定이다.

참고로 부처님이 닦으셨다고 하는 구차제정(九次第定)이란 지금껏 살펴본 색계에서 설한 사선(四禪)과 무색계에서 설한 사무색정(四無色定)에, 멸진정(滅盡定)을 추가한 것이다.

<滅盡定>이란 안이비설신의 라고 하는 육식(六識)의 작용이 완전히 멸진된 경지, 곧 <想受滅定>을 말하는 것으로, 일반적으로 아라한과의 한 단계 아래인 불환과(不還果)에서 닦는 선정, 곧 윤회할 수 있는 모든 요소

들이 모두 멸진되어, 다시는 윤회의 세계로 퇴보하는 일이 없는 자들이 얻은 선정을 말한다.

참 고: 석존불이 입멸(入滅)하실 때의 입정(入定)

석존불은 어떠한 과정을 거쳐 입멸하셨을까?

『장아함경』<유행경>(대정장 1. 26b~c)에는 입멸의 과정을 다음과 같이 전하고 있다.

곧 석존불은 입멸하시기 전 初禪 → 二禪 → 三禪 → 四禪 → 공무변처정 → 식무변처정 → 무소유처정 → 비상비비상처정 → 멸진정(滅盡定)의 순서로 점차 깊은 선정에 드셨다가, 다시 비상비비상처정 → 무소유처정 → 식무변처정 → 공무변처정 → 四禪 → 三禪 → 二禪 → 初禪 → 二禪 → 三禪 → 四禪의 순서로 점차 얕은 선정으로 되돌아 왔다가, 다시 상승시켜 가장 안온한 선정 상태인 <四禪의 상태에서>, 입멸하셨다고 전하고 있다.

참 고: 멸진정(滅盡定)

지각(知覺)이나 감각(感覺)등의 정신작용이 일어나지 않는 단계의 선정인 상수멸정(想受滅定)을 말하는 것으로, 이때 "나는 이제 완전한 해탈을 얻었으므로 다시는 퇴전하지 않는다"라는 자각이 든다고 한다. 멸진정과 죽음과의 차이점은 목숨이나 육근 등이 멸하지 않고 활동하고 있다는 점이라 하겠다.[380]

---

380) 『잡아함경』(대정장 2. 150b)

「此菩薩。於四攝中。利行偏多。十波羅蜜中。忍波羅蜜偏多。餘非不修。但隨力隨分。佛子。是名菩薩第三發光地」381)

(이 보살은 四攝法중 이행<利行>을 중심으로, 十-바라밀중에서는 인욕-바라밀을 중심으로 수행하지만, 그렇다고 나머지 부분을 소홀히한다는 것이 아니라, 다만 분에 따라 힘을 분산시킬 뿐이다. 불자여! 약설하면 이것이 제 3 발광지-보살의 특징이다)

제 4 염혜지(焰慧地): 精進(vīrya)-바라밀과 同事攝이 강조됨

「佛子。菩薩摩訶薩。第三地善淸淨已。欲入第四焰慧地。當修行十法明門。何等爲十。所謂觀察衆生界。觀察法界。觀察世界。觀察虛空界。觀察識界。觀察欲界。觀察色界。觀察無色界。觀察廣心信解界。觀察大心信解界。菩薩以此十法明門。得入第四焰慧地」382)

(불자여! 보살이 제3地인 發光地를 청정하게 잘 마치고, 제 4地인 焰慧地에 들어가고자 한다면, 마땅히 10가지 명문<明門>을 수행해야 한다. 무엇이 10가지 명문인가? 1)중생계와 2)법계와 3)세계와 4)허공계와 5)의식계와 6)욕계와 7)색계와 8)무색계와 9)넓은 마음인 廣心의 信解세계와 10)큰 마음인 大心의 信解세계를 관찰하는 것으로, 보살은 이 10가지 明門을 통해야만 제4의 염혜지에 들어갈 수 있는 것이다)

「佛子。菩薩住此焰慧地。則能以十種智。成熟法故。得彼內法。生如來家。何等爲十。所謂深心不退故。於三寶中。生淨信。畢竟不壞故。觀諸

381) 『80화엄경』 <십지품> (대정장 10. 188c)
382) 『80화엄경』 <십지품> (대정장 10. 189c)

行生滅故。觀諸法自性無生故。觀世間成壞故。觀因業有生故。觀生死涅槃故。觀衆生國土業故。觀前際後際故。觀無所有盡故。是爲十」383)

(불자여! 보살이 제4 焰慧地에 머물기 위해서는 다음의 10가지 지혜로 법을 성숙시키기 때문에, 內法을 얻어 여래의 집(如來家)에 태어나는 것이다. 무엇이 10가지인가?

1)깊은 신심으로 퇴전하지 않기 때문이며, 2)청정한 신심으로 三寶를 믿어 절대로 무너지지 않기 때문이며, 3)제행의 생멸을 관찰하기 때문이며, 4)제법의 無自性을 관찰하기 때문이며, 5)세간의 성괴<成壞>를 관찰하기 때문이며, 6)業이 생의 근원임을 관찰하기 때문이며, 7)생사와 열반을 관찰하기 때문이며, 8)중생들이 사는 국토의 업을 관찰하기 때문이며, 9)전찰나와 후찰나를 관찰하기 때문이며, 10)다함이 없음을 관찰하기 때문이니, 이것이 10가지이다)

<사정근(四正勤)>

「復次此菩薩。未生諸惡不善法爲不生故。欲生勤精進發心正斷 已生諸惡不善法爲斷故。欲生勤精進發心正斷。未生諸善法爲生故。欲生勤精進發心正行。已生諸善法爲住不失故。修令增廣故。欲生勤精進發心正行」384)

(또 보살은 아직 일어나지 않은 악법과 불선법은 일어나지 못하도록, 부지런히 정진하고 발심하되, 만일 하나라도 일어나면 일어나는 즉시 곧 바로 끊어 버리고, 또 이미 일어난 악법과 불선법은 곧 바로 끊어 버리기 위해 부지런히 정진하고 발심하되, 혹시라도 아직 끊지 못한 것이 남아있으면 즉시 곧 바로 끊어 버리고, 또 아직 일어나지 않은 선법은 일

383) 『80화엄경』 <십지품> (대정장 10. 189c)
384) 『80화엄경』 <십지품> (대정장 10. 189c)

어나도록 부지런히 정진하고 발심하며 정행하며, 또 이미 일어난 선법은 잃지않고 머물으며, 또 수행력이 점점 높아지고 넓어지도록 부지런히 정진하고 발심하며 정행한다)

(강 설) 정근(正勤)의 의미

사찰에서 백일기도다, 3*7일=(21일)기도다 하여 기도의 시작인 입재에 들어가면 21일동안 매일 보통 <삼분정근> 기도니, <사분정근> 기도니 하는 말을 사용하는데, 이때 사용하는 정근(正勤)이 바로 위에서 말한 정근의 의미이다.

곧 善과 惡에 대해 기도하는 것으로, 이미 알고있는 善行은 더 증진시키고, 아직 밖으로 표출시키지 못한 善行은 나올 수 있도록 분발하겠다는 것이고, 반대로 惡에 대해서는 이미 알고 있는 惡行은 완전히 끊어버리고, 아직 나오지 못하고 안에 도사리며 밖으로 나올 기회만 노리는 惡行은 아예 밖으로 나오지 못하도록 구멍을 막아 완전 차단시켜 버린다는 의미의 기도인 것이다. 말하자면 「諸惡莫作 增善奉行」의 의미가 담긴 기도인 것이다. //

<사념처(四念處)>

「得是法已增慈愍 轉更勤修四念處 身受心法內外觀 世間貪愛皆除遣」[385]

(이 법을 마치고 자비심과 애민심이 증장되면, 다음에는 사념처<四念處>를 부지런히 닦아야 한다. 곧 身受心法을 안과 밖으로 관하여, 세간의 탐애<貪愛>가 모두 없어지게 하는 것이다)

---

385) 『80화엄경』 <십지품> (대정장 10. 190c)

<37-보리분법(37-菩提分法)>

「菩薩修治四勤行 惡法除滅善增長 神足根力悉善修 七覺八道亦如是」[386]

(보살이 사정근<四正勤>을 닦으면, 악법은 없어지고 선법은 증장된다. 여기에 사신족과 오근과 오력을 모두 닦고, 뒤이어 칠각지와 팔정도도 닦는다)

<37-보리분법 (37-조도법)>

「진지 · 무생지(盡智 · 無生智)를 일러 각(覺)이라 한다. 깨달은 자에 따라 3가지 菩提를 세운다. 첫째는 성문보리(聲聞菩提)요, 둘째는 독각보리(獨覺菩提)요, 셋째는 무상보리(無上菩提)이다. 무명(無明)과 수면(隨眠)등 모든 번뇌가 영원히 끊어졌음을 아는 지혜와, 또 여실(如實)하게 이미 行을 마쳐 두 번 다시 行하지 않아도 된다는 사실을 아는 지혜, 곧 이러한 두 가지 智慧를 일러 覺이라 하는 것으로, 37法은 菩提에 순취(順趣)하는 것이므로, 보리분법(菩提分法)이라 이름한 것이다」[387]

<삼십칠 조도법>은 앞에서 살펴 본 바 있는 三學(戒 · 定 · 慧)을 구체화시켜 놓은 수행덕목들이다. 말하자면 좁히면 三學이요 펼치면 37조도법이 되는 것이다.[388]

---

386) 『80화엄경』 <십지품> (대정장 10. 190c)
387) 「論曰。經說覺分有三十七。謂四念住 . 四正斷 . 四神足 . 五根 . 五力 . 七等覺支 . 八聖道支。盡無生智說名爲覺。隨覺者別立三菩提。一聲聞菩提。二獨覺菩提。三無上菩提。無明睡眠皆永斷故。及如實知已作已事不復作故。此二名覺。三十七法順趣菩提。是故皆名菩提分法」『俱舍論』 (대정장 29. 132b)
388) 7개의 덕목으로 구성된 三十七助道品은 처음부터 이루어진 것이 아니라, 개개의 수행덕목이 설해진 뒤, 상황에 따라 따로따로 설해진 7개의 덕목들을 한데 모아서 하나로 만든 것이다.

「此菩薩。於四攝中。同事偏多。十波羅蜜中。精進偏多。餘非不修。但隨力隨分。佛子。是名略說菩薩摩訶薩第四焰慧地」[389]

(이 보살은 사섭법<보시·애어·이행·동사>중에서는 동사<同事>를, 또 十-바라밀중에서는 정진-바라밀을 중심으로 수행하나, 그렇다고 나머지 부분을 소홀히한다는 것이 아니라, 다만 분에 따라 힘을 분산시킬 뿐이다. 불자여! 약설하면 이것이 제 4 염혜지-보살의 특징이다)

참 고: 金剛界 成身會曼荼羅의 37존의 유래

밀교의 금강정경을 근거로해서 만들어진 만다라, 곧 成身會를 비롯 전체 9회로 구성된 만다라를 금강계-만다라라 하는데, 이 금강계만다라의 중심인 成身會를 구성하고있는 중심맴버는 37존이다. 곧 五佛 16大菩薩 16大供養菩薩로 이루어져 37존이 중심이 되기에, 37존-만다라라 하는 것이다. 여기에서 37이란 숫자는 어디에서 유래된 것일까?
그것은 바로 37-보리분법의 37에서 유래된 것으로, 밀교는 이들 성신회 37존과 삼밀유가(Yoga)를 하면, 곧 바로 부모로부터 받은 이 몸으로 卽身成佛한다고 주장하고 있다. 곧 37존과 三密瑜伽를 하면 37보리분법을 다 닦은 것과 동일하다는 밀교적 교리해석이 숨어있는 것이다.

제 5 난승지(難勝地): 선정(dhyāna)-바라밀의 완성

<사성제(四聖諦)>

「佛子。此菩薩摩訶薩。如實知此是苦聖諦。此是苦集聖諦。此是苦滅聖諦。此是苦滅道聖諦」[390]

---

389) 『80화엄경』 <십지품> (대정장 10. 190b~c)

(불자여! 제5地의 難勝地-보살은, 이것은 고성제이며, 집성제이며, 멸성제이며, 도성제라는 것, 곧 사성제에 대해 여실하게 아는 것이다)

「佛子。此菩薩摩訶薩。得如是諸諦智已。如實知一切有爲法。虛妄詐僞。誑惑愚夫。菩薩爾時。於諸衆生。轉增大悲。生大慈光明」391)

(불자여! 이 第五地 難勝地-보살은 사성제와 거기서 얻은 智慧로, 一切有爲法이 모두 허망되고 거짓된 것임과, 그러나 어리석은 범부들은 이것을 모르고 속아 넘어가는 줄 여실히 알기에, 보살은 대비를 증진시켜 중생들에게 큰 자비광명을 얻게 하는 것이다)

「佛子。此菩薩摩訶薩。以如是智慧。觀察所修善根。皆爲救護一切衆生。利益一切衆生。安樂一切衆生。哀愍一切衆生。成就一切衆生。解脫一切衆生。攝受一切衆生。令一切衆生。離諸苦惱。令一切衆生。普得淸淨。令一切衆生。悉皆調伏。令一切衆生。入般涅槃」392)

(불자여! 제五地 난승지-보살은 이와같은 지혜로 관찰하여, 그가 닦는 모든 선근으로하여금 일체중생을 구호하고, 안락하게 하고, 애민히 생각하고, 성취시키고, 해탈시키고, 섭수하는 것이다. 곧 일체중생으로 하여금 모든 고뇌에서 벗어나게 하고, 청정을 얻게 하고, 끝내는 조복시켜 열반에 들게 하는 것이다)

390) 『80화엄경』 <십지품> (대정장 10. 191b)
391) 『80화엄경』 <십지품> (대정장 10. 191c)
392) 『80화엄경』 <십지품> (대정장 10. 192a)

「佛子。菩薩摩訶薩。住此第五難勝地。名爲念者。不忘諸法故。名爲智者。能善決了故。名爲有趣者。知經意趣。次第連合故。名爲慚愧者。自護護他故。名爲堅固者。不捨戒行故。名爲覺者。能觀是處非處故。名爲隨智者。不隨於他故。名爲隨慧者。善知義非義句差別故。名爲神通者。善修禪定故。名爲方便善巧者。能隨世行故」[393]

(불자여! 제五地 難勝地에 머무는 보살을 <念者>라 이름한다. 제법실상을 잊지않고 기억하기에, 또 智者라고도 한다. 능히 모든 것을 잘 결정해 마치는 까닭에, 또 유취자<有趣者>라고도 한다. 부처님 말씀을 잘 이해하고 말씀의 상호관계를 잘 알아 이를 이어 합치는 까닭에, 참괴자<慙愧者>라고도 한다. 자기도 보호하고 남도 보호하는 까닭에, 견고자<堅固者>라고도 한다.
계행을 잘 지키어 어떤 일이 있어도 버리지 않기에, 覺者라고도 한다. 능히 옳고 그른 것을 잘 관찰하는 까닭에, 수혜자<隨慧者>라고도 한다.
지혜로서 옳고 그름과 그것의 차이를 잘 아는 까닭에, 신통자<神通者>라고도 한다. 선정수행을 잘 닦는 까닭에, 또 方便善巧者라고도 한다.
능히 세상일을 잘 알아 방편선고로서 잘 대처하는 까닭에)

「佛子。菩薩摩訶薩。如是勤修行時。以布施教化衆生。以愛語利行同事。教化衆生。示現色身。教化衆生。演說諸法。教化衆生。開示菩薩行。教化衆生顯示如來大威力。教化衆生。示生死過患。教化衆生。稱讚如來智慧利益。教化衆生。現大神通力。教化衆生。以種種方便行。教化衆生」[394]

(불자여! 보살은 여러 가지 方便修行을 통하여 중생을 교화한다.
 곧 보시로서, 애어와 이행과 동사로서, 색신을 나타내어서, 제법을 연설하면

---

393) 『80화엄경』 <십지품> (대정장 10. 192a)
394) 『80화엄경』 <십지품> (대정장 10. 192b)

서, 보살행을 열어 보임으로서, 여래의 대위력을 보여줌으로서, 생노병사의 고통을 보여줌으로서, 여래지혜의 이익을 칭찬함으로서, 대신통력을 보여줌으로서, 이처럼 난승지 보살은 사섭법과 여러 방편행을 통하여 중생을 교화한다)

「此菩薩。十波羅蜜中。禪波羅蜜偏多。餘非不修。但隨力隨分。佛子。是名略說菩薩摩訶薩第五難勝地」[395]

(이 보살은 十-바라밀중에서는 선정-바라밀을 중심으로 수행하나, 그렇다고 나머지 부분을 소홀히 닦는다는 것이 아니라, 다만 분에 따라 힘을 분산시킬 뿐이다. 불자여! 약설하면 이것이 제 5 난승지-보살의 특징이다)

(강 설) 난승지(難勝地)

세상을 살다보면 쉬운 일이 없다. 목적지를 가다보면 언덕 길도 올라야 하고, 때로는 냇가도 건너야 한다. 생각지도 않은 일이 터져, 이래 저래 고생해야 할 일이 한두가지가 아니다. 山行을 할때도 마찬가지다. 바로 눈 앞에 山 정상이 보여 조금만 오르면 목적지에 도달할 것 같고, 잡힐 듯 하면서도 좀처럼 잡히지 않는다.

7부 내지 8부에 도달했을 때가 가장 어려운 법이다. 이때는 산에 오른지도 제법 시간이 지나 몸이나 정신력도 지칠때로 지쳐있기 때문이다. 수학문제 푸는 것도 마찬가지이다. 터득이 될 것 같으면서도 잘 안된다. 대부분 사람들은 이 대목에서 기권을 한다. 여기서 포기를 하면 정말로 도로 아미타불이 된다. 다시 새롭게 시작해야 하고 한번 쓴맛을 보았고 포기한 것도 있고 해서 일종의 트라우마가 생겨 새로이 시작한다해도 더 힘들고 어려운 법이다.

---

395) 『80화엄경』<십지품> (대정장 10. 192c)

무슨 일을 하든지 고비가 있는 법이다. 그 고비를 넘겨야 정상에 오를 수 있고, 수학도 재미있어져 흥미를 갖게 되고 생각지도 않게 수학시간이 기다려지게되고 난문제에도 도전하게 된다. 세상일도 하나 이루기가 이렇게 어려운데 人天의 스승이 되는 佛道修行이야 더 말해 무엇하겠는가?

제5地의 이름은 난승지(難勝地)이다. 여간해서 이겨내기 어렵다는 뜻으로 이런 이름이 붙은 것이다. 이 고비만 넘기면 드디어 산 정상인 般若地에 도착하는 것이다. 그래서 현전지(現前地)란 이름이 붙은 것이다.

마지막 고비, 이것이 난승지이다. 여기만 넘기면 중생에서 佛로, 無明에서 明으로 도약하는 것이다.

「중생세계로 다시 돌아가느냐 아니면 불세계로 도약하느냐? 이 난승지가 문제로다」 정진하세! 정진하세! 물러남이 없는 정진~ //

제 6 현전지(現前地): 반야(prajñā)-바라밀의 완성

「佛子。菩薩摩訶薩。已具足第五地。欲入第六現前地。當觀察十平等法。何等爲十。所謂一切法無相故平等。無體故平等。無生故平等。無成故平等。本來淸淨故平等。無戱論故平等。無取捨故平等。寂靜故平等。如幻如夢如影如響如水中月如鏡中像如焰如化故平等。有無不二故平等」[396]

(불자여! 보살이 第五地인 난승지를 모두 구족하고 제 6 現前地에 들어가고자 한다면, 마땅히 다음과 같은 10가지 평등법을 잘 관찰해야 한다.

무엇이 10가지 평등법인가? 1)일체법의 무상<無相>함, 2)무체<無體>, 3)무생<無生>, 4)무성<無性>, 5)본래청정, 6)無-희론<戱論>, 7)無-취사<取捨>, 8)적정<寂靜>, 9)幻.夢.影.響.水中月.鏡中像.焰.化現, 10)有無의 不二 등, 이 모

---

396) 『80화엄경』 <십지품> (대정장 10. 193c)

든 것이 모두 평등한 까닭에~)

「復作是念。凡夫無智。執着於我。常求有無。不正思惟。起於妄行。行於
邪道罪行福行不動行。積集增長。於諸行中。植心種子。有漏有取。復起
後有。生及老死」[397]

(또 다음과 같이 생각해야 한다. 범부는 無智해서 자기에 집착하고 억메어
서, 있다없다 하면서 그것들을 구하며, 또 올바른 생각을 못해 허망한 행동
을 일으켜 사도를 행하며, 죄의 행위와 복의 행위, 그리고 罪行도 福行도 아
닌 중간의 행위를 계속 쌓아두고 증장시키면서, 일상생활의 행위속에서 마음
에 종자를 심어두는 까닭에, 번뇌와 취함이 생기고, 생노사 등의 後有를 받
게 되는 것이다)

(강 설) 살다보면 알게돼..비운다는 의미를 / 꿈이었다는 것을

살다보면 알게돼.일러주진 않아도..너나나나 모두다 어리석다는것을... 살
다보면 알게돼..알면 웃음이 나지..우리모두 얼마나 바보처럼 사는지..잠
시 왔다가는 인생..잠시 머물다갈 세상..백년도 힘든것을 천년을 살것처럼...
살다보면 알게돼... 버린다는 의미를.. 내가가진 것들이 모모두 부질 없단
것을~ 따리 따리따리리리 따 따리따 따리 따리 따리따리리리 따 리따리 따
디디~ 살다보면 알게돼.. 알고싶지 않아도 너나나나 모두다 미련하다는 것
을 ..살다보면 알게돼... 알면 이미 늦어도 그런대로 살만한 세상이라는
것을...잠시스쳐가는 청춘 훌쩍가버린 세월... 백년도 힘든것을 천년을 살
것처럼~ 살다보면 알게돼.비운다는 의미를, 내가가진 것들이 모두 꿈이 였다
는 것을 ...따리 따리따리리리 따 따리따 따리 따리 따리따리리리 따 리따리

---
397) 『80화엄경』 <십지품> (대정장 10. 193c)

띠디디~

나훈아씨가 작사·작곡했다는 <空>이란 노래가사다. 너무 좋아 가끔씩 듣고 또 법문할 때도 가끔 인용하는 名句다. 산전수전 다겪은 <테스형>인지라 한소식 한 것 같다. 그렇지 않고서야 어찌 이런 가사를 ~ //

<12연기>

「佛子。此菩薩摩訶薩。復作是念。於第一義諦。不了故名無明。所作業果是行。行依止初心是識。與識共生四取蘊爲名色。名色增長爲六處。根境識三事和合是觸。觸共生有受。於受染着是愛。愛增長是取。取所起有漏業爲有。從業起蘊爲生。蘊熟爲老。蘊壞爲死。死時離別。愚迷貪戀。心胸煩悶爲愁。涕泗諮嗟爲歎。在五根爲苦。在意地爲憂。憂苦轉多爲惱。如是但有苦樹增長。無我無我所。無作無受者」[398]

(불자여! 보살은 또 다음과 같이 생각해야 한다. 최고의 이치<第一義諦>를 요달하지 못한 것을 무명(無明)이라 하며, 지은 업을 行이라 하며, 행에 의지해서 생긴 첫 번째 마음을 식(識)이라 하며, 식과 더불어서 생긴 4-취온을 名色이라 하며, 이 명색이 증장된 것이 六處<六入>이며, 근경식<根境識> 이 3가지가 화합한 것을 촉(觸)이라 하며, 이 촉과 더불어 생긴 것을 수(受)라 하며, 이 受가 염착<染着>된 것이 애(愛)요, 애가 증장된 것이 취(取)요, 취가 일으킨 유루업<有漏業>을 有라 하며, 업을 좇아 온<蘊>이 일어난 것을 生이라 하며, 蘊이 익어진 것을 老라 하며, 온이 무너진 것을 死라고 하는 것이다.

또 죽어 이별할 때 어리석음으로 인하여, 탐내며 그리워하며 마음속에 번민을 일으키는 것을 수(愁)라 하며, 눈물을 흘리며 탄식하는 것을 탄

---

398)『80화엄경』<십지품> (대정장 10. 194a)

(歎)이라 하는 것으로, 육신인 오근<五根>에는 고통이 되며, 정신인 뜻<意>에는 근심이 되는 것으로, 이러한 근심과 고통이 많아진 것을 뇌(惱)라고 하는 것이다. 이처럼 고통은 나무<樹>와 같아서 점점 커지고 증장하는 것이지만, 본래는 我도 我所도 없는 것이기에, 따라서 지은 자<作者>도, 받는 자<受者>도 없는 것이다)

<12연기와 一心>, 곧 「十二緣分是皆依心 三界虛妄 但是一心作」
「佛子。此菩薩摩訶薩。復作是念。三界所有。唯是一心。如來於此。分別演說 十二有支。皆依一心。如是而立。何以故。隨事貪欲。與心共生。心是識。事是行。於行迷惑。是無明。與無明及心共生是名色。名色增長是六處。六處三分合爲觸。觸共生是受。受無厭足是愛。愛攝不捨是取。彼諸有支生是有。有所起名生。生熟爲老。老壞爲死」[399]

(불자여! 보살은 또 이렇게 생각해야 한다. 삼계의 모든 것은 오직 한 마음<一心>인 것이라고~, 여래께서 분별하여 말씀하시되, 12支가 모두 一心을 의지해서 세워진 것이니, 그 까닭은 행위<事>를 좇아 탐욕심이 일어나기에, 그 마음이 곧 識이며, 행위<事>를 行이라 하며, 行의 미혹함을 無明이라 하는 것이다. 또 이 무명과 더불어 함께 일어난 것을 名色이라하며, 명색이 증장된 것을 六處<六入=六根>, 육처와 六境과 六識이 3가지가 합해진 것을 觸이라 하며, 촉과 더불어 생긴 것을 受라 하며, 만족함이 없는 受를 愛라 하며, 애착으로 섭해서 버리지 않는 것이 取요, 이들 여러 가지가 함께 생긴 것을 有라 하며, 유가 일어난 것이 生이요, 생이 익어진 것이 老요, 노가 무너진 것을 死라고 하는 것이다)

---

399) 『80화엄경』 <십지품> (대정장 10. 194a)

<12연기와 혹업고(惑業苦)의 삼도(三道)방정식>

「佛子。此中無明愛取不斷。是煩惱道。行有不斷。是業道。餘分不斷。是苦道。前後際分別滅三道斷。如是三道。離我我所。但有生滅。猶如束蘆」[400]

(불자여! 12支中 無明과 愛와 取는 <煩惱>에 속하며, 行과 有는 <業>에 속하며, 이 5지를 제외한 나머지 7支는 <苦>에 속하는 것이다. 따라서 12개로 이루어진 12支에서 앞의 支와 뒤의 支에 대한 분별심이 없어지면, 자연히 번뇌<惑>와 業과 苦의 三道는 끊어지게 되는 것이다. 곧 이와 같은 三道에서 나<我>와 내것<我所>이란 집착이 없어지면, 惑業苦의 三道는 모두 흩어져 없어지고 생과 멸만이 남는 것이다. 마치 임시로 묶어놓은 갈대다발처럼~)

<空과 無相과 無願의 3-해탈문>

「佛子。菩薩摩訶薩。以如是十種相觀諸緣起。知無我無人。無壽命自性空。無作者無受者。即得空解脫門現在前。觀諸有支。皆自性滅。畢竟解脫。無有少法相生。即時得無相解脫門現在前。如是入空無相已。無有願求。唯除悲爲首。教化衆生。即時得無願解脫門現在前。菩薩如是。修三解脫門。離彼我想。離作者受者想。離有無想」[401]

(불자여! 보살이 이처럼 10가지 모양으로 모든 연기를 관찰하면, 나도 너도 없고 수명도 없어지게 되며, 또 無自性空한 것이기에 지은 사람<作者>도 받는 사람<受者>도 없어지는 空-解脫門의 경계가 현전하게된다.
곧 12支 전체의 自性이 멸하여 마침내 조금만 법에도 相을 내지 않게

---

400) 『80화엄경』 <십지품> (대정장 10. 194b)
401) 『80화엄경』 <십지품> (대정장 10. 194c)

되면, 곧 바로 無相-解脫門이 현전하는 것이다.

이처럼 空無相에 들어가면 願도 求함도 없어지고, 오직 大悲만이 으뜸이 되어 중생들을 교화하게 되어 즉시 無願-解脫門이 현전하게 된다.

보살이 이처럼 空과 無相과 無願이라는 3가지 해탈문을 닦으면, 나와 너라는 想, 作者와 受者라는 想, 그리고 有無의 모든 想에서 벗어나게 되는 것이다)

(강 설) 三世心不可得 "德山省悟"

선어록은 덕산 선감선사(782-865)가 떡장수 노파한테 한방 맞은 사연을 두고, "三世心不可得"이란 화두로 남겼다.

곧 "임제의 할(喝)"과 함께 "덕산의 몽둥이, "(德山棒 臨濟喝)"라는 活句로 선종사의 한 페이지를 장식한 선장이다.

禪은 어떠한 시공간에도 머물지 말것을 강조한다.

<금강경>은 이를 "應無所住 而生其心(마음을 그 어디에도 두거나 머물지 말고 생각을 일으켜라)"이라 하여, "머무는 곳 없이 머무는 것이 禪이다"고 주장한다.

과거 현재 미래의 三世心에 끌려 다니는 삶이 아니라, 지금 이 순간의 주인으로 우뚝 서있는 出擊 大丈夫가 돼야 한다는 뜻이다.

곧 시간에 부림과 구속을 당하지 않고, 시간을 능동적으로 활용하는 三世의 주인이 되면, 언제나 진리의 삶을 살수 있다는 "隨處作主 立處皆眞"을 강조하고 있는 것이다.

임제의 "수처작주 입처개진"은 던졌던 有·無를 다시 거둬들이는 선학적 변증법의 백미(白眉)라 할 수 있다.

노파의 안내대로 용담 숭신선사를 찾아가 禪理를 완전히 깨친 덕산은 바랑속의 <금강경소초>를 법당 앞마당에 쌓아 놓고 불지르며 외쳤다.

"번쇄한 논의는 太虛空에 던진 한오라기 머리카락과 같을 뿐!" 진작 이쯤 되었으면 노파한테 떡을 공짜로 얻어 먹었을 텐데….
三世에는 점을 찍을 곳이 없다. 오직 배가 고프니 점심을 먹을 생각 밖에는~ //

「佛子。菩薩如是。觀察有爲。多諸過患。無有自性。不生不滅。而恒起大悲。不捨衆生。卽得般若波羅蜜現前。名無障礙智光明」[402]

(불자여! 보살은 有爲法이란 허물이 많은 것이라 관찰하고, 또 제법은 본래 자성이 없어 생멸이 없는 것이라 관찰하면서, 항상 대비를 일으켜 중생을 버리지 않으면 곧 바로 無障礙-智光明이란 반야바라밀의 현전을 얻게 되는 것이다)

<三界虛妄 但是一心作 十二緣分是皆依心>
「了達三界依心有 十二因緣亦復然 生死皆由心所作 心若滅者生死盡」[403]

(삼계가 오직 마음에서 비롯되었고, 12인연 또한 그러한 것으로, 생사가 모두 마음의 작용이니, 따라서 마음이 멸하게 되면 생사 또한 다하게 되는 것이다)

「此菩薩。十波羅蜜中。般若波羅蜜偏多。餘非不修。但隨力隨分。佛子。是名略說菩薩摩訶薩第六現前地」[404]

---

402) 『80화엄경』<십지품> (대정장 10. 194c)
403) 『80화엄경』<십지품> (대정장 10. 195b)
404) 『80화엄경』<십지품> (대정장 10. 195a)

(이 보살은 十-바라밀중에서는 반야-바라밀을 중심으로 수행하나, 그렇다고 나머지 부분을 소홀히 닦는다는 것이 아니라, 다만 분에 따라 힘을 분산시킬 뿐이다. 불자여! 이것이 제 6 현전지-보살의 특징이다)

제 7 원행지(遠行地): 方便(upāya)-바라밀의 완성

제7 원행지(遠行地)는 <보살十地>를 이해하는데 있어 아주 중요하다.
<十地品>은 본래 『十地經』이란 이름을 띠며, 하나의 독립경전으로 자리매김되어, 『華嚴經』과 병행되어 유통되어왔으며, 이러한 경향은 지금까지도 계속되고 있다.
그만큼 <보살십지>를 이해하는데 있어 『十地經』이 중요하기 때문인데, 이렇듯 『十地經』이 중요한 위치를 차지하게 되는 데에는, 보살수행으로서의 <十波羅蜜>을 보살의 修行階位인 <十地>에 배당시켰기 때문이다.

그렇다면 <十波羅蜜>은 언제 확정되었을까? 아직은 이렇다고 확실하게 단정지을 만한 단서는 없지만, 아마 『十地經』가운데의 제7地인 <遠行地>와 관계가 있을 것이라 생각된다. 왜냐하면 아래의 인용문에서 보아 알듯이, 제7地 <遠行地>에 이르러 비로소 <十波羅蜜> 하나하나의 특징에 대해 설명하고 있기 때문이다.

여기서 10-바라밀이 설명되는 까닭은, 이 7地야말로 중생구제를 향한 후득지(後得智), 곧 佛智로의 비약과 전환이 발현되는 전환점이 되기 때문일 것이다.
곧 제1 歡喜地로부터 제6 現前地 까지의 <六-바라밀>이 菩提 획득을 위한 조도행(助道行)인데 반해, 제7地 遠行地부터 제 10地 法雲地에 이르는 方便→願→力→智의 4개의 바라밀행은 중생구제를 위해 佛이 갖추어야 할 <佛의 德性>이기 때문이다.

　곧 선교방편(善巧方便: kauṣalya-upāya)을 강조하는 제 7지 遠行地에
이르러 비로소, 이들 보살은 佛의 대변자로서의 덕성인 後得智를 갖추게
되기 때문이다.405)

<십-바라밀(十波羅蜜)>

「此菩薩於念念中。常能具足十波羅蜜。何以故。念念皆以大悲爲首。修行
佛法。向佛智故。所有善根。爲求佛智。施與衆生。是名檀那波羅蜜。能
滅一切諸煩惱熱。是名尸羅波羅蜜。慈悲爲首。不損衆生。是名羼提波羅
蜜。求勝善法。無有厭足。是名毘梨耶波羅蜜。一切智道。常現在前。未
嘗散亂。是名禪那波羅蜜。能忍諸法。無生無滅。是名般若波羅蜜。能出
生無量智。是名方便波羅蜜。能求上上勝智。是名願波羅蜜。一切異論。
及諸魔衆。無能沮壞。是名力波羅蜜。如實了知一切法。是名智波羅蜜」406)

(제7 원행지-보살은 념념히 항상 10바라밀을 구족해야 한다. 왜냐하면
보살은 념념히 大悲를 으뜸으로 삼으면서, 불법을 수행하여 佛智를 향해
가야하기 때문이다.

　곧 모든 善根을 행하여 佛智를 구하여 중생들에게 베풀어 주니, 이를
布施<dāna>-바라밀이라 하며, 일체 모든 번뇌를 멸하니 이를 持戒

---

405)「菩薩住七地。成就深淨身口意業。是菩薩所有不善業隨煩惱者。悉已捨離。
　(중략) 菩薩住遠行地。於念念中。具足修集方便慧力。及一切助菩提法。轉勝
　具足。能入菩薩善伏三昧。善思義三昧。進慧三昧。(중략)　　如是具足百萬三
　昧。淨治此地。是菩薩得是三昧智慧方便善淸淨故。深得大悲力故。名爲過聲
　聞辟支佛地趣佛智地。是菩薩住是地。無量身業無相行。無量口意業無相行。
　是菩薩淸淨行故。得無生法忍　如是菩薩住此七地。乘諸波羅蜜船。能行實際。
　而不證實際。菩薩如是以大願力故。得智慧力故。從禪定智慧生大方便力故」
　(대정 9. 562a~b)
406) 『80화엄경』 <십지품> (대정장 10. 196b~c), 『60화엄경』 <십지품> (대정장
　9. 561b~c)

<śila>-바라밀이라 하며, 자비를 으뜸으로 하기에 중생을 해하지 않으니 이를 忍辱<kṣānti>-바라밀이라 하며, 수승한 善法을 구하면서도 전혀 만족하지 않으니 이를 精進<vīrya>-바라밀이라 하며, 一切智를 향한 道가 現前하여도 전혀 동요함이 없으니 이를 禪定<dhyāna>-바라밀이라 하며, 제법의 생멸 없음을 터득하니 이를 般若<prajñā>-바라밀이라 하며, 무량한 지혜를 출생시키니 이를 方便<upāya>-바라밀이라 하며, 최상의 수승한 智慧를 구하니 이를 願-<praṇidhāna>바라밀이라 하며, 일체의 서로 다른 異論과 마군들이라도 이를 깨뜨릴 수 없으니 이를 力<bala>-바라밀이라 하며, 如實하게 일체법을 了知하니 이를 智<jñā>-바라밀이라 하는 것이다)

<10가지 方便智의 慧行>

「佛子。菩薩摩訶薩。具足第六地行已。欲入第七遠行地。當修十種方便慧。起殊勝道。何等爲十。所謂雖善修空無相無願三昧。而慈悲不捨衆生。雖得諸佛平等法。而樂常供養佛。雖入觀空智門。而勤集福德。雖遠離三界。而莊嚴三界。雖畢竟寂滅諸煩惱焰。而能爲一切衆生。起滅貪瞋癡煩惱焰。雖知諸法如幻如夢 如影如響如焰如化如水中月如鏡中像自性無二。而隨心作業無量差別。雖知一切國土猶如虛空。而能以淸淨妙行。莊嚴佛土。雖知諸佛法身本性無身。而以相好。莊嚴其身。雖知諸佛音聲性空寂滅不可言說。而能隨一切衆生。出種種差別淸淨音聲。雖隨諸佛了知三世唯是一念。而隨衆生意解分別。以種種相。種種時。種種劫數。而修諸行」[407]

---

407) 『80화엄경』 <십지품> (대정장 10. 196a~b)

(불자여! 제6 現前地의 行을 모두 구족한 보살이 제 7 遠行地에 들어가고자 한다면, 마땅히 다음과 같은 <10가지 方便智慧>를 닦아 수승한 道를 일으켜야 된다. 무엇이 10가지인가 하면,

1) 비록 空·無相·無願의 三昧를 잘 닦았다고 해도, 慈悲로서 중생을 버리지 말아야 하며, 2) 제불의 평등법을 얻었다고 해도, 언제나 부처님께 공양드림을 즐거워해야 하며, 3) 空을 관찰하는 지혜의 문에 들어섰다고 해도, 부지런히 복과 덕을 쌓아야 하며, 4) 비록 三界를 벗어났다고 하더라도, 다시 삼계를 莊嚴해야 하며, 5) 번뇌의 불꽃을 모두 제거했다고 해도, 때에 따라서는 일체중생을 위해 탐진치 三毒의 불꽃을 일으키기도 또 없애기도 해야 하며, 6) 제법이 幻과 같고, 꿈과 같고, 그림자 같고, 매아리 같고, 아지랑이 같고, 幻化와 같고, 물속의 달과 같고, 거울속의 相과 같아서 自性이 없는 줄 알지만, 마음을 따라 業을 지음이 무량하고 差別이 있어야 하며, 7) 일체국토가 허공 같은줄 알지만, 오히려 淸淨妙行으로 불국토를 장엄해야하며, 8) 諸佛法身의 본성이 無身이라해도, 32상 80종호로 그 몸을 장엄해야하며, 9) 제불의 음성이 空하고 적멸하여 본래 언설이 없다고해도, 능히 일체중생을 따라 여러가지 차별로 청정음성을 내야하며, 10) 삼세가 오직 一念이라고 了知했다고 해도, 중생에 따라 분별하여 意解하는 등, 종종의 모습과 종종의 때와 종종의 겁동안 즐곧 제행을 닦아야 하는 것이다)

<無相의 三業行과 무생법인 획득>

「佛子。菩薩住此地。善淨無量身業無相行。善淨無量語業無相行。善淨無量意業無相行故。得無生法忍光明」[408]

---

408) 『80화엄경』 <십지품> (대정장 10. 197b)

(불자여! 제7 遠行地에 머물은 보살이 無相의 身業行과 無相의 口業行과 無相의 意業行을 청정하게 잘 닦기에, 無生法忍의 광명을 얻는 것이다)

「佛子。此菩薩得如是三昧智力。以大方便。雖示現生死。而恒住涅槃。雖眷屬圍遶。而常樂遠離。雖以願力三界受生。而不爲世法所染。雖常寂滅。以方便力。而還熾然。雖然不燒。雖隨順佛智。而示入聲聞辟支佛地。雖得佛境界藏。而示住魔境界。雖超魔道。而現行魔法。雖示同外道行。而不捨佛法。雖示隨順一切世間。而常行一切出世間法。所有一切莊嚴之事。出過一切天龍夜叉乾闥婆阿脩羅迦樓羅緊那羅摩[目*侯]羅伽。人及非人。帝釋梵王。四天王等之所有者。而不捨離樂法之心」[409]

(불자여! 제7지의 遠行地-보살은 三昧力과 智力을 얻었기에, 비록 대방편으로 생사의 모습을 보이긴 하지만 항상 涅槃에 머물며, 비록 권속에 둘러싸여 있지만 항상 멀리 떨어져 있기를 좋아하며, 願力때문에 비록 삼계에 태어나지만 절대로 세상법에 물들지 않으며, 비록 寂滅하지만 方便力으로 오히려 치성<熾盛>하며, 태워도 타지 않으며, 佛智에 수순하면서도 성문과 연각의 경계에 머무름을 보이며, 비록 佛의 경계를 얻었지만 마군이의 경계에 머물음을 보이며, 마군이의 경계를 벗어났지만 마군이 법의 행함을 보이며, 外道의 행을 보이면서도 절대로 佛法을 버리지 않으며, 비록 세간법에 수순함을 보이지만 항상 出世間法을 행하며, 모든 莊嚴行이 수승하여 八部神衆들을 뛰어넘지만 절대로 法을 즐거워하는 마음을 버리지 않는다)

---

409)『80화엄경』<십지품> (대정장 10. 197c)

「此菩薩。十波羅蜜中。方便波羅蜜偏多。餘非不行。但隨力隨分。佛子。是名略說菩薩摩訶薩第七遠行地」[410]

(이 보살은 十-바라밀중에서는 방편-바라밀을 중심으로 수행하나, 그렇다고 나머지 부분을 소홀히 닦는다는 것이 아니라, 다만 분에 따라 힘을 분산시킬 뿐이다. 불자여! 이것이 제7 원행지-보살의 특징이다)

제 8 부동지(不動地): 願(praṇidhāna)-바라밀의 완성

<무공용(無功用: Anābhoga)의 행>

「佛子。菩薩成就此忍。卽時得入第八不動地。爲深行菩薩。難可知無差別。離一切相。一切想。一切執着。無量無邊。一切聲聞辟支佛。所不能及。離諸諠諍。寂滅現前。譬如比丘。具足神通。得心自在。次第乃至入滅盡定。一切動心。憶想分別。悉皆止息。此菩薩摩訶薩。亦復如是。住不動地。卽捨一切功用行。得無功用法。身口意業。念務皆息。住於報行」[411]

(불자여! 보살이 무생법인<無生法忍>을 성취하여 제 8 不動地에 들어가 심행보살<深行菩薩>이 되면, 알기도 어렵고 차별도 없고, 일체의 모양과 생각과 집착을 여의며, 그 경계가 무량무변하여, 성문이나 벽지불<연각>도 미칠 수 없으며, 온갖 시끄러움을 여의어 寂滅이 現前하게 된다. 그것은 마치 비구가 신통을 얻고 마음의 自在함을 얻어 차차 滅盡定에 들어가, 일체의 마음과 분별심이 모두 그치는 것처럼, 이 8地菩薩도 이와 같아 不動地에 머물게 되면, 일체의 功用行은 버리고 無功用<anābhoga>의 법을 증득하게되어, 신구의 三業과 생각생각<念務>이 모두 쉬어, 중생을

---

410) 『80화엄경』 <십지품> (대정장 10. 198a)
411) 『80화엄경』 <십지품> (대정장 10. 199a)

위한 보답행<報行>에 머물게 된다)

참 고: 제8 不動地-보살

 일반적으로 밀교를 제외한 현교에서는 <三劫成佛>이란 표현을 쓴다. 三劫동안 수행을 해야만이 성불할 수가 있다는 뜻이다. 그리고는 수행과 정을 설명하면서 初發心부터 시작해서 제6 現前地에 도달하는데 一劫이 걸린다하고 있다,

 말하자면 <上求菩提>하는데 一劫이란 시간이 걸린다는 뜻이다. 그리고 다음 단계인 제7 원행지(遠行地) 1-단계만을 건너는데에만 또 一劫이란 시간이 걸려, 결과적으로 초발심부터 遠行地까지 도달하는데 도합 2-겁 이란 시간이 걸린다고 한다.

<遠行地>란 이름 그대로 멀리 간다는 뜻이다. 여기서부터는 <下化衆生> 을 해야하는 것이다. 이러 저런 중생들을 모두 제도하려니 여간 힘이 들 고 시간도 많이 걸린다는 의미일 것이다.

 이제 남은 도정(道程)은 제8地 제9地 제10地를 거치기만하면 부처님의 경지 인 等覺에 오르고 머지않아 다음 단계인 妙覺과 佛에 이르게 되는데, 제8地 부동지부터 佛에 이르는데 걸리는 시간을 마지막인 제3겁이라고 설하고 있다.

 곧 제8지 不動地부터는 부처님이 경지에 영역에 도달한 거나 마찬가지 이다. 그래서 이름도 부동지(不動地)라 한 것이다. 요지부동(搖之不動)이 라는 것이다. 아무리 흔들고 떠밀어도 다시는 아래로 퇴전하는 일이 없 기에 이런 이름이 달라붙은 것이다.

 이미 제 7 원행지에서 無生法忍을 성취했고, 8地에서 無功用을 증득해 그 願이 殊勝하므로, 자유자재로 시방을 다니면서 應化現身하면서 중생 들을 제도하는 것이다.

<강 설> 不動明王과 부동지(不動地)

내가 주석하고 있는 <온양불국사>에는 검은 눈동자를 지닌 目黑-不動明王님이 모셔져 있다.

우리나라 사찰중에 부동명황님을 모신 곳은 이곳이 유일할 곳이 아닐까 한다. 검은 피부에 무서운 얼굴을 하고, 왼손에는 밧줄, 오른 손에는 칼을 들고 머리위에는 화염이 훨훨 타고 있는 모습을 한 明王님이다. 법신 비로자나부처님의 召使로, 밀교에서는 아주 중히 여기는 일종의 비서와 같은 분으로, 법신불의 대역으로서 우리들 중생에게 가까이 다가오는 분이다.

일본 동경에 가면 <5大明王님>을 모신 사찰이 있다.

서울의 2호선 전철처럼, 동경 주위를 안으로 밖으로 도는 명물 전철이 있는데 그 이름이 山手線이다. 높은 山도 이것만 타면 곧 손에 닿게된다는 이름을 지닌 山手線을 타고 가다보면 <目白譯; 메지로 역>도 있고, <目黑譯:메그로 역>이라는 역도 있다. 이 외에도 동경 근교에 있는 각종의 전철을 타고 가면 目赤譯도 目黃譯도 目綠譯도 있다.

이름 그대로 눈(目)동자가 (白·黑·赤·黃·綠)色인 부동명왕님을 모시고 있는 사찰이기에 <五色明王>이니 <五大不動>이니 하는 이름이 붙은 것으로, 이들 사찰들은 사시사철문전성시의 호황을 누린다.

「不動明王威神力 不可思議最殊勝 大力諸魔不能動 諸穢惡物皆淸淨 故我一心歸命頂禮」게송의 내용처럼, 부동명왕님께서는 높은 위신력으로 중생들의 마음을 두루 어루만져 누구라도 소원 하나는 반드시 들어주신다고 전해지고 있기 때문이다. 이들 부동명왕님들은 이름 그대로 요지부동이다. 절대로 흔들림이 없이 소신대로 자기의 뜻을 관철시키는 것이다. 위에서 보듯, 제8地 보살의 이름도 不動地-보살이다. 생각없이 그저 물 흐르듯 일상에서 반야에 상응하는 신구의 三密行을 하는 능력인 무공용(無功用)을 증득했기에, 자유자재로 시방을 다니면서 중생들의 근기에 맞추어 應化現身하며 중생들의 뜻에 계합하여 중생을 제도하시는 것이다.

부동명왕 또한 그러하다. 칼과 밧줄을 들고 불길이 타오르는 무서운 모습을 한 이유는 우리 중생들에게 겁을 주고 두려움을 주려고, 일부러 慈悲는 일단 안에 숨겨두고, 무서운 모습을 보이는 것이다. 그래야 말을 잘 듣고 잘따르니까~ 어떡허든지 버림받은 탕아 중생들을 부처님 전으로 데리고 가기위한 선방편으로 악역의 역을 수행하긴 하지만, 이런 모습 또한 중생을 사랑하는 大悲의 한 모습인 것이다.

마치 우리네 아버지 같이~ 어떤 면에서는 엄마보다도 자식을 더 사랑하면서도, 그 사랑을 안에 감추어두고 겉으로는 무섭게 자식을 단련시켜, 목적지에 도달케 하기위해~. //

<보살의 應·化 現身>

「佛子。 此菩薩。 隨諸衆生。 身心信解。 種種差別。 於彼佛國。 衆會之中。 而現其身 (중략) 又應以聲聞身得度者。 現聲聞形。 應以辟支佛身得度者。 現辟支佛形。 應以菩薩身得度者。 現菩薩形。 應以如來身得度者。 現如來形。 佛子。 菩薩如是。 於一切不可說。 佛國土中。 隨諸衆生。 信樂差別。 如是如是而爲現身」[412]

(불자여! 이 不動地-보살은 중생들의 몸과 마음의 信解와 그 차별에 따라 불국토의 회중속에 모습을 나타낸다. (중략) 곧 성문의 몸으로 제도할

---

[412] 『80화엄경』 <십지품> (대정장 10. 200a)

자에게는 성문의 형상을 나타내고, 연각의 몸으로 제도할 자에게는 연각의 형상을 나타내고, 보살의 몸으로 제도할 자에게는 보살의 형상을 나타내며, 여래의 몸으로 제도할 자에게는 여래의 형상으로 나타나는 것이다. 불자여! 보살은 이루 말할 수 없는 일체의 불국토에서 모든 중생들의 믿음과 즐거워함의 차별에 따라 이렇게 저렇게 몸을 나타낸다)

「佛子。菩薩住此地得善住深心力。一切煩惱。不行故。得善住勝心力。不離於道故。得善住大悲力。不捨利益衆生故。得善住大慈力。救護一切世間故。得善住陀羅尼力。不忘於法故。得善住辯才力。善觀察分別一切法故。得善住神通力。普往無邊世界故。得善住大願力。不捨一切菩薩所作故。得善住波羅蜜力。成就一切佛法故。得如來護念力。一切種一切智智現前故。此菩薩。得如是智力。能現一切諸所作事。於諸事中。無有過咎」413)

<보살의 十力>
(불자여! 제8 不動地에 머무는 보살은 심-심력<深-心力>을 얻었으니, 그 까닭은 모든 번뇌가 멎어 있기 때문이며, 또 殊勝한 心力을 얻었으니, 불도에서 벗어나지 않기 때문이며, 또 대비력을 얻었으니, 한 순간도 중생의 이익을 버리지 않기 때문이며, 대자력을 얻었으니, 일체세간을 구하여 보호하기 때문이며, 다라니력을 얻었으니, 불법을 잃지않기 때문이며, 변재력을 얻었으니, 일체법을 관찰하여 잘 분별하기 때문이며, 신통력을 얻었으니, 두루 무변세계에 머물기 때문이며, 대원력을 얻었으니, 보살이 행해야 할 것들을 하나도 버리지 않기 때문이며, 바라밀력을 얻었으니, 일체불법을 성취했기 때문이며, 여래와 같은 중생을 잊지않는

---

413) 『80화엄경』 <십지품> (대정장 10. 200b~c)

호념력을 얻었으니, 온갖 지혜인 一切智智를 現前했기 때문이다.

　이처럼 不動地에 머무는 보살은 이와 같은 智力을 얻었기에, 비록 일체의 처소에서 佛事를 하시지만, 전혀 허물없이 모든 일에 종사할 수 있는 것이다)

「此菩薩。十波羅蜜中。願波羅蜜增上。餘波羅蜜。非不修行。但隨力隨分。是名略說諸菩薩摩訶薩第八不動地」[414]

(이 보살은 十-바라밀중에서는 願-바라밀을 중심으로 수행하나, 그렇다고 나머지 부분을 소홀히 닦는다는 것이 아니라, 다만 분에 따라 힘을 분산시킬 뿐이다. 불자여! 약설하면 이것이 제 8 부동지-보살의 특징이다)

제 9 선혜지(善慧地): 力(bala)-바라밀의 완성

「佛子。菩薩摩訶薩。以如是無量智。思量觀察。欲更求勝。寂滅解脫。復修習如來智慧。入如來祕密法。觀察不思議。大智性淨。諸陀羅尼三昧門。具廣大神通。入差別世界。修力無畏不共法。隨諸佛轉法輪。不捨大悲本願力。得入菩薩第九善慧地」[415]

(불자여! 보살은 이와 같은 무량한 지혜로 관찰하고 생각하면서, 더 수승한 寂滅의 解脫을 구하며, 여래지혜를 수습하여 여래의 祕密法에 들어가, 불가사의한 大智의 淸淨性과 온갖 陀羅尼門과 三昧門을 관찰하며, 넓고 넓은 큰 신통력을 갖추어 差別의 세계에 들어가, 十力과 四無畏 등의 18不共法을 닦으며, 시방불을 좇아 법륜을 굴리면서, 大悲의 本願力

---

414) 『80화엄경』 <십지품> (대정장 10. 201a)
415) 『80화엄경』 <십지품> (대정장 10. 202a)

을 버리지 않고 보살의 제 9 善慧地에 들어 가는 것이다)

「佛子。菩薩摩訶薩。住此善慧地。如實知善不善。無記法行。有漏無漏法行。世間出世間法行。思議不思議法行。定不定法行。聲聞獨覺法行。菩薩行法行。如來地法行。有爲法行。無爲法行。此菩薩。以如是智慧。如實知衆生心稠林。煩惱稠林。業稠林。根稠林。解稠林。性稠林。樂欲稠林。隨眠稠林。受生稠林。習氣相續稠林。三聚差別稠林」[416]

(불자여! 제9 善慧地에 머무는 보살은 선과 不善을 여실하게 알며, 無記의 法行과, 有漏와 無漏法의 行과, 세간과 出世間法의 행과, 思議와 不可思議한 법의 행과, 定해진 법과 정해지지 않은 법의 행과, 성문과 獨覺의 法行과 보살의 행법과 여래의 行法과, 有爲法의 行과 無爲法의 行을 모두 如實하게 안다. 이와같은 지혜로 제9 善慧地-보살은 밀림처럼 빽빽하고 무량<稠林>한 중생심과 번뇌와 業과 根機와 解와 선과 악과 잠재번뇌인 수면<隨眠>과 받아 일어남<受生>과 習氣의 相續과 삼취정계<三聚淨戒>의 차별 등을 모두 여실하게 아는 것이다)

<4-무애변재(無礙辯才)>

「佛子。菩薩住此善慧地。作大法師。具法師行。善能守護如來法藏。以無量善巧智。起四無礙辯。用菩薩言辭。而演說法。此菩薩。常隨四無礙智轉。無暫捨離。何等爲四。所謂法無礙智。義無礙智。辭無礙智。樂說無礙智。此菩薩。以法無礙智。知諸法自相。義無礙智。知諸法別相。辭無礙智。無錯謬說。樂說無礙智。無斷盡說」[417]

---

416) 『80화엄경』 <십지품> (대정장 10. 202a)
417) 『80화엄경』 <십지품> (대정장 10. 202c)

(불자여! 보살은 이 善慧地에 머물며, 대법사가 되어 法師의 行을 갖추고, 능히 여래의 법장<法藏>을 잘 수호하면서, 무량한 선교지<善巧智>로 4-무애변재<無礙辯才>를 활용하면서 보살의 言辭로서 법을 연설한다.

곧 제9 선혜지-보살은 항상 4-無礙智로 법을 굴리되, 잠시도 이것에서 벗어나거나 버리지 않는다. 4-無礙智가 무엇인가 하면, 法-無礙智, 義-無礙智, 辭-無礙智, 樂說-無礙智로서, 법(法)-無礙智로는 제법의 自相을 알며, 의(義)-無礙智로는 제법의 別相을 알며, 사(辭)-無礙智로는 그릇됨이 없이 말하며, 요설(樂說)-無礙智로는 끊어지거나 다함이 없이 설한다)

「復次法無礙智。知諸法一相不壞。義無礙智。知蘊界處。諦緣起善巧。辭無礙智。以一切世間。易解了。美妙音聲。文字說。樂說無礙智。以轉勝無邊法明說」[418]

(또 法-無礙智로는 절대 부서지지 않은 제법의 一相을 알며, 義-無礙智로는 일체법인 온처계<蘊處界>와 사성제와 12연기 등의 방편선교를 아시며, 辭-無礙智로는 일체세간을 쉽게 了解하시어, 미묘한 음성과 문자로서 설하시며, 樂說-無礙智로는 수승하고 끝이 없는 법을 굴리시되 명쾌하게 설하신다)

<陀羅尼門(dhāraṇī-mukha)의 증득>

「佛子。菩薩住第九地。得如是善巧無礙智。得如來妙法藏。作大法師。得義陀羅尼。法陀羅尼。智陀羅尼。光照陀羅尼。善慧陀羅尼。衆財陀羅尼。威德陀羅尼。無礙門陀羅尼。無邊際陀羅尼。種種義陀羅尼。如是等。百萬阿僧祇陀羅尼門。皆得圓滿。以百萬阿僧祇善巧音聲辯才門而演說法」[419]

---

418) 『80화엄경』<십지품> (대정장 10. 203a)
419) 『80화엄경』<십지품> (대정장 10. 203a~b)

(불자여! 제9 善慧地에 머무는 보살은 이와 같은 善巧無礙智와 여래의 妙法藏을 얻고 대법사가 되어, 義-다라니와 法-다라니와 智-다라니와 光照-다라니와 善慧-다라니와 衆財-다라니와 威德-다라니와 無礙門-다라니와 無邊際-다라니와 種種義-다라니 등 백만아승지의 陀羅尼門 <dhāraṇī-mukha>을 모두 원만히 증득하여, 이 백만아승지 善巧音聲의 辯才門을 통하여 법을 연설하신다)

참 고: 다라니 42字門과 그 字義

『80 華嚴經』『大品般若經』『守護國界經』의 字義 비교420)

42 字			字 義	
순번	한자	실담자	80권 화엄경 <入法界品>	大品般若經 <廣乘品> 守護國界經<陀羅尼品>
1	阿	a	以菩薩威力入無差別境界	一切法初不生 一切法性無生
2	羅	ra	無邊差別門	一切法離垢 一切法無染着
3	波	pa	普照法界	一切法第一義 勝義諦門不可得
4	遮	ca	普輪斷差別	諸法終不可得諸法不終不生 眼及諸行皆清淨

420) 『80 華嚴經』<入法界品> (대정장 10. 418a~c) / 『대품반야경』<廣乘品> (대정장 8. 256a~b) / 『守護國界經 <陀羅尼品> (대정장 19. 534c~535a)

5	那	na	得無依無上	諸法離名性相不得不失 名色性相不可得
6	邏	la	離依止無垢	諸法度世間亦愛支因緣滅 愛支因緣連續不斷皆不現
7	陀	da	不退轉方便	諸法善心生亦施相 悟入清淨十力門
8	婆	ba	金剛場	諸法婆字離 力及菩提分皆清淨
9	茶	ḍa	普輪	諸法茶字淨 離諸法怨敵及憂惱
10	沙	ṣa	海藏	諸法六自在王性清淨 六通圓滿無罣礙
11	和	va	普生安住	諸法語言道斷 不二之道言語斷
12	多	ta	圓滿光	諸法如相不動 一切法眞實義
13	夜	ya	差別積聚	諸法如實不生 稱如實理而演說
14	咤	ṣṭa	普光明息煩惱	諸法折伏可得 制伏任持不可得
15	迦	ka	無差別雲	諸法作者不可得 遠離世論無作者
16	娑	sa	降霪大雨	諸法時不可得諸法時來轉 四眞諦皆平等

17	麼	ma	大流湍激眾峰齊峙	諸法我所不可得 一切法清淨道
18	伽	ga	普安立	諸法生者不可得 入甚深法無行取
19	他	tha	眞如平等藏	諸法處不可得 顯示勢力不可得
20	社	ja	入世間海清淨	諸法生不可得 超過老死能所生
21	鎖	sva	念一切佛莊嚴	諸法鎖字不可得 煩惱所行皆遠離
22	馱	dha	觀察揀擇一切法聚	諸法性不可得 法界體性不雜亂
23	奢	sa	隨順一切佛教輪光明	諸法定不可得 入深止觀皆滿足
24	呿	kha	修因地智慧藏	諸法虛空不可得 如虛空無盡法
25	叉	kṣa	息諸業海藏	諸法盡不可得 入於盡智無生智
26	嗏	sta	蠲諸惑障開淨光明	諸法有不可得 遠離昏沈懈怠障
27	若	jña	作世間智慧門	諸法智不可得 一切眾生智慧體
28	拕	rtha	生死境界智慧輪	諸法拕字不可得 摧惡進善體皆離
29	婆	bha	一切智宮殿圓滿莊嚴	諸法破壞不可得 慣習觀察覺悟體
30	車	cha	修行方便藏各別圓滿	諸法欲不可得五陰亦不可 得 遠離貪瞋痴覆性
31	摩	sma	隨十方現見諸佛	諸法摩字不可得 念不散動無忘失
32	火	hva	觀察一切無緣眾生	諸法喚不可得

			方便攝受令出生無礙力	可以呼召請命體
33	嗟	tsa	修行趣入一切功德海	諸法嗟字不可得 勇猛驅逐諸惑體
34	伽	gha	持一切法雲堅固海藏	諸法厚不可得 散滅重雲無明翳
35	他	ṭha	隨願普見十方諸佛	諸法處不可得 績集諸行窮盡體
36	拏	ṇa	觀察字輪有無盡諸億字	諸法不來不去不立不坐不 臥 隨順最勝寂照體
37	頗	pha	化眾生究竟處	諸法遍不可得 周邊圓滿果報體
38	歌	ska	廣大藏無礙辯光明輪遍 照	諸法聚不可得 悟解一切蘊聚體
39	嗟	ysa	宣說一切佛法境界	諸法嗟字不可得 能除老死一切病
40	遮	śca	一切眾生界法雷遍吼	諸法行不可得 現前覺悟未曾有
41	咤	ṭa	以無我法開曉眾生	諸法傴不可得 斷生死道得涅槃
42	茶	ḍha	一切法輪差別藏	諸法邊竟處不可得 悟解無邊無盡體

참 고: 자문정의론(字門定義論), 42字門과 50字門

다라니의 의미로 1)聞持 2)分別知 3)入音聲 4)入字門을 提唱하면서, 언어로 하여금 초능력(신비력)을 지니게 한 『大智度論』은 다라니를 종래의 정지적(靜止的) 의미에서 벗어나, 동태적(動態的) 역동적 의미를 지닌 수행(修行)의 대상으로 승화시켜, 다라니의 성음(聲音)과 그것을 표기한 자상(字相)을 불교의 궁극적 목적인 諸法實相을 증득하는 수단으로 개발시켰다. 곧 소리와 문자의 내관(內觀)을 통해, 그것의 배후에 있는 제법의 실상을 통달케 하는 소위 "자문(字門:mukha)정의론"을 제창한 것이 그것이다.

한편 『瑜伽師地論』은 『대지도론』의 자문이론을 계승·발전시켜, 다라니에 法(dharma)·義(artha)·呪(mantra)·忍(kṣāntilabhāya) 등의 개념들을 부여하여, 언어영역에 상징성을 불어넣음으로서, 언어에 의한 깨달음에의 길을 발전시켰다.

한편 이러한 움직임은 후대의 밀교에 이르면 마침내 소리와 문자를 修行化시키는 수행법, 곧 <성자즉시실상(聲字卽是實相)>이라하여, '언어와 언어가 지니는 의미 그 자체=진실상'이라는 소위 <언어수도법(言語修道法)>이 개발되게 된다.

이것을 <字門定義>라 하는데, 이러한 <자문정의론(字門定義論)>은 일대 혁명적 사건으로서, 2가지 형태로 개발·발전·전승된다.

곧 문자의 배열과 숫자의 나열방법의 차이에 따라, 四十二字門과 五十字門으로 분류되는 것이 그것인데,

<四十二字門>은 맨 처음 『대품반야경』계열에서 설해지고, 이것이 『대지도론』을 거쳐 『화엄경』으로, 그리고 밀교경전인 『수호국계주타라니경』으로 계승된다.

한편 <五十字門>은 『문수사리문경』에 처음 등장하는데, 이것이 『대반
열반경』과 『방광대장엄경』등을 거쳐 마지막엔 밀교의 『대일경』과 『금강
정경』으로 계승발전된다.

「此菩薩。十波羅蜜中。力波羅蜜最勝。餘波羅蜜。非不修行。但隨力隨
分。佛子。是名略說菩薩摩訶薩第九善慧地」[421]
(이 보살은 十-바라밀중에서는 力-바라밀을 중심으로 수행하나, 그렇다
고 나머지 부분을 소홀히 닦는다는 것이 아니라, 다만 분에 따라 힘을 분
산시킬 뿐이다. 불자여! 약설하면 이것이 제9 선혜지-보살의 특징이다)

제 10 법운지(法雲地): 智(jñā)-바라밀의 완성

「佛子。菩薩摩訶薩。從初地。乃至第九地。以如是無量智慧。觀察覺了
已。善思惟修習。善滿足白法。集無邊助道法。增長大福德智慧。廣行大
悲。知世界差別。入衆生界稠林。入如來所行處。隨順如來寂滅行。常觀
察如來力無所畏。不共佛法。名爲得一切種一切智智受職位」[422]

(불자여! 보살이 初地인 歡喜地로부터 제 9地 善慧地에 이르기까지, 이
와 같은 무량한 지혜로 관찰하여 깨달음을 얻고는, 잘 사유하고 수습하
여 정법을 만족시켜 37 菩提分法과 같은 여러 助道法을 모아, 큰 복덕
과 지혜를 증장시키고, 광대한 대비행을 통하여 세계의 차별과 밀림과
같은 衆生界와 여래의 행처에 들어가서는 여래의 寂滅行에 수순하면서
항상 걸림없는 如來力과 18不共의 佛法을 관찰하시는데, 이것을 이름하
여 法雲地, 곧 一切種 一切智智를 획득한 직위라 하는 것이다)

---

421) 『80화엄경』 <십지품> (대정장 10. 204a)
422) 『80화엄경』 <십지품> (대정장 10. 205a~b)

「佛子。菩薩摩訶薩。以如是智慧。入受職地已。卽得菩薩離垢三昧。入法界差別三昧。莊嚴道場三昧。一切種華光三昧。海藏三昧。海印三昧。虛空界廣大三昧。觀一切法自性三昧。知一切衆生心行三昧。一切佛皆現前三昧。如是等百萬阿僧祇三昧。皆現在前菩薩於此一切三昧。若入若起。皆得善巧。亦善了知一切三昧。所作差別。其最後三昧。名受一切智勝職位」[423]

(불자여! 보살이 이와같은 지혜로 직을 받고는 곧 바로 이구삼매<離垢三昧>를 얻어 法界差別三昧에 들어가 도량을 三昧로 장엄하신다.

곧 일체의 화광삼매<華光三昧>와 해장삼매<海藏三昧>와 해인삼매<海印三昧>와 허공계의 광대삼매<廣大三昧>와 일체법 自性三昧와 일체중생의 心行三昧와 一切佛現前三昧 등의 백만아승지의 三昧가 모두 現前하게 되는데, 보살이 만일 이러한 일체삼매에 들거나 일으키면, 선교방편을 얻어 일체삼매와 그 차별함을 잘 요지하게되는 것으로, 그래서 이 마지막 삼매를 수일체지수승직위<受一切智殊勝職位>라 이름한 것이다)

「佛子。是名菩薩受大智職。菩薩以此大智職故。能行無量。百千萬億那由他。難行之行。增長無量智慧功德。名爲安住法雲地」[424]

(불자여! 이것을 이름하여 보살이 大智職을 받았다고 하는 것으로, 보살은 이 大智職으로 능히 무량백천만억나유타의 온갖 난행을 행하면서 무량한 지혜와 공덕을 증장시키는 것으로, 이것을 일러 法雲地에 安住했다고 이름하는 것이다)

423) 『80화엄경』 <십지품> (대정장 10. 205b)
424) 『80화엄경』 <십지품> (대정장 10. 206a~b)

<十解脫>

「佛子。菩薩摩訶薩。住此地。卽得菩薩不思議解脫。無障礙解脫。淨觀察解脫。普照明解脫。如來藏解脫。隨順無礙輪解脫。通達三世解脫。法界藏解脫。解脫光明輪解脫。無餘境界解脫。此十爲首。有無量百千阿僧祇解脫門。皆於此第十地中得。如是乃至無量百千阿僧祇三昧門。無量百千阿僧祇陀羅尼門。無量百千阿僧祇神通門。皆悉成就佛子。此菩薩摩訶薩。通達如是智慧。隨順無量菩提。成就善巧念力。十方無量諸佛所有。無量大法明。大法照。大法雨。於一念頃。皆能安能受。能攝能持」[425]

(불자여! 제 10 법운지에 머무는 보살은 곧 바로 불가사의-해탈과 무장애<無障礙>-해탈과 청정관찰-해탈과 普照明-해탈과 여래장-해탈과 수순무애륜<隨順無礙輪>-해탈과 通達三世-해탈과 法界藏-해탈과 解脫光明輪-해탈과 無餘境界-해탈 등 10가지 해탈을 얻으신다.

곧 이 法雲地-보살은 이 10가지 해탈문을 필두로, 무량백천아승지의 무량한 해탈문과 무량백천아승지의 三昧門과 陀羅尼門과 神通門 또한 모두 이곳 제 十地中에서 성취하신다.

불자여! 제 10地 法雲地-보살은 이렇게 모든 지혜를 두루 통달하였기에, 무량한 菩提에 수순하면서, 善巧念力을 성취하며, 시방의 무량제불의 大法의 광명과 大法의 비춤과 大法雨를 그것도 한순간에 또한 능히 쉽게 받고 攝持하시는 것이다)

<법왕자(法王子), 제 10地 법운지(法雲地)>

「佛子。今此三昧。甚爲希有。有大勢力。其名何等。金剛藏言。此三昧。名一切佛國土體性。(중략) 佛子。菩薩住法雲地。得如是等無量百千諸大

---

425) 『80화엄경』 <십지품> (대정장 10. 206c)

三昧。故此菩薩。身。身業。不可測知。語。語業。意。意業。神通自在。觀察三世。三昧境界。智慧境界。遊戲一切諸解脫門。變化所作。神力所作。光明所作。略說乃至擧足下足。如是一切諸有所作。乃至法王子住」426)

(불자여! 지금의 이 三昧는 매우 희유하면서도 큰 세력이 있는데, 그 이름을 무엇이라 하는지 아는가? 금강장(金剛藏)-보살이 말씀하시되, 이 三昧를 일러 일체불국토의 체성(體性)이라고 하는 것이다. (증략) 불자여! 法雲地에 머무는 보살은 이처럼 무량백천 가지의 온갖 큰 三昧를 얻었으므로, 이 보살의 몸과 身業은 가히 측량할수 없으며, 말과 口業 그리고 생각과 意業 또한 신통자재하시어, 三昧경계와 智慧경계로 三世를 관찰하시는 것이다. 곧 일체의 모든 해탈문으로 유희<遊戲>하시는데, 그 변화무쌍함과 신력과 광명으로 지은 위신력은 무량하여 약설할 수도 감히 거론할 수조차 없다. 이와같이 일체의 모든 위신력을 지닌 것이 법왕자(法王子), 곧 제 10地 법운지의 位인 것이다)

「佛子。此菩薩。住如是智慧。不異如來。身語意業。不捨菩薩諸三昧力。於無數劫。承事供養一切諸佛。一一劫中。以一切種。供養之具。而爲供養。一切諸佛。神力所加。智慧光明。轉更增勝。於法界中。所有問難。善爲解釋。百千億劫。無能屈者」427)

(불자여! 이 法雲地-보살이 이와같은 지혜에 머무심에, 여래가 지닌 신구의 三業과 하나도 다르지 않은 것으로, 보살은 모든 삼매력을 하나도 버리지 않고 무수겁에 걸쳐서 일체제불을 받들어 공양하되 낱낱의 劫마다 온갖 供養具를 드리며, 또 일체제불의 위신력과 加持를 받기에 그의 지혜광명은

---

426) 『80화엄경』 <십지품> (대정장 10. 208a)
427) 『80화엄경』 <십지품> (대정장 10. 208b)

나날이 더욱 증장되고 수승해져, 법계안의 그 어떤 어려운 문제라도 잘 해석하기에, 백천억겁에 그 누구도 그를 굴복시킬 자가 없는 것이다)

「佛子。菩薩亦爾。從菩提心。流出善根大願之水。以四攝法充滿衆生。無有窮盡。復更增長。乃至入於一切智海。令其充滿」[428]

(불자여! 보살도 또 그러하여, 菩提心으로부터 善根과 大願의 물을 유출시켜, 보시 애어 이행 동사의 四攝法을 통하여 중생들을 충만시키되, 一切智의 바다에 들어가 그곳을 모두 충만케 할 정도로, 다함이 없이 더욱더욱 증장시키는 것이다)

<菩薩의 10相=十地>

「菩薩行亦復如是。以十相故。名菩薩行。不可移奪。何等爲十。所謂歡喜地。出生大願。漸次深故。離垢地。不受一切。破戒屍故。發光地。捨離世間。假名字故。焰慧地。與佛功德。同一味故。難勝地。出生無量方便神通。世間所作。衆珍寶故。現前地。觀察緣生。甚深理故。遠行地。廣大覺慧。善觀察故。不動地。示現廣大莊嚴事故。善慧地。得深解脫。行於世間。如實而知。不過限故。法雲地。能受一切。諸佛如來。大法明雨。無厭足故」[429]

(보살의 행 또한 이와 같아 10가지 모양<相>을 갖나니, 그 이름을 보살행이라 하니, 그 누구도 가히 이름을 바꾸거나 뺏어갈 수 없는 것이다.
무엇을 일러 <보살의 10相>이라 하는가 하면,
제 1의 <歡喜地>는 대원(大願)을 출생시키되 점차 깊어 지기 때문이며,
제 2의 <離垢地>는 파계(破戒)한 자는 마치 죽은 사체(屍體)와 같기에

---

428) 『80화엄경』 <십지품> (대정장 10. 208c)
429) 『80화엄경』 <십지품> (대정장 10. 209b)

절대 받아드리지 않기 때문이며,

제 3의 <發光地>는 世間이라는 가명(假名)을 버리고 멀리 여의기 때문이며,

제 4의 <焰慧地>는 부처님의 공덕과 동일한 맛이기 때문이며,

제 5의 <難勝地>는 무량한 방편과 신통과 세간에서 만든 온갖 진보(珍寶)들을 출생시키기 때문이며,

제 6의 <現前地>는 연기성이라는 깊고 깊은 이치를 관찰하기 때문이며,

제 7 <遠行地>는 광대한 지혜로 잘 관찰하기 때문이며,

제 8 <不動地>는 광대한 장엄을 시현하기 때문이며,

제 9 <善慧地>는 깊은 해탈을 얻어 세간일을 행하되 여실하게 알아, 절대로 허물을 만들지 않기 때문이며,

제10 <法雲地>는 능히 일체제불 여래의 대법명(大法明)의 비를 받되 절대로 만족함이 없기 때문이다)

<보살십지와 그 특징>

「佛子。當如菩薩亦復如是。有十種事。出過衆聖。何等爲十。一者發一切智心。二者持戒頭陀。正行明淨。三者諸禪三昧。圓滿無缺。四者道行淸白。離諸垢穢。五者方便神通。內外明徹。六者緣起智慧。善能鑽穿。七者貫以種種方便智縷。八者置於自在高幢之上。九者觀衆生行。放聞持光。十者受佛智職。墮在佛數。能爲衆生。廣作佛事佛子。此集一切種一切智功德菩薩行法門品。若諸衆生。不種善根。不可得聞」[430]

(불자여! 보살도 이와 같아, 모든 聖衆보다 특출한 <10가지의 特長>이 있으니, 무엇이 10가지 특장인가 하면,

제 1<歡喜地>은 일체의 지혜의 마음을 내기 때문이며,

---

430) 『80화엄경』 <십지품> (대정장 10. 209b)

제 2<離垢地>는 지계청정하여, 正行과 명정<明淨>한 두타행을 하기 때문이며,

제 3<發光地>은 온갖 선삼매<禪三昧>가 결점이 없고 원만하기 때문이며,

제 4<焰慧地>는 도행<道行>이 청정하고 맑아 모든 허물과 더러움을
            여의었기 때문이며,

제 5<難勝地>는 방편과 신통이 내외 모두가 명철하기 때문이며,

제 6<現前地>은 연기의 지혜로 모든 것을 능히 잘 뚫어 해결하기 때문이며,

제 7<遠行地>은 여러 가지 방편지혜의 실로 무엇이든지 잘 꿰매기 때문이며,

제 8<不動地>은 자유자재한 높은 당(幢)의 정상에 있기 때문이며,

제 9<善慧地>는 문지력<聞持力>으로 중생들의 행동을 관찰하기 때문이며,

제 10<法雲地>은 불지위<佛智位>라는 높은 직책을 받아, 부처님의 품안
            에 머물면서 능히 중생들을 위하여 넓고 큰 불사를 이루
            기 때문이다.

 불자여! 만일 중생이 선근을 심지 않는다면, 그는 이 온갖 일체 종류의
一切智를 모아놓은 보살행의 법문은 가히 들을 수 없는 것이다)

「此菩薩。十波羅蜜中。智波羅蜜。最爲增上。餘波羅蜜。非不修行。佛
子。是名略說菩薩摩訶薩第十法雲地」[431]

(이 보살은 十-바라밀중에서는 지-바라밀을 중심으로 수행하나, 그렇다
고 나머지 부분을 소홀히 닦는다는 것이 아니라, 다만 분에 따라 힘을
분산시킬 뿐이다. 불자여! 약설하면 이것이 제 10 법운지-보살의 특징이다)

431) 『80화엄경』 <십지품> (대정장 10. 208b)

3-6 입법계품(入法界品: Gaṇḍa-vyūha: 入眞如世界行)[432]

① 등장인물: 선재(善財: su-dhana)동자와 53선지식(善知識)

② 주제

㉠ 선재동자가 법계에 들어가는 菩薩道의 도정(道程),

곧 신해행증(信解行證)의 보살행의 체계, 다시 말하면 普賢行願에 대한 개시오입(開示悟入)이 중심내용이다.

곧 普賢行願品을 <입부사의해탈경계보현행원품(入不思議解脫境界普賢行願品)>이라 한 것이라든지,

또 華嚴宗의 제 5祖 규봉종밀(圭峯宗密)이

「普賢行願品은 略華嚴經이며, 『華嚴經』은 廣普賢菩薩行願讚)이다」라 정의한 것도 바로 이러한 이유에서이다.

㉡ 제 36품 普賢菩薩行品: 菩薩行과 願力을 說示하고 있다.

㉢ 제 39품 입법계품(入法界品): 如來의 본원(本願=중생구제)과 우리들 衆生의 사명(菩薩道의 완성)을 개시오입(開示悟入)하고 있다.

③ 53-善知識

문수보살의 법문을 듣고 발심한 선재(善財: Su-dhana)동자가 법계에 들어가 구도순례의 행각에서 찾아뵙던 53분의 善知識을 가리킨다.

선지식(善知識)이란 <(善勝-友: kalyāṇa(Kauśalya)-mitra>, 곧 大乘菩

---

432) <入法界品>은 ① Sanskrt本 ② Tibet本 ③ 般若譯 (40권본)의 3本이 현존한다.

薩로서 普賢行을 몸소 體現하여 완성한 자들을 말하는 것으로, 이들중 가장 큰 역할을 담당하고 있는 분들은 소위 <三者一具>로 표현되는 (文殊·彌勒·普賢)의 3-菩薩이다. 경은 선지식에 대해,

「善知識은 사람들을 인도하여 一切智로 가게하는 門이며, 수레(乘), 햇불(炬)이며, 길(道)이며, 다리(橋)이며, 눈(眼)이다」[433]

라 하여, 선지식을 상구보리 하화중생을 추구하는 대승보살의 귀감으로 설정하고 있다. 선재동자가 찾아뵌 53선지식은 文殊菩薩을 필두로 수많은 선지식들과 마지막에 등장하는 (彌勒·文殊·普賢)菩薩이다. 곧

㉠ 文殊(智:prajňa)→諸善知識→彌勒(慈:maitri)→
　　文殊(智:prajňa)→普賢(悲:karuṇā) 순서로 찾아뵌다.

㉡ 보현보살 앞에 文殊菩薩이 다시 등장하는 이유는 大悲行(보현보살)의 근간이 般若空智(문수보살)이기 때문이다.
　　곧 대승사상의 뿌리이자 근간은 <반야바라밀다>의 理念을 강조하고 있는 『般若經』이다. 그러나 이 <반야바라밀다>의 뿌리에서 자라나 꽃과 열매를 맺은 것은 普賢行願, 곧 慈悲行을 강조하면서 중생교화를 부르짖은 『華嚴經』이다.
　　곧 般若智가 승화되어 나타난 것이 大悲行이기 때문이다.

　불교의 궁극적 목적은 智慧와 自利에의 침체(沈滯)가 아니라, 이것을 뛰어넘은 자비행, 곧 利他行으로의 전개, 곧 自利와 利他의 相卽相入,

---

433) 80권 화엄경 (대정장 10. 345)

智悲圓滿의 普賢行願의 완성으로서, 여기에 이르러 비로서 <사바즉시불국토>는 현실화되는 것이다.

참 고: 대승보살과 찬불승보살

보살에는 <찬불승(讚佛乘)의 보살>과 <대승(大乘)보살>의 두 부류로 나눌 수 있다.

먼저 찬불승의 보살이란 이미 성불이 정해진 보살, 말하자면 과거 부처님으로부터 언제 언제 成佛한다는 약속인 수기(授記: Vyākaraṇa)를 받은 보살을 말하며,

大乘菩薩은 범부(凡夫)보살, 말하자면 우리들 일반 凡夫와 같이 授記와는 전혀 상관없는 사람들로서, 성불할 수 있는 소질인 불성(佛性)이 나에게도 있다고 확신하며, 정진을 통해 수행에 전념하는 자를 말한다.

말 바꾸면 선택받은 보살인 찬불승의 개념을 일반화시킨 것이 대승보살, 곧 수기를 받지는 못했지만 성불할 수 있다고 확신하고 정진수행하는 자를 말한다.

한편 미륵(彌勒) · 문수(文殊) · 보현(普賢) · 지장(地藏) · 관음(觀音)등의 보살은 그 기원이나 의미가 서로 다르다.

곧 彌勒은 찬불승에서 발전된 보살, 文殊나 普賢 地藏菩薩등은 대승불교 독자적으로 개발된 菩薩이며. 觀音은 힌두교에 기원을 둔 보살이다.

이들 보살들중 화엄경의 슈퍼스타인 보현보살과, 법화경의 슈퍼스타인 관세음(觀世音)보살은 밀교에 들어와 각각 金剛手(薩埵)보살, 蓮花手(金剛法)보살이 되어, 兩部曼荼羅의 주인공들이 된다.

참 고: (문수 · 미륵)보살에 대하여

般若經係의 경전에서 아주 중요한 역할을 담당하는 般若空(智慧:prajña)의 터득자 문수(文殊: Maǹju-śrī)보살은 밀교에 들어와 <태장계만다라>에서는 中臺八葉院 南方 開敷華王佛의 因位-보살로, 또 文殊院의 主佛로 등장하며, <금강계만다라>에서는 蓮華部 四菩薩중 金剛利-보살로 등장한다.

미륵(彌勒: Maitreya)보살은 자애(慈愛: maitri)란 뜻에서 파생된 말이다. 세상을 구하는 慈愛 많은 메시아(messia:救世者)로서, 석존불 멸후 56억 7천만년 후에 사바에 몸을 나투신다는 부처님이기에 미래불(未來佛)이라 하며, 또 한생 만 더 닦으면 부처님이 된다는 뜻에서 일생보처(一生補處)보살이라고도 한다.

미륵보살은 밀교의 <태장계만다라>에서는 中臺八葉院 北方 天鼓雷音佛의 因位-보살로 등장한다.

(강 설) 바수밀다(婆須蜜多)창녀의 離欲淸淨法門

53善知識中 26번째 등장하는 선지식은 바수밀다(婆須蜜多)라는 창녀(娼女)이다.

선재동자는 그녀를 만나기전부터 호기심으로 가득하였다. 소개받은 선지식이 다름아닌 몸을 파는 창녀였기 때문이다. 아니 창녀가 선지식이라니? 선재동자는 그녀를 만나러 가면서부터 그녀에게 던질 질문들을 생각해 두었다. 만나자마자 선재동자는

"당신은 당신을 가슴에 품으려는 자, 입마춤하려는 자, 하루밤을 동숙하려 덤벼드는 사내들을 어떻게 생각하면서, 가슴에 품고 입마추며 동숙하느냐" 고 질문을 던졌다.

바수밀다 창녀가 선재동자에게 답한 대답은 <離欲淸淨法門>이었다. 직접 들어보자

「나와 포옹하는 중생은 섭일체중생삼매(攝一切衆生三昧)를 얻고, 나와 입마춤 하는 중생은 섭일체공덕삼매(攝一切功德三昧)를 얻으며, 나와 동숙(同宿)하는 중생은 해탈광명삼매(解脫光明三昧)를 얻도록 축원한다」 434)

밀교경전인 『반야이취경』에는

「慾淸淨句是菩薩位 觸淸淨句是菩薩位 愛淸淨句是菩薩位 慢淸淨句是菩薩位 何以故 一切法自性淸淨故」 435)

라 하여, 욕(慾)·촉(觸)·애(愛)·만(慢)은 본래 淸淨한 것이다. 왜냐하면 一切法의 自性은 淸淨한 것이므로, 이 도리를 아는 자를 일러 菩薩이라 한다.

라 하고, 뒤이어

「마땅히 알라. 三界에는 분별심을 일으킬 만한 것이 하나도 없음을. 탐욕을 보고 떠나는 것 또한 죄가 되나니, 더러운 것 속에 淸淨한 것이 깃들어있는 것이기에, 그러니 그 어떤 것에도 執着(집착)을 남겨서는 아니 되는 것이다」 436)

---

434)『80화엄경』<입법계품> (대정장 10. 366a)
435)『이취경』, 대정장 8. 784b)
436)『진실섭경』(대정장 18. 369a)

라 하고 있다. 번뇌에 찌든 중생까지도 진실세계로 이끌고 가시려는 법신 대일여래의 대비염원(大悲念願)이 담겨있다.//

④ 53-善知識의 分布

선재동자가 만난 53-善知識들의 신분을 분석하면 다음과 같다.

菩薩(5명) 比丘(5) 比丘尼(1) 長子(9) 우바새(1) 우바이(5) 童男童女(5)

國王(2) 天神天女(2) 外道(1) 바라문(2) 先生(1) 뱃사공(1) 仙人(2)

佛母 摩耶夫人 (1)   諸神(10명) <총 53善知識>

참 고: 菩薩의 10가지 고향

① 발보리심(發菩提心) ② 심심(深心) ③ 보살심(菩薩心) ④ 발원(發願)

⑤ 대비(大悲) ⑥ 여실지견(如實知見) ⑦ 대승(大乘) ⑧ 중생(衆生)

⑨ 반야(般若)와 방편(方便) ⑩ 무피염(無疲厭)

3-7 <入法界品>: 53-선지식의 법문

<보현행원의 성취공덕>

「此諸菩薩。皆悉成就普賢行願。境界無礙。普遍一切諸佛刹故。現身無量。親近一切諸如來故。淨眼無障。見一切佛神變事故。至處無限。一切如來成正覺所。恒普詣故。光明無際。以智慧光。普照一切實法海故。說法無盡。清淨辯才。無邊際劫。無窮盡故。等虛空界。智慧所行。悉清淨故。無所依止。隨衆生心。現色身故。除滅癡翳。了衆生界。無衆生故。等虛空智。以大光網。照法界故」[437]

(모든 보살이 보현행원을 성취하여 경계가 걸림없으니, 두루 일체제불의 세계에 두루하기 때문이며, 몸을 나툼이 한량없으니, 일체여래를 친근한 때문이며, 눈에 장애가 없어 청정하니, 일체 모든 부처님의 신변사<神變事>를 보기 때문이며, 이르는 곳이 무한하니, 언제나 일체여래께서 정각을 성취한 곳에 나아가기 때문이며, 광명이 끝이 없으니, 지혜광으로 일체의 法海를 두루 비추기 때문이며, 법을 설함이 다함이 없으니, 청정변재가 겁이 다하도록 무궁무진하기 때문이며, 허공계와 같으니, 지혜로서 행하심이 모두 청정하기 때문이며, 의지하는 바가 없으니, 중생의 마음을 좇아 색신을 나타내기 때문이며, 어리석음<痴翳>을 모두 除滅시켰으니, 중생계에 중생이 하나도 없음을 요달했기 때문이며, 지혜가 허공과 같이 넓으니, 대광망<大光網>으로 온 법계를 다 비추기 때문이다)

<文殊菩薩>: 보살과 무피염(無疲厭)

「爾時文殊師利菩薩。告諸比丘言。比丘。若善男子善女人。成就十種趣大乘法。則能速入如來之地。況菩薩地。何者爲十。所謂積集一切善根心無

---

437) 『80화엄경』 <입법계품> (대정장 10. 319b~c)

疲厭。見一切佛承事供養心無疲厭。求一切佛法心無疲厭。行一切波羅蜜心無疲厭。成就一切菩薩三昧心無疲厭。次第入一切三世心無疲厭。普嚴淨十方佛刹心無疲厭。教化調伏一切衆生心無疲厭。於一切刹一切劫中成就菩薩行心無疲厭。爲成熟一衆生故修行一切佛刹微塵數波羅蜜成就如來一力如是次第爲成熟一切衆生界成就如來一切力心無疲厭」[438]

(그때 문수보살님께서 여러 비구들에게 말씀하시되, 선남자 선여인들이여! 대승으로 나아가는 10가지 법만 성취하면 곧 바로 如來地에도 들어거거늘 하물며 보살지 정도야~ 무엇이 10가지인가 하면,

1) 일체선근을 모두 모으면서도 마음이 피로하거나 싫어하지 않으며,

2) 일체 부처님을 뵙고 공양을 드리면서도 마음이 피로하거나 싫어하지 않으며,

3) 일체불법을 구하면서도 마음이 피로하거나 싫어하지 않으며,

4) 일체의 바라밀행을 행하면서도 마음이 피로하거나 싫어하지 않으며,

5) 일체보살의 삼매를 모두 성취하면서도 마음이 피로하거나 싫어하지 않으며,

6) 점차 일체삼세에 진입하면서도 마음이 피로하거나 싫어하지 않으며,

7) 시방불찰을 모두 청정히 장엄하면서도 마음이 피로하거나 싫어하지 않으며,

8) 일체중생을 교화하여 조복시킴에도 마음이 피로하거나 싫어하지 않으며,

9) 일체불찰에서 일체의 겁동안 보살행을 성취함에도 마음이 피로하거나 싫어하지 않으며,

10) 한 사람의 중생을 성숙시키기 위해서는 일체불찰미진수동안 바라밀을 수행해야 겨우 여래가 가진 모든 힘 가운데의 一力을 성취하는

---

[438] 『80화엄경』 <입법계품> (대정장 10. 331b)

것인데, 이와같이 차례로 모든 중생들을 성숙시키기 위하여 여래의 모든 힘을 성취한다해도 마음이 피로하거나 싫어하지 않는 것이다)

\<文殊菩薩\>: 선지식 친근은 일체지를 갖추는 첫째 인연

「爾時文殊師利菩薩。如象王迴。觀善財童子。作如是言。善哉善哉。善男子。汝已發阿耨多羅三藐三菩提心。復欲親近諸善知識。問菩薩行。修菩薩道。善男子。親近供養諸善知識。是具一切智。最初因緣。是故於此。勿生疲厭」[439]

(그때 문수보살이 마치 코끼리왕이 빙~하고 돌듯이, 선재동자의 마음을 관찰하고 이와같이 말하였다. 선재선재라! 네가 이미 무상정등각의 보리심을 발하여, 모든 선지식들을 친근하여 보살행을 물어 보살도를 닦으려 하는구나. 선남자여! 모든 선지식을 친근하고 공양드리는 것이 곧 一切智를 갖추는 첫째 인연이 되는 것이니, 절대로 피로하거나 싫어하는 마음을 가져서는 안되는 것이다)

\<文殊菩薩\>: 보살행이란?

「善財白言。唯願聖者。廣爲我說。菩薩應云何學菩薩行。應云何修菩薩行。應云何趣菩薩行。應云何行菩薩行。應云何淨菩薩行。應云何入菩薩行。應云何成就菩薩行。應云何隨順菩薩行。應云何憶念菩薩行。應云何增廣菩薩行。應云何令普賢行速得圓滿」[440]

(선재가 아뢰되, 성인이시여! 오직 바라옵는 바는 저를 위해 다음의 질문에 대해 널리 답변해주십시오.

---

439) 『80화엄경』 \<입법계품\> (대정장 10. 333b)
440) 『80화엄경』 \<입법계품\> (대정장 10. 333c)

보살은 어떻게 보살행을 배우며, 어떻게 보살행을 닦으며, 어떻게 보살
행에 나아가며, 어떻게 보살행을 행하며, 어떻게 보살행을 청정히 하며,
어떻게 보살행에 들어가며, 어떻게 해야 보살행을 성취하며, 어떻게 해
야 보살행에 수순하며, 어떻게 해야 보살행을 잊지 않고 기억하며, 어떻
게 해야 보살행을 증장시키며, 어떻게 해야 보현행을 속히 원만히 증득
할 수 있는지 설하여 주십시요)

<文殊菩薩>: 선지식 친근시 주의사항

「善哉善哉。善男子。汝已發阿耨多羅三藐三菩提心。求菩薩行。善男子。
若有衆生。能發阿耨多羅三藐三菩提心。是事爲難。能發心已。求菩薩
行。倍更爲難。善男子。若欲成就一切智智。應決定求眞善知識。善男
子。求善知識勿生疲懈。見善知識勿生厭足。於善知識所有教誨皆應隨
順。於善知識善巧方便勿見過失」[441]

(선재선재라! 선남자여! 네가 무상정등정각심을내고 보살행을 구하려 하
는구나. 선남자여! 중생이 무상정등정각심을 발한다는 것도 어려운 일인
데, 발심을 마치고 보살행을 구하는 것은 이보다 2배나 더 어려운 일이
다. 선남자여! 네가 一切智智를 성취하고자 하면 반드시 결정코 먼저 참
된 선지식을 구해야 하는 것이므로, 선지식을 구하는데 피로를 느낀다거
나 해태심을 내서는 절대로 안되며, 또 선지식을 뵙는데 있어서도 싫어
하거나 만족심을 내서는 절대 안되며, 선지식께서 가르쳐 주신 것은 마
땅히 모두 수순하고, 절대로 선지식의 선교방편에 대해 과실을 보거나
토를 달아서는 안되는 것이다)

---

441) 『80화엄경』 <입법계품> (대정장 10. 334a)

<海雲比丘>: 선지식의 가르침을 관함

「爾時善財童子。一心思惟善知識教。正念觀察智慧光明門。正念觀察菩薩
解脫門。正念觀察菩薩三昧門。正念觀察菩薩大海門。正念觀察諸佛現前
門。正念觀察諸佛方所門。正念觀察諸佛軌則門。正念觀察諸佛等虛空界
門。正念觀察諸佛出現次第門。正念觀察諸佛所入方便門」[442]

(그때 선재동자가 한마음으로 선지식의 가르침을 생각하면서, 지혜광명
문과, 보살의 해탈문과, 보살의 삼매문과 보살의 대해문과 제불의 現前
門과 제불의 方所門과, 제불의 궤측문과, 제불의 虛空界門과 제불출현의
次第門과 제불이 행하신 바의 方便門등을 正念으로 관찰하였다)

발보리심

「海雲言。善男子。若諸眾生。不種善根。則不能發阿耨多羅三藐三菩提
心。要得普門善根光明。具眞實道三昧智光。出生種種廣大福海。長白淨
法無有懈息。事善知識不生疲厭。不顧身命無所藏積。等心如地無有高
下。性常慈愍一切眾生。於諸有趣。專念不捨。恒樂觀察如來境界。如是
乃能發菩提心」[443]

(해운비구가 말하길, 선남자여! 어떤 중생이라도 善根을 심지않으면 절대
로 무상정등정각심을 발할수 없는 것이니, 반드시 普賢行願을 성취시키
는 善根光明을 얻고, 진실한 가르침인 三昧와 智慧光明을 구족하여, 여
러 가지의 廣大福海와 순수하고 청정한 법을 출생시키는데 절대로 해태
심을 내서는 안되며, 선지식을 섬기는데도 싫증을 내지말고, 몸과 마음
을 돌아보지 말고, 쌓아두는 일도 없으며, 마음이 마치 땅과 같이 평등

---

442) 『80화엄경』 <입법계품> (대정장 10. 335a)
443) 『80화엄경』 <입법계품> (대정장 10. 335a~b)

하여 높고 낮음이 없고, 언제나 인자한 성품으로 일체중생을 연민하며, 오로지 나아갈 바만을 생각하면서, 항상 여래경계를 관찰하는 등 언제나 이와같이 보리심을 발해야 하는 것이다)

발보리심과 十心

「發菩提心者。所謂發大悲心。普救一切衆生故。發大慈心。等祐一切世間故。發安樂心。令一切衆生滅諸苦故。發饒益心。令一切衆生離惡法故。發哀愍心。有怖畏者。咸守護故。發無礙心。捨離一切。諸障礙故。發廣大心。一切法界。咸遍滿故。發無邊心。等虛空界。無不往故。發寬博心。悉見一切諸如來故。發淸淨心。於三世法。智無違故。發智慧心。普入一切智慧海故」[444]

(發菩提心이란 대비심을 發하는 것으로, 두루 일체중생을 구하는 것이며, 大慈心을 발한다는 것은 일체세간을 차별없이 평등하게 돕는 것이며, 安樂心을 발한다는 것은 일체중생이 지니는 모든 고통을 제멸시키는 것이며, 饒益心을 발한다는 것은 일체중생들이 지니고있는 모든 악법을 멀리 여의게 하는 것이며, 哀愍心을 발한다는 것은 두려움이 있는 자를 두루 보호하고 지켜주는 것이며, 無碍心을 발한다는 것은 일체의 모든 장애를 여의게 하는 것이며, 廣大心을 발한다는 것은 일체법계를 모두 가득 체우는 마음을 말하며, 無邊心을 발한다는 것은 허공계와 같이 머물지 않음이 없는 마음을 말하며, 관박심<寬博心>을 낸다는 것은 일체의 모든 여래들을 다 뵐때까지 관대하다는 것이며, 淸淨心을 발한다는 것은 삼세법을 봄에 지혜에 어긋남이 없도록 한다는 것이며, 智慧心을 발한다는 것은 두루 일체지혜의 바다에 들어간다는 것이다)

---

444) 『80화엄경』 <입법계품> (대정장 10. 335b)

<善住比丘>: 무애해탈분(無礙解脫門)의 성취

「善男子。我已成就菩薩無礙解脫門。若來若去。若行若止。隨順思惟。修習觀察。卽時獲得智慧光明。名究竟無礙。得此智慧光明故。知一切衆生心行。無所障礙。知一切衆生沒生。無所障礙。知一切衆生宿命。無所障礙。知一切衆生未來劫事。無所障礙。知一切衆生現在世事。無所障礙。知一切衆生言語音聲種種差別。無所障礙。決一切衆生所有疑問。無所障礙。知一切衆生諸根。無所障礙。隨一切衆生應受化時。悉能往赴。無所障礙」445)

(선남자여! 나는 이미 보살이 지녀야 할 無礙解脫門을 성취하여, 오고 가고 다니고 멈춤에 수순하면서, 思惟와 修習과 관찰을 통해 지혜광명을 획득하였으니, 그 이름을 <究竟無碍>라 하는 것이다. 곧 이 지혜광명을 얻었기에 일체중생의 心行과, 죽고 태어나는 것과, 현재세에 일어나는 모든 일과, 그들의 언어와 음성과 종종의 차별과 의문들과, 그들의 모든 근기와, 교화받을 때를 따라 가고 나아가는 일에 아무런 장애가 없는 것이다)

<彌伽長者>: 무애지 보문삼매(無礙智 普門三昧)

「善男子。我唯於此如來無礙莊嚴解脫門。而得入出。如諸菩薩摩訶薩。得無礙智。住無礙行。得常見一切佛三昧。得不住涅槃際三昧。了達三昧。普門境界。於三世法。悉皆平等。能善分身。遍一切刹。住於諸佛平等境界。十方境界。皆悉現前。智慧觀察。無不明了。於其身中。悉現一切世界成壞。而於己身及諸世界。不生二想」446)

---

445) 『80화엄경』 <입법계품> (대정장 10. 336c~337a)
446) 『80화엄경』 <입법계품> (대정장 10. 340a)

(선남자여! 나는 단지 여래의 <無障礙莊嚴-해탈문>에 出入할 수 있는 능력만을 얻었으나, 저기 있는 보살들은 <無礙智>를 얻었기에 무애행을 하면서, 언제든지 모든 부처님들을 친견할 수 있는 三昧와 不住涅槃-三昧을 얻고, 거기다 온갖 세계를 드나들 수 있는 <三昧普門>의 경계까지 요달하였으므로 삼세법에 평등하며, 능히 몸을 분신하여 일체세계에 두루하며, 부처님의 평등경계에 머물기에, 시방경계가 모두 눈앞에 나타나며, 지혜로 관찰하기에 분명히 요달하지 않음이 없으며, 몸을 통해 일체세계의 이루어지고 무너짐을 나타내기에 자기의 몸과 모든 세계가 서로 다르다는 생각을 내지 아니하는 것이다)

<休捨-우바이>: 초발심의 위력

「善男子。菩薩初發心無有量。充滿一切法界故。菩薩大悲門無有量。普入一切世間故。菩薩大願門無有量。究竟十方法界故。菩薩大慈門無有量。普覆一切衆生故。菩薩所修行無有量。於一切刹一切劫中修習故。菩薩三昧力無有量。令菩薩道不退故。菩薩總持力無有量。能持一切世間故。菩薩智光力無有量。普能證入三世故。菩薩神通力無有量。普現一切刹網故。菩薩辯才力無有量。一音一切悉解故。菩薩清淨身無有量。悉遍一切佛刹故」[447])

(선남자여! 보살의 初發心은 한량이 없으니 일체법계에 충만하기 때문이며, 보살의 大悲門 또한 무량하니 두루 일체세간에 들어가기 때문이며, 보살의 大願도 무량하니 시방법계를 다 감싸기 때문이며, 보살의 大慈門 또한 한량없으니 두루 일체중생을 감싸 덮기 때문이며, 보살의 修行도 무량하니 일체찰토에서 일체겁 동안 끊임없이 수습하기 때문이며, 보살

---

447) 『80화엄경』 <입법계품> (대정장 10. 344a~b)

의 三昧力 또한 무량하니 菩薩道에서 물러나지 않기 때문이며, 보살의
總持力또한 무량하니 일체세간을 能持하기 때문이며, 보살의 智光 또한
무량하니 능히 삼세에 증입하기 때문이며, 보살의 神通力 또한 무량하니
두루 일체찰토에 나타나기 때문이며, 보살의 辯才力 또한 무량하니 하나
의 음성으로 일체음성을 모두 알아듣기 때문이며, 보살의 淸淨身 또한
무량하니 일체불찰토에 두루하기 때문이다)

(강 설) 初發心時 便成正覺

「初發心時 便成正覺」이란 구절은 초기불전부터 부파 대승, 그리고
밀교에 이르기까지 온 경전에 자주등장하는 名句中의 단골 名句이다.
처음에 발심한 그 初心 자리에서 곧 바로 無上正覺을 이루게된다는 의
미이다. 우리는 곧잘 初心을 잊지말아라! 는 말을 자주 사용하고 듣기
도 한다. 그만큼 초(발)심이 중요하다는 뜻이다. 우리 속담에 시작이
반이다는 말도 있다. 무언가 시작을 하면 이미 절반은 벌써 이루어낸
것이나 마찬가지이다는 의미이다. 위의 휴사-우바이 라는 보살님도 초
발심이 중요성을 강조하고 있는 것이다. 초발심은 한량이 없는 공덕을
지니고 있어 무엇하나 이루지 못하는 것이 없다는 것이다. 우리 인간
들은 매년 12달이 지나면 새로운 한해가 시작된다는 의미로, 새 달력
을 만들어 초심의 중요성을 일깨우며 살고 있다. 지혜가 있는 영장물
이라서 무언가 달라도 다르다. 스스로에게 매직을 걸어놓고, 자! 이제
새로운 한해가 시작되었으니 내일부터 멋지게 새로이 목표를 향해 전
진하자! 속는줄 알면서도 매해 초심을 세워 계속 정진노력해 가는 것
이다. //

<毘目瞿沙 仙人>: 善知識이란 (門·船·炬·眼 등등)

「善知識者。則是趣向一切智門我得入眞實道故。善知識者。則是趣向一切
智乘。令我得至如來地故。善知識者。則是趣向一切智船。令我得至智寶
洲故。善知識者。則是趣向一切智炬。令我得生十力光故。善知識者。則
是趣向一切智道。令我得入涅槃城故。善知識者。則是趣向一切智燈。令
我得見夷險道故。善知識者。則是趣向一切智橋。令我得度險惡處故。善
知識者。則是趣向一切智蓋。令我得生大慈涼故。善知識者。則是趣向一
切智眼。令我得見法性門故。善知識者。則是趣向一切智潮。令我滿足大
悲水故」[448]

(선지식은 一切智를 향해 나아가는 <門>이니, <나로 하여금> 眞實道에
들어 갈수 있게 하기 때문이며, 일체지에 나아가는 <수레>이니, 如來地
에 도달케 하기 때문이며, 一切智로 향하는 <배=船>이니, 지혜-보배의
섬에 이를 수 있게 하기 때문이며, 一切智로 나아가는 <횃불=炬>이니
十力-光의 빛을 내는 때문이며, 일체지로 나아가는 <길=道>이니 열반성
에 들어가게 하기 때문이며, 일체지로 나아가는 <등불=燈>이니 평탄하고
험한 길을 구별하게 하기 때문이며, 일체지에 나아가는 <다리=橋>이니
험난한 곳을 건너게 하기 때문이며, 일체지로 나아가는 <우산=蓋>이니
大慈의 서늘한 그늘을 만들어 주기 때문이며, 일체지에 나아가는 <눈=
眼>이니 法性門을 볼 수 있게 하기 때문이며, 일체지에 나아가는 <호수
=湖>이니 나를 大悲水로 넘치게 하여 만족시켜 주기 때문이다)

<勝熱-바라문>: 大功德焰의 위신력

「善男子。我唯得此菩薩無盡輪解脫。如諸菩薩摩訶薩。大功德焰。能燒一

---

448) 『80화엄경』 <입법계품> (대정장 10. 345b)

切。衆生見惑。令無有餘。必不退轉。無窮盡心。無懈怠心。無怯弱心。
發如金剛藏那羅延心。疾修諸行。無遲緩心。願如風輪。普持一切精進大
誓。皆無退轉」[449]

(선남자여! 나는 단지 보살의 다함이 없는 無盡輪-解脫만을 얻었지만,
저기 있는 보살님들은 大功德의 불꽃을 얻었기에, 능히 일체중생들의 見
惑을 태워 하나도 남김없이 하며, 반드시 퇴전하지 않게 하며, 다하지
않는 마음, 나태하지 않는 마음, 무섭고 두려움이 없는 마음으로, 마치
금강장보살이나 나라연 같은 마음을 내어 온갖 수행을 지체함이 없이 재
빠르게 수행하며, 발원 또한 바람과 같아서, 일체정진과 큰 서원을 널리
지녀 그 무엇 하나 퇴전함이 없다)

<勝熱-바라문>: 보살과 118 다라니문

「善男子。我入此般若波羅蜜普莊嚴門。隨順趣向。思惟觀察。憶持分別。
時得普門陀羅尼。百萬阿僧祇陀羅尼門。皆悉現前。所謂佛刹陀羅尼門。
佛陀羅尼門。法陀羅尼門。衆生陀羅尼門。過去陀羅尼門。未來陀羅尼
門。現在陀羅尼門。常住際陀羅尼門。福德陀羅尼門。福德助道具陀羅尼
門。智慧陀羅尼門。智慧助道具陀羅尼門。諸願陀羅尼門。分別諸願陀羅
尼門。集諸行陀羅尼門。清淨行陀羅尼門。圓滿行陀羅尼門。業陀羅尼
門。業不失壞陀羅尼門。業流注陀羅尼門。業所作陀羅尼門。捨離惡業陀
羅尼門。修習正業陀羅尼門。業自在陀羅尼門。善行陀羅尼門。持善行陀
羅尼門。三昧陀羅尼門。隨順三昧陀羅尼門。觀察三昧陀羅尼門。三昧境
界陀羅尼門。從三昧起陀羅尼門。神通陀羅尼門。心海陀羅尼門。種種心
陀羅尼門。直心陀羅尼門。照心稠林陀羅尼門。調心清淨陀羅尼門。知衆

---

449) 『80화엄경』 <입법계품> (대정장 10. 348a)

生所從生陀羅尼門。知衆生煩惱行陀羅尼門。知煩惱習氣陀羅尼門。知煩惱方便陀羅尼門。知衆生解陀羅尼門。知衆生行陀羅尼門。知衆生行不同陀羅尼門。知衆生性陀羅尼門。知衆生欲陀羅尼門。知衆生想陀羅尼門。普見十方陀羅尼門。說法陀羅尼門。大悲陀羅尼門。大慈陀羅尼門。寂靜陀羅尼門。言語道陀羅尼門。方便非方便陀羅尼門。隨順陀羅尼門。差別陀羅尼門。普入陀羅尼門。無礙際陀羅尼門。普遍陀羅尼門。佛法陀羅尼門。菩薩法陀羅尼門。聲聞法陀羅尼門。獨覺法陀羅尼門。世間法陀羅尼門。世界成陀羅尼門。世界壞陀羅尼門。世界住陀羅尼門。淨世界陀羅尼門。垢世界陀羅尼門。於垢世界現淨陀羅尼門。於淨世界現垢陀羅尼門。純垢世界陀羅尼門。純淨世界陀羅尼門。平坦世界陀羅尼門。不平坦世界陀羅尼門。覆世界陀羅尼門。因陀羅網世界陀羅尼門。世界轉陀羅尼門。知依想住陀羅尼門。細入麤陀羅尼門。麤入細陀羅尼門。見諸佛陀羅尼門。分別佛身陀羅尼門。佛光明莊嚴網陀羅尼門。佛圓滿音陀羅尼門。佛法輪陀羅尼門。成就佛法輪陀羅尼門。差別佛法輪陀羅尼門。無差別佛法輪陀羅尼門。解釋佛法輪陀羅尼門。轉佛法輪陀羅尼門。能作佛事陀羅尼門。分別佛衆會陀羅尼門。入佛衆會海陀羅尼門。普照佛力陀羅尼門。諸佛三昧陀羅尼門。諸佛三昧自在用陀羅尼門。諸佛所住陀羅尼門。諸佛所持陀羅尼門。諸佛變化陀羅尼門。佛知衆生心行陀羅尼門。諸佛神通變現陀羅尼門。住兜率天宮乃至示現入于涅槃陀羅尼門。利益無量衆生陀羅尼門。入甚深法陀羅尼門。入微妙法陀羅尼門。菩提心陀羅尼門。起菩提心陀羅尼門。助菩提心陀羅尼門。諸願陀羅尼門。諸行陀羅尼門。神通陀羅尼門。出離陀羅尼門。總持清淨陀羅尼門。智輪清淨陀羅尼門。智慧清淨陀羅尼門。菩提無量陀羅尼門。自心清淨陀羅尼門」[450]

---

450) 『80화엄경』 <입법계품> (대정장 10. 348c~349b)

(선남자여! 내가 이 반야바라밀을 두루 장엄하는 門에 들어와서 중생들의 취향에 수순하면서 그들을 생각하고 관찰하며 분별하며 기억하면서 얻은 것이 있으니, 그것이 바로 온갖 문에 도달할 수 있는 다라니이다. 곧 백만아승지에 달하는 셀수도 없는 수많은 陀羅尼門이 하나도 남김없이 내 눈앞에 나타났으니, 그것을 열거하면 다음과 같다. 佛陀羅尼門. 法陀羅尼門, 衆生陀羅尼門, 云云 (중략) 菩提無量陀羅尼門, 自心淸淨陀羅尼門등이다 <중략> 운운)

하면서, 무려 118가지나 되는 <陀羅尼門>을 지루한지도 모르고 열심히 열거하고 있다. 그맘큼 중요하다는 의미일 것이다. 여기서 경이 설하고 있는 <陀羅尼門>이란 무엇인지, 다라니문의 창시자인 『대지도론』을 통해 상세히 알아보자

참 고: 陀羅尼門(dhāraṇī-mukha)

『대지도론』은 자상(字相)과 궁극적 구조인 실상(實相)을 증득하는 수단으로 자의(字義)를 定形句化시키는 자의론(字義論), 말하자면 문자의 내관을 통해 그것의 배후에 있는 實相을 파악해 나가는 소위 자상문(字相門), 곧 門(mukha)이란 말을 개발하여 이를 발전시켜 나간다.

『대지도론』은 다라니문과 삼매문에 대해 정의하는 가운데, 이후 전개되는 다라니 전개사에 있어 획기적인 사건으로 발전되는 소위 4종-다라니를 설한다. 곧

「다라니문과 삼매문을 얻으려거든 먼저 마땅히 반야바라밀을 배워야 한다. <다라니여찬보살품>에 설하기를 다라니방편을 얻는다는 것은 바로 이러한 것이다. 곧 문(聞)이란 능히 얻어 망실하지 않는 것으로, 이것을 일러

첫방편인 <聞持-다라니>라 하는 것이며,

또한 보살이 선정중에 해탈하겠다는 생각을 놓지 않는 것으로, 이로 인해 보살은 일체의 언어와 설법의 한 구절 한 자도 잃지 않는 것으로, 이것을 제2의 <방편-(다라니)>라 하는 것이다.

또 보살이 일체의 음성과 언어를 듣고 본말(本末)을 분별하여 그 實相을 관하여 그 음성과 언어를 요달하는 것을 일러 <입음성(入音聲)-다라니>라 하는 것이다.

또 <四十二字-다라니>가 있으니 아라파차나(A·Ra·Pa·Ca·Na) 등이 그것으로, 이 42字를 통하여 일체의 언어와 명자(名字)를 섭하는 것이다. (예를 들어) 보살이 아자(阿字)를 들을 때는 일체법의 본불생(本不生)을 생각하는 것으로, 이와 같이 들은 바의 42字 모든 자자(字字)를 따라 일체제법의 實相에 들어가는 것으로, 이러한 것을 일러 <자입문(字入門)다라니>라 이름하는 것이다」[451]

라 하면서, 다라니와 삼매 획득의 조건으로 반야바라밀을 배울 것을 전제로 하면서, <4-가지의 다라니>를 개설하고 있는데, 이는 지금까지의 다라니의 정의인 문지(聞持=憶持)다라니설과는 전혀 다른 음성과 字門의 개념을 처음으로 선 보이는 것으로, 소위 실담(悉曇;Siddhaṃ) 四十二字나 五十字門의 '자의자문론(字義字門論)'이라고 하는 신 개념의 다라니설을 주창함과 동시, 밀교에 이르러 이들 42 내지 50의 음성과 문자를 통

---

451) 「(經)欲得諸陀羅尼門諸三昧門。當學般若波羅蜜。(論)陀羅尼如讚菩薩品中說。門者得陀羅尼方便諸法是 (중략) 聞能得得而不忘。是爲聞持陀憐尼初方便。如是名初學聞持陀憐尼 (중략) 或時菩薩入禪定中。得不忘解脫。不忘解脫力故。一切語言說法。乃至一句一字皆能不忘。是爲第二方便 (중략) 次菩薩聞一切音聲語言。分別本末觀其實相。知音聲語言 (중략) 名入音聲陀羅尼。復次有陀羅尼。以是四十二字。攝一切語言名字。何者是四十二字。阿羅波遮那等 (중략) 菩薩聞是阿字卽時入一切法初不生。如是等字字隨所聞。皆入一切諸法實相中。是名字入門陀羅尼」『大智度論』(대정장 25. p.268上),

하여 제법실상에 悟入해 들어가는 소위 성자실상(聲字實相)의 수행문을 개척하게 하는 초석을 이루어 내었다.452)

곧 『대지도론』은 자상(字相)과 궁극적 구조인 실상(實相)을 증득하는 수단으로 자의(字義)를 정형구화시키는 자의론(字義論), 말하자면 문자의 내관을 통해 그것의 배후에 있는 실상을 파악해 나가는 소위자상문(字相門), 곧 門(mukha)이란 말을 개발하여 이를 발전시켜 나간다.

곧 앞의 4-다라니의 설명에서 '득다라니문'이니 '입일체제법실상'이란 어구를 보았듯이, 『대지도론』은 字相(門), 곧 門(mukha)이란 말을 사용하고 있는데, 여기서 mukha란 陀羅尼目佉(dhāraṇī-mukha), 곧 總持(陀羅尼門)을 의미하는 것으로453), 대승보살이 지니고 있어야 할 필수덕목, 말하자면 대승보살은 이 문을 통해야 비로소 무생법인을 얻을 수 있고, 또 청정법지(淸淨法智)도 증득할 수 있다는 신념속에서 대승보살이 지녀야 할 필수조건으로 일종의 만병통치약으로서 다라니라고 하는 새로운 장르의 門을 개설한 후 점차 이를 발전시켜 나간다. 곧 대품계의 반야경에서 일어나기 시작한 이 門(mukha)이란 개념은454) 드디어 대승불

452) 『大智度論』은 陀羅尼에 1)言語의 本性 2)主體의 判斷 3)言語의 機能 4)主體의 修道法 등의 특색을 지닌 일종의 固有名詞格으로서의 의미를 새로이 부여하였다. 곧 종래 陀羅尼가 지니고 있던 靜止的 의미에서 벗어나 動態的 力動的 의미를 지닌 修行의 의미를 가지게 한 것이다. 拙稿「진언다라니실담의 수용과 전개 」『논문집』 12집. 중앙승가대학교 대학원. 2018
453) 『大智度論』(대정장 25. p.268a)「門者得陀羅尼方便諸法是」
454) 『大般若經』(대정장 8. p.256a)「復次須菩提。菩薩摩訶薩摩訶衍。所謂字等語等諸字入門。何等爲字等語等諸字入門。阿字門。一切法初不生故。羅字門。一切法離垢故。波字門。一切法第一義故。遮字門。一切法終不可得故。諸法不終不生故。那字門。諸法離名性相不得不失故」, 한편 상기『大般若經』의 <字等語等諸字入門>에 해당되는 단어가, 『方廣經』<陀隣尼品>에서는 <陀羅尼目佉>로, 『光讚經』<觀品>에서는 <總持門>으로, 『大般若經』<念住品>에서는 <陀羅尼門>으로 되어있어 겉보기에는 이들의 의미가 다르게 보이나, 이들은 모두가 (dhāraṇī-mukha)에 대한 번역어들이다. 곧 大品系에 나타난 dhāraṇī-mukha, 곧 陀羅尼目佉=總持=陀羅尼門 등은 대승보살이 지

교의 백과사전이라 칭하는 『대지도론』에 이르러 入音聲이니 入字門이니 하는 확실한 개념으로 발전된 후, 뒤이어 유가유식의 『瑜伽師地論』이 이를 이어받아 4종(法・義・呪・忍)다라니설을 부르짓게 되는 것이다.[455]

<慈行童女> 무애지 大光明藏

「善男子。我唯知此般若波羅蜜普莊嚴門。如諸菩薩摩訶薩。其心廣大。等虛空界。入於法界。福德成滿。住出世法。遠世間行。智眼無翳。普觀法界。慧心廣大。猶如虛空。一切境界。悉皆明見。獲無礙地大光明藏。善能分別一切法義。行於世行。不染世法。能益於世非世所壞。普作一切世間依止。普知一切衆生心行。隨其所應。而爲說法。於一切時。恒得自在」[456]

니고 있어야 할 필수덕목으로, 이 문을 통해야 비로소 無生法忍을 얻을 수 있는 것이며, 나아가 一切法淸淨法智를 증득할 수 있는 것이라고 강조하면서, 다라니라고 하는 새로운 장르, 곧 ('門=德目')을 개설하고 있다. 『大寶積經』<無邊莊嚴會> (대정장 11. p.40a) 「菩薩由得陀羅尼故。必定當證無生法忍。逮得一切法淸淨智。及能出生如是法智。謂一切法不生不滅」

『大般若經』 <(眞)實語品> 「復次慶喜。甚深般若波羅蜜多是能悟入一切法相。是能悟入一切文字。是能悟入陀羅尼門。諸菩薩摩訶薩應於如是陀羅尼門常勤修學。若菩薩摩訶薩受持如是陀羅尼門。速能證得一切辯才諸無礙解(중략)汝等若能受持如是甚深般若波羅蜜多陀羅尼者。則爲總持一切佛法令不忘失.”『大法炬陀羅尼經』(대정장 21, pp.662a-b), 「然此陀羅尼門。則能總攝諸餘經典(중략)所言陀羅尼門者。義何謂也。何等是陀羅尼。以何義故復名爲門(중략)如此大地建立出生一切衆寶卽能任持(중략)此陀羅尼亦復如是。諸摩那婆。所言門者。卽是如來。如來藏門出生一切諸法寶藏不可思議。如是摩那婆。此陀羅尼妙法門中出生一切諸修多羅。一切章句。一切分別義。一切諸波羅蜜。故名爲門」(대정장 7. pp. 314c-315a)

455) 『大智度論』에서 설해진 四種(聞持・分別知・入音聲・入字門)다라니를 『瑜伽師地論』의 四種(法・義・呪・忍)다라니와 비교해 보면, 경론에서 설해진 순서대로 (聞持-法)・(分別知-義)・(入音聲-呪)・(入字門-忍)로 대치할 수 있을 것이다.

456) 『80화엄경』 <입법계품> (대정장 10. 349b)

(선남자여! 나는 단지 반야바라밀의 보장엄문<普莊嚴門>만을 알고 있으나, 저기 저보살님들은 마음이 허공계처럼 광대하며, 법계에 들어가 복과 덕을 가득히 하며, 出世間法에 머물러 세간행을 멀리하며, 지혜의 눈이 흐리지 않아 법계를 두루 관찰하며, 지혜심이 광대하여 허공과 같으며, 일체경계를 모두 다 명쾌히 보며, 무애지 大光明藏을 얻어 능히 일체법의 뜻을 잘 분별하며, 세간행을 행하여도 세간일에 물들지 아니하며, 세상 파괴함이 없이 능히 世間을 이익하게 하며, 두루 일체세간의 의지처가 되며, 두루 일체중생들의 마음을 알아, 그 마음에 응해 설법하는 등, 일체시에 항상 自在함을 얻었다)

<善見比丘>

「善男子。我唯知此菩薩隨順燈解脫門。如諸菩薩摩訶薩。如金剛燈。於如來家。眞正受生。具足成就。不死命根常然智燈。無有盡滅」[457]

(선남자여! 나는 단지 보살의 隨順燈-해탈문만을 알고 있으나, 저기 저 보살님들은 마치 金剛燈과 같아서 如來家에 태어나게 하여, 不死의 命根을 具足하고 성취케 하며, 또 항상 지혜의 등불을 타게하여 꺼짐이 없게 하신다)

<具足-우바이>: 선지식의 가르침

「善知識教。猶如春日生長一切善法根苗。善知識教。猶如滿月。凡所照及。皆使清涼。善知識教。如夏雪山。能除一切諸獸熱渴。善知識教。如芳池日。能開一切善心蓮華。善知識教。如大寶洲。種種法寶。充滿其心。善知識教。如閻浮樹。積集一切福智華果。善知識教。如大龍王。於

---

457) 『80화엄경』 <입법계품> (대정장 10. 350b)

虛空中。遊戲自在。善知識敎。如須彌山。無量善法。三十三天。於中止住。善知識敎。猶如帝釋。衆會圍遶。無能映蔽。能伏異道脩羅軍衆」[458]

(선지식의 가르침은 <봄날=春日>과 같아서, 일체선법의 뿌리를 잘 자라게 하며, <만월=滿月>과 같아서 비치는 곳마다 청량케 하며, <여름의 설산=夏雪山>과 같아서 능히 일체 모든 짐승의 갈증을 제거해 주며, 연못에 비치는 해<芳池日>와 같아서 능히 일체 善心의 연화를 피우게 하며, <큰 보배섬=大寶洲>과 같아서 종종의 法寶로 그 마음을 충만케 하며, <염부제의 나무=閻浮樹>와 같아서 일체의 복과 지혜의 꽃과 열매를 쌓아 모으며, <큰 용왕=大龍王>과 같아서 허공중에서 유희<遊戲>함이 자재하며, <수미산=須彌山>과 같아서 무량한 善法인 33천이 그 가운데 머무르며, <제석천>과 같아서 모든 대중이 둘러싸 호위하여, 그 어느 것도 덮어지는 것 없이 外道와 아수라의 군중들을 능히 항복시킨다)

<具足-우바이>

「善男子。我得菩薩無盡福德藏解脫門。能於如是一小器中。隨諸衆生種種欲樂。出生種種美味飮食。悉令充滿」[459]

(선남자! 나는 보살의 무진복덕장<無盡福德藏>-해탈문을 얻었기에, 능히 이 작은 그릇속에서도 모든 중생들의 종종의 欲樂에 따라 온갖 맛있는 음식을 내어 다 충만케 한다)

善知識을 대하는 마음

「善男子。發阿耨多羅三藐三菩提心。是人難得。若能發心。是人則能求菩

---

458) 『80화엄경』 <입법계품> (대정장 10. 351b)
459) 『80화엄경』 <입법계품> (대정장 10. 351c)

薩行。値遇善知識恒無厭足。親近善知識恒無勞倦。供養善知識恒不疲懈。給侍善知識不生憂慼。求覓善知識終不退轉。愛念善知識終不放捨。承事善知識無暫休息。瞻仰善知識無時憩止。行善知識敎未曾怠惰。稟善知識心無有誤失」460)

(선남자여! 무상정등정각심을 발하기란 여간 어려운 것이 아니다. 따라서 혹시라도 발심한 자가 있다면, 이 사람은 능히 보살행을 구하기 위해 선지식을 만나는데 있어 싫어하거나 만족함이 있어서는 아니된다. 곧 선지식을 친근하는 것에 피로해 하지 말아야 하며, 공양을 드리는 것에도 피곤해 하거나 나태한 마음을 내서도 아니되며, 물자를 공급하거나 모시는 일에도 근심이나 우울한 생각을 내서도 아니되며, 찾거나 뵙는 일에 절대로 퇴전이 없어야 하며, 존경하고 받들어 생각하는데 있어서도 끝까지 이런 생각을 버려서도 아니되며, 받들어 모시는 것에 있어서도 잠시의 휴식도 없고, 우러러 모시는 것에 있어서도 잠시의 휴식도 없고, 우러러 추앙하는 것에 있어서도 잠시의 휴식이나 그침도 없고, 가르침을 따라 행하는 것에 있어서도 선지식을 따라하되 그릇되거나 잘못된 마음이 없어야 한다)

<普眼長者>: 근기설법(根機說法)
「善男子。十方衆生。諸有病者。咸來我所。我皆療治。令其得差。復以香湯。沐浴其身。香華瓔珞。名衣上服。種種莊嚴。施諸飮食及以財寶。悉令充足。無所乏短。然後各爲如應說法。爲貪欲多者敎不淨觀。瞋恚多者敎慈悲觀。愚癡多者敎其分別種種法相。等分行者爲其顯示殊勝法門」461)

---

460) 『80화엄경』 <입법계품> (대정장 10. 352c~a)
461) 『80화엄경』 <입법계품> (대정장 10. 354c)

(선남자여! 시방중생들 가운데 病 있는 자들이 모두 내게로 오면, 다 치료하여 쾌차케 한 후, 향탕으로 몸을 씻기고, 향과 꽃과 영락과 좋은 의복을 입히는 등 여러 가지로 장엄을 하고, 맛있는 진수성찬과 재보로 충족케하여 그 무엇 하나 부족함이 없게 한 후, 그들을 위해 근기설법(根機說法)을 한다. 곧 욕심이 많은 탐욕자에게는 不淨觀을, 성냄이 많은 진애자에게는 慈悲觀을, 우치한 자에게는 종종의 法相을 분별할 수 있도록 가르치며, 동등하게 행하는 자에게는 殊勝法門을 나타내 보이신다)

(강 설) 근기(根機)에 따른 수행, 五停心觀

근본 번뇌(anusaya) 열 가지 중 마음을 산란하게 하고 수행을 방해하는 요소는 탐심(貪心)·진심(嗔心)·치심(癡心)· 산란심(散亂心) 그리고 자아에 대한 집착(교만=慢) 등의 수혹(修惑)이다. 초기불교때부터 설해지고있는 <五停心觀(오정심관)>이라는 수행법은 번뇌를 가라앉히고 마음을 다스리게 하는 수행법으로, 여기에서 <停心>이라는 의미는 이름 그대로 탐진치 등의 不淸淨한 것에 대해 마음을 가라앉히고 멈추(停)게 한다는 의미이다. 五停心觀은 부정관(不淨觀)· 자비관(慈悲觀)·인연관(因緣=緣起觀)·수식관(數息觀)·계분별관(界分別觀)등의 다섯으로 구성되어있는데, 여기서

탐심(貪心)과 진심(嗔心)은 각각 부정관(不淨觀)과 자비관(慈悲觀)으로 다스리고, 어리석음(痴心)은 연기관(緣起觀)으로, 산란심은 수식관(數息觀)으로, 자신에 대한 집착은 18가지 법계에 자아가 없음을 보는 법계분별관(法界分別觀)으로 다스리는 행법이다.

『구사론』에는 근기(根機)에 따라 부정관(不淨觀)과 지식념(止息念)의 수습을 설정해 놓고, 탐행자(貪行者)에게는 不淨觀을, 심행자(尋行者)는 止息念(수식관=數息觀)의 수습을 하게하여 <止(Śamatha)修習>의

완성을 천유하고 있으며, 觀(Vipaśyanā)修習>의 완성을 위해서는 사념처(四念處)의 수행법를 설정해 놓고 있다. //

<普眼長者>: 10-바라밀의 구족

「爲欲令其具佛相好。稱揚讚歎檀波羅蜜。爲欲令其得佛淨身悉能遍至一切處故。稱揚讚歎尸波羅蜜。爲欲令其得佛清淨不思議身。稱揚讚歎忍波羅蜜。爲欲令其獲於如來無能勝身。稱揚讚歎精進波羅蜜。爲欲令其得於清淨無與等身。稱揚讚歎禪波羅蜜。爲欲令其顯現如來清淨法身。稱揚讚歎般若波羅蜜。爲欲令其現佛世尊清淨色身。稱揚讚歎方便波羅蜜。爲欲令其爲諸衆生住一切劫。稱揚讚歎願波羅蜜。爲欲令其現清淨身。悉過一切諸佛刹土。稱揚讚歎力波羅蜜。爲欲令其現清淨身隨衆生心悉使歡喜。稱揚讚歎智波羅蜜」462)

(<그로 하여금> 부처님의 상호를 갖추게 하기 위해 布施-바라밀을 칭찬하고, 부처님의 淸淨身을 얻어 능히 일체처에 이르게 하기 위해 持戒-바라밀을 칭찬하고, 청정불가사의한 몸을 얻게 하기 위해 忍辱-바라밀을 칭찬하고, 여래와 같은 無能勝身을 얻게하기 위해 精進-바라밀을 칭찬하고, 淸淨無與等身을 얻기위해 禪-바라밀을 칭찬하고, 여래청정법신을 드러내기 위해 般若-바라밀을 칭찬하고, 불세존의 淸淨色身을 현현시키기 위해 方便-바라밀을 칭찬하고, 중생들을 일체의 劫동안 머물게 하기위해 願-바라밀을 칭찬하고, 청정신을 나타내어 일체의 모든 불찰토를 지나가게 하기위해 力-바라밀을 칭찬하고, 청정신을 나타내어 중생들의 마음을 환희케 하기위해 智-바라밀을 칭찬하는 것이다)

---

462) 『80화엄경』 <입법계품> (대정장 10. 354c)

<無厭足王>: 惡作衆生의 제도를 위해 惡人으로 化作함

「善男子。我此國土。所有衆生。多行殺盜乃至邪見。作餘方便。不能令其捨離惡業。善男子。我爲調伏彼衆生故。化作惡人。造諸罪業。受種種苦。令其一切作惡衆生。見是事已。心生惶怖。心生厭離。心生怯弱。斷其所作一切惡業。發阿耨多羅三藐三菩提意」[463]

(선남자여! 내 국토에 사는 중생들중에는 살생하고 훔치고 삿된 소견 가진 자가 많지만, 다른 방편으로는 그들의 악업을 버리게 할 수 없었다. 선남자여! 그래서 나는 저들 중생들을 조복시키기 위해, 惡人으로 化作하여 여러 가지 죄업을 짓고 여러 가지 고통을 받아, 내 국토의 惡作중생들로 하여금 그것을 보게하여, 그들로 하여금 무서운 마음과 싫어하는 마음과 겁나는 마음을 갖도록 하고, 일체의 악업 짓는 것을 끊고, 무상정등정각심을 발하게 하려는 것이다)

<大光王>

「善男子。我唯知此菩薩大慈爲首隨順世間三昧門。如諸菩薩摩訶薩。爲高蓋。慈心普蔭諸衆生故。爲修行。下中上行悉等行故。爲大地。能以慈心任持一切諸衆生故。爲滿月。福德光明於世間中平等現故。爲淨日。以智光明照耀一切所知境故。爲明燈。能破一切衆生心中諸黑闇故。爲水淸珠。能淸一切衆生心中諂誑濁故。爲如意寶。悉能滿足一切衆生心所願故。爲大風。速令衆生修習三昧入一切智大城中故」[464]

(선남자여! 나는 단지 보살의 큰-慈心을 으뜸으로 삼아, 世間에 수순하는 三昧門만을 알고 있지만, 저기 저 보살님들중 높은 日傘을 으뜸으로

---

463) 『80화엄경』 <입법계품> (대정장 10. 355c~356a)
464) 『80화엄경』 <입법계품> (대정장 10. 357c)

삼는 자는 慈心으로 모든 중생들을 덮어주기 위함이며, 修行을 으뜸으로 삼는 자는 상중하의 행을 똑같이 행하기 위함이며, 大地를 으뜸으로 삼는 자는 慈心으로 일체중생들을 맡아 지키기 위함이며, 둥근 만월을 으뜸으로 삼는 자는 복덕광명이 세간속에 평등하게 나타나도록 하기 위함이며, 청정한 태양을 으뜸으로 삼는 자는 智光明으로 일체의 경계를 비추기 위함이며, 밝은 등불을 으뜸으로 삼는 자는 일체중생들의 마음속의 무명을 모두 깨부수기 위함이며, 물속의 청명한 구슬을 으뜸으로 삼는 자는 일체중생들의 마음속의 아첨과 속임과 탁함을 청정케 하기 위함이며, 如意寶珠를 으뜸으로 삼는 자는 일체중생들의 원함을 다 만족시키기 위함이며, 큰 바람을 으뜸으로 삼는 자는 중생들로 하여금 속히 三昧를 수습케 해서 一切智의 大城에 들어가게 하기 위함이다)

<不動-우바이>
「善知識者。 能普救護一切惡道。 能普演說諸平等法。 能普顯示諸夷險道。 能普開闡大乘奧義。 能普勸發普賢諸行。 能普引到一切智城。 能普令入法界大海。 能普令見三世法海。 能普授與衆聖道場。 能普增長一切白法」465)

(선지식이란 <능히 두루> 일체의 惡道에서 구해주고 보호해 주며, 모든 평등법을 연설해주며, 좋고 나쁜 길을 나타내 보여주며, 大乘의 깊고 오묘한 뜻을 열어 천명해주고, 보현보살의 모든 행원을 발하도록 권하며, 일체지혜의 城으로 인도하여 도착케 하며, 법계의 大海에 들어가게 하며, 삼세의 法海를 보게 하며, 뭇 성인의 도량을 내어 주시며, 일체의 청정한 백법을 증장케 하신다)

---

465) 『80화엄경』 <입법계품> (대정장 10. 358a)

<師子頻申-비구니>: 일체의 相을 여읨

「善男子。我見一切衆生。不分別衆生相。智眼明見故。聽一切語言。不分別語言相。心無所着故。見一切如來。不分別如來相。了達法身故。住持一切法輪。不分別法輪相。悟法自性故。一念遍知一切法。不分別諸法相。知法如幻故」[466]

(선남자! 나는 일체중생들을 보되, 중생의 相을 분별하지 않는 것은 智慧眼과 明見으로 보기 때문이며, 일체의 언어를 듣되 언어의 상을 분별하지 않는 것은 마음에 착심을 두지 않기 때문이며, 일체여래를 보되 여래의 상을 분별하지 않는 것은 法身을 요달했기 때문이며, 일체의 법륜에 머물러 保持하되 법륜의 相을 분별하지 않는 것은 제법의 自性을 깨달았기 때문이며, 一念으로 일체법을 두루 알되 제법의 상을 분별하지 않는 것은 모든 법을 幻과 같이 알기 때문이다)

제 26 선지식, <婆須蜜多-여인>

「善男子。我得菩薩解脫。名離貪欲際。隨其欲樂。而爲現身。若天見我。我爲天女。形貌光明。殊勝無比。如是乃至人非人等。而見我者。我卽爲現人非人女。隨其樂欲。皆令得見。若有衆生。欲意所纏。來詣我所。我爲說法。彼聞法已。則離貪欲。得菩薩無着境界三昧」[467]

(선남자! 나는 보살이 해탈을 얻었으니 이름하여 <離貪欲際>라 하는 것이다. 곧 그들의 欲樂에 따라 現身하는 것으로, 만일 天女가 나를 보면 나는 즉시 천녀가 되어 그 형모가 밝게 빛나 그 수승함이 비할 바가 없게된다.

466) 『80화엄경』 <입법계품> (대정장 10. 365a)
467) 『80화엄경』 <입법계품> (대정장 10. 365c)

이와같이 사람이나 사람이 아닌 자가 나를 보면, 나는 즉시 사람이나 사람이 아닌 자의 女人이 되어, 그 欲樂에 따라 모두 보게 한다. 곧 어떤 중생이 애욕에 억메여 나를 찾아오면 나는 법을 설하되, 그가 그 설법을 듣고 나면 그는 곧 바로 탐욕심에서 벗어나 보살의 無着境界-三昧를 얻게 된다)

파수밀다-창녀의 <離欲淸淨 無盡法門>
「若有衆生。暫見於我。則離貪欲。得菩薩歡喜三昧。若有衆生。暫與我語。則離貪欲。得菩薩無礙音聲三昧。若有衆生。暫執我手。則離貪欲。得菩薩遍往一切佛刹三昧。若有衆生。暫昇我座。則離貪欲。得菩薩解脫光明三昧。若有衆生。暫觀於我。則離貪欲。得菩薩寂靜莊嚴三昧。若有衆生。見我頻申。則離貪欲。得菩薩摧伏外道三昧。若有衆生。見我目瞬。則離貪欲。得菩薩佛境界光明三昧。若有衆生。抱持於我。則離貪欲。得菩薩攝一切衆生恒不捨離三昧。若有衆生。唼我脣吻。則離貪欲。得菩薩增長一切衆生福德藏三昧。凡有衆生。親近於我。一切皆得住離貪際。入菩薩一切智地現前無礙解脫」[468]

(어떤 중생이 <잠시라도> 나를 보면 그 즉시 탐욕에서 벗어나 보살의 歡喜-삼매를 얻으며, 나와 말을 나누면 탐욕애서 벗어나 보살의 無碍音聲-삼매를 얻고, 내 손을 잡으면 탐욕에서 벗어나 보살의 <변왕일체불찰-삼매>를 얻고, 내 자리에 앉으면 탐욕을 벗어나 보살의 <해탈광명-삼매>를 얻으며, 나를 보면 탐욕에서 벗어나 보살의 <寂靜莊嚴-삼매>를 얻으며, 頻申을 보면 탐욕에서 벗어나 보살의 <摧伏外道-삼매>를 얻으며, 나의 눈깜빡거림을 보면 탐욕에서 벗어나 보살의 <佛境界光明-삼매>를 얻

---

468) 『80화엄경』 <입법계품> (대정장 10. 365c~366a)

으며, 나와 포옹하면 탐욕에서 벗어나 보살의 <攝一切衆生恒不捨離-삼매>를 얻으며, 나와 뽀뽀하면 탐욕에서 벗어나 보살의 <增長一切衆生福德藏-삼매>를 얻게된다. 이와같이 어느 중생이든 나에게 친근하면 일체의 離貪際에 머뭄을 얻어, 보살의 <一切智地現前無碍-해탈>에 들어가게 되는 것이다)

<관자재보살>: 大悲行門을 통한 일체중생의 제도
「善男子。我修行此大悲行門。願常救護一切衆生。願一切衆生。離險道怖。離熱惱怖。離迷惑怖。離繫縛怖。離殺害怖。離貪窮怖。離不活怖。離惡名怖。離於死怖。離大衆怖。離惡趣怖。離黑闇怖。離遷移怖。離愛別怖。離怨會怖。離逼迫身怖。離逼迫心怖。離憂悲怖。復作是願。願諸衆生若念於我。若稱我名。若見我身。皆得免離一切怖畏」[469]

(선남자여! 나는 大悲行-門을 수행하여, 일체중생을 구해 수호하기를 원하니, 원컨대 일체중생들이 험도<險道>의 공포를 비롯해, 熱惱와 迷惑과 계박(繫縛)과 살해와 빈궁과 不活과 惡名과 죽음과 大衆과 악취(惡趣)와 無明과 천이(遷移)와 愛別과 원회(怨會)와 핍박(逼迫)과 마음의 계박과 우비(憂悲) 등의 공포에서 모두 벗어나게 되기를 원합니다. 또 바라옵는 바는, 나를 생각하거나 내 이름을 칭하거나 나의 몸을 보는 모든 중생들이 일체의 모든 공포에서 벗어나게 되기를~)

(강 설) 시무외자(施無畏者), 普門示現하시는 관세음보살
「바라옵는 바는, 나를 생각하거나 내 이름을 칭하거나 나의 몸을 보는 모든 중생들이 일체의 모든 공포에서 벗어나게 되기를~」, 선재동

---

[469] 『80화엄경』 <입법계품> (대정장 10. 367a~b)

자가 찾아 뵌 선지식 관자재보살이 중생제도를 위해 세운 발원이다. <관세음보살>하면 뭐니뭐니해도 일단은 법화경이다. 법화경에서는 관세음보살을 일러 <시무외자(施無畏者)>라 칭하고 있다. 어쩌면 그 분의 닉네임이라해도 좋을 만큼 그만큼 일반화된 정식별명이 되었다. 곧 누구든 '나무 관세음보살'이라 하기만해도, 관세음보살님께서는, 그가 어디에 있든 또 어떤 두려움에 처해있을지라도, 예를 들어 지진 홍수 화재 풍재 등 三災八難에 처해있을지라도 다 해결해 주신다는 그분의 願力 때문에 불은 이름이 <施無畏者>이며 <普門示現>이다. 이러한 무한량의 수많은 위신력 가운데에 다음가 같은 원력이 있다.

「어떤 사람이 음욕심(淫慾心)이 많아 주체를 못할 때, 관세음보살님을 념하면서 원을 말하면 그 즉시 淫心이 사라지고, 또 욱하고 성잘내는 嗔心이 많은 사람이 관세음보살님을 념하면서 원을 말하면 그 즉시 성내는 瞋心이 사라지고, 또 어리석은 無明의 자가 관세음보살님을 념하면서 원을 말하면, 그 즉시 어리석은 치심(痴心)이 사라진다」,

관세음보살님은 정말 대단한 분이시다. 이름 한번 부름에 중생의 근거인 탐진치 三毒을 다 없어지게 해주신다니~ 「나무 관세음보살~」 //

<大天神>
「善男子。我唯知此雲網解脫。如諸菩薩摩訶薩猶如帝釋已能摧伏一切煩惱阿脩羅軍。猶如大水普能消滅一切衆生諸煩惱火。猶如猛火普能乾竭一切衆生。諸愛欲水。猶如大風普能吹倒一切衆生諸見取幢。猶如金剛悉能摧破一切衆生諸我見山」[470]

---

470) 『80화엄경』 <입법계품> (대정장 10. 368b)

(선남자여! 나는 단지 雲網-해탈만을 알고 있지만, 저기 저보살님들은 마치 재석천과같아서 이미 아수라軍과 같은 모든 번뇌를 꺽어 항복<摧伏>시키며, 도 큰 홍수와 같아서 일체중생들의 모든 煩惱의 火를 능히 모두 꺼서 소멸시키며, 또 타오르는 猛火와 같아서 일체중생의 모든 愛欲이란 물을 모두 말라 버리게 하며, 또 큰 颶風과 같아서 일체중생들의 모든 見取란 깃발을 꺾어 넘어뜨리며, 도 금강과 같아서 일체중생들의 모든 我見의 산을 부수어 깨뜨린다)

<守護一切城-主夜神>: 自在妙音 解脫

「善男子。我得菩薩甚深自在妙音解脫。爲大法師。無所罣礙。善能開示諸佛法藏故。具大誓願。大慈悲力。令一切衆生。住菩提心故。能作一切利衆生事。積集善根。無有休息故」[471]

(선남자여! 나는 보살의 깊고 깊은 自在妙音-해탈을 얻었다. 내가 대법사가 되어 그 무엇에도 걸림이 없는 것은, 능히 시방제불의 法藏을 개시하기 위함이며, 또 큰 서원인 大慈悲力을 갖춘 것은, 일체중생들로 하여금 보리심에 머물게 하기 위함이며, 또 내가 능히 일체의 중생사를 이롭게 할 수 있는 것은, 쉬지 않고 선근을 쌓아 모으기 때문이다)

<摩耶夫人>

「善男子。應守護心城。謂不貪一切生死境界。應莊嚴心城。謂專意趣求如來十力」[472]

(선남자여! 마땅히 마음의 城을 수호한다는 것은, 일체생사의 경계를 탐

---

471) 『80화엄경』 <입법계품> (대정장 10. 388b)
472) 『80화엄경』 <입법계품> (대정장 10. 413c)

하지 않는다는 의미이며, 또 마땅히 마음의 城을 장엄한다는 것은, 뜻을 새워 오로지 여래가 가진 십력을 구한다는 의미이다)

일체보살의 어머니, 마야부인의 <大願智幻-해탈문>

「佛子。我已成就菩薩大願智幻解脫門。是故。常爲諸菩薩母。佛子。如我於此閻浮提中迦毘羅城淨飯王家。右脅而生悉達太子。現不思議自在神變。如是乃至盡此世界海。所有一切毘盧遮那如來。皆入我身。示現誕生自在神變」[473]

(불자여! 나는 이미 보살의 <大願智幻-해탈문>을 성취했기에, 나는 언제나 모든 보살의 어머니인 것이다. 불자여! 마치 내가 염부제의 가비라성의 정반왕궁에서 오른쪽 옆구리로 싯달타-태자를 낳는 불가사의한 自在神變을 나타낸 것처럼, 나는 다함이 없는 이 세계해에 계시는 일체의 비로자나여래께서 모두 내 몸 안으로 들어와 탄생케하는 自在神變을 보이는 것이 나의 원력이다)

(강 설) 제불보살의 어머니, 마야부인

마야부인은 부처님의 어머니이시다. 그런데 선재동자에게 이렇게 설법을 하는 것이다. 그 옛날 부처가 되신 싯달타태자를 낳은 것처럼, 나의 원력은 모든 사람을 모두 내 몸안으로 들어오게(잉태)하여, 싯달타처럼 그들을 부처(佛)로서 태어나게 하는 것이라고~ 욕심도 많으시다. 일체중생을 자기 배속에 넣어 잉태했다 잘 길러 모두 부처를 만들겠다니, 그야말로 시방중생을 모두 諸佛菩薩로 거듭나게 하는 어머니가 되겠다는 원력을 세운 것이다.

---

473) 『80화엄경』 <입법계품> (대정장 10. 415c)

역시 부처님을 낳으신 어머니는 뭐가 달라도 다르다. 우리 어머니들도 아기를 잉태했을 때 이러면 얼마나 좋을까? 아니 마야부인만큼은 아닐지라도 나름대로의 원력을 세워서 낳고 키우면 좋을 텐데~ 허기사 요즘은 낳기조차 싫어하는데, 더 이상 무얼?

마야부인은 또 다음과 같은 원을 세우셨다. 일체생사의 경계에 대해 탐하지 않는 마음의 城을 쌓고 이를 수호할 것이며, 여래가 가진 十力을 구하겠다는 원력으로, 내 마음을 莊嚴하겠노라고~ //

<善知衆藝童子> <싣담 42자와 그 字義>

「善男子。我得菩薩解脫。名善知衆藝。我恒唱持此之字母。1)唱阿字時。入般若波羅蜜門。名以菩薩威力入無差別境界。2)唱多字時。入般若波羅蜜門。名無邊差別門。3)唱波字時。入般若波羅蜜門。名普照法界。4)唱者字時。入般若波羅蜜門。名普輪斷差別。5)唱那字時。入般若波羅蜜門。名得無依無上。6)唱邏字時。入般若波羅蜜門。名離依止無垢。7)唱柂(輕呼)字時。入般若波羅蜜門。名不退轉方便。8)唱婆(蒲我切)字時。入般若波羅蜜門。名金剛場。9)唱茶(徒解切)字時。入般若波羅蜜門。名曰普輪。10)唱沙(史我切)字時。入般若波羅蜜門。名爲海藏。11)唱縛(房可切)字時。入般若波羅蜜門。名普生安住。12)唱哆(都我切)字時。入般若波羅蜜門。名圓滿光。13)唱也(以可切)字時。入般若波羅蜜門。名差別積聚。14)唱瑟吒字時。入般若波羅蜜門。名普光明息煩惱。15)唱迦字時。入般若波羅蜜門。名無差別雲。16)唱娑(蘇我切)字時。入般若波羅蜜門。名降霆大雨。17)唱麼字時。入般若波羅蜜門。名大流湍激衆峰齊峙。18)唱伽(上聲輕呼)字時。入般若波羅蜜門。名普安立。19)唱他(他可切)字時。入般若波羅蜜門。名眞如平等藏。20)唱社字時。入般若波羅蜜門。名入世間海淸淨。21)唱鎖字時。入般若波羅蜜門。名念一切佛莊嚴。22)唱柂字時。入般若波羅

蜜門。名觀察揀擇一切法聚。23)唱奢(尸苛切)字時。入般若波羅蜜門。名隨順一切佛敎輪光明。24)唱佉字時。入般若波羅蜜門。名修因地智慧藏。25)唱叉(楚我切)字時。入般若波羅蜜門。名息諸業海藏。26)唱娑(蘇紇切)多(上聲呼)字時。入般若波羅蜜門。名蠲諸惑障開淨光明。27)唱壤字時。入般若波羅蜜門。名作世間智慧門。28)唱曷[打-丁+羅]多(上聲)字時。入般若波羅蜜門。名生死境界智慧輪。29)唱婆(蒲餓切)字時。入般若波羅蜜門。名一切智宮殿圓滿莊嚴。30)唱車(上聲呼)字時。入般若波羅蜜門。名修行方便藏各別圓滿。31)唱娑(蘇紇切)麼字時。入般若波羅蜜門。名隨十方現見諸佛。32)唱訶婆(二字皆上聲呼)字時。入般若波羅蜜門。名觀察一切無緣衆生方便攝受令出生無礙力。33)唱縒(七可切)字時。入般若波羅蜜門。名修行趣入一切功德海。34)唱伽(上聲呼)字時。入般若波羅蜜門。名持一切法雲堅固海藏。35)唱吒字時。入般若波羅蜜門。名隨願普見十方諸佛。36)唱拏(孃可切)字時。入般若波羅蜜門。名觀察字輪有無盡諸億字。37)唱娑(蘇紇切)頗字時。入般若波羅蜜門。名化衆生究竟處。38)唱娑(同前音)迦字時。入般若波羅蜜門。名廣大藏無礙辯光明輪遍照。39)唱也(夷舸切)娑(蘇舸切)字時。入般若波羅蜜門。名宣說一切佛法境界。40)唱室者字時。入般若波羅蜜門。名於一切衆生界法雷遍吼。41)唱侘(恥加切)字時。入般若波羅蜜門。名以無我法開曉衆生。42)唱陀字時。入般若波羅蜜門。名一切法輪差別藏。善男子。我唱如是字母時。<u>此四十二般若波羅蜜門爲首</u>。入無量無數般若波羅蜜門」474)

라 하며, <善知衆藝童子>는 阿(a) 羅(ra) 波(pa) 遮(ca) 那(na)로부터 시작해서 遮(śca) 咤(ṭa) 荼(ḍha)로 끝나는 실담 42자와, 그 자가 주는 의미(字義)를 함께 설하면서, 이 42자야말로 반야바라밀문에 들어가기 위

---

474)『80화엄경』<입법계품> (대정장 10. 418a~c)

한 으뜸(首)이 되는 것이라면서, 이 42자의 字母를 열창하는 수행문을 제시하고 있다. 이를 알기 쉽게 도표로 나타내면 다음과 같다.

시대와 더불어 字와 그것의 義가 어떻게 변천되었는지 알아보기 위해, 『80 화엄경』을 기본으로, 『반야경』과 밀교경전인 『수호국계경』을 삽입해 놓았다.

참 고: 다라니 42字와 그 字義

『華嚴經』『大品般若經』『守護國界經』의 字義 상호비교[475]

42 字			字　　　　義	
순번	한자	실담자	80권 화엄경 <入法界品>	大品般若經 <廣乘品> 守護國界經<陀羅尼品>
1	阿	a	以菩薩威力入無差別境界	一切法初不生 一切法性無生
2	羅	ra	無邊差別門	一切法離垢 一切法無染着
3	波	pa	普照法界	一切法第一義

475) 『80 華嚴經』 <入法界品> (대정장 10. 418a~c) / 『대품반야경』 <廣乘品>
(대정장 8. 256a~b) / 『守護國界經 <陀羅尼品> (대정장 19. 534c~535a)

				勝義諦門不可得
4	遮	ca	普輪斷差別	諸法終不可得諸法不終不生 眼及諸行皆清淨
5	那	na	得無依無上	諸法離名性相不得不失 名色性相不可得
6	邏	la	離依止無垢	諸法度世間亦愛支因緣滅 愛支因緣連續不斷皆不現
7	陀	da	不退轉方便	諸法善心生亦施相 悟入清淨十力門
8	婆	ba	金剛場	諸法婆字離 力及菩提分皆清淨
9	茶	ḍa	普輪	諸法茶字淨 離諸法怨敵及憂惱
10	沙	ṣa	海藏	諸法六自在王性清淨 六通圓滿無罣礙
11	和	va	普生安住	諸法語言道斷 不二之道言語斷

12	多	ta	圓滿光	諸法如相不動 一切法眞實義
13	夜	ya	差別積聚	諸法如實不生 稱如實理而演說
14	咤	ṣṭa	普光明息煩惱	諸法折伏可得 制伏任持不可得
15	迦	ka	無差別雲	諸法作者不可得 遠離世論無作者
16	娑	sa	降霆大雨	諸法時不可得諸法時來轉 四眞諦皆平等
17	麼	ma	大流湍激衆峰齊峙	諸法我所不可得 一切法清淨道
18	伽	ga	普安立	諸法生者不可得 入甚深法無行取
19	他	tha	眞如平等藏	諸法處不可得 顯示勢力不可得
20	社	ja	入世間海清淨	諸法生不可得 超過老死能所生
21	鎖	sva	念一切佛莊嚴	諸法鎖字不可得 煩惱所行皆遠離

22	馱	dha	觀察揀擇一切法聚	諸法性不可得 法界體性不雜亂
23	奢	sa	隨順一切佛教輪光明	諸法定不可得 入深止觀皆滿足
24	呿	kha	修因地智慧藏	諸法虛空不可得 如虛空無盡法
25	叉	kṣa	息諸業海藏	諸法盡不可得 入於盡智無生智
26	嗏	sta	蠲諸惑障開淨光明	諸法有不可得 遠離昏沈懈怠障
27	若	jña	作世間智慧門	諸法智不可得 一切眾生智慧體
28	拕	rtha	生死境界智慧輪	諸法拕字不可得 摧惡進善體皆離
29	婆	bha	一切智宮殿圓滿莊嚴	諸法破壞不可得 慣習觀察覺悟體
30	車	cha	修行方便藏各別圓滿	諸法欲不可得五陰亦不可得 遠離貪瞋痴覆性
31	摩	sma	隨十方現見諸佛	諸法摩字不可得 念不散動無忘失

32	火	hva	觀察一切無緣眾生 方便攝受令出生無礙力	諸法喚不可得 可以呼召請命體
33	嵯	tsa	修行趣入一切功德海	諸法嵯字不可得 勇猛驅逐諸惑體
34	伽	gha	持一切法雲堅固海藏	諸法厚不可得 散滅重雲無明翳
35	他	ṭha	隨願普見十方諸佛	諸法處不可得 積集諸行窮盡體
36	拏	ṇa	觀察字輪有無盡諸億字	諸法不來不去不立不坐不臥 隨順最勝寂照體
37	頗	pha	化眾生究竟處	諸法遍不可得 周邊圓滿果報體
38	歌	ska	廣大藏無礙辯光明輪遍照	諸法聚不可得 悟解一切蘊聚體
39	嵯	ysa	宣說一切佛法境界	諸法嵯字不可得 能除老死一切病
40	遮	śca	一切眾生界法雷遍吼	諸法行不可得 現前覺悟未曾有
41	咤	ṭa	以無我法開曉眾生	諸法偪不可得 斷生死道得涅槃

42	茶	ḍha	一切法輪差別藏	諸法邊竟處不可得 悟解無邊無盡體

참 고: 42字 陀羅尼門

『화엄경』 <離世間品>에는 보살이 닦아야 할 다라니로

「聞持・修行・思惟・法光明・三昧・圓音・三世・種種辯才・出生無礙耳・一切佛法 등 10種의 다라니를 설하면서, 이러한 10종 다라니를 증득한 것 때문에, 보살은 한번 들은 법은 그 어떤 것이라도 망실(忘失)함이 없이 지니게 되며, 일체법을 있는 그대로 보고, 法性을 요지하며, 불가사의한 불법을 그대로 비추며, 모든 부처님 처소에 있으면서도 마음의 동요없이 正法을 들으며, 일체의 부사의한 음성을 이해할 수 있으며, 일체의 불법을 자유자재로 연설할 수 있으며, 辯才로서 한량없는 불법을 연설할 수 있으며, 無碍의 귀를 가지게 되어 감히 들을 수 없는 불법까지도 들을 수 있으며, 여래만이 지닌 무애의 경지에 안주할 수 있게 된다」

라 설하고 있다.[476]

---

476)「佛子 菩薩摩訶薩 有十種陀羅尼 何等爲十 所謂聞持陀羅尼持一切法 不忘失故 修行陀羅尼 如實巧觀一切法故 思惟陀羅尼 了知一切諸法性故 法光明陀羅尼 照不思議諸佛法故 三昧陀羅尼 普於現在一切佛所 聽聞正法 心不亂故 圓音陀羅尼 解了不思議 音聲語言故 三世陀羅尼 演說三世不可思議 諸佛法故 種種辯才陀羅尼 演說無邊諸佛法故 出生無礙耳陀羅尼 不可說佛所說之法 悉能聞故 一切佛法陀羅尼 安住如來力無畏故 是爲十」『華嚴經』<離世間品> (대정장 10. 281c~282a)

또한『화엄경』<十地品>에는 제 9地 善慧地菩薩이 증득한 것으로 '義・法・智・光照・善慧・衆財・威德・無碍門・無邊際 등의 10종 다라니를 열거하면서, 이러한 다라니문의 취득에 의해 선교무애지(善巧無碍智)와 묘법장(妙法藏)을 얻어 대법사가 되어 정법을 듣고도 잊지 않고 자유자재로 연설할 수 있는 것'이라 설하고 있다.477)

그리고 이러한 다라니 중시현상은 드디어『대보적경』<무진혜보살품>에 이르러서는 菩薩十地의 수행도정의 필수과정으로서까지 그 위상을 높이게 된다. 곧 보살이 각 地에서 수습해야 할 다라니,
예를 들면「初地에서는 殊勝加持陀羅尼, 제2地에서는 無能勝陀羅尼,…… 제9地에서는 無邊法門陀羅尼, 제10地에서는 無盡法藏陀羅尼」등, 10단계로 이루어진 보살십지의 수행과정을 10종의 다라니의 취득과정으로 표현하기에 이르게 된다.478)

또『화엄경』의 마지막을 장식하는 <입법계품>에는「阿字를 비롯한 42字는 諸法을 出生케 하는 種子이기에479), 보살이 필히 지녀야 할 위신력

---

477)「佛子 菩薩住第九地 得如是善巧無礙智 得如來妙法藏 作大法師 得義陀羅尼 法陀羅尼 智陀羅尼 光照陀羅尼 善慧陀羅尼 衆財陀羅尼 威德陀羅尼 無礙門陀羅尼 無邊際陀羅尼 種種義陀羅尼 如是等 百萬阿僧祇陀羅尼門 皆得圓滿 以百萬阿僧祇善巧音聲辯才門而演說法 此菩薩 得如是百萬阿僧祇陀羅尼門已 於無量佛所一一佛前 悉以如是百萬阿僧祇陀羅尼門 聽聞正法 聞已不忘 以無量差別門 爲他演說」『華嚴經』<十地品> (대정장 10. 203a~b).

478)「復次善男子 菩薩於初地中得殊勝加持陀羅尼 第二地中得無能勝陀羅尼 第三地中得善住陀羅尼 第四地中得不可壞陀羅尼 第五地中得無垢陀羅尼 第六地中得智輪燈陀羅尼 第七地中得殊勝行陀羅尼 第八地中得淸淨分別陀羅尼 第九地中得示現無邊法門陀羅尼 第十地中得無盡法藏陀羅尼」『大寶積經』<無盡慧菩薩品> (대정장 11. 650a)

479)『大日經疏』에는 「若有衆生入此眞言門者 不久即同彼菩薩之德也 凡觀照時唯以本體一字爲主 持誦則具言也 此即是種子之字」라 하여, (만약 어떤 衆生이 이 眞言門에 들어간다면 머지않아 곧 그 菩薩의 德과 같이 되며, 무릇 觀照하는 때는 오직 本體의 一字를 중심으로 삼는 것으로, 이것을 지송하게 되면 전체를 지송하는 것과 같아지는데, 이러한 까닭은 이것이 곧 種子의 字이기 때문이다)라고 하여, 42종의 진언종자가 가지는 성질을 식물의 씨앗(종

으로 설정하고, 따라서 42字를 지송하면 곧 바로 반야바라밀다에 들어가 무량무변의 자재와 신통력을 지니게 된다」고 설하고 있다. 480)

또 不空三藏이 저술한 『화엄경입법계품 42字觀門』에는 <입법계품>의 내용을 42자의 다라니-種子로 표현하면서, 「42字 종자야말로 해탈의 근본자(字)로서 諸法空을 설파하는 반야바라밀의 의미를 모두 함축하고 있는 것이며, 따라서 이를 지송하면 선교지(善巧智)를 비롯하여 일체법 평등의 의미를 비롯한 모든 공덕을 일시에 득하게 된다」고 하면서, 이들 42字 種子를 항상 지니면서 칭념할 것을 적극 권장하고 있으며,481) 또 『화엄경입법계품돈증비로자나법신자륜유가의궤』에는 「만일 유가행자가 관

자)이 갖는 함장(含藏)의 성질과 공덕에 비유하여 설명하고 있다. 『大日經疏』 <普通眞言藏品> (대정장 권39, p.681上~中), 또한 『大日經疏』에는 「種子能 生多果 一一復生百千萬數 乃至展轉無量不可說也」라 하여, (種子는 능히 많 은 果를 生할 수 있다. 곧 하나하나가 다시 百千萬數를 生하여 결국은 無量 으로 展轉하여 가히 설할 수 없기 때문이다)라 설하고 있다. (대정장 권39. 681a~a)

480)「聖者 我已先發阿耨多羅三藐三菩提心 而未知菩薩云何學菩薩行 云何修菩薩 道告善財言 善男子 我得菩薩解脫 名善知衆藝 我恒唱持此之字母 唱阿字時 入般若波羅蜜門 名以菩薩威力入無差別境界 唱多字時 入般若波羅蜜門 名無 邊差別門 唱波字時 入般若波羅蜜門 名普照法界 唱者字時 入般若波羅蜜門 名普輪斷差別 唱那字時 入般若波羅蜜門 名得無依無上 唱邏字時 入般若波羅 蜜門 名離依止無垢 唱柂(輕呼)字時 入般若波羅蜜門 名不退轉方便」『華嚴經』 <入法界品> (대정장 10. 418a)

481)「時彼童子告善財言 善男子我得菩薩解脫 名善知衆藝 我恒稱持入此解脫根本 之字 阿(上)字時 名由菩薩威德 入無差別境界般若波羅蜜門 悟一切法本不生故 囉字時 入無邊際差別般若波羅蜜門 悟一切法離塵垢故 跛字時 入法界際般若 波羅蜜門 悟一切法勝義諦不可得故 左(輕呼)字時 入普輪斷差別般若波羅蜜門 悟一切法無諸行故 曩(舌頭呼)字時 入無阿賴耶際般若波羅蜜門 悟一切法性相 不可得 (中略) 故善男子我稱如是入諸解脫根本字時 此四十二般若波羅蜜爲首 入無量無數般若波羅蜜門又善男子如是字門 是能悟入法空邊際 除如是字 表諸 法空 更不可得 何以故如是字義不可宣說 不可顯示 不可執取 不可書持 不可 觀察 離諸相故 善男子譬如虛空是一切物所歸趣處 此諸字門亦復如是 諸法空 義皆入此門 方得顯了 若菩薩摩訶薩於如是入諸字門 得善巧智 於諸言音所詮 所表 皆無罣礙 於一切法平等空性 盡能證持 於衆言音咸得善巧」『華嚴經入法 界品42字觀門』 (대정장19. 707c~709a)

행을 통해 이 42자의 선(旋)다라니와 상응한다면 바로 그 자리에서 비로 자나여래법신을 증득하게 될 것이다」[482]라고 설하고 있을 정도이다.

『화엄경』의 중심교리는 보살의 수행도로서 十地思想을 설하는 <十地品>과, 아울러 이러한 求道過程을 중생을 대표하는 구도자 선재동자를 통해 완성시킨 <입법계품>일 것이다. 이러한 핵심교리를 『화엄경』은 아자(阿字)를 비롯한 <42字-陀羅尼門>에 집약시키고, 더 나가서 各地마다 다라니를 설정하여, 그 地에 해당하는 다라니의 획득이 다름 아닌 十地의 획득이며 菩薩道의 완성이라 설명하고 있는 것이다.

여기서 잠시 소위 <文殊五字眞言> 또는 <出悉地眞言>과 <化身眞言>이라고도 일컬어지는 『화엄경』에 등장하는 42字 種字중 맨 처음에 나오는 다섯 개의 種子인 阿·羅·波·遮·那(A·Ra·Pa·Ca·Na)의 의미를[483] 대품반야에 속하는 『광찬반야경』과 비교해 보면서, 42字에 대한 개념 내지는 사상의 변화를 살펴보면 다음과 같다.[484]

먼저 阿字에 대하여는 『大品』이 '初不生'이라고 하고 있는 반면, 『화엄경』은 '入無差別境界'라 하고 있고, 羅字에 대하여는 『大品』이 '離垢'라 하고 있는 반면, 『화엄경』은 '無邊差別門'이라 하고 있고, 波(Pa)字에 대하여는 대품이 '第一義諦'라 하고 있는 반면, 『화엄경』은 '普照'라 하고 있고, 遮(者:Ca)字에 대하여는 『大品』이 '不可得'이라 하고 있는 반면, 『화엄경』은 '斷差別'이라 하고 있고, 那字에 대하여는 『大品』이 '遠離'라

---

482)「修瑜伽者 若能與是旋陀羅尼觀行相應 卽能現證毘盧遮那如來智身」『華嚴經入法界品頓證毘盧遮那法身字輪瑜伽儀軌』(대정장 19. 709b)
483)「下品悉地阿羅波左那 是名出悉地 能生根莖遍滿四方 (中略) 得入如來一切法平等 一切文字亦皆平等 速得成就摩訶般若 (中略) 如是三悉地 出悉地化身成就」『三種悉地破地獄儀軌』(대정장 18. 911a)
484)「復次須菩提 菩薩摩訶薩摩訶衍 所謂字等語等諸字入門 何等爲字等語等諸字入門 阿字門 一切法初不生故 羅字門 一切法離垢故 波字門 一切法第一義故 遮字門 一切法終不可得故 諸法不終不生故 那字門 諸法離名性相不得不失故」『光讚般若經』(대정장 8. 256a), 註 79)번 『80화엄경』(대정장 10. 418a) 참조.

하고 있는 반면, 『화엄경』은 '得無上'이라고 하고 있음을 볼 수 있는데[485], 이러한 두 경의 차이점은 『大品』이 '一切法無自性空'을 경의 중심사상에 두고 있는데 반하여, 『화엄경』은 '無碍와 無差別平等'을 중심사상으로 두고 있기 때문일 것이다.

아무튼 聞持와 憶持, 그리고 이것을 통해 三昧와 無生法忍의 획득을 중심에 둔 『般若經』의 다라니에 대한 개념은 『화엄경』에 이르러 이들의 개념 외에 중생에게 정법을 자유자재로 연설할 수 있는 능력인 무애변재(無碍辯才)와 불가사의한 불법을 보이고 설할 수 있는 광명과 圓音의 개념, 그리고 중생으로 하여금 정법을 듣도록 청문능력을 가지게 하는 신통력 등 소위 중생구제를 위한 개념들이 추가되어 있음을 볼 수 있는데, 이는 다라니의 가치나 위상이 『화엄경』에 이르러 최절정에 이르렀음을 알게 해주는 것으로, 밀교라고 하는 새로운 불교의 탄생, 곧 다라니를 중심으로 여기에 불교의 중심교리를 배대시켜 새로운 이론과 실천도를 확립해 놓은 밀교가 머지않아 탄생 될 것임을 암시해 주는 것이라 볼 수 있다

<堅固解脫長者>

「善男子。我得菩薩解脫。名無着念淸淨莊嚴。我自得是解脫已來。於十方佛所。勤求正法。無有休息」[486]

(선남자여! 나는 보살의 <無着念淸淨莊嚴-해탈>을 얻었다. 나는 이 해탈

---

485) 같은 五字種字에 대하여 60화엄경은 80화엄경과 그 순서나 자의(字義)에 있어 약간의 차이가 보인다.「時彼童子告善財言 善男子 我得菩薩解脫名善知衆藝 我恒唱持入此解脫根本之字 唱阿字時 入般若波羅蜜門 名菩薩威德各別境界 唱羅字時 入般若波羅蜜門 名平等一味最上無邊 唱波字時 入般若波羅蜜門 名法界無異相 唱者字時 入般若波羅蜜門 名普輪斷差別 唱多字時 入般若波羅蜜門 名得無依無上」『60권 화엄경』(대정장 9. 765c)
486)『80화엄경』<입법계품> (대정장 10. 419a)

을 얻은 이래 줄곧 시방의 부처님계신 곳에서 잠시도 쉬지 않고 부지런
히 정법을 구해왔다)

<德生童子 有德童女>: 일체존재는 幻(住)

「善男子。我等證得菩薩解脫。名爲幻住。得此解脫故。見一切世界皆幻
住。因緣所生故。一切衆生皆幻住。業煩惱所起故。一切世間皆幻住。無
明有愛等展轉緣生故。一切法皆幻住。我見等種種幻緣所生故。一切三世
皆幻住。我見等顚倒智所生故。一切衆生生滅生老病死憂悲苦惱皆幻住。
虛妄分別所生故。一切國土皆幻住。想倒心倒見倒無明所現故。一切聲聞
辟支佛皆幻住。智斷分別所成故。一切菩薩皆幻住。能自調伏敎化衆生諸
行願法之所成故。一切菩薩衆會變化調伏諸所施爲皆幻住。願智幻所成故」[487]

(선남자여! 나는 幻住라 이름하는 보살의 해탈을 얻었으므로, 일체세계를
모두 幻에 머무는 것, 곧 <幻住>라고 보니, 모두가 인연소생이기 때문이
며, 또 일체중생이 幻住이니 업과 번뇌로 일어난 것이기 때문이며, 일체
세간이 모두 幻住이니, 無明과 愛와 有와 애등이 展轉해서 생긴 緣生이
기 때문이며, 일체법이 모두 幻住이니, 내가 보는 온갖 것들이 모두 幻
의 緣으로 일어난 것이기 때문이며, 일체삼세가 모두 幻住이니 내가 보
는 모든 것들이 顚倒된 智에서 일어난 것이기 때문이며, 일체중생의 생
멸과 生老病死憂悲苦惱가 모두 幻住이니 虛妄分別에서 일어난 것이기
때문이며, 일체국토가 모두 幻住이니 생각과 마음과 보는 것이 전도된
소위 想倒와 心倒와 見倒라고 하는 無明에서부터 일어난 것이기 때문이
며, 일체의 성문과 연각이 모두 幻住이니 지혜가 끊어진 분별에서 이루
어진 것이기 때문이며, 일체보살도 모두 幻住이니 중생들을 교하하고 조

---

487) 『80화엄경』 <입법계품> (대정장 10. 419c~420a)

복한 이 모두가 行願으로부터 이루어진 것이기 때문이며, 일체보살이 모이는 衆會와 변화와 調伏과 布施가 모두 幻住이니, 願과 智와 幻으로부터 이루어진 것이기 때문이다)

<미륵보살>: <보리심이 무엇인지를 116개의 사물로 비유함>488)

「善男子。菩提心者猶如種子。能生一切諸佛法故。菩提心者猶如良田。能長衆生白淨法故。菩提心者猶如大地。能持一切諸世間故。菩提心者猶如淨水。能洗一切煩惱垢故。菩提心者猶如大風。普於世間無所礙故。菩提心者猶如盛火。能燒一切諸見薪故。菩提心者猶如淨日。普照一切諸世間故。菩提心者猶如盛月。諸白淨法悉圓滿故。菩提心者猶如明燈。能放種種法光明故。菩提心者猶如淨目。普見一切安危處故。菩提心者猶如大道。普令得入大智城故。菩提心者猶如正濟。令其得離諸邪法故。菩提心者猶如大車。普能運載諸菩薩故。菩提心者猶如門戶。開示一切菩薩行故。菩提心者猶如宮殿。安住修習三昧法故。菩提心者猶如園苑。於中遊戲受法樂故。菩提心者猶如舍宅。安隱一切諸衆生故。菩提心者則爲所歸。利益一切諸世間故。菩提心者則爲所依。諸菩薩行所依處故。菩提心者猶如慈父。訓導一切諸菩薩故。菩提心者猶如慈母。生長一切諸菩薩故。菩提心者猶如乳母。養育一切諸菩薩故。菩提心者猶如善友。成益一切諸菩薩故。菩提心者猶如君主。勝出一切二乘人故。菩提心者猶如帝王。一切願中得自在故。菩提心者猶如大海。一切功德悉入中故。菩提心者如須彌山。於諸衆生心平等故。菩提心者如鐵圍山。攝持一切諸世間故。菩提心者猶如雪山。長養一切智慧藥故。菩提心者猶如香山。出生一

---

488) 『般若經』계의 경전이 22개의 비유를 들고 있는데 반해, 『華嚴經』은 무려 117개 (60권本)의 비유를 들어 설명하고 있다. (대정장 10. 825a~851c) 또한 『華嚴經』도 3본이 모두 비유의 숫자가 다르다. 곧 40권(대정장 10. 825a)은 122개, 60권 (대정장 9.775b)은 117개, 80권 (대정장 10. 429b)은 116개의 비유를 각각 제시하고 있다.

切功德香故。菩提心者猶如虛空。諸妙功德廣無邊故。菩提心者猶如蓮華。不染一切世間法故。菩提心者如調慧象。其心善順不獷戾故。菩提心者如良善馬。遠離一切諸惡性故。菩提心者如調御師。守護大乘一切法故。菩提心者猶如良藥。能治一切煩惱病故。菩提心者猶如坑阱。陷沒一切諸惡法故。菩提心者猶如金剛。悉能穿徹一切法故。菩提心者猶如香篋。能貯一切功德香故。菩提心者猶如妙華。一切世間所樂見故。菩提心者如白栴檀。除衆欲熱使清涼故。菩提心者如黑沈香。能熏法界悉周遍故。菩提心者如善見藥王。能破一切煩惱病故。菩提心者如毘笈摩藥。能拔一切諸惑箭故。菩提心者猶如帝釋。一切主中最爲尊故。菩提心者如毘沙門。能斷一切貪窮苦故。菩提心者如功德天。一切功德所莊嚴故。菩提心者如莊嚴具。莊嚴一切諸菩薩故。菩提心者如劫燒火。能燒一切諸有爲故。菩提心者如無生根藥。長養一切諸佛法故。菩提心者猶如龍珠。能消一切煩惱毒故。菩提心者如水清珠。能清一切煩惱濁故。菩提心者如如意珠。周給一切諸貧乏故。菩提心者如功德瓶。滿足一切衆生心故。菩提心者如如意樹。能雨一切莊嚴具故。菩提心者如鵝羽衣。不受一切生死垢故。菩提心者如白[疊*毛]線。從本已來性清淨故。菩提心者如快利犁。能治一切衆生田故。菩提心者如那羅延。能摧一切我見敵故。菩提心者猶如快箭。能破一切諸苦的故。菩提心者猶如利矛。能穿一切煩惱甲故。菩提心者猶如堅甲。能護一切如理心故。菩提心者猶如利刀。能斬一切煩惱首故。菩提心者猶如利劍。能斷一切憍慢鎧故。菩提心者如勇將幢。能伏一切諸魔軍故。菩提心者猶如利鋸。能截一切無明樹故。菩提心者猶如利斧。能伐一切諸苦樹故。菩提心者猶如兵仗。能防一切諸苦難故。菩提心者猶如善手。防護一切諸度身故。菩提心者猶如好足。安立一切諸功德故。菩提心者猶如眼藥。滅除一切無明翳故。菩提心者猶如鉗鑷。能拔一切身見刺故。菩提心者猶如臥具。息除生死諸勞苦故。菩提心者如善知

識。能解一切生死縛故。菩提心者如好珍財。能除一切貧窮事故。菩提心者如大導師。善知菩薩出要道故。菩提心者猶如伏藏。出功德財無匱乏故。菩提心者猶如涌泉。生智慧水無窮盡故。菩提心者猶如明鏡。普現一切法門像故。菩提心者猶如蓮華。不染一切諸罪垢故。菩提心者猶如大河。流引一切度攝法故。菩提心者如大龍王。能雨一切妙法雨故。菩提心者猶如命根。任持菩薩大悲身故。菩提心者猶如甘露。能令安住不死界故。菩提心者猶如大網。普攝一切諸眾生故。菩提心者猶如罥索。攝取一切所應化故。菩提心者猶如鉤餌。出有淵中所居者故。菩提心者如阿伽陀藥。能令無病永安隱故。菩提心者如除毒藥。悉能消歇貪愛毒故。菩提心者如善持咒。能除一切顛倒毒故。菩提心者猶如疾風。能卷一切諸障霧故。菩提心者如大寶洲。出生一切覺分寶故。菩提心者如好種性。出生一切白淨法故。菩提心者猶如住宅。諸功德法所依處故。菩提心者猶如市肆。菩薩商人貿易處故。菩提心者如鍊金藥。能治一切煩惱垢故。菩提心者猶如好蜜。圓滿一切功德味故。菩提心者猶如正道。令諸菩薩入智城故。菩提心者猶如好器。能持一切白淨法故。菩提心者猶如時雨。能滅一切煩惱塵故。菩提心者則為住處。一切菩薩所住處故。菩提心者則為壽行。不取聲聞解脫果故。菩提心者如淨琉璃。自性明潔無諸垢故。菩提心者如帝青寶。出過世間二乘智故。菩提心者如更漏鼓。覺諸眾生煩惱睡故。菩提心者如清淨水。性本澄潔無垢濁故。菩提心者如閻浮金。映奪一切有為善故。菩提心者如大山王。超出一切諸世間故。菩提心者則為所歸。不拒一切諸來者故。菩提心者則為義利。能除一切衰惱事故。菩提心者則為妙寶。能令一切心歡喜故。菩提心者如大施會。充滿一切眾生心故。菩提心者則為尊勝。諸眾生心無與等故。菩提心者猶如伏藏。能攝一切諸佛法故。菩提心者如因陀羅網。能伏煩惱阿脩羅故。菩提心者如婆樓那風。能動一切所應化故。菩提心者如因陀羅火。能燒一切諸惑習故。菩

提心者如佛支提。一切世間應供養故。善男子。菩提心者。成就如是無量
功德。舉要言之。應知悉與一切佛法諸功德等」[489]

(선남자여! 보리심은 마치 <種子>와 같아서, 능히 일체의 諸佛法을 출생
시키며, 좋은 밭<良田>과 같아서, 중생의 淸淨正法을 증장시키며, <大
地>와 같아서, 능히 일체 모든 세간을 保持하며, <청정수>와 같아서 능
히 일체번뇌의 때를 깨끗이 씻겨주며, <태풍>과 같아서 세간의 장애 모
두 날려 없애버리고, <猛火>와 같아서 일체의 모든 見取를 태워버리며,
<청정한 태양>과 같아서 두루 일체세간을 비추고, <보름달>과 같아서 모
든 정법을 원만케 하고, <밝은 등불> 같아서 능히 종종의 법의 광명을
내뿜으며, <청정한 눈>과 같아서 두루 일체의 안식처와 위험처를 보게
해주고, 큰 길<大路>과 같아서 두루 大地의 城에 들어가게 하며, <名
藥>과 같아서 모든 邪法들을 여의게 해주며, 큰 자동차<大車>와 같아서
두루 모든 보살님들을 태워 목적지에 가며, <大門>과 같아서 일체보살의
행을 열어 보이시고, <궁전>과 같아서 三昧에 안주하게하여 수습케 해주
며, <정원> 같아서 안에서 法樂을 즐기며 놀 수 있게 해주며, <집>과 같
아서 일체 모든 중생들을 평안하게 해준다. 보리심은 돌아갈 <귀의처>이
기에 일체 세간을 이익케 해주며, <의지처>이기에 보살행의 의지처가 되
며, 마치 <慈父>와 같아서 일체 모든 보살들을 가르쳐 인도하고, <慈母>
와 같아서 일체모든 보살들을 생장시키며, <좋은 친구>와 같아서 일체
모든 보살을 이익케 해주며, <임금님>과 같아서 일체 二乘人들은 수승한
곳으로 탈출시켜주며, <帝王>과 같아서 일체의 願속에서 自在를 얻게하
며, <큰 바다>와 같아서 일체의 功德을 모두 집어 넣을 수 있으며, <수
미산>과 같아서 모든 중생심을 평등케 해주며, <鐵圍山>과 같아서 일체

489) 『80화엄경』 <입법계품> (대정장 10. 429b~430c)

모든 세간을 섭지하며, <雪山>과 같아서 일체 지혜의 약으로 長養해주며, <香山>과 같아서 일체공덕의 향을 출생시키며, <허공>과 같아서 모든 妙功德을 한량없이 넓혀주며, <연꽃>과 같아서 일체의 세간법에 물들게 하지 아니하며, 꼬끼리 조련사<調慧象>와 같아서 그 마음을 선하게 하여 난폭하거나 사납지 않게 하며, 말 잘듣는 좋은 말<良善馬>과 같아서 일체의 모든 惡性을 멀리 여의게 하며, <조련사>와 같아서 大乘法을 수호해주며, <名藥>과 같아서 일체 번뇌병을 치유해주며, 구덩이<坑阱>와 같아서 일체의 악법을 함몰시키며, <金剛>과 같아서 일체법을 모두 구멍내어 명철케 하며, <香盒>과 같아서 능히 일체공덕의 香을 저장하며, <妙華>와 같아서 일체세간의 즐거운 볼거리가 되며, <白旃檀>과 같아서 중생들의 탐욕의 열기를 제거하여 청량케 하며, <黑沈香>과 같아서 능히 법계를 두루 훈향시키며, <善見藥王>과 같아서 능히 일체의 번뇌병을 깨뜨려 제거하며, <마약>과 같아서 능히 일체의 모든 惑煩惱의 화살을 절단하며, <帝釋天>과 같아서 일체의 주인가운데 最尊이 되며, <毘沙門>과 같아서 능히 일체의 빈궁의 苦를 끊어 없애며, <功德天>과 같아서 일체공덕으로 장엄하며, <장엄구>와 같아서 일체 모든 보살을 장엄하며, <劫燒香>과 같아서 능히 일체의 모든 有爲法을 태워 버리며, <無生의 藥>과 같아서 일체 모든 佛法을 長養하며, <용의 구슬>과 같아서 능히 일체의 煩惱毒을 제거 소멸시키며, <청정수의 구슬>과 같아서 능히 오탁의 일체번뇌를 청정케 하며, <如意寶珠>와 같아서 일체의 모든 빈궁자와 결핍자를 두루 공급하며, <공덕의 항아리>와 같아서 일체중생들의 마음을 만족케 하며, <如意樹>와 같아서 일체의 莊嚴具에 비를 내려주며, <거위의 날개옷>과 같아서 一切生死의 더러움을 받지 않으며, <백모>와 같아서 본래부터 淸淨하게하며, 쾌활하고 이로움을 주는 <얼룩소>와 같아서 능히 일체중생의 마음밭을 치유해준다. <중략> 운운)

이라 하여, 보리심을 種子·大地·淸淨水·猛火 등 무려 116개의 사물에 비유하고 있는데, 이는 菩提心의 功德이 얼마나 수승한 것인지를 말해주고 있는 것으로, 信解行證으로 이루어지는 불도수행에 있어 첫번째의 덕목인 信, 곧 <發菩提心>은 다음 항 <보살의 생처>에서도 첫 번째로 꼽힐 정도로 아무리 강조해도 지나치지않는 큰 덕목임을 거듭거듭 일깨워주고 있는 것이다.

<보살의 생처 (生處)

「善男子。菩薩有十種生處。何者爲十。善男子。菩提心。是菩薩生處。生菩薩家故。心是菩薩生處。生善知識家故。諸地。是菩薩生處。生波羅蜜家故。大願。是菩薩生處。生妙行家故。大悲。是菩薩生處。生四攝家故。如理觀察。是菩薩生處。生般若波羅蜜家故。大乘。是菩薩生處。生方便善巧家故。敎化衆生。是菩薩生處。生佛家故。智慧方便。是菩薩生處。生無生法忍家故。修行一切法。是菩薩生處。生過現未來一切如來家故」490)

(선남자여! 보살을 낳는 10가지 生處가 있으니, 무엇이 10가지인가 하면, 선남자여!

1) 보리심이니, 보살의 생처로서 보살이 태어나는 집이기 때문이며, 2) 마음이니, 보살이 생처로서 선지식을 낳는 집이기 때문이며, 3) 十地이니, 보살의 생처로서 바라밀을 낳는 집이기 때문이며, 4) 大願이니 보살의 생처로서 묘해를 낳는 집이기 때문이며, 5) 대비이니 보살의 생처로서 四攝을 낳는 집이기 때문이며, 6) 如理觀察이니, 보살의 생처로서 반야바라밀을 낳는 집이기 때문이며, 7) 대승이니, 보살의 생처로서 方便

490) 『80화엄경』 <입법계품> (대정장 10. 438b)

善巧를 낳는 집이기 때문이며, 8) 敎化衆生이니, 보살의 생처로서 부처
님을 낳는 집이기 때문이며, 9) 善慧方便이니, 보살의 생처로서 無生法
忍을 낳는 집이기 때문이며, 10) 修行一切法이니, 보살의 생처로서 과거
현재 미래의 일체여래를 낳는 집이기 때문이다)

보살의 부모와 가족

「善男子。菩薩摩訶薩。以般若波羅蜜爲母。方便善巧爲父。檀波羅蜜爲乳
母。尸波羅蜜爲養母。忍波羅蜜爲莊嚴具。勤波羅蜜爲養育者。禪波羅蜜
爲澣濯人。善知識爲敎授師。一切菩提分爲伴侶。一切善法爲眷屬。一切
菩薩爲兄弟。菩提心爲家。如理修行爲家法。諸地爲家處。諸忍爲家族。
大願爲家敎。滿足諸行爲順家法。勸發大乘爲紹家業。法水灌頂一生所繫
菩薩爲王太子。成就菩提爲能淨家族　善男子。菩薩如是超凡夫地。入菩薩
位。生如來家。住佛種性」491)

(선남자여! 보살은 반야바라밀을 어머니로 삼고, 方便善巧를 아버지로,
보시-바라밀을 乳母로, 지계-바라밀을 養母로, 인욕-바라밀을 장엄구로,
정진-바라밀을 양육자로, 선정-바라밀을 목욕시켜주는 자로, 선지식을
敎授師로, 일체의 菩提分法을 반려자로, 일체의 善法을 권속으로, 일체
보살을 兄弟로, 보리심을 집으로, 如理修行을 家法으로, 十地를 집터로,
모든 인욕을 가족으로, 대원을 家訓으로, 제행의 만족을 가훈에 순종하
는 것으로, 대승을 권하여 발심케 하는 것을 家業을 이어받는 것으로,
法水로 관정을 받는 일생보처보살을 王太子로, 보리의 성취를 淸淨家族
으로 삼는다.
　선남자여! 보살은 이와같이 해서 凡夫地를 뛰어넘어 菩薩位에 들어가

---

491) 『80화엄경』 <입법계품> (대정장 10. 438b)

如來家에 태어나 佛種姓에 머무는 것이다)

<문수보살>: 믿음(信根)의 중요성

「是時文殊師利。遙伸右手。過一百一十由旬。按善財頂。作如是言。善哉
善哉。善男子。若離信根。心劣憂悔。功行不具。退失精勤。於一善根。
心生住着。於少功德。便以爲足。不能善巧發起行願。不爲善知識之所攝
護。不爲如來之所憶念」[492]

(그때 문수사리-보살이 멀리서 오른 손을 펴 110 유순을 지나와서는, 선
재동자의 이마를 어루만지며 다음과 같이 말씀하셨다. 선재선재라, 선남
자여! 네가 만일 <믿음=信根>을 지니고 있지 않았다면, 마음이 용렬하고
후회하며 공덕행을 갖추지 못해 정근에서 물러나며, 하나의 善根에도 마
음이 머물러 집착하고, 조그마한 功德에 만족하여 善巧의 行願을 일으키
지 못하였을 것으로, 따라서 善知識의 거두어 주심과 보호함은 물론, 여
래의 憶念도 받지 못했을 것이다)

(강 설) 佛法大海 信爲能入 智爲能度

「佛法大海 信爲能入 智爲能度」는 『대지도론』에 나오는 말씀이다.
(큰 바다와 같이 무량한 세계를 설하고 있는 것이 佛法인데, 이 불법
바다에 들어가려면 믿음<信> 없이는 들어갈 수 없고, 또 苦海를 건너
彼岸으로 가려면 般若智慧(智) 없이는 건너갈 수 없다는 말씀이다.
　믿음(信)의 중요성에 대해, 또 기억해야 할 유명한 말씀이 『화엄
경』의 다음 구절이다.

---

492) 『80화엄경』 <입법계품> (대정장 10. 439b)

「信爲道元功德母 增長一切諸善法 除滅一切諸疑惑 示現開發無上道」

(佛道가운데 으뜸이 되는 것이 믿음<信>이다. 믿음은 공덕을 낳아주는 어머니이기에, 또 일체의 善根을 증장시켜주며, 일체의 의혹을 제거해 없애, 마침내는 나로하여금 무상정등정각을 성취케 해주기 때문에~, 불교는 信解行證의 가르침이다. 이 중 제일 먼저 꼽는 것이 믿음(信)이다. 믿음은 아무리 강조해도 지나치지 않는 덕목임을 위의 경구들은 역설하고 있다.//

<보현보살>: 三世平等의 淸淨法身과 淸淨無上의 色身을 증득
「是故善男子。我以如是助道法力。諸善根力。大志樂力。修功德力。如實思惟一切法力。智慧眼力。佛威神力。大慈悲力。淨神通力。善知識力故。得此究竟三世平等淸淨法身。復得淸淨無上色身。超諸世間。隨諸衆生心之所樂。而爲現形。入一切刹。遍一切處。於諸世界。廣現神通。令其見者靡不欣樂」[493]

(그러므로 선남자여! 나는 이와 같은 助道의 法力과 모든 善根力과 큰 뜻의 樂力과 功德力과 일체법을 여실하게 사유하는 힘과 智慧眼力과 부처님의 위신력과 大慈悲力과 청정한 신통력과 善知識의 힘으로 구경에는 三世平等의 淸淨法身과 淸淨無上의 색신을 증득하여 온갖 세간을 뛰어넘어, 모든 중생들의 마음의 기쁨에 따라 모습을 나타내어, 일체의 불토에 들어가 그곳의 세계에서 두루 신통을 보여, 나를 보는 자는 하나도 남김없이 모두 흡족케 하고 기쁘게 하였다)

---

493) 『80화엄경』<입법계품> (대정장 10. 441c)

<보현보살의 10種廣大行願>

① 禮敬諸佛行 ② 稱讚如來行 ③ 廣修供養行 ④ 懺悔業障行

⑤ 隨喜功德行 ⑥ 請轉法輪行 ⑦ 請佛住世行 ⑧ 常隨佛學行

⑨ 恒順衆生行 ⑩ 普皆廻向行

참고 (서적 / 논문) - 華嚴經 / 華嚴思想

山田龍城 『梵語佛典諸文獻』 平樂寺書店. 1959

　　　　　「大乘菩薩道史的研究 - 般若經類道.華嚴經類道,菩薩道內容」

　　　　　『大乘佛教成立論序說』

　　　　　「四十二字門について」『日本佛教學會年報』3. 1931

高橋純佑 「四十二字門と文殊菩薩」『智山學報』53. 1990

湯次了榮 『華嚴大系』 法林館 龍谷大學叢書. 1923

河野法雲 『華嚴發達史』 東京 名教學會. 1913

角川敎信 『華嚴學』 百華苑. 1949

龍山章眞 『梵文和譯十地經』 破塵閣. 1938

久野芳隆 「華嚴十地思想起源,開展,及び內容」『大正大學學報』6~7. 1930

　　　　　荻原博士還曆記念祝賀論文集. 1930

　　　　　「華嚴經成立問題」『宗教研究』新 7-2.

水野弘元 「菩薩十地說の發展について」『印佛研』1-2. 1953

　　　　　「十地說の展開」宮本正尊編『大乘佛教の成立史的研究』. 1954

脇谷撝謙 『華嚴經要義』 京都. 興教書院. 1920

伊藤瑞叡 「華嚴.如來性起の成立過程 -法華經との對比」

　　　　　『大岐學報』122, 1967

川田.中村編 『華嚴思想』 法藏館. 1960

高崎直道 「華嚴思想の展開」『講座大乘佛教』3. 華嚴思想. 1983

　　　　　「華嚴敎學と如來藏思想」『華嚴思想』 法藏館. 1960

伊藤瑞叡 「華嚴經成立」『講座大乘佛教』3. 華嚴思想. 1983

荒木典俊 「十地思想成立展開」『講座大乘佛教』3. 華嚴思想. 1983

長谷岡一也 「善財童子遍歷」『講座大乘佛教』3. 華嚴思想. 1983

玉城康四郎「華嚴經における佛陀觀」『講座大乘佛教』3. 華嚴思想. 1983

鎌田茂雄「唯心性起」『講座大乘佛教』3. 華嚴思想. 1983

「華嚴學の典籍及び研究文獻」『華嚴思想』法藏館. 1960

『無限の世界觀(華嚴)』(『佛教の思想』)6. 角川書店. 1969

木村清孝「華嚴宗成立」『講座大乘佛教』3. 華嚴思想. 1983

吉津宣英「華嚴と禪」『講座大乘佛教』3. 華嚴思想. 1983

荻原雲來「華嚴經題目の研究」『荻原雲來文集』山喜房佛書林 1972

原 實 「Gaṇḍavyūha題目考」

中村元博士還曆記念論文集『インド思想と佛教』春秋社. 1973

中村元「華嚴經の思想史的意義」『華嚴思想』法藏館. 1960

末綱恕一『華嚴經の世界』

高峯了州「如來出現思想と華嚴經結構の意圖」『龍谷學報』331. 1943

『華嚴思想史』

「普賢行願品解釋の問題」『華嚴論集』國書刊行會. 1976

「普賢行 – 歷史形成の背後にあるもの」『華嚴論集』

國書刊行會. 1976

坂本幸男「十地經論と瑜伽論菩薩地住品との關係」

『華嚴教學の研究』. 1956

「華嚴經と菩薩本業經との關係」『華嚴教學の研究』. 1956

渡邊照宏「VirocanaとVairocana」『密教學密教史論文集』.

高野山大學. 1965

高崎直道「唯心と如來藏」『佛教學』9-10, 특집「佛教と心」. 1980

西尾京雄「佛教經典成立思史における華嚴.如來性起經について」

『大谷大研究年報』2

平川 彰 「地の思想の發達と三乘共通の十地」『印佛研』13-2. 1965

高原 信 「大事における十地の構成の一考察」『印佛研』3-2. 1955

櫻部 建「無生智と無生法忍」『佛教語研究』1975

月輪賢隆「普賢行願註疏に就て」『東洋學論叢』

津田眞一「華嚴經入法界品における彌勒世界理念と

　　　　その神論的宇宙論的意味」『國際佛教大學院大學研究紀要』1. 1998

田口秀明「華嚴經入法界品における神變加持について」

　　　　『密教文化』198. 1997

生井智紹 「華嚴經における陀羅尼し眞言陀羅尼」『密教學研究』30. 1998

第4 淨土經典

4-1 개 설 (용수 · 세친보살과 정토)

龍樹菩薩은 '대승불교의 아버지'로 칭송받고, 또 대승불교의 8대 종파의 조사(祖師)로 받들어질 만큼 대승불교와는 절대로 떼려야 뗄 수 없는 아주 중요한 인물이다.

그는 대승 8대 종파 중의 하나인 淨土宗에서 조차도 초조(初祖)로 추앙받고 있는데, 그 원인이 다름아닌 『십주비바사론(十住毘婆沙論)』, 그 중에서도 제9 <이행품(易行品)>에 나오는 정토사상 때문이다.[494]

곧 『십주비바사론』은 대승경전의 꽃이라 불러지는 『화엄경』의 <十地品> 중 제1 初地 환희지(歡喜地)를 설명하면서

「佛法有無量門。如世間道有難有易。陸道步行則苦。水道乘船則樂。菩薩道亦如是。或有勤行精進。或有以信方便易行疾至阿惟越致者 (중략) 阿彌陀等佛　及諸大菩薩　稱名一心念　亦得不退轉　阿彌陀佛本願如是。若人念我稱名自歸。即入必定得阿耨多羅三藐三菩提」[495]

(부처님 법에는 한량없는 門이 있다. 마치 세간의 길에는 어려움도 있고 쉬움이 있어, 육지의 길로 걸어가면 고생되고, 물의 길로 배를 타고가면

---

494) 『십주비바사론』은 용수(龍樹)보살의 저작으로, 후진(後秦)의 홍시(弘始) 때, 야사(耶舍)三藏이 논문(論文)을 송출(誦出)하고,
구마라집(鳩摩羅什: Kumārajiva)이 402년에서 412년 사이에 번역하였다. 줄여서 『십주론』 또는 『십주비바사』라고도 한다. 『대방광불화엄경』의 <십지품> 중 초지(初地)인 환희지(歡喜地)와 제2地인 이구지(離垢地)를 주석한 것이 『십주비바사론』이다. 총 35품으로 이루어져 있으며, 특히 제9 이행품(易行品)에 정토사상이 설해져 있어 일찍부터 주목을 받아왔다. 10주(住)란 10지(地)와 동일한 의미로서, 『화엄경』의 핵심인 십지사상(十地思想), 곧 보살행인 10바라밀의 실천을 중심내용으로 하고 있다.
495) 『십주비바사론』 (대정장 26. 41b~43a)

즐거운 것과 같다.

보살의 길도 그러하여 혹은 부지런히 행하며 힘써 나아가는 길이 있는가 하면, 혹은 믿음의 방편으로 쉽게 아유월치(阿惟越致: 不退轉地)에 빨리 이르는 길이 있기도 하다. <中略> 아미타불과 모든 보살님의 명호를 일심으로 칭념하면 반드시 불퇴전을 얻을 것이다. 아미타불의 <48원>本願이 이와 같으니, 만약 사람들이 나를 念하며 명호를 부르면서 나에게 귀의하면, 곧 반드시 아뇩다라삼먁삼보리를 얻을 것이다)

라 하며, 방편이행(方便易行)과 易行品이란 語句를 설하고 있다.

정토종에서 이 <이행품(易行品)>을 중시해온 이유는, 그 내용이 정토종의 소의경전인 <정토삼부경(淨土三部經), 곧 『아미타경』『무량수경』『관무량수경』의 핵심을 잘 요약하고 있을 뿐만 아니라, 저자 또한 大乘八宗의 아버지라 불리우는 용수보살(150~250)이라는 점에 있다. 그것은 용수보살의 생존대에 이미 易行門인 淨土思想이 존립하고 있음을 시사하고 있기 때문이다. 이후 <이행품>의 설은 <淨土三部經>과 궤를 같이하며, 중국의 3대 정토가인 담란(曇鸞), 도작(道綽), 선도(善道) 등에게 전승되어, 중국 정토종의 교학체계를 완성하는데 근본 바탕이 된다.

이러한 여러 가지 이유로 비록 적은 분량인 이행품(易行品)이긴 하지만, 예로부터 여러 차례에 걸쳐 별책으로 간행될 만큼 특별히 중시되어 왔다.

4-2 정토삼부경(淨土三部經)

정토사상이란 무엇인지? 또 정토사상의 키워드인 정토(淨土)·아미타불(阿彌陀佛)·본원(本願)·타력(他力)·왕생(往生)등의 각각의 개념을 살펴보고, 이러한 개념들은 그 근원이 어디서 부터 온 것인지? 나아가 이러한 정토사상은 자력(自力), 곧 정진수행을 통해 중생에서 佛로 거듭남을 근간으로하는 自力爲主의 정통불교와 부합하는 것인지? 부합한다면 어째서 부합하는 것인지? 등을 살펴볼 것이다.

<정토삼부경(淨土三部經)>은 극락세계의 교주이신 아미타불을 신앙하고 모든 선근공덕을 닦아 극락세계에 태어남을 그 내용으로 하는 경전으로, 『무량수경』과 『관무량수경』과 『아미타경』을 말한다.

 극락정토(極樂淨土)란 탁(濁)하고 악(惡)한 예토(穢土), 이른바 오탁악세(五濁惡世), 곧 욕계·색계·무색계의 삼계(三界)를 뛰어넘어 존재한다는 淸淨하고 安樂한 理想的인 처소를 가리킨다.
 <정토삼부경>에는 이러한 안락처를 청정토(淸淨土)·안락국(安樂國)·불토(佛土)·불국(佛國) 등의 이름으로 표현하고 있다.
 곧 극락정토란 한량없는 수행과 공덕을 쌓은 보답(報)으로 얻어낸(受), 그래서 지금도 아니 앞으로도 계속 유용한(用) 청정보토(淸淨報土)이자 상주불멸한 실상(實相)으로, 모든 중생이 번뇌를 여의고 돌아가야할 영생의 고향으로 묘사되고 있다.

 大乘經典에는 아미타불의 정토 외에도 아축불(阿閦佛)의 정토, 藥師如來의 정토, 문수보살의 정토, 미륵보살의 정토 등 여러 정토를 말하고 있으나, 이들 정토의 대표로서 최고의 갈앙(渴仰)과 흠모를 받아 일찍부터 신앙의 대상이 되어온 것은 아미타불의 極樂淨土, 곧 서방극락세계에 관한 교설이다.

부처의 본원(本願: pūrva-praṇidhāna)力에 의지하여 淨土往生을 실현하려는 極樂往生의 신앙은 自力을 통해 깨달음을 쟁취하려는 종파, 특히 선종(禪宗)의 자력신앙(自力信仰)과 대비시켜 타력신앙(他力信仰)이라고 부른다.

淨土란 예토(穢土)의 반대 개념으로, 앞서도 잠시 거론했지만 가장 대표적인 정토는 아미타불이 세우신 西方極樂淨土이다.

정토사상을 설하고 있는 경전은 약 650여부의 대승경전중 300부 가까이나 된다.[496]

이러한 점으로 보아, 정토사상이 대승불교에서 얼마나 큰 비중을 차지하고 있는지 알 수 있다.

이렇게 많은 정토경전 중에서 『아미타경』(1권), 『무량수경(無量壽經)』(2권), 『관무량수경(觀無量壽經)』(1권)은 옛부터 <정토삼부경(淨土三部經)>이라 하여, 정토사상을 설하는 근본 소의(所依)경전으로 중시되었다.

<大乘八宗의 祖父(師)>란 존칭을 받는 용수보살은(龍樹菩薩)은 정토삼부경을 바탕으로, 그의 저술인 『대지도론(大智度論)』의 <왕생품(往生品)>과 『십주비바사론(十住毘婆沙論)』의 <석원품(釋願品)>과 <이행품(易行品)>등에서, 정토왕생과 정토십상(淨土十相)을 설하고 있으며, 이의 영향을 받은 唯識思想家 무착(無着)의 『섭대승론(攝大乘論)』과 세친(世親)의 『무량수경우바제사원생게(無量壽經優婆提舍願生偈)=無量壽經論=往生論=淨土論』에 이르러서는 정토사상의 논리적 기초가 다져지게 된다.[497]

---

496) 藤田宏達 박사는 대승경전중 아미타불에 관계있는 경전으로, 漢譯經典 290점, 梵本 經論 31점을 取出하였다. 『원시정토사상의 연구』 141항-164항 참조.

497) 『무량수경우바제사원생게(無量壽經優婆提舍願生偈)』는 『無量壽經論』・『往

곧 세친의 『淨土論』에는 29종의 장엄정토가 논해지고, 또 정토왕생의 정인(正因)으로 5염문(五念門:禮拜·讚歎·作願·觀察·廻向)의 수행방법이 설해져, 정토사상으로 하여금 인도대승사상의 새로운 정통사상으로 자리매김하게 하였다.

인도에서 발생한 대승정토사상은 중국에 건너와 담란(曇鸞)·혜원(慧遠)·도작(道綽)·선도(善導) 등에게로 이어져, 사상적 교리적으로 더욱 발전하며 정토종(淨土宗)이라는 하나의 독립된 宗派로서 자리매김하게 되었고, 이러한 움직임은 곧 바로 신라에까지 영향을 미쳐, 원효(元曉)·경흥(憬興)·현일(玄一)·의적(義寂)·태현(太賢)·신방(神昉) 등으로 이어져, 신라 독특의 정토사상을 전개하게 하였다.[498]

生論』·『淨土論』등 여으로도 불리우나, 이하 본강의에서는 혼돈을 막기위해 『淨土論』이라 표기할 것이다

498) 자장의 아미타경소(阿彌陀經疏)』(1권), 『아미타경의기(阿彌陀經義記)』(1권)는 신라 최초의 정토사상을 논한 저술이다. 新羅에서 저술된 정토삼부경의 주석서로는, 경흥 『무량수경연의술문찬(無量壽經連義述文贊)』(3권)과 『아미타경기(阿彌陀經記)』(1권), 원효 『무량수경종요(無量壽經宗要)』『아미타경소(阿彌陀經疏)』『유심안락도(遊心安樂道)』, 법위 『무량수경의소(無量壽經義疏)』(2권), 현일 『무량수경소(無量壽經疏)』(2권), 의적 『무량수경술의기(無量壽經述義記)』(3권), 『관무량수경강요(觀無量壽經綱要)』(1권) 등이 있다. 한편 新羅의 정토사상과 중국의 정토사상이 다른 점은 중국의 정토사상은 『관무량수경』을 중심으로 발달하였으나, 우리 나라는 『무량수경』을 중심으로 발전하였다는 점이다. 신라의 정토사상에는 두 계통의 흐름이 있었다. 곧 수나라 정영사(淨影寺)혜원의 계통인 지론계(地論系)와 당나라 현장(玄奘)·규기(窺基) 등의 유식계(唯識系)가 그것이다. 신라에 처음으로 정토사상을 도입한 사람은 분명하지 않지만, 원광(圓光)으로 추측되고 있다. 원광은 당나라에 유학하여 장안(長安)의 담천(曇遷) 문하에서 『섭대승론』을 배웠는데, 당시 담천 문하에는 혜원도 함께 청강하였다. 원측은 현장의 문인으로 『무량수경소』(3권), 태현은 『무량수경고적기(無量壽經古迹記)』(3권), 『아미타경고적기(阿彌陀經古迹記)』(1권), 『칭찬정토경고적기(稱讚淨土經古迹記)』(1권), 『정토총료간(淨土總料簡)』(1권) 등을 비롯하여 많은 저서를 지었지만, 현존하지 않아 이들 저서의 논지를 알수 없다. 한편 당나라의 도작·선도의 정토사상을 수용하고 있는 사람은 오직 의적뿐이다. 그러나 신라의 이러한 정토사상 관계 문헌들은 대부분 일실되어 그 사상 내용을 분명히 말하기는 어려우나 현존 자료에 의해 그들의 사상을 살핀다면, 법위·원효·현일·의적·경흥을 들 수 있으나, 여기서는 생략한다.

업과 번뇌 연기설을 근간으로 끝없는 정진수행을 통해 해탈과 보리를 추구하는 자기개혁의 정통불교, 이러한 정통의 불교교리에서 한참 벗어나, 그것도 자력(自力)이 아닌 남을 의지해서 극락의 세계에 왕생한다는 타력신앙(他力信仰), 곧 아미타불의 本願力에 의해 정토에 왕생하여 불퇴전(不退轉)의 경지에 도달함을 목적으로 하는 정토사상의 뿌리는 도대체 그 근원을 어디에 두고 있는 것일까?

 최근까지도 정토연구가를 비롯 불교학자들은 아미타불과 극락의 기원에 대해, 佛敎內部와 불교밖 外來의 起源을 주장하고 있다. 곧 기독교의 에덴동산 유래설을 비롯, 이집트의 Amente(죽은 자의 나라), 西方 그리스의 Elysion(樂土의 섬), 이란 조로아스타교의 Ahura Mazdāh 등의 外來說이 그것이나, 모두가 共感하는 학설은 아직 나오지 않고 있다.[499]

 초기경전인 『四分律』과 『pāli律』등에는 다음과 같은 내용이 등장한다.

「야사요 ! 이곳은 괴로운 것도 근심걱정도 없는 곳이니 이리 와 앉으시게나, 그리고 보시(布施)와 지계(持戒)의 생활을 하면 당신이 원하는 生天을 얻을 수 있다네」[500]

 곧 상기 인용문에서 보듯이, 석존불께서는 삶의 의욕을 잃고 오직 타화자재천(他化自在天)에 태어나는 것을 삶의 지상 목표로 삼고 있던 베나레스의 큰 부자(長者)인 야샤로 하여금, 일단은 布施와 持戒의 생활을

---

499) 失吹慶輝 『阿彌陀佛の研究』, 藤田宏達 『原始淨土思想の研究』, 岩本裕 『地獄と極樂』, 定方晟 「西方淨土. Amente. Elysion」(『宗教研究』 제 209호, 1971년), 梶山雄一 「조로아스타교と佛敎」(『講談社 現代新書 覺と廻向』, 1984년), 上村勝彦 「阿修羅考」(『東洋學術研究』제 22-1, 1983년)
500) 『pāli律』 (남전장 3. 26~27항), 『四分律』 (대정장 22. 789b~c)

하도록 유도하여 야사와 자주 접촉을 꾀하신 후, 점차 단계를 높여 최종에는 사성제(四聖諦)법문을 들려주시어, 이 법문을 듣고 환희심을 얻은 야사가 드디어 출가하게 되었다는 내용이다.

따라서, 阿彌陀佛과 極樂의 기원을 인도의 힌두교로 보는 것은 어떨까? 곧 자재신(自在神)인 비슈느(Viṣṇu)神을 믿고 그에게 제사(祭祀)지내면 타화자재천(他化自在天)에 태어난다는 힌두교의 生天思想에서 비롯된 것, 아니 적어도 그것으로부터 영향을 받은 것으로 보면 어떨까?
  다시 말해 힌두이즘의 생천사상(生天思想)이 대승시대에 이르러 정토왕생사상으로 전개된 것이라 보아도 좋을 것이다.

  한편 정토사상의 발생 동기를 살펴볼 때, 강력하게 대두되는 것이 중생들이 처한 극한상황적 의식이다. 곧 정토경전인 『무량수경』에는 초기경전이나 『반야경』『법화경』등의 초기 대승경전에서는 찾아보기 어려운 현실 사회의 괴로움(五苦·五病·五燒)이 묘사되고 있으며, 『관무량수경』에도 권력욕으로 인해 왕인 아버지를 감옥에 가두고 굶어 죽게한 불효자 아사세(阿闍世)왕자, 그리고 이를 지켜보고 어찌할줄 모르고 눈물로 지새우는 왕비 위제희(韋提希)부인을 설법의 대상으로 등장시키고 있기 때문이다.

  이러한 극한상황의 컨셉은 경전에서 뿐만 아니라 정토사상가들에게서도 잘 나타나 있다. 앞서도 거론하였듯이, 용수는 정토교(淨土敎)를 하열법(下劣法)을 즐기는 범부를 위한 이행도(易行道)로 이해하고 있으며, 중국의 도작(道綽:562~645)과 선도(善導:613~681) 또한 정토경전이 설하는 극한상황을 말법시대(末法時代)를 대변하는 하나의 현상으로 파악하고, 이러한 말법시대에 적합한 법은 오직 정토교뿐이라고 주장하고 있기 때문이다.[501]

곧 善導는 『관무량수경』이 강조하는 심심(深心)을 주석하면서, 중생들 스스로 '나는 죄악범부(罪惡凡夫)임을 깊이 믿는 것'이 곧 深心이라고 주 창하고 있기 때문이다.502)

곧 정토사상의 출발점은 우리들 스스로를 극한상황에 처한, 그래서 자 신의 힘으로는 도저히 깨달음을 실현할 수 없는 나약하고 죄장(罪障)이 두터운 범부(凡夫)임을 의식하는데 있다고 주장하고 있다.

두 말할 필요도 없이 정토사상의 중심 과제는 정토(淨土)와 왕생(往生)이다.

淨土란 염오잡예(染汚雜穢)가 사라진 淸淨하고 순수한 불국정토(佛國淨 土), 곧 즐거움만이 존재하는 극락세계를 가리킨다.

---

501) 중국 수나라·당나라 때의 승려(562~645). 중국 정토교의 5조(祖) 중 제2 조이며, 『안락집(安樂集)』이라는 저서를 남겼다.당시 유행하던 말세(末世)사 상의 영향으로, 그는 말세의 혼탁한 사회에서는 정토교만이 구원을 받을 수 있는 길이라고 설법하여, 이른바 '칭명염불행(稱名念佛行)'을 민중에게 권하 며, 자신도 하루에 7만 번의 염불을 하였다고 전한다. 정토 3부경(三部經)의 하나인 『관무량수경(觀無量壽經)』을 강설한 것이 200회 이상이었다고 하며, 지방의 도속(道俗) 남녀를 위하여 염주를 만들어주며 염불을 권하고, 농민에 게는 콩·팥으로써 염불의 수를 세는 '소두염불(小豆念佛)'을 권장하였다.

502) 당나라 때의 승려(613~681), 정토종의 대성자(大成者)로서, 중국정토종의 제3조이다. 어려서 출가, 명승(名勝)을 스승으로 그로부터 『관무량수경(觀無 量壽經)』을 배우고 十六觀法을 수행한 다음, 종남산(終南山) 오진사(悟眞寺) 에서 정업(淨業)을 닦았다. 그 후 山西省 현중사(玄中寺)의 도작(道綽)으로부 터 정토 교의(教義)를 배우고, 그 교의를 널리 폄으로써, 정토교를 대성시켰 으므로 도작계의 정토교를 '선도류(流)'라고 한다. 특히 염불을 소리내어 제 창하는 구칭염불(口稱念佛)을 권장하였다.중국 당(唐)의 승려. 속성은 주(朱). 어려서 출가하여 명승(明勝)을 스승으로 섬기고, 삼론(三論)을 연구, 10여 년 동안 오로지 삼론에 종사하면서 도작(導綽)을 본받아 결국 그 문에 들어가 정토교(淨土教)를 듣고는 정토의 행을 전공(專攻)했다.

저서에 『관무량수경』을 주석한 『관무량수경소(疏)』(4권)를 비롯,『법사찬 (法事讚)』(2권), 『관념법문(觀念法門)』(이하 각 1권)『왕생예찬(往生禮讚)』 『반주찬(般舟讚)』이 현존하는데, 이를 5부 9권이라고 한다. 『아미타경(阿彌 陀經)』 10만 부를 서사(書寫)하고 정토의 변상(變相)을 300장이나 그렸다고 전해진다. 그의 사상은 담란(曇鸞)·도작 등에로 전승됨은 물론, 교상판석(教 相判釋)에서는 정영(淨影)의 설을 취하여, 2장(藏)·2교의 교판을 세우고, 또 선학들의 철저하지 못한 점을 고쳐 정토교의(淨土教義)를 크게 이루었고, 또 한 주장이 구구하던 정토의 교주와 불토에 대하여, 보신보토(報身報土)를 주 장하였다.

『무량수경』이나 『관무량수경』 등에 설해진 미타정토의 장엄상(莊嚴相)을 보면, 극락정토에는 땅이나 수목 등이 모두 黃金과 칠보(七寶)로 되어 있고, 깨달음을 얻으려는 보살(菩薩)과 성문(聲聞)등이 그곳의 중심주체가 되어 있다. 이러한 장엄상에 대해 용수(龍樹)보살은 10상(相)으로, 무착(無着)보살은 18원정(園淨)으로, 世親보살은 3엄(嚴) 29종(種)으로 정리하고 있다.[503]

  이는 서방정토가 황금이나 칠보로 되어있을 뿐만 아니라, 모든 유혹과 번뇌가 완전히 끊어진 곳, 따라서 마음만 먹으면 이루지 못하는 것이 없는 곳이란 뜻이다.

  한편 아미타(A-mita)佛이란 무량한 수명(壽命: āyus)과 광명(光明: ābha)을 가진 부처라는 뜻으로, 정토불을 비롯해 그곳에 태어난 사람들은 누구나 무량한 수명과 광명의 공덕 속에 있어, 깨달음을 얻는 데 어렵지 않고, 절대로 퇴전하지 않는 불퇴전지(不退轉地)의 경지에 이르기에, 한 생만 지나면 부처로 등극되는 일생보처(一生補處)가 되는 곳이 정토인 것이다.

  한편 往生이란 현재 우리가 살고있는 예토(穢土=사바세계)에서 벗어나 정토(淨土)로 가서 태어난다는 뜻으로, 사바(娑婆)인 예토를 중심으로 方位가 표시되는데, 이를 정토사상에서는 지방입상(指方立相)이라고 한다. 그러나 대승불교의 般若思想에서 볼 때, 指方立相的인 정토설은 용납되지 않는다.

---

[503] 용수 『대지도론)』의 <왕생품>과 『십주비바사론』 <釋願品>과· <易行品>에는 淨土十相이, 무착의 『섭대승론』에는 정토 18-원정(園淨)이, 세친의 『淨土論註』에는 3嚴 29種의 淨土莊嚴이 설해지고 있다.

왜냐하면 일체법무자성공(一切法無自性空)을 설하는 반야사상(般若思想)의 입장에서는 정토장엄이나 死後往生과 같은 사상은 받아들이기 어렵기 때문이다.

이에 정토사상가들은 반야사상과 정토사상이 가지는 모순을 해결하기 위해 여러 가지 시도를 행하였다.

여기서 특히 주목을 끄는 것은 淨土를 수행자의 마음에 나타나는 해탈의 세계로 보려한 것으로, 반야가(般若家)인 <용수>는 정토를 不淨과 雜惡이 사라진 중도실천(中道實踐)의 묘과(妙果)로, 유식가(唯識家)인 <무착>과 <세친>은 자성신(自性身) 수용신(受用身) 변화신(變化身)으로 이루어지는 삼신불(三身佛)중 수용신(受用身=報身)이 머무는 보토(報土)로 보았다.

한편 마음을 중시하는 선가(禪家)들은 예토(穢土)와 淨土를 하나의 마음(一心)으로 보는 소위 유심정토사상(唯心淨土思想)을 부르짖었다.

곧 마음을 중시하는 용수를 비롯한 禪家의 정토사상가들에게 있어 정토와 예토는 공간적으로 동일한 위치를 갖는 것으로, 차이가 있다면 단지 주관적인 심식(心識)의 차이일 뿐인 것이다.

따라서, 정토의 모습도 공(空)과 가(假)가 상즉(相卽)하는 원리로 이해하게 됨은 물론, 중국정토가(中國淨土家)인 <善導(613~681)>와 <담란(476~542)>등에 이르면, 「불왕(不往)도 왕(往)이요, 불생(不生)도 생(生)」이라 하면서, 「정토장엄은 마음의 해탈계(解脫界)를 상징적 · 문학적으로 표현한 것」이라고 주장하였다.

이러한 유심정토관(唯心淨土觀)은 정토사상과 반야사상과의 갈등을 해소해 줄 뿐만 아니라, 정토사상을 널리 선양하는데 기여하였다.

그러나 이렇게 정토를 유심적(唯心的)으로만 이해하려는 태도는, 정토사상이 본래 자력(自力)만으로는 해탈을 얻을 수 없는 극한상황에 처한 범부(凡夫)를 상대로 한 사상이라는 점에서 볼 때 문제가 있다.

왜냐하면 정토왕생을 목적으로 하는 정토사상은, 그 목적을 달성하기 위한 방법으로 自力이 아닌 阿彌陀佛의 本願力에 의존하고 있기 때문이다.

곧 정통불교에서의 생천(生天)설은 어디까지나 업설(業說)을 근거로 하는 것으로, 천상(天上)에 태어나기 위해서는 10선업(善業)을 닦아야 되지만, 淨土經典에서의 왕생(往生)설은 비록 원시불교의 업설(業說)에 입각한 생천설(生天說)에 기원을 둔 것이기는 해도, 그 방법에 있어서는 阿彌陀佛의 本願力에 의한 것임을 강조하기 때문이다.

본원(本願: pūrva-praṇidhāna)이란 법장비구가 세운 서원(誓願)을 가리킨다. 곧 그 서원 속에는 깨달음을 얻겠다는 자리적(自利的)인 것과, 도탄에 빠져 윤회전생하는 중생들을 구제하겠다는 이타적(利他的)인 서원이 동시에 존립하지만, 실제적인 면에 있어서는 이타적 서원이 자리적 서원보다 더 우위를 차지한다.

곧 '한 중생이라도 지옥에 남아있다면 나는 절대로 성불하지 않겠다'고 서원한 지장보살(地藏菩薩)처럼, 阿彌陀佛 역시 한 중생이라도 제도할 수 없다면 나는 결코 성불하지 않겠다는 서원을 세웠기 때문이다.

이처럼 부처의 본원력이 사상적으로 주의를 끌게 되면서, 시대의 흐름에 따라 本願의 종류나 그 수효도 점점 늘어나게 되었고, 중생구제를 위한 本願의 內容 또한 점점 구체화되었다.

곧, 정토경전 가운데 가장 먼저 성립된 『아축불국경(阿閦佛國經)』에는 20願에 불과하던 本願이, 『평득각경(平得覺經)』에는 24願으로, 그리고 『무량수경』에 오면 2배인 48願으로 대폭 늘어나고, 本願의 내용 또한 어떻게 해서라도 罪惡凡夫를 구제하겠다는 원심(願心)으로 가득하기 때문이다.

한편 법장(法藏)비구의 48願 중에서도
「시방중생(十方衆生)이 지심(至心)으로 신요(信樂)하면서, 내 나라인 극락세계에 태어나고자 하는 자는 오직 10념(念)만 염하면 성취할 수 있는 것으로, 만일 그렇게 되지 못한다면 나는 결코 정각(正覺)을 이루지 않겠다」

는 내용을 지닌 제 18원(十念往生願=念佛往生願)은 정통사상가를 비롯 모든 사람들의 비상한 관심의 대상이 되었다.
제 18願이야말로 법장비구가 서원한 48願의 근원이자, 미타본원(彌陀本願)을 성취하는 참 정신으로 보았기 때문이다.

곧 정토사상의 목적이 淨土往生에 있고, 따라서 극한상황에 처해있는 범부에게 있어 가장 쉽고도 접하기 쉬운 길은 『무량수경』 제 18願의 내용이며, 특히 죽음을 앞에 둔 임종(臨終)이라는 극한상황에서 조차도 10념 정도는 얼마든지 가능하다고 보았기 때문이다.

비록 문제의 『무량수경』 제 18원에는 단서조항으로 "단 5역죄(五逆罪)와 정법(正法)을 비방(誹謗)한 자는 제외한다."는 조건이 붙어있기는 하지만, 『관무량수경』에 가면 단서조항인 五逆罪도 없어져, 무량억겁동안 지은 그 어떤 악업이라도 모두 소멸된다고 하였고, <나무아미타불 6자의 10념>도 <나무불(南無佛) 10성(聲)>으로 대폭 느슨해지고 쉬워졌을 뿐만 아니라, 마지막에는 단 불법승 三寶는 말할 것도 없이, 僧(스님)의 이름만 들어도 곧 바로 왕생한다고 설하여, 누구나 정토왕생할 수 있게 되었기 때문이다.504)

그리고 이러한 것이 가능한 이유는 자력(自力)으로가 아니라, 어디까지나 중생을 구제하겠다는 大慈大悲 아미타부처님의 본원력(本願力)에 의한 것으로, 때문에 정토사상은 중생구제라는 불교의 본래의 목적에 부합하는, 아니 그 목적 바로 그것을 구현하는 가르침인 것으로, 때문에 불교의 근간인 '一切法無自性空'의 般若思想을 설한 용수보살이나, 自性과 法性을 규명한 佛敎心識說의 최고 권위자인 唯識家의 無着과 世親 두 형제 보살조차도 『십주비바사론』(용수), 『섭대승론(攝大乘論)』(무착) 『淨土論註』(세친) 같은 정토경전의 주석서를 저술하며, 정토사상을 발전·선양시켰다.

이제 본론에 들어가 <정토삼부경>인 『무량수경』『관무량수경』『아미타경』은 각각 어떤 의미(의의)를 지닌 경전이며, 또 어떤 내용을 설하며, 서로의 차이점은 무엇인지 하나하나 살펴보자!

---

504) 「作是觀者 除無量億劫 生死之罪 於現身中 得念佛三昧」 『관무량수경』 <제8 像想觀> (대정장 12. 343b) 「得聞佛名法名及聞僧名 聞三寶名卽得往生」 『관무량수경』 (대정장 12. 345c)

① 『무량수경(無量壽經)』(2권)

漢譯 5본과 梵本 그리고 Tibet本 등, 총 7본의 『無量壽經』이 현존한
다.[505] 梵本의 경명은 『Sukhāvatī-vyūha』, 곧 『極樂莊嚴』으로 되어있다.
Tibet本에 이 경이 독립하지 못하고 『大寶積經』에 포함되어 있다는 것
과, 또 범본 원본에도 「Amitābhasya-Sukhāvati-vyūha-parivartaḥ
samāptaḥ」이라 하여, (아미타불의 극락장엄의 章)으로 되어있는 것으
로 보아, 이 경은 본래 독립된 경전이 아니라 『大寶積經』에 포함된, 곧
제 5장의 내용으로, 후에 독립되어 『無量壽經』이 되었음을 알 수 있다.
또 위에서 <Amitābhasya 云云~>이라 한 것이나, 또 Tibet本의 經題
<無量光如來의 莊嚴(佛國土)>에서 보는 바와 같이, 본래는 無量光佛의
<光佛>에 방점(傍點)이 찍혀있는 것이지만, 漢譯은 이를 『無量壽經』이라
하여, 光佛이 아닌 壽佛로 칭하고 있다. 壽命이 무량하다는 점을 강조하
기 위해 일부러 이렇게 번역한 것일 것이다.

또 『無量壽經』에서 아주 중요한 개념이 法藏比丘의 48願인데, 이들 현
존의 7本을 분석해 보면, 48願을 설하는 구릅과 24願을 설하는 구릅, 그
리고 36원을 설하는 구릅 등 3개의 구릅으로 나누어짐을 볼 수 있다.
곧 梵本과 Tibet本을 비롯 漢譯의 『無量壽經』과 『無量壽如來會』등 제
1구릅은 48願을, 한역 3본중 『大阿彌陀經』과 『平等覺經』의 제 2구릅은
24願을, 제 3구릅인 한역 『無量壽莊嚴經』은 36願을 설하고 있다.

---

505) 한역 『無量壽經』은 지금은 5본만 현존하고 있고, 나머지 7본은 失譯으로
되어있다. 곧 본래는 <五存七缺>이라 하여, 모두 12본이 있었다. 현존하는
다섯 개의 本은 『大阿彌陀經』(2권) 『無量壽淸淨平等覺經』(4권) 『無量壽經』(2
권) 『無量壽如來會』(2권) 『大乘無量壽莊嚴經』(3권)이다.

이들의 성립순을 살펴보면 24원에서 48원으로, 다시 48원에서 다시 36원으로 감소된 것으로 고찰되는데, 이중 36원을 설하는 『無量壽莊嚴經』은 특별한 경우로, 48원과 비교해보아도 서로 상응시키기 어려울 뿐만 아니라, 왜 48원에서 36원으로 감소되었는지는 현재로서는 잘 알려지지 않고 있다.

한편 48願과 24願을 설하는 경전중 문제가 되는 것은,

첫째는 五惡段(오탁악세)의 有無이다.

　곧 『大阿彌陀經』과 『平等覺經』『無量壽經』이 <五惡段>을 설하고 있는데 반해, 『無量壽如來會』는 이를 설하지 않고 있기 때문이다.

　梵本과 Tibet本 모두에 五惡段이 빠져있는 것으로 볼때, 五惡段은 중국에서 부가된 것임이 틀림없다.

둘째는 父王 빔비사라왕을 살해한 아사세왕에 대한 授記(vyākaraṇa)의 有無이다. 곧 24원을 설하는 경전은 五逆罪를 범한 아사세왕의 當來作佛의 授記를 설하고 있는데 반해, 48원을 설하는 경전들은 오역죄인인 아사세의 授記를 설하고 있지 않고 있다. 곧 『無量壽經』의 제18원 <念佛往生願>에서 보듯, 누구든지 10번만 나무아미타불을 칭송만하면 서방 아미타불의 국토에 왕생한다고 하여, 언뜻보면 오역죄인인 아사세도 수기를 받을 수 있겠구나 했는데~, 바로 이 문장 뒤에 「유죄오역·비방정법(唯除五逆·誹謗正法)」이란 단서(但書)를 붙여, 오역죄인인 아사세의 成佛을 제외시키고 있기 때문이다.[506]

세째는 24원을 설하는 경전들은 「수명극장(壽命極長)」이라하여, 일단은 阿彌陀佛의 壽命의 無量함을 설하면서도, 뒤에 가서는 「반열반

---

[506] 오역죄를 범한 아사세의 成佛授記는 『묘법연화경』에 이르러서야 인정받게 된다.

(般涅槃)」한다고 하면서 아미타불의 入涅槃을 인정하고 있다.[507]

이에 반해 48원을 설하는 경전들은 아미타불을 無量光佛이 아닌 「無量壽佛」이라 바꿔 부르면서, 아미타불의 入涅槃을 부정하고 있다는 점이다.

이상 『無量壽經』이 지니고 있는 여러 문제점에 대해 논술했지만, 이하에서는 『無量壽經』의 내용분석을 통해, 경의 중심사상이 무엇인지 살펴볼 것이다.

1) 전체구성을 보면,

『無量壽經』은 석존불께서 왕사성의 기산굴산에서 <淨土>를 주제로 설법한 것으로, 내용은 다음과 같이 크게 3-부분으로 나누어 볼 수 있다.

첫째: 極樂世界의 건설과 阿彌陀佛이 출현하게 된 동기를 밝히는 부분이다. 곧, 오랜 옛날 <法藏比丘>라고 하는 수행자가 成佛을 서원하면서, 그 조건으로 48-가지를 내세운다. 그것이 소위 법장비구의 48 大願이다.
　　　그는 오랜 세월 동안 보살행을 쌓아 그 결과로 성불을 이루었고, 서원대로 서방에 극락세계란 정토를 건설하고, 그곳의 주인인 아미타부처님이 되시어, 지금도 그곳에서 법을 설한다는 내용이다.

둘째: 온갖 보배로 이루어진 강당 연못을 비롯 그곳에 살고있는 보살들의 뛰어난 공덕들이 묘사된 극락세계를 설정하고 있다는 점이다.
　　　곧 집 나무 등이 七寶로 꾸며져 있고, 여덟 가지 功德水가 담겨있는 연못의 바닥은 금모래며, 연꽃(蓮花)들이 아름답게 피어있고, 부

---

507) 『無量淸淨平等覺經』(대정장 12. 291a), 『大阿彌陀經』(대정장 12. 309a)

처님의 化身인 온갖 아름다운 새들이 맑은 소리로 노래하고, 그곳에 사는 사람들은 아미타불과 같은 깨달음을 이룰 수 있고, 항상 善한 일만 하며, 원하는 것은 무엇이든지 마음대로 얻을 수 있으며, 더할 나위 없는 즐거움과 행복이 가득한 것이 極樂世界라고 설명하고 있는 것이다.

셋째: 극락에 갈 수 있는 자의 조건으로, 보살행을 닦으며 아미타불을 믿고 그에게 귀의하는 자라고, 설정하고 있다는 점이다.
　　곧 극락왕생할 수 있는 방법은 오로지 아미타부처님만을 생각하고 그분을 믿고 나무아미타불이라고 이름을 부르면 되는 것이다.
　　물론 불법을 존중하고 실천하며, 살생 도둑질 사음 거짓말 음주 등의 죄를 범해서는 안되지만~

『無量壽經』은 <정토삼부경> 가운데 가장 분량이 많은 경전으로, 體系的이며 정리가 잘된 소중한 경전이다. 이제 경이 설하고 있는 내용을 직접 하나하나 살펴보자!

　국왕이 세자재왕여래의 법문을 듣고 발심하고 출가하여, <법장>이란 사문이 된 후, 세자재왕여래(世自在王如來)의 처소에 가서, 다음과 같이 부처님의 공덕을 찬양하며 발원한다.

「戒聞精進　三昧智慧　威德無侶　殊勝希有」[508]

(계율과 다문<多聞>과 정진, 삼매와 지혜 거룩한 위덕<威德> 견줄 사람

---

508) 『무량수경』 (대정장 12. 267a)

없어, 한없이 수승하옵니다)

「願我作佛 齊聖法王 過度生死 靡不解脫 布施調意 戒忍精進 如是三昧 智慧爲上 吾誓得佛 普行此願 一切恐懼 爲作大安」[509]

(원컨대 저도 부처님 되어 거룩한 공덕 부처님처럼 갖추어, 끝없는 생사 모두 건지고, 온갖 번뇌에서 벗어나고 싶나이다. 보시를 베풀어 뜻을 고르고, 계행 지키어 인욕하고 정진하면 그 삼매와 지혜 으뜸이니, 저 맹세코 부처님 되어, 이러한 원과 행 모두 이루어 두려움 많은 중생 위해 편안한 의지처 되겠습니다)

「令我作佛 國土第一 其衆奇妙 道場超絶 國如泥洹 而無等雙 我當愍哀度 脫一切 十方來生 心悅淸淨 已到我國 快樂安隱 幸佛信明是我眞證 發願 於彼 力精所欲」[510]

(만일 제가 부처님 되면 국토장엄 으뜸 되게하여, 중생들은 한결같이 훌륭히 되며 도량 또한 수승하며, 나라는 영원히 행복하여 비교할 곳 없으며, 모든 중생 어여삐 여겨 모두 제도하리이다. 시방의 온 중생 마음 즐겁고 청정하리니, 내 나라 오면 쾌락하고 안온하리라. 원컨대 부처님 굽어살피사 진실한 저의 뜻을 증명하시고, 제가 세운 발원 모든 힘 다해 이루어지게 하소서!)

「唯然世尊。我發無上正覺之心。願佛爲我廣宣經法。我當修行攝取佛國淸 淨莊嚴無量妙土。令我於世速成正覺。拔諸生死勤苦之本」[511]

---

509) 『무량수경』 (대정장 12. 267b)
510) 『무량수경』 (대정장 12. 267b)

(세존이시여! 저는 오직 위 없는 무상정등각만을 얻고자 발원합니다. 원컨대 저를 위해 널리 경법을 설해 주시옵소서. 저는 마땅히 수행하여 불국토 이룩하고, 한량없이 청정하고 미묘하게 그 국토를 장엄하겠습니다. 부디 저로하여금 금생에 속히 정각을 성취하여 모든 생사의 근원을 없게 하시오소서)

「唯願世尊, 廣爲敷演諸佛如來淨土之行。我聞此已。當如說修行成滿所願」[512]

(세존이시여! 부디 정토를 이룩할 수 있는 수행법을 상세히 가르쳐 주시오소서! 저는 말씀을 듣고 그대로 수행하여 반드시 성취하겠나이다)

世自在王如來께서 법장스님의 원을 들으시고, 다음과 같은 비유를 들으시며 정진수행할 것을 권하신다.

「譬如大海。一人斗量經歷劫數。尙可窮底得其妙寶。人有至心精進求道不止會當剋果。何願不得」[513]

(아무리 깊은 바닷물이라 할지라도 퍼내기를 계속한다면 마침내 바닥이 드러나듯이, 누구든지 지극한 마음으로 쉬지않고 정진한다면, 끝내는 원하는 결과를 얻을 것인즉, 그 어떤 소원인들 이루지 못하겠는가?)

5) 법장스님은 세자재왕여래의 말씀을 듣고 자기가 발원한 불국토를 건설하기위한 淸淨修行을 받아드린 후,

---

511) 『무량수경』 (대정장 12. 267b)
512) 『무량수경』 (대정장 12. 267b)
513) 『무량수경』 (대정장 12. 267b~c)

("세자재왕여래시여! 제가 이제 세운 48가지 원을 말씀드리겠으니, 잘 들으시고 살펴주십시요!" 하며, 48원을 하나하나 말씀드린다)

6) 48개의 발원은, 모두가 「설아득불(設我得佛)云云~으로 시작해서 불취정각(不取正覺)」으로 끝난다. 곧 내가 만일 부처님이 되었는데도(設我得佛), 제가 세운 발원대로 이렇게 저렇게=云云) 되지 않는다면, 저는 결코 성불하지 않겠습니다(不取正覺)란 뜻이다.

48개의 원이란 첫번째 발원인 <악취무명원(惡趣無名願)>으로부터 시작해서 48번째 발원인 <현획인지원(現獲忍地願)>까지이다.

48원 모두가 중요한 발원이지만, 이 가운데 가장 핵심되는 발원을 꼽으라면, 18번째의 십념왕생원(十念往生願)과 19번째의 임종현전원(臨終現前願) 그리고 20번째의 회향개생원(回向皆生願)과 22번째의 함개보처원(咸皆補處願)과 48번째의 현획인지원(現獲忍地願)일 것이다.
이하 이들 5개의 발원내용을 살펴보자!

18번째 십념왕생원(十念往生願)

「設我得佛。十方衆生至心信樂。欲生我國乃至十念。若不生者不取正覺。唯除五逆誹謗正法」[514]

(제가 부처가 되었을 적에, 어느 중생이 있어 나의 나라에 태어나고자 <欲生我國> 지심으로 기뻐하며<信樂> <나무아미타불>하며 10번을 지송

---

514) 『무량수경』 (대정장 12. 268a)

하였는데도 나의 불국토에 태어나지 못한다면, 저는 결코 부처가 되지않 겠습니다. 단 오역죄를 지었거나 정법인 대승을 비방한 자는 제외됩니다)

19번째 임종현전원(臨終現前願)

「設我得佛。十方衆生發菩提心修諸功德。至心發願欲生我國。臨壽終時。 假令不與大衆圍遶現其人前者。不取正覺」[515]

(제가 부처 되었을 때에, 어느 중생 보리심을 일으켜 수많은 공덕 닦으 며, 내 나라에 태어나고자(欲生我國) 발원한다면, 그가 임종을 맞았을 때, 제가 많은 대중과 함께 그 사람 앞에 나타나지 못한다면, 저는 결코 부처 되지 않겠나이다)

20번째 회향개생원(回向皆生願)

「設我得佛。十方衆生聞我名號係念我國殖諸德本。至心迴向欲生我國。不 果遂者。不取正覺」[516]

(제가 부처 되었을 때에, 시방중생들이 내 이름을 듣고 수많은 공덕 닦 으며, 지극한 마음으로 내 나라에 태어나고자(欲生我國) 할 때, 이를 성 취하지 못한다면, 저는 결코 부처가 되지 않겠나이다)

22번째 함개보처원(咸皆補處願)[517]

---

515) 『무량수경』(대정장 12. 268b)
516) 『무량수경』(대정장 12. 268b)
517) 이 22願에는 보살이 닦아야할 온갖 수행이 다 들어있기에, 이 22願을 일

「設我得佛。他方佛土諸菩薩衆來生我國。究竟必至一生補處。除其本願自在所化。爲衆生故被弘誓鎧。積累德本度脫一切。遊諸佛國修菩薩行。供養十方諸佛如來。開化恒沙無量衆生。使立無上正眞之道。超出常倫。諸地之行。現前修習普賢之德。若不爾者不取正覺」[518]

(제가 부처 되었을 때에, 다른 불국토로부터 제가 사는 아미타불의 정토에 와 태어나는 보살들이 있다면, 반드시 일생보처에 이르게 할 것입니다. 본원(本願)이 自在해서 중생들 제도하기 위해 홍서(弘誓)의 갑옷 입고, 덕을 쌓고 쌓아 일체중생 제도하고, 모든 불국토 다니면서 菩薩行 닦고, 시방의 모든 부처님들을 供養하고, 항하사의 무량 중생들 開化시켜, 그들로하여금 日常의 倫(日常生活의 願) 뛰어넘는 無上正覺正眞의 道를 세우게 하여, 十地의 行이 現前하고, 보현보살의 덕을 모두 修習하도록 하겠습니다. 만일 이렇게 되지 않는다면 저는 결코 부처가 되지 않겠나이다)

(강 설) 법장비구의 발원 = <超世間의 願>

<사홍서원(四弘誓願)>은 세간성취를 위한 ㄹ발원이 아니라, 세간을 뛰어넘는 초세간의 발원이다.

「衆生無邊誓願度。煩惱無量誓願斷。法門無盡誓願知。無上佛道誓願成」[519]

러 <보살의 總願>이라고도 한다

518) 『무량수경』 (대정장 12. 268b)

519) 「衆生無邊誓願度。煩惱無量誓願斷。法門無盡誓願知。無上佛道誓願成」 『六祖壇經』, 天台宗에서는 『摩訶止觀』 (대정장 46. 139b)의 설에 의거해 「衆生無邊誓願度。煩惱無量誓願斷。法門無盡誓願知。無上佛道誓願成」이라 하고, 진언종에서는 『佛頂尊勝陀羅尼儀軌』의 설에 의거해 「衆生無邊誓願度。福祉無邊誓願集。法門無邊誓願學。如來無邊誓願事。無上菩提誓願成」의 五句를 지송하고, 淨土宗에서는 『往生要集』의 설에 의거해 「衆生無邊誓願度。煩惱

(중생의 수가 끝이없이 많지만 반드시 제도하겠습니다. 번뇌 또한 끝이없지만 반드시 끊어 없애겠습니다. 법문이 무량하지만 반드시 배워 마치겠습니다. 불도가 높고높지만 반드시 이루겠습니다)

淨土三部經중 『무량수경』에는 다음과 같은 말씀이 있다.

「佛告阿難。爾時法藏比丘。說此願已而說 頌曰 我建超世願 必至無上道 斯願不滿足 誓不成等覺」[520]

(부처님께서 아난에게 말씀하시길, 그때 법장비구는 원을 마치고 말하기를, 저는 超世의 願(세간을 뛰어넘는 願)을 세워 반드시 無上道에 이르겠습니다. 혹시라도 이러한 저의 願이 이루어지지 않는다면 결코 成佛하지 않겠습니다)

위의 경구처럼, 법장스님은 世間의 願을 세운 것이 아니라, 세간을 뛰어넘는 <超世願>을 세우는 것이다. 곧 日常生活의 願을 뛰어넘는 <無上正覺正眞의 道>란 초세간의 원를 세운 것이다.

대승불교의 기본정신이자 기본사상은 <超世願>이다.
곧 그들은 스스로를 보살이라 부르며, 위로는 성불을 향하여, 아래로는 중생교화와 안락을 위해 정진하고 정진했던 것이다. 우리가 보살을 일러 「上求菩提 下化衆生」하는 자라 하는 것은 이 때문이다. 남이 시켜서 남의 눈을 의식해서가 아니라, 자진해서 이 길이 좋아서, 위로는 성불을 향하여, 아래로는 중생교화와 안락을 위해 정진하고 정진하는

無量誓願斷。法門無盡誓願知。無上佛道誓願成 自他法界同利益 共生極樂成佛道」의 6구를 지송한다.
520)『무량수경』(대정장 12. 269b)

것이다. 이러한 삶의 자세가 <超世願>인 것이다. <超世願>의 삶을 사는자를 우리는 보살이라고 부르는 것이다.

<超世願>의 願은 利己的이고 세속의 욕망으로 이루어진 世間의 願과는 다르다. 그것은 남을 위한 利他的이고 또 出世間을 향한 순수한 願이다. 따라서 그 원은 반드시 성취해야 된다. 왜냐하면 <超世願>의 성취가 이루어져야 세간은 정화되고 살기좋은 세상이 되기 때문이다. 世間의 願을 뛰어 넘는 이러한 <初世의 願>의 바탕과 정신에서 이루어진 경전이 바로 大乘經典인 <淨土三部經>인 것이다.

『般若經』에는

「菩薩爲衆生故起大誓願言。我自當具足六波羅蜜。亦當敎他人使具足六波羅蜜」521)

(보살은 중생을 위해 대서원을 일으키며 말하기를, 나는 마땅히 6-바라밀을 구족하며, 또 사람들을 가르쳐, 그들로 하여금 6-바라밀을 구족하게 할 것이다)

6-바라밀을 성취한 후에는 다른 사람들에게 불법을 가르쳐, 그들로 하여금 6-바라밀을 성취케 한다는 대서원이다.

이것이 보살의 서원으로, 법장비구는 이 커다란 대서원인 本願을 세우고 성취한 수행자로서, 그는 극락정토를 세워, 누구든지 믿고 기뻐하며 극락왕생하기를 발원하는 자들을 불러들여, 그들로 하여금 영성(靈性)의 눈뜸을 가져오게한 장본인인 것이다. 곧 성취하기 어려운 6-바

---

521) 『방광반야경』(대정장 8. 20a)

라밀을 증득한 후에는 다른 사람에게도 그 6-바라밀을 성취케 하겠다는 서원이다. 얼마나 숭고하고 멋진 삶인가? 이러한 삶이 바로 대승보살의 삶이며, 정토왕생을 발원하는 자의 삶인 것이다. //

48번째의 현획인지원(現獲忍地願)

「設我得佛。他方國土諸菩薩衆。聞我名字。不卽得至第一第二第三法忍。於諸佛法不能卽得不退轉者。不取正覺」[522]

(제가 부처가 되었을 때에, 시방국토의 보살들이 저의 이름을 듣고도 곧바로 제1법인과 제2법인을 거쳐 제3의 무생법인(無生法忍)까지 이르지 못하고[523] 도중에 퇴전한다면, 저는 결코 부처가 되지 않겠습니다)

법장비구는 위의 설명처럼 48대 서원이라는 대서원을 세운 후, 그 서원대로 수행하였다. 다음은 부처님이 아난존자에게 들려주신 법장비구의 수행과정이다.

「不起欲想瞋想害想。不着色聲香味觸之法。忍力成就不計衆苦。少欲知足無染恚癡。三昧常寂智慧無礙」[524]

(그는 탐욕과 성냄과 남을 해치는 마음을 내지않고 바깥경계이자 감각의 대상인 색성향미촉법의 육경(六境)에 대해서도 집착하지 않았다. 또한 인

---

522) 『무량수경』 (대정장 12. 269b)
523) 第一法忍(音響忍): 부처님의 설법을 듣고 信解行하는 지위를 말함. 第二法忍(柔順忍): 부처님의 말씀에 순응하는 지위. 第三法忍(無生法忍): 일체법 무자성공을 터득한 지위를 말한다.
524) 『무량수경』 (대정장 12. 269c)

욕행을 성취하였으며, 탐내지 않고 항상 知足하면서, 탐욕과 성냄과 어리석음이 없이, 항상 삼매에 잠겨있어 그 어디에도 걸림없는 지혜를 지니고 있었다)

「恭敬三寶奉事師長。以大莊嚴具足衆行。令諸衆生功德成就。住空無相無願之法。無作無起觀法如化」[525]

(또한 삼보를 공경하고 스승과 어른을 잘 받들어 섬겼으며, 여러 행을 구족하여 모든 중생들로 하여금 공덕을 성취케 하였으며, 공 <空>과 무상 <無相>과 무원 <無願>의 법에 머물러, 모든 것이 무작 <無作> 무기 <無起>하여, 끝없이 변화하는 것임을 관하였느니라!)

「棄國捐王絶去財色。自行六波羅蜜。教人令行。無央數劫積功累德。隨其生處在意所欲。無量寶藏自然發應。教化安立無數衆生。住於無上正眞之道」[526]

(그는 나라와 국왕의 자리까지도 버리고, 재물과 처자의 인연까지도 끊어버리면서 6-바라밀을 닦고, 모든 이에게 이를 수행하도록 가르치며 온갖 공덕을 쌓으셨느니라! 그 공덕으로 그는 수많은 중생을 교화하여 안온케하고, 그들로 하여금 무상정진도(무상정등각)을 성취케 하였느니라!) 다음으로 아미타불이 어떤 분이며, 그가 개척한 극락세계가 어떤 곳인지, 말하자면 아미타불과 그가 사는 극락정토의 장엄에 대해 설한다.

곧 지혜와 대비를 상징하고 있는 광명(光明)과 수명(壽命)을 통해, 아미

---

525) 『무량수경』(대정장 12. 269c)
526) 『무량수경』(대정장 12. 269c)

타불의 무량한 智慧와 大悲에 대해 설하고, 뒤이어 극락세계계란 어떤 곳인지, 그 안락함과 금은보화로 장식된 화려함을 24樂과 30種益과 10 種의 莊嚴으로 설명한다.[527)]

527) 예념미타도량참법(禮念彌陀道場懺法)에는 정보(正報)장엄과 의보(依報)장엄을 다음과 같이 열 가지로 분류하고있다.
법장서원수인장엄(法藏誓願修因莊嚴) / 사십팔원원력장엄(四十八願願力莊嚴)/미타명호수광장엄(彌陀名號壽光莊嚴)/삼대사관보상장엄(三大士觀寶償莊嚴)/미타국토안락장엄(彌陀國土安樂莊嚴)/보하청정덕수장엄(寶河淸淨德水莊嚴)/보전여의누각장엄(寶殿如意樓閣莊嚴)/주야장원시분장엄(晝夜長遠時分莊嚴)/이십사락정토장엄(二十四樂淨土莊嚴).
24락에 대해서는 영명연수선사의 『만선동귀집』에 극락정토의 24종의 樂을 다음과 같이 설하고 있다.
난순차방락(欄楯遮防樂)/보망라공락(寶綱羅空樂)/수음통구락(樹陰通衢樂)/칠보욕지락(七寶浴池樂)/팔수징의락(八水澄意樂) /하견금사락(下見金沙樂) / 계제광명락(階梯光明樂)/누대능공락(樓臺凌空樂) /사연화향락(四延華香樂) / 황금위지락(黃金爲地樂)/팔음상주락(八音常奏樂) /주야양화락(晝夜兩華樂) / 청신책려락(淸晨策勵樂)/엄지묘화락(嚴持妙華樂) /공양타방락(供養他方樂) / 경행본국락(俓行本國樂)/중조화명락(衆鳥和鳴樂) /육시문법락(六侍聞法樂) / 존념삼보락(存念三寶樂)/무삼악도락(無三惡道樂)/유불변화락(有佛變化樂)/ 수요라망락(樹搖羅網樂) /십문동성락(十門撲聲樂) /성문발심락(七寶浴心樂)
30종익에 대해서는 석정토군의론(釋淨土群疑論)에 정토왕생을 권하기 위하여, 『칭찬정토불섭수경(稱讚淨土佛攝受經)』·『관무량수경(觀無量壽經)』·『무량수경(無量壽經)』의 48원 등을 종합하여 다음과같이 설하고 있다.
수용종종공덕 장엄청정불토익 (受用種種功德莊嚴淸淨佛土益) 대승법락익 (大乘法樂益) 친근공양무량수불익(親近供養無量壽佛益) 유력시방공양제불익(遊歷十方供養諸佛益) 어제불소문법수기익(於諸佛所聞法授記益) 복혜자량질득원만익(福慧資糧疾得圖滿益) 속증무상정등보리익(速證無上正等菩提益) 제래사 · 중진익(無量行願念念進增益) 앵무사리선양병음익(鸚鵡舍利宣場法音益) 청풍동수여천중락익(淸風動樹如天衆樂益) 마니수류선설고공익(摩尼氷流宣說苦空益) 재악음성주제법음익(諸樂音聲奏諸法音益) 사십팔원홍서원중영절삼돈익(四十八顯弘誓願中永絶三塗益) 진금신색익(眞金身色益) 형무미추익(形無美醜益) 구족육통익(具足六通益) 주정정취익(住正定聚益) 무제불선익(無諸不善益) 수명장원익(壽命長遠益) 의식자연익(衣食自然益) 유수중락익(唯受衆樂益) 삼십이상익(三十二相益) 무유실여인익(無有實女人益) 무유소승익(無有小乘益) 이제판난익(離諸八難益) 득삼법인익(得三法忍益) 신유광명주야상광익(身有光明晝夜常光益) 득나라연택익(得那羅延力益) 등이다

하권(下卷)에서는, 사바세계의 실상인 탐진치 삼독(三毒)과, 그 결과로 벌어지는 고통의 세계와 살생 투도 사음 망어 음주로 얼룩진 오탁악세(五濁惡世)의 실상을 설한 후, 이러한 고통이 벌어지는 원인인 업(業)과 혹(번뇌)와 그 과보로서의 苦痛의 관계를 설명하고, 뒤이어 業과 根機에 따라 왕생하는 처소가 달라짐을 설한 극락세계의 삼배구품관 <三輩九品觀>, 소위 <三輩九品往生觀>을 설한다.

 말하자면 어떻게 하면 극락세계에 왕생할 수 있는지, 그 인연을 구품구생(九品九生)과 연관지어 설명한다. 곧 上品(上生·中生·下生), 中品(上生·中生·下生) ,下品(上生·中生·下生)의 9등분으로 나누어진 극락세계를 설명하면서, 누구든지 극락왕생할 수 있다는 것을 전제로 하면서도, 각자의 인연과 근기와 精進 여하에 따라, 태어나는 극락의 모습이 9-등분으로 달라진다는 것을 내보이며, 부지런히 정진하여 극락왕생할 것을 권유하고 있다. 살펴보자!

「佛告阿難。十方世界諸天人民。其有至心願生彼國。凡有三輩。其上輩者。捨家棄欲而作沙門。發菩提心。一向專念無量壽佛。修諸功德願生彼國。(중략) 佛告阿難。其中佛語輩者。十方世界諸天人民。其有至心願生彼國。雖不能行作沙門大修功德。當發無上菩提之心。一向專念無量壽佛。(중략)佛語阿難。其下輩者。十方世界諸天人民。其有至心欲生彼國。假使不能作諸功德。當發無上菩提之心。一向專意乃至十念。念無量壽佛願生其國。若聞深法歡喜信樂不生疑惑。乃至一念念於彼佛。以至誠心願生其國」[528]

───────────
528) 『무량수경』(대정장 12. 272b~c)

(극락세계에 태어나기를 바라는 시방세계의 천인<天人>에겐 上中下의 무리, 곧 3輩의 유형이 있다.

첫째 상배자<上輩者>란 욕심을 버리고 사문<沙門>이 되어, 보리심을 발하고, 한결같은 마음으로 끊임없이 無量壽佛을 생각하며, 여러 가지 공덕을 닦아, 극락세계에 왕생하기를 발원하는 사람들이다 <중략>

둘째 중배자<中輩者>란 지극한 마음으로 극락세계에 태어나기를 원하는 자로, 비록 出家沙門이 되지못해 큰 공덕은 쌓지는 못했지만, <無上의 보리심>을 발하여 한결같은 마음으로 끊임없이 無量壽佛을 염하는 사람들이다 <중략>

셋째 하배자<下輩者>란 지극한 마음으로 극락세계에 태어나기를 발원하는 자로, 비록 많은 공덕은 쌓지는 못하였지만, <無上의 보리심>을 발하여 한결같은 마음으로 無量壽佛을 10번 염하면서 극락세계에 태어나기를 원하는 사람들과, 또 심오한 법문을 듣고 환희심을 내어 믿고 즐거워하며, 의혹을 일으키지 않고, 단 1번만이라도 무량수불을 생각하며, 지극한 마음으로 극락세계에 태어나기를 발원하는 사람들이다)

② 『관무량수경(觀無量壽經)』 (1권)

이 경은 西域沙門인 강양야사(畺良耶舍)가 劉宋의 文帝 元嘉(424-452)년에 入宋後 번역하였다.[529]

『觀無量壽經』은 그 經題에서 알 수 있듯이, 三昧(淸淨業處觀)에 들어 無量壽佛과 그 분이 계신 極樂世界를 관하는 것이 주제이다. 따라서 앞에서 고찰한 『無量壽經』과는 전혀 다른 내용을 지니고 있다.

이러한 이유로 藤田宏達등 일부의 학자들 사이에서는, 이 경의 印度成

---

529) 강양야사(畺良耶舍)는 『관무량수경』 <1권>과 『觀藥王藥上二菩薩經』 <1권>을 번역했다고 전하고 있다 (『高僧傳』 『法經錄』 『歷代三寶記』 『開元釋敎錄』)

立에 의문을 품고, 중앙아시아의 성립이나 또는 中國찬술이라 주장하고 있으나,530) 이 경의 관법인 <業處觀>이 이 경이 번역된 (424-452년)은 말 할 것도 없이, 『觀無量壽經』보다 50년 뒤인 天監 14년(515년) 중국에서 역출된 上座部의 『解脫道論』과, 說一切有部의 『大毘婆沙論』과 『俱舍論』등에서 조차도, (비록 不淨觀과 十遍處등이 설해지고는 있지만 業處觀이라 부르지는 않음) 아직 설해지고 있지 않으므로, 인도찬술이 아니라고 단정짓는 것은 무리가 있다고 하는 平川彰 博士의 主唱도 있다.531)

경의 내용은 라자가하(王舍城)의 한 사건으로부터 시작된다.
마가다국(라자가하)의 왕 <빔비사라(Bimbisara)>와 <위제히(Vaidehi)>와 비는 아자타사트(Ajatasatru=아사세)라는 태자를 두었다.
그 태자가 장성하여 부왕을 감옥에 가두고 왕위를 찬탈하려 하자, 위제희 왕비는 석존불께 지성으로 예배하고 왕을 구원해주기를 기도한다.
이에 석존불은 위제히 왕비에게 極樂淨土의 모습을 보여주고, 16가지로 극락세계를 관하는 소위 <업처관법(業處觀法)>을 일러주어,532) 그 관법을 통해 왕비로 하여금 깨달음을 얻게 하고, 빔비사라왕도 구원을 받게 한다.

석존불은 특히 공간적으로 무한한 광명과 시간적으로 영원한 생명을 지니신 아미타불에게 귀의한다는 의미로, <나무아미타불>을 소리내어 염송하라고 가르친다. 이상이 『관무량수경』이 설하는 큰 틀에서의 내용이다.

---

530) 藤田博士는 『觀無量壽經』의 三昧觀法을 <般舟三昧>라 보고, 『觀無量壽經』의 성립을 『반주삼매경』에 근거한 중국찬술이라 주창하였다. 藤田宏達 「淨土教における神秘思想の一斷面」- 『觀無量壽經』にあらわれた見佛- (1984年 成田山 新勝寺 刊)
531) 平川彰박사의 주창대로, 인도성립설이 타당한 것이라 사료된다. 平川彰 「觀經の成立と淸淨業處」 『東洋の思想と宗敎』 創刊號 (1984년 早稻田大學 刊)
532) 「前緣(눈 앞에 있는 대상)을 무너뜨리지 않고 그대로 두고 心力 自在함을 一切處라 한다. 행자는 먼저 小相을 취한 후 信解力으로 그 相을 增廣시킨다」 곧 世界 全體를 눈앞의 대상(前緣)으로 가득히 充滿시켜가는 觀想法이다.

이하 경이 설하고 있는 구체적 내용을 직접 하나하나 살펴보자!

① 부처님 재세시 가장 큰 도시국가를 형성하고 있던 마가다국의 왕인 <빔비사라왕>과 왕비인 <위제희부인>, 그리고 그들의 아들 <아사세왕자>가 중심이 되어 전개되는 비극(悲劇)의 이야기가 시작된다.

② 곧 <왕사성의 비극>이라고 전해지는 이야기로서, 권력에 눈이 멀어 아버지를 감옥에 가두고 먹을 것을 주지 않는 아들의 불효에 분개한 어머니 위재희 왕비가, 안타까운 마음에 몸에 꿀을 바르고 그 위에 쌀강정을 묻혀, 아들 몰래 감옥에 들어가 남편을 연명시키는 장면이 나온다.

③ 이를 알게된 아들 아사세가 어머니 위제희부인 마져 감옥에 가두어 버린다. 감옥에 갇힌 위제희부인은 석존불께 기도하며 감옥을 방문해 줄 것을 청원한다.

④ 위제희부인의 간절한 기도를 들으신 부처님께서는 위신력으로 아난존자와 목련존자를 앞세워 위제휘부인이 갇힌 감옥을 방문하니, 이에 위제희부인이 부처님께 청원을 드린다.

「世尊。我宿何罪生此惡子。世尊復有何等因緣。與提婆達多共爲眷屬。唯願世尊。爲我廣說無憂惱處。我當往生」[533]

(부처님이시여! 제가 전생에 무슨 죄를 지었기에 이처럼 惡한 아들을 두게되었으며, 또 부처님께서도 무슨 악연으로 <제바달다>와 같은 악인을 권속으로 두게 되었나이까? 원컨대 부처님께서는 저를 위해 근심도 고뇌도 없는 곳(極樂世界)에 대해 설해주십시오. 원컨대 저로 하여금 <淸淨業으로 이루어진 세계를 보여주소서!> 어서 속히 그곳에 往生하고 싶습니다)

---

533) 『관무량수경』 (대정장 12. 341b)

⑤ 이에 부처님께서는 미간으로부터 광명을 발하시어 극락세계를 비롯한 수많은 불국토의 모습를 위제희부인에게 보여주셨다.
⑥ 수많은 불국토의 모습를 본 위제희부인이 서방의 극락세계에 태어나기를 원함

「世尊。是諸佛土。雖復淸淨皆有光明。我今樂生極樂世界阿彌陀佛所。唯願世尊。敎我思惟敎我正受」[534]

(세존이시여! 수많은 불국토가 모두 淸淨光明으로 빛나고 있지만, 저는 아미타불이 계시다는 저 극락세계에 태어나고 싶습니다. 부처님이시여! 원하옵건데 저로하여금 正法을 사유하는 법과 그것을 올바로 받아드릴 수 있는 三昧(법)에 대해 가르쳐 주십시요!)

⑦ 부처님께서 극락세계에 왕생하는 관법과 청정행을 제시하심

「汝今知不。阿彌陀佛去此不遠。汝當繫念諦觀彼國淨業成者。我今爲汝廣說衆譬。亦令未來世一切凡夫欲修淨業者得生西方極樂國土。欲生彼國者。當修三福」[535]

(위제희 부인이여! 당신이 원하는 극락세계는 여기서 그리 멀지 않습니다. 그러니 그대는 생각을 집중하여 淸淨業으로 이루어진 극락세계를 관하도록 하십시요!
저 국토에 태어나고자 하는 자는 다음과 같은 3가지 淸淨한 福을 닦아야 합니다.

---

534) 『관무량수경』(대정장 12. 341b~c)
535) 『관무량수경』(대정장 12. 341c)

첫째: 부모에게 효도 봉양하며, 스승과 어른에게는 慈悲로운 마음으로
十善業을 닦아야 합니다.

둘째: 三寶에 歸依하여 戒에 맞는 威儀를 지켜야 합니다.

셋째: 菩提心을 발하며 因果의 도리를 깊이 믿어야 하는 것으로,
이 3가지를 일러 淸淨(福)業이라 합니다.

⑧ 본경의 중심인 정종분(正宗分)에 들어가기 직전, 極樂世界를 관하는
觀法의 중요성과 그 공덕에 대해 다음과 같이 설한다.

「以佛力故 當得見彼淸淨國土 如執明鏡 自見面像 見彼國土極妙樂事 心
歡喜故 應時 即得無生法忍」[536]

(그대들은 부처님의 威神力으로 저 淸淨國土를 보게 될 터인데, 이는 마
치 맑은 거울(明鏡)로 자신의 얼굴을 보는 것과 같으로, 그 국토를 보는
순간 곧 바로 마음에 환희심이 솟아나고, 무생법인<無生法忍>을 얻게 될
것이다)

⑨ 正宗分에 들어가면, 부처님 입멸후 중생들이 관해야 될 觀法을 묻는
위재희부인의 청원에 응답하여, 부처님께서

「응당전심(應當專心) 계념일처(繫念一處) 상어서방(想於西方)」[537]
(오직 마음을 다하여 마음을 서방 한 곳에 집중하고 서방정토 극락세계
를 생각하라!)

536) 『관무량수경』 (대정장 12. 341c~342a)
537) 『관무량수경』 (대정장 12. 341c)

고 하시며, 위제희 부인을 비롯 모든 대중들로 하여금 극락세계를 보는 방법(觀法)으로, 일상관(日想觀), 수상관(水想觀), 불상관(佛想觀)등 16개의 관법, 소위 <16관법>을 설하신다.

16가지 관법중 중요하다고 생각되는 몇 가지 觀을 살펴보자.

① 제1 일상관(日想觀)

「若佛滅後諸衆生等。濁惡不善五苦所逼。云何當見阿彌陀佛極樂世界。佛告韋提希。汝及衆生。應當專心。繫念一處。想於西方 當起想念。正坐西向 諦觀於日。令心堅住。專想不移。見日欲沒狀如懸鼓。旣見日已。閉目開目皆令明了。是爲日想」[538]

(부처님께서 입멸하신후에는 중생들은 혼탁하고 악하며 착하지 않아 다섯가지 고통(五苦)에 시달릴 것입니다. 그들은 어떻게 해야 아미타불의 극락세계를 볼 수 있겠나이까? 부처님께서 말씀하시기를, 위제희여! 그대와 중생들은 마땅히 생각을 일으켜 서쪽을 향하여 앉아서, 지는 해(日沒)를 관하되, 그 형상이 마치 매달아 놓은 북(懸鼓)과 같음을 보고, 눈을 감으나 뜨나 그 형상을 분명히 하라! 이러한 관을 日想觀이라 하는 것이다)

② 제2 수상관(水想觀)

「次作水想。想見西方一切皆是大水。見水澄淸。亦令明了。無分散意。旣見水已當起冰想。見冰映徹作琉璃想。此想成已。見琉璃地內外映徹。(중략) 於臺兩邊各有百億花幢無量樂器。以爲莊嚴。八種淸風從光明出。鼓此樂器。演說苦空無常無我之音。是爲水想」[539]

538) 『관무량수경』 (대정장 12. 342a)
539) 『관무량수경』 (대정장 12. 342a)

(물의 맑고 께끗(澄淸)함을 보면서 생각이 흩어지지 않도록 하면서, 투명한 얼음을 생각하고, 안과 밖이 투명한 땅을 보아라! 그 땅 위에 있는 수없이 많은 황금과 칠보와 꽃과 악기를 보되, 바람이 불자 그 악기에서 '일체는 고<苦>이며, 공<空>이며, 무상<無常>이며, 무아<無我>'라는 소리를 연주함을 관하라! 이러한 관을 水想觀이라 하는 것이다. <중략> 이와같이 관하는 사람은 무량억겁동안 지은 生死의 罪를 멸하고, 현재의 몸으로 念佛三昧를 얻을 것이다)

③ 제8 불상관(像想觀)

「見此事已。次當想佛。所以者何。諸佛如來是法界身。遍入一切衆生心想中。是故汝等心想佛時。是心卽是三十二相八十隨形好。是心作佛是心是佛。諸佛正遍知海從心想生。是故應當一心繫念諦觀彼佛多陀阿伽度阿羅呵三藐三佛陀。(중략) 是爲想像。名第八觀。作是觀者。除無量億劫生死之罪。於現身中得念佛三昧」[540]

(앞의 7개의 관들을 모두 마쳤으면, 이번에는 부처님을 관하라!

왜냐하면 제불여래는 법계신<法界身>이므로 일체중생의 마음속에 들어있기 때문이다. 따라서 누구든지 마음으로 부처님을 생각하면, 그 마음이 곧 32상 80종호가 되는 것이다. 그래서 마음으로 부처님을 지으면, 그 마음이 곧 부처라 한 것이며, 부처님의 正遍知海(바다와 같이 모든 것을 올바르게 아는 智) 또한 마음에서 생기는 것이라 한 것이다.

그러니 일심으로 부처님의 <타타갸타 아라한 삼먁삼보리>[541]를 관하라!

---

540) 『관무량수경』(대정장 12. 343a~b)
541) <타타갸타 아라한 삼먁삼보리>:여래(Tathāgata) 응공(Arhan) 정등정각 (samyaksaṃbodhi)을 의미한다. 부처님과 아라한과 정등정각을 관하라는 의미이다.

<중략> 이와 같이 관하는 자는 무량억겁 동안 지은 생사의 죄를 소멸하고, 현재의 몸으로 念佛三昧를 얻게된다)

④ 제 9 진신관(眞身觀)

「見無量壽佛者。卽見十方無量諸佛。得見無量諸佛故。諸佛現前授記。是爲遍觀一切色想。名第九觀。作是觀者名爲正觀」[542]

(無量壽佛을 보는 자는 셀수도 없는 시방세계의 수많은 보살님들을 친견하며, 그분들 앞에서 성불의 수기(授記)를 받게된다. 이러한 관을 일러 편관일체색신상<遍觀一切色身想>이라 하는데, 이것이 9번째의 관법인 정관<正觀>이다)

참 고: <(遍處=一切處)와 遍觀, 『관무량수경』과 業處觀>

前緣(눈 앞에 있는 대상)을 무너뜨리지 않고 그대로 두면서, 心力 自在함을 一切處(遍觀)라 한다. 행자는 먼저 소상(小相)을 취한 후, 信解力으로 그 相을 증광(增廣)시킨다. 곧 世界 全體를 눈앞의 대상(前緣)으로 가득히 충만시켜가는 觀想法으로, 예를 들며 다음과 같은 것이 있다.

청편처(靑遍處):

눈앞의 靑色을 관하면서, 그 청색이 점점 증광(增廣)되어 마침내는 세계 전체가 靑色一色이라 관하는 것, 그것이 편처(遍處)이며 業處觀이다.

골쇄관(骨鎖觀):

승해력(勝解力)으로 수행자의 身體中의 골쇄(骨鎖)를 사유하면서, 이를 2

---

542) 『관무량수경』 (대정장 12. 343c)

개로 4개로 점차 증광시키고, 최후에는 전세계가 骨鎖로 가득 충만해 있음을 관하는 관법이다.

청정업처관(淸淨業處觀):

勝解作意力으로 부처님의 미간백호(眉間白毫)를 사유하면서, 이를 수미산과 四大海水와 같은 것이라 관하는 觀法이다.

경이 설하는 極樂觀法은 바로 이 淸淨業處관에 의한 관법으로, 극락을 직접 관할 수 없으므로, 日·月·水·木·보석 등 간접적인 소재를 勝解力에 의해 청정의 極樂世界의 相으로 작의(作意)시켜, 이를 통해 눈앞에 아미타불이 계신 것처럼 방불(彷彿)케하는 행법이다.

⑤ 삼배구품왕생관(三輩九品往生觀)

 앞에서 설한 16관법가운데, 마지막 14~16까지의 3-관법은 소위 <삼배구품왕생(三輩九品往生)>에 대한 관법이다.

 곧 앞의 법장스님의 48원중 제 18원인 <十念往生願>에서 상세히 밝혔듯이, 아미타불을 생각하면서 극락세계에 태어나기를 발원하며, 단 10번만 '나무아미타불'이라 지송하면, 누구든지 극락세계에 태어난다고 약속하였듯이, 왕생하기 쉬운 곳이 극락세계이지만, 극락세계라고 해서 모두 똑같은 곳이 아니라, 사바세계에서 지은 業과 根機에 따라, 크게는 상배(上品=상근기) 중배(中品=중근기) 하배(下品=하근기)의 셋으로 나누어지고, 또 상배(上輩) 중배(中輩) 하배(下輩)의 각각의 곳에서 다시 上生 中生 下生의 3곳으로 나누어진다고 설하신다. 말하자면 상품은 (上生 中生 下生)으로, 중품도 (上生 中生 下生)으로, 하품도 (上生 中生 下生)으로 나누어져, 도합 9등분의 극락세계가 있음을 설하고 있다.

참 고: 구품구생(九品九生)의 수인법(手印法)

전국 사찰에 모셔져 있는 아미타부처님의 불상을 뵈면, 제각각 다른 手印(양손의 모양)을 한 것을 볼 수 있다.

 이는 위의 『관무량수경』에서 말씀하신 <구품구생(九品九生)>에 따라, 결인(手印)법이 9가지로 나누어지기 때문이다.

구별법을 설명하면 다음과 같다.

먼저 <上生 中生 下生>에 대한 설명이다.

엄지가 어느 손가락을 잡았느냐에 따라 다음처럼 나누어진다.

(양손 모두 해당됨)

상생(上生): 엄지(大指)로 인지(人指=검지=頭指)를 잡음

중생(中生): 엄지(大指)로 중지(中指)를 잡음

하생(下生): 엄지(大指)로 약지(藥指)를 잡음

다음에는 <上品 中品 下品>에 대한 설명이다.

양손이 어느 부위에 있느냐에 따라 다음과 같이 나누어진다.

상품(上品): 양손이 배꼽부위,

중품(中品): 양손이 가슴부위에,

하품(下品): 왼손은 배꼽부위, 오른손은 가슴부위에 둔다.

예:

 ① 엄지로 인지(검지)를 잡고<上生>, 양손이 가슴부위에 있으면<中品>, 그 부처님은 <中品上生印>을 한 아미타부처님이시다.

② 엄지로 藥指를 잡고<下生>, 왼손은 배꼽부위, 오른손이 가슴부위에 있으면<下品>, 그 부처님은 <下品下生印>을 한 아미타부처님이시다.

③ 『아미타경(阿彌陀經)』 (1권)

『아미타경(阿彌陀經)』은 梵本과 Tibet本 그리고 한역본 (2본), 곧 구마라집 역과 현장 역이 현존한다.[543]

『經錄』에 『無量壽經』으로 되어있어, 자칫하면 『大本無量壽經=無量壽經』과 혼돈할 수가 있다. 따라서 이러한 혼돈을 막기위해, 『阿彌陀經』은 일반적으로 『小本無量壽經』이라고도 불리운다.

『아미타경』의 梵本은 『Sukhāvatī-vyūha(極樂의 莊嚴)』라 하여, 『大本無量壽經=無量壽經』과 경명이 같다.

다만 『大本無量壽經』의 경우는 앞서도 언급했듯이,

경의 말미에 「Amitābhasya」라 되어있고, 거기다 經(sūtra)이 아닌 章(parivartaḥ)으로 되어 있는데 반해, 『小本無量壽經=阿彌陀經』의 경우는 梵本과 Tibet本 모두 經題를 『極樂의 莊嚴이라 이름하는 大乘經』이라 하여, 독립경전의 형태를 취하고 있다.

정토삼부경의 성립순서는 『아미타경(阿彌陀經)』 → 『無量壽經』 → 『觀無量壽經』의 순으로 고찰되고 있다.

우리나라에서 주로 많이 읽히는 것은 구마라집 역의 『阿彌陀經』이다.

소위 <無問者說經>, 즉 제자들의 물음이 없는데도 불구하고, 부처님 스스로 자문자답형식으로 설하신 경으로, 정토삼부경 가운데 가장 먼저 성

---

543) 『아미타경(阿彌陀經)』은 <구마라집본>외에 劉宋代에 <구나발다라>가 번역했다는 『無量壽經』(1권) (現存하지 않음)과 <玄奘三藏>이 역출한 『稱讚淨土佛攝受經』(1권)이 있다.

립된 것으로 알려지고 있다. 문장이 매우 간결하여 정토삼부경 중에서도 가장 많이 읽히는 경이다.

 내용은 아미타부처님과 극락정토의 莊嚴을 설하면서, 그러한 정토에 왕생하는 길은 오직 一念으로 아미타부처님을 칭념(稱念)하는데 있으며, 결과로 아미타부처님의 영접(迎接)을 받아 극락세계에 왕생할 수 있다고 설하고 있다.

 극락세계는 어떠한 나라일까? 아미타부처님이 願을 세워 이룩한 극락세계는 우리 평범한 인간의 상식으로는 도저히 이해가 되지 않는 아름다운 세계다. 경에 의하면, 극락세계의 아름다움은 크게 세 가지로 나뉠 수 있다.

첫째는 自然美, 둘째는 造形美, 셋째는 人間美다.
자연미 속에는 국토의 청정함을 비롯하여 오염되지 않은 (물·국토·수림)과 거기에 깃들어 사는 생명들, 그리고 물적 자원의 풍부함 등을 들 수가 있다. 보석으로 된 난간과 줄지어 선 가로수, 훌륭한 연못과 누각을 갖춘 정원, 아름다운 건축물, 잘 짜여진 도시, 어느 하나 빈틈없는 조형미로 갖추어져 있는 곳이 극락세계로, 이 모두는 법장비구가 아미타부처님이 되기전 이미 설계한 것으로, 이후엔 아미타부처님께서 손수 시공하시어 이루어진 것들이다.
 인간미란 아미타부처님을 비롯하여 완전한 깨달음을 이룬 수많은 구도자 수행자들에게서 풍기는 아름다움이다. 그러한 까닭에 이처럼 아름답고 장엄스런 극락국토에 태어나고자 원을 세움은 어쩌면 당연한 일인지도 모른다.

이상 『아미타경』을 간략히 살펴보았으나, 이제부터는 경이 설하고 있는 내용을 직접 하나하나 구체적으로 살펴보자!

경전은 극락세계란 어디에 있으며, 또 어떤 곳인지, 그리고 그곳에 계신 아미타부처님과 그곳에 사는 백성들은 어떤 사람들인지, 또 그분들이 지닌 광명과 수명은 어떠한지, 곧 阿彌陀란 무슨 뜻을 지니고 있는지, 또 어떻게 하면 그러한 극락세계에 왕생할 수 있는 것인지 등, 극락세계와 아미타불과 염불공덕에 대해 상세히 설명하고 있다.
하나하나 살펴보자!

「從是西方過十萬億佛土 有世界名曰極樂 其土有佛號阿彌陀 今現在說法」[544]

(이곳으로부터 10만억 불토를 지나면 극락세계라는 세계가 있는데, 그곳에는 아미타불이 계시어 지금도 설법하고 계신다)

「其國眾生無有眾苦 但受諸樂故名極樂」[545]

(사리불이여! 그 세계를 왜 극락이라고 하는가 하면 그 나라의 중생들은 그 어떤 괴로움도 없고 오직 즐거움만 있기에 극락이라고 하는 것이다)

「彼國常有種種奇妙雜色之鳥。白鵠孔雀鸚鵡舍利迦陵頻伽共命之鳥。是諸眾鳥。晝夜六時出和雅音。其音演暢五根五力七菩提分八聖道分如是等法。其土眾生聞是音已。皆悉念佛念法念僧。舍利弗。汝勿謂此鳥實是罪報所生所以者何。彼佛國土無三惡趣。舍利弗。其佛國土尚無三惡道之

---

544) 『아미타경』 (대정장 12. 346c)
545) 『아미타경』 (대정장 12. 346c)

名。何況有實。是諸衆鳥。皆是阿彌陀佛。欲令法音宣流變化所作」[546]

(극락세계에는 항상 아름답고 기묘한 여러 색을 지닌 새들이 많다. 공작·앵무새·사리새·가릉빈가·공명조(共命鳥)[547] 등이 그것으로, 그들은 낮과 밤을 가리지 않고 항상 아름다운 소리로 평화롭게 노래를 하는데, 그 노래는 五根·五力·七覺支·八正道 등에 관한 내용이다. 곧 그곳의 중생들은 이들 새의 설법을 듣고는 불법승 三寶를 생각한다. 사리불이여! 너는 이 새들이 業報로서 이곳에 태어난 것으로 생각해서는 않된다. 왜냐하면 이 極樂에는 삼악도(三惡道)가 없기 때문이다.
사리불이여! 이곳에는 三惡道라는 이름조차 없거늘 어찌 삼악도가 실제로 있겠는가? 여기 있는 새들은 모두가 아미타부처님께서 法門을 널리 펴시기 위해 化現하신 것이다)[548]

「舍利弗 彼佛光明無量照十方國無所障礙 是故號爲阿彌陀佛 彼佛壽命級其人民無量無邊阿僧祇劫 故名阿彌陀佛」[549]

(사리불이여! 그대는 저 부처님을 왜 아미타불이라 부르는 줄 아는가? 그 부처님의 광명이 한량없어 시방세계를 비추어도 조금도 줄어들지 않기에 아미타불이라고 하는 것이며, 그 부처님의 수명과 그곳의 인민들 또한 무량한 아승지겁의 수명을 지니고 있기에 아미타불이라 하는 것이다)

---

546) 『아미타경』(대정장 12. 347a)
547) 共命鳥에 대해서는 앞(P.60)에서 상세히 설명하였다.
548) <사리새>란 검은 색의 두루미로 사람의 소리를 낸다고 함. <가릉빈가>는 공작새科의 새로 아름다운 소리를 내, 그 소리를 듣는 사람은 황홀경에 빠진다고 함.
549) 『아미타경』(대정장 12. 347a)

「舍利弗, 不可以少善根福德因緣得生彼國　善男子　善女人　聞說阿彌陀佛 執持名號　若一日　若二日　若四日　若五日　若六日　若七日　一心不亂　其人 臨命終時　阿彌陀佛與諸聖衆現在其前　是人終時心不顛倒卽得往生阿彌陀 佛極樂國土」550)

(사리불이여! 적은 선근과 복덕의 인연으로는 저 세계에 태어날수 없는 것이다. 곧 선남자 선여인이 아미타불의 설법을 듣고 그분의 명호를 굳 게 지니면서, 하루 이틀을 지나 칠일동안 흩어지지 않은 일심으로 꾸준 하게 아미타불을 칭념한다면, 그가 임종할 때에 아미타불께서 여러 성중 들과 함께 그 앞에 나타날 것이다. 목숨을 마칠 때까지 이러한 마음이 지속된다면, 그는 곧 바로 아미타불이 계신 극락국토에 왕생할 것이다)

「舍利弗, 若有衆生　聞是說者　應當發願　生彼國土」551)

(사리불이여! 만약 누구든지 이와 같은 말을 들었다면, 반드시 저 극락세 계에 태어나기를 발원해야 하느니라!)

「舍利弗。若有人已發願。今發願。當發願。欲生阿彌陀佛國者。是諸人 等。皆得不退轉於阿耨多羅三藐三菩提。於彼國土若已生。若今生。若當 生。是故舍利弗。諸善男子善女人。若有信者。應當發願生彼國土」552)

(사리불이여! 만약 어떤 사람이 아미타불의 세계에 태어나기를 이미 발 원하였거나 이제 막 발원하였거나, 장차 발원하려는 자들은, 누구나 모

---

550) 『아미타경』(대정장 12. 347b)
551) 『아미타경』(대정장 12. 347b)
552) 『아미타경』(대정장 12. 348a)

두 무상정등정각에서 절대로 물러나지 않을 것으로, 이미 그 국토에 태어났거나 지금 태어나거나 혹은 장차 반드시 태어날 것이다. 그러므로 선남자 선여인들이여! 너희들 가운데 믿음이 있는 자는 반드시 저 국토에 태어나기를 발원해야 하느니라!)

이상 <淨土三部經>이라 일컬어지는 『무량수경』 『관무량수경』 『아미타경』의 중심내용을 살펴보았다.

(강해) 淨土三部經은 난신(難信)의 法 -

「舍利弗 當知。我於五濁惡世。行此難事。得阿耨多羅三藐三菩提。爲一切世間。說此難信之法。是爲甚難」 553)

(사리불아 마땅히 알아야 한다. 나는 오탁악세속에서 이 어려운 일 <難事>을 행하여 무상정등정각을 얻은 후, 일체세간을 위해 이 믿기 어려운 법 <난신지법=難信之法>을 설하였다. 이것은 정말 매우 어려운 <심난=甚難> 것이다)

「若聞斯經信樂受持。難中之難無過此難。是故我法如是作如是說如是教。應當信順如法修行」 554)

(만일 이 경을 듣고 기뻐하며 믿으면서<信樂> 받아 지니<受持>는 것은, 어려움 중의 어려움<亂中之 難>으로, 이보다 더 어려운 것 <難>은 없다. 그러므로 이 法을 이와 같이 짓고 <作>, 설하며 <說>, 가르쳐야

---

553) 『아미타경』 (대정장 12. 348a)
554) 『무량수경』 (대정장 12. 279a)

<敎> 되는 것으로, 이렇게 마땅히 믿고 따라야 그것이 여법수행 <如法修行>이 되는 것이다)

「汝等衆生當信是稱讚不可思議功德一切諸佛所護念經」[555]

(너희들 중생들은 칭찬하기 조차 불가사의한 공덕, 때문에 일체제불께서 호념하신 이 아미타경을 반드시 믿어야 된다)

이처럼 정토경전은 믿음(信)을 강조한, 아니 믿음 그 자체의 경전이라 단언해도 지나치지 않을 만큼, 信을 강조한다. 위에서 본 <難信之法> <難信의 難> <難中之難> <甚難>이라 한 것들이 그것으로, 이러한 표현을 쓴 것은 정토경전이 다름 아닌 영성(靈性)의 눈뜸을 강조한 경전임을 암시하고 있는 것이다.
곧 믿음과 지혜(信知), 그리고 체험을 통한 靈性이 열리지 않으면, 믿음의 경전인 정토삼부경과 그것으로부터 나온 정토사상은 이해하기도 또 들어가기도 어려운 것이다.

곧 불교사상이 智慧(上求菩提)와 大悲(下化衆生)라는 2개의 靈性의 개발을 목표로 삼는 것이라면, 정토경전의 본원사상(本願思想)은 지혜와 대비의 2개의 덕목 중, 慈悲의 면이 강조되어 아미타불의 本願이란 형태로 표현된 것이라 볼 수 있다.
곧 <上求菩提 下化衆生>을 추구하는 자를 일러 보살, 곧 대승불교의 이상적 인간상이라 하며, 이로부터 대승보살도가 형성되었듯이, 정토경전은 法藏比丘가 세운 48本願과 그것의 성취라는 형태를 통해, 보살

---

555) 『아미타경』 (대정장 12. 347b)

도 실천의 대표자로 법장비구를 내세워 표현하고 있는 것이다.

앞에서 靈性의 눈뜸이 없으면 本願思想을 이해하기 어렵다고 단언했는데, 그 까닭은 영성의 눈뜸 없이, 그저 현세이익을 위해, 왕생을 목적으로 그저 念佛만 한다면 그러한 신앙형태는 참종교라 할수 없기 때문이었다.

진정한 참신앙이란 자기의 변혁을 통해 생명의 혁신과 생명의 눈뜸이 일어나야 되는 것으로, 이를 일러 靈性의 눈뜸, 靈性의 개발이라 하는 것이다.

앞서도 인용한 바 있는 『무량수경』의 게송이다. 48원이란 본원을 모두 마친 법장비구가 다시 이를 게송으로 읊는 부분이다.

「佛告阿難。爾時法藏比丘。說此願已而說 頌曰

　我建超世願 必至無上道 斯願不滿足 誓不成等覺」556)

게송의 내용처럼, 대승보살은 세간을 뛰어넘는 발원, 곧 법장비구처럼 현세이익이 아닌 무상정등정각이란 초세원(超世願)을 세워, 반드시 그 無上道를 증득해야하는 것이다. //

다음에는 앞에서 잠시 언급한 바 있는 唯識家 世親菩薩의 저작인 『무량수경』의 주석서 『무량수경우바제사경론(無量壽經優婆提舍經論)』, 곧 『淨土論』을 살펴볼 것이다!557)

앞서도 잠시 언급했듯, 이 논은 중국의 담란(曇鸞)을 비롯해 신라의 원

---

556)『무량수경』(대정장 12. 269b)
557)『淨土論』은 아주 많은 별칭을 지니고 있다. 곧 『無量壽經優波提舍』『無量壽經優波提舍願生偈』『無量壽經論』『往生論』『淨土論』등이 그것이다.

효(元曉), 일본의 친란(親鸞) 등의 정토사상가에게 큰 영향을 미칠 정도로 중요하기 때문이다.

④ 세친보살의 『정토론(淨土論)』

천친(天親), 곧 세친(世親=Vasubandhu: 400-480)은 북인도 간다라의 바라문 출신으로, 형은 無着이고 아우는 師子覺이다. 처음에 형과 함께 부파불교의 <說一切有部=有部>에 출가하였다가, 후에 有部의 본부인 케시미르로 건너가 설일체유부의 교의를 전문적으로 배웠다. 형 무착은 일찍이 소승을 버리고 大乘으로 轉向하였다.

玄奘이 번역한 대승아비달마잡집론(大乘阿毘達磨雜集論)은 무착이 지은 대승아비달마집론(大乘阿毘達磨集論)과 師子覺의 주석서를 혼합시켜 安慧가 편찬한 것이다.

예로부터 소승과 대승에서 각각 500부의 논을 지어 천부논사(千部論師)라는 대학자의 칭호를 받은 世親의 주요 저술로는 『아미달마구사론』, 『유식삼십송』, 『유식이십론』, 『섭대승론석』, 『십지경론』, 『불성론』, 『무량수경우바제사원생게=정토론』 등이 있다.

특히 『무량수경』에 주석을 붙여 정토사상을 이론과 실천 양면에서 정리한 것이 『무량수경우바제사원생게』, 곧 『淨土論』이다.

물론 세친이 본 『무량수경』이 오존칠결(五存七缺)의 12부 원본 중 어느 본(本)이었는지는 확실히 알 수 없지만, 세친의 『淨土論』에 대한 주석서를 남긴 담란(曇鸞)은 현존 五存中 위(魏) 강승개(康僧鎧)의 譯本 『무량수경』

(2권)을 저본으로 하여, 『정토론주(淨土論註)=往生論註』(2권)를 저술하였다.558) 세친의 『정토론』은 정토사상을 조직적으로 해명한 인도에서 저작된 유일한 논서, 그것도 唯識家인 世親에 의해 찬술된 논서로서, 후세에 특히 중국, 한국의 淨土家들에게 지대한 영향을 미쳤다.559)

잠시 『정토론』에 제시된 중요 어구들이 무엇인지를 살펴보도록 하자! 왜냐하면 이 어구들의 분석을 통해, 세친이 정토론을 통해 밝히고 주창하려는 목적이 무엇인지를 잘 알 수 있기 때문이다.

세친의 정토사상은 『섭대승론석』(형, 무착의 저술인 『섭대승론』에 대한 세친의 주석서)에서 무착의 <별시의(別時意)>설을 부연 해석하고 있어, 언뜻 보기에 형 무착과 동일한 입장을 취하고 있는 것처럼 보이나, 『정토론』을 보면 앞의 『섭대승론석』과는 달리 唯識家의 입장에서 정토사상을 적극적으로 고취시키고 있다. 이러한 이유로, 『정토론』은 예로부터 淨土家들로부터 정토교의 권위를 입증하는 논으로 중시되고, <淨土三部經>과 함께 淨土教學 연구를 위한 필수의 논서, 곧 소위 <3經 1論>으로 중시되어 왔다.

이제 『정토론』의 내용분석을 통해, 세친의 정토관이 어떤 것인지 살펴보자 『정토론』은 一行 4구절로 전체 <24행 96구절의 게송>과 <이를 주석한 3천 자 정도의 長行(산문)>으로 된 한 권의 작은 논서이다.
소위 <원생게(願生偈)>라고 일컬어지는 게송의 내용의 중심은 <3엄(嚴) 29종(種)>이라고 하는 <淨土莊嚴>에 대한 것이다.

---

558) 왕생론주(往生論註)라고도 한다
559) 중국의 담란은 세친의 『정토론』에 주석을 달아, 『淨土論註』(2권)를 저술하였고, 신라 원효도 그의 저작인 『아미타경소』에 수차에 걸쳐 인용하며 이 논을 중시하였다.

여기서 <3嚴 29종 장엄>이란

1) 佛國土 장엄(17종류), 2) 佛莊嚴(8종류), 3) 菩薩莊嚴(4종류)을 말하는 것으로, 논은 정토(淨土)인 안락국(安樂國)을 기세간(器世間)과 중생세간(衆生世間)의 2로 나눈뒤, <器世間인 불국토의 장엄은> 17종, <衆生世間인 불장엄과 보살장엄에는> 각각 8종과 4종으로 나누어, 도합 3엄 29종의 청정장엄(淸淨莊嚴)의 내용으로 되어있다.

한편 安樂世界에 태어나기를 바란다는 의미인 <願生偈>에서는 각각의 장엄 명칭에 대한 언급은 없으나, 장행부분(總持)에 가면 願生偈(24행 96구절)에 대한 명칭과 그것의 의미를 하나하나 설명하고 있다.

전체 내용을 상세히 고찰하기에 앞서 잠시 크게 3-부분, 곧 <歸敬偈>·<阿彌陀淨土의 三種莊嚴偈>·<廻向偈>으로 나누어지는 <願生偈>를 통해, 『정토론』의 내용을 개괄하면 다음과 같다, 먼저 논은 <歸敬偈>에 해당되는 (1偈)와 (2偈)에서

(1偈) 「世尊我一心 歸命盡十方 無礙光如來 願生安樂國
(2偈) 我依修多羅 眞實功德相 說願偈總持 與佛教相應」

(세존이시여! 시방에 두루하신 무애광(아미타)여래께 귀명하오니, 원컨대 안락국(安樂國=극락세계)에 태어나게 하시옵소서) (1偈)

(제가 수다라<修多羅>의 진실 공덕상에 의지하여, 원생게<願生偈>를 통해 핵심(총지=總持)을 말씀드리니, 부디 부처님의 가르침에 상응케 하소서!) (2偈))

라 하며, 자신의 마음이 정토원생(淨土願生)에 있음을 분명히 한 후, 뒤이어 무엇 때문에 淨土에 태어나기를 원하는지를 다음과 같이 설명하고 있다. 곧 <阿彌陀淨土의 三種莊嚴偈>에 해당되는 (19偈)에서는

(19偈)「觀佛本願力 遇無空過者 能令速滿足 功德大寶海」

  (부처님의 本願力을 관하니, 하나도 헛됨이 없는 것으로
  그 공덕 마치 큰 보배 바다 같으니, 어서 속히 만족케 하여지이다)

라 하며, 阿彌陀-淨土의 본원력으로 이루어진 삼종장엄(三種莊嚴: 國土莊嚴·佛莊嚴·菩薩莊嚴)을 어서 속히 관지(觀知: 보고 알게함)하기를 념원하면서, 뒤이어 이러한 념원에 대한 갈무리에 해당하는 마지막 <廻向偈> (23偈)와 (24偈) 에서는

(23偈)「何等世界無 佛法功德寶 我皆願往生 示佛法如佛
(24偈) 我作論說偈 願見彌陀佛 普共諸衆生 往生安樂國」

(그 어떤 세계라도 보배와 같은 佛法功德 아님이 없습니다.
부디 저희들 모두 往生하기 원하오니, 부디 그 佛法을 보여주소서) (23偈)

(논을 짓고 게송을 설하오니, 부디 저로 하여금 아미타 부처님을 뵙고,
모든 중생과 더불어 安樂國에 往生하게 하소서!) (24偈)

라 하며, 阿彌陀佛의 원생사상(願生思想)이 온 세상에 널리 퍼져,
온 중생들이 모두 안락국에 왕생하기를 염원하고 있다.

따라서 24行으로 이루어진 게송전체의 핵심은

1) 중간부분의 阿彌陀淨土의 三種莊嚴觀을 통한 彌陀淨土에 대한 갈구
   (渴求) 내지 極樂往生을 위한 信行力의 강조와
2) 최초의 <歸敬偈> 와 최후의 <廻向偈> 라 할 수 있는 것으로,

이것을 통해 세친의 일심원생(一心願生)의 사상과 믿음(信)이 무엇인지
잘 알게 해준다.

한편 <장행단(長行段)>은 앞의 <일심원생게(一心願生偈)>의 해설이자 왕
생성불(往生成佛)의 성취를 위한 것으로, 논은 왕생성불을 성취하기 위한
수행법으로 오념문(五念門)을 제시하고, 수행의 과보에 대해서는 오과문
(五果門)을 세우면서, 일심귀명(一心歸命)에 의해 왕생성불(往生成佛)할
것을 강력히 권유하고 있다.
여기서 왕생성불(往生成佛)의 성취를 위한 수행법인 <五念門>이란,
 禮拜·讚嘆·作願·觀察·廻向의 5개의 문(門)을 말한다. 곧

1) 예배(禮拜): 아미타 부처님께 예배드림
2) 찬탄(讚嘆): 아미타 부처님의 명호를 부르며 찬탄함
3) 작원(作願): 마음속으로 왕생의 원을 세움
4) 관찰(觀察): 지혜와 正念으로 불국토의 장엄공덕과 불보살들의 장엄을
             관찰함
5) 회향(廻向): 위의 네 가지 수행으로 얻은 정토왕생의 공덕을 자신만의
             것으로 삼지 않고 일체중생에게 회향하는 것으로, 世親은
             원생(願生)의 수행자는 이 오념문의 수행을 통해 누구든지
             정토왕생 할 수 있다고 주장하고 있다.560)

여기서 특기할 만한 것은, 오념문 중에서도 특히 4번째 念門인 <觀察門>을 상세하게 설명하고 있는 부분으로, 앞서도 잠깐 언급했듯이,

논은 1) 국토장엄의 관찰에 17종, 2) 불장엄의 관찰에 4종, 3) 보살장엄의 관찰에 8종 등, 모두 합해 29종의 장엄상(莊嚴相)의 관찰을 제시하면서, 이들은 모두 여래의 自利利他의 공덕을 드러내는 것이라 하고,

뒤이어 삼종성취원심장엄(三種成就願心莊嚴)을 제시하며, 이것을 무량수불의 국토장엄 가운데 <제일의제 묘경계상(第一義諦 妙境界相)>이라 강조하고 있다.561)

논은 뒤이어 관찰해야 할 대상의 체(體)가 이와 같다면, 그에 상응하는 능관(能觀)의 지(智)가 필요한 것인데, 이 능관의 智를 얻기 위해서는 사마타(止:Śamatha)와 비파사나(觀:Vipaśyanā)의 수행이 반드시 필요하다며, 왕생성불은 이들 수행의 성취에 의해서 비로소 가능한 것이라 하며 사마타(止:Śamatha)와 비파사나(觀:Vipaśyanā)의 수행을 통한 <관찰문>의 중요성을 역설하고 있다.562)

논은 이처럼, <게송부분>에서는 일심귀명(一心歸命)의 믿음(信)을 강조하고, <장행부분>에서는 五念門의 지관수행(止觀修行)을 밝히면서, 이 信과 行이 모두 往生의 인(因)이 되는 것이라고 역설한다.

---

560)「何等五念門。一者禮拜門。二者讚歎門。三者作願門。四者觀察門。五者迴向門。云何禮拜。身業禮拜阿彌陀如來應正遍知。爲生彼國意故。云何讚歎。口業讚歎。稱彼如來名。如彼如來光明智相。如彼名義。欲如實修行相應故。云何作願。心常作願。一心專念畢竟往生安樂國土。欲如實修行奢摩他故。云何觀察。智慧觀察。正念觀彼。欲如實修行毘婆舍那故。彼觀察有三種。何等三種。一者觀察彼佛國土功德莊嚴。二者觀察阿彌陀佛功德莊嚴。三者觀察彼諸菩薩功德莊嚴。云何迴向。不捨一切苦惱衆生。心常作願迴向爲首成就大悲心故」『淨土論』(대정장 26. 231b)
561)「此三種成就願心莊嚴。略說入一法句故。一法句者。謂清淨句。清淨句者。謂眞實智慧無爲法身故」『淨土論』(대정장 26. 232b)
562)「如是一法句。攝二種清淨應知 如是菩薩奢摩他毘婆舍那廣略修行」『淨土論』(대정장 26. 232c)

이상 위에서 살펴본 것처럼, 一心歸命의 믿음과 五念門의 수행은 서로가 내외표리(內外表裏)의 관계로서, 이들은 선후(先後)의 관계를 떠나 서로 주거니 받거니 하면서 상대를 더욱 굳건하게 하는 것으로, 이처럼 <一心歸命>과 <五念門>의 수행은 願行을 成就하는데 있어 아주 중요한 것이다.

곧 세친은, <五念門>은 <一心歸命>을 근간으로 해서 전체가 드러나는 것이기에, 따라서 五念(門)行을 닦는 곳에는 언제나 一心歸命에 대한 믿음이 內在되어 있는 것이라 하면서, 일심귀명과 오념문 수행이 동시에 이루어져야 하는 것임을 거듭 역설하고 있다.

한편 오념문의 수행결과 얻어지는 果報를 설명하고 있는 오과문(五果門)으로, 세친은
1) 근문(近門) · 2) 대회중문(大會衆門) · 3) 택문(宅門) · 4) 옥문(屋門) · 5) 원림유희지문(園林遊戲之門)을 제시하고 있는데, 이 가운데 앞의 4개의 門은 자리(自利)에 해당되고, 나머지 원림유희지문(園林遊戲之門)은 이타(利他)에 해당된다고 토를 달고 있다.[563]

이들 五果門이 무엇이지 살펴보면[564]

---

563) 「菩薩入四種門。自利行成就應知。菩薩出第五門。利益他迴向行成就應知。菩薩如是修五門行自利利他。速得成就阿耨多羅三藐三菩提」『淨土論』(대정장 26. 233a),

564) 「復有五種門漸次成就五種功德應知。何者五門。一者近門。二者大會衆門。三者宅門。四者屋門。五者園林遊戲地門。此五種門。初四種門。成就入功德。第五門成就出功德。入第一門者。以禮拜阿彌陀佛爲生彼國故。得生安樂世界。是名入第一門入第二門者。以讚歎阿彌陀佛隨順名義稱如來名依如來光明想修行故。得入大會衆數。是名入第二門入第三門者。以一心專念作願生彼。修奢摩他寂靜三昧行故。得入蓮華藏世界。是名入第三門入第四門者。以專念觀察彼妙莊嚴修毘婆舍那故。得到彼處受用種種法味樂。是名入第四門。出第五門。以大慈悲觀察一切苦惱衆生。亦應化身迴入生死園煩惱林中。遊戲神通至敎化地。以本願力迴向故。是名出第五門。菩薩入四種門。自利行成就

1) 近門이란 無上菩提의 佛果에 근접했다는 뜻으로, 아미타불의 本願에 의해 극락세계에 태어나 正定聚位에 들어간 것을 말하며,

2) 大會衆門이란 극락에 왕생하여 정토세계의 聖衆속에 들어가 그곳의 일원이 된 것을 말하며,

3) 宅門이란 드디어 蓮華藏世界란 저택(宅門)에 들어간 것을 말하며,

4) 屋門이란 그곳에서 부처님의 설법을 들으며 種種의 法樂의 맛을 맛봄을 말하며,

5) 園林遊戱之門이란 신통을 얻어 극락세계에만 머물러 있지 않고, 다시 중생세계로 나아가 온갖 중생들을 교화시키며 기쁨으로 유희(遊戱)하는 것을 말한다.

지금껏 『무량수경』에 대한 세친의 주석서 『淨土論』을 살펴보아 느꼈겠지만, 『淨土論』은 『무량수경』의 주석서 라기 보다는 무량수경을 읽고 느낀 세친 자신의 所感 내지는 자기 신앙과 극락왕생을 위한 실천행에 대한 主唱이라 할 수 있는 것으로, 지금껏 우리가 겪어 보았던 일반적인 주석, 곧 한 구절 한 구절씩 경의 본문을 인용한 후, 그에 대해 해설을 붙이는 형식과는 전혀 다른 형식을 지닌 論임을 알 수 있었다.

다시 내용으로 돌아와, 전체 내용을 좀 더 세밀히 분석해보면,
첫 번째 구와 마지막 구에서는, 먼저 偈頌으로 아미타불께 찬탄·귀명·발원한 후, 중간부분에서는 아미타불이 계신 청정극락세계의 정토와 그곳의 대중들인 불·보살님의 29종의 장엄상을 장행(산문)으로 풀어 설명하고 있다.

應知。菩薩出第五門。利益他迴向行成就應知。菩薩如是修五門行自利利他。
速得成就阿耨多羅三藐三菩提故」『淨土論』(대정장 26. 233a),

이하 <다른 장(章)과의 형평성도 있어, <원생게>의 주석부분인 <長行門>의 전문은 생략하고, 대신 논의 중요부분인 29종의 청정장엄상을 중심으로, 이를 설명하고 있는 偈頌과 長行을 대응시켜 아를 <도표>로 만든 후, 이를 통해 『정토론』 전체의 대의로 대신할 것이다.

곧 『淨土論』의 본문격인 <願生偈>, 곧 一行當 4偈, 곧 전체 <24行 96偈>로 구성된 <願生偈>의 내용을 우선 살펴본 후, 뒤이어 長行(산문)중 중요하다고 생각되는 <29종의 장엄상>의 부분을 발췌하여 이의 의미를 살펴보고, 마지막으로 <願生偈 각각의 偈와 그에 相應하는 長行(산문)을 대응시켜놓은 <도표>를 통해, 『정토론』 전체의 내용과 세친 주장의 골자를 살펴볼 것이다.

<願生偈>

제 1偈) 世尊我一心 歸命盡十方 無礙光如來 願生安樂國

      (세존이시여! 일심(一心)으로 시방의 무애광여래(無碍光如來=아미타여래)께 귀명하오니, 원컨대 안락국(安樂國=청정극락세계)에 태어나게 하시오소서!)

제 2偈) 我依修多羅 眞實功德相 說願偈總持 與佛敎相應

(제가 진실 공덕상인 경전<수다라=修多羅>에 의지하여,
원생게<願生偈>와 총지<總持=주석>를 말씀드리니,
원컨대 부처님의 가르침에 상응케 하소서!)

제 3偈) 觀彼世界相 勝過三界道 究竟如虛空 廣大無邊際

  (저 극락세계<안양국>의 모습을 관하니, 삼계의 도(三界-道)보다
  수승하며, 궁극적으로는 허공과 같아 광대하고 끝이 없습니다)

제 4偈) 正道大慈悲 出世善根生 淨光明滿足 如鏡日月輪

  (正道인 大慈悲가 출세간의 善根을 출생케 하니,
  그 淸淨光明의 두루함이 마치 거울과 해와 달의 비추임 같습니다)

제 5偈) 備諸珍寶性 具足妙莊嚴 無垢光焰熾 明淨曜世間

  (온갖 진귀한 보배의 성품 갖추고 미묘한 莊嚴 구족하였으니,
  티끌 하나없는 밝고 깨끗한 광염의 치성함이 세간을 비춥니다)

제 6偈) 寶性功德草 柔軟左右旋 觸者生勝樂 過迦旃鄰陀

  (불성<寶性>의 공덕초<功德草>가 유연하게 좌우로 선회<旋回>하
  니, 그것을 만지는 자는 가전연타(迦旃隣陀)보다 뛰어난 수승한
  기쁨을 맛보게 됩니다)565)

제 7偈) 寶華千萬種 彌覆池流泉 微風動華葉 交錯光亂轉

---

565) 부처님의 10대제자중의 한사람인 논의제일(論議第一) 가전연(kātyāyana)을 말하는
  것으로, 論者로서의 세친 자신을 은근히 자랑하고 있다.

(보배 꽃 천만 가지가 연못과 흐르는 샘을 가득 덮었고, 미풍이
불어 꽃과 잎을 흔들면, 서로 엇갈리며 빛이 어지러이 돕니다)

제 8偈) 宮殿諸樓閣 觀十方無礙 雜樹異光色 寶欄遍圍繞

(궁전 안의 모든 누각에서는 시방세계를 두루 관찰할수 있고,
서로 다른 빛과 색의 온갖 나무들이 보배 난간을 두루
둘러싸고 있습니다)

제 9偈) 無量寶交絡 羅網遍虛空 種種鈴發響 宣吐妙法音

(무량한 보배는 끊임없이 서로 이어져 있고
보배그물<羅網>이 허공에 두루하니,
갖가지 구슬이 소리를 내며, 미묘한 법의 소리를 토해냅니다)

제 10偈) 雨華衣莊嚴 無量香普熏 佛慧明淨日 除世癡闇冥

(화려한 옷은 비 내리듯 장엄하며, 한량없는 향기 두루 풍기니,
부처님의 맑고 깨끗한 태양같은 지혜의 빛이, 무명치암의
세간의 어둠을 없애줍니다)

제 11偈) 梵聲語深遠 微妙聞十方 正覺阿彌陀 法王善住持

(깊고 그윽하고 미묘한 梵天의 목소리 시방에 들리니,
正覺者인 아미타법왕은 이곳에 주지<住持>하고 계십니다)

제 12偈) 如來淨華衆 正覺華化生 愛樂佛法味 禪三昧爲食

(여래의 청정 대중들은 정각<正覺>의 꽃으로 화생하며, 불법의
맛인 선삼매<禪三昧=止觀修行>를 음식으로 삼아 즐기고 있습니다)

제 13偈) 永離身心惱 受樂常無間 大乘善根界 等無譏嫌名

(몸과 마음의 번뇌 영원히 여의고, 즐거움 누리는 것 항상하여
끊임없으니, 大乘의 선근계(善根界)는 평등하여, 그 명성을 혐
오하는 자가 없습니다)

제 14偈) 女人及根缺 二乘種不生 衆生所願樂 一切能滿足

(여인과 근기가 모자란 이승(二乘)의 종성은 태어나지 않으며,
중생이 원하고 즐기는 바 모두 능히 만족케 합니다)

제 15偈) 故我願往生 阿彌陀佛國 無量大寶王 微妙淨花臺

(그러므로 저는 미묘하고 청정한 연화대<蓮花臺>에 앉아계시는
무량대보왕이신 아미타불국토에 왕생하기 원하옵니다)

제 16偈) 相好光一尋 色像超群生 如來微妙聲 梵響聞十方

(32상 80종호의 빛 단 1번이라도 비추면, 그 색상 뭇 중생을 뛰어
넘으며, 여래의 미묘한 목소리인 청정의 울림은 시방에 들리도다)

제 17偈) 同地水火風 虛空無分別 天人不動衆 淸淨智海生

(땅·물·불·바람·허공이 분별함이 없으니, 흔들림 없는 천인
(天人) 무리들이 청정지혜의 바다에 태어납니다)

제 18偈) 如須彌山王 勝妙無過者 天人丈夫衆 恭敬繞瞻仰

(수미산왕과 같은 허물없고 수승하고 묘한 천인의 장부들이 한결
같이 공경받고 둘러싸여 우러름 받습니다)

제 19偈) 觀佛本願力 遇無空過者 能令速滿足 功德大寶海
(헛됨이 없는 부처님의 本願力 관하오니, 능히 보배 바다와 같
은 공덕 속히 만족케 하여지이다)

제 20偈) 安樂國淸淨 常轉無垢輪 化佛菩薩日 如須彌住持

(안락국은 청정하여 번뇌 없는 바퀴 항상 굴리니, 불보살께서는
태양으로 화하여 수미산에 주지<住持>하심과 같습니다.

제 21偈) 無垢莊嚴光 一念及一時 普照諸佛會 利益諸群生

(번뇌 한 티끌 없는 無垢의 장엄한 빛이 한 생각 한 시에, 모든
부처님의 會座를 두루 비추어, 모든 중생들을 이롭게 합니다)

제 22偈) 雨天樂花衣 妙香等供養 讚佛諸功德 無有分別心

(하늘에서의 즐거움과 꽃과 옷가지와 미묘향을 비 내리듯 공양 올리며, 시방제불의 온갖 공덕 찬탄하지만, 분별심은 하나도 없나이다)

제 23偈) 何等世界無 佛法功德寶 我皆願往生 示佛法如佛

(그 어떤 세계라도 보배와 같은 불법의 공덕 아님이 없습니다. 부디 저희들 모두 왕생하기 원하나니, 부디 그 불법 보여주소서)

제 24偈) 我作論說偈 願見彌陀佛 普共諸衆生 往生安樂國
(논을 짓고 게송을 설하오니, 부디 저로 하여금 아미타 부처님을 뵙고 모든 중생과 더불어 안락국에 속히 왕생하게 하소서!)

이상 24게로 구성된 <원생게> 전체의 내용을 살펴보았다.

앞서도 언급했지만, 중심내용은 정토에 왕생하는 방법, 곧 정토왕생을 위한 수행법인 5염문(五念門)으로,

「若善男子善女人。修五念門成就者。畢竟得生安樂國土。見彼阿彌陀佛」

(선남자 선여인들이여! 오념문을 닦아 성취한 자는 반드시 안락국토에 왕생하여 아미타불을 친견할 것이다)

라고 한 논의 설명처럼, 『정토론』의 핵심은 五念門이다. 곧

1) 예배문(禮拜門) 2) 찬탄문(讚嘆門) 3) 작원문(作願門) 4) 관찰문(觀察門) 5) 회향문(廻向門)이 그것으로,

이 5념문(五念門) 가운데서도 중요하고도 특기할 만한 것은 4번째인 <관찰문(觀察門)>이다.

곧 세친은 관찰 대상인 淨土를 17종의 國土莊嚴과 8종의 佛莊嚴, 그리고 4종의 菩薩莊嚴 등 총 <29종 3장엄>으로 나누어 설명하면서, 정토에 이르는 이 五念門-修行을 <대승의 보살도>라 칭하고 있다.

이하 중심이 되는 부분만 발췌해 그 중심내용을 보고, 마지막으로 『정토론』의 원생게와 주석부분을 매칭시켜, 이를 표 <원생게와 주석의 대응표>로 나타내, 이것을 통해 『정토론』이 밝히고자 하는 중심내용이 무엇인지 재차 확인하면서, 『정토론』의 고찰을 마칠 것이다.

願生偈를 마친 논은, 다음의 長行으로, 偈에 대한 설명을 하고 있다.

일단 원문을 보이고, 이의 해석을 알기쉽도록 단락을 지어 보이면 다음과 같다.

「論曰。此願偈明何義。觀安樂世界。見阿彌陀佛。願生彼國土故。云何觀。云何生信心。若善男子善女人。修五念門成就者。畢竟得生安樂國土。見彼阿彌陀佛。何等五念門。一者禮拜門。二者讚歎門。三者作願門。四者觀察門。五者廻向門。云何禮拜。身業禮拜阿彌陀如來應正遍知。爲生彼國意故。云何讚歎。口業讚歎。稱彼如來名。如彼如來光明智

相。如彼名義。欲如實修行相應故。云何作願。<u>心常作願</u>。一心專念畢竟往生安樂國土。欲如實修行奢摩他故。云何觀察。智慧觀察。正念觀彼。欲如實修行毘婆舍那故。彼觀察有三種。何等三種。一觀察彼佛國土功德莊嚴。二者觀察阿彌陀佛功德莊嚴。三者觀察彼諸菩薩功德莊嚴。云何迴向。不捨一切苦惱衆生。心常作願迴向爲首成就大悲心故」[566]

(논에서 이르되,

1) 이 게송은 무엇을 어떻게 밝히고 있나?

안락세계를 관하여 아미타불을 뵙고, 그 국토에 태어나기를 바라는 것을 밝히고 있다.

2) 어떻게 관하고 어떻게 믿음을 내라는 것인가?

선남자 선여인이여! 五念門 수행을 성취한 자는 필경 안락국토에 태어나 아미타불을 친견하게 된다.

3) 무엇을 5념문이라 하는가?

첫째는 예배문이요, 둘째는 찬탄문이요, 셋째는 작원문(作願門)이요, 네째는 관찰문이요, 다섯때는 회향문이다.

4) 무엇을 어떻게 하는 것을 <禮拜>라 하는가?

(몸=身)으로 무상정등각자이신 아미타불여래께 예배하며, 그 국토에 태어나기를 바라는 것을 말한다.

5) 무엇을 <찬탄>이라 하는가?

(입=口)으로 찬탄하는 것이다. 곧 아미타불의 光明智의 相과 아미타(무량광)란 이름의 의미와 상응시켜, 여실하게 그 이름을 찬탄하는 것이다.

6) 무엇을 어떻게 <發願>하는 것인가?

(마음=意)으로 願을 짓는 것이다. 곧 일심으로 전심으로 오로지 여실

---

566) 『淨土論』(대정장 26. 231b)

한 (사마타-수행)을 통하여, 필경 안락국토에 왕생하기를 발원하는 것
이다.

7) 무엇을 어떻게 <觀察>하는 것인가?

智慧로서 관찰하는 것이다. 곧 여실한 (비파사나-수행)을 통하여, 正念
으로 관찰하는 것으로, 3가지를 관찰하는 것이다.

8) 무엇이 3가지 관찰인가?

첫째는 佛國土의 功德莊嚴을 관찰하는 것이고,

둘째는 阿彌陀佛의 공덕장엄을 관찰하는 것이며,

셋째는 그곳의 모든 菩薩들의 공덕장엄을 관찰하는 것이다.

9) 무엇을 어떻게 廻向하는 것인가?

대비심을 성취하기 위해, 항상 마음으로 일체고뇌의 중생을 버리지
않겠다고 발원하고, 그렇게 회향하겠다는 것을 으뜸으로 삼는 것이다)

참 고: 게송(願生偈)과 주석에 해당되는 長行(文)의 대응표)

偈-번호	주 석
<歸命偈> 1 世尊我一心 歸命盡十方 無礙光如來 願生安樂國 2 我依修多羅 眞實功德相 說願偈總持 與佛敎相應	安樂國=淨土 (器世間/佛·菩薩世間) 29種-淸淨莊嚴
	A. (17種-器世間淸淨) 觀察彼佛國土(安樂國)功德莊嚴者
3 觀彼世界相 勝過三界道	A-1. 淸淨功德成就
究竟如虛空 廣大無邊際	A-2. 量功德成就。
4 正道大慈悲出世善根生	A-3. 性功德成就
淨光明滿足如鏡日月輪	A-4. 形相功德成就
5 備諸珍寶性具足妙莊嚴	A-5. 種種事功德成就
無垢光焰熾明淨曜世間	A-6. 妙色功德成就
6 寶性功德草柔軟左右旋 觸者生勝樂 過迦旃鄰陀	A-7. 觸功德成就
	A-8. 莊嚴功德成就
7 寶華千萬種 彌覆池流泉 微風動華葉 交錯光亂轉	8.1) 莊嚴水
8 宮殿諸樓閣 觀十方無礙 雜樹異光色 寶欄遍圍繞	8.2) 莊嚴地
9 無量寶交絡 羅網遍虛空 種種鈴發響 宣吐妙法音	8.3) 莊嚴虛空
10 雨華衣莊嚴 無量香普熏	A-9. 雨功德成就
佛慧明淨日 除世癡闇冥	A-10. 光明功德成就
11 梵聲語深遠 微妙聞十方	A-11. 妙聲功德成就
正覺阿彌陀 法王善住持	A-12. 主功德成就
12 如來淨華衆 正覺華化生	A-13. 眷屬功德成就
愛樂佛法味 禪三昧爲食	A-14. 受用功德成就
13 永離身心惱 受樂常無間	A-15. 無諸難功德成就

大乘善根界 等無譏嫌名 女人及根缺 二乘種不生	A-16. 大義門功德成就
14 衆生所願樂 一切能滿足	A-17. 一切所求功德滿足成就
	B. (12種-衆生世間清淨) 　B-1: 觀佛功德莊嚴成就者 　　　(8種-佛功德莊嚴)
15 無量大寶王 微妙淨華臺	B-1(1) 座莊嚴
16 相好光一尋 色像超群生	B-1(2) 身莊嚴
16 如來微妙聲 梵響聞十方	B-1(3) 口莊嚴
17 同地水火風 虛空無分別	B-1(4) 心莊嚴
17 天人不動衆 清淨智海生	B-1(5) 衆莊嚴
18 如須彌山王 勝妙無過者	B-1(6) 上首莊嚴
18 天人丈夫衆 恭敬繞瞻仰	B-1(7) 主莊嚴
19 觀佛本願力 遇無空過者 　能令速滿足 功德大寶海	B-1(8) 不虛作住持莊嚴
	B-2: 觀菩薩功德莊嚴成就者 　　　(4種-菩薩功德莊嚴)
20 安樂國清淨 常轉無垢輪 　化佛菩薩日 如須彌住持 　開諸衆生淤泥華	B-2(1) 一佛土身不動搖。 　　而遍十方種種應化
21　無垢莊嚴光 一念及一時 　普照諸佛會 利益諸群生	B-2(2)　彼應化身一心 　　　一念放大光明
22 雨天樂華衣 妙香等供養 讚佛諸功德　無有分別心	B-2(3) 於一切世界無餘。 　　照諸佛會大衆無餘
23　何等世界無 佛法功德寶 　我皆願往生 示佛法如佛	B-2(4) 於十方一切世界無三寶處。 　　住持莊嚴佛法僧寶功德大海
<迴向偈> 23 何等世界無 佛法功德寶 　我皆願往生 示佛法如佛 24　我作論說偈 願見彌陀佛	

普共諸衆生　往生安樂國	

참 고: 世親菩薩이 본 自力佛教 俱舍와 他力佛教 淨土觀

世親은 정통(正統)불교, 곧 戒定慧 三學 八正道 七覺支 등의 37助道法 등의 초기불교의 수행을 비롯해, 반야바라밀이라는 대승의 근원과 이를 토대로 사마타와 비파사나라는 유가행을 기본으로하는 一切唯識이라는 고도의 철학과 수행을 마스터한 대학자이자 수행자인 보살로서, 수행자가 할 수 있는 모든 수행을 마스터하여, 중생고를 뛰어넘어 마침내 아라한과와 무상정등정각에 오른 自力佛教의 최정상에 오른 大菩薩이었다.

그러한 그가 온전히 阿彌陀佛이란 救世者와 그가 원력으로 세운 極樂世界에의 往生思想을 설해놓은 他力信仰의 대표경전인 淨土經典 『無量壽經』의 주석서인 『淨土論』을 저술했다는 그 자체만으로도 특이한 사건일 수밖에 없다. 그런데 여기에 그치지 않고 그는 『淨土論』에서

「世尊我一心 歸命盡十方 無礙光如來 願生安樂國 (제 1偈)」

(세존이시여! 일심(一心)으로 시방의 무애광여래(無碍光如來=아미타여래)께 귀의하오니, 원컨대 안락국(安樂國=청정극락세계)에 태어나게 하시오소서!)

「觀彼世界相 勝過三界道 究竟如虛空 廣大無邊際 (제 3偈)」

(저 극락세계<안양국>의 모습을 관하니, 삼계의 도(三界-道)보다 수승하며, 궁극적으로는 허공과 같아 광대하고 끝이 없습니다)

「相好光一尋 色像超群生 如來微妙聲 梵響聞十方 (제 16偈)」

 (32상 80종호의 빛 단 1번이라도 비추면, 그 색상 뭇 중생을 뛰어넘으며, 여래의 미묘한 목소리인 청정의 울림은 시방에 들리도다)

「正道大慈悲 出世善根生 淨光明滿足 如鏡日月輪 (제 4偈)」

(正道인 大慈悲가 출세간의 善根을 출생케 하니,
그 淸淨光明의 두루함이 마치 거울과 해와 달의 비추임 같습니다)
「故我願往生 阿彌陀佛國 無量大寶王 微妙淨花臺 (제 15偈)」

(그러므로 저는 미묘하고 청정한 연화대<蓮花臺>에 앉아계시는 무량대보왕이신 아미타불국토에 왕생하기 원하옵니다)

라 하며, 아미타부처님을 찬탄하며 서방정토에 왕생하기를 간절히 念願함(제1偈·3偈·15偈)은 물론, 「32상 80종호의 빛 단 1번이라도 비추면, 그 색상 뭇 중생을 뛰어넘으며, 여래의 미묘한 목소리인 淸淨의 울림은 시방에 들리도다」(제16偈)라 하고, 「正道인 大慈悲가 출세간의 善根을 출생케 하니 운운」(제4偈)하며 如來의 大悲를 강조하면서, 32상 80종호의 여래의 威神力과 중생사랑의 大慈悲가 다름아닌 正道라 강조하고 있는 것이다. 또한 五念門을 설하는 長行文에서는

「若善男子善女人。修五念門成就者。畢竟得生安樂國土。見彼阿彌陀佛」
(선남자 선여인중에 5-念門을 성취한 자는 반드시 안양국토에 왕생하여 아미타불을 친견하게 됩니다)

라 하여, 五念門을 성취하는 자는 반드시 극락세계인 安養國에 태어나 아미타불을 친견할 수 있다고 하면서, 五念門의 수행을 강조하고 있다.

곧 세친은 그 어떤 중생이라도 나무아미타불 10번만 지송하면 極樂往生케 하겠다는 『무량수경』의 阿彌陀佛의 本願思想을 如來의 위신력과 大悲에 상응시키면서, 이러한 本願思想이야말로 대자비의 참모습인 <如來의 正道>라고 역설하고 있는 것이다.

이렇게 볼 때, 自力佛敎의 大家인 세친은 他力佛敎인 정토사상을 중생 사랑의 여래의 大悲에 상응시키며, 이를 하나로 보려는 입장을 취하고 있는 것이다.

곧 세친에 있어, 大乘菩薩의 이념인 上求菩提 下化衆生이란 개념은, 自力佛敎(上求菩提)와 他力佛敎(下化衆生)에 相應되는 것으로, 自力과 他力은 언 듯 서로 상반되는 것 같아 보이지만, 불교의 이념이자 중생성불을 목적으로 하는 如來의 大悲라고하는 큰 틀에서 보면, 양자가 서로 회통되어 1나의 이념과 수행으로 통일되는 것이다.

참고 (서적 / 논문) - 淨土經 / 淨土思想

河口慧海『藏和對譯無量壽經』『淨土教全書』

坪井俊映『淨土教汎論』隆文館. 1970

岩本裕『極樂と地獄』新書 32「」

藤堂恭俊「十住毘婆沙論 漢譯考, 無量壽經論註の研究」京都. 1958

藤田宏達『原始淨土思想の研究』岩波書店. 1970

　　　「淨土經典の種種相」『講座大乘佛敎』5. 淨土思想

　　　春秋社. 1983

　　　「淨土教における神秘思想の一斷面」成田山新勝寺

　　　『インド古典研究』6.1984

伊藤義敎『古代ベルツア』岩波書店

平川 彰「淨土思想の成立」『講座大乘佛敎』5. 淨土思想 春秋社. 1983

　　　「淨土教の用語について」『日本佛教學會年報』42號. 1977

　　　『初期大乘佛教の研究』春秋社

　　　『インド佛教史』(上下) 春秋社

　　　「觀經の成立と淸淨業處」早稻田大學 東洋哲學會

　　　『東洋の思想と宗教』創刊號

　　　「十住毘婆沙論の著者について」『印佛研』5-2. 1957

神子上惠龍『彌陀身土思想の展開』永田文昌堂. 1982

　　　『佛敎における淨土思想』(日本佛敎學會編)

　　　平樂寺書店. 1977

　　　『淨土敎 - その傳統と創造』(淨土敎思想研究會編)

　　　山喜房佛書林. 1972

田賀龍彦『授記思想の源流と展開』平樂寺書店. 1974

中村 元『インド古代史』上下 春秋社

高田 修『佛像の起源』岩波書店

塚本啓祥「西北インドの歴史ト佛敎」『法華經の文化と基盤』

　　　　　　『初期佛敎敎團史の研究』山喜房

靜谷正雄『小乘佛敎史の研究』百華苑

舟橋一哉『佛敎としての淨土敎』

梶山雄一 「念佛と空性」中外日報 1980년 9월

　　　　　　「ゾロアスタ敎と佛敎」『講談社現代新書 - 覺りと廻向』

　　　　　　「阿彌陀佛論爭」『成田山インド古典研究』6. 1983

櫻部建一 「念佛と三昧」『佛敎思想論集』1976

定方 晟 「アミタ佛の起源」『講座大乘佛敎』5. 淨土思想

　　　　　　春秋社. 1983

藤吉慈海 「本願思想と佛國土の思想」『講座大乘佛敎』 5. 淨土思想

　　　　　　　春秋社. 1983

　　　　　　『淨土敎思想研究』平樂寺書店. 1983

香川孝雄「龍樹淨土思想」『講座大乘佛敎』5. 淨土思想

　　　　　　春秋社. 1983

失吹慶輝『阿彌陀佛の研究』

上村勝彦「阿修羅考 - インドとイランの對比」

　　　　　　『東洋學術研究』22-1號. 1983

山口 益「龍樹.世親における淨土思想」宮本正尊編

　　　　　　『佛敎の根本眞理』東京. 1956

　　　　　　「維摩經佛國品原典的解釋」上下『大谷學報』30-3. 195

長谷岡一也『龍樹の淨土敎思想』京都. 1957

香井亮稿「世親 淨土論の背景」『日本佛敎學會年報』42호

4章 밀교의 法 - 『大日經과 金剛頂經』-

인도불교 역사는 크게 현교시대(顯教時代)와 밀교시대(密教時代)로 나누어진다.

곧 아래의 도표에서 보듯, 현교시대란 원시불교시대부터 대승불교시대까지를 말하며, 밀교시대란 대승불교 이후를 말한다. 우리가 공부하려는 주제는 인도불교의 마지막을 장식한 비밀불교(秘密佛敎), 밀교(密敎)이다.

불　　교			
현교(顯敎)			밀교(密敎)
원시(原始)불교시대	부파(部派)불교시대	대승(大乘)불교시대	밀교(密敎)시대
석존成道이후 佛滅100년까지의 불교 (약 150년간)	불멸100년이후 A.D. 7c까지의 불교 (약1000년간)	A.D. 이후 A.D. 8c까지의 불교 (약 700년간)	A.D. 4c~A.D. 1203년까지의 불교 (약900년간)

개 설

밀교를 이해하기 위해서는 원시불교로부터 대승불교까지의 시대상황 내지는 교리와 교단사 등 불교전반에 대해 이해하고 있어야 한다.

즉 현교(顯敎)에 대한 전체상을 마스터하지 않고서는 밀교를 이해하기가 어렵다.

밀교란 비밀불교(秘密佛敎)라는 뜻이다. 곧 지금까지 베일 속에 가려 놓고 이것은 비밀이니까 보아서는 안되, 하며 숨기숨기하던 가르침, 그것이 밀교인 것이다.

예를 들어 여기 사과가 있다고 할 때, 겉을 보고서 이야기해 놓은 것을 현교(顯敎)라 한다면, 사과 속을 속속들이 파헤쳐 이렇게 저렇게 분석해 놓은 것은 밀교라 하겠다. 다시 말해 속되고 천한 것, 부정스럽고 번뇌 많은 육신덩어리, 그것을 바로 인간이라 하여 부정적으로 보아왔던 지금까지의 인간관에 반기를 들고, 사과 속 파내듯이 적나라하게 인간을 파헤쳐 속속 깊이 숨겨져 있어 겉에서는 보이지 않았던, 때문에 알 수 없었던 본래의 인간의 모습, 곧 인간의 본체와 실상을 여실하게 알아, 인간을 재평가해 보려는 목적과 움직임에서 탄생된 것이 밀교이다. 즉 지금까지의 우리 인간들의 모습, 말하자면 중생성(衆生性)이라는 부정스럽고 속되고 천스러운 것들 그 자체는 인정하고 시인하되, 무조건 부정적으로 보는 것이 아니라 그러한 중생성(번뇌・육신・무명)속에 숨겨져 있는 긍정적인 것들을 찾아내어, 그것의 실상을 밝히고 나아가서는 그것을 밖으로 표출시켜, 전체의 나(부정적인 것과 긍정적인 것)를 자량(資糧)으로 삼아 이를 에너지화 하자는 것이 밀교인 것이다.

사실 밀교 이전의 불교인 현교는 명제격인 삼법인(三法印 : 제행무상・제법무아・일체개고)에서 보여지듯, 일체세계를 부정적으로 보려는 경향이 있었던 것만은 사실이다. 물론 제법(諸法)의 실상(實相)을 있는 그대로 파헤쳐 놓은 진리적(眞理的) 표현이 불교의 삼법인이고, 또 이 가르침을 통해서 해탈과 열반을 얻는 것이 목적이긴 하지만, 18,9세기 서양철학자들이 "불교는 허무주의(Nihilism, 현실도피주의)"라 평한 것을 보면, 사실이야 어떻든 "부정적인 시각에 근거를 둔 것, 그것이 불교(현교)의 가르침"이라는 평가를 면하기란 여전히 어렵다.

밀교는 처음부터 현교의 입장을 부정하고, 인간을 포함한 일체존재는 그대로 자성청정(自性清淨)한 것이라 하여, 일체 모든 것을 긍정적인 것으로 평가하고, 따라서 삶이란 고(苦)가 아니라 낙(樂), 그것도 대락(大

樂)이라 하여 주관과 객관세계를 보는 지금까지의 입장을 180도 바꿔 놓았다. 곧 이 세계는 중생세계가 아니라 불타(佛陀)들이 상주(常住)하고 있는 세계로서, 이대로 불국정토(佛國淨土)·밀엄국토(密嚴國土)이기에, 이곳에 삶을 얻어 산다고 하는 것 그 자체가 큰 기쁨이라 생각하고, 존재하는 모든 것을 인정하여 모든 것에 감사하고 축하하며, 그리고 환희 속에서 자기의 삶을 보다 살찌게 하고, 나아가서는 이 세상을 보다 튼튼하고 멋지고 아름답게 가꾸고 창조하여야 한다는 복음(福音)의 메시지를 던지고 있다.

밀교는 이러한 것을 알게 하고, 또 삶 속에서 실천케 하는 철학이자 가르침이다.

본론의 내용에서도 자주 언급하겠지만, 밀교는 현교가 가지지 못하는 특징들을 여러 개 가지고 있다. 곧 밀교를 일러 즉신성불(卽身成佛)의 불교, 삼밀가지(三密加持)의 불교, 복합(複合)불교, 종합(綜合)불교, 현실(現實)불교, 의례(儀禮)불교라고 말해지는 것이 그것으로서, 밀교사상은 불교발달사를 비롯 불교의례(史)와 힌두(Hindu)사상을 아는데 없어서는 아니 되는 필수 불가결의 사상인 것이다.

다시 말해 인도 재래의 종교들과 신앙의 형태를 비롯하여, 원시(原始) 및 부파(部派)불교의 교리와 신앙사(信仰史), 그리고 중관(中觀)·여래장(如來藏)·유식(唯識)으로 전개된 대승불교(大乘佛敎)의 사상사(思想史) 등 불교를 이해하는데 몰라서는 아니 되는 중요한 내용들을 속속들이 알게 해주는 것이 바로 밀교이기 때문이다.

밀교를 일컬어 불교의 완성형이며, 불교사상의 필연적 귀결이라 평가하는 것도 바로 이러한 이유 때문이다.

불교의 종합사상으로서, 민중들의 애환과 그들의 구원, 그리고 인간을 포함한 일체존재의 실상에 대한 묘사 내지는 규명, 그리고 궁극적으로 공성반야(空性般若)와 방편대비(方便大悲)라는 우주적 진리를 역력하고도 적나라하게 주창한 밀교사상은 "우주의 실상을 파헤친 진실과 생명이 담겨 있는 진정한 불교"로서, 그리고 영원무변히 전개되는 우주와 더불어 "살아 숨쉬는 불교"로서 이미 확고한 자리를 잡고 있다.

1節 일어나게 된 동기 (발생배경)

第1 大乘의 아비달마화와 그 反作用에 따른 밀교의 출현

Abhidharma化되어 가는 대승불교(大乘佛教)에 대한 반작용(反作用)으로서, 구체적이고 현실적이며 실천 중시의 사상을 갈망(渴望)하게 됨.

참 고 : 大乘의 아비달마화(阿毗達摩化: Abhidharma化)

부파불교인들은 자기들의 불교를 아비달마(阿毗達摩: Abhidharma)불교라 부르며 스스로를 자만(自慢)하였다. 곧 달마(dharma)인 아함경(阿含經: Āgama)에 대한 모든 것이 담겨있는 백과사전적 불교가 자기들의 불교라고 자찬(自讚)하면서 지어낸 이름이 Abhidharma의 의미였다. 대중과 격리된 산속에서 거주하며, 오직 교리연구에만 매몰되어 서로 자기들만이 정법을 이어받은 정통불교라 주장하며 쪼개지기 시작한 이들은 무려 천년을 이어가며 18~20개로 분파되고 만다. 뒤에 일어난 대승불교인들이 이들을 가리켜 소승(小乘: Hīna-yāna)이라 불렀던 것던 이러한 이유 때문이었다.

大乘의 아비달마화(Abhidharma化)란 말은 현학적·이론적·추상적·전문적인 불교였던 부파인들에 맞서, 쉽고 대중적인 불교를 내세우며 출현한 새로운 불교 대승불교가 시대가 흐르면서 점차 이들 부파인들을 닮아가고 있음을 풍자한 말이다.

대승중기에 나타난 중관(中觀)思想이나 유식(唯識)思想을 보자! 얼마나 어렵고 전문적이며 현학적인 이론들인가! 곧 이들은 또 다시 불교를 이론화·전문화시켰을 뿐만 아니라, 추상적이면서 이상적 방향으로 치닫게 하였던 것이다. 이 같은 경향을 일러 <대승의 아비달마화>라 한 것이다.

참 고 : 密敎만이 갖는 독특한 수행법(修行法)

밀교의 실천행인 아자관(阿字觀)·백월관(白月觀)·오상성신관(五相成身觀)등은 구체성과 현실성을 갖추었을 뿐만아니라, 민중 그 누구라도 쉽게 행할 수 있는 密敎만이 갖는 독특한 행법(行法)들이다.

第2 Dhāraṇī 신비사상의 극대화가 密敎로 승화됨

인도종교의 특징 가운데 빼놓을 수 없는 것이 있으니 바로 <다라니 신비사상(陀羅尼 神秘思想>이다. 곧 힌두교는 말할 것도 없이 자이나교와 불교 등 인도(탄생)의 모든 종교들이 陀羅尼(dhāraṇī)를 중시했기 때문이다. 불교는 원시불교 이래 계속해서 陀羅尼를 중시해 왔다. 陀羅尼 신비사상을 극대화시키면서 불교화해 놓은 것, 그것이 密敎이다.

第3 양재초복(禳災招福)에 부응해 탄생된 불교, 密敎

출세간적(出世間的)인 성불지향(成佛志向)과 철학지향(哲學志向)에 대한 반작용(反作用)으로서, 현실중시의 양재초복(攘災招福)을 갈구(渴求)하고 동경(憧憬)하게 됨. 삶이란 고통의 연속이라 할 수 있다. 가지가지의 근심 걱정과 온갖 욕망들이 한 순 간도 끊어짐이 없이 계속해서 이어지는 것이 우리들의 삶이기 때문이다.

앞에서도 언급했지만 초중기(初中期) 大乘佛教(반야·중관·여래장·유식사상 등)는 이러한 삶의 속성을 알지 못하는 듯, 민중들의 욕구를 무시한 채 계속 철학적이고 출세간(出世間) 지향적인 佛教로 치닫기만 하였다. 당시의 민중들이 이러한 大乘佛教에 불평과 반감을 갖는 것은 너무나 당연한 일이었을 것이다. 양재초복(禳災招福)을 갈구하는 민중들의 움직임, 이것에 부응해서 자연적으로 탄생된 불교, 그것이 密教이다.

第4 주술적·신비주의적인 Hindu사상의 영향

비대화·활성화되어 가는 Hindu사상의 영향이 불교계에도 불어닥쳤다. 곧 주술적(呪術的)이고 신비주의적인 Hindu사상의 영향을 받아 출현한 불교가 밀교였다.

참 고 : 밀교(힌두의 옷을 입은 불교)

대승불교 출현(예수 탄생 무렵)과 더불어 탄생된 힌두교는 Gupta朝(A.D. 320~500)에 이르러 그 전성기를 맞게 된다. 한편 힌두교의 성행은 불교교단에 엄청난 회오리 바람을 불러일으킨다. 생존의 위협을 안게 된 불교교단은 생존수단으로 힌두사상을 수용하게 된다. 밀교를 일컬어 "힌두의 옷을 입은 불교"라 하는 것은 바로 이런 이유에서이다.[567]

---

567) Hindu란 본시 Sindu에서 유래된 말이다. 이란의 전신인 페루샤에서는 인도를 일러 "인더스(Indus)江 건너에 있는 동쪽나라"라는 의미로, Sindu라 불렀다. 여기서 S가 H가 된 것은 이란에서는 H와 S를 동일한 것(H=S)으로 간주하기 때문이다.

참 고 : 신(信)과 행(行)이란 두 축의 조화를 추구한 밀교

원시불교→	부파불교 →	대승불교 →	밀 교
行	行	信→行	信과 行의 조화
사성제 (四聖諦)	사성제현관 (四聖諦現觀)	如來藏思想 (信)이 강조됨	法身說法·我卽大日如來 (信解)
팔정도 (八正道)	십이연기(十二緣起)	唯識思想 (行)이 강조됨	三密瑜伽(行) 卽身成佛(證)

모든 종교가 그렇듯이 불교 역시 신행(信行)을 중심으로 하는 철학이요, 종교이다. 위의 참고를 통해서 알 수 있듯이, 원시불교 이래로 불교는 信과 行을 중심으로 전개되어 왔기 때문이다. 다시 말해 原始佛敎와 部派佛敎가 行을 중시하면서 Arhan果를 증득하려는 불교였다면, 대승불교의 如來藏思想은 여래장(如來藏)에 대한 信을 강조한 불교, 唯識思想은 식(識)의 정화라는 숙제를 풀기 위해 行을 강조한 불교라 하겠다.

반면에 密敎는 信과 行을 同時에 강조한 불교, 말하자면 우주의 진리인 법성(法性)의 편재성(遍在性)과 내재성(內在性)을 믿(信)고, 그 법계의 주인공으로서의 自身을 극대화시켜 法性에 계합하려는 불교, 곧 자신의 전체인 身·口·意를 佛과 Yoga하여 法性과 동등해지려는 피나는 정진(行)을 강조한 불교이다.

이렇게 볼 때 밀교는 불교의 중심테마인 信과 行을 이어받으면서도, 어느 한쪽에 편중됨이 없이 信과 行이란 두 축의 조화를 추구한 불교로서, 이러한 조화 추구는 종교가 가져야 할 바람직함, 아니 필연의 귀결일 것이다.

2節 다라니(陀羅尼)와 삼매(三昧)의 중시(證示)

대승불교의 키-워드인 보살, 그 보살이 되는 자격조건은 陀羅尼와 三昧였다. 곧 다라니(陀羅尼) 중시신앙은 대승초기부터 이미 행해지고 있던 신앙으로, 이러한 신앙은 반야경전에 들어 와서는 더욱 박차가 가해져, 보살이 무상정등정각에서 물러나지 않기 위해 얻어야 할 필수(必須)의 수행덕목으로서 까지 승화되어, 다라니를 획득한 자이어야 비로소 보살의 자격을 획득한 것으로 인정하게 되었다.

곧 「다라니란 일체제불(一切諸佛)의 근본으로서 그것은 수행의 속질문(速疾門)이 된다」라고 한 『인왕경(仁王經)』의 말씀이나[568],

「다라니는 불법승 삼보의 근원이자 총체로서, 공(空)·무상(無想)·무원(無願)이며 불생불멸 불거불래(不生不滅 不去不來)이다」라고 한 『아사세왕경』의 말씀[569],

「다라니는 모든 문자를 뛰어 넘는 것이기에 말로도 표현할 수 없고 마음에도 담을 수 없는 것, 말하자면 내외의 모든 법이 능히 다라니를 뛰어넘을 수 없는 것이기에 "중법불입(衆法不入)의 다라니"라 한 『승천왕다라니경(勝天王陀羅尼經)』의 말씀[570],

---

568)「世尊我有陀羅尼能加持擁護 是一切佛本所修行速疾之門」『仁王護國般若波羅蜜經』(대정장 8, 843c)
569)「者則道之元 不斷佛元 持法之元 總持僧之元 陀鄰尼者 悉總持諸法故 云何持 空無想無願 無欲無所着無所見故 以是持無所生無所造 爲作是持法 亦不來亦不去 亦不住亦不亂 亦不趣亦不壞」『阿闍世王經』하권 (대정장 15. 397b)
570)「世尊 何等陀羅尼 佛言 善男子 名衆法不入陀羅尼 善男子 此陀羅尼過諸文字 言不能入心不能量 內外衆法皆不可得 善男子 無有少法能入此者 故名衆法

또 「제 9地 선혜지(善慧地)에 안주하는 자는 그 어떤 것에도 걸리지 않는 무애지(無碍智), 곧 무량의 陀羅尼門을 체득하였기 때문에, 부처님으로부터 들은 법문은 그 어떤 것도 절대로 잊지 않게 되는 것이다. 선혜지 보살을 일러 불법장(佛法藏)을 얻은 법사(法師)라 부르는 것은 이 때문이다」[571] 라든지, 또

「바른 힘을 갖추고 있어 모든 번뇌를 끊고 청정(淸淨)을 구족하였으며, 타인을 바르게 하는 타력(他力) 또한 성취하여 그 누구도 물리칠 수 있는 힘을 구족하였으며, 대자력(大慈力)과 大悲力이 갖추어져 있어 하나도 남김없이 능히 일체중생을 두루두루 구호할 수 있으며, 陀羅尼力이 있어 능히 모든 방편을 섭지(攝持)할 수 있으며, 변재력(辯才力)이 있어 모든 중생들을 환희케 할 수 있으며, 또한 앞의 모든 바라밀을 갖추었으므로, 그 힘으로 大乘을 장엄하며, 서원력(誓願力)있어 신통력으로 부처님의 무량한 신력(神力)을 출생시켜 일체를 섭하고 보호할 수 있는 것이기에, 청정(淸淨)의 力-波羅蜜이라하는 것이다」[572]

한 대승경전의 꽃 『화엄경』의 말씀처럼,
다라니는 성불하는데 없어서는 아니 되는 수행의 요체로서 인식되거나,

不入陀羅尼」『勝天王陀羅尼經』<現化品> (大正藏 8. 719a)
571)「菩薩摩訶薩。如是善知無礙智。安住第九地。名爲得佛法藏。爲大法師。得 衆義陀羅尼。衆法陀羅尼。起智陀羅尼。衆明陀羅尼。善慧陀羅尼。衆財陀羅 尼。名聲陀羅尼。威德陀羅尼。無礙陀羅尼。無邊旋陀羅尼。雜義藏陀羅尼。 得如是等百萬阿僧祇陀羅尼。隨方便說。如是無量樂說差別門說法。是菩薩得 如是無量陀羅尼門。能於無量佛所聽法。聞已不忘」『화엄경』<十地品> (대정 장 9. 569a~b)
572)「自專正力。離衆煩惱。具足淸淨。能正他力。具足成就無能壞者。大悲力滿 足。大慈力平等。悉能覆護一切衆生。陀羅尼力。能持一切諸方便義。妙辯才 力。令諸衆生皆悉歡喜。諸波羅蜜力。莊嚴大乘。弘誓願力。未曾斷絶。諸神 通力。出生無量具佛神力覆護一切。是名淸淨力波羅蜜」(대정장9. 461a~b)

- 617 -

또 반야경전이 지향하려는 空의 경지 내지는 그들이 이상으로 하는 최고 불지(最高佛智)의 체득으로서까지 인식되었다. 곧

「반야바라밀다는 대명주·무상명주·무등등명주이다. 왜냐하면 이 반야바라밀다는 능히 일체의 악법(惡法)을 없애며 일체의 선법(善法)을 일으키기 때문이다. 또한 과거제불과 현재와 미래의 모든 부처님이 모두 이 반야바라밀다주로 인하여 무상정등각을 얻으셨거나 얻으실 것이기 때문이다. 곧 이 주(呪)로 인하여 세간에는 십선도(十善道)를 비롯하여 사선(四禪)과 사무량심(四無量心)과 사무색정(四無色定)과 보시-바라밀다로부터 반야-바라밀다에 이르기까지의 6-바라밀다, 그리고 사념처(四念處)로부터 십팔불공법(十八不共法)등의 法性과 法相등이 존재하는 것이다.
 따라서 이 주(呪)를 지송하는 선남자 선여인들은 끝내 십선도.사선.사무량심.사무색정.육바라밀다.사념처 및 십팔불공법등에서 멀리 떠나지 못하게 되고, 항상 三十二相을 얻어 현재의 (몸으로) 佛世界에 태어나 마침내는 무상정등정각(無上正等正覺)을 성취하게 되는 것이다」[573]

라 한 『대지도론(大智度論)』의 말씀처럼,
다라니는 十八不共法과 동등시 되면서, 그들의 이상철학인 반야실상(般

573)「世尊 般若波羅蜜是大明咒無上明咒無等等明咒 何以故 世尊 是般若波羅蜜
能除一切不善法 能與一切善法 佛語釋提桓因 如是如是 憍尸迦 般若波羅蜜是
大明咒無上明咒無等等明咒 何以故 憍尸迦 過去諸佛因是明咒故 得阿耨多羅
三藐三菩提 未來世諸佛今現在十方諸佛 亦因是明咒 得阿耨多羅三藐三菩提
因是明咒故 世間便有十善道 便有四禪四無量心四無色定 便有檀波羅蜜乃至般
若波羅蜜四念處乃至十八不共法 便有法性如法相法住法位實際 (中略) 善女人
後世功德 是善男子善女人 終不離十善道四禪四無量心四無色定六波羅蜜四念
處乃至十八不共法 是人終不墮三惡道 受身完具 終不生貧窮下賤工師除廁人擔
死人家 常得三十二相 常得化生諸現在佛界 終不離菩薩神通 若欲從一佛界至
一佛界供養諸佛聽諸佛法 卽得隨意 所遊佛界成就衆生淨佛世界 漸得阿耨多羅
三藐三菩提」『대지도론』(대정장 25. 468b~469c)

若實相)의 최고 이데아로 승화 내지는 정립되게 되었다. 그리고 이러한 경향은 마침내 『금강반야경』의 「나모 바가바테 프라쥬냐파라미타에, 옴 이리티 이슈리 슈로트라 비샤야 비샤야 스바하」[574] (세존이신 반야바라밀다에 귀의합니다, 운운...)처럼,

마침내 다라니를 반야바라밀다와 동등시 하거나, 나아가 인격화시켜 불지(佛智)를 증득하신 佛・世尊과 동등시, 곧 『大智度論』의

반야바라밀다=다라니=明呪=三十七助道=三十二相=無上正等正覺=佛

이라는 등식으로 승화되는데, 이러한 다라니의 승화 움직임은 『다라니집경(陀羅尼集經)』 내지는 대승후기에 전개되는 밀교의 태장계만다라(胎藏界曼茶羅)에 반야보살(般若菩薩)을 등장시키는 계기가 된다.[575]

말하자면 이들 경전의 중심개념인 반야실상철학(般若實相哲學), 곧 대승사상의 혁신적 개념인 般若實相과 동등의 가치를 지니게 된 <다라니성구신앙(聖句信仰)>은 이제는 단순환 신앙차원이 아닌 일상에서 행하는 실천수행이 되어, 그들의 이념철학을 실천화하고 나아가서는 중첩적으로 계속되는 반복어가 가지는 지루함에서 벗어나게 하였으며, 그들의 교의

---

574)「namo bhagavate prajňā pāramitāye, oṃ iriti iśri śrotra viṣaya viṣaya svāhā」『금강반야바라밀다경』 (대정장 8. 752c)
575)「如是偈讚三說訖 頂禮捧足恭敬 卽取種種香末 手中捧香 誦心咒咒七遍 散釋迦牟尼佛 及十方一切佛 般若菩薩等上 普同供養 是名香三昧陀羅尼供養」『陀羅尼集經』 (대정장 18. 787b). 반야보살은 태장계만다라 持明院(五大院)의 主尊이다. 곧 陀羅尼를 本業으로 하는 不動明王.降三世明王.大威德明王.勝三世明王 등 4분의 忿怒尊(敎令輪身)들을 대동하면서 다라니의 위신력으로 중생들의 번뇌를 깨부수는 자로서, 반야바라밀다=다라니=명주(明呪)=불(佛)이라는 등식에서 등장한 보살이다. 말 바꾸면 반야바라밀이 인격화되어 출현한 보살이라 할 수 있다.

(敎義)를 반야바라밀다로 응축시키거나 간소화하여 이해를 돕게함과 동시, 불타(佛陀)와 반야바라밀다에 예배드리고 봉사 내지는 실천에 동참케 할 수 있게 하였다.

곧 다라니의 삽입은 대승교단의 획기적인 사건으로서, 그간 반야철학의 난점으로 인식되던 난해함과 지루함을 한꺼번에 불식시킴은 물론, 오히려 반야철학을 대중의 의지처 내지는 실천철학으로 삼게 하는 결과를 가져오게 하여, 상중하 민중 모두를 대승집단에 동참케 만드는 결과를 초래케 하였으며, 또한 경전성립사적인 면에 있어서도, 밀교라고 하는 새로운 장르의 불교를 탄생케 하는 원동력이 되었다.

한편 『대지도론(大智度論)』은

「다라니문과 삼매문을 얻으려거든 먼저 마땅히 반야바라밀을 배워야 한다. <다라니여찬보살품>에 설하기를 다라니방편을 얻는다는 것은 바로 이러한 것이다. 곧 문(聞)이란 능히 얻어 망실하지 않는 것으로, 이것을 일러 첫방편인 문지(聞持)-다라니라 하는 것이며, 또한 보살이 선정중에 해탈하겠다는 생각을 놓지 않는 것으로, 이로 인해 보살은 일체의 언어와 설법의 한 구절 한 자도 잃지 않는 것으로, 이것을 제2의 방편이라 하는 것이다. 보살이 일체의 음성과 언어를 듣고 본말(本末)을 분별하여 그 실상을 관하여 그 음성과 언어를 요달하는 것을 일러 입음성(入音聲)-다라니라 하는 것이다. 또 四十二字-다라니가 있으니, 아·라·파·차·나(A·Ra·Pa·Ca·Na)등이 그것으로, 이 42자를 통하여 일체의 언어와 명자(名字)를 섭하는 것이다. (예를 들어) 보살이 아자(阿字)를 들을 때는 일체법의 본불(本不生)을 생각하는 것으로, 이와같이 들은 바의 42자 모든 자자(字字)를 따라 일체제법의 실상에 들어가는 것으로, 이러한 것을 일러 자입문(字入門)-다라니라 이름하는 것이다」[576]

라 하며, 다라니와 삼매 획득의 조건으로 반야바라밀를 배울 것을 전제로 하면서, 4-가지의 다라니를 개설하고 있는데, 이는 지금까지의 다라니의 일반적 정의였던 문지(억지)다라니설과는 전혀 다른 음성과 자문(字門)의 개념을 처음으로 선 보이는 것으로, 소위 실담(悉曇) 四十二字나 五十字門의 <자의자문론(字義字門論)>이라고 하는 신개념의 다라니설을 주창함과 동시, 밀교에 이르러 이들 42 내지 50의 음성과 문자를 통하여 제법실상에 오입(悟入)해 들어가는 소위 <성자실상(聲字實相)의 수행문>을 개척하는 초석을 이루어 내었다.577)

곧 『대지도론』은 자상(字相)과 궁극적 구조인 실상(實相)을 증득하는 수단으로 자의(字義)를 정형구화(定形句化)시키는 자의론(字義論), 말하자면 문자의 내관을 통해 그것의 배후에 있는 실상을 파악해 나가는 소위자상문(字相門), 곧 門(mukha)이란 개념을 개발하여 이를 발전시켜 나간다.
  곧 앞의 4-다라니의 설명에서 '득다라니문'이니 '입일체제법실상'이란 어구에서 보듯이, 『대지도론』은 字相(門), 곧 門(mukha)이란 말을 사용하고 있는데, 여기서 mukha란 陀羅尼目佉(dhāraṇī-mukha), 곧 總持(陀羅尼門)를 의미하는 것으로,578)대승보살이 지니고 있어야 할 필수덕

---

576)「(經)欲得諸陀羅尼門諸三昧門。 當學般若波羅蜜。 (論)陀羅尼如讚菩薩品中說。 門者得陀羅尼方便諸法是(중략)聞能得得而不忘。 是爲聞持陀憐尼初方便。 如是名初學聞持陀憐尼(중략)或時菩薩入禪定中。 得不忘解脫。 不忘解脫力故。 一切語言說法。 乃至一句一字皆能不忘。 是爲第二方便(중략)次菩薩聞一切音聲語言。 分別本末觀其實相。 知音聲語(중략)名入音聲陀羅尼。 復次有陀羅尼。 以是四十二字。 攝一切語言名字。 何者是四十二字。 阿羅波遮那等(중략) 菩薩聞是阿字卽時入一切法初不生。 如是等字字隨所聞。 皆入一切諸法實相中。 是名字入門陀羅尼」『대지도론』 (대정장 25. 268a)
577)『大智度論』은 陀羅尼에 1)言語의 本性 2)主體의 判斷 3)言語의 機能 4)主體의 修道法 등의 특색을 지닌 일종의 고유명사격으로서의 의미를 새로이 부여하였다. 곧 종래 陀羅尼가 지니고 있던 靜止的 의미에서 벗어나 動態的 力動的 의미를 지닌 修行의 의미를 가지게 한 것이다.
578)「門者得陀羅尼方便諸法是」『大智度論』(대정장 25. 268a)

목, 말하자면 대승보살은 이 문을 통해야 비로소 무생법인을 얻을 수 있고, 또 청정법지(淸淨法智)도 증득할 수 있다는 신념속에서, 대승보살이 지녀야 할 필수조건으로, 일종의 만병통치약으로서의 다라니라고 하는 새로운 장르의 門을 개설한 후 점차 이를 발전시켜 나간다.

곧 대품계의 반야경에서 불기 시작한 이 門(mukha)이란 개념은579) 드디어 대승불교의 백과사전이라 칭하는 『대지도론』에 이르러 入音聲이니 入字門이니 하는 확실한 개념으로 발전된 후, 유가유식 경전인 『瑜伽師地論』이 이를 이어받아, 4종(法·義·呪·忍)다라니설을 부르짖게 되는 것이다.580)

이처럼 法門이나 반야바라밀다와 동급화된 다라니의 위상변화, 곧 대승보살이 되는 필수조건인 門(mukha)으로서까지 그 위상이 높아진 다라니는 고유명사로서의 자리를 차지하게 됨은 물론, 점차 다라니 지송수행

---

579)「復次須菩提。菩薩摩訶薩摩訶衍。所謂字等語等諸字入門。何等爲字等語等諸字入門。阿字門。一切法初不生故。羅字門。一切法離垢故。波字門。一切法第一義故。遮字門。一切法終不可得故。諸法不終不生故。那字門。諸法離名性相不得不失故」『大般若經』(대정장 8, p.256a). 상기 『大般若經』의 '字等語等諸字入門'에 해당되는 단어가 『方廣經』<陀隣尼品>에서는 '陀羅尼目佉'로, 『光讚經』<觀品>에서는 '總持門'으로, 『大般若經』<念住品>에서는 '陀羅尼門'으로 되어있어, 겉보기에는 이들의 의미가 다르게 보이나, 이들은 모두가 (dhāranī-mukha)에 대한 번역어들이다. 곧 大品系에 나타난 dhāranī-mukha, 곧 陀羅尼目佉=總持門=陀羅尼門 등은 대승보살이 지니고 있어야 할 필수덕목으로, 이 문을 통해야 비로소 無生法忍을 얻을 수 있는 것이며, 나아가 一切法淸淨法智를 증득할 수 있는 것이라고 강조하면서, 다라니라고 하는 새로운 장르, 곧 ('門=德目')을 개설하고 있다. 『大寶積經』<無邊莊嚴會>(대정장 11. 40a), 『大般若經』<(眞)實語品> (대정장 7. 314c-315a) 『大法炬陀羅尼經』(대정장 21, 662a~b). 졸고 『밀교의 즉신성불강의』(하음출판사) 22항 참조.

580) 『大智度論』에서 설해진 四種(聞持.分別知.入音聲.入字門)다라니를 『瑜伽師地論』의 四種(法義呪忍)다라니와 비교해 보면, 경론에서 설해진 순서대로 (聞持-法),(分別知-義),(入音聲-呪),(入字門-忍)로 대치할 수 있을 것이다.

(持誦修行)이라는 새로운 장르의 수행법으로 개발되어, 실천수행의 한 장르로까지 자리 잡게 되는 것으로, 대승인의 이상경지인 반야바라밀다의 체득과 불지(佛智)의 개현(開顯) 그것은 바로 끊임없는 다라니의 지송수행에 의해 비로소 획득되어지는 것, 말 바꾸면 불지개현의 첩경의 길, 그것이 바로 다라니라는 것을 천명(闡明)하기에 이르게 되었다.[581]

다라니와 더불어 대승불교에서 중시되어, 밀교탄생 배경의 큰 역할을 한 또 하나의 덕목이 있으니, 다름아닌 三昧이다. 『대지도론』에는

「그러므로 보살은 누구든지 다라니와 三昧, 곧 (공·무작·무상)이란 여러 삼매를 지니고 있어야 한다. 보살은 삼세에 걸림이 없는 여러 가지 삼매를 얻고, 그 하나하나의 삼매속에서 무량아승지의 다라니들을 얻게 되는데, 이처럼 삼매와 다라니들이 상호 화합되어 있는 것을 일러 오백 다라니문이라 하는 것으로, 이것이 바로 보살이 지니는 선법의 공덕장이며, 다라니문인 것이다」[582]

또 『섭대승론(攝大乘論)』에는
「무엇이 능히 법계의 10가지 상을 나타내게 하는가? 제 十地는 陀羅尼門과 三摩地門의 자재를 통달한 단계이다. 까닭은 다라니와 삼매의 자재를 통해 업자재(業自在)가 얻어지기 때문이다」[583]

---

581) 拙稿「진언다라니수행에 대한 연구」pp. 22~27 『논문집』12輯, 중앙승가대 2007년, 拙稿「진언다라니실담의 형성과 전개에 관한 연구」(『대학원 연구논집』제 8집, 중앙승가대, 2015)
582)「以是故言諸菩薩皆得陀羅尼。諸三昧者。三三昧空無作無相」『大智度論』(대정장 25. 268b)「復次菩薩得是一切三世無礙明等諸三昧。於一一三昧中。得無量阿僧祇陀羅尼。如是等和合。名爲五百陀羅尼門。是爲菩薩善法功德藏。如是名爲陀羅尼門」『大智度論』(대정장 25. 96b).
583)「何者能顯法界十相 (중략) 於十地由業自在依止義。由陀羅尼門三摩提門自在依止義」『攝大乘論』<세친> (대정장 31. 126a)

「또한 어째서 제 十地를 일러 법운지(法雲地)라 하는 것인가? 일체의 법지(法智)에 통달하였기 때문이다. 곧 구름이 모든 추(麤)번뇌를 덮고 있듯이, 십지(十地) 또한 일체의 다라니와 삼매문을 모두 함장(咸藏)하고 있어 능히 법신을 원만성취하였기 때문이다」(세친)[584]

「법운(法雲)이란 진여(眞如)의 경지로서, 언제나 일체법지와 일체의 경전을 인연으로 하는 것으로, 그 경지는 마치 큰 구름에 비유되는 陀羅尼門과 三昧門과 같은 것이다. 곧 마치 큰 구름이 모든 것을 함장하기도 하고, 또 생하게 하는 수승한 공능을 지니면서 허공을 뒤덮고 있듯이, 일체법지(一切法智)를 연으로 하는 陀羅尼門과 三昧門 역시 광대무변의 혹(惑)과 二障(번뇌장 소지장)을 모두 덮어 버리고 있기에, 그래서 法雲地라 이름한 것이다」[585]

또 『법화의소(法華義疏)』에는
「다라니와 三昧는 어떻게 다른 것인가? 삼매란 정(定)이 중심이지만, 총지(摠持=다라니)란 념(念)이 그 중심이다. 또 삼매는 오직 심상응(心相應)만을 포섭하지만, 총지는 심상응과 심불상응(心不相應)을 모두 포섭한다. 또 처음시작은 三昧라 하지만, 지속(持續)은 총지라 한다. 또 삼매는 근본으로서 실상과 계합하여 출생하는 것이지만, 총지는 지말(支末)로서 삼매의 결과 얻어지는 공덕이다. 또한 삼매는 퇴실(退失)이 있지만, 총지는 절대 퇴실하지 않는 것이다」[586]

---

584)「云何十地名法雲。由緣通境知一切法 一切陀羅尼及三摩提門爲藏故。譬雲能覆如虛空麤障故。能圓滿法身故」『攝大乘論』(세친) (대정장 31, 126b)
585) 『攝大乘論釋』(無性 釋) (대정장 31, 424a~c)
586)「問 陀羅尼與三昧云何異 答 三昧多以定爲主 總持以念爲主 二者三昧唯心相應 總持或心相應或心不相應 三始修名三昧 久習名總持 如習欲不改說名性 四本末異 三昧爲本 三昧與實相合出生功德名之爲總持 如坏瓶以火燒方堪持水 五失不失異 三昧轉身或有退失 持則不失也」『法華義疏』12, (대정장 34. 629c)

또 『대보적경(大寶積經)』에는

「(보살)은 누구나 삼매와 다라니를 얻어, 공(空).무상(無相).무원(無願)의 3-해탈문에 들어가 (방편)선교에 두루 통달하여 무생법인을 증득한다」[587]

라 하여, 다라니와 삼매는 대승보살이 되기 위해 수습해야 할 최고의 법문, 말 바꾸면 보살이 지녀야 할 당위적 조건으로서까지 승화되고 있음을 볼 수 있는데,[588] 삼매와 다라니 이 2덕목의 중요성은 마침내 대승철학에 이어 전개되는 밀교철학을 이끄는 근본바탕이 되는 것으로, 이 2덕목으로부터 파생된 삼마지(三摩地). 또 나의 전체활동인 身(mudrā)·口(dhāraṇī)·意(samādhi)를 통한 삼밀유가가지(三密瑜伽加持), 그리고 이의 결과로서 얻어지는 신변(神變: Vikurvita)이란 밀교특유의 개념들은 마침내 즉신성불과 중생제도의 원리로서 작용하게 된다.

---

587) 「皆得三昧及陀羅尼。善入空無相無願三解脫門。善巧諸通得無生法忍」『大寶積經』 (대정장11.550b)
588) 다라니의 발전사에 대한 상세한 설명은, 졸고 「진언다라니 실담의 형성과 전개에 관한 연구」 - 그 기원과 불교 수용후 밀교에 이르기까지의 전개 -(중앙승가대학교 대학원 연구논집 제 8호, 2015)를 참조.

3節 밀교의 진리관 (기본입장)과 그 특징

밀교는 불교가 피어낸 마지막 꽃이며 열매인 동시에, 한편으로는 인도 원주민의 Śiva教와 정복자 Ārya人의 Brahman教의 교리를 두루 함축하고 있는 종합적이며 복합적인 가르침이다. 따라서 그 안에는 불교 내지는 인도종교의 모든 교리와 실천 수행법이 함축되어 있을 뿐만 아니라, 다른 한편으로는 앞서의 불교나 인도종교에서는 찾아볼 수 없던 전혀 다른 모습, 말하자면 밀교만이 갖는 독특한 교리 및 실천수행법이 설해져 있다.

곧 밀교가 설하는 법신설법(法身說法)사상과 즉신성불(卽身成佛)사상, 그리고 삼밀유가행(三密瑜伽行)이나 Maṇḍala 등의 교리와 실천법들은 밀교 이전의 불교인 현교(顯教)의 가르침에서는 전혀 찾아볼 수 없던 것들로서, 밀교가 개발한 밀교만이 갖는 특징이다.

이하 밀교의 기본입장은 무엇인지? 또 밀교인들은 무엇을 근거로 卽身成佛思想을 주창하였으며, 또 그 즉신성불을 증득하기 위해 어떤 독특한 修行法을 개발해 내었는지 고찰해 볼 것이다.

먼저 밀교인들, 곧 <진언다라니종(眞言陀羅尼宗)>이라 이름한 그들은, 스스로를 어떤 가르침이라 생각하고 있는지, 밀교경전을 통해 살펴보자!

「夫眞言陀羅尼宗者 是一切如來祕奧之教 自覺聖智頓證法門 亦是菩薩 具受淨戒無量威儀 入一切如來海會壇 受菩薩職位 超過三界 <u>受佛教敕三摩地門</u> 具足因緣 頓集功德廣大智慧 於無上菩提 皆不退轉 離諸天魔一切煩惱及諸罪障 念念消融 證佛四種身 謂自性身受用身變化身等流身 滿足五智三十七等不共佛法」[589]

(진언다라니종은 일체여래의 비오교<秘奧敎>이며 자각성지<自覺聖智> 돈증법문이다. 따라서 진언보살은 그 누구나 모두 청정계<淨戒>와 무량한 위의<威儀>를 갖추게 되므로, 일체여래가 모이는 만다라단에 들어가 보살직위를 부여 받고, 삼계를 뛰어 넘어 부처님의 교칙인 삼마지문<三摩地門>을 수여받아 모든 인연과 공덕을 구족하게되고, 지혜는 광대하여 다시는 퇴전하지 않는 무상보리를 얻게되는 것이다. 곧 모든 천마와 일체 번뇌와 모든 죄장<罪障>을 떨쳐 버리고, 4種-法身을 증득하고 5智 37尊을 만족하게 되는 것이다)

第1 법계(法界) 그대로를 법신불(法身佛)이라 본다.

밀교에서는 우주의 진리. 法. 자연현상 그대로를 法身이라 본다. 곧 「山下大地卽是法身佛(산하대지즉시법신불)」「一切衆生卽是自家寶藏法身佛(일체중생즉시자가보장법신불)」「溪聲卽是法身長廣舌(계성즉시법신장광설)·山色卽是法身春秋相(산색즉시법신춘추상)」「月印千江江江月(월인천강강강월)·佛現萬相相相佛(불현만상상상불)」「聲字卽是實相(성자즉시실상)」「森羅萬象卽是三密無盡莊嚴法門(삼라만상즉시삼밀무진장엄법문)」

이라는 게송들이 그것으로서, 모두 일체세계가 그대로 법신불(法身佛)의 身口意 삼밀설법(三密說法)임을 나타내고 있는 게송들이다.

다시 말해 산이나 강, 그리고 물소리와 사계절의 변화 무쌍한 모습들은 그 모두가 法身佛의 무진장엄 법문(無盡莊嚴 法門)이기에, 법계 속의 일체존재나 현상들은 모두가 法身佛 바로 그 당체라는 말이다.
다시 말해 밀교 이전의 가르침인 顯敎에서는 法身을 인정하면서도, 그것

---

589) 『金剛頂瑜伽分別聖位修證法門』 (대정장 18. 287c~288a)

은 어디까지나 이법신(理法身)이기에, 언제나 적정삼매(寂靜三昧)속에 있어 설법하지 않는 것으로, 다만 설법대상이 생기면 그 때에야 비로소 보신(報身)과 응화신(應化身)으로 응하고 化하여 설법을 하는 것이라 보았다.

그러나 밀교에서는 현교와 달리 법신을 지혜와 자비구족한 인격불(人格佛)로 보았다. 따라서 밀교에 오면 중생은 법신의 설법을 듣는 대상적 존재가 아니라, 法身 자기자신의 내적존재(內的存在)가 되는 것이다. 다시 말해 法身이 우주를 장엄하거나 중생에 설법하는 것은 어디까지나 法身이 자기 스스로의 존재와 위상을 확립 내지는 전개시키기 위한 자위행위(自爲行爲)일 뿐이다. 곧 법신은 육대(六大: 地·水·火·風·空·識)와 육진(六塵: 色·聲·香·味·觸·法), 그리고 십계(十界: 地獄·餓鬼·畜生·阿脩羅·人·天·聲聞·緣覺·菩薩·佛)라는 모든 존재와 경계를 포함한 法界 속에서, 法身 자신의 경계(實相)를 그것도 모든 존재들의 三密(身·口·意)을 통해, 한 순간도 쉼이 없이 토해내고 있는 것이다.590)
다시 말해 밀교만이 가지는 독특한 요소들이 Maṇḍala나 그 안의 존상(尊像)들, 그리고 Mudrā(인계=印契)와 Dhāraṇī(진언) 등은 단지 法身을 상징하는 매개물로서가 아니라, 법신 바로 그 자신인 것이다.591)

590) 여래의 설법은 반듯이 文字에 의하는 것인데, 문자의 소재는 六塵으로 육진의 근본은 法身佛의 三密 바로 그것이다. 삼밀은 평등하여 法界에 두루 편만하며 五智.四身 또한 十界에 두루하여 없는 곳이 없다.이것을 깨달은 사람을 大覺이라 하며,깨닫지 못한 것을 衆生이라 한다.중생 無知하여 스스로 깨닫지 못하므로 如來 加持하여 이것을 開示하는 것이다.근본은 名敎에 의하지 않고는 세울 수 없고,名敎는 聲字에 의하지 않고는 이루지 못하는 것이다. 聲字 분명하여 實相 나타나니, 聲字實相이란 法身佛 平等의 三密이며, 衆生本具의 曼茶羅인 것이다.「夫如來說法必籍文字 文字所在六塵其體 六塵之本法佛三密卽是也 平等三密遍法界而常恒 五智四身具十界而無缺 悟者號大覺 迷者名衆生 衆生癡暗無由自覺 如來加持示其歸趣 歸趣之本非名敎不立 名敎之興非聲字不成 聲字分明而實相顯 所謂聲字實相者 卽是法佛平等之三密 衆生本有之曼茶羅也.」『聲字實相義』(弘全 권1 p.521)
591) 法身佛 大日如來의 自己展開 그것이 一切 諸佛(報身佛·化身佛을 포함한)이다. 따라서 밀교의 四種法身說은 法身佛의 自己展開를 具體化해 놓은 것이다.

第2 즉사이진(卽事而眞) (現象是眞理. 相用是體)의 입장

밀교에서는 육근(六根)을 통하여 보고 듣고 냄새 맡는 모든 현상(事) 그대로를 진리이며, 法身의 구체적 삼밀활동(三密活動)이라고 본다.

곧 밀교에서는 法身이 추상적이고 비인격적인 것이 아니라, 구체성과 인격을 가지고 현상계(삼라만상) 속에 내재(內在)되어 있다고 보는 것이다. 밀교를 일컬어 "事의 종교이며 살아 숨쉬는 종교 그리고 생활불교"라고 말하는 것은 밀교가 갖는 이러한 진리관과 특징 때문이다.

(강 론): 성자실상(聲字實相)

「聲字卽是實相」이란 말은 밀교교리에서 아주 중요한 개념중의 1나이다. 아니 하나가 아니라 전체라고 해도 부정할 수 없을 만큼 중시되는 교리이다.

곧 '입(口)과 몸(身)과 마음(意)에서 나오는 모든 소리나 몸의 움직임이나 마음에서 풍기는 모든 것들이 그 사람의 본 모습인 실체다' 라는 의미이기 때문이다.

아주 당연한 말인데, 여지껏 밀교 이전의 현교(顯敎)에서는 이 말을 사용할지도 몰랐고 또 실제로 사용하지도 않았다. 하지만 밀교철학은 이 당연한 것을 멋들어지게 「聲字卽是實相」이란 말로 표현하고, 이에 살을 덧붙여 聲字 여하에 따라 중생과 佛의 갈림이 있다고하면서, 일상에서의 聲字의 중요성을 강조하였다.

곧 아무리 오랫동안 수행을 해 모든 사부대중이 큰스님이라 부르는 방장스님이라도, 중생의 言行(聲字)을 하면 그대로 중생이 되는 것이고, 이제 막 입산한 行者라도, 부처님의 聲字를 하면 그대로 부처님이 되는 것이라고 斷言해 버린 것이다.

아울러 여기에서 그치지 않고 한 걸음 더 나아가, 聲字로 이루어진 삼라만상의 모습 그대로가 법신 비로자나불의 모습이라며, 「溪聲卽是 法身長廣舌 山色卽是法身春秋相」이란 게송을 통해 法身佛의 육진설법 (六塵說法)이라는 교리를 제시하였다.

곧 계곡에서 물 흘러가는 소리가 법신께서 설법하는 말씀이며, 봄여 름 四季의 변화가 법신부처님의 春夏秋冬의 모습이라는 소위 <법신부 처님의 우주편만사상>을 제창한 것이다. 「아! 다르고 어! 다르다」는 격언이 있듯이, 일상에서의 말 한마디, 일거수일투족이 얼마나 무서운 것인지,

「말에도 인격이 있다」 무심코 던지는 말 한마디에 내 인격이 담겨있 다는 것을 설한 사상이 <聲字實相>인 것이다//

『법성게(法性偈)』에 나오는

「能仁海印三昧中・繁出如意不思意・雨寶益生滿虛空・衆生隨器得利益」 이란 게송은 일체세계가 바로 法身佛의 세계이며 설법임을 잘 나타내고 있는 말씀, 곧 밀교의 진리관(法身說法)이 잘 표현된 말씀이며,

「첩첩 쌓인 푸른 산은 부처님의 도량이요 (전체상)
　맑은 하는 흰구름은 부처님의 발자취요 (身密)
　뭇생명의 노랫소리는 부처님의 설법이요 (口密)
　대자연의 고요함은 부처님의 마음이로다 (意密)」

란 게송 또한, 일체 모든 현상이 그대로 法身佛의 삼밀무진 장엄세계(三 密無盡 莊嚴世界)임을 잘 나타내고 있는 말씀이다.

곧 위의 게송처럼 如來의 설법은 반듯이 성자(聲字)에 의하는 것인데, 언어(聲)나 문자(字)의 체(體)는 육진(六塵: 色聲香味觸法)이므로, 六塵

그대로 法身의 설법이며 삼밀활동(三密活動)이 되는 것이다. 다시 말해 法身(五智와 四種法身)은 삼라만상 속에 항상 내재(內在)되어 있고 편만(遍滿)되어 있는 것이므로, 일체존재 속에는 法身이 항상 현현(顯現)하여 설법활동을 하고있는 것이다.

그리고 이러한 밀교의 법계관(法界觀)을 잘 나타내 보이고 있는 것이 다름 아닌 육대연기사상(六大緣起思想)이다.

2-1 육대연기사상(六大緣起思想)

육대(六大)로부터 심법(心法)과 색법(色法)등의 일체존재가 출생하였으므로, 六大를 法界의 체성(體性)이며 연기주체(緣起主體)로 보는 사상이다.[592]

곧 밀교에서는 六大(地·水·火·風·空·識)를 상주불변(常住不變)하는 법계의 본체(本體)로 보았다.[593]

다시 말해 六大-연기이론은 "현상즉시실제(現象卽是實際)"라는 기본입장에 서서, 현상과 실제가 둘이 아님을 강조한 이론으로,

「일체존재(一切存在: 현상)=六大=大日如來(眞理)」 라 하여,

현상을 떠나 따로 本體(實際)를 인정하거나, 또 이법(理法) 밖에 별도로 사법(事法)을 두지 않고, 六大를 우주의 本體이며 또 現象(만유)의 모습 바로 그것이라 본 것이다. 곧

「自本初以來常自寂滅無相非適今也 心相亦爾從無始以來本自不生 以本不生故 無有一法能令染汚動搖 常住不變永寂無相」[594]

---

592) 「眞言者圓壇 成置於自體 自足而至臍 成大金剛輪 從彼而至心 當思惟水輪 水輪上火輪 火輪上風輪 次應念持地 而圖衆形像」『대일경』(대정장 18. 31a)
593) 六大(宇宙의 本體)=五大(地·水·火·風·空)의 五大=色蘊+識大(受想行識의 四蘊)=五蘊=一切
594) (대정장 39. 592b)

(본래부터 스스로 적멸무상 <寂滅無相>한 것으로 심상<心相> 또한 무시
<無始>로부터 본불생 <本不生>한 것이다. 따라서 心性과 心相은 염
<染>에 물들거나 동요함이 없는 것으로, 상주불변하며 영적무상 <永寂
無相> 바로 그것이다)

라고 한 『大日經疏』의 말씀처럼, 밀교에서는 일체존재 (事=法相)를 그대
로 육대 (理=法性)이며, 法身大日如來의 삼마야신 (三摩耶身: 加持受用
身)이라 보는 것이다.

 다시 말해 一切(六大所成의 法界)는 무장무애 (無障無碍)하며 상호섭입
(相互涉入)하며 상응하는 상주불변의 法身

「중생신즉시본래법이불신(衆生身卽是本來法爾佛身)」「自性身=受用身=變化身=
等流身」「Dhāraṇī(字)=Mudrā(印)=Samādhi=本尊佛」 바로 그것이라 본다.

곧 六大-연기론은 만유(萬有)의 상즉상입(相卽相入)의 관계를 설명해 놓
은 이론으로, 일체만유가 하나의 단순한 집합체가 아니라, 특수와 보편
(普遍)의 불이중도(不二中道). 곧 상즉상입(相卽相入)의 관계 속에서, 살
아 있는 생명체로서 통일성을 갖는 것임을 주창한 새로운 연기론인 것이
다. 따라서 육대를 현상으로만 보려거나, 또 「현상즉실제(現象卽實際)」
를 주장하면서도 現象(相·物·事)보다는 實際(體·心·理)를 더 중시하
여, 事를 理에 종속시키는 종래의 현교(顯敎)의 입장과는 전혀 다른 것
이다.595)

---

595) 六大에 대한 현교의 기본입장으로는, 六大를 原素說 곧 만유의 構成要素
로서만 보는 『중아함경』의 六界法과 六處法說 「云何六界法 謂地界水火風空
識界 是謂六界法 以六界合故便生母胎 因六界便有六處云云....」 (대정장 1.

第3 현실긍정과 가치인정의 입장(모든 것이 法身佛)

밀교에서는 모든 형태(字·形象)에는 法身佛의 Samaya, 곧 法身佛의 서원이나 의지활동이 표현되어 있다고 보고, 모든 형태를 法身佛의 신밀(身密) 내지는 의밀설법(意密說法)이라 보며, 또 언어를 비롯한 모든 소리는 Mantra나 dhāraṇī 바로 그것이라 하여, 法身佛의 message 곧 法身佛의 구밀설법(口密說法)으로 본다.

밀교의 키워-드라 할 "성자즉시실상(聲字卽是實相)"이란 바로 이러한 것을 두고 하는 말이다.

第4 즉신성불(卽身成佛)의 불교 - 밀교의 心識說[596] -

「修此三昧者 現證佛菩提」[597]

(이 三昧를 닦는 사람은 현생<現生>에 불보리<佛菩提>를 증득한다)

「若有衆生遇此教 晝夜四時精進修 現世證得歡喜地 後十六大生成正覺」[598]

(만일 중생 밀교의 가르침을 따라 주야사시<晝夜四時>에 정진수행하면,

435c, 690b)과 『俱舍論』의 六界說 「彼中所說六界爲地界水火風空識界」(대정장 29. 166c, 347a), 그리고 "現象卽是實際""理事無碍法界,事事無碍法界"라 하여, 관념적으로는 事卽理를 주장하지만 실제로는 事(現象)보다 理에 치중하는 이론, 곧 事는 어디까지나 理에 종속되어 있을 뿐이라 보는 天台나 華嚴의 <相卽相入>이론 등이 있다.

596) 여기서 밀교의 心識說이라 한 것은, 밀교가 인간을 바라보는 기본입장이 人間=佛로 본다는 의미이다. 이점 여래장사상이 극대화되어 밀교사상으로 전개되었다고 보여진다.

597) 『金剛頂一字頂輪王瑜伽一切時 一字頂輪王 殊勝秘密法 瑜伽念誦儀處念誦成佛儀軌』(대정장 권19. 320c)

598) 『金剛頂經瑜伽修習毘盧遮那三摩地法』(대정장 18. 331b)

現世에 환희지<歡喜地>를 증득하고 後의 십육대생<後十六大生>에 정각
<正覺>을 성취한다)

「若能依此勝義修 現世得成無上覺」599)

(만일 이 승의<勝義>에 따라 수행하면 현세에 무상각<無上覺>을 성취한
다)

「應當知自身 卽爲金剛界 自身爲金剛 堅實無傾壞 復白諸佛言 我爲金剛身」600)

(마땅히 알라! 自身 곧 금강계<金剛界>가 되는 것이다. 자신 금강계가
되면 견실<堅實>하여 기울거나 퇴전<退轉>함이 없는 것이므로, 自身 곧
금강신<金剛身>이 되는 것이다)

「不捨於此身 逮得神境通 遊步大空位 而成身秘密」601)

(이 몸을 버리지 않고 신경통<神境通>을 획득하여 대공위<大空位>를 유
보<遊步>하니 신비밀<身秘密>을 이루는 것이다)

「欲於此生入悉地 隨其所應思念之 親於尊所受明法 觀察相應作成就」602)

(今生에 실지 <悉地>에 증입<證入>하려는 자는 지시에 따라 사념해요!
  본존소<本尊所>에서 명법<明法>을 받아 관찰하여 상응<相應>하면 성취한다)

599) 『成就妙法蓮華經王瑜伽觀智儀軌』 (대정장 권19. 594a)
600) 『金剛頂經瑜伽修習毘盧遮那三摩地法』 (대정장 18. 329a)
601) 『대일경』 (대정장 18. 21a)
602) 『대일경』 (대정장 18. 45c)

「唯眞言法中 卽身成佛故是說三摩地法 於諸敎中厥而佛言」[603]

(진언법 <眞言法>에서만이 즉신성불<卽身成佛>을 주장하는 까닭에, 삼마지법<三摩地法>을 설하고, 현교는 <삼겁성불을 주장하므로>, 결<缺>하여 설하지 않는다)

「若人求佛慧 通達菩提心 父母所生身 速證大覺位」[604]

(만일 불혜<佛慧>를 구하여 보리심<菩提心>에 통달하면, 부모소생의 몸으로 속히 대각위 <大覺位>를 증득한다)

상기 인용문에서 보듯이, 밀교는 卽身成佛을 부르짖는 불교이다.
곧 空海가 그의 저 『즉신성불의(卽身成佛義)』에서

「六大無碍常瑜伽 四種曼茶各不離 三密加持速疾顯, 重重帝網名卽身
法然具足薩般若 心數心王過剎塵 各具五智無際智 圓鏡力故實覺智」[605]

(地水火風空識으로 이루어진 육대<六大>, 곧 만물의 근원<體>은 항상 걸림없이 서로 yoga<瑜伽>를 거듭하며, 이 육대에서 나온 大・三・法・羯의 4가지 만다라의 상<相> 또한 서로 분리됨이 없이 상호 yoga하는 것이니, 이 진리를 알아 상호 身口意 三密로 加持한다면 속히 성취를 이루는 것이다. 이렇게 거듭거듭 끝없이 인연을 이루며 加持하는 것을 일러 卽身이라 하는 것이다. 모든 존재들은 자연 그대로 般若空을 유지하

---

603) 『金剛頂瑜伽發菩提心論』 (대정장 32. 572c)
604) 『金剛頂瑜伽發菩提心論』 (대정장 32. 574c)
605) 『弘全』권1 pp.507~508

며 서로 인이 되기도 하고 연이 되기도 하며 세계를 이루고있으니, 삼라만상 모두가 五智라고 하는 무한한 智慧를 구족하여 그대로가 대원경지<大圓鏡智>를 이루고 있으니, 이것을 일러 실각지<實覺智>라고 한다)

라 말하고 있듯이, 일체존재는 중중제망(重重帝網)의 관계 속에서 상즉상입(相卽相入)하고 있는 것, 다시 말해 우주의 모든 존재는 그대로가 일체지지(一切智智)의 분신(分身)으로서, 온갖 지혜 다 갖추고 있으며, 또한 서로 因이 되고 果가 되면서, 우주를 장엄하고 있는 질료인(質料因)이며 동력인(動力因)인 실각지(實覺智) 바로 그것이기 때문에, 나의 用인 신구의(身口意)를 佛의 삼밀(三密)과 유가(瑜伽)하여 입아아입(入我我入)한다면, 곧 바로 성불하게 되는 것이다.

다시 말해 밀교의 특징중의 특징인 즉신성불(卽身成佛)사상은 밀교 만이 설하는 독특한 사상으로, 여기에는 身(넓은 의미로 身口意 三密이 모두 포함된 身을 말함)이 성불하지 않으면 안 된다는 이론, 곧 事인 입과 행동거지가 이 순간부터 佛처럼 되지 않으면 안 된다는 깊은 뜻이 담겨 있는 것이다.

곧 앞의 즉사이진(卽事而眞)이란 항목에서 밝혔듯이, 밀교는 현재라는 시간과 몸(身)과 입(口)이라는 표업(表業), 곧 事를 더 중시한다. 그 이유는 내 마음을 佛 바로 그것이라 다짐한 후, 그 마음을 佛로서 그대로 간직하려 해도, 입과 몸이 들어 주지 않고 衆生으로 그대로 남아있다면 아무 소용이 없기 때문이다.

다시 말해 卽身成佛이란 말씀은 "성자실상(聲字實相)"과 "평상심시도(平常心是道)"란 말씀과 일맥상통하는 것으로, 지금 이순간부터 佛이라는 확신을 가지고, 입과 몸가짐을 佛처럼 행동하자는 엄숙한 의미가 담겨 있는 말씀인 것이다.

곧 밀교에서 주창하는 <즉신성불이론>은 현교(顯敎)의 <삼겁성불설(三劫成佛說)>에 대한 반박설로서, 밀교에서는 劫(Kalpa)이란 개념을 시간 개념으로 보는 것이 아니라, 우리들이 가지고 있는 중생성, 곧 추망집(麤妄執=煩惱障)과 세망집(細妄執=所知障) 그리고 극세망집(極細妄執=根本無明)인 삼망집(三妄執)으로 해석하고 있다.

다시 말해 이러한 삼망집(三妄執)인 衆生性만 제거하면 그것이 바로 成佛이며, 제거되는 순간 成佛하는 것이므로 卽身成佛이 된다는 것이다.
이제 즉신성불을 부르짖는 『대일경소』의 말씀을 직접 살펴보도록 하자.

「梵云劫跛有二義, 一者時分 二者妄執, 若依常途解釋 度三阿僧祇劫得成正覺, 若秘密釋 超一劫瑜伽行 卽度百六十心等一重麤妄執名一阿僧祇劫, 超二劫瑜伽行 又度一百六十心等一重細妄執名二阿僧祇劫, 眞言門行者 復越一劫 更度百六十心等一重極細妄執得至佛慧初心, 故云三阿僧祇劫成佛也」[606]

(劫<kalpa>에는 두 가지 뜻이 있으니, 하나는 시분<時分>의 뜻이며, 또 하나는 망집<妄執>의 뜻이다. 현교<顯敎>에서는 時分의 뜻을 좇아 삼아승지겁<三阿僧祇劫>을 지나 정각<正覺>을 이룬다고 해석하지만, 비밀석<秘密釋=密敎>에서는 망집<妄執>의 뜻을 좇는다.
곧 중생 160심등의 제1重의 麤妄執<번뇌장>을 끊는 것을 일아승지겁<一阿僧祇劫>이라 하며, 160심등의 제2重의 細妄執<소지장>을 끊는 것을 二劫이라 하며, 160심등의 제3重의 극세망집<極細妄執=根本無明>을

---

606) 『대일경소』(대정장 39. 600c)

끊는 것을 三劫이라 하는 것으로, 그래서 삼아승지겁성불<三阿僧祇劫成佛>이라 한 것이다)

「若一生度此三妄執 卽一生成佛 何論時分耶」[607]

(一生에 삼망집<三妄執>을 제거하면 一生에 成佛하는 것이니, 어찌 時分을 논하겠는가?)

---

607) 『대일경소』(대정장 39. 600c)

4節 密敎의 事相(卽身成佛의 실천도)

아직 남아 있는 비경(秘境)이 있다면, 그것은 바로 마음이란 비경일 것이다. 곧 안으로는 끊임없이 수렴하는 동시에, 밖으로는 무한히 발산하는 소우주인 自心이란 비경은 인류가 아직까지 개척하지 못한 유일한 곳으로, 그것은 지금도 무진장의 비보(秘寶)를 간직한 채 끝없이 숨쉬고 있다. 이 비보를 발견해야 할 자는 그 누구도 아닌 너 자신이라 속삭이면서.....

『大日經』과 『변현밀이교론(弁顯密二敎論)』 『반야심경비건(般若心經秘鍵)』에 나오는 다음의 말씀들은 우리가 찾아야 할 마지막 비경, 그것이 바로 나 자신임을 속삭이고 있다.

「秘密主 自心尋求菩提及一切智 何以故 本性淸淨故 心不在內不在外 及兩中間心不可得 非靑非黃 非長非短 非圓非方 何以故 心離諸分別無分別」[608]

(秘密主여! 自心에서 菩提와 일체지지<一切智智>를 찾아야 되나니, 그 까닭은 자심의 본성이 淸淨하기 때문이다. 자심은 內外, 그리고 중간에도 없는 것이며, 청색도 황색도 아니며, 길지도 짧지도 둥글지도 모나지도 아닌 것, 곧 空性인 마음은 모든 분별을 떠나 있는 것이기에 불가득<不可得>인 것이다)

---

608) 『대일경』 (대정장 18. 1c)

「秘密者 究竟最極法身自境以爲秘藏」[609]

(비밀이라 하는 것은 구경최극<究竟最極>인 法身의 경계, 곧 여실지자심<如實知自心>의 경계를 말하는 것이다)

「夫佛法非遙心中卽近 眞如非外棄身何求」[610]

(佛法이란 진리는 멀리 바깥에 있는 것이 아니라, 가장 가까운 自心 속에 있는 것이니, 이 몸을 버리고 어디에서 따로 구할 것인가?)

라 하였듯이, 밀교의 관법은 모든 형을 초월하면서도 모든 존재 속에 내재되어 있는 自心, 곧 본불생(本不生)이면서도 蓮花처럼 淸淨하고, 月輪처럼 빛나는 자기의 주인공을 찾아내는 작업이다. 곧 밀교에서는 自身의 실상(實相)을 응시하여, 모든 가치관을 근본부터 전환시킴으로써 자신의 주체성을 재확립하는 것이다.
  곧 밀교는 소아(小我)를 대아(大我)로, 소욕(小欲)을 대욕(大欲)으로, 來世를 現世로 끌어들이면서, 새로운 인생관·세계관·가치관을 확립해 나가는 것이다.

그렇다면 도대체 어떻게 해야 중생은 이러한 목적을 달성할 수 있는 것일까? 밀교는 이것을 성취하는 방법, 다시 말해 부처님과 중생을 하나로 묶어낼 연결고리로 밀교가 지니는 또 하나의 특징인 <三密瑜伽行>이라고 하는 독특한 방법인 妙門을 착안하여 제시하였다.

---

609) 『弁顯密二敎論』 (弘全 권1 p.505)
610) 『般若心經秘鍵』 (弘全 권1 p.554)

第1. 삼밀유가행법의 기원과 전개

밀교의 실천법은 보통 4개의 구룹, 곧 소작-탄트라(Kriyā-Tantra)·행-탄트라(Caryā-Tantra)·유가-탄트라(Yoga-Tantra)·무상유가-탄트라(Anuttara-Yoga-Tantra)로 나누어 설명된다.[611]

밀교의 특징으로서 때문에 밀교발생 이후의 모든 불교의궤(불상·만다라·제반의식)의 기본패턴이 되었고, 또 실제 일상의 밀교행법을 수행함에 있어 절대로 간과해서는 아니 되는 삼밀유가행법(三密瑜伽行法), 그 기원은 어디에 있으며, 또 어떠한 과정을 거쳐 오늘에 이르게 되었을까? 이하 각 단계의 실천법이 지니는 특색을 살펴보면서, 밀교의 특색인 삼밀유가행의 기원과 발전과정을 고찰해보자.

1-1 소작(所作: Kriyā)-Tantra경전과 그 실천법

소작-탄트라경전은 주문을 지송하면서 간단한 종교의례를 행하는 단계로, 이 경전들의 목적은 여러가지의 재난을 물리치거나 기원의 성취 등, 소위 현세이익을 위한 양재초복(禳災招福)이 그 중심을 이룬다. 이 때 지송하는 주문의 내용은 Āriya족 기원(起源)의 바라문적인 것, 또 원주민인 문다와 드라비다족 기원의 것, 또 두 민족의 것을 혼합한 것 등 다양하며, 그것도 시대와 더불어 점점 복잡화 된다.

앞에서 살펴본 것처럼, 초기불교 교단은 처음에는 이러한 바라문적인 것들을 금하였으나, 일상생활속에서 배양된 이러한 생활습속들을 점차

---

611) 티벳트의 불교학자인 푸동(1290-1364)이 티벳트대장경의 분류를 위해 사용한 것으로, 현재까지 널리 통용되고 있는 분류법인데, 밀교경전성립의 순서와도 잘 대응되고 있다. 곧 所作-탄트라는 初期密敎에, 行-탄트라와 瑜伽-탄트라는 中期密敎에, 無上瑜伽-탄트라는 後期密敎에 相當한다고 보면 좋을 것이다.

묵인하지 않을 수 없게된다.

곧 승가에서는 경전과 수호주(守護呪:paritta)·진언(mantra)·명주(明呪:vidyā)·다라니(dhāraṇī)등을 함께 지송하였는데, 이것이 예배 및 공양의례 등과 혼합되면서, 점차 밀교의례가 만들어져 규정화된 것이다.

불교경전가운데 예배의례가 설해진 시기는 2세기 이전의 일로서, 이때 불상 앞에서 향화(香華)등을 공양드리며 다라니를 지송하였는데, 이로부터 4세기까지에 법단의 장엄법도 점차 규정되기 시작하는 것으로, 바라문족의 기원이라 보여지는 호마(護摩:Homa)의식이 밀교경전에 등장하는 것도 바로 이 시기이다.

굽타시대(AD. 320-500)는 밀교의 전성기라고 할 수 있다. 곧 굽타조 초기에는 불상공양에 머물지 않고 佛을 관상하는 관상법, 곧 아미타불이나 약사여래 등의 제불 내지는 관음.미륵.보현.약왕등의 제보살에게 공양드리며, 현세이익을 위해 기원드리는 소위 관상의례(觀想儀禮)가 등장하였고, 중기에는 지금까지의 막연하고도 종합적인 양재초복(禳災招福)에서 벗어나, 기원의 대상이나 목적에 따라 다기능화가 이루어져, 여러가지 종류의 <기원법>과 그에 따른 <본존공양법>이 구체화된다.

곧 치통(齒痛)의 치료를 위한 경전이라든지, 또는 하늘의 비와 관계를 가진 용을 매개체로 비를 내리게 하거나 멎게 하는 <청우법(請雨法)>과 <지우법(止雨法)>등의 농경의례, 그리고 공작등을 이용하여 뱀이나 독충 등을 물리치게 하는 <공작법>등, 각종 기원을 담은 밀교의례경전이 만들어진다.

이러한 현상은 굽타조 후기가 되면 한층 더 발달되어, 모든 기원을 성취하는 수법이 보다 구체적이고 세밀해진다. 곧 호마나 또는 기원하는 수법을 위한 장소를 선정하는 <결계법(結界法)>, 선정한 장소를 청정케 하는 <택지법(擇地法)>, 수법에 초청하는 본존을 위해 단을 세우고 청하여 예배와 공양을 드리는 <작단법>과 <예배공양법>등이 밀교의례로서 정형화된다.

한편 밀교가 지닌 큰 특징인 <삼밀유가(三密瑜伽)실천법>이 정립되는 단계에 있어 아주 획기적인 사건은 印契(mudrā)를 수용하였다는 점이다. 곧 밀교수행자들은 그간 단순히 입으로 밀주(密呪)만을 지송하던 수행의궤에서 벗어나, 밀주의 지송과 더불어 손가락으로 여러 가지 모양을 만들어, 표현하고 싶은 의미를 상징적으로 표현하는 수법, 말하자면 신체와 언어를 하나로 묶어 상호 연대감을 갖게하여, 표현하고자 하는 의미를 보다 확실하게 또 강하게 하는 수법인 <결인법(結印法=mudrā)>을 개발해 낸 것이다.[612] 본래 이와 같은 결인법은 오래전부터 인도 바라문

---

612) 印(mudrā)이란 <決定짓는다>는 뜻이다. 곧 모든 장애(障碍)를 제거하여 자신을 淨化시키겠다는 願力을 세움과 동시 무량한 功德을 성취한 성중(聖衆)들을 불러 請하여, 자신의 불퇴전(不退轉)의 확고부동한 의지를 각인(刻印)시키기 위해 그 聖衆들과 인연을 맺어 加持相應한다는 의미이다. 일반적으로 왼손은 중생들의 願力이나 祈願을 나타내고, 오른손은 무량공덕을 지닌 諸佛의 삼매야인(三昧耶印)으로 중생을 구제하겠다는 諸佛의 의지와 약속이 담겨있음을 나타낸다. 인계(印契)에는 여러 가지가 있으나 보통 四種曼茶羅의 四種印(大智印.三昧耶智印.法智印.羯磨智印)과 曼茶羅上의 五佛이 취하고 있는 五智印(智拳印.降魔觸地印.與願印.禪定印.施無畏印)이 가장 보편적이다. 곧 十方三世諸佛의 모습 자체를 있는 그대로 나타내고 있는 大曼茶羅의 대지인(大智印), 諸佛菩薩들이 지니고 있는 물건이나 손가락의 형태를 나타내고 있는 三昧耶曼茶羅의 삼매야지인(三昧耶智印), 諸佛菩薩의 德을 나타내기 위해 言語나 文字형태를 취하고 있는 法曼茶羅의 법지인(法智印), 諸佛菩薩들의 活動이나 作用을 표현해 놓은 羯磨曼茶羅의 갈마지인(羯磨智印)이 사종인(四種印)이며, 또 金剛界曼茶羅上에서의 中央의 主佛 法身毗盧遮那佛이 취하고 있는 지권인(智拳印)을 비롯하여 東方의 阿閦佛이 취하고 있는 항마촉지인(降魔觸地印), 南方의 寶生佛이 취하고 있는 여원인(與願印), 西方의 阿彌陀佛이 취하고 있는 선정인(禪定印), 北方의 不空成就佛이 취하고 있는 시무외인(施無畏印) 등의 오지인(五智印)이 그것이다. 印契(mudrā)를 최초로 설하고 있는 경전은 『모리만다라주경(牟梨曼茶羅呪經)』으로 19개의 印이 설해지고 있다. (대정장 권20, p.661). 그러나 『다라니집경(陀羅尼集經)』에 오면 무려 300餘개의 印이 설해지고 있다 (대정장 권18, p.785). 『大日經疏』의

들이 사용하던 수법이었으나, 그것을 밀교가 의궤수법속에 채용한 것으로,

이와 같은 시도를 한 최초의 경전은 만다라 도법(圖法)의 시원(始元)이

라고 일컬어지는 5세기경 성립의 양대(梁代) 실역의 『(모리만다라주경(牟

梨曼陀羅呪經)』(대정장 NO, 1007)으로서, 만다라의 시원인 토단(土壇)만

다라의 작단법과 더불어 처음으로 인계를 채용하여, 口密인 다라니와 연

계시켰다는 점에서, 밀교발전사적으로 그 의의가 큰 경전이라 하겠다.613)

이처럼 굽타시대에 들어 급격히 정비된 『대일경(大日經)』『금강정경(金

剛頂經)』과 같은 行-Tantra 내지 유가-Tantra 밀교의 실천법은 6세기

말에는 거의 정비가 끝나게 되는데, 이것이 구룹의 조직적 순수밀교경전

을 잉태시키는 기반을 형성했다고 보여진다. 곧 작단법(作壇法)이라든지

또는 결인의 방법, 불보살을 그리거나 조상(造像)하는 화상법, 나아가 불

보살을 문자로 상징화한 종자법(種字法), 내지는 손에 지니고 있는 지물

「今此中先說十二種合掌名相」(대정장 권39, pp.714c~715)이란 언급처럼, 수
많은 印契는 <十二合掌>과 <六種의 拳>에서 비롯되어진 것이라고 한다.
　　종석스님 저 『밀교학개론』 pp.193~194) 참조.
　　<十二合掌> ① 堅實心합장(Niviḍa) ② 虛心합장(Sampuṭa)③ 未敷蓮花합장
　　(kuḍmala) ④ 初割蓮花합장(Bhagna) ⑤ 顯露합장(Uttānja) ⑥ 持水합장
　　(Adhāra) ⑦ 歸命합장(Pranāma) ⑧ 反叉합장(Viparīta) ⑨ 反背互相着합장
　　(Viparyasta) ⑩ 橫拄指합장(Tiryak) ⑪ 覆手向下합장(Adhara) ⑫ 覆手합장
　　(Adhara)
　　<六種拳>① 蓮花拳: 네 손가락으로 엄지를 쥔 후, 人指(頭指)로 엄지(大指)의
　　첫마디를 누루는 모양 ② 金剛拳: 네 손가락으로 엄지를 쥔 모습 ③ 外縛拳
　　(金剛縛): 金剛合掌 상태에서 서로 交叉하여 주먹을 만든 모습 ④ 內縛拳:
　　左右 손가락을 손바닥 안에서 交叉시켜 주먹을 쥔 모습 ⑤ 忿努拳: 無名指
　　와 中指로는 엄지(大指)를 누루고, 小指와 人指(頭指)는 구부려 세운 모습 ⑥
　　如來拳 : 왼손은 蓮華拳, 오른 손은 金剛拳을 한 상태에서 오른손으로 왼손
　　의 엄지(大指)를 누른 모습이다.
　　일반적으로 三密中 身密은 胎藏界 三部中 佛部에 배대시킨다.
613) 작단법과 호마법이 정비되고, 화상법이 설해져 있어 만다라를 설한 시원
　　(始源)의 경전이며, 또 중앙의 불을 중심으로 좌우에 十二臂 금강상과 四面
　　十二臂의 마니바즈라보살상 배치를 설하고 있어, 삼존상과 다면다비(多面多
　　臂)를 설한 최초의 경전이기에, 밀교사적으로 아주 중요한 경전이다.

(持物)이나, 앉아있는 좌대를 통해 존상의 특징을 표현하는 삼매야형(三昧耶形) 등이 개발되는 등, 소위 밀교의 특징중의 하나인 상징주의적 요소가 점차 밀교실천법속에 응용되기 시작한다.

7세기중엽 성립되었다고 보여지는 『소실지경(蘇悉地經)』『소파호동자경(蘇婆呼童子經)』등이 여기에 속하는 것으로, 그 기원은 아타르바-베다라 알려지고 있다.[614]

이들 소작-Tantra경전의 특징은 구밀(口密)인 다라니(陀羅尼)와 신밀(身密)인 Mudrā作法을 중심으로 제단(祭壇)의 조영법(造營法)이나 택지법(宅地法), 그리고 공물(供物)의 조달법(調達法: 香.花.燈.塗.供物 등)을 설해놓은 경전들로서, 다라니(Dhāraṇī)나 Mudrā 등 외면적 행위에 중심을 둔다.

1-2 행의(行儀: Caryā)-Tantra경전과 그 실천법

행의-탄트라의 대표적 경전은 『대일경』인데, 이 경전은 앞의 소작-탄트라 경전과는 다른 3가지 큰 특징을 지니고 있다.

첫째는 수법의 목적변화, 둘째는 신체와 언어와 마음의 合一을 꾀한 소위 삼밀유가행법(三密瑜伽行法)의 출현, 셋째는 이들 행법의 의미를 大乘佛敎思想과 연관시켜 이를 의궤화(儀軌化)시켰다는 점이다. 말하자면 곧 앞의 소작-탄트라경전에서도 다라니를 지송하면서 불보살에 예배·공양하는 수법이 행해지고는 있었으나, 그것의 주목적은 어디까지나 현세이익을 위한 양재초복(禳災招福)이었으며, 또 비록 『대일경』이 성립되기 직전인 7세기초 성립한 경전에 성불(成佛) 云云하는 언어들이 약간

---

614) 松長有慶, 『密敎經典成立史論』 p.136.

보이고는 있으나, 아직은 성불이 밀교수행의 주된 목적이 되지는 못했었다. 그러던 것이 『대일경』에 이르러 밀교수행의 최종 목적이 무상정등정각의 획득으로 변화되었으며, 나아가 신체와 언어와 心의 三者相卽, 말하자면 법성인 법신 대일여래의 하나하나의 움직임을 수행자의 신체로 표현하여, 손에 인(印)을 결하는 인계(mudrā), 또 법신대일여래의 언어행위인 다라니를 입(口)으로 지송하는 진언다라니(dhāraṇī), 또 법신대일여래의 法性的 마음(心)을 자신의 마음에 계합시키는 삼마지(samādhi) 등, 소위 신구의 三密行을 상호 유기적으로 그것도 동시에 연계토록 한 소위 <삼밀유가행법>이 개발된다.

원래 이들 다라니나 인계 그리고 삼마지는 그 기원이나 걸어온 과정 그리고 사용 되어져 온 기능까지도 서로 달랐으나, 앞에서 지적한 것처럼 6세기초 성립의 <소작-탄트라경전>에 이르러 이들 셋중 다라니(口密)와 인계(身密)의 연대가 먼저 행해지고, 드디어 1세기가 지난 7세기초에 이르면 여기에 삼마지(意密)가 부가되어, 三者가 융합된 소위 <삼밀유가행법>으로 정착된다.

강 론: 인계(手印)의 중요성

앞에서도 언급했듯이, 印(mudrā)이란 <決定짓는다>는 뜻이다. 곧 모든 장애를 제거하여 자신을 淨化시키겠다는 願力을 세움과 동시, 무량한 功德을 성취한 聖衆들을 불러 請하여, 자신의 불퇴전(不退轉)의 확고부동한 의지를 각인(刻印)시키기 위해 그 聖衆들과 인연을 맺어 가지상응(加持相應)한다는 의미이다. 일반적으로 왼손은 중생들의 願力이나 祈願을 나타내고, 오른손은 무량공덕을 지닌 諸佛의 삼매야인(三昧耶印)으로 중생을 구제하겠다는 諸佛의 의지와 약속이 담겨있음을 나타낸다. 따라서 같은 眞言을 지송하면서도 인계를 짓지않고 입으로 만 하는 경우와 印契를 짓고 하는 경우는 천지차이가 있다. 조금전에 도 설명했듯이 印(mudrā)이란 <決定짓는다>는 의미이므로, 인계를 짓 지않을 경우는 이 결정이란 의미가 없어지는 것이되어, 아무리 오래동 안 지송한다해도 결정되지가 않는 것이다. 진언은 나라마다 발음이 달 라 서로 알아듣지 못하지만, 印契는 마치 手話처럼 萬國의 公用語인 것이다. 수인을 지으면 어느 부처님이든 알아보시고 상호의 삼밀가지 를 통해 인가를 받기 때문이다.

예를 들어 법신 비로자나버처님께 기도를 드릴 때 신구의 삼밀이 여법 한 삼밀기도를 하는 행자는 곧 가지를 받아 성취가 되지만, 삼밀중 한 가지, 특히 手印을 빼먹고 기도를 하는 행자는 법신이 아닌 화신 부처 님께 기도를 드리는 격이 되어 悉地를 얻지 못하는 것이다. 이처럼 여 법한 삼밀기도와 그렇지 못한 기도의 차이는 천 갈래 만 갈래 차이가 나는 것이다.

印契(mudrā)를 최초로 설하고 있는 경전은 『牟梨曼茶羅呪經』으로 19 개의 印이 설해지고 있다. (대정장 20, 661).

그러나 『陀羅尼集經』에 오면 무려 300餘개의 印이 설해진다 (대정장 18, 785). 『大日經疏』의 「今此中先說十二種合掌名相」(대정장 39, pp.714c~715)이란 언급처럼, 수많은 印契는 <十二合掌>과 <六種의 拳> 에서 비롯되어졌다. //

다음은 3번째로 지적했던 것으로, 밀교의 실천행법속에 불교사상 그것 도 중관·유식·여래장등 대승불교의 중심사상들을 실천원리로서 자리잡 게 하는 소위 대승불교의 의궤화가 본격화되었다는 점이다.

곧 이전의 소작-탄트라경전에서는 이러한 경향이 보이기는 하였지만 아직 미미한 상태에 불과하였고, 실제행법에 있어서도 외면적 표업(表業)인 身과 口의 소작만을 중시하는데 그쳤지만, 『대일경』에 이르르면 대승의 중심사상들이 실천의궤에 깊이 용해되어, 心으로 대승의 사상들을 관상하면서, 身과 口의 행법을 동시에 행하는 소위 心을 중심으로하는 내면적 삼밀(kāya-vācitta)유가행법으로 변화된다.

  잠시 이들을 응용한 밀교의 대표적 관법을 소개하면 월륜관(月輪觀)과 자륜관(字輪觀)이 그것이다.

  곧 白月(보름달)을 통해 수행자의 본성인 청정보리심을 관하는 <월륜관>과, 대일여래를 상징적으로 표현한 阿字(A)나 또는 지수화풍공인 五大, 곧 A · Va · Ra · Ha · Kha의 五字를 자신의 신체에 포치(布置)하여, 수행자 자신과 불.보살이 본래 동일한 것임을 관하는 <아자관(阿字觀)>이나 <오자엄신관(五字嚴身觀)>이 그것인데,615) 이러한 관법의 목적은 대일여래와 자신이 근본적으로 다르지 않고 본래 하나, 곧 이이불이(二而不二)라는 사실을 체득케 하기 위한 것이다.

이들 행의-Tantra경전의 특징은 特定의 존격(尊格)과 Maṇḍala 諸尊에 대한 구체적 예배법(禮拜法)을 意密(觀法)중심으로 설해놓은 경전들로서, 외면적 작법(作法: 身密 · 口密)과 내면적 作法(意密)과의 조화에 강조를 둔다.

---

615)A(anutpāda:本不生),Va(vāc:出過言語道), Ra(rajas:諸過得解脫), Ha(hetu: 遠離於因緣), Kha(kha:知空等虛空)등을 상징하는 문자이다. 『大日經』 <具緣品> (대정장 18. 9)

1-3 유가(瑜伽: Yoga)-Tantra경전과 그 실천법

여기에서는 이전의 (所作과 行儀)-탄트라의 작법과 관법을 수용·조합하여, 대일여래와 수행자가 불이(不二)임을 관법과 작법을 통해 체득하는 것이 목적으로, 대표적인 실천법은 『금강정경』의 중심이론으로 다섯 단계의 관법으로 이루어진 <오상성신관(五相成身觀)>이다.

여기에서는 이전 단계의 <행의-탄트라경전>에서 설해진 月輪(白月)觀과 자륜관(字輪觀)에 근거하여[616] 대일여래의 신구의 삼밀활동을 관법을 통해 체득케 하는 실천법이 그 중심으로서, 관법의 핵심은 자심의 본성이 허공과 같이 空한 것으로, 청정 바로 그것이라고 관하는 것이다. 곧 자심의 본성을 오지(五智)를 상징하는 오고금강저(五鈷金剛杵)와 청정을 상징하는 백월(白月)과 동격화시키는 합일행(合一行)을 통해, 이론으로서만이 아닌 실제의 체험으로 자신과 본존을 합일시켜, '자신즉시대일여래'임을 체득케 하는 것이다.[617]

이들 유가-Tantra경전의 특징은 三密行과 Maṇḍala를 사용하여 自己와 本尊과의 瑜伽(一體化)를 설해놓은 경전들로서, 외면적 작법인 身密이나 口密보다는 내면적 作法인 意密(Samādhi觀想)에 중심을 둔다.

1-4 무상유가(無上瑜伽: Anuttara)-Tantra경전과 그 실천법

일반적으로 무상유가-탄트라의 경전은 sūtra가 아닌 tantra라고 불러진다. 본래 이 두 낱말은 모두가 실(絲)을 의미하는 것으로, 성스런 언어를 실로 연결하여 책으로 만들었다는 의미에서 만들어진 말이다.

곧 천이 날줄과 씨줄의 조합에 의해 만들어 지듯이, 불교의 깨달음도 교

---

616)「皆成五字也。所謂字輪者。從此輪轉而生諸字也。輪是生義。如從阿字一字卽來生四字。謂阿(短)是菩提心。阿(引)是行。暗(長)是成菩提。噁(短)是大寂涅槃。噁(引)是方便」『大日經疏』(대정장39. 723b)

617) 종석, 『밀교학개론』(운주사, 2000), pp.66-68, p.132.

리와 실천의 양쪽이 잘 조화되어야 이루어질 수 있다는 의미이다.

 여기서 특별히 <무상유가-탄트라경전>을 Sūtra가 아닌 Tantra라고 부르는 이유는, 이 경전이 無上瑜伽 以前의 소작·행의·유가-탄트라경전보다 실천면을 보다 많이 강조하기 때문으로, 서구학자들은 이 실천면의 강조때문에 무상유가-탄트라를 특별히 탄트라불교(Tantric-Buddhism) 운운하며 구별 짓고 있다.

이들 무상유가-Tantra경전의 특징은 行者와 本尊과의 상응합일(相應合一)을 체득하기 위하여 무자성공(無自性空)인 반야공(般若空)과 "나卽是너"라는 동체대비(同體大悲), 그리고 般若와 方便, 愛와 憎, 苦와 樂, 煩惱와 涅槃, 地獄과 極樂, 小宇宙와 大宇宙, 男과 女 등등의 절대적 불이(絶對的 不二)의 체험이 강조된다.
 곧 이 단계에서는 오직 內面的 行法인 Samādhi 관상만이 중시되고, 外面的 作法인 身密이나 口密은 Samādhi觀想 속에서, 그리고 무의식 속에서 자연적으로 행위되어질 뿐이다.

무상유가-탄트라계통의 밀교는 보통
 1) 방편·부(方便·父)-Tantra와 2) 반야·모(般若·母)-Tantra, 그리고 이 둘의 합일을 지향한 3) 불이(不二)-Tantra 등 보통 3-구룹으로 나누어지는데, 각 구룹의 대표적인 경전은 『금강정경』(=『진실섭경(眞實攝經)』)係를 발전시킨
『비밀집회(秘密集會:Guhya-Samaja-Tantra)』(方便·父-T),
『호금강(呼金剛:Hevajra-Tantra)』(般若·母-T),
시륜(時輪:『Kāla-Cakra-Tantra』(不二-T)이다.

① 방편·부(方便·父: upāya-pitra)-Tantra

생기차제법(生起次第法:Utpatti-Krama)에 속하는, 方便·父
(upāya-pitra)-Tantra는 방편대비(方便大悲)를 강조하여, 법신불이 현실
세계를 전개하는 과정을 강조하는 수행법이다.
대표적 경전인 『비밀집회(秘密集會: Guhya-Samaja-Tantra)』에는,
4-단계로 이루어진 Oṃ字 觀想法인 <四支成就法>과 함께 <사종관상법
(四種觀想法)>이 설해지고 있는데, 이들중 <四種觀想法>을 살펴보면

㉠ 일체현상계는 본래공(本來空)이며 보리(菩提) 그 자체라 관상한다.
   곧 「현상계즉시본래공보리 (現象界卽是本來空菩提)」
㉡ 一切의 현상계를 Oṃ字(모든 소리와 형상의 집약(集約)이며, 모태(母
   胎)인 본존종자(本尊種子) Oṃ에 集約시킨다.
   곧 「一切現象界卽是Oṃ」
㉢ 본존불(本尊佛)을 행자 자신(行者 自身)과 일체화(一體化)시킨다. 곧
   「本尊佛卽是行者自身」
㉣ 일상생활 속에서 行者의 삼밀(三密)을 대일여래의 삼밀과 동화(同化)
   시킨다. 곧 「行者自身卽是Oṃ」
   이를 통털어 종합하면, 행주좌와 어묵동정의 일상생활속에서, 나의
   신체 五處(정상·이마·목·가슴·단전 등)에 Oṃ字를 포치(布置)시
   켜, Oṃ이 지니고 있는 (空=菩提=일체존재=나)의 의미를 나의 몸과
   마음에, 곧 일거수 일투족 나의 삶 전체를 반야공(般若空)에 상응시
   키는 수행법이다.

② 반야 · 모 (般若 · 母: prajñā-matra)-Tantra

究竟次第法(Niṣpatti－Krama)에 속하는, 반야-모(般若 · 母: prajñā-matra)-Tantra는 수행자가 공성반야(空性般若)와 절대자에 융합해 가는 과정을 중심과제로 하는 수행법이다.

곧 생리적인 맥관(脈管: Nādi)과 에너지의 집합소인 륜(輪: Cakra), 그리고 호흡을 이용하여 절대자와 융합케 하는 실천법이 그 기본이다. 대표적 경전인 『호금강(呼金剛: Hevajra-Tantra)』에는

㉠ "Śakti = 生産에너지 = 般若 = 明 = 樂 = 體"로 상징되는 女性과의 合一을 통해 宇宙에너지이며 생산(生産)에너지인 Śakti를 몸안으로 수용(受容)한다. 곧 Cakra(輪 · 叢)와 Nādī(脈管=맥관)를 통하여 생산에너지인 Śakti를 受容한다. 우주-에너지이자 생산(生産)-에너지인 Śakti의 수용방법은 다음의 <참고>와 같다.

참 고: 大樂(Mahā-Suhkha) = 大印(Mahā-Mudrā)
　　　　맥관(脈管:Nādī)과 총(叢:cakra)을 통한 Kuṇḍalinī 수용법

左(lalanā) : 女性(日: Śakti=Kuṇḍalinī=般若空)을 상징하는 맥관(脈管: Nādī)임
右(rasanā) : 男性(月: Liṅga=Śiva=大悲方便)을 상징하는 맥관(Nādī)임
中央(avadhūtī) : 좌우 양자가 서로 交會하는 6개의 장소로 Energy-쎈터이다.618)

---

618) Energy-쎈터인 cakra의 숫자에 대해서는 학파에 따라 그 주창이 다르다. 일반적으로 Tibet에서는 識을 제외시켜 5개를, 인도에서는 양미간(兩眉間)과 회음(會陰)을 추가시켜 7개를 상정한다.

6개 가운데 맨 밑에 있는 Cakra를 근기륜(根基輪: mūla-dhara: 丹田)이라 하는데, 이곳은 "Brāhmaṇa = 우주에너지 = Śakti"가 있는 곳으로, 평상시엔 이 에너지를 女神이 감싼 채 잠자고 있다.

잠자고 있는 우주에너지(Kuṇḍalini)를 깨워 내 몸안으로 수용(受容). 합일(合一)시키면, 양자가 서로 만나는 중앙(avadhūtī)의 6개(眼耳鼻舌身意)의 장소인 총(叢:cakra)에서 대락(大樂=空=中道)이 만들어진다.[619] 이때의 大樂(Mahā-Suhkha)을 일컬어 대인(大印=Mahā-Mudrā), 곧 본구안락(本具安樂)으로 회귀(回歸)했다고 하는 것이다.

㉡ 般若空과의 合一을 통하여 行者가 本尊佛과 융합해 가는 과정을 그 중심으로, 般若空을 상징하는 4명의 女性(四佛)이 本尊佛을 둘러싸고 있다.

㉢ 本尊의 형태(손이나 얼굴의 숫자)나 둘러싸고 있는 배우자가 누구냐에 따라, <호금강(呼金剛)-T> 또는 <락현각(樂現覺)-T> 등으로 분류된다.

㉣ Uddiyana를 중심으로 하는 西北印度에서 성행하였다.

㉤ 『Hevajra-T』의 실천수행법을 보면,

㈀ 조반자(助伴者)로 女性(Yoginī = Dākinī)을 동반한다.

㈁ 女性(Yoginī = Dākinī)을 동반하는 이유는 女性을 우주의 生産에너지, 불교적으로 말해 우주의 體인 공성반야(空性般若) 바로 그것으로 보기 때문이다.

㈂ 여기서 주의해야 할 점은 (지금껏 잘못 알려져 왔고, 또한 일부 수행자들에 의해 실제로 저질러져 왔던 점이기도 하지만) 女性을 동반하되, 여성과의 교섭(交涉)을 통하여 감각적 쾌감을 얻는 것이 목적이 아니라, 반야모(般若母)로서 우주에너지인 女性에너지

---

619) 건강요법으로 각광받고 있는 <Haṭha-Yoga>는 바로 이러한 계통의 요가이다

Śakti를 行者의 心身에 훈습(薰習) 내지 흡기(吸氣)하는 것을 최후의 목적으로 삼는다는 점이다.

왜냐하면 行者의 6-輪(Cakra)과 이들의 연결통로인 3개의 맥관(脈管: 左.右.中央의 Nāḍī)을 통하여 우주에너지인 Śakti를 行者쪽으로 이동시켜 本具의 安樂을 얻는 것이 목적이기 때문이다.[620]

ⓑ 般若 · 母-T의 철학적 해석

㈀ 女性은 본래부터 般若空으로서 우주의 생산에너지인 Śakti를 소유하고 있는 것이 아니라 男性을 통해서만 얻을 수 있다는 이론,

다시 말해 여성은 本來 무명(無明: 자기 중심적.질투.시기.욕망.간사 덩어리)이기 때문에, 男性을 통하지 않고는 절대로 生命主(般若空. 明)가 될 수 없다는 이론이 깔려 있다.

㈁ 男性 역시 마찬가지로, 般若空이란 우주의 진리를 얻지 못하면, 살인검(殺人劍)으로서의 무명-용(無明-用)이 될 수밖에 없다.

따라서 활인검(活人劍)인 명-용(明-用)이 되기 위해서는, 女性이 가진 般若空이란 우주의 진리를 취득(取得)해야 된다는 이론이 깔려 있다.

㈂ 佛은 般若(體)와 大悲(用)를 具足하신 분이시다. 따라서 佛이 되기 위해서는 成佛에 반드시 필요한 그러면서도 상호 보완적 의미로서 서로 구족해야만 하는 2-지 요소인 般若와 大悲를 반드시 갖추지 않으면 아니 된다.

㈃ 般若와 大悲를 각각 女性과 男性의 本來的 속성으로 생각하고, 이들의 合一을 통하여 양족존(兩足尊)으로 거듭나려는 수행자들의 몸부림이 이러한 사상을 탄생시키게 된 것이라 보여진다.

---

620) Śakti란 Kuṇḍalinī(蛇)라고도 하는 것으로, 원래 Śiva神의 妃가 가진 生産에너지를 의미하였으나 일반화되어 여성전체의 性에너지로 보편화되었다.

(ㅁ) 대락(大樂)이란 般若와 大悲의 合一(Mahā-Mudrā = 大印),

곧 般若와 大悲가 일체화 具足되었음을 말하는 것으로, 이것을 일컬어 본래적 안락(本來的 安樂: Sahaja-Suhkha)이라고 부른다.

참 고: 密敎의 性觀

(ㄱ) 男女가 가진 性은 쾌락을 위한 도구로서가 아니라, 完全性과 거듭 남을 위하여 사용되어져야 한다고 보는 것이 밀교의 기본입장이다.

(ㄴ) 곧 남성과 여성을 양족존(兩足尊)이라 하는 완전성이 되기 위한 상호 보완적 存在로 보는 것이다.

곧 남성은 활인검이 되기 위해 여성이 가진 般若를 취득해야 하며, 여성은 남성을 통해 생명주가 되고, 明이 되어야 한다는 것이 기본입장이다.

③ 불이(不二: Advitya)-Tantra

불이(不二)-Tantra는 方便·父와 般若·母의 2-Tantra가 서로 다른 이질의 것이 아니라, 상호 보완의 이이불이(二而不二)의 관계에 있는 것임을 깨닫게 하여, 이 2-개가 서로 융합되어 상즉상입(相卽相入)과 절대불이(絶對不二)의 경지가 된 상태, 그것이 진정한 깨달음임을 강조하는 실천법이다.

(ㄱ) 般若·母-T 思想에 대해 잘못된 견해를 가진 그룹을 파사현정(破邪顯正)하기위해 나타난 밀교적 중도사상(中道思想)이다.

곧 般若와 大悲의 구족(具足)이라는 건설적이고도 숭고한 정신을 망각한 채, 性的인 면만을 극대화시킨 그룹들에 대한 反作用으로서, 空性般若와 大悲方便을 종합시키기 위해 나타난 사상이다.

ⓛ 方便・大悲-T와 般若・母-T 사상을 별개로 보지 않고 하나로 보는 사상이다. 곧 생기즉시구경(生起卽是究竟)이며, 대일여래즉시행자(大日如來卽是行者)요, 공성반야즉시대비방편(空性般若卽是大悲方便)이라는 절대불이(絶對不二)의 중도(中道)를 체득하게 하려는 사상이다. 다시 말해 번뇌(煩惱)와 해탈(解脫), 無明과 明, 男과 女, 지옥과 극락, 理와 事, 衆生과 佛, 方便과 般若의 개념에서 보는 바와 같이, 모든 존재를 서로의 대립상태로 보는 것이 아니라, 조화와 상호보완적 의미로서 절대적 불이중도(不二中道)로 보려는 사상이다. 곧 "方便大悲卽是空性般若"임을 자각시켜, 般若는 大悲로부터, 그리고 大悲 또한 般若로부터 生起하는 것임을 천명하려는 사상이다.

ⓒ 대표 경전은 『Kāla-Cakra-Tantra』(時輪-Tantra)이다.
내용을 살펴보면,

ⓒ-① 無上瑜伽-탄트라를 설하는 후기밀교(後期密敎)시대가 되면, 본존불(本尊佛: 五佛의 中尊)이 서로 교대(交代)하게 되는데, 본초불(本初佛: Ādi-Buddha)은 바로 位相이 약해진 중존불(中尊佛)에 대한 새로운 主佛(五佛의 통치자)로서 출현하게 된 것이기에, 그 佛格 또한 창조적 성격을 갖는 우주불(宇宙佛)로 높이 승화되어진다.

ⓒ-② Kāla는 大悲方便을, Cakra는 空性般若를, 그리고 時는 大悲方便을, 輪은 空性般若를 상징한다. 곧 나를 비롯한 삼라만상은 바로 空性般若와 大悲方便의 전개에서 비롯된 것임을 나타내는 것이 주목적이다. 따라서 이 탄트라에서는 主尊인 최승본초불(最勝本初佛: Pāraṃ-Ādi-Buddha)에서 유출된 Śri-Kāla-Cakra(吉祥時輪 : 大悲方便과 空性般若를 具足하고 있음)가 중심이 된다.

ⓒ-③ 실천법은 空性般若와 大悲方便을 구족한 本初佛(Ādi-Buddha)을 관상하는 것이다. 왜냐하면 本初佛에서 유출된 것이 제불보살(諸佛菩薩)이고 나를 비롯한 일체만물이라 보기 때문이다.

여기서 本初佛은 四佛 내지 五佛의 통합원리로서 만물의 창시자, 자재자(自在者), 제1원리란 의미를 갖는다.

ⓒ-④ 인간 자체를 소우주(小宇宙)로 보기 때문에, 그 수행법 또한 인간의 신체 내에 잠재해 있는 空性般若와 方便大悲를 신체의 5개의 부분(요도·배꼽·심장·미간·정수리)의 Cakra를 통해 上下시켜, 그것을 통해 최고지복(最高至福)의 경지와 부사의한 초능력을 얻어내는 데 중점을 둔다.

곧 이 성취법에서는 우리들 人間을 五智를 가진 불퇴전(不退轉)의 지금강(持金剛: Vajra-dhara)으로 보고, 그 五智를 실생활 속에 구현시켜 사용할 수 있도록 개발하는데 그 목적이 있다. 말하자면 일체중생=나=너=空性般若와 大悲方便구족자=금강살타=五智具足者=吉祥時輪(Śri-Kāla-Cakra)임을 자각하고, 이를 실생활속에서 구현하는 것이 목적이다

ⓒ-⑤ 時輪-탄트라 성립배경에 대한 외적요소로는 이슬람교와 힌두교의 유일신(唯一神)에 대한 불교적 대치(對峙)를 들 수 있다.

참 고: 左道派와 右道派

般若와 方便의 不二를 男女의 性을 통해서 실현시키려 한 유파는 좌도파(左道派), 性을 통하지 않고 이론적.종교적으로 승화시켜 실현시키려 한 유파는 우도파(右道派)라 한다.

참 고 : 三寶 해석 (無上瑜伽-Tantra 견지에서 본)

　佛 : 中道·定·體로서 萬法의 母胎 = 兩足尊 = 생기차제(生起次第)

　法 : 空性般若 (女性原理)

　　　 方便大悲 (男性原理)

　僧 : 宇宙의 眞理인 法(空性般若와 方便大悲)을 체득해서 우주를 불국
　　　 토 밀엄국토(密嚴國土)로 만들어가야 할 사명을 가진 者들 = 구경
　　　 차제(究竟次第)

第2. 삼밀유가행(三密瑜伽行)과 가지(加持)

　이것은 나와 부처님을 하나로 묶는 연결고리로서, 이 행법을 통해서 우
리들은 오랜 겁전부터 찌들어온 無明을 제거할 수 있음은 물론, 부처님
이 지니고 계신 智德을 나의 것으로 가지고 올 수 있게되는 것이다.

　『대일경』 <제 9, 밀인품(密印品)>과 <제 14, 비밀팔인품(秘密八印品)>
에는 身密에 대해, <제 4, 보통진언장품(普通眞言章品)>과 <제 8, 전자
륜만다라행품(轉字輪曼茶羅行品)>에는 口密에 대해, 그리고 <제 2, 입만
다라 구연품(入曼茶羅 具緣品)>에는 意密(만다라)에 대해 언급하면서, 三
密瑜伽行과 加持에 대한 개념과 내용을 상세히 설명하고 있다. 하나하나
살펴보도록 하자!

　먼저 『대일경』 <제 2, 入曼茶羅 具緣品>과 『대일경소』에는 각각

　「若族姓子住是戒者。以身語意合爲一。不作一切諸法。云何爲戒。所謂觀
察捨於自身。奉獻諸佛菩薩。何以故若捨自身則爲捨彼三事。云何爲三。謂身
語意。是故族姓子。以受身語意戒得名菩薩。所以者何。離彼身語意故」[621]

(만일 여래족<如來族>으로 이 戒에 주하려는 자는, 그 어느 것도 짓지 말고 오직 身口意만을 하나로 합쳐야 한다. 무엇을 戒라고 하냐하면, 관찰하여 自身을 버리고 諸佛菩薩에 봉헌하는 것을 말한다. 自身을 버린다는 것은 자신의 身口意 세가지를 버린다는 것으로 그래야 여래족이 되는 것이다. 곧 <여래로서의> 身口意의 戒를 받아야 菩薩이라 하는 것으로, 그 까닭은 이것에 의해서만이 <무명에 찌든> 自己의 身口意에서 벗어날 수 있기 때문이다」

「入眞言門略有三事。一者身密門。二者語密門。三者心密門。是事下當廣說。行者以此三方便。自淨三業。卽爲如來三密之所加持。乃至能於此生。滿足地波羅蜜。不復經歷劫數。備修諸對治行」[622]

(진언문에 들어가는 방법에 3가지가 있으니, 身密門과 語密門과 心密門이 그것이다. 진언행자는 이 3가지 방편으로서 三業을 自淨하는 것이다. 곧 이것은 여래삼밀과 加持되는 것으로, 모든 수행문을 대치(代置)하는 것이기에, 금생에서 智바라밀을 만족하게되는 것이다)

라 하여, 三密行을 밀교수행(眞言門)에 들어가는 세 가지 관문(關門: 三事)이라 정의하고, 三密修行은 行者의 三業이 如來의 三密에 加持되어 청정케 되는 공덕과 十派羅蜜修行과 똑 같은 공덕을 지니고 있는 것이기에, 이것을 수행하면 今生에 成佛하게 된다고 설하고 있으며, 또

「今悉地不思議神變亦如是。但猶眞言觀本尊及身印等緣而成悉地。由眞言故口業淨。觀本尊故意業淨。印故身業淨。三事平等故自然而有不思議業」[623]

621) 『대일경』 <제 2, 入曼荼羅 具緣品> (대정장 18. 848B)
622) 『대일경소』 (대정장 39. 579b~c)

(성취의 경지인 실지<悉地>, 곧 불가사의한 신변가지<神變加持> 또한 이와같은 것이다. 곧 오직 진언과 본존관과 결인등을 통해서만이 실지를 이룰 수 있는 것이다. 그 까닭은 진언으로인해 口業이 청정해지고, 본존관을 통해 意業이 청정해지며, 결인으로인해 身業이 청정해지는 것으로, 이 신구의 3가지 三密加持에 의해서만이 불가사의한 업을 이룰수 있는 것이다)

「自眞實謂自持眞言手印想於本尊。以專念故能見本尊。本尊者卽是眞實之理也。非但見本尊而已。又如實觀我之身卽同本尊。故名眞實也。此有三平等之方便。身卽印也。語卽眞言也。心卽本尊也。此三事觀其眞實究竟皆等我。此三平等與一切如來三平等無異。是故眞實也。行者修行時。佛海大會決定信得入」[624]

(眞實이라고 하는 것은 스스로 진언을 지송하고, 결인하고, 본존을 觀하는 것을 말하는 것으로, 이 셋에 전념해야 비로소 本尊을 체득할 수 있는 것이다. 곧 本尊이란 진실의 이치에 계합하는 것으로서, 그저 本尊을 바라보는 것만을 말하는 것이 아니라, 나의 몸이 본존과 同等하다는 것을 如實하게 관하는 것을 말하는 것으로, 여기에는 3가지 平等, 곧 몸은 곧 結印이며, 말은 곧 眞言이며, 마음은 곧 本尊이라는 3가지 平等方便이 있는 것으로, 이 3가지가 眞實로 모두 여래와 하나가 되어 行者의 三平等과 如來의 三平等이 똑 같아, 조금도 다르지 않음을 볼 때에야 비로소 眞實이라 하는 것이며, 이러할 때에야 결정코 불해<佛海>의 대금강계 대만다라회<大金剛界大曼茶羅會>에 들어갈 수 있는 것이다)

---

623) 『大日經疏』(대정장 39. 739b)
624) 『대일경소』(대정장 39. 752b)

라 하여, 여래와 내가 동질이라는 영상을 지닌 상태에서(意密), 거기다 한 걸음 더 나아가 입으로는 여래의 언어인 眞言을 지송하고(口密), 몸으로는 如來의 상징인 大悲의 몸짓을 그대로 흉내(身密)내게 되면, 여래는 곧 내가 되고, 나는 곧 여래가 된다는 소위 (佛)入我我入(佛)의 본존유가(本尊瑜伽), 다시 말해 신체(密印)와 말(眞言)과 마음(影像) 이 셋은 서로 다른 것이 아니며, 또 나의 신체와 말과 마음은 여래의 그것과 하나도 다르지 않고 평등하다는 소위 여래와 나는 수평적 내지 수직적으로 동질성이라는 身口意 三密平等句의 法門을 설하고 있다.

이와 같이, 밀교는 온 우주에 편만해 있는 진여성(眞如性)을 자신 속에서 찾아내기 위해, 첫째는 <자심불>사상을, 둘째는 <삼밀가지>수행법을 근간으로 삼고, 이 2개념의 바탕위에, 일단은 자기 밖에 있는 아자(阿字)나 월륜(月輪)이나 연화(蓮花) 그리고 만다라속에서 진여실상을 찾고, 다음 단계로 그 실상을 자기 가슴 속에 인입(引入)시켜, "자심=법계=중생=불(自心卽法界卽衆生卽佛)"임을 체득해 나가는 것이다.

곧 밀교관법에서는 밀교의 아주 큰 특징이라고도 말해지는 상징성을 매우 중시하는 것이다.[625]

자신의 주인공인 진여성을 찾아내기 위해 도입한 상징성과 三密加持思想, 그것을 대표화한 밀교의 수행법이, 이제부터 보이는 아자관(阿字觀)·연화관(蓮花觀)·월륜관(月輪觀)·오자엄신관(五字嚴身觀)·오상성신관

---

[625] 밀교에서는 진리의 세계를 상징적 형상인 Maṇḍala와 소리 곧 Dhāraṇī로 표현한다. 다시 말해 밀교에서는 모든 소리의 母胎를 Oṃ, 그리고 모든 형상의 母胎를 Maṇḍala로 보는 것이다. 따라서 모든 언어나 형상에는 Oṃ과 Maṇḍala가 內在되어 있고 遍在되어 있다고 본다. Dhāraṇī(Oṃ)를 모든 소리를 간직한 總持라 하고, Maṇḍala를 모든 형상을 간직한 輪圓具足이라 하는 것은 이 때문이다. "성자즉시실상(聲字卽是實相)"이란 바로 이런 의미인 것이다.

(五相成身觀)・16대보살수행・입만다라행관(入曼茶羅行觀)・Oṃ字觀・
Oṃ āḥ hūṃ觀・ Oṃ maṇi padme hūṃ觀과 같은 관법들이다.
어떤 특징들을 지니고 있는지 하나하나 살펴보자!626)

---

626) 밀교관법의 핵심은 그 어는 것이든 <자신즉시법신>이라는 소위 자심불사
상(自心佛思想), 곧 나는 법신불의 화신(化身)이자 화현(化現)이라는 확신에
있다. 이제 이들 觀法들이 지니는 특징들을 자세히 분석해 보면, 月輪觀이
그 중심에 있음을 알 수 있다. 곧 阿字觀이나 五相成身觀은 모두가 月輪觀
을 중심으로 하여 응용된 觀法이기 때문이다. 다시 말해 阿字觀이 理의 세계
를 설한 胎藏界의 觀法이라면, 五相成身觀은 事의세계를 설한 金剛界의 觀
法이다. 月輪觀은 이 두 개의 관법을 총괄시켜 理와 事, 胎藏界와 金剛界,
定과 慧를 冥合하여 (理事,胎金,定慧)不二의 경지로 승화시키고 있는 것이다.
이와 같이 不二의 경지에서 제창된 것이 백월관이긴 하지만 그 근본은 본래
金剛界의 事쪽에 가까운 것이기에, 事를 통해 理를 밝히고 있는 것이 月輪
觀이며, 理를 통해 事를 나타내고 있는 것이 阿字觀이라고 보면 좋을 것이
다. 곧 月輪觀은 달이라고 하는 사물의 작용을 十六大菩薩과 인간의 心性
에 비유한 것, 말을 바꾸면 달이란 事를 통해 인간의 本性이란 理의 세계를
밝히고 있는 것이며, 阿字觀은 一切諸法이나 인간의 自性은 본래부터 不生
不滅의 근본(理)이라는 사실을 밝히기 위해, 우주의 첫소리인 阿字(事)를 활
용하고 있기 때문이다. 月輪觀이 菩提心의 形을 觀하는데 비해, 阿字觀이 菩
提心의 種子를 관하는 것도 바로 이러한 이유 때문이다.

- 662 -

2-1 자심불 (自心佛: 자신즉시부처)

밀교교리의 핵심이 자심의 실상을 각지(覺知)하여 전미개오(轉迷開悟)하는 것이듯이, 밀교의 실천행도 자기의 전체인 심신(心身), 곧 안으로는 자심의 본원(本源)을 명상함과 동시, 밖으로는 본존불에 귀의하여, 佛과의 가지교감(加持交感)을 통해, 본래의 자신에 되돌아가, 즉신성불을 성취하는 것을 목적으로 한다. 곧 『대일경』에

「秘密主 云何菩提 謂如實知自心」627)

(비밀주여! 보리(菩提)란 여실히 自心을 아는 것이다)

라든지, 또 『대일경소』의

「所謂衆生自心。即是一切智智。如實了知。名爲一切智者。是故此教諸菩薩。眞語爲門。自心發菩提。即心具萬行。見心正等覺。證心大涅槃。發起心方便。嚴淨心佛國。從因至果。皆以無所住而住其心。故曰入眞言門住心品也」628)

(중생의 자심품은 일체지지<一切智智>이니, 이와 같이 여실히 自心을 요지<了知>하는 것을 일체지자<一切智者>라 하는 것이다. 이러한 까닭에 밀교행자들은 진언<眞言>을 문으로 하여, 자심에 보리를 발하며, 그 마음에 만행<萬行>을 갖추어, 자심의 정등각을 보고, 자심의 대열반을 증득하며, 그 마음에 방편을 일으켜, 자심의 불국<佛國>을 일구어 내는 것이다. 인<因>으로부터 과<果>에 이르기까지, 그 모두가 머무는 바 없이 머무는 것이기에, 이름하여 진언문에 들어가는 주심품이라 한 것이다)

---

627) 『대일경』 (大正藏 18. 1c)
628) 『大日經疏』 (大正藏 39. 579b)

「雖眾生自心實相。即是菩提。有佛無佛常自嚴淨。然不如實自知。故即是無明。無明所顛倒取相故。生愛等諸煩惱。因煩惱故。起種種業入種種道。獲種種身受種種苦樂。(중략) 由之當知離心之外。無有法也」[629]

(중생의 자심실상<自心實相>은 보리<菩提>로서, 내안에는 중생은 없고 오직 佛만이 엄연하게 있어 스스로 청정한 것이나, 이와 같은 자심의 실상을 알지 못하는 것을 무명<無明>이라 하는 것이다. 곧 이러한 무명에 전도해서 상<相>을 취하는 까닭에, 애증과 탐진등의 온갖 번뇌가 일어나게 되는 것이며, 이러한 번뇌를 원인으로 해서 온갖 종종의 업<業>을 일으키며, 도 그 업의 결과에 따라 종종의 인생행로와 내세<來世>의 길이 생기는 것이며, 그에 따라 고<苦>와 락<樂>을 받게 되는 것이다. 그러므로 마땅히 알라! 자심의 실상을 아는 것 이외에 다른 법이 없는 것임을)

「尊亦云自尊。謂自所持之尊也」[630]

(본존을 자존(自尊), 곧 스스로 간직하고 있는 존이라 하는 것이다)

「나의 일심법계중에는 대일여래를 비롯한 四-바라밀(4-波羅蜜)등의 일체 제불이 결가부좌하고 앉아 있다」[631]

「心之實相即是一切種智即是諸法法界法界即是諸法之體」[632]

---

629)『大日經疏』(大正藏 39. 588a)
630)『大日經疏』(대정장 39. 783a)
631)「秘藏記」(『弘全』권2, p.30)
632)『吽字義』(『弘全』권1. 536)

(자심의 실상은 일체종지, 곧 제법의 법계이며, 제법의 체인 것이다)

등의 경구들은, 자심의 원저(源底)가 일체종지를 구족한 법신대일여래 바로 그것임을 설명하고 있다. 따라서 밀교의 수행론이나 성불론은 당위로서의 본래불임을 자각하는 것, 곧 나=佛임을 깨닫는 것에서 부터 시작된다.

다시 말해 중생은 本來佛(본래 그대로 이지(理智)구족의 대일법신불)로서, 나의 육신은 오대(五大: 地・水・火・風・空)로 이루어진 태장계만다라(胎藏界曼荼羅)이며, 정신은 식대(識大) 곧 금강계만다라(金剛界曼荼羅)라는 것, 곧 "자신즉시불(自身卽是佛)"임을 깨닫는 데에 있다.

第3. 아자관(阿字觀==㌂字觀)

阿(㌂)字觀은 만물의 시원(始源)인 阿(㌂)字를 自心의 실체로 관하는 관법이다.

곧 『대일경소』가 설한 자륜론(字輪論)에 근거하여[633], 阿(A=㌂)의 성(聲)과 자(字), 그리고 실상(實相)을 관하는 것으로, 이를 통해 우리들 각자 속에 本具되어 있는 만덕을 체득해 나가는 것이다. 다시 말해 본불생(本不生)의 상징인 아자(阿字)와, 청정(淸淨)의 상징인 연화(蓮花). 그리고 원만(圓滿)의 상징인 월륜(月輪)을 통해, 自心과 佛과 衆生의 평등, 곧 심불급중생시삼무차별(心佛及衆生是三無差別)인 삼위일체(三位一體)를 체득해 나가는 관법이다.

곧 月輪 속에 蓮花가 그려져 있고, 그 연화 위에 阿字가 결가부좌하고 있는 구조를 갖는다. 그리고 蓮花와 月輪 이둘중 무엇을 강조하느냐에 따라, 태장계 아자관(胎藏界 阿字觀) 또는 금강계 아자관(金剛界 阿字觀)

---

633)「皆成五字也。所謂字輪者。從此輪轉而生諸字也。輪是生義。如從阿字一字卽來生四字。謂阿(短)是菩提心。阿(引)是行。暗(長)是成菩提。噁(短)是大寂涅槃。噁(引)是方便」『大日經疏』(대정장39. 723b)

으로 구분된다.

　다시 말해 금강계는 지(智)를 근본으로 하기에 먼저 根本智를 상징하는 月輪을 관하는 것이며, 태장계는 이(理)를 근본으로 하기에 理를 상징하는 蓮花를 먼저 관하는 것이다. 말하자면 胎藏界法은 蓮花의 덕을, 金剛界法은 月輪의 덕을 기본으로 하고 있다.
　곧 대일여래의 만덕은 곧 자심본원(自心本源)의 德이라는 자각에 근원을 두고, 대일여래의 상징인 蓮花와 月輪이 갖는 德을 自身上에 체득시키는 관법, 그것이 아자관이다.[634)

먼저 阿字 등의 다라니문을 설하고 있는 대승경전부터 살펴보자!
『화엄경 』<입법계품> 53선지식중 44번째에 등장하는
　<중예동자(衆藝童子)>는 阿字를 비롯한 42字門에 통달한 선지식이다. 동자는 선재동자에게 반야바라밀에 들어가는 경계(門)로서, 다음과 같은 42字로 된 陀羅尼(種字)를 설한다.

---

634) 일반적으로 阿字에 3가지 뜻을 부여하고 있다. 空과 有와 本不生이 그것이다. 空과 有는 方便의 立場에서 본 것이고, 本不生은 眞實의 立場에서 본 것이다. 本不生이란 太初부터 존재하는 것이지, 만들어지거나 없어지거나 하는 것이 아니기에, 형상도 없고 이름 또한 없다는 뜻이다. 곧 法身이나 自性淸淨心은 本來부터 存在하는 本不生 바로 그것이라는 말이다. 法身은 宇宙의 生命에너지로서 우주법계에 가득 차 있는 眞理 자체이며, 自性淸淨心(自性法身)은 존재 각자 각자의 안에 存在하는 個體의 生命 에너지이기 때문이다. 곧 이러한 에너지를 전체적으로 표현하면 法身이 되고, 개별적으로 말하면 自性法身이 된다는 말이다. 곧 阿字觀은 法身과 自性法身(淸淨心)이라는 宇宙에너지와 個別에너지를 太初의 소리인 阿字를 빌려 표현한 것이다.
「卽此阿字是諸法本不生義。若離阿聲則無餘字。卽是諸字之母。卽一切眞言生處也。謂一切法門及菩薩等皆從毘盧遮那自證之心。爲欲饒益衆生。以加持力而現是事。然實卽體不生同於阿字之法體也。此字於眞言中最爲上如是故。眞言行者常當如是受持也。是故一切眞言住於阿字。猶住此故誦之卽生他一切字德」『大日經疏』<不可思議 供養次第法疏> (대정장39. 799b)

「善男子。 我得菩薩解脫。 名善知衆藝。 我恒唱持。 入此解脫根本之字。 唱阿字時。 入般若波羅蜜門。 名菩薩威德各別境界。 唱羅字時。 入般若波羅蜜門。 名平等一味最上無邊 (중략) 善男子。 我唱如是入諸解脫根本字時。 此四十二般若波羅蜜門爲首。 入無量無數般若波羅蜜門」[635]

(선남자여! 나는 보살해탈을 증득한 <중예동자>이다. 나는 언제나 해탈에 들어가는 근본종자들을 지니며 되뇌인다. 곧 阿字(a)를 부르면 반야바라밀문에 들어가는 것이니, 이름하여 菩薩威德의 各別한 境界라 하는 것이며, 또 라자(ra)를 부르면 반야바라밀문에 들어가는 것이니, 이름하여 平等一味 最上無邊이라 하는 것이다.

<이후 42자의 마지막인 茶<ḍha>에 이를 때까지 내내 똑같은 표현인 入般若波羅蜜門 운운이라 표현하고 있다> <중략> 선남자여! 나는 이와 같은 온갖 해탈에 들어가는 根本字를 부를 때는, 이 <42字의 般若波羅蜜門>을 근본으로 삼아 무량무수의 반야바라밀문으로 들어가는 것이다)
곧 阿字는 위에서 본 바와같이 <入般若波羅蜜門>인 42字중 하나로서, 아무런 의미나 특징을 지니지 않은채, 그냥 42자와 함께 더불어 『대품반야경』·『화엄경』·『대지도론』·『대일경』등에 등장한다. 다만 의미를 부여한다면 42자의 첫번째 字라는 의미만을 지닐 뿐이다. 그러나 이것이 『대일경』의 주석서인 『대일경소』에 오면

「如是觀察時則知本不生際。 是萬法之本。 猶如聞一切語言時卽是聞阿聲。 如是見一切法生時。 卽是見本不生際。 若見本不生際者。 卽是如實知自心。 如實知自心卽是一切智智。 故毘盧遮那。 唯以此一字爲眞言也」[636]

---

635) 『80 華嚴經』 (대정장 10. 877a~b)
636) 『대일경소』 (대정장 39. 651c)

(이와 같이 관찰할때는, 阿字는 본불생제<本不生際>로서 만법의 시원임을 알아야 한다. 곧 일체 소리는 阿소리를 듣는 것과 같은 것이기에, 一切法의 초생(初生)을 볼 때 本不生際 阿(阿)字를 보게 되는 것이다. 그러므로 本不生際 阿字를 보는 자는 여실히 自心을 아는 것이기에, 여실히 자심을 아는 자를 일러 일체지지<一切智智>라 하는 것이다. 고로 법신대일여래는 오직 阿字 한 字 만을 진언으로 삼으셨던 것이다)

라 하여, 阿字를 本不生際로 만물의 始原이라 의미를 부여하며, 때문에 이 阿字를 보면 如實히 自心을 알게되는 것이며, 나아가 一切智者가 되는 것으로, 때문에 법신불께서도 阿字란 種字 이 하나만을 진언으로 삼으신 것이라고 하며, <阿字緣起說>을 주창하고 있다.

그후 이 阿字에 대해 어떠한 의미 부여가 이루어졌는지, 밀교경궤들을 통해 살펴보자! 곧 『阿字觀』 『金剛頂瑜加發菩提心論』『阿字觀用心口訣』『대일경』『대일경소』『諸佛境界攝眞實經』등에는

「心蓮上有阿字 阿字變成月輪 月輪卽是我心起菩提心」[637]

(나의 심련<心蓮> 위에 하나의 阿字<A> 있네. 이 阿字 변하여 月輪이 되니, 이 월륜은 내 마음에서 일어나는 보리심<菩提心> 바로 그것이네)

「一切有情悉含普賢之心 我見自心形如月輪 何以故 謂滿月圓明體卽與菩提心相類」[638]

---

637) 『阿字觀』 (興敎大師撰述集 上卷 p.225)
638) 『金剛頂瑜加發菩提心論』 (대정장 32. 573c)

(一切有情은 그 모두가 보현보살의 마음을 갖추고 있으므로, 自心을 볼 때는 月輪을 보는 것과같이 해야하네. 왜냐하면 만월<滿月>의 원명<圓明>한 모습은 菩提心과 같은 것이므로)

「自身胸中有月輪 如秋夜月晴 其中有阿字 阿字月輪種子 月輪阿字光 月輪與阿字全一也 胸中觀之 自身成阿字 阿字卽自心也」[639]

(나의 가슴 속에 팔월 대보름달과 같은 둥글고 밝은 月輪이 있으며, 그 속에 阿字있네. 阿字는 月輪의 종자, 月輪은 阿字의 光明이라네. 月輪과 阿字 하나로서, 내 가슴 속에서 이것을 보게 되면 자신즉시아자<自身卽 是阿字>, 阿字卽是自心이 되네)

「凡人心如合蓮花 佛心如滿月 此觀若成(略) 三世諸佛 悉於中現證本尊身 滿足普賢一切行願」[640]

(무릇 自心은 청정<淸淨>하기가 蓮花와 같으며, 佛心은 그 光明함이 만월<滿月>과 같은 것이니, 이것을 관하면 즉시 成佛하는 것이다. 곧 삼세 제불<三世諸佛>은 그 모두 이것을 觀하여 본존이 되셨으며, 보현<普賢>의 일체행원<一切行願> 또한 이것을 관하여 원만히 성취하신 것이다)

「若遍布此者 成佛兩足尊」[641]

(阿字를 自心의 體로 삼아 全身에 편포<遍布>하면, 양족존<兩足尊>이

---

639) 『阿字觀用心口訣』(대정장 77. 415a)
640) 『金剛頂瑜伽發菩提心論』(대정장 32. 574b)
641) 『대일경』(대정장 18. 18b)

되느니라)

「阿字是一切法敎之本　凡最初開口之音皆有阿聲　故爲衆聲之母　凡三界語
言皆依於名　而名依於字　故悉曇阿字　亦爲衆字之母」[642]

(**ऄ**字는 일체 교법<敎法>의 근원이며, 입을 열면 모두가 **ऄ**聲이니, **ऄ**는
일체 음성의 母이다. 곧 삼계의 언어는 그 모두가 이름을 의지하며, 이
름은 또 字를 의지하는 것이니, **ऄ**字를 일컬어 일체 文字의 母라 하는
것이다)

「**ऄ**字는 모든 소리와 모든 문자의 母이기에, 제일명근(第一命根)이라 하
는 것이다」[643]
「此是阿第一命根也。　此是能攝召句。　若想此字能以能活諸字故言命也。　若
無阿字諸字卽不生。　故第一命也。　此是能攝召句　若想此字能攝召一切內外
之法」[644]

(**ऄ**字는 제일명근<第一命根>이다. 곧 **ऄ**字는 모든 것을 소섭<召攝>하는
句이다. 곧 **ऄ**字를 관하면 능히 모든 자에 대해 이야기 할 수 있기에,
그래서 命이라 하는 것이다. 곧 **ऄ**字 없으면 모든 字는 만들어질 수 없
기에 제1命根이라 하는 것이다. 곧 **ऄ**字는 모든 것을 소섭<召攝>하는
句이다. **ऄ**字를 관하면 능히 일체내외의 모든 법을 소섭할 수 있기에)

---

642) 『대일경소』 (대정정 39. 651c)
643) 『대일경소』 (대정장 39. 701c)
644) 『대일경소』 (대정장 39. 701c~702a)

「所謂阿字者 一切眞言心 從此遍流出 無量諸眞言」645)

(阿字는 일체진언<一切眞言>의 心이다. 阿字로부터 무량의 모든 진언이 유출되었기에)

「大悲之法應機顯現。謂卽能現阿字也。次應兩足衆生爲兩足故。卽轉阿字成兩足尊。故言次當轉阿字成大日牟尼也」646)

(대비법이란 근기를 좇아 응해주는 것을 말함이니, 阿字가 바로 그것이다. 곧 여래께서 중생의 근기를 좇아 나투시는 것처럼, 阿字도 굴리면 부처님이 되는 것이니, 어서 阿字를 굴려 大日如來 이루도록 하세나)

「若見阿字 當知菩提心義 若見阿字(長) 當知修如來行 若見暗字 當知成三菩提 若見惡字 當知證大   涅槃 若見惡字(長) 當知是方便也」647)

(A<阿=阿>字를 보거든 마땅히 보리심<菩提心>의 義를 생각하고, Ā<阿字-長>를 보거든 마땅히 如來行을 해야된다. 또 Aṃ<暗字>)를 보거든 마땅히 성삼보리<成三菩提: 성불>했음을 알아야 하고, Aḥ<惡字>를 보거든 마땅히 대열반<大涅槃>을 증득했음을 알아야하고, Āḥ<惡字-長>를 보거든 마땅히 방편<方便>이 구경<究竟>임을 알아야한다)

「譬如人身心爲第一。大菩提心亦復如是。三千界中最爲第一。以何義故名

645) 『대일경』(대정장 18. 38a)
646) 『대일경소』(대정장 39. 800a)
647) <三句卽是五轉卽是阿字>思想에 대한 절대적 立證의 經句가 바로 이 구절이다. 『大日經疏』(대정장 39. 723b)

爲第一。謂一切佛及諸菩薩。從菩提心而得出生」[648]

(사람의 몸에서 심장<心臟>을 第一로 삼듯이, 대보리심<大菩提心=ひ>도 삼천대천세계에서 제일로 삼는 것이다. 왜냐하면 모든 불보살이 이 대보리심으로부터 出生하셨기에)

참 고:　　　　三句와 아자오전도(阿字五轉圖)

三句	五轉	五字	五佛 (胎藏界曼荼羅)	五臺
菩提心爲因 (因)	發心 (我卽佛)의 自覺	A	寶幢佛 (보당불)	東臺
大悲爲根 (行)	修行 如來로서의 大悲行	Ā	開敷華王佛 (개부화왕불)	南臺
方便爲究竟 (果)	菩提(보리=成佛)	Aṃ	無量壽佛 (무량수불)	西臺
	涅槃(열반=證得)	Aḥ	天鼓雷音佛 (천고뇌음불)	北臺
	方便(방편)	Āḥ	毘盧遮羅佛 (비로자나불)	中臺

상기 도표는 밀교교리의 핵심인 五佛・五字・五大思想이 삼구법문(三句法門)에 그 근원을 두고 있음을 알게 해준다.

―――――――――
648)『諸佛境界攝眞實經』(대정장 18. 274a)

참 고: 阿字本不生의 계보

『光讚般若經: 竺法護譯)』

「須菩提。菩薩摩訶薩摩訶衍者。謂總持門。彼何謂總持門 云云」[649]

(수보리여! 보살 마하살 마하연<대승>이란 총지문<總持門>을 말한다. 무엇을 총지문이라 하는가? <阿字門으로부터 뒤이어 40字門이 이어진다>)

『마하반야바라밀경 (鳩摩羅什)』

「復次須菩提。菩薩摩訶薩摩訶衍。所謂字等語等諸字入門。何等爲字等語等諸字入門。阿字門。一切法初不生故(중략) 須菩提。是陀羅尼門字門阿字門等。是名菩薩摩訶薩摩訶衍」[650]

(수보리여! 보살 마하살 마하연이란 소위 字等 語等 諦字門을 말한다. 무엇을 字등 語등 諸字門이라 하는가? 阿字門 일체법은 本初不生이므로, 云云 <41字가 이어짐> 수보리여! 陀羅尼門 字門 阿字門 등 이것을 일러 보살 마하살 마하연이라 하는 것이다)

『大智度論)』

「復次有陀羅尼。以是四十二字。攝一切語言名字 (중략) 菩薩聞是阿字卽時入一切法初不生。如是等字字隨所聞。皆入一切諸法實相中。是名字入門陀羅尼。如摩訶衍品中說諸字門」[651]

(다음에 다라니가 있다. 이 42자는 일체의 언어와 名字를 섭한다. <중

---

649)『光讚般若經(竺法護譯)』(대정장 8. 195c)
650)『마하반야바라밀경(鳩摩羅什譯)』(대정장 8. 256a~b)
651)『大智度論』(대정장 25. 268a)

략> 보살이 阿字門을 들으면 즉시에 一切法本初不生에 들어간다. 이와 같이 42字 字字는 들음에 따라 모두 一切諸法의 實相가운데로 들어가게 되는 것이기에, 이것을 일러 자입문다라니<字入門陀羅尼>라 이름하는 것이다. <摩訶衍品>중에 諸字門을 설하는 것 처럼)

第4. 월륜관(月輪觀=白月觀)

 월륜(月輪)의 3가지 의미인 자성청정(自性淸淨)·청량(淸凉)·광명(光明)을 자심(自心)의 실체로 관하는 금강계 관법이다. 곧 自心속에 내재되어 있는 자성청정성(自性淸淨性)을 달에 비유한 것이다. 달은 스스로는 빛을 발하지 못하고 오직 태양의 빛을 받아 반사만 할 뿐, 그것도 지구라고 하는 장애물이 태양과 달의 중간에 끼어있어, 그믐달부터 보름달까지 16가지 형태의 변화를 가져온다.

 우리 중생들도 마찬가지이다. 본래는 불성(佛性)이라고 하는 태양과 같은 심월륜(心月輪)을 소유한 法身이었으나, 지금은 탐진치 삼독(三毒)과 같은 방해물의 개입으로 인해, 밝은 빛을 내지 못하고 육도윤회(六道輪回)의 암흑 속에서 고통을 받으며 살고있는 것이다.
 따라서 이 (지구와 같은) (三毒)이란 방해물만 제거한다면, 지금이라도 당장 본래의 法身으로 되돌아 갈 수 있는 것이다.

 이처럼 달과 중생은 서로 공통점을 가진 존재이기에, 달을 빌려 衆生의 실상(實相)을 내 보이면서, 마치 (그믐)달이 점차 탐진치(貪嗔痴)격인 지구에서 벗어나, 본래의 청정성(淸淨性: 離貪)과 청량성(淸凉性: 離嗔)과 광명(光明: 離無明)을 되찾아 보름달(淸淨性/淸凉性/光明)로 되어 가듯이, 중생들도 어서 빨리 貪嗔痴 삼독(三毒)으로부터 벗어나, 본래의 청정 법신(淸淨法身)으로 되돌아 갈 것을 촉구하고 있는 것이 月輪觀이란 관법이다.

말하자면 일체중생의 본래성품이 지니는 형상의 원만(圓滿)함은 마치 모난 것이 없는 보름달의 圓滿함과 같고, 중생의 本性이 갖는 功德의 圓滿함 또한 月光의 원만함과 같다는 것을 깨닫게 하기 위함이다.

다시 말해 중생의 菩提心을 현재의 달(現在의 모습)과 만월원명(滿月圓明)의 体인 태양(本來의 모습), 곧 태양은 본래 변화가 없이 항상 원만하고 밝은 것이지만, 달은 스스로 빛을 발하지 못할 뿐만 아니라, 地球라고 하는 방해물의 개입으로 인해 16종류의 모습과 빛을 갖게 된다는 것을 밝히기 위해, 태양(太陽)을 중생들의 본래의 性品인 菩提心에, 달은 現在의 중생들의 모습에 비유하고 있는 것이다.

곧 태양이 본래 변화가 없이 항상 圓明한 것처럼, 法身이나 衆生의 本性인 菩提心도 언제나 圓明한 것이며, 또 그러한 태양빛을 받는 달이기는 해도 地球의 영향으로 16가지 모습으로 변해 가듯이, 우리들 중생들도 각자의 願과 근기(根機)에 따라, 이렇게 저렇게 모습을 달리하며 변해가는 것임을 보여주고 있는 것이다.

곧 아래의 표에서 볼 수 있듯이, 월륜관은 중생들이 본래부터 지니고 있는 본유심(本有心)과 현재심(現在心)의 관계를, (太陽과 달, 法身과 化身, 佛과 衆生)의 관계로 비유하면서, 본래의 보리심(本有心)으로 되돌아가기를 권유하는 관법이다. 곧 다음의

참 고:　　　　월륜관이 지니고 있는 의미와 비유

	法身과 化身	佛과 衆生	本有心과 現在心
태양	法身(体)	佛	本有의 菩提心
달 (十六分月)	化身(相)	衆生(十六心)	現在의 菩提心

「一者自性淸淨義 離貪慾垢故, 二者淸凉義 離瞋熱惱故, 三者光明義 離愚
痴闇故」652)

(달은 첫째 자성청정<自性淸淨>의 의미를 지닌다. 모든 탐욕의 때로부터
벗어났기에, 둘째 청량<淸凉>의 의미를 지닌다. 모든 성내는 번뇌를 벗어버
렸기에, 셋째 광명의 의미를 지닌다. 어리석음이란 어둠에서 벗어났기에)
란 『무외삼장선요(無畏三藏禪要)』의 말씀처럼, 월륜관은 광대무변한 광
명의 상징인 月輪을 수렴 내지는 발산시켜, 자신이 본래 광대무변한 月
輪(光明), 바로 그것임을 체득케 하는 관법이다.

  곧 월륜관은 「虛空月卽是自心 卽是本尊月(허공월즉시자심 즉시본존월)」
이 기본개념으로, 수렴관(收斂觀)과 발산관(發散觀)의 두 行法이 있다.
  곧 보름달을 통해서 <자심즉시법계(自心卽是法界)이며, 法界卽是自身>
임을 통달하는 관법인데,

수렴관은 自心 속에서 法界를 관하는 행법으로,
 宇宙(虛空月) → 自心實體 → 本尊(自心月)의 순서로 관하며,

발산관은 法界 속에서 自心을 관하는 행법으로,
 本尊(自心月) → 自心實體→ 宇宙(虛空月)의 순서로 관한다.

『수호국계주자라니경(守護國界陀羅尼經)』·『아자관용심구결(阿字觀用心
口訣)』·『비장보약(秘藏寶鑰)』·『제불경계섭진실경(諸佛境界攝眞實經)』·
『보리심론(菩提心論)』등의 말씀을 음미하면서, 월륜관(백월관)을 실수해보자!

---

652) 『無畏三藏禪要』(대정장 18. 945b)

「善男子，　十方世界如恒河沙三世諸佛。不於月輪作唵字觀。得成佛者無有是處」653)

(三世諸佛은 모두가 월륜속에서 oṃ字觀만을 지어 무상보리(無上菩提)를 얻었노라)

「念者卽想自心如一滿月 湛然淸淨內外分明」654)

(自心은 만월(滿月)과 같아 담연(湛然)하고 淸淨하여 내외(內外)가 분명하다)

「나의 가슴속에 月輪있어 8월 대보름달과 같네. 그 가운데 阿(㪅)字있네. 㪅字는 月輪의 종자(種子), 月輪은 㪅字의 광명이기에, 月輪과 㪅字는 하나인 것이다. 가슴속에 이것을 관하면, 自身 곧 㪅字가 되며, 㪅字 즉 自心이 되네」655)

「일체유정은 그 모두가 보현보살의 마음을 갖추고 있으므로, 自心을 볼 때는 月輪을 보는 것 같이 해야 한다. 왜냐하면 만월의 원명(圓明)한 모습은 菩提心과 같은 것이므로」656)

「自心은 본불생제(本不生際) 㪅字로서, 청정하기가 연화와 같으며, 광명편조(光明遍照) 하기가 만월륜(滿月輪)과 같은 것이다」657)

---

653) 『守護國界陀羅尼經』(대정장 19. 570c)
654) 『七俱低佛母准提大明陀羅尼經』(대정장 권20 p.177b)
655) 『阿字觀用心口訣』(대정장 77. 415a)
656) 『秘藏寶鑰』(弘全 1. 467)
657) 『菩提心論』(대정장 32. 574b)

「大菩提心其相 如圓滿月輪 淸凉皎潔無諸雲翳 當知此是菩提心相(略)滿月
如自心 我已見心相 淸淨如月輪 離諸煩惱垢 能執所執等 爲客塵所翳 不
悟菩提心 汝觀淨月輪 念念而觀照 能令智明顯 得悟菩提心」[658]

(大菩提心의 모습은 원만하여 月輪처럼 청량(淸凉)하고 교결(皎潔)하다.
나는 이러한 마음의 실상을 관하여, 모든 번뇌의 때인 능집(能執)과 소집
(所執) 등을 떠났노라. 너의 근본 심(心)도 본래 이와 같으나, 현재는 객
진(客塵)으로 가리어 菩提心을 깨닫지 못하니, 이제 정월륜(淨月輪)을 觀
하여, 智의 밝음이 이와 같음을 깨닫도록 하라)

「一切衆生本有薩埵爲貪瞋癡煩惱之所縛故 諸佛大悲 以善巧智 說此甚深
祕密瑜伽 令修行者 於內心中 觀白月輪」[659]

(一切衆生은 본래 금강살타<金剛薩埵>이건만, 탐진치<三毒>번뇌로 因하
여 계박<繫縛>되어 있는 까닭에, 大悲이신 諸佛께서 선교지<善巧智>로
써, 이 심심<甚深>한 비밀유가를 說하여, 修行者들로 하여금 內心가운데
白月輪을 觀하게 하신 것이다)

「假想一圓明猶如滿月 去身四尺 當前對面而不高不下 量同一肘圓滿具足
其色明朗內外光潔 世無方比(略) 卽更觀察漸引令廣 或四尺 如是倍增 乃
至滿三千大千世界極令分明 如是漸略還同本相 初觀之時 作是觀已 卽便
證得解脫一切蓋障三昧」[660]

---

658) 『諸佛境界攝眞實經』(대정장 18. 274a ~ b)
659) 『菩提心論』(대정장 32. 573c)
660) 『無畏三藏禪要』(대정장 18. 945b)

(둥글고 밝고 깨끗한 만월을 생각하라! 4척쯤 떨어진 곳에 이 만월 있어 높지도 낮지도 않네, 크기는 일주<一肘: 약 8寸~12寸>정도로 원만구족하기가 그지 없으며, 밝고 빛나고 깨끗하여 세상에 비할 것이 없네, <처음엔> 달을 4尺으로 넓혀 觀하고, <점차> 더 크게 넓혀 삼천대천세계에 가득 채운 후, <이번엔> 점점 좁혀 본래의 모습으로 되돌아오게 한다. 이와 같이 觀하면 해탈일체개장삼매<解脫一切蓋障三昧>를 증득하게 된다)

아자관(阿字觀)·월륜관(月輪觀)

고 하여, 白月(보름달)을 보며, 그것이 지니고있는 청정성(淸淨性)과 청량성(淸凉性) 그리고 光明을 衆生들이 본래 지닌 自性과 동등화시켜, 비록 현재는 비록 번뇌로 찌든 마음이지만, 본래는 저 보름달과 같이 淸淨하고 맑고 밝은 佛의 속성과 하나도 다르지 않음을 관할 것을 강조하고 있다.

第5. 오자엄신관(五字嚴身觀)

大日如來와 내가 본질적으로 동일한 것임을 체득케 하는 태장계-관법이다. 行法으로는 우주의 질료인이며 동시에 동력인이기도 한 地(A)·水(Va)·火(Ra)·風(Ha)·空(Kha)의 五大(五字)를 우주를 장엄하는 하나의 존재인 소우주(小宇宙), 곧 자신에게 대치시켜, 나=너=우주(대일여래)임을 체득케 한다.

다시 말해 法界 안의 일체존재는 누구나 六大(兩部曼茶羅), 곧 물질적 요소인 地·水·火·風·空의 五大(胎藏界曼茶羅)와 정신적 요소인 識大(金剛界曼茶羅)로 구성되어 있음을 깨닫게하여, 나는 본질적으로 法身佛인 대일여래와 동일한 존재임을 체득케 하는 관법이 오자엄신관이다.

말하자면 밀교의 연기론인 육대연기론(六大緣起論)을 관법화(觀法化)한 것이 오자엄신관(五字嚴身觀)이며, 이를 구체화해 놓은 것이 오륜탑(五輪塔)사상이다.

곧 五輪塔은 「五輪塔卽是法身佛(法界身)」 「五輪塔卽是自性佛(自性身)」을 상징하는 것으로, 「나=大日如來=너=一切衆生」의 구체적 표현이다. 오자엄신관의 근거경전인 『대일경』에는 다음과 같이 설하고 있다.

「진언수행자는 먼저 원단(圓壇)을 배치하고, 발에서 배꼽가지는 대금강륜(大金剛輪: 地輪)을 이루고, 그 곳에서 가슴까지는 수륜(水輪)을 생각해라. 水輪 위에는 화륜(火輪)이 있고, 火輪 위에는 풍륜(風輪)이 있다」[661]

---

661)「眞言者圓壇 先置於自體 自足而至臍 成大金剛輪 從此而至心 當思惟水輪 水輪上火輪 火輪上風輪」『大日經』(대정장 18. 31a)「其五輪圖如左 大空点 具種種色 名爲坎字 晗字風大 藍字火大 鍐字水大 阿字地大 金剛輪臍下 大空輪頂上 風輪眉上 火輪心上 水輪臍中 名爲地水火風空」『尊勝佛頂脩瑜伽法儀軌』(대정장 19. 369b)

참 고: 오자엄신관과 입정신앙(入定信仰)

入定信仰이란 自己와 대일여래와의 본질적 동일성을 체득케 하는 밀교만이 갖는 독특한 행법으로, 그 행법은 아래의 도표와 같이, 大宇宙(五大)의 상징인 오륜탑(五輪塔)에 들어가, 小宇宙인 자기의 신체 각 부위를 五輪(五大)에 대비시켜, 법신불 대일여래와의 본질적 동일성을 체득케하는 일상의 수행법이다.[662]

이러한 수행법은 행자가 나이들어 세상과 하직할 때, 실제로 五字嚴身觀의 구체적 行法인 <五輪塔>에 들어가, 自己와 大日如來와의 본질적 同一性을 체득하면서, 산채로 입정하는 신앙으로 그 과정은 다음과 같다.

① 오륜탑 속에 들어가 결가부좌한다.

② 風大를 상징하는 입 근처에 조그만 구멍을 뚫고, 그곳을 통해 먹을 것을 준다.

③ 조금씩 줄여가다 끝내는 먹을 것을 끊는다.

④ 그대로 自然死한다.「我卽是五輪塔卽是法界法身佛」을 체득하면서~)

---

662) 5개의 cakra<에너지 집합소로서 항문(肝臟:A) · 배꼽(肺臟:Va) · 심장(心臟:Ra) · 목구멍(腎臟:Ha) · 정상(脾臟:Kha)의 다섯 군데를 말함>가운데 항문 cakra를 통해 우주에너지를 흡수(吸氣)하여, 배꼽 · 심장 · 목구멍의 차크라에 저장한 후, 불필요한 에너지는 정상을 통해 배출시킨다. 五色(黃 · 白 · 赤 · 黑 · 靑)은 각 차크라를 통과할 때 발산하는 우주에너지의 색이다.

五輪塔과 이를 관법화(觀法化)한 五字嚴身觀

(강 설): 방(龐)거사 가족과 좌탈입망(坐脫立亡)

방(龐)居士(? ~808)는 <유마경>의 주인공인 維摩(Vimala)거사와 함께 대승불교를 대표하는 거사다. 그는 가족들과 함께 대나무로 엮은 바구니와 조릿대를 팔면서 청빈한 삶을 살았다. 부모로부터 물려받을 재산이 많았지만, 이를 모두 岳陽의 洞庭湖에 버리고 무소유의 삶을 살았던 것이다. (온 재산을 동정호에 버리는 자초지종은 P 857, 참고; <空의 실천가 방거사>를 참조)

 방거사의 마지막 모습은 많은 사람들에게 큰 울림을 준다. 열반의 시기가 다가오자 그는 딸 영조(靈照)에게 정오가 되면 와서 알려달라고 말하고 동굴속에 들어가 禪定에 들었다. 한참 후 방거사가 아직 정오가 안 되었니 하며 딸에게 묻자,
딸 영조는 아버지가 涅槃에 드실려고 저러신다는 것을 미리 알아차리고, 방거사에게 아버지! 정오가 지난 것 같은데 날씨가 좋지않아 해가

보이지않아 시간을 알 수 없다고 대답했다. 그래? 어찌 된 일인지 확인하려고 방거사가 밖으로 나오자, 그 틈을 이용해 영조는 굴속에 들어가 아버지가 열반에 들려고 했던 자리에 앉아 가부좌한 채로 입적에 들었다. 다시 굴로 들어온 방거사는 자기보다 먼저 열반에 든 딸의 모습을 보고, 그년 참!~ 빠르기도 하지 하며, 너털웃음을 짓고는 그로부터 7일 후 그 자리에 앉아 입적에 들었다. 한편 방거사 아들은 어머니가 전해준 부음 소식을 듣고는 갑자기 억!하더니 그 자리에 서서 죽어버렸다. 졸지에 온 가족을 잃은 방거사 부인은 "이 무정한 사람들아~ 어찌 나만 홀로 남겨두고 저희들만 먼저 간단 말인가하며, 평소 앉아 참선하던 바위 앞에 가서 할!하니, 바위가 금이 가고 깨져 틈이 생기자 그 틈을 이용해 바위안에 들어가 입멸했다. 그런데 후인의 전하는 말에 의하면 깨져 금이 났던 그 바위가 원형대로 모두 봉해져 흔적을 알 수 없어, 그 바위를 무봉탑(無縫塔: 꿰맨 자리가 모두 봉해진 탑) 이라 했다고 한다.

정말 귀신이 곡할 노릇이다. 부녀는 坐脫하고, 아들은 立亡하고, 부인 은 무봉탑이 되었으니~

밀교의 <五字嚴身觀>은 만법의 근원인 五大를 하나의 일원상(一圓相) 으로 표현해 낸 관법으로서, 이를 통달해 마치면 온갖 번뇌망상은 사라져 버리고, 차별심 없는 동정일여(動靜一如)의 眞如實相의 경지에 도달케 되는 것이다. 마치 방거사 가족처럼~

第6. 오상성신관(五相成身觀: pañcābhisaṃbodhi)

佛에 이르기까지의 수행과정을,

5단계(①通達菩提心 ②脩菩提心 ③成金剛心 ④證金剛身 ⑤佛身圓滿)

으로 나누어 놓은 『금강정경』계통의 수행법으로, 수행자의 근본(三密)이
如來의 三密과 본질적으로 同一하다는 것을 깨달아 가는 觀法이다.

곧 우주의 法性인 공성반야(空性般若)를 본인의 自性으로 수용해 가는
관법수행으로, 如來와의 입아아입관(入我我入觀=佛入我我入佛), 곧 상호
교감을 통해 行者의 身·口·意 三業을 如來의 三密로 정화시키고, 또
여래의 지혜이며 自身의 본성인 금강공성(金剛空性)을 自性으로 수용.체
득케하는 행법이다.

다시 말해 자기의 실체를 5가지 모습인 月輪(淸淨) → 光明 → 五智 →
菩提(金剛薩埵) → 大日如來로 구체화시켜, 궁극적으로는 자기자신을 大
日如來化하는 밀교 독특의 관법이다. 곧 무시이래로부터 여래가 상주
하는 여래법계에 머무면서도 그것을 알지 못하던 行者(싯달타태
자:Sarvārthasiddhi)는, 종래의 관법(觀法)인 현교의 아사파나카삼마지
(阿娑頗那伽三摩地)663)를 버리고, 새로운 관법인 밀교의 오상성신관을

---

663) 阿娑頗那伽三摩地(Asphanaka-samādhi)란 역사적 佛陀인 석존께서 6년
간의 고행시에 닦고 계셨던 선관(禪觀)으로, 보통 무식선(無息禪)이라고 번역
된다. 곧 석존의 成道 以前 苦行時 닦으셨던 수행법으로, 석존은 이 禪觀을
이변(二邊)의 一이라 판단하여, 이 禪觀을 버리고 부다가야에 가시어 중도관
(中道觀)을 행하고 드디어 성불하신다. 현교에서 버림받은 阿娑頗那伽三摩地
란 禪觀은 밀교인 『金剛頂經』에 와서도 一切如來에 의해 여지없이 부정되고
마는데, 밀교만의 독자적인 관법인 <五相成身觀>은 여기에서 비로소 등장하
게 되는 것이다. 「時一切義成就菩薩摩訶薩 由一切如來警覺 卽從阿娑頗那伽
三摩地起 禮一切如來白言 世尊如來敎示我 云何修行云何是眞實」『眞實攝經』
(대정장 18. 207c)「此中云阿娑頗那伽者 阿之言無 娑頗那者識也 三摩地平等
持也 伽者身也 應云無識身平等持也 入此定者 能治攀緣散亂等障 故云不應動
心及身枝節 脣齒俱合 兩目似閉 息心攀緣勿令散亂也」『金剛頂經義訣』(대정
장 39. 812c)「入觀止出入息 初依瑜伽安 那般那 繫念修習 不動身軀 亦不動

수행함을 계기로, 비로소 자기를 포함한 일체존재와 두두물물의 세계가 바로 법신 비로차나불의 분신(分身)이며 설법(說法)임을 체득케 되는 것이다.

따라서 오상성신관이야말로 초기불교의 수식관(數息觀)과 대승의 바라밀(波羅蜜)수행, 그리고 삼겁성불(三劫成佛)이란 긴 시간을 뛰어넘어, 부모로부터 받은 이 몸으로 속질(速疾)히 衆生에서 佛로 증입(證入)하는 直道(첩경)로서, 밀교가 개척한 독특한 관법인 것이다.

오상성신관을 설명하기에 앞서, 오상성신관 이론의 근거가 되는 <입아아입관(入我我入觀)>, 곧 衆生과 佛이 상즉상입(相卽相入)하는 가지(加持)에 대해 『진실섭경』은 다음과 같이 설하고 있다.

「一切如來加持護念 卽金剛薩埵住彼弟子心 卽見種種光相遊戱神通 由見曼茶羅 由如來加持故 惑見婆伽梵大持金剛 示現本形 或見如來. 從彼以後 一切義利一切意所樂事 一切悉地 乃至獲得持金剛及如來」[664]

(一切如來의 가지호념<加持護念>에 의해 自身이 加持되어, 금강살타<金剛薩埵>가 自身속에 住하게 되어 여러 가지 광명과 신통을 보게 되는 것이다. 곧 이러한 만다라와 如來의 加持에 의해 바가범 지금강<婆伽梵持金剛>과 본존이 시현<示現>하여 如來를 친견하게 되는 것이며, 이에 따라 一切의 모든 것이 성취되고, 지금강<持金剛>과 如來 또한 증득하게 되는 것이다)

이제 5단계로 이루어진 오상성신관의 행법과정(行法過程)을 살펴보자.

___

支分 名阿 娑頗那伽法」『金剛頂瑜伽中略出念誦經』(대정장 18. 237a),
[664] 『眞實攝經』(대정장 18. 218c)

① 통달보리심(通達菩提心)

자심본구(自心本具)의 菩提心을 깨닫는 단계로서, '내가 지닌 본구(本 具)의 보리심이 경무(輕霧)속의 月輪과 같은 것'임을 관하는 단계이다.

곧 <자성성취진언(自性成就眞言)>인

「Oṃ citta prativedaṃ karomi」(나는 지금 自心을 통달한다)를 3번 지송하며, 「我見自心, 形如月輪」 곧 (내가 내 마음을 보니, 그 모양이 월륜과 같구나) 라고 말하며 확인한다.

이것에 대해 『금강정경』은

「善男子, 當住觀察自心三摩地, 誦自性成就眞言 云云..」

(지금 마땅히 본구의 자심삼마지를 관찰하고, 자성성취진언을 지송하 라!)라 설명하고 있다. 곧 『대일경』에서

「密敎以淨菩提心爲門, 何以故 心自性虛空相無相菩提故」

(밀교는 청정보리심을 문(근본)으로 삼는다. 왜냐하면 마음인 자성과 허 공은 무상(無相)인 보리인 까닭에~)라 강조하였듯이,

정보리심(淨菩提心: 自心本具菩提心)에 대한 통달이 바로 밀교의 출발점 이라는 것을 각인시키는 단계이다.

참고로 자량위(資糧位) → 가행위(加行位) → 통달위(通達位) → 수습위 (修習位) → 구경위(究竟位)로 전개되는 유식(唯識)교학의 전식득지(轉識 得智)의 수행단계에서, <通達位>는 3번째에 등장할 만큼 아주 높은 계위 로서 견도위(見道位)라고도 불리어지는데, 그 까닭은 이곳이 바로 일체법 무자성공(一切無自性空)을 체득하는 보살의 초지(初地)단계에 해당되기 때문이다.

이렇게 空性을 완벽히 체득하고 통달해서 十地의 출발점인 初地에 도

달한 경지를 밀교는 시작점으로 하고있는 것이다. 곧 이 말은 밀교 이전의 현교적(顯敎的)으로 말하면, 나=佛 임을 완벽히 통달하고 체득했다는 初地인 환희지(歡喜地)의 지점에서부터 밀교는 출발한다는 것을 의미하는 것으로, 그만큼 밀교가 상근기의 가르침이라는 것을 은연중에 강조하고 있는 것이다.

② 수보리심(脩菩提心)

(그렇지만) 그 자심본구의 菩提心은 현재는 번뇌에 둘러 쌓여 있는 상태이므로, 어서 번뇌를 제거하여 本具의 菩提心을 발현(發現)시키겠다고 발심하고 수행하는 단계가 두 번째의 修菩提心의 단계이다.

곧 <發菩提心眞言>인 「Oṃ bodhi cittaṃ utpādayāmi」
(나는 菩提心을 발한다)를 3번 지송함에 의해,
「如彼月輪形,我亦如月輪形見」 (저 달의 형태처럼, 나도 똑 같다)고 관하는 단계로서, 깨달음을 具象化한 菩提心과 가시적인 정월륜(淨月輪)을 등치(等値)시키는 것으로, 따로따로 각각(而二)으로 나누어져 있던 自心과 月輪이 번뇌를 제거하겠다는 염원에 의해, 드디어 하나(不二)로 되기까지 精進加行하는 단계를 말한다.[665]

③ 성금강심(成金剛心)

지금의 나의 菩提心은 일체의 번뇌와 소지장(所知障)을 멀리 여읜 본존불의 마음 바로 그것이라고 관하는 단계이다.

---

665) Sakyamitra는 『Kosalalankara』에서, 처음의 달(如彼月輪形)을 제1일째의 달로, 나중의 달(我亦如月輪形見)은 제 15일째의 보름달로 해석하고 있다. 곧 수행에 의해 마음이 淸淨해져 滿月이 된 것이라 보고 있다. (北京 vol. 70 199-4)

곧 「Oṃ tiṣṭha vajra padma」 (安住해요 金剛蓮花여!)"를 3번 지송하며, 「月輪中在五股金剛杵」(월륜속에 오고의 금강저가 있다) 또는 「月輪上在八葉蓮花」(월륜위에 팔엽연화가 있다)라 관한다.

말하자면 自心의 실체를 견고불괴(不壞)인 무구청정(無垢淸淨)한 불지 (佛智: 五智=五股)라고 관하는 단계이다.
금강지삼장(金剛智三藏)번역의 『금강정유가중약출념송경(金剛頂瑜伽中略出念誦經)』666)과 不空三藏 번역의 『진실섭경』667)에는 앞에서 설명한 바 있는 수렴관(收斂觀)과 발산관(發散觀)의 2개의 관법을 설하고 있다.

④ 증금강신(證金剛身)
허공계에 편만한 一切如來의 삼마야신(三摩耶身)이 일체여래의 加持에 의해 行者의 心月輪上의 오고금강저(五股金剛杵)에 인입(引入)되어, 행자와 일체여래가 무애일체(無碍一切)가 되는 단계이다.
곧 「Oṃ vajra atmakas ahaṃ」(나는 금강 바로 그것)이라 지송하며, 「나는 大日如來의 分身인 금강살타(金剛薩埵)」라 관하는 단계이다.

곧 行者의 삼마야신(三摩耶身)과 一切如來의 삼마야신이 상즉상입(相卽相入)되어 피차무별(彼此無別)하며 능소불이(能所不二)하는 본유(本有)의 세계로 전환되는 단계로서, 本有의 菩提心이 本有의 世界인 일체여래의 삼마야신으로 전개되는 도약의 단계라 할 수 있으며, 여기에 이르러 비

---

666)「入觀止出入息 初依瑜伽安那般那 繁念修習 不動身軀 亦不動支分 明阿娑頗 那伽法 修行者 如是思惟時 入想己身住在虛空一切諸佛遍滿法界」(대정장 18. 237a)
667)「卽觀於空中 諸佛如胡麻 遍滿虛空界 想身證十地 住於如實際 空中諸如來」 (대정장 18. 313c)

로소 行者(一切義成就菩薩)는 身口意 三密을 성취한 금강계만다라의 일
원으로서, 금강계대보살(金剛界大菩薩)로 등극한다.

⑤ 불신원만 (佛身圓滿)

「자신즉시불(自身卽是佛)」임을 여실하게 깨닫는 단계이다. 곧 이곳에
와서 비로소 一切如來는 선남자(善男子)라는 칭호 대신, 修行者인 일체
의성취보살(一切義成就菩薩)에게 <너=금강살타(金剛薩埵)>라는 칭호를
부여한다. 여기에서 수행자는 일체여래와 동등한 금강살타가 된 것이다.
금강살타가 된 수행자는 자성성취진언(自性成就眞言)인

「Oṃ yathā sarva tathāgatas tathā ahaṃ」

(나는 일체여래 바로 그것)을 지송하며, 「我卽是五智具足羯磨身」

(나는 오지구족한 갈마신이다)이 되었음을 확신한다.[668]

곧 <佛身圓滿>까지의 五種의 관법을 모두 성취하면, 금강계보살은 마침
내 金剛界如來(Vajradhātu-tathāgata)가 되는 것이다.

잠시 앞에서 살펴본 관법들의 특징과 차이점을 『菩提心論』을 통해 살펴보자!
양부 밀교대경의 핵심, 그중에서도 보리심에 초점을 맞추어 저술된
『菩提心論』은 밀교행자들이 필수적으로 관해야 할 관법으로 다음의 4
가지를 제시하고 있다.
곧 <승의보리심(勝義菩提心)>에서 제시한 일체법무자성관(一切法無自性
觀)과 <삼마지보리심(三摩地菩提心)>에서 제시한 월륜관(白月觀)과 아자
관(阿字觀) 그리고 오상성신관(五相成身觀)이 그것이다.[669]

---

668)五相가운데 제1(通達菩提心)과 제2(脩菩提心)은 種子觀,
  제3(成金剛心)과 제4(證金剛身)은 Samaya觀, 제5(佛身圓滿)은 尊形觀이라 할
  수 있다.

여기서 <勝義菩提心>에서 제시한 <一切法無自性觀>은 諸法 전체의 법성(法性)을 밝힌 이법(理法)이고, <三摩地菩提心>에서 제시한 3가지 觀法인 <白月觀/阿字觀/五相成身觀>은 法性(理法)을 구체화시킨 사법(事法)이다.

이제 <三摩地菩提心>에서 설한 3가지 관법을 자세히 분석해 보면, 月輪觀(白月觀)이 그 중심에 있음을 알 수 있다.

곧 阿字觀이나 五相成身觀은 모두가 월륜관(月輪觀)을 중심으로 하여 응용된 觀法이기 때문이다. 다시 말해 <阿字觀>이 理의 세계를 설한 胎藏界의 관법이라면, <五相成身觀>은 事의 세계를 설한 金剛界의 관법이며, <月輪觀>은 이 두 개의 관법을 총괄시켜 理와 事, 胎藏界와 金剛界, 定과 慧를 명합(冥合)하여 (理와 事, 胎와 金, 定과 慧)모두를 상호불이(相互不二)의 경지로 승화시킨 관법이다.

한편 이와같이 不二의 경지에서 제창된 것이 <月輪觀>이긴 하지만, 그 근본은 본래 金剛界의 事쪽에 가까운 것이기에, 일반적으로는 事를 통해 理를 밝히고 있는 것이 月輪觀이며, 理를 통해 事를 나타내고 있는 것이 阿字觀이라 할 수 있다.

곧 <月輪觀>은 달이라고 하는 사물의 작용을 十六大菩薩과 人間의 心性에 비유하여, 달이란 事를 통해 인간의 本性인 理의 세계를 밝히고 있는 것이며, <阿字觀>은 一切諸法이나 人間의 自性은 본래부터 不生不滅의 근본(理)임을 밝히기 위해, 우주의 첫소리인 阿字(事)를 활용하고 있기 때문이다. 다시 말해 月輪觀이 菩提心의 形을 觀하는데 비해, 阿字觀이 菩提心의 種子를 觀하는 것은 이러한 이유 때문이다.

---

669) 『菩提心論』 (대정장 32. 573c-574a)

이들을 알기 쉽게 설명하면 다음 참고와 같다.

참 고 :　　아자관 오상성신관 월륜관, 3-관법의 상호 비교

3-觀法	觀의 대상	理와 事의 관계	비유(상징성)	관 법
阿字觀	(菩提心種子)	事(初聲阿字)를 통해 理(阿字本不生)를 밝힘	諸法과 自性의 本來空을 밝히기 위해 初聲 阿字를 活用함	胎藏界觀法
五相成身 觀	(觀菩提心形)	月이란 事(빛과 內在物)를 통해 理(本具佛性)를 밝힘	月의 三德(淸淨.淸凉. 光明)을 人間의 心性에 비유	金剛界觀法
月輪觀	觀菩提心形	月이라고 하는 事(十六分)를 통해 理(佛性)를 밝힘	月(事物)을 十六大菩薩과 人間의 心性에 비유	理事/胎金/定 慧등의 不二를 나타냄

第7. 16대보살수행관(十六大菩薩修行觀)

흑월(黑月:그믐)부터 초승달을 거쳐 보름달(15일)에 이르기까지의 16단계 종류의 달의 모습과 또 『般若經』의 16空義를 금강계 성신회(成身會) 37존 만다라중의 十六大菩薩에 비유한 것이다.

곧 중생이 본성을 깨달아 가는 과정을 달이 黑月(그믐달)로부터 보름으로 변화해 가는 16단계의 과정에, 또 금강계만다라 성신회의 금강부(金剛部) 4보살로부터 보부(寶部) 4보살과 연화부(蓮華部) 4보살을 거쳐 갈마부(羯摩部) 4보살까지의 16분의 각각의 보살에 비유하고 있는 것이다.
예를 들면 흑월의 그믐달은 金剛薩埵에, 초하루는 금강왕(金剛王)보살에, 초이틀은 금강애(金剛愛)보살에, 초삼일은 금강희(金剛喜)보살에 각각 비유하고 있는 것이다.

여기서 그믐달을 금강살타에 비유한 까닭은 그믐이나 금강살타는 본래는 원명함과 깨달음 그 자체로서, 그 원명(圓明)함과 덕(德)이 보름달과 하나도 다르지 않으나, 지금 현재는 중생의 모습인 무명(無明)의 모습을 지니고 있기 때문이다.

참 고: **十六大菩薩 수행의 과정**

五方	五佛	修行過程	十六大菩薩	五部
東	阿閦佛	發心	金剛(薩·王·愛·喜)보살	金剛部
南	寶生佛	修行	金剛(寶·光·幢·笑)보살	寶部
西	阿彌陀佛	菩提	金剛(法·利·因·語)보살	法部(蓮華部)
北	不空成就佛	涅槃	金剛(業·護·牙·拳)보살	羯磨部
中央	大日如來	方便		佛部

「무릇 월륜은 16으로 나누어진다. 금강살타(金剛薩埵)로부터 금강권(金剛拳)보살에 이르기 까지 16大菩薩에 유가법중(瑜伽法中)의 비유한 것이다」670)

<十六大菩薩修行觀>에서 十六이란 숫자는 『보리심론』이 설하고 있는 것처럼, 『반야경』이 설하고 있는 16空671)과 <月輪觀>에서의 16月을 활용

---

670) 「我見自心 形如月輪 何故以月輪爲喩 爲滿月圓明體 則與菩提心相類。凡月輪有一十六分喩 瑜伽中金剛薩埵至金剛拳有十六大菩薩者」『菩提心論』 (대정장 32. 573c)

671) 『般若經』의 16空義란, 內空/外空/空空/大空/勝義空/有爲空/無爲空/畢竟空/無際空/無變異空/本性空/自相空/一切法空/無相空/無性空/無自性空 등이다. 「諸法皆是因緣生 因緣生故無自性 無自性故無去來 無去來故無所得 無所得故畢竟空 畢竟空是名般若波羅蜜」『摩訶般若經』(대정장 5.13b),【經】「復次舍利弗。菩薩摩訶薩。欲住內空.外空.內外空.空空.大空.第一義空.有爲空.無爲空.畢竟空.無始空.散空.性空.自相空.諸法空.不可得空.無法空.有法空.無法有法空。當學般若波羅蜜」『대지도론』(대정장 25. 285b) / <內空>은 초발심보살인 金剛薩埵 내지는 그믐달에 비유하고 있다. 곧 이들은 텅 비어있는 空이긴 하지만 그 속에는 무한한 활동성과 모든 덕을 含藏하고 있는 것(眞空妙有)이기에, 그래서 금강살타와 그믐달에 비유한 것이다. / <外空>은 金剛(不空)王보살 내지는 초생달에 비유하고 있다. 王이 지닌 모든 것, 또 중생들이 추구하고 목메고 있는 外部의 경계인 六境은 영원성이 없는 空이라는 의미이다 / <內外空(空空)>은 金剛愛(慾)보살 내지는 제2日의 달에 비유하고 있다. 六根이나 六境 등 內外의 萬物自體가 마치 사랑이 虛無한 것처럼 空하다는 의미이다 / <對空(大空)>은 金剛(歡)喜보살 내지는 제 3日의 달에 비유하고 있다. 모든 것을 수용하여 기쁨을 느끼고 있으나, 그것 자체도 因緣으로 이루어진 것이기에 假空이라는 의미이다. (여기까지는 東方의 金剛部에 속한다) / <勝義空>은 金剛(妙)寶보살 내지는 제 4日의 달에 비유하고 있다. 엄청난 가치의 보배(勝義)라 할지라도 그것 역시 空이라 의미이다. / <有爲空>은 金剛(威)光보살 내지는 제 5日의 달에 비유하고 있다. 빛이란 무엇과도 비할 바 없는 보배이긴 하지만, 그것(有爲) 역시 영원성이 없는 空에 불과하다는 의미이다 / <無爲空>은 金剛(寶)幢보살과 제 6日의 달에 비유하고 있다. 常樂我淨 등의 無爲의 세계라 할지라도 그것 또한 空하다는 의미이다 / <畢竟空>은 金剛(微)笑보살 내지는 제 7日의 달에 비유하고 있다. 행복이나 미소도 잠깐일 뿐 영원성이 없는 無自性의 空한 것이라는 의미이다 (여기까지는 南方의 寶部소속이다) / <無際空>은 金剛(正)法보살 내지는 제 8日의 달에 비유하고 있다. 처음과 중간과 마지막의 一切諸法이 모두 空일 뿐이라는 의미이다 / <無變異空>은 金剛(室)利보살 내지는 제 9日의 달에 비유하고 있다. 諸法皆空의 文殊智慧를 의미하는 것으로 變異하지 않는 것은 하나도 없다는 의미이다 / <本性空>은 金剛(輪)因보살 내지는 제 10日의 달에 비유하고 있다. 金剛輪보살이 항상 설하는 것처럼, 모든 것은 因緣和合으로

하여, 이를 금강계만다라 성신회의 16대보살과 관계지어 개발된 관법으로, 16대보살 전체의 수석보살이면서 金剛部 阿閦佛의 첫번째 협시보살인 金剛薩埵菩薩로부터 관법수행을 시작해서 → 寶部 寶生佛 四菩薩 → 法部 阿彌陀佛 四菩薩 → 羯磨部 不空成就佛 四菩薩에 이르기 까지의 16단계의 觀法(加持)을 마치면, 16대보살의 마지막 보살인 16번째의 金剛拳菩薩672)에 이르러 드디어 加持神變이 완성되어 無上正等正覺菩提에 이르게 된다는 수행법이다.

16대보살수행에 대해 경궤들은 어떻게 설하고 있는지 살펴보자!

이루어진 空 이라는 의미이다 / <自相空>은 金剛(妙)語보살 내지는 제 11日의 달에 비유하고 있다. 모든 소리가 空하듯이, 一切諸法 또한 그 自相은 空하다는 의미이다 (여기까지는 西方의 蓮華部소속이다) / <一切法空>은 金剛(羯摩)業보살 내지는 제 12日의 달에 비유하고 있다. 五蘊 十二處 十八界 등 一切諸法은 空한 것이므로 業 또한 空한 것일 뿐이라는 의미이다 / <無相空>은 金剛(保)護보살 내지는 제 13日의 달에 비유하고 있다. 일체 모든 것은 因緣和合에 따라 시시각각 그 모습(相)을 바꾼다는 의미이다 / <無性空>은 金剛(夜叉)牙보살 내지는 제 14日의 달에 비유하고 있다. 金剛夜叉菩薩이 위엄(牙)으로 이 진실을 내 보이고 있듯이, 어느 한 물건도 이것이 나라고 내세울 변하지 않는 自性을 가지고 있지 않다는 뜻이다 / <無自性空>은 金剛拳(印)보살 내지는 제 15日의 달에 비유하고 있다. 일체 모든 것이 自性이 없는 無自性空이라는 의미이다 (여기까지가 北方의 羯摩部소속이다)

672) 十六大菩薩 修行의 마지막 菩薩인 <金剛拳>보살은 金剛拳을 하고 있는 보살이다. 여기서 金剛拳은 신체·언어·마음의 三密活動이 현재 相應·合一하고있다는 實動의 法門을 의미한다. 곧 金剛拳印은 小指·無名指·中指의 세 손가락으로 大指(엄지손가락)를 쥐고, 두지(頭指;집게손가락)를 약간 구부려서 칼(劍身)처럼 하는 手印인데, 여기서 신체·언어·마음은 제각기 小指(身)·無名指(口)·中指(意)의 세 손가락으로 표현되고, 또 세 손가락으로 <엄지 손가락(大指)을 쥔 것은> 身體·言語·마음의 身口意 삼밀활동이 (統合: Yoga)되었음을 의미 하며, 또 <칼(劍身)모양의 頭指>는 迷妄을 잘라 없애는 (智慧의 활동)을 나타내고 있는 것으로, 이를 전체적으로 말하면 如來의 신체·언어·마음의 세 가지 秘密의 활동이 우리들의 신체·언어·마음의 日常의 활동에 그대로 具現(三密加持)되어 卽身에 成佛을 실현한다(佛身圓滿)는 의미이다. 곧 如來와 同一한 우리들의 신체·언어·마음의 세 가지 秘密의 活動이 그대로 日常生活化되어야 한다는 것이 강조되고 있는 것으로. 金剛拳보살에 이르러 (佛身圓滿)이 이루어진다는 것을 나타내고 있다.

「若有衆生遇此教 晝夜四時精進修 現世證得歡喜地 十六大生成正覺」673)

(밀교의 가르침을 만나 주야정진하면, 현세에 환희지를 얻고, 16大生에 이르러 正覺을 이룬다)

「若能受持日日讀誦精勤無間如理思惟。彼於此生定得一切法平等性金剛等持。於一切法皆得自在。恒受一切勝妙喜樂。當經十六大菩薩生。定得如來執金剛性。疾證無上正等菩提」674)

(누구든지 가르침을 받아지녀 매일 독송정근하며 여법히 사유하면, 반드시 금생에 一切法平等의 金剛性을 얻어, 일체법에서 자재를 얻고 승묘한 희락속에서 살게되며, 16대보살생인 金剛拳-菩薩에 이르러 여래의 금강성을 얻어 속히 무상정등정각을 증득케된다)

「晝夜四時精進修 現世證得歡喜地 後十六生成正覺」675)

(아라파차나 五字를 주야정진하면, 현세에 환희지를 얻고, 16大生에 이르러 정각을 이루게 된다)

「當願衆生遇此教 文殊常爲善知識 速證般若善巧智 疾成無上兩足尊」676)

---

673) 『金剛頂瑜伽修習三摩地法』(대정장 18. 331b)
674) 『大般若經』<理趣分> (대정장 7. 987b)
675) 『文殊師利菩薩五字瑜伽眞言儀軌』(대정장20. 723a)
676) 『文殊師利菩薩五字瑜伽眞言儀軌』(대정장 20. 723a)

(바라옵기는 문수보살님께서는 이 가르침을 만나는 중생을 위해 항상 선지식이 되 주시어, 그로하여금 속히 般若善巧智를 증득하여 무상의 兩足尊을 성취케 하소서)

「由修眞言行菩薩。得入如是等輪依四種智印。以成十六大菩薩生身常樂我淨。由菩薩證此智。便成等正覺也。便證無上菩提」677)

(진언행을 닦는 보살은 解脫輪에 들어가게 되고, 四智印에 힘입어 16大菩薩生에 이르러 常樂我淨을 성취하게되고, 곧 바로 等正覺과 無上菩提를 증득케된다)

「若能受持日日讀誦作意思惟。卽於現生證一切法平等金剛三摩地。於一切法皆得自在受於無量。適悅歡喜。以十六大菩薩生獲得如來及執金剛位者」678)

(누구든지 가르침을 받아지녀 매일 독송정근하며 여법히 사유하면, 現生에서 일체법 평등의 金剛三摩地를 증득하고, 일체법에서 무량한 자재를 얻어 적열환희하며, 16大生菩薩에 이르러 如來와 執金剛의 지위를 획득하게된다)

「卽於十六大生。作金剛薩埵菩薩等乃至金剛拳菩薩。最後身便成毘盧遮那身也」679)

---

677) 『不空,般若理趣釋』(대정장 19. 608a)
678) 『不空,般若理趣釋』(대정장 19. 609a~b)
679) 『不空,般若理趣釋』(대정장 19. 609b)

(16大보살生, 곧 金剛薩埵로부터 최후신인 金剛拳菩薩에 이르러, 곧 바로 비로자나불을 성취케 된다)

「但心信受。經十六生決成正覺」[680]

(신심을 다하여 가르침을 받아드리면, 결정코 16大生에 이르러 正覺을 성취한다)

「持明阿闍梨 思惟十六義 誦一字心密 三十七圓滿」[681]

(자기가 明<부처님>임을 알고있는 밀교아사리가 16大菩薩生을 사유하면서, 一字의 心密을 지송하면 37聖衆은 원만히 성취케 된다)

680) 『文殊五字眞言勝相』 (대정장 20. 709c)
681) 『金剛峰樓閣一切瑜伽瑜祇經』 (대정장 18. 255c)

참 고:　十六空과　十六大菩薩과　十六分月의　비교

『般若經』 十六空	『金剛頂經』 十六大菩薩	『菩提心論』 十六分月	비　고
一切法無 自性空	衆生의 自心實相		
『般若經』 主張	『金剛頂經』 主張		『菩提心論』은 『般若經』과 『金剛頂經』 2-經을 活用하여, 여기에 月의 16分을 덧붙여 회통(會通)시켰다.
1 內空	金剛薩埵	그믐달	上首菩薩인 동시에 密敎付法의 제 2祖. <眞空妙有의 德>과 <六根卽是空>을 상징
2 外空	金剛(不空)王	초생달	王이 가진 (명예.권력)등 모든 外部의 것이 空함 <六境卽空>임을 시사함
3 空空 (內外空)	金剛愛(慾)	第2日月	慈悲로 중생을 사랑함 <愛慾卽是空>임을 시사
4 大空 (對空)	金剛(歡)喜	第3日月	중생을 歡喜케 함 <歡喜卽是空>을 시사
5 勝義空 (空空)	金剛妙)寶	第4日月	妙寶를 베품 <妙寶卽是空>을 시사

6	有爲空	金剛(威)光	제5日 月	威德으로 빛을 비춤 <有爲威光亦是空>을 시사
7	無爲空	金剛(寶)幢	제6日 月	보배의 깃발을 들어 알림 <無爲涅槃亦是空>을 시사
8	畢竟空	金剛(微)笑	제7日 月	중생에게 미소를 머금게 함 <諸法의 畢竟空>을 시사
9	無際空	金剛(正)法	제8日 月	중생을 正法의 세계로 이끔 <諸法의 初中後卽是空>
10	無變異空	金剛(室)利	제9日 月	文殊(Manju-sri)의 智慧로 중생을 이롭게 함 <諸法皆空>의 文殊智慧를 시사
11	本性空	金剛(輪)因	제10日 月	正法의 根本因인 法輪을 굴림 <諸法의 緣起性> 시사
12	自相空	金剛(妙)語	제11日 月	妙語로 諸法의 自相의 實相空을 시사
13	一切法空	金剛(羯摩)業	제12日 月	三密行의 法身說法을 통하여 衆生을 제도함
14	無相空	金剛(保)護	제13日 月	衆生을 保護함 <諸相의 空性>을 시사
15	無性空	金剛(夜叉)牙	제14日 月	魔軍衆들을 降伏시킴 <諸法의 無性>을 시사
16	無自性空	金剛拳(印)	제15日 月	印契로 衆生濟度의 誓願을 시사 <諸法의 無自性空>을 시사

<十六六大菩薩 修行次第說>은 아래의 도표와 같이, 보문불(普門佛: 體)인 大日如來의 과덕(果德)을 四佛(相)로 열어 보이신 후, 또다시 四佛의 德을 十六大菩薩(用)로 펼쳐 보이신 것이다.

　말하자면 法身 大日如來(體)의 구체적 모습과 덕용(德用), 그것이 四佛(相)이며 十六大菩薩(用)이란 의미이다.

참 고: 普門佛(法身佛:體)/四佛:相/十六大菩薩:用의 관계

普門(法身)佛 (體)	四 佛 (相)	十六大菩薩 (用)
大日如來	1. 阿閦佛(發心: 菩提心門)	金剛(薩陀·王·愛·喜)보살
	2. 寶生佛(修行: 功德門)	金剛(寶·光·幢·笑)보살
	3. 阿彌陀佛(菩提: 智慧門)	金剛(法·利·因·語)보살
	4. 不空成就佛(涅槃: 精進門)	金剛(業·護·牙·拳)보살

참 고: 　　　　四佛과 十六大供養菩薩과의 관계

↑(四佛이 대일여래에게 공양드림)을 나타냄

↓(대일여래께서 四佛에게 답례함)를 나타냄

四佛 ＼ 16大 供養菩薩	東方 金剛部 阿閦佛권속	南方 寶部 寶生佛권속	西方 法(蓮華)部 阿彌陀佛권속	北方 業(羯磨)部 不空成就佛권속
佛部 親近 四波羅蜜菩薩 ↑	金剛波羅蜜菩薩	寶波羅蜜菩薩	法波羅蜜菩薩	業波羅蜜菩薩
內四供養菩薩 ↓	金剛喜菩薩	金剛鬘菩薩	金剛歌菩薩	金剛舞菩薩
外四供養菩薩 ↑	金剛香菩薩	金剛華菩薩	金剛燈菩薩	金剛塗菩薩
四攝菩薩 ↓	金剛鉤菩薩	金剛索菩薩	金剛索菩薩	金剛鈴菩薩

참 고: 　　　四-波羅蜜修行(因)과 十六大菩薩修行(因)

- 五佛 · 五智(果)와의 관계 -

五方＼因果	東方	南方	西方	北方	中方
四-波羅蜜修行 (因)	金剛- 波羅蜜行	寶- 波羅蜜行	法- 波羅蜜行	業- 波羅蜜行	四- 波羅蜜修行 (因)
四-種類修行 (因) 十六大菩薩修行	菩提心類 金剛 (薩王愛喜) 四菩薩	功德聚類 金剛 (寶光幢笑) 四菩薩	智慧門類 金剛 (法理因語) 四菩薩	大精進類 金剛 (業護牙拳) 四菩薩	(四種類修行) (因) 十六大菩薩 修行
五佛 (果)	阿閦佛	寶生佛	阿彌陀佛	不空成就佛	毘盧遮那佛 (果)
五智 (果)	大圓鏡智 金剛智 증득함	平等性智 灌頂智 증득함	妙觀察智 蓮華智 轉法輪智 증득함	成所作智 羯磨智 증득함	法界體性智 (四智의 本體 : 總智) 를 증득함

『菩提心論』에는 「十方三世의 일체의 현성(聖賢)을 生成하고 양육(養育)시키는 어머니가 4-바라밀(波羅蜜)보살이다」682)라 설하고 있다.

4-波羅蜜菩薩이란 大日如來(佛部)의 四-친근(親近)보살인 4-바라밀보살을 말한다. 곧 <四波羅蜜 修行>의 결과 이루어진 분이 다름아닌 大日如來이고, 또 大日如來가 출생시킨 분들이 四佛이기 때문에, 四波羅蜜菩薩을 일러 大日如來와 四佛을 비롯한 모든 聖賢들을 낳은 능생(能生)의 母라고 한 것이다. 四波羅蜜菩薩을 女性形으로 나타내는 것도 이런 까닭에서이다.683)

682) (대정장 32. 574a)

(種子: 種字)는

金剛波羅蜜菩薩:(hūṃ=菩提心.能破) / 寶波羅蜜菩薩:(trāḥ=眞如) /

法波羅蜜菩薩:(hrīḥ=淸淨) / 業波羅蜜菩薩:(āḥ=生死卽涅槃)이다.

법신 비로자나불은 四波羅蜜-修行의 결과, 4智와 4佛을 탄생시킨다. 곧
金剛波羅蜜-修行에 의해 (心性不動의 菩提心)은 大圓鏡智와 阿閦佛로 化하였고,
寶波羅蜜-修行에 의해 (福德自在의 功德莊嚴)은 平等性智와 寶生佛로 化하였고,
法波羅蜜 修行에 의해 (自利利他의 智慧)는 妙觀察智와 阿彌陀佛로 化하였고,
業波羅蜜 修行에 의해 (萬德成就의 精進力)은 成所作智와 不空成就佛로
나타난 것이다.

이것이 四波羅蜜修行과 그 결과로서의 四智와 四佛인 것이다.

『菩提心論』이「中方의 毘盧遮那佛은 法界體性智를 이루는 연고로 根本
이 된다」(대정장 32. 573c)고 한 것은,

法身 毘盧遮那佛(一切義成就菩薩)께서 <四波羅蜜 修行>의 결과 出生시
킨 佛과 智가 다름 아닌 4佛과 4智이고, 이 四智를 통합한 것이 法界體
性智이기 때문이다.

말하자면 법계체성지(法界體性智)를 四方으로 펼쳐놓은 것이 四智이기
에, 그래서 法界體性智를 일러 四智의 本體라 한 것이다.

---

683)四金剛女(薩埵金剛女·寶金剛女·法金剛女·羯磨金剛女)는 瑜伽(yoga)-tantra
경전인 『眞實攝經』 정도에만 그 이름이 거명될 뿐, 이후에 성립된 無上瑜伽
(anuttarayoga)-tantra경전에는 이들 대신 四明妃(佛眼·摩摩枳·白衣·多
羅)가 등장하면서, 順次로 각각 阿閦佛·寶生佛·阿彌陀佛·不空成就佛 등
金剛界-M 四佛의 명비(明妃)로 자리매김되고 있다.

참 고: 4-波羅蜜菩薩과의 加持를 통한 轉識得智

(4-波羅蜜菩薩과의 加持와 그 결과로서의 四智·四佛의 출현)

『金剛頂瑜伽三十六尊禮』과 『金剛頂瑜伽修證法門』에는

毘盧遮那佛은 <金剛波羅蜜修行>의 결과 第8 Ālaya識을 굴려 大圓鏡智 (金剛智)를 所有한 阿閦佛을, 또 <寶波羅蜜修行>의 결과 제7 manas識 을 굴려 平等性智(灌頂智)를 소유한 寶生佛을, 또 <法波羅蜜修行>의 결 과 제6 意識을 굴려 妙觀察智(蓮華智/轉法輪智)를 소유한 阿彌陀佛을, 또 <業波羅蜜修行>의 결과 前 五識을 굴려 成所作智(羯摩智)를 소유한 不空成就佛을 각각 誕生(出現)시켰다.

곧 法身의 智인 法界體性智로부터 四佛이 탄생되며, 또한 四佛의 지혜인 四智, 곧 大圓鏡智 平等性智 妙觀察智 成所作智로부터 각각 (金剛·寶· 法·業)波羅蜜菩薩 등의 四波羅蜜菩薩이 탄생됨을 설명하고 있다.[684]

---

684)「南慕大圓鏡智金剛波羅蜜出生 盡虛空遍法界一切波羅蜜菩薩摩訶薩。南慕平 等性智寶波羅蜜出生 盡虛空遍法界一切波羅蜜菩薩摩訶薩。南慕妙觀察智法波 羅蜜出生盡虛空遍法界一切波羅蜜菩薩摩訶薩。南慕成所作智業波羅蜜出生 盡 虛空遍法界一切波羅蜜菩薩摩訶薩」 『金剛頂瑜伽三十六尊禮』 (대정장 18. 337b) 『金剛頂瑜伽修證法門』에는 (金剛-寶-法-業)의 四-波羅蜜菩薩과의 加 持(修行)에 의해 얻어진 것이 四智(大圓鏡智-平等性智-妙觀察智-成所作智)라 설하고 있다. 「由金剛波羅蜜加持故。證得圓滿周法界遍虛空大圓鏡智 云云」 (대정장 18. 291a)

第8. Oṃ字觀

Oṃ소리를 통하여 「자신=대일여래=Oṃ」임을 관하며 호흡하는 행법이다.

「거미가 실(絲)을 타고 상승(上昇)하여 自由의 경지에 도달하는 것과 같이, 성자(聖者)는 oṃ이라고 하는 성음(聖音)에 의해 上昇하여 자유를 얻는다. oṃ 소리(聲) 그 自體인 브라흐만과 최고신(最高神) 브라흐만, 곧 2種의 브라흐만을 알아야한다. 브라흐만인 言語(聲), 곧 oṃ에 도달(到達)한 者이어야 비로소 최고신 브라흐만에 도달할 수 있다」[685]

「선남자여! 어쩌서 oṃ을 일러 다라니母라 하며, 또 어떤 3자가 합해져 oṃ字가 만들어 진것인가? A字와 U字와 Ma字로, A字는 法身義, U字는 報身義, Ma字는 化身義이다. oṃ字는 끝도 없이 모든 義를 섭한 것으로, 따라서 일체 다라니의 우두머리가 되며, 모든 字意를 선도(先導)하며, 일체법을 낳는 생처(生處)이기에, 삼세제불은 모두 이 oṃ字를 관해 菩提를 얻은 것이다.

 그러므로 oṃ을 일러 一切다라니의 母라 하는 것으로, 일체보살은 이 oṃ으로부터 태어났으며, 일체제불도 oṃ으로부터 출현한 것으로, 그래서 oṃ을 일러 일체제불보살과 다라니의 집회처라 하는 것이다」[686]

---

685) <maitri-upaniṣad, 6,22>
686)「善男子陀羅尼母所謂 唵字所以者何 三字和合爲唵字故 謂 婀·烏·莽 (中略) 又法身義 二烏字者卽報身義 三莽字者是化身義 以合三字共爲唵字 攝義無邊故爲一切陀羅尼首 與諸字義而作先導 卽一切法所生之處 三世諸佛皆觀此字而得菩提 故爲一切陀羅尼母 一切菩薩從此而生 一切諸佛從此出現 卽是諸佛一切菩薩諸陀羅尼集會之處」『守護國界陀羅尼經』(대정장 19, 565下~566上)

「十方世界 삼세제불(三世諸佛)중 이 月輪중의 Oṃ字觀을 짓고 成佛하지 못한 부처님은 아무도 없다」[687]

위의 인용문에서 보듯이, 불교탄생 이전인 upaniṣad-시대부터 Oṃ字는 이미 성음화(聖音化)되어 최고신(最高神) 브라흐만과 동일시 되고 있음을 알 수 있다.

그 이유는 法身(Viṣṇu神)을 상징하는 A字(開聲:開聲)와 報身(śiva神)을 상징하는 U字(維持의 聲)와 化身(Brāhmaṇa)을 상징하는 Ma字(閉聲:폐성), 이 三字(聲)의 合成(聲字)이 Oṃ字이기에, 때문에 Oṃ字는 모든 자의(字義)를 통섭(統攝)하고 선도(先導)하는 근원이며, 일체존재를 탄생케 하는 근원처이다.

그래서 Oṃ字를 일러 一切다라니의 母라 하는 것이며, 일체제불보살과 다라니의 집회처라 하는 것으로, 때문에 그 누구라도 Oṃ字를 관하지 않고는 절대로 부처가 될 수 없는 것이라 단언하고 있다.

한편 자형론적(字形論的) 입장에서 Oṃ字의 자형(字形)인 O+ṃ을 분석해보면, O는 본래 모남이 없는 둥근고 원만한 圓으로, 모든 것을 둘러쌓는 포섭(包攝)의 의미를 지니며,

ṃ은 공점(空點), 곧 Anusvara로, 「一切法無自性空」이란 우주의 본성이자 진리인 般若(prajñā)를 의미한다.

따라서 O+ṃ으로 이루어진 Oṃ字는 無限・完全・眞理・永遠・般若로서, Oṃ의 소리는 근원적(根源的) 음향(音響)인 우주의 울림이며, 영혼의

---

687)「善男子 十方世界如恒河沙三世諸佛 不於月輪作唵字觀 得成佛者無有是處」
　　『守護國界陀羅尼經』(대정장 19. 570c)

울림이며 해탈의 울림인 聖音인 것이다.688)

 이제 다시 밀교경전으로 돌아가, <Oṃ字 觀法>이 어떻게해서 등장하고 설해지게 되었는지, 또 어떤 의미로 해석되고 있는지 살펴보자!

『守護國界主陀羅尼經』에는 싣달타 태자가 一切如來로부터 경책(警策)을 받고, 무식신삼매(無息身三昧; Āsphānaka-samādhi)의 修行 대신 唵字(Oṃ)觀 修行을 하라는 교칙(敎勅)을 받고, 修行한 결과 드디어 金剛界 曼荼羅 法身佛이 되는 과정을 다음과 같이 묘사하고 있다.

「싣달타가 6년 고행을 마치고 무식신(無識身) 三昧에 들어갔으나 <공견(空見)>에 빠져 正覺을 이루지 못하고 고민에 빠져있을 때, 시방의 일체 불들이 나타나 옴자관(唵字觀)을 제시하였고, 그것을 수용한 싣달타태자는 Oṃ字觀 修行 (月輪속에 있는 唵字를 觀하는 수행)에 의해 즉좌(卽座)에서 毘盧遮那法身을 이룬 후」689),

「시방삼세 제불은 모두 이 옴자관을 닦아 성불한 것이다. 그 이유는 옴(Oṃ)字야말로 一切法門이며, 8만4천法門의 횃불이고 열쇄이며, 비로자

688)「진언다라니 실담의 형성과 전개에 관한 연구」『대학원논문집 8』(중앙승가대학교 대학원, 2015)
689)「云何觀察此陀羅尼。當以唵字安前所觀月輪之中。置於頂上。觀此唵字色如珂雪。此想成已。卽見自身坐月輪中。便得成就毘盧遮那。以如是等無量無邊微塵數智成就此身。是卽名爲具一切智。亦得名爲具金剛智。是修觀者瑜伽之智。亦是般若波羅蜜多。亦卽名爲諸菩薩果。此果能得三種眞實。何等爲三。一者(意密)得前眞實不可思議一切智智諸佛境界三昧。二者(口密)得前眞實祕密眞言。三者(身密)得前眞實祕密印契」『守護國界主陀羅尼經』(대정장19. 530b)

나불의 진신(眞身)으로 一切 陀羅尼의 어머니이기 때문」690)

이라면서, Oṃ字의 위신력을 설파하고 있다.

『秘藏記』에는

「Oṃ字에는 귀명(歸命)의 義, 供養의 義, 경각(驚覺)의 義, 섭복(攝伏)의
義가 있다. 이는 모두가 法身佛과 自身佛에 歸命·供養·驚覺·攝伏함
을 뜻하는 것이다」691)

第9. Oṃ āḥ hūṃ觀

三密眞言(Oṃ·āḥ·hūṃ)을 지송하면서, 행자의 三密이 법신불의 三密
과 同一함을 관하며 호흡하는 행법으로, Oṃ하면서 入息하고, āḥ hūṃ
하면서 出息하는 수법이다.

<三密眞言>은 『瑜伽大敎王經』(대정장 No 890)과 『비밀집회-Tantra』(대
정장 No 885)에 근원을 둔 것으로, 승가의 상용의궤집인 『진언집』과
『석문의범』 <간당론>에도 등장할 만큼 일상화된 수행법이다.692)

---

690)「善男子十方世界如恒河沙三世諸佛。不於月輪作唵字觀。得成佛者無有是
處。何以故唵字卽是一切法門。亦是八萬四千法門寶炬關鑰。唵字卽是毘盧遮
那佛之眞身。唵字卽是一切陀羅尼母。從此能生一切如來。從如來生一切菩
薩。從菩薩生善根。善男子此陀羅尼具如是等不可思議威德功用。窮劫演說劫
數可盡。此陀羅尼功用威德不可窮盡」『守護國界主陀羅尼經』 (대정장 19.
570c)

691) (『弘全』 권2, p.37)

692) 『석문의범』 <看堂論>에는 Oṃ·āḥ·hūṃ 三密種字觀을 설하면서 이를
법당이나 禪房출입시 지송하라고 설하고 있다. 곧 「看堂十惡者身三口四意三
(略)身金剛唵字 觀想身之根本 當下消滅 (略) 次以語金剛阿字 觀想口之四過
悉皆消滅 (略) 次以意金剛吽字 觀想意之三毒 直下消滅」(『석문의범』 하권
173項, 諸般篇), 졸고 韓國密敎についての一考察 -釋門儀範から見た現代韓
國佛敎儀禮とその密敎的性格- (『豊山學報』 32호,1987년)

일반적으로 Oṃ(대일여래:身密)字를 중심으로, 서방에는 āḥ字(아미타불:口密), 동방에는 hūṃ(아축불:意密)字를 포진시키는 삼존불(三尊佛) 형식을 취한다.[693]

도표를 통해 이들 셋의 관계를 살펴보자

Oṃ	(身)	(供養觀)	大日如來	中臺
āḥ	(口)	(禮拜觀)	阿彌陀如來	西臺
hūṃ	(意)	(廻向發願觀)	阿閦佛	東臺

참 고: A · Sa · Pa 三字와 伊(i)字 三點 (圓伊三點=∴)

<1佛 2협시보살의 三尊>형식에서는,

A (佛部/身密/法身/體/菩提心爲因/大日如來/중앙),

Sa (蓮華部/意密/해탈/相/大悲爲根/觀音菩薩/西方),

Pa (金剛部/口密/반야)/用/方便爲究竟/金剛藏菩薩/東方)로 한다.

선무외삼장의 저작인 『삼종실지파지옥다라니법』(대정장 No 905, 대정장 18. pp. 911c~ 912a)에는 <伊(i)字 三點>, 곧 실담 伊字=(i字: ∴字)의 의미를 해석하여,

「3개의 圓의 의미는 菩提心(金剛部:A=體)과 大悲(蓮華部:Sa=相)와 方便(應化身:Pa=用)이다. 곧 <이자삼점(伊字三點)>이란 悉曇文字中 (i)인 ∴字를 가리키는 것으로, 『大日經』 三句法門의 要諦인 (菩提心·大悲·方便)과 胎藏界三部(佛部·蓮華部·金剛部)와, 三大(體相用), 그리고 三德(法身·般若

---

693) 『瑜伽大敎王經』(대정장 18. 577c), 『티벳트 밀교의 연구』 P 74 (永田文昌堂, 1982), 卍藏經 104冊, PP 745~746. 졸고 「진언집 비밀교로부터 본 이조밀교」 『논문집』(중앙승가대학교, 1992),

·解脫)을 상징한다. 이를 悉曇文字에 대응시키면 <A·Sa·Pa>이다」

라 하여, A Sa Pa를 활용해, 불교의 핵심이자 밀교의 중심이론인 三句
와 三部와 三德과 三大, 곧 菩提心(佛部: 法身=A=體)과 大悲(蓮華部: 解
脫=Sa=相)와 方便(金剛部: 般若=Pa=用)에 상징시키고 있다.
  참고로 대한불교 조계종은 종단의 문장(紋章)으로, 이 伊字三點(∴)을
빌려와 문장으로 사용하고 있다. 곧 一圓相안에 伊字三點을 넣어 佛法
僧 三寶가 원만히 성취되었음을 상징화하고 있는 것이다.
참고로 伊字三點을 달리 <원이삼점(圓伊三點)> 이라고도 부른다.

참 고: 四支成就法

<사지성취법(四支成就法)>, 곧 行者의 身·口·意 三密과 大日如來의 身
·口·意 三密이 동일하다는 것을 4-단계로 관상(觀想)케 하는 성취법을
설하고 있는, 『비밀집회-T(秘密集會-Tantra』는,
1) 親近 2) 近成就 3) 成就 4) 大成就의 4-단계를 설정한 후,

(1) 親近(Sevā)에서는, 本尊佛의 상징이며 一切 현상계(現象界)의 모든
    소리와 형상의 집약(集約)이며, 母胎인 Oṃ字의 소리(聲)와 형태(字)
    를 신체의 다섯 군데(尿·臍·口·眉間·頂上)에서 觀想하고,
(2) 近成就(Upa-sādhana)에서는, 身은 金剛처럼 단단한 것이라 觀想하
    면서, 「身金剛 Oṃ」을,
(3) 成就(Sādhana)에서는 口(입.언어)도 금강불괴(金剛不壞)한 것이라 관
    상하면서, 「口金剛 Āḥ」을,
(4) 大成就(Mahā-sādhana)에서는 意도 金剛不壞한 것이라 관상하며,
   「意金剛 hūṃ」을 지송하라 하고 있다.

곧 이 <四支成就法>은 나는 法身佛 大日如來의 分身으로서, 그분이 化現하여 생기한 것임을 心身으로 채득(體得)하는 성취법으로, 앞에서 설명한 Oṃ字觀과 Oṃ Āḥ hūṃ觀을 종합해 놓은 수행관법이다.

第10. Oṃ maṇi padme hūṃ觀 (六字大明王眞言)

 육자진언(본래는 四字진언)을 통하여, 行者 자신이 法身佛과 동등한 智慧와 大悲 구족자(具足者)임을 관하는 호흡법으로,

Oṃ하면서 入息하고, maṇi padme hūṃ하면서 出息하는 행법이다.[694]

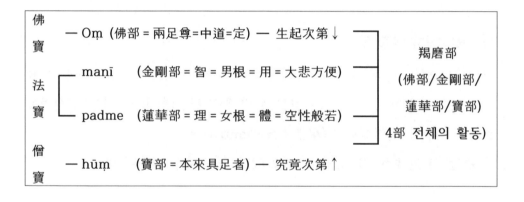

佛寶 — Oṃ (佛部=兩足尊=中道=定) — 生起次第↓
　　　 maṇi (金剛部=智=男根=用=大悲方便)
法寶
　　　 padme (蓮華部=理=女根=體=空性般若)
僧寶 — hūṃ (寶部=本來具足者) — 究竟次第↑

羯磨部
(佛部/金剛部/
蓮華部/寶部)
4部 전체의 활동)

---

694) Oṃ maṇi padme hūṃ이란 四字로 구성된 것으로, 엄밀히 말하면 六字가 아닌 四字眞言이다. 모든 진언중 으뜸이란 의미로 (大明王)진언이란 이름이 붙여졌다. 이 진언은 맨 처음 중국 明朝의 사간교(謝干敎)가 1623년 찬술한 『准提淨業』의 「准提眞言持誦便覽」에 「淨法界眞言・護身眞言・六字大明王眞言・칠구지불모심대준제다라니(일명 准提經-四大眞言)」와 함께 등장하는 것으로, 우리나라에서는 李朝時代인 1784년 편찬된 『秘密敎』와 『眞言集』 (1800년간 萬淵寺本)에 「准提眞言持誦便覽」의 원문 그대로 인용되고 있다. 참고로 1688년 개판된 『진언집』에는 '관세음보살본심미묘육자대명왕진언'만 수록되어있다. 졸고 「진언집 비밀교로부터 본 이조밀교」『논문집』(중앙승가대학교, 1992)

참 고:　　　　四字眞言(육자진언)의 의미

Oṃ	Maṇī	Padme	Hūṃ
佛部	金剛部 男性原理 方便大悲 精子 月	蓮華部 女性原理 空性般若 卵子 日	寶部 生命 明
佛(兩足尊) 中道·定·體 生起次第 (만물의 始源·母胎)	法 제행무상(空性般若) 제법무아(同體大悲) 絶對的 不二中道		僧(수행자) 究竟次第 (성불과 밀엄국토 건설)의 使命을 가진 자들

　곧 위의 설명처럼, 불법승 삼보(三寶)와 五部(佛部·金剛部·蓮華部·
寶部·羯磨部)를 비롯해, 생기차제(生起次第)와 구경차제(究竟次第) 등의
깊은 의미가 들어있다.[695]

---

695) 여기서 갈마부(羯磨部)란 (佛·金剛·連花·寶)部 각각 내지는 전체의 활
　　동을 말한다.

5節 만다라, 諸法實相과 自性實相(自心佛)

- 如實知自心 -

우리가 살고있는 이 세계가 Maṇḍala세계임을 자각케 하여, 나의 실체는 무엇인지, 또 우리가 살고있는 이 세계는 어떠한 것인지, 그리고 이러한 法界 속에서 우리들 각자는 어떻게 처신(信 · 解 · 行)해야 하는 것인지, 그리고 왜 이렇게 처신해야만 하는 것인지 그 당위성과 방법 등을 알게 해 주는 行法이다.

곧 만다라세계의 구성원인 중생으로하여금 제법실상(諸法實相: 法性 = 無自性空)과 중생실상(衆生實相: 衆生卽是大日如來)을 여실지견(如實知見)케 한후, 우리들 각자 중생들로 하여금 자심본구(自心本具)의 만덕(萬德)을 개현(開顯)시켜, 佛의 대비사업에 동참케하여, 우리가 살고 있는 이 세계를 불국토. 밀엄국토화(佛國土 · 密嚴國土化)시키려는 밀교의 行法이다.

(강 설) 너 자신을 알라 (Gnothi Seauton)! / 如實知自心

「그노티 세아우톤(Gnothi Seauton) = 너 자신을 알라!」
고대 그리스 델포이의 아폴론 神殿 현관 기둥에 새겨졌다는 유명한 말이다.
<소크라테스>가 한 말로 전해지지만, 그리스 7현인(賢人)의 한 사람인 <탈레스>가 쓴 것이라고도 하는 등, 설이 분분하다.
나는 누구일까 (Who am I) ?
사람에게 가장 어려운 일이 무엇이냐는 질문에, <탈레스>는 '자기 자신을 아는 것이며, 쉬운 일은 남을 충고하는 일이다' 대답하였다고 한다.

이와 반대로 희극작가 <메난드로스>는 오히려 '남을 알아라! 그 쪽이 더 유익하니' 라 비판하였고, <키케로>는 테스兄과 마찬가지로 '외적인 신체가 아닌 너의 마음을 아는 것이다' 고 하였다 한다.

<소크라테스>는 인간의 지혜가 神에 비하면 하찮은 것에 불과하다는 입장에서, 무엇보다 먼저 자기의 무지(無知)를 아는 엄격한 철학적 반성이 중요하다는 의미로, 이 격언을 자신의 철학적 활동의 출발점에 두었다고 한다.

르네상스(Renaissance)는 14~16세기에 일어난 문화운동으로 학문이나 예술의 부활·재생이라는 뜻을 가지고 있다.

인간의 창조성이 철저히 무시된 '神 중심의 암흑시대 중세의 속성에서 벗어나, 문화의 절정기였던 고대로 돌아가자는 운동으로, 문화·예술 분야를 비롯해 정치·과학 등 인간사회 전반적 영역에 걸쳐 고대의 그리스·로마 문화를 理想으로, 이들을 부흥시켜 새 문화를 창출해 내자는 소위 <문예부흥운동>이었다.

'외부의 모든 문제의 해답은 네 안에 있으니, 다른데서 찾지 말라, 그러려면 결국은 네가 누군지, 여실하게 자기 자신을 알아야(如實知自心) 한다//

앞서도 언급했듯이, 만다라란 우주와 나를 비롯한 인간의 實相이 무엇인지, 곧 <如實知自心>에 대한 철학으로, 이를 한폭의 그림(도상)으로 표현해 놓은 것이다.

만다라가 무엇이며, 또 그것을 보거나 듣거나 그리고 아예 만다라 속으로 들어가는 <入曼茶羅壇>의 경우, 그 공덕은 어떤 것이며, 또 왜 그러한 공덕을 지니고 있는지 경전을 통해 알아보자!

「若見若聞。若入輪壇。能斷有情五趣輪轉生死業障。於五解脫輪中。從一佛至一佛。供養承事。皆令獲得無上菩提。成決定性。猶如金剛不可沮壞。此卽毘盧遮那聖衆集會。便爲現證窣堵波塔。一一菩薩一一金剛。各住本三昧。住自解脫。皆住大悲願力。廣利有情。若見若聞。悉證三昧。功德智慧頓集成就矣」[696]

(누구든지) 만일 만다라단을 보거나<見> 듣거나<聞> 또는 그곳에 들어간다<入壇>면, 유정들은 능히 오취<五趣>의 윤전생사<輪轉生死>의 업장을 끊게 되고, 5-해탈륜<五解脫輪>속의 한분 한분의 佛로부터 공양을 받아 無上菩提를 획득하여 결정의 性을 증득<성불>하게 되는 것으로, 그것은 마치 금강이 절대로 부서지지 않는 것과 같은 것이다. 까닭은 이곳이 비로차나불 聖衆의 집회처로서, 곧 바로 현증<現證>의 수트파 塔이 되기 때문이다. 곧 만다라단의 한분 한분의 보살과 한분한분의 金剛은 제각각 本來의 三昧와 각각의 解脫과 大悲願力에 주하면서, 두루두루 有情을 이롭게 하는 것이다. 그러므로 이들을 보거나 듣기만 해도 모두 <37존들이 지닌> 삼매를 증득하며, 37존들이 지닌 공덕과 지혜 또한 곧 바로 성취케 되는 것이다)

만다라를 이해하기 위해서는 반드시 法身佛(大日如來)을 위시한 五佛에 대해 잘 알아야 한다. 곧 만다라에 들어가 수행하는 입만다라수행관(入曼茶羅修行觀))을 수행하기 위한 준비로, 먼저 法身論, 곧 五佛에 대해 살펴보자.

---

696) 『金剛頂瑜伽分別聖位修證法門』 (대정장 18. 288a)

참 고:　法身(大日如來=五佛)論 / 금강계만다라 전체설명

(五臺五佛·五印·五部·五德·五智·五座·五形·五色·三輪身)

五臺	五佛 (五印)	五部	五德 (大日如來의 德)	五智	五座	五形(持物)	五色 (五大)	正法輪身 (教令輪身)
中臺	大日如來 (智拳印)	佛部	理智 (輪圓具足=定)	法界體性智	獅子	塔	白(空)	金剛波羅蜜 (不動明王)
東臺	阿閦佛 (降魔觸地印)	金剛部	智德 (菩提心)	大圓鏡智	白象	金剛 (vajra)	靑(水)	金剛薩埵 (降三世明王)
南臺	寶生佛 (與願印)	寶部	福德 (功德聚)	平等性智	馬	寶珠	黃(地)	金剛寶 (軍荼利明王)
西臺	阿彌陀佛 (禪定印)	蓮華部	大悲의 德 (智慧門)	妙觀察智	孔雀	蓮花	赤(火)	金剛法 (大威德明王)
北臺	不空成就佛 (施無畏印)	羯磨部	三密無盡莊嚴 活動 (大精進)	成所作智	金翅鳥	劍	綠(風)	金剛業 (金剛夜叉)

참 고　　　　五佛이 지닌 전체상 (역동성과 상징성)

(五大·五智·五座·五色·五印·象徵)

五佛	阿閦佛	寶生佛	阿彌陀佛	不空成就佛	大日如來
五部	金剛部	寶部	蓮華部	羯磨部	佛部
五方	東方	南方	西方	北方	中方

五智	大圓鏡智	平等性智	妙觀察智	成所作智	法界體性智
五座 697) (獸座)	白象座698) (東方 Indra神)의 乘物　暴風.電光. 太陽. 吉祥을 象徵　地上의 動物 slow	七頭馬座 (太陽神: sūrya神) 의 乘物　太陽.傳播 를 象徵　地上의 動物 fast	孔雀座 (創造神, 브라흐만)의 女妃, Sarasvateī, 699)의 상징, 辯才天 多産.豊饒.生命 에너지 象徵 地上→天空 으로 날아 오르는 새 飛上	金翅鳥座: garuḍa700) (Viṣṇu神701) 의 乘物)太陽.生命力을 象徵　太陽을 향해 빛의 속도로 天空을 나는 鳥類(동물)의 王 far/fast	獅子座702) (正午太陽)萬有根源.强力. 豊饒.破壞를 의미하는 太陽 自體를 象徵　地上의 百獸의 王　위엄
五色 703)	靑色	黃金色	赤色 (夕陽)	綠色 (樹木)	白色
五大 (輪) (位置)	水大(輪) (地下) → 濕性.統攝	地大(輪) (地上) → 堅性.不動	火大(輪) (地上) → 煖性.變換	風大(輪) (天空) → 運動性.宇宙樹 (長養)	空大(輪) (天空) → (地下) 無碍性.循環
種字	Va	A	Ra	Ha	Kha
五形	圓形	四角形	三角形	半月形	寶珠形
五印 mudrā 704) (象徵)	降魔觸地印 成道印　內的深化 (充實)　內面化	與願印　外向化　寶物放出	法界(禪)定印　內的深化 (冥想)　內面化	施無畏印　外向化　衆生教化	智拳印 (六大相剋印)　無限循環 (右廻轉)　收斂(中)→

	發菩提心 戰勝 (煩惱.惡魔) 淨化.改心 (發菩提心)	放射.擴散 大悲.福德 衆生教化 (聚功德)	寂靜.安定. 統一.禪定 (智慧教化)	五光放出 惡魔排除 (精進修行)	發散(東) 左手風大(壽)와 右手五大 (生成要素), 물질(左)과 정신(右), 理(左)와 智(右), 女(左)와 男(右), 소우주(左)와 대우주(右) 등의 상호결합 (융화) 절대적 合一
左手 (靜寂) 開→閉	左手: 上掌置 (臍位) (親指:폄)	左手: 上掌置 (臍位) (親指:접음)	左手: 上掌置 (臍位) (親指:폄)	左手: 上掌置 (臍位) (親指:접음)	左手:金剛拳705) (心臟位) (頭指:폄)
右手 706) (活性) 上昇化	右掌向: 內下向 (觸地)	右掌向: 外下向 (衆生向) (臍位)	右掌向:內上 向 (臍位)	右掌向:外上向 (衆生向) (心臟位)	右手:金剛拳 (心臟位)
五物 (持物)	金剛杵	寶珠	蓮華	劒	塔
自利 利他	自利 (內面化)	利他 (外向化)	自利 (內面化)	利他 (外向化)	自利利他 覺行圓滿

697) 獸座는 깨달음의 과정, 곧 의식의 上昇力과 佛이 지닌 지혜.대비.위신력
등을 四方에 전파하는 力動性 등 2가지 의미의 상징성을 지닌다. 금강계만다

라의 中心인 五佛의 乘物들은 모두가 태양과 관계 깊은 동물들이다. 태양이 지닌 생명력과 위신력.강력함을 상징한다고 보면 좋을 것이다.

698) 인도에는 오래전부터 방위를 수호하는 守護神을 동물로 상징한다. 곧 東:帝釋天 indra(象)/西:水神 varuna(魚)/南:閻魔天 yama(牛)/北:財寶神 guvera(馬)등이 그것이다. 태국에는 수미산정(須彌山頂)에 살면서 우주를 지배한다는 제석천(帝釋天), 곧 三十三神을 상징하는 33개의 머리를 가진 코끼리(33頭의 象) 그림(사진 4)이 전해지고 있다. 코끼리를 통해 태양.동방.제석천.수미산 등을 상징하고 있음을 알 수 있다.

699) Sarasvateī는 비파를 들고 있는 음악.변론(辯論) 등의 神인 변재천(辯才天)을 말한다. 공작은 모든 생명체에게 산소를 공급하고, 그늘과 쉼터를 제공하고, 과실을 제공하는 등 소위 우주의 생명수(生命樹)를 상징하는 동물이다. 따라서 多産.豊饒.長生.生命을 상징한다

700) 獅子를 일러 백수(百獸)의 王이라 하듯이, garuḍa는 Viṣṇu神의 乘物로서 鳥類들의 王이다. 한번 날면 300萬里를 난다고 한다. 마치 광속(光速)처럼 빠르고 멀리 하늘을 나는 새이다. 태양을 상징하는 동물이다.

701) 宇宙 保全의 神이다. '三步에 宇宙를 횡단하는 Viṣṇu神'이라는 말처럼, Viṣṇu神은 太陽과 관계가 깊다. 태양이 朝→晝→夜, 곧 三步로 宇宙를 횡단하고 있음을 상징하고 있는 말이다. 후에 밀교에 들어와 Vairocana佛이 되었다.

702) 사자는 百獸의 王이다. 앞서의 동물들이 모두 태양을 상징하고 있듯이, 사자 역시 태양을 상징한다. 아니 太陽 바로 그 자체이다. 곧 東과 南을 상징하는 동물인 象과 馬가 地上의 동물이라면, 西와 北을 상징하는 孔雀과 金翅鳥는 天空을 나는 하늘의 동물이다. 빠르기도 점점 빨라진다. 어딘가의 목적지를 향하여 달리며 또 날고 있다. 다섯 동물 모두 태양을 상징한다고 했듯이, 목적지는 다름아닌 太陽이다. 中方을 상징하는 獅子는 太陽 바로 그 자체를 상징한다. 말하자면 다섯 동물 모두 태양이 지닌 神秘力과 威力등의 力動性을 상징하는 동물이라 보면 좋을 것이다.

703) 우주에너지인 śakti가 모이는 곳을 차크라(cakra)라 하는데, 일반적으로 基底部.臍部.心臟部.喉部.頭頂部 등 5부위의 차크라(cakra)를 상정하고 있다. 그런데 이들 śakti와 차크라가 만생명의 기본요소이며 활성요소인 五大 내지는 五色과 밀접한 관계를 가지고 있음이 밝혀졌다. 곧 五부위의 차크라에서 śakti가 산화(酸化)할 때 만들어 내는 모양과 색이 앞의 도표에서 살펴본 五大 내지 五色과 같기 때문이다.

704) 五佛의 손놀림인 mudrā를 말한다. 五佛들은 각각 자기 나름대로의 손놀림인 手印, 곧 印相을 지니고 있다. 이러한 印相들은 무의미의 손놀림이 아니라 아주 중요한 의미를 지니고 있다. 곧 五佛 각자각자가 지닌 特性과 우리들에게 전하고 싶은 메세지들을 이 手印(mudrā)을 통해 나타내고 있는 것이다.

705) 金剛拳이란 제5 禪定波羅蜜多와 제10 智慧波羅蜜多를 상징하는 左右의 엄지손가락(大指)을 각각 左右의 손바닥 안에 굽혀 넣고 나머지 손가락으로 감싸 쥐는 印이다. 말하자면 地大·水大·火大·風大와 (布施·持戒·忍辱·精進)波羅蜜多를 상징하는 左手의 小指로부터 頭指까지의 손가락으로 禪定

五佛의 분석도

- 부족(部族)·수인(手印)·오온(五蘊)·종자(種字) -

五佛	部族	手印	五方	五色	五蘊	三昧耶	種字
大日如來	如來(佛)部	轉法輪 智拳印	中方	白色	識	塔	Oṃ Vaṃ
阿閦佛	金剛部	降魔觸地印	東方	靑色	色	金剛杵	Huṃ Hūṃ
寶生佛	寶部	與願印	南方	黃色	受	寶	Traṃ Trāḥ
阿彌陀佛	蓮華部	禪定印 (法界定印)	西方	赤色	想	蓮華	Hriṃ Hrīḥ
不空成就佛	羯磨(業)部	施無畏印	北方	綠色	行	劍	Khaṃ Aḥ

波羅蜜多을 상징하는 左手의 엄지(大指)를 감싸 주먹모양을 하고, 또 地大·水大·火大·風大와 (般若·方便·願·力)波羅蜜多를 상징하는 右手의 小指로부터 頭指까지의 손가락으로 智波羅蜜多를 상징하는 右手의 엄지(大指)를 감싸 주먹모양을 한 것을 말한다. 여기서 왼손은 修行者를 의미하며, 오른손은 法身佛을 상징한다. 이 때 禪定(左手의 大指)과 智慧(右手의 大指)를 상징하는 左右의 엄지(大指)를 어디에 두느냐에따라 의미가 달라지게 된다. 곧 좌우의 엄지인 禪과 智를 각각 小指(地大와 理를 상징) 아래에 두는 것을 金剛理拳이라 하며, 무명지(水大와 智를 상징)아래에 두면 金剛智拳, 中指(火大와 降魔를 상징) 아래에 두면 金剛忍拳, 그리고 소지와 무명지 사이에 두면 金剛不二拳이라 한다. 이 금강권이 의미하는 것은 신체·언어·마음의 三密活動이 相應하여 合一한다는 의미로서의 실행을 상징한다. 곧 金剛拳은 小指·無名指·中指의 세 손가락으로 대지(大指;엄지손가락)를 쥐고, 두지(頭指;집게손가락)를 약간 구부려서 칼(劍身)처럼 하는 것인데, 여기서 신체·언어·마음이 각각 小指(身)·無名指(口)·中指(意)의 세 손가락으로 표현되고, 거기에 <엄지손가락을 쥔 것은> 身體·言語·마음, 곧 <身口意 三密活動의 統合의 의미>가 있는 것으로, 如來와 同一한 우리들의 신체.언어.마음의 세 가지 秘密의 活動이 그대로 日常生活化되고 있음을 나타낸다. 한편 頭指를 <칼(劍身)모양으로 한 것은 迷妄을 잘라 없애는 智慧의 활동을 나타낸 것으로, 如來의 신체·언어·마음의 세 가지 秘密의 活動을 우리들의 신체.언어.마음의 日常의 活動에 그대로 具現시켜, 卽身成佛을 實現시키겠다는 의지의 표현이다.
706) 오른손의 위치가 점점 심장(태양)을 향해 상승하고 있음을 알 수 있다.

第1 入曼荼羅行觀(입만다라행관)

입만다라행의 관법에는 태장계만다라행법과 금강계만다라행법의 2-행법이 있다.

1-1 入胎藏界曼荼羅行法
① 태장계만다라, 그 구성과 의미

<Mahā-karuṇā-garbha-udbhava-maṇḍala>란 이름을 지닌 <태장계만다라>는 태장(胎藏: garbha)이란 이름이 말해주듯, 女性原理에 의거해 파생된 만다라이다.

곧 女性의 자궁(子宮) 內部에서 생명의 종자가 집을 지어 점차 성장해 가는 모습을 비유한 것으로, 중생본구(衆生本具)의 菩提心 종자가 法身大日如來의 대비태(大悲胎: karuṇā-garbha)속에서 성장해 가는 모습을 도상화한 것이다.

말하자면 우주의 주인인 법신 대일여래의 세계, 곧 만물을 내장(內藏)하는 진리자체인 부처님의 세계를 도상화한 것으로, 자식인 일체중생을 섭화(攝化)하기 위한 萬生命主 (大日如來卽是一切存在의 母)인 法身大日如來의 사업, 곧 大悲이신 법신 대일여래로부터 전개되어 가는 무한세계를 도상으로 표현한 것이 태장계만다라이다.[707]

---

707) 『대일경』은 2개의 만다라를 설하고 있다. 곧 住心品에서 설하고 있는 심상(心像)만다라 (如實知自心曼荼羅)와 구연품(具緣品)에서 설하고 있는 도상(圖像)만다라 (大悲胎藏生 만다라)가 그것이다. 心像曼荼羅는 인간의 실상(自性淸淨.菩提.空性)을 강조한 만다라이다. 다시 말해 住心品의 「菩提心爲因」에서 菩提心이란 대승경전에서 말하는 깨달음을 추구하기 위한 발심이라는 그런 단순한 의미가 아니라, 우리들 본래의 마음 바탕이 청정하고 空性이며 菩提 바로 그것이라는 자각심(如實知自心), 그것이 바로 우리가 住해야 할 마음이라는 뜻이다. 이 住해야 할 마음 곧 <나=대일여래>임을 발현(發現)하기 위해 시설(施設)해 놓은 만다라가 다름 아닌 心像曼荼羅인 것이다. 또 具緣品의 圖像曼荼羅는 대일경 三句가운데 「方便爲究竟」을 극대화 시키기 위해 佛께서 시설(施設)해 놓으신 만다라, 말하자면 중생을 교화시켜 佛로 거

곧 중생들로 하여금 제법실상인 무자성공(無自性空)의 터득을 얻게 하여, 우리들 각자 각자가 Maṇḍala世界의 一員(공동 운명체)으로서, 이 우주의 주인공임을 자각(自覺)·신해(信解)케 하는 행법이다(信解가 강조됨).

곧 법신대일여래의 삼밀무진장엄활동상(三密無盡莊嚴活動相), 그리고 大悲로써 중생을 섭화·교화(攝化·敎化)하시는 모습을 도상화한것이다.

② 三部·四重-構造의 태장계만다라

태장계만다라의 기본구조는 불부(佛部)·금강부(金剛部)·연화부(蓮華部)의 三部이다.[708] 곧 중대팔엽원(中臺八葉院)을 중심으로 東과 西를 잇는 축(軸)을 佛部, 남쪽에 있는 금강수원(金剛手院)과 제개장원(除蓋障院)을 金剛部, 중대팔엽원의 북쪽에 있는 관음원(觀音院)과 지장원(地藏院)을 蓮華部라 하는데, 태장계의 이러한 三部구조는 대승의 양부경전이라 불려지는 『법화경』과 『화엄경』의 영향을 받아 이루어진 것이다. 곧 연화부의 중심존인 <관음보살>은 『법화경』의 슈퍼스타인 관음보살에서, 또 금강부의 중심존인 <금강수(金剛手)보살>은 『화엄경』의 슈퍼스타인 보현(普賢)보살(보현보살은 밀교에 와서 금강수보살이 됨)에서 연유된 것으로, 『대일경』은 이들 2-슈퍼스타들을 취입(取入)해 만다라의 중심인 대일여래(佛部)의 양 협시보살, 곧 蓮華部와 金剛部의 중심존으로 삼아,

---

듭나게 하기 위해 내리신 최선의 방편만다라 (한 중생이라도 건지기 위해 모든 인연들을 모아 그들로 하여금 발심.수행하도록)인 것이다. 곧 具緣品이란 이름이나 그 곳에서 설하고 있는 만다라를 大悲胎藏生曼茶羅라 부르는 것은 바로 이 때문으로서, 大悲胎藏生이란 母胎에서 어린 아이가 자라나듯이 大悲胎藏이신 법신불께서 중생을 佛로 거듭나게 하기 위해, 중생들을 大悲胎에서 기르고 계시다는 심오한 뜻이 담겨 있는 말이다. 「諸佛發生曼茶羅」「極無比味無過上味」『대일경소』(대정장 39. 625b)「哀愍無邊衆生界故是爲大悲胎藏生曼茶羅」「大悲曼茶羅即是一切種子出生所即是諸乘無量事業依止處」『대일경소』(대정장39. 585c)란 경구들은 바로 이러한 뜻이 담긴 말씀들이다.

708) 한편 금강계만다라의 기본구조는 태장계 三部(불부.금강부.연화부)에 보부(寶部)와 갈마부(羯磨部)를 추가시켜 전체 五部의 구조를 가지고 있다.

태장계만다라 전체를 三部(불부·연화부·금강부)형식으로 하였다.

胎藏界曼茶羅

한편 <태장계만다라>는 모두 12개의 방으로 이루어져있으며, 삼부사중(三部四重)이란 기본구조를 지닌다. 12개의 방이란 위에서 언급한 三部(불부·금강부·연화부)에 속해있는 방들을 말하는 것으로, 佛部 7원(中臺八葉院·遍知院·持明院·文殊院·釋伽院·虛空藏院·蘇悉地院),金剛部 2원(金剛手院·除蓋障院), 蓮華部 2원(觀音院·地藏院), 그리고 이들을 둘러 쌓고있는 맨 바깥의 최외원(最外院=外金剛部)을 가리킨다.709)

---

709) 현재 전해지고 있는 태장계만다라는 선무외(善無畏)삼장이 전하고 있는 『胎藏圖樣』과 불공(不空)삼장이 전하는 『胎藏舊圖樣』 그리고 혜과(惠果)화상이 일본 空海스님에게 전한 『胎藏現圖(現圖曼茶羅)』 등 3가지이다. 본 강의는 보편적으로 많이 사용되고 있는 『胎藏現圖』를 중심으로 설명하고 있다. 『胎藏現圖』에는 『대일경소』 제6에 의거한 『胎藏圖樣』과 『대일경』『불공견삭신변경』 등에는 등장하지 않는 십일면관음, 천수관음 반야보살 공작명왕 등이 등장하는데, 이러한 구조는 중국찬술로 거기에 위경(僞經)으로까지 알려진 『攝無碍經』의 설을 취입(取入)한 것으로 보여진다. 또 『대일경』에는 <소실지원(蘇悉地院)>에 대한 언급이 없는데, 左右의 바란스를 맞추기 위해 혜과화상이 추가로 삽입한 것이라고 보여진다. 石田尙豊『만다라연구』

그림에서 보듯, 태장계만다라는 동심원적 구조를 가지고 있다. 따라서 四重이란 중대팔엽원을 중심으로하는 동심원의 구조, 곧 중대팔엽원과 외각에 있는 4개의 동심원을 가리킨다.

곧 중대팔엽원·편지원·관음원·금강수원·지명원 등의 5개의 방은 제일중(第一重), 그 다음 밖에 있는 석가원·지장원·허공장원·제개장원 등의 4개의 방은 제이중(第二重), 그 외각에 있는 문수원과 소실지원은 제삼중(第三重), 맨 바깥쪽에 있는 최외원(最外院)은 제사중(第四重)이라 하는데, 여기서 四란 숫자에 연하여 이들 각각을 밀교의 중요개념인 사종법신(四種法身: 자성·수용·변화·등류)에 대치시키고, 또 상황과 편리에 따라 第二重과 第三重을 하나로 묶어, 전체 구조를 삼중구조(三重構造)로 만든 후, 이를 각각 『대일경』 三句法門인 第一重: 菩提心爲因, 第二重: 大悲爲根, 第三重: 方便爲究竟에 대치시키기도 한다.

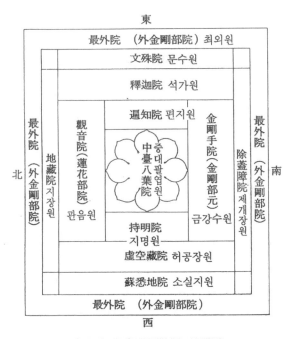

(現圖) 胎藏界曼茶羅 配置圖

③ 중대팔엽원, 그 상징성과 메시지

㉠ 일체존재 모두가 대일여래로 부터의 출생임을 나타내며,

㉡ 如實知自心 곧 「중생즉시대일여래」임을 나타내며,

㉢ (법신불)9尊=5불4보살=대일여래=나=중생=蓮花=9識(자심불=自心佛)임을 나타내며,

㉣ 팔엽(八葉: 4불 4보살)은 發菩提心(보당불과 보현보살), 如來의 大悲行(개부화왕불과 문수보살), 成佛(무량수불과 관음보살), 涅槃(천고뇌음불과 미륵보살)을 표상하는 것으로, 대일여래의 別德을 나타낸다.

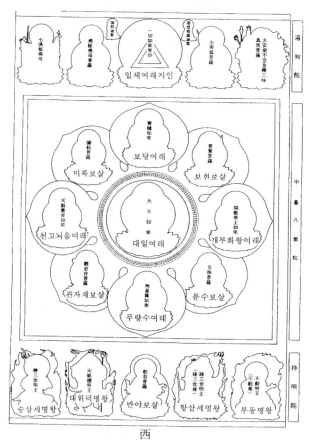

中台八葉院 · 遍知院 · 持明院

- 724 -

곧 중대팔엽원은 인간의 본성인 자성청정심(自性淸淨心), 곧 9識으로서 5불 4보살을 상징하는 佛性과 보성(寶性)을 나타낸다.[710]

곧 『비장기(祕藏記)』에

「나의 一心法界中에는 대일여래를 비롯한 4-바라밀 등의 일체제불이 결가부좌하고 앉아있다」[711]

고 한 것처럼, 중앙의 큰 원은 대일여래의 이(理)법신으로서 생명탄생의 장소인 자궁(子宮: Yoshid-bhaga), 곧 불성인 般若波羅蜜宮을, 주위에 부속된 팔엽은 생명탄생을 도와주는 보조능력으로서의 대일여래의 별덕을 의미하고 있는 것으로, 이들이 주는 의미는 우주에 존재하는 각 개체들의 본향은 법신대일여래로서, 때문에 각 존재의 본래면목은 법신불의 자식으로서 그 누구나 할 것 없이 생명주인 법신불과 똑같은 淸淨性과 五智 구족한 佛性을 지니고 있다는 사실을 각성시키고 있는 것이다.

곧 태장계만다라는 大悲의 體인 법신대일여래와 yoga(유가)를 통해, 그 대비가 나에게도 가지(加持)되고 있음을 심신(心身)으로 체득하는 것으로, 이를 통해 우주의 진리인 眞如가 나의 삶속에서 구현되도록 하는 것을 목적으로 한다.

---

710) 융이 만다라에 관심을 두고, 의도하려했던 것도 <self> 곧 <마음의 중심>인 <개아 내지는 자아>로서, 그것을 하나의 형태로 나타내어 만다라라고 정의했으나, 이를 불교적으로 말하면 일체중생이 본래부터 지니고 있는 불성(佛性)이라 대치할 수 있을 것이다. 그리고 그는 이러한 만다라가 어떤 특이형태, 곧 기본적으로 중첩의 사각형과 원으로 구성되어 있거나 배열되어있다고 주장하고 있다. 졸고 「만다라와 심리치료」『대학원 연구논집』 제 3집, (중앙승가대학교 2010)

711) 『弘全』 권2, p.30

참 고: 如實知自心曼茶羅=心像曼茶羅)와

　　　大悲胎藏生曼茶羅=圖像曼茶羅)

『대일경』은 2개의 만다라를 설하고 있다.

　곧 「주심품(住心品)」에서 설하고 있는 <심상만다라(心像曼茶羅: 如實知
自心曼茶羅)>와 「구연품(具緣品)」에서 설하고 있는 <도상만다라(圖像曼
茶羅: 大悲胎藏生曼茶羅)>가 그것이다.

　<心像曼茶羅(如實知自心曼茶羅)>는 인간의 마음이 가지는 본성, 곧 자
성청정・보리・공성(自性淸淨・菩提・空性)을 강조하는 만다라이다.

곧 "보리심위인(菩提心爲因)"이라 한 「주심품(住心品)」에서의 菩提心이란
대승경전에서 말하는 깨달음을 추구하기 위한 발심(發心)이라는 그런 단
순한 의미로서의 보리심이 아니라, 우리들 본래의 마음 바탕이 청정(淸
淨)하고 공성(空性)이며 보리(菩提) 바로 그것이라는 자각심(自覺心: 如實
知自心), 그것이 바로 우리가 住해야 할 마음이라는 뜻이다.

　다시 말해 우리들이 명심해서 住해야 할 마음, 곧 "나 = 大日如來"임을
발현(發現)하기 위해 시설(施設)해 놓은 만다라, 그것이 심상만다라(心像
曼茶羅)인 것이다.

　또 「구연품(具緣品)」의 도상만다라(圖像曼茶羅: 大悲胎藏生曼茶羅)는 『
대일경』三句 가운데 "방편위구경(方便爲究竟)"을 극대화시키기 위해 佛
께서 시설(施設)해 놓으신 만다라이다. 곧 중생을 교화시켜 佛로 거듭나
게 하기 위해 내리신 최선의 방편만다라(方便曼茶羅: 한 중생이라도 건
지기 위해 모든 인연들을 모아 그들로 하여금 發心・修行케 하도록 함)
인 것이다.

곧 <구연품(具緣品)>이란 이름이나, 그곳에서 설하고 있는 만다라를 <大悲胎藏生曼茶羅>라 부르는 것은 바로 이 때문으로, 여기에는 모태(母胎)에서 어린아이가 자라나듯이, 대비태장(大悲胎藏)이신 법신불께서 중생을 佛로 거듭나게 하기위해, 우리들을 당신의 대비태(大悲胎)에서 기르고 계시다는 심오한 뜻이 담겨 있는 것이다.

「諸佛發生曼茶羅(제불발생만다라) 極無比味無過上味(극무비미무과상미) 哀愍無邊衆生界故(애민무변중생계고) 是爲大悲胎藏生曼茶羅(시위대비태장생만다라) 大悲曼茶羅卽是一切種子出生所(대비만다라즉시일체종자출생소) 卽是諸乘無量事業依支處(즉시제불무량사업의지처)」[712]라는 경구들은 바로 이러한 뜻이 담긴 말씀들이다.

1-2 入金剛界曼茶羅行法 (입금강계만다라행법)

<금강계만다라(Vajra-dhātu-maṇḍala)>는 Vajra란 이름이 말해주듯, 男性原理에 의해 전개된 만다라이다. 곧 금강계만다라는 大日如來의 種子(金剛: Vajra)를 가진 各界의 중생들이 생명에너지가 되어 불신(佛身)을 이룬 후(이때는 佛身을 이루었다는 의미로 成身會라고 한다), 이번에는 佛의 대비성취의 사업에 동참하여 이 세계를 창조·장엄해 나가는 모습(갈마=Karma)을 도상화한 것이다.

말하자면 나는 佛의 아들인 金剛 바로 그것임을 깨달은 행자(금강살타)가 삼독(三毒)을 비롯 一切의 무명(無明)과 번뇌를 깨고 승리자가 된 후, 이번에는 중생구제라는 佛의 사업에 동참하여 중생들을 하나하나 제도해 나가는 모습(이때는 갈마회라 한다)을 도상화한 것이다.

곧 우리들 각자 각자로하여금 불지견(佛智見=法性)을 체득케하여, 이 세

---

712) 『대일경소』 (대정장 39. 585c)

계를 불국토.밀엄국토로 만들어가게 함과 동시, 이러한 사명감을 가지고 견고부동한 菩提心과 大悲行의 삶을 살 것을 도상으로 표현한 것이다.

① 금강계만다라, 그 구성과 상호간의 관계

「金剛頂瑜伽에는 십만게(十萬偈) 十八會가 있다. 그 초회(初會)를 일체여 래진실섭교왕(一切如來眞實攝敎王)이라 이름한다. 4품이 있으니 금강계 품(金剛界品)·항삼세품(降三世品)·편조복품(遍調伏品)·일체의성취품(一切義成就品)으로 四智印을 나타낸다.

初品에는 六個의 만다라가 설해 있는데, 그것이 바로 <금강계-대만다라>이다. 비로자나불과 그 受用身까지도 아울러 설한다. 五相(成身觀)을 통하면 그 자리에서 等正覺을 이루며, 成佛후에는 바로 金剛三摩地로 그 자리에서 37智를 발생하게 된다」[713]

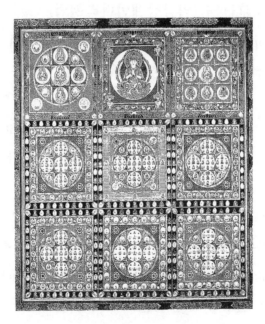

금강계 만다라(九會)

713) 『金剛頂經瑜伽十八會指歸』 불공삼장역 (대정장 18. 284c)

十八會의 『金剛頂經』중 지금까지 알려진 것은 初會를 비롯한 5회이다.

㉠ 제 1會(初會)

不空譯 (大正 NO 865)

　　『金剛頂一切如來眞實攝大乘現證大敎王經』3권.754年譯)

施護譯 (大正 NO 882)

　　『佛說一切如來眞實攝大乘現證三昧大敎王經』30권.714)

<Sarva-tathāgata-tattva-saṃgraha-nāma-mahā yāna-sūtram>

(G.tucci본을 底本으로해서 堀內寬仁 博士가 校訂한 30권 梵本이다)

㉡ 제 3會 Tibet譯 『金剛頂-Tantra』

㉢ 제 6會 『理趣經』 (大正 NO 244)

　　『最上根本大樂金剛不空三昧大敎王經』7권 715)

㉣ 제 9會 Tibet譯 『一切佛集合-Tantra』

㉤ 제15會 Tibet 『秘密集會-Tantra』 (Guhya-Samāja-Tantra)

　　漢譯 (大正 NO 885)

　　『佛說一切如來金剛三業最上秘密大敎王經』

---

714) 不空譯本과 施護譯本, 1015年譯)의 관계를 보면, 不空譯本은 6개의 만다
　　라를 설하고 있는 제 1품 <金剛界品>중 成身會(金剛界 大曼茶羅)만을 설하
　　고 있는데 반해, 施護譯本은 앞에서 설명한 28개의 만다라를 모두 설하고
　　있다. 곧 九會曼茶羅 중 이취회를 제외한 八會를 설하고 있다.
715) 宋朝의 法顯譯

初會 金剛頂經(施護譯 30권본)은 4품으로 구성되어 있고, 총 28개의 만다라를 설하고 있다.

시호 역본(施護 譯本)의 구성을 보면 다음과 같다.
제 1품 금강계품(金剛界品): 권1 ~ 권8(6개의 만다라가 설해져 있음)
제 2품 항삼세품(降三世品): 권9 ~ 권17(10개의 만다라가 설해져 있음)
제 3품 편조복품(遍調伏品): 권18 ~ 권21(6개의 만다라가 설해져 있음)
제 4품 일체의성취품(一切義成就品): 권22 ~ 권24(6개 만다라가설해짐)

곧, 제1품인 <금강계품>은
6개의 만다라(成身會 · 三昧耶會 · 微細會 · 供養會 · 四印會 · 一印會)를 설하고 있으며,

제2 품인 <항삼세품>은
제1품 <금강계품>의 6개의 만다라에다 추가로 <大曼茶羅 · 三昧耶曼茶羅 · 法曼茶羅 · 羯磨曼茶羅>등 4개의 만다라를 덧붙여, 총 10개의 만다라를 설하고 있다.

제3품인 <편조복품>과 제4품인 <일체의성취품>은
제1 품인 <금강계품>에서 설한 6개의 만다라(成身會 · 三昧耶會 · 微細會 · 供養會 · 四印會 · 一印會)를 재차 설하고 있다.716)

---

716) 九會 만다라 중 降三世갈마회. 降三世三昧耶會는 大曼茶羅와 三昧耶曼茶羅에 해당된다.

앞의 『金剛頂經』의 기본구조에서 자세히 밝혔듯, 이 경의 무대장치는 <일체의성취(Sarvārthasiddhi)>수행자가 금강계관정(金剛界灌頂)인 <五相成身觀>을 받고 법신 비로차나불이 되는 과정을 그리고 있다.

곧 금강계 법신불의 출현과 그 의미, 말하자면 금강계 만다라세계(五佛三十七尊)의 형성 과정, 다시 말해 <일체의성취보살>의 성도(成道)를 계기로 법신불께서 출현하셨고, 법신불께서 중생들을 제도하시기 위해 示現하신 것이 금강계만다라이며, 37존으로 대변되는 권속들이라는 것을 보이고 있다.

아래 도표를 참조하면서, 9회 상호간의 관계를 살펴보자!

⑤ 사인회 (四印會)	⑥ 일인회 (一印會)	⑦ 이취회 (理趣會)
④ 공양회 (供養會)	① 근본회 (根本會) (成身會=羯磨會)	⑧ 항삼세갈마회 (降三世羯磨會)
③ 미세회 (微細會)	② 삼매야회 (三昧耶會)	⑨ 항삼세삼매야회 (降三世三昧耶會)

참 고: 근본회를 成身會 또는 羯磨會라 부르는 이유

ⓐ 金剛 바로 그것인 行者가 금강살타가 되어 일체의 무명(無明)과 번뇌를 깨고 佛身을 이룸(成佛身)을 도상화 한 것으로, 발보리심을 강조한 것이 성신회(成身會)이며,

ⓑ 金剛 바로 그것인 法身大日如來의 智가 一切의 無明을 깨고 一切衆生을 제도하는 모습을 도상화한 것으로, 법신불의 대비를 강조한 것이 갈마회(羯磨會)이다.

곧 금강살타인 우리들도 佛의 대비사업에 동참하여, 중생을 제도하며 이 세계를 밀엄국토화 해야한다는 사명감과 또 실제로 건설해 가는 모습을 도상화한 것이 갈마회이다.

항삼세삼매야회로부터 시작하여 →이취회 → 미세회 → 삼매야회 등을 거쳐 →중앙으로 들어올 때, 그 최중앙(最中央)을 성신회(成身會: 佛身을 이루었다는 뜻)라 부르며, 이와 같은 과정을 向上門 또는 상전문(上轉門)이라 한다.

반대로 最中央에서 시작하여 삼매야회 → 항삼세갈마회를 거쳐 →
항삼세삼매야회로 나갈 때, 그 시작지인 최중앙을 갈마회(羯磨會: 중생세계를 Karma하여 밀엄세계<密嚴世界>로 만들어 간다는 뜻)라 부르며, 이와 같은 과정을 向下門 또는 하전문(下轉門)이라 한다.

대일여래께서 중생세계를 갈마(羯磨: Karma)하여 밀엄세계로 만들어 가는 과정을 묘사한 羯磨會의 과정 곧, 向下門 (제 1회 → 제 9회)은 다음과 같이 설명되어진다.

참 고: 갈마(Karma)회와 大悲方便

갈마회는 공성반야(空性般若)의 활동인 대비방편(大悲方便)을 강조한 것이다. 온갖 방편을 통해 중생들을 구제해 나가는 대비행의 구심점인 법신 대일여래의 구체적 활동을 묘사해 놓은 것이기 때문이다. 곧 마치 태풍의 눈처럼 九會 각각의 중심에 법신 대일여래가 자리잡고 있으면서, 그곳으로부터 大悲라는 에너지를 중생의 근기에 맞추어 방출하며, 끝없이 이어지는 중생들을 하나하나 제도해 가는 모습의 상징화, 그것이 바로 갈마회이다.

참 고: 向上門(上轉門)의 구조

向上門(上轉門)의 전체구조는 수행자가 佛의 空性般若와 계합하는 과정을 도상화한 것이라 볼 수 있다.

왜냐하면 <항삼세-삼매야회>와 <항삼세-갈마회>는 중생의 根本無明인 三毒의 퇴치를, <理趣會>는 욕망의 승화를, <一印會>와 <四印會>는 우주불 대일여래에의 귀일(歸一)을, <供養會>는 일체존재들의 상호연기성(相互緣起性)을, <微細會>는 空性般若의 편재성(遍在性)을, <三昧耶會>는 大悲의 체득(體得)을, <成身會>는 空性般若와의 合一을 각각 묘사해 놓은 것이기 때문이다.

② 성신회 37존 만다라의 구성과 역할

 앞에서 설명한 것처럼, 근본회는 금강계만다라 전체의 근본이 되기에 근본회(羯磨會 또는 成身會라고도 함)라고 한다. 根本會의 기본이 되는 중심 존격이 37존이므로 일반적으로 근본회 37존 또는 성신회 37존이라 부르기도 한다. 하지만 37존에 따른 根本會(성신회)의 권속은 총 1061존이다.

곧 『金剛頂瑜伽十八會指歸』의 「각 部마다 그리고 각 尊 마다 37존과 4-만다라와 4-印이 갖추어져 상호 섭입하고 있다」란 설명처럼, 37尊中 5佛을 제외한 32존에 각각의 32존이 있으므로, 1024존+37존하여, 총 1061존이 된다.[717]

「瑜伽教十八會는 五部와 四種만다라와 4인(四印) 그리고 37존으로 구성되어 있다. 곧 각 部마다 그리고 각 尊 마다 37존과 4-만다라와 4-印이 갖추어져 상호 섭입하고 있는 것으로, 마치 제석천의 망주(網珠)처럼 그 광명이 서로 비추어서 무한(無限)을 이룬다. 따라서 수행자가 이 유가경(瑜伽經)의 대의를 통달하면, 편조불(遍照佛)과 같은 복덕과 지혜자량을 갖추게 되고, 자성신(自性身)과 수용신(受用身)과 변화신(變化身) 그리고 등류신(等流身)의 사종법신(四種法身)을 증득하게 되어, 능히 일체 유정(有情)과 제 보살과 성문 연각을 비롯한 모든 외도를 이락(利樂)시키기 때문에, 이름하여 유가금강승(瑜伽金剛乘)이라 하는 것이다」[718]

---

717) 32*32=1024존에, 여기에 근본 37尊을 더하면 총 1061尊이 된다. / 1061존을 좀더 구체화하여 이를 세분하면 ①現(賢)劫千佛: 250*4方=1000佛 ②地水火風 四大輪=4尊 ③最外院: 5天*4方=20天(尊) ④ 37尊으로, 이를 합하면 都合 1061尊이 된다.
718) 『金剛頂瑜伽十八會指歸』 (대정장 18. 284c)

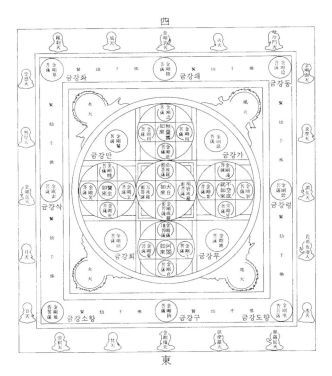

성신회 37존 만다라

<五佛·16大菩薩·16大供養菩薩로 구성된 금강계 성신회 37존 만다라>

②-1 五佛/五部/五臺

　　佛部(中臺: 大日如來) / 金剛部(東臺: 阿閦佛 / 寶部(南臺: 寶生佛) /

　　連華部(西臺: 阿彌陀佛) / 羯磨部(北臺: 不空成就佛)

②-2 十六大菩薩 (慧)

　　四部(金剛部·寶部·蓮華部·羯磨部)에 속해 있는 16분의 보살을 일

　　컫는다.

　　金剛部四菩薩=金剛(薩埵·王·愛·喜)보살

　　寶部四菩薩=金剛(寶·光·幢·笑)보살

　　蓮華部四菩薩=金剛(法·利·因·語)보살

　　羯磨部四菩薩=金剛(業·護·牙·拳)보살

- 735 -

②-3 十六大供養菩薩 (定):

四波羅蜜보살. 內四供養보살. 外四供養보살. 四攝보살을 일컫는다.

↑ 四波羅蜜보살= (金剛.寶·法·羯磨)波羅蜜보살

↓ 內四供養보살= 金剛(嬉·鬘·歌·舞)보살

↑ 外四供養보살= 金剛(香·華·燈·塗香)보살

↓ 四攝보살= 金剛(鉤·索·鎖·鈴)보살

　37尊의 상호관계는 능현(能現: 眞理)인 대일여래와 소현(所現: 現像)인 四佛間에 행해지고 있는 상호예배공양(相互禮拜供養圖: 入我我入關係圖)관계이다. 곧 이들 상호간에 벌어지는 예배와 공양의 관계는 다음과 같이 설명할 수 있다.

㈀ 중생들의 대변자인 四佛(아축불/보생불/아미타불/불공성취불)이 각각 (金剛/寶/法/業)의 4-바라밀(波羅蜜)보살을 탄생시켜, 이들을 통해 우주의 주인이신 대일여래께 供養(불퇴전의 信. 각종 보물. 如法하게 살겠다는 서원. 보살행)을 드림 ↑

㈁ 四佛의 공양을 받으신 대일여래께서는 금강(嬉·鬘·歌·舞)의 內四供養女보살을 유출하시어, 이들을 통해 중생들의 대변자인 四佛에게 각종 공양(기쁨·福德·노래·춤)을 내리심↓

㈂ 중생들의 대변자인 四佛은 감사를 드리기위해, 또 금강(香·華·燈·塗)의 外四供養보살을 유출시켜, 이들을 통해 대일여래께 공양(향·화·등·도향=개금및 각종 장엄)을 드림↑

㈃ 중생의 대변자인 四佛의 공양을 받으신 대일여래께서는 또 다시 금강(鉤·索·鎖·鈴)의 사섭(四攝)보살을 유출하시어, 이들을 통해 중생을 두루두루 (잘못된 곳으로 또는 마구니의 길로 빠지지 않도록, 그때그때 마다 갈고리·새끼줄·자물쇠를 잠구어 법의 세계로 인도하신후, 법문을 들려줌) 제도하심↓

곧, 사섭보살(四攝菩薩) 가운데

금강구(金剛鉤)보살은 중생을 불러 모으는 소청(김請)의 의미임,

금강삭(金剛索)보살은 중생을 비로자나 법계궁으로 끌어들임(索)의 의미임,

금강쇄(金剛鎖)보살은 다시는 윤회세계로 못나가도록 자물쇄(鎖)로 잠금을 의미함,

금강령(金剛鈴)보살은 법계궁에 모인 중생에게 안락 법문(鈴)을 들려줌을 의미함.

참 고:

ⓐ ↑표시는 四佛이 大日如來께 供養드림을 나타내고,

ㅤ↓표시는 대일여래께서 四佛에 공양내리심을 나타낸다

ⓑ 16대보살은 대일여래의 화불(化佛)인 四佛의 德을 구체적으로 상징한 것이다.

ㅤ곧 4-해탈륜속의 16대보살들은 수렴과 발산의 유기적 관계를 이루면서, 금강계만다라가 상징하려는 공성반야(空性般若)에 대한 개시開示)를 보이고 있다.

ⓒ 4바라밀(四波羅蜜)보살이라 불리우는 불부(佛部)의 4보살들은 주존(主尊)인 大日如來와 화현불(化現佛)인 四佛과의 상호관계성(상호 공양과 그 보답을 통하여 끊임없이 유지되고 있음)을 보여주고 있다.

ㅤ물론 이들의 상호관계성은 대일여래와 일체중생간의 공성반야(空性般若)와 大悲에 대한 상호관계성을 상징하고 있다.

ⓓ 四波羅蜜보살(↑)과 內四供養보살(↓) 그리고 外四供養보살(↑)과 四攝보살(↓)과의 관계 역시 대일여래와 우리들 중생과의 상호관계성(供養과 答禮)을 상징한 것으로, 특히 내사공양(內四供養)보살과 외사공양(外四供養)보살은 상호 주고받는 공양물들을 존격화(尊格化)하여 표시한 것이다. 특히 사섭보살을 四方에 배치시킨 것은 四佛의 방위 신앙에 그 연원이 있다.

金剛界三十七尊名

1 大日如來 ┐
2 阿閦如來 │
3 寶生如來 ├ 五佛
4 阿彌陀如來 │
5 不空成就如來 ┘

6 金剛薩埵菩薩 ┐
7 金剛王菩薩 │
8 金剛愛菩薩 │
9 金剛喜菩薩 │
10 金剛寶菩薩 │
11 金剛光菩薩 │
12 金剛幢菩薩 │
13 金剛笑菩薩 ├ 十六大菩薩
14 金剛法菩薩 │
15 金剛利菩薩 │
16 金剛因菩薩 │
17 金剛語菩薩 │
18 金剛業菩薩 │
19 金剛護菩薩 │
20 金剛牙菩薩 │
21 金剛拳菩薩 ┘

22 金剛波羅蜜菩薩 ┐
23 寶波羅蜜菩薩 ├ 四波羅蜜菩薩 ┐
24 法波羅蜜菩薩 │ │
25 羯磨波羅蜜菩薩 ┘ │
26 金剛嬉菩薩 ┐ │
27 金剛鬘菩薩 ├ 內四供養菩薩 │
28 金剛歌菩薩 │ │
29 金剛舞菩薩 ┘ ├ 十六大供養菩薩
30 金剛(燒)香菩薩 ┐ │
31 金剛花菩薩 ├ 外四供養菩薩 │
32 金剛灯(明)菩薩 │ │
33 金剛塗(香)菩薩 ┘ │
34 金剛鉤菩薩 ┐ │
35 金剛索菩薩 ├ 四攝菩薩 ┘
36 金剛鎖菩薩 │
37 金剛鈴菩薩 ┘

참 고: 現圖만다라와 라닥 알치사의 금강계 37존 만다라

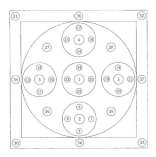

(現圖) 金剛界曼茶羅 37존 配置圖

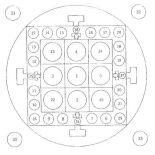

(라닥알치寺) 金剛界曼茶羅 37존 配置圖

상기 2-만다라는 중국(左)과 티벳트(右)인이 이해한 <성신회 37존 만다라>이다. 똑 같은 것을 두고도, 민족이나 신앙형태에 따라 이해와 해석이 다를 수가 있음을 잘 보여주는 사례이다.

참 고:　　　　　　金 · 胎 양부만다라 비교도

胎藏界 曼茶羅 (大悲胎藏生 曼茶羅) Mahā-karuṇā-garbha-udbhava-maṇḍala (大 悲 胎藏 生 曼茶羅)	金剛界 曼茶羅 Vajra-dhātu-maṇḍala
1. 만물을 內藏하는 진리자체의 세계를 도상화한 것으로, 일체중생을 섭화(攝化)하기 위한 法身大日如來의 사업, 곧 大悲이신 법신 대일여래로부터 전개되는 무한세계를 도상으로 표현한 것이다. (우주의 주인인 법신 대일여래의 세계를 표현한 것임)	ⓐ 金剛 바로 그것인 行者가 금강살타가 되어 일체의 무명(無明)과 번뇌를 깨고 佛을 이룸을 도상화 함. (成身會-發菩提心이 강조됨), ⓑ 金剛 바로 그것인 法身大日如來의 智가 一切의 無明을 깨고 一切衆生을 제도(濟度)하는 모습을 도상화 함. (羯磨會-大悲가 중심이 됨) 금강살타인 우리들도 佛의 사업에 동참하여, 중생을 제도하며 밀엄세계를 건설해야하는 사명감과 실제로 건설해 가는 모습을 도상화
2. 태장 (Garbha: 母胎) 女性原理 (母性의 世界의 표현) 곧 女性의 자궁내부에서 生命의 종자가 집을 지어 점차 성장해가는 모습을 비유한 것으로, 衆生本具의 菩提心種子가 法身大日如來의 大悲胎 속에서 성장해 가는 모습을 도상화한 것임	金剛 (Vajra: 種子) 男性原理 (父性世界의 표현) 大日如來의 종자를 가진 各界의 중생들이 생명에너지가 되어, 이 세계를 창조 · 장엄해 가는 모습을 도상화한 것임
3. 물질의 세계	정신의 세계 (識大)

(五大 <地水火風空>의 세계)	
4. 本有・本覺・本具 「(信解)本有佛種子」	修生 (行證)
5. 理의 세계(體)	智의 세계 (用)
6. 육신의 세계, 곧 色=(色蘊)	心의 세계, 곧 名=(受想行識의 四蘊)
7. 感性의 세계	知性의 세계
8. 大宇宙・法性 (法性의 遍滿・內在)의 세계	小宇宙・自性 (法相의 세계)
9. 生産의 세계 (조화의 세계)	創造의 세계 (발전의 세계)
10. 三部 (佛部・蓮華部・金剛部)	五部 (三部+寶部・羯磨部)
11. 中臺의 大日如來 (法界定印=「衆生卽是佛」) 중생의 五大와 대일여래의 五大가 不二一體를 나타내기 위하여 左手와 右手를 겹친 것이며, 엄지를 대고 둥 글게 한 것은 공성(空大無邊)의 체득 을 상징한 것이다. 「智拳印標金剛界.法界定印標胎藏界. 是兩部不二曼茶羅也」	中臺의 大日如來 (智拳印=「衆生卽是大日如來化身」 (左手: 衆生 / 右手: 大日如來)상징
12. 平等의 세계	差別의 세계
13. 信解의 세계 (有佛種子/ 만다라세계의 一員)	行證의 세계 (만다라세계의 一員으로서 義務를 다 해야 하는 菩薩行의 도상화
14. 佛이 大悲로서 衆生을 제도하는 모습을 나타낸 向下門的 표현	衆生들이 佛智를 開顯하여 밀엄국토 를 창출해 가는 모습을 나타낸 向上 門的 표현
15. 佛의 三密無盡莊嚴의 활동상을 나타낸 것임 (佛의 大悲)	衆生의 堅固不動한 菩提心과 大悲行 의 활동상을 나타낸 것임 (衆生의 義務)

이상 밀교가 개발한 실천수행을 통해 밀교가 지향하는 기본이념 내지는 그들이 주창(主唱)하는 卽身成佛의 原理를 살펴보았다.

그 결과 이들 밀교가들이 개발한 修行法의 특징을 든다면, 삼밀유가(三密瑜伽)라고하는 修行法을 근간으로해서 자연에 존재하는 여러 가지 현상이나 사물들을 수행에 적극 활용하고 있다는 점이다.

곧 身口意 행위 이외에는 그 어떤 것도 나와 이 사회를 이끌고 가는 동력인(動力因)과 질료인(質料因)이 될 수 없다는 전제하에, 스스로를 본래 반야(般若)와 대비(大悲) 구족의 佛임을 확신하면서, 일상생활속에서 佛로서 행동하면, 지금 이대로 佛이 되는 것이고(卽身成佛), 자신을 악업중생(惡業衆生)이라 믿고, 業만 쌓아가는 중생으로서의 삶을 산다면, 영원히 중생과 고통에서 벗어날 수 없다(三劫成佛)는 극히 단순명료한 이론, 곧 부처란 다름 아닌 자신이 스스로 갖추고 있는 佛性을 말하는 것으로,

「그 佛性을 삶속에서 드러내면 부처가 되는 것이고, 묻어두면 衆生이 된다」

는 지극히 단순한 내용들인 것이다.

말하자면 現在라는 시간의 축(軸)과, 일상행위(身口意 行)라는 軸,

곧 현재와 일상에서의 삶의 행위의 중요성을 인식하고, 이 2개의 축을 극대화시킨 삶의 철학이자 수행법이라 할 수 있다.

참고 (서적 / 논문) - 밀교경전 / 밀교교학

(1) 공통

高神覺昇『密教槪論』第一書店. 1938

栂尾祥雲『曼茶羅の研究』高野山大學. 1981

　　　　『秘密佛教史』隆文館. 19981

勝友俊敎『大乘から密敎へ』

　　　　『唯識思想と密敎』春秋社

山崎泰廣「密敎敎學の構造 -序說 (1)」『密敎學』4. 1967

松長有慶「般若思想と密敎」『講座大乘佛敎』2. 般若思想. 1983

　　　　『密敎の歷史』

　　　　『密敎經典成立史論』法藏館. 1980

　　　　「密敎の特質」『佛敎學セミナ』31號. 大谷大學佛敎學會. 1980

宮坂宥勝『密敎の眞理』高野山出版社. 1964

大塚伸夫「牟梨曼陀羅呪經における初期密敎の特徵」

　　　　『高野山大學密敎文化所紀要』17. 2004

遠藤純一郎「釋摩訶衍論の新羅成立に關する考察」『智山學報』59. 1996

田村芳朗　「密敎と本覺思想」勝友俊敎博士古稀記念論文集

　　　　『大乘佛敎から密敎へ』1981

金岡秀友『密敎の哲學』平樂寺書店. 1974

(2) 大日經係

氏家昭部「聞持陀羅尼について」『印佛硏』23-2. 1975

　　　　「護法と總持」『密敎文化』122號

　　　　「多聞の憶持としての陀羅尼說」『高野山大學論叢』14卷. 1979

吉田宏哲「弘法大師教學と大日經」『弘法大師研究論叢』

　　　智山勸學會. 1974

　　　「大日經瑜伽行唯識」『印佛研』27-2. 1979

　　　「大日經住心品における心意識の展開-三劫段十地段をめぐって」

　　　『智山學報』1971

佐藤隆賢「大日經住心品における六十心について」

　　　『大正大學紀要』52. 1967

賴富本宏『中國密教の研究』大東出版社. 1979

氏家覺勝「初期密教解脫觀」『佛教思想8 解脫』平樂寺書店. 1982

津田眞一「密教と空」『佛教思想7 空』上下. 平樂寺書店. 1982

山崎泰廣「大日經における 金剛法界宮」『日本佛教學會年報』58. 1985

大塚伸夫「大日經十緣生句について」『大正大大學院研究論集』11. 1987

　　　「大日經に見られる加持の概念について」『風山學報』34. 1989

　　　「大日經の曼荼羅行」『密教學研究』25. 1993

　　　「大日經所設三種三摩地について」

　　　『風山教學大會紀要』18. 1990

加藤精一「大日經疏に見られる諸經論の引用」

　　　『風山教學大會紀要』7. 1979

宮坂宥勝「大日經に見えるインド哲學思想」

　　　『成田山佛教研究所紀要』11. 1998

　　　「본不生再考」『日本佛教學會年報』55. 1985

八田幸雄「胎藏圖像の象徵する世界-眞言文を手がかりとして」

　　　宮坂宥勝古稀記念論文集『印度佛教學研究』1993

全宗釋「大日經三句思想の一考察 -方便爲究竟を中心として」

　　　『印佛研』33-1. 1984

(3) 金剛頂經係

梶山雄一 「불교tantrismにおける言葉の問 題」

　　　　　『密教學研究』11號. 1979

松長有慶「四種曼茶羅の解釋」『宗教研究』275. 1988

　　　　　「金剛頂經の歷史的展開」『高野山時報』1964

遠藤祐純「金剛頂經について – 付法相乘をめぐって」

　　　　　『密教學研究』30. 1998

　　　　　「金剛頂經について」『大正大學研究紀要』65. 1980

　　　　　「金剛頂經における 眞實について」『智山學報』23~24. 1971

　　　　　「金剛頂經研究 –密教におけるtantra諸相」

　　　　　宮坂宥勝博士古稀記念論文集『印度學密教學研究』

添田隆昭「眞實攝經と理趣分」『密教學研究』11號. 1979

北村太道「金剛頂經における 印の一考察」『密教學研究』2. 1970

　　　　　「金剛頂經における 金剛薩埵についての一考察」

　　　　　『密教學研究』9. 1977

栂尾祥雲『理趣經の研究』密教文化研究所. 1959

今井淨圓「菩提心論成立年代について」『密教學』23. 1987

八田幸雄「五部心觀の印について」『宗教研究』52-3. 1979

栗山秀純「五臟曼茶羅和會釋と五臟思想」『印佛研』15-1. 1966

布施淨明「眞言密敎行位體系について」『智山學報』60,62. 1997.1999

福田亮成「理趣經曼茶羅について– 特に五秘密曼茶羅を中心に」

　　　　　『印佛研』20-2. 1972

乾仁志「初會金剛頂經所說四印について」『密教學研究』28. 1996

　　　　　「初會金剛頂經所說曼茶羅」

　　　　　『高野山大學密教文化研究所紀要』10. 1997

遠藤純一郎　「覺苑撰大日經義釋演密鈔における華嚴と密教の關係性について」『蓮花寺佛教研究所紀要』1. 2008

三崎良周　「四種三昧と密教」『止觀の研究』1975

3編 불교의 핵심교리 정리

1章 사성제론(四聖諦論)

1節 <有部人>들이 지니고 있던 근본적 개념과 사유
- <有部敎學>의 근원, 그들이 주창하려 했던 핵심 -

 <有部>의 본래 부파명은 설일체유부(說一切有部: sarvāstivādin)이다. 일체법이 과거 현재 미래에 걸쳐 실존한다는 의미인 "삼세실유 법체항유(三世實有 法體恒有)"를 주창했기에 붙여진 이름이다.
 有部의 실천수행 내지 그 체계를 논함에 앞서 먼저 숙지해야 할 몇 가지 사항들이 있다. 이유는 이들의 실천행과 그 체계가 워낙 어렵고 복잡하기에, 이 숙지사항을 사전에 알고 있어야 접근하기도 또 이해하기도 쉽기 때문이다.

 숙지해 두어야 할
 첫 번째는, <사성제 관법>이 有部의 수행도의 중심이라는 사실과, 그것이 수행도로 채용되게 되는 동기와 계기가 무엇이었을까? 라는 것이며,

 두 번째는, 삼계(三界)이론>과 절대로 뗄 수 없을 만큼 깊은 관계를 가지고 있다는 것이다. 곧 有部敎學의 모든 것, 특히 사제십육행상관(四諦十六行相觀)을 비롯해, 번뇌멸진(煩惱滅盡)의 과정, 또 무생지(無生智) 증득을 통한 아라한과(Arhan果)에의 진입(進入)과정이 모두 유위(有爲)

세계를 나타내는 욕계·색계·무색계의 <삼계(三界)이론>과 절대로 뗄 수 없을 만큼 깊은 관계를 가지고 있다는 것이며,

세 번째는, 「三世實有 法體恒有」와 깊은 관계를 가지고 있다는 것이다.
 곧 설일체유부(說一切有部: sarvāstivādin)라는 그들 부파의 名에서 볼 수 있듯이, <有部人>들은 그들의 대표적이고도 중심적 케치프레이즈로 「삼세실유 법체항유(三世實有 法體恒有)」를 전면에 내세우며, 다른 부파 (部派)와의 차별성을 강조했을 뿐만 아니라,[719] 지금부터 고찰하려는 <有部>의 실천행도(實踐行道)나 그 전개과정의 복잡·난해함이 모두 그들의 중심교학인 「三世實有 法體恒有」의 주창에서 비롯되었다.

第1 수행도의 중심, 四聖諦觀法과 그것이 채용되는 계기

 유부의 수행도로 사성제(四聖諦)관법이 채용되게 된 계기는 <有部> 전승의 『잡아함경(雜阿含經)』과 『중아함경(中阿含經)』이 팔정도(八正道)를 유루(有漏)가 아닌 무루(無漏)로 파악했다는 점에 있다.
 곧 도성제(道聖諦)를 세간(世間)이나 有漏의 의미로서가 아닌 출세간(出 世間)과 無漏의 의미로 해석하여,

「八正道야말로 성제(聖諦)로서 出世間이며, 無漏이며 취(取)하지 않는 것 이며, 苦가 다한 것이며, 苦를 樂으로 전향(轉向)케 하는 것」이며,[720]

---

719) 18~20개의 부파명은 거의가 다 본인들의 住居地를 표방한 것인데 반해,
    오직 <有部>만은 자기들의 主張과 見解를 部派名에 내세우고 있다. 자기들
    의 主張과 見解에 대해 얼마나 자신감과 프라이드를 지니고 있었으면 이렇
    게까지 했을까 하는 생각이 든다.
720)「何等爲正見。謂正見有二種。有正見。是世·俗·有漏·有取·轉向善趣·
    有正見·是聖. 出世間。無漏·無取·正盡苦·轉向苦邊 (중략) 何等爲正見是
    聖. 出世間。無漏·不取·正盡苦·轉向苦邊。謂聖弟子苦苦思惟。集·滅·
    道道思惟。無漏思惟相應。於法選擇。分別推求。覺知黠慧。開覺觀察。是名

「苦를 苦로, 집(集)을 集으로 보는 것과 같이, 고집멸도(苦集滅道) 四聖諦 각각의 제(諦)를 있는 그대로 여실하게 보는 것이 道聖諦이며, 때문에 이 道聖諦야말로 성인(聖人)만의 영역이며, 성인만이 아는 바이며, 요지(了知)한 것이며, 얻어낸 정등정각(正等正覺의) 경계」라 한

『중아함경(中阿含經)』의 내용처럼,[721] 四聖諦를 있는 그대로 관찰하는 것, 곧 <사성제현관(四聖諦現觀)>의 중요성을 강조하면서, 자파(自派) 전승(傳承)의 논서인 『법온족론(法蘊足論)』에 상기 2-『阿含經』의 구절을 인용하고 있는데서 비롯되었다는 점이다.[722] 곧 이러한 인식의 전환과 발상은 有部人들로 하여금 四聖諦를 관법(觀法)의 수단으로, 말하자면 <四聖諦現觀>이라는 수행법으로 개발케 되는 원동력이 되었다.[723]

正見是聖」『雜阿含經』(大正藏 2. 203a~204b),

721)「云何苦滅道聖諦。謂正見．正志．正語．正業．正命．正方便．正念．正定。諸賢。云何正見。謂聖弟子念苦是苦時。習是習。滅是滅。念道是道時。或觀本所作。或學念諸行。或見諸行災患。或見涅槃止息 (중략) 諸賢。過去時是苦滅道聖諦。未來．現在時是苦滅道聖諦。眞諦不虛。不離於如。亦非顚倒。眞諦審實。合如是諦。聖所有。聖所知。聖所見。聖所了。聖所得。聖所等正覺。是故說苦滅道聖諦」『中阿含經』大正藏 1. 469a~c),

722)「如是所說八支聖道。及餘無漏行。名趣苦滅道。如說聖行是眞實。道究竟離苦趣涅槃。故如是聖行。名道諦者。謂此名聖行眞實。是聖行此名爲道。眞實是道。若佛出世。若不出世。如是道法。法住法界」『法蘊足論』(대정장26. 482a), 곧 有部人들이 自派 傳承의 아함경(中阿含과 雜阿含)에 四聖諦, 특히 道聖諦를 俗諦가 아닌 聖諦로 해석한 것이라든지, 또 自派 전승의 論書에 이 아함경들을 앞 다투어 引用하면서, 이를 강조하고 있는 것은 바로 이러한 것을 의미하는 것이라 보여진다.

723)「云何法輪。答八支聖道(중략))問何故名法輪(중략)此輪於諸法性能簡擇極簡擇能覺悟極覺悟現觀作證故名法輪」『大毘婆沙論』(大正藏 27. 911b)

第2 有部敎學에 있어 四聖諦와 삼계(三界)의 관계성

앞서의 숙지사항에서도 밝힌 것처럼, 有部敎學이 지니는 하나의 큰 특징이 그들의 敎理와 修行道가 모두 이 三界와 깊은 관계를 갖고 있다는 것이다. 이하 이 三界가 이들의 교리, 특히 四聖諦와 어떻게 관계를 맺고 있는지 살펴보자.

① 사제십육행상관(四諦十六行相觀)이나 견소단(見所斷) 88번뇌와 수소단(修所斷) 九地·九品 등의 번뇌이론을 비롯해 견고지인(見苦智忍)~도류지(道類智)에 이르는 <견도십육심(見道十六心) 이론>은 다름아닌 三界와의 관계에서 이루어진 이론이다.

곧 8단계로 이루어진 단혹(斷惑)의 인지(忍智=法智)과정 내지 8단계로 이루어진 택멸(擇滅)의 증지(證智=類智)로 분류되는 지(智)의 개념은, 欲界와 上界(色界·無色界), 곧 삼계(三界)는 윤회의 세계라는 생각, 그래서 그들이 추구하는 최고의 목적지 아라한과에 도달하기 위해서는, 반드시 이들 윤회의 세계인 三界에서 벗어나야 된다는 발상에서 비롯된 이론으로서, 이 때문에 有部의 敎學과 수행과정이 더욱 복잡하게 된 것이다.

② 4-사문과(四-沙門果)가 예류과(預流果) → 일래과(一來果) → 불환과(不還果) → 아라한과(阿羅漢果)로 나누어지게 된 이면에도 바로 이 三界의 개념이 개입되어 있다. 곧 欲界와 上界(色界·無色界)라는 二分法的 구분, 곧 이제 두 번 다시 欲界에는 돌아가지 않게 되었다는 의미인 불환과(不還果)나, 마지막으로 한번만 欲界에 다녀오면 된다는 의미인 일래과(一來果)에서 보듯이, 二分法的으로 나누어진 三界의 개념이 四-沙門果의 계제(階梯)설정에도 깊이 자리 잡고 있다는 것이다.

이처럼 有部의 修行論은 三界의 개념과는 결코 뗄래야 뗄 수 없는 아주 밀접한 관계에 있으며, 이에 修道論의 중심에 서있는 四聖諦 역시 자연적으로 三界說과는 끊을래야 끊을 수 없는 깊은 관계에 놓이게 된 것이다.

第3 有部人들은 왜 이렇게도 절실히 四聖諦를 강조하면서 그들의 수행의 중심덕목(대상)으로 삼았을까?

<有部人>들이 지니고 있던 근본적 개념과 사유, 다시말해 <有部敎學의 근원과 그들이 주창하려 했던 핵심>이 무엇이었는지 살펴볼 것이다. 곧 <有部> 수행론의 중심, 곧 관법의 주제인 四聖諦를 초기불교의 여러 핵심 덕목들과 관계지어가면서, 四聖諦가 지니고 있는 에너지와 그 괴력(怪力)이 무엇인지, 나아가 有部敎學의 근원은 어디에 있으며, 그들이 주창하려 했던 핵심은 무엇인지를 밝혀 보려한다.

다시 말해 dharma(法)와 四聖諦와의 관계, 사성제와 三(四)法印, 三界와 煩惱의 개념, 나아가 이들을 중심으로 有部가 지니고 있던 근본적인 개념이나 사유 등을 문답형식으로 주고받으면서, 사성제를 중심으로 전개된 <有部>의 실천행과 그 체계의 이해에 좀 더 가까이 접근해 볼 것이다.

① 앞에서도 밝힌 바 있듯이, 『구사론』은 一切法을 有爲와 無爲 또는 有漏와 無漏로 분류하면서, 苦集滅道 <四聖諦>를 중심으로 諸行無常·諸法無我·一切皆苦·涅槃寂靜의 <四法印>, 그리고 無明·行·識·名色·六入·觸·受·愛·取·有·生·老死의 <십이연기(十二緣起)>등, 초기불교의 키-워드들을 상호 관계지우면서, 간단 명료하게 분석 정리해 놓고 있다. 여기서 四聖諦를 중심으로 초기불교의 중심덕목들을 관계지우며 설명한 까닭은 四聖諦야말로 法의 당체라는 <有部人>들의 확신이 있었기 때문이었다. 곧 그들은 四聖諦에 대한 규명이야말로 일체법에 대한 규명 바로 그것이라고 굳게 확신하고, 더 나아가 이렇게 一切法을 분석하고 정리해 놓은 목적은 일체법을 有爲法(苦·集·道·無常·無我·苦)과 無爲法(滅·涅槃寂靜)으로 분류하고, 일체법인 有爲法과 無爲法을 모

두 설하고 있는 四聖諦의 중요성을 강조하기 위해서, 곧 멸성제와 열반 적정의 세계를 상징화한 현성품(賢聖品)을 제외한 품들은 모두가 有爲法에 속하는 것이기에, 無常하고 無我한 것이며 고통과 집착을 수반하는 것이므로, 절대 거기에 매달리거나 집착하지 말라는 것과, 이 사성제야말로 일체법을 규명해 놓은 것임을 천명(闡明)하기위해, 따라서 法의 속성이나 실상(實相)을 알기 위해서는, 반드시 사성제가 무엇인지, 그 속에 담겨있는 핵심이 무엇인지를 여실히 규명할 필요가 있다고 본 것이다.

말하자면 『구사론』<서문>이 밝히고 있는 「이 논의 저술목적은 택법(擇法) 곧 有爲法과 無爲法의 구분 내지는 有漏法과 無漏法의 구분에 있다」고 한 내용을 四聖諦의 여실한 규명을 통해 밝히려 했던 것이다.

다시 말해 『구사론』 저술의 목적은 有部敎學의 특징인 四聖諦에 대한 여실한 규명이었던 것이다.

② 「번뇌(煩惱)의 단(斷)은 眞理를 보는 것(견제: 見諦)과 닦는 것(수제: 修諦)에 의해 이루어진다」는 <현성품(賢聖品)> 서두의 설명은, <有部> 수도론의 핵심이 번뇌의 단멸(斷滅)에 있으며, 이러한 번뇌를 단멸시키는 최고의 방법은 見道와 修道에 있는 것임을 천명하기 위한 것이었다.

다시 말해 우주의 진리인 四聖諦를 여실히 관찰하는 觀法(見諦)과 여기에서 관찰한 것들을 생활속에서 실천(修諦)하는 두 行法에 번뇌의 존망이 있다는 것을 밝히는 데 있었던 것이다. 곧 四聖諦를 내 것으로 소화시키느냐 못 시키느냐에 따라 범부(凡夫)와 성자(聖者)의 갈림길이 달려 있다고 본 것이다.

第4 석존불은 初轉法輪에서 왜 四聖諦를 설하셨을까?

『초전법륜경』에 설해지고 있는 四聖諦법문은 수많은 이설(異說)을 가지고 있는 연기설(緣起說)과는 달리, 큰 변화없이 일관되게 본래의 모습을 지니고 있는 것으로, 이것이 사성제가 가지는 하나의 특징이라면 특징이라 할 수 있다.

　연기설과 더불어 석존불 설법의 양대(兩大)덕목이라고 할 만큼 중요한 덕목인 사성제가 도대체 왜 연기설과는 달리 유유하게도 그 원형을 지키고 있는 것일까?[724]

　<有部> 전승을 비롯한 초기경전에는 사성제에 대하여 주옥과 같은 내용을 여기저기서 토해 내고 있다. 좀 지루한 감이 있지만 중요하므로 살펴보도록 하자.

「비록 한량없는 선법(善法)이 있다 하더라도, 그 모든 법은 모두 사성제에 포함되고 사성제 가운데로 들어온다. 그것은 마치 모든 동물의 발자국이 코끼리 발자국에 포섭되듯이, 불타의 모든 가르침도 사성제에 포섭되기 때문이다」[725]

「네 가지 法의 성취가 있으니, 첫째는 병에 들었음을 아는 것이고, 둘째는 병의 원인을 아는 것이고, 셋째는 병에 대한 대치법을 아는 것이고,

---

724)『阿含經』에는 十二支緣起만 설해지는 것이 아니라 愛·取·有·生·老死로 이루어진 <五支緣起說>을 비롯, 이 五支에 다시 識과 名色과 觸과 受의 4개 항목이 첨가되어 <九支緣起說>이, 여기에 다시 六入이 부가되어 十支가 되는 등 여러가지 연기설이 설해지고 있다. 樫尾慈覺 「緣起觀について」『印佛研』18-2. 1970, 上野順 여기에 다시 英 「阿含經における 緣起의 論理的構造」『印佛研』4-1. 1956,「因緣法의 根本構造」『印佛研』5-1. 1957, 岡邦俊 「因緣法의 根本構造」-特に受け取り方について 『印佛研』5-1. 1957, 稻田ケネース 「緣起一考察」『印佛研』6-2. 1958, 和辻哲郎 『原始佛敎實踐哲學』岩波書店. 1973
725)『중아함경』<象跡喩經> (大正藏 1. 464b)

넷째는 병을 다스릴 줄 알아 다시는 도지지 않게 하는 것이다. 이것을 사법(四法)성취라 한다」726)

「네 가지 德의 성취가 있으니 첫째는 苦聖諦, 둘째는 集聖諦, 셋째는 滅聖諦, 넷째는 道聖諦를 아는 것이다. 이와 같이 여래는 큰 의사가 되어, 生의 근본과 그것의 다스리기를 참다이 알아, 노병사(老病死)와 근심과 슬픔과 번뇌와 괴로움들의 근본과 그 다스림까지를 모두 다 참다이 알고 계시는 것이다」727)

「고집멸도 사성제는 의(義)에 계합하고 法에 계합하고, 범행(梵行)이며 무욕(無慾)과 無爲와 적멸법(寂滅法)이다」728)

위에서 살펴본 것들은 초기경전에 설해지고 있는 四聖諦에 대한 것들 중 중요하다고 생각되는 것들을 발췌한 것으로, 이를 한마디로 표현한다면 사성제에 대한 종합적 평가라 할 수 있을 것이다.

곧 코끼리 발자국의 비유에서 알 수 있듯이, 부처님 제자들은 사성제를 석존불 45년 설법의 총결산이라고 보았던 것이다.

그 이유는 이 사성제가 義와 法에 계합되어 있고, 나아가 무위법이며 적멸법이며 청정행이기 때문에, 이것은 마치 그 어떤 병이든지 원인과 그 치료법을 두루 알아 다시는 도지지 않게 해 주는 명의(名醫)와 같은 것이라고 사성제를 평가하고 있었기 때문이다. 도대체 사성제가 어떤 것이고, 무엇이길래 이렇게 높이 평가하고 있었던 것일까? <초전법륜>과 관계 깊은 『轉法輪經』에는 다음과 같이 설명하고 있다.

---

726) 『잡아함경』(大正藏 1. 105a)
727) 『잡아함경』(大正藏 2. 105a)
728) 『장아함경』(大正藏 1. 111b)

「四聖諦 법문을 듣고, 집법(集法), 곧 연기(緣起)한 것은 모두가 멸법(滅法)이라는 원진이구(遠塵離垢)의 법안(法眼)이 생겼다」[729]

여기서 '四聖諦를 듣고 法眼이 생겼다'는 의미는, 四聖諦의 法門속에 法이 무엇인지를 알게하는 에너지(力)가 있다는 의미이다. 곧 四聖諦를 이해한다는 것은 法의 증득(證得)을 의미한다는 뜻이다.

곧 <야샤의 교화득도(教化得道)의 예화(例話)> (南傳藏 3권 28항)에서도 알 수 있듯이, 釋尊佛은 四聖諦를 설하시기 전, 먼저 보시(布施)와 지계(持戒)를 실천하면 생천(生天)하게 된다는 공덕을 설하신 후, 야샤의 마음이 유연·순수해져 말씀을 수용할 자세가 되어졌을 때, 비로소 최승법문(最勝法門)인 四聖諦를 설하셨던 것이다.

이제 사성제법문, 곧 석존이 깨달음을 얻은 후 처음 설하신 법문이고, 거기에 깨달음의 과정까지도 상세히 설명되어있어, <초전법륜(初轉法輪)>이란 타이틀까지 얻게 된 四聖諦法門의 전모(全貌)와 그것이 지닌 의미를 『轉法輪經』을 통해 상세히 살펴보자!

「苦라고 하는 성스런 진리(苦聖諦)는 다음과 같다. 생노병사가 苦이다. 미운 사람과의 만남이 苦이다. 사랑하는 것과 헤어짐이 苦이다. 갖고 싶은 것을 얻지 못하는 것이 苦이다. 약설하면 (집착 바로 그것인) 오온(五蘊) 자체가 苦이다.

비구들이여! 실로 苦가 일어나는 원인인 성스런 진리(苦集聖諦)는 다음과 같다.

---

729) 『轉法輪經』 (南傳藏 3권. 21頁)

윤회(輪回)와 전생(轉生)을 일으키게 하는 것, 기쁨과 탐욕과 환희에 빠지고 그것을 구하려는 집착, 말하자면 애욕과 生에 대한 갈구(渴求), 곧 욕애(欲愛)와 유애(有愛)와 무유애(無有愛)가 그것이다.

비구들이여! 苦의 지멸(止滅)이라고 하는 성스런 진리(苦滅聖諦)는 다음과 같다.
그것은 갈애(渴愛)가 완전히 제거된 지멸(止滅)을 말한다. 곧 이탐(離貪)과 감(滅)과 기사(棄捨)와 무집착(無執着)과 방하착(放下着)과 해탈이다.

비구들이여! 苦의 止滅에 도달하는 성스런 진리(苦滅道聖諦)는 다음과 같다.
그것은 8조항으로 이루어진 성스런 길(八支聖道: 正見·正思·正語·正業·正明·正精進·正念·正定)이다.

비구들이여! 苦聖諦는 이것이다. 이것을 앎에 의해 나는 지금까지 한번도 들어본 적이 없는 제법(諸法)에 대한 새로운 안목(眼目)과 智와 慧와 明과 光明이 열렸다.

비구들이여! 苦聖諦야말로 지금 당장 알아야만(應現遍知)하는 法이라는 諸法에 대한 새로운 안목과 인식(慧)과 지혜와 명과 광명이 열렸다. 나는 이미 편지(已遍知)하였다. 비구들이여! 이 두루 앎(遍知)에 의해 나는 지금까지 한번도 들어본 적이 없는 諸法에 대한 새로운 안목과 지와 혜와 명과 광명이 열렸다.

비구들이여! 苦集聖諦는 이것이다. 이것을 앎에 의해 나는 지금까지 한번도 들어본 적이 없는 제법에 대한 새로운 안목과 지와 혜와 명과 광명이 열렸다.

비구들이여! 이것이야말로 지금 당장 끊어야만 하는 應現斷의 법이다. 나는 이미 끊었다(已斷). 비구들이여! 이 끊음에 의해 나는 지금까지 한번도 들어본 적이 없는 諸法에 대한 새로운 안목과 지와 혜와 명과 광명이 열렸다.

苦集滅聖諦는 이것이다. 이것을 앎에 의해, 나는 지금까지 한번도 들어본 적이 없는 제법에 대한 새로운 안목과 지와 혜와 명과 광명이 열렸다. 비구들이여! 이것이야말로 지금 당장 證得해야만 하는 應現證의 법이다. 나는 이미 證得했다(已證). 비구들이여! 이 증득에 의해 나는 지금까지 한번도 들어본 적이 없는 諸法에 대한 새로운 안목과 지와 혜와 명과 광명이 열렸다.

苦滅道聖諦는 이것이다. 이것을 앎에 의해 나는 지금까지 한번도 들어본 적이 없는 제법에 대한 새로운 안목과 지와 혜와 명과 광명이 열렸다. 비구들이여! 이것이야말로 지금 당장 닦아야만 하는 應現修의 법이다. 비구들이여! 나는 이미 닦았다(已修). 비구들이여! 이 닦음에 의해 나는 지금까지 한번도 들어본 적이 없는 諸法에 대한 새로운 안목과 지와 혜와 명과 광명이 열렸다.

수행자들이여! 이와 같은 四聖諦에 대한 삼전십이행상(三轉十二行相)의 여실지견(如實智見)이 순수청정하지 않았을 때는, 天・魔・梵天을 비롯한 세간과 사문(沙門)과 바라문(婆羅門)과 人天의 중생계로부터 '너는 무상정등정각(無上正等正覺)을 현등각(現等覺)했다'고 듣지 못했다.

비구들이여! 四聖諦에 대한 三轉十二行相을 통해, 나에게 여실지견(如實知見)이 순수청정하게 되었을 때, 나는 天·魔·梵天을 비롯한 세간과 사문 바라문과 人天의 중생계로부터 '너는 無上正等正覺을 現等覺했다'고 듣게 되었다.

또 나에게는 다음과 같은 知와 見이 생겼다. 곧 나의 심해탈(心解脫)은 부동(不動)한 것으로, 이것이 나의 최후의 생존으로, 이제 나에게 더 이상의 생존은 없는 것이다.

세존께서 이와같이 말씀하셨을 때, 五比丘는 환희하며 세존의 말씀을 신수(信受)했다. 그리고 이러한 것이 보여졌을 때, 장노(長老) 교진여에게 '일체의 집법(集法)은 모두가 멸법(滅法)이다' 라고 하는 원진이구(遠塵離垢)의 법안(法眼)이 생겼다」730)

---

730)「三七九) 如是我聞。一時。佛住波羅奈鹿野苑中仙人住處。爾時。世尊告五比丘。此苦聖諦。本所未曾聞法。當正思惟。時。生眼．智．明．。此苦集．此苦滅．此苦滅道跡聖諦。本所未曾聞法。當正思惟。時。生．眼．智．明．覺。復次。苦聖諦智當復知。本所未聞法。當正思惟。時。生眼．智．明．覺。苦集聖諦已知當斷。本所未曾聞法。當正思惟。時。生眼．智．明．覺。復次。苦集滅。此苦滅聖諦已知當知作證。本所未聞法。當正思惟。時。生眼．智．明．覺。復以此苦滅道跡聖諦已知當修。本所未曾聞法。當正思惟。時。生眼．智．明．覺。復次。比丘。此苦聖諦已知。知已出。所未聞法。當正思惟。時。生眼．智．明．覺。復次。此苦集聖諦已知。已斷出。所未聞法。當正思惟。時。生眼．智．明．覺。復次。苦滅聖諦已知。已作證出。所未聞法。當正思惟。時。生眼．智．明．覺。復次。苦滅道跡聖諦已知．已修出。所未曾聞法。當正思惟。時。生眼．智．明．覺。諸比丘。我於此四聖諦三轉十二行不生眼．智．明．覺者。我終不得於諸天．魔．梵．沙門．婆羅門聞法衆中。爲解脫。爲出．爲離。亦不自證得阿耨多羅三藐三菩提。我已於四聖諦三轉十二行．生眼．智．明．覺。故於諸天．魔．梵．沙門．婆羅門聞法衆中。得出．得脫。自證得成阿耨多羅三藐三菩提。爾時。世尊說是法時。尊者憍陳如及八萬諸天遠塵離垢。得法眼淨」『雜阿含經』(대정장 2 103c~104a), 『pāli律』『轉法輪經』(南傳藏 3권 19~21頁)

한편 상응부(相應部)의 경전인 「여래소설(如來所說)」『사분률(四分律)』 『오분률(五分律)』『대사(大事: Mahāvastu)』등에는 중도설(中道說)을 비롯해 四諦說과 오온무아(五蘊無我)설이 함께 설해져 있어, 최초설법인 초전법륜(初轉法輪)의 주제인 사성제(八正道)가 중도(中道) 실천법(行)이라는 의미도 함께 지니고 있음을 알게 해준다.[731]

그래서 그런지 pāli 율장의 <최초설법(最初說法)>에는 四聖諦 → 五蘊無我說의 순서로 설해지고 있다.

한편 有部 계통의 경전들에는 最初說法에 中道說과 五蘊無我說은 설해지지 않고 오직 사성제만이 설해지고 있다.[732]

한편 南傳과 北傳의 여러 초기경전의 자료들을 상호 비교(比較)해보면,[733] 앞에서 살펴본 것처럼, 줄곧 <三轉十二行相 형태의 四諦說>이 공통적으로 설해지고 있는 것을 볼 수 있다. 따라서 最初說法의 원형(原型)이 三轉十二行相 형태의 四諦說이었음을 알게 해주는 것으로, 석존불의 증오(證悟)의 전 과정을 알려주는 중요한 실마리가 된다.

한편 『大毘婆沙論』에는

「이와같은 四聖諦는 오직 聖者만이 성혜(聖慧)로서 통달한 것이기에 성제(聖諦)라 이름하는 것이다」[734]

---

731) 相應部經典인 『如來所說』(南傳藏 3. 19~21頁), 『四分律』(대정장 22. 788a~b)『五分律』(大正藏 22. 104b~c)『Mahāvastu』 宇井伯壽 「原始佛教資料論」(『印度哲學研究』2권 207頁) 참조.
732)『轉法輪經』<義淨譯>(大正藏2.504a~b). 『十誦律』(大正藏 23. 484b~449a). 『根本說一切有部毘那耶雜事』(大正藏 24. 292b~c)
733) 水野弘元씨는 초전법륜의 내용을 담고 있는 南北所傳의 『轉法輪經』들(五類 二十三種)을 모아, 이를 8가지 유형으로 분류.비교했다. 「轉法輪經について」(『佛敎硏究』창간호 92頁. 1970년)

라 하여, 사성제가 누구나 터득하고 통달하고 수행을 통해 멸진(滅盡)시킬수 있는 것이 아니라, 오직 聖者만이 할 수 있고 성취할 수 있는 경계임을 알려주고 있다.

곧 苦聖諦는 성자만이 체득한 聖慧로서 제법에 대한 통달이며, 苦의 근원이 갈애(渴愛)임을 표명한 集聖諦 역시 성자만의 성혜에 의해 발견되었으며, 이것을 끊으려고 정진노력하는 道聖諦 역시 성자만이 할 수 있는 것이며, 수행을 통해 모든 갈애와 집착에서 해탈하여 자유인의 경지가 된 것을 표명한 滅聖諦 역시 성자만이 할 수 있는 것임을 강조하고 있다.

곧 사성제에 대한 12행상관(十二行相觀)은 聖者만이 아는 경지이자 성자만이 여실히 지견(智見)할 수 있는 경지이며(시전=示轉), 이 苦의 원인이 갈애라는 사실을 알고, 그래서 이것을 단진(斷盡)시키려고 정진노력하는 것도 聖者만이 할 수 있는 것임을 알았기에 제자들에게 권유하는 것이고(권전=勸轉), 정진노력한 결과 이미 멸진(滅盡)시켜 해탈의 경지에 도달했다고 아는 것도 聖者만이 證得해낸 경지(증전=證轉)라 하면서, 소위 석존불만의 독자적 가르침과 수행도인 <三轉十二行相의 관법(觀法)과 수행법(修行法)>을 제시하고 있다.

곧 三轉中 <시전(示轉)>은 사성제의 전체와 각각을 如實하게 智見한 결과로서 생긴 지혜로서, 지금껏 전혀 알지도 발견되지도 않았던 우주진리인 法에 대한 완전한 규명으로서, 현실고의 원인인 갈애에 대한 규명이자 갈애와 苦의 단진(斷盡)의 결과인 해탈과 열반에 대한 규명이며, 나아가 이러한 자유인의 경지에 도달하기 위한 삶의 근본적 변화에 대한 규명이라 할 수 있다.

---

734)「聖言是諦餘言非諦。所以者何。聖於苦等現知見覺所言是諦異生不爾。是故四諦唯屬聖者非諸異生故名聖諦。尊者世友作如是說。如是四諦唯諸聖者聖慧通達故名聖諦」『大毘婆沙論』(大正藏 27. 402b)

<권전(勸轉)>은 앞의 示轉에서 발견되고 체득(體得)된 진리는 누구든 반드시 自己 것 化 시켜야 되고, 그러기 위해서는 정진을 통해 변화시켜야 된다는 당위성과 깨우침에 대한 규명이며,

<증전(證轉)>은 앞의 권전(勸轉)을 통해 수행정진한 결과로서, 이미 거듭나고 自由化된 자기모습에 대한 발견이자 규명이라 할 수 있다.

따라서 앞에서 제시한 바 있는 三轉十二行相에 대한 『轉法輪經』의 내용, 곧 「비구들이여! 사성제에 대해 이와같이 <삼전십이행상>을 통해 나에게 如實知見이 순수청정하게 되었을 때 나는 天·魔·梵天을 비롯한 세간과 사문 바라문과 人天의 중생계로부터 無上正等正覺을 현등각(現等覺)했다고 듣게 되었다」라는 三轉의 과정과 이러한 과정을 통해 얻어진 결과를 <有部>가 설정한 修行體系에 대치해보면,

제 1단계의 示轉은 견도위(見道位), 제 2단계의 勸轉은 수도위(修道位), 그리고 마지막 단계의 證轉은 무학도(無學道)인 아라한과(阿羅漢果)에 위치시킬 수 있을 것이고,
혹시라도 이러한 생각이 너무 지나친 비약이라 한다면, 부처님으로부터 직접 사성제의 법문을 들은 <교진여>가 한 다음의 구절, 곧

「이러한 것이 보여졌을 때, 나 長老 교진여에게 '일체의 집법(集法)은 모두가 멸법(滅法)이다'라고 하는 원진이구(遠塵離垢)의 법안(法眼)이 생겼다」

에서의 '法眼이 생겼다'라는 것과, 이 후

「출가 득도하여 부처님의 제자가 되어 수행정진하고 있을 때, 부처님으로부터 오온무아(五蘊無我)의 法門을 듣고 비로소 모든 번뇌로부터 해탈하고 아라한이 되었다」

라는 두 내용을 근거로,[735] <遠塵離垢의 法眼>이란 경계를 한 단계 낮추어 見道位로 하고, 또 이 三轉을 하나로 묶어서 이를 修道位에, 그리고 <五蘊無我 운운... 아라한이 되었다>라는 경계는 無學道位에 위치시키면 어떨까?

 아무튼 사성제에 대한 <三轉十二行相의 觀法>이 Pāli 上座部가 주창한 <十六行相觀法>을 비롯해, 有部가 관법수행도(觀法修行道)로 개발한 사성제현관(四聖諦現觀), 곧 有部의 <四諦十六行相觀>과 무언가 깊은 관계를 가지고 있는 것만은 분명하다는 생각이 든다.[736]
그 이유는 사성제를 현관(現觀: abhisamaya)으로 이해하고 있는 『大毘婆沙論』의 다음의 내용, 곧

「四聖諦에는 생기차제(生起次第) 이설차제(易說次第) 현관차제(現觀次第)가 있다. (중략) <現觀次第>란 사성제를 말하는 것으로, 유가사(瑜伽師)들은 현관위(現觀位)의 차제(次第)에서, 먼저 苦를 現觀하고 뒤이어 集과 滅과 道의 순서로 現觀하는 것이다」[737]

---

735)「이미 法을 보고 法에 통달하여 法을 알고 法을 깊이 理解하고, 의혹에서 벗어나 유예(猶豫)를 除去하여 無碍를 얻었습니다. 다른 것에 의지하지 않고 오직 세존의 가르침만을 좇아 말씀드리오니, 大德이이시여! 부디 저를 세존의 품에 거두어 出家를 허락하여 得道를 얻게 하여주소서」(南傳藏 3권. 22頁)
736) Pāli 上座部의 소의 경론인 『淸淨道論』에도 有部의 것과는 그 덕목이 다르긴 하지만, 四諦十六行相이 설해져 있다. 四諦 各諦에 대한 四行相을 보면, 苦諦(逼惱.有爲.熱苦.變易), 集諦(欲求.因緣.結縛.障碍), 滅諦(出離.遠離.無爲.甘露), 道諦(出.因道.見諦.增上)이다. 『淸淨道論』(南傳藏64권. 459~460)
737)「復次依現觀時故作是說。謂次第法略有三種。一生起次第。二易說次第。三

라는 내용과, 『법온족론(法蘊足論)』의 다음과 같은 구절, 곧 十二緣起야 말로 眞理 바로 그 자체라는 것을 강조하기 위한 강조어구로, 南北을 초월한 초기불전에는 예외없이 등장하는

「我若出世 若不出世 如是苦法 法住法界」

라고 하는, 진리인 法을 대변하는 일종의 전매특허와도 같은 낯익은 구절이 사제십육행상(四諦十六行相)을 설명하는 부분에 갑자기 인용되고 있기 때문이다.[738]

 말하자면 이러한 현상들은 이 <四諦十六行相觀>이 다름아닌 『轉法輪經』의 <三轉十二行相>의 觀法으로부터 비롯된 것임은 물론, 이들의 관법대상이 된 四聖諦가 실천행으로서는 물론 觀法으로서까지, 적어도 상좌부(上座部)나 有部의 교단내에 서서히 자리 잡아 가고 있었음을 시사해주고 있음은 물론, 나가서는 이미 삼장사(森章司)와 평천창(平川彰) 두 선학자가 지적한 바 있듯이,[739] 有部가 사성제에 대한 三轉十二行相에서의 삼전(三轉)을 각각 見道・修道・無學道에 대치(對置)시키려했던 의도, 곧 示轉=見道位, 勸轉=修道位, 證轉=無學道位라는 새로운 주장을 내세우려는 의도도 함께 가지고 있었던 것이라 판단되기 때문이다.

現觀次第。(중략) 現觀次第者。謂四聖諦。諸瑜伽師於現觀位。先現觀苦故佛先說。次現觀集故佛次說。次現觀滅故佛次說。後現觀道故佛後說問因論生論。何故行者入現觀時。先現觀苦乃至最後現觀道耶。答依麤細故。謂四諦中苦諦最麤故先現觀。漸次乃至道諦最細故後現觀。如學射時先射麤物。漸次乃至能射毛端。復次以迷苦愚能持迷集愚」『大毘婆沙論』(大正藏 27. 404b~c)

[738]「如是諸苦。名苦諦者。謂此名無常眞實。是無常此名爲苦。眞實是苦。若佛出世。若不出世。如是苦法。法住法界。一切如來。自然通達。等覺宣說。施設建立。分別開示。令其顯了。謂此是無常。此是苦。此是無常性。此是苦性。是眞是實。是諦是如。非妄非虛。非倒非異。故名苦諦。名聖諦者」『法蘊足論』(大正藏 26. 480C), 『雜阿含經』<緣起法經>(大正藏 2. 85b)

[739] 森章司「有部阿毘達磨佛敎における四諦說」(1)『國譯一切經』三藏集 第 3集, 平川彰「說一切有部における轉法輪經と見道.修道.無學道」 『平川彰著作集』(第 1卷 法と緣起)

- 763 -

그리고 이와 같은 판단을 가능케 해주는 또 하나의 증거는, 苦聖諦의 고형(古型)에, 苦聖諦=八苦로 설명하고 있는 점에서도 찾을 수 있을 것이다.

곧 pāli系의 『轉法輪經』을 비롯한 법장부(法藏部)의 『四分律』, 化地部의 『五分律』, 大衆部의 『增一阿含經』등의 대부분의 초기경전들에는, 苦諦를 모두 八苦(苦諦=八苦)로 설하고 있으나,740) 왠일인지 『근본유부 율파승사(根本有部律破僧事)』만을 제외한 거의 모든 有部 所傳의 경전들, 특히 有部의 대표적 초기 所依經典인 『雜阿含經』이나 律藏인 『十誦律』에는 고성제의 古型이자 原型인 苦諦=八苦에 대해서는 언급하지 않고, 이 苦諦를 오직 <三轉十二行相>으로만 설명하고 있기 때문이다.741)

도대체 왜 그런 것일까? 이유는 무엇일까? 이는 주제인 四諦十六行相觀을 중심으로 하는 有部의 修行體系와도 깊은 관련이 있는 것으로, <有部>의 교학과 수행도를 제시하고 있는 『俱舍論』이

「苦集滅道 四聖諦의 순서는 현관(現觀: abhisamaya)의 차제에 따른다」742), 또 「과성(果性)의 오취온(五取蘊)은 苦諦로 하고, 인성(因性)의 五取蘊은 集諦로 한다」라743)

설하고 있는 것처럼, 有部가 苦諦를 포함한 사성제 모두를 실천도로서

---

740) pali系의 『轉法輪經』 『四分律』 『五分律』 『增一阿含經』
741) 『雜阿含經』권 15,16 (大正藏 2. no 379~no 444),『十誦律』(大正藏 23. 448b~449a),
742)「諦四先已說 謂苦集滅道 彼自體亦然 次第隨現觀 (중략) 此法理應最初觀察。故修行者加行位中最初觀苦。苦卽苦諦。次復觀苦以誰爲因。便觀苦因。因卽集諦。次復觀苦以誰爲滅。便觀苦滅。滅卽滅諦。後觀苦滅以誰爲道。便觀滅道。道卽道諦。如見病已次尋病因。續思病愈後求良藥」『俱舍論』(大正藏 29. 113c~114a).
743) 『俱舍論』(大正藏 29. 111b).

보다는 오히려 觀法(現觀)으로서 취하고, 이를 통해 독자적인 四諦觀을 중심으로하는 관법수행체계(觀法修行體系), 곧 순해탈분<順解脫分=삼현 (三賢)> → 순결택분<順決擇分=사선근(四善根)> → 견도(見道) → 수도 (修道) → 무학도(無學道) 등으로 일관되는 관법수행도를 수립·전개시키 려고 한 의도 때문이었을 것으로 판단된다.

곧 法의 실체와 실상을 설하고 있는 사성제를 결과로부터 원인을, 또다 시 果에서 因을 찾아내는 소위 苦(果)→集(因)→滅(果)→道(因)의 순서로 如實하게 관찰케함으로서, 그간 法의 실체를 如實하게 알지 못해 생긴 사견(私見)과 거기서 기인된 번뇌들을 一時(찰나)에 물리쳐, 소위 일체법 의 여실지견의 경계인 <見道(位)>에서 법지인(法智忍)을 증득하고, 뒤이 어 이를 되풀이 반복하여 관찰수행하는 <수도위(修道位)>를 통해, 근본 번뇌로서 마음에 상속(相續)되어 있던 소위 수소단(修所斷) 번뇌들을 하 나 둘씩 제거하고, 드디어 <무학도(無學道)>에서 아라한과를 득입(得入) 케하려는 의도와, 나가서는 <사선삼명설(四禪三明說)>에 나오는 <루(漏) 의 四聖諦>에서 보는 바아 같이, 四聖諦야말로 法과 번뇌를 동시에 관 찰하게하는 관법법문(觀法法門)이라 확신하여, 사성제를 관법으로서 수용 했을 것이라 생각된다.
　곧 『中阿含經』의

「이것은 苦이다 라고 여실히 알고, 이것은 苦의 集이라고 여실히 알고, 이것은 苦의 滅이라 여실히 알고, 이것은 苦의 滅에 이르는 道이다, 라 고 여실히 아는 것이다. 나아가 이들은 루(漏=煩惱)라고 여실히 알고, 이 것은 漏의 集이라 여실히 알고, 이것은 漏의 滅이라 여실히 알고, 이것 은 漏의 滅에 이르는 道라고 여실히 아는 것이다. 이와같이 알고, 또 이처럼 보는 나에게 마음(心)은 이미 욕루(慾漏)로부터 해탈하였고 유루(有漏)로부터 해탈하였고 무명(無明)으로부터 해탈하였고, 해탈에 대해 해탈했다는 지(智)가 생기고, 生은 다했으며 범행(梵行)은 닦았으며, 해야 할 것은 이미 마쳤으니, 이제 두 번 다시 후유(後有)를 받지 않음을 알게 되었다」

라고 한 내용을 근거로,744) 이 부분이야말로 <苦의 四聖諦>와 <漏의 四聖諦>를 함께 설하고 있는 것이라 확신하고, 四聖諦를 法과 煩惱를 동시에 관찰하는 觀法法門이라고 주장하였을 것이다.745)

한편 <사선삼명설(四禪三明說)>에서의 三明이란 과거사를 아는 숙명통(宿命通)과 미래사를 아는 천안통(天眼通)과 현재사를 아는 누진통(漏盡通)을 말하는 것으로, 사선(四禪)에 들어간 수행자가 초야(初夜)에는 숙명통을, 제 2夜에는 천안통을, 제 3夜에는 누진통을 얻어 성불했다는 것을 의미하는 것으로, 따라서 앞에서 살펴본 '사성제법문을 듣고 원진이구(遠塵離垢)의 법안을 얻었다'는 경지는 <苦의 四聖諦>로 보아 이를 見道로 해석하고, 출가 후 부처님으로부터 <오온무아(五蘊無我)>의 법문을 듣고 아라한과를 얻었다는 부분은 <漏의 四聖諦>로 보고, 이를 앞에서 관찰했던 四聖諦를 반복해 관찰하는 단계인 수도(修道)의 과정으로 해석하여, 이러한 일련의 과정을 마스터한 수행자가 모든 번뇌를 멸진시키고 누진지(漏盡智)를 획득하여 비로소 아라한과에 도달한 것으로 분석할 수도 있을 것이다.

744)「趣向漏盡通智作證。便知此苦如眞。知此苦習。知此苦滅。知此苦滅道如眞。亦知此漏如眞。知此漏習。知此漏滅。知此漏滅道如眞。彼如是知。如是見已。則欲漏心解脫。有漏．無明漏心解脫。解脫已便知解脫。生已盡。梵行已立。所作已辦。不更受有」『中阿含經』(大正藏 1. 589c)
745) 平川 彰「四諦說の種種相と法觀」『佛敎硏究』5호. 1976

이 외에도 초기경전에는 四聖諦 각각의 성제를 一切法을 가리키는 오온과 관련시킨다거나[746] 또는 성도의 내용인 순관(順觀)과 역관(逆觀)의 十二緣起와 관련시키는 등[747] 사성제의 법문을 초기불교의 근간이 된 여러 덕목들과 연관시키고 있는 것을 볼 때, 사성제를 관법의 주요대상으로 삼는 추세가 점점 교단내에 형성되기 시작했던 것으로 분석된다.

그리고 이러한 분석이 가능한 것은 코끼리의 비유등을 포함한 앞서의 인용문에서도 알 수 있듯이, 사성제법문을 석존불의 가르침의 근간이자 불교의 근간인 法(眞理: dharma) 그 자체라는 교단 구성원들의 인식과 확신에서 비롯된 것이라 볼 수 있으며, 이러한 움직임은 드디어 부파교단에서 가장 세력이 크고 교리연구 또한 가장 왕성했던 <有部>에 전승되어, 그들의 수행의 목표인 아라한과에 이르는 기나긴 수행도에, 이 四聖諦를 중심으로 하는 소위 四諦十六行相觀의 체계를 구축한 것으로 판단된다.

이상 위에서 살펴보아 이해되었듯이, 四聖諦는 불교교리의 핵심이다. 때문에 석존불은 十二緣起를 깨달았으면서도 민중들에게는 12연기를 설

---

746)「若沙門．婆羅門於色如實知。色集如實知。色滅如實知。色滅道跡如實知故。輸屢那。當知此沙門．婆羅門堪能斷色。如是。輸屢那。若沙門．婆羅門於受．想．行．識如實知。識集如實知。識滅如實知。識滅道跡如實知故。輸屢那。當知此沙門．婆羅門堪能斷識 (중략) 是名如實知。輸屢那。聖弟子於識生厭．離欲．解脫。解脫生．老．病．死．憂．悲．苦惱」『雜阿含經』(대정장 2. 6c~7a)

747)「世尊告諸比丘。若諸沙門．婆羅門於法不如實知。法集．法滅．法滅道跡不如實知。彼非沙門．沙門數。非婆羅門．婆羅門數。彼亦非沙門義．婆羅門義。見法自知作證。我生已盡。梵行已立。所作已作。自知不受後有。云何法不如實知。云何法集不如實知。云何法滅不如實知。云何法滅道跡不如實知。謂於老死法不如實知。老死集．老死滅．老死滅道跡不如實知。如是生．有．取．愛．受．觸．六入處不如實知。六入處集．六入處滅．六入處滅道跡不如實知(중략)當覺知老死。覺知老死集．老死滅．老死滅道跡。如是。乃至當覺知行．行集．行滅．行滅道跡 (중략) 謂無明集是行集。如是行集覺知。云何行滅覺知。無明滅是行滅。如是行滅覺知」『雜阿含經』(大正藏 2. 99a~c)

하지 않고 사성제를 최초의 설법으로 선택하셨던 것이다.

 도대체 그 이유는 무엇이었을까? <십이연기>가 고통의 원인을 찾아내는 유전연기(流轉緣起)쪽에 그 중심이 놓여져있는데 반해, <사성제>는 고통을 없애는 방법, 말하자면 환멸연기(還滅緣起) 쪽에 그 중심이 놓여있었기 때문이었을 것이다.
 다시 말해 의사가 환자를 치료할 때, 먼저 병의 실상과 그 원인을 찾아내 후 완치상태와 치료방법을 제시하는 것처럼, 석존불도 중생들이 앓고 있는 병의 실상과 그 원인 그리고 치유한 후의 상태와 치유방법 등을 설명하였던 것이다.

「苦聖諦·集聖諦·滅聖諦·道聖諦 등의 네 가지 진리야말로 義와 法에 계합하며, 또 梵行과 무욕(無慾)과 無爲法 바로 그것이기에 제1의 진리인 것이다」
라는 말씀을 통해서도 알 수 있듯이, 그 누가 뭐라해도 어차피 사성제는 불교교리의 핵심임을 입증하는 바로 그 자체임은 틀림없는 사실이다.

第5 苦聖諦 四-行相觀과 四法印과의 관계

<四諦十六行相觀>에서 苦聖諦의 四가지 행상(行相: ākāra)은 ① 무상(無常) ② 고(苦) ③ 공(空) ④ 무아(無我)이다.

한편 四-법인(法印 : dharma-mudrā)[748] 이란 불교의 명제, 곧 불교의 목숨(命)이라는 의미로. 목숨은 그 무엇과도 바꿀 수 없는 가장 값지고 소중한 것이다.

잘 알다시피, 불교의 명제 <四法印>은 ① 제행무상(諸行無常) ② 제법무아(諸法無我) ③ 일체개고(一切皆苦) ④ 열반적정(涅槃寂靜) 란 4가지 덕목을 가진다.

四法印에는 도대체 어떤 의미가 있는 것일까? 혹시 위에서 고찰했던 최고의 명제격인 苦聖諦의 四行相과 관계를 가지는 것은 아닐까? 고찰해보자!

4가지 덕목들을 분석해 보면, ①②③의 3가지 法印은 불교의 인생관과 세계관, 곧 존재란 무엇인가? 라는 질문에 대한 불교의 대답, 말하자면 존재와 현상을 논한 불교의 인식론이며, ④의 涅槃寂靜-法印은 어떻게 살아야 하는 것인가? 에 대한 답변, 말하자면 살아가는 방법을 논한 실천론이라 할 수 있다.

다시 말해 (諸行無常 · 諸法無我 · 一切皆苦)법인이라고 하는 제1~제3

---

748) 法에는 有爲法과 無爲法이 모두 포함되어야 한다. 다시 말해 世間法의 원리와 出世間法의 원리가 모두 설해져 있지 않으면 一切法이라고 할 수 없는 것이다. 일반적으로 불교의 法印을 말할 때 三法印으로 하는 경우가 많으나, 有爲와 無爲의 세계를 모두 포함해야 일체법이 되는 것이므로 四法印으로 해야 옳을 것이다.「마땅히 네 가지 法의 根本을 사유해야 한다. 무엇이 네 가지인가? 一切行無常 一切行苦 一切法無我 涅槃滅盡이 그것이다」『增一阿含經』(大正藏 2. 668c)

命題는 현실세계인 sahā세계의 실상을 묘사해 놓은 것이기에, 四聖諦 가운데 苦聖諦와 集聖諦에 해당되며, 제4 명제인 涅槃寂靜-法印은 이상 세계인 극락세계의 실상을 묘사해 놓은 것이기에, 滅聖諦와 道聖諦에 해당된다고 볼 수 있다.749) 곧 四法印에는 유위법인 현실세계의 실상과 무위법인 이상세계의 실상 내지는 그곳에 가기 위한 삶의 방식이 하나도 빠짐없이 모두 묘사되어있는 것이다. 『증일아함경(增一阿含經)』에는

「마땅히 4가지 法의 근본을 사유해야 한다. 무엇이 4가지 근본인가? 첫째는 일체행 무상(一切行 無常)으로 마땅히 수행해야 한다. 둘째는 일체행고(一切行 苦)로서 마땅히 함께 사유해야 한다. 셋째는 일체법무아(一切法無我)로 마땅히 함께 사유해야 한다. 넷째는 멸진위열반(滅盡爲涅槃)으로 마땅히 함께 사유해야 한다. 비구여! 이처럼 4가지 法의 근본을 함께 사유해야 하는 이유는 이것이 老·病·死·수(愁)·우(憂)·苦·惱 등의 苦의 근원이자 근본으로부터 벗어나게 해주기 때문으로, 그러므로 모든 비구는 마땅히 방편을 구하여 4가지 法을 성취해서 배움을 이루어야 한다」750)

『잡아함경』 <淸淨經>에는
「色은 무상(無常)한 것이며, 무상한 것은 苦이며, 苦인 것은 내(我)가 아니다. 이와 같이 여실하게 아는 것을 정관(正觀)이라 하는 것이다. 五蘊은 나(我)도 내 것(我所)도 아니다. 세간을 이처럼 관해야 取할 것도

---

749) 졸저『불교학개론』213頁. 도서출판 불국나라. 2012,
750)「當思惟四法本。云何爲四。一切行無常。是謂初法本。當念修行。一切行苦。是謂第二法本。當共思惟。一切法無我。此第三法本。當共思惟。滅盡爲涅槃。是謂第四法本。當共思惟。如是。諸比丘。當共思惟此四法本。所以然者。便脫生·老·病·死·愁·憂·苦·惱。此是苦之元本。是故。諸比丘。當求方便。成此四法。如是。諸比丘。當作是學」『增一阿含經』(大正藏 2. 668c)

없고 그래야 집착할 것도 없어, 열반을 자각하게 되는 것이다」[751]

라 하여, 일체법을 空이 제외된 無常·苦·(五蘊)無我의 三相을 法의 근본이라 설하면서, 이렇게 三相을 함께 관(共思惟)하고 수행해야 모든 집착에서 벗어나 涅槃을 얻게되며, 일체의 苦의 근원에서 벗어날 수 있기 때문(滅盡爲涅槃)이라 설하면서, 이렇게 관하고 닦는 것을 일러 정관(正觀)이라 강조하고 있다.

한편 열반증득의 핵심이 되는 이 四法印의 법문은 앞에서 살펴본 <有部>의 無常·苦·空·無我로 구성된 苦聖諦의 四行相의 덕목과 많은 면에서 밀접한 관계를 지니고 있음을 알게 해준다. 말하자면 有部의 수행체계중 <순결택분(順決擇分)>에 해당되는 사선근위(四善根位)에서 난(暖)→정(頂)→(下)忍位를 거쳐 중인(中忍)에 이르게 되면, 지금까지 관찰해온 四諦의 十六行相을 하나씩 감소시켜, 마지막으로는 욕계(欲界) 그것도 苦聖諦의 四行相(無常·苦·空·無我)가운데 어느 一相만을 택하여 관찰하면서, 이러한 관법이 상인(上忍)을 거쳐 세제일법위(世第一法位)에 이르기까지 줄곧 이어지게 됨을 살펴보았는데, 이러한 苦諦(無常·苦·空·無我)觀의 중시는 지금 살펴보고있는 四法印의 四(三)行相 곧 無常·苦·無我·涅槃과 같은 것임을 알 수 있다. 따라서 有部의 실천행, 특히 사선근(四善根)수행은 바로 이러한 법의 근본이며 열반증득의 핵심이 되는 四法印에서 그 근원을 찾을 수 있었다.

---

751)「(八四) 如是我聞。一時。佛住舍衛國祇樹給孤獨園。爾時。世尊告諸比丘。色是無常。無常則苦。苦則非我。非我者。彼一切非我．不異我．不相在。如實知。是名正觀。受．想．行．識亦復如是。多聞聖弟子於此五受陰非我．非我所觀察。如是觀察。於諸世間都無所取。無所取故無所着。無所着故自覺涅槃。我生已盡。梵行已立。所作已作。自知不受後有」『雜阿含經』<정정경> (대정장 2. 21c)

第6 苦聖諦의 四行相과 사념처(四念處)와의 관계

苦聖諦의 四行相은 無常·苦·空·無我이다. 곧 앞에서 살펴본 것처럼, <有部>의 수행체계에 있어 이 四行相은 一切法을 여실지(如實知)하는데 없어서는 아니되는 핵심덕목이자 관법의 중심에 서있다.

한편 초기불교에서부터 중시되어 왔고, 또 <有部>의 수행도에 있어서도 아주 중요한 수행덕목으로 등장하고 있는 것이 사념처(四念處)이다.

곧 <순결택분(順決擇分)>에 처음 등장하는 것이 四念處이지만, 그 중요성은 아라한과에 이르는 <有部>의 수행도 전체에 미치고 있다고 해도 과언이 아닐 것이다.

곧 신수심법(身·受·心·法)의 4덕목을 별상(別相)과 총상(總相)으로 나누어 요모조모 이리저리 관찰하는 것인데, 여기서 신수심(身·受·心)은 어느 객체(개인) 그 자체의 육신과 정신을 가리키고 있는 것이며, 法은 나를 포함한 일체존재와 일체현상 모두를 지칭하고 있는 것이다. 곧 나를 포함한 一切法의 실상(實相)을 如實히 있는 그대로 관찰하는 것을 목적으로 설정된 수행법이 다름 아닌 四念處(觀)인 것이다.

다시 말하면 身은 부정(不淨)한 것으로, 受는 苦로, 心은 무상(無常)한 것으로, 法은 무아(無我)로 보는 것으로, 이 관(觀)을 통해 오개<五蓋: 애욕(愛慾)·진애(瞋恚)·혼침(昏沈)·도회(悼悔)·의(疑)>와 4-전도<四-顚倒: 상락아정(常樂我淨)>를 끊어내는 것이다. 잠시 四念處에 대한 초기경전의 말씀을 보도록 하자.

먼저 pāli『상응부경(相應部經)』과『중부경전(中部經典)』에는 각각

「비구들이여! 여기 衆生의 청정(清淨), 우비(憂悲)의 극복, 고뇌(苦惱)의 멸진(滅盡), 正法의 통달, 涅槃의 작증(作證)을 위한 道가 있다. 그것은 곧 四念處이다」

「존자여! 세존은 오개(五蓋)를 버리고, 마음의 번뇌는 지혜로 약화시키고, 마음은 四念處에 정착하여, 칠각지(七覺支)를 여실히 수습하여 무상정등정각(無上正等正覺)을 성취했다」[752]

「한 가지 道를 닦으면 중생이 청정해지고, 우비(憂悲)에서 멀어지고, 고뇌(苦惱)가 滅盡되고, 涅槃을 증득하며, 오개(五蓋)를 단제(斷除)할 수 있다. 그것은 四念處를 닦는 것이다」[753]

라 하면서, <四念處>가 청정(淸淨)과 멸고(滅苦) 단오개(斷五蓋)와 관계를 가지면서, 끝내는 청정과 열반으로 인도하는 수행의 덕목으로서, 아라한과의 증득에 큰 영향을 미치는 수행인 칠각지(七覺支)와도 깊은 관계를 가지고있음을 설하고 있다.

한편 <有部> 전승의 『아비담심론(阿毘曇心論)』과 『법온족론(法蘊足論)』<念住品>에는 각각

「이 몸(身)은 부정상(不淨相)·무상상(無常相)·고상(苦相)·무아상(無我相)으로서, 이것이 진실상이다. 곧 몸의 한 곳에 마음을 집중시켜, 이것을 觀하면 산란(散亂)에서 벗어나게 된다 (중략) 신통심법(身痛心法)의 총관(總觀)이란 무엇을 말하는가? 心과 法이 전전(展轉)해서 상생(相生)하는 것이기에 無常이며, 自在하지 못하므로 空이며, 주인이 없으므로 無我이며, 오(惡)·재(災)·환(患)인까닭에 苦라고 觀하는 것이다」[754]

---

752) 『相應部經』(南傳藏 권 5. 141頁, 同 160頁)
753) 『中部經典』(南傳藏 권 1 . 55~63頁)
754) 「此身不淨相無常相苦相無我相。是相定眞實 彼自身一處 繫心離心亂 (중략) 一切身痛心法總觀。問云何。答此四是無常空無我非樂此身痛心法展轉相生。故無常不自在。故空非主故無我。惡災患故苦」『阿毘曇心論』(대정장 28. 818a)

「비구가 자기 몸을 볼 때는 無常·苦·空·非我를 끊임없이 관찰하고 사유해야한다」[755]

라 하여, 四念處를 설하면서 (身)念處에서는 종래의 四行相 (不淨·無常·苦·無我)를 설하고 있지만, 四念處 전체의 공상(共相)으로는 不淨이 空으로 대치(代置)된 소위 새로운 四行相 (空·無常·苦·無我)을 설하고 있다. 다시 말하면 2종류의 四念處說을, 그것도 같은 곳에서, 단지 차이가 있다면 身念處에 대한 별상(別相)과 四念處 전체의 공상(共相)의 차이 뿐이다. 이것은 무엇을 말하는 것일까?

그것은 초기의 四念處觀, 곧 身受心法을 不淨·苦·無常·無我로 보아오던 觀이 점차 후기로 오면서, 無常·苦·空·非我의 觀으로 개변·진전(改變·進展)되었음을 의미하는 것으로, 이것이 자연적으로 <有部>의 핵심논서인 『俱舍論』에까지 傳해진 것이라 보여진다. 그리고 이렇게 개변(改變)된 것은 이미 초기의 四念處의 덕목속에 苦聖諦 四行相 덕목들의 意味가 함축되어 있었기 때문일 것이다.
곧 不淨·苦·無常·無我란 四念處의 덕목들과 無常·苦·空·無我란 苦聖諦 四行相을 비교해 보면, 그 차이점은 단지 不淨의 덕목이 空의 덕목으로 바뀌었다는 점일 뿐으로, 그 나머지는 모두 같기 때문이다.
여기서 부정(不淨)이 가지는 의미는 더러운 것이고, 언젠가는 무너지는 괴법(壞法)이니, 집착하거나 끄달리지 말라는 의미이다. 곧 無常과 空의 의미로 쓰여진 것이다.

따라서 이렇게 볼 때 四念處의 不淨·苦·無常·無我의 4가지 덕목은

---

[755] 「復有苾芻。於此內身。觀察思惟(중략)無常苦空非我轉動」『法蘊足論』(대정장 26. 476b)

'無常한 것은 苦이며, 苦인 것은 空이며, 空인 것은 非我'라는 초기불교 이래의 一切法을 관찰하는 공식(公式)과 똑 같은 것이 된다. 따라서 苦聖諦의 四行相과 四念處와의 관계는 거의 맥락을 같이 하는 것으로 보아도 좋은 것이며, 이러한 생각들이 결과적으로 苦聖諦 四行相으로 이어져 내려 온 것이라 판단된다.

 곧 순해탈분(順解脫分) → 순결택분(順決擇分) → 견도(見道) → 수도(修道) → 무학도(無學道)로 이어지는 <有部>의 실천행도(實踐行道)에 있어, 그 핵심은 두말할 것 도없이 四聖諦에 대한 여실지견(如實智見)이며, 이것이 전체의 수행과정에 있어서 일관된 관법의 대상이지만, 이것의 근원은 순해탈분(順解脫分)에서의 핵심 수행법인 <사념처관법(四念處觀法)>에 있었다고 해도 과언이 아닐 것이다.

 그 이유는 順解脫分에서 시작된 일체법에 대한 관법인 四念處觀, 그중에서도 자상(自相)과 공상(共相)을 통해서 관찰되는 <법념처관(法念處觀)>은 <有部> 수행도 전체에 걸쳐있는 핵심관법인 동시에, 관찰되는 16行相의 핵심行相이 되기 때문이다.

第7 四聖諦와 연기이론(緣起理論)과의 관계

「비구들이여! 그대들에게 緣起 및 연생법(緣生法)에 대해 설하리니, 내 설법을 듣고 잘 생각하도록 하라.

연기란 무엇인가? 태어남에 의해 늙고 죽음이 있다. 이것은 나 여래가 이 세상에 나오든 나오지 않든 法으로서 정해져 있는 것이다. 그것은 상의상존성(相依相存性)이다. 여래는 이것을 깨닫고 이것을 알아낸 것뿐이다. 이것을 깨닫고 이것을 알아내고 이것을 교시(敎示)하고, 이것을 선포하고, 이것을 개시(開示)하고 밝히어, 눈 있고 귀 있는 자는 와서 보고 들어라 하는 것이다. 비구들이여 이와같이 있는 그대로의 것 허망(虛妄)하지 않은 것, 진실(眞實)한 것, 相依相存性인 것, 이것을 연기(緣起)라 하는 것이다」756)

「세존은 깨달음을 얻은 이후 7일간 보리수 밑에서 좌선하고 계셨다. 7일날 밤(초야=初夜)에 세존은 緣起를 순역(順逆)으로 사유하셨다.

무명(無明)에 의해 행(行)이 있으며, 행에 의해 식(識)이 있으며, 식에 의해 명색(名色)이 있으며, 명색에 의해 유입(六入)이 있으며, 육입에 의해 촉(觸)이 있으며, 촉에 의해 수(受)가 있으며, 수에 의해 애(愛)가 있으며, 애에 의해 취(取)가 있으며, 취에 의해 유(有)가 있으며, 유에 의해 생(生)이 있으며, 생에 의해 노사(老死)와 근심·슬픔·고통·걱정 등의 일체의 고통이 일어난다. 그러나 탐욕(貪慾)을 완전히 제거하면 무명(無明)이 없어지고, 무명이 없어지면 行이 없어지고, 행이 없어지면 識이 없어진다. 이와같이 生이 없어지면 노사와 근심·슬픔·고통·걱정 등의 일체 고통(苦痛)이 없어지는 것이다. 그리고 나는 명상을 하고있는 바라문에게 다음과 같이 노래하였다. 연기법(緣起法)을 깨닫게 되면 모든 망

---

756)『雜阿含經』<緣起法經> (大正藏 2. 85b)

념(妄念)은 소멸하게 된다고~

　세존은 한밤중에도 연기를 순(順)과 역(逆)으로 생각하였으며, 다음 날 새벽에도 연기를 順과 逆으로 생각하였다. 그리고 명상을 하고 있는 바라문에게 다음과 같이 노래하였다. 연기법을 깨닫게 되면 태양이 하늘을 비추는 것처럼, 일체 마군(魔軍)은 쫓겨나게 된다」[757]

　위의 인용문은 『잡아함경(雜阿含經)』 <연기법경(緣起法經)>과 『pāli律』에 설해지고 있는 연기설(緣起說)로서, 석존의 성도(聖道)와 관계깊은 교설(教說)이자 불교의 대표적 핵심 교리이다. 이에 반해 四聖諦는 초전법륜(初轉法輪)과 관계있는 교설이다.

양자 모두 불교를 이해하는데 없어서는 안되는 중요교설이자 이론이다. 그래서 양쪽 모두에 「我若出世 若不出世 如是苦法 法住法界」라고 하는 일종의 전매특허와도 같은 낮 익은 경구가 설해지고 있는지도 모르겠다.[758] 2가지 설이 공통으로 변함없는 영원한 진리임을 강조하고 있는 것이다.

　단지 차이가 있다면 앞서도 거론했지만, 깨달은 것은 緣起이지만 제자들에게 설하신 첫 법문은 四聖諦라는 것 뿐이다. 곧 유전문(流轉門)을 강조했느냐? 아니면 환멸문(還滅門)을 강조했느냐의 차이일 뿐이다.

　곧 앞에서도 밝힌 바와 같이, 『俱舍論』이 十二緣起를 四聖諦와 연계시켜, 12개의 덕목중 行과 有 2개의 덕목은 집성제(集聖諦)에 해당하는 업품(業品)에, 無明·愛·取의 3덕목은 집성제(集聖諦)에 해당되는 隨眠品에, 그리고 識·名色·六入·觸·受·生·老死 7덕목은 苦聖諦에 해당되는 세간품(世間品)에 분류시키고 있는 것도, 바로 이러한 이유에서 나온 발상임에 틀림없다.

---

757) 『pāli律』 (南傳藏 3. 1~3항)
758) 『法蘊足論』 (大正藏 26. 480C), 『雜阿含經』 <緣起法經> (大正藏 2. 85b)

第8 四聖諦를 三轉十二行相으로 설하신 것은,

修行의 계위인 三轉의 순서 및 十六智 證得의 과정 과 어떤 관계를 가지나?

四聖諦를 중심으로하는 <삼전십이행상관(三轉十二行相觀)>은 앞서도 살펴보았듯이, 示轉·勸轉·證轉이라는 3개의 단계속에서 苦集滅道 四聖諦 각각을 면밀히 관찰하는 방법으로, 석존께서 취하신 방식이다.
곧 『잡아함경(雜阿含經)』에 설해진 것처럼, 有部人들은 <三轉>을 중심에 두고 四聖諦를 苦·集·滅·道의 순서대로 관찰하는 방식을 취하고 있는 것이다.

곧 먼저 제 1단계인 시전(示轉)으로 苦聖諦→集聖諦→滅聖諦→道聖諦의 순서로 四聖諦를 관찰하고, 뒤이어 제 2단계인 권전(勸轉)으로 苦聖諦→集聖諦→滅聖諦→道聖諦의 순서로 四聖諦를 관찰하고, 뒤이어 제 3단계인 증전(證轉)으로 苦聖諦→集聖諦→滅聖諦→道聖諦의 순서로 四聖諦를 관찰하는 것으로, 四聖諦 각각의 諦를 示→勸→證이라는 3가지 형식에 의해 여실히 관찰하는 것이다.

이에 반해 『五分律』이나 『Pāli律藏』에는 이들 有部의 방식과는 달리 <四聖諦>를 중심에 두고, 四聖諦의 순서에 입각해서 그것을 示轉·勸轉·證轉의 순서로 관찰하는 방식을 취하고 있다.759) 말하자면 苦聖諦를

759)「是苦聖諦。是苦聖諦應知。是苦聖諦已知。我先未聞眼生乃至慧生。是苦集聖諦。是苦集聖諦應斷。是苦集聖諦已斷。我先未聞眼生乃至慧生。是苦滅聖諦。是苦滅聖諦應證。是苦滅聖諦已證。我先未聞眼生乃至慧生。是苦滅道聖諦。是苦滅道聖諦應修。是苦滅道聖諦已修。我先未聞眼生乃至慧生。我已如實知。是三轉十二行法輪得成無上正覺」『雜阿含經』(대정장 22. 104c),「是苦聖諦。是苦聖諦應知。是苦聖諦已知。我先未聞眼生乃至慧生。是苦集聖諦。是苦集聖諦應斷。是苦集聖諦已斷。我先未聞眼生乃至慧生。是苦滅聖諦。

示轉→勸轉→證轉의 순서로 관찰한 후, 뒤이어 集聖諦에서 道聖體에 이르기까지도 示轉→勸轉→證轉의 순서로 관찰하는 것이다.

아무튼 서로의 방법은 다르지만, 이런 방식으로 四聖諦를 관찰하게 된다면, 四聖諦에 대한 관찰이 깊어짐은 물론, 이를 통해서 얻어지는 각각의 智慧가 三轉이라는 과정속에서 상호 주거니 받으면서 더욱 깊어져, 지금까지는 보이지 않던 미세한 것들까지도 보이게 되는 제 2 제 3의 심화(深化)가 일어나게 되고, 이로써 상호 휘드백과 씨너지 효과가 일어나게 되어, 관찰대상을 있는 그대로 그야말로 如實하게 관찰할 수 있게 되는 효과와 더불어, 거기에 상응한 智慧 또한 생기(生起)하게 되고, 이에 편승하여 그간 미망(迷妄)으로 상속(相續)되어 잠재되어 있던 번뇌들도 점차 감소되는 것은 자명할 것이다. 다시 말하면 12번(三轉×四聖諦)의 관찰내용이나 그 심도(深度)가 모두 다르고, 거기에서 생기되는 智慧 또한 12단계로 단계지어 상승(上昇)된다고 보아도 좋을 것이다.

따라서 有部가 그들의 수행체계의 중심이 된 <四諦十六行相의 觀法>과정에서 생기하는 智慧를, 苦聖諦 集聖諦 滅聖諦 道聖諦의 순으로, 그것도 欲界와 上界(色界・無色界)로 二分하여, 苦(法智忍→法智→類智忍→類智)→集(法智忍→法智→類智忍→類智)→滅(法智忍→法智→類智忍→類智)→道(法智忍→法智→類智忍→類智)등의 十六心으로 분류하면서,[760] 智慧 또한 이처럼 점차 상승되어 生起하는 것이라고 주장한 것은, 상기

諦。是苦滅聖諦應證。是苦滅聖諦已證。我先未聞眼生乃至慧生。是苦滅道聖諦。是苦滅道聖諦應修。是苦滅道聖諦已修。我先未聞眼生乃至慧生。我已如實知。是三轉十二行法輪得成無上正覺」(大正藏 22.104c)『Pāli律藏』(南傳藏 3권 19~21頁)

760) 有部는 苦法智忍으로부터 道類智忍에이르는 15刹那가 見道이며, 제 16心인 道類智는 修道라고 주장하고 있는데 반하여, 輕量部와 大乘唯識에서는 十六心 모두를 見道로 보고 있다. 深浦正文『俱舍學槪論』216~217頁.

의 四聖諦를 중심으로하는 三轉十二行相의 관찰과정에서 본 바와 같은 심화과정(深化過程)과 상호 시너지 효과에 근거해 착안된 생각이라 보여지는 것으로, 여기에 그들의 정진 노력의 일면이 엿보인다.

<追記>

 <견도(見道) 四諦十六行相의 관법과정과, 그 결과 생기하는 見道十五心(智)과 道類智>에 대한 상세한 설명은, 본 강의록의

3編 불교의 핵심교리 정리, 2章 번뇌와 성불론, 1節 4-4 ①見道位, 참고 <見道 四諦十六行相의 觀法過程과 그 결과 生起하는 見道十五心(智)과 道類智> - (八十八 見所斷煩惱의 소진(消盡)과 그에 따른 八忍·八智의 생기과정)을 참조하고,

 <수소단(修所斷)-번뇌에 대한 분석도(三界·九地·九品)에서의 수소단 81번뇌>는

3編 불교의 핵심교리 정리, 2章 번뇌와 성불론 1節 4-4 ② 修道位, 참고 <수소단(修所斷)-번뇌에 대한 분석도(三界·九地·九品)의 수소단 81번뇌>를 참조 바람.

第9 十六行相中 16이란 숫자는 그 根據가 어디에 있는 것인가?

유부논서(有部論書) 가운데 가장 먼저 四諦十六行相의 16의 德目을 설하고 있는 경전은 『集異門足論』이다. 한편 16의 行相(ākāra)들이 완벽히 정리되어있는 초기경전들은 보이지 않는다. 다만 pāli 上座部의 소의 경론인 『청정도론(清淨道論)』에 16의 行相들이 보이고는 있으나, 『俱舍論』이 설시하는 16덕목과는 많은 면에서 다르다.[761]

따라서 이들 十六이란 行相이 上座部나 또는 <有部> 등의 부파가 만들어 낸 독자적인 것이 아닐까 사료된다.

아마도 이들이 『轉法輪經』에 설해진 <四諦三轉十二行相觀法>을 기본으로, 여기에 다시 초기경전에 산재되어있는 덕목들을 여기저기에서 모아, 十六이란 덕목을 만들어 이렇게 <四諦十六行相觀>이란 觀法을 창안해 낸 것이라 생각된다.

말하자면 이렇게 새롭게 만들어진 十六의 行相을 통해 사성제를 요리조리 낱낱이 살펴보는 것이야말로, 초기불교 이래 중시되어 오던 덕목들, 말하자면 四法印 十二緣起 四念處 三十七菩提分法 등을 세밀히 관찰하는 것이나 다름없는 것이라 확신하고, 이 四聖諦의 체(體)와 상(相)을 十六으로 세분하여, 이러한 덕목들을 중심으로 유전(流轉)의 世界인 三界의 실상(實相)을 관찰함으로서, 그간 心과 心所에 상속되어있던 流轉의 因子들을 멸진(滅盡)시키고, 그와 더불어 새로운 안목의 지혜들이 휘드백되고 동시에 이들 智慧들이 상호 얽히고 설키어서 상호 씨너지 효과를 형성시켜, 소위 다시는 윤회전생(輪廻轉生)하지 않게되는 경지인 무

---

761) 『清淨道論 (visuddhimagga)』 (南傳藏 64권. 459~460頁)

생지(無生智)가 生起하게 된다는 그들 나름의 사유와 발상이, 이와같은 <四諦十六行相觀>의 수행체계를 만들어 낸 것이라 사료된다.

말하자면 아비달마불교라 일컬어지는 부파불교 특유의 분석적 경향과 <三世實有法體恒有>란 有部人들의 敎理的 특성이 바로 이렇게 복잡한 수행체계를 형성케 된 원인이라고 분석되는 것이다.

第10 <四諦三轉十二行相>과 <四諦十六行相>은 상호
어떤 관계를 가지고 있는 것일까?

앞서도 살펴보았듯이, 四聖諦를 중심으로하는 <三轉十二行相觀>은 示轉·勸轉·證轉이라는 3개의 단계속에서, 苦集滅道 사성제 각각을 면밀히 관찰하는 방법이었다.

곧 『雜阿含經』에서 보는 것처럼 三轉을 중심에 두면서, 사성제 각각의 諦를 示→勸→證이라는 3가지 형식에 의해 여실히 관찰하거나, 또는 『Pāli律藏』에 설해진 것처럼 四聖諦를 중심에 두면서, 사성제의 순서에 입각해서 그것을 示轉·勸轉·證轉의 순으로 관찰하는 방식을 취하든지 하는 것이었다.

말하자면 三轉인 示(始知)→勸(應知)→證(已知)의 順序로, 사성제 각각을 苦(知)·集(斷)·滅(證)·道(修)의 순서로 관찰하는 것이 <有部의 方式>이며,

또 苦(知)→集(斷)→滅(證)→道(修) 사성제의 順序로, 그것을 示轉(始知)→勸轉(應知)→證轉(已知)에 걸쳐 관찰하는 방법을 취한 것이 <Pāli上座部 계통의 관찰방식>이었다.

따라서 방법이야 어떻든 이런 방식으로 되풀이하며 사성제를 완벽하게 관찰하여 마침내 내 것으로 完成시키려한 방법이 다름 아닌 <四諦三轉十二行相觀>이었던 것이다.

한편 <四諦三轉十二行相觀>과 더불어 <有部>가 주창한 또 하나의 관법인 <四諦十六行相觀>은 四聖諦 각 聖諦가 지니고 있는 特性을 각각 四行相으로, 곧 전체를 十六의 行相으로 나누어, 그 聖諦가 지니고 있는 특성이나 의미와 상호관계를 여실하게 관찰하는 방식이었다.

곧 苦聖諦는 (非常·苦·空·非我)의 四行相, 集聖諦는 (因·集·生·緣)의 四行相, 滅聖諦는 (滅·靜·妙·離)의 四行相, 道聖諦는 (道·如·行·出)의 四行相으로 각각 세밀히 나누어, 거기다 또 이를 欲界와 上界(色界 無色界)로 이분(二分)하여, 사성제를 2번씩이나 빈틈없이 면밀하게 관찰하는 방식이다. 말하자면 사성제를 部分(別相)과 全體(共相)로, 또는 部分에서 全體로, 全體에서 部分으로, 이런 방식으로 빈틈없이 四聖諦 各 聖諦가 지니고 있는 특성과 상호관계를 낱낱이 그것도 빈틈없이 여실하게 관찰하면서, 사성제라는 덕목으로 표상해 놓은 진리, 곧 法의 실상(實相)을 몸소 체득케 하려는 방식이 다름 아닌 <四諦十六行相觀>이었다.[762]

---

762) 「能具修十六行相。觀苦聖諦 修四行相。一非常二苦三空四非我。觀集聖諦 修四行相。一因二集三生四緣。觀滅聖諦 修四行相。一滅二靜三妙四離。觀道聖諦 修四行相。一道二如三行四出」『俱舍論』(대정장 29. 119b)

참 고: 　『俱舍論』과『甘露味論』이 설하는 十六行相

四聖諦	『俱舍論』		『甘露味論』의 설명
	欲界	上界 (色界·無色界)	
苦聖諦 四行相	1.非常,苦,空,非我 無常(anityata) 苦(duḥdkhata) 空(śūnyatā) 無我(anāatmata)	2.非常.苦.空.非我	「從因緣生不住故無常。無常力壞故苦。無人故空。不自在故非我」 (머물지 않고 인연을 좇아 생하기에 無常이며, 항상하지않고 무너지기에 苦이며, 실체가 없기에 空이며, 자재하지 못하기에 非我이다)
集聖諦 四行相	3. 因.集.生.緣 因(hetuta) 集(samudayata) 有(prabhavata) 緣(pratyayata)	4. 因.集.生.緣	「生相似果故習因。生死不絶故習。不可盡故有。不相似相續故緣」 (무언가 유사한 결과를 만들어내기에 因이며, 생사가 끊이지 않기에 習이며, 다하지 못하기에 有이며, 유사하지 않은 것을 상속하기에 緣이다)
滅聖諦 四行相	5. 滅.靜.妙.離 滅(nirodhata) 靜(śāntata) 妙(praṇpītata) 離(niḥnsaraṇrata)	6. 滅.靜.妙.離	「一切苦患閉故盡。除一切結使火故止。勝一切法故妙。出三界故度」 (일체의 고와 환이 다했기에 盡이며, 일체 번뇌의 불을 제거했기에 止이며, 일체법을 뛰어넘었기에 妙이며, 三界를 벗어났기에 度이다)
道聖諦 四行相	7. 道.如.行.出 道(māmrgata) 如(nyānyata) 行(pratipattita) 出(nairyānnikata)	8. 道.如.行.出	「能到涅槃故道。非顛倒故應。聖人所行故住。能離世間惱故出」 (능히 열반에 이르기에 道이며, 전도가 아니기에 應이며, 聖人의 행이기에 住이며, 능히 세간의 번뇌를 여위었기에 出이다)

따라서 <三轉十二行相觀>이나 <四諦十六行相觀>은 비록 각각의 관법이 나름대로의 特性을 지니고 있다고는 하지만, 이들의 觀의 대상이 한결같이 四聖諦라는 공통점을 가지고 있다는 점과, 또 한편으로는 四聖諦라는 똑같은 대상을 두고도 이렇게 다른 형태로의 개발과 변화가 가능한 것이구나 라는 생각을 가지게 한다.

한편 석존불께서 개발해 낸 <三轉十二行相觀> 그대로를 자신들의 수행법으로 삼아도 되었을텐데, 왜 <有部>는 기존의 방법에 안주하지 않고 <四諦十六行相觀>이란 새로운 관법을 개발해 냈을까 하는 점도 하나의 의문이다.

틀림없이 사성제가 지니는 의미를 2번 3번 낱낱이 빈틈없이 면밀하게 관찰하려는 의도에서 苦聖諦는 (非常·苦·空·非我)의 四行相, 集聖諦는 (因·集·生·緣)의 四行相, 滅聖諦는 (滅·靜·妙·離)의 四行相, 道聖諦는 (道·如·行·出)의 四行相으로, 그것도 이들을 다시 欲界와 上界(色界·無色界)로 2분하여 사성제가 지니는 의미를 2번 3번 낱낱이 빈틈없이 면밀하게 관찰하기 위해서 일 것이다.

말하자면 빨리 또 어떡하든지 반드시 깨달음의 世界에 도달하겠다고 하는 강렬한 열망과 원행(願行)과 고뇌(苦惱)와 집념이 소위 <四諦十六行相觀>이란 새로운 觀法을 開發해 낸 동기라 생각된다. 이 점 <有部>를 비롯한 부파인(部派人)들의 정진과 그들의 수행력에 찬사를 보내고 싶다.

이상 <有部人>들이 그들의 이상향인 아라한과를 증득하기 위해 어떠한 수행체계속에서, 어떠한 덕목을 가지고 어떻게 修行했는지를 그들이 창안해 낸 <四諦十六行相 觀法修行>을 중심으로 고찰해 보았다.

이러한 분석과 정리로부터 느껴지고 판단되는 것은,

 아비달마불교는 초기불교와는 무관한 동떨어진 이색적 불교가 아니라, 오히려 거기에 순응하면서, 또 그것을 이해하기 위해 부단히 노력하고 고민하면서, 그것도 면밀히 분석하면서 석존의 정신을 계승하여 발전시킨 불교였다고 평가하고 싶다.

 곧 그간 일부 특히 大乘을 연구하는 학자들 사이에서 「아비달마불교는 불교와는 동 떨어진 분석적(分析的·사변적·탁상적(卓上的)·공론(空論에 불과한 이론이다」라는 혹평을 받아왔다. 물론 이러한 평가에 공감하는 면도 없지는 않지만, 단지 "三世實有法體恒有"라고 하는 설을 큰 문제 삼아, 이것이 공성(空性)이라고 하는 불교의 근간에서 벗어났다는 식으로 매질을 하는 것은 온당치 못한 처사라고 생각된다.

 그 이유는 본고의 주제인 <四諦十六行相觀>의 핵심行相이 苦聖諦 四行相인 (無常·苦·空·無我)과 동일한 것이라는 점에서도 알 수 있듯이, 이들이 비록 상기의 三世實有說을 주창하기는 했지만, 이 설의 근본 핵심은 四-行相(ākāra)을 발견하는 것, 곧 四行相을 일상에서 수행하여 <有라는 집착>에서 벗어나게 하기 위한 것이었기 때문이다.

 말하자면 궁극적으로 이 四行相을 보고(見) 닦게(修) 하기 위해 임시로 方便으로 설정해 놓은 것이 <三世實有 法體恒有)說 이었다고 판단되기 때문이다.

 그리고 見道→修道로 이어지는 과정에서 십육심지(十六心智)가 生起한다는 修行道에 있어서도 마찬가지로, 이것이 너무 이론적이고 탁상공론적인 면이 농후하다는 지적 또한 많이 회자되는 것 중의 하나이지만, 이것 역시 무조건적으로 비판만 해서는 아니 될 것이라 생각된다.

왜냐하면 이러한 논리의 이면에는 未體系化된 釋尊佛 가르침의 教理와 實踐行法들을 分析.定理하여, 그것을 알기쉽게 體系化시켜 그것을 佛教教理의 근거및 教團의 法으로 삼아야 된다는 것이 그들에게 주어진 숙제와 사명이었으며, 따라서 이러한 사명을 완수하면서도 어떻게 하면 확실하게 그것도 보다 빨리 깨달음의 세계에 도달할 수 있을까 라는 그들의 확고한 의지와, 이에 뒤따르는 피말리는 정진과 산고(産苦)가 이들의 교리속에 숨어있다고 보기 때문이다. 다시 말하면 <三世實有 法體恒有>의 이론이나 <四諦十六行相觀>이란 새로운 觀法修行을 통한 <十六心智>의 획득과정이 탁상에서 머릿속에서 그려낸 단지 허상의 메아리가 아니라, 일상생활속에서 실제로 경험과 실패를 거듭 맛보며 일구어 낸 각고(刻苦)와 산고(産苦)의 과정속에서 얻어낸 살아있는 결과물로서,

<有部>, 그들이 실제로 日常에서 행했던 修行論의 實相과 이러한 수행법이 理論化되고 현실의 實踐法으로 昇華되어 大乘佛教, 특히 瑜伽行派의 教學과 實踐體系 形成에 큰 영향을 미치게 되는 根源과 背景도 바로 여기에 있다고 판단되기 때문이다.

<四聖諦論>의 요점정리

<有部人>들이 지니고 있던 근본적 개념과 사유
- <有部敎學의 근원과 그들이 주창하려 했던 핵심> -

(가) 수행도의 중심, 四聖諦觀法과 그것이 채용되게 되는 계기

<有部>의 수행도로 사성제(四聖諦)관법이 채용되게 된 계기는 <有部> 전승의 『잡아함경(雜阿含經)』과 『중아함경(中阿含經)』이 팔정도(八正道)를 유루(有漏)가 아닌 무루(無漏)로 파악했다는 점에서부터 시작된다. 곧 도성제(道聖諦)를 세간(世間)이나 有漏의 의미로서가 아닌 출세간(出世間)과 無漏의 의미로 해석하여,

「八正道야말로 성제(聖諦)로서 出世間이며, 無漏이며 취(取)하지 않는 것이며, 苦가 다한 것이며, 苦를 樂으로 전향(轉向)케 하는 것」이며,[763]

「苦를 苦로, 집(集)을 集으로 보는 것과 같이, 고집멸도(苦集滅道) 四聖諦 각각의 제(諦)를 있는 그대로 여실하게 보는 것이 道聖諦이며, 때문에 이 道聖諦야말로 성인(聖人)만의 영역이며, 성인만이 아는 바이며, 성인만이 요지(了知)한 것이며, 성인만이 얻어 낸 정등정각(正等正覺)의 경계」라 한

『중아함경(中阿含經)』의 내용처럼,[764] 四聖諦를 지금 이 자리에서 있는

---

763)『雜阿含經』(大正藏 2. 203a~204b),
764)『中阿含經』(大正藏 1. 469a~c),

그대로 관찰하는 것, 곧 소위 <사성제현관(四聖諦現觀)>의 중요성을 강조하면서, 자파(自派) 전승(傳承)의 논서인 『법온족론(法蘊足論)』에 상기 2-『阿含經』의 구절을 인용하고 있는 것에서 부터 비롯되었다. 곧 이러한 인식의 전환과 발상은 有部人들로 하여금 四聖諦를 관법(觀法)의 수단, 소위 <四聖諦現觀: abhisamaya)>이라는 수행법으로 개발케 되는 원동력이 되었다.

(나) 有部人들은 왜 이렇게도 절실히 四聖諦를 강조하면서
    그들의 수행의 중심덕목(대상)으로 삼았을까?

『俱舍論』은 一切法을 有爲와 無爲 또는 有漏와 無漏로 분류하면서, 苦集滅道 <四聖諦>를 중심으로 諸行無常・諸法無我・一切皆苦・涅槃寂靜의 <四法印>, 無明・行・識・名色・六入・觸・受・愛・取・有・生・老死의 <심이연기(十二緣起)> 등,
초기불교의 키-워드들을 관계지우면서, 간단 명료하게 분석 정리해 놓고 있다.
여기서 四聖諦를 중심으로 초기불교의 중심덕목들을 관계지우며 설명한 까닭은 四聖諦야말로 法 바로 그것이라는 <有部人>들의 확신이 있었기 때문이었다. 곧 그들은 四聖諦에 대한 규명이야말로 일체법에 대한 규명 바로 그것이라고 굳게 확신하였다.
말하자면 『구사론』 <서문>이 밝히고 있는

「이 논의 저술목적은 택법(擇法), 곧 有爲法과 無爲法의 구분 내지는 有漏法과 無漏法의 구분에 있다」고 한 내용을 四聖諦의 여실한 규명을 통해 밝히려 했던 것이다. 다시 말해 『구사론』 저술의 목적은 有部敎學

의 특징인 四聖諦에 대한 여실한 규명이었던 것이다.

「번뇌(煩惱)의 단(斷)은 眞理를 보는 것(견제: 見諦)과 닦는 것(수제: 修諦)에 의해서 이루어진다」는 <현성품(賢聖品)> 서두의 설명은,

<有部> 수도론의 핵심이 번뇌의 단멸(斷滅)에 있으며, 이러한 번뇌를 단멸시키는 최고의 방법은 見道와 修道에 있는 것임을 천명하기 위한 것이었다. 다시 말해 우주의 진리인 四聖諦를 여실히 관찰하는 觀法(見諦)과 여기에서 관찰한 것들을 생활속에서 실천(修諦)하는 두 行法에 번뇌의 존망이 있음을 밝히는 데 있었다. 곧 四聖諦를 내 것으로 소화시키느냐 못시키느냐에 의해 범부(凡夫)와 성자(聖者)의 갈림길이 달려있다고 보고, 이를 <四聖諦現觀: abhisamaya)>이라는 수행법으로 개발시킨 것이다.

다) 석존불은 초전법륜(初轉法輪)에서 왜 四聖諦를 설하셨을까?
『장아함경』의 「고집멸도 사성제는 의(義)에 계합하고 法에 계합하고, 범행(梵行)이며 무욕(無慾)과 無爲와 적멸법(寂滅法)이다」[765]

『轉法輪經』의 「四聖諦 법문을 듣고, 집법(集法), 곧 연기(緣起)한 것은 모두가 멸법(滅法)이라는 원진이구(遠塵離垢)의 법안(法眼)이 생겼다」[766]

『大毘婆沙論』의 「이와같은 四聖諦는 오직 聖者만이 성혜(聖慧)로서 통달한 것이기에 성제(聖諦)라 이름하는 것이다」

사성제법문을 석존불의 가르침의 근간이자 불교의 근간인 法(眞理:

---

765) 『장아함경』 (大正藏 1. 111b)
766) 『轉法輪經』 (南傳藏 3권. 21頁)

dharma) 그 자체라는 교단 구성원들의 인식과 확신에서 비롯된 것이라 볼 수 있으며, 이러한 움직임은 드디어 부파교단에서 가장 세력이 크고 교리연구 또한 가장 왕성했던 <有部>에 전승되어, 그들의 수행의 목표인 아라한과에 이르는 기나긴 수행도에, 이 四聖諦를 중심으로 하는 소위 四諦十六行相觀의 체계를 구축한 것으로 판단된다.

　이상 위에서 살펴보았듯이, 四聖諦는 불교교리의 핵심중의 핵심교리이다. 때문에 석존불은 十二緣起를 깨달았으면서도 민중들에게는 12연기를 설하지 않고 四聖諦를 최초의 설법으로 선택하셨던 것이다.

四聖諦中에서도 특히 苦諦(無常·苦·空·無我)觀의 중시는 四法印의 四行相 곧 無常·苦·無我·涅槃과 같은 것임을 알 수 있다. 따라서 有部의 실천행, 특히 사선근(四善根)수행은 바로 이러한 법의 근본이며 열반증득의 핵심이 되는 四法印에서 그 근원을 찾을 수 있다.

　또한 不淨(身)·苦(受)·無常(心)·無我(法)란 <四念處>의 덕목들과 無常·苦·空·無我란 <苦聖諦 四行相>을 비교해 보면, 그 차이점은 단지 不淨의 덕목이 空의 덕목으로 바뀌었다는 점일 뿐, 그 나머지는 모두 같음을 알 수 있다. 그러나 여기서 부정(不淨)이 가지는 의미는 더러운 것이고, 언젠가는 무너지는 괴법(壞法)이니, 집착하거나 끄달리지 말라는 의미이므로, 결국은 無常과 空의 의미로 쓰여진 것이다.

따라서 이렇게 볼 때 四念處의 不淨·苦·無常·無我의 4가지 덕목은 '無常한 것은 苦이며, 苦인 것은 空이며, 空인 것은 非我'라는 초기불교 이래의 一切法을 관찰하는 공식(公式)과 똑 같은 것이 된다. 그러므로

苦聖諦의 四行相과 四念處의 관계는 거의 맥락을 같이 하는 것으로 보아 좋은 것으로, 이러한 생각들이 결과적으로 苦聖諦 四行相으로 이어져 내려 온 것이라 판단된다.

한편 12연기설과 사성제의 관계를 살펴보면, 12緣起說은 석존의 성도(聖道)와 관계 깊은 교설(教說)이며, 四聖諦는 초전법륜(初轉法輪)과 관계있는 교설로서, 양자 모두 불교를 이해하는데 없어서는 아니되는 중요 교설이자 이론이다.

그런 까닭에 12연기설은 『雜阿含經』<緣起法經>에서, 사성제는 『法蘊足論』에서 각각 「我若出世 若不出世 如是苦法 法住法界」라고 하는 일종의 전매특허와도 같은 낯 익은 경구를 똑같이 설하면서, 이 2-가지 설이 공통으로 변함없는 영원한 진리임을 강조하고 있는 것이다.

단지 차이가 있다면 앞서도 거론했지만, 깨달은 것은 緣起이지만 제자들에게 설하신 첫 법문은 四聖諦라는 것 뿐이다. 곧 유전문(流轉門)을 강조했느냐? 아니면 환멸문(還滅門)을 강조했느냐의 차이일 뿐이다.
곧 앞에서도 밝힌 바와 같이, 『俱舍論』이 十二緣起를 四聖諦와 연계시켜, 12개의 덕목중 行과 有 2개의 덕목은 집성제(集聖諦)에 해당하는 업품(業品)에, 無明·愛·取의 3덕목은 집성제(集聖諦)에 해당되는 隨眠品에, 그리고 識·名色·六入·觸·受·生·老死 7덕목은 苦聖諦에 해당되는 세간품(世間品)에 분류시키고 있는 것도 바로 이런 이유에서 나온 발상임에 틀림없다.

참고 (서적 / 논문) - 四聖諦 / 緣起說 관계

宇井伯壽「八聖道原意其變遷」『印度哲學研究』3권. 1965

　　　　「原始佛教資料論」『印度哲學研究』2권

和辻哲郎「原始佛教實踐哲學」『和辻哲郎全集』5. 1977

中村 元 「緣起說の原型」『印佛研』5-1. 1957

水野弘元「轉法輪經について」『佛教研究』창간호 92頁. 1970년)

森章司 「原始佛教における四諦說について- 資料整理」

　　　　『大倉山論集』10. 1972

　　　　「有部阿毗達磨佛教における四諦說」『三藏』121. 大東出版社

　　　　「南方上座部行道論」『東洋學論叢』

　　　　(東洋大學文學部紀要) 32. 1979

平川 彰「四諦說の種種相と法觀」『佛教研究』5호. 1976

　　　　「說一切有部における轉法輪經と見道.修道.無學道」

　　　　『平川 彰 著作集』권 1

早島鏡正「成實論における四諦說」『印佛研』1-2

川田熊太郎「現觀莊嚴論における四諦說と深緣起」『印佛研』5-1. 1957

樫尾慈覺「緣起觀について 」『印佛研』18-2 . 1970

上野順瑛「阿含經における 緣起の論理的構造」『印佛研』4-1. 1956

　　　　「因緣法の根本構造」『印佛研』5-1. 1957

岡邦 俊「因緣法の根本構造」-特に受け取り方について

　　　　『印佛研』5-1.　1957

稲田ケネ-ス「緣起一考察」『印佛研』6-2. 1958

2章 번뇌와 성불론(煩惱와 成佛論)

- 번뇌(煩惱)의 실상과 퇴치(退治) - 성불론의 전개

번뇌의 실상과 퇴치, 이의 결과로서의 성불론의 전개란 주제를 가지고,

1) 번뇌란 무엇이며, 또 어떻게 일어나는 것인지

2) 제거하는 방법은 무엇이며,

3) 번뇌가 제거된 결과로서의 해탈과 열반과 보리(菩提), 곧 성불이란 어떻게 이루어지는지 등의 문제에 대해, 초기·부파 → 대승(중관=中觀/유식=唯識/여래장=如來藏) → 밀교(密敎)의 각 교단을 중심으로, 그들은 이러한 문제에 대해 어떻게 정의하였고, 또 어떤 해답을 내놓았는지 등, 그 전개과정을 살펴보려는 것이 본장의 목적이다.

먼저 초기·부파불교를 이해하는 핵심논서인 『俱舍論』을 중심으로, <중생의 三要素>이자 <윤회의 三相>인 業과 煩惱(惑)와 苦의 상호관계를 살펴보고, 뒤이어 공통이념으로서 「一切法無自性空」을 부르짖던 大乘佛敎를 유식(唯識) → 반야·중관(般若·中觀) → 여래장(如來藏) → 밀교 등의 순서로 나누어, 그들이 주창한 번뇌이론과 성불론, 그리고 밀교의 핵심이론인 즉신성불론(卽身成佛論)을 살펴보면서, 불교가 본 번뇌와 無明 그리고 열반과 보리(菩提)를 향한 수행론의 전개과정을 살펴볼 것이다.[767]

---

767) 본래는 반야·중관 후에 唯識을 고찰하는 것이 올바른 순서이나, 여기서는 편의상, 또 有部와 唯識의 번뇌론을 비교·분석하기위해, 唯識을 반야·중관보다 앞서 고찰할 것이다.

1節 <有部>가 주창하는 108 번뇌와 아라한과의 증득

『俱舍論』<序文>에는

「모든 방법으로 모든 無明을 깨부수어 중생을 生死의 구렁에서 건져 내
신 부처님께 예경드리며, 마땅히 대법장론(大法藏論=『俱舍論』)을 설한다.
(중략) 부처님의 가르침의 핵심은 모든 煩惱를 소멸케 하는 승방편(勝方
便)을 중생에게 가르쳐, 생사윤회의 苦海로부터 벗어나게 하는 것이다.
중생이 輪回苦에서 표류하는 까닭은 煩惱 때문이다. 택법(擇法)이야말로
煩惱를 소멸시키는 최고의 방법이다」[768]

라 하여, 1) 부처님이 이 사바에 몸을 나투신 목적은 윤전생사(輪轉生死)
하는 중생을 고통에서 건져내기 위함이며 2) 중생들이 이렇게 윤회하는
이유는 번뇌 때문이며 3) 이러한 번뇌를 멸하는 최고의 방법은 택법(擇
法: dharma-pravicaya)이다 하면서, 부처님께 감사 귀명하고 있다. 말
하자면 논이 주장하려는 논지가 다름 아닌 擇法임을 강조하고있는 것이다.

여기서 擇法이란 두 말할 필요도 없이 法에 대한 정의 내지는 이것이
유위법(有爲法)인지 아니면 무위법(無爲法)인지를 구분한다는 의미이다.
말하자면 논이 제 1장인 계품(界品)과 제 2장인 근품(根品)에서 중점적으
로 서술하고 있는 소위 五位七十五法에 대한 규명으로서, 有爲 72法과
無爲 3法의 구분을 강조하려는 것임을 알수 있다.
다시 말하면 여기에는 三世에 실유(實有)하는 75개의 dharma 가운데,
72가지는 煩惱를 동반한 有爲의 세계이니 그것에 집착하지 말고, 無爲

---

768)「諸一切種諸冥滅 拔衆生出生死泥 敬禮如是如理師 對法藏論我當說 (중략)
若離擇法定無餘 能滅諸惑勝方便 由惑世間漂有海 因此傳佛說對法」『俱舍論』
(大正藏 29. 1a~b)

의 세계이자 열반의 경지인 나머지 3法에만 신심을 내어 修行精進하라는 아주 친절하고도 간곡한 당부가 절절하게 설해져 있는 것이다.

곧 說一切有部(sarvāstivādin)라고 하는 部派의 이름에서 볼 수 있듯이, <有部人>들은 그들의 대표적이고도 중심적 케치프레이즈로 「삼세실유법체항유(三世實有法體恒有)」를 전면에 내세우며 타부파와의 차별성을 강조했던 것이며, 지금부터 고찰하려는 <有部>의 실천수행도(實踐修行道)나 그 전개과정의 복잡·난해성도 바로 이들의 중심교학인 「三世實有法體恒有」에서 기인된 것이다.

有部의 실천수행과 그 체계를 논함에 앞서 먼저 숙지해야 할 몇 가지 事項들이 있다. 그 이유는 이들의 실천행과 그 체계가 워낙 어렵고 복잡하기 때문에, 이 숙지사항을 사전에 알고 있어야 접근하기도 또 이해하기도 쉽기 때문이다. 오죽해야 「俱舍八年」이라 했겠는가?

숙지해 두어야 할 첫 번째는 앞에서도 언급한바 있듯이, <사성제관법(四聖諦觀法)>이 有部 修行道의 중심이라는 사실과, 그것이 수행도로 채용되게 되는 동기와 계기가 무엇이었을까? 라는 것이며, 두 번째는 有部敎學의 모든 것, 특히 <四諦十六行相觀>을 비롯해 번뇌멸진(煩惱滅盡)의 과정이나 무생지(無生智) 증득을 통한 阿羅漢果에의 진입과정이 有爲의 세계인 <三界理論>과는 절대로 뗄 수 없을 만큼 아주 깊은 관계를 가지고 있다는 점이다.

第1 <有部> 修行道의 중심,

사성제관법(四聖諦觀法)과 그것이 채용되게 되는 동기

<有部>의 수행도로 사성제관법(四聖諦觀法)이 채용되게 되는 계기는 앞서 고찰했듯이, <有部> 전승의 『雜阿含經』과 『中阿含經』이 八正道를 有漏가 아닌 무루(無漏)로 파악했다는 점에 있다. 곧 도성제(道聖諦)를 世間·有漏의 의미로서보다도 출세간·무루(出世間.無漏)의 의미로 해석하여,

「八正道야말로 성제(聖諦)로서 出世間이며, 無漏이며 取하지 않는 것이며, 苦가 다한 것이며 苦를 樂으로 전향(轉向)케 하는 것」이며,[769]

「苦를 苦로, 集을 集으로 보는 것과 같이, 苦集滅道 四聖諦 각각의 진리(諦)를 있는 그대로, 如實하게 보는 것이 道聖諦이며, 때문에 이 道聖諦야말로 聖人만의 영역이며, 성인만이 아는 바이며, 요지(了知)한 것이며, 얻은 것으로, 정등정각(正等正覺)의 경계이다」[770]

라고 한 『中阿含經』의 내용처럼,

四聖諦를 있는 그대로 관찰하는 것, 곧 <사성제현관(四聖諦現觀)>의 중요성을 강조하면서, 자파(自派) 전승의 논서에 상기 『阿含經』의 구절을

---

769)「何等爲正見。謂正見有二種。有正見。是世．俗。有漏．有取。轉向善趣。有正見。是聖．出世間。無漏．無取。正盡苦。轉向苦邊(중략)　何等爲正見是聖．出世間。無漏．不取。正盡苦。轉向苦邊。謂聖弟子苦苦思惟。集．滅．道道思惟。無漏思惟相應。於法選擇。分別推求。覺知黠慧。開覺觀察。是名正見是聖」『雜阿含經』(大正藏 2. 203a~204b),

770)「云何苦滅道聖諦。謂正見．正志．正語．正業．正命．正方便．正念．正定。諸賢。云何正見。謂聖弟子念苦是苦時。習是習。滅是滅。念道是道時。或觀本所作。或學念諸行。或見諸行災患。或見涅槃止息 (중략) 諸賢。過去時是苦滅道聖諦。未來．現在時是苦滅道聖諦。眞諦不虛。不離於如。亦非顚倒。眞諦審實。合如是諦。聖所有。聖所知。聖所見。聖所了。聖所得。聖所等正覺。是故說苦滅道聖諦」『中阿含經』(大正藏 1. 469a~c),

인용하고 있는데서 비롯되었다는 점이다.771)

곧 이러한 인식의 전환과 발상은 <有部人>들로 하여금 四聖諦를 觀法의 수단으로, 말하자면 <四聖諦現觀>이라는 修行法으로 개발케 하는 원동력이 되었던 것이다.772)

第2 有部敎學에 있어 四聖諦와 三界의 관계성

<四諦十六行相觀>이나 견소단(見所斷) 88번뇌와 수소단(修所斷) 九地·九品 등의 번뇌이론을 비롯해, 견고지인(見苦智忍)~도류지(道類智)에 이르는 <見道十六心 理論>은 다름아닌 三界와의 관계에서 이루어진 이론이다.

곧 8단계의 단혹(斷惑)의 인지(忍智=法智)과정과, 8단계로 이루어진 택멸(擇滅)의 증지(證智=類智)로 분류된 智의 개념은 三界, 곧 欲界와 上界(色界·無色界)는 윤회의 세계이기에, 최고의 목적지인 阿羅漢果에 도달하기 위해서는 반드시 이들 三界에서 벗어나야만 된다는 발상에서 비롯된 이론으로서, 이 때문에 <有部>의 교학과 수행과정이 더욱 복잡하게 된 것이다.

또 4-사문과(四-沙門果)가 예류과(預流果) → 일래과(一來果) → 불환과(不還果) → 아라한과(阿羅漢果)로 나누어지게 된 이면에도 바로 이 三界의 개념이 개입되어 있는 것으로, 欲界와 上界(色界 無色界)라는 二分法

---

771)「如是所說八支聖道。及餘無漏行。名趣苦滅道。如說聖行是眞實。道究竟離苦趣涅槃。故如是聖行。名道諦者。謂此名聖行眞實。是聖行此名爲道。眞實是道。若佛出世。若不出世。如是道法。法住法界」『法蘊足論』(대정장 26. 482a), 곧 有部人들이 自派 傳承의 아함경(中阿含과 雜阿含)에 四聖諦, 특히 道聖諦를 俗諦가 아닌 聖諦로 해석한 것이라든지, 또 自派 전승의 論書에 이 아함경들을 앞 다투어 引用하면서 이를 강조하고 있는 것은 바로 이러한 것을 의미하는 것이라 보여진다.

772)「云何法輪。答八支聖道(중략))問何故名法輪(중략)此輪於諸法性能簡擇極簡擇能覺悟極覺悟現觀作證故名法輪」『大毘婆沙論』(大正藏 27. 911b)

的 구분, 곧 이제 두 번 다시 欲界에는 돌아가지 않게 되었다는 의미인 불환과(不還果)나, 마지막으로 한번만 欲界에 다녀오면 된다는 의미인 일래과(一來果)에서 보는 바와 같이, 三界의 개념이 四-沙門果의 계제설정(階梯設定)에 깊이 자리 잡고있는 것이다.

이처럼 <有部의 수행론>은 三界의 개념과는 결코 떼려야 뗄 수 없는 아주 밀접한 관계에 있으며, 이에 수도론(修道論)의 중심에 서 있는 사성제(四聖諦) 역시 자연적으로 삼계설(三界說)과는 끊을 수 없는 깊은 관계에 놓이게 된 것이다.

第3 有部의 수행체계

『俱舍論』 제 6품인 <賢聖品>에 보면, 그 서두에

「煩惱의 斷은 眞理를 보는 것(見諦)과 닦는 것(修諦)에 의해서 이루어진다」[773]

라 하면서, 見道와 修道를 거쳐 無學道에 이르는 일련의 수행과정을 다음과 같은 단계로 체계화하고 있다.

3-1 心身의 준비 단계

여기에서는 신기청정(身器淸淨), 곧 道를 수습(修習)할 수 있도록, 일상생활속에서 戒를 지켜 몸과 마음을 청정히 할 것과, 부처님의 말씀을 듣고(聞) 사유하며(思) 닦는 수행(修), 곧 이를 통하여 문사수(聞思修)의 慧를 증진할 것과, 나가서는 불도수행에 견디어 낼 수 있는 그릇(器)이 되

---

773)「此所由道其相云何 頌曰 已說煩惱斷 由見諦修故 見道唯無漏 修道通二種」
『俱舍論』 (大正藏 29. 113c) 櫻部 建·小谷信千代 共譯 『俱舍論の 原典解明』 <賢聖品> 1頁.

도록 하기 위한 수습행(修習行)으로, 身과 心을 不善과 잡다(雜多)함으로부터 원리(遠離)하고, 소욕희족(少欲喜足)하여 4-성종(四-聖種)이 될 것을 강조하고 있다.

3-2 <순해탈분(順解脫分)>의 <삼현위(三賢位)>

여기에서는 初心 수행자의 요문(要門)인 止와 觀의 완성을 위한 수행법으로, 근기(根機)에 따라 부정관(不淨觀)과 지식념(止息念)의 수습을 설정해 놓고, 탐행자(貪行者)는 不淨觀(제 9偈~제 12偈)[774]을, 심행자(尋行者)는 止息念(수식관=數息觀)의 수습을 통하여 소위 <止(Śamatha)修習>의 완성을 권유하고 있으며, 뒤이어 觀修習의 완성을 위한 수행법으로는 사념처(四念處)를 설정해 놓고, 이를 다시 신수심법(身受心法)의 사념처(四念處) 각각에 대한 특수상을 관찰하는 별상념주(別相念住)와 이들 네가지 공통점의 특성인 無常·苦·空·無我를 관찰하는 총상념주(總相念住)로 나누어 수행하개 하여 <觀(Vipaśyanā)修習>의 완성을 권유하고 있다.

3-3 <순결택분(順決擇分)>의 <사선근위(四善根位)>

여기에서는 난(煖) → 정(頂) → 인(忍) → 세제일법(世第一法)의 순서로 欲界와 上界(色界·無色界)에 걸쳐 四聖諦의 實相인 十六行相을 觀하는 소위 <사선근(四善根)>을 설하고, 이어 이러한 앞서의 십육행상관(十六行相觀)에서 <欲界 苦聖諦>의 一相으로 점차 行相을 줄여 관찰수행케 하여, 이를 통해 고법지인(苦法智忍)이라는 智慧를 생기시켜 성자위(聖者位)에 진입케 히고, 이어 열반(涅槃=正性決定)이라는 목표를 향해 전념할 것을 권유하고 있다.

---

774) 사체(死屍)가 백골화(白骨化)되는 과정이나 골쇄상(骨鎖相)을 觀함으로서, 貪欲을 대치(對治)케 하는 방법이다.

곧 <四善根>의 과정에 의해 三界에 걸친 88개의 견소단(見所斷)의 煩惱가 끊어지는 과정과, 나가서는 소위 고법지인(苦法智忍)으로부터 도류지(道類智)에 이르는 16心(智)의 생기과정, 그리고 마지막에 생기한 道類智가 다름 아닌 견도위(見道位)라는 것을 밝히고 있다.

이제 이들 <四善根>의 과정을 좀 더 구체적으로 설명하면 다음과 같다.

3-4 聖者位: 四聖諦現觀: <見道> → <修道> → <無學道)

<四聖諦現觀>이란 四(聖)諦十六行相을 보다 깊이 그리고 철저하게 觀하는 수행단계이다. 곧, 중생들의 현존재태(現存在態)의 실상과 그 원인과, 이것이 멸진(滅盡)된 상태와 거기에 이르는 길을 제시해 놓은 소위 四聖諦(苦聖諦·集聖諦·滅聖諦·道聖諦)에 대한 여실관찰(如實觀察)을 강조한 단계이다.

곧 四聖諦에 대한 여실관찰법(如實觀察法)인 <四諦現觀>이야말로 우주의 존재요소인 法(dharma)에 대한 如實知見이므로, 그간 이 법을 如實知見하지 못해 생긴 三界에 걸친 88개의 번뇌들이 이 四諦現觀(四諦 각각의 如實한 모습인 十六行相의 實相을 관찰하는 수행법)에 의해 하나하나 소멸되고, 또 이와 함께 苦法智로부터 도류지인(道類智忍)에 이르는 15개의 智慧가 찰나적으로 생기하고(돈현=頓現), 나아가 이러한 과정을 계속 되풀이 반복 수행함으로서, 근본적·태생적으로 상속되어 왔던 10개의 근본번뇌 또한 점차 끊어짐과 동시, 이에 수반한 모든 번뇌가 하나도 남김없이 멸진되고, 이에 두 번 다시 상속을 받고 생기할 수 없는 경지이자 지혜인 소위 진지(盡智)와 무생지(無生智)라는 최고의 지혜가 生起하게 되는 일련의 전 과정, 말하자면 이러한 일련의 과정이 이들 有部가 설정한 최종목적지이자 깨달음의 경지인 무학(無學)의 아라한과(阿羅漢果)인 것을 설명하고 있다.

第4 <有部>의 번뇌론 (번뇌와 그것의 퇴치)

4-1 번뇌에 대한 <有部>의 기본입장 / Key word

㉮ <三世實有法體恒有>의 입장

㉯ 無學의 경지인 Arhan과 증득을 목적으로 한 교단. 곧 無上正等正覺은 부처님만이 증득할 수 있는 최고의 경지라 생각하고, 三學修行을 통한 Arhan과 증득으로 목포를 설정함

㉰ 色法을 중심으로, 일체법의 분류로 <五位七十五法>설을 주창함

㉱ 煩惱의 세밀한 分類와, 이를 除去하는 斷煩惱를 위한 修行道의 教義가 발달함

㉲ 擇法을 중시함. 곧 有爲法(72법)과 無爲法(3법)을 구별하여, 이를 토대로 번뇌제거에 노력함.

㉳ 번뇌를 제거하는 목적은 身心 모두 소멸된 상태인 無餘依涅槃, 곧 灰身滅智의 無爲의 세계에 도달하기 위함임

㉴ 順解脫分(三賢位)→順決擇分(四善根位)→見道→修道→無學道로 이어지는 五단계의 수행계위를 주창함

㉵ 自利中心의 교단이었음. 곧 중생구제를 위한 利他의 개념은 처음부터 없었음

4-2 小乘 성문승(聲聞乘)의 5-修行道

<有部>의 實踐修行을 중심으로 -

<有部>가 수립한 修行實踐法은 무엇이며, 또 이것은 어떤 과정을 거쳐 形成·展開되었는지, 나아가 이러한 實踐體系의 근저(根底)에는 그들의 어떤 교리가 깔려있는지 등을 살펴볼 것이다.

有部인들은 煩惱를 퇴치하고 아라한과(阿羅漢果)를 증득하기 위한 수행 도로, 계정혜(戒定慧) 三學을 중심으로 <凡夫位>: 순해탈분(順解脫分) → 순결택분(順決擇分) → <聖者位>: 見道 → 修道 → 無學道(阿羅漢果)로 체계화하였다.

앞에서 고찰한 <有部의 수행체계>를 기본으로 둔 <有部>는 중생의 근 거인 번뇌와 그것의 퇴치에 대해 어떻게 생각하고 대처하였을까?

<有部>는 『阿含經』에서 번뇌들을 지칭할 때 사용하던 단어들, 곧 결 (結)·액(軛=멍애)·박(縛=묶임)·개(蓋)·전(纏=얽힘)·계(繫=메임) 등의 말 대신, 본래 '나쁜 기질이나 나쁜 경향'을 의미하던 수면(隨眠: anuśaya)을 번뇌를 대표하는 단어로 채용하고,[775] 『아함경』의 7수면설 (七隨眠說: 욕탐(欲貪)·진(瞋)·견(見)·의(疑)·만(慢)·유탐(有貪)·무명 (無明)을 기초로 하여[776], 이를 6수면으로 줄인 후, 이 6수면을 다시 三 界와 연관시켜 소위 <98-隨眠說>을 주창하였다. 곧

「수면은 모든 존재(諸有)의 근본으로, 6개의 차별이 있으니, 소위 탐 (貪:rāga)·진(瞋:pratigha)·만(慢:māna)·무명(無明:avidyā)·견 (見:dṛṣṭi)·의(疑:vicikitsā)이다」[777]

---

775) 전(纏: paryutthāna)번뇌는 표면상의 번뇌를, 수면(隨眠: anuśaya)은 잠 재번뇌를 가리킨다.
776) 다음의 인용문과 같이, 「云何爲使。舍利弗言。使者。七使。謂貪欲使﹒瞋 恚使﹒有愛使﹒慢使﹒無明使﹒見使﹒疑使」『雜阿含經』(대정장 2. 127a) 「謂七使法。欲愛使﹒有愛使﹒見使﹒慢使﹒瞋恚使﹒無明使﹒疑使」『長阿含 經』(대정장 1. 54b, 58b), 『阿含經』은 <7-隨眠說>을 설하고는 있으나, 실제 로는 이 보다는 3不善根 5蓋 4暴流 5結 등을 더 자주 사용하였다. 『俱舍論』 이 『阿含經』의 7수면설을 참고하여 <6-수면설>을 수립한 이유는 아마도 7수 면설이 이러한 설에 비해 잘 정돈되어 있었기 때문일 것이다.
777)「隨眠諸有本 此差別有六 謂貪瞋亦慢 無明見及疑」『俱舍論』(大正藏 29.

라는 경구에서 보는 것처럼, 『俱舍論』은 욕계(欲界)의 탐(貪)인 욕탐(欲貪)과 色界와 無色界의 貪인 유탐(有貪)을 하나의 法(dharma)으로 보고,[778] 이를 합하여 탐(貪) · 진(瞋) · 견(見) · 의(疑) · 만(慢) · 무명(無明)이란 <6-수면설>을 세워, 이를 근본번뇌(根本煩惱)라 칭하고,

이중 견수면(見隨眠)을 다시 유신견(有身見) · 변집견(邊執見) · 계금취견(戒禁取見) · 사견(邪見) · 견취(見取) 등 5섯으로 세분하여, 총 10수면(隨眠)으로 한 후, 이를 다시 三界(欲界 · 色界 · 無色界)와 오부(五部)로 세분하여, 소위 <98-수면(98-隨眠)이론>이라는 <有部>만의 번뇌이론을 주창하였다.

여기서 五部란 견소단(見所斷) 4개와 수소단(修所斷) 1개를 말하는 것으로, <見所斷>이란 苦集滅道 四聖諦 各 諦에 대해 여실하게 관지(觀知)하는 見(darśana)을 통해 제거시킨다는 의미, 말하자면 견고소단(見苦所斷) · 견집소단(見集所斷) · 견멸소단(見滅所斷) · 견도소단(見道所斷)을 말하며, <修所斷>이란 三昧(samādhi)로서 퇴치시킨다는 의미로, 이를 통해 근본적인 습성적 번뇌를 제거하는 것이다.

『俱舍論』 <賢聖品)> 서두에는

「煩惱의 단(斷)은 진리를 보는 것(견제=見諦)과 닦는 것(수제=修諦)에 의해서 이루어진다」[779]

98b)

778) 欲貪은 欲界의 貪으로 衣食住등 소위 外境에 대해 일어나는 外面的 貪心을 말하고, 有貪은 四禪定과 四無色定 등의 禪定에 들어간 상태에서 일어나는 內面的 貪心을 말한다. 말하자면 有貪이란 色.無色界의 三昧에서 느껴지는 喜悅을 眞解脫이라고 생각하고, 이곳이 곧 解脫世界라고 錯覺하고 탐하는 마음을 말한다.

779)「此所由道其相云何 頌曰 已說煩惱斷 由見諦修故 見道唯無漏 修道通二種」

라 하여, 진리를 보는 것과 닦는 것의 중요성을 강조하고 있는데, 여기서 진리란 다름 아닌 四聖諦를 말하는 것으로, 따라서 見諦와 修諦란 四聖諦란 진리를 보고 닦는다는 의미이다.

곧 <有部人>들은 『법구경(法句經)』을 비롯 『중아함경(中阿含經)』과 『장아함경(長阿含經)』이 설하는 사성제, 곧

「불법승(佛法僧) 삼보에 귀의하여, 정혜(正慧)로 四聖諦를 보는 것, 이것이야말로 완전한 귀의이며 최상의 귀의이다. 왜냐하면 이 귀의에 의해 일체 고통으로부터 벗어날 수 있기에」[780]

「비록 한량없는 선법(善法)이 있더라도 그 모든 법은 모두 四聖諦에 포함되어 사성제 가운데로 들어온다. 그것은 마치 모든 동물의 발자국이 코끼리 발자국에 포섭되듯이, 불타(佛陀)의 모든 가르침도 사성제에 포섭되기 때문이다」[781]

「고집멸도 사성제는 의(義)에 계합하고 法에 계합하고 범행(梵行)이며 무욕(無慾)과 무위(無爲)와 적멸법(寂滅法)이다」[782]

라 한, 사성제(四聖諦) 곧 초전법륜의 내용의 중요성을 간파하고, 이를 석존불의 핵심 가르침이라고 판단하여, 이를 핵심으로 하는 수행체제를 구축하였던 것이다.

곧 모든 번뇌를 견소단(見所斷)-번뇌, 수소단(修所斷)-번뇌의 2가지로

『俱舍論』(大正藏 29. 113c) 櫻部 建・小谷信千代 共譯 『俱舍論の 原典解明』<賢聖品> 1頁.
780) 『法句經』(188~192)
781) 『中阿含經』<象跡喩經> (대정장 1. 464b)
782) 『長阿含經』(대정장 1. 111b)

나누고, 이중 <見所斷煩惱>는 진리인 四聖諦에 대해 여실히 알지 못하는 데에서 기인한 무지(無知)이므로, 四聖諦에 대해 여실히 알(知見)게 되는 순간 제거되는 번뇌라 하여 <見>이란 말을 붙이고, <修所斷煩惱>는 오랜 劫에 의해 알게 모르게 마음에 상속된 번뇌이므로, 이것을 보는 것만으로는 않되고 오랜 시간을 걸쳐 四聖諦를 닦고 또 닦아야 남김없이 제거되고 멸진(滅盡)시킬수 있는 번뇌라는 의미에서 <修>라는 말을 붙였다.

곧, 앞에서 상세히 고찰한 바와 같이, <有部人>들은 <초전법륜>의 내용인 四聖諦 각각의 진리(諦)를 4行相으로 세분하여, 총 16의 行相을 관찰하는 소위 <四聖諦 現觀: abhisamaya>이라고 하는 수행법을 개발한 후, 그것에 엄청난 공능을 부여하여 그들의 修行法으로 승화시켰다.[783)]

곧 이 <四諦十六行相>의 여실지견이야말로 견소단(見所斷) 88번뇌를 끊어 도류지(道類智)를 얻게 할 뿐만 아니라, 곧 바로 수행위(修道位)에 들어가 근본번뇌인 10개의 번뇌도 끊어내는 힘을 가지고 있다고 본 것이다.

일반적으로 번뇌를 일컬어 108번뇌라 하는데, 여기서 108이란 숫자는 『俱舍論』에서 설하는 견소단 (88번뇌)에 수소단 (10번뇌)를 합하고, 여기에 근본번뇌인 전(纏)번뇌 (10번뇌), 곧 마치 등나무처럼, 이렇게 저렇게 얽히어 현재 활동하고 있다는 의미를 지닌 전번뇌(纏煩惱) 10수면을 합한 숫자에서 기인하였다.[784)]

---

783) 苦聖諦(非常·苦·空·非我), 集聖諦(因·集·生·緣), 滅聖諦(因·集·生·緣), 道聖諦(道·如·行·出)
784) 忿·覆·無慚·無愧·惛沈·睡眠·悼擧·惡作·嫉·慳을 말한다

참 고: 有部의 98煩惱論 分析圖 (三界五部와 十隨眠의 關係)785)

煩惱種類	見所斷												修所斷		
三界 / 10隨眠	欲界				色界				無色界				欲界	色界	無色界
	苦	集	滅	道	苦	集	滅	道	苦	集	滅	道			
貪	O	O	O	O	O	O	O	O	O	O	O	O	O	O	O
瞋	O	O	O	O									O		
痴	O	O	O	O	O	O	O	O	O	O	O	O	O	O	O
慢	O	O	O	O	O	O	O	O	O	O	O	O	O	O	O
疑	O	O	O	O	O	O	O	O	O	O	O	O			
見 有身見	O				O				O						
邊執見	O				O				O						
邪見	O	O	O	O	O	O	O	O	O	O	O	O			
見取	O	O	O	O	O	O	O	O	O	O	O	O			
戒禁取見	O		O		O			O	O			O			
計(煩惱類) (十隨眠)	10	7	7	8	9	6	6	7	9	6	6	7	4	3	3
	32				28				28				10		
見所斷(88) 修所斷(10)	88개												10개		
總計	98번뇌(견소단: 88/수소단: 10) +10纏(현재 활동하는번뇌)786) =108번뇌														

---

785) 五部란 4가지 見所斷煩惱와 1가지 修所斷煩惱를 말한다. 곧 4가지의 見所斷煩惱란 苦集滅道와 관계되는 三界의 번뇌를 말하며, 修所斷이란 四聖諦와는 상관없는 三界의 번뇌를 말한다.

786) 우리가 몸담고 있는 欲界에서, 현재 활동하고 있는 번뇌를 전번뇌(纏煩惱:paryavasthāna)라 하는 것으로, 구체적으로는 忿·覆·無慚·無愧·惛沈

여기서 수소단번뇌(修所斷煩惱)는 見所斷의 경우처럼 欲界와 上界(色界.無色界)의 분류가 아닌 煩惱의 강약(强弱)에 따라 1.2차로 나누는, 말하자면 1차로 삼지(三地), 2차로 삼품(三品)으로 분류하여, 이를 三界에 배치(配置)시키는 소위 <삼계(三界)·9지(九地)·9품(九品)>의 분류에 의한 <81-번뇌설>로, 겉으로는 수소단(修所斷) 10煩惱라고 하여 단순해 보이지만, 실제로 끊어내야 하는 번뇌는 81가지의 번뇌가 되는 것으로, <有部의 번뇌이론>이 이렇게 복잡하게 된 데에는 번뇌론(煩惱論)과 수도론(修道論)과 세계론(世界論)을 하나로 묶고, 이것을 재차 三界에 연관시켜 이론화시킨 데에 그 원인이 있는 것이다.

有部의 번뇌퇴치 과정을 보다 구체적으로 알아보기 위해, 앞의 <有部의 수행체계>에서 언급한 바 있는 <四善根位>와 <四聖諦現觀>을 보다 구체적으로 살펴볼 것이다.

4-3 순결택분(順決擇分)의 四-善根位

① 煖(ūṣmagata)-善根位

이 난위(煖位)는 논의 설명처럼, 성도화(聖道火)의 앞의 모습(前相), 곧 장작(薪)에 불이 붙어 타기 시작하기 전 불쏘시기로 인해 아궁이가 따뜻해지는 단계이다.

말하자면 煩惱라고 하는 장작을 태워 성도(聖道)를 향한 보리심의 불이 붙도록 하는 단계이다. 논은 이를 「난필지열반(煖必至涅槃)」또는 「비록 善根이 끊어지고 무간업(無間業)을 지어 악취(惡趣)등에 떨어지는 퇴전(退轉)의 경지이긴 해도, 언제가는 반드시 涅槃에 도달할 수 있는 善根의 경지」라 정의하고 있다.[787]

·睡眠·悼擧·惡作·嫉·慳등의 十隨眠을 말한다
787)「煖必至涅槃 (중략) 四善根中若得煖法。雖有退斷善根 造無間業墮惡趣等。而無久流轉必至涅槃故」『俱舍論』(대정장 29. 120b)

곧 난선근위(煖善根位)는 下→中→上의 심화(深化)과정을 거치는 동안, 四諦十六行相을 現在의 나의 태(態=實相)를 설명해 놓은 고성제(苦聖諦) 로부터 시작하여 이러한 苦가 일어나는 원인인 集(習)聖諦, 또 이러한 苦와 集(執着)이 제거된 열반의 경지인 멸성제(滅聖諦), 마지막으로는 이 러한 열반의 경지에 도달케 하는 방법인 도성제(道聖諦)에 이르기까지, 순서에 따라 각 聖諦가 지니고 있는 특성과 그것의 실상(實相)을 如實하 고도 구체적으로 관찰하는 단계이다.

② 頂(mūrdhāna)-善根位

이 단계는 앞의 난위(煖位)에서 관찰했던 것처럼, 똑같이 十六行相을 순서대로 관찰하는 것이지만, 그 관찰의 깊이가 높아졌기에 마치 山의 정상(頂上)에 도달한 것과 같은 단계라는 뜻으로 頂이란 이름을 붙인 것 이다. 논은

「煖과 頂의 善根位에서는 법념처(法念處)로부터 시작하여, 점차 身受心 法 모두를 念하는 것이다」

라 하면서, 苦聖諦의 무상(無常)에서 道聖諦의 출(出)까지 이어지는 四諦 十六行相觀 전개의 시작점이 바로 난-선근위(煖-善根位)의 법념처관(法 念處觀), 곧 앞 단계에서 본 삼현위(三賢位)의 총상념주(總相念住) 행법(行 法)의 중심관법인 <法-念處觀>으로부터 세워진 것임을 강조하고 있다.788)

따라서 이미 앞서서도 언급했고, 또 뒤에서도 상세히 고찰하겠지만, 四

---

788)「從此生煖法 具觀四聖諦 修十六行相 次生頂亦然 如是二善根 皆初法後四」 『俱舍論』(대정장 29. 119b), 櫻部 建 『俱舍論의 原典解明』<賢聖品> 116 項

諦十六行相觀과 四念住觀, 그리고 이 중에서도 특히 <法念住(處)觀>은 본고의 주제인 四諦十六行相觀은 물론 이 외의 모든 佛敎의 觀法을 연구하는데 있어 아주 중요한 근간이 되는 것이다.

③ 忍(kṣānti)-善根位

<인-선근위(忍-善根位)>는 前 단계인 頂-善根이 下品→上品으로 점차 증장하여 완전함을 이루었을 때 생기는 경지로서, 四聖諦의 이치를 이해하는데 있어 가장 잘 견디고 즐기는 최고의 경지이며, 따라서 절대로 악취(惡趣)에 떨어지지 않는 계위로서,789) 그래서 인(忍)이라는 이름이 붙여졌다.790)

한편 『순정리론(順正理論)』은 忍善根位가 四聖諦의 이치를 인가(忍可)하는 것중 최승(最勝)이라고 한 이유를,

「忍-善根位 보다 더 높은 것이 세제일법-선근위(世第一法-善根位)이기는 하지만, 이 世第一法位는 四聖諦 모두를 관하는 것이 아니고, 오직

789)「此忍唯法念 下中品同頂 上唯觀欲苦 一行一刹那 (중략) 此頂善根下中上品漸次增長至成滿時有善根生名爲忍法 忍不墮惡 (중략) 若得忍時雖 命終捨住異生位而增無退不造無間。不墮惡趣」『俱舍論』(大正藏 29. 119b~120c),「於四諦理能忍可中此最勝故。又此位忍無退墮故名爲忍法。(중략) 此忍善根安足增進。皆法念住與前有別。此與見道漸相似故。以見道位中唯法念住故。然此忍法有下中上。下中二品與頂法同。謂具觀察四聖諦境。及能具修十六行相。上品有異唯觀欲苦。與世第一相鄰接故。由此能准煖等善根。皆時具緣三界苦等」『順正理論』(大正藏 29. 678C)

790) 여기서 忍(kṣānti)이란 kṣamana로서 견디며 즐긴다는 의미를 지닌다. 六波羅蜜가운데 제 3波羅蜜이 忍辱(kṣānti)이며, 瑜伽經典에도 보살이 지녀야할 4가지 陀羅尼가운데 忍-陀羅尼가 나오는데, 여기서의 忍의 의미도 모든 번뇌를 끊고 佛法을 如法히 理解하고, 나아가 衆生에게 利樂을 주는 삶을 살기 위해서는 잘 참고 잘 견디고 즐기는 덕목이 보살의 덕목임을 강조하고 있는 것이다. Monier, Sanskrit English Dictionary (Oxpord, 1988 ed) 326項

苦聖諦(非常・苦・空・非我)중의 어느 한 가지 行相만을 관하기 때문에, 頂-善根을 最勝이라고 하는 것이다」

라 설명하면서,[791] 따라서 사성제에 수순(隨順)하면서 가장 잘 이해하는 경지(順諦忍)가 忍-善根位임을 강조하고 있다.

이에 이들 <有部>논서들을 참고해 이를 정리하면, 忍-善根位 역시 앞 단계의 煖善根位나 頂善根位와 마찬가지로 下→中→上으로 나누어지며, 이 중 下品까지는 이들 煖位・頂位와 똑같이 法念住로부터 시작하여, 苦→集→滅→道의 순서로 十六行相을 欲界 ~上界에 걸쳐 점차 확대하여 관찰하는 것이지만,[792] 中品의 忍-善根부터는 마치 큰 부자가 국경을 건너갈 때 그 많은 재산을 다 가지고 갈 수 없어, 그들을 값진 유기(놋쇠)로 바꾸거나, 그것이 싫으면 金으로 바꾸고, 또 금이 무겁다면 금을 다시 값진 보배로 바꾸어 가지고 건너가듯이, 수행자역시 이렇게 行相을 점점 줄여서 관찰하는 것이라 비유하면서,[793] 이곳 中品忍 부터는 앞의 단계들과는 달리 行相을 확대하여 관찰하는 것이

---

[791]「世第一法雖於聖諦。亦能忍可無間必能入見道故。必無退墮而不具觀四聖諦理。此具觀故偏得忍名。故偏說此名順諦忍」『順正理論』(대정장 29. 678C)

[792] 곧 下品을 거쳐 中品의 忍(初期)에 오면 欲界의 苦聖諦~道聖諦 → 上界(色界.無色界)의 苦聖諦~道聖諦의 순으로 점차 확대시켜 소위 8諦32行相을 관찰하다가, 어느 정도의 훈련이 된 中品의 忍(中期) 부터는 지금까지와는 반대로 점차 行相을 줄여가기 시작하여 中品忍이 완숙된 단계에서는 色界苦聖諦중의 四行相(非常.苦.空.非我)中의 어느 一行相만을 관찰한다.「謂彼先以四行相觀欲界苦。次以四行相觀色無色界苦。次以四行相。觀欲界諸行因。次以四行相。觀色無色界諸行因。次以四行相。觀欲界諸行滅。次以四行相。觀色無色界諸行滅。次以四行相。觀欲界諸行道。後以四行相。觀色無色界諸行道。齊此名下忍」『大毘婆沙論』(大正藏 27. 25a)

[793]「譬如有人。欲從己國適於他國。多有財産不能持去。遂以易鋘猶嫌其多。復以易金猶嫌金重。復以貿易大價寶珠。持此寶珠隨意所往。行者亦爾。先廣觀察上下諸諦。後漸略之。乃至唯以一刹那心。觀欲界苦」『大毘婆沙論』(大正藏 27. 25b)

아니라 반대로 줄여가면서,[794] 그 줄이는 순서도 앞의 순서처럼 欲界(苦聖諦) ~上界(道聖諦)의 순으로 하는 것이 아니라, 이와는 정반대로 上界(道聖諦 四行相) ~上界(苦聖諦 四行相) ~ 欲界(道聖諦 四行相) ~ 欲界(集聖諦 一行相)의 순으로 점점 減少시켜 관찰하다가, 마지막에는 欲界의 苦聖諦(非常·苦·空·非我)中 어느 一行相만을 관하는 것이다.[795]

곧 처음에는 上界(色界·無色界)의 道聖諦의 四行相(道·如·行·出)을 관찰하다가 하나씩 감소시켜 三行相(道·如·行) → 二行相(道·如) → 一行相(道)으로 관찰하고, 다음에는 上界(色界·無色界)의 滅聖諦로 건너가 四行相(滅·靜·妙·離)을 관찰하다가 하나씩 관찰의 行相德目을 줄여 三行相 → 二行相 → 一行相(滅)으로 관찰하는 방법으로, 集聖諦를 거쳐 上界의 苦聖諦의 一行相(無常)까지 관찰하고, 上界를 모두 마쳤으면 다음에는 欲界의 道聖諦로 건너가 四行相(道·如·行·出) → 三行相(道·如·行) → 二行相(道·如) → 一行相(道)의 순서로 관하고, 이어 欲界(滅聖諦 → 集聖諦 → 苦聖諦)로 건너가 欲界 苦聖諦의 四行相(無常·苦·空·無我)을 관찰하다가 이것 역시 점차 三行相(無常·苦·空) → 二行相(無常·苦) → 一行相(無常)의 순으로 관찰하는 것인데,

여기까지가 中品의 忍으로서, 이렇게 하는 과정이 2-찰나의 시간이 소요되며, 상품인(上品忍)과 똑 같이 苦聖諦(無常·苦·空·無我)의 4行相 가운데 어느 一行相만을 관찰하는 것이 上品忍으로서, 이의 관찰에 1찰나

---

794) 논은 減行減緣하는 이유를 처음에는 삼계에 속한 모든 번뇌를 염환해야 되기 때문에 四聖諦 전체를 소연으로 하지만, 나중에는 무엇보다도 欲界의 번뇌부터 끊거나 또 두루 알아야 하기 때문이라고 설명하고 있다. 櫻部 建 前揭書, 125~126恒 참조.
795)「色·無色界의 道諦의 行相을 減하기 시작해서 오지 欲界의 苦諦를 2刹那에 作意하기에 이르게 되는데 여기까지의 모든 것이 中品忍이며, 오직 1刹那에 作意하는 것이 上忍이다고 전해진다」櫻部建 전게서 120頁.

가 소요된다고 설하고 있다.796) 말하자면 中品忍에서부터 上品忍의 完成까지 오는데 모두 3찰나가 걸린다고 설명하고 있다.

④ 世第一法 (laukikāgradharma)善根位
  앞의 上品忍과 똑같이

「오직 欲界 苦聖諦중의 어는 一行相만을 소연(所緣)으로 하며, 유루법(有漏法)中 가장 수승한 것이고, 또 동류인(同類因) 없이도 사용력(士用力)이 곧 바로 사용과(士用果)가 되어, 찰나에 무루법인(無漏法忍)을 생기(生起)시켜 見道(이생=離生)에 들어가게 하는 계위(階位)이기에, 世第一法이라 한다」797)

「世第一法 善根位야말로 見道에 들어가 성도문(聖道門)을 열수 있는 유일한 경지이기에, <順決擇分(nirvedhabhāgīya>798)가운데에서 가장 뛰어난 계위라 하는 것이다」

---

796)「此忍唯法念 下中品同頂 上唯觀欲苦 一行一刹那」『俱舍論』(大正藏 29. 119b).「彼復於欲界苦。一刹那觀察如苦法智忍。此名上忍」『大毘婆沙論』(大正藏 27. 25b), 한편 『俱舍論』의 입장과는 달리 上界(道聖諦) ~ 欲界(苦聖諦)에 이르는, 곧 上界(道聖諦) → 欲界(道聖諦) ~ 上界(苦聖諦) →欲界(苦聖諦)의 순을 주장하는 자 (아마 『大毘婆沙論』이 아닐까?)도 있었음을 알 수 있다. 「從此以後。漸漸略之。謂復以四行相。先觀欲界苦。次觀色無色界苦。乃至最後觀欲界諸行道。漸次略去色無色界諸行道 (중략) 觀欲界苦。漸次略去色無色界苦。彼於欲界苦。以四行相。相續觀察。復漸略之。至一行相二刹那觀察。如苦法智忍及苦法智。齊此名中忍」『大毘婆沙論』(대정장 27. 25a~b)
797)「世第一無間 卽緣欲界苦 生無漏法忍」『俱舍論』(대정장 29. 121a)<第一入離生> (大正藏 29. 120b). 櫻部 建 前揭書, 127恒 참조.
798) 順決擇에서, 決이란 四聖諦가 진리라는 것에 대해 모든 疑心이 끊어지는 것을 말하며, 擇이란 四聖諦야말로 眞理라고 분명히 識別하는 것을 말하는 것이며, 順이란 見道로 引導해 간다는 뜻이다. 곧 四聖諦야말로 見道로 이끌고 가는 분명한 眞理라는 뜻이다.

라 하며, 이 <世第一法>이 이름 그대로 유위(有爲)에서의 최고위로서 성자위(聖者位)인 見道 바로 앞(直前)의 계위임을 강조하고 있다.[799]

4-4 聖者位: 四聖諦現觀(abhisamaya)

<見道> → <修道> → <無學道)位

① 見道(darśanamārga)位

드디어 聖者位에 오르는 경지로서, 見道所斷 88번뇌가 끊어지고, 이에 편승하여 15개의 心(智)가 생기되는 수행위이다.

앞의 순결택분(順決擇分) 世第一法에서, 修行者는 欲界 苦聖諦중에서 一行相만을 택하여 그것을 소연(所緣)으로 如實觀察 修行하면, 그 결과 법지인(法智忍: dharmajñānakṣānti)이라는 지혜가 생기하게 되는데,[800]

---

799)「此法都勝故名第一。然約能開聖道門說。非據一切。謂現觀邊世俗智等。雖有如前所說勝事。然皆無力開聖道門。此法獨能。是故都勝。或有說者。此法於餘一切事勝故名第一。謂現觀邊世俗智等。所有勝事皆由此成。所以者何。彼諸勝事若無此法開聖道門。體尙不修。況有勝用。要由此法開聖道門。方修彼體乃有勝用。彼諸勝事旣由此成。故此於餘一切事勝」『大毘婆沙論』(大正藏 27. 11b~c)

800) 여기서 忍이란 四聖諦에 대한 개념적 이해인 순결택분의 有漏忍과는 의미가 전혀 다른 無漏로서의 개념이다. 곧 四聖諦를 四行相에 의해 여실히 깨달음으로 인해, 心所인 煩惱가 心(王)인 마음에 結合하지 못하도록 방해하는 智慧作用이다. 따라서 現觀에서의 忍은 無漏이다. 말하자면 如實智로 생기된 無漏智慧를 말한다. 『俱舍論』에서는 이를 欲界에 속한 四法智忍과 上界(色界・無色界)에 속한 四類智忍으로 나누어 도합 八忍(斷惑忍)으로 설명하고 있다. 이 忍(智)이 작동하면 이어서 마치 대문을 잠거 버려 두 번 다시 번뇌가 마음과 結合하지 못하도록 하는 작용인 택멸지(擇滅智)가 생기케 되는데, 『俱舍論』에서는 이를 欲界에 속한 四法智와, 上界(色界・無色界)에 속한 四類智로 나누어, 도합 八智(擇滅智)로 설명하고 있다. 일반적으로 法智・類智・他心智・世俗智・苦智・集智・滅智・道智로 설명하기도 한다. 「從世第一善根無間。卽緣欲界苦聖諦境有無漏攝法智忍生。此忍名爲苦法智忍。爲顯此忍是無漏故。擧後等流以爲標別。此能生法智。是法智因得法智忍名。如花果樹。卽此名入正性離生。亦復名入正性決定。由此是初入正性離生亦是初入正性決定故」『俱舍論』(大正藏 29 121a~b)

- 814 -

이 경지가 바로 聖者位(āryapudgala)의 시작인 見道位로서, 涅槃인 정성
결정(正性決定)으로 들어가는 入口이다. 곧 이로부터 관찰을 점차 심화시킴에
따라 苦法智 이하 道類智라는 16개의 새로운 智가 生起하게 되는 것이다.

여기서 忍이 붙은 智(法智忍)와 忍이 빠진 智(法智)와의 관계는 미완숙
(未完熟)과 完熟의 差別이라 할 수 있다. 곧 忍이 빠진 智(法智)는 지금
까지 보이지 않던 경계가 처음으로 보이게 되는 안목(眼目), 말하자면 苦
聖諦라는 진리에 대해 완벽히 알게되는 최초의 如實智로서,[801] 이를 한
치의 의심도 없이 완벽하게 無常·苦·空·無我라고 깨닫는 智慧를 말
한다. 그리고 이와 같은 동일한 방법으로 欲界에서 上界인 色界·無色界
로 차원을 높여, 역시 苦聖諦를 無常·苦·空·無我란 行相으로 여실지
견(如實智見)하고, 그 결과 上位의 智인 고류지인(苦類智忍)과 고류지(苦
類智)를 생기게 하는 것이다.[802] 그리고 이렇게 해서 苦聖諦에 대한 여
실지견이 끝나면, 다음에는 集聖諦에 들어가 如實智見하고, 그 결과 集
法智忍→集法智→集類智忍→集類智를 생기게 하고, 그 다음으로 滅聖諦
에 들어가 滅法智忍→滅法智→滅類智忍→滅類智를 생기게 하고, 마지막
으로 道聖諦에 들어가 道法智忍→道法智→道類智忍→道類智를 생기시켜,
소위 <8忍과 8智>라는 소위 十六心인 <十六智>를 생기시키는 것이다.

---

801)「最初證知諸法眞理故名法智」(大正藏 29. 121b)
802) 上界에서 생기하는 智앞에 類를 덧붙인 것은, 이들 智가 앞의 欲界에서
　　관찰한 대상과 相似한 까닭, 곧 類似하다는 의미이다.「此後境智與前相似故
　　得類名」『俱舍論』(大正藏 29. 121b)

참 고:　　　　見道 四諦十六行相의 관법과정과

그 결과 생기하는 16智 (見道 十五心<智>과 道類智)[803]

(88見所斷 煩惱의 멸진(滅盡)과정과 八忍·八智의 생기과정)[805]

苦 諦 → (1→2→3→4)			集 諦 → (5→6→7→8)			滅 諦 → (9→10→11→12)			道 諦 (13→14→15→16)			
苦法智忍	欲界 苦諦 下의 四行相을 觀함	1	集法智忍	欲界 集諦 下의 四行相을 觀함	5	滅法智忍	欲界 滅諦 下의 四行相을 觀함	9	道法智忍	欲界 道諦 下의 四行相을 觀함	13	
苦法智		2	集法智		6	滅法智		10	道法智		14	預流向 (1~15)
苦類智忍	色界·無色界 苦諦 下의 四行相을	3	集類智忍	色界·無色界 集諦 下의 四行	7	滅類智忍	色界·無色界 滅諦 下의 四行相을	11	道類智忍	色界·無色界 道諦 下의 四行相을	15	

---

803) 有部는 苦法智忍으로부터 道類智忍에 이르는 15剎那가 見道이며, 제 16 心인 <道類智>는 修道라고 주장하고 있는데 반하여, 輕量部와 大乘唯識에서 는 十六心 모두를 見道로 보고 있다. 深浦正文『俱舍學槪論』216~217頁.

										觀함		
苦類智	觀함	4	集類智	相을 觀함	8	滅類智	觀함	12	道類智	色界·無色界 頓修 八智十六行相 804)	16	預流果(修道)斷見惑/入修道

---

804) <八忍(無間道)>이란 修道所斷의 煩惱를 끊어내는 智慧인 八忍(斷惑忍), 곧 苦集滅道에 대한 欲界의 法智忍과 上界의 類智忍을 말하며, <八智(解脫道)>란 修道所斷의 번뇌를 끊음으로서 生起하는 8개의 智慧(擇滅證), 곧 法智·類智·他心智·世俗智·苦智·集智·滅智·道智를 말한다.

805) 忍이란 (無間道에 있어) 煩惱를 끊어내는 慧의 작용이며, 智란 (解脫道에 있어) 眞理를 證得하게 하는 慧의 작용을 말한다. 말하자면 <忍>은 四聖諦를 如實知함에 의해 도적(盜賊)인 煩惱가 더 이상 마음과 結合하지 못하도록 盜賊인 煩惱를 쫓아내는 격이고, <智>는 번뇌가 다시는 들어오지 못하도록 大門을 닫아 건 격이기에, 이로서 아무런 장애없이 진리를 증득할 수 있게 되는 慧가 생기는데, 이를 智라고 하는 것이다.

② 修道(bhāvanāmārga)位

이렇게 見-所斷의 88번뇌를 끊어 도류지(道類智)를 얻은 다음에는 곧바로 修所斷-煩惱 10개를 끊어내는 修道位에 들어가게되는데, 이 修道位는 앞서도 설명했듯이 見道에서 본 法의 實相을 그대로 반복해 닦는 수행위이다(yathādarśanambhāvanāt).

곧 修所斷 번뇌는 이지적(理智的) 번뇌를 끊어내는 見所斷의 경우와는 달리, 情과 意의 번뇌이기 때문에, 오랜 시간에 걸쳐 그것도 단번이 아닌 하나하나 개별적으로 서서히 끊어 가야되는 것이다.

곧 見所斷의 경우처럼 번뇌를 분석하여 그 性格에 따라 欲界와 上界로 二分하여 분류해 놓은 것이 아니라, 번뇌의 强하고 弱함에 따라 먼저 크게 上中下 삼단으로 나눈 후, 그것을 다시 강약(强弱)에 따라 上中下 三品으로 재분류하고, 이를 다시 욕계 색계 무색계의 三界에 배치하는 소위 <三界·九 地·九品>에 의한 <81煩惱說>이 修所斷 번뇌인 것이다.

다시 말해 겉으로는 修所斷 10煩惱라고 하여 단순해 보이지만, 실질적으로 수행에 들어가 끊어내야 하는 번뇌는 81번뇌나 되는 것이다.

그리고 이렇게 복잡하게 된 데에는 일차적으로 煩惱論과 修道論과 世界論을 하나로 묶고, 이것을 재차 三界에 연관시켜 이론화한 데에 그 원인이 있는 것이다.

말하자면 오래전부터 몸과 마음에 훈습(熏習)되어 알게 모르게 작용하는 무표업(無表業)의 개념과, 또 사람에 따라서, 또 같은 사람이라도 시시각각 차이가 있는 三昧의 경지, 또 번뇌의 심천(深淺)에 따른 심(尋:vitarka))과 사(伺: vicāra)의 차이점,806)

또 그 결과 身과 心에 나타나는 樂과 苦의 감수(感受)의 差, 또 欲界를 비롯한 色界 四-禪과 四-無色界의 개념들, 이러한 여러가지 개념들이 혼용된 상태에서, 또 다시 이들이 見所斷-煩惱 내지는 修所斷-煩惱와 연계되어 <有部>의 三界·九地·九品說이라는 복잡한 修道論이 만들어 지게 된 것이다.

그리고 여기에 어떡하든지 아라한과(阿羅漢果=無學位)를 증득해 보려는 수행자 각자의 열망과 그에 따른 각자의 체험이, 아비달마라는 당시의 분석학적 학풍과 맞아 떨어져, 이와 같은 복잡다단한 이론 내지 실천수 행도가 탄생된 것이다.

이제 이러한 修道課程에 대한 이해를 돕기위해 그 과정을 표로 나타내 면, 다음의 <참고>와 같다.

---

806) 尋(vitarka)은 '~을 때린다, ~을 친다'는 뜻으로, 마음을 대상에 온통 기울 여 앞과 뒤를 치고 때리는 식으로, 마음을 대상으로 이끈다는 의미이다. 伺(vicāra)는 계속 대상을 따라 움직인다, 곧 함께 생긴 현상들을 대상과 결합 시켜 마음으로하여금 대상에 계속 머물게 한다는 의미이다. 『대지도론』에서는 종을 칠 때 귀를 울리는 종소리를 '尋'이라 하고, 그 뒤를 따르는 미세한 울림 은 미세한 마음의 분별로서 '伺'라 하고 있다. 初禪, 곧 욕계심, 心所가 일어나 는 경우에는 이 둘이 서로 분리되지 않지만, 尋에 '거칠고 앞선다'는 의미가 있 는 것으로 볼때, 종을 칠 때 마음이 처음으로 대상을 향해 돌진하는 것이 尋이 고, 伺에 '미세하고 뒤따라 일어난다'는 의미가 있는 것으로 볼 때, 마치 종의 울림처럼 계속 뒤따라 일어나는 것이 伺라 보고 있는 것이다.

참 고:　　　　修所斷 煩惱 분석도

(三界·九地·九品의 修所斷 81번뇌)[807]

- 번뇌의 소멸과 盡智와 無生智 생기, 아라한과의 증득 -

界	煩惱	地	品		果位
欲界 (9品)	貪嗔痴慢	① 欲界地	上品	上 / 中 / 下	一來向
			中品	上 / 中	
				下	一來果
			下品	上 / 中	不還向
				下	不還果
色界 (36品)	貪痴慢 (탐치만)	四禪 ② 初禪地	上中下 (三品)	九品	阿羅漢向
		③ 제2禪地	上中下 (三品)	九品	(色界의 ② 初禪地 ~ 無色界의 ⑨ 非想非非想處定 下品의 中까지)
		④ 제3禪地	上中下 (三品)	九品	

807)「或先已斷欲界一品乃至五品至此位中名初果向。趣初果故。言初果者。謂預流果。此於一切沙門果中必初得故。若先已斷欲界六品或七八品至此位中名第二果向。趣第二果故。第二果者。謂一來果。遍得果中此第二故。若先已離欲界九品。或先已斷初定一品。乃至具離無所有處至此位中名第三果向。趣第三果故。第三果者。謂不還果(중략)如所斷障一一地中各有九品。諸能治道無間解脫九品亦然。失德如何各分九品。謂根本品有下中上。此三各分下中上別。由此失德各分九品(중략)動盡智後　必起無生智　餘盡或正見　此應果皆有」『俱舍論』(大正藏 29. 122b~128a)

無色界 (36品)	貪痴慢 (탐치만)	四無色定	地	上中下 (三品)	九品	참고
			⑤ 제4禪地	上中下 (三品)	九品	참고:
			⑥ 空無邊處地 (공무변처지)	上中下 (三品)	九品	일래향(一來向)~ 아라한향(阿羅漢向) 까지는 八智의 수습
			⑦ 識無邊處地 (식무변처지)	上中下 (三品)	九品	여기서 八智(解脫道)란 苦集滅道 각각에 대한 법지(法智)와 류지(類智)를 말함
			⑧ 無所有處地 (무소유처지)	上中下 (三品)	九品	
			⑨ 非想非非想處地 (비상비비상처지)	上品	上 / 中 / 下	<金剛喩定>을 통해 (盡智·無生智)를 얻음
				中品	上 / 中 / 下	<일체번뇌에 대한 택멸(擇滅)을 마침.
				下品	上 / 中 / 下	진지(盡智)란 四聖諦 각각의 諦에 대해 知苦·斷集·證滅·修證했다고 아는 智를 말하며, 무생지(無生智)란 이미 이를 실천해 더이상 지단증수(知斷證修)

						할 것이 없다고 아는 智를 말한다> 下下品부터 無學道 (阿羅漢果)임

2節 大乘 유식계(唯識係)경전이 설하는 번뇌와 성불

第1 번뇌에 대한 유식학파의 기본입장 / Keyword

① 중생의 입장에서 세상을 바라봄, 곧 法相宗의 입장임.

② 本性染汚說의 입장으로, 누구나 성불할 수 있는 것이 아니라 주창함

③ 種子說인 <五性各別說>을 주장함

㉣ 有部와 밀접한 관계를 가지며, 그들의 번뇌설에 대한 기본입장을 계승·발전시켜 소위 <128 번뇌설>을 주창함

㉤ 心(王)을 중심으로, 일체법의 분류로 <五位100法>설을 주장함

㉥ 深層意識으로 번뇌발생의 種子인 Ālaya識과, 이것의 作用으로서 Manas識을 설정함

㉦ 無明識인 제8 Ālaya識을 근간으로하는 識 전체(제8 Ālaya識 제7 Manas識 제6 意識 前五識)를 無明識이라 부정하고, <轉依(轉識得智)>를 주창함

㉧ 자량위→가행위→통달위→수습위→구경위로 이어지는 五道의 수행계위를 주창함

 이러한 기본입장들을 염두에 두면서, 본고의 주제인 유식학파의 煩惱論를 살펴보자

煩惱의 대변인 격인 수면(隨眠)은 실체가 아닌 것이기에 심상응(心相應)도 심불상응(心不相應)도 아니며, 또 평소에는 나타나지 않고 종자(種子: bīja)로서 오온(五蘊)속에 잠재되어 있다가, 이것이 상속하여 인간존재의 각자의 성격을 형성시키는 것이라고 보았다.
 곧 五蘊은 상속을 마치는 순간 찰나멸(刹羅滅)하는 것으로, 실체가 아

닌 무아(無我)이기에 무자성공(無自性空)의 법성에 계합하는 것이다.

곧 이 종자야말로 증상과(增上果)와 능작인(能作因)이라는 공능을 지닌 연기주체(緣起主體)라는 소위 「종자생현행(種子生現行) 현행훈종자(現行薰種子)」라는 아라야식 연기설(Ālaya識 緣起說)을 주창하였다.

 앞의 『俱舍論』의 설명에서 잠시 언급한 바 있듯이, 唯識學派들 또한 『俱舍論』이라는 대작을 남긴 小乘 <有部>의 입장과 똑같이, 衆生의 생사상속(生死相續)은 혹업고(惑業苦)라는 삼도(三道)에 의한 것이라 주창하였다.

곧 惑으로부터 業이 일어나고, 또 이 業으로부터 苦가 일어나고, 또 이 苦가 다시 惑을 일으킨다는, 소위 衆生世界의 윤전상속(輪轉相續)의 生死가 되풀이된다는 것을 기본입장으로 취하였다.

 다시 말해 일체의 유정(有情)들은 암맹(暗盲)이라는 근본무명(根本無明)에 의해 諸法의 실상(實相)을 통달하지 못하게 되고, 그 결과 탐진(貪瞋) 등의 여러 가지 惑이 일어나고, 또 惑에 수반된 사수(思數)의 조작에 의해 種種의 業이 일어나는 소위 발업현상(發業現象)이 생기고, 나아가 이러한 發業의 업력(業力)에 의해 제 8識에 저장되어있던 종자(種子)가 힘을 얻게 되고, 그 결과로 앞서의 惑이 재차 힘을 얻게되는 일련의 결과로, 삼계육도(三界六道)라는 현실고(現實苦)의 과보(果報)가 결정된다고 보았던 것이다. 곧 무명(無明)을 근본으로 하는 여러 번뇌(煩惱: 隨惑)들에 의해 여러가지의 業이 일어나고, 그 결과 윤전생사(輪轉生死)의 고과(苦果)가 만들어진다고 보았던 것이다.

 이렇듯 모든 면에서 <有部>와 맥을 같이 하던 <瑜伽行派>, 곧 일체법의 분류법인 <五位>라든지, 또 佛道의 완성을 위한 수행과정으로서의 <5-수행계위> 등에서 보는 바와 같이, <유가행파>는 중생의 근원인 번뇌의 멸진(滅盡)과정에 있어서까지도 <有部>와 그 맥을 함께 하고 있다.

다만 차이가 있다면 아래의 <참고>에서 보는 바와 같이, <貪·瞋·痴·疑·慢·見>의 6-근본번뇌중, <貪·瞋·痴·疑·慢>의 5-번뇌는 그 맥을 함께 하지만, 다만 <見번뇌=五邪見>에서만 견해차 (<번뇌의 정의>와 <번뇌의 속성분류>에서)를 보여, 행상(行相: ākāra)의 차이에 따라 有身見·邊執見·邪見·見取·戒禁取見의 五種으로 세분했을 뿐이다.

이하 見煩惱에서의 견해차이란 구체적으로 어떤 것인지, 왜? 이런 견해 차이가 생겼는지 살펴보자.

참 고: 煩惱의 속성 분류에 있어 有部와 唯識學派의 차이
(0: 有部 주창의 번뇌 / 0+X: 瑜伽行派 주창의 번뇌)

		見苦所斷	見集所斷	見滅所斷	見道所斷	修所斷
貪		0	0	0	0	0
瞋		0	0	0	0	0
無明(痴)		0	0	0	0	0
慢		0	0	0	0	0
疑		0	0	0	0	
見煩惱 (五邪見)	有身見 808)	0	X	X	X	X
	邊執見 809)	0	X	X	X	X
	邪見	0	0	0	0	
	見取	0	0	0	0	
	戒禁取見 810)	0	X	X	0	

참 고: 5-사견(五邪見)에 대한 唯識學派의 定義

㉠ 유신견(有身見)이란 5-오취온(五-取蘊)을 자아(自我)나 아소(我所)로 보는 자의 (확정되거나 확정되지 않은) 染汚된 慧를 말한다.

㉡ 변집견(邊執見)이란 자아로서 파악된 5取蘊을 영원하거나 단절되었다고 보는 자의 (확정되거나 확정되지 않은) 染汚된 慧를 말한다.

㉢ 사견(邪見)이란 원인과 결과에 대한 그 작용(作用)을 부인하거나, 실재하는 사태를 부정하는 者의 (확정된) 染汚된 慧를 말한다.

㉣ 견취(見取)란 앞에서 살펴본 有身見·邊執見·邪見 및 그것의 소의(所依), 그것의 대상, 그것의 원인과 그것과 수반되고 결합된 요소들을 다른 사람의 견해와 비교하여, 내 의견이 최고이며 최상이며 제일이라고 보는 자의 (確定된) 염오된 慧를 말한다.

㉤ 戒禁取란 見解뿐만 아니라 6)貪/7)瞋/8)慢/9)無明/10)疑

이상 <참고(도)>를 통해, 번뇌에 대한 小乘 <有部>와 大乘 <瑜伽行派>의 견해의 차이점을 살펴보았다. 여기서 <有部>의 108-번뇌설과 <瑜伽行派>의 128-번뇌설에서의 번뇌의 수, 곧 (108/128)의 차이가 생긴 것은 <번뇌의 속성분류>와 <번뇌의 정의>라고 하는 소소한 견해 차이로부터 기인한 것으로, 번뇌에 대한 기본적 바탕은 2-이론이 거의 동일하다고 보아 좋을 것이다.

---

808) 有身見에 대해선 본문의 <참고>에 상세히 설명하였으므로 참조바람
809) 邊執見이란 有身見이 더욱 기승을 부리는 것을 말한다. 그것의 기본성품은 染慧로서, 所取에 執하여 전체를 보지못하고 常이다 斷이다 하며 한쪽으로만 취우치는 견해이다.「云何邊執見。謂薩迦耶見增上力故。卽於所取。或執爲常。或執爲斷。染慧爲性」『大乘廣五蘊論』(대정장 31. 853a)
810) 戒禁取見이란 그것의 기본성품은 染慧로서, 戒로서 금지한 外道法에 대해, 그것을 청정한 것이다 해탈법이다 하며, 정법에서 벗어난 染慧의 성품을 말한다.「云何戒禁取。謂於戒禁。及所依蘊。隨計爲淸 淨爲解脫。爲出離。染慧爲性」『大乘廣五蘊論』(대정장 31. 853a)

참 고: 유신견(有身見)

유신견(有身見: satkāya-dṛṣt)이란 발음을 좇아 그대로 살가야견(薩迦耶見)이라고도 하는 것으로,[811] 유가행유식학파의 5위 100법의 법체계에서, 심소법(心所法: 51가지)의 번뇌심소(煩惱心所: 6가지) 가운데 하나, 곧 탐(貪)·진(瞋)·치(癡)·만(慢)·의(疑)·악견(惡見)의 6가지 근본번뇌(根本煩惱) 가운데, 惡見에 속하는 부정견(不正見)인 惡見(부정견=염오견)의 五見(유신견·변집견·사견·견취·계금취)중 첫 번째 번뇌인 見-번뇌를 말한다.

유신견(有身見)은 나의 실상인 5온(五蘊)의 화합체 또는 5취온(五取蘊)을 실유(實有)라고 집착하는 견해를 말한다. 곧, 5온의 화합체 또는 5취온을 실재하는 '나(我)' 또는 '나의 것(我所)'이라고 집착하는 견해이다.

有身見, 곧 살가야견(薩迦耶見)의 본질적 작용(業)은 一切의 見品, 곧 모든 다른 형태의 염오견(染汚見)의 의지처(발동근거)가 된다.
말하자면, 5개의 見가운데 有身見을 제외한 나머지 4-見인 변집견(邊執見)·사견(邪見)·견취(見取)·계금취견(戒禁取見)은 모두가 有身見(살가야견)을 근거로 해서 성립된 오염된 견해이기에, 염혜(染慧) 또는 염오혜(染汚慧)라고도 한다.

사견(邪見: mithyā-dṛṣti)이란 因果의 도리, 곧 원인과 결과의 법칙인

---

811) 팔리어: sakkāya-diṭṭhi, 살가야견(薩迦耶見=satkāya-dṛṣti)의 sat은 패괴(敗壞) 곧 깨어지고 부서진다는 뜻이며, kāya는 화합적취(和合積聚) 곧 화합하여 쌓인다는 뜻이다. 따라서, 살가야(薩迦耶=satkāya)는 패괴(敗壞)의 적집(積集: 쌓인 것), 곧 무상(無常)의 적집인 5(取)蘊을 의미한다. 따라서 살가야견(薩迦耶見)이란 5취온에 대해서 하나(一)라는 견해를 가지거나, 영원하다(常)는 견해를 가지거나, 다른 온과는 다르다는 견해를 가지거나, 유아온(有我蘊)이라는 견해를 가져, 5취온을 '나(我)'나 '내 것(我所)' 등으로 여기는 惡見인 有身見을 말한다.

緣起法을 부정하는 견해로, 五-見 가운데 하나이다.

　인과의 도리를 부정한다는 것은 12연기 등의 연기법을 부정하는 것일 뿐만 아니라, 『구사론』의 언급처럼, 불교교리의 핵심인 4-성제(四聖諦)를 비롯 불교 전체를 부정하는 것이 되어, 절대로 용납될 수 없는 것이된다.[812)

참 고: 邪見에 대한 『大乘廣五蘊論』의 견해[813)

『대승광오온론』은 12연기의 12가지-지분 가운데, 번뇌(煩惱)와 업(業)의 성질의 지분은 무명(無明)·애(愛)·취(取)·행(行)·유(有) 등 5가지로, 이들 중 무명(無明)·애(愛)·취(取)의 3가지 지분은 <煩惱의 성질의 지분>이며, 행(行)과 유(有)의 2가지 지분은 <業의 성질의 지분>이다. 곧 석존불께서 아난에게 하신 말씀, 「아난아! 업(業)은 능히 미래의 果報를 제공하므로, 그것을 유(有)라고도 하는 것이다」를 인용하면서, 12연기의 제10지분인

---

812) 『俱舍論』은 私見(팔리어: sassata-ditthi)이란 실유의 존재인 고·집·멸·도의 진리, 곧 4성제에 대해 그것이 존재하지 않는다고 부정하는 견해라고 정의하고 있다. 「見苦集所斷　諸見疑相應　及不共無明(중략)見滅道所斷　邪見疑相應　及不共無明　」『俱舍論』 제19권 <分別隨眠品> (대정장 29. 101b~102a)

813) 「云何邪見。謂謗因果。或謗作用。或壞善事。染慧爲性。謗因者。因謂業煩惱性。合有五支。煩惱有三種。謂無明愛取。業有二種謂行及有。有者。謂依阿賴耶識諸業種子此亦名業。如世尊說。阿難。若業能與未來果彼亦名有。如是等。此謗名爲謗因。謗果者。果有七支。謂識名色六處觸受生老死。此謗爲謗果」『大乘廣五蘊論』 (대정장 31. 853a) 대승광오온론(大乘廣五蘊論: Pañcaskandhaprakaraṇavaibhāṣya) <1권>은 인도유식학(唯識學) 전체 3기 중 제3기의 논사인 안혜(安慧: 475~555)가 지은 唯識論書로, 세친의 『대승오온론(大乘五蘊論)』의 주석서로, 약칭하여 광오온론(廣五蘊論) 또는 대승오온론(大乘五蘊論)이라고도 한다. 中印度인으로 唐나라에서 활동한 역경승이었던 지바카라(地婆訶羅: Divākara, 日照: 613~687)의 한역본이 있다. 《대승오온론》의 주석서인 만큼 그것과 마찬가지로 초기불교의 대표적인 법체계인 五蘊을 대승불교 유식유가행파의 법체계인 5위 100법의 법체계의 관점에서 논설하고 있으며, 이와 함께, 초기불교의 十二處와 十八界도 대승불교의 관점에서 논하고 있다. 참고로 유식학자들은 인도불교의 유식학의 역사를 총 3기로 나누면서, 제1기는 미륵과 무착, 제2기는 세친, 제3기는 안혜와 호법 등의 10대 논사들의 유식학이라 하고 있다.

有를 제8 Ālaya識의 업종자(業種子)로 취급하고 있다.

따라서, 原因을 부정한다는 것은, 무명(無明)이라는 번뇌와 이 번뇌에 의해 야기된 행(行: 제2지분)이라는 業을 부정하는 것이 되며, 또 애(愛)·취(取)라는 번뇌와 이들 번뇌들에 의해 야기된 유(有)라는 業 또한 부정하게 되는 것이다. 따라서 結果를 부정한다는 것은 7가지 지분의 개별 내지는 모두를 부정하는 것이 된다.

따라서, 因果를 부정하는 邪見은, 무명(無明: 제1지분)이라는 번뇌로부터 야기되어, 그 뒤의 11행, 곧 行·識·名色~生·老死까지의 12연기 전체를 부정하게 만드는 것이다.
『대승광오온론』은, 사견(邪見)의 본질적 작용(業)은 선근(善根)을 끊는 것, 곧 불선근(不善根)을 견고히 하는 의지처로서, 善은 출생시키지 않고, 반대로 不善만을 낳는 원인이라 규명하고 있다.

참 고: 分別記와 俱生起에 대한
<有部>와 <瑜伽行唯識學派>의 견해차

<제7 말나식=manas識>은 아치(我癡) · 아견(我見) · 아만(我慢) · 아애(我愛)의 4가지 번뇌와 상응하는데, 이 4가지 번뇌 역시 번뇌의 종류에 따라 분별기와 구생기의 2-종류로 나누어진다고 본다.

곧 설일체유부와 유가행유식학파는 번뇌를 보는 견해가 서로 달라, 분별기 1나로만 이루어진 번뇌가 있고, 분별기와 구생기의 2개로 이루어진 번뇌가 있다고 하여, 번뇌를 보는 견해가 서로 다르다. 예를 들어,

<설일체유부>에서는 有身見·邊執見·邪見·見取·戒禁取見의 5견을 모두 分別記, 곧 견소단(見所斷)번뇌로 보고, 따라서 見道에서 모두 끊어진다고 보는데 비해,

<瑜伽行唯識學派>에서는, 5見 가운데, <유신견과 변집견>의 2가지 見은 俱生起와 分別起의 2가지 종류의 번뇌가 있다고 보지만. <사견·견취·계금취견)의 3가지 見은 分別起 1종류의 번뇌만 있다고 본다.814)

따라서 유가행유식학파의 입장에서 이들 번뇌들이 끊어지는 과정을 살펴보면, 分別記 3번뇌인 <사견·견취·계금취>는 通達位에 도달할 때 끊어지고, 분별기 4번뇌에 해당하는 제7 말나식의 일부가 이때 平等性智로 변형된다.
한편 俱生起 2번뇌인 <유신견과 변집견>은 修習位에서 점차로 약화되다가 구경위(究竟位)에서 완전히 끊어지는데, 이때 平等性智의 전체가 증득된다. 곧 제7 말나식의 전체가 완전히 평등성지로 변형되는 것이다.

---

814) 설일체유부와 유가유식행파의 유신견·변집견에 대한 견해 차이는, 瑜伽行唯識學派의 教義의 특색, 곧 비록 경지가 높아질수록 아치(我癡)·아견(我見)·아만(我慢)·아애(我愛)의 4-번뇌의 힘이 弱化되기는 하지만, 완전히 끊어지는 것은 아니고, 성불하기 직전까지 제7manas識이 이들 4번뇌와 항상 相應한다는 그들의 教義에 기인한다. 말하자면, 6식 외에 제7 manas識과 제8Ālaya識의 2가지 識이 더 존재한다는 유식학파의 인식론과 心識論에 따른 차이에서 온 것이라 할 수 있다.

第2 唯識學派의 128 煩惱論

한편 유식학파들은 <有部>와 달리,

견혹(見惑)을 분별기(分別起), 수혹(修惑)을 구생기(俱生起)라고 불렀다.

 여기서 구생기(俱生起), 곧 수혹(修惑)이란 유정(有情)이 태어날 때 그 몸과 더불어 함께 생기(生起)하는 혹(惑=번뇌)을 말하며, 분별기(分別起)란 태어나 자라면서 분별하고 계도(計度)해서 생기는 번뇌를 말한다.

곧 <俱生起>는 선천적(先天的)인 것으로, 허망(虛妄)에 훈습(薰習)된 종자로 인해서 생기(生起)하는 惑(번뇌)으로, 제6 意識과 제 7 manas識에 존립해 있는 것이라 보고 이를 수혹(修惑)으로 분류하였으며,

<分別起>는 후천적(後天的)인 것으로, 허망(虛妄)에 훈습(薰習)된 種子로부터는 물론, 삶속에서의 잘못된 가르침이나 생각 등의 분별(分別)에 의해 生起하는 惑(번뇌)으로, 제 6 意識에 존립해 있는 것이라 보고 이를 견혹(見惑)으로 분류하였다.

이하 <分別起>에서 제거해야할 見惑(번뇌)과 <俱生起>에서 제거해야 할 修惑(번뇌)은 각각 얼마나 되는지 상세히 알아보자!

참 고: <分別起(見惑)>와 <俱生起(修惑)>

<分別起(見惑)>[815]

 탐(貪)·진(瞋)·치(癡)·만(慢)·의(疑)·오견(五見)등의 10개의 근본 惑(번뇌)은,

욕계(欲界)에서는 四聖諦 각각에 대한 불-여실지(不-如實知)라는 장애(障礙)로 말미암아 일어나는 것으로, 40惑 (10惑×고집멸도 4諦)의 본혹(本

---

815) 分別起(見惑)는 그 性이 거칠고 맹렬하지만, 후천적 번뇌이기에 끊기가 쉬워, 見道位에서 곧 바로 제거되는 돈단(頓斷)번뇌이다.

惑)이 있으며,

上界(色界와 無色界)에서는 진혹(瞋惑)을 제외한 9개의 本惑이 四聖諦 각각에 대한 불-여실지(不-如實知)라는 장애로 인해 일어나는 것으로, 72惑 (9혹×4諦×2界<色界·無色界>)이 있다.

　따라서 三界에서 제거해야 할 分別起(見惑)는 모두 112惑(40惑+72惑) 이라 보았다.

<俱生起(修惑)>[816]

　욕계(欲界)에서 제거되어야 할 惑은,

의(疑)와 사견(邪見)과 견취(見取)와 계금취견(戒禁取見)등 4개의 本惑이 제외된 탐(貪: rāga)·진(瞋: dvesa)·치(痴: moha)·만(慢: māna)·유 신견(有身見)·변집견(邊執見)등의 6개의 본혹(本惑)이고,

상계(上界: 色界·無色界)에서는 二界(色界와 無色界)의 각각에서 진혹 (瞋惑)이 제외된 탐(貪)·치(痴)·만(慢)·유신견(有身見)·변집견(邊執見)등의 5개의 본혹(本惑)이 있으므로, 여기서 제거해야할 혹은 10惑(5惑×2)이다.

따라서 三界에서 제거되어야 할 구생기(俱生起=修惑)는 모두 16惑(6惑 +5惑×2)이 되는 셈이다.

　그러므로 이들을 모두 합하면, 唯識에서 주장하는 총번뇌(제거되어야 할)는 <128 根本煩惱 (見惑:112本惑+ 修惑:16本惑)>가 되는 셈이다.

이제 위에서 설명한 내용을 되새기면서, 유식학파가 분류한 128惑(煩惱) 의 전체개요를 유식학파 번뇌설의 원조인 <有部>의 108번뇌설과 비교하 면서 그 차이점을 살펴보자!

---

816) 俱生起(修惑)는 그 性이 미열(微劣)하지만, 선천적 번뇌이기에 끊기가 어려 워, 修道位에서 점차적으로 제거되는 점단(漸斷)번뇌이다.

有部(98煩惱說: 0)와

唯識學派(128煩惱說: 0+X)의 비교

좌변은 有部學說, / 우변은 唯識學說이다.

곧 (有部學說 / 唯識學說)을 의미한다[817]

煩惱種類	見所斷												修所斷		
三界 10隨眠 (惑)	欲 界				色 界				無 色 界				欲界	色界	無色界
	苦	集	滅	道	苦	集	滅	道	苦	集	滅	道			
貪	0	0	0	0	0	0	0	0	0	0	0	0	0	0	0
瞋	0	0	0	0									0		
痴	0	0	0	0	0	0	0	0	0	0	0	0	0	0	0
慢	0	0	0	0	0	0	0	0	0	0	0	0	0	0	0
疑	0	0	0	0	0	0	0	0	0	0	0	0			
見 有身見[818]	0	x	x	x	0	x	x	x	0	x	x	x	x	x	x
見 邊執見[819]	0	x	x	x	0	x	x	x	0	x	x	x	x	x	x
見 邪見	0	0	0	0	0	0	0	0	0	0	0	0			
見 見取	0	0	0	0	0	0	0	0	0	0	0	0			
見 戒禁取見[820]	0	x	x	0	0	x	x	0	0	x	x	0			
計 (煩惱)	10/10	7/10	7/10	8/10	9/9	6/9	6/9	7/9	9/9	6/9	6/9	7/9	4/6	3/5	3/5

817) 唯識에서는 見道所斷의 번뇌로 欲界(四聖諦)의 40使(惑)와, 上界(四聖諦)의 (色界·無色界) 각각에 36使(惑)의 煩惱를 설정하여, 見道(見所斷煩惱)에 合計 112使(煩惱)를 두었다. 곧 有部에서는 見惑, 그것도 단지 見苦所斷 煩惱로만 분류했던 有身見과 邊執見의 2見을 見所斷의 4곳 모두와 修惑(修所斷煩惱)에 까지도 덧붙여, 三界 합해 총 16使(惑)를 두고 있다. 따라서 唯識에서는 見道와 修道 所斷의 煩惱로 총 128使(根本煩惱)를 設定하고 있다. 도표에서 0 표시는 有部와 唯識, 곧 『俱舍論』과 『瑜伽論』이 주장하는 공통의 번뇌이며, x 표시는 오직 唯識에서만 주장하는 번뇌이다. 따라서 0+X로 표시된 것은 유가행파가 주장하는 총 번뇌가 되는 셈이다. 한편 (슬래시: /)의 左의 숫자는 <有部>가 주장하는 번뇌수를, 右의 숫자는 <唯識學派>가 주장하는 번뇌수를 가리킨다.

類) (十隨眠)				
	32 / 40	28 / 36	28 / 36	10 / 16
見 所斷 88 / 112 修 所斷 10 / 16	88개 / 112개			10개 / 16개
總 計 108/128	98개(견소단: 88/수소단: 10) + 10纏(현재 활동하는 번뇌)821) = 108번뇌(有部) / 128번뇌(瑜識學派)822)			

---

818) 煩惱의 속성을 분류함에 있어 有部와 唯識學派와의 사이에 가장 핵심이 되는 차이점은 有身見과 邊執見에 대한 견해차이 이다. 곧 <有部>에서는 이들을 단지 見所斷 煩惱, 그것도 단지 見苦所斷 煩惱로만 소속시켰는데 비해, <唯識學派>들은 이들을 모두 모든 雜染의 根源이며, 또 잠재적 특성(俱生起)과 관계가 있다고 평가하여, 이를 見所斷의 4곳, 곧 (苦集滅道)모두와 修所斷 煩惱에 소속시켰다.

819) 邊執見을 有身見과 똑같은 부류에 소속시키고, 그 行步 또한 有身見과 나란히 움직이고 있는데, 이는 邊執見이 有身見에 의존해 生起한 것이라고 보았기 때문일 것이다.

820) 戒禁取見이란 본래 原因이 아닌 것을 原因으로 보거나, 道가 아닌 것을 道라고 보는 見解를 말한다. 곧 自在神을 世界發生의 原因이라 본다든지, 外道의 설처럼 天國에 태어나는 원인이 아닌 것을 正道라 우기거나 믿는 見解를 말하는 것이다. 有部가 이를 見苦所斷과 見道所斷으로만 限定시키고 있는 것에 비해, 唯識學派들은 이를 見四諦所斷 모두에 소속시키고 있다. 아마 戒禁取見을 見取와 같은 맥락의 것이라 보고, 이를 見取와 똑 같이 見道, 곧 見四諦所斷 모두에 소속시킨 것이 아닌가 생각된다.

821) 纏煩惱(paryavasthāna)란 우리가 몸담고 있는 欲界에서, 현재 활동하고 있는 번뇌를 말하는 것으로, 구체적으로는 忿・覆・無慚・無愧・惛沈・睡眠・悼擧・惡作・嫉・慳등의 十隨眠을 말한다.

822) <有部>와 달리 이미 10종의 纏煩惱를 기본분류에 넣어 둔 <瑜伽行派>에 있어서는 별도로 세워둘 필요가 없었기에, 10을 더하지 않았다.

第3 修行過程을 통해 본 有部와 唯識學派의 비교

앞에서 거론한 바 있듯이, <有部人>들은 煩惱를 퇴치하고 아라한과(阿羅漢果)를 증득하기 위한 修行道로,

戒定慧 三學을 중심으로하는 <凡夫位 2位>, 곧 순해탈분(順解脫分) → 순결택분(順決擇分), 뒤이어 四聖諦現觀을 중심으로하는 <聖者位 3位>, 곧 見道 → 修道 → 無學道 (阿羅漢果), 등 총 5단계의 과정으로 체계화하고있다.

곧 <見道>에 들어가기 앞서 유루(有漏)의 선근(善根)을 닦기 위한 과정으로,

<凡夫位>에서는 (1) <順解脫分>의 <삼현위(三賢位)>, (2) <順決擇分>의 <사선근위(四善根位)>를 두고, 이어서

<聖者位>에서는 (3) <見道位> → (4) <修道位> → (5) <無學道位>로 설정하고 있는데, 여기서 핵심이 되는 수행법은 앞서도 거론한 바 있듯이 <四聖諦現觀>이다.

한편 唯識學派들은 자량위(資糧位)→가행위(加行位)→통달위(通達位)→수습위(修習位)→구경위(究竟位)의 순서로 수행과정을 체계화하고 있는데, 여기서도 이들 수행과정의 기본이 되는 것은 有部와 마찬가지로 <三學>과 <四聖諦現觀>이다.

곧 資糧位에서는 戒와 定을 강조하면서 부정관(不淨觀)·자비관(慈悲觀)·연성연기관(緣性緣起觀)·계차별관(界差別觀)·수식관(數息觀)등 오정심관(五停心觀)을 통하여, 각각 탐(貪)·진(瞋)·치(痴)·만(慢)·심사(尋伺)·산란심(散亂)등을 대치(對治=치유)하는 한편,[823] 가행위(加行位)

---

823) 『俱舍論』에는 不淨觀과 數息觀의 2가지만이 설해지고 있을 뿐이다. 곧 貪

이후에는 慧의 증득을 위하여 四聖諦를 十六行相으로 증폭시켜 관하는 소위 <사제현관(四諦現觀)>의 응용관법인 <入無相方便相>을 수행의 중심에 두었다.

말하자면 번뇌를 억압하거나 퇴치하여 지혜를 증득하는데 있어 가장 핵심이 되는 수행법은 초기불교 이래 중시되어 온 三學과 四聖諦(入無相方便相)로서, 이러한 三學과 四聖諦 中心의 수행법은 有部나 唯識學派는 물론 이후 전개되는 모든 불교교단의 중심적 수행법이 된다.

이를 좀더 세밀히 분석하면 세간도(世間道)는 三學中 주로 定의 수행이 강조되고, 출세간도(出世間道)는 주로 慧의 수행이 중심이 되고 있으며, 그리고 계(戒)수행은 세간도와 출세간도에 공통으로 깔려있는 수행자의 기본적 자질로서 중시되어 왔다.

참 고: 小乘聲聞의 <四聖諦 現觀> →

　　　　大乘菩薩의 <入無相方便相>으로

<入無相方便相>(asallakṣaṇānupraveśopāyalakṣaṇa)은 유가수행자들(yogācārāḥ)이 지관수행(止觀修行)의 실천을 통해 이취(理趣: 所取·能取)가 소멸되어, 법계(法界)를 직접적으로 체득하는 방법(入見道)을 이론적으로 제시한 것으로, 유식의 삼성설(三性說)과 보살도(십지) 등의 이론적 내지 실천적 체계와 매우 밀접한 관계를 가진다.

곧 <入無相方便相>의 용어가 최초로 언급되는 『中邊分別論』(世親釋과 安慧의 주석)에 의하면, 새로운 唯識觀法으로 제시된 <入無相方便相>과

行者에게는 不淨觀을, 尋行者에게는 止息念(數息觀)의 修習을 설하면서 止(Śamatha)의 완성을 권유하고 있으며, 한편 觀(Vipaśyanā)의 완성을 위한 수행법으로는 四念處를 부분과 총상으로 觀할 것을 권유하고 있다.

資糧位・加行位・通達位・修習位・究竟位의 5단계로 이루어진 <5道>의 수행체계, 이들 모두가 三性(의타기성・허망분별성・원성실성)을 설하는 唯識, 특히 虛妄分別識의 토대위에서 통합적으로 결합되고 있기 때문이다.824)

한편 여기서 주목해야 할 것은, 『大乘莊嚴經論』에서 보듯이 <入無相方便相>이 <5瑜伽地(panca-yogabhūmi)>와 <5道(panca-mārga)>라고 하는 2-수행체계속에서 <4善根位>와 관련되어, 大乘唯識 加行道의 핵심 구조로서 새롭게 확립되었다는 점이다.825)

3-1. 5-瑜伽地(panca-yogabhūmi)

앞서도 언급했듯이, 『大乘莊嚴經論』에는 유가행자의 修行道로, 資糧位・加行位・通達位・修習位・究竟位로 구성된 <5道(panca-marga)>와 더불어, 한편으로는 持→作→鏡→明→依의 5단계로 구성된 <5瑜伽地=五階梯> 또한 설하고 있어 혼돈을 야기시키고 있는데,

---

824) 『中邊分別論: MVBh』(N19, 22-20,5) : idānīn tasminn evābhūtaparikalpe, 'sallakṣaṇānupraveśopāyalakṣaṇaṃ paridīpayati / upalabdhiṃ samāśritya nopalabdhiḥ prajāyate / nopalabdhiṃ samāśritya nopalabdhiḥ prajāyate // 1.6 ((1) 唯識이란 認識에 근거하여 外界 대상의 無認識이 일어나고, (2) 對象의 無認識에 근거하여 唯識의 無認識이 일어난다. 그러므로 識에 근거하여 非認識이 생긴다) (1.6)
vijñaptimātropalabdhiṃ niśrityārthānupalabdhir jāyate/arthānupalabdhiṃ niśritya vijñaptimātrasyāpy anupalabdhirjāyate / evam asallakṣaṇam grāhyagrāhakayoḥ praviśati /
(① 唯識(vijñaptimātra)의 認識에 근거하여 대상의 비인식이 생긴다. ② 대상의 비인식에 근거하여 唯識의 비인식도 생긴다. 이와같이 <수행자는> 所取・能取의 無相에 들어가는 것이다)

825) 「次應說彼對治。偈曰福智無邊際 生長悉圓滿 思法決定已 通達義類性釋曰。此偈顯第一集大聚位 (중략) 偈曰 已知義類性 善住唯心光 現見法界故 解脫於二相釋曰。此偈顯第二通達分位 (중략) 偈曰 心外無有物 物無心亦無 以解二無故 善住眞法界釋曰。此偈顯第三見道位 (중략) 偈曰 無分別智力 恒平等遍行 爲壞過聚體 如藥能除毒釋曰。此偈顯第四修道位 (중략) 偈曰 緣佛善成法 心根安法界 解念唯分別 速窮功德海釋曰。此偈顯第五究竟位(중략)」 『大乘莊嚴經論』 第7 <眞實品> 제6偈~제10偈 (대정장 31. 599a~b)

이러한 혼돈은 『攝大乘論』에 오면 말끔히 해소되어, <5瑜伽地>에 대해서는 언급이 없고, 오직 <五道>만을 설하여, <五道>로 하여금 유가행파의 정식 수행도로 자리잡게 하고있다.

유식학파의 정식 수행도로 자리잡은 五道의 상세한 내용분석에 대해서는, 본강의 <4章 佛敎의 心識說, 2절 唯識思想 제8 瑜伽修行道(五道)로 미루고, 여기서는 초기유가학파의 수행도로서 제시되다 사라져버린 바 있는 <5瑜伽地=五階梯>에 대해 살펴보려 한다. 자량위~구경위의 5단계로 이루어진 <五道>와 비교하면서 살펴본다면 유가수행도를 이해하는데 도움이 될 것이다.

① 持(ādharā)란

 우주의 진리(等類法)를 청문하는 것을 말하는 것으로, 마치 그릇에 물을 채워가듯 복덕(福德)과 지혜(智慧)의 자량(資糧)을 점차 적립해가는 단계로, 이를 瑜伽行派의 전통적 수행계위인 <五道>에 대응시키면, 첫 번째 단계인 資糧道(saṃbhāra-mārga)에 대치된다.[826]

② 作(ādhāna)이란

 근원적 사유인 여리작의(如理作意)를 말하는 것으로,[827]
 이를 <五道>에 대응시키면, 2번째 단계인 加行道(prayoga-mārga)에 해당된다.
 곧, 앞의 持의 단계에서 청문(聽聞)한 진리를 근원적으로 사유하는 단계로, 4단계(暖→頂→忍→世第一法)로 이루어져 있다.

---

826)「能持者。謂佛所說正法。由此法持彼能緣故」『大乘莊嚴經論』(대정장 31. 614a)
827)「所持者。卽正憶念。由正法所持故」『大乘莊嚴經論』(대정장 31. 614a)

곧 이것은 四聖諦를 如實知見케 하기 위해 개발된 아비달마적(阿毘達摩的) 사유방법인 순결택분(順決擇分)의 四善根位를 계승하여, 이를 唯識學的 사유방법인 <入無相方便相>으로 발전시킨 것으로서, 먼저

「이 세계는 오직 표상(表象)만이 있을 뿐, 그 어떤 실재물도 없는 것이다」 라 체득하고, 뒤이어 「대상이 비실재(非實在)한 것이므로 그것을 취하는 인식주체 또한 非實在인 것이다」라고 요득(了得)해 나가는 것이다.

곧 제 1단계인 난위(暖位)에서는
「대상에 붙여진 명칭은 오직 가유물(假有物)에 불과한 것이다」라 이해하고,

제 2단계인 정위(頂位)에서는
「대상은 실체가 없는 환(幻)과 같은 것」이라 요해(了解)하며,

제 3단계인 인위(忍位)에서는
「따라서 외계에 대한 집착에서 완전히 벗어나야 마땅하다」
고 깨달아, 실생활속에서 하나하나 집착을 벗어버리는 것이며,

제 4단계인 제일선근위(第一善根位)에서는
「따라서 대상을 취(取)하는 主觀인 心 또한 비실재(非實在)인 것이다」를 了得한 후, 일상생할속에서 그 어떤 것에 대해서도 집착하지 않는 단계를 말한다.828)

828)『中邊分別論』<제 1장>의 「唯識이란 認識에 근거하여 外界 대상의 無認識이 일어나고, 이어 對象의 無認識에 근거하여 唯識의 無認識이 일어나고, 이것에 의해 認識은 無認識을 本性으로 하는 것이 證明되었으며, 따라서 無認識과 認識은 平等하다는 것을 마땅히 알아야 한다」(長尾雅人 譯『中邊分別

③ 鏡(ādarśa)이란

「이 世界는 오직 표상(表象)뿐임」을 이해하여, 이를 본심(本心)에 安住
시키는 단계로서, 마치 거울표면에 영상이 생기는 것처럼, 本性에 安住
하여 전도(顚倒)하는 것 없이, 있는 그대로 사물을 비추어 보는 것이다.[829]   이
경지는 十地중 初地=歡喜地에 해당되는 경지로, <五道>로 말하면 제3의
견도(見道=通達位: darśana-mārga)에 해당된다.

④ 明(āloka)이란

   마치   있는   그대로   비추는   光明처럼,   存在(有)와   非存在(非有)를
있는 그대로 如實하게 구별할줄 아는 출세간지(出世間智)로서,[830] 菩薩
十地로 말하면 제2地~제10地에 이르기까지의 경계이다.

   五道로 말하면 제3의 단계, 곧 習氣를 없애기 위해 되풀이해서 수습
(修習)하는 수습지(修習道=修道位: bhāvanāmārga)에 해당된다.

⑤ 依(āśraya)란

   나의   현재의   의지처를   성종성(聖種姓)으로   전환시키는   전의(轉依:
āśrayaparāvṛtti)를 말하는 것으로,[831] 나의 現存在의 근거인 識을 180도 굴려
완전히 眞理의 세계로 전환시킨, 곧 모든것을 平等하게 보는 경지인 불지(佛智)
의 경지로서, 제 五道로 말하면 구경도(究竟道: niṣṭhā-mārga)에 해당된다.

   論』제 6~7偈)
829)「鏡像者。謂心界。由得定故。安心法界如先所說。皆見是名。定心爲鏡法界
    爲像故」『大乘莊嚴經論』(대정장 31. 614a)
830)「明悟者。出世間慧。彼有如實見有。非有如實見非有。有謂法無我。非有謂
    能取所取於此明見故」『大乘莊嚴經論』(대정장 31. 614a)
831)「偈曰(42偈) 聖性證平等 解脫事亦一 勝則有五義 不減亦不增 (中略) 然諸佛
    最勝自有五義。一者淸淨勝。由漏習俱盡故。二者普遍勝。由刹土通淨故。三
    者身勝。由法身故。四者受用勝。由轉法輪受用不斷故。五者業勝。由住兜率
    天等現諸化事利益衆生故。不減者。謂染分減時。不增者。謂淨分增時。此是
    五種學地解相似」『大乘莊嚴經論』(대정장 31. 614a)

『大乘莊嚴經論』제 7장 <眞實品> 및 15장 <教授教誠品>에는,

「<有部>의 加行道 4단계인 <四善根位(暖→頂→忍→世第一法)> 各 四位에 등장하는 四種三昧(得光明三昧 → 增大光明三昧 → 悟入一部眞實三昧 → 無間三昧)의 핵심은 如實知見케 하는 최고의 선방편(善方便)인 三昧의 증득에 있는 것으로, 이러한 三昧증득의 목적은 如實知見을 통한 住唯識性(境識俱泯)에 悟入하는 것인데, 이 경식구민(境識俱泯)에 오입(悟入)하는 최고의 관법은 小乘 <有部>가 설하는 사선근위(四善根位)가 아니라, 四-尋伺(paryeṣaṇā)와 四-如實智(yathābhūtaparijñāna)를 내용으로 하는 大乘 <唯識>의 <入無相方便相>으로, 이 <入無相方便相>이야말로 根本智(無分別智)의 체득이자, 法界直證=見道를 위한 지름길이다」[832]

라 하면서, 위 참고에서 본 <5瑜伽地=五階梯)와는 별도로, 五道(자량위 → 가행위 → 통달위 → 수습위 → 구경위)를 유식학파의 대표적 修行階位로 제시하면서, <入無相方便相>의 수행을 역설하고 있다.[833]

---

832)「所持者。 即正憶念。 由正法所持故。 鏡像者。 謂心界。 由得定故。 安心法界如先所說。 皆見是名。 定心爲鏡法界爲像故。 (중략)增益寂靜智進趣廣大乘者。 此菩薩若得教授則增益奢摩他智。 於廣大乘而能進修(중략) 起十一種作意。 偈曰 有求亦有觀 一味將止道 觀道及二俱 拔沈幷抑掉 正住與無間 於中亦尊重 置心一切緣 作意有十一 釋曰。 十一種作意者。 一有覺有觀作意。 二無覺有觀作意。 三無覺無觀作意。 四奢摩他作意。 五毘鉢舍那作意。 六二相應作意。 七起相作意。 八攝相作意。 九捨相作意。 十恒修作意。 十一恭敬作意(중략)釋曰。 九種住心者。 一安住心。 二攝住心。 三解住心。 四轉住心。 五伏住心。 六息住心。 七滅住心。 八性住心。 九持住心。 此九住教授方便。 應知繫緣者。 謂安住心(중략)前三是奢摩他分。 後二是毘鉢舍那分。 菩薩於此時中於世間法皆得具足(중략)此菩薩初得定心離於意言。 不見自相總相一切諸義。 唯見意言。 此見即是菩薩煖位。 此位名明(중략)遠離彼二執者。 所執能執不和合故。 出世間無上者。 得無上乘故。 無分別者。 即彼二執分別無故。 離垢者。 見道所斷煩惱滅故。 菩薩爾時名遠塵離垢得法眼淨」(대정장 31. 614a~625b)
833) 五道(자량위 가행위 통달위 수습위 구경위)에 대한 상세한 설명은, <4章 佛教의 心識說, 2절 唯識思想 제8 瑜伽修行道(五道) 참조 바람.

참 고: <入無相方便相>의 성립과정

『반야경』의 비실재적 언어관은 『중변분별론』과 『대승장엄경론』의 <입무상방편상>의 실천체계에 반영된다 곧 '4尋伺·4如實遍智'는 유식관의 확립과 더불어 如理作意를 통해 '眞如 또는 空性'과 동일한 '法界'를 증득하는 實踐構造, 곧 <입무상방편상>으로 확립되어, 보살도의 五道 中의 加行道의 4善根과 결합된다.

유가행파의 <입무상방편상>의 구조 및 그 사상적 전개과정은 다음과 같이 요약될 수 있다.

⑴ 반야경 의 비실재적 언어관을 ''4尋伺·4如實遍智'로 계승
⑵ ''4尋伺·4如實遍智'의 觀法을 4-善根位 체계에 도입
⑶ 有部의 體系에 4善根位의 이론 및 체계를 정비하여 大乘觀法으로 통합시킴
⑷ 唯識觀法의 확립과 더불어 4-善根位에 <入無相方便相>을 결합
⑸ 삼성설에 입무상방편상, 알라야식, 五道의 修行道 등을 통합시켜 大乘 唯識의 修行道로 확정·완성시킴

결국 이러한 점에서 '4尋伺·4如實遍智'는 如理作意로서 보살도의 실천체계에서 가장 핵심적인 위치를 차지하게되고, 나아가 唯識觀의 확립과 더불어 <入無相方便相>의 구체적 실천적 내용으로서 4善根位의 체계 안에 포섭되어 五道의 수행도에 도입되었다.

한편 無性『攝大乘論釋』도 이러한 『大乘莊嚴經論』의 설을 이어받아, 見道에 들어가는 수행관법으로 성문현관(聲聞現觀)과 보살현관(菩薩現觀)이 있다고 한후, 이어 2-현관의 차이점에 대해 10가지로 설명하고 있다. 곧

「聲聞現觀(四善根位)과 菩薩現觀(入無相方便相)의 差別에,

1) 所緣差別 2) 資持差別 3) 通達差別 4) 涅槃差別 5) 由地差別 6) 清淨差別 7) 自他得平等心差別 8) 生差別 9) 受生差別 10) 果差別 등의 10-가지가 있다」[834]

하면서, 小乘聲聞의 現觀-修行法인 <四善根位(煖→頂→忍→世第一法)> 관법 대신에, 大乘菩薩의 現觀-수행법인 <入無相方便相(四尋伺·四如實知觀)>을 추천하고 있다.

잠시 <入無相方便相: asallaksananupravesopayalaksana)>의 수행법인 四-尋伺)와 四-如實智觀이란 어떤 수행법 인지 살펴보자!

<四-尋伺: paryeṣaṇā>란 인식대상을 <名·義·自性·差別>의 4으로 나누어, 이들을 하나하나 깊이 엿보고 들여다보는 4단계로 이루어진 사찰(査察)과정으로서, 이들 인식대상이 한결같이 모두 가유(假有)로서 실체가 없음을 인식하는 것이다.

<四-如實智: yathābhūtaparijñāna>란 앞의 四-尋伺의 결과, 이렇게 인식하는 주체인 마음(心) 또한 가유로서 실체가 없음을 如實히 인가하고 결정하는 것을 말한다.

이렇듯 유가행 유식학파는 修行體系에 있어서도, 小乘阿毘達磨(有部)의 전통을 계승하면서도, 구체적 實踐行法에 있어서는 大乘의 見地에서 새롭게 변모를 시도하였던 것이다. 곧 바로 뒤에서 제시할 참고: <菩薩道

---

834) 無性『攝大乘論釋』(대정장 31. 417b~c)

와 聲聞道의 수행계위 비교도>에서 보듯이,

① 종래의 順決擇分에서의 <四聖諦現觀=四善根位>을 → 四尋伺·四如
實智를 중심으로 하는 <入無相方便相>으로 代置하였고
② 종래의 見道位와 修道位를 菩薩十地로 代置시킨 후, 이중 見道位에
는 初地인 歡喜地를, 修道(修習)位에는 제2地(離垢地)~제10地(法雲地)를
배당하였으며,
③ 마지막 無學道에 대응하는 究竟位에는 佛地를 배당하였던 것이다.
  아무튼 唯識學派는 여러 가지 면에서 <有部>의 영향을 받았던 것으로,
여기에 불교교리 연구, 특히 <번뇌연구>에 있어서도 有部教學의 중요성
이 있는 것이다.

참 고:　　小乘 聲聞道, 說一切有部의 (수행 五位)와

大乘 菩薩道, 瑜伽行唯識學派의 (수행 五道)의 비교

－ (四十一位): 十(信)住 → 十行 → 十廻向 → 十地 → 佛智 －

~　　　凡夫位　　　~　　　/　　　~　　　聖道位　　　~

順解脫分:(三賢位) 順決擇分:(四善根位) 見道:頓(斷現) 修道:漸(斷現) (無學道)

(聞&思) 所成　　　　　　(修)所成　　　　　　　　持續三昧修習

止(śamatha):五停心觀/(煖.頂.忍→世第一法)位/見所斷88煩惱斷盡/修所斷10煩惱斷盡/Arhan果

觀(Vipaśyanā):四念處觀(自相→空相)/<四善根位>/四聖諦現觀(苦諦觀)[835]/七覺支(修習)/

---

835) 無性 『攝大乘論釋』에는 聲聞現觀(四善根位)과 菩薩現觀(入無相方便相)의 差別에, 1)所緣差別 2)資持差別 3)通達差別 4)涅槃差別 5)由地差別 6)清淨差別 7)自他得平等心差別 8)生差別 9)受生差別 10)果差別로 10종이 있음을 설파하고 있다.
1)所緣差別이란, 菩薩現觀이 大乘法의 三慧(聞.思.修)를 소연으로 하는데 반해, 聲聞現觀은 聲聞法의 三慧를 소연으로 하는 차이이며, 2)資持差別이란 菩薩現觀이 6波羅蜜로 구성된 복지자량을 지니고 있는데 반해, 聲聞現觀은 그렇지 않다는 차이점을 말하며, 3)通達差別이란 聲聞現觀은 補特伽羅 (pudgala)의 我空만을 通達하게 하는데 반해, 菩薩現觀은 我空과 法空의 二空을 모두 通達케하는 차이를 말하며, 4)涅槃差別이란 菩薩現觀이 悲와 慧와 方便 이 셋을 資糧으로 삼으며, 生死나 涅槃에 住하거나 집착하지 않는 것을 열반으로 삼는데 반해, 聲聞現觀은 오직 無爲에 住함을 涅槃으로 삼는다는 차이점을 말하며, 5)由地差別이란 菩薩現觀이 十地를 의지하여 出離를 얻는데 반해, 聲聞現觀은 이러한 十地建立이 없다는 차이점을 말하며, 6)清淨差別이란 菩薩現觀이 煩惱와 여러 習氣를 영원히 끊어내어 清淨과 여러 보물로 장엄된 불국토를 건설하는데 반해, 聲聞現觀은 비록 번뇌는 끊어다고는 하지만 아직 習氣를 끊지 못해 清淨衆寶의 불국토를 건설하지 못한다는 차이를 말하며, 7)自他平等心差別이란 菩薩現觀이 自他平等法性을 증득하여 有情에 대한 加行을 멈추는 바 없이 成熟시키는데 반해, 聲聞現觀은 自他를 分別하여 오직 自利만을 닦고 他利는 닦지 않는 차이를 말하며. 8)生差別이란 菩薩現觀이 如來家의 法界中에 태어나는 佛의 眞子로서 마치 轉輪聖王家에서 태어난 아이임에 반해, 聲聞現觀은 그렇지 않고 下賤의 無智의 婢子라는 차이를 말하며, 9)受生差別이란 菩薩現觀이 언제나 諸佛이 모이는 無漏界의 諸佛國土인 大集會中 蓮花臺 위에 結加趺坐하여 成佛에 이르기 까지 항상 化生하는데 반해, 聲聞現觀은 처소나 母胎 等에서 그렇지 못하다는 차이를 말하며, 10)果差別이란 菩薩現觀이 力無畏等의 모든 것이 無量한 功德으로 莊嚴되고 또한 無功用을 일으키어 一切有情을 이롭게 하는 事를 일으

四(聖)諦16行相觀(無常/苦/無我/空),苦聖諦觀(無常/苦/空=不淨/無我),

　欲界→上界(제1苦法智忍~제15道類智忍),836)(제16道類智生),837)(盡智·無生智)838)

五道: 資糧位(26頌)839) →加行位(27頌)840) →通達位(28頌)841) →修習位(29頌)842) →究竟位(30頌)843)

켜 法身이란 가장 殊勝한 果를 증득하거나, 이 외 그 어떤 것에 있어서도 無
漏轉生의 果를 생하는 것에 반해, 聲聞現觀은 그렇지 못한 것을 말한다」無
性『攝大乘論釋』(대정장 31. 417b~c)

836) 見道位에서의 忍이란 四聖諦에 대한 개념적 이해인 <순결택분>의 有漏忍
과는 의미가 전혀 다른 無漏로서의 개념이다. 곧 四聖諦를 四行相에 의해
여실히 깨달음으로 인해, 心所인 煩惱가 心(王)인 마음에 結合하지 못하도록
방해하는 智慧作用이다. 따라서 <四諦現觀>에서의 忍은 無漏이다. 말하자면
如實智로 생기된 無漏智慧를 말한다. 또한 <忍이 붙은 智(法智忍)와 忍이 빠
진 智(法智)와의 관계>는 未完熟과 完熟의 差別이라 할 수 있다. 곧 忍이 빠
진 智(法智)는 지금까지 보이지 않던 경계가 처음으로 보이게 되는 眼目, 말
하자면 苦聖諦라는 진리에 대해 완벽히 알게되는 最初의 如實智로서, 이를
한 치의 疑心도 없이 완벽하게 無常.苦.空.無我라고 깨닫는 智慧를 말한다.
「最初證知諸法眞理故名法智」(大正藏 29. 121b)

837) 上界에서 생기하는 智앞에 (類)를 덧붙인 것은 이들이 앞의 欲界에서 관찰
한 대상과 相似한 까닭, 곧 類似하다는 의미에서 붙여졌다. 「此後境智與前相
似故得類名」『俱舍論』(大正藏 29. 121b)

838) <盡智>란 四聖諦(苦集滅道)를 이미 知斷證修했기에 煩惱가 다 滅盡했음을
아는 지혜를 말하며, <無生智>란 더 이상 일어나지 않음을 아는 지혜를 말
한다.

839) 26頌~30頌은 『唯識三十頌』의 26頌부터 30頌까지를 가리킨다. <자량위~구
경위>로 이어지는 수행계위를 <五道>라 하고, <持作鏡明依>로 된 계위는
<五階梯>라고 부른다. 『攝大乘論』은 『分別瑜伽論』의 2개의 偈頌에서 비롯된
古 形態의 入無相方便相인 <五階梯思想>과 한편으로는 『大乘莊嚴經論』 제
6장 <眞實品>이 설하는 資糧位~究竟位로 구성되는 新 形態의 入無相方便相
인 <五道思想>을 수용한 후, 이들을 綜合하여 전통의 阿毘達摩 修行道와 결
합시켜 소위 四尋思·四如實遍智를 中心으로하는 綜合的 形態인 <入無相方
便相>을 확립시켰다.

840) 『成唯識論』은 加行道에 들어가는 조건으로 第 四靜慮(四禪)를 제시한 후,
能取와 所取의 分別 二取는 調伏되고 除去되었지만, 아직 相縛과 麤重縛은
완전히 調伏除去되지 못한 단계가 제 2의 加行道라 설명하고 있다.「菩薩起
此煖等善根。雖方便時通諸靜慮而依第四方得成滿。託最勝依入見道故」『成唯
識論』(대정장 31. 49c)

841) 『成唯識論』은 見道位에 대해, 「만일 所緣이 모두 無所得임을 알면, 그때
에 비로소 能과 所의 二取의 相에서 벗어난 唯識에 住하는 것이다」 제 2 8
頌「若時於所緣 智都無所得 爾時住唯識 離二取相故」(대정장 31. 49c),『섭
대승론』은「보살이 唯識性과 所知相에 悟入하였기에 歡喜地에 들어가는 것
이며, 法界를 잘 了達하였기에 如來家에 태어나는 것이며, 일체의 衆生과 일

체의 菩薩과 일체의 如來가 모두 平等心性임을 아는 것이기에 이를 菩薩의 見道라 하는 것이다「如是菩薩悟入唯識性故。悟入所知相。悟入此故入極喜地。善達法界生如來家。得一切有情平等心性。得一切菩薩平等心性。得一切佛平等心性。此卽名爲菩薩見道」(대정장31. 143a)

842) 「修道位란 마치 藥이 능히 중독(衆毒)을 제거하는 것처럼, 과취(過聚)의 체를 괴멸(壞滅)하기 위해서 <무분별지력(無分別智力)>으로. 그것도 항상 모든 처소에서 平等心을 行하는 것을 말한다. 곧 보살이 제일의지(第一義智)에 들어가 전의(轉依)를 마친 후에는, 無分別智로서 온갖 처소에서 항상 平等行을 행하는 것이다.

그 까닭은 의타기성(依他起性)을 의지하여 훈습되어 오랫동안 적립해온 과치(過聚)의 상을 붕괴시키기 위한 것으로, 무분별지력(無分別智力)이란 대약(大藥)과 같아서, 능히 일체의 중독(衆毒)을 제거하기 때문이다」『大乘莊嚴經論』(대장경 31. 599b)

843) 「무엇을 究竟道라 하는가? (金剛喩定)을 의지하여 一切의 麤重을 영원히 쉬게하는 것이며, 일체의 繫縛을 영원히 끊어내는 것으로, 이것을 통해 次第로 無間轉依를 하여 盡智와 無生智 十無學法 등을 증득하는 것이다. 여기서 十無學이란 正見에서부터 正定 그리고 正解脫과 正智를 말하며, 이와 같은 법의 경계를 일러 究竟道라 하는 것이다」「何等究竟道。謂依金剛喩定。一切麤重永已息故。一切繫得永已斷故。永證一切離繫得故。從此次第無間轉依。證得盡智及無生智十無學法等。何等爲十。謂無學正見。乃至無學正定。無學正解脫。無學正智。如是等法名究竟道。『集論』(대정장31. 685b), 「究竟位, 謂住無上正等菩提, 出障圓明, 能盡未來化有情類。其相云何」「究竟位란 무엇인가? 843)「얻은 바 없고 생각으로 헤아릴 수 없으니, 이것은 세간을 벗어나는 지혜라, 두 가지 거칠고 무거운 번뇌를 버리고, 전의(轉依)를 증득하네」「無得不思議 是出世間智 捨二麁重故 便證得轉依』『成唯識論』(대정장 31. 50c), 『大乘莊嚴經論』은「修道(修習)位란 마치 藥이 능히 衆毒을 제거하는 것처럼, 過聚의 體를 壞滅하기 위해서 <無分別智力>으로 그것도 항상 모든 처소에서 平等心을 行하는 것을 말한다. 곧 보살이 第一義智에 들어가 轉依를 마친 후에는 <無分別智>로서 온갖 처소에서 항상 平等行을 행하는 것이다. 그 까닭은 依他起性을 의지하여 훈습하고 오랫동안 적립해온 過聚의 상을 붕괴시키기 위한 것으로, <無分別智力>이란 大藥과 같이 능히 일체의 衆毒을 除去하기 때문이다」「偈曰(9偈) 無分別智力 恒平等遍行 爲壞過聚體 如藥能除毒 釋曰。此偈顯第四修道位。菩薩入第一義智轉依已。以無分別智恒平等行及遍處行。何以故。爲壞依止依他性熏習稠林過聚相故。問此智力云何。答譬如阿伽陀大藥。能除一切衆毒。彼力如此」『大乘莊嚴經論』(대장경31. 599b),

또 <轉依>에 대해 『成唯識論』은「轉이란 二分의 轉捨와 轉得을 말하는 것으로, 거듭 無分別智를 修習함으로서 本識中의 二障麤重을 끊어 能히 依他起上의 遍計所執을 轉捨하고, 능히 依他起中의 圓成實性을 轉得하는 것을 말하는 것이다. 곧 `煩惱障을 굴리어 <大涅槃>을 얻는 것이며, 所知障을 굴리어 <無上覺=菩提>을 증득하는 것으로, 唯識意를 성립시켜 有情으로 하여 금 二轉依란 果를 證得케 하는 것이다」『成唯識論』(대정장 31. 51a), <轉依(轉識得智)의 과정>, 곧 轉第8Ālaya識→大圓鏡智, 轉第七Manas→平等性智, 轉第六意識→妙觀察智, 轉前五識→成所作智의 순서, 곧 四智의 형성과정

五階梯:　持　　　　　作　　　　　　鏡　　　　　明　　　　　依

　　　　　(ādharā)　　(ādhāna)　　　(ādarśa)　　　(āloka)　　　(āśraya)

菩薩資糧培養/煖頂忍→世第一法844)/住唯識性(境識俱泯)/ 三慧(聞思修) /金剛喩定(無間)

在僧伽(福德智慧)/<入無相方便相>845)/法界直證(見道)/數數修習無分別智/盡智無生智
　　　　　　　　　　　　　　　　　　　　　　　　　　　　　　　　　　　　(頓證)

四(攝法/無量心) /四(尋伺·如實知)觀846)/得根本智(無分別智)/轉依(轉四識得四智)

六波羅蜜修行/(名·義·自性·差別)空性　/　兩俱空　/　　　　/

信解(轉識得智) / 悟(我·法)無我 /　(眞如·唯識理)

　　　　　唯識觀(未住唯識理)/菩薩十地(波羅蜜)修行/菩薩十地(波羅蜜)修行/佛果(圓滿轉依)

　　에 대해서는 『成唯識論』에서 보는 바와 같이, 그 견해가 분분하나, 古來로부터
「妙觀平等初地分得 大圓成事唯佛果起」라는 말이 전해지고 있다. 곧 妙觀察智와 平等
性智는 初地인 見道位에서 얻어지며, 大圓鏡智와 成所作智는 오직 佛果에서만 얻어
지는 智라는 의미이다. 말하자면, 妙觀察智는 見道位에서 처음으로 일어나며, 平等性
智는 맨 처음 見道位에서 일어나 점점 확대되어 修習位(十地)에서 완성되며, 大圓鏡
智는 金剛喩定이 現前할 때 곧 成佛할 때 일어나며, 成所作智는 成佛時에 일어난다
는 의미이다.게송 30에 이르길,　無漏界이며 不思義이며 善이며 常이며 安樂
이며 解脫身이며 大牟尼인 法을 말하는 것이다「後 究竟位 其相云何。頌曰
此卽無漏界 不思議善常　安樂解脫身　大牟尼名法」『成唯識論』(대정장 31.
57a)

844) 『大乘莊嚴經論』은 暖→頂→忍→世第一法을 <順通達分>이라 칭하고 있다.

845) 瑜伽行의 체계를 수립하는 과정에서 중요한 것으로 대두된 것이 加行道에
　　시설된 <入無相方便相>인 唯識觀이다. 이유는 <眞實品>의 五道 說明 가운데
　　加行道 4단계, 곧 四善根位(暖→頂→忍→世第一法) 各 四位에 등장하는 四
　　種三昧(得光明三昧 → 增大光明三昧 → 悟入一部眞實三昧 → 無間三昧)에서
　　보는 바와 같이, 이 加行道의 핵심이 如實知見케 하는 최고의 善方便으로서
　　의 三昧의 證得에 있기 때문이다. 곧 唯識學的 思惟方法인 <入無相方便相>
　　의 단계는, 「이 세계는 오직 表象(依他起=識)만이 있을 뿐, 그 어떤 實在物
　　도 없는 것이다」에서 시작되어 끝내는 「對象이 非實在한 것이므로, 그것을
　　취하는 認識主體(識) 또한 非實在인 것이다」라는 眞實의 體得, 곧 境識俱泯
　　이란 如實知見에 의해 비로소 主觀과 客觀의 모든 執着으로부터 벗어나게
　　되는 경지인 見道에 들어갈 수 있기 때문이다.

846) <四-尋伺: vitarka/vicāra>란 認識對象을 (名과 義 自性과 差別)의 4으로
　　나누어, 그것들을 하나하나 깊이 엿보고 들여다보는 査察過程으로서, 결과적
　　으로 이들 認識對象이 한결같이 모두 假有로서 實體가 없음을 認識하는 것
　　을 말하고, <四如實智>란 앞의 四尋伺의 과정의 결과 이렇게 認識하는 主體
　　인 마음(心) 또한 假有로서 實體가 없음을 如實히 認可하고 決定하는 것을
　　말한다.

```
              / 轉第七Manas→平等性智  /           第8Ālaya識→大圓鏡智
              轉第六意識→妙觀察智   /           轉前五識→成所作智
十(信)住·十行 / 十廻向 /   (初地)       /    第二地~十地   /   兩足尊
                          /斷(煩惱障)→得(涅槃)/斷(所知障)→得(菩提)


        十廻向      /    初地    /            /         佛地=妙覺
  ~      第一劫  ~  /        第二地~七地(第二劫) /
                              第八地~十地(第三劫) /
  ~    方便道  ~   /      ~      聖道            ~
```

3節 大乘 (반야.여래장)경전이 설하는 번뇌와 성불

지금껏 『俱舍論』을 중심으로 初期 및 部派佛敎에서의 번뇌분석, 곧 煩惱란 무엇인지? 어떻게 하면 그 번뇌를 제거할 수 있는지 등등을 살펴보았다.

한편 大乘佛敎時代가 열리면

「불 · 세존의 법을 듣고 信受하고 정진하여 如來知見과 力과 無所畏를 구하며 중생을 안락하게 하고, 天人을 이익하게 하고, 일체를 도탈(度脫)케 함을 大乘이라 하며, 이러한 대승을 구하는 까닭에 보살마하살(菩薩摩訶薩)이라 하는 것이다」[847]

라는 말씀처럼, 대승불교는 초기불교와 같은 自己中心 本人爲主의 수행과 삶이 아니라, 자기를 뛰어 넘어 一切衆生을 이익하게 하고 안락하게 하는 소위 一切 萬生命을 度脫케 하는 것을 목표로 삼는 대승사상이 출현하게 되는 것으로,
본고의 主題인 번뇌에 대한 개념과 제거방법도 달라져 「種子의 상속」「번뇌신중유여래장(煩惱身中有如來藏)」「객진번뇌(客塵煩惱)」「진망화합(眞妄和合)」「사망귀진(捨妄歸眞)」「삼제원융(三諦圓融)」「번뇌즉시보리(煩惱卽是菩提)」「욕청정구시보살위(慾淸淨句是菩薩位)」니 하는 새로운 개념의 번뇌이론들이 출현하게 된다.

두말할 것도 없이 大乘佛敎의 키-워드는 <일체법무자성공(一切法無自性空)>이다. 여기서 一切法이란 主觀界인 我와 客觀界인 法을 모두 포

847) 『法華經』 (대정장 9. 13b)

함시킨 것을 말한다.

　곧 <일체법무자성공>사상은 中觀思想을 비롯하여 如來藏思想과 唯識思想 등 大乘哲學의 뿌리이며 근간이 된 것으로, 모든 대승불교사상과 밀교사상은 <일체법무자성공>을 기초로 해서 만들어 진 사상이다.

　이제 中觀思想·如來藏思想·密敎思想등의 순으로 大乘의 핵심사상과 煩惱理論들을 살펴보도록 하자.848)

第1 반야계 경전이 설하는 번뇌와 성불

1-1 번뇌에 대한 般若系 經典의 기본입장

　① 一切法無自性空의 입장, 곧 일체법의 연기성(緣起性)을 空으로 표현함

　② 無明이란 無自性空을 알지 못하는 것으로, 중생의 無知를 강조

　③ 輪迴苦의 원인은 無自性空이란 진실을 알지 못하고 諸法實有라 보고, 그것에 집착하므로 생김, 모든 집착을 내려놓아라, 放下著하라!

　④ 煩惱卽菩提의 입장, 곧 번뇌를 끊어 없애 버리겠다는 아비달마(有部)의 입장을 단견(斷見)이라 질타하며, 煩惱속에서의 菩提實現과, 生死속에서의 涅槃의 現證을 강조함. 일체법의 空性을 강조함,

이러한 기본입장을 념두에 두면서, 번뇌에 대한 반야사상의 입장을 경전을 통해 살펴보자!

---

848) <唯識思想>의 번뇌이론은 이미 앞에서 고찰하였으므로, 여기서는 생략한다. 본래 <唯識思想의 번뇌이론>은 唯識思想이 대승사상이므로 당연히 <대승의 번뇌이론>에서 고찰해야 되지만, 『俱舍論』의 번뇌이론과는 뗄레야 뗄 수 없는 깊은 관계에 있어, 이해하기도 또 서로 비교하기도 좋아 편의상 『俱舍論』의 번뇌이론의 고찰 후 곧 바로 뒤에서 고찰해 두었다.

『반야심경』의

「色卽是空 空卽是色 色不異空 空不二色 受想行識 亦復如是 (中略) 諸法空相 以無所得)」

(색이 곧 공이며, 공이 곧 색이다. 색과 공, 공과 색은 더로 다르지 않다. 수상행식 또한 그러하다.(중략) 제법은 모두가 空相으로 필경 無所得이다)

『中論』의

「因緣所生法 我說卽是空 亦爲是假名 亦是中道義」849)

(이 세상 모든 것은 인연으로 이루어져있다. 因緣으로 이루어진 것은 그 무엇이든 空이며, 또 實名이 아닌 잠시 이름을 빌린 假名이다. 이러한 것을 일러 中道라 하는 것이다)

란 내용과, 『大智度論』의

「諸法皆是因緣生 因緣生故無自性 無自性故無去來 無去來故無所得 無所得故畢竟空 畢竟空故是名般若波羅蜜」850)

(모든 법은 因緣으로 이루어진 것이다. 인연으로 이루어진 것은 실체가 없기에 無自性이라 하는 것이며, 실체가 없기에 오고 간 거래도 없어 無去來이며, 거래가 없었기에 아무런 소득이 없어 無所得이며, 소득이 잆었기에 필경공(畢竟空)인 것이다. 필경공 이것을 일러 반야바라밀이라 하는 것이다)

---

849) 『中論』 <四諦品> (대정장 30. 33b)
850) 『大智度論』 (대정장 25. 631c, 490c)

란 내용처럼, 인연으로 이루어진 모든 법을,

一切法=연기(緣起)=공(空)=가명(假名)=중도(中道)=필경공(畢竟空)=반야바라밀(般若波羅蜜)로 확대 해석해 놓은 이론이다.

이 세상 모든 것은 모두가 因緣으로 인해 生起한 것이다. 이것을 용수는 中道와 般若波羅蜜로 회통(會通)치고 있는 것이다.

또 『中論』에는

「업과 번뇌의 소멸에 의해 해탈(解脫)이 있다. 업과 번뇌는 分別에 의해 일어나고, 분별은 희론(戱論)에 의해 일어난다. 그러나 희론은 空性에 의해 소멸된다」[851]

라 하여, 업과 번뇌와 분별과 희론과 고통, 이 모든 것은 諸法皆空을 아는 순간, 곧 空性에 의해 소멸된다고 역설하고 있다.

또 『千手經』에는

「罪無自性從心起 心若滅時罪亦亡 罪亡心滅兩俱空 是卽名爲眞懺悔」

(죄란 본래 자성이 없는 것으로, 마음에서 일어난 것이다. 따라서 참회를 통해 마음에서 죄가 없어지면 죄 또한 없어지는 것이다. 죄도 없어지고 죄지은 마음도 없어져, 죄와 죄지은 마음 이 2개가 모두 空해진 것을 일러 <진실한 참회>라 하는 것이다)

---

851)「業煩惱滅故 名之爲解脫 業煩惱非實 人空戱論滅」『中論』 18-5 (대정장 30. 23c)
「karma-kleśa-kṣayān-mokṣaḥ karma-kleśa vikalpataḥ /
te-prapañcāt-prapañcas-tu śūnyatāyām nirudhyate」// MMK 18-5

라 하여, 一切의 고통(苦厄)이나 번뇌는 一切(五蘊) 모두가 空(皆空)한 것인데, 그것을 알지 못하고 實有라 집착하고 연연하는데서 비롯된다고 밝히고, 따라서 이러한 無自性空, 곧 五蘊皆空이란 法性의 實相을 여실히 알아, 일체의 고정관념과 집착. 그리고 不如實知見(진실하지 못한 아름아리)에서 벗어날 것을 주창하고 있다.

곧 『金剛經』과 『반야심경』에는

「중생이 마음에 相을 取하면, 法의 相을 취하거나 法相 아닌 것을 취할지라도 아(我)·인(人)·중생(衆生)·수자상(壽者相)에 집착하는 것이 된다. 이런 까닭에 法이나 法 아닌 것에 집착하지 말고, 모든 설법 알기를 뗏목의 비유처럼 하라. 法도 버렸거늘 하물며 법이 아닌 것이야 어떠하겠는가?」[852]

「以無所得故 菩提薩陀 依般若波羅蜜多故 心無罣碍 無罣碍故 無有恐怖 遠離顚倒夢想 究竟涅槃 三世諸佛 依般若波羅蜜多故 得阿耨多羅三藐三菩提 故知 般若波羅蜜多 是大神呪 是大明呪 是無上呪 是無等等呪 能除一切苦 眞實不虛」

라 하면서, 필경공(畢竟空)을 아는 지혜인 般若야말로, 諸佛菩薩의 의지처로서, 一切의 고액(苦厄)을 멸진(滅盡)시키는 명약이며, 涅槃과 菩提를 증득케하는 神妙한 明呪(dhāraṇī)라 밝히고 있다.

---

852)「是諸衆生。 若心取相則爲着我人衆生壽者。 若取法相卽着我人衆生壽者。 何以故。 若取非法相。 卽着我人衆生壽者。 是故不應取法。 不應取非法。 以是義故。 如來常說汝等比丘。 知我說法如筏喩者。 法尙應捨何况非法」『金剛經』(대정장 8. 749b)

한편 『維摩經』 제 8 <佛道品>에는

「高原의 육지에서 蓮華를 피우지 않고, 비습(卑濕)의 어니(淤泥)에서 꽃을 피운다. 煩惱大海에 들어가지 않으면 일체지보(一切智寶)를 얻을 수 없다」853)

「오탁(五濁)의 니소(泥所)에서 淸淨蓮華가 피는 것처럼, 煩惱야말로 여래종성(如來種姓)이다」854)

또 제 2 <方便品>에서는

「白衣를 입었더라도 沙門淸淨의 율행(律行)을 봉지(奉持)하며, 民家에 살면서도 三界에 집착하지 않고, 처자 있다 해도 항상 범행(梵行)을 닦으며, 권속 있다 해도 항상 원리(遠離)를 즐기며, 세속의 이익을 얻어도 즐거워하지 않으며, 四海에 유희(遊戲)할지라도 중생을 요익(饒益)케 하고, 衆生法에 들어가 一切를 구호한다」855)

고 하며, 空의 大家인 유마거사(維摩居士)의 이름을 빌려, 諸法皆空의 가르침을 일상의 생활 속으로 끌고 와 中道實相의 법문을 설파하고 있다.

곧 空이란 한적한 선방이나 법당에 앉아 찾는 것이 아니라, 중생들이 사는 번뇌의 실생활 속에서도 집착하거나 걸림이 없이, 중생을 위해 이익과 안락을 실천하는 것, 그것이 空性의 참된 이해이며 참 보살의 삶이라고 역설하고 있다.

---

853)「譬如不下巨海不能得無價寶珠。如是不入煩惱大海。則不能得一切智寶」『維摩經』(대정장 14. 549a)
854)「起於我見如須彌山。猶能發于阿耨多羅三藐三菩提心生佛法矣。是故當知一切煩惱爲如來種」『維摩經』(대정장 14. 549a)
855)「雖爲白衣奉持沙門淸淨律行。雖處居家不着三界。示有妻子常修梵行。現有眷屬常樂遠離。雖服寶飾而以相好嚴身。雖復飲食而以禪悅爲味。若至博弈戲處輒以度人」『維摩經』<方便品> (대정장 539a)

(강 설) 空의 실천가, 방(龐)거사

중국 형주<邢州> 형양현 일대에서 큰 부자로 소문난 방<龐>거사는 어느날 부인과 딸을 불러놓고, 집문서, 땅문서는 물론 집에 있는 돈과 온갖 보석들을 저 악양(岳陽)의 동정호(洞庭湖)에 버리겠오! 아무도 우리 재산을 건지지 못하게 말이요 ~

그러자 총명한 딸, 영조(靈照)가 물었다. 아버지! 왜 가난한 사람들에게 나누어 주지 않고 버리려 하십니까?

재산이 탐욕을 부른단다. 그러니 재산이 원수가 아니겠느냐?

진정한 보시(布施)는 탐욕이 생기지 않게 하는 것이란다.

재산을 주는 것이 탐욕을 주는 것이 옵니까. 아버지!

그렇단다. 나도 처음에는 가난한 사람들에게 나누어 줄까 하고 망설였다만, 나에게 원수가 된 재산을 도저히 남에게 떠 넘길 수는 없다는 결론을 얻었단다.

그러니 그렇게 알려므나! 내일 아침 해 뜨기전에 모두 버릴터이니~

네, 아버지! 뜻대로 하십시요!

영조야! 대부분의 세상 사람들은 돈을 좋아한다만, 나는 古謠를 즐긴단다.

왠줄아느냐? <돈>은 사람의 마음을 어지럽히지만, <고요함>은 본래의 내 모습을 드러나게 하기때문이란. 영조야!

眞正한 布施(遺産)란 탐욕을 없게하는 것(滅貪)>이며,

眞正한 持戒란 성(嗔心)을 내지 않는 것=(滅嗔)>이며,

眞正한 坐禪은 <어리석음(痴)을 없에는 것-(滅痴)>이다~ //

第2 여래장계 경전이 설하는 번뇌와 성불

2-1 번뇌에 대한 여래장계 경전의 기본입장

<여래장사상의 Keyword>

① 부처(性)의 입장에서 세상(相)을 바라봄, 곧 法性宗의 입장이다
② 心性本淨(自性淸淨)의 입장으로, 衆生은 如來藏의 소유자이므로, 누구든지 성불할 수 있다고 주장함
③ 번뇌를 客塵煩惱 (āgantuka-kleśa)로 보고, 小乘有部나 大乘의 法相唯識의 입장처럼, 번뇌의 종류나 발생원인, 그리고 번뇌의 제거에 대해서는 큰 관심을 가지지 않음
④ 輪回와 不成佛의 제1의 원인을 여래장에 대한 無知無明 (非如實作意)이라보고, 여래장에 대한 믿음(信)과 여래장이 활성화 될 수 있도록 하기위해, 여래장을 감싸고 있는 번뇌의 제거(行)에 힘씀.
　　그러나 여래장에 대한 믿음(如實作意)이 더 강조됨.

이러한 기본입장들을 염두에 두면서, 경전의 말씀을 직접 살펴보자!
『增支部: Aṇguthara-nikāya(增一阿含經)』에는

「비구들이여! 이 마음은 명정(明淨)하다. 그렇지만 여러 객진번뇌(客塵煩惱:)에 의해 오염되어 있다. 비구들이여! 이 마음은 明淨하다. 그렇지만 이러한 客塵煩惱로부터 이탈(離脫)하였다」[856]
「비구들이여! 이 마음은 明淨하다. 그렇지만 여러 客塵煩惱에 의해 汚染되어 있다. 무문(無聞)의 범부들은 여실히 알지 못한다. 그런 까닭에 無聞의 범부들은 마음의 수습(修習)이 없다. 비구들이여! 이 마음은 明淨하

---

856) 『增支部=AN』1,5. 9-10

다. 그렇지만 여러 客塵煩惱로부터 離脫하였다. 有聞의 聖弟子들은 마음의 修習이 있다」[857]

라 하여, 마음은 본래 맑고 청정(明淨)한 것이지만, 凡夫와 聖人에 따라 번뇌가 있기도하고 없기도 하다면서, 그 이유를 聖人은 듣고 修習을 하여 여실하게 아는 반면, 凡夫들은 듣지도 못하고 따라서 수습도 못하고, 그래서 여실하게 알지 못하기 때문이라고 설명하고 있다.
　위의 내용을 표로 나타내면 다음과 같다.

1. 마음(心)은 明淨하다
　㈎ 凡夫: 煩惱所染 ∵ 無聞 → 無修習 → 不如實知
　㈏ 聖人: 煩惱離脫 ∵ 有聞 → 修習 → 如實知

2. 마음에는 5-개의 번뇌가 있다.
『增支部』에는
「비구들이여! 金에는 5-가지의 진구(塵垢)가 있다. 5-塵垢에 의해 오염(汚染)된 金은 유연(柔軟)하지도, 윤택하지도, 빛남도 없고, 부숴지기 쉽고, 세공하기도 힘든다. 비구들이여! 이와같이 마음(心)에도 5-가지의 번뇌가 있다. 5-가지의 번뇌에 오염(汚染)된 마음(心)은 유연(柔軟)하지도, 윤택하지도, 빛남도 없고, 부숴지기 쉽고, 누진(漏盡)시키려해도 어려워 安靜하지 못한다. 5-가지 번뇌란 어떤 것인가?
욕탐(欲貪:kāmacchanda)・해심(害心: vyāpāda)・혼면(昏眠: thīnamiddha)・도회(掉悔: uddhacca)・의(疑: vicikiccha)로서, 이 5-가지 번뇌에 오염되어, 마음은 유연(柔軟)하지도, 윤택하지도, 빛남도 없고, 부숴지기 쉽

857) 『增支部』 1,6. 1-2

고, 누진(漏盡)하려해도 어려워 안정(安靜)하지 못하는 것이다」858)

「비구들이여! 마음이 이들 5-가지 번뇌로부터 이탈(離脫)하면 마음은 유연(柔軟)·윤택·명정(明淨)하여, 부숴지기 어렵고, 누진(漏盡)했기에 안정된다. 그리고 언제라도 그 어떤 선정(禪定)의 단계에서라도 모두 성취·실현하게 되는 것이다」859)

라 하여, 마음을 그 어떤 상황에서도 변하지 않는 金에 비유하며, 여래장에 대한 믿음의 중요성을 강조하면서 어서 5-가지의 번뇌에서 벗어날 것을 강조하고 있다.

또 『大集經』 <허공장소문 (虛空藏所聞)>에는
「비여리작의(非如理作意)가 생(生)하면 번뇌가 生하지만, 如理作意가 생하면 청정(淸淨)이 生한다. 전도견(顚倒見)을 여실히 알면 그것이 정견(正見)이다. 곧 전도견을 그대로 전도견이라 인지(認知)하여 전도견에 머물지 않고 전도견을 행하지 않으면, 그 사람은 正見의 道에 들어간 것으로, 이것을 일러 正見이라 하는 것이다. 현자들이여! 煩惱는 개(蓋)이며, 淸淨은 光明이다. 번뇌는 객진(客塵)으로, 본성(本性)의 근본은 청정하다. 번뇌는 분별이며 본성은 무분별(無分別)이다. 온·개·처(蘊·界·處)는 업(業)과 번뇌(煩惱)에 의거(依據)하며, 또 업과 번뇌는 非如理作意에 의거하며, 如理作意는 청정한 본성(本性)에 의거한다. 이처럼 마음은 자성명정(自性明淨)한 것이지만, 객진번뇌(客塵煩惱)에 의해 오염된다.
  현자들이여! 이것을 自性淸淨의 法光明의 문(門=mukha)이라 하는 것이다」860)

---

858) 『增支部=AN』5, 23. 1-5
859) 『增支部=AN』3, 23. 1-5

또 『大集經』 <보녀품(寶女品)>에도

「번뇌의 조복(調伏)이란 무엇인가? 나의 조복(調伏)을 아는 자, 그는 번뇌의 조복을 아는 자이다. 나의 조복(調伏)이란 무엇을 말하는 것인가? 나의 자성(自性)을 알고, 나의 적정(寂靜)을 알고, 나의 여실(如實)함과, 나는 공(空)이며 무자성(無自性)이며, 불가득(不可得)한 것임을 아는 것을 말하는 것으로, 이와 같이 나를 아는 자는 일체의 번뇌(煩惱)를 아는 자로서, 나의 본성이 무아(無我)인 것처럼, 번뇌의 본성 또한 무번뇌(無煩惱)인 것을 아는 것, 그것을 번뇌(煩惱)의 조복(調伏)이라고 하는 것이다」[861]

라 하여, 중생의 본성은 自性淸淨한 것이며, 현재 나타나는 중생의 모든 번뇌는 무자성(무실체)한 客塵煩惱임을 역설하면서, 이러한 것을 여실하게 아는 것이 번뇌를 調伏시키는 수행 바로 그 자체이며, 正見이며 自性淸淨의 光明門이라 역설하고 있다.

---

860) 「如是蘊處界依業煩惱而住。業煩惱依非如理作意而住。非如理作意。依自性淸淨心住。是淸淨心不爲客塵煩惱所染。所有非如理作意業煩惱蘊處界等(중략) 非如理作意如風。業煩惱如水。蘊處界如地。由是一切諸法無有堅牢。根本無住本來淸淨。善男子是名自性淸淨法光明門」『大集經』 <虛空藏所聞> (대정장 13. 643b~c)

861) 「如無有我而想有我。彼則顚倒。設如是者。己無塵勞而起勞想。是爲顚倒。又如吾我本淨無身。如是欲塵則爲本淨無塵勞也。其有曉了如是觀者。是決欲律。彼亦不化過去欲塵。亦無當來亦無現在。所以者何。不習諸行亦不復念塵勞欲塵。其於己身無所念者。則無過去亦無當來亦無現在」『大集經』 <寶女品> (대정장 13. 457c)

- 861 -

2-2 여래장의 불변이성 (不變異性: avikāritva)

<如來藏思想>은 「煩惱身中有如來藏」이니 「客塵煩惱自性淸淨」이라는 키워드를 통해서도 알 수 있듯이, 煩惱로 뒤덮여있는 현재의 내 몸속에는 法身과 똑같은 如來智와 如來眼이 內在되어있는 것으로,[862] 일상생활 속에서 한순간의 멈춤도 없이 끊임없이 맴돌고 있는 煩惱 그것은 내 것도 또 어떤 영원불멸한 實體가 아니라, 客(손님)이 갖다 버린 일시적 쓰레기(客塵=空性)에 불과한 것이기에[863], 따라서 그것만 치워 버리면 본래의 淸淨한 본성인 法身을 되찾을 수 있다고 주장하는 사상이므로, 번뇌의 종류나 번뇌의 발생원인에 대해서는 처음부터 큰 관심을 가지지 않았다.

다시 말해 중생을 如來藏, 곧 본래는 法身이지만 아직 煩惱를 완전히 벗어버리지 지 못해, 현재로서는 번뇌가 남아있기에 法身이 아니라 如來藏이라 부르는 것이라 하면서,[864] 그러니 이러한 사실을 믿고(信) 하루라도 빨리 번뇌를 除去하여(行) 本來의 法身으로 거듭나기를 주창하는 가르침이다.[865] 곧 『如來藏經』의

「중생들이여! 내가 너희들을 보니 貪瞋痴 三毒煩惱 속에 如來智와 如來眼과 如來身이 결가부좌 하고 있구나. 선남자들이여! 일체중생들이 비록 三界六道에서 윤회하고 있기는 해도 그와 같은 煩惱身 가운데에 如來藏이 감추어져 있는 것으로서, 그 여래장은 언제나 淸淨하여 더러움이 달라 붙지 못하며, 그것이 가지고 있는 德의 모습 또한 殊勝하여 나 如來

---

862)「佛子.如來智慧具足在於衆生身中 但愚癡衆生顚倒 不知不見不生信心 如來智慧在其身內與佛無異」『華嚴經』(대정장 9. 624a),
863) <āgantuka>는 문법상 ā+√gam으로, "밖에서 온" 곧, <客>이란 뜻이다.
864)「世尊。如是如來法身不離煩惱藏名如來藏」『勝鬘經』(대정장 12. 221c)
865)「是故隨如來信是卽衆生義」『寶性論』(대정장 31. 821a)

와 다를 것이 하나도 없는 것이다」866)

라 하는 내용, 또 『不增不減經』의

「사리불아! 衆生界를 벗어나 法身이 있는 것이 아니며, 또 법신을 벗어나 중생계가 있는 것이 아니다. 곧 衆生界가 法身이며 法身이 衆生界로서, 이 두 법은 이름은 달라도 뜻은 하나인 것이다」867)

「第一義諦야말로 衆生界이다. 곧 衆生界가 如來藏이며, 如來藏이 곧 法身인 것이다」868)

라 한 내용, 그리고 『如來藏經』의

「일체중생의 여래장은 常住하며 不變한 것이지만, 단지 중생이 번뇌에 덮여있어 (이 사실을 알지 못함으로) 여래께서 출세하시어, 모든 진노(塵勞)를 하나도 남김없이 제거하여 본래의 청정한 一切智가 되도록 맑힐 것을 설하셨다. 선남자여! 만일 보살이 이것을 즐거이 믿고 마음을 다하여 닦는다면, 곧 바로 解脫을 얻어 無上正覺을 성취할 것이다」869)

라 한 경전의 내용들이 말해 주듯,
여래장사상은 우리들 중생이 본래 法身과 똑 같은 것이지만, 번뇌로 인

---

866)「我以佛眼觀一切衆生　貪瞋痴諸煩惱身中有如來智如來眼如來身　結跏趺坐儼然不動, 善男子, 一切衆生　雖在諸趣　煩惱身中有如來藏常無染汚, 德相備足如我無異」『如來藏經』(대정장 16. 457b~c)

867)「是故舍利弗。不離衆生界有法身。不離法身有衆生界。衆生界卽法身。法身卽衆生界。舍利弗。此二法者義一名異」『不增不減經』(대정장 16. 467b)

868)「第一義諦者卽是衆生界。衆生界者卽是如來藏。如來藏者卽是法身」『不增不減經』(대정장16. 467a)

869)「一切衆生如來之藏常住不變　但彼衆生煩惱覆故如來出世應當說法　除滅塵勞淨一切智　善男子, 若有菩薩信樂此法專心修學便得解脫成正等覺」『如來藏經』(대정장 16. 457c)

해 현재는 고통을 받는 존재임을 부각시키면서, 이러한 사실을 믿고(信) 번뇌를 제거(行)할 것을 강조하고 있다.

곧 번뇌를 제거하지 않는 한 영원히 輪廻苦에서 벗어날 수 없다는 경종(警鐘)과 또 한편으로는 如來藏을 소유하고 있는 한 언젠가는 菩提를 얻을 수 있다는 복음(福音)의 메시지를 동시에 설하면서, 그러니 '나는 如來藏이다'라는 믿음(信)을 가지고, 또 마치 연꽃이 번뇌(진흙탕)와 섞여 있더라도 절대로 섞이지 않는 것처럼(處染常淨=如來藏의 제1 功德으로서 空如來藏이라 함), 또 마치 오래된 거울(鏡)이라도 닦아내기만 하면 언제든지 유효하여 사용할 수 있는 것처럼(여래장의 제2 功德인 不空如來藏), 언젠가는 반드시 菩提를 얻을 수 있다는 흔들림 없는 확실한 믿음과 나아가 그 여래장이 제구실을 할 수 있도록 번뇌제거를 위해 열심히 정진해야 한다는 信과 行이 강조되고 있다.

곧 나는 본래 法身이었을까? 정말 번뇌만 제거한다면 본래의 法身으로 되돌아 갈 수 있을까? 절말이지 이런 것들을 믿어도 될까? 등 그 어떤 조그만 의심도 갖지말고 오히려 확신과 희망을 갖는 청신(淸信)과,[870] 이러한 믿음과 희망이 현실화 될 수 있도록 하루라도 빨리 여래장을 감싸고 있는 煩惱를 除去해야 된다는 번뇌 제거가 강조되고 있는 사상이 여래장사상인 것이다.[871]

---

[870] 「世尊。空如來藏。若離若脫若異。一切煩惱藏。世尊。不空如來藏。過於恒沙不離不脫不異不思議佛法。世尊。此二空智。諸大聲聞。能信如來。一切阿羅漢辟支佛。空智於四不顚倒境界轉。是故一切阿羅漢辟支佛。本所不見。本所不得。一切苦滅。唯佛得證。壞一切煩惱藏。修一切滅苦道」『勝鬘經』<空義. 隱覆眞實章> (대정장 12. 221c)

[871] 「大乘信爲種子 般若以爲母 禪定以爲胎 大悲以爲乳 如是爲諸佛實子」『寶性論』(대정장 31. 829b),「或有衆生信佛語故 起常想樂想我想淨想 非顚倒見 是名正見, 何以故 如來法身是常波羅蜜 樂波羅蜜 我波羅蜜 淨波羅蜜, 於佛法身作是見者是名正見 正見者佛眞子, 從佛口生 從正法生 從法化生」『勝鬘經』(대정장 12. 222a)

2-3 여래장에 대한 믿음(信)과 번뇌 제거(行)

『寶性論』과 『勝鬘經』의 말씀을 음미하면서, 여래장계경전이 주는 메시지가 무엇인지 살펴보자!

「大乘信爲種子 般若以爲母 禪定以爲胎 大悲以爲乳 如是爲諸佛實子」

『보성론(寶性論)』(대정장 31. 829b)

(大乘이란 믿음(信)을 종자(種子)로, 반야(般若)를 어머니로, 선정(禪定)을 태(胎)로, 대비(大悲)를 젖으로 삼는 것으로, 이렇게 알고 행하는 자라야 진정한 부처님 자녀라 하는 것이다)

「或有衆生信佛語故 起常想樂想我想淨想 非顚倒見 是名正見, 何以故 如來法身是常波羅蜜 樂波羅蜜 我波羅蜜 淨波羅蜜, 於佛法身作是見者是名正見 正見者佛眞子, 從佛口生 從正法生 從法化生」

『승만경(勝鬘經)』(대정장 12. 222a)

(어느 중생이라도 부처님의 말씀을 믿고, 나는 법신이 지닌 4가지 덕인 상락아정<常樂我淨>을 지니고 있다고 알고, 평소에 그것을 잊지 않고 믿고 떠 올리며 생각하는 것은 잘못된 전도견<顚倒見>이 아닌 올바른 정견<正見>이다. 왜냐하면 如來法身은 常樂我淨의 4-바라밀이기 때문이다. 따라서 법신불을 이렇게 생각하는 것은 올바른 정견<正見>으로, 이러한 정견자<正見者>를 일러 부처님의 적자<嫡子=眞子>라 하는 것으로, 그러한 자야말로 부처님의 말씀을 믿는 자로 부처님의 입에서 태어난 자이며, 정법<正法>인 대승<大乘>으로부터 태어난 자이며, 여래장<如來藏>을 믿는 화신인 것이다)

「是故隨如來信是卽衆生義」　　　『보성론(寶性論)』(대정장 31. 821a)

(이와같이 여래의 말씀을 믿고 따르는 것이, 우리들 중생의 의무이다)

4節 밀교경전이 설하는 번뇌와 성불

第1 번뇌에 대한 밀교계 경전의 기본입장(Keyword)

① 「自身卽是法身」이라고 하는 自心佛思想을 주창함)

② 無明이란 <자신이 곧 법신>임을 알지못하는 것으로, 이 無明 때문에 성불하지 못하는 것이라 하며, 이러한 무지가 바로 중생의 병이라고 본다.

③ 三劫을 시간개념이 아닌 三妄執(번뇌장 · 소지장 · 근본무명)으로 보고 있다.

이러한 기본입장을 염두에 두면서, 경전의 말씀을 살펴보자!

「衆生의 自心實相이 菩提라는 사실은, 이를 깨달았든 깨닫지 못했든 절대로 변함없는 엄연한 眞理로서, 그것은 언제나 淸淨한 것이다. 이러한 사실을 如實히 알지 못하는 것을 일러 無明이라 한다. 그리고 이 無明에 덮여 相을 취하는 까닭에 愛 등의 여러 가지 煩惱가 일어나게 되고, 이 煩惱로 인해서 種種의 業과 種種의 行路가 갈라지며 그에 따라 種種의 身과 種種의 苦와 종종의 樂을 받게 되는 것이다」[872]

「以心迷亂故。而生如是種種妄見」[873]

(마음이 미혹하고 어지럽기에 이와 같은 여러 가지 망견(妄見)들이 일어나는 것이다)

---

872)「雖衆生自心實相。卽是菩提。有佛無佛常自嚴淨。然不如實自知。故卽是無明。無明所顚倒取相故。生愛等諸煩惱。因煩惱故。起種種業入種種道。獲種種身受種種苦樂」『大日經疏』(大正藏 39. 588a)
873)『大日經』(대정장 18. 4a)

「욕(欲)·촉(觸)·애(愛)·만(慢)등에 대하여, 끄달림 없이 自在하고 그것이 本來淸淨한 것을 아는 것이 菩薩이며, 色·聲·香 등의 六境에 대해 끄달림 없이 自在하고 그것이 본래 淸淨한 것임을 아는 것이 菩薩位로서, 그 까닭은 일체법이 본래 自性淸淨하기 때문이다」[874]

第2 밀교의 3-妄執(煩惱) 無明論

밀교는 현교에서 주장한 삼겁성불론(三劫成佛論)에 반기를 들면서, 三劫이란 시간개념이 아니라 3가지 번뇌인 三-妄執(Tri-kalpa)을 가리키는 것이라며, 지금이라도 三妄執(번뇌장·소지장·근본무명)만 제거하면 부모소생인 이 몸으로 당장 성불할 수 있다는 소위 卽身成佛論을 주창하였다.

곧 모든 煩惱나 六道輪回라고하는 衆生行路는 이러한 사실을 여실히 알지 못하는 데서 비롯된 것이라고 역설하고 있다. 이하 밀교경전들이 설하는 내용들을 살펴보자.

『大日經疏』·『大日經』·『金剛頂經』·『理趣經』등에는

「梵語인 劫<kalpa>에는 두 가지 뜻이 있으니, 하나는 時分의 뜻이며 또하나는 망집(妄執)의 뜻이다. 현교(顯敎: 밀교 이전의 불교)에서는 時分의 뜻을 좇아 三劫을 지나야 正覺을 이룬다고 하지만, 密敎(秘密釋)에서는 妄執의 뜻을 좇아 三妄執으로 해석한다. 곧 중생 온갖 번뇌인 百六十

---

874)「欲箭淸淨句是菩薩位。觸淸淨句是菩薩位。愛縛淸淨句是菩薩位。一切自在主淸淨句是菩薩位。見淸淨句是菩薩位。適悅淸淨句是菩薩位。愛淸淨句是菩薩位。慢淸淨句是菩薩位。莊嚴淸淨句是菩薩位。意滋澤淸淨句是菩薩位。光明淸淨句是菩薩位。身樂淸淨句是菩薩位。色淸淨句是菩薩位。聲淸淨句是菩薩位。香淸淨句是菩薩位。味淸淨句是菩薩位。何以故。一切法自性淸淨故」『理趣經』(대정장 8. 784b),

의 제1重의 추망집(麤妄執=煩惱障)을 끊는 것을 一劫이라 하며,875) 百六十의 제2重의 세망집(細妄執=所知障)을 끊는 것을 二劫이라 하며, 百六十등 제3重의 극세망집(極細妄執=根本無明)을 넘어 佛慧의 初心에 이르는 것을 일러 三劫이라 하는 것이다」876)

「一生에 3-망집(三妄執)을 제거하면 일생에 성불하는 것이니, 어찌 時分을 논하겠는가? 곧 깨달음(悟境)의 심천(深淺)은 수행년월의 장단(長短)에 있는 것이 아니라, 수행의 질적 심천(深淺)에 있는 것이다. 그러므로 밀교에서의 유가(瑜伽)란 정보리심(淨菩提心 = 如實知自心)을 말하는 것으로, 시간개념으로서의 삼겁(三劫)을 초월하는 것을 일컫는 것이다」877) 라 하며, 劫(Kalpa)해석에 대하여 그간의 현교적 해석을 신랄하게 비판하면서, 획기적이고도 기발한 밀교적 견해를 피력하고 있다.

---

875) 여기서 百六十이란 숫자는 소위 『大日經』(住心品)의 <心續生句>「善哉佛眞子 廣大心利益 勝上大乘句 心續生之相 諸佛大祕密 外道不能識 我今悉開示 一心應諦聽 越百六十心 生廣大功德 其性常堅固 知彼菩提生 無量如虛空 不染汚常住 諸法不能動 本來寂無相 無量智成就 正等覺顯現 供養行修行 從是初發心」(대정장 18. 2a), 곧 '160心을 초월해야만 그 性이 항상 견고하며 광대한 功德을 지닌 것이 生起하게되는데, 이것을 알면 곧 菩提가 생기하는 것이다'에 나오는 숫자로서, 一切의 煩惱를 가리킨다. 곧 善無畏三藏은 『大日經疏』에서 一切煩惱는 5根本煩惱(貪瞋痴慢疑)로부터 생기하는 것이라 보고, 이 5근본번뇌 각각에 대해 집착하는 것도 번뇌이며, 또 집착하지 않으려는 것도 번뇌라 단정하고, 따라서 이러한 執着과 無執着이라는 2가지 경우가 5근본번뇌에 대해 동시에 일어나는 것이 一切煩惱라고 정의하였다. 따라서 이를 적용하면 一切煩惱는 (5근본번뇌 × 2⁵=160) 160心이 되는 것이라 분석하고 있다. 그리고 경은 뒤이어 이 160心을 60心으로 축소시켜 설명하면서, 결론적으로 一切法無自性空이라는 입장에 서서 그 어떤 것에도 執着하지 말 것을 강조하고 있다.
876) 『大日經疏』(대정장 39. 600c)
877)「梵云劫跛有二義, 一者時分 二者妄執, 若依常途解釋 度三阿僧祇劫得成正覺, 若秘密釋 超一劫瑜伽行 卽度百六十心等一重麤妄執名一阿僧祇劫, 超二劫瑜伽行 又度一百六十心等一重細妄執名二阿僧祇劫, 眞言門行者 復越一劫 更度百六十心等一重極細妄執得至佛慧初心, 故云三阿僧祇劫成佛也. 卽一生成佛 何論時分耶」『大日經疏』(대정장 권39 p.600c)

현학적이고 학문을 중시하는 불교, 소위 일반 대중들과는 거리가 먼 출가인들, 그것도 극히 소수의 지성인들만이 이해할 수 있고 실천할 수 있는 불교가 부파불교였다. 소외당한 일반 민중들이 갈 곳을 모르고 의지할 데 없이 헤매고 다니던 그때, 민중들을 위한 쉬운 불교 그들의 의지처가 되고 함께하는 불교가 나타났으니, 그것이 바로 대승불교였다.

그들은 "일체중생실유불성(一切衆生悉有佛性)"이라는 케치프레이즈를 내걸고, 민중 그 누구라도 모두 성불할 수 있다고 주장하였다. 소위 6-바라밀의 실천을 강조하며 성불을 주창한 불교가 바로 그들이었다.

허나 그들에게는 큰 약점이 하나 있었다. 성불은 할 수 있지만 삼겁(三劫)이라는 험하고도 긴 시간이 걸린다는 것이었다. 그들의 주장대로라면 겁(劫)이란 생각으로도 또 말로도 표현할 수 없는 아주 길고도 긴 시간이었기 때문이다. 그것도 일겁(一劫)이 아니라 상상도 할 수 없는 삼겁(三劫)이라니...밀교인들은 반박하기 시작했다.

수행이란 시간이 중요한 것이 아니라, 어떻게 수행하느냐, 곧 수행의 질이 성불을 좌우하는 관건이라고~, 곧 성불을 방해하는 요소들, 곧 중생들이 오래전부터 지니고있는 근본무명(根本無明)을 비롯해서, 살아오며 잘못 말하고 잘못 생각하고 잘못 행동해 쌓아 온 업과 그것의 결과물인 번뇌들, 곧 煩惱障(kleśa-āvaraṇa)과 所知障(jñaya-āvaraṇa)들을 제거할 수 있다면, 아니 그것도 지금 당장 제거한다면, 지금이라도 성불할 수 있다고 본 것이다.

그리고 그렇게 생각하던 와중에, 그들은 우연히 겁(劫: Kalpa)이란 단어의 뜻에, 1) 시간개념 2) 망집(妄執)이라는 2가지 의미가 있는 것을 알게되었다.

위의 인용한 『대일경소』의 말씀들은 바로 이러한 과정을 거쳐 주창된 획기적이고도 코페르크니스적인 발상에서 비롯된 신개념으로, 밀교는 바로 이런 신 개념에서 착안하여 금생에 성불할 수 있다는 소위 즉신성불(卽身成佛)사상을 주창한 것이다.

그리고 여기에서 한걸음 더 나아가 금생에 3가지 망집을 제거할 수 있는 참신하면서도 누구나 쉽게 실천할 수 있는 수행법들을 개발하였다.

본 강의록 <2편 법보론, 4장 밀교의 법, 4절 밀교의 사상, 제1 <삼밀유가행과 加持>에서 이미 고찰한바 있는

阿字觀·蓮華觀·五字嚴身觀·五相成身觀·16大菩薩修行觀 등은 바로 이런 과정을 통해 탄생된 밀교의 卽身成佛을 향한 수행법들이다.

「三界속에는 分別할 것이 하나도 없는 것으로, 탐욕을 보고 떠나는 것 또한 罪가 되는 것이다. 까닭은 염(染)속에 정(淨)이 깃들어 있는 것이므로, 그러니 그 어떤 것에도 집착해서는 아니되는 것으로, 이와같이 染과 淨이 하나임을 아는 자야말로 해탈(無餘事)한 자이다」[878]

라 하여, 우리들 自心實相이나 一切法은 그 본성이 淸淨한 것으로, 그 어떤 상황에서도 그 본성을 지키는 것이다. 다시말해 세상의 그 어떤 것이라도, 예를 들면 바깥경계인 六境이나 欲·觸·愛·慢 등 그 어떤 煩惱라 할지라도, 그 本性은 淸淨한 것이므로, 그것을 집착하거나 반대로 그것을 피해서도 안된다. 왜냐하면 그것 또한 집착이며 끄달림으로, 그것이 바로 無明이고 業이되고 결과로 苦의 行路가 시작되기 때문이다. 곧 染과 淨이 하나(染淨一元)임을 모르는 것, 그것이 無明이라 설파하고 있다.

---

878)「復次教授一切曼拏羅祕密三昧印智 應知三界中無別 見貪可離斯爲罪是故染
淨性眞常 此中知者無餘事」『金剛頂眞實攝經』(대정장 18. 369a)

第3 卽身成佛論

밀교의 기본입장 가운데 중요한 것이 卽事而眞이라는 입장이었다. 이것은 밀교가 현재라는 시간과 몸(身)과 입(口)이라는 표업(表業)을 중요시 생각한다는 의미이다.

곧 무표업(無表業)인 마음보다 표업인 몸과 입을 더 중요시 생각한다는 말이다. 다시 말해 내 마음은 佛, 바로 그것이라 다짐한 후 그 마음을 佛로서 그대로 간직하려 해도 입과 몸이 들어주지 않으면 아무 소용이 없다는 뜻이다.

밀교는 자기를 그대로 드러내는 표업을 중요시한다. 즉신성불(卽身成佛)이란 말씀은 "聲字實相", "平常心是道"란 말씀과 일맥상통하는 것으로, 지금 이 순간부터 나는 佛이라는 확신을 가지고, 입과 몸가짐을 佛처럼 행동하자는 엄숙한 의미가 담긴 말씀인 것이다. 곧 事인 입과 행동거지가 지금 이 순간부터 佛처럼 되지 않으면 안 된다는 깊은 뜻이 담겨 있다. 경전의 말씀을 직접 들어보자!

「만일 중생 밀교의 가르침을 따라 晝夜四時에 정진수행하면 現世에 歡喜地를 증득하고 後의 十六大生에 正覺을 성취한다」[879]

「이 三昧를 닦는 사람은 現在에 佛菩提를 증득한다」[880]

「이 몸을 버리지 않고 신경통(神境通)을 획득하여 大空位를 유보(遊步)하니 身秘密을 이루는 것이다」[881]

---

[879] 「若有衆生遇此教 晝夜四時精進修 現世證得歡喜地 後十六大生成正覺」『金剛頂經瑜伽修習毘盧遮那三摩地法』(대정장 18. 331b)

[880] 「一字頂輪王 殊勝秘密法 瑜伽念誦儀 修此三昧者 現證佛菩提」『金剛頂一字頂輪王瑜伽一切時 處念誦成佛儀軌』(대정장 19. 320c)

「今生에 실지(悉地)에 證入하려는 자는 지시에 따라 思念해요! 本尊所에서 明法을 받아 관찰하여 相應하면 곧 성취한다」[882]

第4 삼마지 유가행 (自心實相 成就法)

『大日經』을 비롯하여 양부밀교의 요점을 정리하여 밀교의 교학과 실천 행법으로 회통친 秘書이자 논서로서, 밀교를 연구하는데 없어서는 아니 되는 『秘藏記』와 『菩提心論』[883)]에는

「중생으로부터 부처를 이르기 위해서는 그 어디에도 머무는 바 없이 오직 自身의 마음에 머물러야 된다. 그래서 入眞言門住心品이라 한 것이다. 眞言門으로 들어가는 방법에 세 가지 妙門이 있으니 첫째는 身密門, 둘째는 語密門, 셋째는 心密門이다. 수행자는 이 세 가지 方便에 의해 스스로 三業을 청정히 하는 것이다. 곧 如來의 三密에 加持되어 今生에 능히 十波羅蜜을 모두 만족하게 되는 것인데, 그 까닭은 이 방편법이 모든 수행법을 對治하기 때문이다」[884)]

「眞實이란 스스로 眞言을 지송하고 손에 印을 맺고 本尊을 觀하는 것을 말한다. 곧 이렇게 전념하는 까닭에 本尊을 볼 수 있는 것이다. 본존이란 진실의 이치를 말하는 것으로 단지 본존만을 보는 것을 말하는 것이

---

881)「不捨於此身 逮得神境通 遊步大空位 而成身秘密」『大日經』(대정장 18. 21a)

882)「欲於此生入悉地 隨其所應思念之 親於尊所受明法 觀察相應作成就」『大日經』(대정장 18. 45c)

883)「此論者龍樹大聖所造千部論中密敎肝心論也 是故顯密二敎差別淺心及成佛遲速勝劣皆書此中」『辨顯密二敎論』(대정장77. 378b)

884)「從因至果。皆以無所住而住其心。故曰入眞言門住心品也。入眞言門略有三事。一者身密門。二者語密門。三者心密門。是事下當廣說。行者以此三方便。自淨三業。卽爲如來三密之所加持。乃至能於此生。滿足地波羅蜜。不復經歷劫數。備修諸對治行」『菩提心論』(대정장 39. 579b~c)

아니라, 여실하게 나의 몸이 本尊과 同一하다는 것까지도 보는 것으로 그래서 진실이라 하는 것이다. 진실에 계합하는 세 가지 평등방편이 있으니, 몸은 곧 印이요, 말은 곧 眞言이요, 마음은 곧 本尊이라고 확신하는 것이다. 곧 이 셋은 나와 一切如來가 평등하여 하나도 다름이 없는 것이기에 그래서 진실이라 하는 것이다. 그러므로 수행자가 이것을 수행한다면 결정코 부처님의 會座에 들어갈 수 있는 것이다」885)

「自心의 本源을 찾아 실답게 三密修行하면 煩惱垢 淸淨하게 되어 心의 본성 나타나느니라」886)

「이런 까닭(所以)으로 菩提를 求하려는 자는 菩提心을 발한 후 菩提行을 닦아야 되는 것이다. (중략) 眞言法중에만 卽身成佛을 주장하는 연고로 三摩地法을 설하고. 다른 敎에서는 (三劫成佛을 주장하므로 三摩地法은) 빠뜨려 설하고 있지 않는 것이다」887)

「三摩地者인 진언행인은 무엇이 능히 無上菩提를 증득하게 하는 것인지 확실하게 요지해야 한다. 곧 (진언행인은) 마땅히 알아야 한다. 삼마지란 普賢大菩提心에 安住하는 것임을 …. (중략) 곧 一切衆生이 本來 金剛薩陀임에도 불구하고 탐진치 등의 삼독번뇌에 속박되어있어 그것을 알지 못하므로, 大悲者이신 諸佛께서 선교방편으로서 秘密瑜伽觀法을 설하시어

---

885)「自眞實謂自持眞言手印想於本尊。以專念故能見本尊。本尊者卽是眞實之理也。非但見本尊而已。又如實觀我之身卽同本尊。故名眞實也。此有三平等之方便。身卽印也。語卽眞言也。心卽本尊也。此三事觀其眞實究竟皆等我。此三平等與一切如來三平等無異。是故眞實也。行者修行時。佛海大會決定信得入」(대정장 39. 752b)
886)『秘藏記』(『弘全』권2, p.33)
887)「所以求菩提者 發菩提心 修菩提行。旣發如是心已 須知菩提心之行相。唯眞言法中 卽身成佛故 是故說三摩地於諸敎中 闕而不言」『菩提心論』(대정장 32. 572c)

수행자로 하여금 自心에 보름달을 觀하는 白月觀을 제시하신 것이다」[888]

「若見阿字(A) 當知菩提心義。若見阿字(Ā) 當知修如來行。若見暗字(Aṃ) 當知成三菩提。若見惡字(Aḥ) 當知證大涅槃。若見惡字(Āḥ) 當知是方便也」[889]

(阿字:A)를 보거든 이것이 菩提心이라 알고, Ā자를 보거든 이것이 如來行임을 알아야하며, Aṃ字를 보거든 이것이 成佛임을 알아야하며, Aḥ字를 보거든 이것이 大涅槃인줄 알아야 하고, Āḥ字를 보거든 이것이 方便인줄 알아야 한다)

「만일 三密瑜伽修行者인 上根上智의 사람, 곧 外道와 二乘法을 즐기지 않고, 큰 도량(대비심)과 智悲勇의 三德을 갖추고, 大念心으로 大乘에 대해 의혹이 없는 자는 마땅히 佛乘(진언행)을 닦으며, 다음과 같은 마음을 내야한다. '나 지금 무상정등정각만을 구하고 나머지 果는 求하지 않겠노라고」[890]

「이 三摩地는 능히 諸佛自性에 통달하고 諸佛法身을 증오(證悟)케 하는 것으로, 법계체성지(法界體性智)를 증득하여 자성신 수용신 변화신 등류신인 대비로차나불을 이루는 것이다. 수행자가 아직 이를 증득하지 못했다면 이치를 잘 알아 모름지기 닦아야 한다」[891]

---

888)「三摩地者眞言行人如是觀已 云何能證無上菩提 當知法爾應住普賢大菩提心 (중략) 一切衆生本有薩埵爲貪瞋癡煩惱之所縛故 諸佛大悲 以善巧智 說此甚深祕密瑜伽 令修行者 於內心中 觀白月輪」『菩提心論』(대정장 32. 573c)
889)「若見阿字 當知菩提心義 若見阿字(長) 當知修如來行 若見暗字 當知成三菩提 若見惡字 當知證大涅槃 若見惡字(長) 當知是方便也」『大日經疏』(대정장 권39. 723b)
890)「若有上根上智之人 不樂外道二乘法 有大度量 勇銳無惑者 宜修佛乘 當發如是心 我今志求阿耨多羅三藐三菩提不求餘果」『菩提心論』(대정장 32. 572b)
891)「卽此三摩地者 能達諸佛自性 悟諸佛法身 證法界體性智 成大毘盧遮那佛 自

라 하여, 부처인 自心의 實相을 알게 하는 최고의 方便法이자 모든 修行法을 대치(對治)하는 수행법으로서, 부처를 이루게 하는 妙門인 <入眞言門住心法>이야말로 三密瑜伽行임을 밝히면서, 三密瑜伽行으로 이루어진 실천행법인 三摩地瑜伽行을 제시하고 있다.

곧 瑜伽行을 殊勝한 법, 또 이러한 三摩地를 수행하는 자를 일러 진언행인이라 정의한 후, 그 이유를 이 유가행이야 말로 중생을 佛로 등극케 하는 법, 말 바꾸면 無上菩提를 증득케 하는 관법이기 때문이라 밝힌 후, 三摩地란 普賢大菩提心에 安住하는 것, 곧 「一切衆生은 본래 금강살타」892)라는 확신을 가지는 것이라 설명하면서, 普賢大菩提心에 안주하는 방법으로 白月輪과 阿字觀의 觀法을 제시하고 있다.

말하자면 청정(淸淨)과 청량(淸涼)과 광명(光明)의 뜻을 지닌 <白月(보름달)>과, 모든 언어의 첫소리로서 「本不生 中道」의 뜻을 지닌 <阿字>를 관하는 行人을 瑜伽行者, 곧 三摩地修行者라 칭한 후, 이러한 삼마지수행이야말로 無上菩提를 증득하는 유일한 관법으로서 <普賢大菩提心>에 安住케하는 수행법이며, 이러한 安住는 白月觀과 阿字觀을 통해 얻을 수 있다고 설하면서, 밀교의 삼마지법이 諸佛自性을 통달케 하고, 諸佛法身을 깨닫게 하는 수승한 수행법으로, 이를 통해 法性인 法界體性智가 증득되어893) 마침내 法身인 대비로차나불의 四種法身에 등극하는 것이라고 설하고 있다.894)

性身 受用身 變化身 等流身。爲行人 未證故 理宜修之『菩提心論』『菩提心論』(대정장 32. 574c)
892) 金剛薩埵를 말한다.
893) 理法身과 智法身의 德 모두를 터득했음을 말하고 있다. 곧 四智의 摠持인 一切智智를 가리키는 法界體性智의 體得을 말하고 있다.
894) 胎藏界와 金剛界 등 兩部曼茶羅의 모든 권속이 지닌 <四種法身의 德>을 成就했음을 의미한다. 四種法身이란 法身毘盧遮那佛의 根本智이자 法界에 遍滿

<煩惱와 成佛論>의 요점정리

 번뇌의 실상과 퇴치, 이의 결과로서의 성불론의 전개란 주제를 가지고,
1) 번뇌란 무엇이며, 또 어떻게 일어나는 것인지
2) 제거하는 방법은 무엇이며,
3) 번뇌가 제거된 결과로서의 해탈과 열반과 보리(菩提), 곧 성불이란 어떻게 이루어지는지 등의 문제에 대해, 초기·부파 → 대승(중관=中觀/유식=唯識/여래장=如來藏) → 밀교(密教)의 각 교단을 중심으로, 그들은 이러한 문제에 대해 어떻게 정의하였고, 또 어떤 해답을 내놓았는지 등, 그 전개과정을 살펴보았다.

(가) 번뇌에 대한 『俱舍論』의 기본입장
먼저 초기·부파불교를 이해하는 핵심논서인 『俱舍論』을 중심으로, <중생의 三要素>이자 <윤회의 三相>인 業과 煩惱와 苦의 상호관계를 살펴보고, 뒤이어 공통이념으로서 '一切法無自性空'을 부르짖던 大乘佛教를 유식(唯識) → 반야·중관(般若·中觀) → 여래장(如來藏) → 밀교 등의 순서로 나누어, 그들이 주창한 번뇌이론과 성불론, 그리고 밀교의 핵심

되어 있는 根本性品인 法界體性智(体)로부터 나타나는 4가지 相이며 用이다. 곧 이를 金剛界曼茶羅的으로 표현하면 東方의 阿閦佛로 나타날 때는 自性法身과 大圓鏡智가 되며, 南方의 寶生佛로 나타날 때는 受用法身과 平等性智가 되며, 西方의 阿彌陀佛로 나타날 때는 變化法身과 妙觀察智가 되며, 北方의 不空成就佛로 나타날 때는 等類法身과 成所作智가 되는 것이다. 한편 胎藏界曼茶羅的으로 표현하면 四重構造中의 第1重에 해당되는 中臺八葉院과 그것을 둘러싼 遍知院과 觀音院과 金剛手院과 持明院 등의 5院이 自性法身이 되며, 제 2重에 해당되는 釋迦院과 地藏院과 虛空藏院과 除蓋障院의 四院이 受用法身이 되며, 제 3重에 해당되는 文殊院과 蘇悉地院 등의 2院이 變化法身이 되며, 제 4重에 해당되는 最外院이 等類法身이 되는 것이다. 또 大日經的으로 표현하면 大日如來는 自性法身이 되며, 寶幢佛 開敷華王佛 無量壽佛 天鼓雷音佛 등의 四佛은 受用法身이 되며 釋迦牟尼佛은 變化法身이 되며 外金剛部에 속해 있는 모든 부류들은 等流法身이 되는 것이다.

이론인 즉신성불론(卽身成佛論)을 살펴보면서, 불교가 본 번뇌와 無明 그리고 열반과 보리(菩提)를 향한 수행론의 전개과정을 살펴본 것이다.

『俱舍論』<序文>을 보면,
「부처님의 가르침의 핵심은 모든 煩惱를 소멸케 하는 승방편(勝方便)을 중생에게 가르쳐, 생사윤회의 苦海로부터 벗어나게 하는 것이다. 중생이 輪回苦에서 표류하는 까닭은 煩惱 때문이다. 택법(擇法)이야말로 煩惱를 소멸시키는 최고의 방법이다」
라 하여, 1) 부처님이 이 사바에 몸을 나투신 목적은 윤전생사(輪轉生死) 하는 중생을 고통에서 건져내기 위함이며 2) 중생들이 이렇게 윤회하는 이유는 번뇌 때문이며 3) 이러한 번뇌를 멸하는 최고의 방법은 택법(擇法: dharma-pravicaya)이다 하면서,

논이 주장하려는 논지가 다름 아닌 擇法, 곧 法에 대한 정의 내지는 이것이 유위법(有爲法)인지 아니면 무위법(無爲法)인지를 구분하는데 있음을 강조하고 있다.

다시 말하면 「三世實有法體恒有」설을 주창하며, 三世에 실유(實有)하는 일체법으로 75법을 정해놓고, 이 75개의 dharma 가운데, 無爲法 3가지를 제외한 72가지는 모두가 煩惱를 동반한 有爲의 세계이니 그것에 집착하지 말고, 無爲의 세계이자 열반의 경지인 나머지 3法에만 信心을 내어 修行精進하라는 아주 친절하고도 간곡한 당부를 하고 있는 것이다. 한편 <有部>는 自派 전승의 『雜阿含經』과 『中阿含經』에서 도성제(道聖諦)인 八正道를 世間・有漏의 의미로서가 아닌 出世間・無漏의 의미로 해석하여,

「八正道야말로 성제(聖諦)로서 出世間이며, 無漏이며 取하지 않는 것이며, 苦가 다한 것이며 苦를 樂으로 전향(轉向)케 하는 것」이며,게 설해져 있는 것이다. 때문에 이 道聖諦야말로 聖人만의 영역이며, 성인만이 아는 바이며, 요지(了知)한 것이며, 얻은 것으로, 정등정각(正等正覺)의 경계」

라고 한 『中阿含經』의 내용처럼,

 四聖諦를 있는 그대로 관찰하는 것, 곧 <四聖諦現觀: abhisamaya>의 중요성을 강조하면서, 자파(自派) 전승의 논서에 상기 『阿含經』의 구절을 인용하고 있는데서 비롯되었다. 곧 이러한 인식의 전환과 발상은 <有部人>들로 하여금 四聖諦를 觀法의 수단으로, 말하자면 <四聖諦現觀>이라는 修行法으로 개발케 하는 원동력이 되게 한 것으로, 그들은 『俱舍論』 제 6품인 <賢聖品> 의 序頭에서

「煩惱의 斷은 眞理를 보는 것(見諦)과 닦는 것(修諦)에 의해서 이루어진다」

라 하면서, 見道와 修道를 거쳐 無學道에 이르는 일련의 수행과정을 다음과 같이 <四聖諦現觀>울 중심으로 체계화시키고 있다.

有部人들은 煩惱를 퇴치하고 아라한과(阿羅漢果)를 증득하기 위한 수행도로, 계정혜(戒定慧) 三學을 중심으로 <凡夫位>: 순해탈분(順解脫分) → 순결택분(順決擇分) → <聖者位>: 見道 → 修道 → 無學道(阿羅漢果)로 체계화하였다.

곧 그들은 『아함경』의 7수면설(七隨眠說: 욕탐(欲貪)·진(瞋)·견(見)·의(疑)·만(慢)·유탐(有貪)·무명(無明)을 기초로 하여[895], 욕계(欲界)의 탐

(貪)인 욕탐(欲貪)과 色界와 無色界의 貪인 유탐(有貪)을 하나의 法 (dharma)으로 보고,[896] 이를 합하여 이를 6수면으로 줄인 후, 이 6수면을 다시 三界와 연관시켜 소위 <98-隨眠說>을 주창하였다. 곧

「수면은 모든 존재(諸有)의 근본으로, 6개의 차별이 있으니, 소위 탐(貪:rāga)ㆍ진(瞋:pratigha)ㆍ만(慢:māna)ㆍ무명(無明:avidyā)ㆍ견(見:dṛṣṭi)ㆍ의(疑:vicikitsā)이다」

이중 견수면(見隨眠)을 다시 유신견(有身見)ㆍ변집견(邊執見)ㆍ계금취견(戒禁取見)ㆍ사견(邪見)ㆍ견취(見取) 등 다섯으로 세분하여, 총 10수면(隨眠)으로 한 후, 이를 다시 三界(欲界ㆍ色界ㆍ無色界)와 오부(五部)로 세분하여, 소위 <98-수면(98-隨眠)이론>이라는 <有部>만의 번뇌이론을 주창하였다. 곧 <현성품(賢聖品)> 서두에서

「煩惱의 단(斷)은 진리를 보는 것(견제=見諦)과 닦는 것(수제=修諦)에 의해서 이루어진다」

라 한 것처럼, 四聖諦란 진리를 여실히 보고(見諦), 닦는다(修諦)란 것에 수행의 중심을 둔 후, 모든 번뇌를 견소단(見所斷)-번뇌와 수소단(修所斷)-번뇌의 2가지로 나누고, 이중 <見所斷煩惱>는 진리인 四聖諦에 대해 여실히 알지 못하는 데에서 기인한 무지(無知)이므로, 四聖諦에 대해 여실히 알(知見)게 되는 순간 제거되는 번뇌라 하여 <見>이란 말을 붙이

---

895) 『雜阿含經』(대정장 2. 127a), 『長阿含經』(대정장 1. 54b, 58b),
896) 欲貪은 欲界의 貪으로 衣食住등 소위 外境에 대해 일어나는 外面的 貪心을 말하고, 有貪은 四禪定과 四無色定 등 禪定에 들어간 상태에서 일어나는 內面的 貪心을 말한다. 말하자면 有貪이란 色ㆍ無色界의 三昧에서 느껴지는 喜悅을 眞解脫이라고 생각하고, 이곳이 곧 解脫世界라고 錯覺하고 탐하는 마음을 말한다.

고, <修所斷煩惱>는 오랜 習에 의해 알게 모르게 마음에 상속된 번뇌이므로, 이것을 보는 것만으로는 않되고 오랜 시간을 걸쳐 四聖諦를 닦고 또 닦아야 남김없이 제거되고 멸진(滅盡)시킬수 있는 번뇌라는 의미에서 <修>라는 말을 붙였다.

곧, 앞에서 상세히 고찰한 바와 같이, <有部人>들은 <초전법륜>의 내용인 四聖諦 각각의 진리(諦)를 각각 4行相으로 세분하여, 총 16의 行相을 관찰하는 소위 <四聖諦 現觀: abhisamaya>이라고 하는 수행법을 개발한 후, 그것에 엄청난 공능을 부여하여 그들의 修行法으로 승화시켰던 것이다.

곧 이 <四諦十六行相>의 여실지견이야말로 견소단(見所斷) 88번뇌를 끊어 도류지(道類智)를 얻게 할 뿐만 아니라, 곧 바로 수행위(修道位)에 들어가 근본번뇌인 10개의 번뇌도 끊어내는 힘을 가지고 있다고 본 것이다.

(나) 번뇌에 대한 <유가행유식학파> 經典의 기본입장
모든 면에서 <有部>와 맥을 같이 하던 <瑜伽行派>, 곧 일체법의 분류법인 <五位>라든지, 또 佛道의 완성을 위한 수행과정으로서의 <5-수행계위> 등에서 보는 바와 같이, <유가행파>는 중생의 근원인 번뇌의 멸진(滅盡)과정에 있어서 까지도 <有部>와 그 맥을 함께 하고 있었다.

다만 차이가 있다면 <貪・瞋・痴・疑・慢・見>의 6-근본번뇌중, <貪・瞋・痴・疑・慢>의 5-번뇌는 그 맥을 함께 하지만, 다만 <見번뇌=五邪見>에서만 見解差 (<번뇌의 정의>와 <번뇌의 속성분류>에서)를 보일 뿐이다.

<有部>와 <유가행유식학파>의 차이점을 修行過程을 중심으로 비교해보
면, 다음과 같다.

<有部人>들은 煩惱를 퇴치하고 아라한과(阿羅漢果)를 증득하기 위한 修行道로,
계정혜(戒定慧) 三學을 중심으로, <凡夫位> 순해탈분(順解脫分) → 순
결택분(順決擇分) → <聖者位> 見道 → 修道 → 無學道(阿羅漢果)의 과
정을 체계화하였다.

곧 <見道>에 들어가기 앞서 유루(有漏)의 선근(善根)을 닦기 위한 과정으로,

① 心身의 준비적 단계, ② <順解脫分>의 <삼현위(三賢位)>, ③ <順決擇
分>의 <사선근위(四善根位)>를 두고,
見道 이후의 수행과정으로는 ④ <見道位> → ⑤ <修道位> → ⑥ <無學
道位>로 설정하고 있는데, 여기서 핵심이 되는 수행법은 앞서도 거론한
바 있듯이 <사성제현관(四聖諦現觀)>이었다.

한편 唯識學派들은 자량위(資糧位)→가행위(加行位)→통달위(通達位)→
수습위(修習位)→구경위(究竟位)의 순서로 수행과정을 체계화하고 있는
데, 여기서도 기본이 되는 것은 有部와 마찬가지로 戒定慧 삼학(三學)을
중심으로하는 수행법이다.

곧 戒와 定을 강조하고 있는 부정관(不淨觀)·자비관(慈悲觀)·연성연기
(緣性緣起觀)·계차별관(界差別觀)·수식관(數息觀)등 오정심관(五停心觀)
을 통하여, 각각 탐(貪)·진(瞋)·치(痴)·만(慢)·심사(尋伺)·산란심(散
亂)등을 대치(對治=치유)하는 한편,[897] 가행위(加行位) 이후에는 慧의 증
득을 위하여 四聖諦를 十六行相으로 증폭시켜 관하는 소위 <사제현관
(四諦現觀)>을 수행의 중심에 두었다.

──────────

(다) 번뇌에 대한 般若系 經典의 기본입장

一切의 고통(苦厄)이나 번뇌는 一切(五蘊) 모두가 空(皆空)한 것인데, 그것을 알지 못하고 實有라 집착하고 연연하는데서 비롯된다고 밝히고, 따라서 이러한 無自性空, 곧 五蘊皆空이란 法性의 實相을 여실히 알아, 일체의 고정관념과 집착. 그리고 不如實知見(진실하지 못한 아름아리)에서 벗어날 것을 주창하고 있다.

(라) 번뇌에 대한 여래장계 경전의 기본입장

㉮ 부처(性)의 입장에서 세상(相)을 바라봄, 곧 法性宗의 입장이다

㉯ 心性本淨(自性淸淨)의 입장으로, 衆生은 如來藏의 소유자이므로, 누구든지 성불할 수 있다고 주창함

㉰ 번뇌를 客塵煩惱 (āgantuka-kleśa)로 보고, 小乘有部나 大乘의 法相唯識의 입장처럼, 번뇌의 종류나 발생원인, 그리고 번뇌의 제거에 대해서는 큰 관심을 가지지 않고있음

㉱ 輪廻와 不成佛의 제1의 원인을 如來藏에 대한 無知無明 (非如實作意)이라보고, 여래장에 대한 믿음(信)과 여래장이 활성화 될 수 있도록, 여래장을 감싸고 있는 번뇌의 제거(行)에 힘쓰라 하고 있다.

(마) 번뇌에 대한 밀교계 경전의 기본입장 (Keyword)

㉮ 「自身卽是法身」이라고 하는 自心佛思想을 주창함

㉯ 無明이란 <자신이 곧 法身佛>임을 알지못하는 것으로, 이 無明 때문에 성불하지 못하는 것이라 하며, 이러한 無知가 바로 중생의 病이라고 주창함.

㉰ 三劫을 시간개념이 아닌 三妄執(번뇌장·소지장·근본무명)으로 보고 있다.

곧 현교에서 주장한 삼겁성불론(三劫成佛論)에 반기를 들면서, 三劫(Tri-kalpa)이란 시간개념이 아니라 3가지 번뇌인 三-妄執을 가리키는 것이라며, 지금이라도 三妄執(번뇌장·소지장·근본무명)만 제거하면 부모소생인 이 몸으로 당장 성불할 수 있다는 소위 卽身成佛論을 주창하였다.

곧 모든 煩惱나 六道輪回라고하는 衆生行路는 이러한 사실을 여실히 알지 못하는 데서 비롯된 것이라고 역설하고 있다.

참고 (서적 / 논문) 煩惱論과 修行論 관계

加藤精神「有部宗における業と五蘊 との關係を論じる」
　　　　『大正大學報』9輯. 1931

香川孝雄「勝鬘經における煩惱說の成立」
　　　　『惠谷先生古稀記念.淨土敎思想と文化』佛敎大學, 1972
　　　　「心と煩惱」『三藏集』第2輯

佐佐木現順『阿毗達磨思想研究』
　　　　　「原始佛敎における煩惱論 - 煩惱の本質」『煩惱の研究』
　　　　　佐佐木現順編. 1975

水野弘元「心性本淨の意味」『印佛研』22-2

高崎直道「勝鬘經と唯識思想」『聖德太子論集』平樂寺書店. 1971
　　　　「客塵煩惱-如來藏思想と煩惱論」『煩惱の研究』
　　　　佐佐木現順編. 清水弘文堂.1975

吉元信行「梵文阿毗達磨集論における煩惱の諸定義」『煩惱の研究』
　　　　佐佐木現順編. 1975

中山延二「大乘起信論における無明緣起の忽然念起について」
　　　　『佛敎における時の研究』

安井廣濟「大乘佛敎における煩惱論- 煩惱卽菩提」『煩惱の研究』
　　　　佐佐木現順編. 1975

鍵主良敬「無明と眞如との對論-華嚴學における煩惱理解の一側面」
　　　　『煩惱の研究』

伊藤義敬「古代イラン民族における罪と滅び」『煩惱の研究』
　　　　佐佐木現順編. 1975

佐保田鶴治「パタンヅャリの煩惱思想をめぐって」『煩惱の研究』

佐佐木現順編. 1975

玉城康四郎「原始經典における 業異熟の糾明」『業思想研究』

　　　　　平樂寺書店. 1979

前田惠學「無明，この心を覆うもの」『佛教心の問題』山喜房. 1980

雲井昭善「無明について」『大谷學報』55-1.

　　　　「インド思想業種種相」雲井昭善編『業思想研究』

加藤純章「隨眠 anusaya」『佛教學』28. 1980

櫻部 建・小谷信千代 共譯『俱舍論の原典解明』<賢聖品>

櫻部 建「九十八煩惱說成立ついて」『大谷學報』35-3 . 1955

深浦正文『俱舍學概論』

西村實則『Abhidharma 教學』- 俱舍論の煩惱論 - 法藏館. 2002

佐伯旭雜 遍『冠導阿毘達磨俱舍論』

福原亮嚴「煩惱論展望」- 性相學中心『佛敎學研究』16.17 合輯 . 1959

田中敎照「有部の無明論について」『印佛研』25-2. 1976

酒井紫朗「世間六十心」『密敎文化』85

小川一乘「所知障に關するnote」『三藏輯』제4輯

中村了雄「原始佛敎煩惱論」『印佛研』18-1

春日禮智「煩惱卽菩提について」『印佛研』19-1

안성두 「唯識學의 煩惱說」『불교와 상담』

　　　　-괴로움의 뿌리, 무엇이며 어떻게 일어나는가? 밝은 사람들 刊

3章 보리심(菩提心) 사상, 그 전개

불도수행이란 일상생활속에서 佛法의 信解行을 통해 成佛을 이루는 것을 말한다. 따라서 부처님의 아들딸이라는 의미를 지님과 동시에 成佛을 최종목적지로 삼는 佛子들은 일상생할속에서 불도수행자로서의 삶인 信解行의 삶을 끊임없이 영위해 나가야하는 것이다.

이런 의미에서 自己에게 如來가 될 수 있는 소질인 佛性이나 如來藏이 있다고 確信하면서, 일상생할속에서 끊임없이 佛道修行을 하는 자는 누구든지 <發菩提心者>가 되는 것이다.

따라서 석존불 이후에 전개된 모든 불교역사는 菩提心에 대한 역사라고 해도 과언이 아닐 만큼, 菩提心이야말로 佛道修行의 근본이며 佛道成就의 근간이 되는 것이다.

본 장은 菩提心의 중요성을 인식하여, 이러한 菩提心이 언제부터 佛教教理속에 受用되었으며, 또 수용이후에는 어떤 과정을 거치며 변화 발전되어 왔는지, 말하자면 原始佛教 이래 密教에 이르기까지의 변천과정을 간략히 살펴보고, 뒤이어 특히 釋尊佛을 理想으로 삼고 스스로를 菩薩이라 자칭하면서 釋尊의 삶과 그가 성취한 無上正等正覺을 삶속에서 성취하려 했던 大乘佛教徒 내지 密教行者들의 근본이념과 菩提心과의 관계를 살펴볼 것이다.

이유는 大乘佛教 내지 密教는 지금까지의 소극적이고 印度的인 지엽적(枝葉的) 사유의 불교와는 다른 적극적이며 위대한 가치를 창조케 한 불교(마치 기독교가 使徒바울이라는 한 지도자의 출현으로 인해 이스라엘이라는 하나의 조그만 국가로부터 전 세계의 종교 인류의 종교로 새롭게 거듭날 수 있었던 것처럼)로서, 전 세계인이 추구하고 갈구하는 새로운 불교로 거듭나게 하였던 장본인이기 때문이며, 이들로 하여금 이러한 새로운 가치를 창조케 한 원동력이 다름 아닌 <菩提心>이라고 보기 때문이다.

1節 原始經典에 있어서의 菩提心

第1 『잡아함경(雜阿含經)』과 보리심

원시경전에는 <菩提心>이란 말은 등장하지 않고, <菩薩心>이니 <菩薩意>란 단어만 보일 뿐이다. 여기서 <菩薩心>과 <菩薩意>란이 말이 지니는 의미, 말하자면 '菩薩이 지녀야 할 마음이나 생각'이란 뜻인 이 단어를 梵語 原語로 환역(還譯)하면,

<boddhisattvacitta>가 되겠으나, 이러한 原語는 原始·部派는 물론 大乘의 어느 經論에도 보이지 않는다.

따라서 菩薩心이나 菩薩意라고 한 원시경전에서의 표현은 아마도 <boddhicitta(菩提心)>란 단어가 등장하기 전의 일로서, <菩提心>이란 의미를 표현하고 싶어 '보살이 지녀야 할 마음가짐(boddhisattvacitta)' 이란 정도의 의미로 <菩薩心>이니 <菩薩意>니 하는 단어를 사용했을 것으로 분석된다.

『雜阿含經』(659) 에는

「五根이란 信根·精進根·念根·定根·慧根을 말한다. 무엇을 신근(信根)이라 하는 것인가? 聖弟子가 如來의 처소에서 菩提心을 발해 얻은 바의 淸淨信心을 信根이라 한다. 운운...(省略)」[898]

이라 하고 있다. 곧 상기 인용문은 三十七菩提分法중의 五根(信·精進·念·定·慧)을 설명하는 부분인데, 五根 각각을 설명하는 기본페턴이 한결같이, 「若聖弟子於如來發菩提心所得(起)五根」으로 되어, 五根을 설명할 때 마다 <발보리심 >이란 구절이 계속 등장한다. 곧 聖人이신 如來를 향하여 菩提心을 발하면 무언가 얻어지는 것이 있는데, 그것이 五根이라는 것이다. 곧 발보리심한 결과가 五力의 근간인 五根이라고 설명하고 있는 것이다.

곧 본래 聲聞·緣覺의 수행법으로 개발된 三十七菩提分法은 7개의 항목(四念住(處)·四正斷(勤)·四神足·五根·五力·七覺支·八正道)으로 구성되어있다. 여기서 모든 항목이 다 중요하겠지만 이중 **빼** 놓을 수 없는 것이 있다면 五根일 것이다.(如實作意) 왜냐하면 五根을 일으키는 原動力이 (發)菩提心 (於如來發菩提心所得)이기 때문이다.

한편 이 부분에 대해 Pāli原典은 「ekantagato abhippasanno」(一念으로 信仰하면)이라고만 할 뿐, <菩提心>이란 어구는 사용하지 않고 있다. 한역자가 이 부분을 <菩提心>이라고 번역한 것은 본래 범어원전에 이런 단어가 있었는지 그렇지 않으면 없는데 이 단어를 알고 있던 역자가 일부러 집어넣은 것인지는 알 수 없으나, 아무튼 현존의 Pāli原典에는 菩提心이란 단어는 보이지 않으나, 그러나 왠일인지 앞서의 인용구에서 보듯이, 한역 『雜阿含經』에는 <菩提心>이란 단어는 말 할 것도 없이 <無上正等正覺(anuttarasamyak-saṃboddhi)이란 단어까지 보이고 있다.

898)「世尊告諸比丘。有五根。何等爲五。謂信根．精進根．念根．定根．慧根。何等爲信根。若聖弟子於如來發菩提心所得淨信心。是名信根 (中略) 若聖弟子於如來發菩提心所起精進方便。是名精進根 (中略) 於如來初發菩提心所起念根 (中略) 於如來初發菩提心所起三昧。是名定根 (中略) 於如來初發菩提心所起智慧。是名慧根」(대정장 2. 184a)

第2 『증일아함경(增一阿含經)』과 菩提心

일반적으로 『增一阿含經』은 대중부(大衆部) 찬술의 경전으로, 대중부는 大乘佛敎 흥기배경을 논함에 있어 **빼놓을** 수 없는 中心役割을 담당하였던 것으로 알려지고 있다.899) 이 『增一阿含經』에

「如來가 세상에 出現하신 것은 다섯가지 이유 때문이다. 첫째는 전법륜(轉法輪) 때문이고, 둘째는 父母를 제도하기 위함이고, 셋째는 믿음이 없는 자에게 믿음을 심어주기 위함이며, 넷째는 아직 <菩薩意>를 발하지 않은 자에게 菩薩心을 발하게 하기 위함이며, 다섯째는 장차 부처님으로부터 수기(授記)를 받게 하기 위함이다」900)

「如來는 여섯가지 면에서 싫어하거나 지치지 않으신다. 첫째는 보시(布施)이며, 둘째는 경책하여 가르쳐 주는 것이며, 셋째는 인욕(忍辱)하는 것이며, 넷째는 法을 설하는 것이며, 다섯째는 중생을 보호하는 것이며, 여섯째는 무상정진도(無上精進道)를 求하는 것이다」901)

라 하여, 菩提心이란 단어는 직접 사용하고 있지는 않지만, 그 대신 보리심과 비슷한 동의어로 보이는 <보살심(菩薩心)> <구무상정진지도(求無上正眞之道)> <도의(道意)> <도심(道心)>이란 단어가 보이고 있다.

---

899) 『增一阿含經』은 일반적으로는 大衆部의 찬술경전으로 알려지고 있다. 하지만, 法藏部와 공통하는 敎理가 들어있다는 이유, 또 대승불교에 들어와 補完·增設되었다는 설도 있어, 현재로서는 어느 부파의 전승경전인지 확실하게는 판단하지 못하고 있다. 平川彰 『初期大乘佛敎の硏究』<序論>

900)「如來出現世時必當爲五事。云何爲五。一者當轉法輪。二者當度父母。三者無信之人立於信地。四者未發菩薩意使發菩薩心。五者當授將來佛決」(대정장 2. 699a)

901)「如來於六法無有厭足。云何爲六。一者施。二者敎誡。三者忍。四者法說．義說。五者將護衆生。六者求無上正眞之道」(대정장 2. 719b)

따라서 상기의 菩薩心・求無上正眞之道・道意・道心이란 단어의 本來 어구가 菩提(boddhi)나 또는 菩提心(boddhicitta)이 아니었을까 라고 분석되며, 또 내용과 순서 또한 6-바라밀과 너무나 비슷해 6-바라밀의 원형(原型)으로까지 추측케 하지만,902) 이러한 예측대로 경은 드디어

「정각왕(正覺王)의 왕비께서 王舍城에 住하며, 信解의 마음을 일으켜 菩提心을 發하였다」903)

「마가다국의 빈비사라왕은 왕사성에 거주하며, 항상 三寶에 대해 菩提心을 發하였다」904)

라 하여, 菩提心이란 단어를 직접 사용하고 있다.
앞에서도 언급한바 있듯이, 이 『增一阿含經』이 大乘佛敎의 興起와 깊은 관계를 지닌 大衆部의 소의경전이란 점에서 볼때, 大乘思想을 구상하기 이전은 물론 대승불교 흥기 이후에도 대승불교도들과 敎理나 思想을 상호 交換 내지 共有했을 것이란 생각이 든다.

따라서 『증일아함경』속의 菩提心이란 직접적인 語句는 말할 것도 없고, 菩薩心・求無上正眞之道・道意・道心이란 단어 모두에 大乘思想이 충분히 녹아져 있다고 보여, 이들 단어속에는 發菩提心이란 의미가 충분히 깃들어있을 것으로 보아도 좋을 것이다.

---

902)「比丘當知。我本未成佛道爲菩薩行。坐道樹下。便生斯念。欲界衆生爲何等所繫。復作是念。此衆生類爲七使流轉生死。永不得解」(대정장 2. 739a)라 하여, 菩提樹를 道樹라 표현한 곳이 보이기 때문이다.
903)「正覺王女是。住於王舍城。能生信解意善發菩提心」(대정장 2. 834b)
904)「摩伽陀國頻婆娑羅王是。都於王舍城。常於三寶發菩提心」(대정장 2. 834a)

第3 소승의 구도심(aññacitta)과 大乘의 求道心(boddhicitta)

1) aññacitta란 단어는 阿羅漢果를 추구하던 聲聞乘들이 求道心의 의미로 즐겨 사용하던 단어였다. 곧 大乘佛教徒들은 釋尊의 깨달음과 똑같은 경지인 無上正等正覺(samyaksaṃboddhi)을 추구하는 求道心을 지니고 있었지만, 原始·부파佛教徒들은 釋尊에 대한 경애심(敬畏心) 때문에 자기들이 추구하던 깨달음의 경지를 阿羅漢果에 두는 것으로 만족하고, 그것을 향한 求道心을 aññacitta라 표현하였던 것이다.

이에 반해 대승불교도들은 과감하게도 석존과 똑같은 경지의 깨달음인 無上正等正覺을 追究하였고, 그러한 求道心을 그들은 菩提心(boddhicitta)이라 표현하였다.

2節 부파논서(部派論書)에 있어서의 菩提心

小乘의 대표격인 有部나 上座部, 곧 煩惱를 끊어 解脫을 얻는 것을 목적으로 하는 자, 곧

「解脫을 얻었으니 이제 할 일은 다 했다. 남은 것은 오직 涅槃에 들어가는 일 뿐」

이라고 하는 것이 그들의 기본이념이자 修行의 目的이었기에, 그들은 어디까지나 배우는 聲聞의 입장으로서, 남을 이롭게 하거나 안락하게 하겠다는 利他의 정신은 처음부터 그들의 修行德目이나 목표에 들어있지 않았으며, 수행의 완성 뒤에도 남을 구제한다는 利他의 개념은 전혀 생각조차 하지 않았다. 小乘을 일러 弟子佛敎니 聲聞(srāvaka)이니 하는 이유도 바로 여기에 있는 것이다.

부파불교 곧 Abhidharma불교란 그 이름에서도 알 수 있듯이, 阿含經의 敎理를 정리하고, 分類와 分析을 통해 얻어진 것을 해설하거나 주석을 단 불교를 일컫는다.

그리고 이러한 작업을 하는 과정과 그 결과로서 탄생된 것이 여러 가지의 論들이다. 아비달마불교를 논장불교(論藏佛敎)라 부르는 것도 이들 불교가 바로 이렇게 論을 중심으로 조직화된 불교였기 때문이다.

그리고 논의 대부분을 차지하고 있는 부파가 다름 아닌 說一切有部로, 그들은 <六足一身>이라고 불리는 七種의 論書를 지니고 있었다.[905]

이제 이러한 <有部論書>들에는 菩提心을 어떻게 보고 있는지 살펴보자!

---

905) 7種의 論書란 六足(品類足論・法蘊足論・集異問足論・識身足論・界身足論・施設足論)과 一身(發智論)을 말한다.

第1 『대비바사론 (大毘婆沙論)』과 菩提心

부파불교의 대표적 논서라 불리워지는 『大毘婆沙論』(200권)은 기원후 150년 전후에 제작된 것으로, 七論중의 하나인 『發智論』을 주석한 것이다. 論의 中心主題는 <四向四果>의 修行理論 中 특히 預流果(見道位)를 향한 加行에 해당되는 <世第一法>이라 할 수 있는데, <世第一法>이란 初發心, 곧 수행에 들어가기 앞서 내는 3가지 發心인 聲聞菩提・緣覺菩提・無上菩提가운데 3번째의 菩提인 <無上菩提를 求하는 계위>를 말한다. 곧 그 이름에서 유추할 수 있듯이, 이것은 세상에서 가장 높은 發心인 <世第一法>, 곧 欲界로부터 벗어나려는 염리심(厭離心)을 내면서, 석존의 깨달음에 접근하기 위해 내는 發心이기에 이름은 <無上菩提心>이라 하였지만, 그렇다고 해서 대승불교에서 말하는 菩提心과는 같지 않은 것이다.

왜냐하면 대승불교의 無上正等正覺이 고통받는 衆生들을 불쌍히 여겨, 그들을 위해 일부러 惡趣에 태어나겠다고 하는 利生과 願生의 발심인 菩提心인데 반해, 소승 『大毘婆沙論』의 <世第一法>은 단지 欲界의 고통에서 벗어나 聖者의 位에 安住하려는 마음일 뿐, 중생을 利롭게 하겠다는 측은지심은 처음부터 없기 때문이다.

물론 이 논에는 <菩薩>이라든지 <發菩提心> 그리고 <發阿耨多羅三藐三菩提心>이란 단어가 보이기는 하나, 이것은 어디까지나 석존과 같은 妙相業을 지닌 <本生菩薩>을 의미하는 것으로, 대승의 그것과는 다른 것이다.

곧 이것은 대승과 같은 수고중생(受苦衆生)을 애민히 여겨 구제하겠다는 利他의 發心이거나 또 <上求菩提 下化衆生>하는 菩薩이 아니라, 어디까지나 석존과 같이 태어날 때부터 32相이라고 하는 妙相業(32相 80種好)을 지닌 本生菩薩을 지향하고 발원하는 의미로서의 菩提心이기 때문이다.

논은 묻고 답하기를

「有情이 發菩提心하여 능히 퇴전하지 않으면 이때부터 菩薩이라고 할 수 있는 것인데, 무엇 때문에 또 다시 相을 조작하고 증장(增長)하도록 하는 것인가? 답하기를, 비록 <菩提>가 결정되었다 하더라도 아직 <취(趣)>가 결정되지 않으면 진실한 보살이라고 할 수 없기 때문으로, 妙相業을 修習해서 얻은 때에야 비로소 菩提가 결정되고 趣 또한 결정되는 것으로, 이 2-가지를 갖추어야 비로소 보살이라고 이름하기 때문이다」906)

라 하여, 阿耨多羅三藐三菩提心을 發하여 菩提가 결정되었다 하더라도, 아직 <趣>가 결정되지 못하면 妙相業을 얻지 못하는 것이라고 설명하고 있다. 다시 말해 趣는 妙相業을 얻은 후에야 비로소 얻어지는 것이라고 대답하고 있는 것이다.

위에서 살펴본 것처럼, 七論에는 보이지 않던 菩提心이란 단어가 『大毘婆沙論』에 이르러 비로소 보이기 시작했다고는 하지만, 이 논의 성립연대가 대승불교 흥기 이후인 150年頃이고, 따라서 대승불교의 영향을 받은 이후이며, 또 原本이 발견되지 않고 漢譯만이 존재하고 있어, 그 原語가 무엇인지 확인 할 수 없고, 또 그 의미가 대승보살의 菩提心과는 다른 <本生菩薩>을 의미하는 이상,
따라서 비록 菩提心이란 단어가 이 논에 보이고 있기는 하지만, 아직은 대승불교에서 말하는 의미로서의 菩提心이란 用語는 사용되지 않고 있

---

906)「問若諸有情發阿耨多羅三藐三菩提心能不退轉。從此便應說爲菩薩。何故乃至造作增長相異熟業方名菩薩耶。答若於菩提決定及趣決定乃名眞實菩薩。從初發心乃至未修妙相業來。雖於菩提決定。而趣未決定。未得名爲眞實菩薩。要至修習妙相業時。乃於菩提決定。趣亦決定。是故齊此方名菩薩」(대정장 27. 887a)

다고 판단해야 될 것이다..

곧 결론적으로 부파불교시대에는 아직 대승불교에서 말하는 의미로서의 菩提心의 용어는 아직은 사용되고 있지 않았다고 보는 것이다.

第2 『대사 (大事: Mahāvastu)』와 菩提心

불전문학서인 『大事』는 일찍부터 불교학자들 사이에서 큰 주목을 받아 온 문헌이다. 그 이유는 이 문헌이 서원을 기조로 하는 佛伝文學書로서 대승불교사상이 형성되는데 있어 큰 영향을 미쳤다고 보기 때문이다.

곧 <大衆部系인 說出世部>가 만든 불전문학서이며, 뿐만 아니라 그 속에는 대승불교의 핵심인 菩薩思想과 十地思想이 들어있어 대승불교의 원류(源流)로서까지 주목받고 있기 때문이다.

더욱이 이 불전속에는 기원 후 4~5세기경의 내용으로 보이는 것들이 기술되어 있어, 이 불전이 오랜 세월을 거쳐 현재의 형태로 다듬어진 것임이 알려져, 이 불전이 오랜 세월동안 대승불교의 영향을 받아온 것임을 확인할 수 있기 때문이다.

이 문헌이 불전문학서인 이상 두말할 것도 없이 釋尊의 전생에 대한 내용, 곧 釋迦菩薩이 중심이 되는 것이겠으나, 때로는 석존보살 이외에 복수형태의 보살이 등장한다. 곧 이 불전의 처음부분에는 자성행(自性行)·서원행(誓願行)·수순행(隨順行)·불환행(不還行) 등 4種의 菩薩行이 소개되고 있는데,

이들 4種의 보살행들을 분석해보면, 多數의 보살들이 서원을 세운 후 일상생할속에서 그것도 퇴전(退轉)함이 없는 初發心 그대로 앞을 향해 精進해 가는 보살의 수행으로서, 이러한 보살행은 대승불교가 추구하는 보살의 발심인 自利와 利他의 菩提心 내지 그들의 행원(行願)과 비교해 볼

때 조금도 손색이 없을 만큼 비슷한 語句와 내용들임을 확인할 수가 있다.

곧 이들은 求道心과 大悲心에 넘친 나머지 처자식까지 버리고 사바속에서 불국토를 건설하겠다는 굳은 신념을 가지고 출가한 자들로서, 석가보살이 받던 칭호와 같은 무상사(無上師)나 도사(導師)와 같은 존칭을 받기도 하였다.

따라서 이상의 내용을 분석해볼 때, 『大事』는 비록 석가보살(釋迦菩薩)의 菩薩行을 찬탄하기 위한 불전문학서라고는 하지만, 여기에는 이미 대승사상의 기본적 틀이 발아되고 있으며, 또 그것의 영향도 받고 있었던 것으로 분석된다.

말하자면 대승사상을 싹트게 하는 선구자적(先驅者的) 역할을 한 장본인 내지는 그 반대로 대승사상으로부터도 상당한 영향을 받았던 것으로 판단된다.

한편 이렇게 중요한 역할을 하고 있던 것이 『大事』인 만큼 거기에는 당연히 우리의 중심주제인 <菩提心思想>이 깃들어 있을 것이다[907].

이에 『大事』에 나오는 菩提心을 살펴보면,

『대사』에는 發阿耨多羅三藐三菩提心이란 단어가 2군데 등장한다.

한 곳은 단수의 보살로서 釋迦菩薩을 지칭하고 있고, 또 한 곳은 복수의 보살로서 大乘菩薩을 지칭하고 있는데, 후자의 경우 그 내용 또한 「깨달음을 위하여 마음을 낸다」라든지 「일체생류(一切生類)를 위해 마음을 낸다」라는 표현을 쓰고 있어, 마치 上求菩提 下化衆生하겠다는 서원을 세우는 대승보살의 菩提心과 비교해 볼 때, 조금도 차별이 보이지 않는다.

---

907) 田上太秀「大事における菩提心の用語考察」『菩提心の 研究』

한편 『大事』에는 菩提心이라는 표현 이외에 初發心,

 곧 <pratama-citta>라는 표현을 쓰고 있는 부분이 3군데 보이고 있는데, 이상하리 만큼 이들 모두가 <菩薩十地>를 서술하는 부분에서 사용되고 있다는 점이다.

 곧 이는 菩薩과 初發心이 밀접한 관계를 가지고 있음을 시사하고 있는 것으로, 이곳의 계위는 最初의 菩提心이 生起하는 계위를 나타내고 있는 것에 대한 설명으로,

일반적으로는 初地인 환희지(歡喜地)에서 생기는 (初)發心을 말하는 것인데, 여기에서는 初地인 환희지(歡喜地) 뿐만 아니라 제 3地인 발광지(發光地)와 제 4地인 염혜지(焰慧地)에서도 보리심이 生起한다고 기술하고 있다.

 따라서 『大事』에서의 보리심 해석은 菩提心의 發生時期가 중생의 근기에 따라 서로 다르다는 사실, 말 바꾸면 사람에 따라 빠를 수도 또 늦을 수도 있다는 것을 은근히 내 비치고 있는 것이라 해석된다.

第3 『俱舍論』과 菩提心

『구사론』은 모든 佛道修行의 根本을 信・戒・心・勤・念・定・慧・輕安・喜・捨의 <十事>로 정의하고 있다. 곧

「十事로서 體를 삼는다. 十事란 信・戒・心・勤・念・定・慧・輕安・喜・捨를 말한다. 곧 사념주(四念住)와 오근(五根)中의 慧根, 五力中의 慧力, 칠각지(七覺支)中의 택법각지(擇法覺支), 八正道中의 正見등의 八法은 <慧>로서 體로 삼는다. 4-정근(四-正勤), 五根中의 정진근(精進勤), 五力中의 精進力, 七覺支中의 精進覺支, 八正道中의 正精進등의 八法은 <근(勤)>으로서 體로 삼는다. 四神足, 五根中의 正勤, 五力中의 定力, 七

覺支中의 定覺支, 八正道中의 正定등의 八法은 <定>으로서 體로 삼는다. 五根중의 信根, 五力中의 信力은 <信>으로서 體로 삼는다.

五根中의 念根, 五力中의 念力, 七覺支中의 念覺支, 八正道中의 正念등의 四法은 <念>으로서 體를 삼는다. 七覺支中의 희각지(喜覺支)는 <喜>로서 體를 삼는다. 捨覺支는 <행사(行捨)>로서 體를 삼는다.

輕安覺支는 <경안(輕安)>으로서 體를 삼는다. 팔정도중의 正語·正業·正命은 <戒>로서 體를 삼는다. 正思惟는 <心>으로서 體를 삼는다.

이런 까닭에 體는 오직 10개(慧·勤·定·信·念·喜·行捨·輕安·戒·心)뿐 이라고 하는 것이다」[908]

라 하여, 37조도품(三十七助道品)을 10가지로 나누어 설명하고 있다.

곧 이들 <十事>를 三十七助道品의 핵심이자 佛道修行의 중심으로 보고 있는 것으로, 『구사론』의 이러한 주장은 大乘에도 그대로 반영된다.[909]

따라서 이 <十事>를 大乘佛教的으로 표현한다면, 菩提心이라고 해도 무난할 것으로 생각된다. 까닭은 <十事>가 菩提心과 필적할 만큼 중요성을 지니고 있기 때문이다.

---

908)「此覺分名雖三十七。實事唯十。卽慧勤等。謂四念住慧根慧力擇法覺支正見以慧爲體。四正斷精進根精進力精進覺支正精進以勤爲體。四神足定根定力定覺支正定以定爲體。信根信力以信爲體。念根念力念覺支正念以念爲體。喜覺支以喜爲體。捨覺支以行捨爲體。輕安覺支以輕安爲體。正語正業正命以戒爲體。正思惟以尋爲體。如是覺分實事唯十」(대정장 29. 132 b).

909)『俱舍論』의 이러한 판단은 大乘에도 그대로 전승된 듯하다. 「是三十七品。十法爲根本。何等十。信戒思惟精進念定慧除喜捨」『大智度論』 (대정장 25. 198 b).

第4 初期佛敎에 나타난 信

앞의 十事에서 보는 바와같이 十事(信·戒·心·勤·念·定·慧·輕安·喜·捨)의 으뜸은 信이다. 말하자면 三十七助道品중 가장 중요한 몫을 차지하는 것이 바로 믿음(信)임을 시사하고 있는 것이다.

따라서 여기에서는 초기불교에 있어 믿음(信)이란 무엇을 의미하고 있으며, 또 몇 가지의 종류로 사용되고 있으며, 또한 각각 그들은 어떤 특징을 지닌 의미로 사용되었는지 그 용례(用例)를 살펴보자.[910]

① Śraddhā(聞信):

더렵혀진 마음을 깨끗이 하게 하는 것을 말하는 것으로, 이것을 통하여 개과천선(改過遷善)하겠다는 굳은 결심이 생기는 믿음을 말한다. 말하자면 더러움을 없애, 깨끗게 하는 작용, 곧 無垢하게 만들어주는 믿음이다.

② Prasāda(淨信):

의심이나 미움·갈등등 마음속에 웅어리지고 있던 것들이 풀어짐으로 인해 마음이 淸淨해지는 것으로, 이것을 계기로 웅어리를 풀어지게 한 眞理나 장본인에 대해 믿음과 확신이 생겨, 그에게 귀의하게 하는 계기를 주는 믿음이다.

③ Adhimukuti(信解):

의심하고 있던 것들이 풀려, 그것에 대하여 확신과 믿음이 생기게 하는 믿음이다.

---

910) 藤田宏達 「原始佛敎における信の形態」『北大文學部紀要』6호, 石上善應 「佛典に現れたbhakti(信)の用例」『印度學佛敎學研究』 8-2, 原實 「bhakti研究」『日本佛敎學會年報』제 28號

이상 초기경전에 나타난 믿음을 3종류로 나누어 살펴보았으나, 이들 3종류의 단어들은 그 차이를 구별할 수 없을 만큼 서로 비슷한 의미를 지니고 있음을 알 수 있다.　　한편 이들 세 종류의 믿음은 비록 대승불교에서 말하는 菩提心의 의미처럼, 여러 가지의 의미나 공덕을 지니지 못한 초보적이고도 순수한 믿음이긴 하지만, 그러나 대승에서 말하는 菩提心이란 단어의 誕生에 영향을 미친 것만은 사실일 것이다.

　곧 大乘에서 말하는 菩提心은 이러한 초기형태의 믿음들이 밑바탕이 되어 일어난 것으로, 따라서 이들을 일러 菩提心을 일으킨 원동력이라고 할 수 있을 것이다.

곧 이것이 원동력이 되어 無上正等正覺이란 확실한 목표가 정해지게 되었고, 또 그 곳을 향해 一念으로 精進하게 하는 發心과 중생을 애민(哀愍)히 생각하는 大悲心, 그리고 그들을 목적지에 완전하게 이르도록 하는 선교방편(善巧方便) 등, 이 모두를 포괄하는 소위 菩提心이란 大乘特有의 新生語가 탄생할 수 있었다고 보기 때문이다.

3節 大乘佛教에서의 菩提心

第1 대승불교의 기본이념

대승불교는 반야(般若)와 바라밀(波羅蜜)을 기본으로 하여 탄생된 불교이다. 곧 大乘이라는 이름에서도 알 수 있듯이 小乘佛教에 대해 반기를 들고 새롭게 전개된 불교로서, 그들이 추구하는 기본이념은 大悲者이며 救世者인 釋尊佛에 대한 절대적인 믿음(信)과 추구대상인 석존의 삶인 菩薩行에 동참하는 것이었다(行).

곧 그들은 스스로를 菩薩이라 부르며, 그들의 추구대상인 석존의 삶을 본받으면서, 현재의 삶속에서 함께 사는 중생들을 成佛의 길로 인도하겠다는 이념을 실현시키기 위해 탄생된 大衆(民衆)佛教였다.

곧 이들의 기본이념인 <般若와 波羅蜜>사상은 대승철학의 근간이 되는 것으로, 뒤이어 전개되는 如來藏思想이나 唯識思想은 말할 것도 없이 인도불교 최후에 발생한 密教思想의 밑바탕이 되기도 하였다. 말하자면 般若空과 波羅蜜이란 思想(반석) 위에 지어 놓은 여러 가지 장엄의 집, 그것이 바로 대승사상 내지 밀교사상이기 때문이다.

「佛・世尊의 法을 듣고 신수(信受)하고 精進하여 如來知見과 力과 무소외(無所畏)를 求하며 중생을 安樂하게 하고 人.天을 利益하게 하고 一切를 도탈(度脫)케 함을 大乘이라 하며, 이러한 대승을 구하는 까닭에 보살마하살(菩薩摩訶薩)이라 한다」[911]

---

911) 「從佛世尊聞法信受。勤修精進。求一切智佛智自然智無師智如來知見力無所畏。愍念安樂無量衆生。利益天人度脫一切。是名大乘。菩薩求此乘故名爲摩訶薩」(대정장 9. 13b)

곧 상기 『法華經』의 말씀처럼, 대승불교는 自利보다는 利他를 중시하는 교리로서 利他 없이는 自利도 없다는 것이 그들의 기본이념이었다. 곧 大乘은 남을 위해 가르치고 인도하는 입장인 교사(敎師)의 불교이면서, 한편으로는 성문들의 스승인 大悲者 釋尊을 理想으로 하는 成佛의 가르침, 말하자면 스스로를 菩薩(Bodhisattva), 곧 나는 말할 것도 없이 다른 모든 사람들에게도 佛이 될 수 있는 소질이 갖추어져 있다고 믿고, 그것에 도전하면서 끊임없이 중생제도에 정진하는 자들로서, 이들을 '上求菩提 下化衆生하는 자들'이란 뜻의 菩薩이라 칭하는 까닭도 바로 여기에 있었던 것이다.912)

이에 반해 小乘의 대표격인 有部나 上座部, 곧 煩惱를 끊어 解脫을 얻는 것을 목적으로 하는 자, 곧 「解脫을 얻었으니 이제 할 것은 다했다 남은 것은 오직 涅槃에 들어가는 일 뿐이다」고 하는 것이 그들의 기본이념이자 修行의 目的으로서, 그들은 어디까지나 듣고 배우는 성문(聲聞)의 입장으로서 利他란 처음부터 그들의 수행덕목이나 목표에조차 삽입시키고 있지 않았으며, 수행의 완성 뒤에도 남을 구제한다는 利他의 개념은 아예 생각하고 있지 않았던 것으로, 소승을 일러 弟子佛敎니 聲聞(śrāvaka)이니 하는 이유도 바로 여기에 있었던 것이다.

---

912) 보살에는 讚佛乘의 보살과 大乘보살의 두 部類로 나눌 수 있다. 먼저 찬불승의 보살이란 이미 성불이 定해진 보살, 말하자면 과거 부처님으로부터 언제 언제 成佛한다는 약속인 授記(Vyākāraṇa)를 받은 보살을 말하며, 大乘菩薩은 凡夫菩薩,, 말하자면 우리들 일반 凡夫와 같이 授記와는 전혀 상관없는 사람들로서, 成佛할 수 있는 素質(佛)性이 나에게도 있다고 확신하며, 精進을 통해 수행에 전념하는 자를 말한다. 말 바꾸면 선택받은 보살인 찬불승의 개념을 일반화시킨 것이 대승보살, 곧 수기를 받지는 못했지만 성불할 수 있다고 확신하고 정진수행하는 자를 말한다고 생각하면 될 것이다.
 한편 彌勒·文殊·普賢·地藏·觀音등의 보살은 그 기원이나 의미가 다르다. 곧 彌勒은 찬불승(讚佛乘)에서 발전된 보살, 文殊나 普賢 地藏菩薩등은 大乘불교 독자적으로 개발된 菩薩이며, 觀音은 힌두교에 그 기원을 둔 보살이다. 平川彰, 『인도불교사』 pp380~382 참조.

대승불교가 世間에 밀착하며 在家佛敎의 모습을 가진 것이라든지, 또한 衆生을 위해서 열반에 들지 않거나 멸도(滅度)하지 않는 것, 또 大乘戒인 삼취정계(三聚淨戒)속에 <섭중생계(攝衆生戒)>가 삽입되어 있는 것에 비해[913], 소승불교가 은둔적(隱遁的)인 승원불교(僧院佛敎)가 된 것이나, 회신멸지(灰身滅智)의 경지인 阿羅漢果를 그들의 최후의 목표로 삼는 것, 또 이들의 戒에 衆生을 위한 戒가 설해있지 않는 등등의 差別性은 두 불교가 지니는 이러한 基本理念의 差異 때문이었다.

『華嚴經』 <普賢行願品>의 말씀을 통해 大乘菩薩의 삶이란 어떤 것인지 확인해 보자.

「모든 供養 가운데 法供養이 최선의 공양이니 소위 "여설수행공양(如說修行供養)"이며 "이익중생공양(利益衆生供養)"이며 "섭수중생공양(攝受衆生供養)"이며 "대중생고공양(代衆生苦供養)"이며 "근수선근공양(勤修善根供養)"이며 "불사보살업공양(不捨菩薩業供養)"이며 "불리보리심공양(不離菩提心供養)"으로 이것을 일컬어 진공양(眞供養)이라 하는 것이다. 법공양을 일컬어 眞供養이라 부르는 까닭은 法供養이야말로 諸佛을 出生시키는 공양이며, 如來께 供養드림을 성취시키는 공양이기 때문이다」[914]

---

913) 大乘戒 가운데 <攝律儀戒>는 止惡이 강조된 戒로서 『七佛通誡』가운데 "諸惡莫作"에 해당되며, <攝善法戒>는 作善이 강조된 戒로서 『칠불통계』가운데 "增善奉行"이 이에 해당된다. 이에 비해 <攝衆生戒>는 小乘戒에는 없었던 것, 말하자면 大乘에 의해 처음으로 강조된 戒로서, 대승정신의 근본인 衆生에 대한 존경 곧, 同體大悲思想이 깊이 깃 들어있는 것이다.

914)「善男子。諸供養中。法供養最。所謂如說修行供養。利益衆生供養。攝受衆生供養。代衆生苦供養。勤修善根供養。不捨菩薩業供養。不離菩提心供養」
(대정장 10. 845a)

대승보살의 수행의 특징은 利他가 중심이다. 곧 '삼륜청정공(三輪淸淨空)의 布施'란 말이 시사해 주듯이, 비록 자기는 成佛을 못하는 한이 있더라도, 먼저 남을 제도해서 그에게 利益과 安樂을 제공하는 것이야말로 大乘 실천행의 기본정신이기 때문이다.

第2 대승불교의 신개념, 菩提心

부파불교에 뒤이어 일어난 대승불교는 앞서도 언급했듯이 부파불교와는 전혀 다른 생각을 지닌 불교였다. 곧 阿羅漢果의 증득에 만족하면서 無上正等正覺을 얻을 수 있는 것은 오직 釋尊 한분 뿐이라고 생각했던 部派佛教徒들과는 달리, 大乘人들은 감히 우리도 조건만 갖추면 석존과 똑같은 無上正等正覺을 얻을 수 있다고 확신하고, 그것을 얻을 수 있는 조건으로 <發菩提心>을 내세웠던 것이다.

말하자면 그들은 菩提心만 發하면 누구든지 成佛할 수 있을 뿐만 아니라, 煩惱도 단절시킬 수 있고, 행복도 평화도 얻을 수 있는 등, 마치 만병통치약으로 통하는 다라니(陀羅尼: dhāraṇī)처럼, 무엇이든지 해결할 수 있다고 주장하고 확신하였다.

그리고 그 이유로서 一切佛菩薩은 모두가 이 菩提心으로부터 出生했기 때문이라고 역설하면서, 불교가 추구하는 일체 모든 것을 發菩提心 하나에 포괄 내지 충족시키려 하였다.

대승불교운동 초기에 제작된 般若經典群에서, '發阿耨多羅三藐三菩提', '菩提心을 發한 菩薩', '이미 이를 성취한 佛', 그리고 이를 성취하는데 필요한 '行相'등이 중심주제가 된 것도 바로 이러한 이유때문이다.

이제 初期大乘經典의 대표격인 『大品般若經』과 그것의 주석서일 뿐만 아니라 大乘佛教 教理의 보고(寶庫)로서까지 인정받는 『大智度論』을 통하여915) 그들이 어떻게 菩提心을 이해하고 있었으며, 또 그 功德은 무엇이라고 설명하고 있는지 살펴보자.

2-1 『般若經』과 菩提心

『般若經』은 대승불교 경전중 제일 먼저 제작된 경전이기에, 여기에는 大乘佛教의 理念을 비롯한 修行德目과 목표가 설명되어 있다.

따라서 대승불교의 전체상은 물론, 특히 大乘 初期의 교단상항이나 교리를 이해하는데 있어 『般若經』은 없어서는 아니 되는 필수적 경전인 것이다.916)

앞에서 대승불교의 특색이자 신개념을 菩提心이라고 언급한 만큼 당연히 이들 『반야경』에는 菩提心이 설해져 있을 것이며, 이후 제작된 경전을 통해 전개된 菩提心思想에도 큰 영향을 미쳤을 것이다. 따라서 이들 『반야경』에 설해진 菩提心을 이해하는 것은 菩提心의 개념을 비롯하여 대승불교의 理念과 目標와 修行方法까지도 이해할 수 있게 되는 것이라 생각된다.

말하자면 『반야경』에 설해진 菩提心思想을 이해하는 것은 菩提心의 全體相을 이해하게 되는 것이라 해도 과언이 아닐 만큼 중요하다는 말이다.

---

915) 『大智度論』(100권)은 일반적으로 龍樹菩薩(150~250)의 저작으로 되어있으나, 내용을 분석해보면 현존의 내용 전체를 모두 용수의 眞撰이라고 볼 수는 없고, 번역 당시 鳩摩羅什이 加算하거나 改變한 흔적이 보인다. 이와 같은 분석을 하게 된 이유는, 이 논에는 梵語原典이나 티벳트譯이 발견되지 않고 있다는 점도 한몫을 하였다. 한편 본서는 學說・思想・僧伽는 물론 用例・傳說・歷史・地理・實踐規定 등에 걸처 상세하게 설명하고 있을 뿐만 아니라, 그 속에 인용하고 있는 經論도 原始佛教經典을 비롯하여 部派佛教의 諸論書와 初期大乘경전인 法華經・華嚴經등과 또 바이세시카파를 비롯한 당시 印度思想界의 主流를 이루던 여러 思想까지도 설하고 있다. 이 논서를 불교의 '百科全書'라고 하는 이유도 바로 여기에 있다.

916) 『般若經』은 『八千頌般若』(小品) 에 뒤이어 『二万五千頌般若』(大品)이 제작되고, 뒤이어 『十萬頌般若』이 제작되었다고 보는 것이 일반적 견해이다

이제 이들 『般若經』을 통해 이들이 菩提心을 어떻게 이해하고 있는지를 살펴보자.

먼저 초기반야경인 『八千頌般若』의 原典에는 菩提心(bodhicitta)이란 어구가 등장하고는 있지만, 아직은 초보적 단계에 그치고 있고, 그것의 漢譯本인 『道行般若』에는 단지 (初)發心 내지 (初發意)정도로만 표현되고 있을 뿐 아직 菩提心이란 말은 등장하지 않고 있다.

반야경전군의 漢譯經典에서 菩提心이란 말이 등장하는 것은 『大品』인 『二万五千頌般若』와 그것의 주석서인 『大智度論』에 이르러서이다.

이것은 당시 小品般若經의 번역 시기에는 아직 譯者들 사이에 菩提心이란 단어 자체가 익숙하지 않았거나 또 널리 유행되지 않았던 것으로 이해된다.

이제 『大品』을 통해 <菩提心(bodhicitta)>이 어떻게 이해되고 있는지 살펴보자.

먼저 『大品』인 『二万五千頌般若』에는 菩提心(bodhicitta)을 22개의 비유를 들면서 설명하고 있는데,[917]『大品』의 이러한 설명은 뒤이어 제작된 『十萬頌般若』와 이것의 한역인 玄奘譯 『大般若經』에도 그대로 계승된다.[918]

이들 <22개의 비유>를 살펴보면, 대지(大地) 정금(淨金) 신월(新月) 증

---

917)「佛告舍利弗。菩薩摩訶薩欲以一切種智知一切法。當習行般若波羅蜜。~ 是故舍利弗。當知菩薩爲衆生故受五欲舍利弗白佛言。菩薩摩訶薩云何應行般若波羅蜜」(대정장 8. 218c~221b). 『大品』인 『二万五千頌般若』에서 설하고 있는 22相의 菩提心은 中期大乘經典인 『大乘莊嚴經論』에 그대로 인용되고 있다.「次說譬喩顯此發心。偈曰 如地如淨金 如月如增火 如藏如寶篋 如海如金剛 如山如藥王 如友如如意 如日如美樂 如王如庫倉 如道如車乘 如泉如喜聲 如流亦如雲 發心譬如是(中略)如此等及二十二譬。譬彼發心」(대정장 31. 596 b)

918)「若菩薩摩訶薩。欲於一切法等覺一切相。當學般若波羅蜜多」玄奘譯『大般若經』(대정장 7. 7a 以下)

화(增火) 대장(大藏) 보협(寶篋) 대해(大海) 금강(金剛) 산왕(山王) 약왕(藥王) 선우(善友) 여의주(如意珠) 성일(盛日) 미락(美樂) 국왕(國王) 고창(庫倉) 왕도(王道) 차승(車乘) 용천(湧泉) 희성(喜聲) 하류(河流) 대운(大雲) 등이 거론되고 있다.919)

이들 중 중요한 것 몇 가지만 골라 경전의 설명을 들어보면,

菩提心은 마치 <大地>와 같아서 一切佛法을 능히 生成하고 유지케 한다. 菩提心은 마치 <淨金>과 같아서 一切衆生을 利益케 하고 安樂케 하여 퇴전(退轉)치 못하게 한다. 菩提心은 마치 <新月>과 같아서 일체의 善法을 점차 증진시킨다 云云하면서 菩提心을 찬양하고 있는데, 특히 상기 비유중 大藏 寶篋 大海 金剛 山王 藥王의 설명 부분에서는 布施波羅蜜로부터 般若波羅蜜에 이르는 六波羅蜜과 대응시켜 설명하고 있다. 잠시 이들의 대응관계 내지 그 설명을 살펴보면 다음과 같다.

「(大藏-布施):以財周給亦無盡故 (寶篋-持戒):功德法寶從彼生故 (大海-忍辱):諸來違逆心不動故 (金剛-精進):勇猛堅牢不可壞故 (山王-禪定):物無能動以不亂故 (藥王-智慧):惑智二病此能破故」920)

이들 22개의 비유를 정리하여 菩提心이 지니는 전체상중 중심이 되는 것을 골라 그것이 주는 의미를 생각해 보면, 煩惱妄想을 깨고 一切佛法을 모두 달성시키겠다는 發願부분과, 一切衆生을 利益케 하고 安樂케

919)『般若經』계의 경전이 22개의 비유를 들고 있는데 반해 『華嚴經』은 무려 117개(60권本)의 비유를 들어 설명하고 있다. (대정장 9. 775b). 이들중 처음의 몇 개만 提示하면 다음과 같다. 菩提心者猶如(種子·大地·良田·淨水·大風·大火 등등)
920)『大般若經』(대정장 7. 7a)

하겠다는 願力을 설해 놓은 첫째와 둘째의 大地와 淨金의 비유가 아닐까 생각된다. 그 까닭은 이 부분에 대승보살의 이념인 上求菩提와 下化衆生이 잘 설명되어 있기 때문이다. 한편 경은 菩提心을 비롯한 대승보살이 되기 위한 德目들을 낱낱이 설하면서, 이러한 덕목들을 모두 성취하기 위해서는 반드시 般若波羅蜜을 배워야 한다고 설명하는 등, 모든 德目을 般若波羅蜜의 成就로 廻向하고 있는데,921) 이러한 페턴은 『반야경』만이 지니는 하나의 특성이라고 볼 수 있을 것으로,922)『반야경』이 지니는 이러한 특성은 般若波羅蜜이야말로 대승사상의 근간이라고 인식내지 確信하고 있는 반야경의 基本眼目 때문인 것으로 보인다.

第3 『大智度論』과 菩提心

3-1 『大智度論』에서의 菩提心의 定義

앞에서도 언급했지만 『大智度論』은 原始・部派는 물론 初期大乘經典인法華・華嚴을 비롯하여 寶積・淨土 등의 諸經典의 敎理를 총 망라한 것으로, 그야말로 大乘佛敎의 敎理를 집대성해 놓은 보고(寶庫)로서까지인정받고 있는 논서이다.

---

921)「若菩薩摩訶薩。欲於一切法等覺一切相。當學般若波羅蜜多 (중략) 復次舍利子。若菩薩摩訶薩。欲善安立盡虛空界法界世界一切有情。皆令安住布施淨戒安忍精進靜慮般若波羅蜜多。當學般若波羅蜜多。欲得發起一念善心所獲功德。乃至無上正等菩提亦不窮盡 當學般若波羅蜜多。欲得十方諸佛世界一切如來應正等覺及諸菩薩共所稱讚 當學般若波羅蜜多」『大般若經』 (대정장 7. 7a~8b)

922) 이러한 경향은 『金剛經』도 마찬가지이다.「佛告 舍利佛 菩薩摩訶薩 欲以一切種智 知一切法 當習行般若波羅蜜 舍利弗白佛言。世尊。菩薩摩訶薩 云何欲以一切種智知一切法。當習行般若波羅蜜。佛告舍利弗。菩薩摩訶薩以不住法 住般若波羅蜜中」(대정장 8. 218c) 곧 無上正等正覺과 利益衆生을 향한發願이야말로 菩提心인데, 그것은 반야파라밀의 修習, 말 바꾸면 不住行을통해서 成就될 수 있는 것이라고 역설하고 있다.

따라서 大乘을 이해하는데 없어서는 아니 되는 필수논서라 하겠다.
논의 설명을 들어보자.

「보살이 지니는 菩提에는 아라한(阿羅漢)-菩提. 벽지불(辟支佛)-菩提. 불
(佛)-菩提등 三種의 菩提가 있다. 無學의 경지이며 智慧가 淸淨無垢한
까닭에 菩提라 하는 것이다. 보살이 비록 大智慧를 지녔다 하더라도 아
직 煩惱와 습(習)이 남아 있으면 菩提라고 말 할 수 없는 것이다. 따라
서 이들 가운데 <佛-菩提> 하나만을 일러 菩提라 하는 것이다」923)

「聲聞이나 독각(獨覺)의 智로는 諸法을 정변지(正遍智)할 수 없는 것이
기에 無上正等正覺이라고는 하지 않고, 오직 부처님의 智慧만을 無上正
等正覺이라고 하는 것이다」924)

라 하여, 논은 『大毘婆沙論』의 聲聞菩提・獨覺菩提・佛菩提등의 三種菩
提說을 따르면서도,925) 이들 세 개의 菩提中 <佛菩提>만을 일반적 菩提
로서 인정하고 있음을 볼 수 있는데, 이는 대승불교가 成佛을 목표로 하
는 가르침이며, 따라서 釋尊佛이 成就한 無上正等正覺만을 진정한 菩提
로서 인정하고 있기 때문일 것이다.

한편 논은 상기의 三種菩提說, 말하자면 삼승종성(三乘種姓)의 菩提說

---

923)「菩薩者菩提有三種。有阿羅漢菩提。有辟支佛菩提。有佛菩提。無學智慧淸
淨無垢故名爲菩提。菩薩雖有大智慧。諸煩惱習未盡故不名菩提。此中但說一
種。所謂佛菩提也」(대정장 25. 436b)
924)「二無學人不得一切智正遍知諸法故。不得名阿耨多羅三藐三菩提。唯佛一人
智慧。名阿耨多羅三藐三菩提」(대정장 25. 656b)
925)『大毘婆沙論』은「應不施設三種菩提。謂以上智觀察緣性名佛菩提。若以中智
觀察緣性名獨覺菩提。若以下智觀察緣性名聲聞菩提」이라 하여, 上智로서 관
찰한 결과를 佛菩提, 中智로서 관찰한 결과를 獨覺菩提, 下智로서 관찰한 결
과를 聲聞菩提라 하며 菩提를 三種으로 구분하고 있다. (대정장 27. 283b)

과는 별도로 菩薩乘內의 오종보리(五種菩提)의 說, 곧 修行을 통해 얻은 결과를 기준으로 菩薩乘의 지니는 菩提를 <五段階 (發心・伏心・明・出到・無上)菩提>로 구분해 놓고 있다. 곧 논은 無上正等正覺을 얻겠다고 發心한 경지를 <발심보리(發心菩提)>, 마음에서 끝없이 일어나는 煩惱를 항복(降伏)시키며 六波羅蜜을 行하는 경지를 <복심보리(伏心菩提)>, 諸法實相에 통달하여 淸淨의 般若波羅蜜을 체득한 경지를 <明菩提>. 方便力과 無生法忍을 얻어 三界에서 완전히 벗어나 一切智(sarva-jñāna)에 도달한 경지를 <出到菩提>, 一切의 모든 煩惱를 끊고 드디어 無上正等正覺을 얻은 경지를 <無上菩提>라 정의하면서,926) 대승보살이 發心한 후 점차 加行精進하여 드디어 成佛에 이르는 과정을 다섯 등분으로 나누어 설명하고 있다.

그렇다면 『大智度論』이 생각하는 菩提心이란 과연 무엇이었을까? 논은

「보살이 처음에 無上道(無上正等正覺)의 마음을 발하여 '나는 반드시 부처가 되겠다고 作心한 것을 일러 菩提心이라고 한다. 無等等을 佛이라 이름한다. 그 이유는 一切衆生이나 一切法에 있어 佛과 비교할 수 있는 것이 없기 때문이다. 菩提心과 佛은 서로 상사(相似)이다. 그 이유는 因(菩提心)과 果(佛)는 서로 닮았기 때문이다」927)

---

926)「復有五種菩提。一者名發心菩提。於無量生死中發心爲阿耨多羅三藐三菩提故。名爲菩提。此因中說果二者名伏心菩提。折諸煩惱降伏其心。行諸波羅蜜。三者名明菩提。觀三世諸法。本末總相別相分別籌量。得諸法實相畢竟淸淨。所謂般若波羅蜜相。四者名出到菩提。於般若波羅蜜中得方便力故。亦不着般若波羅蜜。滅一切煩惱。見一切十方諸佛。得無生法忍。出三界到薩婆若。五者名無上菩提。坐道場斷煩惱習。得阿耨多羅三藐三菩提」 (대정장 25. 438a)

927)「菩薩初發心緣無上道。我當作佛是名菩提心。問曰。菩提心無等等心大心有何差別。答曰。菩薩初發心緣無上道。我當作佛是名菩提心。無等名爲佛。所以者何。一切衆生一切法無與等者。是菩提心與佛相似。所以者何。因似果故」

「菩提心을 일러 無等等心이라고도 한다. 菩提心은 無事이며 行함이 없는 것이기 때문이다. 곧 아무것도 求하지 않고도 이미 깊고 강하게 결정되어 있는 마음이기 때문이다」928)

「菩提心은 (布施및 持戒)-波羅蜜이며, 無等等心은 (忍辱과 精進)-波羅蜜이며, 大心은 (禪定과 智慧)-波羅蜜이다(意譯임) 929)

「初發心을 菩提心이라 하며 六波羅蜜을 行하는 자를 無等等心이라 하며, 方便心中에 들어가는 것을 大心이라고 한다」930)

라 하여, 菩提心을 각각 菩提心 · 無等等心 · 大心 등의 세 가지로 정의하면서 서로 구별하고 있다. 곧 논은 첫 번째로 반드시 作佛하겠다고 하는 發心이 다름 아닌 菩提心이라고 일단 定義해 둔 후, 뒤이어 菩提心을 無等等의 佛과 같은 것이라고 하여 菩提心 · 無等等心 · 大心 이 셋을 동일하게 보고 있으며, 두 번째로는 六波羅蜜을 두 개씩 묶어 이를 차례대로 菩提心 · 無等等心 · 大心이라고 구별하기도 하고, 세 번째로는 佛을 求하는 마음을 菩提心이라 하고, 六波羅蜜을 行하는 것을 無等等心이라 하고, 方便行을 하는 것을 大心이라고 각각 나누어 설명하고 있다.931)

(대정장 25. 362c~363a)

928)「是名無等等心。是心無事不行。不求恩惠深固決定」(대정장 25. 363a)

929)「復次檀尸波羅蜜是名菩提心。所以者何。檀波羅蜜因緣故。得大富無所乏少。尸波羅蜜因緣故。出三惡道人天中尊貴住。二波羅蜜果報力故。安立能成大事。是名菩提心。羼提毘梨耶波羅蜜相。於衆生中現奇特事。所謂人來割肉出髓如截樹木。而慈念怨家血化爲乳。是心似如佛心。於十方六道中。一一衆生皆以深心濟度。又知諸法畢竟空。而以大悲能行諸行。是爲奇特。譬如人欲空中種樹。是爲希有。如是等精進波羅蜜力勢與無等相似。是名無等等。入禪定行四無量心。遍滿十方與大悲方便合。故拔一切衆生苦。又諸法實相滅一切觀。諸語言斷而不墮斷滅中。是名大心」(대정장 25. 363a)

930)「初發心名菩提心。行六波羅蜜名無等等心。入方便心中是名大心。如是等各有差別」(대정장25. 363a)

『大智度論』의 菩提心에 대한 이러한 여러가지 정의나 구별은 大乘初期에는 아직 菩提心에 대해 一定한 定義가 되어있지 않고 있다는 것을 의미하는 것으로, 여기에 『大智度論』이후 저술된 經論에 있어 菩提心에 대한 法義(定義나 功德)가 다양하게 展開되는 여지가 남게 되는 것이지만, 그러나 어찌하든 菩提心의 이러한 다양성, 말하자면 菩提心이 自性淸淨心이나 如來藏이나 佛性이나 法身등의 개념과의 관계를 가지는 것이라든지, 또는 菩提心을 필경공(畢竟空)이나 허공등에 비유하는 것 등은 이미 『大智度論』속에 이러한 개념들이 녹아져 있다고 보아야 할 것이다.932)

아무튼 菩提心에 대해 기초를 세운 격인 『大智度論』은 菩提心을 發한 자와 아직 發하지 못한 자를 비교하면서,

「두 종류의 衆生이 있다. 發心한 중생과 未發心의 중생이 그것으로, 發心한 보살은 未發心者보다 殊勝하다. 發心한 자는 無量하면서도 最高인 佛法因緣을 심은 자이기에 一切衆生을 濟度하여 그들을 이고득락(離苦得樂)케 하지만, 未發心者는 오직 자기의 欲樂만은 求하지만 남에게는

---

931) 논의 마지막 정의, 곧 "佛을 求하는 마음을 菩提心이라 하고, 六派羅蜜을 行하는 것을 無等等心이라 하고, 方便行을 하는 것을 大心이라고 한 것"이란 내용이 주는 의미를 생각해 보면, 보살은 반드시 먼저 佛이 되겠다고 하는 發心을 한 후(菩提心), 日常生活속에서 六派羅蜜 修行을 닦고(無等等心), 나아가 衆生救濟를 위한 方便行을 닦아야 한다는 의미로 해석되는 것으로, 여기에 大乘菩薩의 資格基準이 모두 설해져 있는 것이라 보여진다. 따라서 이 대목은 아주 중요한 대목이라고 여겨진다.

932)논은 「如是舍利弗。菩薩摩訶薩行般若波羅蜜。得是心不應念不應高。無等等心不應念不應高。大心不應念不應高。何以故。是心非心心相常淨故」(대정장 25. 362b)「舍利弗復問。何等是無心相。須菩提答曰。畢竟空一切諸法無分別。是名無心相。舍利弗復問。但心相不壞不分別。餘法亦如是。須菩提答言。諸法亦如是。若爾者阿耨多羅三藐三菩提。亦如虛空無壞無分」(대정장 25. 363b) 이라 하여, 이미 여러 가지 多樣性을 내재하고 있다.

고통을 주기 때문이다」933)

라 하면서, 發心의 殊勝함을 강조하면서, 그러니 大乘을 求하는 菩薩은 반드시 發心해야 하는 것이라고 다음과 같이 권유하고 있다.

「선남자여! 너희들은 반드시 無上正等正覺心을 發해야 한다. 왜냐하면 이것은 정해진 법이 아닌 것으로, 때문에 얻기 쉬운 것이기 때문이다. 단지 중생들이 전도(顚倒)해서 執着하고 있을 뿐인 것이다. 그러므로 스스로 生死로부터 벗어나야 하고, 또 남을 가르치기 위해서 생사에서 벗어나야 한다. 곧 發心은 능히 스스로를 利益하게 할 뿐만 아니라 다른 사람도 利益하게 하기 때문이다」934)

라 하면서, 無上正等正覺을 求해야 하는 당위성을 설명하고 있다.

3-2 『大智度論』과 菩薩
그러면 논은 大乘佛敎의 修行者를 대표하는 菩薩을 무엇이라 定義하고 있을까? 논은

「薩埵란 진역(秦譯)으로 衆生이라고 한다. 無上道를 위해 發心하여 修行하는 衆生을 말한다. 또 大心이라고도 한다. 無上菩提를 求하기 위해 大心을 發했지만 아직 成就하지 못한 까닭에 보리살타(菩提薩埵)라 하는 것이다. 佛은 이미 菩提를 성취하였으므로 菩提薩埵라고 하지 않고 佛이

---

933)「衆生有二種。一者發心。二者未發心。發心菩薩勝一切未發心者。所以者何。是人種無量無上佛法因緣。欲度一切衆生令離苦得樂。其餘衆生但自求樂欲與他苦。如是等因緣故發心者勝」(대정장 25. 609c)

934)「諸善男子。汝等當發阿耨多羅三藐三菩提心。是阿耨多羅三藐三菩提易得耳。何以故。無有定法衆生所着處。但顚倒故衆生着。是故汝當自離生死。亦當敎他離生死。汝等當發心能自利益。亦當得利益他人」(대정장 25. 701b)

라 하는 것이다」935)

「무엇을 일러 菩薩이라 칭하며, 般若波羅蜜은 무엇이며 또 무엇을 觀하
라는 것인가? 수보리가 사리불에게 대답하되, 무엇을 보살이라 하는가
하면 無上正等正覺을 위해 大心을 發하는 자, 이런 자를 일러 보살이라
하는 것이다. 또한 一切法 一切種의 相을 알면서도 그것에 執着하지 않
는 자를 말한다」936)

「세존이시여! 무엇이 菩薩行입니까? 無上正等正覺行을 하는 것으로, 보
살이 般若波羅蜜을 行하는 것을 無上正等正覺行이라 하는 것이다」937)

「보살은 마땅히 '六波羅蜜이야말로 無上精進道의 因과 緣이라는 것을 알아,
그러므로 나는 一心으로 이 因緣을 닦겠다고 하는 생각을 내야 한다」938)

「諸佛의 一切種智는 응당 般若로부터 求해야 하는 것이다. 그 까닭은
보살이 般若波羅蜜을 만족하여 佛이 되었을 때에야 비로소 般若가 一切
種智로 변하기 때문이다」939)

---

935)「薩埵秦言衆生。是衆生爲無上道故發心修行。復次薩埵名大心。是人發大心
　　求無上菩提而未得。以是故名爲菩提薩埵。佛已得是菩提。不名爲菩提薩埵」
　　(대정장 25. 436b)
936)「何等是菩薩。何等是般若波羅蜜。何等是觀。須菩提語舍利弗。如汝所問。
　　何等是菩薩。爲阿耨多羅三藐三菩提。是人發大心。以是故名爲菩薩。亦知一
　　切法一切種相。是中亦不着」(대정장 25. 435c)
937)「世尊說菩薩行何等是菩薩行。佛言。菩薩行者。爲阿耨多羅三藐三菩提行。
　　是名菩薩行。(中略)如是須菩提。菩薩摩訶薩行般若波羅蜜。名爲阿耨多羅三藐
　　三菩提行」(대정장 25. 654c~655a)
938)「菩薩作是念。是六波羅蜜是無上正眞道因緣。我當一心行是因緣」(대정장
　　25. 414c)
939)「諸佛一切種智。應從般若中求者。菩薩行般若波羅蜜具足故得佛時。般若變
　　成一切種智故」(대정장 25. 471b)

라 하며, 無上正等正覺을 위해 大心을 發하는 자로서, 般若波羅蜜을 行하는 자, 또 一切法에 집착하지 않는 자가 보살이라고 설명하고 있다. 또 논은

「보살은 初發心때 誓願을 세우되, 나 마땅히 일체중생으로 하여금 환락(歡樂)을 얻게 하기 위해 그들을 위해 절대로 내 몸을 아끼지 않을 것이라고 誓願을 세워야 한다. 왜냐하면 혹시라도 몸을 아끼는 경우가 있다면 그는 善法을 얻을 수 없기 때문이다」[940]

「보살은 衆生을 애민(哀愍)히 생각하기를 자기의 자식처럼 해야한다」[941]

「諸佛菩薩은 大悲로서 根本을 삼는다」[942]

「모든 보살은 初發心때부터 大慈悲로 一切 모든 功德을 求하겠다는 큰 서원을 세워야한다」[943]

라 하여, 初發心부터 一切衆生을 자기 몸처럼 생각하고, 그들을 위해서라면 그 어떤 功德이라도 쌓겠다고 하는 大慈悲心이 菩薩心이며, 이것이 바로 菩提心이라고 설명하고 있다.

이상 『大智度論』을 통하여 보살이 무엇인지 또 어떠한 삶을 사는 자를 보살이라고 하는지를 살펴보았으나, 이는 마치 『華嚴經』 <入法界品>의

---

940) 「菩薩從初發心作誓願。當令一切衆生得歡樂。常爲一切不自惜身。若惜身者於諸善法不能成辦」(대정장 25. 173a)
941) 「復次菩薩慈念衆生猶如赤子」(대정장 25. 167b)
942) 「諸佛菩薩以大悲爲本」(대정장 25. 167a)
943) 「諸菩薩從初發心弘大誓願有大慈悲。求一切諸功德」(대정장 25. 196a)

내용, 곧 문수보살이 菩提心을 일으킨 선재동자에게 내리는 菩薩의 行相의 내용과 거의 같은 맥락의 내용임을 알게 해준다. 곧

「보살은 널리 大悲心을 내어 오직 無上道만을 求하되, 먼저 중생의 苦痛을 멸제(滅除)하겠다는 大願을 내어 菩薩行을 行해야 구경에 無上道를 성취할 수 있는 것이다. (중략) 보살은 一切世界속에서 法王이신 석존이 오랜 동안 行해 쌓았던 普賢의 行道를 具足하여야 究竟에 佛菩提를 성취할 수 있는 것이다. 보살은 수많은 겁해(劫海)동안 菩薩行을 수습(修習)하고 모든 大願을 만족해야만 비로소 普賢의 大乘을 성취할 수 있는 것이다. 보살은 명호를 듣는 무량의 중생들로 하여금 <普賢의 行願>을 修習케 하여 無上道를 성취케 해야 하는 것이다」[944]

3-3 『大智度論』에 있어 <凡夫·二乘·菩薩·佛>의 차이점

『大智度論』은 아직 小乘法에 머물고 있는 凡夫나 二乘, 그리고 上求菩提와 下化衆生의 大誓願을 세운 보살과, 이미 正覺을 이루어 무상정등정각을 성취한 부처님을 어떻게 구별하고 있는 것일까?

凡夫나 二乘의 구별은 이미 앞에서 「聲聞이나 獨覺의 智로는 諸法을 정변지(正遍智)할 수 없는 것이기에 無上正等正覺이라고는 하지않고, 오직 부처님의 智慧만을 無上正等正覺이라고 하는 것이다」라고 언급한 바 있으므로, 여기서는 菩薩과 佛과의 차이점만 살펴보기로 하자. 논은

「一切種智를 얻고 一切의 煩惱와 習을 끊으려고 精進하는 자가 菩薩이

---

944)「爾時文殊師利。爲善財童子以偈頌曰 善哉功德藏 能來詣我所 發廣大悲心 專求無上道 先發諸大願 除滅衆生苦 究竟菩薩行 成就無上道 (중략) 一切世界中 法王積劫行 具足普賢道 究竟佛菩提 一切刹劫海 修習菩薩行 滿足諸大願 成就普賢乘 無量諸衆生 聞彼名號者 修習普賢願 得成無上道」 (대정장 9. 689b~c)

고, 一念과 상응하는 智慧를 얻어 一切法을 알아 이미 無上正等正覺을 얻은 자가 佛로서, 이것이 菩薩과 佛의 차이점이다. 그것은 마치 향도 (向道)와 득과(得果)의 차이점과도 같은 것으로, 비록 두 사람 모두 聖人이 되었지만 菩薩은 무애도(無碍道)中에서 行하지만, 佛은 해탈도(解脫道)中에서 一切에 걸쳐 어떤 걸림도 없는 자를 말하는 것이다」945)

「보살이 비록 如實하게 六波羅蜜을 行한다고는 하지만 아직 두루하지 못했고, 또한 一切種智의 門에 들어가지 못했으므로 佛이라고는 하지 않는 것이다. 만일 보살이 一切種智의 門 내지 諸法實相속에 들어가 일념 상응(一念相應)의 智慧로서 無上正等正覺을 얻어 一切의 煩惱와 習을 끊고 諸法中에서 自在力을 얻으면 그때야 비로소 佛이라 하는 것이다.

그것은 마치 14일의 달과 15일의 달이 서로 다른 것처럼, 두 개의 달이 똑같이 달이긴 하지만, 14일의 달은 大海水의 물을 잡아 다닐 수 없는 것처럼, 菩薩도 이와 같아서 비록 如實한 智慧와 淸淨을 얻었다고는 하지만, 아직 충분히 모든 佛法을 具足하지 못해, 능히 十方의 一切衆生을 움직일 수 없는 것이다.

그러나 15일의 달은 光明이 차고 넘쳐 능히 大海水의 물을 잡아 다닐 수 있는 것으로, 菩薩이 佛이 되면 이와같이 되어 大光明을 비추어 능히 十方의 一切衆生을 움직일 수 있는 것이다. 向道와 得果가 모두 聖人이라고는 하지만 이러한 差別이 있는 것이다.

곧 菩薩은 初發心으로부터 금강삼매(金剛三昧)에 이르기까지 行해야 하는 行者인 반면, 佛은 이미 果를 얻은 자로서 一切法속의 의혹(疑惑)들을 모두 끊었기에 알지 못하는 바가 하나도 없는 것으로, 그래서 佛이라

---

945)「若知一切種是得一切種智斷一切煩惱習。菩薩當得是法。佛以一念相應慧。知一切法已得阿耨多羅三藐三菩提。須菩提是爲菩薩佛之差別。譬如向道得果異。是二人俱爲聖人。如是須菩提。菩薩摩訶薩無礙道中行。是名菩薩摩訶薩。解脫道中無一切闇蔽是爲佛」(대정장 25. 718b)

이름하는 것이다」[946)

고 하며, 菩薩과 佛과의 차이점을 向道와 得果, 또는 未滿月(14日의 달)
과 滿月(15日의 달) 등으로 설명하고 있다.

　이상 위의 인용구를 종합해 凡夫와 二乘 그리고 菩薩과 佛의 差異点을
구별해 보면, <無上正等正覺>이 그 차이의 기준이 되는 것임을 확인할
수 있다.
　곧 凡夫나 二乘은 아직 無上正等正覺을 發하지 못했으므로 <未發者>
로, 菩薩은 發한 상태이므로 <發者>로, 佛은 이미 成就한 자이므로 <得
成就者>로 구별하고 있는 것이다.

3-4 『大智度論』에 있어 阿耨多羅三藐三菩提(無上正等正覺)의
　　　의미

　위에서 凡夫와 二乘 그리고 菩薩과 佛의 기준점이 다름 아닌 無上正等
正覺, 곧 阿耨多羅三藐三菩提(anuttarasaṃmyaksaṃbodhi)에 있음을
알았다.
　도대체 이것이 무엇이길래 이렇게 중요한 基準点이 되는 것일까?
논은 먼저 阿耨多羅(anuttara)에 대해서

---

946)「菩薩雖如實行六波羅蜜而未能周遍。未能入一切門。是故不名爲佛。若菩薩
　　已入一切種智門。入諸法實相中。以一念相應智慧得阿耨多羅三藐三菩提。斷
　　一切煩惱習。得諸法中自在力。爾時名爲佛。如月十四日十五日雖同爲月十四
　　日不能令大海水潮。菩薩亦如是。雖有實智慧清淨。未能具足諸佛法故。不能
　　動一切十方衆生。月十五日光明盛滿時。能令大海水潮。菩薩成佛亦如是。放
　　大光明能動十方國土衆生。此中佛自說譬喩。如向道得果雖同爲聖人而有差
　　別。菩薩亦如是。行者名爲菩薩。從初發心乃至金剛三昧。佛已得果。斷一切
　　法中疑無所不了故名爲佛」(대정장 25. 719b)

「阿耨多羅(anuttara)란 晉나라의 말로 無上이라고 번역한다. 무엇이 無上인가 하면 涅槃法이 無上이다. 佛은 이 涅槃을 他人으로부터 듣는 것이 아니라, 스스로 알고, 또 衆生을 引導하여 涅槃에 이르게 하기에, 諸法 가운데 涅槃을 無上이라 하는 것이며, 衆生 가운데 佛을 無上이라 하는 것이다. 또한 무답(無答)이라고도 번역한다.

  일체의 外道法은 능히 答하지도 못하고 깨뜨릴 수 있으며, 또 如實하지도 淸淨하지도 않으나, 佛法은 가히 答할 수도 깨뜨릴 수도 없으며, 一切의 言語道를 벗어나 진실로 淸淨한 까닭에 無答이라 하는 것이다」947)

또 논은 三藐三佛陀(saṃmyaksaṃbodhi)에 대해서

「무엇이 三藐三佛陀(saṃmyaksaṃbodhi)인가? 三藐(saṃmyak)이란 正이며, 三(saṃ)이란 遍이므로 <正遍知一切法>이라 이름하는 것이다.

무엇이 正遍知인가 四聖諦를 如實하게 아는 智를 말하며, 또한 一切諸法의 眞實相과 심행처멸(心行處滅)과 언어도단(言語道斷)인 <空性>을 아는 것을 말하며, 十方諸佛의 명호와 六道衆生의 명호와 일체중생의 過去世의 因緣과 未來世의 生處와 十方衆生의 心相과 業과 善根과 出世의 要道 등과 같은 一切諸法의 差別을 남김없이 아는 지혜를 말한다」948)

---

947)「復名阿耨多羅。秦言無上。云何無上。涅槃法無上 佛自知是涅槃不從他聞。亦將導衆生令至涅槃。如諸法中涅槃無上。衆生中佛亦無上(中略)復次阿名無。耨多羅名答。一切外道法可答可破。非實非淸淨故。佛法不可答不可破。出一切語言道。亦實淸淨故。以是故名無答(中略)」(대정장 25. 72b)

948)「云何名三藐三佛陀。三藐名正。三名遍。佛名知。是名正遍知一切法.　云何正遍知。答曰 知苦如苦相 知集如集相 知滅如滅相 知道如道相 是名三藐三佛陀。復次知一切諸法實不壞相不增不減。云何名不壞相。心行處滅言語道斷(中略)復次一切十方諸世界名號。六道所攝衆生名號。衆生先世因緣未來世生處。一切十方衆生心相。諸結使諸善根諸出要。如是等一切諸法悉知。是名三藐三佛陀」(대정장 25. 71c)

「初發心菩薩은 무엇을 念해야 합니까? 부처님께서 답하시기를 一切種智를 念해야 한다. 그 까닭은 一切種智야 말로 阿耨多羅三藐三菩提이며, 薩婆若(sarva-jñāna)이며 佛法이며 佛道로서 이들은 모두가 一切種智의 異名이기 때문이다」[949]

라하여, 阿耨多羅三藐三菩提(anuttarasaṃmyaksaṃbodhi)를 一切種智·正遍知·正等覺·等正覺·薩婆若(sarva-jñāna: 一切智) 등으로 해석하고 있다.

3-5 『大智度論』에 있어 菩提의 의미

이상 阿耨多羅三藐三菩提(無上正等正覺)의 의미에 대해 살펴보았다.
이하 菩提의 의미에 대해 알아보자. 논은

「菩提란 무슨 義인가? 하는 須菩提의 질문에 佛은 空·如·法性·實際·諸法實相이다」[950]

라 답변하고 있다.

여기서 이들의 의미를 확실히 하기 위해 이들의 의미를 논에서 찾아보니, 먼저 空에 대해 논은

「所得이 있다면 無上正等正覺이 아니다. 왜냐하면 無上正等正覺은 적멸

---

949)「是故問佛。初發心菩薩應念何等法。佛答。應念一切種智。一切種智者卽是阿耨多羅三藐三菩提。薩婆若佛法佛道皆是一切種智異名」(대정장 25. 654a)
950)「須菩提言。何義故名菩提。須菩提。空義是菩提義。如義法性義實際義是菩提義(中略)復次須菩提。諸法實相不誑不異是菩提義。以是故名菩提」(대정장 25. 655a)

상(寂滅相)이며 無所得이며 필경청정상(畢竟淸淨相)이기 때문이다」951)

「空은 畢竟淸淨한 것으로 부수어버릴 수도 또 무너뜨릴 수도 없는 것으로, 따라서 虛空처럼 희론(戲論)도 없는 것이다」952)

「畢竟空은 眞如이며 法性이며 실제(實際)이다」953)

「만일 法이 언제나 自性空이라면 그것은 法性과 眞如와 實際와 同一한 것이다」954)라 하고 있으며, 또 如·法性·實際에 대해서는

「무엇을 無上正等正覺이라 하는가? 一切法의 眞如相을 無上正等正覺이라 하는 것이다」955)

「眞如와 法性과 實際 이 셋은 하나이면서 셋이기도 하다. 이 셋은 모두가 諸法實相의 異名이기 때문이다」956)

「佛의 智慧는 畢竟空이며 眞如이며 法性이며 實際이며 無相으로 소위 寂滅相이다」957)라 하고 있으며, 또 諸法實相에 대해서는

951)「有所得相者。乃至無阿耨多羅三藐三菩提。所以者何。阿耨多羅三藐三菩提。寂滅相無所得相畢竟淸淨相」(대정장 25. 500a)
952)「空卽是畢竟淸淨不破不壞。無戲論如虛空」(대정장 25. 506a)
953)「畢竟空卽是如法性實際」(대정장 25.578c)
954)「若法常自性空。卽同法性如實際」(대정장 25. 495b)
955)「須菩提白佛言。世尊。何等是阿耨多羅三藐三菩提。佛言。一切法如相是名阿耨多羅三藐三菩提」(대정장 25. 583b)
956)「如法性實際是三事爲一爲異。若一云何說三。若三今應當分別說。答曰。是三皆是諸法實相異名」(대정장 25. 297c)
957)「佛智慧是畢竟空如法性實際無相所謂寂滅相」(대정장 25.654b)

「菩薩은 初發心부터 一切種智를 求하되, 그 중간에 있는 諸法의 實相을 아는 智慧가 바로 般若波羅蜜임을 알아야 한다. 곧 이 智慧는 佛이 得한 바의 智慧로서 眞實한 波羅蜜이기 때문이다. 곧 이 波羅蜜로 因하여 보살의 行爲 역시 波羅蜜이 되기 때문이다. 곧 因속에서 果를 설하는 연고로, 般若波羅蜜은 佛心中에 있는 것이기에, 그 이름을 바꾸어 一切種智라 이름하는 것이다」[958]

라 하고 있다. 곧 논은 空・如・法性・實際・諸法實相이야말로 菩提의 義로서, 佛이 증득한 깨달음의 내용이며, 보살이 닦아야 할 궁극적 목표로서, 그것은 法性인 般若波羅蜜이며 一切種智인 無上正等正覺이라고 설명하고 있다. 말하자면

「法寶야말로 無上正等正覺이다. 따라서 法寶가 없다면 佛寶도 없는 것이고, 佛寶가 없으면 僧寶도 없는 것이다. 곧 三寶가 없다면 一切諸法도 없는 것이다」[959]

라 한 논의 설명처럼, 논은 空・如・法性・實際・諸法實相을 내용으로 하는 法이야말로 佛과 僧의 根源이 되는 것으로, 그것을 이미 증득한 분이 佛이고 이제부터 증득해야 할 자가 다름 아닌 보살이고, 이제부터 증득해야 할 법이 다름 아닌 無上正等正覺이라고 강조하고 있다.

한편 참고로, 菩提心에 관한 密敎論書로서 불공삼장이나 그의 제자들의

---

958)「諸菩薩從初發心。求一切種智。於其中間知諸法實相慧是般若波羅蜜(中略)
佛所得智慧是實波羅蜜。因是波羅蜜故。菩薩所行亦名波羅蜜。因中說果故。
是般若波羅蜜在佛心中變名爲一切種智」(대정장 25. 190a)
959)「法寶卽是阿耨多羅三藐三菩提故。若無法寶則無佛寶。若無佛法則無僧寶。
若無三寶則無一切諸法」(대정장 25. 611a)

저작이라고 보여지는『菩提心論』960)의 <菩提心의 定義>를 보면,

「上根上智人 곧 外道나 二乘法을 거들떠보지도 않고 거기다 智悲勇의 三德을 갖추고 佛乘을 닦으려는 자인 菩薩은 반드시 無上正等正覺만을 求하고 다른 것은 구하지 않겠다는 發願을 한 자, 또 만다라속의 諸佛菩薩身과 유가를 통해 佛菩薩의 身을 이루려고 하는 자가 發菩提心者이다」961)

라 하면서, 菩薩의 자격과 보살이 지니고 있어야 할 菩提心이 어떤 것인지를 간결하면서도 쉽게 설명하고 있다.

3-6『大智度論』에 있어 菩提心의 위신력과 그 功德

「3종류의 보살이 있다. 利根의 사람이 마음이 견고한 상태에서 오래전부터 무량한 복덕과 지혜를 모았지만 아직 發心을 못 한 사람일지라도 佛로부터 大乘法을 듣고 菩提心을 발하여 六波羅蜜을 닦으면 菩薩位에 들어가 아비발취(불퇴전지)를 얻게되는 것이다. 그 이유는 이미 무량복덕을 모아 利根心이 견고하고 佛로부터 法을 들었기 때문이다. 그것은 마치 원행(遠行)을 하는 사람이 양을 타고 가거나 말을 타고 가거나 또는 신통력으로 가는 방법 등 3가지 方法이 있지만, 양을 타고 가는 사람은 가장 늦고, 말을 타고 가는 사람은 중간이고, 神通力을 얻은 사람은 생각을 내자마자 곧 도착하는 것과 같은 이유이다. 곧 菩薩은 神通力을 얻은 자와 같아서, 菩提心을 發한 즉시 菩薩位에 들어가게 되는 것이다」962)

---

960) 본문에 설해진 語句內容 (大廣智阿闍梨云)이나 思想 (三密瑜伽・五相成身觀・曼茶羅思想)으로 보아 龍樹菩薩의 著作이 아닌 것은 분명하다. 아마 이 論書의 권위를 높이기 위해 不空三藏의 門下生이 지은 후 그것을 용수보살에 假託시킨 것이거나, 아니면 明本의 "大阿闍梨云"에 따라, 대아사리인 恩師 金剛智의 설을 不空三藏이 集錄한 것이라 볼수 있을 것이다. 졸고「密敎의 修行-『菩提心論』을 중심으로 -」『정토학연구』 2008.

961)『菩提心論』(대정장 32. 572b)

962)「釋曰。有三種菩薩。利根心堅未發心。前久來集諸無量福德智慧。是人遇佛

라 하면서, 發菩提心의 공덕을 마치 신통력을 얻은 자에 비유하면서 설명하고 있다. 한편 發菩提心의 功德에 대해 『華嚴經』은

「선재동자여! 너는 이미 無上正等正覺心을 發했으니 오직 一切佛法만을 求하고 一切世間을 요익(饒益)하게 하고 一切衆生을 구호해야한다. 菩提心이란 일체 모든 佛法을 出生시키므로 一切諸佛의 <種子>가 되는 것이며, 衆生을 키워내는 淸淨法이기에 <좋은 밭(良田)>이 되는 것이며, 능히 一切의 모든 世間을 지켜주므로 <大地>가 되는 것이다. 이처럼 菩提心은 一切諸佛菩薩이 지은 모든 功德과 無量功德을 성취하고 있는 것이다. 그 까닭은 이 菩提心으로 인해서 一切 모든 菩薩行이 出生하는 것이고, 三世諸佛 또한 正覺을 성취했기 때문이다」[963]

라 하면서, 무려 122개의 비유를 들어 설명하고 있다.[964]

聞是大乘法。發阿耨多羅三藐三菩提心。卽時行六波羅蜜。入菩薩位得阿鞞跋致地。所以者何。先集無量福德。利根心堅從佛聞法故。譬如遠行。或有乘羊而去。或有乘馬而去。或有神通去者。乘羊者久久乃到。乘馬者差速。乘神通者發意頃便到。如是不得言發意間云何得到。神通相爾不應生疑。菩薩亦如是。發阿耨多羅三藐三菩提時卽入菩薩位」(대정장 25. 342b~c) 이 부분은 「【經】舍利弗。有菩薩摩訶薩。初發意時行六波羅蜜。上菩薩位得阿毘跋致地。舍利弗。有菩薩摩訶薩。初發心時便得阿耨多羅三藐三菩提轉法輪。與無量阿僧祇衆生作益厚已入無餘涅槃。是佛般涅槃後餘法」이란 『大品般若』의 經句에 대한 답변 내용이다.

963) 「童子。乃能發阿耨多羅三藐三菩提心。專求一切佛法。饒益一切世間。救護一切衆生(中略)菩提心者。則爲一切諸佛種子。能生一切諸佛法故。菩提心者。則爲良田。長養衆生白淨法故。菩提心者。則爲大地。能持一切諸世間故(中略)佛子。菩提心者。如是無量功德成就。悉與一切諸佛菩薩諸功德等。何以故。因菩提心。出生一切諸菩薩行。三世諸佛成正覺故」(대정장 9. 775b~776c)

964) 菩提心의 비유는 『華嚴經』에 따라 숫자가 다르다. 곧 40권 (대정장 10. 825a)은 122개, 60권 (대정장 9.775b)은 117개, 80권 (대정장 10. 429b)은 116개의 비유를 각각 제시하고 있다.

第4 『大智度論』 이후 菩提心思想의 展開

앞서도 언급했지만 般若思想(般若와 波羅蜜)을 기반으로 하여 大乘의 교리및 실천을 설하고 있는 것이 바로 『大智度論』이다.

따라서 이 논서의 중심테마는 無上正等正覺과 衆生救濟를 이상으로 삼고 現世에서 그것을 실현하기 위해 부단히 노력하는 자인 보살상(菩薩像), 말하자면 菩薩이란 무엇이며, 어떻게 살아야 참다운 보살이라 할 수 있는 것인가에 대한 것이다.

여기에 본고의 主題인 菩提心이 중요한 이슈로 등장하게 되는 당위성도 도사리고 있는 것이다. 따라서 이러한 大乘佛敎理念의 최첨단에 서서 菩薩思想을 이끌고 간 것이 바로 『大智度論』인 것이며, 따라서 이후에 저작된 대승경론들은 거의 모두가 이 논을 본보기로 하면서 사상을 펴나갔던 것이다. 이 논의 저자인 龍樹菩薩을 八宗의 祖師로 추앙하는 것도 바로 이 때문이다.

菩提心에 대한 定義나 그 功德 등에 대해 순수하게 해석해 놓은 것이 『大智度論』이지만, 이후 전개되는 대승의 중기 및 후기의 밀교경론은 『大智度論』의 설을 기본으로 하면서, 여기에 살을 붙이고 양념을 가하여 전개시킨 것이다.

이에 先學者들이 연구해 놓은 자료들을 기초로 하여 菩提心思想의 전개과정을 종합해보면, 菩提心思想은 『大乘莊嚴經論』 → 『無上依經』 → 『佛性論』 → 『寶性論』 → 『大乘法界無差別論』 → 『菩薩地持經』 → 『大方等大集經』 → 『大日經』 → 『守護國界主陀羅尼經』 → 『大日經疏』 → 『廣釋菩提心論』 → 『菩提心論』 등의 순으로 전개·발전된 것으로 고찰된다.965)

이에 이들 경론들이 설하는 菩提心의 내용들을 살펴보면서, 菩提心思想의 展開相의 개요를 간단히 정리해 보려고 한다.

4-1 中期大乘經論과 菩提心

大乘中期經論중 비교적 初期에 著作된 『大乘莊嚴經論』의 <發心品>과 <歸依品>에는 각각

「發菩提心이 수승한 것은 4가지 이유 때문이다. 첫째는 <種子의 殊勝>으로 大乘에 대한 믿음을 種子로 삼기 때문이다. 둘째는 <生母의 殊勝>으로 般若波羅蜜을 生母로 삼기 때문이다. 셋째는 <胎藏의 殊勝>으로 大禪定을 胎藏으로 삼기 때문이다. 넷째는 <乳母의 殊勝>으로 大悲를 乳母로 삼아 長養하기 때문이다」[966]

라 하여, 發菩提心이 殊勝한 이유를, 「信大乘爲種子, 般若波羅蜜爲生母, 大禪定爲胎藏, 大悲爲乳母」라고 제시하고 있으며, <歸依品>에도

「菩薩이 善生(菩提)을 얻는데는 4가지 이유 때문이다. 첫째는 種子의 殊勝으로 菩提心을 種子로 삼기 때문이다. 둘째는 生母의 수승으로 般若波羅蜜을 生母로 삼기 때문이다. 셋째는 胎藏의 수승으로 福과 智 이

---

965) 壁瀨灌雄「大日經三句段의 註釋的研究」『日本佛教學年報』20권,1954년, 賴富本宏「菩提心覺え書き」『種智院大學密敎學』10號 1973年), 勝又俊敎「菩提心展開論의 系譜」『印度佛敎學研究』9-1, 松長有慶「大乘思想의 儀軌化」『密敎文化』97호, 1971年. 松長有慶「密敎における菩提心思想의 展開」『佛敎思想史對論』pp. 261~283등이 있다. 또한 본문에 引用한 經典의 順序는 經典成立의 순서이기도 하다.

966)「釋曰。生勝由四義者。一種子勝。信大乘法爲種子故。二生母勝。般若波羅蜜爲生母故。三胎藏勝。大禪定樂爲胎藏故。四乳母勝。大悲長養爲乳母故」<發心品> (대정장 31. 596b)

두 가지를 胎藏으로 삼기 때문이다. 넷째는 乳母의 수승으로 大悲를 乳母로 삼아 長養하기 때문이다」967)

라 하여, 菩提를 얻을 수 있는 네가지 殊勝함을
「菩提心爲種子, 般若波羅蜜爲生母, 福智爲胎藏, 大悲爲乳母」
라고 제시하고 있으나, 이는 앞의 <發心品>에서 제시하고 있는 것과 동일한 내용으로서, 두 문장중 세 번째에 제시한 禪定과 福智만이 다를 뿐 그 내용이나 전체의 페턴과 思想의 構造는 같은 것임을 알 수 있다.
또 『無上依經』에는

「아난아! 無上菩提의 作因을 얻는데 4가지가 있다. 첫째는 기쁨으로 願을 세워 大乘法을 수습(修習)하는 것이며, 둘째는 般若波羅蜜을 修習하는 것이며, 셋째는 破虛空의 三昧門을 修習하는 것이며, 넷째는 如來大悲를 修習하는 것이다」968)

라 하여, 無上菩提를 얻는 因으로「修習大乘法, 修習般若派羅蜜, 修習破虛空三昧, 修習大悲」를 제시하고 있으나, 이것 또한 앞의 『大乘莊嚴經論』과 그 내용이나 思想의 構造에 있어 동일한 것임을 알 수 있다. 곧 修習이란 단어를 순서대로 種子·生母·胎藏·乳母란 단어로 바꾸기만 하면 두 경전은 똑같아 지는 것으로, 『無上依經』은 실천행을 강조하기 위하여, 고의로 修習이란 단어로 변환시켰던 것이다.

---

967)「菩薩善生有四義。一者種子勝。以菩提心爲種子故。二者生母勝。以般若波羅蜜爲生母故。三者胎藏勝。以福智二聚住持爲胎藏故。四者乳母勝。以大悲長養爲乳母故」<歸依品> (대정장 31. 593b)
968)「阿難。有四種法爲得無上菩提作因。何者爲四。一者願樂修習摩訶衍法。二者修習般若波羅蜜。三者修習破虛空三昧門。四者修習如來大悲」 (대정장 16. 471a)

『佛性論』에는

「네가지 종류의 因이 있다. 이것은 능히 네가지 장애를 제거할 뿐만 아니라 如來性을 얻는 義이기도 하다. 첫째는 大乘을 즐겁게 믿는 것이며, 둘째는 無分別般若이며, 셋째는 破虛空三昧이며, 넷째는 보살의 大悲이다. 이 네 가지를 因으로 삼고 修習함에 의해 無上法身과 淸淨波羅蜜에 도달할 수 있는 것이므로, 이를 일러 淸淨의 因인 <佛性>이라 이름하는 것이며, 이와 같이 行하는 자를 일러 佛子라고 하는 것이다.
그럼으로 佛子가 되기 위해서는 因·緣·依止·成就등의 4가지 義가 갖추어져 있어야 한다. 곧 이 佛性은 如來家에 태어나는 因이 되는 것이기 때문이다. 곧 因이란 아버지이며, 緣이란 어머니이며, 依止란 胎이며, 成就란 乳母라 할 수 있는 것으로, 따라서 보살은 이 4가지 義로 인해서만 佛子란 이름을 얻을 수가 있는 것이다」969)

라 하여, 如來家에 태어날 수 있는 조건으로, 「信大乘爲因(父=種子) 般若爲緣(母) 破虛空三昧爲依止(胎) 大悲爲成就(乳母)」를 제시하고 있으나, 이 역시 상기 경전들과 동일한 내용과 구조를 지니고 있음을 볼 수 있다. 곧 『佛性論』은 상기 경전들의 페턴이라 할 수 있는 <種子·生母·胎藏·乳母>란 단어 대신에 <因·緣·依止·成就>를 사용했을 뿐, 이들이 의미하는 내용은 동일하기 때문이다.

---

969)「復次有四種因。能除四障。得如來性義應知。四因者。一信樂大乘。二無分別般若。三破虛空三昧。四菩薩大悲。(중략)以信樂等四種爲因。令諸菩薩修習此因。得至無上法身淸淨波羅蜜。是名佛性淸淨因。如是之人。得名佛子。是故佛子有於四義。一因。二緣。三依止。四成就。(중략)　是佛性爲應得家因故。一因如父身分。二緣如母。三依止如胞胎。四成就如乳母故。諸菩薩由此四義。名爲佛子」(대정장 31. 797a~798a)

한편 『寶性論』은

「諸佛에 수순(隨順)하는 法의 아들만 佛家에 태어나는 것이다. 곧 大乘
은 믿음을 種子로 삼고, 般若를 生母로 삼고, 禪定을 胎로 삼고, 大悲를
젖으로 삼는 것으로, 이런 자야말로 諸佛의 實子(大乘菩薩)라 하는 것이
다」970)

라 하여, 대승보살(諸佛實子)이 되기 위한 자격으로,「信爲種子·般若爲
生母·禪定爲胎·大悲爲乳(母)」를 제시하고 있다.

또 『大乘法界無差別論』에는
「菩提心의 果, 곧 菩提는 무엇을 因으로 하는 것인가? 그것은 믿음을
種子로 삼고, 般若를 生母로 삼고, 三昧를 胎藏으로 삼고, 大悲를 乳母
로 삼는 것이다」971)

라 하여, 菩提心果의 因, 곧 菩提를 얻게하는 因으로서,「信爲種子·般
若爲生母·三昧爲胎藏·大悲爲乳母」를 제시하고 있으나, 이 경전 역시
앞에서 살펴본 것과 같이 定型化된 내용과 構造속에서 제시하고 있음이
확인된다.

한편 菩薩이 지녀야 할 사항을 中心主題로 삼고 있는 『菩薩地持經』에는

---

970)「此是諸佛隨順法子於佛家生。是故偈言 大乘信爲種子 般若以爲母 禪胎大悲
乳 諸佛如實子」(대정장 31. 829b)
971)「菩提心果。云何此因。頌曰 信爲其種子 般若爲其母 三昧爲胎藏 大悲乳養
人復次云何此因積集。應知如轉輪王子。其中於法深信爲菩提心種子。智慧通
達爲母。三昧爲胎藏。由定樂住一切善法得安立故。大悲爲乳母。以哀愍衆
生。於生死中無有厭倦。一切種智得圓滿故」(대정장 31. 892b)

「初發心은 波羅蜜의 소섭(所攝)이다. 이것에 의해 점차 無上正等正覺을 얻을 수 있기 때문이다. 初發心은 菩提의 根本이다. 이것에 의해 모든 무량고(無量苦)를 받고 있는 衆生을 보고 悲心을 일으켜 그들을 도탈(度脫)시키려 하기 때문이다. 곧 初發心은 大悲의 소의(所依)이다. 初發心은 菩薩學의 所依이다」972)

「무엇이 一切의 佛法을 安住하게 하는 根本인가? 선남자여! 菩提心이야 말로 一切佛法을 安住하게 하는 根本이다. 그것은 一切法이 菩提心에 安住하며, 菩提心으로 인해 증장(增長)을 얻기 때문이다」973)

라 하여, 初發心(菩提心)이야 말로 大乘을 섭취(攝取)하는 것이며, 佛法의 根本으로서 모든 법은 이 菩提心으로 인해 安住하고 增長되는 것이며, 波羅蜜을 모두 攝하는 것이 되고, 菩提의 根本이 되며, 大悲의 의지처로서, 菩薩學의 의지처가 된다고 하면서 初發心의 중요성을 역설하고 있다.

특히 『大集經』은 약 1페이지에 해당하는 많은 분량을 할애하면서, 菩提心이 무엇인지, 그것은 어떠한 功能을 지니고 있는지, 말하자면 그것이 지니고 있는 다라니적(陀羅尼的) 성격의 神秘力을 128개의 제목을 들어 폭 넓게 설명하면서,974) 마지막 부분에서

972)「是故初發心度之所攝。發是心已。漸得阿耨多羅三藐三菩提。是故初發心是菩提根木。發是心已。見諸衆生受無量苦。而起悲心欲度脫之。是故初發心是大悲所依。依初發心建立菩薩菩提分法。及衆生所作菩薩所學悉能修習。是故初發心是菩薩學之所依」(대정장 30. 889c)
973)「爾時衆中有一菩薩名曰寶手。問虛空藏菩薩言。希有善男子。一切諸法及如來法。甚深難測不可思議。又善男子。何謂安一切佛法根本耶。虛空藏菩薩答寶手言。善男子。菩提心是安一切佛法根本。一切法住菩提心故。便得增長」(대정장 13. 120a)
974)「善男子。菩提心爲二法所攝得不忘失速至不退轉地」(대정장 13. 120a~121a)

「보살은 大乘經典을 듣고 반드시 無上正等正覺을 發한 후 퇴전(退轉)하는 일 없이 大乘에 安住하여야 한다. 세존 역시 이 無上菩提心으로 인해 大悲를 일으키시고 大方便을 일으키셨기 때문이다」[975]

라 하여, <發菩提心과 大悲와 方便>을 설하고 있는데, 이곳에 비록 <因·根·究竟>이라는 문구는 보이지는 않지만 마치 『대일경』의 三句法門(菩提心爲因 大悲爲根 方便爲究竟)에 해당되는 것으로 간주되어 주목된다.

한편 大乘後期인 密敎經論에 들어오면, 菩提心思想은 더욱 발전하게 되는 것으로, 모든 佛法의 根本으로서 확고하게 자리 잡게 되며, 또 하나의 특징으로서 方便의 중요성이 강조된다.

---

975)「當得聞於大乘經典。發阿耨多羅三藐三菩提心安住不退。爾時世尊以大悲故起大方便」『大方等大集經』(대정장 13. 14a)

4節 『大乘法界無差別論』과 菩提心

- 菩提心 전반에 대한 종합적 해설서 -

菩提心 전반에 대한 종합적 해설서라고 해도 과언이 아닐 만큼, 菩提心 展開史 연구에 있어 절대로 빼놓을 수 없는 논이 있으니, 다름 아닌 中期大乘經論中 비교적 늦게 성립되었다고 보여지는 『大乘法界無差別論』이다.[976] 곧 논은 그 서두에서부터

「菩提心云何果。云何因云。云何自性。云何異名。云何無差別。云何分位。云何無染。云何常恒。云何相應。云何未成正覺。云何不作義利。云何作義利。云何一性」

이라 하면서, 主題인 菩提心에 대해 <13가지의 질의>를 던진 후, 스스로 그 질의에 응답하는 소위 자문자답의 형식을 취하면서, 여러 각도에서 菩提心을 분석하고 있기 때문이다.

 앞서 본 논을 소개하면서 '菩提心 전반에 대해 설해놓은 종합적 해설서'라고 평가한 것도 바로 이러한 논의 태도 때문이며, 이 논을 살펴보고자 하는 이유도 바로 여기에 있는 것이다.

 이하 논의 고찰을 통해, 앞에서 논한 菩提心 전개의 全體相에 대한 종합적 결의(結義)로 대신할 것이다.

---

976) 開元錄에 의하면 『大乘法界無差別論』은 則天武后 天授 2年 大周東寺에서 提雲般若에 의해 번역되었으며, 華嚴의 제 3祖인 賢首法藏의 疏및 序가 남아있다. 본론의 主題는 菩提心으로 菩提心을 13항목으로 나누어 觀察한 것으로, 衆生으로하여금 菩提心을 發하여 差別界로부터 無差別로 돌아가게 하고 如來藏을 開發하여 客塵煩惱를 滅盡하고 涅槃妙果를 얻게 하는데에 있다.

곧 논이 설하는 <13가지 질의 응답>중 중요하다고 생각하는 것들 몇 가지를 골라, 菩提心이란 무엇인지? 또 그 特性은 무엇인지? 또 무상정등정각을 목표로 하는 보살은 어떠한 삶을 살아야 하는지 등을 살펴보면서, 菩提心에 대한 개념이나 실천행법들이 어떻게 형성·발전·전개되었는지, 말하자면 <보리심의 전개사>의 해답으로 대치할까 한다.

논은 먼저 <菩提心의 果>에 대해 설하고 있다. 살펴보자

「菩提心은 諸佛만이 증득하는 최적정(最寂靜)의 열반계(涅槃界)이다. 그 까닭은 오직 佛如來만이 능히 그것도 영원히 일체의 번뇌열병을 멸진시킬 수 있기 때문이다. (이하 요점만 취함), 菩提心의 果는 무생(無生)·무노(無老)·무병(無病)·무사(無死)·무고(無苦)·무과실(無過失)한 것으로, 불사의한 법신(不思議法身)과 다름이 없다.
  곧 菩提心은 一切世間의 善의 씨앗을 生長시키는 의지처이므로 <대지(大地)>와 같으며, 一切聖法의 진보(珍寶)를 모으는 처소가 되므로 <바다>와 같으며, 一切의 보리수(菩提樹)를 出生시키고 상속시키는 인자가 되므로 <種子>와 같은 것이다」977)

라 하여, 菩提心의 果를 大地·海·種子 등으로 비유하며 설명하고 있다.

논은 또 菩提心의 因子로서, 믿음(信)과 般若와 三昧와 大悲 4가지를 들고 있다. 곧 논은

---

977)「何者名爲菩提心果。謂最寂靜涅盤界。此唯諸佛所證。非餘能得。所以者何。唯佛如來能永滅盡一切微細煩惱熱故。(중략)菩提心如地。一切世間善苗生長所依故。如海一切聖法珍寶積聚處所故。如種子一切佛樹出生相續之因故」(대정장 31. 892b)

「무엇이 菩提心의 因子인가? 믿음이 菩提心의 種子이며, 般若는 어머니이며, 三昧는 태(胎)이며, 大悲는 유모(乳母)이다.

무엇을 닦고 닦아야 菩提心을 얻을 수 있는 것인가? 마치 전륜왕자인 싣달타 태자처럼 行해야 한다. 곧 심신(深信)이야말로 菩提心의 種子가 되는 것이며, 智慧의 통달인 般若는 어머니가 되며, 一切의 善法에 住하며 안락을 얻게하는 三昧는 태장(胎藏)이 되며, 衆生을 불쌍히 여기면서 生死속에서도 권태를 느끼지 않고 또 일체종지(一切種智)를 원만히 얻게 하는 大悲心은 乳母가 되는 것이다」[978]

라 하면서, 지비(智悲)구족의 如來 내지는 自性이 청정하다는 <믿음>속에서, 일체개공(一切皆空)임을 아는 <般若>와, 흔들림 없는 <禪定>과, 衆生을 애민히 생각하는 <大悲心>, 이 4가지야 말로 發菩提心者가 갖추어야 할 조건이 됨을 역설하고 있다.

이러한 <四種菩提心>의 형태는 앞서도 지적한 바 있듯이, 그 연원을 『大乘莊嚴經論』에 두는 것으로, 이후 『無上依經』『佛性論』『寶性論』과 『大乘法界無差別論』『大方等大集經』『大日經』『守護國界主陀羅尼經』『菩提心論』등의 맥을 통하여 유지·발전해 내려왔던 것이다.

뒤이어 논은 <菩提心의 自性>으로 리염청정상(離染淸淨相)과 백법소성상(白法所成相)을 거론하면서,

---

978)「云何此因。頌曰　信爲其種子　般若爲其母　三昧爲胎藏　大悲乳養人(中略)
　　深信爲菩提心種子。智慧通達爲母。三昧爲胎藏。由定樂住一切善法得安立
　　故。大悲爲乳母。以哀愍衆生。於生死中無有厭倦。一切種智得圓滿故。復次
　　云何此因積集。應知如轉輪王子。其中於法深信爲菩提心種子。智慧通達爲
　　母。三昧爲胎藏。由定樂住一切善法得安立故。大悲爲乳母。以哀愍衆生。於
　　生死中無有厭倦。一切種智得圓滿故」(대정장 31. 892b)

「菩提心에는 離染淸淨相과 白法所成相이라고 하는 2-가지의 相이 있다. <離染淸淨相>이라는 것은 菩提心이 객진번뇌(客塵煩惱)에 덮여있지만 본래 그 自性이 물들지 않는 성품, 곧 번뇌에 물들지 않는 菩提心의 상을 말하는 것이며, <白法所成相>이라 하는 것은 본래 淸淨한 菩提心을 말하는 것으로, 때문에 모든 善法의 의지처가 되고, 淸淨의 본성(本性)을 이루게 하는 것을 말한다」[979]

라 하여, 무차별자성심(無差別自性心)과 자성청정심(自性淸淨心), 이 두 가지 마음은 모든 衆生이 태어날 때부터 지니고 있는 本來의 自性인데, 이것이 다름 아닌 菩提心이라고 설명하고 있다.

또한 논은 菩提心을 <如來法身> 또는 <法界>라고도 부른다고 하면서, 그 이유로

「이 菩提心은 영원히 일체의 객진과오(客塵過誤)를 벗어 버렸으며, 一切의 공덕 또한 버리지 않고 성취하여 四種의 최상바라밀(最上波羅蜜)을 얻었기 때문에, 그래서 如來法身이라고 하는 것으로, 또 (이러한 淸淨의 法性을) 달리 法界라고도 이름한다」[980]

고 하여, 菩提心이 객진(客塵)인 일체의 번뇌를 영원히 벗어나 있을 뿐

---

[979]「云何自性此菩提心有二種相。謂離染淸淨相。白法所成相。離染淸淨相者。謂卽此心自性不染。又出客塵煩惱障得淸淨(中略)如是一切衆生自性無差別心(中略) 白法所成相者。謂如是自性淸淨心。爲一切白法所依。卽以一切白淨法而成其性」(대정장 31. 892c)

[980]「云何異名。(中略) 此菩提心。永離一切客塵過惡。不離一切功德成就。得四種最上波羅蜜。名如來法身。如說世尊如來法身。卽是常波羅蜜。樂波羅蜜。我波羅蜜。淨波羅蜜。如來法身卽是客塵煩惱所染自性淸淨心差別名字。又如說。舍利弗。此淸淨法性卽是法界。我依此自性淸淨心。說不思議法」(대정장 31. 892c)

만 아니라, 상락아정(常樂我淨)이라는 4종의 最上의 波羅蜜까지도 지니고 있다고 하면서, 그래서 菩提心을 달리 如來法身이니 淸淨法性의 法界라고 하는 것이라 역설하고 있다.

또한 논은 菩提心이 지니고 있는 平等性인 無差別性을, 無作性(無爲)·無初性(無起)·無盡性(無滅)·無染性(自性淸淨)·空性(無我)·無形相性(無根)·聖所性(大聖境界)·所依性(依支)·非常性(非常雜染)·非斷性(非斷淸淨)등의 10가지로 나누어 설명하면서,981)이를 <菩提心의 十種 無差別性>이라 이름하고 있다.

논은 또 菩提心의 현재의 존재태를 衆生·菩薩·如來 등 3가지 형태로 나누어 설명하면서, 이를 菩提心이 지니는 分位性 <無差別속의 差別性>이라 이름하고 있다. 곧

「菩提心인 如來法身이 수많은 번뇌에 덮여 있어, 때문에 생멸유전(生滅流轉)을 되풀이 하고있는 것을 일러 <衆生의 菩提心인 如來藏心>이라 하는 것이며, 如來法身이 生死에 유전(流轉)하면서 苦를 받는 것을 싫어하여 모든 욕심을 버리고 十-波羅蜜과 菩提를 求하기 위해 菩薩行을 닦는 것을 일러 <菩薩의 菩提心>이라 하는 것이며, 如來法身이 번뇌장(煩惱障)으로부터 해탈하여, 一切의 고통으로부터 벗어나 一切의 煩惱障과 소지장(所知障)을 영원히 제거하여 淸淨을 얻어 그로 인해 무장애(無障碍)와 무착심(無着心)의 경계에 들어 갈 수 있는 自在力을 얻게 된 것을

---

981)「云何無差別。復次此菩提心。在於一切衆生身中。有十種無差別相。所謂無作以無爲故。無初以無起故。無盡以無滅故。無染濁以自性淸淨故。性空智所知以一切法無我一味相故。無形相以無諸根故。聖所行以是佛大聖境界故。一切法所依以染淨諸法所依止故。非常以是雜染非常法性故。非斷以是淸淨非斷法性」(대정장31. 892c~893a)

일러 <如來의 菩提心>이라 한다」982)

고 하면서, 菩提心 自體는 本來 差別이 없는 平等한 것이지만, 현재의
삶의 존재 상태에 따라 서로 다른 모습을 취하게 되는 것이라는 소위
<無差別속의 差別相>을 설하고 있다. 곧 언제나 淸淨하지 못한 모습을
취하고 있는 것이 衆生界이며, 비록 염(染)속에 있지만 물들지 않고 淸
淨한 모습을 취하고 있는 것이 菩薩의 모습이며, 언제나 淸淨한 모습을
유지하고 있는 것이 如來의 모습이라고 정리하고 있다.

이렇게 삶의 존재 상태에 따라 서로 다른 모습을 취하는 菩提心의 특징
인 無差別속의 差別性을 설한 논은 뒤이어 반전을 보이며,

「衆生界는 法身과 다르지 않고, 法身 또한 衆生界와 다르지 않는 것으
로, 때문에 衆生界가 곧 法身이요, 法身이 곧 衆生界인 것이다. 곧 이름
만 다를 뿐이지 그 義는 하나도 다르지 않은 것이다」983)

라 하면서, 그렇지만 앞에서의 衆生이다 法身이다 하는 이러한 差別은
이름만 다를 뿐이지, 그 바탕은 하나로 똑같은 것이라며, 「중생계=법신

---

982)「云何分位。頌曰 不淨衆生界 染中淨菩薩 最極淸淨者 是說爲如來 復次此菩
提心。無差別相故。不淨位中名衆生界。於染淨位名爲菩薩。最淸淨位說名如
來。如說。舍利弗。卽此法身。爲本際無邊煩惱藏所纏。從無始來生死趣中生
滅流轉。說名衆生界。復次舍利弗。卽此法身。厭離生死漂流之苦。捨於一切
諸欲境界。於十波羅蜜及八萬四千法門中。爲求菩提而修諸行。說名菩薩。復
次舍利弗。卽此法身。解脫一切煩惱藏。遠離一切苦。永除一切煩惱隨煩惱
垢。淸淨極淸淨最極淸淨。住於法性。至一切衆生所觀察地。盡一切所知之
地。昇無二丈夫處。得無障礙無所着一切法自在力。說名如來應正等覺。是故
舍利弗。衆生界不異法身。法身不異衆生界。衆生界卽是法身。法身卽是衆生
界。此但名異非義有別」(대정장 31. 893a)
983)「是故舍利弗。衆生界不異法身。法身不異衆生界。衆生界卽是法身。法身卽
是衆生界。此但名異非義有別」(대정장 31. 893a)

이며, 법신=중생계」라고 하는 일대의 반전(反轉)을 보이고 있다.

또 논은 菩提心이 지니는 특성의 하나인 무염성(無染性)에 대하여

「마치 태양이 구름에 덮여있어도 언제나 淸淨한 것처럼, 菩提心 또한 이와 같아서, 비록 현재는 淸淨하지 못한 수없이 많은 煩惱에 둘러싸여 있다 할지라도 절대로 물들지 않는 것으로, 그 이유는 이들 不淨의 煩惱들은 어디까지나 外部에서 잠시 들어 온 손님(客塵煩惱)들이기 때문이다」[984]

라 하며, 菩提心을 둘러싸고 있는 번뇌를 외부에서 들어 온 객진번뇌(客塵煩惱)라 설명하고 있다. 논은 또 菩提心이 지니는 특성인 불변성(不變性), 곧 菩提心의 항상성(恒常性)에 대하여

「마치 허공이 겁화(劫火)에 불타고 있다 할지라도 허공이 해(害)를 입지 않는 것처럼, 如來藏인 菩提心 또한 비록 生老病死에 처해 있다고 하더라도 언제나 변함이 없는 것으로, 거기에는 生老病死도 없고 또 없어지거나 일어나지도 않는 것이다. 곧 菩提心은 유위상(有爲相)에서 벗어나 언제나 적정상주(寂靜常住)하는 것으로, 절대로 변하거나 끊어지지 않는 것이다」[985]

라 하면서, 비록 현재는 有爲相에 처해 있다 하더라도 절대로 물들지 않고 언제나 淸淨性과 적정성(寂靜性)을 지니고 있는 것이라 설명하고 있다.

---

984)「云何無染。(中略)於不淨位中。現有無量諸煩惱。而不爲染。譬如日輪爲雲所覆而性常淸淨。此心亦爾。彼雜煩惱但爲客故」(대정장31. 893a)
985)「云何常恒。(中略)於此現有生老死。而言是常。譬如虛空雖劫災火起不能爲害。法界亦爾。(中略)非如來藏有生老死若沒若起。世尊。如來藏過有爲相。寂靜常住不變不斷故」(대정장 31. 893b)

논은 또 菩提心이 지니는 특성인 淸淨과 상응하는 성품(性品)에 대하여

「마치 등(燈)과 그것이 내는 光明과 色, 이 셋이 서로 다른 것이 아닌 것처럼, 法性도 이와 같아서 煩惱와는 서로 떨어져 있는 것이다. 그 까닭은 煩惱는 어디까지나 손님(客)이기 때문이다. 이와 달리 菩提心은 언제나 淸淨法과 相應하는 것이다. 그 이유는 菩提心이 무구법(無垢法=淸淨法)과는 空하지 않고 서로 相應하는 性品을 지니고 있기 때문이다」986)

고 하면서, 菩提心이 비록 煩惱와 함께 있다고 해도 물들지 않는 이유를 그것이 지닌 淸淨과의 상응성(相應性) 때문이라 설명하고 있다. 또 논은 菩提心이 지니는 특성인 이러한 相應性은 菩提心이 지니는 두 가지 智 (성품)때문이라고 설명하고 있다. 곧 논은

「如來藏인 菩提心에는 공성지(空性智)와 불공성지(不空性智)의 두 가지 성품이 있다. 곧 <空性智>란 一切의 煩惱를 끊어 없애버려 해탈을 얻게 하는 智를 말하며, <不空性智>란 어떤 일이 있어도 절대로 不可思議 佛法과는 떨어지지 않고 항상 相應하는 智를 말한다」987)

고 하면서, 菩提心이 지니는 <空性智>와 <不空性智>란 2-가지 성품을, 마치 如來藏의 2-가지 공능인 <空如來藏>과 <不空如來藏>처럼 설명하고 있다.

또 논은 이러한 두 가지 智慧(성품)를 가지고 있으면서도 淸淨法身이 되

---

986)「云何相應。頌曰 如光明熱色 與燈無異相 如是諸佛法 於法性亦然 煩惱性相離 空彼客煩惱 淨法常相應 不空無垢法」(대정장 31. 893b)
987)「云何未成正覺。有二種如來藏空智。何等爲二。所謂空如來藏。一切煩惱若離若脫智。不空如來藏。過恒河沙不思議諸佛法不離不脫智」(대정장 31. 893b)

지 못하는 이유에 대해, <운하부작의리(云何不作義理)>라 질문을 던지면서, 이에 답변하기를,

「중생법신(衆生法身)이라고도 이름하는 菩提心은 諸佛이 지닌 功德과 相應하고 있는 것인데, 무슨 이유로 중생에게는 이러한 如來의 德用이 作用하지 않는 것인가? 그것은 아직 피지 않은 연꽃처럼 여러 가지 악견(惡見)들이 둘러싸여 있기 때문이며, 마치 먹구름에 덮여있는 허공처럼 탐진치(貪瞋痴)등의 두터운 煩惱에 덮여있기 때문이며, 아직 뜨지 않은 太陽처럼 無明이라고 하는 습기(習氣)중에 있기 때문이다」[988]

고 설명하면서, 그 이유를 탐진치(貪瞋痴)등의 번뇌 때문이라고 설명하고, 뒤이어 <云何作義理>라 질문하고 대답하기를, 어떻게 하면 중생이 모든 煩惱를 떨쳐버리고 無上正等正覺을 얻을 수 있는지, 그 과정과 그 결과를 설명하고 있다. 곧

「清淨法身이란 중환(衆患)인 客塵煩惱를 멀리 떨쳐버린 자, 말하자면 자성공덕(自性功德)을 성취한 자를 말하는 것으로, 이를 일러 <如來應正等覺者>라 하는 것이다. 곧 청정법신(清淨法身)이 되면 항상 적정(寂靜)과 청량(清凉)의 不可思議한 涅槃世界에서 안락을 누리고, 一切衆生의 앙망(仰望)을 받으며, 그들의 귀의처가 되는 것이다」[989]

---

988)「云何不作義利　(中略)　衆生法身。即與如是功德相應。何故無有如來德用。應知此如蓮未開。諸惡見葉共包裹故 (中略) 如虚空被覆。癡愚重雲之所蔽故。如日未出。在無明習氣地中故」(대정장 31. 893b~c)
989)「云何作義利　(中略)　應知則是清淨法身。遠離客塵衆患故。成就自性功德故。證斯法者則名如來應正等覺。於常住寂靜清凉不思議涅盤界。恒受安樂。爲一切衆生之所歸仰」(대정장 31. 893c)

라 설명하고, 마지막으로

「衆生界가 淸淨해 지는 것을 법신(法身)이니 열반(涅槃)이니 如來라 하는 것이다. 곧 無上正等正覺을 일러 涅槃界니 如來法身이라 하는 것이다. 또한 如來法身이 아직 煩惱를 여의지 못한 것을 일러 여래장(如來藏)이라 하는 것으로, 이 如來藏이 지니는 지혜를 일러 여래공지(如來空智)라고 한다. 그리고 이러한 如來藏은 聲聞이나 緣覺은 볼 수도 증득할 수도 없고, 오직 一切의 苦를 멸하게 하는 수행법인 四聖諦를 닦아 일체의 苦痛을 멸한 자인 如來만이 아는 경지이다. 또한 法에는 오직 일승도(一乘道)만이 있는 것, 곧 同一法界인데 어찌 유여열반(有餘涅槃)이니 上中下의 涅槃의 차별이 있을 수 있겠는가? 따라서 절대로 우열이 있다고 말해서는 아니 되는 것이다」990)

고 하면서, 衆生의 異名인 如來藏이 무엇인지, 또 어떤 자를 일러 法身이라 하는 것인지, 소위 衆生과 法身과의 差別性을 설하면서도, 그렇지만 이러한 差別性은 궁극적으로는 同一法界上에 있는 것으로, 궁극적으로 衆生과 如來는 差別이 없는 하나인 一性이며, 따라서 佛法은 오직 一乘道만을 설하는 것이라고 강조하면서, 논을 마치고 있다.

---

990)「云何一性 (中略) 衆生界淸淨 應知卽法身 法身卽涅盤 涅盤卽如來復次如有經言。世尊。卽此阿耨多羅三藐三菩提名涅盤界。卽此涅盤界名如來法身。世尊。無異如來無異法身。言如來者卽法身也 (中略) 卽此如來法身。未離煩惱藏。說名如來藏。世尊。如來藏智。是如來空智。世尊。如來藏者。一切聲聞獨覺。本所不見本所不證。唯佛世尊。永壞一切煩惱藏。具修一切苦滅道之所證得 (中略) 唯有一乘道若不爾者。異此應有餘涅盤故。同一法界豈有下劣涅盤勝妙涅盤耶。亦不可言由下中上勝劣諸因而得一果」(대정장 31. 894a)

5節 밀교경전에서의 菩提心

밀교에 있어서의 菩提心展開의 계보(系譜)에 대해서는 일반적으로 2가지 형태가 있다.991) 그 하나가 『大日經』<住心品>이 설하는 「一切智智는 菩提心을 因으로 하고, 大悲를 根으로 하고, 方便을 究竟으로 삼는다」992)는 소위 <三句思想>을 중심으로 하는 것이며, 또 하나는 『菩提心論』에서 설하는 「發心 · 勝義 · 行願 · 三摩地」의 四種 菩提心의 설이다.

第1 『大日經』 <住心品> 에서의 菩提心

『大日經』은 보통 初期 · 中期 · 後期의 三時期로 나누어지는 밀교경전중 中期密教의 대표경전으로 불리어지는 경전이나, 이 경의 대표적 법문인 소위 <三句法門>속에 본 논의 주제인 菩提心이 등장한다. 곧 그것은 지금까지의 菩提心理論을 종합한 것이면서도 거기에 새로운 맛을 加味한 말하자면 密教的 菩提心理論이라 할 수 있다.

곧 논은

「당신께서 얻으신 一切智智, 곧 해탈미(解脫味)인 一切智智란 것은 무엇을 因으로 하며, 무엇을 根으로 하며, 무엇을 究竟으로 하는 것입니까? (中略) 그것은 菩提心을 因으로 하며, 悲를 根本으로 하며, 方便을 究竟으로 하는 것이다. 그리고 菩提란 如實하게 스스로의 自心을 아는 것으로, 그것을 일러 無上正等正覺이라 하는 것이다. (中略) 세존이시여!

---

991) 勝友俊教「菩提心展開論の系譜」(『印度學佛教學研究』9-1)
992)「世尊如是智慧。以何爲因。云何爲根。云何究竟。如是說已。毘盧遮那佛。告持金剛祕密主言。善哉善哉執金剛。善哉金剛手。汝問吾如是義。汝當諦聽。極善作意。吾今說之。金剛手言。如是世尊願樂欲聞。佛言菩提心爲因。悲爲根本。方便爲究竟」(대정장 18.1 b~c)

一切智는 어디에서 求하며, 또 무엇을 일러 菩提라 하는 것입니까?

秘密主여! 自心에서 菩提와 一切智智을 求해야 하는 것이다. 왜냐하면 自心은 本性淸淨한 것이므로, (中略) 비밀주여! 마음과 虛空界와 菩提 이 셋은 같은 것으로, 모두가 悲를 根本으로 하는 것이며, 方便波羅蜜多 에 의해 만족되는 것이다」[993]

라 하면서, 金剛手菩薩의 질의와 거기에 대해 法身부처님께서 응답을 하 시는 형식으로 되어있으나, 이러한 『大日經』의 <三句法門>은 8세기 후 반에 활약한 蓮華戒(kamala-śīla)의 저작인 『修行次第』(Bhāvanākrama) 에, 다음과 같이

「Tad etat sarvajñānaṃ karuṇa mūlam bodhicitta hetukaṃ upāya parya vasānam iti」[994]

(一切智智는 悲를 根으로 하고, 菩提心을 因으로 하며, 方便을 究竟으로 한다)

인용되어 있어, 본래의 <三句法門>의 形式이 『大日經』의 因 · 根 · 究竟 의 순서와는 달리 根 · 因 · 究竟으로 되어있음을 볼 수 있는데, 이러한 순서는 『修行次第』의 한역본에 해당하는 『廣釋菩提心論』에도 동일의 순 서로 되어있어, 본래 三句法門이 <根 · 因 · 究竟>임을 알게 해주고 있다.

---

993)「爾時執金剛祕密主。於彼衆會中坐白佛言。世尊云何如來應供正遍知。得一 切智智。(중략) 宣說一切智智。(중략) 而此一切智智道一味。所謂如來解脫味 (중략) 世尊如是智慧。以何爲因。云何爲根。云何究竟 (中略) 佛言菩提心爲 因。悲爲根本。方便爲究竟。祕密主 云何菩提。謂如實知自心。祕密主是阿耨 多羅三藐三菩提 (中略) 金剛手復白佛言。世尊誰尋求一切智。誰爲菩提。成正 覺者。誰發起彼一切智智。佛言祕密主。自心尋求菩提及一切智。何以故本性 淸淨故 (中略) 如是祕密主。心虛空界菩提三種無二。此等悲爲根本。方便波羅 蜜滿足」(대정장 18. 1b~c)

994) Giuseppe Tucci: Minor Buddhist Texts part 2, p 196

곧 「復次此中如毘盧遮那成佛經說。所有一切智智。悲心爲根本。從悲發生大菩提心。然後起諸方便」[995]

이 그것인데, 여기서 한 가지 더 특이한 점은 大菩提心이 悲로부터 발생한다고 하는 점으로, 강조점이 菩提心이 아니라 大悲로 되어있다는 점이다. 곧 菩提心 中心에서 大悲 中心으로 思想의 전환이 이루어지고 있음을 알 수 있으나, 아무튼 『大日經』이나 『修行次第』 곧, 『廣釋菩提心論』에서 설하는 기본형태는 <因·根·究竟(根·因·究竟)>과 <菩提心(大悲)·大悲(菩提心)·方便>으로서, 이러한 형태는 밀교경전이 설하는 菩提心 思想의 定形句로 정의해도 좋을 것이다.

三句法門을 설해 마친 『大日經』은 三句에 대하여 다음과 같이 총평하고 있다. 곧

「비밀주여! 이것은 菩薩이 지켜야 할 청정보리심법문(清淨菩提心法門)으로 <초법명도(初法明道)>라 이름하는 것이다. 따라서 보살이 이것을 修行하게 되면 오래지 않아 일체개장삼매(一切蓋障三昧)를 얻어 諸佛菩薩과 함께 머무르며, 五-신통과 무량의 陀羅尼까지도 획득하여 衆生들의 心行까지도 알게 되며 諸佛의 호지(護持)를 받게 되는 것으로, 따라서 그가 비록 生死의 기로에 처해 있다고 해도 염착(染着)되지 않고, 또 法界衆生을 위해서라면 어떤 고통도 마다 않으며 항상 무위계(無爲戒)에 住하기 때문에, 사견(邪見)을 멀리하고 마침내 正見에 통달하게 되는 것이다」[996]

---

995) (대정장 32. 565b)

996)「祕密主此菩薩淨菩提心門。名初法明道。菩薩住此修學。不久勤苦。便得除一切蓋障三昧。若得此者則與諸佛菩薩同等住。當發五神通。獲無量語言音陀羅尼。知衆生心行。諸佛護持。雖處生死而無染着。爲法界衆生不辭勞。倦成就住無爲戒。離於邪見通達正見」(대정장18. 1c~2a)

라 하여, 三句法門에 준하여 修行할 것을 권유하고 있다.

곧 『大日經』의 메쎄지이자 중심내용은 <初法明道>라 불리어지는 淸淨菩提心法門의 自覺과 일상생활속에서의 실제수행, 곧

① 自身의 本來 마음은 本來佛로서 淸淨한 것, 이라는 여실한 自覺이 다름 아닌 菩提이며 一切智智라는 사실과

② 「心·虛空界·菩提三種無二。此等悲爲根本。方便波羅蜜滿足」이라는 경구의 말씀처럼, <如實知自心>의 결과 그 속에서 배양된 측은지심인 大悲의 마음을 바탕으로 해서 바라밀-修行을 완성해 나가는 것, 그것이야말로 菩提心이라는 사실과 菩薩이 지켜야 할 修行道임을 천명케 하려는 것임을 확인할 수 있었으며, 이러한 사실은 <三句法門>이 설해지고 있는 <住心品>, 곧 自心에 住해야 한다는 品名의 이름에서도 확인할 수 있다.

한편 앞서 살펴본 것처럼, 「菩提心爲種子·般若派羅蜜爲生母·福智爲胎藏·大悲爲乳母」라 하는 정형구(定形句)를 보이는 원조(元祖)라 할 수 있는 中期大乘經典인 『大乘莊嚴經典』에는 이 定形句외에도

「보살의 發心은 大悲를 根으로 하며, 利롭게 함을 의지로 삼으며, 大乘法을 믿음으로 삼으며, 一切種智를 緣으로 삼으며, 수승함으로 탈것을삼삼고, 큰 보살핌으로 머무름을 삼고, 장애를 받음을 어려움으로 삼고, 善行을 더함을 功德으로 삼고, 福과 智를 自性으로 삼고, 波羅蜜을 수습함으로 출고(出苦)로 삼고, 各各의 地에 相應하는 方便을 부지런히 닦음을 통하여 十地를 滿足成就시키는 것을 究竟으로 삼는다」[997]

_____
997)「菩薩發心以大悲爲根。以利物爲依止。以大乘法爲所信。以種智爲所緣。爲求彼故。以勝欲爲所乘。欲無上乘故。以大護爲所住。住菩薩戒故。以受障爲難。起異乘心故。以增善爲功德。以福智爲自性。以習諸度爲出離。以地滿爲究竟。由地地勤方便。與彼彼相應故」(대정장 31. 595c)

라 하면서, 11가지로 發菩提心의 德 내지는 大乘菩薩이 行해야 할 마음가짐, 그리고 그 修行에 대해 설하고 있으나, 이 가운데에서 중심이 되는 <發心>(因)의 부분, <大悲를 根으로 한다>의 부분, 그리고 <智滿을 究竟으로 삼는다>의 부분을 取해 이것을 재구성해 보면, 앞서 『大日經』에서 제시한 菩提心(因)·大悲心(根)·方便(究竟)의 <三句法門>과 일맥상통하는 것이 됨을 볼 수 있는 것으로, 따라서 三句法門의 원형이 중기대승경론인 『大乘莊嚴經典』에 이미 존재해 있었다고 해도 좋을 만큼 비슷한 형태를 取하고 있는 것이다.998)

第2 『菩提心論』에서의 菩提心

『菩提心論』은 『金剛頂瑜伽發阿耨多羅三藐三菩提論』이라는 본래의 經題에서 보듯이, 無上正等正覺을 향한 마음을 發하고, 그것을 실천토록 하는 것을 목적으로 저작된 『金剛頂經』 계통의 論書로서.999) 著作者의 문제로 인해 여러 의문점들이 남아있기는 하지만1000) 다른 경론과는 달리

---

998) 勝友俊教「菩提心展開論の系譜」『印度學佛教學研究』9-1
999) 설해진 내용이나 引用經典 그리고 '亦名瑜伽總持釋門說菩提心觀行修行義'라는 副題등을 종합하여 분석해 볼 때, 이 논서는 大日經과 金剛頂經등 소위 兩部大徑을 종합한 밀교(瑜伽總持釋門)의 論書로서, 중심테마는 菩提心의 觀法과 修行法을 설해 놓은 지침서이다. 그 著作時期는 兩部大經의 출현 이후인 8세기 前半 무렵일 것으로 추정되고 있다.
1000) 『菩提心論』(고려장 No:1369)은 宋本과 元本에는 收錄되어 있지 않고 오직 高麗本(1次 1010~31年 / 2次 1059年 刊行)과 明本(1372~1403年 刊行)에만 있음. "龍樹所著 不空三藏 奉詔額"으로 되어있지만, 용수의 생존연대(150~250)와 인용된 경전들(大日經·金剛頂經·大日經疏)의 成立時期 그리고 본문에 설해진 語句內容 (大廣智阿闍梨云)이나 思想 (三密瑜伽·五相成身觀·曼茶羅思想)으로 보아 龍樹菩薩의 著作이 아닌 것은 분명하다. 아마 이 論書의 권위를 높이기 위해 不空三藏의 門下生이 지은 후 그것을 용수보살에 假託시킨 것이거나, 아니면 明本의 "大阿闍梨云"에 따라, 대아사리인 恩師 金剛智의 설을 不空三藏이 集錄한 것이라 볼수 있을 것이다. 참고로 日本僧 圓珍이 唐에서 將來해 온 『貞元遺錄』(靑龍寺求法目錄)대정장 55. 1096c) 에는「金剛頂 三藐三菩提心論 一권 (三藏不空集)」으로 되어있다. 현재 일본에서는 東密系와 台密 (山門派)는 본문의 "龍樹所造 不空三藏 奉詔額"이란 내용을 좇아 龍樹의 著作說을 주장하고, 台密 (寺門派)는 『貞元遺

고차원적이면서도 구체적이고 독창적인 理論과 修行法을 제시하고 있는 것이라든지, 또 밀교의 양부산맥이라고 일컬어지는 『대일경』과 『금강정경』등의 밀교경전이 제시해 놓은 정통의 密敎理論과 修行法을 종합 내지 응용해서 제작된 修行書라는 사실로부터, 오래전부터 밀교가들로부터 주시를 받아 왔으며, 더욱이 이 논서의 中心主題가 菩提心의 관법(觀法)과 修行에 관한 것이기에, 菩提心을 연구하는데 있어서 절대로 빼 놓을 수 없는 논서로서 주목받고 있다. 논은

「瑜伽中에서 보살신(菩薩身)을 이루고자 발원하는 자가 있다면 그를 일러 발보리심자(發菩提心者)라 하는 것이다. 왜냐하면 瑜伽中의 尊들(보살신들)은 한결같이 모두 大毘盧遮那佛身과 동등하기 때문이다」[1001]

라 하여, 發菩提心이 瑜伽中의 諸菩薩[1002]이 되겠다고 발원하는 자, 곧 法身 大日如來와 同等의 地位에 있는 曼茶羅上의 모든 佛菩薩을 成就하겠다고 發願하고 修行하는 자라고 정의하고 있다. 말 바꾸면 그냥 지금까지 다른 경론들이 설한 것과 같은 추상적 내지 관념적인 無上正等正覺을 얻으려는 마음이 아니라, 人格을 지니고 언제나 우리 앞에 와 계시는 法身이 되겠다고 발심하는 마음이 바로 菩提心이라고 역설하고 있다. 논은 뒤이어

「이런 까닭으로 菩提를 求하려는 자는 菩提心을 발한 후 菩提行을 닦아야 되는 것이다. 이미 이와 같은 菩提心의 마음을 發해 마쳤으면 (다음에는) 반드시 菩提心의 行相에 대해 알아야 한다. 行相은 三門으로 나눈

錄』의 설을 좇아 不空著作說을 주장하고 있다.
1001)「若願成瑜伽中諸菩薩身者 亦名發菩提心 何者謂此諸尊 皆同大毘盧遮那佛身」(대정장 32. 572c)
1002) 曼茶羅上의 모든 佛菩薩을 의미한다.

다. 諸佛菩薩이 그 옛날 因地에서 마음을 發해 마친 후에 승의보리심(勝義菩提心)과 행원보리심(行願菩提心)과 삼마지보리심(三摩地菩提心) 이 3-가지 (菩提行)을 계(戒)로 삼고 成佛하실 때까지 잠시도 잊지 않으셨던 것처럼, 오직 眞言法중에만 즉신성불(卽身成佛)을 주장하는 까닭에 삼마지법(三摩地法: 阿字觀·五相成身觀·月輪觀등의 行法)을 설하고. 다른 敎에서는 (三摩地法)을 빠뜨려 설하지 않는 것이다」[1003]

라 하여, 菩提心을 발한 자는 곧 바로 諸佛菩薩이 닦았던 修行法인 <菩提行>을 닦아야 한다고 하면서, 그 菩提行으로 勝義·行願·三摩地를 제시한 후, 이 세가지 중 마지막의 <三摩地-菩提心>이야말로 밀교만이 지닌 독창적인 行法으로, 이것 때문에 卽身成佛이 가능한 것이라고 역설하고 있으나, 여기서 놓쳐서는 안되는 점은 이 논의 핵심과 또 이 핵심을 설하는 定形句가 바로 이 대목에서 설해지고 있다는 점이다.

곧 <發心·勝義·行願·三摩地>가 그것으로서, 여기에 밀교경론이 설하는 제 2의 형태인 <四種菩提心>이 설해져 있는 것이다. 총론격으로 전체의 골격을 설해 마친 논은 첫 번째 各論부분에서 앞서 설한 순서를 바꾸어 勝義菩提心 대신에 먼저 行願菩提心을 설한다. 곧

「<行願(菩提心)>이라 함은 수습하는 사람이 항상 다음과 같이 '나는 마땅히 모든 有情界를 하나도 남김없이 이익(利益)케 하고 안락(安樂)케 하며, 시방의 含識(衆生) 보기를 내 몸같이 할 것이다'고, 마음을 품는 것을 말한다」[1004]

[1003]「所以求菩提者 發菩提心 修菩提行。既發如是心已 須知菩提心之行相。其行相者 三門分別。諸佛菩薩 昔在因地 發是心已 勝義 行願 三摩地爲戒 乃至成佛 無時暫忘。唯眞言法中 卽身成佛故 是故說三摩地於諸敎中 闕而不言」(대정장 572c)

라 하면서, 一切衆生을 마치 나 自身이라고 생각하면서 그들을 하나도 남기지 않고 모두 利益하게 하고 安樂하게 하는 것이 곧 行願菩提心이라고 정의한 후, 뒤이어

「利益이라 함은 一切有情으로 하여금 (佛心을 일으키도록) 권발(勸發)시켜 그들 모두를 무상보리(無上菩提)에 안주(安住)시키되, 끝내 二乘의 法으로는 득도시키지 않는 것을 말한다. 眞言行人은 마땅히 알아야 한다. 一切有情이 한결같이 여래장성(如來藏性)을 갖추고 있어 모두 감내하면 無上菩提에 安住할 수 있다는 것을」[1005]

라고 하며, 利益하게 한다는 것은 一切有情으로 하여금 發心케 하여 無上菩提를 성취하게 하는 것으로, 반드시 二乘法이 아닌 불승법(佛乘法)으로 得度시키는 것을 말하는 것이라고 설명하면서, 그러므로 密敎行者는 모든 중생이 한결같이 如來藏이라는 性品을 지니고 있으므로 언젠가는 반드시 無上菩提를 성취할 수 있다고 믿어야 한다고 설하고 있다.

말하자면 중생들로 하여금 무상정등정각을 성취케 하는 것, 그것이 중생을 이익케 하는 것임을 강조하면서, 그것을 뒤바침 하기 위해 「한 중생이라도 여래지혜(如來智慧)를 갖추지 않은 자가 없건마는, 다만 망상(妄想)으로 전도(顚倒)하고 집착해서 증득하지 못하는 것이니, 만일 妄想을 여의면 一切智·自然智·무애지(無碍智)를 즉시 현전(現前)하게 될 것이다」[1006]라고 설하는 『華嚴經』의 經句를 인용하고 있다.

1004)「初行願者。謂修習之人 常懷如是心 我當利益安樂無餘有情界 觀十方含識 猶如己身」(대정장 32. 572c)

1005)「所言利益者。謂勸發一切有情 悉令安住無上菩提 終不以二乘之法而令得度。眞言行人 (應) 知一切有情 皆含如來藏性皆堪安住無上菩提 是故不以二乘之法而令得度。眞言行人 (應)知一切有情 皆含如來藏性皆堪安住無上菩提」(대정장 32. 572c)

1006)「華嚴經云 無一衆生而不具有如來智慧 但以妄想顚倒執著而不證得」(대정

논은 뒤이어 안락(安樂)에 대해서

「安樂이라 함은 (眞言)行人은 一切衆生이 필경에 성불한다는 것을 알기 때문에, 감히 업신여기거나 깔보지 아니하고 (오히려) 大悲門 속에서 더욱 마땅히 도와주고 구제해 주는 것을 일컫는다. 따라서 중생의 求하는 바에 따라 그것을 주되 목숨을 내놓게 되더라도, 인색하거나 아까워하지 말고 (오히려) 그로 하여금 안존(安存)케 하고 열락(悅樂)하게 해야 한다」[1007]

고 하면서, 安樂이라고 하는 것은 大悲의 마음으로 도와주고 구제해 주되, 求하는 것이 있으면 목숨까지도 아까워하지 말고 하나도 빠뜨리지 말고 구해 주어, 몸과 마음을 편안케 하여 悅樂을 얻도록 해야한다고 설하고 있다. 그리고 뒤이어 승의보리심(勝義菩提心)을 설하기 시작한다. 곧 논은

「<勝義菩提心>이란 一切法의 無自性을 관하는 것이다」[1008] 「대일경에서 설하는 것처럼 諸法은 無相한 것, 곧 허공(虛空)의 相이다. 이렇게 관하는 것을 일러 勝義菩提心이라 하는 것이다」[1009]

라 하여, 『大日經』의 경구까지 인용하면서, 勝義菩提心이 一切法의 無常함을 아는 것, 말하자면 마치 虛空의 相과 같이 無自性한 것임을 觀하는

    장 32. 572c). 「佛子.如來智慧具足在於中生身中　但愚癡衆生顚倒　不知不見 不生信心 如來智慧在其身內與佛無異」 (대정장 9. 624a)

1007) 「所言安樂者。謂行人 卽知一切衆生畢竟成佛故　不敢輕慢　又於大悲門中　尤宜拯救。衆生所求皆與而給付之　乃至身命而不吝惜其命安存　使令悅樂」 (대정장 32. 572c)

1008) 「二勝義者 觀一切法無自性」 (대정장 32. 573a)

1009) 「大毘盧遮那成佛經云　諸法無相　謂虛空相。作是觀已　名勝義菩提心」 (대정장 32. 573b)

952

것이라 설명하고 있다. 뒤이어 논은

「이런 까닭으로 十方諸佛은 승의(勝義)와 행원(行願)을 戒로 삼으신 것이다. (따라서) 이와 같은 마음(勝義菩提心과 行願菩提心)을 갖춘 자만이 능히 법륜을 굴려 자기를 비롯한 모든 자를 이롭게 할 수 있는 것이다」[1010]

라 하며, 勝義와 行願의 菩提心을 모두 갖춘 자만이 능히 法輪을 굴려 자기를 비롯한 모든 자를 이롭게 할 수 있는 것이라 하면서, 一切法의 空性 곧 勝義菩提心을 역설하고 있다. 勝義菩提心에 대한 설명을 마친 논은 이번에는 <三摩地菩提心>을 설명한다.

「곧 이 三摩地(法)는 능히 諸佛의 自性에 도달케 하는 것이며, 諸佛의 法身을 깨우치게 하는 것이며, 법계체성지(法界體性智)를 증득하여 大毗盧遮那佛의 自性身과 受用身과 變化身과 等類身을 이루게 하는 것이다」[1011]

라 하여, 이 三摩地(法)이 능히 諸佛의 自性과 諸佛의 法身을 통달케 하고 깨우치게 하는 것이며, 法界體性智를 證得케 되어 大毗盧遮那佛의 自性身과 受用身과 變化身과 等類身을 이루게 하는 것이라고 하면서, 三摩地菩提心의 功德을 설명하고 있다.

논은 뒤이어 三摩地菩提心의 핵심이며 具體的 修行法인,

1010)「當知一切法空。已悟法本無生　心體自如　不見身心　住於寂滅平等究竟眞實之智　令無退失。妄心若起　知而勿隨。妄若息時　心源空寂　萬德斯具　妙用無窮。所以十方諸佛　以勝義行願爲戒。但具此心者　能轉法輪　自他俱利」(대정장 32. 573b)
1011)「卽此三摩地者　能達諸佛自性　悟諸佛法身　證法界體性智　成大毘盧遮那佛自性身　受用身　變化身　等流身」(대정장 32. 574c)

月輪觀・阿字觀・五相成身觀・三密瑜伽行등을 제시하고 있는데,

여기서 주의 깊게 살펴보아야 할 것은 『菩提心論』이

첫째: 『대일경』의 三句法門인 「菩提心爲因。悲爲根本。方便爲究竟」을
　　　<三種菩提心>에 적용시키고 있다는 점,

둘째: 여기에 만족하지 않고 한 걸음 더 나아가 이를 <실천법>으로서까
　　　지 활용하고 있다는 점,

셋째: 아울러 앞에서도 거론했듯이, 發心・勝義・行願・三摩地라는 <四
　　　種菩提心>설을 제창하고 있다는 점이다. 곧

　첫째로 『菩提心論』은 『大日經』이 설하는 <菩提心爲因>, 곧 心=虛空=
菩提卽是三種不二를 勝義菩提心에서 觀一切法無自性으로 설명하고 있으
며, <大悲爲根>은 一切衆生 필경에는 모두 成佛함으로 行願菩提心의 大
悲門 안에서 그들을 安存케하고 快樂하게 해야 한다로 대치(代置)하고
있으며, 깨달음을 一切衆生 모두에게 共有케 해야 한다는 의미로서의
<方便爲究竟>은 勝義와 行願을 체득한 상태에서의 三摩地菩提心, 곧 阿
字觀과 月輪觀 그리고 五相成身觀이란 方便을 통하여 菩提心을 체득해
나가게 함과 동시 여기서 얻은 功德을, 마치 달이 그 빛을 一切衆生에게
골고루 나누어주고, 16대보살이 중생의 願과 근기에 따라 그들의 역할을
수행하고 있듯이, 모든 중생들에게 나누어 주어야 한다고 설하고 있으며,

　둘째로 『菩提心論』은 『大日經』의 三句思想을 <三種菩提心>이란 실천
법으로 전환시킴으로서 思想과 修行을 하나로 승화시키는 역할을 하고
있으며,

세째로, 三種菩提心에 發心을 추가시켜 <四種菩提心(發心·勝義·行願·三摩地)>으로 환치(換置) 가능케 함으로서,

이러한 菩提心形態가 中期大乘論書인 『大乘莊嚴經論』에 연원을 둔 四種-菩提心思想, 곧 菩提心(種子)·般若(生母)·禪定(胎藏)·大悲(乳母)와 관계를 가지게 하면서도, 이에 그치지 않고 한 걸음 더 나아가 이를 밀교적으로 승화시키고 그 실천법도 쉽게 만들어, 목적지인 無上正等正覺에 쉽고도 빨리 도달할 수 있게 하였던 것이다.[1012]

1012) 이들 관계를 도표로 나타내면 다음과 같다.

『大日經』의 三句		『菩提心論』의 三種菩提行
菩提心爲因	↔	勝義菩提行
心=虛空=菩提 卽是三種不二)		(觀一切法無自性)
大悲爲根	↔	行願菩提行
		(安樂·利益)
方便爲究竟	↔	三摩地菩提行
		(月輪觀·阿字觀·五相成身觀)

<菩提心思想, 그 展開>의 요점 정리

이상 『大智度論』을 중심으로, 『大乘佛教와 菩提心』이란 主題로 大乘佛教란 어떠한 불교인지, 菩提心이란 무엇인지, 대승불교와 菩提心은 상호 어떤 관계를 가지는지 등을 대승불교의 보고(寶庫)로서, 大乘의 이념과 실천행을 하나도 남김없이 낱낱이 설하고 있는 『大智度論』을 중심으로 살펴보았다.

뒤이어 菩提心思想의 기본형태와 그 변형된 형태들을 살펴보기 위해, 大乘中期經論인 『大乘莊嚴經論』을 비롯해 이후에 성립한 『無上依經』등을 통해 菩提心思想의 형태를 살펴보았으며, 또한 密教經典인 『大日經』과 『菩提心論』을 통해 밀교에 이르러서는 이 菩提心思想이 어떻게 변화되었는지, 또 密教菩提心의 특성이 있다면 그것이 무엇인지를 살펴보았다. 그리고 마지막으로 菩提心思想을 총 점검하는 의미에서 大乘中期中 後期의 著作으로 밀교 이전의 菩提心思想 全般에 걸쳐 상세히 설명하고 있는 『大乘法界無差別論』을 택해 밀교 이전의 菩提心思想의 전체상을 고찰해 보았다.

고찰의 결과, 菩提心이란 말은 대승불교의 흥기와 더불어 탄생한 新生語임을 알 수 있었다. 곧 阿羅漢을 추구한 聲聞이나 緣覺과는 달리, 上求菩提와 下化衆生을 주창한 菩薩佛教 대승불교는 釋尊佛과 똑 같은 無上正等正覺을 성취하겠다는 一念下에 釋尊佛과 똑 같은 삶에 도전하는 불교로서, 이러한 大乘의 基本理念과 實踐德目을 한마디로 표현하기 위해 탄생시킨 新生語가 다름 아닌 菩提心임을 확인할 수 있었다.

곧 大乘菩薩들은 대승보살이 가지고 있어야 할 기본적 마음을 菩提心이라 명명하고, 시대가 흐르면서 보리심을 種子라든지 大地에 비유하면서 菩提心이란 말을 마치 如意寶珠나 眞言陀羅尼처럼 모든 能力과 功德을 지닌 최고의 덕목으로 승화시켰다.

말하자면 「菩提心爲種子」·「菩提心爲因」이니 하는 문구에서 보듯이, 그들은 대승의 기본이념인 般若나 大悲精神 그리고 三昧(禪定)의 근본이자 뿌리가 다름 아닌 菩提心으로 보고, 이 菩提心에서 모든 덕목들이 파생하는 것으로 확신하였던 것이다.

한편 密敎에 들어오면 방편(方便)이 강조되는데, 이는 밀교가 卽身成佛을 주창하고 하루라도 빨리 衆生을 제도하여 그들에게 이익을 주고 안락하게 하겠다는 염원에서 나온 발상이라고 생각된다.

『大日經』에서 설하는「方便을 究竟으로 한다」든지, 『菩提心論』에서 설하는 <三摩地菩提心>등은 바로 이것을 말해 주고 있는 것으로, 밀교가 현교의 가르침에 비해 실천행을 강조하고, 이를 위해 월륜관(月輪觀)이니 아자관(阿字觀)이니 오상성신관(五相成身觀)등의 관법행을 제시하고 있는 것도 바로 이러한 方便行을 중시하는 특징 때문임도 확인할 수 있었다.

한편 정형구(定形句)로서까지 정착된 菩提心思想의 형태의 근원은 大乘中期經論인『大乘莊嚴經論』, 곧

「菩提心爲種子 般若爲生母 福智二聚爲胎藏 大悲爲乳母」와「信大乘法爲種子 般若爲生母 大禪定爲胎藏 大悲爲乳母」

에서 그 근원을 찾을 수 있었으며, 이것이 이후
『無上依經』의「修習摩訶衍 修習般若 修習虛空三昧 修習如來大悲」,
『寶性論』의「信爲種子 般若以爲母 禪胎大悲乳」,
『佛性論』의「信樂大乘 無分別般若 虛空三昧 菩薩大悲」,

『大乘法界無差別論』의 「信爲種子　般若爲母　三昧爲胎藏　大悲乳養人」,
『大方等大集經』의「發心安住不退　以大悲故起大方便」

등을 거쳐 밀교경전인
『大日經』의「菩提心爲因　大悲爲根　方便爲究竟」,
『守護國界主陀羅尼經』의
「以信心爲根本, 以深般若爲先導, 大菩提心及大悲心爲莊嚴」,
『廣釋菩提心論』의「大悲心爲根　菩提心爲因　方便爲究竟」,
『菩提心論』의「發心・勝義心・行願心・三摩地」

등으로 變形・發展되었음도 확인할 수 있었다.

　한편『大乘法界無差別論』의 主題는 菩提心으로, 논은 菩提心을 13항목
으로 나누어 구체적으로 관찰하고 있다. 곧 논은 이를 통해 衆生으로 하
여금 菩提心을 發하여, 差別界로부터 無差別로 돌아가 如來藏을 개발하
여, 마침내 객진번뇌(客塵煩惱)를 멸진(滅盡)하고 열반묘과(涅槃妙果)를
얻을 것을 강조하고 있다.
곧『大乘法界無差別論』에 의하면,

「菩提心인 如來法身이 수많은 번뇌에 덮여있어 생멸유전(生滅流轉)을 되
풀이 하고 있는 것을 衆生의 菩提心인 여래장심(如來藏心)이라 한다」

「如來法身이 아직 번뇌를 여의지 못한 것을 일러 如來藏이라 한다」

「菩提心은 영원히 일체의 객진과오(客塵過誤)를 벗어 버렸으며, 一切의

공덕 또한 버리지 않고 성취하여 四種의 最上波羅蜜을 얻었기에 如來法身이라고 하고, 淸淨法性의 法界라고도 한다」

고 하여, 중생을 如來法身이니 如來藏(心)이니 淸淨法性法界라 부르며,

「衆生界는 法身과 다르지 않고 法身 또한 衆生界와 다르지않는 것으로, 때문에 衆生界가 法身이요, 法身이 곧 衆生界이다. 곧 이름만 다를 뿐이지 그 義는 하나도 다르지 않은 것이다」

라 하여, 衆生과 法身이 하나라고 하는 소위 <一界思想>을 설하고 있으며, 또 보리심을 여러 가지 사물에 비유하며,

「菩提心은 一切世間의 善의 씨앗을 生長시키는 의지처가 되므로 대지(大地)와 같고, 一切聖法의 진보(珍寶)를 모으는 처소가 되므로 바다와 같으며, 一切의 보리수를 出生시키고 상속시키는 因子가 되므로 種子와 같은 것이다」

고 하여 菩提心이 모든 法의 근원임을 강조한 <菩提心의 因(種子)思想>을 설하고 있으며, 또

「마치 태양이 구름에 덮여있어도 언제나 淸淨한 것처럼, 菩提心 또한 이와 같아, 현재는 비록 淸淨하지 못하더라도 절대로 물들지 않는 것으로, 그 이유는 이들 不淨의 번뇌들은 어디까지나 外部에서 잠시 들어 온 손님(客塵)들이기 때문이다」

라 하면서, 자성청정 객진번뇌(自性淸淨 客塵煩惱)사상을 설하고 있으며,

「如來藏인 菩提心에는 空性智와 不空性智의 두 가지 性品이 있다. 곧 <空性智>란 一切의 번뇌를 끊어 없애버려 해탈을 얻게 하는 智를 말하며, <不空性智>란 어떤 일이 있어도 절대로 不可思議 佛法과는 떨어지지 않고 항상 상응하는 智를 말한다」

하여, 마치 如來藏思想에서 설하는 空如來藏과 不空如來藏의 공능(功能) 처럼, 菩提心의 空과 不空思想을 설하고 있으며. 또

「同一法界인데 어찌 유여열반(有餘涅槃)이니 上中下의 涅槃의 차별이 있을 수 있겠는가? 따라서 절대로 우열(優劣)이 있다고 말해서는 아니 된다」

고 하면서, 마치 『法華經』의 일불승사상(一佛乘思想)처럼, 누구에게나 菩提心이 있는 것이고, 또 그것은 언제나 유효한 것이기에, 발심만 하면 누구나 또 언제든지 成佛할 수 있다고 주장하면서, 無緣大悲와 一乘思想을 설하고 있다.

따라서 이를 종합해보면, 菩提心을 自性淸淨心과 無差別平等性과 空性과 관계를 맺게함으로서 菩提心을 마치 『般若經』의 <般若波羅蜜> 내지는 如來藏思想에서의 <如來藏>이나 <佛性>이 지니는 功能처럼 취급하고 있을 뿐만 아니라, 한 걸음 더 나아가 『法華經』의 <一佛乘思想> 까지와도 관계를 맺게 하여, 그야말로 菩提心에 만능 엔터테이너와 같은 가치를 부여하며 극찬을 거듭하고 있다.

참고(서적 / 논문) - 菩提心 展開史 관계

田上太秀「大事における菩提心の用語考察」『菩提心の研究』

　　　　　「菩提心思想の系統別考察」『駒澤大佛紀要』23. 1965

　　　　　「華嚴經における菩提心の研究」『駒澤大佛紀要』28. 1970

　　　　　「般若經における菩提心說」『宗教研究』203. 1970

　　　　　「法華經における菩提心の意味と性格」『宗教研究』210. 1972

　　　　　「唯識思想における菩提心について」

　　　　　『中村元博士還曆記念論集』春秋社. 1973

　　　　　「瑜伽論における菩提心說 - 菩薩地中心に」

　　　　　『駒澤大佛教學部論集』1. 1971

石上善應「佛典に現れたbhakti(信)の用例」『印佛研』8-2, 1960

原實　　　「bhakti研究」『日本佛教學會年報』제 28號

藤田宏達「原始佛教における信の形態」『北大文學部紀要』6호,

壁瀨灌雄「大日經三句段の註釋的研究」『日本佛教學年報』20권,1954년,

賴富本宏「菩提心覺え書き」『種智院大學密教學』10號 1973年),

勝又俊教「菩提心展開論の系譜」『印佛研』9-1, 1961

松長有慶「大乘思想의 儀軌化」『密教文化』97호, 1971年.

　　　　　「密教における菩提心思想の展開」『佛教思想史對論』

西義 雄　『大智度論』을 中心にして -

賴富本宏「菩提心覺え書き」『種智院大學密教學』10號 1973

伊藤教宣「大日經 住心品所設の菩提心」『印佛研』35-2. 1987

　　　　　「菩提心論の三句について」『風山學報』26~27. 1982

　　　　　「菩提心と行」『風山教學大會紀要』17. 1989

渡邊新治「菩提心について」『印佛研』33-2. 1985

「菩提心について － 大乘法界無差別論において」

『智山學報』32．1983

「菩提心について-大日經疏を中心とし」て『智山學報』49．1986

「菩提心について-不增不減經を中心として」『智山學報』33．1984

「菩提心について － 涅槃經を中心として」『智山學報』51．1988

「菩提心について － 大乘起信論を中心として」

『密教學研究』17．1985

北尾隆心「菩提心論の成立について － 特に思想背景について」

『密教學研究』20．1988

末木文美士「本覺思想と密教」『シリズ－ 密教』4．2000

4章 불교의 심식설(心識說), 그 전개

개 설

불교는 마음을 중시한다. 곧 신구의(身口意) 삼업 가운데 의업(意業)을 중시하여, 意業을 신업(身業)과 구업(口業)의 근본업(根本業)으로 삼은 것이라든지, 또 의업에 해당하는 탐진치(貪瞋痴) 번뇌를 삼독(三毒)이라 하여, 모든 번뇌 가운데 근본번뇌로 삼은 것이라든지, 또 오위(五位:心王·心所·色·心不相應行·無爲) 가운데 心을 일컬어 心王이라 한다든지, 또 『七佛通誡』라 하여 과거 부처님들께서 불교를 정의 내릴 때 애송하던 게송에, 「제악막작(諸惡莫作) 중선봉행(衆善奉行) 자정기의(自淨其意) 시제불교(是諸佛敎)」라 하여, 마음을 강조한 것 등이 그것이다.

이러한 마음 중시의 풍조는 다음의 <유심게(唯心偈)>에서 보듯 『화엄경』에 이르러 그 절정을 이르게 된다.
<야마천궁품>에 나오는 게송 소위 <유심게(唯心偈)> 또는 <파지옥게(破地獄偈)>라 불리는 여래림보살(如來林菩薩)의 노래에는,
「심여공화사(心如工畵師) 화종종오음(畵種種五陰) 일체세계중(一切世界中) 무법이부조(無法而不造) / 여심불역이(如心佛亦爾) 여불중생연(如佛衆生然) 심불급중생(心佛及衆生) 시삼무차별(是三無差別) / 제불실요지(諸佛悉了知) 일체종심전(一切從心轉) 약능여시해(若能如是解) 피인견진불(彼人見眞佛) / 약인욕요지(若人欲了知) 삼세일체불(三世一切佛) 응당여시관(應當如是觀) 일체유심조(一切唯心造)」 (대정장 9. 465c~466a)

<마음은 멋쟁이 그림쟁이와 같아서 이 세상의 모습을 안 그려 놓는 것이 없다네. 곧 때로는 극락도 그려 놓고 지옥도 그려 놓으면서 말일세 / (까닭인 즉) 마음먹기에 따라 지혜의 완성자인 부처님도 되었다, 길을 헤

메는 중생도 되었다가 하기 때문이라네. 정말이지 부처님과 중생이라는 극한적 존재는 별개의 다른 존재가 아닌 모두가 내 마음이 그려 낸 차별의 모습 바로 그것이라네. / 이와같이 세상의 온갖 차별모습 그 모두가 내 마음이 만들어낸 것임을 아는 자, 그가 바로 부처님의 지혜를 얻은 자이기에, 우리는 그를 부처님과 만난 사람이라 부른다네. / 그러니 시방삼세의 부처님과 만나 뵙고 성불하기를 바라는 자는, 바로 <내 마음은 멋쟁이 그림쟁이>라는 사실, 곧 일체 모든 것은 마음먹기에 달려 있다는 진리를 화두(話頭)로 삼고 살아야 하네>

(강 설) 예수와 가룟유다 / 心惱故衆生惱 心淨故衆生淨

르네상스의 三大巨匠은 (라파엘로 미켈란제로 레오나르도 다빈치)이다. 희대의 예술가인 그들의 이름은 영원히 세인들의 가슴에서 잊혀지지 않을 것이다.

<최후의 만찬>이란 걸작은 이들 삼대거장中 다빈치의 걸작으로, 예수님과 제자들이 함께 마지막 만찬을 나누고 있는 작품이다.

현재 이태리 밀라노의 <산타 마리아 텔레그라치에 성당>에 모셔져 있는 이 걸작품, 이것을 그리면서 <다빈치>가 가장 찾기 어려웠던 모델은 예수님을 은 30량에 팔아먹은 <가룟유다>의 모델이었다고 한다.

반면 이 작품의 주인공 예수의 모델은 쉽게 찾을 수 있었다. 교회 성가대에서 노래를 부르던 선하고 친절하며 자비심이 많아 모든 사람들이 선망하던 청년이었기 때문이다.

문제는 <가룟유다>의 모델이었다. 험상궂고 악독하며 많은 사람들로부터 미움과 멸시를 받을 만한 그런 자를 찾아야 했기 때문이다.

12사람을 모두 그리고 이제 악역인 가룟유다만 그려넣으면 완성이 되는데~ <다빈치>는 무려 3년이나 그를 찾아헤메었다고 한다.

어느 날 무려 사람을 3명이나 죽이고 사형선고를 받고, 6개월후면 사형집행을 당할 거라는 소문을 듣고 그를 찾아 지하감옥에 들어간 <다빈치>, 그를 보는 순간, 아 그래! 바로 이사람이야~하며 쾌재를 불렀다. <다빈치>는 얼굴에 잔혹함과 악이 덕지덕지 붙어있는 그를 모델로, 드디어 <최후의 만찬>을 완성할 수 있었다. 그로부터 얼마가 지나, 그가 사형집행을 받는다는 전갈을 받고 그글 보기위해 단두대 가까이에 서있는 <다빈치>에게 그 사형수가 다가와, 선생님! 제가 누구인지 아십니까? 그럼요, 알고말고요, 가롯유다의 모델이잖아요?

아니, 그 사람 말고요, 내가 아는 또 누군가가 당신한테 있다고요? 예! 선생님~, 아니 모르겠는데요~ 모르신다고요? 제가 바로 3년전 당신께서 <예수 그리스도>의 모델로 삼았던 그 사람이예요~ 예? 뭐라고요?~ 3년전 예수가 바로 당신이라고요?~

예수님이 악인 유다(나락)로 떨어졌다고요? 그것도 고작 3년 사이에~~ (황당함과 허망함과 놀람을 안겨준 만화, <다빈치와 최후의 만찬> 에서 발췌하였다)

모든 것은 마음이 만들어 내다는 앞서의 <唯心偈>의 게송이 가슴에 쏴하고 와닿는 순간이다. 「如心佛亦爾 如佛衆生然 心佛及衆生 是三無差別」(마음먹기에 따라 부처님도 되었다, 온갖 길을 헤메고 다니는 중생도 되었다가 하는 것이네. 정말이지 부처님(예수님)과 중생(가롯유다), 이 극한적 존재는 서로 다른 존재가 아닌 모두가 내가 만들어 낸 나 자신의 모습이라네)

잠시 뒤 언급하겠지만 『잡아함경』에는 「心惱故衆生惱 心淨故衆生淨」란 말씀이 나온다. (악한 마음은 유다<중생>를 만들고, 선한 마음은 예수<부처>를 만든다~) /

참 고 : 唯心偈 <破地獄偈>와 왕명간(王明幹)

　중국 당나라의 정승으로 온갖 악행을 저질러 뭇 사람들로 하여금 악인으로 낙인 찍혔던 <王明幹>이 드디어 생을 마치고 저승에 가게 되는데, 그 곳에서 <왕명간>은 이생에서의 삶을 진심으로 뉘우치게 된다. 그리고 한 번만 기회를 달라는 그의 간절한 청에 地藏菩薩은 그만 상기의 <유심게>를 왕명간에게 들려주고, 게송을 들은 왕명간은 드디어 깨달음을 얻게 된다. 그리고 염라대왕 앞에서 이 게송을 외어 바친 왕명간은 드디어 염라대왕의 선처를 받아 지옥에서 풀려나게 되고, 사바에 다시 태어나서는 평생을 불법홍포에 힘썼다는 이야기이다. 당나라 법장스님의 『화엄경 전기』에 전해지는 이야기이다. 　『화엄경 전기』(대정장 51. 167a)

(강 설) 唯心偈와 破地獄

아침종성 때 <파지옥게>를 읊거나 들으면 얼마나 환희심이 나는지 모른다. <왕명간의 일화>와 더불어, 마음이 모든 것을 만들어 낸다는 <유심게>의 게송은, 무언가 마음을 뻥 뚫리게 해준다.
외어두고 음미하며 하루를 시작하면 어떨까?

원차종성변법계(願此鍾聲遍法界) 원하오니,이종소리 온법계 두루퍼져,
철위유암실개명(鐵圍幽暗悉皆明) 철위산 지옥어둠 모두 밝아져,
삼도이고파도산(三途離苦破刀山) 지옥무너지고, 고통에서 벗어나,
일체중생성정각 (一切衆生成正覺) 일체중생 모두 正覺 이루어지소서!
파지옥진언(破地獄眞言) 옴 가라지야 사바하 ~ //

약인욕요지(若人欲了知) 삼세일체불(三世一切佛)
응당여시관(應當如是觀) 일체유심조(一切唯心造)

이처럼 마음은 불교를 논함에 있어 절대로 **빼놓을** 수 없는 중요한 교리로 자리 잡고 있으나, 이 마음의 구조나 실상에 대해서는 원시불교시대 특히 부파불교시대 이후부터 많은 이견(異見)들이 난무하였다.

그 대표적인 것이 설일체유부(說一切有部=有部)의 심성염오설(心性染汚說)과 대중부(大衆部)의 심성본정설(心性本淨說)로서,
이 2-이론들은 이후 대승불교에 들어와 각각 대승불교의 꽃이라고 할 <유식사상>과 <여래장사상>으로 발전 전개되고, 그후 밀교, 특히 無上瑜伽經典에 이르러서는, <方便·父-탄트라와 般若·母-탄트라>의 2-파로 나누어진다. 곧

설일체유부의 <心性染汚說> → <唯識思想> → 金剛頂經 <방편-부-탄트라>로,
대중부의 <心性本淨說> → 여래장사상(如來藏思想) → 大日經 <般若-母-탄트라>로 발전·전개되었다.

참 고 : 「심뇌고중생뇌(心惱故衆生惱) 심정고중생정(心淨故衆生淨)」
『잡아함경』 (대정장 2. 69c)

心識說에 있어 아주 중요한 名句이다. 화엄경의 <唯心思想>이나, 마음을 淸淨하다고 보는 <如來藏思想>이나 汚染되었다고 보는 <唯識思想>이 모두 이 게송에서 비롯되었기 때문이다.

(강 설) 百年貪物一朝塵 三日修心千載寶

「三日修心千載寶(삼일수심천재보) 百年貪物一朝塵(백년탐물일조진)」
(삼일동안 닦은마음 천만년의 보배되고, 백년세월 탐한재물 하루아침
티끌되네)

-고려조 야운선사(野雲禪師)의 『초발심 자경문(初發心自警文)』에 나
오는 구절이다.

20년전쯤 일로 기억되는데, 학인스님들 공부가르치려 수원 봉령사 들
어가다, 다음 구절과 더불어 사찰입구 바위에 새겨진 것을 보았다.

「어리석은 마음에 배우기까지 않는다면 교만한 마음만 더해지고,
어리석은 생각에 닦기까지 않는다면 내다너다하는 아집만 늘어난다.
속에 든 것도 없이 머릿속이 텅 비었으면서도 마음만 기고만장 하면,
마치 굶주린 범과 같고,
아는 것도 없으면서 방탕하고 안일하면, 마치 뒤 집어진 원숭이 꼬락
서니와 같다.
삿된소리 마구니 소리는 귀가 솔깃해 귀담아들으면서도,
성현의 가르침과 경전에는 도무지 귀귀울여 듣질 않으니,
바른길에는 도시 인연 없음이니 누가 그대를 건질 것인가.
삼악도 악습에 찌들대로 찌들어서 오래토록 고뇌에 얽매인 신세일뿐이
로세」//

참 고 : 부파불교 교단에게 주어진 숙제

윤회사상은 본래 불교이전의 인도 정통사상인 <바라문교>의 사상이었다.
불교는 이것을 받아드려 혹(惑)·업(業)·고(苦)라는 윤회방정식 구조를
확립시켰다.
곧 바라문교에서는 윤회의 주체로서 Ātman을 상정하고, 이 Ātman이야
말로 業을 짐 지고 다니는 장본인이라 생각하였던 것이다.

그러나 불교는 바라문교가 제창한 윤회이론(輪迴理論)은 받아들이면서
도, 처음부터 윤회의 주체같은 것은 상정하지 않고, 無我說(Anātman)을
주장했다.

따라서 여기서 야기된 문제가 윤회의 주체인 Ātman이 없다면, 도대체 무
엇이 業을 짖게 하며 또 무엇이(누가) 윤회를 받게 되는가 하는 것이었다.
말하자면 輪迴理論과 無我理論의 접목에서 오는 모순성의 해결이었다.

다시 말해 무아설에 위배되지 않으면서 윤회사상을 설명할 수 있는 원리
를 찾아내는 것이었으며, 이 난 문제를 해결해야 할 숙제를 안게된 것이
部派佛敎 집단이었다.

승가의 결집(結集: Saṃgīti)대회는 바로 이러한 난문제(難問題 : 불법승
삼보<三寶>에 대한 정리나 윤회이론과 무아이론의 접목(接木)과 같은 숙
제)들을 해결하기 위한 승려집회(僧侶集會)였으며, 이러한 난 문제들을
해결하는 과정에서 서로 다른 이견들이 나오게 되고, 그 결과 18 내지
20개의 부파가 탄생하게 되는 것이다.

참 고: 경량부(經量部:Sautrāntika)의

　　　　심상속설(心相續說 : saṃtati 理論)

　설일체유부(說一切有部)에서 분파한 경량부는 마음(心)에 대해 괄목할
만한 이론을 제창하였다.
　곧 경량부는 1차적으로 오온(五蘊 : 色受想行識) 가운데 최후에 있는 식
(識)을 중시하여 心이라 이름을 바꾸고, 2차로는 나머지 색수상행(色受想
行) 가운데 마음과 관계 깊은 수상행(受想行)을 모아 심소(心所)라 새롭
게 명명하였다.

　그리고 3차적으로는 지금껏 서로 별개의 것같이 사용되어져 오던 의
(意)를 흡수하여, 心＝意＝識이라 정의하고, 이것이야말로 나라고 하는 것
의 실천주체, 말하자면 번뇌와 함께 업(業)을 일으켜, 그 결과 고(苦)를
받게 되는 유전연기(流轉緣起)나, 또는 선업(善業)을 쌓은 결과 무명이
제거되고 樂을 받게 되는 환멸연기(還滅緣起)를 일으키는 당체(當體)라
생각하였다.
　다시 말해 生과 死 사이의 개인존재인 아(我)라고 하는 것은 찰라생멸
하는 무상한 존재로서, 의식의 흐름인 심상속(心相續)에 불과한 것이라고
정의한 후, 意는 전찰나심(前刹那心), 識은 현찰나심(現刹那心)이라 구별
함과 동시, 전찰나심인 意는 다음에 일어나는 識(현재의 마음)에 자기의
전 재산(業은 물론 생김·모습·습성·능력·특성까지)을 상속한 후, 그
리고는 사라지는 것이라는 이론을 제창하였다.

「업보는 있어도 지은 사람은 없다, 곧 현재의 온(蘊)이 멸해 없어지면 다
음의 온(蘊)이 상속(相續)하는 것이다」　　　『잡아함경』(대정장 2. 92c)

곧 아래의 참고 (화엄경의 말씀)에서 보듯, 각 개인의 핵(核)이라 할 識은 과거세의 무명(無明)과 행(行)을 등에 걸머지고 있는 존재일 뿐만 아니라, 다음 生을 낳게 하는 원인 바로 그것이라고 결론지었다.

참 고 : 경량부(經量部)란 부파의 명칭유래

경량부(經量部: Sautrāntika)란 부파의 명칭은 경전(經典)을 중(重＝量)히 여긴다는 뜻에서 유래하였다. 곧 본파인 설일체유부(說一切有部: Sarvāstivādin)가 經보다 논(論)을 더 중시하고 있는데 반발하여, 우리는 논보다 경을 더 중시한다는 기치를 들고, 본파인 有部에서 이탈한 후 새로운 학파를 형성하여, 이름을 경량부라 명명하였다.

참 고 : 心의 구조 (意와 識의 관계)

 心은 자기의 주체이다. 현재의 마음인 식(識)은 과거의 모든 것을 짊어지고 있는 증상과(增上果)인 동시에 미래를 만들어 내는 능작인(能作因)이다. 그리고 전찰나심(前刹那心)인 意와 현찰나심(現刹那心)인 識 사이에는 끊임없이 상속(相續)관계가 일어나는데, 이러한 관계를 업력(業力), 또 이 때 받은 내용을 훈습(薰習)이라 한다.

「종자생현행(種子生現行) 현행훈종자(現行熏種子)」란 유명 구절이 있다.
 유식사상을 설명할 때 자주 나오는 구절로서, 현재의 마음인 識은 마치 種子(씨앗)와 같은 것임을 표현한 명구이다.

곧 현재의 나의 모습(생김·모습·습성·능력·특성 등)은 모두가 종자로부터 나온 것이며 (능작인<能作因>으로서의 마음),
또 현재의 나의 삶의 모습이나 행동거지는 다음 생을 만들어 내는 종자에 훈습(熏習)된다는 의미(증상과<增上果>로서의 마음)이다.

여기서 增上果란 과거(上)의 모든 것을 더하고 더한 결과란 뜻이며, 能作因이란 능히 모든 것을 만들어내는 因子란 뜻이다.

참 고 : 「三界虛妄但是一心作 十二緣分是皆依心」의 의미

상기 게송은 『화엄경』제 6 <현전지(現前地)>에 나오는 말씀이다.

곧 (무명↔행↔식↔명색↔육입↔촉↔수↔애↔취↔유↔생↔노↔사)로 이어지는 십이연기설(十二緣起說)은 그 핵심이 識(마음)이라는 것을 강조한 말씀이다.

다시 말하면 시방삼세의 일체 모든 현상은 증상과(增上果)이면서 능작인(能作因)인 마음에서 비롯된다는 것을 강조한 것으로, 이 구절은 후에 유식사상(唯識思想)을 낳는 원초적 근거가 된다.

이렇게 해서 경량부가 주창한 <心相續理論>은 교단의 난제 중의 난제였던 무아설과 윤회이론의 접목을 아무 탈 없이 해결할 수 있게되었다.

곧 Ātman과 같은 그 어떤 고정불변하는 실체가 없어도 윤회이론은 성립한다는 것을 심상속이론으로 설명해낸 것이다. 이제 <심상속이론>을 정당화하기 위해 경량부가 예시했던 몇 가지 예를 살펴보자.

예 1. 우유와 그리고 치즈 사이의 상호관계

(牛乳 - 酪(치즈) - 生酥(야쿠르트) - 熟酥(칼피스) -   醍醐(요그르트)

세 변화 사이에 동일성은 없다. 곧 우유나 버터 그리고 치즈는 절대 동일한 것이 아니다. 그러나 세 변화 사이에는 절대로 떨어질 수 없는 불

가분의 관계가 있다.

곧 버터를 만들려면 우유가 반듯이 있어야 하고, 또 치즈를 만들려면 반듯이 버터가 있어야 한다. 다시 말해 어떤 고정 불변하는 실체는 없지만, 이들 3-사이에 변화는 일어나는 것이다.

『장아함경』(대정장 1. 112b), 『증일아함경』(대정장 2. 602a)

예 2. 초저녁 등잔불 → 한 밤중 등잔불 → 새벽녘 등잔불의 상호관계

등잔불은 찰나생멸하면서 계속 타고있다. 초저녁과 한밤중 그리고 새벽녘의 등잔불은 절대로 동일하지 않다. 그렇지만 셋은 절대로 떨어질 수 없는 불가분의 관계에 있다. 곧 고정불변한 어떤 존재는 없지만, 등불은 초저녁에서 새벽녘까지 계속 타고있는 것이다.

예 3. 어릴 때의 나 →청년시절의 나→지금의 나 →내일의 나의 상호관계

이들 넷의 관계는 육체적으로나 정신적으로나 전혀 다른 존재이다. 곧 동일하지는 않지만 이들 넷은 절대로 떨어질 수 없는 불가분의 관계에 있다. 다시 말해 이들 넷 사이에는 어떤 고정불변한 존재는 없지만 계속 밀접한 관계를 가지며 유지된다.

예 4. 前生 → 今生 → 來生

이들 셋은 동일하지 않은 전혀 다른 존재이다. 그렇긴 해도 이들 셋의 관계 사이에는, 앞에서 본 어릴 때의 나와 지금의 나와의 관계처럼, 절대로 뗄래야 뗄수 없는 불가분의 관계에 있다. 다시 말해 전생의 業은

금생(今生)에, 그리고 今生에서 지은 業은 다음 생에 절대적인 영향을 미치게 되는 것이다.

　지금껏 우리는 經量部가 주창한 <心相續理論>을 살펴보았다.
　심상속이론에 근거하여, 우리의 마음(心)이 어떤 것인지 정리해 보자.

① 나의 실천주체(心王) = 나의 핵(核)이다
② 연기주체이다. 곧 유전연기(衆生)=苦(惑-業-苦)와 환멸연기(佛)=樂(明
　-密-樂) 등 나의 삶(인생)을 결정짓는 주체이다.
③ (無明→行→識) 「현행훈종자(現行熏種子)」란 말처럼, 나의 과거생을
　짊어지고 있는 果(增上果)인 동시에, (識→名色→六入) 「종자생현행
　(種子生現行)」이란 말처럼 다음생을 낳는 原因(能作因)이기도 하다.
④ 상속한다. 곧 意(전찰나의 마음)는 자기가 가진 모든 것을 識(현찰나
　의 마음)에 상속한다.
⑤ 찰나생멸하는 無常한 存在 <無自性空의 존재, 곧 가변성(可變性)의
　존재>이다.

　이상, 일체 모든 것은 마음이 만들어낸다는, 소위 불교의 유심사상(唯心
思想)과 과거심(過去心)과 현재심(現在心)과의 관계를 규명한 경량부(經
量部)의 심상속(心相續)이론을 살펴봄과 동시, 나아가 불교의 난제중의
난제였던 윤회이론(輪廻理論)과 무아론(無我論)의 접목이, 이 심상속설을
통해 원만히 해결되었음도 확인하였다.

　그렇다면 이렇듯 중요한 마음, 그것은 본시 선(善)한 것일까? 악(惡)한
것일까?

불교는 이 마음의 실체규명을 위해, 아주 오래전인 초기불교시대(初期佛
敎時代)부터 이를 쟁점화시켜 마음의 실체규명에 진력해왔으며,
그 결과 여러 사상과, 그에 따른 학파들이 출현하게 되었다.

  이하, 불교사에 나타난 여러 사상(학파)가운데에서, 가장 대표적이면서
도 마음의 실체규명에 극(極)과 극의 이론을 주창한 <여래장사상(如來藏
思想)>과 <유식사상(唯識思想)에 대해 살펴볼 것이다.

1節 如來藏思想(Tathāgata-garbha-vāda)[1013]

앞에서 잠깐 언급한 바 있듯이,

有部의 <心性染汚說=性惡說>→<唯識思想>→金剛頂經<방편·부-탄트라>로,

大衆部의 <心性本淨說=性善說>→여래장사상(如來藏思想)→大日經 <般若·母-탄트라>로 발전·전개된다.

그러나 여래장사상은 대승불교가 낳은 하나의 중요사상으로서는 인정되었지만, 중관학파(中觀學派)나 유가유식학파(瑜伽唯識學派)와 같은 학파로서는 독립하지 못한 것 으로 고찰되었다. 곧 Tibet 佛教史에서 如來藏 學派가 거론되고 있지 않은 점, 또 인도불교사에 있어 이들의 인맥(人脈)이 분명치 못한 것 등이 이러한 이유일 것이나, 그러나 이 사상은 우리에게 주는 영향은 아무리 강조해도 지나치지 않을 만큼, 법화경(法華經) 화엄경(華嚴經) 여래장경(如來藏經) 승만경(勝鬘經) 부증불감경(不增不減經) 등 기라성같은 수많은 여래장계 경전들을 저술하게 하였을 뿐만 아니라, 마음의 규명에 대한 사상사에 있어서, 또 후에 일어난 밀교사상 형성에 큰 영향을 미치었다.

1013) <如來藏 三部經>이라 일컬어지는 『如來藏經』『不增不減經』『勝鬘經』에 설해지고 있는 사상으로, 특히 <一切衆生은 如來藏이다> <客塵煩惱> <自性淸淨>이란 경구를 사용하면서, 衆生成佛을 주창하는 경전군을 말한다. 한편 『寶性論=RGV』의 싼스크리트어 원전의 발견과 이의 간행이 이루어진 1950년, 그리고 1956년 E. Frauwallner教授가 그의 저서 『Die Philosophie des Buddhismus』에서,「die Schule Saramatis」라 하여 저자인 堅慧의 이름을 밝히면서,「그는 용수 이후 무착·세친에 앞서는 자」라 밝혀, 如來藏說이 인도불교사상에 독립성을 인정받게 되고, 이후 여래장사상 형성과 발전사적으로 『寶性論』의 중요성이 공증되어, 이후 『寶性論』을 통해서 조직·체계화된 사상=여래장사상」이라고 까지 언급될 정도로, 여래장사상 연구에 있어 『寶性論』은 없어서는 안될만큼 중요성이 부각되었다.

第1 여래장(如來藏)의 어원

<여래장(如來藏)>이란 말은 다음의 말에서 연유되었다.

「sarva sattva　　　as　　　tathāgata-garbhaḥ」[1014]

　<一切 衆生(은)　이다　　　　　如來藏>

　곧 『如來藏經』과 『보성론(寶性論)』 등 소위 여래장계 경전들이 표현하고 있는 「중생은 여래장이다」란 말에서 비롯되었다.

　이들 경전들은 여래장이란 말을 garbha · dhātu · gotra와 같이 3가지 단어로 표현하고 있다. 도대체 <영어의 2형식형태(A is B)>를 취하고 있는 「일체중생은 여래장(如來藏)이다」란 말이 무슨 의미 이길래 이렇게 소란을 떨며 여러 가지로 표현되고 있는 것일까? 단어 하나하나의 뜻을 음미해 가면서, (중생=여래장)의 참뜻이 무엇인지 알아보도록 하자.

garbha(胎 · 藏)

　중생의 태(胎)안에 如來가 있으며, 또 如來의 胎안에 衆生이 있다.

　곧 '중생은 부처님의 아들 딸이다' 란 뜻이다.

dhātu(界 · boundary · 영역 · 울타리)

　마치 전기나 자기가 흐를 때 그 주위에 전장(電場)과 자장(磁場)이 생기는 것처럼,　여래들만이 살고 있는 울타리를 말하는 것으로, 중생들은

1014) 『寶性論=RGV』73. 9-12에, 이 經句가 『如來藏經』으로부터의 인용임을 밝히고 있다. 곧 『寶性論』은 『如來藏經』으로부터의 인용임을 밝히면서, 「선 남자여! 이것이 諸法에 관한 법칙(dharmāṇāṃ dharmatā)」으로, 여래가 세 상에 출현하시든 출현하지 않으시든 언제나, 그들 衆生들은 如來藏이다~」

여래가 보살펴 주는 영역에서 살고 있다는 뜻이다.

gotra(族·血統·佛子)
　중생들은 여래의 피가 흐르고 있는 如來族이라는 뜻이다.

　따라서 이들을 종합해 볼 때 (중생=여래장)이란 뜻은 중생들에게는 여래의 피가 흐르고 있기에 여래족이며, 따라서 언젠가는 여래가 될 후보자들이라는 뜻임을 알 수 있다.

참 고: 여래장 (如來藏)에 대한 2가지 해석
　<북전대장경>이란 불교의 발생지 인도에서 북쪽 히말라야 루트, 곧 북인도 캐시미르 → 간다라 → 힌두쿠시산맥 → 파밀고원 → 돈황 → 장안(長安)을 통해 중국에 전해진, 소위 중국어인 한문으로 쓰여진 경전을 일컫는데, 이들 북전대장경들은 아래의 예문에서 보는 바와 같이,
　영어의 2형식(주어+Be동사+보어)형태가 아닌 3형식(주어+Have동사+목적어)의 형태로 如來藏을 설명하고 있다.[1015]

　곧 우리가 평소에 많이 이해하고 또 일상적으로 활용하고 있는 「일체중생실유불성(一切衆生悉有佛性)」 「번뇌신중유여래장(煩惱身中如來藏)」이란 경구나, 아래서 보는 예문들은 모두가 3형식, 곧 목적어가 필요한 Have동사를 취해, '우리들 중생은 누구나 불성(佛性)을 가지고 있다'. 곧 '번뇌신속에 여래장(如來藏)을 지니고 있다'라 해석하여, 불성(佛性)이나

1015) 한편 북전대장경에도 원전 『如來藏經』처럼 2형식을 취한 경전이 있다. 대표적인 경전이 『不增不減經』이다. 곧 경은 「衆生界者卽是如來藏。如來藏者卽是法身。(중략) 舍利弗 不離衆生界有法身 不離法身有衆生界 衆生界卽法身 法身卽衆生界 舍利弗 此二法者義一名異」 『不增不減經』 (대정장16. 467a)라 하여, 여래장을 중생의 보어로서 취급하고 있다.

여래장(如來藏)을 목적어(目的語)로 취해 사용하고있는 것이다.

「佛子.如來智慧具足在於衆生身中　但愚癡衆生顚倒　不知不見不生信心　如
來智慧在其身內與佛無異」　　　　　『華嚴經』<性起品> (대정장 9. 624a)

(불자들이여! 여래지혜가 중생의 몸 가운데 구족되어 있으나, 어리석고
우매한 중생들은 전도<顚倒>해서, 이러한 사실을 알지도 보지도 심지어
믿지도 않는다. 그렇지만 여전히 중생들은 그 몸속에 나와 조금도 다르
지 않은 똑같은 지혜를 지니고 있다)

「我以佛眼觀一切衆生　貪瞋痴諸煩惱身中有如來智如來眼如來身　結跏趺坐
儼然不動, 善男子, 一切衆生雖在諸趣　煩惱身中有如來藏常無染汚, 德相
備足如我無異」　　　　　　　　　『如來藏經』(대정장 16. 457 b~c)

(내가 불안<佛眼>으로 일체중생을 보니, 탐진치 등 온갖 번뇌속에 여래
지(如來智) 여래안(眼) 여래신(身)이 결가부좌한 상태로 꼼짝도 하지않고
엄연하게 앉아있다. 선남자들이여! 일체중생들이 비록 윤회세계인 육도
(六道)속에서 지옥 아귀 등 여러 몸을 받으며 윤회하고 있다고 해도, 그
러한 번뇌신 속에 있는 여래장은 절대로 더럽혀지거나 물들지 않고 언제
나 청정하여, 32상 80종호가 모두 갖추어져 있어 나와 하나도 다르지
않은 것이다)

　이에 반해 여래장사상 내지 그 형성사를 아는데있어 가장 핵심이 되는
『如來藏經』과 『寶性論』은 위에서 본 것처럼,

「sarva sattva(一切衆生은) as(이다) tathāgata-garbhaḥ(如來藏)」

라 하여, 여래장을 중생과 동격(同格)으로 보고, 「중생을 다른 말로 如來藏이라고 한다」의 의미로 사용하고 있는 것이다.[1016]

如來藏이나 佛性의 해석을 놓고, 이렇게 서로 다르게 해석된 데에는 文化의 차이, 곧 인도와 중국의 문화가 서로 다른데서 기인되었을 것이나, 보어(補語)로 쓰이든 목적어로 쓰이든 어떻든 간에, '나는 여래장이란 사실'과 '나에게는 부처님이 지니신 것과 똑같은 여래장을 소유하고 있다'는 것을 믿고, 이것이 활성화될 수 있도록, 번뇌제거에 정진하라는 메시지가 담긴 것이 여래장사상인 것 만은 틀림이 없다.

이하 여래장계 경전이 설하는 내용을 하나하나 살펴보면서, <여래장사상>은 나의 주인이자 우주를 만들어내는 이 마음(心)을 어떻게 규명하고 있는지, 또 이들 여래장사상이 우리에게 주는 메세지는 무엇인지를 깊이 고찰해 보자!

참 고: 여래장계경전의 발달사

『如來藏經』 → 『不增不減經』 → 『勝鬘經』 → 『涅槃經』 → 『寶性論』 → 『無上依經』 → 『佛性論』 → 『大乘起信論』[1017]

1016) 『寶性論=RGV』 25.18, 「復有比丘廣說如來藏經言一切衆生皆有佛性。在於身中無量煩惱悉除滅已」『涅槃經=MPS』 (대정장 12. 881b)

1017) 『寶性論』에는 이들 경전외에도 『楞伽經』『大乘莊嚴經論』등이 인용되고 있다. 특히 『楞伽經』같은 경우는 如來藏이외에도 Ālaya識을 설하면서 如來藏=Ālaya識이라 하며, 2-개념을 동일시하고 있다. 또 『涅槃經』에는 「一切衆生悉有佛性」뿐만 아니라 <如來藏>이란 語句, 나아가 『如來藏經』을 가리켜 <如來藏說經=Kevela-tathāgata-garbhanirdeśasūtra>이라까지 호칭하고 있다. 『大乘莊嚴經論』은 唯識思想을 중심으로 大乘思想을 통섭하려는 의도

第2 여래장계경전의 개요

2-1 『如來藏經(*Tathāgatagarbhasūtra*)』의 주제와 내용 개관

<如來藏>을 주제로 하는 경전으로 현재 漢譯 2종류와 Tibet譯이 전해지고 있다.[1018] 이 경전은 『寶性論』이 <여래장사상>을 설하면서 가장 기본적으로 인용하고 있는 경전으로, <如來藏 三部經>중 가장 먼저 저작된 경전이다. 경은

「선남자여! 이것이 諸法에 관한 법칙(dharmāṇāṃ, dharmatā)」으로, 여래가 세상에 출현하시든 출현하지 않으시든, 언제나 그들 衆生들은 如來藏이다~」

란 구절로부터 시작하여, <如來藏의 三義>[1019] · <九喩>[1020] · <중생의 無知無明> · <客塵煩惱> · <自性淸淨> · <法性> · <garbha>[1021] · <法藏=dharma-nidhi>[1022]등 여래장사상의 중요 key-word들을 설하고 있다.

로 제작된 논으로, 『寶性論』은 여러차례 이 논을 인용하면서 『寶性論』의 교리체계의 조직화에 응용하고 있다.

1018) 한역에는 불타발타라 역의 『大方等如來藏經』(대정장 12. No 666)과 불공삼장역의 『大方廣如來藏經』(대정장 12. No 667)이 현존한다. 1959년 일본의 <佛敎文化硏究所>에서 상기 한역의 2본과 Tibet譯을 합해, 『漢藏三譯對照 如來藏經』을 출간하였다.

1019) <如來藏의 三義>란 1) 法身遍滿의 義(중생의 煩惱身중에 如來眼과 如來智를 갖춘 如來가 결가부좌하여 앉아 있다) 2) 眞如의 無差別義(煩惱身중의 如來法性은 결코 汚染되지 않는다) 3) 如來藏의 存在 의미(번뇌를 제거시켜 여래를 出生케 하기 위해)

1020) <如來藏의 三義>를 「地中伏藏」의 비유 등 9가지 비유를 통해 <여래장 三義>를 상세히 알기쉽게 설명하고 있다.

1021) <garbha>란 <Tathāgata-garbha=如來藏>이란 의미로 사용되고 있다. garbha는 본래 √grah(붙잡다), √girati(잉태하다)의 의미로, 따라서 Tathāgata-garbha의 의미는 "중생이 태내에 여래를 잉태하여 붙잡고 있다"의 뜻이다.

1022) <nidhi>란 <dharma-nidhi>의 의미로 사용되고 있다. 곧 <nidhi>란 창고 그릇 등의 의미로, <dharma-nidhi>란 「地中伏藏」, 곧 땅속에 보물이 숨

2-2 『不增不減經(Anūnatvăpūrṇatvanirdeśa)』의 주제와 내용 개관

『不增不減經』은 경제가 말해주듯 「如來와 衆生界는 一界(eka-dhātu)로서[1023] 상호 증감(增減)이 없이 평등하다」는 것을 주제로 하는 소경전으로, 현재 싼스크리트어 원본과 Tibet어역은 전해지지않고, 오직 菩提流支 역출의 한역본 『佛說不增不減經』 (1권)만이 전해지고 있다.[1024] 다행이 『寶性論』에 경명과 본문의 약 1/3에 해당하는 원문 내용이 실려있고, 『大乘法界無差別論』에도 2~3개의 引用句가 전해지고 있어, 간접적으로나마 그 내용을 알 수가 있다.

經名은 <Anūnatvăpūrṇatvanirdesa-parivarta:不減性과 不增滿性의 說示-品>으로 되어있어, 아주 작은 소경임을 알려주고 있으나, Tibet역에는 의외로 序分·正宗分·流通分 등 경전으로서의 면모를 모두 갖추고 있다. 경의 요점은

法性(如來藏)은 未來際에 걸쳐 항상 존재하고 있는 것으로, 여래장에 대한 9가지 비유(九喩)를 통하여, 무량무변의 煩惱障에 덮여져 있다」는 사실을 위시해

겨져있다는 것으로, 중생(煩惱身)안에 여래(寶性)가 숨겨져 있다는 것으로, 如來藏의 의미를 비유로서 설명하고 있다.

1023) dhātu는 중요한 개념중의 하나로, 일반적으로 1) 법의 전체, 곧 一切法이란 의미와 2) hetu(원인=본질)의 의미로 사용된다.

1024) (대정장 16. No 668), 신라의 원효스님은 『不增不減經』의 주석서인 『부증부감경소(不增不減經疏)』(1권)을 저작하였으나, 현재는 유실되어 전해지지 않아 그 내용을 알 수 없다. 『신편제종교장총록(新編諸宗敎藏總錄)』(대정장 55), 『법상종장소(法相宗章疏)』 (대정장 55), 『주진법상종장소(注進法相宗章疏)』 (대정장 55), 『동역전등목록(東域傳燈目錄)』의 「홍경록(弘經錄)」 (대정장 55), 『奈良錄)』등에 원효저술이라 되어 전해지고 있다. 참고로 『新編諸宗敎藏總錄』권1에는 「不增不減經疏 一卷 元曉述」이라 기술되어 있다.

1) 衆生界와 法身은 如來藏을 매개로 同等하다. 곧, 衆生界=如來藏=法身이다.

2) 法身은 상태에 따라 <중생계> <보살> <여래>라 일컬어 진다.

3) 法身은 항상 淸凉(śiva)하며, 절대 불변(不變: śaśvata)하는 불생불멸의 법이다.

4) 법신은 무량무변의 功德을 지니고 있다. 등이다.

2-3 『勝鬘經(Śrimāla〈devīsiṃhanāda〉sūtra)』의 주제와 내용 개관

『勝鬘經』은 <如來藏>을 주제로 하는 경전으로, 현재 漢譯 2종류와 Tibet譯이 전해지고 있다.[1025] 『如來藏經』과 마찬가지로 『寶性論』이 <여래장사상>을 설하면서 가장 기본적으로 인용하고 있는 경전이다.

경의 요점은

<正法의 섭수>로, 正法=大乘=佛一乘을 강조하고,

<聖諦=苦滅聖諦=正法>이라 하여,

「聖諦는 如來만의 行境이다. 四聖諦는 苦滅聖諦에 귀속(歸屬)되는 것으로, 苦滅聖諦야말로 眞實로서, 귀의처이며 法身이다」

또한 <如來藏章>에는 「如來藏은 여래만의 경지로서, 번뇌장에서 벗어나지 못한 法身의 이름이다」[1026]

1025) 한역으로는 求那跋陀羅의 『勝鬘獅子吼一乘大方便方廣經』(대정장 12. No 353)과 菩提流志의 『勝鬘夫人會=大寶積經 第 四十八會』 (대정장 12. No 310)의 2개본이 있으며, Tibet譯이 있다.
　　일본의 月輪賢隆博士가 1942년에 『藏漢和三譯合璧, 勝鬘經』을 발간하였다.
1026) 「Tathāgatadharmakāyo vinirmuktakleśakośas tathāgatagarbhaḥ sūcyate」『寶性論=RGV』 12.14.

<空如來藏> <不空如來藏>[1027] <여래장은 유위법과 무위법의 의지처
(āśraya)이다> 등등이다.

참 고: 『승만경(勝鬘經)』의 여래장 설명

「世尊。 如來藏者。 是法界藏。 法身藏。 出世間上上藏。 自性淸淨藏。 此性
淸淨。 如來藏而客塵煩惱上煩惱所染。 不思議如來境界」

『승만경(勝鬘經)』 (대정장 12. 222b)

(세존이시여! 여래장이란 우주 법계가 지니고 있는 덕목(德目)이며, 또
법신이 지니고 있는 덕목이며, 세간을 뛰어넘은 출세간의 최고의 덕목으
로, 청정한 自性을 말한다. 부처님이시여! 이처럼 자성청정한 여래장이
객진번뇌(客塵煩惱)와 上煩惱에 물드는 것은 불가사의한 여래의 경계입
니다)

(강 설) 승만부인(勝鬘: śrīmālādevī)의 사자후

 경의 원래 이름은 <승만사자후일승대방편방광경(勝鬘獅子吼一乘大方
便方廣經)>이다. 동진(東晋)시대 중(中)인도의 삼장법사인 담무참(曇
無讖)에 의해 처음 한역되었다.
 <승만경>의 가장 중요한 내용은 승만부인이 세운 열 가지 서원인
제2 품, <십대수장(十大受章)>이다.
 승만부인은 인도 코살라국(kosala國)의 파사닉왕(波斯匿王)의 딸, 어
머니는 말리(末利)부인이다. 아유타국(阿踰陀國) 우칭왕(友稱王)에게

1027) <空如來藏>과 <不空如來藏>은 여래장이 지니는 공능을 말하는 것으로,
   번뇌에 대해 공하다는 뜻으로, 마치 연꽃처럼 절대로 번뇌에 달라붙지 않는
   다는 의미가 <공여래장>이며, 마치 거울처럼 닦아내기만 하면 언제든지 사용
   (유용)가능하다는 의미가 <불공여래장>이다.

시집을 가 왕비(王妃)가 된 후, 남편 우칭왕을 비롯 아유타국을 불교
국으로 만들 정도로 신심과 원력이 대단한 여성불자였다.

부모의 권유로 승가에 귀의한 이후, 그녀는 자신의 이름(승만)을 딴,
아니 자신과 부처님의 대화가 법문(사자후)이 되어, 경전(승만사자후)
으로 만들어질 정도로, 信心이 돈독하고, 수행 또한 그 누구도 따라올
수 없을 만큼 修行이 올바른 여성불자였다. 얼마나 그녀의 신행이 돈
독했으면 부처님께서 2만아승지겁 후에 보광여래(普光如來)가 될 것이
라는 수기(授記)까지 주셨을까? 女性가운데 성불수기를 받은 사람은
승만이 최초이다. 신라에도 그녀의 이름을 딴 승만공주가 있었다.

얼마나 유명했으면 신라에까지 그 이름이 알려졌을까? 경에서 그녀는
<10가지 서원>과 <3-가지 대서원>을 세웠으나, 여기서는 3가지 대서원
만 피력한다.

1) 한량없는 중생을 안온케 하며, 어느 생에서든 올바른 가르침의 지
혜[正法]를 얻겠습니다. 2) 올바른 가르침의 지혜를 얻은 후에는, 중
생을 위해 싫증내지 않고 법을 설하겠습니다. 3) 올바른 가르침을 받
아들인 다음에는, 육신과 생명과 재물을 보시해 이 가르침을 수호하겠
습니다. //

2-4 『涅槃經(*Mahā parinirvāṇa sūtra*)』의 주제와 내용 개관

『涅槃經』은 「法身如來常住」와 「一切衆生悉有佛性」을 설하는 경전으로,
산스크리트語 원본은 아직 발견되지 않고, 현재 한역 4본과 Tibet역 2본
만이 현존한다.[1028]

1028) 曇無讖譯의 『大般涅槃經』<40권=北本> (대정장 12. No 374), 曇無讖譯
『大般涅槃經』<36권=南本> (대정장 12. No 375), 法顯譯 『大般泥洹經』 <6
권> (대정장 12. No 376), 求那跋陀羅譯 『大般涅槃經後分』 <2권> (대정장
12. No 377)이 있으며, Tibet譯에는 (1)과 (2)의 2본이 있는데, (1)은 한역본
曇無讖譯의 <北本>과 求那跋陀羅譯의 <後分>의 합본으로, 이들 한역본으로

Tibet역 (2)의 권말에「kevala tathāgatagarbha nirdeśa sūtram(오직 일념으로 如來藏을 설하는 경)」이란 어구를 붙여, 經 스스로 이 경이 여래장계 경전임을 밝히고 있다. 뿐만 아니라, 여래장사상의 근본경전인 『如來藏經』을 인용하고 있고, 또 여래장사상을 종합. 조직화한 『寶性論』에 이 경이 인용되고 있다.

또 如來藏 (tathāgatagarbha)과 동의어인 佛性(buddhadhātu)을 함께 설하고 있어, 이 경이 여래장계 경전임임을 확인해주고 있다.

경의 요점을 살펴보면,

「asti tathāgatagarbhaḥ sarvasattveṣu (일체중생은 如來藏이다)

曇無讖譯(40권)에는

「廣說衆生悉有佛性」[1029]

(두루 중생실유불성을 설한다)

「復有比丘說佛祕藏甚深經典。一切衆生皆有佛性。以是性故斷無量億諸煩惱結。即得成於阿耨多羅三藐三菩提。除一闡提」[1030]

(한 비구 있어 부처님께서 祕藏으로 여기셨던 甚深經典을 설하기를,「一切衆生悉有佛性」다. 이 佛性으로 무량억의 온갖 번뇌를 끊고 곧 바로 무상정등정각을 얻는다 단 無性種性의 一闡提만은 제외하고~)

부터의 重譯本에 해당하며, (2)는 法顯譯 『大般泥洹經』에 相當하는 것으로 고찰되었다.

[1029] (대정장 12. 399a)
[1030] (대정장 12. 404c)

또 法顯本에는

「安隱快樂善解衆生各各自分有如來性。普爲開發」[1031]

(안은하고 쾌락하며 잘 이해하고 있는 중생들이여! 중생은 누구나 모두
「如來性」을 지니고 있으니, 널리 이것을 개발하도록 하라!)

「復有比丘廣說如來藏經言一切衆生皆有佛性。在於身中無量煩惱悉除滅
已。佛便明顯。除一闡提」[1032]

(어떤 비구가 『如來藏經』의 말씀인 「一切衆生悉有佛性」을 믿고 널리 설
하기를, 이 佛性으로 너의 안에 있는 無量煩惱를 모두 제거해 마치면,
一闡提 <무종성>만은 제외하고 누구든지 곧바로 부처가 나타난다고~)

등이 설해지고 있다.

2-5 『寶性論(*Ratnagotravibhāga*)』의 주제와 내용 개관

『寶性論』은 如來藏思想을 설하는 논서로서, 인도에서 찬술된 여래장계
논서로서는 唯一하게 온전한 산스크리트본이 남아있다.
여래장을 설하는 여래장계 경전들이 많이 현존하고 있지만 대부분이 한
역이나 티베트역으로만 현존하고 있기 때문에, 산스크리트본이 남아있는
『보성론』의 가치는 여래장 사상을 이해하는데 없어서는 아니 되는 아주
중요한 위치를 차지하고 있다.[1033]

1031) (대정장 12. 877c)
1032) (대정장 12. 881b)
1033) 高崎直道 『如來藏思想の形成』 春秋社

뿐만아니라『寶性論』에는

『如來藏經』·『不增不減經』·『勝鬘經』등 <如來藏 三部經>을 비롯해,『央
掘魔羅經』·『大乘法界無差別論』·『法華經』·『涅槃經』·『大集經』등
많은 경전들이 인용되고 있어, 如來藏思想形成의 역사를 아는 중요한
key로서의 역할을 하고 있다.

이에 대한 연구로는 高崎直道博士의 저서『如來藏思想の形成』(春秋
社)이 명저로 꼽히고 있다. 특히 연구를 위해 메모해둔 여러 도표들, 곧
부록으로 실린 <如來藏系經論系統圖> (附表1, 如來藏說に關聯する漢譯
經論の一覽 / 附表2, 如來藏說關係諸槪念展開表)는 여래장사상에 대한
중요개념 및 각 여래장사상 및 전개사 연구에 큰 도움이 되고 있다.

『寶性論』의 주제는 제목<Ratnagotravibhāga>에서 보듯,
寶性(Ratnagotra), 곧 佛性(buddha-dhātu)과 如來藏(tathāgata-garbha)
에 대한 것이다.

내용과 중요 용어나 개념들을 살펴보면,
<種性>·<如來種性>·<自性淸淨心>·<本性明淨>·<客塵煩惱>·<自性淸
淨離垢淸淨>·<如來藏>·<一切衆生有如來藏>·<九喩>·<佛性>·<如來
性>·<法性>·<法界>·<眞如>·<法身>·<法身>·色身(食身)>·<三身
說>등으로, 여래장사상의 중요개념들이 두루 설해지고 있다.

2-6『法華經(*Saddharmapuṇḍarīka*)』의 주제와 內容 개관
『法華經』은『寶性論』이 經名은 거명하면서도,『般若經』처럼 한 구절도
인용하지 않고 있는 특수한 경우이다. 경의 내용분석은

강의록, <2편 법보론, 3장 대승불교의 법, 7절 대승경전과 그 중심교리, 제2 법화경> 에 상세히 고찰해 놓았으므로, 그곳을 참조 바람

2-7 『金光明經(*Suvarṇaprabhāsŏttamasūtra*)』의 주제와 내용 개관

『金光明經』은 한역본으로, <曇無讖>이 414~433년간에 번역한 『金光明經(4권 18품)』이 최초로, 552년 <眞諦三藏>이 여기에 <分別三身品>을 비롯한 3품을 추가하여 증폭시킨 『金光明經』(7권 22품)과, 597년 <寶貴>가 추가하여 만든 『合部金剛明經(8권 24품)』, 또 703년에 <義淨>이 번역한 『金剛明最勝王經(10권 31품)』등이 있으며, 싼스크리트 원전을 비롯 Tibet譯도 3가지 譯이나 현존한다.[1034]

추가된 품인 <分別三身品>은 Tibet譯(2개 譯)과 한역본 2개본이 남아 있을 뿐만 아니라, 그 내용이 『대승장엄경론』과 『寶性論』이 설하는 <如來藏說>과 일치하여, 그 성립을 500년경까지로도 본다.

본문을 통해 『金光明經』의 <如來藏說>이 어떤 것인지 살펴보자!

「善男子。是身因緣境界處所。果依於本難思量故。若了義說是身卽是大乘。是如來性。是如來藏」[1035]

(선남자여! 이 身<法身>은 인<因=hetu>이요, 행경<行境=gocara>이요, 의처<依處=sthāna>요, 근본 자체에 의지하는 불가사의한 果이기에, 만일 이것을 잘 요지하면 이 몸이 곧 大乘이며, 如來性 <svabhāva>이며,

---

1034) <曇無讖> (대정장 No. 663), <眞諦三藏> (대정장 No. 664), <寶貴> (대정장 No. 664), <義淨>(대정장 No. 665), Tibet譯(북경판 No. 174, No. 175, No. 176)
1035) 『금강명경 (No. 664)』 (대정장 16. 364a)

如來藏 <tathāgatagarbha>이다)

라 하면서, 法身=大乘=如來性=如來藏이라 하고 있는데, 이는 이미 『寶性論』이 이미 확립시켜놓은 여래장설의 핵심이라 할 수 있는 것으로, 비록 『金光明經』이 이 곳 한곳에서만 설하고 있기는 해도, 이러한 여래장설을 法應化 三身을 설하는 <三身品>에서 설하고 있는 것을 볼 때, 三身說이 如來藏(=법신)說이 지니는 하나의 主題임을 은현중 보여주고 있다.1036)

참 고: <如來藏>說에 대한 진제삼장 譯書의 특징

 진제삼장의 역서에는 <如來藏>을 설하는 경론이 많아, 그가 <如來藏思想>에 대해 깊이 통달하고 있던 것으로 보인다.

 고찰의 결과 그의 여래장에 대한 이해는 『寶性論』에 기초를 둔 것으로, 한가지 특징적인 것은 『寶性論』에 기반을 두면서도, 世親釋 『攝大乘論』 <眞諦譯>에 보이는 것처럼, 原典에는 없는데 그곳에 자기의 주장을 삽입하거나, 또는 『佛性論』처럼, 자기가 저작해 놓고 著者를 다른 사람에게 가탁(假託)한다든지 등 여러 의심스런 면이 많이 보인다.

한편 『寶性論』의 재탕으로, 마치 새로운 것인 양 僞作해서 만들어진 『無上依經』같은 경우는 Tibet譯과 대조해본 결과, 평소의 진제삼장의 <如來藏>說과는 달리, 原典에 충실한 해석을 하고 있어, 진제가 아닌 제 3자의 저서인가? 라고 착각까지 하게 만드는데, 아무튼 5~6세기 무렵에는 논을 토대로 하면서도 경전의 냄새를 풍기는 소위 論的인 위경(僞經)들이 제법 많이 만들어졌다.1037)

1036) 『金光明經』의 三身說에 대한 상세한 내용은 1편 佛身論, 2장 대승불교의 불신론 4절 삼신설의 태동과 전개, 제4 여래장계경전의 三身佛說, 4-3 『金光明經』의 三身說을 참조바람.

참 고: 여래장과 비유(九喻)

『불성론(佛性論)』(대정장 31. 807c~808a)과 『보성론(寶性論)』(대정장 31. 837a)등 <여래장계 경전들>은 수많은 비유들을 들면서, <衆生은 如來藏이다>란 의미를 잘 설명해주고 있다. 일반적으로 잘 알려진 9가지 비유(九喻)를 소개하면 다음과 같다.

① 손수건과 빗자루를 통해, 弟子 pantaka를 깨우쳐 주신 부처님

부처님 제자 가운데 <판타카>형제가 있었다. 형 판타카는 똑똑하고 현명하였으나 왠 일인지 동생 판타카는 아둔하고 멍청하여 석존의 말씀을 잘 알아듣지 못하였다.

석존의 제자들은 이러한 동생 판타카를 <바보 판타카>라 부르며 놀려 주었다.

대중들에게 놀림을 당하기 시작한 판타카는 점점 의기소침해지며 대중과의 접촉도 끊고 우울한 시간을 보내고 있었다.

판타카의 이러한 모습을 본 석존은 어느 날 판타카에게 다가가 빗자루 한 자루를 건네며 "이제부터 내가 말하는 것에 신경 쓰지 말고, 대신 이 빗자루로 도량을 깨끗이 청소하라"고 말씀하셨다. 판타카의 청소 덕분으로 지저분하던 도량은 깨끗해졌고, 대중들은 이구동성으로 "도량이 이렇게 깨끗하게 된 것은 모두가 판타카가 열심히 청소를 해 준 덕분이야" 하며 판타카를 칭찬하기 시작했다. 우울하고 의욕까지 잃고 있던 판타카는 나날이 명랑해지고 의욕 또한 되살아나기 시작했다. 이러한 판타카의 모습을 줄곧 지켜보고 계시던 석존은 어느 날 판타카를 찾아가시어,

---

1037) 高崎直道 「眞諦譯 世親釋における 如來藏說」 『結城敎授頌壽記念. 佛敎思想史論集』(大藏出版),
　　　服部正明 「佛性論一考察」 『佛敎史學』4. 1995년, 宇井伯壽 「眞諦三藏傳研究」 『인도철학연구』제 6,

"판타카야! 고맙구나, 네가 열심히 청소해 준 덕분으로 더럽고 지저분하던 도량이 이렇게 깨끗해졌단다. 이처럼 너의 마음도 본래는 깨끗한 것인데 닦아 주지 않고 청소해 주지 않았기 때문에 더러운 것처럼 보이는 것이란다. 다시 말해 너의 마음은 본래 깨끗한 것이란다. 곧 현재 너의 마음속에 자리잡고 있는 번뇌는 본래 너의 것이 아닌 손님이 갖다 버린 먼지와 쓰레기란다. 내가 그동안 설법한 내용이란 바로 이것이다. 그러니 이제부터는 너의 청정한 마음을 더럽히고 있는 이 번뇌(쓰레기)를 열심히 청소하여 본래의 마음을 되찾도록 하여라" 라는 <자성청정심 객진번뇌(自性淸淨心 客塵煩惱)>의 법문을 들려주셨다. 경전은 동생 판타카가 열심히 정진하여 형보다도 먼저 아라한과를 얻었다고 전하고 있다.

『大毘婆沙論』<권180> (대정장 27. 902a~906b)

② 구름에 덮여있는 백월(白月)의 비유
③ 먼지(塵)에 덮여있는 거울(鏡)의 비유 - <不空如來藏>

 거울에 아무리 오래된 먼지가 덮여있더라도 닦아내면 사물을 비추는 거울의 본래 공능(功能)은 없어지지 않듯이, 여래장 또한 번뇌에 덮여있다 하더라도 여래장이 갖는 본래의 공능(功能: 나를 성불로 이끄는 에너지)은 절대로 없어지지 않는다는 비유로, 이와 같은 것을 일컬어 여래장이 갖는 제2의 공능, 곧 불공여래장(不空如來藏)이라 한다. 여래장이 갖는 공능은 절대로 공(空)하지않고 언제나 유효하다는 뜻이다.

④ 잡석(雜石)에 감추어져 있는 보석(金)의 비유
⑤ 가난한 친구의 무지무명(無知無明) 비유

 돈을 많이 번 어떤 사람이 소학교 때의 한 친구를 찾아 나섰다. 오랜 고생 끝에 찾고 보니 그 친구는 찢어질 정도로 가난하게 살고 있었다.

가난한 친구는 옛 친구가 찾아와 준 것에 감사하여 정성껏 대접하였다. 정성을 다한 친구의 대접에 감명을 받은 이 사람은 가난한 친구 몰래 큰 돈을 친구의 안 주머니 속에 넣어 두고 헤어졌다. 10년이란 긴 세월이 흘렀다. '이젠 내가 넣어 둔 돈으로 결혼도 하고 사업도 하여 살만하게 되었겠지' 하며 다시 그 친구를 찾아간 이 사람은 놀라지 않을 수 없었다.

 그 친구가 여전히 가난한 생활을 하고 있었기 때문이다. 가난한 친구는 자기 주머니 속에 큰돈이 있어 자기가 부자가 된 줄을 몰랐던 것이다.

 <가난한 친구의 무지무명의 비유>는 우리들 중생 역시 이 가난한 친구처럼, 자기가 큰 부자 곧 부처님의 아들인 줄 알지 못하고 계속 중생이라고 하는 가난 속에서 고통을 받으며 헤어나지 못하고 있음에 대한 비유이다.

⑥ 蓮花의 비유: 자성청정(自性淸淨) 처렴상정(處染常淨) <空如來藏>>

 연꽃은 더러운 곳에서 살고 있다. 그러나 그 잎이나 꽃은 절대로 더러움에 물들지 않고 항상 깨끗하다. 아니 깨끗하다 못해 세상에서 가장 아름다운 꽃을 피어내고 있다. 그 까닭은 연꽃의 자성이 본래 청정하고 맑기 때문이다. 다시 말해 연꽃은 아무리 더러움에 쌓여 있더라도 절대로 물들지 않는 것이다.

 우리 모두에게 갖추어져 있는 여래장도 연꽃이 갖는 이러한 성품처럼, 아무리 번뇌가 오래되고 덕지덕지 붙어있다 하더라도 절대로 번뇌에 물들거나 오염되지 않는 것이다. 여래장이 갖는 이와 같은 덕을 여래장의 제1 공능, 곧 공여래장(空如來藏)이라 한다.

⑦ 미개화(未開花)속의 꽃

⑧ 호두껍질 속의 알맹이

⑨ 병(瓶) 속의 불

병 속에 촛불이 들어있다. 그 촛불을 밖으로 꺼내기 위해서는 병을 깨뜨려야 되는 것처럼, 번뇌신 속에 있는 여래장(불성)을 찾아내기 위해서는 번뇌를 제거해야만 한다는 비유이다. 『앙굴마라경』 (대정장 2. 539a)

第3 如來藏思想이란?

여래장사상이란 어떤 사상이며, 또 우리에게 무엇을 던져 주려는 것인지, 여래장계경전들을 통해 그 메세지들을 하나하나 살펴보자!

3-1 衆生의 현실태(現實態)

중생의 현재의 모습을 폭로하려는 것이 첫 번째 메세지이다. 살펴보자!

「佛子. 如來智慧具足在於衆生身中 但愚癡衆生顚倒 不知不見不生信心 如來智慧在其身內與佛無異」　　　　『華嚴經』<性起品> (대정장 9. 624a)

(불자들이여! 여래지혜가 너희들 중생신속에 具足해 있음에도 어리석은 衆生들은 전도망상(顚倒妄想)속에서 생활하고 있으므로, 알지도 보지도 못하고, 때문에 이러한 사실을 믿지도 않고 있구나, 불자들이여 여래지혜가 너희들 몸 속에 있어 나와 조금도 다를 바가 없는 것이란다)

「我以佛眼觀一切衆生 貪瞋痴諸煩惱身中有如來智如來眼如來身 結跏趺坐 儼然不動, 善男子, 一切衆生雖在諸趣 煩惱身中有如來藏常無染汚, 德相 備足如我無異」　　　　『如來藏經』 (대정장 16. 457 b∼c)

(중생들이여! 내가 너희들을 보니 탐진치 삼독번뇌 속에 如來智와 如來眼과 如來身이 결가부좌 하고 있구나. 선남자들이여 일체중생들이 비록

삼계육도<三界六道>에서 윤회하고 있기는 해도, 그와 같은 번뇌신 가운데에 여래장이 감추어져 있는 것으로서, 그 여래장은 언제나 청정하여 더러움이 달라붙지 못하며, 그것이 갖고있는 德의 모습 또한 수승하여나 如來와 다를 것이 하나도 없는 것이란다)

① 중생은 번뇌신(煩惱身)이며
② 중생은 無知無明하다는 사실, 다시 말해 중생은 무지무명(無知無明)하여 스스로를 번뇌신인 줄 만 알았지, 그 번뇌신 속에 불종자(佛種子)인 如來藏이 있는 줄을 모르고 있으며,
③ 중생은 信心이 없어 「번뇌신중유여래장(煩惱身中有如來藏)」인 사실을 믿지 않고있다는 것을 폭로하고 있다.

3-2 佛의 大悲

대비자이신 부처님께서 성불종자(成佛種子)인 여래장이 숨어 있는지 모르고 고통 속에서 헤메고 다니는 중생의 모습을 불쌍히 여기시어, 중생들에게 이러한 사실을 알려 주기 위해 사바에 몸을 나투셨음을 알리고 있다. 곧

「一切衆生如來之藏常住不變 但彼衆生煩惱覆故如來出世應當說法 除滅塵勞淨一切智」   『如來藏經』(대정장 16. 457c)

(일체중생이 여래장이라 하는 것은 절대로 변하지 않는 상주<常住>의 것이다. 그렇지만 중생들은 번뇌에 덮여있어 이 사실을 알지 못하기에, 여래께서 세상에 출현하시어 그것을 알리시고, 번뇌<塵>을 멸하여 청정한 일체지<一切智>가 활동할 수 있도록 정진하라고 가르치셨다)

① 衆生=佛子 = 여래족(如來族) = 사문석자(沙門釋子) 라는 사실을 알리고,

② 衆生은 평등하여 모두가 성불할 수 있다는 것,

　다시말해 「유유일승무이무삼(唯有一乘無二無三)」곧 중생 모두는 성불 종자를 가진 일승(一乘)일뿐 성불할 수 없다는 이승(二乘 : 성문·연각) 이나 또 유일하게 성불종자를 가졌다는 보살승이 따로 있는 것이 아니라는 사실을 알리고,

③ 중생으로 하여금 「중생은 여래장」임을 믿게 하고, 그것을 개발하여 끝내는 성불케 하기위해, 곧 부처님께서 사바에 몸을 나투신 이유는 여래장의 개시오입(開示悟入)을 위해서 임을 알리고 있다.

3-3 如來藏이란 ? (如來藏과 法身과의 관계)

「舍利弗。甚深義者卽是第一義諦。第一義諦者卽是衆生界。衆生界者卽是如來藏。如來藏者卽是法身。(중략) 舍利弗 不離衆生界有法身 不離法身有衆生界 衆生界卽法身 法身卽衆生界 舍利弗 此二法者義一名異」

『不增不減經』(대정장 16. 467a~b)

(사리불아! 깊고깊은 뜻, 그것이 제일의제<第一義諦>로서, 중생계를 말하는 것이다. 곧 중생계는 여래장으로, 법신(法身)을 말하는 것이다.

<중략> 사리불아! 곧 중생계를 떠나지 않고 법신이 있는 것이며, 또 법신을 떠나지 않고 중생계가 있는 것이다. 사리불아! 중생계가 곧 법신이며, 법신이 곧 중생계인 것으로, 법신과 중생계 이 두 개는 이름은 달라도 뜻은 하나인 것이다)

「世尊, 如是如來法身不離煩惱名如來藏」　『승만경』(대정장 12. 221c)

(여래법신<如來法身>이 번뇌를 떨쳐 버리지 못한 것을 일러 如來藏이라 하는 것이다)

(法身이 무변제<無邊際>의 번뇌에 덮여있어 윤회의 생사에 표류하는 모습 그것이 중생으로서, 이것을 여래장이라 하는 것이다.

곧 <法身>과 <衆生界>는 <一界: eka-dhātu>로서, 무차별 무증감<無增減>이다)[1038]

3-4 如來藏緣起

「如來藏常住不變. 是故如來藏是依是持是建立. 若無如來藏者不得厭苦樂求涅槃」　　　　　　　　　　　　　　　『승만경』(대정장 12. 222b)

(如來藏은 중생신속에 상주<常住>하며 또한 절대 불변<不變>하는 것이기에, 이 여래장을 일컬어 의지처<依>요, 因<持>이요, 기둥<=建立=柱>이라 하는 것이다. 중생들이여! 만일 이 여래장이 없다면, 고<苦>를 싫어하며 즐거움<樂: 즐거움>으로 열반을 구하려는 생각조차 일어나지 않을 것이다. <여래장>으로 인하여 유전(流轉)과 환멸(還滅)의 世界가 갈라서게 된다는 것, 곧 <여래장>이 연기주체(緣起主體)임을 설명하고 있다.

「依如來藏故有生滅心 所謂不生不滅與生滅和合非一非異名爲Ālaya識」　　　　　　　　　　　　　　　『大乘起信論』(대정장 32. 576b)

(여래장에 의지하는 까닭에 생멸심이 있는 것이다. 곧 소위 불생불멸과 생멸이 화합<和合>해서 같은 것도 또 다른 것도 아닌 것을 일러 Ālaya 識이라 하는 것이다)[1039]

1038) 범어 원문 『승만경』에서는 이 부분을 이렇게 설하고 있다. 한문본보다 더 절절함이 느껴진다.

「一切衆生如來之藏常住不變 但彼衆生煩惱覆故如來出世應當說法 除滅塵勞淨一切智. 善男子! 若有菩薩信樂此法專心修學便得解脫成正等覺」

『如來藏經』(대정장 16. 457c)

(일체중생, 곧 여래장이라 하는 것은 절대로 변하지 않는 상주<常住>의 것이다. 그렇지만 중생들은 번뇌에 덮여있어 이 사실을 알지 못하기에, 여래께서 세상에 나오시어 그것을 알리시고, 번뇌<塵>을 멸하여 청정한 일체지<一切智>가 활동할 수 있도록 정진하라고 설법하셨다.

곧 선남자여! 보살이 이 여래장을 즐거이 믿고, 번뇌제거에 열심히 정진한다면, 곧 바로 해탈을 얻고 정등각을 성취할 것이라고~)

참 고 : 경종과 복음의 의미를 동시에 갖는 如來藏緣起설

번뇌를 제거하지 않는 한 윤회고(輪廻苦)에서 벗어날 수 없으며(警鐘), 如來藏을 所有하고 있는 한 언젠가는 반드시 菩提와 樂을 얻을 수 있다 (福音)는 경종과 복음의 양면성을 강조하고 있는 것이 <여래장연기설>이다.

「如來藏者是如來境界, 非一切聲聞緣覺所知, 非思量境界, 是智者所知, 一切世間所求能信」

『勝鬘經』(대정장 12. 221b)

1039) 『대승기신론』은 <여래장계 경전>중에서도 후대에 제작된 논이기에, 유식 사상을 수용하지 않을 수 없었다. 이에 자연적으로 心識의 고찰에 如來藏과 Ālaya識을 matching시켜, 둘의 관계를 분명히 해보려고 하였다. 곧 如來藏과 Ālaya識은 一心의 표리(表裏)와 같이 서로 대립하면서도 결코 떼려야 뗄 수 없는 관계임을 알고, 두 개의 작용과 기능을 하나로 묶어 보려는 움직임이 일어났던 것이다. 위 본문에서 <여래장연기>를 강조하면서도 여기에 Ālaya識을 거론한 것은 아마도 이러한 시도에서 기인한 것으로 보인다. 『능가경』도 여기에 편승한 경전이다. 이러한 시도는 특히 진제(眞諦)삼장에 의해 주도되었다. 그의 저서인 『決定藏論』과 『三無性論』에 이러한 시도가 보이기 때문이다.

(여래장이 중생신속에 숨겨져 있다는 사실은 오직 如來만이 알고 있는 사실로서, 성문<聲聞>이나 연각<緣覺> 등 小乘의 무리들은 알지 못하는 것이다. 다시 말해 이 사실은 분별심으로는 알 수 없고, 오직 지혜를 얻은 자만이 알 수 있는 것이기에, 너희들 중생들은 오직 신행<信行>해야만 하느니라)

3-5 衆生의 의무

「或有衆生信佛語故 起常想樂想我想淨想 非顚倒見 是名正見, 何以故 如來法身是常波羅蜜 樂波羅蜜 我波羅蜜 淨波羅蜜, 於佛法身作是見者是名正見 正見者佛眞子, 從佛口生 從正法生 從法化生」

『勝鬘經』(대정장 12. 222a)

(어떤 중생이 있어 부처님의 말씀을 확고히 믿고, '나는 상락아정<常樂我淨>이다'란 생각을 일으킨다면, 그것은 잘못된 전도견<顚倒見>이 아닌 올바른 정견<正見>인 것이다. 왜냐하면 여래법신<如來法身>이야말로 상락아정의 4-바라밀이기 때문이다. 곧 불법신을 이와같이 생각하는 것은 올바른 正見이며. 이런 정견자<正見者>를 일러 진불자<眞佛子>, 곧 부처님의 말씀을 믿는 자<佛口生>이며, 대승을 믿는 정법자<正法生>이며. 여래장임을 믿는 자<法化生>라 하는 것이다)

참 고: 從佛口生 從正法生 從法化生

상락아정(常樂我淨)의 4바라밀을 일러 법신불이 지니고 계신 4가지 德이라 부른다. 그런데 여기서는 이 법신불이 지닌 4가지 덕을 나(중생)도 지니고 있다고 생각하라는 것이다. 곧 이런 생각은 잘못된 전도견이 아니라, 올바른 정견(正見)이기 때문이라 하면서~~, 그리고 한발 더 나아가 이런 자야말로 진불자이며, 「從佛口生 從正法生 從法化生」이라 말씀하고 계신다. 경전을 읽다 보면「從佛口生 운운~」의 표현이 심심치않게 등장한다. 여기서 부처님 입으로부터 태어났다(從佛口生)고 하는 것은, 부처님의 말씀을 의심치않고 그대로 믿는 자라는 의미이며, 정법으로부터 태어났다(從正法生)고 하는 것은, 정법인 대승(大乘)의 신봉자라는 뜻이며, 법으로부터 화생(從法化生)했다고 하는 것은, 여래장(如來藏)을 믿고 의지한다는 의미이다

「一切衆生悉有佛性。煩惱覆故不知不見。是故應當勤修方便斷壞煩惱 (중략) 有佛性者必定當成阿耨多羅三藐三菩提(중략)雖有佛性以未修習諸善方便。是故未見。以未見故不能得成阿耨多羅三藐三菩提」

『열반경(涅槃經)』(대정장 12. 405b)

(일체중생은 누구나 불성을 지니고 있으나, 번뇌로 덮여있어 알지도 보지도 못하는 것이다. 그러므로 너희들은 응당히 부지런히 방편을 닦아 번뇌를 끊어 괴멸시켜야 한다. <중략> 불성이 있기에 반드시 무상정등정각을 얻을 수 있는 것이다. <중략> 그러나 비록 불성을 지니고 있다고 해도 아직 선방편을 수습하지 않았기에, 지금은 보지 못하고 그런 까닭에 무상정등정각을 성취할 수 없는 것이다)

「是故隨如來信是卽衆生義」　　　　『보성론(寶性論)』(대정장 31. 821a)

(여래의 말씀을 믿고 따르는 자, 이것이 중생의 의무<衆生義>이다)

(강 설) 「네가 해야 할 일은 열심히 깎아내는 일 뿐」

 우물속의 물을 두레박으로 길어 올리지 않으면 마실 수 없듯이, 우리 모두 불성(여래장)의 소유자라 해도, 여래장을 감싸고 있는 번뇌를 제거하지 않는다면 결코 그것은 드러나지 않는 것이다. 우리들이 해야할 의무는 <나=여래장>이라는 사실을 믿고, 번뇌제거에 힘쓰면 되는 것~

 르네상스가 낳은 건축가이자 조각가, 미켈란제로(1475~1564)는 다음과 같은 어록을 남겼다고 전해진다.

 「완벽한 형태는 돌덩어리 속에 잠재해 있다. 이제 네가 해야 할 일은 그것이 완전히 드러날 때까지 열심히 깎아내는 일 뿐이다」

 어쩌면 이렇게 멋스런 명언을 남겼을까? 그는 혹시 불교의 <여래장사상>을 알고 있었던 것은 아닐까? 모르고서 어찌 이런 어록을? 깊이깊이 음미하면서, 불<佛>이 완전히 들어날 때까지 " 깎고 또 깎아, 번뇌와 無明이 완전히 바닥날 때까지 //

 「大乘信爲種子 般若以爲母 禪定以爲胎 大悲以爲乳 如是爲諸佛實子」

『寶性論』(대정장 31. 829b)

 (대승<大乘>이란 믿음<信>을 종자<種子>로 삼고, 반야<般若>를 어머니로 삼고, 선정<禪定>을 태<胎>로 삼고 태어난 후에는 대비<大悲>란 젖<乳>을 먹고 자란 아이다. 이런 아이야말로 진정한 시방제불의 적자(嫡子=眞子)라 하는 것이다)

(강 설) 大乘人과 四德

대승인(大乘人)이란 어떤 사람이어야 되는지, 곧 대승인이 지녀야 할 4가지 덕목을 아주 간결하면서도 간절하게 말씀하고 계신다.

무엇이 대승인이 지녀야 될 4가지 덕목일까? 또 무엇에 비유되고 있는 것일까? 경은 믿음(信)·반야(般若)·선정(禪定)·대비(大悲)야말로 대승인이 지니고 있어야 할 4德이라 하면서,

그것을 다시 1) 아버지 2) 어머니 3) 태(胎) 4) 젖(乳)에 비유하고 있다.

곧 믿음(信)=아버지(種子)로, 반야(般若)=어머니 사이에 잉태된 후, 10달 동안 흔들림없는 선정이란 태(胎)안에서 자란 자로, 태어나서는 대비(大悲)란 젖(乳)을 먹고 자란 자, 이런 자가 大乘人이라 강조하고 있다.//

第4 여래장사상의 기원과 여래장계 경전의 중심내용

如來藏思想의 기원은

『增一阿含經』의 「자성청정심설(自性淸淨心說)」[1040]에 그 기원을 둔다. 그리고 自性淸淨思想은 부파불교, 특히 大衆部에 영향을 미치어 「心性本淨說」로 발전한다. 이후 이 사상은 대승경전인 『華嚴經』에 수용되어,

「여래지혜구족중생신(如來智慧具足衆生身)」 「여래출현(如來出現)」 및 「성기사상(性起思想)」으로 발전되고, 뒤이어 『如來藏經』에 이르러서는 「번뇌신중유여래장(煩惱身中有如來藏)」으로 패턴화된다.

다시 말해 『아함경』의 「자성청정심(自性淸淨心)」사상이 대승에 이르러 성불의 因이자 종자인 여래장(如來藏)으로 승화된 것이다.

1040) (대정장 2. 663c)

여래장사상을 설하는 경전으로는 『화엄경(華嚴經)』『여래장경(如來藏經)』
『부증불감경(不增不減經)』 『승만경(勝鬘經)』 『불성론(佛性論)』 『보성론
(寶性論)』『대승기신론(大乘起信論)』등이 있다.[1041]

참 고 : 여래장이 갖는 두 가지 공능(功能)[1042]

제1 공능: 공여래장 (空如來藏)

 마치 연꽃(蓮花)이 더러움에 물들지 않는 것처럼, 절대로 번뇌에 물들지 않
는 如來藏의 공능을 말한다. 空이란 어떤 경우라도 번뇌에 空하다는 뜻이다.

제2 공능: 불공여래장(不空如來藏)

 아무리 더러운 먼지로 더럽혀진 거울(鏡)이라도 닦아내기만 하면 본래의 역
할인 비춤 <照>을 되찾듯이, 어떠한 경우라도 절대로 본성을 잃지 않는 如來
藏이 갖는 무량한 德을 말한다. 不空이란 절대로 공하지 않다는 뜻이다.

1041) 如來藏係 경전들의 성립은 다음과 같이 3시기로 나누는 것이 일반적이
　　　다. 제 1기는 唯識의 아라야식과의 교류 이전인 온전히 여래장사상만으로 이
　　　루어진 시기로, 여기에 속하는 경전군은 『涅槃經』『如來藏經』『不增不減經』
　　　『勝鬘經』『大集經』『寶性論』『大乘法界無差別論』등이며, 제 2기는 여래장사
　　　상과 유식사상이 병행하여 설해진 시기로, 여기에 속하는 경전군은 『大乘莊
　　　嚴經論』『攝大乘論』『十地經論』『佛性論』 등이며, 제 3기는 여래장과 아라
　　　야식이 상호 조화 융합되는 시기로, 여기에 속하는 경전군으로는 『楞伽經』
　　　『大乘密嚴經』『大乘起信論』등이다. 勝友俊敎 『佛教における 心識說の研究』
　　　601항 참조
1042) 『승만경』 (대정장 12. 221c)

참 고 : 여래장이 갖는 세 가지 의미(三義)[1043]

소섭장(所攝藏) : 중생은 여래에 섭장(攝藏)되어 있다는 의미이다.
　　　　　　　　곧 여래의 태속에 중생이 자라고 있다는 뜻이다.

은복장(隱覆藏) : 여래가 중생의 번뇌에 가려지고 숨겨져 있다는 의미이
　　　　　　　　다. 곧 번뇌신 속에 여래가 숨겨져 있다는 뜻이다.

능섭장(能攝藏) : 중생이 가지고 있는 여래장은 여래가 가지고 있는 것과
　　　　　　　　똑같이, 수승한 공덕을 가지고 있다는 의미이다.

第5 『大乘起信論』과 여래장사상

『대승기신론』은 여래장사상을 설하는 대표적 경전으로,
<一心・二門・三大・四信・五行의 대총상법문(大總相法門)>으로 회자되
어왔다. 더욱이 그 구조나 이론은 <귀신론(鬼神論)>이란 별명까지 붙을
정도로 너무나 정교하고 명확하였다.

이제 一心 / 二門 / 三大 / 四信 / 五行의 법문구조를 가진 『대승기신론』을
통해 여래장사상의 전모를 살펴보자.

　먼저 논은 우리들 중생들이면 누구나 가지고 있는 마음을 한 마음(一
心)이라 하고 그 마음을 다시 둘, 곧 선(善)한 마음과 악(惡)한 마음으로
나누고 있다. 말하자면 평상시 일어나는 우리들의 마음을 좋은 마음(善
心)과 나쁜 마음(惡心)의 둘로 나눈 것이다.

그리고 善한 마음은 진여(眞如)에서 나온 부처님의 마음, 말하자면 우리

1043) 『보성론(寶性論)』은 如來藏이 지니고 있는 三義로, 「佛法身遍滿 眞如無
　　差別 皆悉有佛性 是故說常有」라 하여, 여래장이 지니는 의미를, 제1. 如來法
　　身 遍滿義 / 제2. 如來眞如 無差別義 / 제3. 有如來種姓義 라고 설명하고
　　있다. 『보성론』 <一切衆生有如來藏品> (대정장 31. 828a~b)

가 추구하는 기쁘고 즐거운 마음이므로 진여문(眞如門) 곧 성불문(成佛門)이라 하고, 惡한 마음은 이기적이고 욕심으로 뭉쳐진 衆生의 마음, 말하자면 끝없이 일어났다가는 사라지는 고통의 마음이므로 생멸문(生滅門) 곧 중생문(衆生門)이라 명명하였다.

그리고 어떻게 하면 현재의 삶인 생멸문에서 이상적 세계인 眞如門으로 갈 수 있는가? 라는 문제를 제기한 후, 그 해답으로 우리들이 가지고 있는 현재의 마음 말하자면 남을 시기하고 질투하고 미워하는 生滅門의 마음을 제시하고 있다.

곧 두 가지 마음 가운데 惡한 마음으로 쓸모가 없을 것으로 생각되는 중생의 마음 속에는 3가지 큰 에너지(三大)를 가진 如來藏이라는 것이 있으므로, 소중히 여겨 의지하고 가라는 것이다. 다시 말해 다른 것에서 찾지 말고 3가지 큰 힘을 가진 네(우리)가 지니고 다니는 현재의 마음(여래장)에서 찾으라는 것이다.

우리의 마음, 여래장이 지니고 있다는 3가지 능력(三大)이란 도대체 어떤 것일까?
논은 그것을 체상용(體相用) 三大라 설명하고 있다. 곧 우리의 마음은 근본적으로 우주의 법성인 眞如와 같은 것이며(體大), 또 각자가 지닌 개성이라 할 自性은 우주의 體인 진여에서 나온 것일 뿐만 아니라, 나아가 그 누구도 지니지 못한 자기만이 가진 독특하고 특별한 것이며(相大), 또 "생긴대로 논다"는 속담처럼, 각자 각자는 남이 지니지 못한 자기만의 독특하고 특별한 능력을 지니고 있다(用大)는 것이다.

곧 우주의 모든 생명체는 태양이라는 에너지를 똑같이 먹고 사는 공동 운명체(體大)이지만, 그러나 어쩐 일인지 봄에 피는 꽃이 있는가 하면 여름에 피는 꽃도 있고 추운 겨울에 피는 꽃도 있으며, 또 노란 꽃이 있는가 하면 파란 꽃도 있고 빨간 꽃도 있다는 것이다.

그리고 이렇게 다른 모습을 가진 까닭은 개성(個性)이라 하는 각자만이 지닌 自性이 있기 때문(相大)이며, 또 그것들은 제각각 어떤 특별한 능력을 가지고 있어, 위(胃)에 좋은 것이 있는가 하면 간(肝)에 좋은 것도 있고 심장(心臟)에 좋은 것도 있는 등 제각각 그 용도가 다르다(用大)는 것이다. 그러므로 현재의 나의 마음속에 이러한 큰 힘을 가진 여래장(如來藏)이 도사리고 있음을 믿고(信), 그것을 개발하기만 하면(行) 부처님의 세계인 극락세계(眞如)에 갈 수 있다는 것이다.

곧 이 논의 題名인 『大乘起信論』에서의 大乘(대승)이란 일반적으로 말하는 '소승과 대승'의 大乘이 아니라, 우리들의 현재의 마음인 중생심(衆生心)을 가리키는 것으로, 나를 생멸문(生滅門)에서 진여문(眞如門)으로 날라다 주는 큰 탈것이란 뜻으로서의 大乘이라는 것이다. 다시 말해 여래장인 衆生心이야말로 나를 극락의 세계로 태워다 주는 큰 탈것(大乘)임을 믿고, 그것을 의지처로 삼으라(信)는 뜻에서, '대승에 믿음을 내라'는 뜻인 『大乘起信論』이란 제명을 달았다는 것이다.

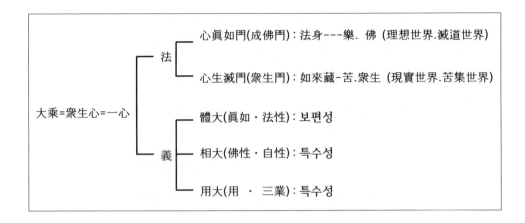

이제 논이 말하고자 하는 내용을 정리해보면 다음과 같다.

곧, 중생심(衆生心)이야말로 大乘(큰 탈것)이다. 왜냐하면 自性(佛性・法性이 개인화되고 특수화된 모습)이라 일컬어지는 그 衆生心 속에는 法性(體相用 三大)이 내재되어 있기 때문이다. 다시 말해 自性=衆生心=佛性은 우주에너지이며 의지처 바로 그것이기 때문이다. 곧 一切衆生이 본래 구족(本來具足)하고 있는 體相用 三大야말로 生滅門에서 眞如門으로 날라다 주는 탈 것(乘) 바로 그것으로서, 중생들은 다른 것을 의지하지 말고, 이것만 믿고 의지해서 부처의 몸으로 거듭나야 한다는 내용이다.

<四信>1044)

① "衆生은 여래장"이라는 것을 믿는 마음

② 불보(佛寶)에 대한 믿음

③ 법보(法寶)에 대한 믿음

④ 승보(僧寶)에 대한 믿음

1044) 대승인이 지녀야 할 4가지 믿음을 설하면서 그 첫 번째로 지목한 것이 여래장에 대한 믿음이다. 『大乘起信論』이 불법승 삼보에 앞세워 여래장에 대한 믿음을 먼저 열거한 것은, 그만큼 중요한 것이 (중생=여래장)임을 강조하기 위함 일 것이다.

참 고 : 『보성론(寶性論)』이 설하는 4가지 믿음(四信)

① 중생은 누구나 菩提열매를 맺게 하는 씨앗인 如來藏을 본유(本有)하고 있다.

② 衆生本有의 如來藏은 우주에 편만되어 있는 법성(法性)이다.

③ 如來藏은 여러 가지 공능(功能)을 가지고 있다.

④ 이것이 있는 한 菩提란 열매(果)는 반듯이 얻게 되는 것이다.

<五行>

진여문(眞如門)으로 가기 위한 수행덕목으로 6-바라밀다의 축약형인 보시(布施)·지계(持戒)·인욕(忍辱)·정진(精進)·지관(止觀=선정·지혜)을 제시하고 있다.

곧 보잘것 없는 나에게도 성불종자 如來藏이 갖추어 있음을 믿게 하고(信), 그것을 의지해서 현재의 자기(생멸문)를 부처(진여문)로 거듭나게 하려는 것이 如來藏系의 대표적 경전인 『大乘起信論』이 주는 의미이다.

참 고: 여래장사상과 유식사상의 교섭(交涉)

『寶性論』의 본래 경명은 『究竟一乘寶性論』이다. 『寶性論』에는 『如來藏經』『不增不減經』『勝鬘經』등의 경구들이 여러 곳에서 인용되고 있어, 如來藏思想(史)의 연구에 아주 중요함 역할을 하는 경전이다.

잠시 여래장사상과 유식사상의 대표적 논서들을 통해, 여래장사상과 유식사상의 교섭의 실태를 간략히 살펴보면,

『寶性論』은 아주 대표적 유식논서인 『大乘莊嚴經論』을 인용하면서도 특이하게도, 『大乘莊嚴經論』이 설하고 있는 Ālaya識이나 三性說의 개념은 설하고 있지않다.

『佛性論』은 Ālaya識과 三性說의 개념과, 한편으로는 佛性과 如來藏, 一切衆生悉有佛性과 一切衆生皆成佛을 모두 주창하고 있다.

『大乘莊嚴經論』과 『攝大乘論』은 經題에서도 알 수 있듯이, 유식사상이야말로 大乘의 꽃(장엄)이며, 대승사상을 모두 섭하고 있는 사상이라는 의미를 지닌 논으로, Ālaya識과 三性說, 五位 등의 唯識思想을 통해 대승사상을 설하고 있다.

『楞伽經』은 求那跋陀羅 번역의 4권본이 가장 오래된 古本으로, 중국 초기선종에 큰 영향을 미쳤다. 自性淸淨心. 如來藏. Ālaya識 등의 용어와 『勝鬘經』 『大雲經』 『앙굴리마라경』 등으로부터의 인용구가 설해지고 있어, 이 경이 여래장사상과 유식사상의 영향을 받은 것으로 추찰된다.
　곧 如來藏과 Ālaya識을 동일시 하는 등 『大乘起信論』과 공통점이 많아 『大乘起信論』 성립에 도움을 준 것으로 보인다. 공사상과 여래장사상을 활용하면서 유식사상에 방점을 찍기 위해 제작된 것으로 보여진다.

참 고: 진제(眞諦)삼장의 譯書에 보이는 2-思想의 교섭

『攝大乘論釋』이란 주석서를 남겨 섭론종(攝論宗)의 효시라 일컬어 지기도 하고, 또 현장삼장 이전, 많은(29부 80여권) 경전들을 역출하여 구역경자(舊譯經者)로서 이름을 떨치기도 한 사람이 진제삼장(499~569)이다.

　잠시 역경자로서의 그가 역출한 경론의 특징을 보면, 그는 원전(原典)에 충실했다기 보다는 자신의 학설을 그것도 如來藏說的 해석으로 經과 論의 처처에서 빈번히 삽입시키고 있다는 점이다.[1045]

1045) 진제(眞諦)삼장의 역서에 보이는 특징에 대해서는 高崎直道 「如來藏と Ālaya識 -唯識說との交渉」 『講座大乘佛敎』 6. 如來藏思想

진제삼장의 역서중 如來藏思想과 관계있는 경론은,

(1) 『金光明經』·『無上依經』·『佛性論』·『大乘起信論』

(2) 『攝大乘論釋』·『顯識論』·『十八空論』·『三無性論』·『決定藏論』

      등으로,

(1)에 소속된 경전들은 如來藏思想을 설하고 있는 경전들이며,

(2)에 소속된 논서들은 唯識思想을 설하는 논서들이나, 그 속에 如來藏 思想 특히 『寶性論』의 설을 많이 채용하고 있다.

  곧 진제삼장 역출의 상기경전중 『大乘起信論』을 제외한 『無上依經』. 『佛性論』등은 모두가 『寶性論』의 설을 그대로 번안(飜案)한 것이거나 조금 개편시킨 것이며, 『金光明經』 특히 그중에서도 제3 <三身分別品>은 『寶性論』의 설을 대폭 수용한 후, 여기에 본인의 설을 삽입시켜 증광(增廣)한 것이다.

  한편 唯識說에 대한 진제삼장 학설의 특색은

1) 제9識 Amala識說과 2) 解性-Ālaya識說이라 할 수 있다.

  먼저 1) 제9識 Amala識說은 『決定藏論』과 『十八空論』에 보이는 것으로[1046], 轉依(āśrayaparāvṛtti)의 結果로서 나타나는 (淸)淨識을 의미하는 것이나, 여기서 문제가 되는 것은 『十八空論』의

[1046] 「修習行故。斷阿羅耶識卽轉凡夫性。捨凡夫法阿羅耶識滅。此識滅故一切煩惱滅。阿羅耶識對治故。證阿摩羅識。阿羅耶識是無常。是有漏法。阿摩羅識是常。是無漏法。得眞如境道故證阿摩羅識。阿羅耶識爲麤惡苦果之所追逐。阿摩羅識無有一切麤惡苦果。阿羅耶識而是一切煩惱根本。不爲聖道而作根本。阿摩羅識亦復不爲煩惱根本。但爲聖道得道得作根本」『決定藏論』과 (대정 30 1020b)

「Amala識은 自性淸淨心이다. 다만 客塵煩惱로 인하여 더럽(汚)혀져 있기에 不淨이라 하지만, 객진(客塵) 다하여 소진(燒盡)되면 그때는 淨이라 하는 것이다」[1047]

의 내용처럼, Amala識을 제8 Ālaya識의 근원으로 보고, Ālaya識을 如來藏과 동일시하는 입장을 취하면서, Ālaya識을 妄識으로, 경식구민(境識俱泯)의 경지는 정품유식(淨品唯識), 곧 전의(轉依)로 보고 있다는 점이다.[1048]

2) 解性(以解爲性)-Ālaya識說은 『大乘阿毘達摩經』의 「無始時來界」에서의 界에 대한 해석으로, 진제삼장은 이 界를 因(所依)과 依持(處)의 2가지 의미로 해석하고, 일체법의 所依로서의 Ālaya識과, 自性淸淨法界로서의 如來藏의 의미를 동시에 갖는 것이 이 界의 의미라고 보고 있다. 곧 진제삼장은 界(dhātu)=Ālaya識=如來藏으로 보고 있는 것이다.

이처럼 진제삼장은 『攝大乘論釋』 및 『十八空論』등에서, 『大乘阿毘達摩經』의 「無始時來界 一切法等依 由此有諸趣」의 게송을 인용하면서, 界(dhātu)의 의미를 如來藏과 Ālaya識의 2가지 의미로, 그리고 轉依의 결과를 Amala識=無垢淨識으로 설하고 있는 것이다.

1047)「阿摩羅識是自性淸淨心。但爲客塵所汚故名不淨。爲客塵盡故立爲淨」 『十八空論』 (대정 31 863b)
1048) Ālaya識=淨識으로 보는 것은 唯識說 내부의 새로운 움직임으로, 『楞伽經』도 Ālaya識과 如來藏을 동일시하는 그룹중의 하나이다.

第6 여래장사상의 발달과 그것이 가지는 맹점(盲點)

여래장사상이 극도로 발달하게 되자 <중생은 번뇌신>이란 부정적인 측면보다는 <중생은 여래장>이란 긍정적인 측면이 더욱 강조되어, 번뇌가 제거되어야 비로소 여래장이 활동할 수 있다는 如來藏思想의 본래의 의미를 퇴색하게 한다.

그리고 이러한 풍조는 모든 중생들은 부처님께서 가지고 계신 지덕(智德), 말하자면 如來藏이라는 보성(寶性)을 태어날 때부터 가지고 있는 것이기에 본래 깨달아 있는 것이라는 소위 <(중생본각사상(衆生本覺思想)>을 싹트게 한다.
그러다 보니 자연 번뇌신이라는 衆生의 현재의 모습은 잊게 되고 본각(本覺)이라는 개념만이 극대화되어 번뇌를 제거하려는 정화의식 내지는 수행인이 지켜야 할 기본 수행마저 점차 극소화하게 된다.

따라서 이러한 생각들은 衆生이 본래본각(本來本覺)이라는데 어째서 현실은 번뇌가 많으며, 또 왜 이렇게 번뇌 제거하기 어려운 것인가? 라는 가장 근본적인 물음에 대해 대답조차 할 수 없는 어려운 지경을 만들게 된다.

그리고 이러한 경향은 더 나아가 "더 열심히 닦으라고! 천만의 말씀 본래 깨달았는데 닦을 필요가 어디 있어! 나 보고 참회하라고! 천만에 말씀 본래 깨달았는데 (죄란 본래 없는 것인데) 참회는 무슨 참회"하며 막행막식(莫行莫食)하는 자칭 무애도인(無碍道人)들의 출현을 가속화하게 하였다.

참 고 : 唯識思想 출현의 계기

唯識思想의 출현은 여래장사상이 가지는 이러한 맹점(盲點)들을 해결하기 위한 측면도 무시할 수 없다. 앞서도 언급했지만, 유식사상은 Ātman 없이도 윤회이론을 해결할 수 있는 방법을 비롯, 般若空思想이 지니는 맹점들, 그리고 여래장사상이 지닌 문제점들을 보완하기 위한 해결책으로 출현하였다[1049]

第7 如來藏思想이 우리에게 주는 교훈

우리들은 한시도 쉼 없이 시시각각 번뇌와 망상(妄想)에 허덕이며 살고 있다. 그러나 이러한 삼독번뇌(三毒煩惱) 속에 살고 있으면서도 잘못한 일 부끄러운 일을 저질렀을 때는 그것을 부끄러워하고 반성하고 참회하게 된다. 도대체 우리들에게 무엇이 있기에, 이렇게 과거를 되돌아보게 하며 새로운 각오를 다짐하게 하는 것일까? 우리가 흔히 말하는 양심(良心)이란 것이 우리에게는 정말 있는 것일까? 있다면 어디에 있는 것이며 그것은 또한 어떠한 것일까?

이와같이 잘못을 뉘우치게 하고, 자신을 보다 좋은 곳으로 인도(引導)해 가려는 성질, 곧 良心과 같은 善한 마음을 불교인 들은 如來藏이라 불렀던 것이다.

다시 말해 잘못을 뉘우치게 하는 힘. 절망을 딛고 일어서게 하는 힘. 자만(自慢)과 편견(偏見) 무책임 부도덕 허위(虛僞)와 불신(不信) 등으로

[1049] 중관사상의 맹점: 眞諦와 假諦로 분류한 것은 卓見이었으나, 왜 가유의 세계가 일어나며, 중생들은 왜 이 가유의 세계를 진실로 받아드리며, 또 어떻게 하면 진제의 세계로 갈 수 있는지에 대해서 밝히지 못했다. 여래장사상의 문제점: 누구나 불성(여래장)을 지니고 있다면 왜 세상은 오탁악세가 되어가고 있는지? 그 설명이 어렵다.

팽배해 있는 현재의 자기를, 양보와 책임 이해 사랑 참되고 신뢰받는 자기로 거듭나게 하는 힘, 衆生을 如來되게 하는 힘, 그것이 여래장이며 그러한 여래장이 나에게도 내재(內在)해 있다고 확고하게 믿고 자신을 개발하고 개척해 나가는 사상, 그것이 바로 여래장 사상인 것이다. 말 바꾸면 재생(再生)과 재활(再活)의 희망을 안겨다 주며, 자기긍정(自己肯定)의 사상, 이것이 여래장사상이다.

2節 유식사상(唯識思想: vijñapti-mātra)

유식사상은 대승불교가 낳은 최고의 사상으로서, 불교의 인식학(認識學)이자 心理學이며 精神分析學이라고 하겠다.

유식학은 중국과 한국 내지는 일본불교에까지 큰 영향을 미쳐 불교학 발전을 더욱 가속화하게 하였을 뿐만 아니라, 근세에 들어서는 동서양의 일반심리학 내지 정신분석학의 발전에도 많은 영향을 미치게 하였다.

第1 唯識(Vijñapti-mātra)의 어원

유식(唯識 : Vijñaptimātra)이란 말은 vi(분별·일부분)+√jñā(알다) +pti(=mātra : 오직)란 어원을 갖는다. 직역하면 '오직 分別識', 풀어 쓰면 「일체 모든 것은 오직 분별하는 識에서 나온 것이다」란 의미이다.

1-1 識과 智의 차이

識은 <vi-jñā>로서 우리들 중생들의 주인공이라 할 마음의 판단작용이며, 智는 <pra-jñā>로서 불보살님들이 가지고 계신 지혜이다.

곧 앞에서 설명하였듯이 <識>은 전체가 아닌 일부분만 아는 부분적(vi) 지혜이기에 사물을 제대로 파악하지 못하고, 또 자기입장에서 사물을 판단하는 분별지(分別智)이며 차별지(差別智)이기에 자기에 유리하도록 판단한다.

이에 반해 <智>는 전체적인(pra) 지혜이기에 전체를 꿰뚫어 볼 수 있으며, 또 自他를 떠난 평등의 입장에서 사물을 판단하는 평등지(平等智)이기에 일체를 있는 그대로 알게 된다.

예부터 「구사팔년 유식삼년(俱舍八年 唯識三年)」이란 말이 있을 정도로 유식학(唯識學)은 불교의 필수과목이자 심오한 철학이다.

곧 유식학을 마스터하기 위해서는 기초학문인 俱舍學을 8년간 공부해야 비로소 唯識學에 들어올 수 있으며, 또 입문한 뒤로는 3년간 공부를 해야만 비로소 유식학을 마스터할 수 있다는 말이다.

말 바꾸면 유식학을 배우기 위해서는 11년이나 연구해야 할 만큼 그만큼 유식학은 어렵다는 뜻이다.

참 고 : 구사팔년(俱舍八年) 유식삼년(唯識三年)

「俱舍八年 唯識三年」이란 말의 유래는, 복숭아나 밤나무는 3년이 되면 열매를 맺지만, 감나무는 8년이 되어야 그 열매를 맺는다는 「도율삼년 시팔년(桃栗三年 柿八年)」에서 유래되었다고 한다.

第2 唯識思想의 태동(胎動)과 형성

유식사상의 胎動은 부파불교의 상좌부(上座部)가 주창한 심성염오설(心性染汚說)에 그 원초적 근원을 두는 것이지만, 직접적인 영향은 『華嚴經』<十地品>의 「三界虛妄但是一心作 十二緣分是皆依心」으로 부터이다.

곧 이의 영향을 받아 제작된 경전이 『해심밀경(解深密經)』과 『대승아비달마경(大乘阿毗達摩經)』으로, 이들 경전의 영향을 받아 조직된 사상을 유가행파(瑜伽行派: Yogācara) 또는 유식파(唯識派: (Vijñānavādin)라 부른다.

이들은 아비달마(부파불교)의 분석적 교리를 『반야경』의 공(空)사상으로 해체시킨 후, 여기에 유가(瑜伽:yoga)의 실천을 통해 얻은 유식(vijñapti-mātra) 체험을 심화(深化)시키고, 여기에 Ālaya識 敎理를 합일. 체계화시켜 <유식사상>을 태동시켰다.

유식사상은 부파불교 중 경량부(經量部)의 심상속설(心相續說)과 대승의 중관사상(中觀思想)을 토대로 해서 태동하였다.

곧 유식사상은 경량부가 주창한 <심상속이론>과 중관사상의 <일체법무자성공>의 사상을 계승 발전시켜 만든 사상이다.

앞에서 자세히 설명한 바 있듯이, <經量部가 주창한 심상속설(心相續說)>은 우리들의 마음(心)을 意(前刹那心)와 識(現刹那心)으로 구분·정의한 후, 앞의 마음인 意는 다음에 일어나는 마음인 識에 자기가 가지고 있던 모든 것을 相續한다는 이론이다.

곧 일체 모든 존재의 주인공으로 Ālaya識을 설정해놓고, 意識·증상과(增上果)·능작인(能作因)·찰라생멸(刹那生滅)을 그 아라야식의 기능 내지 성격으로 정의하였다.

또 용수보살이 제창한 중관사상(中觀思想)이란 『반야심경』에서 보는 바와 같이, 모든 존재와 실상을 색즉시공(色卽是空: 眞諦)이라 하여 무자성공(無自性空)으로 파악함과 동시, 한편으로는 공즉시색(空卽是色: 假諦)이라 하여, 空性(Śūnyatā)에 바탕을 둔 가유(假有)의 세계 또한 인정하는 이론이다.

그러나 중관사상에는 하나의 큰 맹점이 있었다. 곧 진제(眞諦)와 가제(假諦)로 분류한 것은 탁견(卓見)이었으나, 왜 가유(假有)의 세계가 일어나는 것이며 중생들은 왜 이 假有의 세계를 진실(眞實)의 세계로 알게 되는 것인지. 또 어떻게 하면 眞諦의 세계로 갈 수 있는 것인지에 대해서는 확실히 밝히지 못했던 것이다.

설일체유부의 학자로서 『구사론』이란 명작을 저술한 바 있는 세친(世親)은 대승으로 전향·귀의한 후 중관사상가들이 밝히지 못한 이러한 맹점들을 경량부가 주창한 <心相續說>을 활용하여 멋지게 해결하여 유식학이란 불멸의 사상을 정립시켰다.

참 고 : 세친(世親 : Vasubandhu)보살

① 說一切有部의 승려였다. <형 무착(無着) : Asanga은 瑜伽行派의 승려 이며, 동생 교시가(憍尸迦 : Kauṣka)는 說一切有部의 승려였다>

② 당시의 설일체유부의 소의경전(所依經典)은 『아비달마대비바사론(阿毘達摩大毘婆娑論)』(200권)이었다.

③ 간다라파에 소속되어있던 世親은 이 論을 600여 개의 게송으로 요약한 후, 설일체유부의 본부인 카시미르에 보내어 큰 칭찬을 받았다.

④ 얼마 후 세친은 설일체유부의 분파로서 Saṃṭati(心相續)이론을 주창한 경량부(經量部:Sautrāntika)의 설을 수용하여, 전에 만든 600여 개의 게송에 각각 주석을 달아 『아비달마구사론(阿毘達摩俱舍論)』이라 명명한 후 다시 본부로 보냈다.

⑤ 경량부설을 수용했다는 이유로 설일체유부 사람들로부터 미움을 받고 있을 즈음,

⑥ 세친은 형 무착(無着)의 설득으로 대승으로 귀의하게 되고, 그후 <唯識三十頌>·<唯識二十論>등을 저술하여 唯識學을 완성시켰다.

第3 唯識係 經典의 개요

瑜伽行唯識學派는 북인도의 有部 계통의 집단을 모체로 출발한 학파로서, 종래의 성문지(聲聞地)의 유가수행의 체계위에, 용수보살의 <空性>을 기본으로 하면서도 空思想이 지닌 결함을 경량부가 주창한 <心相續說>로 보완하여, 대승보살의 수행체계로서의 <瑜伽行>을 새롭게 체계화한 학파이다.

참 고: 유식경전(唯識經典)의 발달사

< 最初期 > < 形成期 >	< 發達期 >	< 完成期 >
解深密經・瑜伽師地論・ 大乘莊嚴經論・攝大乘論 <彌勒・無着>	唯識三十頌 唯識二十論 <世親>	成唯識論 <護法・(玄奘)>

3-1『解深密經』의 저술 의도와 그것의 논지

『解深密經』제 7 <지바라밀품(地波羅蜜品)>에는 菩薩의 <十地思想>과 <六-波羅蜜思想>이 설해져 있고, 또 제 6 <분별유가품(分別瑜伽品)>에는 瑜伽의 실천수행으로서 <지관(止觀)>을 설함과 동시 유식(唯識)이란 말이 사용되고 있는데,

여기서 경은 止란 마음을 제어하여 적정(寂靜)케 하는 것이며, 觀이란 제법을 여실하게 관찰하는 것인 唯識이라 하면서, 觀=唯識의 의미로서의 唯識이란 개념을 처음 등장시키고 있을 뿐만 아니라,[1050] 나가서는 <地

[1050] 「卽於如所善思惟法。獨處空閑作意思惟。復卽於此能思惟心。內心相續作意思惟。如是正行多安住故。起身輕安及心輕安。是名奢摩他。如是菩薩能求奢

波羅蜜品>에서 설해진 十地思想을 <止觀>과 관계지은 후, 이를 4단계의 止觀으로 나누어,

<初地以前의 보살>은 유분별영상소연(有分別影像所緣)에, <地前의 보살>은 무분별영상소연(無分別影像所緣)에, <十地菩薩>은 사변제소연(事邊際所緣)에, <佛地菩薩>은 소작성변소연(所作成邊所緣)으로 구분지우며,

이 지관수행을 통해 법공(法空)의 二空은 증득된다고 하면서, 지관수행(止觀修行)을 菩薩道의 中心에 위치시켰다.

따라서 이 4단계의 止觀行을 후세 정착된 <瑜伽行의 5-修行位: 자량위→가행위→통달위→수습위→구경위>에 대치시키면,

十地 以前에 해당하는 제1과 제2의 止觀修行은 각각 유식무경(唯識無境)을 觀하는 가행위(加行位)와 통달위(通達位)에, 제3과 제4의 止觀修行은 十地에 해당되는 수습위(修習位)와 구경위(究竟位)에 해당된다고 볼 수 있어, 이 『解深密經』을 <瑜伽 五位說>의 原型이라고 말하기도 한다.

한편 제6 <分別瑜伽品>과 제7 <地波羅蜜品>에서 설하고 있는 止觀思想과 十地思想은 이들이 각각 彌勒菩薩과 觀自在(世音)菩薩과 깊은 관계를 가지고 있다는 점에서, 본래는 이들이 서로 기원(起源)이 다른 곳에서 비롯된 菩薩修行道였음을 알게 해준다.[1051]

摩他。彼由獲得身心輕安爲所依故。卽於如所善思惟法。獨處空閑作意思惟。復卽於此能思惟心。內心相續作意思惟。如是正行多安住故。起身輕安及心輕安。是名奢摩他。如是菩薩能求奢摩他。彼由獲得身心輕安爲所依故』『解深密經』(대정장16. 698a)

[1051] 유식사상이란 <瑜伽行唯識思想>이라 불리울 만큼 瑜伽修行이 사상형성의 근본을 이루고 있다. 곧 止(Samatha)와 觀(Vipaśyanā)이라는 瑜伽修行을 통해서 얻은 결과가 다름아닌 一切唯識(일체는 오직 마음이 만들어 낸다)이었으며, 또 이러한 유식사상을 맨처음 전한 자가 미륵보살이라는 전설로 인해, 옛부터 유식사상, 곧 止觀思想과 미륵보살을 서로 관계지어 왔던 것이다. 한편 화엄교학 특히 華嚴十地와 觀音菩薩과의 관계는 <入法界品>에 등장하는 선재동자와 관세음보살과의 관계로부터 설정

3-2 『瑜伽師地論』의 저술의도와 그것의 논지
- <菩薩地>의 의미, 菩薩의 修行道 -

『解深密經』 <分別瑜伽品>에서 비롯된 大乘瑜伽行思想은 『瑜伽師地論』 <菩薩地>에 이르면, 三乘을 포괄(綜合)하는 것을 목표로, <聲聞地>와 <菩薩地>를 중심으로 하는 十七地가 형성되고, 여기에 <섭결택분(攝決擇 分)>등의 四分이 더해져 瑜伽行唯識學派의 기본 택스트로 완성되어, <大乘教說=菩薩藏>이라는 소위 <攝-大乘>理論이 만들어지게 된다.

곧 三乘을 종합하는 것을 목표로 출발한 논이 『瑜伽師地論』이기는 하지만, 논은 『解深密經』의 설을 이어받아[1052] 비록 佛道修行의 입문단계 에서는 동일하지만, 어느 단계에 이르르면 종성(種姓), 곧 수행자가 선천 적으로 가지고 태어난 種姓(gotra)에 따라 그 진로가 달라지고, 그 결과 三乘이 갈라지게 된다는 소위 <種姓論>을 제창하였다.

물론 이러한 種姓論의 발단은 釋尊佛과 弟子들사이의 절대적 질적 차이 를 부르짖으며, 成佛은 菩薩種姓인 釋迦菩薩만의 결과물이라는 아비달마 의 有部的 해석에서 찾을 수 있다.[1053]

한편 大乘人들은 이것을 확대해석하여別說)>을 제창하고, 이와 더불어 聲聞·緣覺·菩薩乘의 修行道 또한 조직화하였다.[1054]

한편 <聲聞地>가 有部的 수행체계를 계승한 것에 비해, <菩薩地>는 三

되었다
[1052] 「復次勝義生。諸聲聞乘種性有情。亦由此道此行跡故。證得無上安隱涅槃。 諸獨覺乘種性有情。諸如來乘種性有情。亦由此道此行跡故。說得無上安隱涅 槃」『解深密經』(대정장 16. 695a)
[1053] 「煖頂忍世第一法。各有六種種性差別」『大毘婆沙論』(대정장 27. 33b)「轉聲 聞種性 二成佛三餘 麟角佛無轉 一坐成覺故」『俱舍論』(대정장 29. 120c)
[1054] 특히 <聲聞地>와 <菩薩地>는 <本地分>의 태반을 차지할 정도로 중시되 고 있다.

乘의 종합과 大乘의 수승함을 동시에 제시한 것으로, 小乘有部와 대비해 볼때 大乘瑜伽行派의 특징을 잘 나타내 보이고 있다고 할 수 있다.

곧 <菩薩地>에

「이와같이 원만히 一切의 菩薩의 학도(學道)와 그 果를 현시(顯示)하고 있을 뿐만 아니라, 一切種의 진실한 의지처가 되기에 <菩薩地>라고 하는 것이다. 고로 이 菩薩地는 보살장(菩薩藏)의 논모(論母)라고도, 섭대승(攝大乘)이라고도, 괴불괴(壞不壞)의 길을 개시하는 것이라고도, 무외지(無畏智)와 淸淨의 根本이라고도 이름하는 것이다. (중략) 일체 菩薩藏 中의 약표(略 一切衆生 모두를 보살종성(菩薩種姓)으로 인정하려 했으나, 大乘의 구룹인 瑜伽行者들은 대승적 사고를 전부 받아드리지 않고 여기에 아비달마적 사고를 가미하여, 소위 성문종성(聲聞種姓)·연각종성(緣覺種姓)·보살종성(菩薩種姓)·부정종성(否定種姓)·무종성(無種姓)으로 구성된 <오성각별(五姓各標)>와 광석(廣釋)의 諸門을 섭하여 현시한 것이며, 또한 능히 法과 律을 開示한 것이기에, 모든 유정들은 이 正法을 受持 독송하며, 法에 따라 修行하여, 안주(安住)·증장(增長)·광대(廣大)·승진(勝進)시킬 가치가 있는 것으로, 따라서 이 경을 즐거이 듣고 受持하여 널리 설한다면얻는 福德 또한 無量할 것이다」[1055]

라 설시하고 있듯이, 菩薩地는 大乘經典에 산설(散說)되어있는 여러 핵심 敎理와 修行道를 집적(集積)해 놓은 것으로, <菩薩地>란 의미는 大乘

[1055]「如是圓滿顯示一切菩薩學道及學道果。名菩薩地。具說一切菩薩學道及學道果。一切種教實依處故。又此菩薩地亦名菩薩藏摩怛理迦。亦名攝大乘。亦名開示壞不壞路。亦名無障智淨根本。(중략) 此菩薩地顯示一切菩薩藏中略標廣釋諸門攝故。於此地中能廣開示法毘柰耶。乃至衆多所化有情。於此正法受持讀誦法隨法行。安住增長廣大勝進。(중략)是故於此菩薩地中起堅信解。樂聞受持乃至廣說。所得福聚無量無邊」(대정장 30. 575b)

을 총섭했다는 의미인 소위 <攝大乘>으로서의 의미, 곧 菩薩에 대한 모든 것을 함장하고 있다는 의미로서의 <菩薩藏>을 나타내고 있음이 강조되고 있다.

여기서 잠시 菩薩藏으로서 <攝大乘>의 의미가 구체적으로 무엇을 의미하는 것인지, 직접 논의 설명을 통해 살펴보면,

「① 菩薩藏이기에, ② 諸法의 진실의가 설시되어 있기에, ③ 불가사의한 최승광대(最勝廣大)의 위신력이 설시되어 있기에, ④ 菩薩藏을 如法하게 청문하기에, ⑤ 如法한 사유와 이 사유를 통하여 菩提를 얻으려는 수승한 의락(意樂)을 일으키기에, ⑥ 修行에 들어가기에, ⑦ 修行의 果를 성만(盛滿)하기에, ⑧ 究竟의 출리(出離)를 얻기에 攝大乘이라 하는 것이다」[1056]

라 하여, 8가지로 <攝大乘>의 의미를 설명하고 있는데, 이 8항목을 분석해보면,
①~③까지는 무엇을 배워야 하는지? ④~⑥까지는 어떻게 배워야 하는지? ⑦과 ⑧은 그것의 결과인 佛果에 대한 설명이라 분석된다.

따라서 『瑜伽師地論』 <菩薩地>는 菩薩이 배워야 할 학도(學道)로부터 그 修行次第와 그 果에 이르기까지, 말하자면 大乘의 전모를 6-波羅蜜을 중심으로, 여기에 <사심사(四尋伺)와 사여실지(四如實智)>를 포함시켜 밝히고 있으나, 어쩐 일인지 『解深密經』 <分別瑜伽品>에서 강조되었던 止觀이나 唯識觀에 대해서는 전혀 설하고 있지 않고 있다.

1056) 「有八種法能具足攝一切大乘。一者菩薩藏教。二者卽於如是菩薩藏中。顯示諸法眞實義教。三者卽於如是菩薩藏中。顯示一切諸佛菩薩不可思議最勝廣大威力之教四者於上所說如理聽聞。五者如理思爲先。趣勝意樂。六者趣勝意樂爲先。入修行相。七者入修行相爲先修果成滿。八者卽由如是修果成滿究竟出離如是菩薩勤修學已。能證無上正等菩提」 (대정장 30. 548c~549a)

한편 <결택분(決擇分)>에는

「무엇을 도제(道諦)라 하는가? 소위 자량도(資糧道) 또는 방편도(方便道)
와 청정도(淸淨道)를 말하는 것으로, 이와 같은 일체를 총략(總略)해서
道諦라 한다. <資糧道>란 13種으로 聲聞地에서 이미 설해 두었으니 응
당 알아야 할 것이다. <方便道>란 가장 수승한 것으로 난·정·인·세제
일법(暖·頂·忍·世第一法)으로 모든 一切의 념주(念住)등의 보리분법
(菩提分法)이다. <淸淨道>란 소위 見道·修道·究竟道가운데, 이들이 섭
하고 있는 바의 一切菩提分法이다」[1057]

라 하여, 수행자가 닦아야 할 道聖諦를 설명하면서, 資糧道→方便道(暖
·頂·忍·世第一法)→淸淨道(見道·修道·究竟道)라 설명하고 있는 것
을 볼 때, <五位說=道聖諦>, 곧 대승보살의 수행체계인 <五位說>이 道
聖諦로서 점차 싹터가고 있음을 엿볼 수 있는 것으로, 이러한 추세는 뒤
이어 『大乘阿毘達磨集論』과 『攝大乘論』등으로 이어지고, 마침내 『成唯
識論』에 이르러 고착된다.

한편 <菩薩地>에는 이와 더불어 菩薩의 修行次第를 十三段階로 나누어
설명하고 있는데,[1058] 이들을 분석해보면, 이들의 修行次第의 핵심은

1057)「云何道諦。謂資糧道若方便道若淸淨道。如是一切總略爲一說名道諦(중략)
資糧道者。有十三種。如聲聞地已說應知。方便道者。若就最勝謂於煖頂忍世
第一法位中。所有一切諸念住等菩提分法。淸淨道者。謂於見道修道究竟道
中。即彼所攝所有一切菩提分法」(대정장 30. 655c)
1058)「若不發心不修菩薩所行加行雖有堪任而不速證無上菩提」『瑜伽師地論』(대정
장 30. 478c)「又諸菩薩有六波羅蜜多種姓相。由此相故令他了知眞是菩薩。
謂施波羅蜜多種姓相。戒忍精進靜慮慧波羅蜜多種姓相」『瑜伽師地論』(대정장
30. 479a)
「云何修行諸菩薩行。略說菩薩若所學處若如是學若能修學。如是一切總攝爲一
名菩薩行 是諸菩薩於何處學。謂七處學。云何七處。嗢拖南曰自他利實義 威

『華嚴經』의 수행이론의 핵심인 十地說에 근거한 六-波羅蜜-修行임을 알게한다.

이상에서 살펴본 것처럼, 『瑜伽師地論』 <菩薩地>의 입장이 <攝大乘>이었음이 밝혀졌으나, 이러한 『瑜伽師地論』 <菩薩地>의 立場, 곧 <唯識=攝大乘>이란 종의(宗義)를 보다 적극적으로 내세운 것이 다음에서 살펴보려는 『大乘莊嚴經論』이다.

3-3 『大乘莊嚴經論』의 저술 의도와 그것의 논지 (중심내용)

『大乘莊嚴經論』의 논제인 <대승장엄(大乘莊嚴)>이 시사하듯이, 논의 목적은 <菩薩藏>으로서의 大乘唯識經典을 찬미(莊嚴)하기 위한 것이다. 곧 序頭에서의

「大乘은 佛說일 뿐만 아니라 最殊勝한 교설(敎說)이므로 마땅히 歸依해야한다」[1059]

라는 귀의의 당위성을 강조한 것이 그것으로서, 논은 이로부터 마지막 品까지의 23品을 『瑜伽師地論』 <菩薩地>와 똑같은 항목을 그것도 동일

力熟有情成熟自佛法　第七菩提處　一自利處。二利他處。三眞實義處。四威力處。五成熟有情處。六成熟自佛法處。七無上正等菩提處」『瑜伽師地論』(대정장 30. 482c) <次第瑜伽處發正等菩提心品>「云何應知此中次第。謂諸菩薩要先安住菩薩種性。乃能正發阿耨多羅三藐三菩提心。旣發心已方正修行自他利行。於自他利正修行時。無雜染方便。無雜染故得無厭倦方便。無厭倦故得諸善根增長方便。於諸善根得增長已。能證無上正等菩提」『瑜伽師地論』(대정장 30. 575b~c)

1059)「釋曰。有人疑此大乘非佛所說。云何有此功德可得。我今決彼疑網。成立大乘眞是佛說」『大乘莊嚴經論』(대정장31. 591a)「偈曰 若人歸三寶 大乘歸第一　一切遍勇猛　得果不及故　釋曰。一切歸依三寶中。應知大乘歸依最爲第一。何以故。由四種大義自性勝故。何者四義。一者一切遍義。二者勇猛義。三者得果義。四者不及義」『大乘莊嚴經論』(대정장 31. 593a)

의 순서로 서술하고 있다. 곧 이들 목차를 살펴보면,

第一 緣起品 / 第二 成宗品 / 第三 歸依品 / 第四 種性品 / 第五 發心品 / 第六 二利品 / 第七 眞實品 / 第八 神通品 / 第九 成熟品 / 第十 菩提品 / 第十一 明信品 / 第十二 述求品(求法品) / 第十三 弘法品 / 第十四 隨修品 / 第十五 教授品 / 第十六 業伴品 / 第十七 度攝品(波羅蜜品) / 第十八 供養品 / 第十九 親近品 / 第二十 梵住品 / 第二十一 覺分品 / 第二十二 功德品 / 第二十三 行住品

으로 되어있는데,[1060] 이들을 분석해보면,

1~4품은 서론에, 5~10품은 大乘에 대한 發心과 배워야 할 당위성을, 11~16품은 大乘菩薩이 배워야 할 敎學을, 17~23품까지는 大乘菩薩이 닦아야 할 修行과 그 계위(階位)에 따른 공덕을 설하고 있는 것으로, 이는 앞의 『瑜伽師地論』<菩薩地>의 부분, 곧 菩薩이 배워야 할 學道로부터 그 修行次第와 그 果에 이르기까지, 말하자면 큰 틀에서는 大乘의 전모를 설하는 『瑜伽師地論』<菩薩地>의 내용과 아주 흡사하다.

특히 第七 <眞實品>의 후반부에는, 菩薩이 닦아 나가야 할 菩薩道의 행위를 밝힌 소위 五位 (제1 집대취위(集大聚位), 제 2 통달분위(通達分位), 제 3 견도위(見道位), 제 4 수도위(修道位), 제 5 구경위(究竟位)가 설해지고 있는데,[1061]

1060) 『大乘莊嚴經論』 No 1604, (31권 589~661)
1061) 「福智無邊際 生長悉圓滿 思法決定已 通達義類性 (釋曰。此偈顯第一集大聚位) 已知義類性 善住唯心光 現見法界故 解脫於二相 (釋曰。此偈顯第二通達分位) 心外無有物 物無心亦無 以解二無故 善住眞法界 (釋曰。此偈顯第三見道位) 無分別智力 恒平等遍行 爲壞過聚體 如藥能除毒 (釋曰。此偈顯第四修道位) 緣佛善成法 心根安法界 解念唯分別 速窮功德海 (釋曰。此偈顯第五究竟位」『大乘莊嚴經論』(대정장 31. 599a~b) 한편 玄奘은 『攝大乘論釋』(玄

이 <菩薩도 五位體系>는 순해탈분(順解脫分) → 순결택분(順決擇分=四善根位) → 견도위(見道位) → 수도위(修道位) → 무학도위(無學道位) 등 5-단계로 구성되어 있는 종래의 小乘 성문승(聲聞乘)의 修行道에서 힌트를 얻어, 이를 大乘菩薩의 修行體系로 새롭게 변형·구축한 것으로 보여진다.

아무튼 『大乘莊嚴經論』은 종래의 有部의 성문도(聲聞道)를 답습하면서도, 한편으로는 여기에 유식오입(唯識悟入)에의 觀法이라는 瑜伽唯識學派 독자의 名分을 살려 唯識觀의 실천행을 五位中 특히 加行道와 見道(通達位)위에 삽입시키는 한편, 나가서는 『般若經』과 『十地經』에서 비롯된 大乘菩薩道, 곧 6-波羅蜜을 중심으로하는 53階位의 修行을 加味하여, 소위 大乘을 대변하는 瑜伽行唯識學派의 見地에서 새롭게 大乘唯識의 五位說을 수립하려했던 것으로 분석된다.

따라서 『大乘莊嚴經論』은 『瑜伽師地論』 <菩薩地>보다는 조금 발전된, 말하자면 瑜伽修行의 기본체계와 조직화의 면에서는 상당히 심화(深化)되었다고 평가할 수 있을 것이다.

奘譯)에서 『攝大乘論』의 5偈頌 (대정장 31. 143c)을 瑜伽行의 五道(位)에 배속시키면서, 다음과 같이 五位中 加行道와 見道部分에서 『大乘莊嚴經論』과는 조금 달리 분석.배속시키고 있다. 「如是五頌總略義者。謂第一頌顯資糧道。第二初半顯加行道。後半第三顯於見道。第四一頌顯於修道。第五一頌顯究竟道」『攝大乘論釋』 (대정장 31. 354b). 따라서 상기 『大乘莊嚴經論』의 주석부분을 현장의 著作이라고 볼 경우, 현장은 菩薩五位部分의 해석에서 약간의 서로 다른 분석을 한 것이 되어 모순현상이 보이고 있으나, 후에 현장이 『唯識三十頌』을 저작하면서, 『大乘莊嚴經論』에서 비롯된 이 唯識五位說을 바탕으로 (제 26頌~제 30頌까지) 새롭게 唯識의 實踐修行道를 구축한 것을 유추해 보면, 이러한 모순현상은 아마도 현장의 학문적 발전도에 따라 생긴 일시적 생각의 변화현상일 것이라 분석된다.

참 고:『大乘莊嚴經論』의 瑜伽行보살의 修行階位

『大乘莊嚴經論』 제14 <敎授敎誡品>은 모두 <51偈頌>으로 이루어져 있는데, 일반적으로 瑜伽行보살의 修行階位, 곧 자량도(資糧道)에서 구경도(究竟道)에 이르는 <瑜伽行派의 5位>를 일목요연하게 설명하고 있다. 곧

1頌부터 22頌까지는 (資糧位),

23頌에서 27頌까지는 順決擇分位 (加行位),

　<23頌: 暖位 / 24ab頌: 頂位 / 24cd頌~26ab頌: 忍位 /

　26cd頌: 世第一法>,

28頌에서 41頌까지는 (見道位),

42頌에서 46頌까지는 (修道位 및 究竟位)로 설명된다.1062)

한편 『大乘莊嚴經論』은 <瑜伽行派의 5位=五道>를 설하고있는 상기 제14 <敎授敎誡品>과는 별도로, <제12 述求品(求法品)>에서 瑜伽行唯識學派의 菩薩道로서 새롭게 <五階梯>(持→作→鏡→明→依)를 설하고 있다.1063)

곧 <虛妄分別思想>을 설하는 『中邊分別論』과 <法界思想>을 설하는 『十地經』등의 사상을 수용한 『大乘莊嚴經論』은 <入無相方便相>과 <五道> <五階梯> 사상을 설하면서, <入無相方便相(加行道) → 法界直證(初

1062)　小谷信千代 「大乘莊嚴經論のBhāsyaの著者について」『日本西藏學會會報』 제24호, 野澤靜證「(智吉祥造) 莊嚴經論總義について」『佛敎硏究』 2-2, 1938, 早島 理「菩薩道の哲學」『南都佛敎』30號

1063)「應知五學境 正法及正憶 心界有非有 第五說轉依。釋曰。彼能相復有五種學境。一能持。二所持。三鏡像。四明悟。五轉依。能持者。謂佛所說正法。由此法持彼能緣故所持者。卽正憶念。由正法所持故。鏡像者。謂心界。由得定故。安心法界如先所說。皆見是名。定心爲鏡法界爲像故。明悟者。出世間慧。彼有如實見有。非有如實見非有。有謂法無我。非有謂能取所取於此明見故。轉依者。偈曰。聖性證平等 解脫事亦一勝則有五義 不減亦不增」『大乘莊嚴經論』(대정장 31. 614a)

地=入見道) → 菩薩十地(修道)>로 구성되는 기본수행체계를 확립시켜, 이를 瑜伽行唯識學派의 修行道로 삼는다.

<入無相方便相> <五階梯> <五道>의 상호관계나 형성 및 정리과정에 대한 상세한 내용은, 이후 이어지는 『섭대승론』의 <참고> <5-瑜伽地> 및 < 五道>와 <入無相方便相>의 관계 및 形成時期를 참조하고,[1064] 여기서는 『大乘莊嚴經論』 <述求品(求法品)>이 설하는 <五階梯=五瑜伽地>에 대해 살펴볼 것이다.

① 持(ādharā)란

우주의 진리(等類法)인 四聖諦를 청문(聽聞)하는 것을 말하는 것으로, 마치 그릇에 물을 채워가듯이, 福德과 智慧의 자량(資糧)을 점차 적립(積立)해가는 단계로 五道로 말하면 <資糧道>의 경계에 해당된다.[1065]

② 作(ādhāna)이란

근원적 사유인 如理作意를 말하는 것으로,[1066] 앞의 持의 단계에서 청문한 宇宙의 眞理를 根源的으로 思惟하는 단계로서, 4단계(暖→頂→忍→世第一法)로 이루어져 있다. 곧 四聖諦를 如實知見케 하기 위해 개발된 阿毘達摩的 思惟方法인 順決擇分의 <四善根位>를 계승하여, 이를 唯識學的 思惟方法인 <入無相方便相>으로 발전시킨 것으로, 먼저 「이 세계는 오직 表象만이 있을 뿐, 그 어떤 實在物도 없는 것이다」를 體得하고,

---

1064) <入無相方便相> <五階梯> <五道> 의 상호 관계와 형성 및 정리과정에 대해서는 『集論』에 인용되고있는 2-게송을 근간으로 해서 『顯揚聖教論』·『雜集論』·『大乘莊嚴經論』 등의 내용 분석을 통해서 살펴보아야 한다.
1065)「能持者。謂佛所說正法。由此法持彼能緣故」『大乘莊嚴經論』 (대정장 31. 614a)
1066)「所持者。卽正憶念。由正法所持故」『大乘莊嚴經論』 (대정장 31. 614a)

나아가 「대상이 非實在한 것이므로, 그것을 취하는 認識主體 또한 非實在인 것이다」라는 것을 了得해 나가는 것이다.

  곧 제1단계인 <난위(暖位)>에서는 「대상에 붙여진 명칭은 오직 假有物에 불과한 것이다」라 理解하고, 제 2단계인 <정위(頂位)>에서는 「대상은 실체가 없는 환(幻)과 같은 것」이라 了解하며, 제 3단계인 <인위(忍位)>에서는 「따라서 外界에 대한 집착에서 완전히 벗어나야 마땅하다」고 깨달아, 실생활속에서 하나하나 집착을 벗어버리는 것이며, 제 4단계인 <제일선근위(第一善根位)>에서는 「따라서 대상을 取하는 主觀인 心 또한 非實在인 것이다」를 了得하여, 일상생활속에서 그 어떤 것에 대해서도 집착하지 않는 단계를 말하는 것으로,[1067] 五道로 말하면 <加行道>의 경계에 해당된다.

③ 鏡(ādarśa)이란

「이 世界는 오직 표상(表象)뿐임」을 이해하여 本心에 安住하는 단계로서, 마치 거울 표면에 영상이 생기는 것처럼, 本性에 安住하여 전도(顚倒)하는 것 없이, 있는 그대로 사물을 비추어 보는 것이다.[1068]
이 경지는 十地중 初地(歡喜地), 곧 <見道>의 경지에 해당한다.

④ 明(āloka)이란

  마치 있는 그대로 비추는 光明처럼, 存在(有) 와 非存在(非有)를 있는

1067)『中邊分別論』<제 1장>의 「唯識이란 認識에 근거하여 外界 대상의 無認識이 일어나고, 이어 對象의 無認識에 근거하여 唯識의 無認識이 일어난다. 따라서 이것에 의해 認識은 無認識을 本性으로 하는 것이 證明되었으며, 따라서 無認識과 認識은 平等하다는 것을 마땅히 알아야 한다」(長尾雅人 譯 『中邊分別論』 제 6~7偈)
1068)「鏡像者。謂心界。由得定故。安心法界如先所說。皆見是名。定心爲鏡法界爲像故」『大乘莊嚴經論』(대정장 31. 614a)

그대로 如實하게 구별하고 아는 出世間智로서,[1069] 三性중의 依他起性과 圓成實性은 실재이며, 변계소집성은 비실제라 관하는 경지로, 菩薩十地로 말하면 <제 2地~제 10地>에 이르기까지, 五道로 말하면 <修道=修習位>의 경계에 해당된다.

⑤ 依(āśraya)란

현재의 의지처를 성종성(聖種姓)으로 전환시키는 轉依:āśrayaparāvṛtti)를 말하는 것으로,[1070] 現存在의 근거인 識을 180도 굴려 완전히 眞理의 세계로 전환시킨, 말하자면 모든 것을 平等하게 보는 경지인 <佛智>의 境地이다.

3-4 『攝大乘論』의 著述意圖와 그것의 論旨[1071]
- <攝大乘>의 의미와 菩薩道 -

『攝大乘論』은 <攝-大乘>이라는 經名이 시사하듯이, 大乘의 統合을 그 使命으로 하는 논서이다. 말하자면 唯識思想을 大乘이란 토대위에 세워 보겠다는 의도에서 출발한 것으로, 唯識이야말로 수승(殊勝)=승상(勝相)한 大乘임을 강조하고 있다.[1072]

1069)「明悟者。出世間慧。彼有如實見有。非有如實見非有。有謂法無我。非有謂能取所取於此明見故」『大乘莊嚴經論』(대정장 31. 614a)
1070)「偈曰(42偈) 聖性證平等 解脫事亦一 勝則有五義 不減亦不增 (中略) 然諸佛最勝自有五義。一者清淨勝。由漏習俱盡故。二者普遍勝。由刹土通淨故。三者身勝。由法身故。四者受用勝。由轉法輪受用不斷故。五者業勝。由住兜率天等現諸化事利益衆生故。不減者。謂染分減時。不增者。謂淨分增時。此是五種學地解相似」『大乘莊嚴經論』(대정장 31. 614a)
1071) No. 1593 / 1594《攝大乘論》/ <眞諦譯 (대정장 31. 112b~132c) / 玄奘譯 (대정장 31. 132c~152a)>
1072) 勝呂信靜 <唯識說의 體系成立> - 攝大乘論を中心にして」『講座大乘佛教』8 唯識思想

여기서 『攝大乘論』이 주장하는 대승보살승의 수승함을 보면, 다음 참고와 같다,

「聲聞現觀과 菩薩現觀의 差別에, 1) 所緣差別 2) 資持差別 3) 通達差別 4) 涅槃差別 5) 由地差別 6.7) 淸淨差別 8) 自他得平等心差別 9) 生差別 10) 受生差別 11) 果差別로 10종 또는 11종이 있다. 云云」[1073]

참 고: 『攝大乘論』이 밝히는
보살현관(菩薩現觀)과 성문현관(聲聞現觀)의 11종차별[1074]

	11종차별	보살현관	성문현관
1	所緣差別	大乘法의 三慧(聞·思·修)를 소연으로 함	聲聞法의 三慧를 소연으로 함
2	資持差別	6-波羅蜜로 구성된 福智-資糧을 지니고 있음	그렇지 않다
3	通達差別	我空과 法空의 二空을 모두 通達케 됨	補特伽羅(pudgala)의 我空만을 通達하
4	涅槃差別	悲와 慧와 方便이란 셋을 資糧으로 삼으며, 生死나 涅槃에 住하거나 집착하지 않는 것을 열반으로 삼음	오직 無爲에 住함을 涅槃으로 삼는다
5	由地差別	十地를 의지하여 出離를 얻음	十地建立이 없다
6	淸淨差別	煩惱와 여러 習氣를 영원히 끊어내어 淸淨과	비록 번뇌는 끊어다고는 하지만 아직 習氣를 끊지

1073) 11가지의 차이점에 대해, 무성은 11가지 모두를 하나하나 자상하게 설명하고 있는데 반해, 세친은 11개중 다만 제4의 涅槃差別과 제 6과 7의 공통 주제인 淸淨差別의 두가지 만을 발췌하여 다음과 같이 주석하고 있다. 「釋曰。由涅槃差別者。以菩薩現觀攝受無住大般涅槃。聲聞不爾。由淸淨差別者。以菩薩現觀永斷煩惱及諸習氣。能淨佛土。聲聞不爾」(대정장 31. 353a)
1074) 無性 『攝大乘論釋』(대정장 31. 417b~c)에 의함.

		여러 보물로 장엄된 불국토를 건설함	못해 淸淨衆寶의 불국토를 건설하지 못한다
7	淸淨差別		
8	自他平等心差別	自他平等法性을 증득하여 有情의 加行을 멈추는 바 없이 成熟시킴	自他를 分別하여 오직 自利만을 닦고 他利는 닦지않는
9	生差別	如來家의 法界中에 태어나는 佛의 眞子로서 마치 轉輪聖王家에서 태어난 아이와 같음	下賤의 無智의 婢子
10	受生差別	諸佛이 모이는 無漏界의 諸佛國土인 大集會中 蓮花臺 위에 結加趺坐하여 成佛에 이르기 까지 항상 化生함	처소나 母胎 等에서 그렇지 못하다
11	果差別	力無畏等의 모든 것이 無量한 功德으로 莊嚴되고 또한 無功用을 일으키어 一切有情을 이롭게 하는 事를 일으켜 法身이란 가장 殊勝한 果를 증득하고, 無漏轉生의 果를 생하게 됨	그렇지 못함

<五道=五階梯>를 설하는 『大乘阿毘達磨集論』, 또 唯識悟入의 근간이 되는 <2偈頌>을 설하고 있는 『攝大乘論』은 선구(先驅)경전인 『大乘莊嚴經論』, 곧 瑜伽行唯識思想의 形成에 아주 중요한 몫을 차지하는 <五階梯>와 <2偈頌>을 동시에 설하고 있는 『大乘莊嚴經論』에 대해서는 아무런 언급도 하지 않은 채, 그냥 「分別瑜伽論 云云」하면서, 마치 이들 2-사상을 『分別瑜伽論』으로부터 직접 인용한 것처럼 하고있다.1075)

따라서 이러한 것들을 종합하여, 瑜伽行唯識學派 수행도의 형성의 과정을 살펴보면, 다음과 같이 유추된다.

참 고: <5-瑜伽地> 및 <五道>와 <入無相方便相>의 관계 및 形成時期 추정

① <五道의 형성시기>는 『大乘莊嚴經論』 以前으로 거슬러 올라가지는 않고, 『大乘莊嚴經論』과 『攝大乘論』사이의 어느 시기에 확립되었을 것으로 추정된다.

② <입무상방편상(入無相方便相)>은 五道 成立以前, 곧 『大乘莊嚴經論』 著作 무렵에는 이미 完成되어 있었으며,

③ 五道를 요약하고 있는 2-偈頌,

「依法勤修三摩地者 瑜伽地云何當知? 有五種 一持·二作·三鏡·四明·五依(중략) 云何明 謂能取所取無所得智. 依此道理佛薄伽梵妙善宣說」

1075)「復有教授二頌。 如分別瑜伽論說 依如是義故有頌言。 菩薩於定位 觀影唯是心 義相既滅除 審觀唯自想 (중략)如是住內心 知所取非有 次能取亦無 後觸無所得」玄奘譯 『攝大乘論』 (대정장 31. 143c), 「云何明。 謂能取所取無所得智 依此道理佛薄伽梵妙善宣說 菩薩於定位 觀影唯是心 義想既滅除 審觀唯自想 如是住內心 知所取非有 次能取亦無 後觸無所得」『大乘阿毘達磨集論』 (대정장 31. 687b)

(여법히 삼매를 부지런히 닦는 유가수행자의 階梯에 5-단계가 있다.
一持·二作·三鏡·四明·五依이다. (중략) 四번째의 明이란 능취(주체)
와 소취(객체)가 모두 무소득임을 아는 智를 말한다. 복전이신 여래께서
는 이 無所得智에 의지해 다음과 같은 묘구를 설하셨다)

「菩薩於定位 觀影唯是心 義想既滅除 審觀唯自想。
如是住內心 知所取非有 次能取亦無 後觸無所得」

(선정에 든 보살은 선정중에 보이는 모든 영상이 모두가 내 마음 바로
그것이라고 알아차려, 외계의 상은 모두 멸죄시키고 오직 자기의 마음만
을 관하라! 內心에 머문 후, 이어 소취(객체)와 능취(주체)가 모두 실체가
아닌 無(무소득)임을 체득한다)

또한 入無相方便相이 완성된 『大乘莊嚴經論』 이후, 말하자면 『集論』과
『攝大乘論』이 저작되는 시기 사이에 지어진 것으로 보인다. 말하자면
④ <入無相方便相>은 <五道>와 필연적인 연관을 가진 것은 아니라고 판
단된다. 곧

　㉠ (大乘莊嚴經論) 著作 무렵에　<入無相方便相>이 먼저 성립하고,
　㉡ (大乘莊嚴經論)과 (集論)저작 중간무렵에　<五瑜伽地와 五道>가 성
　　립되고,
　㉢ (集論)과 (攝大乘論)저작 사이에　<2-偈頌>이 성립되었다고 고찰된
　　다. 따라서 성립순서는 ① <入無相方便相> ② <五瑜伽地→五道> ③
　　<2-偈頌>이되는 셈이다.

결론적으로 <入無相方便相: asallakṣaṇānupraveśopāyalakṣaṇa)> 은 <五道>와는 필연적으로 연관을 가진 것은 아니라 생각된다. 이에 이 들을 총정리하면 다음과 같다.

㉮ 瑜伽唯識學派의 修行道인 (持→作→鏡→明→依), 곧 <五계제(五階梯)>와 유식오입(唯識悟入)에의 근간이 되는 觀法인 <2偈頌>은 『中邊分別論』이나 『大乘莊嚴經論』 以前에 이미 전승되어 온 것으로, 이미 『分別瑜伽論』에 설해져 있던 思想이다.[1076]

㉯ 『顯揚聖敎論』과 『大乘阿毘達磨集論』은 『中邊分別論』이나 『大乘莊嚴經論』과는 상관없이 이 2-전승을 직접 『分別瑜伽論』으로부터 전승받았을 것으로 고찰된다.

㉰ 한편 古形態인 <五階梯思想>과 나가서는 傳統的 菩薩道 修行體系인 <五道>를 동시에 설하고 있는 『大乘莊嚴經論』은 상기 두 형태의 수행체계를 同一의 修行體系로 인정하고, 여기에 『般若經』과 『十地經』에서 傳承되어 내려오던 大乘菩薩道 고유의 十地思想을 수용한후, 이를 종합하여 새로이 <入無相方便相(加行道) → 法界直證(初地=入見道) → 菩薩十地(修道)>로 구성되는 기본수행체계를 확립시켜, 이를 瑜伽行唯識學派

1076)瑜伽行唯識學派의 사람들 특히 유가사(yogācāra)라 불리는 수도자들이 옛부터 계승해 온 다양한 菩薩修行은, <5-瑜伽地>와 <五道>에 集約되고, 그것은 다시 『分別瑜伽論』의 <두 偈頌>에 집약된다. 그것은 如理作意를 실천해서 「所取·能取의 無所得智를 얻는다」고 하는 기본구조이다. 이 사상은 『分別瑜伽論』까지도 거슬러 올라갈 수 있는 것이지만, 아무튼 『顯揚論』과 『集論』에 수용되었다. 『中邊分別論』과 『大乘莊嚴經論』은 이러한 사상을 받아들여, 그것을 자신의 철학적 기반인 <法界의 哲學>에 근거하여 새롭게 해석하고, <入無相方便相→法界直證→十地>라는 菩薩道의 根本構造를 완성하고, 또 이러한 보살도의 근본구조에 입각해, 그때까지 병렬적이었던 <5階梯=五瑜伽地>와 <5道>를 새롭게 쇄신시켜, 그것을 同一한 菩薩道體系로 만들었다고 보여진다.

의 修行道로 삼았던 것으로 추정된다.

㉣ 『大乘莊嚴經論』에 뒤이어 성립된 『攝大乘論』은 경제인 <攝大乘>을 통해서도 알 수 있듯, 唯識이야말로 진정한 大乘이라 확신하고, 唯識思想으로 大乘을 통섭하려는 의도에서 저술된 논서이다.

 따라서 논은 그간 여기저기서 주창된 여러 유식학설을 교통정리할 필요성을 감지하고, 이의 정리작업에 들어갔다. 곧

논은 먼저 2-傳承, 곧 修行道인 <五階梯>와 唯識悟入에의 觀法인 <2偈頌>思想을 전승한 후, 이를 중심으로 새로운 瑜伽行唯識學派의 菩薩道思想으로 정착시켰다.

곧 『攝大乘論』은 <入所知相分>에서 唯識觀行인 <入無相方便相>, 곧 근원의 추구를 위한 根本的 사유법인 4-심사(四-尋伺)와 4-여실편지(四-如實遍智)와, 한편 唯識觀行의 근거가 되는 <2게송>을 『分別瑜伽論』으로부터 인용하여 계승함과 동시,

한편으로는 『大乘莊嚴經論』이 설하고 있던 2개의 菩薩道, 곧 <五階梯>와 <五道>를 同一한 것이라 판단하고, 이중 <眞實品>에서 설한 <五道: 資糧位~究竟位>만을 선택하여, 이들 3-사상, 곧 1) <入無相方便相> 2) <2게송> 3) <五道>를 종합하여 이를 瑜伽行唯識學派의 菩薩道思想으로 수립하였던 것이다.[1077]

 곧, 논은 상기 1)과 2)와 3)을 통일하여, 이를 瑜伽行派 修行階位의 큰

[1077] 「復有別五現觀伽他。如大乘經莊嚴論說　福德智慧二資糧　菩薩善備無邊際　於法思量善決已　故了義趣唯言類　若知諸義唯是言　卽住似彼唯心理　便能現證　眞法界　是故二相悉蠲除　體知離心無別物　由此卽會心非有　智者了達二皆無　等住二無眞法界　慧者無分別智力　周遍平等常順行　滅依榛梗過失聚　如大良藥銷　衆毒　佛說妙法善成立　安慧幷根法界中　了知念趣唯分別　勇猛疾歸德海岸」(대정장 31. 143c)

특색인 <入無相方便相>의 종합적 형태라 할 四-尋思와 四-如實遍智로 구성된 근원적 사유(yoniśomanaskāra)로서의 유식관행(唯識觀行)을 새로이 구축하고, 이를 瑜伽行唯識學派의 修行道로서 천명(闡明)하였던 것이다.

참 고: 四-尋思와 四-如實遍智

『集論』(대정장 31. 687a~b)에는

「若欲於法勤審觀察　由幾道理能正觀察由四道理　謂觀待道理、作用道理、證成道理、法爾道理 (중략) 云何於法而起尋思　謂起四種尋思　一名尋思、二事尋思、三自體假立尋思、四差別假立尋思　(중략)　云何於法起如實智　謂起四種如實智　一名尋思所引如實智、二事尋思所引如實智、三自體假立尋思所引如實智、四差別假立尋思所引如實智」

(만일 여법하게 관찰하려면 몇가지의 道理로 관찰해야 합니까? 4가지 道理가 있으니, 1) 관대(觀待)도리 2) 작용(作用)도리 3) 증성(證成)도리 4) 법이(法爾)도리이다. (중략) 法을 심사(尋思)하는데 몇가지가 있습니까? 4가지 尋思가 있으니, 1)名尋思 2) 事尋思 3) 自體假立尋思 4) 差別假立尋思이다. (중략) 여법하게 여실지를 일으킬 수 있는 방법에 4가지 있으니, 1) 名尋思所引如實智 2) 事尋思所引如實智 3) 自體假立所引如實智 4) 差別假立尋思所引如實智이다)

라 하고 있다. 말하자면 『攝大乘論』은 『分別瑜伽論』의 2개의 게송에서 비롯된[1078] 古-形態의 入無相方便相인 <五階梯思想>과 한편으로는 『大

[1078] 『分別瑜伽論』의 2개의 偈頌이란 다음의 게송으로서, 이 게송이 처음 등장하는 것은 『攝大乘論』이다. 이후 이 게송은 『大攝阿毘達磨集論』과 『大乘阿毘達磨集論』을 거쳐 『成唯識論』으로 까지 전승된다.「復有敎授二頌。如分別瑜伽論說　依如是義故有頌言。菩薩於定位　觀影唯是心　義相旣滅除　審觀唯自想 / 如是住內心　知所取非有　次能取亦無　後觸無所得」玄奘譯『攝大乘論』

乘莊嚴經論』 <眞實品>이 설하는 資糧位~究竟位로 구성되는 新-形態의 入無相方便相인 <五道思想> 또한 수용한 후, 이들을 종합하여 전통의 阿毘達摩 修行道와 결합시켜, 소위 四尋思·四如實遍智를 중심으로하는 종합적 형태인 <入無相方便相>을 확립시켰던 것이다.

다음엔 주제를 바꾸어 『攝大乘論』이 설하는 唯識思想의 핵심이론을 살펴보자!

먼저 『攝大乘論』의 <10개의 품명>을 보면,
第一 依止勝相中衆名品(所知依殊勝殊勝語) / 第二 應知勝相(所知相殊勝殊勝語) / 第三 應知入勝相(入所知相殊勝殊勝語) / 第四 入因果勝相(彼入因果殊勝殊勝語) / 第五 入因果修差別勝相(彼因果修差別殊勝殊勝語) / 第六 依戒學勝相(增上戒殊勝殊勝語) / 第七 依心學勝相(增上心殊勝殊勝語) / 第八 依慧學勝相(增上慧殊勝殊勝語) / 第九 學果寂滅勝相(彼果斷殊勝殊勝語) / 第十 智差別勝相(彼果智殊勝殊勝語)

으로, 제1품에서 마지막 10품까지의 品名에 줄곧 <~勝相(殊勝殊勝語)>이라 이름하고 있는데, 여기서의 勝相(殊勝殊勝語)이란 두 말 할 것도

(대정장 31. 143c),「又正教兩偈。如分別觀論說 菩薩在靜位 觀心唯是影 捨離外塵相 唯定觀自想 菩薩住於內 入所取非有 次觀能取空 後觸二無得」眞諦譯 『攝大乘論』(대정장 31. 124a)을 말한다.「云何明。謂能取所取無所得智 依此道理佛薄伽梵妙善宣說 菩薩於定位 觀影唯是心 義想旣滅除 審觀唯自想 如是住內心 知所取非有 次能取亦無 後觸無所得」『大乘阿毘達磨集論』(대정장 31. 687b),「依此道理佛薄伽梵妙善宣說。菩薩於定位觀影唯是心。義想旣滅除。審觀唯自想。知所住內心知所取非有。次能取亦無。後觸無所得」『大乘阿毘達磨雜集論』(대정장 31. 746a)「菩薩於定位 觀影唯是心 義相旣滅除 審觀唯自想 如是住內心 知所取非有 次能取亦無 後觸無所得 此加行位未遣相縛。於麤重縛亦未能斷。唯能伏除分別二取違見道故」『成唯識論』(대정장 31. 49b~c)

없이 唯識을 가리키는 것으로, 처음부터 끝까지 唯識의 殊勝함을 강조하고 있음을 알 수 있다.

이제 각 품의 내용을 살펴보면,

제1품은 菩薩의 所學處(境)로서의 殊勝相인 <Ālaya識緣起說(所知依)>에 대한 것,

제2품은 三性과 影像門의 唯識說(所知相)에 대한 것,

제3품은 勝相인 唯識性에의 悟入(入所知相에) 대한 것,

제4품은 轉依라고 하는 목적지에 도달하는 因行으로서의 6波羅蜜行(彼入因果)에 대한 것,

제5품은 修行의 階位로서의 十地行에 대한 것,

제6품은 菩薩戒로서의 增上戒學에 대한 것,

제7품은 大乘菩薩이 지녀야 할 三昧로서의 增上心(定)學에 대한 것,

제8품은 唯識性을 如實히 觀하는 바의 增上慧學(唯識觀)에 대한 것,

제9품은 修行의 결과로서의 無住處涅槃과 轉依에 대한 것,

제10품은 三種佛身의 顯現에 대한 것으로,

논은 품명이나 그 내용에서 보듯, 종래의 大乘敎學을 완전히 唯識思想 일변도로 대치시키고 있다. 말하자면 <無着>은 유식(唯識)의 원리(原理)로서 大乘을 통일하고 있기는 하지만, 동생인 <世親>이 저술에 『唯識二十論』이니 『唯識三十頌』이라하여 <唯識>이란 이름을 붙인 것처럼, 論題에 직접 唯識이란 이름은 사용하지 않고, <攝大乘>이라는 論題를 붙여, 아직은 唯識思想을 직접적인 主題로서까지는 主唱하지 않고, 다만 唯識을 중심으로 大乘敎學을 통섭(統攝)하고 있을 뿐이다.

이제 『攝大乘論』이 설하는 唯識思想의 핵심이론을 살펴보면,

상기 10개의 품중 唯識說의 핵심은 제 1품인 <依止勝相中衆名品>과 第二품인 <應知勝相品>이다.

곧 소위 <唯識의 三種理論>이라 일컬어지는 ① Ālaya識 緣起理論 ② 三性 三無性 理論 ③ 影像門의 唯識理論에 대한 것이 여기서 설해지고 있는 것으로,

논은 『解深密經』의 입장과는 달리,[1079] 이들 개념을 상호 연관·통일시켜 유식철학의 핵심이론인 三種理論으로 승화시키고 있다. 이제 이들 삼종이론을 살펴보면,

첫 번째의 <Ālaya識 緣起理論>은 個人存在의 주인공으로서 잠재식인 Ālaya識을 설정해 놓고, 이것의 緣起作用에 의해 각 개인의 현실세계가 벌어진다는 이론이다.

말하자면 각 개인의 Ālaya識속에 잠재되고 있는 어떤 특정종자가 개인의 身心을 비롯해 주위환경 등의 一切諸法을 만들어내고, 한편 主人格인 제8 Ālaya識의 하부조직인 제7 manas識과 六識(眼耳鼻舌身意)은 각각의 활동을 통해 대상세계로부터 받은 인상을 또다시 主人인 Ālaya識에 훈습(薰習)시킨다는 공정(工程)[1080]과, 그 결과 Ālaya識속에는 본래의 종

1079) 唯識說을 맨 처음 創案한 『解深密經』은 이 三種理論을 설하고는 있다. 곧 제 3장 <心意識相品>에서는 'Ālaya識 緣起理論'을, 제 4장 <一切法相品>과 제 5장 <無自性相品>에서는 '三性三無性理論'을, 제 6장 <分別瑜伽品>에서는 唯識의 의미와 止觀修行을 설한 '影像門의 唯識理論'을 각각 설하고는 있으나, 그곳에서는 이들 이론들이 마치 별개의 개념인양, 상호 아무런 관련성도 가지지 않은 채 각기의 章에서 그저 독립적으로만 설해지고 있을 뿐이다.

1080) 제7manas識은 我執·我所(ego)識이라 하는 것으로, 제8Ālaya識을 對象化하여 이것이 바로 나(我)라고 局執하는 일종의 妄想認識으로, Ālaya識과 더불어 유식학파가 새롭게 創案한 학설이다.

자와는 다른 새로운 種子가 형성되게 되는데, 새롭게 형성된 이 新種子의 연기작용에 의해 또 다른 현실세계가 계속해서 만들어진다는 소위 <Ālaya識 중심의 주관과 객관의 상호작용의 세계>를 설명하고 있다.

두 번째의 <영상문(影像門)의 唯識理論>은 '諸法은 오직 識의 표상(表象)일뿐, 대상은 존재하지 않는다', 곧 <유식무경: 唯識(vijñapti-mātra)無境>을 설하는 이론으로, 禪定中에 나타나는 여러가지의 영상은 마음과 하나도 다르지 않은 것으로, 따라서 영상은 心의 表象일뿐, 마음밖에 그 어떤 것도 존재치 않는다는 것을 설명하고 있다.

세 번째의 <三性三無性理論>은 마음에 보여진 세계(存在)의 構造를 밝힘과 동시, 나가서는 하나의 대상에 대해 각 개인이 느끼고 지니는 서로 다른 3가지 인식형태(三性), 그리고 그러한 인식(主觀)과 대상(客觀)의 一切法이 모두 本來 無自性空한 것(三無性論)임을 분석적으로 설명한 이론으로서, 여기서 三性이란 依他起性과 遍計所執性과 圓成實性을, 三無自性이란 三性 각각이 (生)無自性·(相)無自性·(勝義)無自性한 것임을 밝히고 있다.

곧 三性가운데 依他起性(paratantra-svabhāva)은 識을 포함한 一切諸法은 緣起性의 산물이기에, 生起에 대해 그 자체 독립성이 없이 항상 다른 것에 의존하여 生하는 性質을 말하는 것으로, 의존하여 生起하는 것이기에 <生無自性>이라 하는 것이며,

遍計所執性(parikalpita-svabhāva)이란 이름 그대로 능취(能取)인 認識主體의 識, 곧 無明에 뿌리박고 있는 虛妄한 識이 자기의 表象일 뿐인 소취(所取), 곧 非存在의 認識對象(相:lakṣaṇa)에 대하여 두루두루 분별

변계(分別遍計)하고 국집하여 개념화하는 성질을 말하는 것으로, 개념화된 相에는 본래 實體性이 없는 것이기에 <相無自性>이라 하는 것이며,

圓成實性(pariniṣpanna-svabhāva)이란 圓滿・成就・眞實한 性質이란 뜻으로 主觀的 認識(智)과 客觀的 世界(表象)를 포함한 眞理의 세계인 眞如世界를 말하는 것으로, 이것 또한 실체적 존재를 지니지 않은 空한 것이긴 하지만, 이 空은 앞의 2개(相無自性과 生無自性)처럼 否定의 의미로서가 아니라, 眞實과 勝義로서의 本來的 空인 것이기에 <勝義(paramārtha)無自性>이라 하는 것이다.1081)

3-5 『唯識三十頌』의 저술의도와 그것의 논지

한편 무착의 사상은 동생인 世親에게 계승되고, 세친은 이를 『唯識二十論』과 『唯識三十論頌』으로 발전・전개시켜, 소위 <唯識卽是大乘>이란 의미로서의 成唯識(唯識性의 成就)이란 新槪念을 만들어내는데, 唯識思想은 여기에 이르러 비로소 大乘의 完成品으로서의 새로운 思想으로 자리를 완전히 굳히게 되는 것이다.1082)

1081) 『解深密經』에 있어 <三性三無自性>이론은 단지 存在論的 立場, 말하자면 보여지는 客觀的 立場에서 설해진 것으로, 아직은 認識論的 立場, 말하자면 보는 主觀的 立場인 識이나 智의 立場에서 설해지지는 않았던 것으로 보여진다. 「謂諸法相略有三種。何等爲三。一者遍計所執相。二者依他起相。三者圓成實相。云何諸法遍計所執相。謂一切法名假安立自性差別。乃至爲令隨起言說。云何諸法依他起相。謂一切法緣生自性。則此有故彼有。此生故彼生。謂無明緣行。乃至招集純大苦蘊。云何諸法圓成實相。謂一切法平等眞如」『解深密經』(대정장16. 693a). 「云何非安立眞實。謂諸法眞如圓成實自性。聖智所行聖智境界聖智所緣」『瑜伽師地論』(대정장 30. 656b~c)

1082) 그간 학계에서는 ① 彌勒 (『解深密經』『瑜伽師地論』), (同一人<彌勒>에 의한 3部 저작 『大乘莊嚴經論』『法法性分別』『中邊分別論』) 無着 『攝大乘論』의 설과, ② 한편 『解深密經』『瑜伽師地論』과 같은 無着 이전에 이미 유식설을 주창하는 論典이 있었음을 인정하는 立場과, ③ 앞의 해석의 입장에서 無着이전의 2개 論典의 저자를 任意로 彌勒으로 정한 것이라는 立場과, ④ 또 無着이전의 2개 論典을 포함한 五部의 唯識論書 모두를 無着의 著作으로 보는 입장 등이 대세였으나, ⑤ 최근에 이르러 이를 在來의 瑜伽師(小乘 有部係) 구룹과 大乘의 瑜伽師로 나누어, 前者의 설은 『瑜伽師地論』의 <聲聞

한편 『唯識三十頌』에는 瑜伽行唯識學派의 修行階位로서 資糧位→加行位→通達位→修習位→究竟位의 五位體系를 확립하고 있는데, 이는 앞에서 고찰한 바와 같이 阿毘達摩思想, 특히 有部의 학설로부터 繼承·發展시킨 것이다. [1083)

참 고: 『唯識三十頌』과 <唯識 十大論師>

無著과 世親에 의해 조직된 唯識論書들은 하나의 古典으로서, 이후 인도의 唯識思想系로부터 널리 존경받으며 신봉되어왔다. 이러한 분위기속에서 새로운 學說이 가미되어 발전된 저술 가운데, 특히 世親이 저술한 『唯識三十頌』은 조직적으로 유식사상을 정리한 것으로 인정되어, 수많은 唯識家들로부터 찬사를 받아왔다.

하지만 그것이 너무 간결한 나머지 그것을 해석하는 데 있어 연구자마다 서로 이해가 달라, 이에 대한 주석연구가 활발히 이루어져, 전해지는 바에 의하면 전후 100년사이에 무려 10餘種의 주석서가 만들어졌다고 한다. 곧 玄奘三藏의 제자 基의 저술인 『唯識述記』에 의하면,[1084) 소위 <唯識十大論師>라 불리우는 유식논사들이 저마다 경쟁하듯이 『唯識三十頌』에 대한 주석서를 남겼다고 전하고 있으며, 또 『慈恩傳』 <제2>에는,[1085) 이들 십대논사 외에도 유식가인 <調伏光>도 주석서를 남겼다고

地>의 내용으로, 後者의 설은 『瑜伽師地論』의 <菩薩地>의 내용으로 보려는 주장이 보이고 있다. 勝友俊教 『佛教における心識說の研究』 山喜房佛書林. 1961

1083) 『攝大乘論』의 서두에는 10장으로 이루어진 唯識의 組織을 설하면서 "이러한 唯識의 조직을 『阿毘達摩大乘經』으로부터 얻었다"고 토를 달고 있는 것에서 부터도 알 수 있듯, 唯識思想家들은 공공연히 그들의 教學과 修行道를 阿毘達摩思想으로부터 繼承·發展시켜왔음을 밝히고 있다. 말하자면 유가사상가들은 Abhidharma, 곧 有部 내지 經量部의 教學體系를 적극적으로 수용하면서, 여기에 唯識性과 三性 그리고 轉依라고 하는 新概念을 도입하여, 소위 瑜伽行唯識學이라는 새로운 대승사상을 개발해 낸 것임을 自認하고 있는 셈이다.

1084) 『成唯識論述記』 (대정장 43. 231c)

전하고 있으니, 당시 『唯識三十頌』의 인기가 얼마나 대단했는지 충분히 짐작이 간다.

아무튼 현장은 이들 수많은 주석자들 가운데, 특히 護法·德慧·安慧·親勝·難陀·淨月·火弁·勝友·(最)勝子·智月의 10명을 선정하여, 소위 <唯識十大論師>라 호칭하였으나, 이들의 순서에 대해서는 특별한 의미가 주어지지는 않고, 다만 제1로 호칭된 <護法(530~561)>에 의미를 붙여, 이후 그의 저술인 『成唯識論』과 더불어 그의 설을 중시하는 풍조가 생겼다.[1086]

참 고: 護法과 『成唯識論』

『西域記』『慈恩傳』『唯識樞要』『唯識述記』등에 의하면,[1087]

護法(530~561)은 나이 20살 조금 넘은 나이에 중인도 나란타사의 學僧으로서 이름을 날리다, 29살부터는 붓다가야의 보리수밑에서 수행을 하다 32세에 입적했다고 전해지고 있다. 곧 이에 의하면, 호법은 공부하기를 좋아하여 학승시절부터 世親을 비롯한 선학자들이 남긴 저서를 주석하는 일에 몰두하는 일종의 註釋家로서의 삶을 살았던 것으로 보인다.

『成唯識論』은 아마도 29살 무렵부터 입적하기 전인 32살까지의 사이에 저술된 것으로 추정되는데, 논의 분석에 의하면, 호법은 자신의 唯識에 대한 독자적 학술적 입장을 견지하면서 당시 전해지던 학계의 여러 설을 비판한 것으로, 그의 명성은 당시의 唯識學界에서 자자할 만큼 유명했던

1085) 『慈恩傳』<권 2> (대정장 50. 232a)
1086) 십대논사에 왜 <調伏光>을 제외시켰는지? 그 이유는 전해지지 않는다. 또 十大論師의 출신이나 관계를 살펴보면, 親勝과 火弁은 世親의 후배, 德慧는 安慧의 스승, 安慧는 護法의 선배, 難陀와 淨月은 護法의 선배, 勝友와 勝子와 智月은 護法의 제자라 고찰되어, 본문에 열거한 십대논사의 순서는 제1의 호명자인 호법 이외에는 특별한 의미가 보이지 않는 것으로 고찰되었다.
1087) 『西域記』 <권 5,9,10> (대정장 51. 898b, 924 a, 930c), 『慈恩傳』<권 4> (대정장 50. 241c) 『成唯識論樞要』 <권 上> (대정장 43. 608a) 『成唯識論述記』 <권 1> (대정장 43. 231c)

것으로 보인다.

그의 나이 31살 무렵인 서기 560년경에 성립된 것으로 추정되는 『成唯識論』은 <唯識十大論師>를 비롯 당시 印度 나란다대학에서 활약하던 唯識家들의 사상의 동태를 알 수 있을 뿐만 아니라, 唯識思想家로서의 護法 자신의 사상이 무엇인지 알게 해주는 아주 귀중한 문헌이다.

호법의 제자로는 『唯識三十頌』에 주석을 남긴 十大論師로서 이름을 남긴, 勝友·(最)勝子·智月 이외에도, 『佛地經論』을 저술한 親光과 현장 삼장의 스승으로 나란다대학의 學長을 지낸 戒賢등이 있다.

『慈恩傳』에 의하면,[1088] 현장은 戒賢으로부터, 직접 『瑜伽論』『顯正論』 『顯揚論』『對法論』『因明論』『聲明論』『集量論』『中論』『百論』등을 배웠으며, 이외에도 『俱舍論』『婆沙論』『六足論』『阿毘曇論』등에 대해서도 개인적으로 私師했다고 전해지고 있어, 護法의 교학은 戒賢 → 玄奘으로 이어 내려온 것으로 보인다.

참 고 : 여래장사상과 유식사상과의 비교

여래장사상이 지혜와 대비를 구족한 如來의 입장에서 설한 사상인데 비하여, 유식사상은 서로 헐뜯고 비판하고 탐진치 삼독번뇌에서 헤어나지 못하고 있는 우리들 중생들의 입장에서 설해진 자기비판 내지는 중생질타의 사상이라 할 수 있다.

곧 "부처님의 눈에는 부처님만 보이고, 돼지 눈에는 돼지만 보인다"는 격언이 있듯이, 여래장사상은 부처님 눈에 보인 우리들의 모습(如來藏)이고, 유식사상은 우리들 눈에 보인 중생들의 모습(識)이라 보면 좋을 것이다.

1088) 『慈恩傳』<권 3> (대정장 50. 238c~239a)

第4 유식사상이란? - 왜 유식사상을 설하는가? -

똑 같은 사물을 보고도 사람마다(그때마다) 왜 서로 다르게 보는(보이는) 것인지? 도대체 사물을 보는 主觀(眼耳鼻舌身意)이란 것은 어떻게 형성되는 것인지?

원효스님이 꿈결에 드셨다는 꿀물이나, 술취한 노인네가 보고 놀랐다는 뱀처럼, 없는 것이 왜 있는 것처럼 보이는 것인지, 곧 自性(心)이란 어떤 것이며, 또 어떻게 구성되어 있으며, 또 어떻게 작용하는 것인지?

또한 法性(客觀世界)이란 어떻게 형성되는 것인지? 또 그것의 실체는? 이란 물음에 대해 속 시원히 대답해 주는 이론이 유식사상이다.

말하자면 유식사상은 불교가 보는 인식론(認識論) 내지는 세계관(世界觀), 곧 불교적 인간관 내지는 심리학과 정신분석학의 근간이 된 사상이라 하겠다.

유식사상이란 무엇인지? 또 왜 유식사상을 설하는 것인지? 유식사상의 대표적 경전인 『성유식론(成唯識論)』의 서문(序文)을 통해 직접 들어보자!1089)

1089) 『唯識三十頌』의 주석서인 『成唯識論』은 『정유식론(淨唯識論)』이라고도 불리운다. 그 이유는 이 논이 唯識의 도리를 현현(顯現)시켜, 밝고 청정(淸淨)하게 하였기 때문이다. 곧 본송인 30개의 게송에 의거해서, 唯識의 도리를 현현시켜 원만함을 이루고, 넘치거나 부족함이 없도록 한 것이 이 논이기 때문이다. 한편 『唯識三十頌』에서 처음의 24송은 능변식의 양상(能變識相)을 밝히고, 다음의 1송(제25게송)은 유식의 성품(唯識性)을, 뒷부분의 5송은 유식위(唯識位)를 판별하고 있다.

「今造此論爲於二空有迷謬者生正解故，生解爲斷二重障故，由我法執二障 具生，若證二空彼障隨斷，斷障爲得二勝果故，由斷續生煩惱障故證眞解脫 由斷碍解所知障故得大菩提 又爲開示謬執我法迷唯識者，令達二空於唯識 理如實知故」　　　　　　　　　　『成唯識論』<서문> (대장정 31. 1a)

(이 論을 만든 목적은 아공·법공(我空·法空)이란 2가지 空에 대해 잘 모르거나, 잘못 알고 있는 자들, 곧 성문·연각승들(法有를 주장하는 자 들)과 악취공자(惡取空者 : 허무론자들, 곧 色卽是空만 알고 空卽是色은 알지 못하는 자들)로 하여금 올바른 이해를 하게 하여, 그들이 가지고 있는 번뇌장(煩惱障)과 소지장(所知障)이란 이장(二障)을 끊어 버리게 하 기 위함이다.1090) 곧 아집(我執)과 법집(法執)으로 인해 二障이 일어나기 때문이다. 만일 我空과 法空의 二空을 증득하면 二障은 자연 끊어지기 때문이다. 곧 二障을 끊어 해탈(解脫)과 보리(菩提)란 二勝果를 얻게 하 기 위해서이다. 곧 윤회전생(輪回轉生)을 일으키는 번뇌장(煩惱障)을 끊 으면 해탈이 증득되며, 正解를 일으키지 못하도록 하는 소지장(所知障) 을 끊으면 보리가 획득되기 때문이다. 곧 我와 法에 대해 그릇되게 집착 하고, 유식(唯識)에 대해 무지한 자들로하여금, 二空을 통달케 하고, 일 체유식(一切唯識)의 이치를 여실히 알도록 하기위해, 이 논을 열어 보이 는 것이다)

1090) 번뇌장과 소지장에 대해 성유식론은 다음과 같이 설명하고 있다.「煩惱 障者。謂執遍計所執實我薩迦耶見而爲上首百二十八根本煩惱。及彼等流諸隨 煩惱。此皆擾惱有情身心能障涅槃名煩惱障。所知障者。謂執遍計所執實法薩 迦耶見而爲上首見疑無明愛恚慢等。覆所知境無顚倒性能障菩提名所知障」『成 唯識論』(대정장 31. 48c)

참 고 : 「유허망분별식 (有虛妄分別識)」의 의미

『중변분별론(中邊分別論)』의 서두에는[1091]

「유허망분별식(有虛妄分別識: Bhava-parikalpa-abhūta-vijñāna」[1092]

이란 말이 나온다. 이 말이 의미하는 것은 "우리가 보는 일상의 현실세계는 분명히 존재한다. 그러나 우리가 본 현실세계는 진실한 것이 아니라, 어디까지나 허망하고 분별하는 識이 만들어 낸 거짓의 모습일 뿐이다."란 뜻이다.

참 고 : 중생이 가진 두 가지 病(二障)과
          유식사상이 추구하려는 목적

중생이란 二障, 곧 번뇌장(煩惱障)과 소지장(所知障)을 가지 존재들이다.
번뇌장이란 我有病(나와 내 것이라 집착하는 데서 생기는 병)이고,
소지장이란 法有病(객관세계는 존재한다고 믿고, 그것에 집착해서 생기는 병)이다.

 다시 말해 我空을 체득하면(我有病에서 벗어나면) 번뇌장에서 벗어나 해탈(解脫)을 얻게 되고, 法空을 체득하면(法有病에서 벗어나면) 소지장에서 벗어나 菩提를 얻게 되는 것이다.

『成唯識論』<서문>에서 살펴보았듯, 유식사상은 이러한 것들을 여실히 아는데 그 목적이 있다.

1091) 『중변분별론(中邊分別論)』(대정장 31. 451a)
1092) Bhava(有)-pari(分別)-kalpa(妄執)-a-bhūta(非-眞實)-vijñāna(識)

第5 유식사상의 구조

① 유식무경(唯識無境)을 설하는 사상이다.

② 六識의 상위(上位) 판단기관으로 Ālaya識이란 識을 설정해 놓고, 그것이 일체 모든 것을 만들어 낸다는 소위 일체유식(一切唯識)을 부르짖은 사상이다.

③ 의타기성(依他起性)을 중심으로 하는 삼성설(三性說)을 부르짖은 사상이다.

④ yoga行 唯識이라 부르듯이, śamatha(止)와 vipaśyanā(觀)라는 yoga수행방법을 완성시킨 사상이다.

⑤ 전의(轉依) 곧 전식득지(轉識得智)를 부르짖은 사상이다.

5-1 唯識無境

유식사상을 설명하는데있어 **빼** 놓을 수 없는 이야기가 다름 아닌 원효스님의 꿀물 이야기와 술취한 노인의 뱀 이야기이다.

<원효스님의 꿀물이야기>란 원효스님이 의상스님과 함께 당나라 유학을 위해 당나라로 가는 도중에 생긴 이야기이다.

원효스님께서 밤에 잠을 자다 너무 목이 말라 잠결에 더듬더듬하다 손에 잡히는 그릇을 들어 마시니 꿀물처럼 너무 맛있었으나, 아침에 눈을 떠서 그 물을 다시 마시려고 보니 해골바가지에 담긴 빗물임을 알고 토악질을 했다는 이야기이다.

깨끗하고 더럽고 예쁘고 밉고 하는 일체 모든 것이 오직 이 한 마음에서 나온 작용(一切唯識=一切唯心造)임을 깨닫고, 의상스님만 가시고, 원효스님은 당나라 유학을 포기했다는 것으로, 『삼국유사』에 전해지는 일화이다.

<노인의 뱀 이야기>는 술에 만취한 노인네가 산길을 가다 뱀이 길 한복판에 또아리를 틀고 있는 것을 보고 놀라 뱀이 지나가기를 기다렸으나, 움직이지 않자 이상하다 생각하고 살금살금 가보니 뱀이 아니고 새끼줄이 뱀처럼 꼬여 있는 것을 알고, 속은 생각에 기각 막혀했다는 이야기이다.

이런 착각이나 현상은 원효스님이나 노인한테만 일어나는 것이 아니라, 우리 모두가 일상생활 속에서 겪는 다반사이다.

지금 설명하려는 유식무경(唯識無境)이란 바로 우리들이 일상생활 속에서 겪는 현상이나 착각에 대해, 그 이유를 설명해주고 있다. 곧 원효스님이 마신 꿀물이나 노인이 본 뱀등의 경계는 처음부터 존재한 것이 아니라, 우리들의 마음이 만들어 낸 것(唯識)이라는 설명이다.

그러나 여기서 주의해야 할 것이 있다. 곧 무경(無境)이라 해서 우리가 보고 듣는 모든 경계를 부정하여, 그런 경계는 없다고 하여 그것 자체를 아예 부정해버리는 것이 아니라, 있기는 해도 우리가 보고 듣는 그 모습은 진짜 모습이 아니라는 이야기이다. 다시 말해 앞에서 설명한 꿀물이나 뱀이 진짜가 아니듯이, 우리들이 일상생활 속에서 보고 듣는 현상들은 진짜 모습이나 현상이 아니라, 모두가 각자 각자의 無明識(마음)이 만들어 낸 어디까지나 허상(虛像)에 불과 한 것이라는 이야기이다.

참 고 : 唯識無境에서의 無境의 의미

우리가 보는 世界 자체를 부정하는 것이 아니라, 육근(六根)을 통해서 본 그것 자체가 진실한 경계가 아니라는 뜻이다. (마치 꿀물이나 뱀이라는 경계가 거짓인 것처럼) 곧 우리가 지각(知覺)하고 판단하는 모든 사고는 무명(無明)에 뿌리박고 있는 한, 진실한 것이 아니라는 의미이다.

5-2 Ālaya識이란 ?

Ālaya識이란 것이 무엇인지 먼저 경의 말씀부터 들어보자!

「此識具有能藏所藏執藏義故. 謂與雜染互爲緣故 有情執爲自內我, (중략) 此是能引諸界趣生善不善業. 異熟果故說名異熟。離此命根衆同分等恒時相續勝異熟果不可得故. (중략)此能執持諸法種子令不失故名一切種子。離此余法能遍執持諸法種子不可得故」　　『성유식론』(대정장 31. 7c~8a)

(이 Ālaya識은 능장<能藏>·소장<所藏>·집장<執藏>이란 공능<功能>을 지니고 있다. <능장과 소장이란 뜻은> 잡염법(雜染法)과 서로 연(緣)이 되기 때문이며, <집장이란 뜻은> 유정=중생<제7식>이 이것에 집착해서 이것을 자기 내면의 자아(自我)로 삼기 때문이다. (중략) 이 Ālaya識은 능히 모든 계<界>·취<趣>·생<生>을 이끄는 선업과 불선업<善業과 不善業>의 이숙과<異熟果>이므로 이숙식<異熟識:>이라고 이름하는 것이다. 왜냐하면 이것 이외에는 명근<命根>과 중동분<衆同分> 등 항상 상속하여 그 결과로 생기는 수승한 <이숙과(異熟果:vipaka-phala>라는 것은 있을 수 없기 때문이다. (중략)
또 이것은 능히 일체법의 종자를 유지<執持>해서 하나도 잃지않게 하기에, 일체종자식<一切種子識>이라고 이름하는 것이다. 곧 이것 없이는 그어떤 다른 것도 제법종자를 집지할 수 없기에~)

경의 말씀에 의하면, Ālaya識은 다음과 같이 정리될 수 있을 것이다.

㉠ 능장(能藏) 곧 종자식(種子識)이다. 삼계육도(三界六道)와 고락(苦樂) 그리고 미래를 만들어 내는 주체인 종자(種子)이기 때문이다.

연기주체(緣起主體)라는 뜻에서 능작인(能作因)이라고도 부른다.

ⓛ 소장(所藏) 곧 함장식(含藏識)이다. 과거의 모든 것(染과 淨)을 함장 含藏)하고 있기 때문이다. 따라서 과거에 대한 결과라는 뜻에서 증상 과(增上果)라고도 부른다.

ⓒ 집장(執藏 : Manas識)이다. 일체존재가 모두 허망하고 무자성(無自性)하고 찰나생멸하는 것을 모르고, 자기 자신을 실아(實我)로 착각함과 동시, 모든 것을 자기중심적으로 생각하여 자기 자신에 집착하는 성질이다. 따라서 Ego識 · 염오식(染汚識) · 분별식(分別識) · 집착식(執着識)이라고도 한다.

ⓔ 부단상속(不斷相續)한다.

ⓜ 실체가 없이 조건차제에 따라 이렇게 저렇게 찰나찰나 생멸하는 무상(無常)한 존재이기에, 의타기성(依他起性) 또는 허망식(虛妄識)이라고도 한다.

참 고: Ālaya란 말의 어원

<Ā+√li>에서 파생된 말로, Ā(無失 · 常行)+√li(저장 · 집착 · 인식하다)

예: Himālaya = Hima-ālaya

참 고 : 마음(心)의 구조와 기능

마음은 다음의 (제8 Ālaya識 / 제7 Manas識 / 제6 意識 / 前5識)과 같이, 4개군 8개의 識으로 구성되어 있으며, 이들 8개識의 총체적 내용과 작용여하에 의해 작동된다.

참 고 : 전오식(前五識)

안식(眼識) · 이식(耳識) · 비식(鼻識) · 설식(舌識) · 신식(身識)의 5개의

識을 말한다. 여섯 번째 識인 의식(意識) 앞에 있는 5개의 식이므로,
<前五識>이란 이름이 붙었다. 여섯번째의 意識은 <제6 意識>이라 한다.

참 고 : 識의 항행성(恒行性)

제8 Ālaya識과 제7 Manas識은 한시도 쉼이 없이 항상(잠잘 때나 심지
어 죽었을 때에도) 활동하므로, 항행(恒行)이라 한다.

참 고 : 인식(認識)의 과정

前 5識에서 얻은 정보를 제8 Ālaya識에 보낸다 → 제8 Ālaya識은 이
미 저장해 두었던 다른 정보와 결합시켜 제7 Manas識에 보낸다 → 제7
Manas識은 그 내용을 자기와 결부시켜 집착하여 염오화(染汚化)시킨
후, 제6識인 意識으로 보낸다 → 제 6 의식은 그 결과를 제8 Ālaya識에
다시 보내어 저장시켜 둔다.

예를 하나 들어보자! 걸어오는 한 친구가 있다.
우선 눈이란 안근(眼根)을 통해서 친구라고 하는 색경(色境) 곧 물체가
들어온다. 그러면 前五識의 하나인 안식(眼識)이라는 인식기관이 그것을
친구라고 인식하여, 제8 Ālaya識에 보내게 되는데 제8식은 과거에 이미
저장해 두었던 그 친구에 대한 여러 가지 정보들과 결합시켜 분석(예를
들면 그 친구에 대한 여러 가지 개인적인 추억들을 떠 올리게 됨)하게
되는데, 이 때 제 8識과 늘 함께 다니는 染汚識인 제7 Manas識이 작동
하여, 옛날에 있었던 좋고 나쁜 감정들을 개입시킨다.
제7 Manas識의 개입을 받은 제8識은 그 친구에 대해 최종적으로 판단
하여, 그 결과를 저장하게 되는 것이다. 그리고는 그 친구에 대해 저장
되어 있는 분석결과를 제6 意識에 보내고, 또 제6 의식은 그것을 다시

前五識의 하나인 안식(眼識)에 보내게 된다. 내가 보는 친구에 대한 모든 것, 말하자면 좋고 나쁜 그 친구에 대한 인식은 이렇게 해서 만들어지는 것이다.

第6 三性說과 瑜伽(Yoga)行

유식경전인 『해심밀경(解深密經)』과 『현양성교론(顯揚聖教論)』『유가사지론(瑜伽師地論)』등에는 다음과 같이,

「유가행(瑜伽行)이란 사마타(śamatha)와 비파사나(vipaśyanā)이다」[1093]

「이처럼 正行에 안주하므로 身輕安과 心輕安을 일으키게 되는데, 이를 śamatha라 한다. 보살은 이 śamatha를 획득하는 것을 의지처로 삼는다」[1094]

「一切의 추중(麤重)을 모두 식멸(息滅)하고, 所依의 淸淨을 얻었다」[1095]

「瑜伽의 道를 간략히 말하면, 들은 바의 正法을 止(śamatha)와 觀 (vipaśyanā)과 影像을 의지하여 성취하는 것이다」[1096]

[1093] 「云何瑜伽。謂四瑜伽。何等為四。一信。二欲。三精進。四方便。(중략)云何作意。謂四作意。何等為四。一力勵運轉作意。二有間運轉作意。三無間運轉作意。四無功用運轉作意」『瑜伽師地論』(대정장 30. 438b), 「若略說瑜伽道。當知多聞所攝。正法為境界。奢摩他毘鉢舍那為自體」『顯揚聖教論』(대정장 31. 583b)

[1094] 「如是正行多安住故 起身輕安及心輕安是名奢摩他 如是菩薩能求奢摩他 彼由獲得身心輕安為所依故」『解深密經』(대정장 16. 697c:)

[1095] 「一切麤重悉皆息滅。隨得觸證所依清淨。於所知事由現見故。隨得觸證所緣清淨。由離貪故隨得觸證心遍清淨。離無明故。隨得觸證智遍清淨隨得觸證」『瑜伽師地論』(대정장 30. 428b)

[1096] 「頌曰,略說瑜伽道 緣所聞正法 奢摩他與觀 依影像成就」『顯揚聖教論』<攝勝決擇分> (대정장 31. 583b)

라고 설하고 있는 것처럼,

또 유가행유식(瑜伽行唯識: yogācāravijñānavāda)이라는 학파의 명칭이 시사하듯, 유가행자들은 정신집중 수행법인 三昧와 명상을 중심으로 하는 <yoga行>, 곧 存在의 근원을 고찰함으로서, 잘못된 망상(妄想)과 집착(執着)에서 벗어남과 동시, 身心의 청정(清淨)과 경안(輕安)을 얻는 것을 목적으로, 일상에서의 체험을 바탕으로 유식관법(唯識觀法)이라는 修行法을 완성시켰다.

여기서 <사마타 (śamatha)>란 내관(內觀)에 의해 끊임없이 대상을 내섭(內攝)하는 것으로, 그 대상은 비파사나(vipaśyanā)가 內觀하는 바로 그 경(境: artha)이다.

때문에 사마타는 일면은 止(śamatha)이지만, 한 면은 觀(vipaśyanā)의 투영(投影)이다.

곧 投影을 끊임없이 내관(內觀)한다는 점에서, 사마타의 소연(所緣: alambya)은 무분별영상(無分別影像: nir-vikalpa-pratibimba)이 되는 것이다. 한편 <비파사나 (vipaśyanā)>는 內觀을 통해 사마타의 경계를 소지(所知)의 경(境)으로서 조상(取像)하는 것이므로, 어디까지나 그 對象은 유분별영상(有分別影像: sa-vikalpa-pratibimba)이다.

따라서 양자의 관계는 상호 능연(能緣)과 소연(所緣)의 관계로서, 양자 모두 心의 自性이라는 점에서는 서로 다른 것이 아니지만, 그러나 그 所緣이 각각 無分別影像과 有分別影像이라는 점에서 볼 때는 같은 것도 아니다.

이와 같은 관계를 가진 양자가, 심일경성(心一境性: cittasyaikāgratā)이란 체험을 통해 하나로 융합해질 때, 이를 일러 <사마타와 비파사나의 쌍운(雙運: śamatha-vipaśyanā-yuganaddha)>이라고 한다.[1097]

한편 유가행학파의 唯識理論과 수행체계 형성에 있어 그 중심축으로 평가되는 『大乘莊嚴經論』<제 12장 述求品 제 36偈>에는

「諸佛은 一切衆生을 섭리(攝利)하기 위해 소상(所相)과 능상(能相)과 표상(表相)을 구별하여 설하셨다」[1098]

하여, 佛法이란 진리는 소상(所相: lakṣya)과 능상(能相: lakṣaṇa)과 표상(表相; lakṣaṇā)이라는 3가지 相에 모두 표현되어 있다고 하면서, 所相과 能相과 表相의 중요성, 곧 이 三相이야말로 불교의 모든 것이라 강조하고 있다.
곧 유가행 유식학자들은 3가지의 存在形態(認識樣態)인 三性說을 기반으로, 일체의 妄想에서 벗어나 身心의 輕安을 가져오게 하는 行法인 소위 止(śamatha)와 觀(vipaśyanā)을 골자로 하는 瑜伽修行體系를 구축하였던 것이다. 여기서

所相이란 五位, 곧 心法・心所法・色法・心不相應行法・無爲法의 一切法을 가리키는 것으로, 能取 所取등의 현현(顯現)에서 오는 <식전변(識轉變:vijñāna-pariṇāma)>을 말하며,

---

1097)「이때 śamatha와 vipaśyanā는 친구로서 평등하게 생겨나는데, 이를 사마타-비파사나의 雙運道라고 한다」『瑜伽師地論』<聲聞地> 458b4ff (ŚrBh 404,4~406,9) 千葉公慈「瑜伽行派における止觀考」『印佛研』46-1.1997, 안성두「瑜伽論의 止觀雙運을 중심으로」『佛教思想과 文化』제 2호. 2010. (佛教學硏究院). 中央僧伽大學校
1098)「次說求諸相。偈曰 所相及能相 如是相差別 爲攝利衆生 諸佛開示現 (36偈) 釋曰。相有二種。一者所相。二者能相。此偈總擧」(대정장 31. 613b~c), 한문본은 表象을 제외한 所相과 能相만을 설하고 있다. 단 五種學境이라하여 五階梯를 能相에 포함시키고 있으나, 이것이 다름아닌 表象에 대한설명이다.「彼能相復有五種學境。一能持。二所持。三鏡像。四明悟。五轉依」(대정장 31. 614a)

能相이란 依他起相・遍計所執相・圓成實性 등의 三性을 말하며,

表相이란 (자량위→가행위→통달위→수습위→구경위)로 구성된 유가행파의 수행도인 <五道>를 말한다.[1099]

곧 『大乘莊嚴經論』은 석존불의 설법이 식전변(識轉變)과 三性, 그리고 자량위→가행위→통달위→수습위→구경위로 구성된 표상(表相), 곧 菩薩 修行道라는 3 가지속에 모두 포함되어 있다고 설하고 있는데, 여기서 주목해야할 점은 三性을 나타내는 能相(lakṣaṇa)과 修行道인 表相을 나타내는 <lakṣaṇā>가 동의형(同義形)이라는 것으로, 이를 통해 瑜 伽修行道가 三性說의 기반위에서 成立되었음을 은근히 역설하고 있다.

곧 이는 衆生에서 佛로의 전환이 가능한 것은 미망(迷妄)의 세계인 변계소집(遍計所執)의 世界와 깨달음의 세계인 원성실성(圓成實性)의 세계가, 동일처(同一處=場)인 의타기성(依他起性)의 세계, 곧 연기성(緣起性)의 세계에서 그것도 동시에 일어나고 있음을 말해준다. 말하자면 瑜伽修行道가 <三性說>의 기반위에서 성립되었음을 알려주고 있는 것이다. 그리고 다음의 經句

「이 세계는 오직 표상(表象=依他起=識)만이 있을 뿐, 그 어떤 실재물도 없는 것이다」에서 시작되어, 끝내는 「대상이 비실제(非實在)한 것이므로, 그것을 취하는 인식주체(識) 또한 非實在인 것이다」

가 말해주듯, 앞에서 고찰했던 唯識學的 思惟方法인 <入無相方便相>역

─────────

1099) 『大乘莊嚴經論』은 五道와 오계제(五階梯)의 2가지의 수행도를 설하고 있으나, 여기서는 『섭대승론』에서 유가행파의 정식 수행도로 자리잡은 五道를 택하여 살펴 보았다. 五階梯에 대한 상세는 이미 앞 『대승장엄경론』의 항목에서 살펴보았다. 참고 바람

시, 경식구민(境識俱泯)이라고 하는 如實知見에 의해, 주관과 객관의 모든 집착으로부터 벗어나게 되는 경지에 도달케 하는 수행법으로, 그 敎理的 근거 또한 三性說에 두고 있음을 알려주고 있는 것이다.

곧 유가행유식학자들은 3가지의 存在形態(認識樣態)인 三性說을 기반으로, 일체의 妄想에서 벗어나 身心의 경안(輕安)을 가져오게 하는 行法인 소위 止(śamatha)와 觀(vipaśyanā)을 골자로 하는 瑜伽修行體系를 구축하였던 것이다.

삼성설(三性說)이란 구체적으로 무엇인지, 경의 말씀을 통해 살펴보자!

「略有三種　一依他起相　二遍計所執相　三圓成實相　此中何者依他起相　謂阿賴耶識爲種子　虛妄分別所攝諸識」『攝大乘論』(대정장 31. 137c~138a)

(相에는 3가지 종류가 있다. 依他起相과 遍計所執相과 圓成實相이 그것이다. 이 가운데 의타기상<依他起相>이란 종자식<種子識>인 Ālaya識을 말하는 것으로, 허망분별하며, 모든 식을 섭하는 기능을 지니고 있다)

「從自薰習種子所生　依他緣起故名依他起　何因緣故名遍計所執　無量行相意識遍計顚倒生相故名遍計所執　圓成實自性是遍計所執永無有相　由無變異性故名圓成實　由淸淨所緣性故　由一切善法最勝性故　由最勝義名圓成實」　　　　　　　　　　　　　　『成唯識論』(대정장 31. 139 a~b)

(훈습성을 지닌 종자, 곧 남을 의지하여 일어나는 까닭에 의타기<依他起>라 하는 것이다. 무슨 까닭에 변계소집<遍計所執>이라 하는 것인가?

항상 끊임없이 항행하는 의식이 변계하고 전도<顚倒>해서 여러가지 상을 만드는 까닭에 변계소집이라 하는 것이다. 원성실자성<圓成實自性>이란 변계소집이 영원히 상을 취하지 않는 것으로, 변이<變異>하지 않으므로 원성실이라하며, 청정성을 지니며 또 일체의 선법으로 가장 수승한 최승성<最勝性>이기에 이름하여, 원만·성취·진실<圓成實>이라 하는것이다)

「從自薰習種子所生 依他緣起故名依他起 何因緣故名遍計所執 無量行相意識遍計顚倒生相故名遍計所執 圓成實自性是遍計所執永無有相 由無變異性故名圓成實 由淸淨所緣性故 由一切善法最勝性故 由最勝義名圓成實」

『성유식론』(대정장 31. 139a~b)

(훈습(薰習)하는 능력을 가진 종자<種子>, 곧 다른 것을 취합해서 만들어진 것이 Ālaya識이기에 의타기성<依他起性>이라 하며, 두루두루 집착하고 전도망상<顚倒妄想>에 계합해서 이루어진 것이기에 변계소집성<遍計所執性>이라 이름하는 것이며, 집착과 전도망상이 없어지고 원만<圓滿>·성취<成就>·진실<眞實한 것이기에 원성실성<圓成實性>이라 이름하는 것이다)

「依他起略有二種 於依他起自性中有遍計所執自性及圓成實自性 卽此依他起自性由遍計所執分成生死由圓成實分成涅槃故, 於依他起自性中 遍計所執自性是雜染分 圓成實自性是淸淨分, 若分別智火未燒時 於此識中所有虛妄遍計所執自性顯現 所有眞實圓成實自性不顯現 此識若爲分別智火所燒時 於此識中所有眞實圓成實自性顯現 所有虛妄遍計所執自性不顯現 是故此虛妄分別識依他起自性有彼二分」

『섭대승론』(대정장 31. 140c)

(의타기자성<依他起自性>에는 두 가지 성분이 있다. 곧 변계소집자성<遍

計所執自性>과 원성실자성<圓成實自性>이 그것이다. 의타기자성중 변계소집성분에 의해 윤전생사<輪轉生死>가 생기는 것이며, 열반은 원성실성분에 의해 생기는 것이다. 곧 두 개의 성분 가운데 변계소집성분은 잡염성분<雜染性分>이며, 원성실성분은 청정성분<淸淨性分>이라 하는 것으로, 만일 분별지화<分別智火>인 아집과 법집의 2-執<我·法 二執>의 불이 다 타지않아 아직 없어지지 않았을 때는, 잡염성분인 변계소집성분만 나타나고, 청정성분인 원성실성분은 숨게된다. 반대로 분별지화<分別智火>인 我·法 二執이 모두 타서 없어지면, 청정성분인 원성실성분만 나타나고, 잡염성분인 변계소집성분은 나타나지 못하게 되는 것이다)

상기 『성유식론』과 『섭대승론』의 말씀은 다음과 같이 정리된다.
의타기성(依他起性)은 잡염(雜染 : saṃkleśa)성분과, 청정(淸淨 : vyavadāna)성분 등 일체를 포함한 함장식<含藏識>이지만, 지금 현재는 我·法 二執을 끊지 못한 상태이므로 잡염성분만 나타내게 된다.
  왜냐하면 因이 염법종자(染法種子)이면 유루(有漏)인 변계소집성분(遍計所執性分)만 나타나고, 因이 정법종자(淨法種子)이면 무루(無漏)인 원성실성분(圓成實性分)만 나타나기 때문이다.
  곧 이장(二障)인 번뇌장(煩惱障)과 소지장(所知障)의 有無에 따라 出力의 내용이 달라지기 때문이다. 다시 말해 二障이 남아 있으면 잡염성분(雜染性分)인 Ālaya識이 나오고, 남아있지 않으면 청정성분(淸淨性分)인 Amala識이 나타나게 된다는 것이다.

  다음 항목에서 자세히 설명하겠지만 전의(轉依)란 염법종자(染法種子)가 끊어지고 정법종자(淨法種子)가 발현(發現)되는 것을 말한다.

참 고 :　　　　唯識의 三性과 四法印과의 관계

唯識의 三性과 四法印과의 관계			
唯識三相	依他起相	遍計所執相	圓成實性
四法印	諸行無常 諸法無我	一切皆苦	涅槃寂靜
	應現知	應現斷	應現證
	應現修		

第7 轉依와 轉識得智

轉依(āśrayaparāvṛtti)가 무엇인지 먼저 경의 말씀부터 들어보자

「依謂所依卽依他與染淨法謂所依故　染謂虛妄遍計所執　淨謂眞實圓成實
性　轉謂二分轉捨轉得　由數修習無分別智斷本識中二障麤重　故能轉捨依他
起上遍計所執　及能轉得依他起中圓成實性　由轉煩惱障得大涅槃　轉所知障
證無上覺」　　　　　　　　　　　　　　『성유식론』(대정장 31. 51a)

(依<āśraya>라 하는 것은 소의<所依>를 말하는 것으로, 염법<染法>과
정법<淨法>, 곧 허망변계소집성<虛妄遍計所執性>과 진실원성실성<眞實
圓成實性>을 가리킨다. 전<轉>이란 전사<轉捨>와 전득<轉得>을 말하는
것으로, 轉捨란 의타기성<依他起性> 가운데 잡염성분인 변계소집을 없
애 버리는 것이며, 轉得이란 依他起性 가운데 청정성분인 원성실성을 얻
어 내는 것이다. 곧 번뇌장(煩惱障)과 소지장(所知障)을 없애 버리고, 열

반과 보리를 얻어내는 것을 전식득지<轉識得智> 또는 전의<轉依>라고
한다)

「或依卽是唯識眞如 生死涅槃之所依故 愚夫顚倒迷此眞如 故無始來受生
死苦 聖者離倒悟此眞如 便得涅槃畢竟安樂 由修習無分別智斷本識中二障
麤重 故能轉滅依如生死 及能轉證依如涅槃 此卽眞如離雜染性 如雖性淨
而相雜染 故離染時假說新淨卽此新淨說爲轉依」

『成唯識論』(대정장 31. 51a)

(轉依에서, <依>란 유식진여<唯識眞如>를 말하기도 한다. 생사와 열반의
의지처가 되기 때문이다. 그렇지만 어리석은 범부들은 전도<顚倒>해서,
이 唯識眞如에 대해 잘 알지 못하고, 때문에 無始로부터 생사의 고통을
받는 것이다. 한편 성자<聖者>는 전도에서 벗어나 이 唯識眞如를 깨달
았기에 곧 바로 열반을 얻어 안락을 얻게되는 것이다. 그러므로 누구든
지 수습해서 무분별지<無分別智>로 煩惱障과 所知障의 二障을 끊는다면
능히 생사에서 벗어나 涅槃을 얻을 수 있는 것이다. 그것은 이 唯識眞如
가 잡염성을 벗어버렸기 때문이다. 唯識眞如 비록 본성은 淸淨하지만 相
은 雜染이기에, 이 잡염인 二障이 벗어져 버린 그때를 일러 새롭게 청정
해졌다는 의미로 신정<新淨>이라고 이름하는 것이다. 곧 이新淨을 일러
轉依라고 하는 것이다)

 곧 상기 인용문을 통해 알 수 있듯이, 전의(轉依)란
① 우리들의 현존재태(現存在態), 말하자면 나의 현재의 인식주체인 제
  8識과 제 7識을 否定하는 이론이다. 곧 無明에 뿌리박고 있는 것이
  나의 인식주체인 제 8 Ālaya識이며, 따라서 내가 보고 판단하는 바깥

경계 또한 있는 그대로의 진실된 것이 아니라 無明에 뿌리박고 있는 것, 말하자면 아집(我執)과 아욕(我慾)에 물들어 있는 허망분별의 거짓된 것임을 깨닫는 것으로, 그러기 위해서는 無明에 뿌리박고 있는 識을 明에 근거한 智로 바꿔 나가겠다는 반성과 참회, 말하자면 轉識得智하겠다는 의식개혁과 삶의 변화가 뒤따라야 함을 주장한 이론이다.

② 의식개혁에 뒤 이어, 실생활 속에서 我執과 法執을 끊는 행동의 변화를 주장하는 이론이다. 곧 번뇌장을 일으키는 我執을 끊어 버려(轉捨) 열반(涅槃)을 轉得하고, 또 所知障을 일으키는 法執을 끊어 버려(轉捨) 보리(菩提)를 轉得해야 한다는 이론이다.

유식사상이 주장하고 있는 轉依, 곧 『대승장엄경론』과 『攝大乘論釋』이 설하는 轉識得智의 과정을 보면 다음과 같다.

참 고: 轉識得智(轉四識 得四智)의 과정

「轉第八識得鏡智。轉第七識得平等智。轉第六識得觀智。轉前五識得作事智」[1100]

「由轉Ālaya識等八事識蘊 得大圓鏡智等四種妙智. 當知 此中轉Ālaya識故得大圓鏡智. 轉染汚末那故得平等性智. 轉意識故得妙觀察智. 轉五識故得得成所作智」[1101]

곧 위에서 보듯 사군(4群: 전오식·의식·염오식·아라야식) 팔식(8識: 안식·이식·비식·설식·신식·의식·염오식·아라야식)으로 구성된 우리의 인식기관 전체를 4개의 지혜, 곧 성소작지(成所作智)·묘관찰지(妙

1100)『대승장엄경론』(대정장 31. 606c~607a)
1101)無性釋 『攝大乘論釋』(대정장 31. 438a)

觀察智) · 평등성지(平等性智) · 대원경지(大圓鏡智)로 바꿔 나가는 것이다.

　말하자면 전오식(前五識: 안식 · 이식 · 비식 · 설식 · 신식)은 成所作智로, 제 6 意識은 妙觀察智로, 제7 染汚識(Manas)은 平等性智로, 제8 Ālaya 識은 大圓鏡智로 각각 바꿔지는 것이다.

참 고: <轉識得智>說의 발달과정

<轉識得智>說은 원래는 佛의 경계인 <四智說>로부터 유래되었다.

　곧 佛은 중생들과 달리 4-가지 지혜(四智)를 지니고 있다는 데서부터 유래되었으나, 그것이 점차 변하여 <轉識得智>思想으로 발전하였다.

　곧 衆生의 근거인 識이 어떤 과정을 거쳐 佛의 속성인 智로 변하는지의 <轉依의 과정>으로 발전된 것이다.

　이제 四智說과 그것이 발전되어 <轉識得智>로 되는 과정, 나아가 전식득지의 과정에서 각각의 智는 언제, 곧 <唯識五位>의 단계중 어느 位에서 얻어지는 것인지를 唯識經論을 통해 살펴보자!

　<轉識得智>의 思想은 위 본문에서 상세히 살펴본 바와 같이, 『大乘莊嚴經論』에 처음으로 언급되는 것으로, 이것이 점차 『攝大乘論』으로 전승되고, 뒤이어 『成唯識論』에 이르러 완성하게 되는데, 이에 앞선 <四智說>은 『佛地經』이 그 嚆矢(효시)이나, 여기에서는 그냥 四智만 설할뿐 八識과의 관계는 전혀 설하지 않고 있어, 四智說이 본래는 八識과는 상관없이, 단지 佛智의 내용으로서만 취급되어 진 것임을 알게해주는 것으로, 이러한 경향은 유식사상의 핵심인 三性說과 五位修行說을 설하고 있는 『대승장엄경론』에 이르기까지 계속된다. 곧 梵語 원전을 보면, 논은

「ādarsajñānam acalaṃ trayajñānam tadāśritam /

samatāpratyavekṣāyāṃ kṛtyānuṣṭhāna eva ca // 67」[1102]

라 하여,

(<大圓>鏡智는 不動으로, 三智는 그것에 依持한다. 곧 平等性智와 妙觀
察智와 成所作智가 그것이다)하고 있고, 또 그 주석문에도,

(諸佛에 四智가 있다. <大圓>鏡智와 平等性智와 妙觀察智와 成所作智가
그것으로, <大圓>鏡智는 不動이나, 三智는 그것에 의지하며 動한다)

라 되어있다. 그러나 漢譯은 이와는 달리

「일체제불에는 四智가 있는데, 그 가운데 大圓鏡智가 중심이다. 三智는
鏡智에 근거하여 존재한다. 곧 八識을 굴려 (大圓)鏡智를 얻고, 제7識을
굴려 平等性智를 얻으며, 제6식을 굴려 (妙)觀察智를 얻으며, 前五識을
굴려 作事智를 얻는다」[1103]

라 하며, 범문 원전과는 달리 八識을 굴려 四智를 얻는다는 <轉八識得
四智>의 내용을 추가시키고 있으나, 이는 역자가 후에 부가시킨 부가문
으로 보이는 것으로 아직 원본 『大乘莊嚴經論』에는 설해지지 않고 있다
고 보아야 할 것이다.

 곧 범어 원전에는 4가지 智인 四智를 설하고 있기는 해도, 아직 轉識
得智에 대한 언급은 확실히 설하고 있지 않기 때문이다.

1102)『 Mahāyānasūtrālaṃkāra』 P.46
1103)「一切諸佛有四種智。一者鏡智。二者平等智。三者觀智。四者作事智。彼鏡
    智以不動爲相。恒爲餘三智之所依止。何以故。三智動故。八七六五識次第轉
    得故者。轉第八識得鏡智。轉第七識得平等智。轉第六識得觀智。轉前五識得
    作事智」『大乘莊嚴經論』(대정장 31. 606c~607a)

하지만 원전의 「大圓鏡智는 不動한 것으로, 나머지 三智의 의지처가 되며, 나머지 三智는 動한다」의 표현을 가만히 음미해 보면, 비록 轉識得智란 표현은 보이지는 않지만, 제8 Ālaya識에 의지해서 제7 染汚識과 제6 意識과 前五識이 轉한다는 思考가 문장 속에 도사리고 있음이 충분히 예상된다. 한편 『攝大乘論』은

「法身은 5가지의 自在를 통해 自在를 얻으신다. 곧 色蘊과 受蘊과 想蘊과 行蘊과 識蘊이라는 의지처를 굴려, 대원경지 평등성지 묘관찰지 성소작지를 얻어, 이를 통해 비로소 자재를 얻는다」[1104]

고 하여, 法身의 自在는 중생의 근거인 五蘊이 淨化된 결과로서의 轉依라 하면서, 五蘊이 차례로 전의되어가는 과정을 色受相行識의 순서로 설하고 있다.

여기서 특기할 만한 것은, 마지막 識蘊의 轉依를 설하면서, 「이때 大圓鏡智·平等性智·妙觀察智·成所作智 등 四智를 얻게 되는데, 이때 비로소 法身은 自在를 얻게된다」고 설하고 있다.

하지만 여기서도 識蘊=제 8識이라고 분명하게 말하고 있지는 않는데, 이러한 태도는 세친의 『攝大乘論』(3본 모두)까지 계속 이어지고 있다.

하지만 無性의 『攝大乘論』에 이르면 드디어
「由轉阿賴耶識等八事識蘊得大圓鏡智等四種妙智。如數次第或隨所應。當

1104) 「法身由幾自在而得自在。略由五種。一自在由轉色蘊依故。二自在由轉受蘊依故。三自在由轉想蘊依故。四自在由轉行蘊依故。五由圓鏡平等觀察成所作智。自在由轉識蘊依故」『攝大乘論』<玄奘譯> (대정장 31. 149c)

知此中轉阿賴耶識故得大圓鏡智。轉染汚末那故得平等性智。轉意識故。
得妙觀察智。具足一切陀羅尼門三摩地門。轉五識故得成所作智」[1105]

라 하여, 轉第8Ālaya識得大圓鏡智, 轉第7manas識得平等性智, 轉第6意
識得 妙觀察智, 轉前五識得成所作智라고 하는 <轉八識得四智>사상이 확
립되고, 이것이 마침내 護法의 『成唯識論』에 이르르면, 轉依(轉八識得四
智)의 과정이 아주 상세히 설해지면서, <轉煩惱藏得涅槃, 轉所知障得菩
提>라는 轉捨轉得의 사상이 확립하게 된다.

참 고: 돌연변이, 『楞伽經』

『楞伽經』에는 『勝鬘經』・『大雲經』・『央掘利魔羅經』 등 如來藏系에 속
하는 경전들이 인용되고 있고, 또 如來藏思想의 주요개념인 <如來藏>
<自性淸淨心>등이 설해지고 있어, 언뜻보면 여래장계통의 경전으로 보이
나, 이와 더불어 唯識系經典들의 주요개념인 <Ālaya識>과 <五性(各別)
思想>도 함께 설해지고 있어, 이 『楞伽經』이 여래장사상과 유식사상을
모두 수용한 경전임을 알려주고 있다.

한편 이와는 별도로 이 경에는 <愚夫所行禪・觀察如實禪・攀緣如來禪
・如來淸淨禪>등 四種禪을 설하는 등 禪修行에 대한 것까지 상세히 설
해지고 있어, 후에 中國禪宗에 큰 영향을 미치기도 하였으며, 또 <業相
・轉相・現識・分別事識>등 『大乘起信論』에 보이는 용어와 개념들 또한

[1105] 「由轉阿賴耶識等八事識蘊得大圓鏡智等四種妙智。如數次第或隨所應。當知
此中轉阿賴耶識故得大圓鏡智。於一切境常不愚迷。無分別行能起受用。佛智
影像轉染汚末那故得平等性智。於修道位轉復淸淨。由此安住無住涅槃。大慈
大悲恒與相應轉意識故。得妙觀察智。具足一切陀羅尼門三摩地門。轉五識故
得成所作智。普於十方一切世界。能現變化從睹史多天宮而沒乃至涅槃。能現
住持一切有情利樂事故」『攝大乘論』 <無性譯> (대정장 31. 438a)

설하고 있어, 『大乘起信論』에도 영향을 미친 것으로 고찰되고 있다. 이처럼, 『楞伽經』은 온갖 사상들이 뒤죽박죽, 여기서 저기서 갑자기 튀어나오는 일종의 돌연변이와도 같은 성격을 지닌 특수한 경전이다.

이처럼 여래장과 유식사상을 비롯해 禪修行에까지도 손을 뻗치고 있는 이 『楞伽經』에 대해, 불교학자들은 일단은 <唯識系의 經典>으로 취급하고 있다. 그만큼 如來藏思想보다는 唯識思想이 더 많이 설해지고 있다고 본 것이나, 그럼에도 불구하고, 이 경에는 유시사상의 가장 중요한 개념이라고 할 <轉識得智思想>을 설하고 있지 않고 있다.

이 점 또한 의아한 점으로, 이러한 것을 종합하여 살펴본 결과 이 『楞伽經』은 正統의 유식논서로서 四智思想을 설하는 『攝大乘論』과 『成唯識論』과는 그 계통이 다르다는 것을 알수 있다. 아마도 如來藏思想과 空思想에 조예가 깊은 그러면서도 유식사상에 밝은 안목을 지닌 자에 의해 저술된 것이 아닐까 고찰된다.[1106]

참 고:「妙觀平等初地分得 大圓成事唯佛果起」
- 四智의 형성 과정과 護法 思潮의 특색 -

古來로부터 四智의 형성과정에 대해,「妙觀平等初地分得 大圓成事唯佛果起」라는 공식아닌 공식이 전해지고 있다.

1106) 安井廣濟「入楞伽經 に現われた 識の 學說 について」『大谷學報』52-2, 高崎直道「入楞伽經の唯識說」『佛教學』創刊號, 谷川泰敎「入楞伽經に見 られる 引用文」『印佛研』21-2. 1973, 菅沼晃「入楞伽經如來藏說について」『印佛研』22-4. 1974, 菅沼晃「入楞伽經における 唯心說について」『印佛研』22-4. 淸水雲晃 「入楞伽經識三相說」如來藏Ālaya識の同視をめぐって 『印佛研』25-1. 1976

곧 妙觀察智와 平等性智는 初地인 見道位에서 얻어지기 시작하여 修習位에서 완전히 얻어지며, 大圓鏡智와 成所作智는 오직 佛果位에서만 얻어지는 智라는 의미이다.

좀더 구체적으로 말하면, 妙觀察智와 平等性智는 맨 처음 見道位에서 일어나 점점 확대되어 修習位(十地)에서 완성되며, 大圓鏡智와 成所作智는 金剛喩定이 現前하는 佛果(成佛)位에서 일어난다는 의미이다.

無性의 <轉識得智>思想을 발전시킨 護法은 <轉八識得四智>를 강조하고 또 八識의 성질과 대비시켜 四智의 특징을 분명히 밝히려는 생각으로, 8識이 四智로 변하는 轉依의 과정을 분명히 함과 동시, 나가서는 四智와 根本智 및 後得智와의 관계를 분명히 밝히려고 노력하였다.
이리한 護法의 생각은 종래의 유식논서에서는 볼 수 없는 것으로, 護法 유식이 갖는 하나의 특색이라 할 수 있는 것으로, 護法의 이러한 四智思想은 이후 親光의 『佛地經論』에도 영향을 미친다.

第8 유가수행도(五位=五道) - 유식계 경전을 중심으로 -

유가행자들은 앞에서 주창한 이론을 근간으로, 전식득지란 목적달성을 위해 5단계 <자량위(資糧位)→가행위(加行位)→통달위(通達位)→수습위(修習位)→구경위(究竟位)>,

곧 51단계(十信→十住→十行→十廻向→十地→佛地)로 이루어진 수행체계를 구축하였다. 『유식삼식송(唯識三十頌)』의 제 26송부터 제 30송까지가 이에 해당된다.[1107]

본강의에서는 먼저 5위 각각에 해당하는 『유식삼십송』 26송~30송을 제시한 후,

이에 대해 『성유식론』은 어떻게 해석하고 있는지 살펴보고, 뒤이어 유식 논서의 성립순인 『攝大乘論』『攝大乘論釋』『集論』『成唯識論』 의 순서로, 이들의 견해를 상세히 살펴볼 것이다.

번잡스럽기는 해도 이렇게 하는 이유는 止觀修行을 매개로 <入無上方便相>을 통한 諸法皆空의 통달과, 이를 기반으로한 三慧(聞思修)의 수습으로 전의(轉識得智)를 거쳐, 드디어 四智 원만의 佛果에 이르는 피나는 정진수행의 전 과정이 어떻게 또 어떤 과정을 거쳐 완성하게 되었는지를 상세히 살펴볼 수 있기 때문이다.

1107) (대정장 31. 61a~b)

8-1 자량도(資糧道: saṃbhāra-mārga)

「謂修大乘順解脫分 依識性相能深信解 其相云何」

(자량위란 대승이 닦아야 할 <순해탈분>을 말한다.

識을 의지해 性과 相 모두에 있어 능히 신해<信解>를 깊이 한다)

26頌:「乃至未起識 求住唯識性 於二取隨眠 猶未能伏滅」

(아직 일체가 유식임을 알지못해 唯識性에 안주하지 못하였으니,

능취와 소취의 2-수면(隨眠=번뇌)은 아직 조복하지 못한 단계이다)

보살이 되기 위한 기본재산(福德과 智慧 등의 資糧)을 마련하는 단계이다.[1108] 제일 먼저 비축해 두어야 할 기본양식은 의식주를 함께 하면서 탁마해 주며 북돋아 주는 善友(승가)의 一員이 되는 것이다. 왜냐하면 승가야말로 發心과 信解를 굳건히 해줄 뿐만 아니라 지말적인 煩惱들을 제거시키고 淨化해 나가는 기본적 의지처가 되기 때문이다. 한편 승가의 일원이 된 다음에 비축해 두어야 할 자량은 福德資糧과 智慧資糧으로서, 이러한 복덕자량과 지혜자량은 因力·善友力·作意力·依持力의 4力에 의해 점차 원만하게 되는 것으로서,[1109] 이를 위해 發菩提心과 보살의

1108)『大乘莊嚴經論』은 「끝없는 복덕과 지혜를 生長시켜 원만케 하고, 나아가 法의 性品을 思惟해 마쳐, 그 뜻에 通達하였기에 資糧位를 第一의 집대취위(集大聚位)라 한다고 설명하고 있다. 「偈曰(6偈) 福智無邊際 生長悉圓滿 思法決定已 通達義類性。釋曰。此偈顯第一集大聚位」『大乘莊嚴經論』(대정장 31. 599a)

1109)『攝大乘論釋』(世親造) 「又卽如是福智資糧。云何漸次而得圓滿。謂由因力。由善友力。由作意力。由依持力」(대정장 31. 349c). 이와 더불어 세친은 「作意力이란 오로지 한 곳만을 향해 수승한 解를 일으키는 것을 말한다. 곧 오직 大乘에 대한 훈습(薰習)과, 佛을 섬기는 것을 因과 緣으로 해서 殊勝한 解를 일으키는 正行을 닦는 것으로, 이 正行을 닦음으로 인해 善根이 적집 (積集)되기 때문이다. 또 이러한 작의력(作意力)을 통해 福德과 智慧의 二種 資糧을 잘 닦고, 이러한 作意修行을 끝없이 계속 이어가는 까닭에 능히 大地에 들어가는 것이기에 이를 의지력(依持力)이라 하는 것이다」라 설명하고

덕목인 六波羅蜜을 닦는 것이다. 왜냐하면 이 六波羅蜜修行이야말로 福德資糧과 智慧資糧을 키워 나가는 基本資糧이 되기 때문이다.[1110]

다시 말해 이 <資糧位>는 유식의(唯識義)를 깊이 信解하는 단계로, 위에서 설명한 51단계의 수행체계로 말하면, 十信→十住(解)→十行→十廻向에 이르기까지의 四十位의 단계가 여기에 속한다고 하겠다.[1111]
『唯識三十頌』은 26頌에서,

「資糧位란 相은 어떤 것인가? 아직 唯識性에 머물지 못한 상태, 곧 아직은 二取로 인한 수면을 복멸(伏滅)시키지 못한 단계이다」[1112]

라 설명하면서, 이에 덧붙여

「이것은 모두 資糧位에 섭한다. 곧 무상정등보리에 도달케 하고, 여러

있다. 「作意力者。卽是一向決定勝解。此用大乘熏習爲因。事佛爲緣。以有一向決定勝解。能修正行。修正行故積集善根。如是名爲由作意力。善修福智二種資糧。由此漸次善修福智二資糧故。能入大地。如是名爲由依持力」『攝大乘論釋』(대정장31. 349c)

1110)『攝大乘論釋』(世親造)는 「資糧有二種。一福德資糧。二智慧資糧。謂施等三波羅蜜多是福德資糧。第六般若波羅蜜多是智慧資糧。精進波羅蜜多二資糧攝」(대정장 31. 353c)이라 하여, 六波羅蜜 가운데 布施~忍辱의 3波羅蜜은 福德資糧에 해당하고, 제6의 般若波羅蜜은 智慧資糧, 精進과 禪定의 2-波羅蜜은 福德과 智慧를 모두 섭하는 자량에 속한다」고 설하고 있다.

1111) 眞諦는 『攝大乘論釋』에서, 聲聞道의 修行에 暖.頂.忍.世第一法의 四種方便이 있듯이, 菩薩聖道의 수행에도 十信·十解·十行·十廻向이란 四種方便(聲聞과는 差別되는 殊勝한 方便)이 있다고 하면서, 이를 <願樂行地>라 설명하고 있다. 「此十地是菩薩大地。修行之時不可同於二乘。何以故。不唯爲自身所濟度多故。所修方便多故。所應至處最高遠故。(중략) 願樂行人自有四種。謂十信十解十行十廻向。爲菩薩聖道有四種方便。故有四人。如須陀洹道前有四種方便。此四人名願樂行地」『攝大乘論釋』(眞諦譯) (대정장 31. 229b)

1112)「初 資糧位 其相云何。頌曰 乃至未起識 求住唯識性 於二取隨眠 猶未能伏滅」『成唯識論』(대정장 31. 48b)

가지의 수승한 자량을 수습케 하고, 유정들로 하여금 부지런히 해탈을 구하게 하는 까닭에 그 이름을 解脫分이라 하는 것이다. 곧 이 자량위의 보살은 因力과 善友力과 作意力과 資糧力 등의 4가지 수승한 힘을 지니고 있어 유식의(唯識義)를 깊이 신해하고 있기는 하지만, 아직 능취(能取: grāhaya)와 소취(所取: grāhaka)가 모두 空한 것임은 了達하지 못한채 다만 外門에 머물러 菩薩行을 닦을 뿐이다. 그런 까닭에 二取에 의한 수면(隨眠: anuśaya)이 생기고, 또 二取로 인해 生起하는 現行을 아직 굴복시키지도 滅하지도 못한 상태이다」[1113]

라 설명하고 있다. 한편 (『大乘阿毘達磨集論』=『集論』)은 자량위에 대해

「무엇을 資糧道라 하는가? 모든 戒와 六根을 잘 수호하고 음식의 양을 잘 조절하여, 初夜에서 後夜에 이르기까지 수면에 들지 않고 부지런히 지관(止觀)을 닦아 正知에 머무는 것을 말한다. 또한 모든 善行을 문사수(聞思修)를 통해 남김없이 수습하여 慧를 이루고, 이로써 현관(現觀)을 성취하여 해탈에 이를 수 있는 바의 그릇을 만들어 내는 것을 말한다」[1114]

라 하면서, 小乘 『有部』의 전통적 修行道인 <止觀>과 <聞思修>와 <四聖諦 現觀>의 수습을 강조하고 있어 눈길을 끈다.

1113)「齊此皆是資糧位攝。爲趣無上正等菩提。修習種種勝資糧故。爲有情故勤求解脫。由此亦名順解脫分。此位菩薩依因善友作意資糧四勝力故 於唯識義雖深信解而未能了能所取空。多住外門修菩薩行。故於二取所引隨眠 猶未有能伏滅功力 令彼不起二取現行」『成唯識論』(대정장 31. 48b~c)
1114)「何等資糧道。謂諸異生所有尸羅。守護根門飮食知量。初夜後夜常不睡眠。勤修止觀正知而住。復有所餘進習諸善。聞所成慧。思所成慧。修所成慧。修習此故得成現觀解脫所依器性」『大乘阿毘達磨集論』(대정장 31. 682b)

8-2 가행도(加行道: prayoga-mārga)

「謂修大乘順決擇分 能漸伏除所取能取 其相云何」

(가행위란 대승의 <순결택분>을 닦는 격으로,

점차 소취와 능취를 항복시키는 단계이다)

27頌:「現前立少物 謂是唯識性 以有所得故 非實住唯識」

(눈앞에 작은 사물을 보고, 이를 唯識의 성품이라고 말하는 단
계이지만, 얻은 바가 남아있기에, 아직은 유식의 성품에 안주
한 것이라 할 수 없네)

이름 그대로 加行精進하는 단계로서 난위(煖位)→정위(頂位)→인위(忍位)
→세제일위(世第一位)의 사선근위(四善根位)를 말하는 것으로,[1115] 4-단
계를 통하여 점차 대상과 主體의 空함을 터득해 나가는 것이다.

말하자면 資糧道에서 복덕과 지혜를 집적(集積)한 보살은 加行道에 들
어와 먼저 유식무경(唯識無境)을 관하고, 이어 경무(境無)에서 식무(識無)
로, 그리고 마지막으로는 대상과 주체가 모두 空한 것임을 관하는 경식
구민(境識俱泯)의 단계로 점차 唯識觀이 진전되는 단계이다. 이때가 되
면 집착과 차별심을 발생케 하는 능취(能取)와 소취(所取)란 煩惱는 없어
지게 되나, 아직은 상박(相縛)과 추중박(麤重縛)은 남아있는 상태로, 무
루(無漏)가 아닌 유루(有漏)로서 마음을 관하는 단계이기에, 구생(俱生)과
능취 소취의 두가지 수면(隨眠)에 있어서만 所得과 分別이 있을 뿐, 아
직은 완전히 조복제거(調伏除去)되거나 滅한 단계는 아닌 것이다.[1116]

1115)『大乘莊嚴經論』은 加行位를 第二 通達分位라 하고 있다.「偈曰(7偈) 已知
義類性 善住唯心光 現見法界故 解脫於二相。釋曰。此偈顯第二通達分位」
『大乘莊嚴經論』(대정장 31. 599a)

이를 보살의 53-階位로 말하면 십회향(十廻向)의 단계가 된다.

『성유식론』은 앞서의 제 27頌에 뒤이어

「보살이 暖頂忍世第一法 등의 순결택분(順決擇分)에 들어갈 때는 가장 殊勝한 三昧인 제 4정려(靜慮)에 이르러서야 비로소 성만(盛滿)하게 되는 것인데, 그 이유는 가장 수승한 의지처에 의탁해야만 견도(見道)에 들어갈 수 있기 때문이다」[1117]

라 하면서, 加行道에 들어가는 조건으로 第 四靜慮(四禪)를 제시한 후, 能取와 所取의 分別二取는 조복(調伏)되고 제거되었지만, 아직 상박(相縛)과 추중박(麤重縛)은 완전히 調伏除去되지 못한 단계가 제 2의 加行道라 설명하고 있다. 한편 『集論』은

「무엇을 加行道라 하는 것인가? 자량도를 지니고 있는 단계가 가행도로서, 加行이 조금이라도 있으면 이미 자량도는 아닌 것이다. 곧 이미 資糧道를 적집(積集)한 상태가 暖·頂·忍·世第一法 四善根의 順決擇分인 것이다. 여기서 <暖法>이란 四聖諦 각각을 內證한 것으로 <明得三摩地>와 그에 相應한 法을 말하며, <頂法>이란 四聖諦 각각을 內證한 것으로 <明證三摩地>와 그에 相應한 法을 말하며, <順諦忍法>이란 四聖諦 각각을 內證한 것으로 一分의 <隨順三摩地>와 그에 相應한 法에 이미 들어간 것을 말하고, <世第一法>이란 四聖諦 각각을 內證한 것으로 <無間心三摩地>와 그에 相應한 法을 말한다」[1118]

1116)「此加行位未遣相縛。於麤重縛亦未能斷。唯能伏除分別二取違見道故。於俱生者及二隨眠有漏觀心有所得故有分別故未全伏除全未能滅」『成唯識論』(대정장 31. 49c)

1117)「菩薩起此煥等善根。雖方便時通諸靜慮而依第四方得成滿。託最勝依入見道故」『成唯識論』(대정장 31. 49c)

「모든 보살은 이로서 如實하게 唯識에 들어가 부지런히 加行을 하는 것이다. 곧 사문(似文)과 사의어(似義語)에 있어 文과 名과 義가 다름 아닌 意言이며, 또 名과 義와 自性과 差別이 단지 가립(假立)이며 意言임을 추찰(推察)하여 알게되는 순간, 名과 義와 自性과 差別이 모두 임시로 세워진 假立으로, 이러한 相들은 본래 無인 것이기에 절대로 얻을 수 없는 것임을 깨닫는 것으로, 이러한 경지는 오직 四尋思와 四種의 如實遍智에 의해서만이 능히 곧바로 얻어낼 수 있는 것으로, 이러한 방법에 의해 얻어진 경계를 일러 唯識性에 悟入한 것이라 하는 것이다」[1119]

한편 세친은 『攝大乘論』<世親造>과 『攝大乘論釋』, 그리고 『成唯識論』에서,

「이렇게 唯識性에 悟入함에 四種의 三摩地가 있는데, 이를 일러 四種의 順決擇依止라 하는 것이다. 무엇이 그것인가? 마땅히 알아야 한다.
四尋思에 의해서 下品의 무의인(無義忍)속에서 <明得三摩地>를 얻는 것을 일러 暖-順決擇分依止라 하며, 또 上品의 無義忍속에서 <明證三摩地>를 얻는 것을 일러 頂-順決擇分依止라 하며, 뒤이어 四種-如實遍智에 의해 唯識에 들어 無義속에서 이미 決定코 一分의 <眞義三摩地>에 들어간 것을 일러 諦-順忍依止라 하며, 이곳으로부터 곧바로 모든 것이 唯識의 想이라 절복(折伏)시켜 <無間三摩地>를 얻는 것을 일러 世第一

1118)「何等加行道。謂有資糧道皆是加行道。或有加行道非資糧道。謂已積集資糧道者。所有順決擇分善根。謂煖法頂法順諦忍法世第一法。云何煖法。謂各別內證於諸諦中。明得三摩地鉢羅若及彼相應等法。云何頂法。謂各別內證於諸諦中。明增三摩地鉢羅若及彼相應等法。云何順諦忍法。謂各別內證於諸諦中。一分已入隨順三摩地鉢羅若及彼相應等法。云何世第一法。謂各別內證於諸諦中。無間心三摩地鉢羅若及彼相應等法」『集論』(31. 682b~c)
1119)「以諸菩薩如是如實。爲入唯識勤修加行。卽於似文似義意言。推求文名唯是意言。推求依此文名之義亦唯意言。推求名義自性差別唯是假立。若時證得唯有意言。爾時證知若名若義自性差別皆是假立。自性差別義相無故。同不可得。由四尋思及由四種如實遍智。於此似文似義意言。便能悟入唯有識性」『攝大乘論』<世親造> (第 二頌) (대정장 31. 142c)

法依止라 하는 것으로, 이러한 4가지 三摩地를 일러 현관(現觀)의 변(邊)이라 하는 것이다」1120)

「만일 모든 義가 오직 意言임을 알아 유사의 唯心理에 머문다는 것은, 사의(似義)가 오직 意言의 현현(顯現)인 것임을 了知하여 似義가 오직 心이라는 올바른 이치에 머문다는 것을 말하며, 곧 바로 眞法界를 現證하였기에 能相과 所相의 二相을 제거한 상태라는 것은, 이로부터 眞如를 現證하여 영원히 所取와 能取의 二相을 떠나 眞如를 現證했음을 보이고 있는 것이다」1121)

「처음의 무수겁에 걸쳐 福德과 智慧의 資糧을 모두 갖추어 이미 <順解脫分>을 원만히 이룩한 보살은 見道에 들어가 唯識性에 安住하기 위해서는 또 다시 暖・頂・忍・世第一法이라는 加行을 통해 能取와 所取라는 二取를 복제(伏除)해야 하는 것으로, 진실로 결택(決擇)에 수순하는 단계이기에 이를 <順決擇分>이라 하는 것이며, (또) 見道에 가까우므로 加行이란 이름을 세운 것이다. 난(暖) 等의 이들 四法은 모두 前과 後에 四尋思와 四如實智를 세우고 있는데, <四尋思>란 名・義・自性・差別이 모두 假有로서 실제로는 無임을 심사(尋思)하는 것이며, <如實遍智>란 (모든 것이) 識을 떠나 존재하지 않으며, 또 인식하는 그 識 또한 비유성

1120)「於此悟入唯識性時。有四種三摩地。是四種順決擇分依止。云何應知。應知由四尋思於下品無義忍中有明得三摩地。是暖順決擇分依止。於上品無義忍中有明增三摩地。是頂順決擇分依止。復由四種如實遍智已入唯識。於無義中已得決定。有入眞義一分三摩地。是諦順忍依止。從此無間伏唯識想。有無間三摩地。是世第一法依止。應知如是諸三摩地。是現觀邊」『攝大乘論』<世親造>(대정장 31. 143b)

1121)「若知諸義唯是言 卽住似彼唯心理者。謂若了知似義顯現唯是意言。卽住似義唯心正理。便能現證眞法界。是故二相悉鐲除者。謂從此後現證眞如。永離所取能取二相。如入現證次當顯示」『攝大乘論釋』<世親造>(第 二頌)(대정장 31. 354a)

(非有性)임을 如實하게 아는 것이다. 忍順定에 의해 所取가 空임을 결정
코 인지(印持)하고 나아가 能取 역시 空임을 順樂하여 印持하는 것이 인
위(忍位)로서, 이것이 下-如實智이다. 境과 識이 모두 空임을 忍하는 것
이기에 忍이라 하는 것인데, 무간정(無間定)에 의해 能取와 所取가 모두
空한 것임을 아는 것이 世第一法으로서, 이것이 上-如實智이다. 앞서의
上忍은 단지 能取만이 空임을 忍하는 것인데 반해, 世第一法은 能取와
所取가 모두 空임을 쌍인(雙忍)하는 것이다. 여기에서는 필히 그것도 곧
바로 見道에 들어가는 것이기에 無間이라는 이름을 붙인 것이며, 衆生世
間中 가장 最殊勝한 것이기에 世第一法이라 이름 한 것이다. 곧 暖과
頂은 能取인 識에 의지하여 所取의 空을 관하는 것이며, 忍에서 下忍은
境의 空相을 忍하는 것이며, 中忍은 能取인 識이 境과 똑같이 空임을
順樂으로 인가(忍可)하는 것이며, 上忍은 能取가 즉시 空한 것임을 忍하
는 것이며, 世第一法은 能取와 所取가 모두 空한 것임을 동시에 쌍(雙)
으로 忍하는 것을 말한다」1122)

1122) 「論曰。菩薩先於初無數劫 善備福德智慧資糧 順解脫分既圓滿已。爲入見道
住唯識性復修加行伏除二取。謂煗頂忍世第一法。此四總名。順決擇分 順趣眞
實決擇分故。近見道故立加行名。非前資糧無加行義。煗等四法依四尋思四如
實智初後位立。四尋思者尋思名義自性差別假有實無。如實遍知此四離識及識
非有名如實智。名義相異故別尋求。二二相同故合思察。依明得定發下尋思觀
無所取立爲煗位。謂此位中創觀所取名等四法皆自心變假施設有實不可得。初
獲慧日前行相故立明得名。卽此所獲道火前相故亦名煗。依明增定發上尋思觀
無所取立爲頂位。謂此位中重觀所取名等四法皆自心變假施設有實不可得。明
相轉盛故名明增。尋思位極故復名頂。依印順定發下如實智於無所取決定印
持。無能取中亦順樂忍。旣無實境離能取識。寧有實識離所取境。所取能取相
待立故。印順忍時總立爲忍。印前順後立印順名。忍境識空故亦名忍。/依無間
定發上如實智印二取空立世第一法。謂前上忍唯印能取空。今世第一法二空雙
印。從此無間必入見道故立無間名。異生法中此最勝故名世第一法。/如是煗頂
依能取識觀所取空。下忍起時印境空相。中忍轉位於能取識如境是空順樂忍
可。上忍起位印能取空。世第一法雙印空相。皆帶相故未能證實。故說菩薩此
四位中」『成唯識論』(대정장 31. 49a~b)

8-3 통달도(通達道=見道位: darśana-mārga)

「謂諸菩薩所住見道 如實通達 其相云何」

(보살이 견도에 머무는 단계로, 여실하게 통달한 것을 말한다)

28頌「若時於所緣 智都無所得 爾時住唯識 離二取相故」

(인식대상에 대해 지혜로서는 전혀 얻어지는 바가 없을 때가 있다.

그때에 비로소 유식의 성품에 안주하게 되는 것이니,

그것은 능취와 소취의 2-取를 떠났기 때문이다)

眞如를 볼 수 있다는 뜻에서 見道位라고도 한다.

『大乘莊嚴經論』은

「마음 밖에 境이 따로 있는 것이 아니고, 境이 없으니 마음 또한 없다는 이러한 主客二無의 경지가 바로 眞法界로서, 이러한 진실한 경계에 잘 머무는 것이 第 三의 見道位이다」[1123]

世親은 『攝大乘論』<世親造>과 『성유식론』에서 각각

「體인 마음을 떠나서는 아무것도 없음을 아는 것으로, 이를 통해 마음이 非有인 것을 안다. 곧 智者는 能取와 所取가 모두 無인 것을 요달(了達)하여 能取二無의 眞法界에 머무는 것이다」[1124]

「만일 소연(所緣)이 모두 無所得임을 알면, 그때에 비로소 能과 所의 二

1123)「偈曰 (8偈)心外無有物 物無心亦無以解二無故 善住眞法界釋曰。此偈顯第三見道位」『大乘莊嚴經論』(대정장 31. 599a)
1124)「體知離心無別物 由此卽會心非有 智者了達二皆無 等住二無眞法界」『攝大乘論』<世親造> (第 三頌) (대정장 31. 143c)

取의 相에서 벗어나 唯識에 住하는 것이다」1125)

란 제 28頌을 제시한 후, 뒤이어

「논에 이르기를, 만일 보살이 所緣의 境에 대해 無分別智가 모두 無所得임을 알아 종종의 희론(戱論)의 相을 취하지 않으면, 그때가 비로소 唯識이란 승의성(勝義性)에 진실로 머물게 되었다고 말하는 것이다. 그것은 이때에 비로소 眞如를 증득하는 智와 眞如가 平等平等하여져 함께 能取와 所取의 相으로부터 벗어나기 때문이다. 곧 能取와 所取의 相은 모두가 分別로서, 모든 戱論은 有所得心에 있어서만 나타나기 때문이다」1126)

한편 이 見道(通達位)가 지니는 의미에 대해 『성유식론』은 뒤이어

「加行의 바로 그 순간에 새로운 무루지(無漏智)가 생기게 되고, 그 순간 體가 眞如를 체득하는 것이기에 <通達位>라 하는 것이며, 또 이 때 처음으로 理를 비추어 보기에 <見道>라 하는 것이다」1127)

고 설명하고 있다. 한편 이에 대해 玄奘譯 『섭대승론』에는

「보살이 唯識性과 所知相에 悟入하였기에 환희지(歡喜地)에 들어가는 것이며, 法界를 잘 요달하였기에 如來家에 태어나는 것이며, 일체의 衆生과 일체의 菩薩과 일체의 如來가 모두 平等心性임을 아는 것이기에, 이

1125) 제 2 8頌「若時於所緣 智都無所得 爾時住唯識 離二取相故」『성유식론』
   (대정장 31. 49c)
1126)「論曰。若時菩薩於所緣境無分別智都無所得。不取種種戱論相故。爾時乃名
   實住唯識眞勝義性。卽證眞如智與眞如平等平等俱離能取所取相故。能所取相
   俱是分別。有所得心戱論現故」『성유식론』(대정장 31. 49c)
1127)「加行無間 此智生時 體會眞如 名通達位。初照理故亦名見道」『성유식론』
   (대정장 31. 50c)

를 菩薩의 見道라 하는 것이다」1128)

라 하면서, 비로소 唯識性에 悟入한 경지, 말하자면 歡喜地를 얻어 如來
家에 태어나 일체가 平等임을 아는 경지가 見道位라 설명하고 있다.

이에 대해 無性은 『攝大乘論釋』에서

「一切有情이 모두 平等心性임을 증득했기에 일체가 평등 無我임을 두루
보게되고, 또 일체제법이 모두 여래장(如來藏)임을 아는 것이다. 따라서
이와같이 일체보살이 모두 心性 평등하다는 것을 증득했기에, 그들의 의
락(意樂) 또한 평등성임을 증득하게되고, 일체불이 모두 평등심성임을 증
득했기에 그들의 법신 또한 평등성임을 증득하게 되는 것으로, 이와 같
이 앞에서 미쳐 보지못한 수승법계(殊勝法界)를 보는 경계이기에 이를
일러 菩薩見道라 하는 것이다」1129)

라 하여, 이 견도를 일러 무루(無漏)의 지혜가 생겨 분별심이 없어진 아
주 높은 경계이기는 하나, 그러나 아직은 선천적(先天的)인 煩惱인 구생
기(俱生起)가 남아있어, 眞如의 일부분만을 보는 단계이기에 初地라 한
다고 정의하고 있다.
  말하자면 이 단계는 앞에서 설명한 <법계직증(法界直證)>의 경지로서,
드디어 제6 意識과 제7말나식(manas)이 각각 묘관찰지(妙觀察智)와 평

1128)「如是菩薩悟入唯識性故。悟入所知相。悟入此故入極喜地。善達法界生如來
  家。得一切有情平等心性。得一切菩薩平等心性。得一切佛平等心性。此卽名
  爲菩薩見道」(대정장 31. 143a)
1129)「得一切有情平等心性者。遍見一切等無我故。如有說言。一切諸法皆如來
  藏。如是等。得一切菩薩平等心性者。得彼意樂平等性故。得一切佛平等心性
  者。得彼法身平等性故。此卽名爲菩薩見道者。見先未見勝法界故」『攝大乘論
  釋』<無性> (대정장 31. 416b)

등성지(平等性智)로 전환되는 최초의 전의단계(轉依段階)라 하겠다.

이에 대해 『성유식론』은

「見道에는 진견도(眞見道)와 상견도(相見道)의 둘이 있다. 眞見道는 無分別智로서 二空의 眞理를 증득하고, 二障의 分別隨眠을 실제로 斷滅한 경지이다. (중략) 심천(深淺)과 세추(細麤)의 구별이 있으므로, 二空과 二障을 점증점단(漸證漸斷)한다는 설과, 의락력(意樂力) 있으므로 二空과 二障을 돈증·돈단(頓證·頓斷)한다는 두가지 설이 있다」[1130]

라 하면서, 見道를 眞見道와 相見道의 둘로 나누고, 二空의 眞理를 증득하고 二障의 분별수면(分別隨眠)을 단멸(斷滅)한 경지가 眞見道라 정의하고, 眞見道에서 일어나는 二空의 成就와 二障의 斷에 대해, 漸과 頓의 두가지 설이 있음을 보인 후, 뒤이어

「相見道란 眞見道 以後에 나타나는 分別智로서, 唯識性이 아닌 唯識相을 緣하는 것이며, 眞見道는 無分別智로서 唯識性을 緣하는 것이다. (중략) 眞見道는 根本智를 섭하며, 相見道는 後得智를 섭하는 것이다」[1131]

라 하며, 眞見道와 相見道와의 관계 내지 특성을 설명하고 있는데, 여기서 眞見道란 平等을 관하는 정체지(正體智), 곧 선득지(先得智)로서 根本智인 眞實(實)智를 가리키며, 相見道란 差別을 관하는 分別智, 곧 眞見

1130)「然此見道略說有二。一眞見道。謂卽所說無分別智。實證二空所顯眞理。實斷二障分別隨眠。(中略) 有義此中二空二障漸證漸斷。以有淺深麤細異故。(중략) 有義此中二空二障頓證頓斷。由意樂力有堪能故」『성유식론』(대정장 31 50a)

1131)「眞見道後方得生故。非安立後起安立故。分別隨眠眞已斷故。前眞見道證唯識性。後相見道證唯識相(중략)前眞見道根本智攝後相見道後得智攝」 (대정장 31. 50b)

道 이후에 작용하는 후득지(後得智)로서 方便(權)智라 설명하고 있다.
잠시 眞見道와 相見道에 대한 『成唯識論』의 설명을 들어보면

「<二乘>은 둔근(鈍根)이라 점차 장애(障碍)를 끊을 때에는 반드시 무간
도(無間道)와 해탈도(解脫道)를 따로 일으키는 것이므로, 加行道에서 승
진도(勝進道)에 이르기까지 이 둘을 별개로 나누어 세우기도 하고, 또는
합하여 세우기도 하는 것이나, <菩薩>은 이근(利根)이기에 능히 찰나찰
나마다 煩惱를 끊어 없애므로, 장애(障碍)를 끊을 때에 無間道와 解脫道
를 따로 나누어 세울 필요가 없는 것이다. 이유는 加行道 이후의 4-階
位(加行道 無間道 解脫道 勝進道)는 찰나찰나마다 前과 後가 서로 연계
하여 두루두루 포용하기 때문이다」[1132]

라 하면서, 장애를 끊는 절차와 과정에 있어 二乘과 菩薩乘의 차이점을
설명하고 있다. 곧 둔근(鈍根)인 二乘은 무간도와 해탈도가 따로 나누어
져 있어 그 역할이 다른 것이나, 이근(利根)인 菩薩乘은 前後의 각 계위
(階位)가 서로 연계되어 있어 찰나찰나마다 밀접히 상호관계를 지니고
있으므로 無間道의 과정과 해탈도의 과정을 따로 나누지 않는다고 설명
하고 있다. 곧 菩薩乘에 있어서는 無間道에서 미혹(迷惑)의 種子를 단멸(斷
滅)하고, 해탈도(解脫道)에서는 남아있는 습기(習氣)를 제거한다는 것이다.

한편 논은 相見道를 다시 二空眞如를 觀하는 비안립제(非安立諦)와, 四
聖諦를 관하는 안립제(安立諦)의 2가지로 나누고,
安立諦 以前에 행해지는 <非安立諦>란 言語와 사고(思考)로서가 아닌

1132)「二乘根鈍漸斷障時必各別起無間解脫。加行勝進或別或總。菩薩利根漸斷障
位。非要別起無間解脫利那利那能斷證故。加行等四利那利那前後相望皆容具
有」(대정장 31. 54b)

직관(直觀)으로 我와 法을 觀하는 觀法으로,

1) 假有인 我(有情)의 부정, 곧 我空을 觀하는 방법,

2) 假有인 法의 부정, 곧 法空을 관하는 방법,

3) 我(有情)와 法 모두의 부정, 곧 동시에 我空과 法空을 관하는 방법,

  3가지를 제시한 후, 이러한 과정을 통해 점차 一切의 分別을 끊어내게 하는 觀法을 비안립제(非安立諦)라 하면서,

1)과 2)의 방법은 법지(法智)의 취득단계(取得段階)에 해당하며, 3)은 류지(類智)의 취득단계라 부연 설명하고 있다.[1133]

8-4 수습도(修習道: bhāvanā-mārga)

「謂諸菩薩所住修道 數數修習 其相云何」

(보살이 수도위에 머무는 것으로, 끊임없이 수습하는 단계이다)

29頌:「無得不思議 是出世間智 捨二粗重故 便證得轉依」

   (얻는 바도 없고, 사량 분별할 수도 없네. 그것이 출세간의 지혜라는 것으로, 2-가지 추중<麤重>을 버림에 의해, 곧바로 전의<轉依>가 증득되네)

앞의 見道位에서 증득된 일부의 眞如를 반복적으로 닦아 익힌다는 뜻에서 수도위(修道位)라고도 한다. 문혜(聞慧)·사혜(思慧)·수혜(修修)의 三慧에 의해, 아집(我執)과 법집(法執)이 모두 없어져 번뇌장(煩惱障)과 소

1133)「此二見道與六現觀相攝云何。六現觀者。一思現觀謂最上品喜受相應思所成慧。此能觀察諸法共相引生煖等。加行道中觀察諸法。此用最猛偏立現觀煖等不能廣分別法又未證理故非現觀。二信現觀。謂緣三寶世出世間決定淨信。此助現觀令不退轉立現觀名。三戒現觀謂無漏戒除破戒垢令觀增明亦名現觀。四現觀智諦現觀。謂一切種緣非安立根本後得無分別智。五現觀邊智諦現觀。謂現觀智諦現觀後諸緣安立世出世智。六究竟現觀。謂盡智等究竟位智」(대정장 31. 50c)

지장(所知障)이 단절되고, 그 결과 열반(涅槃)과 보리(菩提)가 증득되는 단계이다. 51位의 수행단계로 말하면 제 二地부터 제 十地까지가 여기에 속한다고 하겠다.

여기에서, 전의(轉依) 곧 전식득지(轉識得智)에 대한 설명이 상세히 설해지고 있다. 『大乘莊嚴經論』에는

「修道位란 마치 藥이 능히 중독(衆毒)을 제거하는 것처럼, 과취(過聚)의 체를 괴멸(壞滅)하기 위해서 <무분별지력(無分別智力)>으로. 그것도 항상 모든 처소에서 平等心을 行하는 것을 말한다. 곧 보살이 제일의지(第一義智)에 들어가 전의(轉依)를 마친 후에는, 無分別智로서 온갖 처소에서 항상 平等行을 행하는 것이다. 그 까닭은 의타기성(依他起性)을 의지하여 훈습되어 오랫동안 적립해온 과치(過聚)의 相을 붕괴시키기 위한 것으로, 무분별지력(無分別智力)이란 대약(大藥)과 같아서, 능히 일체의 중독(衆毒)을 제거하기 때문이다」1134)

『攝大乘論』과 『成唯識論』에는 각각

「이미 見道를 얻어 唯識에 들어왔다. 修道位에서는 어떻게 수행하는 것인가? 안립된 十地속에서 일체경(一切經)을 현전중(現前中)에 섭하여 총법(總法)을 연하는 것이므로 出世後에 止觀의 智를 얻는 것이며, 또 무량백천나유타겁이 지나도록 거듭 수습(修習)하므로, 전의(轉依)를 얻게 되는 것이고, 또 삼종불신(三種佛身)을 증득하기 위해 정근수행하는 것이다」1135)

1134)「偈曰(9偈) 無分別智力 恒平等遍行 爲壞過聚體 如藥能除毒釋曰。此偈顯第四修道位。菩薩入第一義智轉依已。以無分別智恒平等行及遍處行。何以故。爲壞依止依他性熏習稠林過聚相故。問此智力云何。答譬如阿伽陀大藥。能除一切衆毒。彼力如此」『大乘莊嚴經論』(대장경 31. 599b)

「논에 이르기를 보살이 見道에서 일어나 능히 나머지 장애를 끊고 전의
(轉依)를 얻기위해 거듭 無分別智를 修習하는 位이다. 이 智는 멀리 所
取와 能取를 멀리 여의는 것이기에 <무득출(無得出)> 또는 <부사의출(不
思議出)>이라고 한다. 곧 희론(戲論)을 여의었기에 無得이라 하며, 妙用
으로 그 경계를 헤아리기 어려우므로 不思議라 하고, 세간을 끊었기에
출세간의 無分別智라 하는 것이다. 곧 이취수면(二取隨眠)은 세간의 근
본이 되는 것인데, 오직 이 見道에서만 이것을 능히 끊어내는 것이기에
홀로 出이라는 이름을 얻은 것이다. 또 이 智만이 능히 무루(無漏)의 體
를 지니고 또 眞如를 증득했으므로 홀로 出世란 이름을 지닌 것으로, 그
외의 智는 그렇지 못한 것이다. 곧 十地가운데의 無分別智로서 이것을
수습하면 이장종자(二障種子)인 추중(麤重)을 버리게 되는 것이다. 이와
같이 두 개의 추중(麤重)을 버리는 것이기에, 곧 광대의 전의(轉依)를 능
히 증득하게 되는 것이다」[1136]

한편 『성유식론』에는

「依란 所依를 말하는 것으로 의타기(依他起)와 염정법(染淨法)을 말한다.
곧 染이란 허망변계소집(虛妄遍計所執)을 말하며, 淨이란 진실원성실성

1135)「如是菩薩已入於地。已得見道。已入唯識。於修道中云何修行。於如所說安
立十地攝一切經皆現前中。由緣總法出世後得止觀智故。經於無量百千俱胝那
庾多劫。數修習故而得轉依。爲欲證得三種佛身精勤修行」『攝大乘論』(대정장
31. 143b)
1136)「論曰。菩薩從前見道起已。爲斷餘障證得轉依。復數修習無分別智。此智遠
離所取能取。故說無得及不思議。或離戲論說爲無得。妙用難測名不思議。是
出世間無分別智。斷世間故名出世間。二取隨眠是世間本。唯此能斷獨得出
名。或出世名依二義立。謂體無漏及證眞如。此智具斯二種義故獨名出世。餘
智不然。卽十地中無分別智。數修此故捨二麤重。二障種子立麤重名。性無堪
任違細輕故令彼永滅故說爲捨。此能捨彼二麤重故便能證得廣大轉依」『성유식
론』(대정장 31. 50c~51a)

(眞實圓成實性)을 말한다. 전(轉)이란 二分의 轉捨와 轉得을 말하는 것으로, 거듭 無分別智를 수습함으로서 본식(本識)中의 이장추중(二障麤重)을 끊어 能히 依他起上의 遍計所執을 전사(轉捨)하고, 능히 依他起中의 圓成實性을 전득(轉得)하는 것을 말하는 것이다. 곧 `번뇌장(煩惱障)을 굴리어 <大涅槃>을 얻는 것이며, 소지장(所知障)을 굴리어 <無上覺(菩提)을 증득하는 것으로, 唯識意를 성립시켜 有情으로 하여금 두가지 전의(二-轉依)란 果를 증득케 하는 것이다」[1137]

「혹은 唯識眞如에 입각해 해석하기를, 生死와 涅槃의 所依가 되기 때문에 依라 하는 것이다. 愚夫는 이 眞如에 전도(顚倒)하여 무시(無始)로부터 生死苦를 받는데 반해, 聖者는 도(倒)에서 벗어나 이 眞如를 깨닫기에 곧바로 涅槃을 얻어 필구(畢究)의 안락(安樂)을 얻는 것이다. 곧 거듭 無分別智를 修習하여 本識中의 이장추중(二障麤重)을 끊음으로 인해 能히 진여에 의지하여 生死를 전멸(轉滅)하고 涅槃을 전증(轉證)하는 것으로, 이것은 곧 眞如가 잡염성(雜染性)을 벗어나는 것으로, 비록 진여가 그 性이 淸淨하다고는 하나 그 相은 잡염(雜染)이므로, 이 染에서 벗어나는 것을 임시로 신정(新淨)이라고 하는 것으로, 이것이 바로 轉依인 것이다」[1138]

라 설명하면서도, 한편 이와는 다른 해석으로 『성유식론』은 轉依를 衆生本具의 眞如, 말하자면 如來藏的 의미로서 本具의 眞如에 귀환하는 것

1137)「依謂所依卽依他起與染淨法爲所依故。染謂虛妄遍計所執。淨謂眞實圓成實性。轉謂二分轉捨轉得。由數修習無分別智斷本識中二障麤重故能轉捨依他起上遍計所執及能轉得依他起中圓成實性。由轉煩惱得大涅槃。轉所知障證無上覺。成立唯識意爲有情證得如斯二轉依果」『성유식론』(대정장 31. 51a)

1138)「或依卽是唯識眞如。生死涅槃之所依故。愚夫顚倒迷此眞如。故無始來受生死苦。聖者離倒悟此眞如。便得涅槃畢究安樂。由數修習無分別智斷本識中二障麤重故能轉滅依如生死及能轉證依如涅槃。此卽眞如離雜染性。如雖性淨而相雜染。故離染時假說新淨。卽此新淨說爲轉依」『성유식론』(대정장 31. 51a)

이 다름아닌 轉依라 해석하고 있는데, 이는 전통 유식학에서의 轉識得智로서의 개념과는 전혀 다른 의미, 곧 如來藏的 개념인 本具眞如에로의 환귀라는 의미로 해석되고 있는 것으로, 이것을 통해 당시 불교교단내에는 유식사상과 더불어 如來藏思想이란 또 하나의 사상이 함께 共存하고 있었음을 엿보게 해준다.

「修習位가운데 二障을 끊고 涅槃과 菩提를 證得하는 것으로, 비록 이 수행위에서 菩提를 얻었다고는 하지만 이 속에 게송의 의미가 모두 나타난 것은 아니고, 다만 전유식성(轉唯識性)을 나타내고 있을 뿐이다.
그 까닭은 二乘의 만위(滿位)가 해탈신(解脫身=阿羅漢果)이지만, 대모니(大牟尼)가 계신 곳은 法身이기 때문이다」[1139]

8-5 구경도(究竟道: niṣṭhā-mārga)

「謂住無上正等菩提 出障圓明能盡未來化有情類 其相云何」
(구경위란 무상정등보리에 머무는 단계를 말한다. 곧 모든 장애로부터 벗어나 원만하게 반야를 증득한 단계로서, 미래세가 다하도록 중생들을 제도하네)

30頌:「此即無漏界 不思議善常 安樂解脫身 大牟尼名法」
(이것이 무루<無漏>이고, 계<界>이며, 생각으로 헤아릴 수 없고, 선<善>이며, 상주하는 것이고, 안락이며, 해탈신<解脫身>이고, 대성<大聖>석가모니불의 법신이네)

1139)「修習位中斷障證得。雖於此位亦得菩提而非此中頌意所顯。頌意但顯轉唯識性。二乘滿位名解脫身。在大牟尼名法身故」『성유식론』(대정장 31. 51a)

모든 번뇌가 정화되어 성불(成佛)의 지위에 오른 최고의 자리인 佛地를 말한다. 열반과 보리가 증득되어 양족존(兩足尊)이 되는 단계이다.

『大乘莊嚴經論』에는

「究竟位란 부처님의 선성(善成)의 法을 연(緣)하여 心根을 法界에 安住시키고, 제념(諸念)이 오직 分別임을 해지(解知)하여, 속히 功德의 바다를 궁구하는 것을 말한다」[1140]

「釋하기를, 究竟位란 보살이 佛이 설하신 一切의 妙法속에서 총취연(總聚緣)하는 것을 말한다. 곧 心根을 法界에 安住시킨 후, 처처마다 모든 念은 오직 分別로서 실유(實有)가 아닌 것임을 해지(解知)하는 단계로, 이것을 통하여 속히 佛果의 功德을 알고 속히 피안(彼岸)을 궁구하는 것이다」[1141]

『集論』에는

「무엇을 究竟道라 하는가? 금강유정(金剛喩定)을 의지하여 一切의 추중(麤重)을 영원히 쉬게하는 것이며, 일체의 계박(繫縛)을 영원히 끊어내는 것으로, 이것을 통해 차제(次第)로 무간전의(無間轉依)를 하여, 진지(盡智)와 무생지(無生智)와 10가지 무학법(十無學法) 등을 증득하는 것이다.

[1140] 「偈曰(10偈) 緣佛善成法 心根安法界 解念唯分別 速窮功德海」『大乘莊嚴經論』(대정장 31. 599b)
[1141] 「釋曰。此偈顯第五究竟位。緣佛善成法者。諸菩薩於佛善成立一切妙法中作總聚緣故。問云何總聚緣。答心根安法界。此明入第一義智故。由此慧安住法界。是故此心名根。問此後復云何。答解念唯分別。謂此後起觀如前觀事。處處念轉。解知諸念唯是分別非實有故。問如此知已得進何位。答速窮功德海。謂如是知已佛果功德海。能速窮彼岸故。眞實品究竟」(대정장 31. 599b)

여기서 十無學이란 八正道의 正見에서부터 正定, 그리고 正解脫과 正智를 말하며, 이와 같은 법의 경계를 일러 究竟道라 하는 것이다」1142)

『攝大乘論』<第 五頌>에는

「부처님이 설하신 묘법(妙法)이 잘 성립되어 혜(慧)와 根을 法界속에 安住시켜, 념취(念趣)가 모두 오직 分別임을 了知한 후, 용맹심을 내어 불과(佛果)라고 하는 功德海에 속히 돌아갈 지어다」1143)

한편 『攝大乘論釋』<第 五頌>은 상기의 게송을 주석하여,

「<佛說妙法善成立 安慧幷根法界中>이란 佛의 教善을 의지하여 慧를 眞如(法界)속에서 잘 安住시키고 根本心을 인연으로 삼으라는 것, 곧 여래의 모든 正教를 緣하여 無分別心으로 하나의 相을 이루라는 것이며, <了知念趣唯分別>이란 보살이 正教를 설하기 위해 根本心에 安住한 후 後得智에 의해 모든 의취(義趣)를 念하는 것으로, 이 念趣가 곧 分別임을 아는 것을 말한다. 또 <勇猛疾歸德海岸>이란 보살이 無分別智와 後得智인 선교방편(善教方便)에 의해 속히 佛果(成佛)인 功德의 海岸을 향해 나가는 것을 말한다」1144)

1142)「何等究竟道。謂依金剛喩定。一切麤重永已息故。一切繫得永已斷故。永證一切離繫得故。從此次第無間轉依。證得盡智及無生智十無學法等。何等爲十。謂無學正見。乃至無學正定。無學正解脫。無學正智。如是等法名究竟道」『集論』(대정장 31. 685b)

1143)「佛說妙法善成立　安慧幷根法界中　了知念趣唯分別　勇猛疾歸德海岸」『攝大乘論』<第五頌> (대정장 31. 143c)

1144)「佛說妙法善成立安慧幷根法界中者。謂由佛教善安其慧置眞如中。及能緣彼根本心中。根本心者。謂緣如來所有正教總爲一相。應知卽是無分別心。了知念趣唯分別者。謂彼安住根本心已。爲說正教。由後得智念諸義趣。知此念趣唯是分別。勇猛疾歸德海岸者。謂諸菩薩由無分別智及後得智巧方便故。速趣

한편 『唯識三十頌』<第 30頌>에는

「後 究竟位 其相云何。頌曰 此卽無漏界,不思議.善.常.安樂.解脫身. 大牟尼名法」

(究竟位란 무엇인가? 게송 30에 이르길, 이것은 無漏界이며 不思義이며 善이며 常이며 安樂이며 解脫身이며, 大牟尼인 法을 말하는 것이다」[1145]

『成唯識論』은 이 게송에 주석을 달아,

「究竟位란 앞서의 修習位에서 얻은 전의(轉依)의 果인 무루과(無漏界)로 서, 無漏란 모든 漏(번뇌)를 영원히 진멸(盡滅)한 상태로, 淸淨하며 圓明함을 말하며, 界란 장(藏)과 因의 의미를 지니고 있는데, 여기서 藏이란 무변(無邊)의 희유(稀有)의 大功德을 함용(含容)하고 있다는 의미이며, 因이란 오승(五乘)의 出世間의 利樂을 출생시킨다는 의미이다」[1146]

「二乘에서 얻은 두가지 轉依果는 단지 煩惱障이란 繫縛을 영원히 여의 었다고는 하지만 殊勝法이 아니므로 그저 解脫身이라고 한다.
하지만 大覺世尊은 무상적묵법(無上寂黙法)을 성취하셨기에 대모니(大牟尼)라 이름하는 것이다. 곧 牟尼尊이 얻은 바의 二果는 영원히 二障을 여의었고, 또 無量無邊의 力無畏 등의 大功德法으로 장엄되어 있기에 法身이라고 하는 것이다」[1147]

佛果功德海岸」『攝大乘論釋』(第 五頌) (대정장 31. 354a~b)
1145) 『成唯識論』(대정장31. 57a)
1146)「論曰。前修習位所得轉依應知卽是究竟位相。此謂此前二轉依果。卽是究竟無漏界攝。諸漏永盡非漏隨增性淨圓明故名無漏。(중략)論曰。前修習位所得轉依應知卽是究竟位相。此謂此前二轉依果。卽是究竟無漏界攝。諸漏永盡非漏隨增性淨圓明故名無漏」『成唯識論』(대정장 31. 57a)
1147)「二乘所得二轉依果唯永遠離煩惱障縛無殊勝法故但名解脫身。大覺世尊成就

참 고: 유식오위(唯識五位)에 따른 轉依의 차별

『成唯識論』은

「轉依의 位는 크게 6종으로 나누어진다 운운」

하며, 다음과 같이 6-가지로 전의의 차별을 설명하고 있다.1148)

「제1은 <資糧位와 修行位의 轉依>인 <손력익능전(損力益能轉)>이다. 곧 殊勝解의 修習과 참괴(慙愧)에 의해 本識中의 염종자(染種子)의 세력을 작게(損)하고 淸淨의 功能을 증진(益)시키는 轉依로서, 아직 장애를 모두 끊고 轉依를 증득하지는 못했지만 점차 現行을 굴복시키기에 轉이란 이름을 붙인 것이다.

  제2는 <通達位의 轉依>인 <통달전(通達轉)>이다. 곧 見道力으로 眞如에 통달함으로 인해 分別로부터 生하는 二障의 추중(麤重)을 끊고, 일분진실(一分眞實)을 증득하는 轉依이다. 곧 『攝大乘論』에 이르기를,

<通達轉>은 前六地(歡喜地~現前地)에 속하는 것으로, 有相과 무상관(無相觀)을 닦는 位로서, 이 觀으로 인해 眞과 俗에 통달하여 現前(地)에 眞과 非眞을 나타나게 하거나 또는 나타나지 않게 하는 것이며,

  제3은 <修習位의 轉依>인 <수습전(修習轉)>이다. 곧 十地行을 수습함

無上寂黙法故名大牟尼。此牟尼尊所得二果永離二障亦名法身。無量無邊力無畏等大功德法所莊嚴故」『成唯識論』(대정장31. 57c)
1148)「轉依位別略有六種。一損力益能轉。謂初二位。由習勝解及慙愧故損本識中染種勢力益本識內淨種功能。雖未斷障種實證轉依而漸伏現行亦名爲轉。二通達轉謂通達位。由見道力通達眞如斷分別生二障麤重證得一分眞實轉依。三修習轉。謂修習位。由數修習十地行故漸斷俱生二障麤重漸次證得眞實轉依。攝大乘中說通達轉在前六地有無相觀通達眞俗間雜現前令眞非眞現不現故。說修習轉在後四地純無相觀長時現前勇猛修習斷餘麤重多令非眞不顯現故。四果圓滿轉。謂究竟位。由三大劫阿僧企耶修集無邊難行勝行金剛喩定現在前時永斷本來一切麤重頓證佛果圓滿轉依。窮未來際利樂無盡。五下劣轉。謂二乘位。專求自利厭苦欣寂唯能通達生空眞如斷煩惱種證眞擇滅無勝堪能名下劣轉 。六廣大轉。謂大乘位。爲利他故趣大菩提生死涅槃俱無欣厭具能通達二空眞如雙斷所知煩惱障種頓證無上菩提涅槃有勝堪能名廣大轉」『成唯識論』(대정장 31. 54c)

에 의해 점차 구생(俱生)의 二障의 추중(麤重)을 끊고 점차 眞實의 轉依를 證得하는 轉依를 말한다.

곧 <修習轉>은 後四地(遠行地~法雲地)에 속하는 것으로, 오랫동안 용맹스럽게 <순무상관(純無相觀)>을 수습하는 位로서, 이 修習으로 인해 미처 끊지 못한 나머지의 모든 추중(麤重)을 끊고 非眞으로 하여금 現前하지 못하게 하는 것이다.

제4는 <究竟位의 轉依>인 <과원만전(果圓滿轉=佛身圓滿)>이다.

곧 三아승지겁동안 난행(難行)과 수승행(殊勝行)을 끝없이 닦음으로 인해 금강유정(金剛喩定)이 現前하게 되는데, 그 때에 一切의 추중(麤重)은 영원히 끊어지고, 佛果라고 하는 원만전의(圓滿轉依=佛身圓滿)를 돈증(頓證)하게 되어, 미래제(未來際)동안 무진(無盡)의 利樂을 누리게 되는 것이다.

제5는 하열전(下劣轉)이니, 二乘位에서는 오로지 자신의 이익만을 구하므로 괴로움을 싫어하고 적멸을 좋아하여, 오직 능히 생공진여(生空眞如)를 통달하고 번뇌의 종자를 끊어 진여의 택멸을 증득한다. 뛰어난 덕을 감당함이 없으므로 이를 일컬어 하열한 전의(下劣轉)라고 이름하는 것이다.

제6은 광대전(廣大轉)이니, 大乘位에서 남을 이롭게 하기 위해, 大菩提와 生死涅槃을 모두 좋아하지도 싫어하지도 않는 이공진여(二空眞如)를 통달한다. 소지장과 번뇌장의 종자를 쌍으로 끊어 문득 무상보리열반(無上菩提涅槃)을 증득한다. 뛰어난 덕을 감당하므로 광대한 전의(廣大轉)라 이름하는 것이다」

第9 오성각별설(五姓各別說)

唯識思想은 평등한 법성(法性)의 세계를 담아 놓은 如來藏思想과 달리, 천차만별한 법상(法相)의 세계를 담아 놓은 중생세계의 모습을 그린 사상이다. 곧 유식사상은

① 현상세계의 천차만별한 근기의 세계(머리·얼굴·성격·취향·특기 등 천차만별한 중생의 모습)를 실감하여 그것을 강조하고 있다.

② 따라서 인간의 평등성과 동일성을 주장한 如來藏思想에 반기를 들게 되는 것은 자연적 이치였다. 불교사에서 벌어진 법상유식종(法相唯識宗)과 법성천태종(法性天台宗)과의 치열한 싸움은 바로 이러한 異見의 대립에서 비롯된 것이다.

참 고 : 천태종과 법상종의 이견대립

법성종(法性宗)인 천태종에서는 「유유일불승무이무삼(唯有一佛乘無二無三)」이라 하며, 일체중생은 누구나 할 것 없이 성불할 수 있는 불종자(佛種子)를 가진 일불승(一佛乘)이라 주장한 반면, 법상종(法相宗)인 유식학파에서는 일체중생을 다섯으로 구분하고, 누구나 성불할 수 있는 것이 아니라 오직 불종자를 가진 보살승(菩薩乘)만 성불할 수 있다고 주장하였다. 곧 제각각 자기 편에 서서 이승성불(二乘成佛)이니 二乘不成佛이니, 또 우리만 眞實敎이지, 너희는 方便敎라고 주장하며 대립하였다.

참 고 : 유식사상가들이 주창한 五姓各別說

五姓이란 성문종성(聲聞種姓) / 연각종성(緣覺種姓) / 보살종성(菩薩種姓) / 부정종성(否定種姓) / 무성종성(無性種姓)을 말한다.

유식사상가들은 상기와 같이 인간을 5섯 종류로 정해놓았다. 곧 인간은 아무리 노력해도 태어날 때 지니고 온 종자 이상으로는 될 수 없다는 주장이다. 다시 말해 <성문종성>이나 <연각종성>은 아무리 노력해도 성문이나 연각 밖에는 될 수 없으며, <부정종성>은 지금으로서는 어디로 분류해 놓아야 할지 잘 알 수 없으므로 일단 보류해 놓고 상태를 살펴보자는 것 (후천성을 인정해 보자고 하는 입장)이고, <무성종성>은 마치 무정란(無精卵)이 병아리가 될 수 없는 것처럼, 佛性이 없으므로 절대로 성불할 수 없고, 성불 가능한 것은 오직 보살승(菩薩乘) 밖에 없다고 주장하였다.

곧 인간의 종류를 다섯으로 나누어 놓은 것은 약점이라면 약점이겠으나, 번뇌와 죄악이 많은 현재의 우리들의 모습과 천차만별한 중생세계의 실상을 밝히고, 그것을 통해 의식개혁을 부르짖으려 한 점은 큰 강점이라고 할 수 있다.

또한 종자를 구분해 놓고, 아무리 노력해도 절대로 종자 이상으로 될 수 없다고 주장한 것은, 존재들이 가지고 있는 각자 각자의 개성(業障이나 특성)들이 너무 강하다는 점과, 또 우리가 경험해 보아 잘 아는 것처럼, 성격이나 습관은 여간해서 잘 고쳐지지 않는 것임을 감안했기 때문일 것이다. <오성각별성>의 주장 배경에는 인도사회에 깊이 뿌리박고 있는 카스트(caste)제도의 영향도 한몫했을 것이라 생각된다.

(강 해) 성철스님과 맏상좌, 천제(闡提)스님

조계종단의 종정으로서 智德 겸비의 큰 스님으로 추앙받던 故 성철스님은, 당신의 맏 상좌의 법명을 절대로 성불할 수 없다는 뜻을 가진 무성종성(無性種姓), 곧 성불종자가 없다는 천제(闡提 : icchantika)라 이름 지었다.

경전은 <無性種性>에 속하는 자를, 향락주의자·욕망추구자·불교를 비방하는 자라 단언하고 있는데~, 성철큰스님은 사랑하는 수제자를 闡提라 이름한 것이다. 참 재미있으신 분이란 생각이 든다~

참 고 : 대비천제(大悲闡提)

지장보살은 보살은 보살이지만, 성불을 못하는 보살이다. 따라서 그는 천제인 것이다. 다만 成佛種子가 없어서 성불을 못하는 것이 아니라, 「모든 중생을 성불시키고 난 후에 성불하겠다」는 그의 서원 때문이다. 이렇게 大悲心 때문에 일부러 성불을 하지 않는 특별한 천제를 일컬어, 대비천제(大悲闡提)라고 한다.

第10 유식사상에 대한 총평

① 번뇌와 죄악이 많은 우리들 자신(現 存在態)을 관점의 中心에 둔 사상이다. (相에 초점을 맞춤)

② 인간들의 근본 인식기관으로 Ālaya識을 설정해 두고, 이것이 一切 모든 世界를 만들어 낸다고 보는 사상으로, (Ālaya識緣起, 識과 나, 행위와 識과의 관계 등을 규명한 사상이다.

③ 「유허망분별식」이란 경구처럼, Ālaya識은 無明에 뿌리를 박고 있는 것이기에, 그것은 진실한 것이 아니고, 허망하고 分別·差別하는 존재이며, 따라서 그것을 통해서 나타난 一切世界 역시 진실한 것이 아니라고 보는 사상이다.

④ 궁극적으로는 우리들의 일상경험의 세계를 否正하고, 새로 깨어날 것을 부르짖은 사상이다. 곧 轉識得智를 목표로 하는 사상, 다시 말하면 자기 부정(否正)을 통해 자기초월(自己超越)을 목표로 하는 사상이며, 반성과 참회를 통해 자기개혁을 부르짖은 사상이다.

⑤ yoga行이란 실천도(實踐道)를 가지는 사상, 곧 이론과 실천을 겸비한 사상이다.

⑥ 여래장사상이 가지는 맹점에 대한 해결책으로 등장한 사상이다.

곧 유식사상은 여래장(如來藏)이라는 성불종자(成佛種子)가 나한테 갖추어져 있다면, 왜 현실적으로는 善한 것보다 惡한 것이 나를 지배하는 것이며, 또 여래장이 있는 한 번뇌(煩惱)·악(惡)·삼독(三毒) 같은 것은 힘을 못 쓴다고 했는데, 어째서 현실은 이토록 번뇌를 제거하기 어려운 것인지 등등의 문제점들을 해결하고 보완하기 위해 출현한 이론이다.

第11 여래장사상과 유식사상의 결합화 시도

『능가경(楞伽經)』과 『기신론(起信論)』에 이르러, 두 이론을 결합해 보려는 움직임이 있었다. 곧 如來藏과 Ālaya識은 一心의 표리(表裏)와 같이, 서로 대립하면서도 결코 떼려야 뗄 수 없는 관계임을 알고, 두 개의 작용과 기능을 하나로 묶어 보려는 움직임이 일어났던 것이다.

진제삼장(眞諦三藏)의 저서인 『決定藏論』과 『三無性論』에 이러한 시도가 보인다. 따라서 진제삼장을 중심으로 이러한 결합운동이 일어났던 것을 알 수 있으나, 그렇게 큰 성과는 없었던 것으로 고찰된다.
우리가 잘 아는 『대승기신론』과 『능가경』은 바로 이러한 부류에 속하는 경전이다.

잠시 『대승기신론』이 시도했던 결합화의 단면을 보도록 하자.
『대승기신론』은 하기의 도표와 같이, 우리들의 의지처인 識(마음)을 진망화합식(眞妄和合識)이라 보고, 그것이 나타나는 상태 곧 衆生性으로 나타날 때에는 Ālaya識이 나타나고, 佛性으로 나타날 때에는 如來藏이 나타나는 것이라 주장하였다. 곧 유식사상이 설정해 놓은 Ālaya識과 여래장사상이 설정해 놓은 如來藏을 하나로 묶어, 우리의 마음을 아라야식(妄)과 여래장(眞)이 함께 모인 결합체로 보았던 것이다.[1149]

마음(心)   -- 心生滅門 (Ālaya識 : 表)

(眞妄和合識) -- 心眞如門 (如來藏 : 裏)

참 고 : Ālaya識과 如來藏에 대해 주의해야 할 점

 이 두 개의 사상은 어디까지나 불교의 궁극적 목표인 깨달음에 도달하기 위해, 실천주체인 내 마음의 실상을 밝히려 한 상호보완적 사상으로 이해를 해야지, Ālaya識이나 如來藏을 마치 Hindu사상의 Ātman과 같은 영원불멸의 실체로 이해해서는 절대금물이다. 불교의 기본입장인 일체법무자성에 반하는 것이므로 ~

참 고 : (유식·여래장·중관) 사상의 상호비교

유식사상(唯識思想)

유가행유식(瑜伽行唯識)이란 이름 그대로 이론철학이 아닌 행동철학이다.

여래장사상(如來藏思想)

『대승기신론(大乘起信論)』이란 경의 제목에서 보듯, 行 보다는 믿음(信)을 강조한 사상이다.

중관사상(中觀思想)

『般若心經』에서 보듯, 오온개공(五蘊皆空)이라하여,

일체법이 모두 공한 것이라 전제한 후, 육근·육경·육식·12연기·사성제 등도 모두 없다며, 줄곧 부정적 논리인 無~無~로 일관할 뿐, 어떤 적극적인 불도수행(佛道修行)의 체계는 만들어 내지 못했다. 다만 오온

1149) 「依如來藏故有生滅心。所謂不生不滅與生滅和合非一非異。名爲阿梨耶識」
    『大乘起信論』(대정장 32. 576b)

(五蘊)이 공(空)한 것인줄 알면, 일체의 고통으로부터 해탈을 얻을 수 있다고 강조하면서, 시방삼세 제불보살이 모두 空, 곧 반야(般若)를 의지해서 해탈도 얻고, 무상정등정각도 얻었노라고 역설하고 있다.

곧 수행체계의 제시라기보다는 필경공(畢竟空)을 주창하며, 의식개혁을 부르짖는 사상이라 할 수 있다.

앞에서 살펴 보았듯 <唯識思想>은 Yoga의 실천을 통해 얻은 진리체험을, Ālaya識·삼성설(三性說)·전식득지(轉識得智)라는 새로운 개념과 match시키면서, 독특한 철학체계를 구축해 낸 사상이다. 곧 우리가 보는 현상세계와 현실의 자기자신을 철저히 분석하고 규명함으로서, 진리와 진실의 세계를 찾아내려 몸부림쳤던 사상이라 할 수 있다. 다시 말해 고뇌하는 인간, 생각하는 인간, 하나하나씩 갈고 닦아 나가는 소시민적 인간들의 모습을 묘사하려고 애쓴 사상이 唯識思想이었다.

참 고 : 信과 行으로 점철되는 불교사상사

원시 및 부파불교는 출가수행 중심의 行의 불교였다.

한편, 대승불교는 그 출발점부터 재가중심의 불교였다. 따라서 行보다는 信 그리고 열반이나 보리의 증득 보다는 대비자(大悲者)이신 如來의 구원(救援)이 그 주안점이었다. 여기서 나온 것이 바로 如來藏思想이었다.

그러나 점차 보살사상과 성불사상, 곧 수행자·구도자가 강조되고 그에 따라 출가수행자가 증가됨과 동시 그 출가집단이 교단의 중심이 되면서부터는 信보다는 佛의 후보자인 보살이 닦아야 할 行(菩薩行)이 강조되었던 것이다. 여기서 나온 사상이 다름 아닌 唯識思想이다. 그러나 이와 같은 行 中心의 불교는 재가자들로부터 시작된 대승 본래의 信 中心의 취지와 다른 것이기에, 자연히 信을 강조하는 사상이 다시 머리를 내밀게 된다. 그리고 대외적으로는 창조자 Viṣṇu神에 대한 절대적 믿음을 부르짖는 Hindu 사상의 영향도 받게 된다.

참 고: 信과 行을 중시한 밀교사상의 출현

密敎思想은 信과 行을 동시에 강조한 불교이다, 말하자면 우주의 진리인 法性의 편재성(遍在性)과 내재성(內在性)을 믿(信)고, 그 법계의 주인공으로서의 자신을 극대화시켜 법성에 계합하려는 불교, 곧 <衆生三密=如來三密>이라 하여, 중생과 여래가 본질적으로 同一하다고 믿고(信), 자신의 전체인 身口意를 佛 내지 法과 yoga하여 法性과 동등케 하려는 피나는 정진(行)을 강조한 불교였다.

참 고: 密敎, 卽身成佛思想의 형성과정

中期大乘佛敎以來 成佛의 가능성을 人間의 心性에서 구하려는 사상은 점차 <心性本淨> <悉有佛性> <客塵煩惱> <菩提心> <如來藏> <本覺> <轉依> 등의 사상으로 전개되고, 이것이 밀교에 이르르면 <自心佛> <如實知自心> <三密瑜伽行> <三妄執>등의 사상으로 이어져, 마침내 부모로부터 받은 이 몸으로 今生에 성불할 수 있다는 소위 <卽身成佛思想>을 형성하기에 이르른다.

\<불교의 心識說\>의 요점정리

1) 如來藏思想에 대한 총평과 그것이 주는 교훈 -

 우리들은 한시도 쉼 없이 시시각각 번뇌와 망상(妄想)에 허덕이며 살고 있다. 그러나 이러한 삼독번뇌(三毒煩惱) 속에 살고 있으면서도 잘못한 일 부끄러운 일을 저질렀을 때는 그것을 부끄러워하고 반성하고 참회하게 된다.

 도대체 우리들에게 무엇이 있기에, 이렇게 과거를 되돌아보게 하며 새로운 각오를 다짐하게 하는 것일까? 우리가 흔히 말하는 양심(良心)이란 것이 우리에게는 정말 있는 것일까? 있다면 어디에 있는 것이며 그것은 또한 어떠한 것일까?
이와같이 잘못을 뉘우치게 하고, 자신을 보다 좋은 곳으로 인도(引導)해 가려는 성질, 곧 良心과 같은 善한 마음을 불교인 들은 如來藏이라 불렀던 것이다. 이하 如來藏사상이 설하는 기본입장을 살펴보자.

① 心性本淨(自性淸淨)의 입장으로, 衆生은 如來藏의 소유자이므로, 누구든지 성불할 수 있다고 주창함
② 번뇌를 손님이 갖다버린 쓰레기로 보는 소위 客塵煩惱 (āgantuka-kleśa)라 하며, 번뇌를 그다지 대수롭게 생각하지 않음
③ 輪回와 不成佛의 제1의 원인을 如來藏에 대한 無知無明(非如實作意) 이라보고, 내가 본래부터 지니고 있는 如來藏에 대한 믿음(信)과 그 여래장이 활성화 될 수 있도록, 여래장을 감싸고 있는 번뇌의 제거(行) 에 힘쓰라 하면서도, 실제로는 여래장에 대한 믿음을 더많이 강조함.

다시 말해 잘못을 뉘우치게 하는 힘. 절망을 딛고 일어서게 하는 힘. 자만(自慢)과 편견(偏見) 무책임 부도덕 허위(虛僞)와 불신(不信) 등으로 팽배해 있는 현재의 자기를, 양보와 책임 이해 사랑 참되고 신뢰받는 자기로 거듭나게 하는 힘, 衆生을 如來되게 하는 힘, 그것이 如來藏이며 그러한 여래장이 나에게도 내재(內在)해 있다고 확고하게 믿고 자신을 개발하고 개척해 나가는 사상, 그것이 바로 여래장 사상이다.

말 바꾸면 재생(再生)과 재활(再活)의 희망을 안겨다 주며, 자기긍정(自己肯定)의 사상, 이것이 여래장사상이라 하겠다.

2) 유식사상에 대한 총평과 그것이 주는 교훈

① 번뇌와 죄악이 많은 우리들 자신(現 存在態)을 관점의 中心에 둔 사상이다. (相에 초점을 맞춤)

② 인간들의 근본 인식기관으로 Ālaya識을 설정해 두고, 이것이 一切 모든 世界를 만들어 낸다고 보는 사상으로, (Ālaya識緣起, 識과 나, 행위와 識과의 관계 등을 규명한 사상이다.

③ 「有虛妄分別識」이란 經句처럼, Ālaya識은 無明에 뿌리를 박고 있는 것이기에, 그것은 진실한 것이 아니고, 허망하고 分別·差別하는 존재이며, 따라서 그것을 통해서 나타난 一切世界 역시 진실한 것이 아니라고 보는 사상이다.

④ 궁극적으로는 우리들의 일상경험의 세계를 否正하고, 새로 깨어날 것을 부르짖은 사상이다. 곧 轉識得智를 목표로 하는 사상, 다시 말하면 자기 부정(否正)을 통해 자기초월(自己超越)을 목표로 하는 사상이며, 반성과 참회를 통해 자기개혁을 부르짖은 사상이다.

⑤ yoga行이란 실천도(實踐道)를 가지는 사상, 곧 이론과 실천을 겸비한

사상이다.

⑥ 여래장사상이 가지는 맹점에 대한 해결책으로 등장한 사상이다.

곧 유식사상은 여래장(如來藏)이라는 성불종자(成佛種子)가 나한테 갖추어져 있다면, 왜 현실적으로는 善한 것보다 惡한 것이 나를 지배하는 것이며, 또 여래장이 있는 한 번뇌(煩惱)·악(惡)·삼독(三毒) 같은 것은 힘을 못 쓴다고 했는데, 어째서 현실은 이토록 번뇌를 제거하기 어려운 것인지 등등의 문제점들을 해결하고 보완하기 위해 출현한 이론이다.

참고(서적 / 논문) - 心識說 관계 공통

<공통>

宇井伯壽「大乘起信論」『宇井伯壽著作選集』2. 大東出版. 1966

柏木弘雄「體相用 三大說の意義とその思想的背景」

　　　　『佛教學研究集』高野山大學. 1979

　　　　「大乘起信論における法と義」『佛教における法の研究』

　　　　　平川彰博士還曆記念論集. 春秋社. 1975

　　　　「起信論における信成就發心について」『印佛研』16-2

　　　　「心眞如心生滅」『佛教と心の問題』山喜房. 1980

　　　　「起信論に關する一考察」『密教文化』52. 1961

平川 彰「佛陀觀と心 - 大智度論を中心として」『佛教と心の問題』

　　　　山喜房. 1980

赤沼智善「原始經典における 心意識に關する考察」『佛教教理之研究』

　　　　「起信論の眞如について」『大谷學報』1. 1929

雲井昭善「原始佛教における cittaの構造」『佛教と心の問題』

　　　　山喜房. 1980

　　　　『佛教興起時代の思想研究』

田中敎照「八正道展開修行道論」『佛教と心の問題』山喜房. 1980

橫山絋一「瑜伽眞如」『佛教と心の問題』山喜房. 1980

金岡秀友「住心の構造 について」『佛教と心の問題』山喜房. 1980

花山勝友「十住心論における 心」『佛教と心の問題』山喜房. 1980

田村芳朗「本覺法門と心」『佛教と心の問題』山喜房. 1980

　　　　「天台本覺思想概說」『天台本覺論』

　　　　「本覺思想に對する批判論」『印佛研』2-2

西義雄　「近時の心性本淨研究の展開と問題」

　　　　　『佐藤密雄博士古稀記念.佛教思想論集』山喜房

勝友俊教『佛教における心識説の研究』山喜房佛書林. 1961

水野弘元『ぱーり佛教を中心とした佛教の心識論』

坂本幸男「心性展開論一單面」『印佛研』2-1.

<如來藏思想>

高崎直道「眞諦譯 世親釋における 如來藏説」

　　　　　『結城教授頌壽記念.佛教思想史論集』(大藏出版)

　　　　　「唯心と如來藏」『佛教と心の問題』山喜房. 1980

　　　　　「金剛明經の如來藏説」『大乘山論叢』5. 1972

服部正明「佛性論一考察」『佛教史學』4. 1995년

宇井伯壽「眞諦三藏傳研究」『印度哲學研究』제 6

高崎直道『如來藏思想の形成』

有賀要延「法華經における佛性思想の內在性」『印佛研』20-1. 1971년

石橋眞誠「大乘佛教における如來藏思想の展開」

　　　　　『家政學園紀要』4. 1965년

市川良哉「寶性論の引用經典」『印佛研』19-1. 1970년

岩田良三「Amala.Jnānaと阿摩羅識」『印佛研』19-2. 1971

　　　　　「眞諦の阿摩羅識について」『鈴木研究年報』8. 1971

　　　　　「眞諦の三性説について」『印佛研』20-1. 1972

宇井伯壽『印度哲學研究』6, 岩波書店. 1965

　　　　　「眞諦三藏傳研究」「瑜伽行派における二系統」「佛陀觀の發達」

　　　　　　　　『印度哲學史』岩波書店. 1932

　　　　　–「第二期大乘經典(涅槃・.勝鬘系統)」「世親學說.如來藏說」

　　　　　　「第三期大乘經典(楞伽經・大乘法界無差別論・大乘起信論)」

–

　　　　　　　　『攝大乘論研究』岩波書店. 1935

　　　　　　　　『佛教汎論』岩波書店. 1948 (如來藏緣起說)

　　　　　　　　　岩波書店. 1958

　　　　　　　　『寶性論研究』岩波書店. 1959

　　　　　　　　『大乘莊嚴經論研究』岩波書店. 1961

　　　　　　　　『大乘佛典研究』岩波書店. 1963

太田久紀　「眞諦三藏所譯に見られる如來藏」『印佛研』14-1. 1965

橫超慧日　「法華經の一乘思想と佛典」『東方學報』. 1936

　　　　　　「世親の法華經論」『法華思想』平樂寺書店. 1969

小川一乘「佛性とBuddhatva」『印佛研』11-2. 1963

　　　　　　『印度大乘佛教における如來藏佛性の研究』文榮堂. 1969

　　　　　　『如來藏.佛性の研究』文榮堂書店. 1969

　　　　　　『佛性思想』文榮堂書店. 1982

香川孝雄「勝鬘經における煩惱說の成立」

　　　　　　『惠谷先生古稀記念.淨土教思想と文化』

　　　　　　　佛教大學. 1972

　　　　　　「大乘佛教思想の研究 – 華嚴經如來性起品について」

　　　　　　『佛教論叢』11. 1966

　　　　　　「佛種について」『印佛研』17-1. 1968

鍵主良敬「華嚴經性起品の研究」『大谷研究年報』25. 1972

梶山雄一「空の論理 (中觀)」『佛教の思想』角川書店. 1969

柏木弘雄「起信論に 關する 一考察」『密教文化』52. 1961

　　　　「勝鬘經と起信論」『勝鬘經義疏論執』日本佛教源流研究會. 1965

　　　　「如來藏の緣起思想」『講座. 東洋思想 5』東京大出版會. 1967

　　　　「大乘起信論」『佛典講座 22』, 大藏出版. 1973

　　　　『大乘起信論の研究』春秋社. 1981

賀幡亮俊「漢譯 兩本より見たる 如來藏經」『佛教文化研究』11. 1962

鎌田茂雄「性起思想の成立」『印佛研』2-2. 1954

神林隆淨「法身について」『印佛研』6-2. 1957

神谷正義「如來藏思想の成立背景について」『印佛研』21-2. 1973

河村孝照「大般涅槃經における闡提成佛について」『宗教研究』181. 1965

　　　　「大般涅槃經における菩薩道」

西義雄編『大乘菩薩道の研究』平樂寺書店. 1968

　　　　「凡夫地より聖地への過程における一考察」『印佛研』8-2. 1960

　　　　「大般涅槃經における法身思想の一考察」『東洋學研究』3.

　　　　東洋大學. 1969

　　　　「大般涅槃經と法華經」『宗教研究』202. 1970

工藤成樹「轉變における性と相の立場」『印佛研』8-2. 1960

久野芳隆「菩薩十地思想の起源.開展及び內容」

　　　　『荻原教授還曆記念論文集』山喜房. 1972

雲井昭善「阿摩羅識と阿賴耶識」『大谷學報』32-2. 1952

小林實玄「起信論における如來藏の覺」『印佛研』12-2. 1964

望月信亨『大乘起信論之研究』金尾文淵堂. 1922

　　　　『講述大乘起信論』富山房. 1938

武邑尚邦『大乘起信論講讀』百華苑. 1959

近藤徹稱「無始時來界相依性の問題」『佛教文化研究』9. 1960

坂本幸男「性起思想と惡について」『印佛研』5-2. 1957

佐佐木孝憲「一乘思想展開一考察」『日佛年報』36. 1971

菅沼 晃　「寶性論におけるadhimuktiについて」『印佛研』9-1. 1961

　　　　「入楞伽經における唯心説について」『印佛研』16-2. 1968

　　　　「入楞伽經におけるdharmanayaについて」『印佛研』18-2. 1970

勝呂信靜「唯識思想より見たる 我論」中村元 編『自我と無我』

　　　　平樂寺書店. 1963

　　　　「辯中邊論における玄奘譯と眞諦譯との思想的相違について」

　　　　『大岐學報』1965

　　　　「初期唯識説における三性説の構造」

　　　　『金倉博士古稀記念.印度學佛教學論集』1966

　　　　「唯識學派の縁起思想」『講座東洋思想』東京大出版會. 1967

　　　　「法華經の一乘思想 – 一佛乘と菩薩乘との關係について-」

　　　　『中村元博士還暦記念論集』春秋社. 1973

高崎直道「華嚴教學と如來藏思想」『華嚴思想』法藏館. 1960

　　　　「不增不減經如來藏説」『駒澤大佛紀要』23. 1964

　　　　「如來藏説信構造」『駒澤大佛紀要』22. 1963

　　　　「gotrabhūmi覺書 –般若經十地をめぐって」

　　　　『駒澤大佛紀要』25. 1967

　　　　「般若經と如來藏思想」『印佛研』17-2. 1969

　　　　「勝鬘經と唯識思想」『聖德太子論集』平樂寺書店. 1971

　　　　「金光明經如來藏説」『待兼山論叢』5. 1972

　　　　「種性に安住する菩薩 – 瑜伽行派の種性論」

　　　　『中村元博士還暦記念論集』春秋社. 1973

高田仁覺「寶性論における轉依について」『印佛研』6-2. 1958

「密教と如來藏敎學との關係」『密敎文化』56/62. 1963

常盤大定『佛性の研究』明治書院. 1944

谷川泰敬 「入楞伽經見られる引用文について」『印佛研』1-2. 1973

藤堂恭俊『漢譯三藏對照.如來藏經』佛教研究所. 1959

中村瑞隆「究竟一乘寶性論に表れた佛身論」『印佛研』1-2. 1953

「法身の系譜」『宗教研究』137. 1953

「如來藏經考」『大岐學報』117. 1963

「界(Dhātu)について」『金倉博士古稀記念』1966

「漢和對譯.究竟一乘寶性論研究」『鈴木學術財團』1967

「一乘思想解釋展開」望月歡厚編『法華思想.法華經研究』

平樂寺書店 1968

中村元 編『華嚴思想』法藏館 1960

長尾雅人「一乘三乘論意をめぐって」

『塚本博士頌壽記念.佛教史學論集』. 1961

西義雄 『初期大乘佛教研究』大東出版社. 1972

「瑜伽師地論における三乘 – 特に聲聞地について」

『印佛研』7-2. 1959

「ĀtmanとAnattaについて – 特に 佛教の眞我說 –

『印佛研』8-2. 1960

「보살도이념실천 – 特に 菩薩思想の興起とその意義」

『印佛研』10-1. 1962

「如來大悲の衆生根據について– 菩薩の大悲論」

『東洋大學紀要』14. 1960

「菩薩とその願(Praṇidhāna).行(Carita)について」

『印佛研』11-2. 1963

「般若經における眞如觀について」『結城教授頌壽記念』

大藏出版. 1964

「般若經における菩薩の理念と實踐」西義雄編

『大乘菩薩道研究』平樂寺書店

「如來藏思想の淵源について」『印佛研』19-1. 1970

橋本芳契「維摩經における佛性思想特質」『印佛研』14-2. 1966

早島 理 「Mahāyānasutrǎlaṃkāraにおける菩薩行の構造」

『印佛研』21-2. 1972

千潟龍祥「四種法身と三輪身の創設者について」『鈴木研究年報』7. 1971

平井俊榮「變易生死の觀念の成立と展開-如來藏佛教關聯をめぐって」

『印佛研』11-2. 1963

平川彰 「身解脱より心解脱への展開」『日佛年報』31. 1966

『初期大乘佛教の研究』春秋社. 1968

「法華經における一乘意味」金倉圓照編

『法華經の成立と展開』平樂寺書店. 1970

『大乘起信論』佛典講座 22. 大藏出版. 1973

藤田宏達「一乘と三乘」横超慧日編『法華思想』平樂寺書店. 1969

舟橋尚哉「八識思想の成立について-楞伽經成立年時をめぐって」

『佛教學セミナ』13. 1971

「世親と楞伽經との前後論について」『印佛研』20-1. 1971

吉田紹欽「涅槃常住.五種佛性の問題について」

『鈴木博士頌壽記念.佛教文化』1960

前田至成「大乘阿毗達磨經について」『印佛研』19-1. 1970

水谷幸正「DhātuとGotra」『佛大紀要』36. 1959

「一闡提について」『印佛研』10-2. 1963

「如來藏思想史研究序說」『佛大紀要』44~45. 1963

水野弘元「無爲法について」『印佛研』10-1. 1962

　　　　「心性本淨の意味」『印佛研』20-2. 1972

宮本正尊編『大乘佛教の成立史的研究』三聖堂. 1954

　　　　「佛性論と種姓論」『印佛研』2-2. 1954

望月信亨「如來藏說の起源と發達」『大正學報』14. 1933

　　　　「胎藏思想の發達について」『佛教學の諸問題』岩波書店. 1935

　　　　『佛教經典成立史論』法藏館. 1946

山口 益　「阿賴耶識の轉依として淸淨句」『大谷學報』40-2. 1960

　　　　『般若思想史』法藏館. 1961

山田龍城『大乘佛教成立論序說』平樂寺書店. 1959

　　　　『梵語佛典の諸文獻』平樂寺書店. 1959

渡邊照宏「勝鬘經に現われた菩薩道」西義雄『大乘菩薩道研究』

　　　　平樂寺書店. 1968

加藤精神「佛教教理史より見たる五性各別論」『宗教研究』114. 1943

葉 阿月　「中邊分別論における轉依思想」『印佛研』17-2. 1969

<唯識思想>

宇井伯壽「玄奘以前 印度諸論師年代」『印度哲學研究』제 5. 1929

　　　　「成唯識論の性質と立場と第七識の存在論證」

　　　　『印度哲學研究』제 5. 1929

上田義文『佛教思想史研究』1951,

　　　　「安慧說と護法說との相違の根本は何か」『研究紀要』10. 1981.

　　　　京都女子學園佛教文化研究所

「識に關する二つの見解 - 能變と能緣」

『結城教授頌壽記念佛教思想史論集』

野澤靜證『大乘佛教瑜伽行の研究』法藏館. 1957

　　　　「唯識三十頌の原典解釋」『世親唯識原典解明』

　　　　「梵文大乘莊嚴經論に現われたる三性說管見」『大谷學報』19-3

　　　　「(智吉祥造) 莊嚴經論總義について」『佛教研究』2-2, 1938

西義雄　　「部派佛教における瑜伽師とその役割」『阿毗達磨佛教研究』

　　　　國書刊行會 1975

　　　　「瑜伽師地論聲聞地」『印佛學』7-2

長澤實道『瑜伽行思想と密敎の研究』大東出版社. 1978

安井廣濟『中觀思想の研究』法藏館. 1961

　　　　「依他起性における雜染と清淨の問題」『印佛研』3-1. 1954

平川彰　　『印度佛教史』上下. 春秋社

服部正明.上山春平『認識と超越』(唯識)『佛教の思想』4. 角川書店. 1970

橫山紘一『唯識の哲學』(『サラ叢書』23. 平樂寺書店

　　　　「唯識無境の理證」『印佛研』

深浦正文『唯識學研究』上.下卷. 1972

勝呂信靜「瑜伽論の成立に關する邪見」『大岐學報』129.

　　　　「唯識說體系成立 - 攝大乘論を中心にして」

　　　　『講座大乘佛教』8 唯識思想

　　　　「唯識說眞理概念」『法華文化研究』第 2號

袴谷憲昭「初期唯識文獻研究に關する方法論的覺え書」『三藏集』제 4輯

　　　　「大乘莊嚴經論散文簡所の著者問題について」

　　　　『駒澤大佛敎學部論集』제 4호

　　　　「唯識說における法と法性」『駒澤大佛敎學部論集』제 5호

「三種轉依考」『佛教學』2號

「清淨法界考」『南都佛教』37號

小谷信千代「大乘莊嚴經論のBhāsyaの著者について」

『日本西藏學會會報』제24호

西藏文典研究會『安慧造 大乘莊嚴經論釋疏』<菩提品(1)>

長尾雅人『世親論集』(大乘佛典 15) 中央公論社. 1976

「安慧の識轉變說について」『宗教研究』第9-5

『中觀と唯識』岩波書店. 1978

山口益　『漢藏對照辯中邊論』

『安慧阿遮梨耶造 中邊分別論釋疏(和譯)』

『唯識二十論の原典解釋』『世親唯識原典解明』

『中邊分別論疏』鈴木學術財團. 1966

高崎直道「究竟一乘寶性論の構造と原型」『宗教研究』제 155號

「轉依」『日本佛教學會年報』25號

片野道雄『唯識思想の研究』文榮堂. 1975

宇井伯壽「轉識論研究」『印度哲學研究』第 6

『安慧.護法唯識三十頌釋論』

佐伯定戒 唯識思想 P.75 註 68『新導成唯識論』

西岡祖秀「『プトゥン佛敎史』目錄部索引 1」

(東京大佛敎文化交流研究紀要 4호)

武內紹晃『瑜伽行唯識學研究』白華苑. 1979

岩田諦靜『初期唯識思想研究』大東出版社. 1981

今西順吉「parināmaについて」『印佛研』16-2

鈴木宗忠『唯識哲學研究』

荒牧典俊「三性說ノート(1.2)」『東洋學術研究』

早島 理「菩薩道の哲學」『南都佛敎』30號

　　　　「瑜伽行唯識學派における入無相方便相の思想」『印佛研』22-2

　　　　「瑜伽行唯識學派における佛陀觀」『日本佛敎學會年報』53.

早島 慧「唯識三十論 における二種の轉依」『印佛研』59-1. 2010

佐伯旭雅編『冠導阿毘達磨倶舍論』法藏館

西尾京雄『佛地經論之研究』破塵閣書房

　　　　「解深密經の成立構造の研究」『大谷學報』24-1

毛利俊英「瑜伽行派における四念住」『印佛研』33-1 1984

람비드 슈미트하우젠「初期瑜伽行派修行道樣相」『佛敎評論』2010

阿利生「瑜伽行派の佛道修行體系의形成」『日本佛敎學會年報』1989

　　　　「瑜伽行唯識說」『日本佛敎學會年報』45. 1980

吉村誠「唯識學派の五性各別說 について」『駒澤大學佛敎學部紀要』

　　　　「唯識學派における如來藏の解釋について」『印佛研』59-1. 2010

　　　　「唯識學派の種子說解釋」『印佛研』55-1. 2006

池田道浩「唯識三性說研究」『駒澤短期大佛敎論集』3.

　　　　「依他起性 無自性 無相」『印佛研』48-1. 1999

田中順照「唯識觀の發展」『密敎文化』75. 高野山大學密敎學研究會

千葉公慈「瑜伽行派における止觀考(序)」『印佛學』46-1. 1997

氏家昭夫「唯識說における ākāraの問題」『印佛研』1969

山下幸一「瑜伽行派における saṃskāra」『印佛研』25-1. 1976

芳村博實「初期唯識論書における vijñapti」『印佛研』27-1. 1978

黃山絃一「轉依に關する若干の考察」『印佛研』27-1. 1978

竹村牧男「轉依, 二分依他」『印度佛敎學年報』25. 1960

　　　　「成唯識論の遍計所執性」『印佛研』26-1. 1957

北野新太郎「三性說と唯識三性說」『印佛研』56. 2008

勝友俊教　「護法の唯識説一断面」『印佛研』33-1. 1954

武邑尚邦　『インド佛教教學』- 體系と展相. 法藏館

海野考憲　「彌勒の唯識説に見られる空性の用例とその意味」
　　　　　『印佛研』15-1. 1966

西村實則　「kleśaとanuśaya」『印佛研』23-1. 1974

山岐次彦　「三性論の論理」『印佛研』3-1. 1954

磯田熙文・古坂紘一　遍　『瑜伽師地論　菩薩地』
　　　　　　　　　　　　Tibet佛典研究叢書　3集. 法藏館

찾아보기 (색인)
<한글부>

<ㄱ>

가지(加持): 64,65,66,658,725,

가행위(加行位):
227, 686,836,882,1019,1070,

갈마회(羯磨會): 731,

감로미론(甘露味論):
234,238,239,784,

경량부(經量部):
242,252,280,970,1016,

개부화왕불(開敷華王佛):
147,174,481,672,877,

고성제(苦聖諦):
27,204,218,242,245,247,442,754,755,
756,758,760,764,768,769,770,771,772,
774,775,777,778,779,783,783,784,785,
786,791,792,800,801,806,809,811,812,
813,814,815,847,

고성제 사행상(苦聖諦 四行相):
235,238,762,769,771,772,774,775,783,
784,785,786,791,811,812,813,814,847,

공(空):
44,282,548,616,625,769,854,861,991,
1015,1098,

공성(空性):
28,200,251,265,282,283,284,313,314,
316,522,608,612,639,652,653,656,657,
658,684,686,699,710,711,720,726,732,
733,737,786,843,849,852,854,856,862,
920,937,940,952,959,1016,1018,1115,

공양회(供養會): 730,731,733,

공업중생(共業衆生): 255,256,

과거칠불(過去七佛): 13,17,45,

관무량수경(觀無量壽經):
48,54,63,343,541,542,543,545,546,547,
550,551,565,567,568,569,570,571,572,
573,574,576,582,

관음원(觀音院): 721,722,723,877,

견도(見道):
150,222,223,227,235,237,238,239,329,
686,750,752,761,762,763,765,775,779,
780,786,790,793,798,799,801,802,803,
804,810,811,813,814,815,816,818,826,
831,832,834,835,836,837,838,841,842,
845,846,847,848,849,879,882,894,
1023,1025,1027,1029,1035,1038,1069,
1074,1075,1077,1078,1079,1080,1081,
1082,1083,1084,10851086,1092,

견도위(見道位):
150,222,223,686,761,762,763,780,801,
810,815,632,836,838,845,847,849,882,
894,1025,1026,1027,1069,1078,1079,
1081,1084,

공여래장(空如來藏):
864,940,959,983,991,992,1002,

광무생멸(光無生滅): 60,140,141,

광석보리심론(廣釋菩提心論):
926,944,945,957,

구경도(究竟道):
848,1023,1026,1027,1088,1089,

구마라집(鳩摩羅什):
72,73,272,290,294,310,311,313,314,
321,322,354,355,539,577,

구사론(俱舍論):
217,221,222,225,226,227,234,238,240,
241,242,243,244,245,246,248,251,254,
255,256,257,441,503,585,751,752,764,
774,777,783,784,789,792,794,795,799,
803,804,805,806,808,809,810,813,814,
815,824,829,834,836,847,851,852,877,
886,898,899,1016,1017,1020,1045,1114

구사팔년유식삼년(俱舍八年唯識三年):
1014,1015,

- 1 -

구생기(俱生起):
　830,831,832,833,835,1081,
구유(九喩): 980,981,987,990,
구품구생(九品九生):566,576,
구회만다라(九會曼茶羅): 729,
극세망집(極細妄執): 637,638,869,
근본무명(根本無明):
　638,733,824,867,868,869,870,883,884,
근본회(根本會):731,732,733
금강계만다라(金剛界曼茶羅):
　137,138,145,151,152,154,160,162,442,
　481,643,680,689,692,694,715,720,721,
　727,728,731,733,737,877,
금강반야경(金剛般若經):
　49,89,185,263,287,294,619,
금강수원(金剛手院): 721,722,723,877,
금강정경(金剛頂經):
　145,146,151,152,154,156,173,290,291,
　609,634,644,649,650,684,686,697,698,
　728,729,730,745,868,947,966,975,
금광명경(金光明經):
　89,117,121,122,123,124,125,126,127,
　128,129,130,142,143,183,184,185,189,
　190,289,988,989,1009,1108,
금강지삼장(金剛智三藏):
　151,158,159,161,162,688,
금태양부만다라비교도
(金胎兩部曼茶羅比較圖): 740

<ㄴ>
난정인세제일법(暖頂忍世第一法):
　839,842,849,
능가경(楞伽經):
　40,89,130,165,166,186,189,289,290,
　979,1002,1008,1067,1068,1097,1106,
　1108,1109,1110
능성중무(能成衆務): 59,139,140,

<ㄷ>
다라니(陀羅尼):
　69,156,170,299,317,365,389,462,463,
　465,466,473,494,495,496,497,498,499,
　515,520,521,523,538,560,613,616,617,
　619,621,622,623,624,625,626,643,645,
　647,666,673,674,676,677,704,705,706,
　743,810,905,926,931,935,945,955,957,
　1067,
대비천제(大悲闡提):1095,
대비태장생만다라(大悲胎藏生曼茶羅):
　146,721,726,727,
대사(大事):
　33,264,275,279,399,538,759,896,897,
　898,898,912,960,
대승광오온론(大乘廣五蘊論):
　827,829,830,
대승기신론(大乘起信論):
　33,117,119,121,130,183,289,290,885,
　961,979,996,997,1002,1003,1005,1006,
　1007,1008,1009,1067,1068,1097,1098,
　1104,1106,1107,1110,
대승법계무차별론(大乘法界無差別論):
　926,930,933,935,955,957,961,981,987,
　1002,1106,
대승경전(大乘經典):
　15,120,130,138,142,152,199,213,263,
　269,283,284,285,286,287,291,292,294,
　402,539,541,542,545,562,617,665,725,
　903,904,905,907,929,943,984,998,1017
대승계(大乘戒):263,
대승법(大乘法):96,98,943,944,1017,
대승보살(大乘菩薩):
　225,403,410,479,480,498,584,606,621,
　622,625,837,844,895,897,903,904,913,
　930,947,955,1025,1026,1039,
대승보살도(大乘菩薩道):
　29,225,269,275,369,392,399,402,409,
　536,583,926,1026,1035,1107,1110,1111,

대승불교(大乘佛教):
　13,29,33,54,72,75,89,91,92,95,117,144,
　145,171,172,175,176,177,179,184,187,
　188,189,226,260,262,265,266,267,268,
　269,270,271,272,274,275,277,282,288,
　291,292,293,295,310,315,316,368,369,
　403,536,537,539,548,561,583,607,608,
　609,611,612,614,615,616,622,623,647,
　682,743,787,829,851,852,870,877,885,
　887,890,891,892,894,895,896,899,901,
　902,904,905,906,909,910,914,955,966,
　975,987,989,1008,1014,1099,1100,
　1105,1106,1109,1110,1112,
대승사상(大乘思想):
891,897,902,909,927,960,979,1008,1043
대승인(大乘人):
　92,225,269,623,905,1001,1006,1020
대승장엄경론(大乘莊嚴經論):
　89,95,96,98,99,107,126,130,150,185,288,
　838,839,841,842,843,847,848,849,907,
　926,927,935,954,955,956,979,988,1007,
　1008,1018,1024,1025,1026,1027,1028,
　1029,1030,1033,1034,1035,1036,1042,
　1056,1057,1063,1064,1065,1071,1074,
　1079,1085,1089,1106,1112,1113,
대원경지(大圓鏡智):
　93,102,103,104,108,109,148,150,153,
　161,162,164,173,174,181,379,636,701,
　702,703,715,716,848,849,850,877,
　1063,1064,1065,1066,1067,1069,
대일경(大日經):
　80,83,90,129,132,136,139,142,143,144,
　144,146,147,152,174,185,186,187,275,
　276,290,291,324,471,609,631,634,639,
　644,645,646,648,658,659,663,667,668,
　669,670,680,686,708,720,721,722,723,
　726,744,746,867,868,869,873,926,927,
　932,935,943,944,945,946,947,948,951,
　952,953,954,955,956,957,960,966,975,
대일경개제(大日經開題):65,
대일경소(大日經疏):

　65,136,137,140,143,144,145,146,152,
　186,187,521,522,632,637,638,643,647,
　649,658,659,660,663,664,665,666,667,
　668,670,671,721,722,727,744,867,868,
　869,871,875,926,947,961,
대중부(大衆部):
　38,40,41,42,43,176,228,230,233,234,264,
　276,279,280,764,890,891,896,966,975,
　1001,
대지도론(大智度論):
　19,35,50,88,90,91,177,189,223,224,226,
　272,281,282,287,290,301,302,303,304,
　305,306,307,308,309,314,315,368,370,
　379,470,496,497,498,499,533,542,547,
　618,619,620,621,622,623,667,673,693,
　819,853,899,906,906,907,909,911,913,
　914,916,917,919,921,924,926,955,960,
　1104,1104,
대품반야(大品般若):
　274,275,281,286,287,290,292,294,301,
　303,309,310,399,466,470,515,523,905,
　925,905,925,
도류지(道類智):
　235,750,779,780,798,801,806,815,816,
　818,847,881,
도류지인(道類智忍):
　779,801,815,816,847,
동방아축불(東方阿閦佛):
　54,61,122,153,162,

<ㄹ>
라닥 알치사 만다라:739,

<ㅁ>
만다라(曼茶羅):
　122,137,163,164,168,169,172,291,
　354,400,442,636,644,658,661,685,
　712,713,714,720,721,722,725,726,
　727,728,729,730,733,739,740,741,
　924,

묘관평등초지분득(妙觀平等初地分得):
150,849,1068,
대원성사유불과기(大圓成事唯佛果起):
150,849,1068,
무공용(無功用):
84,85,120,458,459,461,846,1032,
1054,
무량광(無量光明): 51,348,
무량광불(無量光佛): 552,554,
무량수경(無量壽經):
49,54,59,60,61,63,285,286,401,542,543,
546,552,553,555,556,557,558,559,560,
561,563,564,565,566,567,568,569,570,
571,572,573,574,576,577,582,584,585,
592,606,607,
무량수불(無量壽佛):
121,122,129,143,147,174,185,554,565,
566,567,574,672,724,877,
무루법(無漏法):
226,245,246,247,248,464,752,789,
813,1009,
무루법인(無漏法忍):813,
무상정등정각(無上正等正覺):
19,20,34,44,59,70,122,184,266,339,341,
349,352,361,371,386,408,415,487,488,
502,534,582,584,604,616,618,619,694,
695,757,758,761,773,875,887,889,892,
894,887,889,892,894,901,905,909,910,
911,914,915,917,918,919,921,922,923,
924,925,926,930,932,941,942,943,947,
950,954,985,999,1098,
무생지(無生智):
221,222,399,441,468,518,538,747,
782,796,801,820,821,847,848,1089,
무명(無明):
28,40,60,120,136,141,209,213,221,243,
244,245,250,256,257,258,259,288,289,
304,305,359,360,379,441,446,448,449,
450,469,509,510,519,525,527,595,610,
637,638,654,656,658,664,674,692,727,
731,733,740,751,766,766,767,776,777,

789,792,794,795,803,804,823,824,826,
827,829,830,852,858,867,868,869,870,
871,878,879,880,883,885,886,941,970,
973,980,991,994,1000,1041,1042,1047,
1050,1054,1062,1063,1096,1101,1102
무명습기(無明習氣): 289,941,
무명주지(無明住地):40,288,
무식신삼매(無息身三昧):706,
무위법(無爲法):
115,193,196,221,245,246,247,248,
251,252,253,254,464,590,751,752,
768,769,789,795,802,878,983,1056,1111
무위법신(無爲法身): 115,590,
무지무명(無知無明):
858,883,980,991,994,1101,
무자성(無自性):
34,35,44,72,73,163,200,201,227,265,269,
271,277,278,281,282,283,284,306,379,
396,424,439,450,524,548,551,650,686,
689,690,693,694,699,705,712,721,
794,824,852,853,854,861,869,877,
883,951,953,954,973,1016,1040,
1041,1042,1114,
무자성공(無自性空):
34,44,72,73,163,200,201,269,271,
277,278,281,282,284,294,524,548,
551,650,652,686,693,694,699,705,
712,721,794,824,852,855,869,877,
883,973,1016,1041,
무착(無着菩薩):
288,290,542,547,551,585,586,829,
975,1017,1018,1039,1042,
무표색(無表色):248,249,250,
무학도(無學道位):
227,761,762,763,765,775,793,799,
801,802,803,814,822,836,845,846,
879,882,1026,
문수원(文殊院): 722,723,877,
미래불(未來佛): 17,45,46,54,481,
미세회(微細會):729,730,731,733,

- 4 -

<ㅂ>
바라밀(波羅蜜): 735,736,737,810,
반야경(般若經):
  48,49,54,89,121,130,147,177,178,
  185,263,271,274,275,278,281,285,
  286,287,290,292,293,294,296,297,
  300,301,303,310,311,315,316,323,
  324,325,399,466,470,479,481,498,
  499,515,523,524,526,536,545,562,
  616,618,619,622,673,692,693,695,
  697,698,843,905,906,907,908,909,
  959,960,987,1015,1026,1035,1108,
  1110,
반야바라밀(般若波羅蜜):
  19,44,56,73,103,107,151,208,224,272,
  273,274,281,285,294,296,297,298,299,
  303,304,305,306,307,308,309,310,366,
  452,454,479,494,496,497,499,500,504,
  513,514,522,524,531,532,604,618,619,
  620,621,666,667,673,693,706,725,853,
  854,855,907,908,909,911,913,915,922,
  923,927,928,959,1072,
발보리심(發菩提心):
  61,147,267,389,391,483,488,489,531,
  559,566,635,668,669,687,717,724,731,
  740,874,887,889,891,894,905,924,925,
  927,932,935,947,948,949,1071,
백고좌(百高座):297,
백월관(白月觀):
  613,661,662,674,676,688,689,872,875,
  876,
번뇌장(煩惱障):
  38,40,41,58,128,265,268,277,624,637,
  638,848,850,867,868,869,870,883,884,
  936,937,981,982,1047,1048,1060,1061,
  1062,1063,1084,1086,1091,1092,1093,
법계연기(法界緣起): 284,
법계체성지(法界體性智):
  56,83,91,106,132,133,135,137,149,152,
  153,154,155,156,157,158,161,162,166,
  173,174,178,187,379,397,460,651,662,

  665,668,681,701,702,703,707,715,716,
  721,724,725,727,730,731,865,875,876,
  877,952,998,
법신불(法身佛):
  13,38,49,80,82,83,88,91,132,133,135,
  144,152,176,177,178,186,187,291,324,
  397,460,627,628,630,633,651,662,665,
  668,680,681,699,706,707,709,710,714,
  719,721,724,725,727,730,731,865,883,
  998,
법온족론(法蘊足論):
  234,236,749,763,773,774,777,789,798,
  893,
법화경(法華經):
  29,68,69,73,75,76,78,88,89,130,177,178,
  185,189,190,263,266,284,285,290,317,
  318,319,321,322,323,325,326,327,328,
  329,330,332,333,334,335,336,337,338,
  339,340,341,342,344,345,346,347,348,
  349,350,351,352,353,354,355,356,357,
  358,359,360,361,362,363,364,365,366,
  367,368,369,370,390,401,480,510,536,
  545,608,721,851,903,906,959,960,975,
  987,1105,1106,1107,1108,1109,1110,
보당불(寶幢佛):147,174,672,724,877,
보리심(菩提心):
  61,147,163,164,173,265,273,274,275,
  276,295,296,389,404,406,407,475,483,
  486,487,488,489,495,501,511,522,526,
  527,528,529,532,559,566,571,649,662,
  665,668,669,671,672,675,677,678,684,
  686,688,689,690,691,699,701,702,708,
  715,717,720,723,726,728,741,856,869,
  874,887,889,890,891,892,893,894,895,
  896,897,898,899,901,902,904,905,906,
  907,908,909,911,912,913,914,916,923,
  924,925,926,927,928,930,931,932,933,
  934,935,936,937,938,939,940,941,943,
  944,945,946,947,948,949,950,951,952,
  953,954,955,956,957,958,959,960,961,
  1024,1071,1100

보리심론(菩提心論):
 635,649,668,669,676,677,678,689,690,
 693,697,701,702,745,873,874,875,876,
 945,947,948,949,950,951,952,953,954,
 956,957,
보살본업경(菩薩本業經):
 274,286,374,399,537,
보살지(菩薩地):
 167,288,399,411,412,484,485,537,960,
 1020,1021,1022,1023,1024,1025,1026,
 1042,1115,
보살지지경(菩薩地持經): 288,926,930,
보살십지(菩薩十地):
 269,275,286,453,476,521,536,845,849,
 898,1028,1030,1107,
보살현관(菩薩現觀): 843,844,846,1031,
보성론(寶性論):
 89,93,110,111,112,113,114,115,116,117,
 126,130.182.183,184,185,191,266,272,
 287,288,289,862,865,866,926,930,935,
 956,975,976,978,979,980,981,982,983,
 985,986,987,988,989,990,999,1000,1002,
 1003,1007,1009,1105,1106,1108,1109,
 1113,1105,1106,1108,1109,1113,
보신불(報身佛):
 17,54,55,64,85,89,90,91,92,176,179,184,
 190,628,
보현보살(普賢菩薩):
 69,75,76,86,139,160,163,171,317,319,
 366,367,372,375,376,377,381,383,384,
 385,386,388,392,398,400,401,402,403,
 405,407,409,478,479,480,506,534,535,
 560,669,677,721,724,
보현행원(普賢行願):
 372,392,400,409,410,478,479,480,484,
 488,538,
보현행원품(普賢行願品):
 285,372,400,409,478,537,904,
본생담(本生譚): 207,302,
본생보살(本生菩薩):
 264,265,279,894,895,

본유상주(本有常住):141,
본원(本願):
 64,65,66,86,123,190,264,265,269,286,
 410,463,478,539,541,542,544,549,550,
 551,560,562,583,584,588,591,597,603,
 606,608,
분별기(分別記): 7,830,831,
부증불감경(不增不減經):
 287,289,863,961,975,977,979,981,987,
 995,1002,1007,1108,
불공삼장(不空三藏):
 106,150,153,154,159,160,162,168,171,
 187,399,521,726,920,944,975,
불공성취불(不空成就佛):
 106,153,159,160,173,643,692,694,699,
 700,701,702,703,715,719,735,736,
불공여래장(不空如來藏):
 864,940,959,983,991,1002,
불성론(佛性論):
 89,185,287,585,926,929,935,956,979,
 989,990,1002,1008,1009,1105,1111,
비로자나불(毗盧遮那佛):
 48,122,139,140,143,144,145,146,147,
 153,154,157,158,160,163,164,171,172,
 178,186,187,188,379,390,398,399,630,
 643,697,702,728,952,

<ㅅ>
사론(四論): 314,
사념처(四念處):
 37,203,212,217,218,219,220,223,224,
 236,239,240,304,309,440,504,618,772,
 773,774,775,781,791,800,837,846,
4바라밀(波羅蜜)보살:
 271,664,701,703,725,736,865,998,
사법인(四法印):
 3,14,48,195,196,213,219,244,247,258,
 751,769,770,771,781,789,791,1061,
사불(四佛):
 106,122,129,131,142,143,146,147,160,
 162,164,172,185,186,188,190,653,657,

699,700,701,702,703,735,736,737,877,
사선근위(四善根位):
227,238,771,800,802,808,836,840,842,
844,845,846,849,882,1028,1074,
사성제(四聖諦):
11,16,19,27,37,39,196,203,210,211,212,
213,217,218,221,235,236,237,238,244,
245,247,284,376,384,388,442,443,465,
545,615,747,748,749,750,751,752,753,
754,755,758,759,762,763,764,765,766,
767,770,775,776,777,778,779,781,782,
783,784,785,788,789,790,791,793,797,
798,799,800,801,805,806,807,808,809,
810,811,812,813,814,817,821,829,832,
833,834,836,837,840,845,846,847,879,
880,881,882,920,942,982,1028,1075,
사성제관법(四聖諦觀法): 748,788,797,
사성제현관(四聖諦現觀):
615,749,762,789,790,797,798,801,808,
814,836,845,846,879,882,
사심사(四尋伺): 844,845,849,1022,
사십이자문(42字門):466,470,666,
사인회(四印會): 730,731,733,
사여실편지(四如實(遍)智):
844,847,849,1022,1038,1077
사제삼전십이행상(四諦三轉十二行相):
781,782,783,
사제십육행상(四諦十六行相):
235,239,240,750,762,763,764,767,769,
779,780,781,782,783,785,786,787,791,
796,798,806,809,810,816,881,
사자진언(四字眞言): 710,711
육자대명왕진언(六字大明王眞言):
709,710,711,
사지(四智印):
93,102,103,104,105,106,108,109,148,
149,150,152,153,155,156,157,162,164,
187,190,235,291,379,696,701,702,703,
728,848,849,876,1063,1064,1065,1066,
1067,1068,1069,1070,
사지성취법(四支成就法): 651,709,

삼계허망단시일심작(三界虛妄但是一心作):
392,449,452,971,1015,
삼구(三句):
114,143,144,146,147,187,671,672,708,
721,724,726,745,927,932,943,944,945,
946,947,953,954,960,
삼론학(三論學): 310,313,546,
삼론현의(三論玄義): 10,312,
삼망집(三妄執):
637,638,867,868,869,883,884,
삼매야회(三昧耶會): 730,731,732,733,
삼무자성(三無自性): 1042,
삼밀유가(三密瑜伽行):
442,625,626,640,641,645,646,658,876
,953,1100,
삼법인(三法印): 196,610,769,
삼성설(三性說):
121,288,837,843,1007,1008,1049,1054,
1056,1057,1058,1064,1099,1105,1108,
1112,1113,1114,
삼세양중인과설(三世兩重因果說):
257,258,
삼신불(三身佛):
13,17,90,91,92,93,95,113,114,117,118,
179,182,183,184,381,382,397,398,548,
989,
삼신설(三身說):
85,88,89,93,95,100,108,110,118,121,125
129,130,131,143,163,165,177,180,182,
184,185,288,989,
삼십칠보리법(三十七助道法):
217,219,226,441,619,899,900,
37존만다라(三十七尊曼茶羅):
154,162,168,442,692,714,731,733,734,
739,
삼전십이행상(三轉十二行相):
756,757,758,759,760,761,762,763,776,
777,778,779,780,782,
삼처회향(三處廻向): 276,277,278,
삼학(三學):
36,211,212,217,218,219,226,270,308,

337,441,604,802,803,836,837,879,882,
상좌부(上座部):
 15,32,38,40,41,42,231,232,234,268,280,
 302,568,762,763,781,782,793,893,903,
 1015,
상즉상입(相卽相入):
 64,284,479,632,633,636,655,685,
색신(色身):
 42,43,48,50,52,85,88,90,91,101,102,110,
 177,178,180,182,233,240,362,363,444,
 484,504,534,574,987,
아미타불(西方阿彌陀佛):
 17,54,59,60,61,62,66,92,106,142,153,
 159,160,162,173,177,190,285,286,336,
 365,400,445,539,540,541,542,544,545,
 549,550,552,553,554,555,558,560,564,
 568,570,572,575,579,580,581,583,588,
 590,591,592,596,599,600,601,604,605,
 606,608,642,692,694,699,700,701,702,
 703,707,715,719,734,736,877,
석가원(釋迦院): 723,877,
석존불(釋尊佛):
 3,7,8,10,13,17,18,19,26,32,33,34,36,37,
 42,43,68,71,72,88,175,176,178,180,199,
 201,204,211,216,228,234,262,263,264,
 269,279,302,324,326,328,331,336,342,
 343,346,348,349,358,364,437,481,544,
 554,568,569,753,754,755,759,760,767,
 768,785,787,790,791,805,829,887,902,
 910,955,1020,1057,
선무외삼장(善無畏三藏):
 144,155,708,722,869,
성문지(聲聞地):
 288,1018,1020,1023,1056,1109,1112,
성문현관(聲聞現觀):
 843,844,846,847,1031,
섭대승론(攝大乘論):
 89,98,129,130,149,150,185,288,379,542,
 551,623,624,639,847,989,1002,1008,
 1018,1023,1026,1030,1031,1033,1034,
 1036,1037,1038,1039,1043,1058,1063,

1064,1066,1067,1068,1070,1076,1077,
 1079, 1085,1090,1092,1106,1112,
섭대승론석(攝大乘論釋):
 97,98,150(無性),288(眞諦),624
 (無性),843(無性),844(無性),
 846(無性),847(無性),1028
 (眞諦),1009,1010,1025,1026,1031
 (無性),1063(無性)1070,1071,1072(眞諦/
 無性),1076,1077,1081(無性),1090,
 / 단, (주석자)없는 것은 玄奘釋임
성기사상(性起思想):
 78,393,1001,1107,1108,
성문승(聲聞乘):
 76,77,228,229,323,324,329,330,331,346,
 347,408,409,800,802,889,892,1016,
 1020,1022,1026,
성소작지(成所作智):
 57,93,101,103,104,108,109,148,150,153,
 161,162,164,173,174,180,181,701,702,
 703,715,848,849,850,877,1063,1065,
 1066,1067,1069,
성신회(成身會):
 161,442,692,694,727,729,730,731,732,
 733,734,739,740,
성실론(成實論): 290,793,
성유식론(成唯識論):
 89,100,107,130,149,150,186,847,848,
 849,1018,1037,1038,1043,1044,1046,
 1047,1048,1050,1058,1059,1060,1061,
 1062,1064,1067,1070,1072,1073,1074,
 1075,1076,1078,1082,1085,1091,1092,
 1111,1113,1114,
성자실상(聲字實相):
 134,498,621,628,629,630,636,872,
소지장(所知障):
 38,40,58,128,277,288,637,687,848,850,
 867,868,869,870,883,884,886,937,1047,
 1048,1060,1061,1062,1063,1067,1084,
 1087,1093,
세망집(細妄執): 637,869,
세친(世親):

93,97,98,99,121,150,185,242,243,290,
542,547,551,584,585,589,604,608,837,
989,1017,1018,1031,1039,1042,1043,
1044,1066,1071,1072,1076,1077,1079,
1105,1106,1110,1112,1113,
소승(小乘):
 13,29,70,224,225,227,243,267,268,270,
 295,299,346,565,608,612,802,824,827,
 837,842,844,846,858,883,893,902,903,
 904,917,998,1021,1026,1042,1073,
소승불교(小乘佛敎):
 29,227,262,268,322,608,902,904,
소실지원(蘇悉地院): 722,723,877,
소작(所作)-Tantra: 641,649,
수기(授記):
 32,46,63,64,69,70.267,280,317,318,320,
 323,327,330,335,337,338,339,342,344,
 368,369,480,553,565,574,607,890,903,
 984,
수도(修道位):
 222,223,761,762,763,765,780,806,818,
 833,836,838,841,845,848,881,882,
 1025,1026,1027,1067,1084,1085,
수소단 번뇌(修所斷 煩惱):
 815,816,817,832,
수습도(修習道): 841,1084,
수인(手印):
 159,576,646,647,660,694,718,719,874,
수적방편불(垂迹方便佛): 70,
수호국계경(守護國界經): 466,515,
순결택분(順決擇分):
 235,236,238,239,765,771,772,775,800,
 802,808,813,814,836,840,845,846,879,
 882,1026,1027,1028,1073,1075,1076,
 1077,1078,
순해탈분(順解脫分):
 238,765,775,800,802,803,836,846,879,
 882,1026,1071,1073,1078,
승만경(勝鬘經):
 287,288,289,862,864,865,885,975,979,
 982,983,987,997,998,1002,1007,1067,

 1106,1107,1108,1111,
신변(神變):
 64,65,66,84,131,328,362,374,392,409,
 410,484,512,538,625,660,694,
신변가지(神變加持): 131,538,660,
신비주의(神秘主義): 614,
심뇌고중생뇌(心惱故衆生惱):
 963,964,966,
심상속설(心相續說): 969,973,1016,1018,
심성본정설(心性本淨說): 280,966,975,
심성염오설(心性染汚說): 280,966,975,
심식설(心識說):
 30,551,633,839,843,962,966,1002,1042,
 1101,1104,1105,
십념왕생원(十念往生願):
 60,67,550,558,575,
십여시(十如是): 78,328,329,
십육대보살수행(十六大菩薩修行):
 692,693,701,
십육공(十六空): 697,
십육대공양보살(十六大供養菩薩):
 162,700,735,
십육대보살(十六大菩薩):
 154,159,162.662,690,691,692,693,694,
 695,696,697,699,701,734,
십이연기(十二緣起):
 19,209,217,245,256,257,260,261,615,
 751,763,767,768,777,781,789,791,792,
 971,
십이연분시개의심(十二緣分是皆依心):
 392,449,452,971,1015,
십이처(十二處):
 192,194,238,242,694,829,
심정고중생정(心淨故衆生淨): 963,966,
십주비파사론(十住毘婆娑論): 372,
십지사상(十地思想):
 274,275,391,399,523,536,539,896,
 1018,1019,1035,1107,
십바라밀(十波羅蜜):
 270,416,427,438,442,445,452,453,454,
 457,463,471,477,873,938,

십수면(十隨眠): 807,808,835,
십팔계(十八界):
192,195,238,242,694,829,

<ㅇ>
아라야연기(阿羅耶緣起=Ālaya緣起):
824,1039,1040,1096,1102,
아미타경(阿彌陀經):
54,59,285,286,540,541,542,543,546,
552,554,577,579,580,/581,582,583,590,
아미타불(阿彌陀佛):
59,60,106,142,153,159,160,162,173,177,
190,285,286,400,539,541,544,545,549,
553,554,570,572,580,581,588,590,591,
592,596,599,600,601,604,605,606,608,
692,694,699,700,701,702,703,715,719,
734,877,
아비담심론(阿毘曇心論):
234,239,240,241,243,773,774,
아비담심론경(阿毘曇心論經): 240,241,
아자(阿字):
143,144,147,152,186,187,497,498,513,
521,522,523,524,613,620,621,622,648,
649,661,662,665,666,667,668,669,670,
671,672,673,674,680,690,691,707,875,
876,
아자관(阿字觀):
613,648,662,665,666,668,669,676,677,
689,690,691,871,876,949,953,954,956,
아자본불생(阿字本不生): 673,691,
아자연기설(阿字緣起說): 668,
아자오전(阿字五轉): 143,186,672,
업감연기론(業感緣起論): 255,256,257,
양부만다라(兩部曼茶羅):
138,152,172,187,188,480,680,740,876,
양재초복(禳災招福): 613,641,642,645,
여래장(如來藏思想):
17,19,93,94,110,111,112,116,117,118,
119,122,126,130,149,177,182,183,184,
186,261,262,264,265,280,282,283,287,
288,289,290,370,395,410,473,499,536,

537,611,615,794,851,852,858,862,863,
864,877,883,885,887,902,913,933,937,
939,940,942,950,957,958,959,966,974,
975,976,977,978,979,980,981,982,983,
985,986,987,988,989,991,993,994,995,
996,997,999,1001,1002,1003,1004,1006,
1007,1008,1009,1010,1011,1012,1045,
1067,1068,1081,1087,1088,1093,1096,
1097,1099,1100,1101,1102,1105,1106,
1107,1108,1109,1110,1111,1114,
여래장경(如來藏經):
287,862,863,975,976,977,978,979,980,
982,985,986,987,993,994,997,1001,
1002,1107,1109,
여래장연기(如來藏緣起): 996,997,1106,
여래출현(如來出現):
78,375,377,385,393,394,395,401,402,
537,890,890,1001,
여실지자심(如實知自心):
136,152,640,663,667,712,713,720,724,
726,869,944,946,
여실지자심만다라(如實知自心曼茶羅):
720,726,
연기(緣起):
1,27,28,35,200,209,213,251,260,261,
265,277,282,311,316,335,413,450,465,
476,503,631,699,733,753,755,763,776,
777,790,792,793,824,829,836,852,854,
882,885,996,1025,1041,1052,1057,
1058,1059,
연화부(蓮華部/蓮華手院): 692,721,722,
연화장엄세계(蓮華莊嚴世界): 80,81,
연화장세계(蓮華藏世界):
284,372,379,382,384,388,391,591,592,
열반적정(涅槃寂靜):
195,196,206,207,208,243,244,245,247,
259,751,769,770,789,1061,
염불왕생원(念佛往生願): 60,67,550,553,
오과문(五果門): 589,591,
오도(五道):
150,823,839,841,842,843,846,847,849,

1026,1027,1028,1030,1033,1034,1035,
1036,1038,1057,1070,
오념문(五念門):
543,589,590,591,598,599,600,605,606,
오대원(五大院=持明院): 619,
오방(五方):
106,122,130,143,145,148,154,161,162,
172,291,692,701,715,719,
오부(五部):
148,159,168,169,173,287,291,692,711,
715,721,734,735,741,745,804,807,880,
1042,
오불(五佛):
106,121,122,129,130,142,143,144,145,
146,148,151,152,154,155,159,161,162,
169,170,172,173,174,185,187,188,291,
442,643,656,657,672,692,701,715,718,
719,731,735,
오사견(五邪見): 825,826,827,881,
오상성신관(五相成身觀):
163,170,649,662,684,685,689,690,691,
871,871,949,953,954,956,
오십삼선지식(53善知識):
385,386,481,483,
오성각별성(五姓各別說): 1093,1094,
오온(五蘊):
34,56,150,192,193,194,200,201,203,
209,237,238,242,248,252,253,254,281,
284,305,310,631,694,719,759,762,766,
770,771,823,827,828,829,855,883,
885,969,1066,1098,
오위(五位):
223,242,246,248,252,253,254,288,795,
802,823,824,846,881,962,1007,1019,
1023,1025,1026,1043,1056,1064,1070,
1091,
오위칠십오법(五位七十五法):
242,246,248,795,802,
오위백법(五位百法):
오유가지(5-瑜伽地):
838,1028,1033,1035,

오인(五印): 173,174,715,716,
오자엄심관(五字嚴身觀):
648,661,680,681,682,683,871,
오전(五轉):
143,144,147,152,174,186,187,671,672,
오좌(五座): 148,161,172,173,715,716,
오지(五智):
56,104,106,108,109,145,148,149,152,
153,154,155,157,158,159,161,163,167,
171,172,173,174,187,291,628,631,635,
643,649,657,684,688,689,701,715,716,
725,
외금강부원(外金剛部院): 163,722,877,
용수(龍樹):
189,287,290,301,310,372,380,381,382,
539,542,547,608,873,906,923,926,947,
948,
월륜관(白月觀):
613,674,689,690,875,876,
유가사지론(瑜伽師地論):
94,103,107,149,179,288,470,499,828,
830,831,881,882,1018,1020,1022,1023,
1024,1025,1026,1042,1054,1055,1056,
1058,1098,1109,1112,1115,
유가행유식(瑜伽行唯識學派):
93,185,190,830,831,846,1018,1020,
1026,1028,1033,1035,1036,1037,1043,
1114,
유루법(有漏法):
226,245,246,247,752,813,1009,
유신견(有身見):
123,804,807,825,826,827,828,831,833,
834,835,880,
유식무경(唯識無境):
1049,1050,1074,1112,
유식오위(唯識五位): 1064,1091,1026,
유식삼십송(唯識三十頌):
288,847,1017,1018,1026,1039,1042,
1043,1045,1046,1070,1072,1090,1112,
1113,
유식십대논사(唯識 十大論師):1043,

유식이십론(唯識二十論):
　288,585,1017,1018,1113,
유심사상(唯心思想): 392,966,
유위법(有爲法):
　149,193,196,207,209,221,245,246,247,
　248,252,253,428,429,443,452,464,530,
　751,752,769,770,789,795,802,878,983,
유전연기(流轉緣起):
　211,212,257,768,969,
유허망분별식(有虛妄分別識): 1048,1102,
육대연기(六大緣起): 631,680,
육바라밀(六波羅蜜經):
　56,224,264,270,271,285,342,355,562,
　564,618,849,908,911,912,915,918,924,
　1023,1072,
육자진언(六字眞言): 710,711,
이취경(理趣經): 145,482,729,745,868,
이취회(理趣會): 731,733,
인왕반야경(仁王般若經): 293,294,296,
일대사인연(一大事因緣): 69,317,328,329,
일불승(一佛乘): 328,329,330,
일인회(一印會): 730,731,733,
일체개고(一切皆苦):
　42,195,203,204,206,209,242,245,247,
　610,751,769,789,1061,
일체법무자성공(一切法無自性空):
　44,72,73,163,200,269,271,277,281,282,
　284,379,396,524,548,551,689,690,705,
　794,852,869,877,951,953,954,
일행화상(一行和尙): 144,146,147,187,
입만다라행관(入曼茶羅行觀): 662,720,
입무상방편상(入無相方便相):
　837,840,842,843,844,845,846,847,849,
　1027,1028,1033,1034,1035,1036,1037,
　1038,1057,1114,
입법계품(入法界品):
　372,375,377,385,391,400,466,478,484,
　515,522,523,538,916,1019,
입비밀만다라(入秘密曼茶羅): 142,185,
입아아입(入我我入):
　64,65,636,661,684,685,736,

입정신앙(入定信仰): 681,

<ㅈ>
자량위(資糧道):
　150,227,686,836,838,839,847,882,
　1023,1026,1027,1028,1036,1038,1043,
　1070,1071,1072,1073,1074,1075,1092
자문정의론(字門定義論): 470,
자성실상(自性實相): 712,
자심불(自心佛):
　136,661,662,663,712,724,867,883,1100,
자심실상 성취법(自心實相 成就法): 873,
잡아함경(雜阿含經):
　1,2,7,9,12,21,26,27,34,35,37,43,47,
　192,193,195,199,202,208,213,218,234,
　418,437,748,749,754,758,763,764,767,
　770,771,776,777,778,782,788,792,797,
　803, 878,880,888,889,964,966,969,
전번뇌(纏煩惱):807,808,835,
정보리심(淨菩提心): 686,869,945,
정토론(淨土論):
　542,543,547,584,585,586,587,590,591,
　592,593,599,600,604,608,
정토론주(淨土論註): 586,
정토삼부경(淨土三部經):
　54,130,177,286,540,541,542,543,551,
　555,561,562,577,578,582,583,
제개장원(除蓋障院): 722,723,877,
제바달다(提婆達多):
　319,320,321,342,343,344,569,
제법무아(諸法無我):
　3,195,196,197,200,201,202,206,209,
　243,244,247,258,282,610,711,751,769,
　789,1061,
제암편명(除暗遍明): 60,140,
제행무상(諸行無常):
　195,196,197,198,206,207,209,235,244,
　245,247,282,610,711,751,769,789,1061
전오식(前五識):
　93,187,823,848,850,1052,1053,1054,
　1063,1064,1065,1066,1067,

전식득지(轉識得智):
 93,148,149,150,155,188,703,823,848,
 849,1049,1061,1062,1063,1064,1068,
 1069,1070,1084,1087,1096,1099,1102,
전의(轉依):
 93,94,95,96,97,98,155,179,184,185,
 187,265,288,823,841,848,849,1009,
 1010,1027,1030,1039,1043,1049,1056,
 1060,1061,1062,1063,1064,1066,1067,
 1069,1081,1084,1085,1086,1087,1089,
 1091,1092,1100,1108,1111,1113,1114
전팔식득사지(轉八識得四智): 1067,1069,
종자(種字):
 523,524,644,666,668,702,707,716,719,
좌도파(左道派): 657,
제법실상(諸法實相):
 20,78,304,305,306,307,328,329,390,
 411,444,470,498,621,673,712,721,911,
 912,918,921,922,923,
주심품(住心品):
 139,146,663,720,726,744,869,873,943,
 946,960,
줄탁동시(啐啄同時): 66,
중도(中道觀):
 2,18,179,200,201,210,212,217,265,281,
 282,304,432,433,548,632,653,655,656,
 658,684,710,711,759,853,854,856,876,
중변분별론(中邊分別論):
 149,837,838,840,1027,1029,1035,1042,
 1048,1111,1113,
증일아함경(增一阿含經):
 3,38,43,47,49,176,196,219,764,770,
 858,890,891,972,1001,
지명원(持明院=五大院): 619,722,
지바라밀품(地波羅蜜品): 1018,1019,
지장원(地藏院): 722,877,
진제삼장(眞諦三藏):
 289,379,988,989,1097,1105,1106,
진지무생지(盡智無生智):
 221,222,441,468,518,801,820,821,847,
 848,849,1084,1089,

질량불변법칙(質量不變의 法則): 256,
즉사이진(卽事而眞): 134,629,636,872,
즉신성불(卽身成佛):
 65,136,138,145,169,170,342,611,615,
 626,633,635,636,637,639,663,719,742,
 794,868,871,872,874,878,884,949,956,
 1100,

<ㅊ>
찬불문학서(讚佛文學書): 264,265,
찬불승(讚佛乘): 267,480,903,
참회(懺悔):
 24,121,143,277,278,285,400,403,406,
 535,854,
천고뇌음불(天鼓雷音佛):
 142,147,174,481,672,877,
초전법륜(初轉法輪):
 27,210,211,304,753,754,759,777,790,
 792,805,806,881,
최외원(最外院=外金剛部院):
 163,722,877,
추망집(麤妄執): 637,869,

<ㅌ>
태장계만다라(胎藏界曼茶羅):
 138,143,152,481,619,665,672,680,720,
 721,722,723,725,
통달보리심(通達菩提心):
 635,684,686,689,
통달위(通達道(位):
 127,227,686,831,836,838,841,842,843,
 847,882,1019,1026,1043,1057,1070,
 1080,1091,

<ㅍ>
파아품(破我品): 243,244,
파지옥게(破地獄偈):965,
팔식(八識):
 93,102,150,155,1063,1064,1065,1067,
 1110,
팔인(八忍): 780,814,816,817,

팔정도(八正道):
12,21,53,210,211,212,216,217,219,221,
223,225,226,233,394,395,580,6666604,
615,748,759,788,797,878,889,898,899,
1089,1104,
팔지(八智): 814,816,817,821,
편관일체색신상(遍觀一切色身想): 574,
편지원(遍知院): 722,723,877,
평등성지(平等性智):
93,102,103,104,108,109,148,161,162,
164,173,174,181,701,702,703,715,831,
850,877,1063,1064,1065,1066,1067,
1069,1081,

<ㅎ>
항삼세갈마회(降三世羯磨會):
731,732,733,
항삼세삼매야회(降三世三昧耶會):
731,732,733,
향상문(向上門):
91,92,93,94,95,179,181,184,732,733,
741
향하문(向下門):
92,93,94,95,116,117,121,179,181,183,
184,185,732,741,
해심밀경(解深密經):
149,288,1015,1018,1019,1020,1022,
1040,1042,1054,1114,
해인삼매(海印三昧):
135,379,383,384,391,472,630,
허공장원(虛空藏院): 722,723,877,
현도만다라(現圖曼茶羅): 143,722,
현장삼장(玄奘三藏): 322,577,1008,1043,
(현재)타방불(現在他方佛): 17,62,88,177,
행의(行儀): 645,648,649,650,
호법(護法):
107,150,743,1018,1044,1045,1067,
1068,1069,1111,1113,1115,
화엄경 공통(華嚴經 共通):
78,80,130,132,133,140,177,178,186,
189,269,272,279,286,287,290,326,371,
372,373,376,389,399,400~409,536,537,
538,906,925,960,975,1001,1024,1106,
육십화엄경(60華嚴經):
20,215,373,397,398,862,916,925,951,
978,993,
팔십화엄경(80華嚴經):
273,373,378,380~389,400,410,
411~535,667,904,906,908,916,
사십화엄경(40華嚴經): 373,908,
화엄경약찬게(華嚴經略讚偈):
378,380,381,389,
환멸연기(還滅緣起): 212,768,969,973,
회삼귀일(會三歸一):
68,69,76,284,317,329,
회향사상(廻向思想): 276,277,
후오백세(後五百歲): 75,263,319,
힌두사상:
172,188,267,280,291,480,545,611,613,
614,657,903,977,/279,290,613,

<로마자 部>

<A>
abhidharma: 13,243,263,612,
Abhidharmamahā Vibhāṣāstra: 243,
abhirati: 54,55,285,
abhisamaya: 762,764,789,790,806,814,
 879,881,
adhimukuti: 900,
adhiṣṭhāna: 64,
advitya-Tantra: 655,
Ahura mazdāh: 544,
aja-ratha: 77,331,
Ajatasatru: 568,
akliṣṭam-ajñānam: 40,
Akṣobhya-Buddha: 54,55,
amala:
 288,1060,1105,1009,1010,1060,1105,
amita-ābha: 59,60,
Amitābha-buddha: 60
*Amitābhasya-Sukhāvati-vyūha-pariva
rtaḥ*: 552,
amita-āyus: 59,60,
Amitāyus-buddha: 60
anābhoga: 84,85,120,458,
anātman: 227,968,
anāatmata: 784,
Aṅguthara-nikāya: 858,
anityata: 784,
aññacitta: 892,
Anūnatvăpūrṇatvanirdeśa: 981,
Anūnatvăpūrṇatvanirdesa-parivarta:
 981
anusvara: 705,
anuśaya: 503,803,886,1073,1115,
anutpāda: 648,
anuttara:
 34,70,641,649,702,889,919,921

anuttara-saṃyak-saṃbodhi: 34,
anuttarayoga-Tantra: 649,658
aparśaila: 231,
aranya-gata: 319,321,
arhan: 573,615,747,802,846,
arūpa-dhātu:434,
artha: 470,684,730,838,1042,1055,
asallakṣaṇānupraveśopāyalakṣaṇa:
 837,844,1034,
asaṃskṛta-dharma: 247,
Asanga: 1017,
A · Sa · Pa: 708,
asasrava-kāya: 40,
asti tathāgatagarbhaḥ sarvasattveṣu:
 976,979
Aśva-ghosa: 33,
avadāna :33,264,
avadhūtī: 652,653,
avalokiteśvara: 72,73,
avataṃsaka: 52,80,371,372,
avidyā: 40,803,880,
avidyā-vāsana-bhūmi: 40,
avijñāpti-rūpa: 248,250,
avikāritva: 862,
avyākṛta: 5,8,
ādarśa: 1029,
ādharā: 839,849,1028
ādhāna: 839,849,1028,
Ādi-Buddha: 656,657,
ādviśuddha: 289,
āgama: 229
āgantuka-kleśa: 265,858,883,1101,
 āḥ:662,702,707,708,
ālaya:
 127,128,187,288,289,290,703,823,824,
 830,831,848,850,979,996,997,1007,1008,

- 15 -

1009,1010,1015,1016,1039,1040,1041,
1049,1051,1052,1053,1058,1059,1060,
1062,1063,1064,1066,1067,1068,1096,
1097,1098,1099,1102,
āloka: 841,849,1029,
ārya: 302,313,626,815,
āryapudgala: 815,
āsphānaka-samādhi: 684,706,
āśraya: 93,265,841,849,983,1009,1030,
1061,
āśrayaparāvṛtti:
93,265,841,1009,1030,1061,
ātman:
56,57,191,200,227,280,289,968,971,
1012,1098,1109,

<B>
bahuśrutīya: 230,
bala: 279,455,
bhadrayānīya: 231
bhāvanākrama: 944,
bhāvanā-mārga: 1084,
bhaga-vat: 37,
bimbisara: 568
bīja: 823,
boddhicitta: 888,891,892,
bodhisattva: 92,265,267,293,409,903,
boddhisattvacitta: 888
bodhisattva-yāna: 77,332,
buddha-bhadra: 373,393,395,
buddha-carrita: 33,
buddha-dhātu: 110,182,987,
buddhatā: 265,
bhūtakhoṭi: 307,
brahman: 2,626,653,705,
brāhmaṇa: 2,653,705,

<C>
caitika: 231

caitta: 250,
cakra:
650,652,653,654,656,657,681,718
caryā-praṇidhāna: 400,409,410,440,
caryā-Tantra: 641,
citta:
250,251,252,299,686,687,888,1104
cittasyaikāgratā: 1055
citta-viprayukta-saṃskāra: 251
cunda: 417,

<D>
darśana: 804,814,841,1078,
darśana-mārga: 841,1078,
dākinī: 653,
dāna: 271,279,411,454,
dharma-bhānaka: 319,370,
dharma-dhātu: 307,
dharma-kāya: 89,131,
dharmatā: 78,976,980,
dharmaguptaka: 231
dharmajñānakṣānti: 814,
dharma-mudrā: 195,769,
dharmāṇāṃ: 976,980,
dharmāṇāṃ dharmatā: 976,
dharma-nidhi: 980,
dharma-pravicaya: 221,246,795,878,
dharmottarīya: 231,
dhāraṇī:
19,135,299,465,466,496,498,613,621,
622,625,628,632,633,642,645,646,661,
855,905,
dhāraṇī-mukha:465,466,496,498,621,
622,
dhātu:
110,182,195,265,307,379,391,434,689,
727,740,976,981,985,987,996,1010,1109,
1110,
dhruva: 289,

dhyāna: 279,442,455,
Divākara: 829
duḥdkhata: 784,
dṛṣṭi: 803,828,880,

<E>
eka-BuddhaYāna: 77,
eka-dhātu: 981,996,
ekantagatoabhippasanno: 889
ekavyāvahārika: 230

<G>
gaṇḍa-vyūha: 371,372,375,478,
garbha:
110,182,265,379,391,720,740,975,976,
979,980,983,985,
garuḍa: 160,716,718,
goṇa-mahā-pramāna-ratha: 77,331,
goṇa-ratha: 77,331,
go-tama: 33,175,
gotra:
110,182,265,395,976,977,986,987,1020,
1108,1110,
grāhaka: 838,1073,
grāhaya: 1073,
Guhya-samaja-tantra: 650,651,729,
guṇa: 28,
guvera: 718,

<H>
haimavata: 231
hetu: 27,648,944,981,988,
hetuta: 784,
hevajra-Tantra: 650,652,
hīna-yāna: 267,299,612,
homa: 642,
hūṃ:
662,702,707,708,709,710,711,719,

hriṃ: 719,
hrīḥ: 702,719,

<I>
indra: 716,718,

<J>
jātaka: 32,207,264,302,303,
jīna: 34,
jīna-mitra: 373,393,
jīva: 6,8,56,322,
jñaya-āvaraṇa: 265,870,
jñā: 279,455,468,471,518,1014,

<K>
kalpa: 637,854,868,869,870,884,1048,
1055,
kalyāna-mitra: 25,
kalyāṇa(Kauśalya)-mitra: 478,
kamala-śīla: 944,
kāmacchanda: 859,
karma: 22,23,209,727,732,854,
karuṇā: 270,433,479,720,740,944,
karuṇā-garbha: 720,740,
kauṣka: 1017,
kasaya: 58,434,
kāla-cakra-tantra: 650,656,
kāma-dhātu: 434,
kāśyapīya: 231
Kevala tathāgatagarbha nirdeśa
sūtram: 985
kha: 468,518,
Khaṃ: 719,
kleśa-āvaraṇa: 265,870,
kriyā-Tantra: 641,
kṣamaṇa: 810,
kṣānti: 56,58,279,302,428,455,470,810,
814,
kṣāntilabhāya: 470,

kṣanti-vādin: 302
kukkuṭika: 230,
kula-duhitṛi: 292,293,
kula-putra: 292,293,
kumārajiva: 310,321,539,
kumuda: 389,
kuṇḍalinī: 652,653,654,

<L>
lakṣaṇa:
 78,837,838,844,1034,1041,1056,1057,
lakṣaṇā: 837,1056,1057,
lalanā: 652
lalita-vistara: 33,264,
lankāvatara-sūtra: 289
laukikāgradharma: 813,
lokottaravādin: 230,

<M>
madhyama-pratipad: 265,
madhyamaka-kārikā: 265
madhyamakavipaśyanā: 265,
mahā-karuṇā: 270,720,740,
mahā-karuṇā-garbha-udbhava-maṇḍ
ala: 720,740,
mahā-maitrī: 270,
mahā-mudrā: 652,653,655,
Mahā parinirvāṇa sūtra: 984,
Mahāprajñāpāramitā-śāstra: 301,
Mahāprajñāpāramitā-upadeśa: 301
mahā—sādhana: 709,
mahāsaṃghika: 230
mahā-Suhkha: 652,653,
Mahāvastu: 759,896,
mahāvira: 33,175,
mahā-yāna: 264,267,
mahīsāsaka: 231,
maitri: 270,479,481,704,
maitreya: 46,481,

Maitreya-buddha: 46,481
manas:
 93,127,128,187,703,823,830,831,832,
 48,850,1040,1052,1053,1064,1067,
 1081
mantra: 135,470,633,642,
maṇḍala:
 52,626,628,648,649,661,712,720,721,
 727,740,
mañju-śrī: 481,698,
māmrgata: 784,
māna: 803,833,880,
mithyā-dṛṣṭi: 828,
mṛga-ratha: 77,331
mukha: 465,470,496,498,621,622,860,
mūla-madyamaka-kārikā: 311,
mūrdhāna: 809,

<N>
nairmānika-kāya:89,
nairyānṇikata:784,
nādī:652,654,
Nāgārjna:310
niḥnsaraṇrata:784,
niḥsvabhāva:265,
nikṣepa:318,
nirmāna-dharma-kāya:131,
niroda:389,
nirodhata:784,
nirvedhabhāgīya:813,
nir-vikalpa-pratibimba:1055
niṣpatti-krama:652,
niṣṭhā-mārga:842,1088,
niṣyanda-dharma-kāya:133
nitya:289,
nyānyata: 784,

<O>

oṃ: 651,661,662,677,704,705,706,707,
710,

oṃ · āḥ · hūṃ: 707,

oṃ bodhi cittaṃ utpādayāmi: 687,

oṃ citta prativedaṃ karomi: 686,

oṃ maṇī padme hūṃ: 662,710,711,

oṃ vajra atmakas ahaṃ: 688,

oṃ yathā sarva tathāgatas thatā
ahaṃ: 689,

<P>

padma: 80,379,389,390,391,688,

Padma-garbha-loka-dhātu: 379,391,

paña-yogabhūmi

pañcābhisaṃbodhi: 684,

pañca-mārga: 538,838,

pañcaskandhaprakaraṇavaibhāṣya:
829,

pañca-yogabhūmi: 538,838,

pantaka: 990

paritta: 642,

paramārtha:1042,

paratantra-svabhāva: 1041

parikalpita-svabhāva: 1041

pariniṣpanna-svabhāva: 1042

pariyatt: 28,

paryavasthāna: 835,844

paryeṣaṇā: 842,

paryutthāna: 803,

pavāraṇāparatantra-svabhāva

pāragate: 73,

pāraṃ-Ādi-Buddha: 657,

pārasaṃgate: 73,

Pāriṇāmanā: 265,276,277,278,315,

Pingala: 311

Prajñā:
57,72,231,265,279,298,299,301,446,

455,479,481,619,652,705,

prabhavata: 784,

prabhāsvara: 289,327,

prajñā-matra-Tantra: 652

prajñā-Pāraṃitā: 72,

prajñaptivādin: 231,

prakṛtiprabhāsvara: 289

pranāma: 644

praṇidhāna:
64,65,265,269,400,409,410,455,458,
542,549,1109,

pranpītata: 784,

prasāda: 900

pratama-citta: 898

praṭigha: 803,880,

pratipattita: 784,

pratītyasaṃutpāda: 265,

pratyayata: 784,

pratyeka-buddha-yāna: 77,331,

prayoga-mārga: 839,1073,

prātimoksa: 218,

pudgala: 56,57,228,280,815,846,1031

puṇḍarika:
68,80,317,318,326,327,389,390,987

puṇya: 277,

puruṣa: 8,36,

puruṣa-damya-sārathi: 36,

pūrva-praṇidhāna:64,65,265,269,542,
549,

<R>

rajas: 648,

rasanā: 652

ratnagotra: 110,182,986,987,

RatnagotraSūtra

Ratnagotravibhāga: 110,182,986,987,

rāga: 803,833,880,

rūpa: 180,193,248,250,434,

rūpa-dhātu: 434,

<S>
Saddharma-puṇḍarīka-Sūtra: 68,
sahaja-suhkha: 655,
samanta-bhadra: 400,401,409,410,
samanta-bhadra-caryā-praṇidhāna:
 400
samaya: 135,633,689,,
samādhi:
 265,286,379,391,401,433,625,632,646,
 649,650,684,706,804,
saṃbhāra-mārga: 839,1071,
saṃbhoga-dharma-kāya: 131,
sambhoga-kāya: 89,91,98,131,180,
sammagga: 22,
sammyaksambodhi: 919,920,921,
sampuṭa: 644,
saṃgīti: 968,
sammatīya :231,
saṃkleśa: 1060
saṃskāra: 193,209,251,252,1114,
saṃskṛta-dharma: 209,247,
saṃskṛt: 209,313,314,478,
saṃṭati: 228,280,969,1017,
samudayata: 784,
saṇṇagarika: 231,
saraṇaṃ gacchāmi: 15,
sarasvateī: 716,718,
sarvākārajñāna: 308,
sarvārthasiddhi: 684,730,
sarva asti: 305,309
sarvāstivādin: 231,747,748,796,970,
sarva-dharma: 214,
sarva-jīna: 34,
sarva-jñāna: 34,911,920,921,
*sarva-tathāgata-tattva-saṃgraha-nā
ma-mahā yāna-sūtram*: 729
sarva-saṃskāra: 209,

sarva sattva: 976,979,
sasrava: 40,247,
sasrava-kāya: 40,
sati: 220,430,433,
satkāya-dṛṣṭi: 828,
sattva: 56,57,976,979,
sautrāntika: 231,969,970,1017,
sa-vikalpa-pratibimba: 1055,
sādhana: 709,
sāgara-mudrā-samādhī: 379,391,
sevā: 709,
siddhaṃ: 497,
sikṣa-nanda: 373,393,395,
simha: 401,982,
simha-vijṛmbhito-samādhi: 401,
skandha: 192,829,
sthavira: 231,232,
su-dhana: 478,
su-gata: 36,
sukha-Vati: 61,
sukhāvatī-vyūha: 552,577,
sva-bhāva: 97,214,283,
svabhāva-dharma-kāya: 131,
svabhāva-kāya: 97,131,180,
Suvarṇaprabhāsŏttamasūtra: 988,
śamatha:
 96,265,436,503,590,800,837,846,1019,
 1049,1054,1055,1056,1058,
śamatha-vipaśyanā-yuganaddha:
 1056,
śakti: 652,653,654,718,
śaśvata: 289,982,
śāntata: 784,
śiva: 289,626,652,654,705,982,
śraddhā: 900,
śramana: 33,175,
śramanera: 33
śramanerī: 33
śrāvaka-yāna: 77,331,

śri-kāla-cakra: 657,
śrīmālādevī: 983,
Śrimāla (devīsiṃhanāda) sūtra: 982,
śūnya: 265,310,
śūnyatā: 28,265,784,854,1016,

<T>
tathatā: 307,396,397,
tathāgata-dūta: 318,
tathāgata-garbha:
  110,182,975,976,979,980,987,
Tathāgata-Garbha-Sūtra: 980,
tathāgata-gotrasaṃbhava: 395,
traṃ: 719,
trāḥ: 719
tri-karma: 209,
thīnamiddha: 859,
trīnī-Yāna: 77,

<U>
uddhacca: 859,
Uddiyana: 653,
upaniṣad: 704,705,
upa-sādhana: 709,
upasampada: 36,
upāya:
  71,72,265,275,276,279,453,454,455,
  651,944,
upāya-kauśalya: 71,72,265,275,276,
upāya-pāramitā: 72,
upāya-pitra-Tantra: 651,
uposatha: 22,23,
utpala: 389,
utpatti-Krama: 651,
uttaraśaila: 231,
ūṣmagata: 808,

<V>
vaidehi: 568,

vairocana:
  48,132,139,186,280,537,718,
vajra-dhara: 657,
vajra-dhātu-maṇḍala: 727,740,
varuna: 718,
vasubandhu: 585,1017,
vāc: 648,
vāsanā-kleśa: 40,
vātsīputrīya: 231,
vedanā: 193,
vibhasika: 243,
vibhāṣa: 243,
vicāra: 818,819,849,
vicikiccha: 859,
vicikitsā: 803,880
vidyā: 36,40,642,803,880,
vidyā-caraṇa-saṃpanna: 36,
vijñāna: 194,228,280,1048,1055,1056,
vijñapti-mātra: 1014,1015,1041,
vijñānavādin: 1015,
vijṛmbhito: 401,
vikurvita: 65,66,625,
vipaśyanā:
  96,219,220,265,435,504,590,800,837,
  846,1019,1049,1054,1055,1056,1058,
vira: 33,175,
viśuddhi: 289,781,
viṣṇu: 280,291,545,705,716,718,1099,
vitarka: 818,819,849,
vyavadāna: 1060,
vyākāraṇa:
  63,64,267,280,318,480,553,903,
vyāpāda: 859,

<Y>
yama: 718,
yathādarśanaṃbhāvanāt: 818,
yogācara(ḥ): 837,1015,1035,1055
yogācāravijñānavāda: 1055,

yoga-Tantra: 641,
yoginī: 653,
yoniśomanaskāra: 1037